让 我 们 一 起 追 寻

〔英〕

西蒙 · 塞巴格 · 蒙蒂菲奥里

著

SIMON SEBAG MONTEFIORE

CATHERINE THE GREAT & POTEMKIN: POWER, LOVE AND THE RUSSIAN EMPIRE
by SIMON SEBAG MONTEFIORE

Copyright © 2000 BY SIMON SEBAG MONTEFIORE

This edition arranged with THE ORION PUBLISHING GROUP

through Big Apple Agency, Inc., Labuan, Malaysia.

Simplified Chinese edition copyright:

2023 SOCIAL SCIENCES ACADEMIC PRESS (CHINA), CASS

陆大鹏
刘晓晖 译

I 叶卡捷琳娜大帝
与波将金

CATHERINE THE GREAT
& POTEMKIN

Power, Love and the Russian Empire

社会科学文献出版社
SOCIAL SCIENCES ACADEMIC PRESS (CHINA)

本书获誉

一部精彩绝伦的历史著作！

——杰里米·帕克斯曼，BBC 广播四台"开始本周"栏目

这部雄心勃勃的传记有着坚实的学术支撑，成功再现了一个喜怒无常、超乎寻常的男人的一生……塞巴格·蒙蒂菲奥里还对那个时代做了相当精彩的全景展示。

——安东尼·比弗，《星期日泰晤士报》

相当美妙的书……

——米克·贾格尔，《星期日泰晤士报》

他凭借无比的勤奋和热情挖掘了历史档案，写出了一部详细的叙述史，去介绍那个非常重要但迄今为止几乎被遗忘的人物。文字清晰流畅，作者显然对传主倾注了极大的同情。

——奈杰尔·琼斯，《星期日快报》

这是一部详尽而文风优美的传记……蒙蒂菲奥里书中的诸多配角，如密谋者、贵族情妇、花花公子、外交官和冒险家等形象都跃然纸上。

——克里斯托弗·赫德森，《每日邮报》

这部书非常了不起。作者的研究工作很深入，对主题的把握堪称典范。他的写作拥有最高档次电视剧的水平，完全配得上他的研究对象。他对波将金个性的描写臻于完美……本书把波将金描绘成伟人，他无疑也的确是伟人。这部传记为这段历史赢得了一批新的受众，也为波将金赢得了新的历史地位。

——西蒙·赫弗，《乡村生活》

这是个精彩的故事，西蒙·塞巴格·蒙蒂菲奥里把故事讲得神韵十足。他显然倾慕波将金的恢宏气度，也喜欢蜂拥到波将金身边的那群冒险家。蒙蒂菲奥里对俄国宫廷的政治和外交背景有着稳健的把握，这很不容易做到，因为故事的重心在圣彼得堡、维也纳、柏林和伊斯坦布尔之间不断切换。蒙蒂菲奥里把波将金和叶卡捷琳娜大帝的关系描写得很好。他驾轻就熟地阐释了那种不寻常的关系是如何运作的，写得既感人至深，在心理学上也完全说得通。

——亚当·扎莫伊斯基，《泰晤士报》

这部文笔美妙的传记给人不少惊喜。它不仅把波将金和他怪异的一生从故纸堆里拯救出来，还生动再现了 18 世纪俄国贵族生活的方方面面……让塞巴格·蒙蒂菲奥里兴致盎然的显然是波将金这个人：他的个性、他的成就、他与自己的君主兼情人的毕生关系。蒙蒂菲奥里在这方面的兴趣在本书的每一页都体现得淋漓尽致。本书虽然有超过 500 页的篇幅，但可读性极强，长度再翻一倍也没问题。蒙蒂菲奥里显然也享受写作本书的过程。

——安妮·阿普尔鲍姆，《星期日电讯报》

本书的制作和配图，尤其是彩图，可以用一个词形容：豪华。

——安德鲁·罗伯茨，《每日电讯报》

本书讲述的是现代史上最伟大的爱情故事之一……这本辉煌的传记优美地展现出了波将金个性当中的种种矛盾。

——彼得罗妮拉·怀亚特，《独立报》

目前为止，蒙蒂菲奥里主要被誉为优秀的记者和小说家。有了这部精彩的传记，他已经确立了严肃历史学家的地位。

——维克多·塞巴斯蒂安，《旗帜晚报》

这部光辉璀璨的传记和它的主题一样恢宏、雄伟和富有异国情调。英语世界终于有了一本研究详尽、精确并且令人手不释卷的波将金传记。

——尼古拉·托尔斯泰，《文学评论》

辉煌……这本书的绝妙之处很多，蒙蒂菲奥里激情澎湃、专注执着地为他的主人公所做的历史修正工作只是妙处之一。基于对俄国档案的广泛挖掘，这是一部有着很高学术水准的著作……这是一部顶级的传记，难以超越。

——弗兰克·麦克林，《金融时报》

激动人心……塞巴格·蒙蒂菲奥里描写波将金的生平时，精彩地把握住了他的恢宏气度和雄心壮志。

——斯特拉·蒂利亚德，《星期日邮报》

这部扣人心弦、拥有丰富研究背景的传记……让我们能够理解，为什么小说家会受到诱惑去写传记。在传记里，有的时候现实比幻想精彩许多倍。

——彼得·纳史密斯，《泰晤士报文学增刊》

这是一部精彩的好书。本书和它的传主波将金一样辉煌。在两个世纪的时间里，这位气势磅礴的巨人要么被忽视，要么被误解。现在西蒙·塞巴格·蒙蒂菲奥里写出了这样一部传记，能够准确地捕捉俄国历史上最伟大冒险家五彩斑斓的个性。

——阿曼达·福尔曼

一部妙趣横生的传记，融合了学术性和轻松的文风。

——《经济学人》

在最深奥的学术研究的基础上写出可读性超强的书，堪称典范。

——《新政治家》

这是最有俄国味道的爱情故事，叙述充满激情，所含知识极其渊博，配得上这位精力充沛、魅力无穷的传主。

——海威尔·威廉斯，《长者》

这部令人手不释卷的传记是最高水平的历史著作。这是1891年之后全世界的第一部波将金传记。为了撰写这部精彩绝伦、引人入胜的杰作，蒙蒂菲奥里在莫斯科和圣彼得堡的档案馆度过很长时间，并在曾经的俄罗斯帝国的土地上跋涉数千英里……

——菲利普·曼赛尔，《旁观者》

塞巴格·蒙蒂菲奥里的书十分易读，引人入胜。历史书就应当写成这个样子。

——布莱恩·默顿，《星期日先驱报》

作为研究帝俄的学者，我可以说，蒙蒂菲奥里先生以大师的手笔对波将金做了公正的评价。这是一流的传记。

——道格拉斯·史密斯博士，亚马逊网站

这部书……活力四射……基于丰富的史料……蒙蒂菲奥里的叙述为史料注入了新活力。蒙蒂菲奥里让读者能够理解传主的天才并原谅他的荒唐之处。

——林赛·休斯教授，《罗西卡》杂志

研究者的胜利，读者的愉悦。

——安东尼·比弗，《独立报周末评论》"年度好书"

如果你想读精彩的优质历史书，那就是这本了。年度好书。

——安东尼娅·弗雷泽

波将金……为我打开了全新的世界。年度好书。

——阿兰·德波顿，《星期日电讯报》

献给桑塔

目　录

上　册

下　册

插图清单

---

① 波将金的宫殿：塔夫利宫，照片为作者拍摄；阿尼奇科夫宫照片为作者的藏品；奥斯特洛夫基宫，照片为作者的藏品；巴博洛沃宫，照片为作者拍摄；叶卡捷琳诺斯拉夫宫，照片为作者拍摄；尼古拉耶夫的尼古拉耶夫国家历史博物馆，照片为作者拍摄；赫尔松的赫尔松国家历史博物馆，照片为作者拍摄。——作者注

8　叶卡捷琳娜大帝身穿旅行服装的肖像，1787 年，油画，画家为 Mikhail Shibanov（活跃于 1783—1789 年），State Russian Museum, St Petersburg, Russia/Bridgeman Art Library。

9　波将金陆军元帅的肖像，1787 年，画家为 Alexander Roslin, courtesy of the West Wycombe Collection of Sir Edward Dashwood，摄影师为 Sir Edward Dashwood。

10　波将金的签名。

11　叶卡捷琳娜大帝，1793 年，画家为 Johann Baptist von Lampi（1751—1830），Hermitage, St Petersburg, Russia/Bridgeman Art Library。

12　波将金-塔夫利切斯基公爵肖像，画家据说为 Johann Baptist von Lampi（1751—1830），现存圣彼得堡苏沃洛夫博物馆。

13　标记波将金去世地点的路边纪念碑，照片为作者拍摄。

14　宣布波将金去世的告示，照片为作者拍摄。

15　乌克兰赫尔松圣叶卡捷琳娜教堂的暗门，通往波将金的墓穴，照片为作者拍摄。

16　波将金的棺材，在乌克兰赫尔松圣叶卡捷琳娜教堂，照片为作者拍摄。

17　波将金的家乡，俄罗斯的奇若瓦村的废弃教堂，照片为作者的藏品。

18　伊丽莎白女皇（彼得大帝的女儿），蚀刻画，E. Chemesov, Weidenfeld & Nicolson picture collection。

19　叶卡捷琳娜大公夫人和丈夫彼得与他们的儿子保罗，Weidenfeld & Nicolson picture collection。

31　约瑟夫二世和叶卡捷琳娜大帝在 1787 年会见，Weidenfeld & Nicolson picture collection。

32　利尼亲王夏尔·约瑟夫，作者藏品。

33　叶卡捷琳娜大帝在皇村园林内行走，画家为 V. L. Borovikovsky，Weidenfeld & Nicolson picture collection。

34　1788 年强攻土耳其要塞奥恰基夫，Odessa State Local History Museum，摄影师为 Sergei Bereninich，作者藏品。

35　亚历山大·苏沃洛夫伯爵，*Portraits Russes* by Grand Duke Nikolai Mikhailovich，picture courtesy of the British Library。

36　1791 年波将金在塔夫利宫举办的舞会的邀请函，Odessa State Local History Museum，摄影师为 Sergei Bereninich，作者藏品。

37　叶卡捷琳娜·多尔戈鲁卡娅公爵夫人，画家为 Johann Baptist von Lampi，*Portraits Russes* by Grand Duke Nikolai Mikhailovich，picture courtesy of the British Library。

38　索菲·波托茨卡伯爵夫人，画家为 Johann Baptist von Lampi，*Portraits Russes* by Grand Duke Nikolai Mikhailovich，picture courtesy of the British Library。

39　普拉东·祖博夫公爵，画家为 Johann Baptist von Lampi，Weidenfeld & Nicolson picture collection。

40　波将金之死，1791 年，Odessa State Local History Museum，摄影师为 Sergei Bereninich，作者藏品。

41　波将金的葬礼，Weidenfeld & Nicolson picture collection。

致　谢

　　在好几年时间里，在相隔数千英里的许多地方，我得到了很多热心人的帮助，其中有在斯摩棱斯克的波将金出生地养蜂的农民夫妇，也有圣彼得堡、莫斯科、巴黎、华沙、敖德萨和罗马尼亚雅西等地的教授、档案工作人员和博物馆馆长。

　　我首先要感谢三位卓越的学者。我写作本书的灵感来自 Isabel de Madariaga，她是伦敦大学斯拉夫研究领域的荣休教授和西方学界研究叶卡捷琳娜大帝的老一辈权威。她的开创性著作《叶卡捷琳娜大帝时代的俄国》（*Russia in the Age of Catherine the Great*）改变了研究叶卡捷琳娜大帝的方向。Madariaga 也欣赏波将金的独特个性，理解他与女皇的关系，所以宣布：我们需要一部波将金传记。在我写作的整个过程中，她还为我提供了许多建议、意见和启迪。我尤其感谢她帮助编辑和修改了本书。在这个过程中，她既风趣诙谐，又展现出不容置疑的权威和严谨，如同女皇陛下本人。的确，Madariaga 在许多方面很像叶卡捷琳娜大帝。在与她的每一次讨论结束之后，我总是精疲力竭，而她则云淡风轻。本书当中的睿智之处全都归功于她，所有的愚蠢之处都是我的错。我很高兴能有机会代表她到赫尔松的波将金墓地（颇为荒凉）献花。

　　我必须感谢 Alexander B. Kamenskii，他是莫斯科的俄罗斯国立人文大学的古代史与早期现代史教授，也是叶卡捷琳娜大帝研究领域内德高望重的权威。若没有他的智慧、魅力和帮助，本书不可能写成。我非常感激 V. S. Lopatin，他在历史档案方面的知识无与伦比，并且慷慨大方地运用他的知识帮助我。我在莫斯科期间，Lopatin 和他的妻子 Natasha 热情接待了我。他也读过本书手稿并提供了宝贵的意见。

我必须感谢 J. T. Alexander 教授解答我的问题，感谢 Evgeny Anisimov 教授在我访问圣彼得堡期间热情帮助我。George F. Jewsbury 关于波将金军事业绩的意见对我非常有帮助。感谢 Derek Beales 教授帮我解决关于约瑟夫二世的问题，尤其是切尔卡西亚女奴之谜。我还要说的是，我在剑桥大学读本科期间，Beales 教授和 Tim Blanning 教授（他俩都在剑桥大学西德尼·萨塞克斯学院任教）关于开明专制的精彩教导为本书奠定了基础。我还要专门指出三部我大量参考的著作：Lopatin 的 *Ekaterina i Potemkin Lichnaya Perepiska*，Isabel de Madariaga 的 *Russia in the Age of Catherine the Great* 和 J. T. Alexander 的 *Catherine the Great*。

我还要感谢下列人士，没有他们的帮助本书是不可能完成的：威尔士亲王殿下好心提供了关于圣彼得堡建筑修复和普希金诞辰二百周年纪念的帮助；Sergei Degtiarev - Foster 是研究俄国历史的大师，从莫斯科到敖德萨他都给了我很多帮助；在 Ion Florescu 的帮助下，我的罗马尼亚和摩尔多瓦之旅特别成功。我还要感谢 Rothschild 勋爵、Mikhail Piotrovsky 教授和 Geraldine Norman，他们分别是埃尔米塔日发展基金会的主席、总裁和总监，曾在伦敦的萨默塞特府①组织叶卡捷琳娜大帝珍宝的常驻展览，其中就有那幅著名的兰皮创作的波将金肖像。

我感谢 Brabourne 勋爵通读了全书，Amanda Foreman 博士、Flora Frazer 阅读了手稿的部分章节。我特别感谢 Andrew Roberts 的详细建议和热情鼓励。感谢 William Hanham 审读了关于艺术的部分，John Klier 教授审读了关于犹太人的部分，Adam Zamoyski 审读了关于波兰的部分。

在莫斯科方面，我要感谢俄罗斯国立古代文献档案馆（RGADA）和俄罗斯国立历史档案馆（RGVIA）的馆长和工作人员，感谢对波将金有特殊了解的 Natasha Bolotina 和她的母亲 Svetlana Romanovna。此外，Igor Fedyukin、Dmitri Feldman、Julia Tourchaninova 和 Ernst Goussinski（后两位是教育学教授）都对我帮助极大。Galina Moiseenko 是俄罗斯国立人文大学历史系最才华横溢的学者之一，特别擅长挑选和寻找档案，她的历史分析和准确性是无可挑剔的。

在圣彼得堡方面，我要感谢我的朋友 Zoia Belyakova 教授，她对我帮助极大；还有俄罗斯国立博物馆斯特罗加诺夫宫分馆历史研究所所长 Sergei Kuznetzov 博士，以及 RGIA 档案馆的工作人员。我再次感谢俄罗斯国家埃尔米塔日博物馆的馆长

---

① 萨默塞特府（Somerset House）是英国伦敦市中心的一座大型建筑，位于河岸街的南侧，俯瞰泰晤士河，西邻滑铁卢桥。建筑主体始建于 1776 年，采用了建筑师威廉·钱伯斯爵士的新古典主义设计。在其南北两侧，后来又增建了典雅维多利亚时代风格的翼楼。萨默塞特府曾为英国海军部、税务与海关部门、皇家学院、政府艺术学校、皇家学会和文物学会等机构的所在地。（本书除了标明"作者注"之外，所有脚注均为译者注。）

Mikhail Piotrovsky 教授，还有米哈伊洛夫斯基宫博物馆馆长 Vladimir Gesev，俄罗斯国立博物馆馆长助理 Liudmilla Kurenkova，巴甫洛夫斯克宫国立博物馆的 A. N. Gusanov，俄罗斯国立博物馆 18 世纪至 20 世纪初雕塑部门的主管 Elana V. Karpova 博士，埃尔米塔日博物馆西欧部门的 Maria P. Garnova，以及埃尔米塔日博物馆的 G. Komelova。Ina Lokotnikova 带我参观了阿尼奇科夫宫。L. I. Diyachenko 好意给了我独自参观塔夫利宫的机会，并运用她的渊博知识帮助我。感谢 Leonid Bogdanov 拍摄了本书封面所用的波将金影像。

在斯摩棱斯克方面，我要感谢斯摩棱斯克历史博物馆的研究员 Anastasia Tikhonova、Elena Samolubova，斯摩棱斯克地区分管科学的教育厅副厅长 Vladimir Golitchev。在奇若瓦，教师和当地民间传说的专家 Victor Zheludov 及其在彼得里谢沃（最靠近奇若瓦的村庄）学校的同事热情帮助了我，还为我安排了丰盛的波将金式的宴席。

在南方的乌克兰旅途中，我要感谢 UKMAR 航运公司的 Vitaly Sergeychik，以及 Misha Sherokov。在敖德萨方面，我要感谢 Natalia Kotova 和敖德萨大学国际关系系的 Semyon J. Apartov 教授。在敖德萨地区历史博物馆，我要感谢馆长 Leonila A. Leschinskaya 和副馆长 Vera V. Solodova，并特别感谢渊博而富有魅力的档案大师、部门主管 Adolf Nikolaevich Malikh，他对我的帮助很大。我要感谢敖德萨乌克兰商船队博物馆的馆长 Peter P. Klishevsky 和馆内的摄影师 Sergei D. Bereninich。在奥恰基夫方面，我要感谢市长 Yury M. Ishenko。在赫尔松方面，我要感谢圣叶卡捷琳娜教堂的安纳托利神父。

在第聂伯罗彼得罗夫斯克①方面，我要感谢 Olga Pitsik 和尼古拉耶夫与辛菲罗波尔等地多家博物馆的工作人员，以及塞瓦斯托波尔海军博物馆的 Anastas Victorevich。但最重要的是，我要感谢阿卢普卡宫的研究者 Anna Abramovna Galitchenko，她的著作 *Alupka：A Palace inside a Park* 可谓知识的源泉。

在罗马尼亚，我要感谢布加勒斯特理工大学的电力工程教授 Razvan Magureanu；以及 Ioan Vorobet，他开车送我们去雅西，保护并帮助我们进入摩尔多瓦。在雅西方面，我要感谢戈利亚修道院研究的权威 Fanica Ungureanu 教授；雅西大学的地理学教授 Alexander Ungureanu，若没有他的帮助我永远不可能找到波将金去世的地点。在波兰华沙方面，我要感谢 Peter Martyn 和 Arkadiusz Bautz-Bentkowski 以及波兰国家历史档案馆的工作人员。在巴黎方面，我要感谢法国外交部档案馆的工作人员。Karen Blank 帮助我做了部分研究工作，帮我翻译了一些德文资料。Imanol Galfarsoro 从西班牙文翻译了米兰达的日记。在格鲁吉亚泰拉维方面，我要感谢 Levan Gachechiladze，他帮助我结识了 Lida Potemkina。

在英国方面，我要感谢很多朋友在大大小小事情上的帮助。我要感谢我的经纪人 Georgina Capel、Orion 出版集团总裁 Anthony Cheetham、Weidenfeld & Nicolson 公司的出版人 Ion Trewin，以及 Weidenfeld 勋爵与夫人。感谢 John Gilkes 制作了地图。非常感谢我的传奇式编辑 Peter James 在本书中发挥的聪明才智。我感谢大英图书馆、大英博物馆、伦敦图书馆、伦敦大学学院东欧与斯拉夫研究学院图书馆、康沃尔与温切斯特

---

① 第聂伯罗彼得罗夫斯克为乌克兰城市，2016 年 5 月改称第聂伯罗。

档案馆和安东尼庄园的工作人员。我感谢我的父亲、医学博士 Stephen Sebag Montefiore 对波将金的疾病与独特心理的诊断，也感谢我的母亲 April Sebag Montefiore 对波将金的私人关系的洞见。我特别要感谢我的俄文教师 Galina Oleksiuk，若是没有她的教导我不可能写出本书。我还要感谢下列诸位的帮助，感谢他们客气地解答我的问题：Neal Ascherson、Vadim Benyatov、James Blount、Alain de Botton、Dr John Casey、the Honourable L. H. L.（Tim）Cohen、Professor Anthony Cross、Sir Edward Dashwood、Ingelborga Dapkunaite、Baron Robert Dimsdale、Professor Christopher Duffy、Lisa Fine、Princess Katya Golitsyn、Prince Emmanuel Golitsyn、David Henshaw、Professor Lindsey Hughes、Tania Illingworth、Anna Joukovskaya、Paul 与 Safinaz Jones、Dmitri Khankin、Professor Roderick E. McGrew、Giles MacDonogh、Noel Malcolm、the Earl of Malmesbury、Neil McKendrick（剑桥大学冈维尔与凯斯学院的院长）、Dr Philip Mansel、Sergei Alexandrovich Medvedev、Charles 和 Patty Palmer-Tomkinson、Dr Monro Price、Anna Reid、Kenneth Rose、the Honourable Olga Polizzi、Hywel Williams、Andre Zaluski。我感谢他们的宝贵意见，本书中的任何疏漏和错误均由我本人负责。

　　最后，我必须感谢我的太太桑塔，她不得不长期忍受与波将金公爵分享我。

作者说明

　　本书的所有日期，我用的都是旧式儒略历（俄历）。西方通行的新历法"格列高利历"（公历）的日期减 11 日等于儒略历日期。① 有的情况下，我同时使用两种历法的日期。

　　货币：1 卢布 = 100 戈比。在 18 世纪 80 年代，大致 4 卢布 = 1 英镑 = 24 法国里弗。当时一位英格兰绅士一年的开销约为 300 英镑，一名俄国军官一年的开销约为 1000 卢布。

　　距离与面积：1 俄里相当于 0.663 英里或 1.06 公里。1 俄亩相当于 2.7 英亩。

　　姓名：对于绝大多数名字，我使用的是英语读者最熟悉的形式，所以不可能绝对前后一致地严守某一种规则。如果读者对我的选择感到不满，我预先道歉。本书传主的名字是 Potemkin，但俄语读音更接近 Patiomkin。我一般使用俄语形式的名字，除非这个名字在英语当中已经有流行的通译，比如皇储帕维尔·彼得罗维奇（Tsarevich Pavel Petrovich）在英语里一般被称为保罗大公（Grand Duke Paul），谢苗·罗曼诺维奇·沃龙佐夫（Semyon Romanovich Vorontsov）在英语里一般被称为西蒙·沃龙佐夫（Simon Vorontsov），女皇在英语里被称为 Catherine（凯瑟琳），而不是 Ekaterina（叶卡捷琳娜）。

---

① 注意，这是 18 世纪（1701—1799）的情况。1901 年以后，公历日期减 13 日等于俄历日期。

对于"彼得"和其他名字，我一般用 Peter 等英语的习惯拼法，不用更接近俄语发音的 Piotr 之类。对于女性，我按照俄语的习惯使用姓氏的阴性形式，比如用达什科娃（Dashkova）而不是达什科夫（Dashkov）。对于波兰名字，比如布拉尼茨基，我用的是更具有波兰风格的拼法 Branicki。同理，对于女性的姓氏，我用的是俄语形式的斯卡乌龙斯卡娅（Scavronskaya）和波兰语形式的布拉尼茨卡（Branicka）。一旦某人获得了广为人知的姓氏后缀或头衔，我就会这样称呼他，比如 A. G. 奥尔洛夫后来成了奥尔洛夫-切什梅斯基。

序曲　死于草原

"至尊公爵。"

——杰里米·边沁对波将金公爵的美誉

大地是你的卧榻，蓝天是你的屋顶，

荒原是你的厅堂。

你难道不是名望与愉悦的后嗣，

哦，光辉的克里米亚君王？

你难道不是从荣誉的巅峰

骤然降落到空荡荡的草原？

——加夫里拉·杰尔查文，《瀑布》

  1791 年 10 月 5 日将近正午，在比萨拉比亚①草原中央一座荒凉的山坡上，一队马车在身着号衣的男仆和一队身穿黑海军团②制服的哥萨克③护卫下缓缓行进，然后突然停在了半山

---

①　历史上的比萨拉比亚地区，今天约 70% 属于摩尔多瓦共和国，30% 属于乌克兰。

②　"军团"（host）是俄罗斯帝国时期哥萨克的行政划分。每个哥萨克军团有自己的土地，负责为帝国提供边防和兵员。到俄罗斯帝国末期，一共有 11 个哥萨克军团：顿河军团、库班军团、捷列克军团、阿斯特拉罕军团、乌拉尔军团、奥伦堡军团、西伯利亚军团、七河军团、外贝加尔军团、阿穆尔军团、乌苏里军团。这些哥萨克军团于 1920 年俄国内战时解散。本书中提到的黑海军团存在于 1787—1864 年。

③　"哥萨克"（Cossack）这个名字源自土耳其语和阿拉伯语的词"卡扎克"（Kazak），意思是冒险家或土匪。哥萨克原本是鞑靼武士，但到 16 世纪已经主要是居住在莫斯科大公国、鞑靼汗国和波兰边疆地带的（转下页注）

腰的泥土路上。大人物的车队竟然选择这样的地方歇脚，真是奇怪，因为这里看不见一家客栈，也没有农舍的踪影。八匹马拉的大型卧车首先停下。其他马车（可能一共有四辆）减缓速度，在第一辆车后面停下来。仆人和骑兵纷纷跑上前去查看究竟。各车的乘客打开车门，他们听到主人嗓音里的绝望，赶紧跑向他的马车。

"够了，"波将金公爵[①]说道，"够了！继续走也没意义了。"卧车内有三名疲惫的医生和一位身材苗条、颧骨很高、赤褐色头发的伯爵夫人，他们都围在公爵身边。他汗如雨下，痛苦呻吟。医生召唤哥萨克把身材伟岸的病人抬下车。波将金

（接上页注③）斯拉夫人群，以狩猎、捕鱼和掳掠为生。鞑靼人、俄国人和波兰人之间的战争给了哥萨克许多机会，他们作为雇佣兵和独立劫掠者而参战。他们起初是步兵，后来在由"海鸥"小船组成的舰队服役，再后来成为骑兵。在俄罗斯历史的"混乱时期"（1598—1613），有的哥萨克为波兰人作战，其他的则投身于内战的不同势力。他们成了权力的仲裁者，在选举米哈伊尔·罗曼诺夫为沙皇的过程中发挥了重要作用。沙皇和地主残酷地压迫农民，迫使其成为农奴。越来越沉重的剥削促使成千上万农奴逃往哥萨克社区。哥萨克是骄傲的自由民的兄弟会，他们选举自己的领袖"盖特曼"（在乌克兰语中称为 hetman，在俄语中称 ataman）。

① 关于俄国的公爵（俄文 Князь，英文音译 knyaz 或 knez，但在英文中一般译为 prince，所以常被误译为"亲王"）：这个词源于原始日耳曼语，与英语的 king 和德语的 König 同源。Knyaz 最初指斯拉夫人的部落酋长，后来成为斯拉夫封建制国家（如基辅罗斯）的统治者的头衔。这些国家的中央集权化加强后，有的统治者的头衔改为 Velikii Knyaz（Великий Князь，伟大的 Knyaz），一般译为"大公"，而其下属的区域性统治者就称为 Knyaz，译为"公爵"。公爵一般都是曾经的斯拉夫统治者的后代，主要是留里克和格迪米纳斯的后代。莫斯科大公国（与后来的俄罗斯帝国）强盛起来之后，沙皇偶尔会授予公爵头衔，如彼得大帝授予他的朋友缅什科夫，叶卡捷琳娜大帝授予波将金。1801 年俄国吞并格鲁吉亚，原先格鲁吉亚大大小小的贵族在俄语中也被称为 Knyaz，很多鞑靼贵族也自称 Knyaz。所以，公爵的头衔大大贬值，往往不像西欧的公爵那样有权势。斯洛文尼亚、保加利亚、塞尔维亚等斯拉夫国家历史上也用过 Knyaz 头衔。

命令道："让我下车……"但凡他发号施令的时候，所有人都迅速服从。在很长一段时间里，他几乎可以说是俄国至高无上的统治者。哥萨克和将军们簇拥到敞开的车门周围，缓缓地、轻轻地抬出这位患病的巨人。

伯爵夫人陪他下了马车，攥着他的手，温柔地擦拭他滚烫的前额。泪水从她的面庞滚落，流过小小的翘鼻子和丰满的嘴唇。在附近草原上放牛的几名摩尔达维亚①农民走过来看。大家先看见波将金的赤脚，然后他的双腿和半敞开的晨袍也从车厢里露出。不过这样的景象本身不算不寻常，因为波将金与女皇和外国大使见面时也经常赤着脚，穿着敞开的晨袍。但如今的情况不同。他仍然拥有那种雄狮般的斯拉夫式的英俊相貌，仍然拥有浓密的头发（这曾被认为是整个帝国最美丽的头发），以及那种性感的希腊式的侧脸轮廓，他年轻的时候曾因此获得"亚西比德"②的美誉。然而，如今他的头发已经斑白，贴在发烧的前额。他的身材依旧魁梧雄壮。他的一切都是恢宏、雄伟和独一无二的，但他放浪形骸的生活方式和无穷无尽的野心已经让他的身体变得臃肿，面庞变得衰老。像希腊神话里的独眼巨人一样，他只有一只眼睛，另一只眼睛已经损坏，丧失了视力，让他看上去颇有海盗的气派。他的胸膛宽

①　摩尔达维亚是东欧的一个历史地区，曾是一个公国，在东喀尔巴阡山和德涅斯特河之间。起初是独立国家，后成为没有独立性的自治地区，1859 年与瓦拉几亚合并，成为现代罗马尼亚国家的基础。摩尔达维亚的西部今属罗马尼亚，东部属于摩尔多瓦共和国，北部和东南一部属于乌克兰。

②　亚西比德（约前 450—前 404），雅典政治家、演说家和将领。在伯罗奔尼撒战争的后半段里，他发挥了重要作用。战争期间，他多次改换阵营，最后惨死。据说他是美男子。

阔，胸毛浓密。他始终拥有雄浑的生命力，但如今，曾经威风凛凛的野兽已经化为战栗、扭曲的病猫。[1]

荒凉草原上的这个憔悴男人不是别人，正是神圣罗马帝国的尊贵诸侯格里戈里·亚历山德罗维奇·波将金殿下。他可能是俄国女皇叶卡捷琳娜大帝的丈夫，无疑是她的毕生挚爱和最好朋友，与她共同统治帝国，与她有着共同的梦想和憧憬。他是塔夫利公爵、陆军元帅、俄国陆军总司令、黑海哥萨克和叶卡捷琳诺斯拉夫哥萨克的大盖特曼、黑海舰队和里海舰队总司令、陆军委员会主席、南方副王，曾有望成为波兰国王，或者他会建立一个新国家并自立为王。

波将金公爵在俄罗斯帝国全境被称为"殿下"，他和叶卡捷琳娜二世共同统治俄国将近二十年。他俩相识三十年，共同生活将近二十年。在此之外，我们很难对公爵殿下做一个准确的定位。叶卡捷琳娜大帝注意到他的时候，他只是个机智风趣的青年，她在一次危机期间召唤他成为自己的情人。他俩的爱情关系结束之后，他仍然是她的挚友、搭档、大臣，后来成为她的共同统治者。她始终畏惧、尊重和热爱他，但他俩的关系有过许多惊涛骇浪。她说他是"巨人""老虎""偶像""英雄""最古怪的人"。[2]这位"天才"[3]大幅度扩张了她的帝国，创建了俄国的黑海舰队，征服了克里米亚，打赢了第六次俄土战争（1787—1792），建立了塞瓦斯托波尔和敖德萨那样的名城。彼得大帝之后的俄国还不曾拥有这样一位既高瞻远瞩又功勋卓著的帝国政治家。

"殿下"制定自己的政策（有的政策令人拍案叫绝，有的则颇为怪诞），打造自己的世界。他的权力固然依赖于他和叶卡捷琳娜大帝的关系，但他的思想和举止完全像是欧洲的任何一位拥有主权的君主。波将金的丰功伟业、渊博知识和高雅品味让欧洲各国的内阁与宫廷眼花缭乱，同时他的傲慢、放荡、懒散和奢靡也让欧洲各国为之震惊。他的诸多敌人固然因为其位高权重和心血来潮的秉性而憎恶他，但也承认他的聪明才智与旺盛的创造力。

如今，这位赤足的公爵在哥萨克的搀扶下跌跌撞撞地走过草地。这个地方景色壮观但十分偏僻，不在雅西（今天的罗马尼亚境内）和基希讷乌（今天的摩尔多瓦共和国境内）之间的通衢大道上。这里曾是奥斯曼苏丹的领土，前不久才被波将金征服。即便今天也很难找到波将金最后驻足的地点，但这个地方在两百年里几乎没有任何变化。[4]他们搀扶波将金下车的地点是一片小小的高地，旁边有一条陡峭的石头小径，从高地可以向四面八方眺望很远。右侧的乡间是一片绵延起伏的青翠山谷，有许多长满碧绿灌木的小山包，向远方延伸，被草原上的高高青草覆盖。如今已经没有那么高的草了。左侧，覆盖着森林的群山逐渐消失在迷雾之中。在正前方，波将金的扈从应当能看见，石头小径下山后又爬上一座长着郁郁葱葱树木和茂盛灌木的山峰，然后消失在山谷中。波将金喜欢在夜间冒着风雨驾车，[5]如今他停在了一个具有大自然野性之美的地点。[6]

他的扈从也是颇具戏剧性的一群人。这一天，波将金的扈从队伍也是既有狂野的情调，又有文明的气质，这恰恰反映了他本人的内在矛盾之处。"波将金公爵是广袤无垠的俄罗斯帝国的象征，"非常熟悉他的利尼亲王写道，"他这个人也是由荒野和金矿构成的。"[7]波将金几乎可以算作帝王，尽管叶卡捷琳娜大帝逗乐地把他的宫廷称为"农家小院"，说它介于王宫和农庄之间。[8]此时他的宫廷成员就在草原上。

　　他的很多扈从已经开始哭泣了。伯爵夫人是在场的唯一女性，她身穿长袖的俄式宽松长袍，她的朋友女皇陛下也喜欢这种长袍。但伯爵夫人的长袜和鞋子遵照的是最新的法国时尚，是公爵亲自从巴黎为她订购的。她旅行时佩戴的首饰由价值连城的钻石组成，都属于波将金无与伦比的藏品。扈从当中有一些身穿燕尾服或配有绶带与勋章的军服、头戴三角帽的将军与伯爵，这样的装束在伦敦的近卫军骑兵总部①或 18 世纪的任何一个宫廷都不会显得奇怪；但也有一些哥萨克盖特曼、东方小王公、摩尔达维亚波雅尔②、变节的奥斯曼帕夏③、仆人、书记员、普通士兵，还有波将金最喜欢与之做伴的基督教主教、犹太教拉比、法基尔④和毛拉⑤。他最喜欢的消遣方式就

---

① 　近卫军骑兵总部（Horse Guards）是伦敦市中心白厅附近的一座建筑，建造于 18 世纪中叶，最初是英国近卫军骑兵的兵营和马厩，后成为英国陆军司令部所在地，今天仍然是两个主要的陆军指挥机构所在地。近卫军骑兵总部大楼同时是白金汉宫和圣詹姆斯宫等王宫组成的宫殿区的仪式性门楼，楼下的门洞在没有典礼的日子供公众通行。大楼朝向白厅一面有两座骑兵岗亭，平日有近卫骑兵站岗，并定时举行交接仪式。大楼背面是近卫军骑兵阅兵场，是"军旗敬礼分列式"的举办地点。

② 　波雅尔（Boyar）是 10—17 世纪保加利亚、俄罗斯、塞尔维亚、瓦拉几亚、摩尔达维亚等国的一种高级贵族头衔，起初地位仅次于大公，后来在俄罗斯等国仅次于沙皇。彼得大帝时期，波雅尔阶层受到沉重打击，逐渐丧失了曾经拥有的权力和地位。

③ 　帕夏（Pasha）源自土耳其语或波斯语，是奥斯曼帝国军政高官的头衔。它也可作为敬语，类似英语的 Lord 或 Sir。奥斯曼帝国雄踞阿拉伯世界，帕夏一词也广泛应用在阿拉伯语当中。行省总督一般享有帕夏的头衔。

④ 　法基尔是中东和南亚一些守贫和虔诚禁欲的苏非派修士。莫卧儿帝国时期的南亚次大陆常错误地用这个词指印度教和佛教的苦修者。

⑤ 　毛拉是伊斯兰教内对学者或宗教领袖的称呼，特别是在中东和印度次大陆。原意为"主人"，在北非也用在国王、苏丹和贵族的名字前。现称毛拉者，多为宗教领袖，包括宗教学校的教师、精通教法的学者、伊玛目（清真寺内率领穆斯林做礼拜的人）和诵经人。

是高谈阔论拜占庭神学、巴什基尔人①等东方部族的风俗、帕拉迪奥风格建筑②、荷兰绘画、意大利音乐和英式园林……

波将金身边的主教们身穿东正教的飘逸长袍，拉比们按照犹太教的规矩蓄着复杂的鬈发，奥斯曼变节者按照奥斯曼帝国宫廷的风格戴着头巾，穿着肥大的裤子和拖鞋。摩尔达维亚人是奥斯曼苏丹的东正教臣民，穿着镶嵌珠宝的长袍，戴的高帽子有毛皮环衬并镶嵌红宝石。普通的俄国士兵穿戴着公爵亲自为他们设计的"波将金式"帽子、上衣、软靴和鹿皮裤子。哥萨克们（这里大多是"船上哥萨克"，即扎波罗热哥萨克③）蓄着野性十足的小胡子，头发剃光，只在头顶留着一小撮头发，后面扎着长长的马尾辫，活像是《最后的莫西干人》里的角色。他们挥舞着短弯刀、刻有花纹的手枪和他们自己的特殊长矛。他们悲哀地注视着热爱哥萨克的波将金。

在场的这位女子是波将金的外甥女，精明而傲慢的亚历山德拉·布拉尼茨卡伯爵夫人，现年三十七岁，她本人也是一位不容小觑的政治人物。波将金与女皇的爱情，以及他与一连串贵族女子和交际花的露水情缘，足以让熟悉路易十五时代凡尔

---

① 巴什基尔人是主要生活在乌拉尔山脉东西两侧（俄罗斯境内、东欧与北亚相接的地区）的一个突厥族群，主要信奉伊斯兰教逊尼派，16世纪中叶之后逐渐被俄国征服。

② 曾风靡欧洲的帕拉迪奥建筑风格得名自威尼斯建筑师安德烈亚·帕拉迪奥（1508—1580）。这种风格在很大程度上受到古希腊罗马神庙建筑的对称、透视和价值观的影响。

③ 扎波罗热哥萨克是哥萨克的一支（即扎波罗热哥萨克军团），15世纪出现，起源是逃离波兰农奴制压迫的农民，居住在今天乌克兰的聂伯河中游一带，其故地大多因为兴建水库而被淹没。扎波罗热哥萨克迅速发展成强大的政治和军事集团，与波兰立陶宛联邦、沙俄和克里米亚汗国等势力多有冲突或结盟，18世纪被俄罗斯帝国强制解散，详见下文。

赛宫的法国廷臣也感到震惊。很多人猜测，他的五个倾国倾城的外甥女难道都是他的情妇？他在其中最爱的是布拉尼茨卡伯爵夫人吗？

伯爵夫人命令扈从将一块华丽昂贵的波斯地毯铺在草地上，然后让他们将波将金公爵轻轻地抬到地毯上。"我想死在野地里。"他们把他安顿下来的时候，他这样说道。在之前的十五年里，他以 18 世纪能够达到的最快速度在俄国广袤的领土上四处旅行。"他行动极快，火星四溅"，诗人加夫里拉·杰尔查文在写给波将金的颂歌《瀑布》里如此写道。这样一个始终风风火火的人，虽然拥有不计其数的豪华宫殿，却很少在其中居住，他如今表示自己不想死在马车里。[9]他要在草原上结束自己的生命。

这天上午，波将金请求他挚爱的哥萨克们用他们的长矛为他搭建一座临时帐篷，用毯子和毛皮覆盖。这真是典型波将金式的想法，仿佛小小的哥萨克营地的纯洁能够治愈他的病患，结束他的痛苦。

心急如焚的医生（一个法国人和两个俄国人）聚集在躺倒的公爵和体贴殷勤的伯爵夫人旁，但医生能做的已经不多了。叶卡捷琳娜大帝和波将金都觉得医生是很好的牌友，不过他们不一定能在病榻前妙手回春。女皇开玩笑地说，她的苏格兰御医惯用催吐剂和放血这样的万能之计来消灭所有病人。医生们害怕如果公爵死了他们会受到怪罪，因为俄国宫廷经常有下毒谋害的指控。然而，性格古怪的波将金完全不配合医生，平素喜欢敞开所有窗户，往自己头上泼洒古龙水，猛吃来自汉堡的腌鹅，痛饮成桶的葡萄酒，前不久又踏上了这次穿越草原的煎熬之旅。

公爵此时身穿一件皮毛镶边的华贵的丝绸晨袍，是几天前女皇从遥远的圣彼得堡（在差不多 2000 俄里之外）派人给他送来的。晨袍的内侧口袋里鼓鼓囊囊地塞着女皇的密信。女皇在信中咨询波将金这位政治搭档的意见，与波将金这位挚友交换飞短流长，并决定帝国政策。她销毁了他写的绝大多数信，但后人要感谢生性浪漫的波将金在贴近自己心脏的口袋里保存了她写的许多信。

两人长达二十年的通信揭示了两位政治家和情人之间极其成功的合作，他俩的关系非常"现代"，十分亲昵，彼此又以高超的治国才干相辅相助。他俩的爱情关系和政治联盟在历史上是无与伦比的，安东尼和克莉奥佩特拉、路易十六和玛丽·安托瓦内特、拿破仑和约瑟芬的关系都没办法与他们相提并论，因为波将金与叶卡捷琳娜大帝取得了非凡的成就，同时他俩的柔情蜜意着实是史上罕见，他俩既拥有无比强大的权力又充满了人性的温情。波将金的方方面面都充满谜团，他与叶卡捷琳娜大帝一起的生活也不例外：他们有没有秘密结婚？他们是不是有过孩子？他们果真分享权力吗？他们是否真的各自寻欢作乐，同时仍然保持情人关系？波将金是否真的为女皇物色男宠，女皇是否真的帮助他勾引他的几个外甥女，从而把皇宫变成他的后宫？

随着他的病情时好时坏，随着他在全国各地奔波劳碌，叶卡捷琳娜大帝不断发来关怀备至的贤妻式的书信，给他寄送晨袍和毛皮大衣，责备他吃得太多或者不按时吃药，恳求他保重身体，并向上帝祈祷，求上帝不要带走她的挚爱。他读她的信时往往忍不住泪如雨下。

此刻，女皇的两批信使正以相反的方向横穿俄国，沿途在驿站换马然后继续狂奔。从圣彼得堡来的信使将叶卡捷琳娜大帝的最新书信送到公爵手中，而从摩尔达维亚出发的信使把他的最新书信送给女皇。他俩这样互相通信已经很久了，总是渴望收到对方最新的消息。但近期的书信内容比较伤感。

"我亲爱的朋友，格里戈里·亚历山德罗维奇公爵，"她在 10 月 3 日写道，"今天，几个小时之前，我收到了你 25 日和 27 日的信。我得承认，这两封信让我忧心忡忡……我向上帝祷告，求祂尽快恢复你的健康。"不过她写这封信的时候并不十分担心，因为一封信从南方到都城通常需要十天，快马加鞭的话也要七天。[10] 而在十天前，波将金的病情似乎有所好转，所以叶卡捷琳娜大帝并不着急。不过几天前的 9 月 30 日，在他的健康好转之前，她的信中所表简直可以说是惊慌失措。"我为你的病担心得要死，"她写道，"看在基督的分上，请遵从医嘱。他们觉得什么药能缓解你的病情，你就服什么药。我恳求上帝尽快恢复你的体力和健康。再会，我的朋友……我会给你送一件毛皮大衣……"[11] 着急也没用，因为尽管毛皮大衣送到了，但女皇的这两封信还没能及时抵达他手中。

在分隔他俩的 2000 俄里路途的某处，两路信使或许曾经擦肩而过。若是叶卡捷琳娜大帝读了波将金 10 月 4 日（也就是前一天，即他从雅西动身的那一天）写的信，就不会那么乐观了。"小妈妈，最仁慈的夫人！"他向秘书口述道，"我再也没有力量忍受折磨了。唯一的出路就是离开这座城市。我命令他们带我去尼古拉耶夫。我不知道自己会怎么样。您最忠实、最感激涕零的臣民。"这封信是秘书的笔迹，但波将金可怜兮兮地在信的底部用虚弱、笨拙和颤抖的手草草写下："唯一的逃路就是离开。"[12] 这封信没有署名。

他收到的最后一批叶卡捷琳娜大帝的书信是前一天由波将金麾下最神速的信使鲍尔准将送来的。鲍尔是波将金的副官，对他忠心耿耿。波将金经常派遣他纵马疾驰到巴黎带回丝袜，去阿斯特拉罕带回小体鲟汤，去圣彼得堡带回牡蛎，去莫斯科接来一名舞女或一名棋师，去米兰带回一部乐谱、一位小提琴大师或一车香水。遵照波将金心血来潮的各种意愿，鲍尔经常长途跋涉到远方，所以鲍尔开玩笑地要求为自己准备这样的墓志铭："鲍尔长眠于此。车夫，继续赶车吧！"[13]

在草原上簇拥到波将金身边的官员和廷臣一定会想到，波将金的垂死对欧洲意味着什么，对他们的女皇意味着什么，对正在进行中的俄土战争意味着什么，对俄国朝廷正在考虑的行动（针对革命中的法国与反叛的波兰）又意味着什么。波将金统率的陆海军征服了奥斯曼帝国在黑海周边和今天罗马尼亚的大片领土。如今苏丹的大维齐尔①希望与波将金议和。欧洲各国朝廷，从伦敦那位嗜饮波尔图葡萄酒的年轻的英国第一财政大臣威廉·皮特②（他未能阻止波将金对奥斯曼帝国发动战争），到维也纳那位总是疑神疑鬼觉得自己患病的老首相文策

---

① 维齐尔最初指阿拉伯帝国阿拔斯王朝哈里发的首席大臣或代表，后来指各伊斯兰国家的高级行政官员。维齐尔代表哈里发，后来代表苏丹，执行一切与臣民有关的事务。奥斯曼帝国把维齐尔的称号同时授给几个人。奥斯曼帝国的宰相称为"大维齐尔"，是苏丹的全权代表。

② 即小威廉·皮特（1759—1806），英国托利党政治家，1783 年，年仅二十四岁的他成为英国史上最年轻的首相。他的父亲老威廉·皮特也曾担任首相。小皮特担任首相期间，正赶上法国大革命与拿破仑战争，他是反法战争的重要领导人。在英国最困难的时期，他领导国家渡过了难关，个人品质也很优秀，被认为是英国最伟大的首相之一。英国的第一财政大臣（First Lord of the Treasury）与其他国家的财政部部长不同，由首相兼任。第二财政大臣兼国库卿（Second Lord of the Treasury, Chancellor of the Exchequer）才相当于其他国家的财政部部长。

尔·冯·考尼茨侯爵，都密切关注着波将金的病情。

波将金的谋略可以改变欧洲大陆的版图。他就像马戏团的艺人玩杂耍一样玩弄着许多顶王冠。这位反复无常的梦想家会不会自立为王？或者，这位全俄罗斯①女皇的夫君已经比国王更强大？如果他得到加冕，会在现代的罗马尼亚境内建立一个全新的达契亚王国，还是会成为波兰国王？毕竟他在波兰的领地极为广袤，他在波兰已经是一位强大的封建领主了。他会挽救波兰，还是肢解它？他躺在草原上的时候，波兰权贵已经秘密聚集在一起，等候他神秘莫测的裁决。

上述问题要想得到解答，必须先等病魔缠身的波将金从热病蔓延的雅西城绝望地赶到距离黑海之滨较远的内陆新城镇尼古拉耶夫——他营造的最后一座城市。他效仿自己的偶像彼得大帝，建立了许多新城镇。波将金亲自设计自己的每一座新城镇，把它当作心爱的情妇或宝贵的艺术品。尼古拉耶夫（如今在乌克兰境内）是陆海军基地，位于布格河凉爽的岸边，他在那里为自己建造了一座摩尔达维亚-土耳其风格的宫殿，就在河岸边，清风吹拂，他的热病在那里一定能得到缓解。14然而对垂死之人来说，从雅西到尼古拉耶夫的路途实在太远了。

队伍是前一天启程的。他们在途中的一个村庄过夜，次日

---

① 罗曼诺夫皇朝自称享有曾被基辅罗斯统治的"全俄"的主权。莫斯科大公国是大俄罗斯，此外有白俄罗斯，乌克兰是小俄罗斯。今天位于乌克兰南部、当时属于克里米亚汗国和奥斯曼帝国的土地后来被称为新俄罗斯。当时由波兰统治、后来归属奥地利哈布斯堡皇朝的加利西亚，则被称为红俄罗斯。

早晨8点再次出发。走了5俄里之后，波将金身体极度不适，于是他们把他抬到卧车上。这时他还有力气坐起来。[15]又走了5俄里之后，他们停下了。[16]

伯爵夫人搂着他的脑袋。至少还有她在他身边。他一生中最好的两个朋友都是女人。其中之一是这个他最宠爱的外甥女，另一个当然是女皇本人，她正在千里之外如坐针毡地等候消息。在草原上，波将金浑身战栗，汗流浃背，痛苦呻吟，经受了非常痛苦的惊厥。"我烧起来了，"他说，"我着火了！"布拉尼茨卡伯爵夫人（叶卡捷琳娜大帝和波将金管她叫"萨申卡"）劝他保持平静，但"他回答说，他眼睛里的光线在变昏暗，他再也看不见了，只能听得见别人说话"。失去视觉表明他的血压在下降，这是人临死前常见的症状。经历了多年强迫症般的过度劳累、风风火火的长途旅行、精神紧张和过于放纵的享乐，如今受到疟疾，也许还有肝衰竭和肺炎的折磨，他曾经强健的身体终于垮了。公爵问医生："现在你们用什么能治好我？"萨诺夫斯基医生答道："现在只能信赖上帝。"他将一幅便携的圣像递给波将金。公爵既像法国启蒙思想家那样淘气地对宗教持怀疑态度，又像俄国农民一样有着迷信的虔诚。他还有足够的力气拿起圣像并亲吻它。

在附近观察的一名老哥萨克注意到公爵的身体歪斜下去，于是他凭依荒野边民那种对死亡特别的敏感，毕恭毕敬地提醒大家注意。波将金将手从圣像上拿开。布拉尼茨卡握住他的双手，然后拥抱他。[17]在临终之际，他自然想到了自己心爱的叶卡捷琳娜，喃喃道："宽恕我，仁慈的小妈妈女皇。"[18]随后波将金与世长辞，享年五十二岁。[19]

人们呆若木鸡地围在遗体周围，一言不发。伟人去世时，人们总会因为震惊而沉默。萨申卡伯爵夫人温柔地在他的脑袋下垫了一个枕头，然后伸手捂住自己的脸，当场昏厥。有些人号啕大哭，有些人跪下祈祷，向苍天举起双手。有些人互相拥抱和安慰。医生们盯着他们未能挽救的病人。其他人仅仅呆呆地凝视那张只有一只眼睛的面孔。左右两侧，成群的摩尔达维亚波雅尔或商人坐在那里看着，一名哥萨克试图控制一匹受惊的马，也许它感受到"波将金突然的英年早逝""震撼了整个地球"。[20]这些士兵和哥萨克是追随波将金南征北战的老兵，他们都啜泣起来，都没来得及为主公搭好帐篷。

欧洲最著名的政治家之一就这样去世了。同时代人承认他有自相矛盾和古怪之处，但都给予他高度评价。到访俄国的外国人无不希望见到这位奇人。他的强大个性让他总是处于注意力的焦点："他不在场的时候，人们谈论的唯一话题就是他；他在场的时候，每一双眼睛都盯着他。"[21]任何有机会见到他的人，都不会失望。曾在波将金的庄园逗留的英国哲学家杰里米·边沁称他为"至尊公爵"。[22]

利尼亲王认识他那个时代的每一位巨人，从弗里德里希大王到拿破仑。他这样描述波将金："我见过的最不寻常的男子……享乐时却闷闷不乐；因为自己太幸运而不开心；厌倦了一切；很容易感到厌恶，性格阴郁、善变；是深刻的哲学家、精明强干的大臣、绝佳的政治家，也像十岁的孩童……他的魔力的秘诀是什么？天才，天才，更多的天才；天生的才干，记忆力极佳，灵魂高尚；作恶时想的不是伤害别人，要弄诡计时并没有蓄意谋划……心情好的时候擅长征服每一颗心灵，慷慨大方……品味高雅，对人性极具洞察力。"[23]认识拿破仑和乔治·华盛顿的塞居尔伯爵说："在所有人当中，给我留下印象最深的，也是我觉得最有必要结识的，就是著名的波将金公爵。他的个性极其独特，因为他令人难以想象地融合了恢宏与狭隘、懒惰与勤奋、野心与散漫。这样的人无论在什么地方都会鹤立鸡群。"美国客人路易斯·利特尔佩奇写道，"惊世骇俗的"波将金公爵殿下在俄国的势力比沃尔西①、奥利瓦雷斯伯爵兼公爵②和枢机主教黎塞留在其各自王国的势力都强大得多。[24]

亚历山大·普希金出生于波将金在比萨拉比亚草原去世八年之后，长大后的他对波将金十分着迷，采访了波将金那几个已经年迈的外甥女，记载了她们讲的故事。普希金经常说，波将金公爵"被历史之手触碰过"。普希金和波将金都是特别惹人注目的人，也都具有本质的俄罗斯民族性，他俩可谓相得益彰。[25]二十年后，拜伦勋爵还在描写波将金，称他为"横行于黑夜的混世魔王"。[26]

按照俄国的风俗，必须为死者合上双目，然后在眼睛上放置钱币。伟人的眼睛自然需要金币来遮盖。波将金"比某些

---

① 托马斯·沃尔西（约1473—1530）是英格兰的约克大主教、枢机主教和政治家，曾任大法官（相当于后来的首相），权倾一时，深得亨利八世的信任。但因为他不能解决亨利八世希望与王后阿拉贡的凯瑟琳离婚并迎娶安妮·博林的问题，逐渐失宠，遭革职和镇压，甚至被指控叛国，在回伦敦向国王解释的途中去世。

② 加斯帕尔·德·古斯曼，奥利瓦雷斯伯爵兼公爵（1587—1645）是西班牙国王腓力四世的宠臣，1621—1643年担任首相，力主改革、强化中央集权、复兴工商业、提高航运竞争力，在伊比利亚半岛实行大团结，继而推动西班牙哈布斯堡家族与奥地利哈布斯堡家族联合称霸欧洲。这些计划在十多年内接连失败，让西班牙最终损失惨重，不但导致西班牙的"黄金时代"与海陆霸权彻底结束，而且中央集权与加税政策引发了加泰罗尼亚叛乱和葡萄牙独立。1643年，奥利瓦雷斯被免去首相职务并被流放，客死异乡。

国王还要富有"，但和很多巨富一样，他身上从来不带钱。他的随行队伍当中的权贵也没有一个人带着钱。人们翻检自己的口袋，摸索自己的上衣，传唤自己的贴身男仆。这个时刻一定很窘迫，但一个子儿也找不到。于是有人向士兵们求助。

刚才观察到波将金临终前痛苦挣扎的那位头发灰白的哥萨克拿出了一个 5 戈比的硬币。于是，人们用一枚卑微的铜币为尊贵的公爵合眼。这种反差很快就成为传奇。也许就是那个老哥萨克后退一步，喃喃道："活着的时候享用黄金，死的时候躺在青草上。"

这句妙语成了许多公爵夫人和普通士兵传诵的神话的一部分。若干年后，画家伊丽莎白·维热·勒布伦在圣彼得堡询问一位弯腰驼背的老公爵夫人，波将金去世的情形是什么样。"哎呀，我亲爱的，那位伟大的公爵，拥有那么多钻石和黄金，却死在青草地上！"老公爵夫人答道，仿佛波将金放肆地死在了她家的草坪上。[27] 在拿破仑战争期间，俄国陆军行军时唱的歌里讲到波将金"死在草原上，底下只铺了一件雨衣"。[28] 诗人杰尔查文认识到，放浪不羁的波将金死在了狂野的大自然当中，"如同迷雾降落在十字路口"，这是非常浪漫的事情。[29] 分别生活在帝国两端的两位观察者，一位是此时身在雅西的费奥多尔·罗斯托普钦伯爵（他最有名的事迹是在 1812 年放火烧毁了莫斯科），另一位是正在遥远的圣彼得堡的瑞典使节库尔特·斯特丁克伯爵，[30] 给出了一模一样的评价："波将金活着的时候是不寻常的人，死得也不寻常。"[31]

必须立即将波将金的死讯禀报女皇。萨申卡·布拉尼茨卡原本可以禀报女皇（此前她已经在向叶卡捷琳娜大帝报告公爵的健康状况），但她此时悲痛过度。于是一名副官奉命骑马去通知波将金最器重的秘书——不知疲倦的瓦西里·波波夫。

最后还有一件事几乎带有宗教仪式的色彩。悲伤的人们开始原路返回雅西的时候，一定有人想到，必须标记公爵去世的地点，以便将来建造纪念碑。但现场没有石块，而树枝容易被风吹走。这时，与波将金相识已经有三十年的盖特曼（哥萨克的将军）帕维尔·格拉瓦蒂从一名骑兵手中拿过他的扎波罗热哥萨克长矛。帕维尔骑马来到小小的高地，将长矛插入波将金去世的地点，然后回到后卫队伍。[32] 于是，一支哥萨克长矛标记了波将金的死亡地点，就像传说中人们用一支箭来选择罗宾汉的墓地一样。

与此同时，波波夫已经接到了消息，然后立刻写信给女皇："我们遭受了沉重打击！最仁慈的君主啊，最尊贵的格里戈里·亚历山德罗维奇公爵已经与世长辞。"[33] 波波夫将这封信托付给一名值得信赖的年轻军官，命令他火速赶往都城，在向女皇呈送消息之前绝不能休息。

七天后，10月12日下午6点，[34] 这名身穿黑衣以示恭敬的信使风尘仆仆地抵达冬宫，送上了波波夫的信。女皇读了信之后当场昏倒。廷臣们担心她中风了。御医被唤来给她放血。"眼泪和绝望"是叶卡捷琳娜大帝的私人秘书亚历山大·赫拉波维茨基对她的糟糕状况的描述。"8点，他们给她放血，10点扶她上床。"[35] 她的精神完全崩溃了，就连她的孙子孙女也没有获准见她。"她为之哀恸的不是自己的情人，"宫廷里一位理解女皇与波将金关系的瑞士籍教师写道，"而是自己的挚友。"[36] 她夜不能寐。凌晨2点，她起身给自己的忠实密友、爱吹毛求疵的哲学家弗里德里希·梅尔希奥·格林男爵写信：

"骤然的致命打击刚刚降临到我头上。今天傍晚6点，一名信使送来噩耗，我的学生，我的朋友，几乎是我的偶像，塔夫利公爵波将金在大约一个月的病痛折磨之后在摩尔达维亚去世了。你们想象不出，我是多么心碎……"[37]

从很多方面看，女皇始终没有从这次打击当中恢复元气。她的统治黄金时代与波将金一起死去了。与之同去的是他的声誉。在那个悲剧性的无眠之夜，叶卡捷琳娜大帝在冬宫套房内借助烛光写信告诉格林，波将金的成就一直让"胡言乱语之徒"嫉妒得发疯。他的敌人在他活着的时候无法打败他，但在他死后成功抹黑了他。波将金尸骨未寒，恶毒的谣言就出现了，大肆宣扬他的性格是多么古怪。这在两百年里严重损害了他的名誉。

叶卡捷琳娜大帝如果知道后世对她的"偶像"和"政治家"的印象竟然与一种诽谤和一部电影联系在一起，一定会无比震惊和愤怒。"波将金村"是历史对他的无耻污蔑，实际上他的确建立了许多城市。而电影《战舰波将金号》讲述的是反叛水兵引领革命的故事，这场革命发生在他去世许多年之后，最终毁掉了他热爱的那个俄国。① 抹黑波将金的传说的创

---

① 1905年6月（当年的革命期间），俄国黑海舰队的战列舰"波将金"号水兵发动起义，起义的直接原因是许多士兵拒绝吃以腐败且生蛆的肉做成的罗宋汤，长官以枪决相威胁，于是爆发矛盾。更广泛的原因则是1905年5月日俄战争期间对马海战中俄军惨败，导致后方士气低落，以及更大的社会动乱。起义被镇压下去，但也可能影响了尼古拉二世，使他决定结束日俄战争并接受《十月诏书》，因为他已经不再享有军队无条件的服从。"波将金"号被更名为"潘特莱蒙"号，参加了第一次世界大战，1925年被苏联海军除籍。"波将金"号水兵起义后来为布尔什维克党所推崇，列宁说这次起义是十月革命的彩排。1925年，谢尔盖·爱森斯坦拍摄了著名的黑白无声电影《战舰波将金号》，以记载这次起义。

造者是俄国的外敌、满腹嫉妒的俄国廷臣和叶卡捷琳娜大帝那位精神不太正常的继承人保罗皇帝。为了报复自己母亲的情夫，保罗皇帝不仅诽谤波将金，还企图破坏他的遗骨。在19世纪，罗曼诺夫家族统治着一个严峻的军国主义官僚机构，也有着维多利亚时代一本正经的道德观，所以他们一方面将叶卡捷琳娜大帝的荣耀为己所用，另一方面又对她的私生活，尤其是"半沙皇"波将金扮演的角色感到尴尬。[38] 继承罗曼诺夫皇朝的苏联统治者对波将金有着类似的顾虑，因此放大了关于波将金的不实之言（不过研究表明，热衷于研究历史的斯大林私下里很仰慕波将金）。[①] 即便最卓越的西方历史学家仍然主要把波将金视作腐化堕落的小丑和色情狂，而不是伟大的政治家。[②] 上述几种因素结合起来，导致波将金公爵还没有获得历史上应有的地位。叶卡捷琳娜大帝不知道后世会如何诽谤中伤波将金。在晚年，女皇一直在哀悼这位她的朋友、情人、军事家、政治家，或许还是她的丈夫。

1792年1月12日，波将金公爵的内务总管瓦西里·波波夫肩负特殊使命，抵达圣彼得堡。他带来了波将金最珍爱的宝贝：叶卡捷琳娜大帝写给他的情书，还有关于国家大事的书

① "叶卡捷琳娜大帝的天才表现在何处？"1934年夏季，斯大林在与自己最宠爱的亲信安德烈·日丹诺夫进行一次著名的关于历史的讨论时问道。斯大林自问自答："她的伟大之处在于选拔了波将金公爵以及其他类似的有才干的情人和官员来治理国家。"笔者在为 Stalin: The Court of the Red Tsar 一书做研究的时候发现了这个故事。笔者采访了安德烈·日丹诺夫的儿子尤里（后来他成为斯大林的女婿），当时他已经八十多岁了。尤里·日丹诺夫还是个孩子的时候见证了斯大林与安德烈·日丹诺夫的上述谈话。——作者注

② 例如，剑桥大学的一位备受尊重的历史学教授在1994年评价波将金的政治和军事才干的时候说了一句固然风趣却毫无根据的话，说波将金"在卧室之外的所有地方都缺乏自信"。——作者注

信。这些书信被捆成若干包裹。（在生命中的最后时期，波将
金一再阅读其中部分书信，知道自己再也没有机会见到叶卡捷
琳娜大帝，于是泪水沾湿了信纸。）

女皇接见了波波夫，从他手里接过书信。她命令除了波波
夫之外所有人都退下，然后锁上门，两人一起哭泣。[39] 此时距
离她第一次见到波将金的那一天，也就是她攫取权力、成为全
俄罗斯女皇的那一天，已经过去了差不多三十年。

注　释

1 此处对波将金之死的描述，除非另有说明，主要资料来源为 V. S. 波波
  夫向叶卡捷琳娜大帝所做的关于波将金患病的报告：RGVIA 52. 2. 94. 3−26 and
  RA（1878）1 pp 20−5. G. Derzhavin, *The Waterfall*, in H. G. Segal, *The Literature
  of Eighteenth-Century Russia* vol 2 p 302。

2 RGADA 5. 85. 1. 124−5, L 153 / SIRIO 27：217, CtG to GAP 30 September 1782.

3 Prince de Ligne, *Letters and Reflections*, ed Baroness de Staël vol 2 p 6, Prince de
  Ligne to Comte de Ségur 1 August 1788.

4 M. M. Ivanov's print, Hermitage E：22158. Commissioned by V. S. Popov and
  Countess A. V. Branicka. 奇怪的是，尽管波波夫当时在雅西等待土耳其特命
  全权大使，所以不在波将金去世的地点，但这幅图里画了波波夫。这无疑
  是根据他自己的命令。伊万诺夫是波将金的宫廷画师，总是在随行队伍中。
  见本书第 23 章。这不是描绘波将金之死的唯一画作，另见 *Death of
  G. A. Potemkin*, an engraving by G. I. Skourodytov, 这幅画只画了死去的波将金
  的头部和躯干，胳膊交叉摆在胸前。

5 James Harris, *Diaries and Correspondence* p 281, Sir James Harris to Viscount
  Stormont 21 July/1 August 1780.

6 作者于 1998 年去摩尔多瓦访问所得。

7 Ligne, *Letters*（Staël）p 97, Prince de Ligne to Prince Kaunitz November 1788.

8 SIRIO 23（1878）：571, CtG to Baron F. M. Grimm August 1792. K. Waliszewski,
  Autour d'un trône vol 1 p 141.

9 AKV 13：216−22, A. A. Bezborodko to P. V. Zavadovsky 5 December 1791, Jassy.

10 RGADA 5. 85. 1. 429. L 470, CtG to GAP 3 October 1791.

11 RGADA 5. 85. 2. 304. L 470, CtG to GAP.

12 RGVIA 52. 2. 22. 191. L 470, CtG to GAP October 1791.

13 C. F. P. Masson, *Secret Memoirs* p 109.

14 作者于 1998 年去摩尔多瓦访问所得。

15 RA 1867 A. N. Samoilov, 'Zhizn i deyania Generala Feld Marshal Knyazya Gri-goriya Alexandrovicha Potemkina-Tavricheskogo' col 1558.

16 Samoilov col 1558.

17 L. N. Engelhardt, *Zapiski* 1868 p 96.

18 Samoilov col 1558.

19 AKV 13: 216-22, Bezborodko to Zavadovsky 5 December 1791, Jassy.

20 Derzhavin, *The Waterfall*, in Segal vol 2 p 299.

21 BM 33540 f 296, Jeremy Bentham to Prince P. Dashkov 19/30 July 1786.

22 Masson p 110.

23 Ligne, *Letters* (Staël) vol 2 p 6, Prince de Ligne to Comte de Ségur 1 August 1788.

24 Louis Philippe, Comte de Ségur, *Mémoires et souvenirs et anecdotes* 1859 pp 348-9. Littlepage quoted in Curtis Carroll Davis, *The King's Chevalier* p 148.

25 A. S. Pushkin, *Polnoye Sobraniye Sochineniya* vol 12 p 177.

26 Lord Byron, *Don Juan* VII: 41.

27 Elisabeth Vigée Lebrun *Souvenirs* vol 1 p 324.

28 ZOOID 9 (1875): 461-4.

29 Derzhavin, *The Waterfall*, in Segal vol 2 p 299.

30 Comte de Stedingk, *Un Ambassadeur à la cour de Catherine II*, ed Comtesse Brevern de la Gardie, p 186, Stedynk to Gustavus III 28 October 1791.

31 AKV 7: 37 Count Fyodor Rostopchin to Count S. R. Vorontsov 7 October 1791, Jassy.

32 A. Soldatsky, *The Secret of the Prince*, ZOOID 9, 360-3.

33 RGVIA 52. 2. 94. 30, V. S. Popov to CtG, Jassy.

34 SIRIO 23: 561, CtG to Grimm.

35 A. V. Khrapovitsky, *Dnevnik* p 377.

36 Masson p 113.

37 SIRIO 23: 561, CtG to Grimm.

38 Bakunin quoted in Wladimir Weidle, *Russia: Absent and Present* p 49.

39 Khrapovitsky, pp 377-87. 关于波将金的史学史。19 世纪罗曼诺夫皇朝假正经的道德观和自保的需求，使他们拒绝为波将金恢复名誉。直到 1905 年革命之后在帝俄政府被迫放松其专制统治的时候，关于波将金与叶卡捷琳娜大帝婚姻的史料才得以出版。

苏沃洛夫凭借对抗法国人的作战赢得了极高的声誉，后来在整个 19 世纪与伟大卫国战争期间又成为赞颂的对象。对他的崇拜也歪曲了波将金的历史地位。在斯大林去世之前，苏联的历史书对波将金的态度混合了阶级仇恨和意识形态色彩，波将金的主要作用是展示帝制的愚蠢，以及扮演一个笨手笨脚、"经常妨碍"苏沃洛夫的傻瓜贵族。见 *Bolshaia Sovietskaya Encyclopedia* volume 46 p 545，published in 1940。*Istorii SSSR* 的晚期版本（比如 Y. I. Belan 编辑的 1949 年版）甚至更加严格地遵守这种史观，因为斯大林在第二次世界大战期间把苏沃洛夫确立为官方的英雄。（有一位历史学家采纳了略微不同的路线，把波将金描绘为彼得大帝那样的人民领袖。1939 年在莫斯科出版的 *Istoriia SSR volume 1 pages 702/3，S drevneiskykh vremen do kontsa XVIII v.* 中作者写道："波将金受到贵族的仇恨，因为他专断独行；他在士兵当中很受欢迎，不过比苏沃洛夫还是差一点。"那是当然了。但这篇论文是在二战之前发表的。）到了 20 世纪 50 年代，E. I. Druzhinina 等历史学家才开始认真分析波将金的生涯。苏联解体之后，V. S. Lopatin 和 O. I. Yeliseeva 等作者的主要研究著作得以面世，赋予了波将金应有的历史地位。

在西方，从波将金去世一直到今天，关于叶卡捷琳娜大帝与其情人波将金的浪漫历史著作有很多。不过，在现代研究俄国的卓越的专家 Marc Raeff、Isabel de Madariaga、J. T. Alexander 和 W. Bruce Lincoln 都认识到了波将金扮演的特殊角色。Vincent Cronin 的叶卡捷琳娜大帝传记对波将金的描绘相当公正，而 Henri Troyat 强调了波将金的个性。不过，关于波将金的传说过于丰富多彩和奇异，所以对学术历史学家也产生了影响。即便到了 20 世纪 90 年代，仍然有很多学者把波将金视为半是笑话、半是传说的人，在看待他的时候无视历史规律。以下面两位德高望重的现代历史学家为例。波将金"在卧室之外的所有地方都缺乏自信"的引文出自剑桥大学欧洲现代史教授 T. C. W. Blanning 的作品，他是约瑟夫二世和"开明专制"研究领域的卓越权威，他在 *Joseph II Profiles in Power* 的第 176 页写到了波将金在卧室里的本领。伦敦大学斯拉夫与东欧研究学院的历史学教授 Norman Davies 在 *Europe：A History* 的第 658 页写到"波将金村"，仿佛那是一个无可争议的历史事实。

第一部分

波将金与叶卡捷琳娜，
1739—1762 年

1　外省青年

> 我宁愿得知你阵亡的消息，也不愿听到你让自己
> 蒙羞。
>
> （斯摩棱斯克的一位贵族给自己即将参军的儿子的建议）
>
> ——L. N. 恩格尔哈特，《回忆录》

据传说，波将金年少时曾吹嘘："等我长大之后，我要么当政治家，要么当大主教。"他的同学也许会嘲笑他的鸿鹄之志，因为他出身于一个虽然体面却既无声望也无财富的外省乡绅家庭。他的教父更理解他，常说这孩子要么"光宗耀祖，要么会掉脑袋"。[1] 在当时的俄国，要想平步青云，唯一办法是得到君主的恩宠，而这个默默无闻的外省青年到二十二岁时已经设法见到了两位女皇。

格里戈里·亚历山德罗维奇·波将金于 1739 年 9 月 30 日[①]出生在距离古老的要塞城市"神圣的斯摩棱斯克"不远的小村庄奇若瓦。波将金家拥有一座小庄园和 430 名男性农奴。他们家远远谈不上富裕，但也肯定不穷。他们属于中间阶层，但做了一些即便在俄罗斯帝国的狂野边疆也算怪异的

[①]　和他的方方面面一样，他的出生日期也是个谜团，因为无法确定他去莫斯科生活和加入近卫军时的年龄。有一种说法是他出生于 1742 年，这是他的外甥萨莫伊洛夫给出的年份。各种说法和军队的档案互相矛盾，相关的争论十分枯燥。这里给出的是可能性最大的一种说法。——作者注

事情来弥补家族荣耀的缺失。波将金家族有波兰血统，人丁兴旺，和所有贵族一样，为自己炮制了可疑的祖先谱系。越是卑微的小贵族，就越是喜欢吹捧自己的祖先。波将金家族自称是特列辛和伊斯托克的后代。特列辛是古代意大利的一位君主，曾在约公元前 100 年威胁罗马。伊斯托克是 11 世纪的一位达尔马提亚王公。这个意大利-达尔马提亚王族经历了无法解释的长达几个世纪的默默无闻，出现在斯摩棱斯克的时候顶着绝对没有拉丁色彩的姓氏"波将金"或者波兰化的"波将普斯基"。

波将金家族在莫斯科沙皇与波兰国王的斗争当中如鱼得水、左右逢源，从双方那里都得到了斯摩棱斯克周边的一些土地。家族的族长是汉斯-塔拉西（据说这是特列辛的变体）·波将金，他有两个儿子，伊凡和伊拉里昂。家族的两个分支就是这兄弟俩的后代。[2] 伊拉里昂的后代是幼支，本书主人公格里戈里就属于这一支。家族的两支都出了一些中层军官和廷臣。到波将金曾祖父的时代，他们家就只效忠于莫斯科大公国，那时莫斯科大公国正逐渐从波兰立陶宛联邦那里收复传统的基辅罗斯土地。

斯摩棱斯克贵族互相通婚，都是亲戚，波将金家族是其中的栋梁。斯摩棱斯克贵族拥有独特的波兰身份认同。俄国贵族被称为 dvoryanstvo，而斯摩棱斯克贵族仍然像波兰贵族一样自称"什拉赫塔"（szlachta）。今天的斯摩棱斯克处于俄国腹地，但波将金出生的时候它还是一座边境城市。1739 年俄罗斯帝国的西部边境在斯摩棱斯克，往东已经越过西伯利亚，到了清朝边疆；北方的边界在波罗的海，向南一直延伸到高加索山脉。不过，当时俄国还没有获得最宝贵的战利品——黑海。彼得大帝的父亲阿列克谢沙皇在 1654 年才征服了斯摩棱斯克，在那之前它是波兰的一部分。当地贵族在文化上仍然是波兰人，所以阿列克谢沙皇确认了他们的特权，允许斯摩棱斯克团选举自己的军官（但不准他们保留与波兰的联系），并命令他们的下一代必须娶俄国姑娘，不准与波兰人通婚。波将金的父亲可能穿过波兰贵族的肥大裤子和长上衣，在家里可能说波兰语，但出门的时候一定会换上更为德意志化的俄国陆军军官制服。所以波将金是在半波兰化的环境里长大的，继承了比大多数俄国贵族更紧密的与波兰的联系。这种联系在日后会显得很重要：他后来获得了波兰身份，并考虑自立为波兰国王，有时似乎认为自己是波兰人。[3]

波将金唯一有名的祖先（不过是伊凡那一支的后代）是彼得·伊凡诺维奇·波将金，他是一位有才干的军事指挥官，后来当过阿列克谢沙皇及其继承者费奥多尔三世沙皇（分别是彼得大帝的父亲和异母兄）的大使。彼得·伊凡诺维奇·波将金在欧洲造成了若干重大的外交事件。

1667 年，这位地方总督和高级廷臣成为首任俄国驻西班牙和法国大使。1680 年，他成为俄国派驻欧洲多国首都的特使。当时的欧洲还把莫斯科的沙皇视为野蛮人，所以波将金大使想方设法确保自己主公的威望得到尊重。俄国人自己也很排外，鄙视不信东正教的西欧人，觉得他们比土耳其人强不了多少。当时所有君主对头衔和礼节都非常敏感，而俄国人觉得必须加倍敏感。

在马德里，这位蓄着大胡子、穿着笨重长袍的俄国大使要求西班牙国王在每次听到沙皇的名字时都脱帽致敬。国王不肯，彼得·波将金要求对方解释。西班牙人质疑沙皇的头衔，于是彼得·波将金与他们争吵起来。西班牙人把沙皇的若干头衔的顺序搞错后，双方吵得更厉害了。在返回巴黎途中，波将金大使又因为头衔和法国人吵起来，差点和海关官员动粗，并且拒绝为自己镶嵌宝石的圣像和缀有钻石的莫斯科大公国式的长袍缴纳关税，抱怨海关官员收费过高，骂他们是"龌龊的异教徒"和"受诅咒的狗"。路易十四想要安抚俄国这个新生的欧洲强国，于是亲自为这些误会道歉。

波将金大使第二次访问巴黎时仍然动辄发飙，然后他乘船去了伦敦，受到查理二世接见。这是波将金的外交生涯中唯一一次觐见外国君主时没有搞出乱子、以闹剧告终。彼得·波将金访问哥本哈根时发现丹麦国王卧病在床，于是命人在国王病榻旁摆上一张沙发，自己躺在上面。就这样，沙皇的大使能够以平等的姿态，躺着与丹麦国王谈判。波将金大使回国时，费奥多尔三世沙皇已经驾崩，波将金因为在外国宫廷过分的胡闹而遭到摄政者索菲亚①的严厉训斥。② 这种粗暴的性格似乎在波将金家族的两个分支都遗传了下来。[4]

格里戈里·波将金的父亲亚历山大·瓦西里耶维奇·波将金是个粗野笨拙且性格古怪的军人，这种角色一定让 18 世纪

---

① 索菲亚·阿列克谢耶芙娜（1657—1704）是阿列克谢沙皇的女儿，是费奥多尔三世沙皇与伊凡五世沙皇的亲姐姐，也是彼得大帝的异母姐姐。费奥多尔三世驾崩后，索菲亚为两个弟弟摄政。伊凡五世和彼得被宣布为共治沙皇，索菲亚被推举为"伟大的女君主"，她是俄国的第一位女性统治者。彼得大帝后来发动政变，推翻了索菲亚，将她软禁在修道院直至死去。

② 格里戈里·波将金的行为举止比他的祖先更让西方人震惊。他在圣彼得堡崛起之后，大家觉得他需要一位有名的祖先。于是，他们找到了太阳王与"快活王"查理二世时代那位暴脾气、排外、学究气的波将金大使的一幅肖像（可能是英国大使馆馈赠的礼物），将其悬挂在叶卡捷琳娜大帝的埃尔米塔日宫。——作者注

外省驻军的生活既枯燥无聊又多姿多彩。他可以说是布林普上校①的早期俄国原型，疯疯癫癫，总是怒气冲冲，极其鲁莽冲动。亚历山大年轻时在彼得大帝的军队里服役，参加过整个"大北方战争"，包括1709年决定性的波尔塔瓦战役。彼得大帝在那场战役里打败了瑞典侵略者查理十二世，从而保卫了他的新城市圣彼得堡并保障了俄国到波罗的海的出海口。亚历山大随后参加了里加围城战，参与俘虏了四艘瑞典巡航舰，获得嘉奖，后来身体左侧负伤。

战后，这位老军官不得不在军事官僚机构里任职，在偏远的省份喀山和阿斯特拉罕承担沉闷无趣的人口普查工作，并指挥小规模的驻军。我们对他的性格和职业生涯的细节了解不多，但我们知道，他后来因为伤痛而要求退役的时候被传唤到陆军委员会的一个理事会。按照当时的习惯，他需要脱去军服以展示自己的伤疤，这时他看见理事会的一名成员是熟人，曾在他麾下担任士官。于是他立刻穿上衣服，指着那人说："什么？就凭他，也要审核我？我绝不容许。我宁愿继续服役，不管伤口多么痛！"然后他气哼哼地冲出去，又度过了两个无聊的服役年头。最后他于1739年，也就是他的儿子出生那年，带着病痛退役，最终军衔为中校。[5]

老亚历山大·波将金是家里的暴君。他看上达里娅·斯库拉托娃（这件事可能发生在奇若瓦村附近的大斯库拉托瓦庄园）的时候，他的第一任妻子还在世。斯库拉托娃原名达里娅·瓦西里耶芙娜·孔德列娃，嫁给大斯库拉托瓦庄园的主人

---

① "布林普上校"是新西兰卡通画家大卫·洛在1934年创作的讽刺卡通人物，是个傲慢、暴躁、思想守旧甚至反动的上层社会人物。

斯库拉托夫后，二十岁就守了寡。波将金中校立刻娶了达里娅。对这个年轻姑娘来说，连续两任上了年纪的丈夫肯定都不是很合她的心意，但斯库拉托夫一家很乐意给她找个新家。

中校的这个年轻妻子很快遭受了非常不幸的打击。她怀上第一个孩子（是个女儿，取名为玛尔法·叶连娜）的时候才发现波将金中校是有妇之夫，他的第一任妻子就住在村里。也许全村人都知道中校的秘密，达里娅一定觉得自己在全体农奴面前被耍了。当时和现在一样，重婚既违背教会的规矩，也违反国家的法律，但在奇若瓦这样偏僻的地方，政府的档案工作一塌糊涂，男人对女性掌握着主宰权，所以关于外省乡绅重婚的故事屡见不鲜。大约在同一时期，阿布拉姆·汉尼拔将军（普希金的阿比西尼亚外曾祖父）正把自己的第一任妻子关在地牢里拷打，直到她同意进修道院；同时他娶了第二任妻子。汉尼拔的一个儿子也这么干过。[6]俄国的丈夫要想再婚，一般不需要用拷打来劝说自己的现任妻子进修道院。达里娅拜访了自己的前任，泪流满面地恳求她出家，从而让自己的婚姻合法。

我们可以搜集到足够的材料，证明这门婚姻非常不幸。亚历山大·波将金让妻子几乎始终处于怀孕的状态。她生了五个女儿和一个儿子，格里戈里排行第三。脾气暴躁的波将金中校还特别喜欢吃醋。往往丈夫越是吃醋，妻子就越是吸引别的男人的注意。年轻的达里娅有不少仰慕者。一份史料告诉我们，大约在格里戈里刚出生的那段时间，波将金中校对到访的亲戚、即将成为小格里戈里的教父的格里戈里·马特维维奇·基兹洛夫斯基产生了疯狂的猜疑。基兹洛夫斯基是个来自莫斯科的高级公务员，精通世故。据说小格里戈里的名字就是根据教父基兹洛夫斯基的名字起的，但基兹洛夫斯基是否可能是小格里戈里的生父？我们不知道。波将金公爵遗传了父亲疯狂和阴郁的性格。而在波将金中校去世后，格里戈里也敬爱基兹洛夫斯基，视他如父。我们必须接受凡俗的现实：即便在通奸行为司空见惯的 18 世纪，也有些孩子确实是他们母亲的丈夫的后代。

关于波将金的母亲，我们掌握的材料比关于他父亲的多得多，因为她一直活到目睹格里戈里成为帝国的统治者。达里娅颇有姿色，聪明能干。在一幅描绘她晚年样貌的肖像里，老太太戴着帽子，面容显得坚毅，疲惫但精明，鼻梁有多处隆起，下巴线条犀利。她的面貌比儿子粗糙一些，尽管大家觉得他长得很像母亲。1739 年她发现自己第三次怀孕的时候，征兆都很吉利。奇若瓦本地人说，她梦见自己看到太阳从天空坠落，径直落到她的肚皮上，这时她惊醒了。村里的算命人阿格拉菲娜解梦说，这预示着她怀的是儿子。不过，波将金中校仍然想方设法糟践她的幸福。[7] 达里娅临盆的时候，在村里的浴室等候生产，可能是她的农奴女仆在身边侍奉。根据当地人至今仍在讲述的故事，她的丈夫整夜不睡，痛饮家酿的莓果酒。农奴们熬夜等候女主人分娩。在女主人生了两个女儿之后，大家都想要一个小少爷。格里戈里降生后，教堂钟声响起以示庆祝。农奴们载歌载舞直到天明。[8] 他出生在浴室，而将来有朝一日冬宫的浴室会成为他与叶卡捷琳娜大帝经常幽会的场所。

达里娅的孩子们的家庭生活被一道阴影笼罩着，那就是父亲的极度偏执。她的婚姻哪怕曾经有过一丝浪漫，到她发现丈夫另有家室的时候这浪漫恐怕也已经荡然无存。雪上加霜的是，他指控她不忠。他吃醋太厉害，以至于当他们的女儿们结婚时，他禁止女婿亲吻达里娅的手，以免肉体接触会造成罪孽。

继承人出生之后，许多人前来向波将金中校道喜，其中有他的堂兄弟谢尔盖·波将金，此人告诉中校，格里戈里并非他的亲生骨肉。谢尔盖之所以搬弄是非当然不是为了主持公道，而是希望自己家能够继承波将金中校的庄园。这位老军人暴跳如雷，申请与达里娅离婚并宣布格里戈里是私生子。达里娅害怕被关入修道院，于是请来了精明世故且办事理智的教父基兹洛夫斯基。他从莫斯科匆匆赶来，说服有点老糊涂的波将金中校放弃离婚的想法。于是格里戈里的父母继续在一起生活。[9]

格里戈里·波将金人生的最初六七年是在他父亲的村庄奇若瓦度过的。奇若瓦村位于奇沃河畔，这是广阔平原上的一条小河，虽不宽却深，两岸泥泞。奇若瓦距离斯摩棱斯克有好几个小时的路程，从斯摩棱斯克到莫斯科则是 350 俄里。圣彼得堡在奇若瓦的 837 俄里之外。夏季的奇若瓦酷热难当，而且因为地势平坦，冬季酷寒，冷风刺骨。不过，夏季的乡间风光旖旎，草木葱茏。它当年是，如今仍是一片狂野的平原，对孩童来说是令人心旷神怡、激动不已的地方。

从很多方面看，这个村庄是俄国社会的缩影。当时的俄罗斯国家有两个基本的事实。一是帝国具有一种永恒的、原始的本能，要向四面八方不断扩张。奇若瓦当时位于俄国躁动不安的西部边疆。二是贵族与农奴的对立。波将金的家乡也分成两部分。今天这个村庄几乎已经不复存在，但仍然能看到这种二元对立的痕迹。

波将金的第一个家位于奇沃河畔一座小丘之上，是一座朴素的单层木制庄园宅邸，拥有雅致的正立面。它与社会地位更高的富裕权贵的豪宅的差距实在太大了。例如，在 18 世纪晚些时候，基里尔·拉祖莫夫斯基伯爵位于更南方的乌克兰的庄园"更像一座新城镇，而不是乡间别墅……有四五十座附属建筑……有卫兵、成群结队的仆人和一支大规模的乐队"。[10] 在奇若瓦，宅邸周围唯一的附属建筑可能就是格里戈里出生的那座浴室，它的位置应当在小河和水井附近。浴室是俄国生活的一个重要组成部分。农村人男女混浴，[①]"人们不分年龄和性别，一起使用浴室。他们从很小的年纪就坦诚相见，所以已经无所谓了"，[11] 这让一位到访的法国小学校长大吃一惊。对俄国人来说，浴室是家宅的一个延伸部分，是舒适、放松的社交场所。

如果不考虑父母的婚姻问题，对孩子来讲，这或许是个虽然简单却无忧无虑的成长环境。我们可以读到斯摩棱斯克省小贵族家庭一个男孩成长的经历。列夫·尼古拉耶维奇·恩格尔哈特是波将金的亲戚，比波将金晚出生三十年，记载了自己在一个邻近村庄的生活。他的生活与波将金的童年相比应当变化不大。幼年的恩格尔哈特可以穿着农民的衬衫、光着脚跑来跑去："我受到的教育很像卢梭主张的那种体制：高贵的野蛮人。但我知道，我的祖母不仅没听说过卢梭的著作，而且恐怕连俄语语法也搞不清楚。"[12] 另一位与波将金有亲戚关系的回忆录作者写道，"本地最富有的地主也只有 1000 名农奴"，并且"他只有一套银餐具，只给最重要的贵宾用，其他人就只能用

---

① 一直到 1917 年还是这样。拉斯普京的敌人向尼古拉二世抱怨说拉斯普京与其女性信徒共浴。末代沙皇反驳道，这是老百姓的惯常风俗。——作者注

白镴调羹"。[13]

　　格里戈里（昵称为格里沙）是村庄的继承人，而且除了老父亲之外，他是这个充满女人气的家庭（五个姊妹加他的母亲）里唯一的男人。我们估计他是大家注意力的焦点，这种家庭气氛一定塑造了他的个性，因为他毕生都是众人瞩目的焦点。他曾说自己是"命运的宠儿"。他必须做到与众不同，必须是主宰者。从小在一群女人当中长大，他在女人面前完全轻松自如。成年之后，他最亲近的朋友都是女人，他的飞黄腾达也是因为他能够巧妙地处理与其中一个女人的关系。不过，充满脂粉气的简朴家庭生活不会维持很久，因为他的大多数姊妹很快就嫁给了斯摩棱斯克体面的士绅人家（娜杰日达除外，她在十九岁时去世）。玛尔法·叶连娜嫁给了瓦西里·恩格尔哈特，玛丽亚嫁给了尼古拉·萨莫伊洛夫，他们的儿女，也就是波将金的外甥和外甥女，将在波将金的生活中发挥重要作用。[14]

　　为国效力是俄国贵族的唯一职业。格里沙的父亲曾与彼得大帝一同在波尔塔瓦作战。出生在这样的家庭里，格里沙一定从小被教导他的义务和成功之路只能是为帝国效力。父亲的功绩很可能让这个男孩浮想联翩。在俄国，尤其在外省士绅当中，军服带来的荣耀是至高无上的。1721年，彼得大帝制定了"职级表"，确定了军官、文官和廷臣的等级制度。任何人只要达到军官的十四级或文官的八级，就会自动获得世袭贵族（dvoryanstvo）的身份，但彼得大帝也强制要求所有贵族终身服役。到波将金出生的年代，贵族已经逐渐摆脱这种屈辱的从属地位，但为国家服务仍然是出人头地的唯一道路。波将金对神职有兴趣。他的一位17世纪的祖先是大修道院长，他的父亲也送他去斯摩棱斯克的一家神学院学习。不过，他注定是要从军的。[15]

在宅邸附近的河畔有一口井，今天的名字仍然是叶卡捷琳娜井。传说波将金曾带女皇来到这里，向她介绍自己的出生地。他小的时候可能曾从这口井里取水，因为中等士绅的生活条件虽比小康的农奴要强，但也强不了多少。波将金出生后可能被托付给了村里的一个农奴奶妈。不管怎么说，这个"高贵的野蛮人"的原型人物的确是汲取俄国农村的元气长大的。养育他的不仅有他的母亲和姐姐，还有女农奴。他幼年听到的音乐是农奴在夜间和节日的哀怨歌唱。他学会的舞蹈更多是喧闹欢腾和优雅的农民舞，而不是本地地主舞会上的法国花式舞。他一定既认识村里的神父，也熟悉算命人。他在农民家里温暖、气味不太好闻的火炉旁（那里有热气腾腾的"卡莎"，即荞麦粥；有"什一"，辣味的白菜肉汤；有格瓦斯，一种黄色的酸啤酒，与伏特加和莓果酒一起喝）就像在自己宅邸一样如鱼得水。据传说，少年波将金的生活很简朴。他与神父的孩子一起玩耍，和他们一起牧马，与农奴一起收集干草。[16]

奇若瓦小小的东正教圣母教堂（原建筑已经消失，后继的建筑也只剩残垣断壁）位于村庄里农奴居住的那半边。少年波将金的很大一部分时间在那里度过。农奴们十分虔诚：每个农奴"除了从受洗时就戴上的经过祝圣的护身符之外，还携带自己的……主保圣人的小小圣像，小圣像是在铜版上压制而成的。士兵和农民经常从口袋里掏出这样的小圣像，吐口唾沫然后用手指摩挲……然后将其摆正，扑通一声在圣像前跪下……"[17]农民走进一栋屋子时常常会问"上帝"在哪里，然后在圣像面前画十字。

波将金从他长大成人的环境当中沾染了农民的虔诚和迷信。他是在村庄的教堂受洗的。很多地主请得起外国教师来教导自己的孩子，最好是法国或德意志教师，也有的教师是大北方战争期间被俘的如今已经年迈的瑞典战俘，例如普希金的中篇小说《上尉的女儿》里穷地主家的瑞典人。但波将金家族请不起外国教师，据说是当地的神父谢苗·卡尔泽夫和教堂司事季莫费·克拉斯诺佩夫采夫教他字母表和祈祷的。这让波将金毕生都对宗教饶有兴趣。格里沙学会了唱歌，热爱音乐，这是他成年之后的另一个特点。波将金公爵身边总是带着他的管弦乐队和一叠新的乐谱。有一个传说是，几十年后，曾教育波将金的这两位乡村圣人之一到了圣彼得堡，听说自己的学生已经成为宫廷第一权臣，于是拜访了他。公爵热情接待了老师，安排他到青铜骑士像（法尔科内①创作的彼得大帝像）那里当管理员。[18]

430 名男性农奴及其家人居住在教堂周围。农奴，或者按照俄国的说法是"魂灵"，只计算男性农奴的人数。贵族的财富多寡不是用金钱或土地面积，而是用"魂灵"的数量来衡量的。当时全国总人口为 1900 万，其中有约 5 万男性贵族和 780 万农奴。农奴的一半是庄园农奴，属于贵族或皇室；另外一半是国家农奴，由国家拥有。只有贵族可以合法地拥有农奴，但拥有"魂灵"数量超过 1000 个的贵族只占贵族总数的

---

① 艾蒂安·莫里斯·法尔科内（1716—1791）是法国的巴洛克、洛可可和新古典主义风格的雕塑家，最有名的作品就是他应叶卡捷琳娜大帝之邀创作的彼得大帝青铜骑马像。这座雕像位于圣彼得堡的元老院广场（曾被称为"十二月党人广场"），是这座城市最著名的地标之一。普希金的名诗《青铜骑士》与该雕像有紧密的联系。

1%。拥有数十万农奴的大贵族的产业将在叶卡捷琳娜大帝在位期间达到奢侈的巅峰，那时很多大贵族拥有由农奴组成的管弦乐队以及农奴身份的圣像和肖像画家。俄国最富有的农奴拥有者舍列梅捷夫伯爵名下有一个由农奴组成的剧团，能够上演40部歌剧。尤苏波夫公爵的芭蕾舞剧团拥有数百名农奴芭蕾舞女。斯卡乌龙斯基伯爵（叶卡捷琳娜一世的亲戚，娶了波将金的外甥女之一）痴迷音乐，以至于他禁止自己的农奴正常讲话，而要求他们都用歌剧宣叙调。[19] 这样的例子当然很稀罕。82%的贵族相对贫穷，名下的农奴数量不到100人。拥有农奴数量在101—500人的贵族属于中等水平，波将金家族就属于这个档次。[20]

奇若瓦的农奴是波将金中校的绝对财产。当时的法国作家用 esclaves（奴隶）这个词描述俄国农奴。他们与新大陆的黑奴有很多相同之处，但俄国农奴与其主人属于同一个种族。农奴制颇有讽刺之处，因为波将金出生时代的俄国农奴是地主的动产，处于社会最底层，但他们同时也是国家与贵族的权力的基本来源。国家强制征募农奴以组建军队，农奴组成了俄国的步兵部队。地主把被选中的倒霉蛋送去当兵，他们不得不终身服役。俄国皇帝的军费来自农奴缴纳的赋税。农奴也是贵族财富的核心。皇帝和贵族争相去控制农奴，并尽可能地压榨他们。

贵族可以从长辈那里继承"魂灵"，皇帝为了向宠臣表示感谢也会赐予他们农奴，贵族还可以通过报纸上的广告来购买农奴，就像今天买二手车一样。例如，在1760年，米哈伊尔·谢尔巴托夫公爵（他后来批判过波将金的品德）把三个姑娘卖给另一位贵族，价钱仅为3卢布。主人也经常为自己像父亲一样关怀农奴而自豪。"农奴的人身就是财产，所以主人一定会对他们体恤有加。"[21] 基里尔·拉祖莫夫斯基伯爵的内廷有 300 多名家仆，当然全都是农奴（除了法国厨师，以及他儿子们的一名法国或德意志家庭教师），包括一名司仪、一名主要贴身男仆，两名侏儒，四名美发师，两名专门倒咖啡的仆人，等等。"叔叔，"他的侄女说，"我觉得你根本不需要这么多仆人。"拉祖莫夫斯基答道："的确如此。但没有我，他们就没了生计。"[22]

有时农奴会真诚地热爱自己的主人。宫廷大总管舒瓦洛夫伯爵有一次被迫卖掉一座距离圣彼得堡 300 俄里的庄园。他在都城的时候，一天早上被庭院内的喧嚣吵醒。原来是他的一群农奴从乡下长途跋涉来到这里。"我们在您的治下心满意足，不想失去您这样善心的主人，"他们宣称，"所以我们大家凑钱……凑齐了买回庄园需要的钱。"伯爵拥抱他的农奴，就像拥抱自己的孩子。[23] 据一个英格兰人记载，当俄国的地主走近时，农奴们会深深鞠躬，几乎匍匐在地。一位法国外交官记载道，当一位女皇视察偏远地区时，农奴都会行跪拜大礼。[24] 对地主来说，农奴是他的劳动力、银行存款，有时是他的后宫，并且始终是他的责任。但地主始终害怕农奴会起来造反，跑到宅邸里杀掉他。农民暴动是司空见惯的事情。

相对来讲，大多数地主对自己的农奴是仁厚的，但只有极少数地主能认识到，农奴制是一种不正常的现象。如果农奴逃跑，地主会用暴力手段将其追回。有专门的赏金猎人从事追捕逃奴的可怕营生。即便最理智的地主也经常惩罚自己的农奴，往往是用那种俄国式的厚重皮鞭殴打农奴。不过，地主无权处决农奴。"对于犯错的农民、仆人和其他人，要根据其罪恶的程度量刑鞭笞，"1758 年，谢尔巴托夫公爵在给自己管家的指示中写道，"惩罚时要小心，不能把人打死、打残，所以不能用木棒打头、腿和胳膊。但如果罪大恶极，有必要用木棒惩罚，就命令他弯下身子，打他的背；更好的办法是用皮鞭抽打后背及其以下的部位，这样他会更痛苦，但不会残废。"

农奴制让地主几乎可以随心所欲地虐待农奴。叶卡捷琳娜大帝在《回忆录》中写道，莫斯科的大多数家庭都有"铁项圈、铁链和其他刑具，用来惩罚犯下最轻微罪过的人"。例如，一个年老的贵妇的卧室内有"一个黑暗的笼子，她将给自己梳头的女奴囚禁在里面；主要原因是……这老婆子不想要世人知道她戴假发……"25

地主对农奴拥有绝对权力，这有时遮掩了令人发指的恐怖折磨。其中最严酷的暴行的凶手是一个女地主，但也许仅仅因为她是女人，她的罪行才遭到抱怨，这宗案子才大白于天下。政府包庇了她很长时间，为她封锁消息，并且这件事情不是发生在偏远的外省，而是在莫斯科。达里娅·尼古拉耶芙娜·萨尔蒂科娃年方二十五，绰号"食人妖"，是个恐怖的妖魔，以虐待狂的方式折磨她的数百名农奴，用木柴和擀面杖殴打他们。她杀害了 138 名女奴，据说还破坏了她们的生殖器。叶卡捷琳娜大帝在位的早期，萨尔蒂科娃终于被捕。女皇需要得到贵族的支持，所以必须小心处置"食人妖"。政府不能处决萨尔蒂科娃，因为伊丽莎白女皇在 1754 年废除了死刑（除非在叛国案中），于是萨尔蒂科娃被锁在莫斯科街头示众一个小时，脖子上挂了一个牌子，上书"这个女人折磨过人，杀过人"。全城人都来观看，因为连环杀人狂在当时还很稀罕。"食人妖"随后被拉到一座地下的监狱和修道院，终身监禁。

她的残忍是一个特例，不是普遍现象。²⁶

这就是格里沙·波将金生活的世界，也是俄国农村生活的本质。他一直保留着在奇若瓦养成的习惯。我们可以想象少年波将金和农奴的孩子一起在撒满干草的牧场上奔跑，嘴里嚼着白萝卜或红萝卜。他后来在女皇的套房里也经常这样嚼东西。在圣彼得堡的伏尔泰式的高雅宫廷，他总是被视为俄国农村的孩子也就不足为奇了。

1746 年，他的父亲去世，享年七十四岁。田园牧歌结束了。六岁的格里沙·波将金继承了村庄和农奴，但这笔遗产并不丰厚。他的母亲只有四十二岁，第二次守寡，要拉扯六个孩子，在奇若瓦无依无靠。长大成人的格里戈里经常无所顾忌地一掷千金，曾经受过穷的人往往是这样，但他家从来就不能算是真正的贫困。他后来把村庄赠给了姐姐叶连娜和她的丈夫瓦西里·恩格尔哈特。他俩在曾经的木制宅邸的原址建造了一座豪宅，在村庄属于农奴的那半边建造了一座美丽的教堂，以歌颂"殿下"的光辉，因为他是波将金家族最著名的儿子。²⁷

达里娅·波将金娜望子成龙。她决心不能让格里戈里埋没在这个偏僻的小村，就像一根针落在俄国这个大草堆里一样，一辈子默默无闻。她在新都城圣彼得堡没有人脉，但她在旧都城有朋友。没过多久，他们一家就去了莫斯科。^①

① 今天，在奇若瓦村波将金家居住的那半边只剩下叶卡捷琳娜井和两个以养蜂为生的八十多岁老人的小屋。在农奴居住的那半边，只剩下教堂的遗迹。村民说，在苏联时代，干部在"波将金教堂"里养牛，但牛都病死了。村民至今仍然在寻找所谓"波将金黄金"的宝藏。不过他们在墓地只找到了一些 18 世纪女性的遗骨，可能是波将金姊妹的。——作者注

　　格里沙·波将金对旧都城的第一印象应当是那些教堂尖塔。莫斯科位于俄罗斯帝国的腹地，方方面面都与彼得大帝的新都城圣彼得堡不同。如果说"北方的威尼斯"是通向欧洲的窗户，莫斯科则是通往俄国古老而排外的传统的暗门。莫斯科那种严峻而肃穆的俄国式庄严让少见多怪的西方人感到惊恐。"莫斯科最俗气、最丑陋的东西就是教堂尖塔，"一个抵达那里的英格兰女人写道，"五颜六色的方方正正的砖块和镀金的尖塔……很有哥特风格。"的确，尽管莫斯科是围绕巍峨的中世纪要塞克里姆林宫和圣瓦西里大教堂鲜艳的洋葱形穹顶建造的，但城里那些蜿蜒曲折、拥挤昏暗的小巷与庭院像古老的东正教迷信一样晦暗不明。西方人觉得莫斯科完全不像一座西方城市。"我只能说，莫斯科给我的印象是一个大村庄，或者很多村庄的集合体。"另一位访客看着肩并肩存在的贵族豪宅和茅草棚屋，觉得莫斯科仿佛是"用茶杯垫滚在一起形成的"。[28]

　　波将金的教父（也许还是生身父亲）基兹洛夫斯基是已经退休的宫廷事务委员会主席，即宫廷事务部在莫斯科的长官（彼得大帝时代的政府各部被称为"委员会"）。他庇护波将金一家，帮助达里娅（也许是他的情人，也许只是受他庇护）搬进尼基茨卡亚街的一座小房子。在他安排下，格里沙·波将金和基兹洛夫斯基的儿子谢尔盖一起，到莫斯科大学的附属中学读书。

　　波将金小小年纪就以聪慧著称。他有语言天赋，很快就熟练掌握了希腊语、拉丁语、俄语、德语和法语，波兰语也说得过去。据说他后来还懂意大利语和英语。他的第一大兴趣是东正教。他还是个孩子的时候就和希腊修道院的主教多罗菲讨论礼拜仪式。圣尼古拉教堂的神父鼓励他学习关于教堂仪式的知识。格里沙记忆力惊人（这后来引起了人们的注意），所以能够熟记繁复的希腊礼拜仪式。从他成年之后的渊博知识与超强记忆力来看，他也许觉得学习是件太简单的事情，所以集中注意力反倒很无聊。他很容易感到无聊，并且天不怕地不怕。他的老师都知道，他擅长写讽刺短诗和模仿他人。不过，他赢得了高级教士安布罗西·泽尔蒂斯－卡缅斯基的好感，此人后来成了莫斯科大主教。[29]

格里沙经常在教堂祭坛前帮忙，但即便在这种时候，他也是要么沉浸于拜占庭神学，要么急不可耐地调皮捣蛋。有一次格里沙身穿格鲁吉亚神父的法衣来到教父的宾客面前，基兹洛夫斯基说："有朝一日你会让我感到羞愧，因为我没能给你贵族的教育。"波将金此时已经相信自己卓尔不群，相信自己会成为伟人。他对自己未来的预测是："如果我成了将军，我要统率士兵；如果我当上主教，我要领导神父。"他还向母亲发誓，如果他将来出人头地，就要拆掉她住的破房子，在那里建一座大教堂。① 对这一时期的幸福回忆将会陪伴他终身。[30]

1750 年，十一岁的格里沙来到斯摩棱斯克（可能是在教父的陪伴下），登记参军。对贵族子弟来说，第一次穿上军服，第一次感受到军刀的重量、皮靴的咯吱声、军服上衣的笔挺、军人生活的那些令人自豪的外在符号，始终是愉快的回忆。贵族男孩往往在非常小的年纪（有时甚至是五岁）就注册参军，成为后备军人，从而绕过彼得大帝强制贵族终身服役

---

① 他后来果然为修建圆形的尼基茨卡亚教堂（小尼基茨卡亚）出资。他的继承人后来重建了这座教堂，但他去世前不久还在计划这个大工程。相信波将金与叶卡捷琳娜二世在莫斯科秘密结婚的历史学家认为，这座教堂就是他俩结婚的地点。——作者注

的规定。等他们将近二十岁真正成为军人的时候，军龄已经超过十年，于是他们直接成为军官。父母会把儿子安排到最好的部队，即近卫军，就像英格兰贵族子弟被安排"去伊顿读书"一样。在斯摩棱斯克，格里沙向纹章局陈述了自己家族的服役记录和贵族身份，讲述了他们自称的罗马血统，以及他与阿列克谢沙皇麾下那位暴躁大使的亲戚关系。外省官员错误地把他的年龄记录为七岁，但当时的贵族子弟通常在十一岁注册参军，所以这可能是官僚的笔误。五年后的 1755 年 2 月，他第二次到斯摩棱斯克接受检视，注册进入近卫军骑兵团，这是近卫军五个精锐的团之一。[31] 随后这孩子回去继续读书。

随后他进入莫斯科大学，在希腊语和教会史课程当中名列前茅。[32] 在大学结交的一些朋友后来成为他的毕生挚友。大学生需要穿制服，是带有红袖口的绿色大衣。这所大学是前不久才创办的。波将金的同时代人丹尼斯·冯维辛①在《对我的经历与思想的真诚忏悔》中记述了自己和兄弟如何成为莫斯科大学的首届学生。和波将金一样，他们也是穷乡绅的孩子，请不起家庭教师。这所新大学很混乱。"我们的学习七零八落"，冯维辛回忆道，这是因为"教师玩忽职守、终日酗酒……"[33] 冯维辛说当时的外语教学质量极差，或者干脆就不教外语。波将金的大学档案毁于 1812 年的莫斯科大火，但他肯定在大学里学到了很多东西，也许是从他的教士朋友那里学到的。

教师的放荡对波将金来说无所谓，因为他酷爱读书（尽管后来有人说他从不读书）。他到乡村走亲访友的时候把全部

---

① 丹尼斯·伊凡诺维奇·冯维辛（1744 或 1745—1792）是德意志裔的俄国戏剧家，代表作为讽刺喜剧《旅长》和《纨绔少年》。他曾任叶卡捷琳娜大帝时代重臣尼基塔·帕宁的秘书。

时间都花在图书室，甚至抱着书躺倒在台球桌底下。[34] 还有一次，波将金请求他的朋友叶尔米尔·科斯特洛夫①借给他十本书。波将金很快就将书归还，科斯特洛夫不相信他能用这么短的时间把十本书读完。波将金回答，他把十本书都从头到尾看完了："如果你不信，就考考我好了！"科斯特洛夫相信了。另一个叫阿丰宁的学生把新出版的布封《自然史》中的一卷借给波将金，他一天之后就还了书，并且对书中细节都记得清清楚楚，这让阿丰宁大吃一惊。[35]

现在，波将金引起了另一位有权有势的恩主的注意。1757年，格里沙凭借在希腊文和神学方面的渊博知识赢得大学的金质奖章，得到圣彼得堡皇宫的权贵伊凡·伊凡诺维奇·舒瓦洛夫的赏识。舒瓦洛夫博学多才，是莫斯科大学的创办人和掌管者。他年纪很轻，圆脸，温和可亲，尽管地位很高却十分谦逊。他是伊丽莎白女皇（比他大十八岁）的情夫和最宠信的谋臣之一。这年6月，舒瓦洛夫命令莫斯科大学挑选十二名最优秀的学生，将其送到圣彼得堡。波将金和另外十一名学生就这样被送到都城，得到舒瓦洛夫的接见，并被送到冬宫拜见全俄罗斯女皇。这是波将金第一次到圣彼得堡。

与圣彼得堡相比，就连莫斯科也是穷乡僻壤。1703年，彼得大帝在涅瓦河入海口沼泽丛生的岸边和岛屿上营造了他的"天堂"，这片土地之前属于瑞典。他最终在波尔塔瓦打败查理十二世之后，第一个念头就是，圣彼得堡终于安全了。1712

---

① 叶尔米尔·科斯特洛夫（约1755—1796）是俄国诗人与翻译家，最早将《伊利亚特》翻译为俄文。

年，圣彼得堡正式成为首都。沙皇催赶建城的进度，成千上万的农奴在庞大的工地上打桩、抽水，劳累而死。如今它已经是一座美丽的城市，约有 10 万居民，涅瓦河堤岸两侧耸立着许多优雅的宫殿。涅瓦河北岸屹立着彼得保罗要塞和一座红砖宫殿，它曾属于彼得大帝的宠臣缅什科夫公爵。涅瓦河南岸几乎与其正对的地方是冬宫、海军部和更多的贵族豪宅。圣彼得堡的林荫大道宽阔得惊人，仿佛是为巨人铺设的，但这些大道都是笔直的，这是德意志风格，不符合俄国传统，与莫斯科那些蜿蜒曲折的小巷形成鲜明对照。圣彼得堡的建筑雄伟辉煌，但全都处于半竣工的状态，俄国的很多东西都是半成品。

　　"这是一座欢乐、美观的城市，街道非常宽，非常长，"一位英格兰访客写道，"不仅是城市本身，这里的生活方式也不免过于规模宏大了。贵族争相享用声色犬马的奢侈，唯恐落后。"这里的一切都充满了对比。在宫殿内，"家具都是来自各国的最豪华的货色，但你走进铺着最精美木地板的会客厅之后，就会看见无比粗俗低劣、带着泥土臭味的楼梯"。[36] 就连这里的宫殿和舞蹈也不能完全掩盖这个帝国的本质。"一方面，这里有雅致的时尚、美艳的华服、山珍海味、精彩的节庆活动和高水准的剧院，足以与巴黎和伦敦媲美；"一位法国外交官评论道，"另一方面，这里也有穿着亚洲服装的商人，还有穿着羊皮袄、蓄着大胡子、戴着毛皮帽子和无指手套、皮腰带上挂着斧头的仆人和农民。"[37]

　　女皇的新冬宫此时尚未竣工，但已经光辉璀璨。有的房间经过镀金和粉刷，悬挂着枝形吊灯，挤满了廷臣；有的房间却刮着穿堂风，屋顶漏雨，几乎完全暴露在风雨之中，地上撒满泥瓦匠的工具。舒瓦洛夫带领十二名获奖学生进入觐见厅，这是伊丽莎白接见外国使节的场所。在那里，波将金和其他学生被引见给女皇。

伊丽莎白当时将近五十岁，在位已经十七年。她是个骨架宽大、英姿勃勃的金发碧眼女子。"所有人第一次见到她，都被她的美丽深深震撼，"叶卡捷琳娜大帝后来回忆道，"她很高大，虽然粗壮结实，但这并不会损害她的整体形象。"[38]伊丽莎白女皇和 16 世纪的英格兰女王伊丽莎白一世一样，在强悍的父王的阴影之下长大成人，青年时代过得战战兢兢，随时可能登上宝座，也随时可能被投入地牢。这种经历磨炼了她的政治本能，但她与伊丽莎白一世的共同点也就到此为止了。伊丽莎白女皇性格冲动、慷慨、轻浮，但也精明、睚眦必报、残酷无情，不愧是彼得大帝的女儿。俄国宫廷被女皇的浮夸和虚荣主宰，她对精心筹划的节庆和昂贵服装的胃口可以称得上欲壑难填。同一件衣服她绝不穿两次。她每天更衣两次，女性廷臣纷纷效仿。她驾崩之后，她的继承者发现夏宫的一个衣橱里有 1.5 万套裙子。在宫廷，法国戏剧仍然稀罕，被视为外国的新鲜玩意儿。宫廷通常的娱乐是女皇的所谓异装舞会，女士要穿男装，男士穿女装。这种场面十分喧闹搞笑，男人"穿圈环裙"，"女人穿了男装，都像矮小的小男孩"，尤其是上了年纪的女人。伊丽莎白喜欢异装舞会是有原因的，因为"除了女皇，没有一个女人穿男装会好看，因为她非常高，身材宽大结实。她的腿比我见过的任何一个男人的都要修长美丽……"[39]

尽管伊丽莎白的宫廷充满欢歌笑语，争夺政治影响力的斗争仍然激烈，在女皇的心血来潮面前人人自危。有一次女皇没办法清理干净自己头发里的粉，不得不把头发剃光，于是她强迫宫里的所有女士都剃光头发。"女士们伤心流泪，但还是服从了。"她嫉妒其他美女，剪掉了其中一位的缎带，剪掉了另外两位的鬈发。她颁布御旨，不准其他任何人梳她喜爱的发型。年老色衰之后，她有时会陷入对东正教的虔诚，有时又疯狂地使用化妆品。[40] 即便对时髦的贵妇来讲，政治也是一种风险太大的游戏。伊丽莎白在位早期曾命令将美丽的廷臣娜塔莉亚·洛普金娜伯爵夫人的舌头割掉，仅仅因为她在闲聊时模糊地谈及一场阴谋。但伊丽莎白有时也会发善心，比如她废除了死刑。

她一方面笃信东正教，另一方面生活又放荡不羁。伊丽莎白有很多情夫，享受生活，毫无顾忌，比叶卡捷琳娜大帝放纵得多。伊丽莎白的情人当中有法国医生、哥萨克唱诗班歌手，也有充满阳刚之气的近卫军军官。她的毕生挚爱是一个乌克兰人，算是半个哥萨克，绰号"夜间皇帝"，她最初在听唱诗的时候注意到他的歌喉。他的名字原本是阿列克谢·拉祖姆，后来改为更贵气的拉祖莫夫斯基。他和弟弟基里尔（原本是个牧羊少年）从伊丽莎白那里得到丰厚的赏赐，被提升为伯爵（这是彼得大帝引进的新的德意志风格的头衔之一）。1749 年，伊丽莎白有了一个新情人，二十二岁的伊凡·舒瓦洛夫，于是舒瓦洛夫家族也一跃成为披金戴银的权贵。

当波将金抵达圣彼得堡的时候，俄国的很多权贵属于新近崛起的彼得大帝和伊丽莎白时代的贵族。对于在宫廷生活的好处，这是活生生的广告。借用普希金的说法，"勤务兵、唱诗班歌手、贵族家的厨房小厮"能够凭借自己的才干，或者仅仅是皇帝的恩宠就飞黄腾达，成为富有的贵族。[41] 这些新贵在宫廷和军队的高层与历史悠久的莫斯科大公国贵族和公爵们一同服役，这些老贵族是曾经的统治家族的后嗣。例如，戈利岑公爵是立陶宛人公格迪米纳斯①的后代，多尔戈鲁基公爵则是留里克王朝②的后代。

就这样，波将金进入了女皇及其宠臣的世界，最终他将主宰这个世界。1721 年，伊丽莎白的父亲彼得一世（彼得大帝）为庆祝自己征服波罗的海地区而自立为皇帝，同时保留原先的沙皇头衔，"沙皇"这个词源自古罗马的"恺撒"。但彼得大帝也规定，俄国统治者可以自行选择继承人而无须征询其他任何人的意见，这就给俄国政局带来了一个世纪的动荡。彼得大帝的这种做法被称为"专制统治的极致"。直到保罗皇帝在位时期，俄国才有了规定皇位继承的法律。彼得大帝于 1718 年将自己的儿子和继承人、皇储阿列克谢拷问致死，并且他的其他儿子都夭折了，于是在 1725 年彼得大帝驾崩后，他的出身卑微的遗孀在近卫军和彼得大帝的一群密友的支持下继承了皇位，史称叶卡捷琳娜一世女皇。叶卡捷琳娜一世是一连串女性或孩童统治者当中的第一位。而连续多位女性和孩童成为皇帝，也表明皇室极度缺乏男性继承人。

在这个"宫廷政变的时代"，各个宫廷派系、权贵和驻扎在圣彼得堡的近卫军决定了谁能紫袍加身。1727 年叶卡捷琳

---

① 格迪米纳斯（约 1275—1341），立陶宛大公，建立了立陶宛这个政治实体，将其领土大大扩张。他死时，立陶宛领土从波罗的海一直延伸到黑海。他建立了维尔纽斯城，还建立了一个王朝。他通过与教皇和其他基督教统治者的巧妙谈判，抵制基督教对异教立陶宛的影响与渗透。

② 留里克王朝是 862 年到 1610 年统治东斯拉夫人的古罗斯诸邦的王朝，得名瓦良格人（北欧日耳曼人）王公留里克，他和两位兄弟来到斯拉夫人的土地，建立了基辅罗斯政权。留里克王朝分支极多，其中统治莫斯科的那一支成为霸主，建立俄罗斯沙皇国，但在"混乱时期"之后被罗曼诺夫皇朝取代。

娜一世驾崩后，彼得大帝的孙子，也就是被处死的阿列克谢的儿子，成为彼得二世，但在位仅两年。他死后，① 俄国宫廷推举彼得大帝的侄女库尔兰公爵夫人安娜为女皇，她和自己的情夫、备受憎恨的德意志人恩斯特·比龙一起统治到 1740 年。随后，尚在襁褓中的伊凡六世登上皇位，但掌权的是他的母亲不伦瑞克公子妃安娜·利奥波德芙娜，她担任摄政者。② 俄国人不喜欢孩童、德意志人或女人当统治者，这三样都是俄国人难以忍受的。

1741 年 11 月 25 日，婴儿沙皇伊凡六世在位期间，三十一岁的女大公伊丽莎白经过一系列宫廷政变，仅仅依靠 308 名近卫军就攫取政权，将婴儿沙皇关进什利谢利堡要塞。③ 宫廷阴谋和近卫军政变的混合体，决定了 18 世纪俄国政治的基调。外国人难以理解俄国政治，尤其是在西欧人孜孜不倦地分析政治和法律的启蒙时代。风趣的才子们只能说，俄国皇位既不是选举制的，也不是世袭制的，而是一种职业。用斯塔埃尔夫人④的话说，皇帝的性格就是俄国宪法。专制君主的个性就是

---

① 这位年轻的皇帝将宫廷迁回莫斯科，后来在莫斯科郊外的宫殿去世。今天，陆军委员会的档案就存放在那座宫殿（俄罗斯国立军事史档案馆），波将金的大部分文件就在其中。——作者注

② 安娜·利奥波德芙娜是伊凡五世的外孙女，也就是安娜女皇的外甥女。

③ 1702 年 10 月 14 日，俄国与瑞典的大北方战争期间，俄军进逼英格里亚（芬兰湾东南沿海地区），占领了瑞典要塞诺特堡。彼得大帝将其更名为什利谢利堡（意思是"钥匙要塞"），因为它是涅瓦河的"钥匙"。

④ 热尔梅娜·德·斯塔埃尔（1766—1817）是法国-瑞士的著名女作家和政治理论家，以才思敏捷和风趣著称。她的父亲是瑞士银行家雅克·内克尔（路易十六的财政大臣），母亲是著名的文艺沙龙女主人。斯塔埃尔嫁给了瑞典外交官斯塔埃尔-荷尔斯泰因男爵。斯塔埃尔夫人见证和经历了法国大革命、拿破仑战争和路易十八复辟期间的许多大事，交游广泛，认识当时的几乎所有政治与文化名人，并且坚决反对拿破仑。

政府。而用屈斯蒂纳侯爵①的话说，俄国政府就是"独裁专制，但因为统治者常被扼死而略有缓和"。[42]

女性掌权的现象导致了一种独特的俄国风格的宫廷宠臣的出现。波将金的恩主舒瓦洛夫是女皇的最新一位宠臣。女皇的宠臣是备受女皇信赖的朋友或情夫，往往出身卑微，君主恩宠他是因为君主的个人选择，而不是因为他出身高贵。并非所有的宠臣都渴望权力。有些人能够成为富有的廷臣就很开心了。但俄国女皇需要宠臣，因为只有男人能指挥军队。所以，宠臣很容易成为国家重臣，[43] 帮助他们的情人治理国家。②

年仅三十二岁的舒瓦洛夫向已经变得肥胖并且病魔缠身的女皇引见十八岁的格里沙·波将金的时候，请女皇注意波将金的希腊文和神学知识。女皇命令将波将金晋升为近卫军下士作为奖励，尽管到目前为止他还没有真正服过兵役。她可能给学生们赠送了一件小饰品（镌刻有她的剪影的玻璃酒杯）作为奖品。③ 此次宫廷之旅一定让波将金神魂颠倒，他回到莫斯科之后就不再集中精力于学习。也许是教授的酗酒和懒惰传染了

① 屈斯蒂纳侯爵（1790—1857）是法国贵族和作家，擅长写游记，尤其记述了他在尼古拉一世时代的俄国旅行见闻。他对俄国的专制暴政有很多辛辣的批评。另外他是当时有名的同性恋者。

② 在17世纪，很多宠臣都成为国家重臣，比如西班牙的奥利瓦雷斯公爵和法国的黎塞留与马扎然，他们不是国王的情人，而是精明强干的政治家，被挑选来管理越来越雕肿的官僚机构。1661年马扎然去世后，路易十四决定亲自治国理政，于是宠臣的时尚风光不再。但俄国的女性统治者，从1725年的叶卡捷琳娜一世开始，重新塑造了宠臣的角色。——作者注

③ 在斯摩棱斯克当地的历史博物馆就藏有这样一个玻璃酒杯，据说曾属于波将金。据传说，后来叶卡捷琳娜大帝经过斯摩棱斯克的时候曾用这个酒杯祝酒。——作者注

学生，1760 年，曾经赢得金质奖章并得到女皇接见的优秀大学生波将金"因为懒散和逃课"而被开除。多年后已经成为公爵的波将金视察莫斯科大学，接见了当年开除他的巴尔索夫教授。公爵问教授是否记得他们曾经打过交道。巴尔索夫答道："殿下当时被开除得有理。"公爵喜欢他的回答，拥抱了年迈的教授，并成为他的恩主。[44]

波将金被大学开除，这似乎是一场灾难。他的教父和母亲认为格里沙这样默默无闻的年轻人不应当游手好闲，好在他已经注册加入了近卫军。但他没有路费去圣彼得堡，这肯定说明他的家人要么不同意他去当兵，要么不再给他经济支持。他和母亲的关系疏远了。此后他们甚至很少见面。叶卡捷琳娜二世女皇后来任命波将金的母亲为宫廷女官。母亲也为儿子骄傲，但公开批评他的爱情生活。所以波将金此次不是简单的离家出走，而是要独自闯荡世界了。他向朋友安布罗西·泽尔蒂斯-卡缅斯基（此时是莫扎伊斯克主教）借了 500 卢布，这在当时是一大笔钱。波将金经常说滴水之恩涌泉相报，但这位主教在波将金飞黄腾达之前就被凶残地谋杀了，所以波将金一直没能还他的钱。

年轻近卫军士兵的生活闲散、腐化，开销极大，但要想平步青云，没有比当近卫军更稳妥的路径了。波将金参军的时机极好，此时俄国正在与普鲁士打七年战争，而伊丽莎白女皇在圣彼得堡命不久矣。近卫军已经在忙着搞阴谋诡计了。

抵达圣彼得堡之后，波将金到自己所在的近卫军骑兵团团部报到。团部位于涅瓦河畔斯莫尔尼女修院附近，包括若干兵营、房屋和马厩，这些建筑都围着一个四边形的庭院。近卫军骑兵团有自己的教堂、医院、浴室和监狱。团部后方有一片草地可供牧马和阅兵。近卫军当中历史最悠久的团，比如普列奥布拉任斯科耶近卫团和谢苗诺夫斯科耶近卫团，是彼得大帝创建的，最初是他的玩伴，后来在与射击军（国家旧有的火枪兵部队）的激烈斗争中成为彼得大帝的忠实军队。他的继承者后来设立了若干新的近卫团。1730 年，安娜女皇建立了波将金所在的近卫军骑兵团。[45]

近卫军军官很难抵御"大都市的诱惑"。[46] 这些十八九岁的花花公子要么嬉戏玩耍，要么在舞会和小巷里与贵族军校生（驻扎在缅什科夫宫）斗殴，有时会闹出人命。[47] 太多的年轻近卫军军官债台高筑，或者因为在梅昌斯基区嫖妓或打牌赌博而精疲力竭，所以在道德方面比较讲究的父母宁愿把儿子送进一个普通的团，比如《上尉的女儿》里的父亲呼喊道："不能让彼得鲁沙去圣彼得堡。他在圣彼得堡服役能学到什么？学会大手大脚花钱，学会当浪荡子吗？不，他应当成为真正的军人，而不是近卫军的纨绔子弟！"[48]

波将金很快成为近卫军当中最耸人听闻的浪荡公子。他二十二岁时身高已经超过六英尺，胸膛宽阔，颇得异性的青睐。波将金"拥有整个俄国最美丽的头发"。他的英俊相貌和才华令人瞩目，为他赢得了"亚西比德"的绰号，这在新古典时代是非常高的赞誉。① 当时有良好教养的人都研读过普鲁塔克和修昔底德的著作，所以受过教育的俄国人熟悉那位雅典政治

---

① 亚西比德是有名的双性恋者。他的情人包括苏格拉底。但从来没有人说波将金的性取向和亚西比德一样。18 世纪还有一个人的绰号是亚西比德，即阿姆费尔特伯爵，他是瑞典国王古斯塔夫三世的宠臣，后来成为亚历山大一世沙皇的朋友。阿姆费尔特伯爵的绰号是"北方的亚西比德"。——作者注

家的品格：聪明、渊博、喜好肉体享受、反复无常、生活腐朽、高调浮夸。普鲁塔克盛赞亚西比德"光彩照人"的"肉体美"。[49]波将金的机智风趣也很快引起了大家的瞩目。他非常擅长模仿他人的言行举止，这种天赋对他的前途颇有裨益。他远不只是一个喜剧演员。[50]这种才华很快赢得了近卫军最有魅力的流氓混混——奥尔洛夫兄弟的好感。他们会把他拉进皇室的阴谋当中。

近卫军负责保卫皇宫，这种职责给了他们重大的政治意义。[51]一位普鲁士外交官写道，近卫军军官身在都城，能够接近宫廷，"所以有很多机会扬名"。[52]近卫军军官能够随意在都城活动，"能够参加宫廷的各种游乐、舞会、晚会和戏剧表演，能够进入深宫"。[53]他们在皇宫执勤，所以对权贵和廷臣有详细的了解，但不是那么毕恭毕敬。他们对皇室内部的争斗也有一种参与感。

伊丽莎白女皇病重而生死未卜的那几个月里，一些近卫军军官越来越深入地参与了一起阴谋，企图改变皇位继承的顺序，排除受到普遍憎恨的彼得大公，而让他的妻子、颇受欢迎的大公夫人叶卡捷琳娜取而代之。在皇宫执勤的波将金现在有机会观察叶卡捷琳娜大公夫人这位浪漫人物，她很快将成为女皇叶卡捷琳娜二世。她从来都算不上真正的美丽，但她拥有的品质远胜于转瞬即逝的姿色。她拥有一种难以用语言描摹的帝王尊严的魔力，也有性感的诱惑力、与生俱来的欢快性情，以及一种能够征服一切、让所有见到她的人都为之折腰的魅力。对此时的叶卡捷琳娜的最精彩描述是她的波兰情人斯坦尼斯瓦夫·波尼亚托夫斯基写下的：

她正值那个美妙的年纪，既有青春活力，也有成熟风韵。在这样的年纪，凡是有姿色的女子都正处于最美的状态。她头发乌黑，面色光洁，肤色红润，大大的蓝眼睛仿佛会说话，有着黑色的长睫毛、尖尖的鼻子、让人见了就想亲吻的小嘴……腰身苗条，身量相当高；她步履轻快，但极有尊严，嗓音悦耳，笑起来显得欢快而和气。

波将金还没有见过她，但差不多就在他抵达圣彼得堡的时期，叶卡捷琳娜开始拉拢近卫军。他们对她无比仰慕，如痴似狂，同时憎恨她的丈夫，即皇储。这个来自奇若瓦的青年正好处于完美的位置，能够加入那起帮助她登上皇位的密谋，并与她走到一起。叶卡捷琳娜偶尔听到一位将军的慷慨陈词："为了这样一个女人，正直的男人甘愿被鞭笞而毫无怨言。"[54] 年轻的波将金很快就会认同这种看法。

注　释

1 RS（1872）5 p 463：Istoricheskiye rasskazy i anekdoty zapisannyye so slov imenityh lyudey, P. F. Karabanovym（Karabanov）.

2 这条信息来自 Sergei Alexandrovich Medvedev，他是米哈伊尔·波将金的后代，生活在圣彼得堡。见 the issues 1998-2000 'About the Potemkin Family', *Nobleman's Assembly*。

3 RGADA 286.413.638-48. *Istochnik*（1995）no 1 pp 16-25.

4 Prince Emmanuel Golitsyn, *Récit du voyage du Pierre Potemkin: la Russie du xvii siècle dans ses rapports avec l' Europe Occidentale* pp xxviii, xxix, xxx, xxxi, 255, 305, 370, 262-3, 253. 具有讽刺意味的是，Emmanuel Golitsyn 公爵是米哈伊尔·戈利岑公爵和普拉斯科维娅·安德烈耶芙娜公爵夫人（娘家姓舒瓦洛娃）的儿子，而她据说是波将金的最后一任情妇。见第 13 章。

5 RA 1867 Samoilov col 558；RGADA 286.1.253.691, Spisok voennym chinam 1-

oy poloviny 18go stoletiya in Senatski Arkhiv（1895）vol 7.

6 Henri Troyat, *Pushkin* pp 16-17.

7 RP 5. 22 p 221. Local legend: Victor M. Zheludov, 'Zhivoie dyhanie istorii'.

8 当地的传说，见 Zheludov 的著作。作者于 1998 年去奇若瓦访问所得。

9 RP 5. 22 p 221 Karabanov RS 1872 5. p 463 RGADA 286. 413. 638-48. *Istochnik*
（1995）no 1 pp 16-25. E. Golitsyn pp xxviii, xxix, xxxi, pp. 255, 305, 270,
262, 263, 253.

10 William Coxe, *Travels into Poland, Russia, Sweden and Denmark* p 343.

11 Masson pp 303.

12 Engelhardt 1863 p 3.

13 F. F. Wiegel, *Zapiski Filipa Filipovich Vigela* 1864-6 vol 1 pp 21-2.

14 玛尔法·叶连娜嫁给了瓦西里·A.恩格尔哈特上校；佩拉格娅嫁给了彼
得·E.维索茨基；达里娅嫁给了亚历山大·A.利卡切夫；娜杰日达于
1757 年去世，终年十九岁，未婚；玛丽亚嫁给了尼古拉·B.萨莫伊洛夫。

15 Isabel de Madariaga, *Catherine the Great: A Short History* pp 14-15.

16 I. I. Orlovsky, *In the Motherland of His Highness* pp 1-20. 作者于 1998 年去奇
若瓦实地调研所得。

17 Masson p 303.

18 L. Zayev, 'Motherland of Prince Potemkin', IV （1899） no 2 pp 169-
200. Orlovsky p 4. S. N. Shubinsky, *Historical Essays and Stories* p 144.

19 Margravine of Anspach （Lady Craven）, *Journey through the Crimea to Con-
stantinople* p 142, 21 February 1786, St Petersburg. Madariaga, *CtG: A Short
History* pp 13-20. E. V. Anisimov, *Empress Elisabeth* pp 43-4 and 75-83. Shch-
erbatov quoted in Anisimov pp 77-8.

20 Isabel de Madariaga, *Russia in the Age of Catherine the Great* pp 79-80.

21 Anspach, *Journey* p 142, 21 February 1786 St Petersburg. Madariaga, *CtG: A
Short History* pp 13-20. Anisimov, *Empress Elisabeth* pp 43-4 and 75-
83. Shcherbatov quoted in Anisimov pp 77-8.

22 Waliszewski, *Autour d'un trône* vol 1 p 43.

23 Ségur, *Mémoires* 1859 pp 192-3. Anisimov, *Empress Elisabeth* pp 43-4 and 75-
83.

24 Reginald Pole Carew, 'Manners and Customs', Cornwall County Archive,
Antony, CO/R/2/3. Ligne, *Letters* （Staël） p 65, Ligne to Coigny.

25 Masson p 318. Anisimov, *Empress Elisabeth* pp 43-4 and 75-83. Catherine
quoted in Anisimov p 76. Shcherbatov quoted in Anisimov p 77.

26 John LeDonne, *Ruling Russia* p 189. Anisimov, *Empress Elisabeth* pp 75-9.

27 作者于 1998 年去奇若瓦访问所得。

28 Anspach, *Journey* p 154, 9 March 1786. Ligne, *Letters* (Staël) p 69, Ligne to Coigny letter IX, 1787.

29 RS (1875) vols 12 - 14. M. I. Semevsky, *Prince G. A. Potemkin-Tavrichesky* p 487. Karabanov p 46.

30 Semevsky, *GAPT* pp 486-8. Karabanov p 463. RA (1882) no 2 pp 91-5, papers of Count A. N. Samoilov. Metropolitan Platon to Count A. N. Samoilov 26 February 1792; p 93, GAP to Metropolitan Platon; Priest Antip Matveev to P. V. Lopukhin.

31 RGADA 286. 413. 638-48. *Istochnik* (1995) no 1 pp 16-25.

32 V. I. Ustinov, 'Moguchiy velikoross', VIZ (1991) no 12 p 701.

33 D. I. von Vizin, *Sobraniye sochineniya* vol 2 pp 87-93.

34 N. F. Shahmagonov, *Hrani Gospod' Potemkina* pp 8-9.

35 Semevsky, *GAPT* pp 486 - 8. Shahmagonov pp 8 - 9. B. I. Krasnobaev, *Russian Culture in the Second Part of the Eighteenth Century and at the Start of the Nineteenth* p 143.

36 Anspach, *Journey* p 133, 18 February 1786.

37 Ségur, *Mémoires* 1859 p 192.

38 *Memoirs of CtG* 1955 p 60. Anisimov, *Empress Elisabeth* pp 216-17.

39 CtG, *Memoirs* 1955 p 186. Anisimov, *Empress Elisabeth* pp 168-9 and 176-7.

40 CtG, *Memoirs* 1955 pp 124, 150. Anisimov, *Empress Elisabeth* pp 168-9.

41 Pushkin, *Polnoye Sobraniye Sochineniya* 8: part one, 1948, s 2 p 42. Gosti s' ekhalis na Dachu.

42 Marquis de Custine quoted in Weidle p 39. Anisimov, *Empress Elisabeth* pp 26-7and 144.

43 L. W. B. Brockliss, ' Concluding Remarks: The Anatomy of the Minister-Favourite', in J. H. Elliott and L. W. B. Brockliss (eds), *The World of the Favourite* pp 278- 303.

44 Shahmagonov pp 8-9.

45 Adam Czartoryski, *Memoirs* p 87. Anisimov, *Empress Elisabeth* p 24.

46 Princess Dashkova, *Memoirs* vol 1 p 318.

47 J. Cook, *Voyages and Travels through the Russian Empire* vol 1 p 42.

48 Masson p 206. A. S. Pushkin, *The Captain's Daughter* p 190.

49 D. Thiébault, *Mes souvenirs de vingt ans séjour à Berlin* vol 2 p 78. Plutarch, *The Rise and Fall of Ancient Athens* Penguin Classics edn, pp 245-87. Thucydides,

The Peloponnesian War, Penguin Classics edn, pp 375 – 8, 382 – 4, 400 – 87, 544 – 78, 583 – 604. Sarah B. Pomeroy, Stanley M. Burstein, Walter Donlon and Jennifer Tolbert Roberts, *Ancient Greece: A Political, Social and Cultural History* p 303.

50 Semevsky, *GAPT* pp 488 – 9. Krasnobaev, p 223.

51 AAE (Quai d' Orsay) 20: 60, Comte de Langeron.

52 SIRIO 72: 209 – 10, Count Solms to FtG 27 July 1772.

53 Czartoryski p 87. Anisimov, *Empress Elisabeth* p 24.

54 *Mémoires du roi Stanislas-Auguste* (SA) vol 1 pp 136 – 7. CtG, *Memoirs* 1955 pp240 – 50.

2　近卫军与大公夫人：
叶卡捷琳娜的政变

上帝才知道，我妻子怀的孩子都是谁的种。

——彼得大公（见叶卡捷琳娜大帝的《回忆录》）

未来的叶卡捷琳娜二世（叶卡捷琳娜大帝）根本不是俄国人，但自十四岁就生活在伊丽莎白的宫廷，并想方设法地努力"让俄国人爱戴我"。当时很少有人意识到这位三十二岁的大公夫人是一位有天赋并且高瞻远瞩的政治家和手腕娴熟的演员。她雄心勃勃，渴望统治俄罗斯帝国，而她的才干和品质也特别适合这个角色。

她的原名是安哈尔特-采尔布斯特侯爵小姐索菲，俄历1729 年 4 月 21 日（公历 5 月 2 日）出生于什切青。她是一个德意志小诸侯的女儿，原本不会有什么大富大贵，但 1744 年1 月她的命运彻底改变了，因为伊丽莎白女皇在神圣罗马帝国（帝王找对象的婚姻介绍所）到处寻找一位合适的姑娘，嫁给她新近确立的继承人——荷尔斯泰因公爵卡尔·彼得·乌尔里希，他是伊丽莎白的外甥、彼得大帝的外孙，刚刚被宣布为俄国大公，并改名为彼得·费奥多罗维奇。伊丽莎白需要彼得有一个继承人，从而捍卫伊丽莎白的皇位。出于多种原因（政治的、家族的和个人的），女皇选中了索菲。她皈依了东正教，改名为叶卡捷琳娜·阿列克谢耶芙娜，然后在 1745 年 8 月 21 日嫁给了彼得。在婚礼上，叶卡捷琳娜穿的是朴素的服装，头发没有扑粉。观察者注意到了她流利的俄语和落落大方的姿态。

叶卡捷琳娜很快认识到，彼得既不适合当她的夫君，也不是俄国沙皇的称职人选。她语气阴森地写道，彼得"极其幼稚"，缺乏"判断力"，"对他注定要统治的这个国家毫无好感"。他俩的婚姻既不幸福，也不浪漫。反过来看，叶卡捷琳娜能够幸存并最终占了上风，足以说明她的品格有多么优异。

彼得已经对俄国宫廷抱有忌惮，也许自己也感到无力掌控这个国家。尽管彼得是彼得大帝的外孙、现任的荷尔斯泰因公爵，还曾是俄国与瑞典两国的继承人，① 但他的一生可以说多灾多难。在他还是个小男孩的时候，他的父亲将他交给了荷尔斯泰因宫廷那位迂腐而冷酷的宫廷总管照管。这位教师让彼得挨饿，殴打他，让他跪在干豌豆上一跪就是几个钟头。彼得十几岁的时候成为酷爱检阅部队的狂人，痴迷于操练他的兵人玩偶，后来改为操练真正的士兵。彼得有时严重缺爱，有时又被身边阿谀奉承的人宠坏，因此成长为一个脑袋稀里糊涂、可怜兮兮的人，并且他憎恶俄国。在俄国宫廷确立地位之后，他就成为德意志的头号粉丝，尤其热爱普鲁士。他鄙视俄国的宗教，更喜欢路德宗；他瞧不起俄国陆军，对弗里德里希大王顶礼膜拜。[1] 他不由自主地表现出自己的缺乏理智、不够敏感，所以叶卡捷琳娜决心坚守这样的计划："一、取悦大公；二、

---

① 彼得之所以是瑞典王位的继承人，是因为他的祖母是瑞典国王查理十二世（彼得大帝的死对头）的姐姐。

取悦女皇；三、取悦国民。"渐渐地，第三项目标变得比第一项更重要。

彼得原本就貌不惊人，叶卡捷琳娜来到俄国宫廷不久之后他又染上天花，导致脸上疤痕累累。现在她觉得他"奇丑"，但他对她的伤害更让人痛苦。[2]在他们的新婚之夜，他却没有来陪她。这对任何一位新娘来说都是莫大的侮辱。[3]宫廷每年按照季节流动，从圣彼得堡的夏宫搬到冬宫，从芬兰湾之滨的彼得宫城到内陆的皇村，南下去莫斯科，往西去立窝尼亚[①]。在这些旅行途中，她靠阅读启蒙思想家的经典著作来慰藉自己。此后她毕生热爱读书。她的另一项消遣是疯狂地骑马。她专门设计了一种特殊的马鞍，在女皇面前可以假装用的是女式侧鞍，离开女皇视线的时候就改成跨骑。尽管那个时代还没有现代心理学，但从她的《回忆录》里我们能明显感觉到，"感伤时代"的人们已经理解，骑马很可能是性苦闷的症状。[4]

叶卡捷琳娜性感撩人，喜好调情，不过此时可能还没有"觉醒"。她被困在没有圆房、死气沉沉的婚姻里，嫁给这样一个令人厌恶、幼稚可笑的男人，而与此同时，杀机四伏的宫廷却挤满了俄国最英俊、最精明世故的青年。现在有好几个人爱上了她，包括基里尔·拉祖莫夫斯基（女皇男宠的弟弟）和扎哈尔·切尔内绍夫（后来成为她的大臣）。她时刻受到密切监视。女皇对她施加的压力非常具体，让她非常难堪：她必

---

① 立窝尼亚是一个历史地区，在波罗的海东岸，大致在今天的拉脱维亚和爱沙尼亚。12世纪和13世纪，德意志和丹麦的基督徒（宝剑骑士团，后称立窝尼亚骑士团，最后并入条顿骑士团）征服了这片地区，将其基督教化并殖民。中世纪的立窝尼亚居民是许多波罗的海和芬兰语系民族，上层统治集团为波罗的海德意志人。后来有些立窝尼亚当地贵族被波兰立陶宛、瑞典或俄国的贵族集团吸收。

须忠于彼得，还必须生孩子。受困于这样的生活，叶卡捷琳娜迷上了赌博，尤其是法罗牌。这是当时特权阶层很多婚姻不幸的女人的命运。

18世纪50年代初，叶卡捷琳娜与彼得的婚姻状态已经从尴尬变成了凄凉。叶卡捷琳娜完全有理由对彼得不忠，但在他的行为开始威胁到她的生存之前，她还是对他表现出怜悯和善意。不过，她对彼得迟钝与粗鲁的描述并没有夸张。他们至此还没有圆房。彼得可能和路易十六一样，身体有某种畸形。在性方面他肯定是个特别晚熟的人。[5] 他们的婚姻细节一定会让任何女人心寒：叶卡捷琳娜孤零零地躺在床上，而她矮小的丈夫在一旁耍弄玩偶和兵人，有时在她旁边拉小提琴。他把自己的狗关在她的房间，还强迫她拿着火枪站岗，一站就是几个小时。[6]

她的大多数调情都是点到为止，但谢尔盖·萨尔蒂科夫不一样。他时年二十六岁，是历史悠久的莫斯科贵族的后代。据叶卡捷琳娜说，他"英俊如黎明"。但如果从叶卡捷琳娜《回忆录》的字里行间看，他其实是个头脑空空的登徒子。年轻的叶卡捷琳娜爱上了他。他很可能是叶卡捷琳娜的第一个情人。出人意料的是，伊丽莎白女皇采取措施，确保了叶卡捷琳娜与萨尔蒂科夫发生关系，因为女皇急需一个继承人，而不管孩子的父亲是谁。[7]

叶卡捷琳娜经历了一次流产，后来再次怀孕。1754年9月20日，这个孩子一出生就被女皇抱走了。孩子被取名为保罗·彼得罗维奇，他现在是继承人。刚分娩的叶卡捷琳娜泪流满面，"被残酷地抛在一边"好几个小时，躺在浸透汗水的脏床单上，"无人关心我"。[8] 她通过阅读孟德斯鸠的《论法的精神》和塔西佗的《编年史》来安慰自己。萨尔蒂科夫则被支走。

未来的保罗沙皇的生身父亲是谁？罗曼诺夫皇朝后来的每一位成员，一直到尼古拉二世，应当奉谁为祖先？是萨尔蒂科夫还是彼得？叶卡捷琳娜说她与彼得从来没有圆房，这种说法未必是真的，因为她有充分的理由去贬抑彼得，后来还曾考虑剥夺保罗的继承权。保罗长大成人之后相貌丑陋，长着狮子鼻，而萨尔蒂科夫的绰号是"美男子谢尔盖"，以英俊潇洒著称。但叶卡捷琳娜刻意搅浑水，狡黠地强调萨尔蒂科夫的兄弟相貌丑陋。萨尔蒂科夫很可能的确是保罗的生身父亲。

我们也许可以怜悯彼得，因为他天性幼稚，适应不了错综复杂的宫廷阴谋。但我们没办法喜欢他，因为他虚荣、贪杯、爱欺负人。有一天，叶卡捷琳娜发现彼得的房间里挂着一只大老鼠。她问这是怎么回事，他回答说，这只老鼠被判定犯有重罪，依照军法应当对其处以最高刑罚。它的"罪行"是爬上了彼得用硬纸板做成的玩具要塞，吃掉了两个用淀粉做成的哨兵。还有一次，他在叶卡捷琳娜面前精神崩溃，告诉她，他确信俄国一定会毁了他。[9]

根据叶卡捷琳娜的《回忆录》，一直到彼得的任性与愚蠢对她和保罗构成了威胁的时候，这位纯真无辜的年轻母亲才开始考虑未来。她这是在暗示，她最终登上皇位几乎是上天注定的。然而事实并非如此。在整个18世纪50年代，叶卡捷琳娜一直在密谋篡位，并不断更换密谋合作者，从伊丽莎白的首相到英格兰大使都曾与她暗通款曲。伊丽莎白的健康状况开始恶化，彼得则开始酗酒，欧洲在走向七年战争，俄国政治的气氛越来越紧张，此时她决心要生存下去，并且要抢占上风。

不过，她现在既然已经生了一个继承人，私生活就变得自由了一些。她开始享受自己在宫廷的地位：在这个充斥着男女私情的宫廷，她是万众瞩目的美人。她自己解释道：

> 我刚说过我很有魅力。所以，通往诱惑的道路我已经自动走了一半，在这样的环境里把剩余的路走完只不过是人之常情。诱惑和被诱惑是紧密联系的……也许逃跑是唯一的办法，但在有的情况下逃跑是不可能的，在宫廷的气氛里怎么能逃得掉呢……如果你不逃跑，没有比这更困难的事情，那就是逃避你想要的东西。[10]

1755 年，在奥拉宁鲍姆①（彼得大公的乡间宫殿，位于彼得宫城附近）的一次舞会上，叶卡捷琳娜邂逅了二十三岁的斯坦尼斯瓦夫·波尼亚托夫斯基，他是新任英国大使的波兰籍秘书。[11]波尼亚托夫斯基恰好是波兰国内一个强大的亲俄派系的代表，这个派系以他的舅舅恰尔托雷斯基兄弟及其亲戚为核心，这些亲戚组成的网络后来被称为"恰尔托雷斯基家族党"。波尼亚托夫斯基也是启蒙时代游历极广、文化修养极高的理想人物的年轻典范，有一丝浪漫的、忧郁的理想主义。他俩坠入了爱河。[12]这是她经历的第一次双方都如痴如醉的真正的爱情。

英国和法国在俄亥俄河上游流域的一系列小规模冲突引发了七年战争，这是一场全球冲突，战火从莱茵河燃到恒河，从

---

① 奥拉宁鲍姆位于圣彼得堡的芬兰湾沿岸地区，被联合国教科文组织列入世界文化遗产名录。

蒙特利尔到柏林。俄国参加此次战争的原因是伊丽莎白憎恨新近崛起的普鲁士，也厌恶弗里德里希大王。他经常拿伊丽莎白的纵欲好色开玩笑，令她恼羞成怒。在规模庞大的外交活动当中，其他主要强国突然改换了自己的搭档，这是一场戏剧性的"外交革命"，终结了国际结盟的"旧体制"。1756 年 8 月，"外交革命"尘埃落定，俄国与奥地利和法国结盟，共同向普鲁士开战。普鲁士得到英国的资金支持，但俄国没有和英国开战。俄国军队于 1757 年入侵了东普鲁士。战争令俄国宫廷的政治更加险恶，也毁掉了叶卡捷琳娜与波尼亚托夫斯基的私情，因为他显然站在英国那边，并最终决定离开俄国。此时叶卡捷琳娜怀了波尼亚托夫斯基的孩子，于 1757 年 12 月生下了一个女孩，取名为安娜·彼得罗芙娜。孩子一出生也被伊丽莎白抢走，由她抚养。[13]

此时发生了叶卡捷琳娜作为大公夫人时期最危险的危机。1757 年 8 月 19 日（公历为 30 日），与叶卡捷琳娜关系友好的俄国陆军元帅阿普拉克辛在大耶格尔斯多夫战役①中打败普鲁士军队。阿普拉克辛听说伊丽莎白女皇病重，于是任凭普军秩序井然地撤退，自己也后撤。他可能是认为女皇即将驾崩，彼得三世会与他的偶像弗里德里希大王议和。但女皇并没有死，还和所有暴君一样，她对自己的生死特别敏感。在战时，预测君主死亡可以被理解为叛逆行为。俄国宫廷的亲英派垮台，叶卡捷琳娜也受到严重的怀疑。她的丈夫胆战心惊地在女皇面前检举她。大公夫人身处危机，孤身一人。她烧毁自己的文件，

① 大耶格尔斯多夫当时属于普鲁士，在今天俄罗斯加里宁格勒州的切尔尼亚霍夫斯克。

静观事态发展，然后冷静、巧妙地进行处置。[14]

叶卡捷琳娜主动来了一场摊牌。根据她在《回忆录》中的记述，1758 年 4 月 13 日，她利用伊丽莎白对她的喜爱和对外甥彼得越来越强烈的厌恶，要求回娘家看望母亲。女皇决定亲自讯问叶卡捷琳娜。在一场拜占庭风格的戏剧中，叶卡捷琳娜向女皇据理力争，而彼得在一旁嘟嘟囔囔地谴责自己的妻子。叶卡捷琳娜运用自己的魅力、佯装愤怒的本领及一以贯之的对女皇的爱戴和感激，解除了女皇的戒心。他们分别时，伊丽莎白悄悄地说："我还有很多事情要跟你说……"[15] 叶卡捷琳娜知道自己赢了这一轮，后来听了一名女仆转述伊丽莎白的话之后更是欢欣鼓舞。伊丽莎白现在很讨厌彼得："我的外甥是个怪物。"[16] 这场风波平息之后，叶卡捷琳娜和彼得能够相当融洽地共存。彼得此时包养了一个相貌平平的情妇，名叫伊丽莎白·沃龙佐娃，是首相沃龙佐夫的侄女，所以他也能够容忍叶卡捷琳娜与波尼亚托夫斯基的私情。此时波尼亚托夫斯基暂时回到了俄国，但最后，这个仍然爱着叶卡捷琳娜的波兰人不得不离开。她又一次茕茕孑立了。

两年后，叶卡捷琳娜注意到了伊兹梅洛沃近卫团的格里戈里·奥尔洛夫中尉。他在与普鲁士军队对抗的曹恩道夫战役①期间三次负伤，表现优异。现在他抵达圣彼得堡，押送来出身高贵的普鲁士战俘什未林伯爵。彼得热爱普鲁士的一切，就故意张扬自己与什未林伯爵的友谊。叶卡捷琳娜也许就是在这个时候认识了奥尔洛夫，尽管有一个传说是她最初从自己窗前看

---

① 曹恩道夫今称萨尔比诺沃，在今天的波兰西北部。曹恩道夫战役发生于 1758 年 8 月 25 日，是七年战争的一部分。弗里德里希大王亲自率领 3.6 万普军对战 4.3 万俄军。此役在战术上没有决定性，双方都自称取胜。

见奥尔洛夫站岗，就爱上了他。

据一位英国外交官说，格里戈里·格里戈里耶维奇·奥尔洛夫玉树临风，孔武有力，"身材优美、面貌英俊，仪态优雅"。[17]奥尔洛夫的家族出了不少巨人，他们兄弟五人都同样魁梧。[①][18] 据说他的面容仿佛天使，但他也是人人喜爱的那种生性快活、直率豪爽的军人。他"秉性朴实直率，不装腔作势，温和可亲，受人欢迎，脾气好，诚实。他从来没有害过人"，[19]并且他力大无穷。[20] 十五年后奥尔洛夫访问伦敦的时候，霍勒斯·沃波尔[②]注意到这位巨人的魅力："伟大的奥尔洛夫或者说庞大的奥尔洛夫来了……他跳起舞来雄赳赳气昂昂，也风流成性。"[21][③]

奥尔洛夫是一名省长的儿子，出身于不算富裕的贵族家庭。他的祖父是射击军的军官，被彼得大帝判处斩首。轮到奥尔洛夫的祖父受刑的时候，他大踏步走到沾满污血的刑台前，一脚踢开了他前面一个受刑者的首级。沙皇赞赏他的勇气，赦免了他。奥尔洛夫不是很聪明。法国使节布勒特伊在给自己在巴黎的上司、外交大臣舒瓦瑟尔的信中说，奥尔洛夫"非常

---

① 波将金也被外国人称为巨人。身材最魁梧的男人肯定会加入近卫军，但从访客的评论来看，俄国男人的身材在这个时代似乎特别伟岸。克雷文夫人在俄国旅行时热情洋溢地赞叹："俄国农民大多是英俊、强健、腰杆笔直的美男子。"——作者注

② 霍勒斯·沃波尔，第四代奥福德伯爵（1717—1797）是英国作家、艺术史学家和辉格党政治家。他在伦敦西南方建造的草莓山庄复兴了哥特式建筑风格。他的《奥特兰托堡》是文学史上的第一部哥特小说。他的父亲罗伯特·沃波尔（第一代奥福德伯爵）是英国历史上第一位首相。

③ 他的力大无穷可不只是传说。蒂姆斯戴尔男爵夫人在1781年见证了这样一件事：在"飞山"游乐场（"北斗七星"过山车的早期版本），叶卡捷琳娜二世女皇所在的车厢从木制槽轨上飞脱，这时奥尔洛夫，"一个特别强壮的男人，站在车厢后面，用脚把车厢推回正确的方向"。——作者注

英俊"，但"很笨"。1759年奥尔洛夫返回圣彼得堡之后被任命为军械大臣彼得·舒瓦洛夫伯爵的副官。彼得·舒瓦洛夫是波将金读大学时的恩主伊凡·舒瓦洛夫的亲戚。没过多久，奥尔洛夫勾引了彼得·舒瓦洛夫的情妇叶连娜·库拉金娜公爵夫人。奥尔洛夫运气很好，舒瓦洛夫还没来得及报复他，就去世了。

1761年，叶卡捷琳娜和奥尔洛夫坠入爱河。在波尼亚托夫斯基那种略显矫揉造作的真挚之后，格里戈里·奥尔洛夫为叶卡捷琳娜带来的是旺盛的体力、大熊一般的憨厚，更重要的是她很快就会需要的政治强力。早在1749年，叶卡捷琳娜就拉拢到了一些爱戴她的近卫军军官。现在，奥尔洛夫兄弟及其快活的哥们儿也站到了她那边。其中最有才干也最冷酷无情的是格里戈里的兄弟阿列克谢。他长得很像格里戈里，但脸上有伤疤，"浑身都是野蛮的力气，没心没肺"。这些品质让奥尔洛夫兄弟在1761年成为决定大局的力量。[22]

1761年末，奥尔洛夫和他的近卫军朋友们讨论了形形色色的大胆计划，要把叶卡捷琳娜扶上皇位，不过此时他们的计划可能还很模糊。事件的具体发展已经搞不清楚了，但大约在这个时期，年轻的波将金第一次与奥尔洛夫兄弟发生接触。根据一份史料，波将金作为机智才子的名声吸引了格里戈里·奥尔洛夫的注意，不过他俩还有别的共同爱好：他们都擅长勾引女人，都是胆量极大的赌徒。他俩从来不算是朋友，但波将金如今进入了奥尔洛夫的网络。[23]

叶卡捷琳娜需要这样的盟友。在伊丽莎白生命的最后几个月，叶卡捷琳娜对彼得大公已经不抱幻想，因为彼得公开说要休掉叶卡捷琳娜，迎娶他的情妇沃龙佐娃，还要逆转俄国的结盟政策从而挽救他的偶像——普鲁士的弗里德里希大王。彼得对叶卡捷琳娜、对她的儿子和国家构成了威胁，彼得也是在害自己。她清醒地意识到自己有三个选择：

> 第一，与大公同呼吸共命运，不管他的命运是什么；第二，任他摆布，不管他如何对待我，或如何反对我；第三，走独立自主的路……所以，或者与他一同灭亡，或者被他消灭，或者拯救我自己、我的孩子们，也许还有整个国家。

就在这个时候，伊丽莎白的病情加重，开始了人生最后的一段路程；叶卡捷琳娜需要做好"拯救自己"的准备，可能需要领导一次政变。也就是在这个时候，大公夫人发现自己怀上了格里戈里·奥尔洛夫的孩子。她能够巧妙地隐藏自己的大肚子，但在政治上束手无策。

1761 年 12 月 25 日下午 4 点，在圣彼得堡尚未竣工的巴洛克风格的冬宫，五十岁的伊丽莎白女皇身体极度虚弱，甚至连咯血的力气也没有。她躺在病榻上，痛苦地扭动身体，呼吸短促而刺耳，肢体肿得像气球，里面半是脓液。廷臣聚集在她身边，不知道她的死亡会给他们带来什么，因此大家心里既有希望，又惴惴不安。君主的死亡甚至比王室成员的出身更加公开化。这是一个正式场合，有专门的礼节，因为女皇的驾崩意味着神圣权力的交接。汗水、呕吐物、粪尿的恶臭一定压倒了蜡烛的香气、贵妇的香水和男人身上的伏特加气味。伊丽莎白的私人神父正在祷告，但她再也不能和他一起背诵祈祷词了。[24]

身材干瘦、满脸麻子的彼得大公现年三十四岁，与俄国文化和俄国人民越来越格格不入。大家接受他即将成为新皇的事实，但心里没有喜悦。对彼得的担忧和对叶卡捷琳娜的希望已经在宫廷形成一股暗流。很多权贵知道彼得显然不适合他的新角色。权贵们需要为了自己的前程和家人精打细算，但生存的关键永远是沉默、耐心和警惕。

宫门外，近卫军在刺骨寒风中站岗，紧张地观察权力的交接。他们对自己参与推举和推翻沙皇的角色很自豪。奥尔洛夫兄弟身边聚集了一群胆大妄为之徒，包括波将金，这些人心中的行动意志越来越强。但只有极少数人知道叶卡捷琳娜与奥尔洛夫的关系，她已经怀孕六个月仍然是个受到严格保守的秘密。普通人要想掩盖自己怀孕都很困难，何况是皇家的大公夫人。但即便在临终女皇床前的拥挤人群中，叶卡捷琳娜也成功地隐藏了自己的大肚子。

伊丽莎白两位最资深的宠臣在病床前充满爱意但也焦虑地侍奉。一位是和蔼可亲、有着运动员体格的阿列克谢·拉祖莫夫斯基，他从哥萨克唱诗班男孩变成了伯爵；另一位是品味优雅、圆脸的伊凡·舒瓦洛夫，他是波将金读大学时的恩主，现在也只有三十四岁。粗壮如公牛的元老院主席尼基塔·特鲁别茨科伊公爵代表俄国的老贵族集团在一旁注视。皇储彼得大公却不见踪影。他和自己的德意志哥们儿在女皇卧室外饮酒，这种缺乏尊严和敏感的举止给他招来了人们的憎恨。但他的妻子，对女皇又恨又爱的叶卡捷琳娜，刻意守在病榻旁。她在那里已经泪流满面地守夜两晚，一直没有睡觉。

叶卡捷琳娜无比殷勤地在临终的姨母和女皇身边守候。看到叶卡捷琳娜涕泗横流的真诚模样，谁能想到几年前她曾淘气地引用波尼亚托夫斯基的话这样描述女皇："哦，那个木头一样的女人，她把我们都逼疯了。她要是死掉就好了！"

舒瓦洛夫家族是一连串密谋者当中最新的一批，他们已经接触过叶卡捷琳娜，想要绕过彼得，直接传位给保罗，让叶卡捷琳娜当摄政王，但此事没有结果。所有的密谋者要么已经倒台，要么离开了宫廷。只有叶卡捷琳娜生存了下来，并且离皇位越来越近。[25]

女皇安静了下来。笨手笨脚的彼得大公被传唤入内，因为伊丽莎白的时间不多了。他立刻赶到了。女皇刚刚咽气，廷臣们就在彼得三世面前跪下。他很快离开，径直奔向枢密院去接管政权。根据叶卡捷琳娜的说法，他命令她留在女皇遗体旁，等候他的命令。[26]伊丽莎白的宫廷女官们已经开始在遗体周围忙碌，为她整理遗容，擦干她脖子和前额的汗，给面颊涂抹胭脂，并阖上那双亮蓝色的眼睛。

所有人都在哭泣，因为尽管伊丽莎白是个轻浮而残酷的人，她仍然受到大家的爱戴。她为恢复俄国的欧洲强国地位做出了巨大的贡献，让俄国回到她父亲时代的模样。拉祖莫夫斯基奔到自己的房间去独自哀恸。伊凡·舒瓦洛夫"疑神疑鬼地觉得自己得了病"，感到十分无助。粗壮的元老院主席打开通往候见室的门，老泪纵横地宣布："女皇陛下在上帝那里安息了。上帝保佑我们最尊贵的君主，彼得三世皇帝陛下！"人们喃喃地为新皇欢呼，但宫廷里充斥着"呻吟和哭泣"。[27]宫门外的近卫军"表情阴郁、沮丧。大家一起讲话，但嗓门很低……那一天几乎显得阴森森的，每张面孔都写着悲痛"。[28]

晚上7点，元老、将领和廷臣们向彼得三世宣誓效忠。人们唱起《感恩赞》。诺夫哥罗德①都主教②庄严地教导新皇帝，而彼得三世喜不自胜，毫不掩饰，行为举止极其放肆，"像个傻瓜"。²⁹随后，帝国的 150 名高级贵族聚集起来飨宴，为新时代祝酒。他们的宴会厅距离女皇遗体所在的房间只隔三个房间。泪流满面的叶卡捷琳娜既是情感丰富的女性也是冷静的政治家，她在此时出色地扮演了自己的角色。她哀悼女皇，此后在遗体前守候了三天。可以想见，那时热烘烘的房间里的气味肯定已经很难闻了。³⁰

在普鲁士，俄军刚刚攻克科尔贝格③要塞，正在占领东普鲁士；在西里西亚，俄国的奥地利盟军正在挺进。弗里德里希大王的末日就在眼前。通往柏林的道路打开了。只有奇迹才能拯救他，而伊丽莎白的死就是奇迹。彼得三世命令俄军立即停止前进，并与普鲁士国王议和。弗里德里希大王大吃一惊，也如释重负。为了得到和平，他愿意把东普鲁士割让给俄国，但彼得三世不要。④ 彼得三世打算对丹麦开战，为他的荷尔斯泰因公国（在德意志）夺回石勒苏益格地区。

---

① 诺夫哥罗德（或称大诺夫哥罗德）是俄罗斯最古老的城市之一，建城于 859 年，位于俄罗斯西北部沃尔霍夫河注入伊尔门湖的地方。该城的鼎盛时期为 14 世纪，是诺夫哥罗德共和国的首都，也是当时欧洲最大的城市之一。1992 年，联合国教科文组织认可诺夫哥罗德为世界文化遗产地。

② 在罗马帝国，各行省的行政中心"都会"（Metropolis）的主教往往成为该省多位主教中的首要者，被称为"都主教"（Metropolitan）。在俄国东正教的体系里，都主教的地位高于大主教；但在某些国家的东正教体系里，大主教高于都主教。

③ 科尔贝格是德语名字，即今天波兰西北部城市科沃布热格。

④ 这就是所谓"勃兰登堡王朝的奇迹"。1945 年，希特勒和戈培尔被困在柏林的地堡，这时美国总统罗斯福的死讯传来。希特勒希望罗斯福的死能够打破盟国之间的联盟，挽救他自己。伊丽莎白死后，弗里德里希大王欢呼"北方的梅萨丽娜死了"，并赞美彼得三世"真正属于德意志的心"。——作者注

1762 年 1 月 25 日伊丽莎白的葬礼上，兴高采烈的彼得三世皇帝为了消遣，发明了一个新游戏：他慢悠悠地跟在灵车后面，故意停下脚步，让灵车先走三十尺的距离，然后奔跑追赶，导致他背后一片混乱，年迈的廷臣们捧着他的黑色袍服裙裾，不得不手忙脚乱地跟随。"很快人们就开始批评皇帝的放肆行为。"

批评他的人自然而然地寄希望于他的妻子。伊丽莎白驾崩的那个钟头，叶卡捷琳娜收到了近卫军的基里尔·达什科夫公爵送来的消息："您一声令下，我们就推举您登基。"达什科夫也是七年战争的英雄奥尔洛夫兄弟那个近卫军圈子的成员。身怀六甲的叶卡捷琳娜不赞成在此时反叛。她最终发动的政变最值得注意的地方不是它取得了成功（毕竟密谋的很多方面都取决于偶然），而是它在大约六个月前就已经酝酿成熟了。叶卡捷琳娜在自己分娩之前牢牢控制住了密谋集团，没有让他们轻举妄动。

决定政变的发生时机和激烈程度的人，恰恰是新皇帝自己。彼得三世登基不到六个月，就得罪了俄国统治集团的几乎所有势力。不过他的政策虽然往往很鲁莽，但并不荒唐。例如，在 1762 年 2 月 21 日，他废除了令人生畏的特务机关"秘密调查部"，但它的机构被保留下来，成为元老院下属的"秘密行动部"。在这三天之前，皇帝宣布废除彼得大帝强迫贵族服役的举措，赋予贵族们自由。

这些措施为彼得三世赢得了一些好感，但他的其他举措似乎刻意要疏远俄国最有势力的利益集团，其中最重要的就是军队。七年战争期间，俄国军队打败了弗里德里希大王，袭掠了柏林，把无比强大的普鲁士战争机器逼到了毁灭的边缘。而如今彼得三世不仅和普鲁士议和，还借兵给弗里德里希大王。雪上加霜的是，彼得三世于 5 月 24 日代表荷尔斯泰因向丹麦发出最后通牒，要发动一场与俄国利益无关的战争。他甚至还打算御驾亲征。

彼得三世憎恶权势过于膨胀的近卫军，说他们是"土耳其近卫军"（土耳其近卫军经常参与推举和废黜奥斯曼苏丹），并打算解散部分近卫军单位。[31] 这让近卫军更加敌视他。波将金原本就依稀知道奥尔洛夫兄弟，现在要求参与他们的密谋。事情是这样的：奥尔洛夫密谋集团的成员之一，普列奥布拉任斯科耶近卫团的一名上尉，邀请波将金的大学同学德米特里·巴巴雷金来"参加一个社团"。巴巴雷金拒绝了，因为他不赞成这群人的"疯狂生活方式"，也不赞成格里戈里·奥尔洛夫与叶卡捷琳娜的私情。但巴巴雷金把自己的厌恶之情表达给了自己的大学同学波将金，波将金"当即"要求巴巴雷金把他介绍给普列奥布拉任斯科耶近卫团的那个上尉。于是他很快成了密谋集团的一员。[32] 这是有文字记载的波将金的第一个政治举动，此时的他已经表现出了狡黠、勇敢、雄心勃勃和冲动的品质。做事冲动是他的一大特点。对他这样的外省青年来说，身为近卫军战士，这个时刻真是令人心潮澎湃。

与此同时，彼得三世把他的荷尔斯泰因亲戚提拔到显要位置。荷尔斯泰因-戈托尔夫的公子，他的堂叔（也是叶卡捷琳娜的舅舅）格奥尔格·路德维希被任命为枢密院成员、近卫军骑兵团团长和陆军元帅。这个格奥尔格·路德维希曾与叶卡捷琳娜调情，当时她是个十几岁的姑娘，还没有去俄国。凑巧的是，格奥尔格·路德维希公子于 3 月 21 日从荷尔斯泰因来到圣彼得堡之后，波将金被指定为他的勤务官。[33] 波将金是毛遂自荐的，而这个位置让他能在彼得三世政权逐渐瓦解的时候把机密消息通知给密谋集团。格奥尔格·路德维希公子注意到了波将金的高超骑术，将他提升为近卫军上士。另一位荷尔斯泰因公子被任命为圣彼得堡总督和波罗的海周边地区全部俄军的总司令。

伊丽莎白女皇曾同意将东正教会的大片土地世俗化（收归国有），彼得三世在 3 月 21 日，也就是他在位的初期颁布了一道御旨，命令没收这些土地。[34] 他在伊丽莎白葬礼上的荒唐把戏和轻浮行为已经表达了对东正教的轻蔑，也说明他缺乏教养。他的所有行为激怒了军队，令近卫军产生警觉，侮辱了虔诚的东正教徒，还浪费了俄国在七年战争中取得的胜利。

圣彼得堡民怨沸腾，以至于弗里德里希大王担心如果彼得三世离开俄国（去指挥讨伐丹麦的战争）就会被推翻。毕竟彼得三世愚行的最大受益者是弗里德里希大王。[35] 冒犯军队是愚蠢的，得罪教会很不明智，而激怒近卫军就是发疯了。上述几件事情彼得三世都做了，简直可以说是自寻死路。但反对他的密谋在伊丽莎白驾崩时被叫停，因为叶卡捷琳娜此时有孕在身。若没有一位领袖，政变就不能发动。彼得三世自己很清楚，皇位有三个可能的人选。这位倒霉而笨拙的沙皇可能在计划逐个除掉这三人，但他的动作太慢了。

*

1762 年 4 月 10 日，叶卡捷琳娜生下了她与格里戈里·奥尔洛夫的儿子。这是她的第三个孩子，取名为阿列克谢·格里戈里耶维奇·博布林斯基。彼得三世已经在位四个月了，但只有一小群近卫军知道叶卡捷琳娜与奥尔洛夫的关系，连她的朋友叶卡捷琳娜·达什科娃公爵夫人（政变的参与者之一，叶卡捷琳娜的近卫军支持者之一的妻子）都不知道。从彼得三世的表现看，他应当也不知道。这让我们能够理解密谋为什么没有暴露。因为没有人告诉彼得三世，他也没有办法运用每一位专制君主都需要的特务机构。[36]

5月初，叶卡捷琳娜的身体恢复了，但她仍然踌躇不决。醉醺醺的皇帝越来越公开地吹嘘要休掉她，然后与他的情妇伊丽莎白·沃龙佐娃结婚。这让叶卡捷琳娜下了决心。她在1762年8月2日给波尼亚托夫斯基的信中写道，政变的计划被搁置了六个月，现在要开始行动了。[37]

彼得三世的"合法"继承人不是他的妻子，而是他的儿子，六岁的保罗大公。很多密谋者相信，政变的目的是推举保罗为皇帝，让他的母亲当名义上的摄政者。有传闻说彼得三世打算强迫萨尔蒂科夫承认自己是保罗的生身父亲，从而排挤叶卡捷琳娜，让皇帝能够和沃龙佐娃开创一个新皇朝。

我们很容易忘记，此时的俄国还有另一位皇帝——伊凡六世。1741年他在还是个婴儿的时候就被伊丽莎白推翻，后来一直被囚禁在圣彼得堡以东拉多加湖畔的什利谢利堡，现在已经二十多岁了。彼得三世亲自去了潮湿的地牢查看这个被遗忘的沙皇，发现伊凡六世智力迟钝，不过他的回答相对还算聪明。彼得三世问："你是谁？"答："我是皇帝。"彼得三世问他为什么这么确定，犯人说，是圣母和天使告诉他的。彼得三世送给他一件晨袍，伊凡六世穿上晨袍，"像第一次穿衣服的野人"一样狂喜地手舞足蹈起来。彼得三世看到这个潜在的竞争对手根本没有治国理政的能力，不禁长舒了一口气。[38]

反对彼得二世的原本只是一小群胆人妄为的近卫军，后来却变成了一个无比强大的联盟。促成这种转变的不是别人，正是彼得三世自己。5月21日，他宣布自己要离开圣彼得堡，亲自指挥针对丹麦的战争。他安排让军队开始向西行军，自己则离开都城，去了最喜欢的夏季住所——彼得宫城附近的奥拉宁鲍姆。他打算从那里出发去打仗。很多士兵不愿意参加这次不受欢迎的远征。

早在几周前，彼得三世自己就点燃了毁灭他的炸药引信：4月底，皇帝举行宴会，庆祝与普鲁士的和约。彼得三世像往常一样酩酊大醉。他为"皇室"，即他自己和他的荷尔斯泰因亲戚祝酒。叶卡捷琳娜没有起身祝酒。彼得三世注意到了，向她吼叫，问她为什么既不起立也不喝酒。她的回答很有道理：她也是皇室成员。皇帝在宴会桌前高声咒骂她："傻瓜！"廷臣和外交官们鸦雀无声。叶卡捷琳娜涨红了脸，泪流满面，但随后镇定下来。

据说，当夜彼得三世还命令自己的副官去逮捕叶卡捷琳娜，准备把她送进修道院，或者给她安排更糟糕的命运。副官赶紧去禀报荷尔斯泰因的格奥尔格·路德维希公子，他明白这道命令是多么愚蠢。彼得三世的这位堂叔（波将金是他的勤务官）说服他撤销了命令。

叶卡捷琳娜的生命、政治前途和她的孩子们的生命都受到了威胁。她别无选择，只能奋起自卫。随后三周里，奥尔洛夫兄弟和他们的下级官兵，包括波将金，心急火燎地招兵买马，准备策动近卫军起事。[39]

密谋者的计划是趁彼得三世离开奥拉宁鲍姆、踏上讨伐丹麦的愚蠢征途时将他逮捕，然后把他和白痴沙皇伊凡六世一起囚禁在什利谢利堡这个活死人墓。根据叶卡捷琳娜的说法，有三四十名军官和一万士兵做好了起事的准备。[40] 三个最关键的密谋者走到了一起，但一直到最后几天，他们互相之间并不知道对方也参与了政变。叶卡捷琳娜是他们之间的唯一纽带。所以滑稽的局面出现了：三个密谋者都认为自己才是帮助叶卡捷琳娜登上宝座的唯一功臣。

奥尔洛夫和他的近卫军（包括波将金）是政变的武装力量和组织者。每个团都有一些军官是他们的人。波将金的任务是煽动近卫骑兵团。[41] 但要想在政变成功之后维持叶卡捷琳娜二世的统治，还需要另外两个群体的支持。

叶卡捷琳娜·达什科娃（娘家姓沃龙佐娃）坚信她自己才是政变成功的关键。这个身材苗条、带有假小子气质的十九岁姑娘嫁给了叶卡捷琳娜在近卫军当中的支持者之一，不过达什科娃自己也是个穿裙子的马基雅维里。她受洗的时候，伊丽莎白女皇和彼得大公担任她的教母和教父。她是叶卡捷琳娜与高层贵族联络的有用渠道。从她身上可以看出俄国宫廷的世界是多么小，大家互相之间都是亲戚：她不仅是彼得三世的首相米哈伊尔·沃龙佐夫的侄女，还是保罗大公的总管大臣尼基塔·帕宁（后来成为叶卡捷琳娜大帝的外交大臣）的外甥女，同时也是彼得三世"又丑又笨"的情妇的妹妹。[42] 达什科娃对自己姐姐关于男人的品味感到惊愕。达什科娃的例子表明，亲戚关系并不一定能决定政治立场，因为沃龙佐夫家族正在掌权，而沃龙佐娃刚在密谋推翻他们。达什科娃在自己的回忆录里毫不谦虚地写道："我从很小的年纪就对政治感兴趣。"她

的回忆录和叶卡捷琳娜自己的著作都是记述此次政变的最佳
史料。[43]

达什科娃的舅舅尼基塔·伊凡诺维奇·帕宁是第三个关
键的密谋者。他是保罗大公的总管大臣，所以掌控着一枚关
键棋子。叶卡捷琳娜需要帕宁的支持。彼得三世考虑宣布保
罗是私生子，这威胁到了帕宁的权力。帕宁现年四十二岁，
懒散、肥胖、老奸巨猾，绝不是勤奋的公仆。他身宽体胖，
细皮嫩肉，漫不经心，气质简直有点像太监。据达什科娃公
爵夫人说，帕宁"面色苍白，对自己的健康过分纠结……贪
图享乐，一辈子都在宫廷度过，穿着打扮一丝不苟，戴着庄
严的假发，背后垂着三条扑过粉的带子。他给人的印象是路
易十四时代的老廷臣"。[44]但帕宁不喜欢沙皇不受任何节制的
暴政，何况彼得三世"极其放荡，嗜酒如命"。[45]和很多教养
良好的高层贵族一样，帕宁希望在推翻彼得三世之后建立贵
族的寡头统治。他正气凛然地反对宠臣政治，但他自己的家
族也是靠皇帝的心血来潮才平步青云的。[①] 18 世纪 50 年代，
伊丽莎白女皇对尼基塔·帕宁表示过兴趣，他俩甚至可能有
过一段短暂的露水情缘，直到当时得势的宠臣伊凡·舒瓦洛
夫安排帕宁出使瑞典。1760 年帕宁才返回俄国，没有卷入伊
丽莎白宫廷的凶险政治，因此各派系都能接受帕宁。[46]叶卡捷
琳娜和帕宁都想要推翻彼得三世，但对于之后怎么办两人有
分歧：叶卡捷琳娜想要自己夺取权力，而帕宁、达什科娃和
其他人认为保罗大公应当成为皇帝。[47]达什科娃公爵夫人写

---

① 帕宁的崛起是因为他娶了彼得大帝的宠臣亚历山大·缅什科夫公爵的侄
 女，而缅什科夫年轻时曾是卖馅饼的小贩。——作者注

道："年轻的女性密谋者不大可能一下子就赢得帕宁先生这样谨小慎微的政治家的信任。"不过，这几个心怀鬼胎的密谋者现在走到了一起。

6月12日，彼得三世离开圣彼得堡，前往奥拉宁鲍姆。在区区八俄里之外的彼得宫城，叶卡捷琳娜在自己的夏季别墅"吾乐宫"等候。

6月27日，密谋集团突然阵脚大乱，因为近卫军里的密谋者之一帕塞克上尉遭到告发和逮捕。彼得三世发现密谋的内情是迟早的事。尽管当时很少对贵族动刑，但这种威胁总是存在的。帕塞克肯定会招供。

奥尔洛夫兄弟、达什科娃和帕宁第一次也是最后一次聚到一起开会，大家都惊慌失措。波将金和其他密谋者则在等候指示。据达什科娃说，就连坚韧不拔的奥尔洛夫兄弟也慌了神，但"为了安抚大家的情绪……以及表明我自己面对危险毫不畏缩，我请他们向士兵们转述我的话，就说我从皇后那里得到指示……让大家少安毋躁"。在这种危急关头，一个小小的错误都会害死这些男人，所以这位傲慢自负的年轻公爵夫人的话很难让他们放下心来。[48]

达什科娃公爵夫人对粗鲁的奥尔洛夫兄弟印象不佳，觉得他们太粗俗、太高傲。绰号"疤脸"的阿列克谢·奥尔洛夫是政变的主要组织者。达什科娃请他立刻骑马去吾乐宫，但格里戈里·奥尔洛夫犹豫是在当晚去接叶卡捷琳娜还是第二天再去。达什科娃后来说，是她促使他们下了决心："我没有压抑对这几兄弟的恼火……我已经给了阿列克谢·奥尔洛夫指示，他们竟然还犹豫不决。我说：'你已经耽误时间了。你不要担心惊扰皇后。让她吓晕了被送到圣彼得堡，也比让她和我们一起上绞刑架要强！让你兄弟一刻不要耽误，赶紧全速过去……，'"[49]

叶卡捷琳娜的情人终于同意。圣彼得堡的密谋者奉命在近卫军当中发动反叛。深夜，阿列克谢·奥尔洛夫搭乘一辆马车去吾乐宫接叶卡捷琳娜。一小群近卫军陪同他，要么站在马车的脚踏板上，要么坐在后面一辆马车上。波将金上士就在其中。

28 日早晨 6 点，他们抵达吾乐宫门外。波将金在马车旁等候，车夫各就各位，扬起鞭子，马匹也做好了出发的准备。阿列克谢·奥尔洛夫匆匆跑进别墅，闯进叶卡捷琳娜的卧室，唤醒了他兄弟的情人。

"宣言都准备好了，"阿列克谢·奥尔洛夫说，"您必须起床。帕塞克被捕了。"叶卡捷琳娜不需要听更多消息，迅速穿上朴素的黑色衣服。政变要么在今天成功，要么将永远没有机会成功。如果政变失败，他们全都会上绞刑架。[50]

阿列克谢·奥尔洛夫扶叶卡捷琳娜登上马车，并把自己的斗篷脱下来给她裹身子，然后命令车夫全速驶往圣彼得堡。这趟路程有 18 公里。马车开始狂奔的时候，波将金和另一名军官瓦西里·比比科夫跳到脚踏板上护卫皇后。过去历史学界对于波将金在这几个钟头里的下落有疑问，但上面的故事是英格兰人雷金纳德·波尔·卡鲁记述的，他后来和波将金很熟悉，很可能是从波将金本人口中听说了这个故事。本书是第一部采用这种说法的著作。[51]

叶卡捷琳娜此时还戴着蕾丝睡帽。他们与从首都迎面驶来的另一辆马车会合，巧合的是这辆车载着叶卡捷琳娜的法国美发师米歇尔。他跳上叶卡捷琳娜的马车，在奔向革命的途中为她打理头发。不过她抵达的时候，头发还没有扑好粉。快到圣彼得堡的时候，他们遇见一辆小型马车，上面载着格里戈里·奥尔洛夫。叶卡捷琳娜、阿列克谢和美发师换了车。波将金可能也换到了奥尔洛夫的小型马车上。几辆马车直奔伊兹梅洛沃近卫团的兵营，在那里找到了"十二名士兵和一名鼓手"。以这样微小的开端，人们也能攫取帝国霸业。叶卡捷琳娜激动地回忆道："士兵们蜂拥上来吻我的手、脚和裙边，说我是他们的救主。两名士兵……带来一名拿着十字架的神父，开始宣誓。"伊兹梅洛沃近卫团的团长不是别人，正是基里尔·拉祖莫夫斯基伯爵。这位乌克兰盖特曼曾是叶卡捷琳娜的仰慕者。他单膝跪下，亲吻她的双手。

叶卡捷琳娜再次登上马车，由神父和士兵打头阵，开往谢苗诺夫斯科耶近卫团的兵营。"他们前来迎接我们，高呼'万岁'！"她开始巡视近卫军各团，争取他们的支持。很快这变成了一场胜利大游行。但并非所有近卫军军官都支持政变，达什科娃的兄弟、彼得三世的首相沃龙佐夫的侄子谢苗·罗曼诺维奇·沃龙佐夫奋起反抗，遭到逮捕。叶卡捷琳娜来到阿尼奇科夫宫和喀山大教堂之间的时候，波将金上士再度出现在近卫军骑兵团的队伍前列。士兵们热情洋溢地、癫狂地为他们的皇后欢呼。此时她可能已经知道了波将金的名字，知道他是政变组织者之一，因为她后来赞扬了希特罗沃中尉和"一个名叫波将金的十七岁下级军官"在那天的"敏锐、勇气和果敢"。不过，近卫军骑兵团的军官们也支持政变。另外，波将金此时其实是二十三岁。[52]

皇后的队伍越来越壮大，数千近卫军加入她的阵营。队伍前往冬宫，元老院和神圣宗教会议①在那里开会，准备发布已经印好的推举叶卡捷琳娜登基的宣言并向她宣誓效忠。帕宁带着她的儿子保罗大公来了，后者还穿着睡衣，戴着棉睡帽。消息传开，宫外熙熙攘攘。叶卡捷琳娜出现在一扇窗前，人群山呼万岁。与此同时，宫门大开，皇宫如同被不速之客淹没的舞厅，走廊里挤满了士兵、神父、大使和市民，他们全都来向新君主宣誓效忠，或者来看这场革命的热闹。

达什科娃公爵夫人在帕宁和保罗大公不久之后抵达："我命令女仆给我取来一套盛装，然后匆匆赶往冬宫……"这位激动万分、精心打扮的年轻公爵夫人引发了一些骚乱。起初她进不了门，后来守门人认出她之后，人群又太拥挤，她挤不过去。最后，士兵们把这个苗条姑娘像玩偶一样从人们的头顶举了过去。他们"发出表示认可的呼喊"，"接受我是他们的朋友"。这样激动人心的场面足以让人心醉神迷，她也的确如此。"最后，我头晕眼花，袍子被撕破……我冲到了女皇陛下面前。"[53]

叶卡捷琳娜和公爵夫人拥抱起来。但是，尽管政变集团控制了圣彼得堡，彼得三世仍然占据上风，因为他的军队正在附近的立窝尼亚准备对丹麦作战，他可以轻松地调动军队镇压反叛的近卫军。并且，喀琅施塔得②要塞仍然在他手中，这座要

---

① 彼得大帝设立了神圣宗教会议，令其管理教会。神圣宗教会议主席总是由俗家人士担任，实际上就是沙皇的教会事务大臣。在罗曼诺夫皇朝统治下，不再有牧首。1917 年的二月革命之后，政府任命了一名牧首，但这个职位被布尔什维克党废除。后来在 1943 年，也就是苏德战争期间，为了鼓舞民众的斗志，斯大林恢复了牧首制度。

② 喀琅施塔得（德语 Kronstadt，直译为"王冠城"）是俄罗斯的一座港口城市，位于芬兰湾口的科特林岛上，在圣彼得堡以西约 30 公里处。过去喀琅施塔得是俄罗斯海军司令部和波罗的海舰队的基地。今天喀琅施塔得的历史中心以及其要塞是世界文化遗产。

塞控制着通往圣彼得堡的海路。叶卡捷琳娜听取帕宁、奥尔洛夫兄弟和基里尔·拉祖莫夫斯基伯爵等大员的建议，派遣海军将领塔雷津去争取喀琅施塔得驻军。

现在政变集团还必须擒获皇帝本人。叶卡捷琳娜命令近卫军准备向彼得宫城进军。她或许是想起了伊丽莎白女皇穿男装多么英姿飒爽，于是命人给她送来一套近卫军制服。士兵们积极地脱去了彼得三世让他们穿的普鲁士风格军服，换上了他们的旧式军服。既然士兵们摈弃了旧军服，叶卡捷琳娜便也这么做了。达什科娃写道："她从塔雷津上尉［海军将领塔雷津的亲戚］那里借了一套普列奥布拉任斯科耶近卫团的古老军服，我从普希金中尉那里借了一套。这两位年轻军官的身高和我俩差不多。"[54]

叶卡捷琳娜在冬宫接见支持者的同时，彼得三世按计划抵达彼得宫城，打算与叶卡捷琳娜一起庆祝圣彼得与圣保罗瞻礼日。但吾乐宫空空荡荡。叶卡捷琳娜的盛装被丢在床上，这是一个阴森可怖的凶兆，因为从各种意义上讲，她确实改换了衣冠。彼得三世看见这景象就崩溃了，哭泣、喝酒、踌躇不决。

他的廷臣当中唯一没有惊慌失措的人是八十多岁的陆军元帅布克哈德·冯·明尼希伯爵。他是德意志裔，参加过1740/1741年的宫廷政变，前不久刚结束流亡，应召回到都城。明尼希建议彼得三世效仿他的外祖父，立即率军向圣彼得堡进发。然而，彼得三世不是彼得大帝。这位沙皇派遣多名使者去圣彼得堡，与叶卡捷琳娜谈判或试图逮捕她，但他的使者都立刻倒戈。首相米哈伊尔·沃龙佐夫自告奋勇，此人曾在二十年前伊丽莎白发动政变的时候站在伊丽莎白雪橇的踏板上，但他抵达圣彼得堡之后立刻跪倒在叶卡捷琳娜脚下，加入她的阵营。彼得三世人数锐减的扈从队伍垂头丧气地行进了八俄里，逃回奥拉宁鲍姆。头发灰白的明尼希最终说服皇帝夺取喀琅施塔得要塞，从而控制都城。皇帝向喀琅施塔得派去了使者。在这个银装素裹的夜晚，彼得三世的双桅纵帆船在大约晚上 10 点抵达奥拉宁鲍姆。他已经烂醉如泥，不得不由他的情妇伊丽莎白·沃龙佐娃和老元帅扶上船。三个小时后，他的船来到喀琅施塔得城外。

明尼希向喀琅施塔得的哨兵宣布皇帝驾到，但他们的回答是："没有皇帝了。"他们说只承认叶卡捷琳娜。对彼得三世来说一切都太晚了，因为海军将领塔雷津已经抢先抵达喀琅施塔得，控制了那里的驻军。彼得三世失去了对局势的掌控，也控制不了自己的命运。他在船舱里晕了过去。在返回奥拉宁鲍姆途中，这位颓唐而醉醺醺的皇帝，虽然一直能够预见自己的结局，但现在只想退位，然后隐居到荷尔斯泰因。他决定去谈判。

在圣彼得堡，叶卡捷琳娜在冬宫门外集结了她的近卫军。在这个激动人心、令人刻骨难忘的时刻，波将金设法在新女皇面前第一次登场了。[55]

注 释

1 关于叶卡捷琳娜大帝在政变之前的生活，资料来源为她自己的《回忆录》，Anisimov's *Empress Elisabeth*, pp 230 – 45, Madariaga's *Russia* pp 1 – 30 and J. T. Alexander's *Catherine the Great: Life and Legend* pp 17–60。

2 CtG, *Memoirs* 1955 p 87.

3 Alexander, *CtG* pp 32–3.

4 CtG, *Memoirs* 1955 pp 182, 101.

5 CtG, *Memoirs* 1955 pp 114-15, 141. A. 别斯图热夫首相批评彼得大公的粗鲁和愚蠢，转引自 Anisimov, *Empress Elisabeth* pp 234-5. Alexander, *CtG* pp 42-3。

6 CtG, *Memoirs* 1955 p 118.

7 CtG, *Memoirs* 1955 pp 196, 200, 161.

8 CtG, *Memoirs* 1955 p 225.

9 CtG, *Memoirs* 1955 p 211.

10 CtG, *Memoirs* 1955 p 301. Anisimov, *Empress Elisabeth* pp 242-3.

11 CtG, *Memoirs* 1955 p 240. Madariaga, *Russia* pp 15-37. Alexander, *CtG* pp 1-4, 55-60.

12 SA, *Mémoires* vol 1 p 42.

13 Derek McKay and H. M. Scott, *The Rise of the Great Powers* 1648-1815 pp 181-92. Anisimov, *Empress Elisabeth* pp 109-16 and 244-5. Adam Zamoyski, *The Last King of Poland* pp 54-66.

14 CtG, *Memoirs* 1955 p 288.

15 CtG, *Memoirs* 1955 pp 307-9.

16 CtG, *Memoirs* 1955 p 310.

17 PRO SPF 91/82, Charles, Lord Cathcart 29 December 1769, St Petersburg.

18 Anspach, *Journey* p 145, 29 February 1786.

19 Sabatier, French diplomat, in 1772, quoted in Waliszewski, *Autour d'un trône* vol 1 p 124.

20 Baroness Elisabeth Dimsdale, *English Lady at the Court of Catherine the Great*, ed Anthony Cross p 54, 27 August 1781.

21 Sir Horace Walpole, 14 November 1775, quoted in Anthony Cross, *By the Banks of the Thames*.

22 Durand de Distroff, French chargé d' affaires, quoted in Waliszewski, *Autour d'un trône* vol 1 p 129.

23 Semevsky, *GAPT* pp 488-9. Krasnobaev, p 223. Madariaga, *Russia* pp 15-17.

24 CtG, *Memoirs* 1955 'Last Thoughts of HIM Elisabeth Petrovna' pp 329-38 是关于伊丽莎白女皇驾崩的主要史料。Anisimov, *Empress Elisabeth* pp 245-8. Also Philip Longworth, *The Three Empresses* pp 228-9, Robert Coughlan, *Elisabeth and Catherine* pp 172-4.

25 Anisimov, *Empress Elisabeth* pp 241, 242-3, 245-8. Catherine II's letter to Sir Charles Hanbury Williams quoting from Count Stanislas Poniatowski's letter to herself is cited in Anisimov, pp 240-1. General Lieven is quoted in CtG, *Memoirs*

1955 p 267.

26 CtG, 'Last Thoughts of HIM Elisabeth Petrovna' pp 329-38. Anisimov, *Empress Elisabeth* pp 26-7.

27 M. Semevsky, ' Shest mesyatsev iz russkoy istorii XVIII veka. Ocherk tsarstvovaniya Imperatora Petra III 1761 - 2 ', OZ vol 173 p 161. Anisimov, *Empress Elisabeth* pp 242-3, 245-8. FtG quoted in David Fraser, *Frederick the Great* p 457/8.

28 Dashkova p 45.

29 CtG, 'Last Thoughts of HIM Elisabeth Petrovna' p 331.

30 CtG, 'Last Thoughts of HIM Elisabeth Petrovna' pp 329-38.

31 PSZ xv no 11, 445, 21 February 1762; PSZ xv no 11, 444, 18 February 1762; PSZ xv no 11, 481, 21 March 1762; PSZ xv no 11, 538, 18 May 1762.

32 RA (1907) 11, pp 130-2.

33 Krasnobaev, pp 488-9.

34 PSZ xv no 11, 445, 21 February 1762; PSZ xv no 11, 444, 18 February 1762; PSZ xv no 11, 481, 21 March 1762; PSZ xv, no 11, 538, 18 May 1762.

35 Soloviev vol 13 p 73, quoted in Madariaga, *Russia* p 25.

36 Dashkova pp 78-9.

37 CtG, *Memoirs* 1955 pp 341-9; CtG to Stanislas Poniatowski 2 August 1762.

38 General Baron von Ungern-Sternberg in Masson p 137.

39 关于这场政变的主要史料是叶卡捷琳娜大帝本人的回忆录，尤其是她写给斯坦尼斯瓦夫·波尼亚托夫斯基的信（日期为 1762 年 8 月 2 日），这封信发表于 SA, *Mémoires*, vol 1 p 377。CtG, *Mémoires*, also in CtG, *Sochineniya imperatritsy Ekaterina II* ed A. N. Pypin, vol 12 p 547. See also Dashkova pp 74-80. SIRIO 12 (1873): 2-4, Robert Keith to Mr Grenville, 1 July/12 July 1762, St Petersburg. Madariaga, *Russia* pp 21-37. Alexander, CtG pp 5-16。

40 CtG, *Memoirs* 1955 pp 341-2.

41 CtG, *Memoirs* 1955 p 343, CtG to SA.

42 RA (1867) 4 pp 482-6. CtG, *Memoirs* 1955 p 343, CtG to SA 2 August 1762.

43 Prince M. M. Shcherbatov, *On the Corruption of Morals in Russia* p 229.

44 Dashkova p 74.

45 Dashkova pp 45-6.

46 A. F. von der Asseburg, *Denkwü rdigkeiten* pp 316-17.

47 David L. Ransel, *The Politics of Catherinian Russia: The Panin Party* pp 11-20, 65.

48 CtG, *Memoirs* 1955 pp 341-9, CtG to Poniatowski 2 August 1762.

49 Dashkova p 74.

50 Dashkova pp 78-80.

51 Reginald Pole Carew, Russian anecdotes in the Antony Archive CO/R/3/92, unpublished. 这些轶闻显然是基于卡鲁 1781 年在俄国生活期间与俄国达官贵人的谈话。卡鲁大部分时间与波将金待在一起，乘坐波将金的马车与他一起巡视各庄园与工厂。卡鲁很可能是从波将金本人那里听到了这些关于政变的故事。波将金和瓦西里·比比科夫在叶卡捷琳娜大帝的马车脚踏板上护卫她的故事，首次确定了波将金在这几个小时里的下落。

52 Pole Carew, Russian anecdotes, Antony Archive CO/R/3/62.

53 RA (1867) 4 pp 482-6, Horse-Guards in June 1762.

54 CtG to S. Poniatowski 2 August 1762, CtG, *Memoirs* 1955 p 343.

55 Dashkova p 80.

56 Dashkova pp 80-1.

57 Alexander, *CtG* pp 10-11. Madariaga, *Russia* p 31.

3 初次邂逅：女皇的鲁莽追求者

> 近卫军骑兵来了，我从未见过他们那样欣喜若狂。他们喜极而泣，呼喊着，说国家终于自由了。
>
> ——叶卡捷琳娜大帝给斯坦尼斯瓦夫·波尼亚托夫斯基的信，1762 年 8 月 2 日

> 在欧洲的所有君主当中，我相信俄国女皇拥有的珍珠最多。她酷爱珍珠，这也许是她唯一的弱点……
>
> ——乔治·马戛尔尼爵士谈叶卡捷琳娜大帝

1762 年 6 月 28 日夜间，刚刚成为女皇的叶卡捷琳娜二世穿着借来的普列奥布拉任斯科耶近卫团上尉的军服，显得风流倜傥。她来到冬宫门前，手里拿着明晃晃的军刀，周围簇拥着追随者。在圣彼得堡"白夜"的蓝色光辉中，她走下阶梯，来到拥挤的宫殿广场，骑上她的灰色纯血马"光辉"。她以技艺娴熟的女骑手的风度轻松自如地翻身上马，看来她多年的骑马锻炼没有白费。

参加这场革命的 1.2 万名近卫军聚集在广场上，围绕着她，准备"向彼得宫城进军"，去推翻彼得三世。他们一定都盯着这个三十三岁、正值盛年的女子，看着她的红褐头发、碧蓝眼睛和乌黑睫毛。在她人生的关键时刻，她穿着近卫军制服，如鱼得水。在人群中，身穿近卫军骑兵制服的波将金骑在

马背上，热切地等待表现的机会。

士兵们遵照近卫军操练得精熟的典礼规矩立正敬礼，但广场上十分喧闹。这里更像是熙熙攘攘的混乱军营，而不是威风凛凛、一丝不苟的阅兵式。夜空中回响着马蹄声、战马的嘶鸣、马刺和剑叮叮当当的撞击声、迎风招展的旗帜的嗖嗖声，以及成千上万人的咳嗽、嘟哝和窃窃私语。很多士兵自前一晚就在这里等候，一直处于狂欢的气氛当中。有些士兵醉醺醺的，因为他们洗劫了酒馆。地上到处是他们丢弃的普鲁士风格的军服，就像化装舞会第二天早晨的景象。这都不重要，因为每个人都知道自己正在改写历史。他们凝视着这个刚刚被他们推举为女皇的年轻女子。他们一定都心潮澎湃。

叶卡捷琳娜二世拉住"光辉"的缰绳，有人为她递上军刀，但她意识到自己的军刀缺少穗子。她一定在四下张望寻找穗子，这时一名目光敏锐的近卫军骑兵注意到了她的犹豫。这个男人将会比其他任何人都更深刻地理解她的所思所想。他立刻拍马上前，穿过广场，把自己的军刀穗子奉上并鞠躬。她向他道谢时一定注意到了他的魁梧身材、熠熠生辉的红褐色头发、表情丰富的长脸和下巴上的"美人沟"①。这副堂堂的相貌为他赢得了"亚西比德"的美名。在这个令人难忘的时刻，格里戈里·波将金以这种放肆大胆的方式引起了她的注意。他的确有把握时机的天赋。

达什科娃公爵夫人也穿着潇洒的近卫军制服，在女皇背后上了马。这场"女流的革命"有一种化装舞会的气氛。为了在黎明向彼得三世发动打击，现在必须出发了。彼得三世仍然

---

① 指的是下巴中间一条垂直的浅浅的沟，一般被认为很美。

在逃，仍然在奥拉宁鲍姆（距离圣彼得堡有一夜行军的路程），仍然是名义上的皇帝。但亚西比德已经到了女皇身旁。

叶卡捷琳娜二世从波将金手中接过穗子，将其系在自己的军刀上，然后催促"光辉"前进。波将金催动坐骑，准备回到自己的队伍，但他的骏马因为训练有素、惯于在密集队伍中冲锋，所以顽固地拒绝离开她的身边。于是，在几分钟之内，这个小小的场景决定了帝国的命运，波将金努力控制顽固的战马，与此同时不得不与女皇对话。"她大笑起来……她注意到他的英俊相貌……与他说话。就这样"，波将金在成为叶卡捷琳娜大帝的掌权搭档之后对一位朋友回忆道，他能"走上荣誉、财富与权力的道路，全都要感谢一匹放肆的马"。[1]

所有的史料都同意，这就是他第一次与叶卡捷琳娜大帝相遇的情景。但对于细节，有不同的说法。有的说是军刀穗子，有的说是军帽上竖直的羽饰。[2] 对迷信的波将金来说最重要的是，他的马不肯离开女皇身边，仿佛这头牲畜感觉到了他俩的命运是紧紧联系在一起的。他说这是"幸福的偶然"，[3] 但让他主动催马上前奉上穗子的可不是偶然。我们知道波将金是个擅长演戏、热爱演戏的人，并且骑术精湛，所以很可能并不是马不肯返回队列。不管怎么说，现在它服从了骑手，快速返回了原先的位置。

长长的近卫军纵队簇拥着两个身穿男人军服的女骑手，在白夜的蓝光中前进。军乐齐鸣，士兵们唱起行军歌曲。他们有时吹起口哨，呐喊道："我们的小妈妈叶卡捷琳娜万岁！"

29 日凌晨 3 点，叶卡捷琳娜二世的纵队在克拉斯尼卡巴克稍事休息。她和达什科娃在一张狭窄的铺着稻草的床上躺下，但睡不着。奥尔洛夫兄弟率领前锋部队继续前进。主力部队于两个小时后出发，途中遇见了副首相 A. M. 戈利岑公爵，他带来了彼得三世的又一个提议。但此刻除了无条件退位之外没什么好谈的，副首相也向叶卡捷琳娜二世宣誓效忠。

很快传来消息，阿列克谢·奥尔洛夫已经和平占领了两座夏季庄园——奥拉宁鲍姆和彼得宫城。上午 10 点，叶卡捷琳娜二世以女皇的身份驾临彼得宫城。仅仅 24 小时之前，她戴着蕾丝睡帽离开了那里。她的情人格里戈里·奥尔洛夫在波将金陪同下已经到了附近的奥拉宁鲍姆，强迫彼得三世签署退位诏书。格里戈里·奥尔洛夫把退位诏书送到了女皇手里。[4] 波将金留在奥拉宁鲍姆，看守如同泄气皮球一般的前任皇帝。[5] 我们可以说彼得三世是为了弗里德里希大王而牺牲了自己的帝国，而如今弗里德里希大王轻蔑地说，彼得三世"竟允许自己就这样被拉下台，就像一个被送上床睡觉的小娃娃"。[6]

这位前任皇帝在他的情妇和两名副官的陪同下被送上马车。马车周围戒备森严，波将金是看守之一。在周围转悠的士兵故意高呼"叶卡捷琳娜二世女皇万岁！"来嘲弄彼得三世。[7] 在彼得宫城，彼得三世交出了自己的佩剑、圣安德烈勋章绶带和他的普列奥布拉任斯科耶近卫团制服。他被带去一个他很熟悉的房间。帕宁在那里等他。前任沙皇跪下哀求不要将他与他的情妇分开。这个请求被拒绝了。精疲力竭、泪流满面的彼得三世请求允许保留他的小提琴、黑皮肤仆人纳西索斯和宠物狗莫普希。帕宁后来回忆道："我不得不见证彼得三世此时的凄惨模样，我觉得这是我人生中的不幸之一，是我人生中最大的不幸。"[8]

叶卡捷琳娜二世打算把前任皇帝永久性囚禁在什利谢利

堡,但阿列克谢·奥尔洛夫指挥的一支队伍用一辆封闭的四轮双座篷盖马车把彼得三世送到了他的罗普沙庄园(距离海边约 19 英里)。没有资料说波将金在这支卫队里,但几天后他就在罗普沙庄园,所以他很可能参加了这次护送。叶卡捷琳娜二世允许丈夫保留他的小提琴、黑仆人和狗。[9]此后她再也没有见过彼得三世。

几天后,当达什科娃公爵夫人走进叶卡捷琳娜二世书房的时候,她"震惊"地发现格里戈里·奥尔洛夫"全身舒展,躺在沙发上",翻阅朝廷文件。"我问他在干什么。他回答:'女皇命令我拆开这些文件。'"新政权已经全面掌权。[10]

6 月 30 日,叶卡捷琳娜二世返回欢呼雀跃的首都。现在既然已经大获全胜,她需要为其买单。波将金是女皇特别提到要奖赏的功臣之一,她无疑还记得军刀的穗子。叶卡捷琳娜二世为政变成功付出的经济代价超过了 100 万卢布,而当时俄国国家财政预算每年只有 1600 万卢布。她的支持者们因在政变中扮演的角色而得到了慷慨的回报。圣彼得堡驻军得到了相当于半年军饷的赏金,总计 225890 卢布。女皇承诺给格里戈里·奥尔洛夫 5 万卢布,拉祖莫夫斯基和帕宁分别得到 5000 卢布的年金。8 月 9 日,格里戈里和阿列克谢·奥尔洛夫、叶卡捷琳娜·达什科娃和另外十七名主要的密谋者分别得到 800 名农奴或 2.4 万卢布。

格里戈里·波将金是十一名配角之一,可以在 600 名农奴和 1.8 万卢布之间选择。[11]他的名字还出现在叶卡捷琳娜二世亲笔书写的其他名单上。近卫军骑兵团的指挥官做了汇报,建议晋升波将金为骑兵少尉。叶卡捷琳娜二世亲笔批示:"必须是中尉。"于是他被晋升为中尉，[12] 此外还被奖赏 1 万卢布。叶卡捷琳娜二世保留了首相沃龙佐夫的职位，但尼基塔·帕宁成了她真正的首席大臣。帕宁的小团体希望让保罗当皇帝，并设立一个由贵族寡头控制的摄政会议，但奥尔洛夫兄弟和近卫军捍卫叶卡捷琳娜二世的专制权力，这也是他们能够参政的唯一理由。[13] 不过，奥尔洛夫兄弟还有一个计划：让格里戈里·奥尔洛夫与女皇结婚。但这个计划面临着一个不可逾越的障碍：叶卡捷琳娜二世的丈夫还活着。

彼得三世、纳西索斯和莫普希待在罗普沙庄园，阿列克谢·奥尔洛夫和他的 300 名官兵（包括波将金）看守他们。奥尔洛夫用一连串诚挚、非正式但语调阴森的书信向叶卡捷琳娜二世汇报那里的尴尬局面。他在这些信里提到了波将金的名字，这也表明此时的叶卡捷琳娜二世已经认识波将金，尽管对他的印象不是很深。奥尔洛夫集中力量嘲讽彼得三世是"怪物"。从奥尔洛夫那些阴森可怖的笑话里，我们可以感受到彼得三世脖子上的绞索被慢慢收紧，奥尔洛夫仿佛在寻求叶卡捷琳娜二世批准把彼得三世了断。[14]

大约 7 月 5 日，她得知彼得三世被杀的时候一定不会惊讶。死亡的具体细节至今不明。我们只知道，阿列克谢·奥尔洛夫及其爪牙在其中发挥了作用，还有就是这位前任皇帝是被活活扼死的。[15]

彼得三世的死对所有人都有利。俄国经常有人觊觎皇位，所以活着的前任皇帝对其继承者来说总是不安定因素。即便是死了，前任皇帝也还能"复活"。彼得三世的存在对叶卡捷琳娜二世篡夺的政权来说始终是一种威胁，也威胁到了奥尔洛夫兄弟的计划。彼得三世是被谋杀的，这毫无疑问。波将金有没有参与谋杀？他在后来的岁月里受到了形形色色的指控，仿佛人间能够想象得到的罪孽他都犯过，却偏偏没有人指控他杀害彼得三世，这只能说明他确实没有参与此事。但他当时就在罗普沙庄园。

叶卡捷琳娜二世流下了苦涩的泪水，但不是为彼得三世而哭，而是为了自己的声誉。"我的光荣被玷污了，后世将永远不会原谅我。"达什科娃对彼得三世的死感到震惊，但她也主要是在考虑自己，"夫人，他死得太突然，这对您和我的名誉都不好。"[16] 叶卡捷琳娜二世明白彼得三世的死对自己有好处，所以她没有惩罚任何人。阿列克谢·奥尔洛夫将在随后三十年里发挥重要作用。但彼得三世的死让叶卡捷琳娜二世在全欧洲臭名昭著，大家都斥责她是弑君者和谋害亲夫的淫妇。

皇帝的遗体被装扮一新，身穿一件蓝色的荷尔斯泰因军服，没有佩戴任何勋章，被抬进一具朴素的棺材，在亚历山大·涅夫斯基修道院停放了两天。一条领巾掩饰了他青紫的喉咙，压低的帽子遮盖了他青肿的面部。[17]

叶卡捷琳娜二世恢复镇定，发布了一条受到普遍嘲讽的声明，称彼得三世死于"痔疮绞痛"。[18] 这个虽然必需却很荒唐的诊断此后成为表示政治谋杀的委婉语。后来叶卡捷琳娜二世邀请启蒙思想家达朗贝尔①访问俄国的时候，他对伏尔泰开玩笑说，他不敢去，因为他患有痔疮，这在俄国可是非常危

---

① 让·勒朗·达朗贝尔（1717—1783），法国物理学家、数学家、天文学家、哲学家、音乐理论家。他一生涉猎很多领域，著有 8 卷巨著《数学手册》、力学专著《动力学》、23 卷《文集》以及《百科全书》的序言。

险的疾病。[19]

　　根据传统，俄国沙皇应当在古老的东正教首都莫斯科加冕。彼得三世鄙视俄国，根本懒得搞加冕礼。篡位者叶卡捷琳娜二世不会犯同样的错误。篡位者必须不惜一切代价，严格遵守这种赋予合法性的仪式的每一个细枝末节。叶卡捷琳娜二世命令尽快组织一场豪华的、传统的加冕礼。

　　8月4日，也就是遵照女皇的命令，波将金被晋升为中尉的当天，他和近卫军骑兵团的三个中队一起前往莫斯科，准备参加女皇的加冕礼。他的母亲和其他亲人仍然生活在莫斯科，欢迎了这个回头浪子。他当初离开莫斯科的时候是个放荡不羁的流氓，如今已经成了女皇加冕礼上的卫兵。27日，新政权合法性的唯一支柱、八岁的保罗大公在他的总管大臣帕宁的陪伴下，在27辆马车、257匹马的队伍中离开都城，前往莫斯科。格里戈里·奥尔洛夫随后跟进。女皇于五天后启程，她的队伍包含23位廷臣、63辆马车和395匹马。女皇和皇储于9月13日（星期五）来到圆顶与塔楼之城莫斯科，也来到了旧式的俄国。她一直讨厌莫斯科，因为她觉得那里的人不喜欢她，并且她曾经在那里患过重病。现在她对莫斯科的偏见被证明是正确的：小保罗发烧病倒，直到加冕礼前夕才痊愈。

　　9月22日，星期天，在克里姆林宫心脏位置的圣母升天大教堂，55位东正教高级教士站成一个半圆形，女皇在他们面前被加冕为"最尊贵、最强大的叶卡捷琳娜二世，全俄罗斯的女皇和专制君主"。和前任女皇伊丽莎白一样，叶卡捷琳娜二世刻意自己给自己戴上皇冠，以强调她的合法性来源于她自己。然后她右手接过权杖，左手拿起圣球。教堂内的人们纷纷跪下。唱诗班开始歌唱，礼炮鸣响。诺夫哥罗德大主教为她涂抹圣油。随后她领了圣餐。

叶卡捷琳娜二世乘坐一辆金色马车，在徒步行进的近卫军骑兵（包括波将金）的护卫下返回宫殿，途中向群众抛撒金币。她经过时，人们纷纷跪下。随后，加冕礼的任命名单被公布，新政权开始成形：格里戈里·奥尔洛夫被任命为侍从长；奥尔洛夫五兄弟和帕宁都被晋升为俄罗斯帝国的伯爵；波将金中尉（当天在宫里执勤）又一次出现在名单上，他得到一套银餐具和莫斯科地区的 400 名农奴。11 月 30 日，波将金被任命为内廷侍卫。[20] 其他被任命为内廷侍卫的军人要离开军队、成为廷臣，他则被允许留在近卫军。[21]

随后是整整一周令人疲惫的舞会、庆典和接待会，但保罗大公发烧的病情加重了。如果他死了，叶卡捷琳娜二世的政权就凶多吉少了。因为她索取皇权的部分理由是保护保罗以免他被彼得三世伤害，所以假如保罗死了，她政权的唯一合法支柱就没了。保罗的皇位继承权显然比她优先。已经有一位皇帝死于"痔疮"了，如果他的儿子也死了，已经是弑君者的叶卡捷琳娜二世就会沾染上更多神圣的皇族鲜血。10 月的前两周是危机最严重的时期，皇子发烧到神志不清、胡言乱语，但后来身体开始恢复。然而，紧张的气氛没有改观。叶卡捷琳娜二世的政权维持到了她的加冕礼，但此时已经有形形色色的阴谋在酝酿。在兵营，近卫军觉得自己既然能拥立一位皇帝，当然也可以推举别的人当皇帝。在宫廷，奥尔洛夫兄弟希望他们的格里戈里能和叶卡捷琳娜二世结婚，而帕宁和权贵们则希望遏制女皇的权力，改为以保罗的名义统治国家。

波将金到莫斯科加入近卫军骑兵团还只是差不多一年前的

事情，在这一年里，他从被开除的大学生变成了女皇的内廷侍卫，拥有的农奴数量翻了一倍，还连升两级。在圣彼得堡，奥尔洛夫兄弟告诉女皇，近卫军里最搞笑的人就是波将金中尉，他擅长模仿别人的言行举止。叶卡捷琳娜二世在政变期间就记住了波将金的名字和面孔，所以答道，她想见见这个幽默才子。于是奥尔洛夫兄弟召唤波将金来给女皇逗乐。他一定觉得自己的机会来了。这个自称"命运的宠儿"的男人，素来情绪波动极大，时而绝望，时而狂喜。但他对自己的命运有着绝对的信念，相信没有他办不到的事情，因为他的能力鹤立鸡群。现在他的机会确实来了。

格里戈里·奥尔洛夫很推崇波将金对某位贵族的模仿。波将金把那人的独特嗓音和举止习惯模仿得惟妙惟肖。加冕礼之后不久，波将金被第一次正式引见给女皇。叶卡捷琳娜二世要求他表演一下，模仿那个贵族。他否认自己有这方面的才能，但这么说的时候他的嗓音完全变了样，令在场的人全都打了个寒战。大家都坐得笔直，或者死死盯着地板。原来波将金用的是轻微的德语口音，与女皇的口音一模一样，非常完美，连抑扬顿挫都酷似女皇本人。年纪较长的廷臣一定觉得这个年轻人的前途完了。奥尔洛夫兄弟一定在事不关己地等着看她会如何处置这个放肆的小子。大家都把注意力集中于女皇英姿飒爽、颇有男子气概的面容和饱满的天庭。她开始捧腹大笑，于是大家也跟着笑起来，都说波将金的模仿太精彩了。他的赌博再次成功。

这时女皇才仔细端详起近卫军中尉、内廷近侍波将金的面孔，欣赏这个"真正的亚西比德"的英俊。身为女人，她立刻注意到了他那飘逸的、丝绸般的红褐色头发。"这是整个俄国最美丽的头发。"她转向格里戈里·奥尔洛夫，抱怨说波将金的头发比她的还要美。"我永远不会原谅你向我介绍了这个人，"她对奥尔洛夫开玩笑说，"你把他介绍给我，一定会后悔的。"后来奥尔洛夫果然懊恼不已。上面的故事是认识当时的波将金的人讲的，包括他的一个亲戚和一名近卫军同僚。即便这些故事有后来虚构附会的成分，可也确实有真实的色彩。[22]

从叶卡捷琳娜二世的政变到她与波将金相爱，过去了十一年半。其间女皇一直在观察波将金，提携他。1762 年的时候没有任何迹象表明波将金会崛起到一人之下、万人之上的地位，但她见到他的机会越多，就越是欣赏他的聪明才智。我们可以说他俩在逐渐互相接近，在两条虽然平行却越来越近的轨道上运行。二十三岁的波将金向女皇展示了自己的模仿能力和聪明才智。她很快就认识到，他远不只是个拥有美丽头发的小白脸。他精通希腊文，是神学专家，也熟悉俄国各土著民族的文化。但在这十一年半的历史里，他很少登场，并且总是被笼罩在传奇当中。我们在观察女皇及其宫廷的日常生活的时候，能够偶尔瞥见波将金从成群的廷臣当中走出来，机智风趣地与女皇对答，然后又消失在人群中。他确保自己每一次与女皇的短暂邂逅都让她难忘。

波将金中尉爱上了女皇，并且不介意让别人知道。他不怕奥尔洛夫兄弟，也不怕叶卡捷琳娜二世风雨飘摇的宫廷里的其他人。他已经走进了这个世界，要赌就是一掷千金、风险最大的豪赌。我们今天会觉得叶卡捷琳娜二世的统治漫长、光荣而稳定，但这只是后见之明。当时在圣彼得堡的外国大使都觉得，这个女性篡位者和弑君者的不合法统治注定多灾多难，维持不了多久。此时波将金在首都只待了一年多一点，对女皇和宫廷权贵都还不够了解。

"我的地位迫使我谨小慎微，"叶卡捷琳娜二世在 6 月 30 日给老情人波尼亚托夫斯基（他说要来拜访她）的信中写道，"最低贱的近卫军士兵看到我也会想：'她是由于我的帮助才上台的。'"波尼亚托夫斯基仍然爱着她，并且会一直爱她。他当初是被迫离开大公夫人的，现在则渴望回到她身边。从叶卡捷琳娜二世的回信中我们可以清楚地看到圣彼得堡的气氛多么紧张，以及她对他天真的激情有多么恼火："既然我必须直言不讳，而你一心无视六个月来我一直告诉你的东西，那就直说吧：如果你来这里，很可能会把我俩都害死。"[23]

她一边忙着创建宏伟的宫廷（她相信自己需要光辉璀璨的宫廷），一边还要在幕后努力维持稳定，粉碎层出不穷的阴谋。她几乎刚刚登基，就有许多阴谋被揭露，甚至一些前不久还推举她为女皇的近卫军也在图谋反对她。叶卡捷琳娜二世从彼得三世那里继承来的秘密警察机构是元老院下属的"秘密行动部"。在她统治期间，秘密行动部的领导者一直是令人闻风丧胆的"鞭笞者"斯捷潘·舍什科夫斯基，他的上级是元老院主席。女皇试图减少刑讯（尤其是在嫌疑人已经招供的情况下），但我们没办法知道她在这方面取得了多大成功。很可能在距离圣彼得堡越远的地方，刑讯越常见。不过，鞭笞和拳打脚踢比真正意义上的刑讯更普遍。秘密行动部的规模很小，只有大约四十名雇员，与苏联时代的内务人民委员部（NKVD）和克格勃相比差远了。当时的俄国很少有隐私。廷臣和外国人受到他们自己的仆人和卫兵的有效监视，而公务员会毫不犹豫地揭发对政府有怨言的人。[24] 叶卡捷琳娜二世有时会命令监视政敌，并且愿意随时接见舍什科夫斯基。18世纪还没有警察国家，但不管女皇的思想多么高尚，秘密行动部都时刻准备着监视、逮捕和审讯，且在女皇在位的早期岁月里这个机构总是特别忙碌。

有两个人拥有比她更优先的皇位继承权：什利谢利堡的白痴伊凡六世和她自己的儿子保罗。1762年10月，也就是女皇在莫斯科的加冕礼期间，第一批忠于伊凡六世的密谋者被揭露：伊兹梅洛沃近卫团的军官古列夫和赫鲁晓夫。在叶卡捷琳娜二世的批准之下，秘密警察刑讯了这两人，用棍棒殴打他们，但他们的所谓"阴谋"其实只是醉酒之后的信口开河。

叶卡捷琳娜二世始终镇定自若：她在宫廷的各派系之间维持平衡，同时加强自己的安全保卫，无耻地用奢华的礼物贿赂近卫军。派系斗争中的每一方都有自己的危险企图。叶卡捷琳娜二世曾明确表示，她要效仿彼得大帝和本时代的英雄弗里德里希大王，自己当自己的首相，亲自主持政务。她借助一个办事得力的秘书处来治理俄国，这个秘书处成了帝国的真正政府。不到两年之后，她找到了一位优秀的行政管理者来协助自己：三十四岁的亚历山大·阿列克谢耶维奇·维亚泽姆斯基公爵。此人眼球突出、面色红润，虽然很少得到人们的爱戴，但工作起来不知疲倦。维亚泽姆斯基担任叶卡捷琳娜二世的元老院主席（相当于现代的财政部部长、司法部部长和内政部部长三合一），在这个位置上管理了俄国内政将近三十年。

尼基塔·帕宁成为她的首席大臣。帕宁认为应当由贵族来约束君主的专制统治，所以提议设立一个御前会议，由女皇任命其成员，但女皇无权开除其成员。帕宁的这种理想对叶卡捷琳娜二世和帮助她登上皇位的近卫军"暴发户"来说都是威胁。[25] 人们普遍认为保罗才是合法的皇帝，而帕宁是保罗的监护者，所以自然主张等保罗成年之后立刻将权力移交给他。帕宁公开鄙视"反复无常的宠臣"的统治。[26] 奥尔洛夫五兄弟因此都敌视他。在随后的十二年里，这两个针锋相对的派系都会试图利用波将金与女皇越来越深厚的友谊来帮助自己争夺主宰权。

为了转移帕宁的注意力，免得他惹是生非，叶卡捷琳娜二世任命他为外交委员会的"高级成员"（相当于外交部部长）。但她永远不能忘记，在 1762 年帕宁希望是保罗而不是她登上皇位。把这个老谋深算的阴谋家放在自己身边，对女皇来说更为安全。他俩也互相需要。她认为帕宁是"我的宫廷里最精明、最聪慧、最热忱的人"，但不是很喜欢他。[27]

除了上述两个主要派系，新女皇的宫廷中还有由许多家族和派系组成的错综复杂的网络。叶卡捷琳娜二世任命扎哈尔·切尔内绍夫——18 世纪 50 年代追求过她的那个人——为陆军委员会主席。扎哈尔的兄弟伊凡主管海军。切尔内绍夫兄弟起初在帕宁家族和奥尔洛夫兄弟之间保持中立。但大家族的不同成员往往会支持不同派系，比如上文讲到的达什科娃公爵夫人和沃龙佐夫家族的情况。[28] 就连达什科娃很快也失宠了，因为她过于自负，夸大自己的权力。[29]"这个有名的阴谋家，吹嘘说女皇得到皇冠要感谢她……结果［达什科娃］成了全俄国人的笑柄。"[30] 达什科娃与伊丽莎白女皇时代的权贵沃龙佐夫首相和伊凡·舒瓦洛夫一样，后来被安排"出国旅行"。这是个委婉语，意思是他们被流放到了欧洲的某个温泉疗养胜地。

叶卡捷琳娜二世的宫廷简直就是万花筒，不同的派系一刻不停地在变换结盟关系、互相竞争。把不同群体维系起来的是友谊、亲戚关系、贪婪、爱情或最含糊暧昧的共同信念。对廷臣的两个最基本的衡量标准是，亲普鲁士还是亲奥地利，以及更接近女皇还是皇储。而主宰每一个人的是再简单不过的自私自利："我的敌人的敌人就是我的朋友。"

新政权在外交方面的首次成功是扶植叶卡捷琳娜二世的老情人当上了波兰国王。1762 年 8 月 2 日，也就是政变成功的几天之后，叶卡捷琳娜二世写信给对她一往情深的斯坦尼斯瓦夫·波尼亚托夫斯基："我要派凯泽林伯爵立即去波兰，等现任波兰国王［奥古斯特三世］驾崩之后，就让你当国王。"

常有人说这是女皇在任性地奖赏波尼亚托夫斯基曾经的"服务"。但波兰立陶宛联邦可不是鸡毛蒜皮。在欧洲，波兰在各个方面都显得与众不同，也充满了令人恼火的荒诞矛盾：它其实不是一个国家，而是两个，即波兰王国和立陶宛大公国；联邦拥有一个议会，即"色姆议会"，但有两套政府；联邦的国王是选举产生的，几乎完全没有实权；国王有权任命某些官员，但无权罢免他们；联邦的贵族，即"什拉赫塔"，几乎无所不能。议会是由全体贵族选举产生的，而贵族人口占到总人口的将近 10%，所以当时的波兰比英格兰民主得多。而在议会开会期间，任何议员都可以一票否决整个会议的议程，这就是著名的"自由否决权"（liberum veto）。所以连最穷的议员的权力也比国王大。只有一种办法能绕过这种局面：贵族可以组建"会盟"，这相当于临时议会，达到具体的目标之后必须解散。统治波兰的实际上是权贵们，他们几乎就是一个个小国的君主，拥有广袤的土地。有的权贵的领土和某些国家一样大，并且权贵们拥有自己的私人军队。波兰人对自己的怪异政体感到非常自豪，而这种政体让这个庞大的国家长期处于耻辱的混乱状态，尽管波兰人觉得这种状态是一种无比宝贵的、无拘无束的自由。

为波兰选择国王是 18 世纪欧洲外交界最钟爱的游戏之一。这种外交竞技的主要玩家是俄国、普鲁士、奥地利和法国。法国在东方有三个传统盟友：奥斯曼帝国、瑞典和波兰。1716年，彼得大帝成为有严重缺陷的波兰政体的担保人，自那以后俄国的大政方针始终是掌控波兰立陶宛联邦。俄国达到这个目的的手段包括：维持波兰的荒唐政体，扶植软弱无能的人在华沙当国王，鼓励波兰权贵各自发展自己的势力，并在俄波边境长期维持一支蓄势待发的军队。叶卡捷琳娜二世扶植波尼亚托夫斯基当波兰国王的唯一目的，是继续维持彼得大帝对波兰的掌控。波尼亚托夫斯基是理想的傀儡，因为他的恰尔托雷斯基舅舅们（所谓恰尔托雷斯基家族党）属于亲俄派，得到俄国大炮和英国金钱的支持，叶卡捷琳娜二世可以通过恰尔托雷斯基家族继续控制波兰。

波尼亚托夫斯基开始梦想成为波兰国王，然后与叶卡捷琳娜二世结婚。用他的传记作者的话，这样他就能把自己生命中的两大渴望结合起来。[31] 他向她恳求道："如果我想要王位，那也是因为我看到你坐在上面。"女皇告诉他，自己不可能嫁给他。他哀鸣道："不要让我当国王，把我带到你身边吧。"[32] 他的这种理想主义虽然高尚，却也显得幼稚无聊，而她是把国家利益置于最高地位的务实主义者，所以他俩未来的关系不会很愉快。因为七年战争之后，参与选定波兰国王的游戏的传统玩家都筋疲力尽，叶卡捷琳娜二世和帕宁取得了成功。弗里德里希大王愿意支持叶卡捷琳娜二世的波兰政策，因为七年战争让普鲁士元气大伤，他的唯一希望就是与俄国结盟。普鲁士和俄国在 1764 年 3 月 31 日（公历 4 月 11 日）签订了盟约。8 月 26 日（公历 9 月 6 日），波兰的选举议会在俄国军队的包围之下，选举波尼亚托夫斯基为波兰国王，称号为斯坦尼斯瓦夫 - 奥古斯特。

俄普联盟和俄国掌控波兰是建立帕宁极力主张的"北方体系"的第一步，他的目标是拉拢北欧各国（包括丹麦和瑞典，如果运气好的话还有英国），遏制法国和西班牙的波旁王朝与奥地利哈布斯堡皇朝组成的"天主教阵营"。[33]

叶卡捷琳娜二世已经让自己的老情人波尼亚托夫斯基当上了国王，那么她会嫁给现任情人格里戈里·奥尔洛夫吗？这种事情是有先例的。据说伊丽莎白女皇就和她的哥萨克唱诗班歌手阿列克谢·拉祖莫夫斯基结婚了。拉祖莫夫斯基如今已经退隐，生活在莫斯科。

一位老廷臣来到阿列克谢·拉祖莫夫斯基的伊丽莎白时代巴洛克风格宫殿拜访他，看到他正在阅读《圣经》。这位访客是米哈伊尔·沃龙佐夫首相，此次拜访是他"出国旅行"之前的最后一项政治任务。他向拉祖莫夫斯基奉上"殿下"的头衔。这其实是在礼貌地询问，拉祖莫夫斯基是否真的与伊丽莎白女皇秘密结婚了。叶卡捷琳娜二世和奥尔洛夫兄弟想知道的是：拉祖莫夫斯基和伊丽莎白女皇有结婚证吗？拉祖莫夫斯基一定露出了微笑。他合上《圣经》，取出一个用黑檀木、黄金和珍珠制成的匣子。打开匣子，里面有一卷盖着帝国雄鹰图章的旧文件……

叶卡捷琳娜二世必须小心行事。她明白不能把奥尔洛夫兄弟提拔得太高，那样太危险了。如果她嫁给格里戈里·奥尔洛夫，就会危及保罗大公的继承权，或许还会危及他的生命，并且还会激怒权贵与军队。但她很爱格里戈里·奥尔洛夫，并且奥尔洛夫兄弟是帮助她登基的头号功臣，何况她还给格里戈里生了个儿子。[①] 在这个时代，皇室的公共生活和私生活是没办法清楚地区分的。叶卡捷琳娜二世终其一生都渴望拥有自己的家庭。她的父母已经去世；她的姨母（伊丽莎白女皇）把她吓得战战兢兢，还夺走过她的儿子；她的亲生儿子的利益对她自己的统治（甚至还有生命）构成威胁；她与波尼亚托夫斯基的女儿安娜不幸早夭。叶卡捷琳娜二世的地位可以说非同寻常，但她渴望与格里戈里·奥尔洛夫一起拥有市民阶层那种风格的小家庭，因为她把他视为自己的终身伴侣。于是她开始考虑结婚的问题，可能还授意奥尔洛夫兄弟派遣米哈伊尔·沃龙佐夫去询问了拉祖莫夫斯基，是否有女皇结婚的先例。

然而，奥尔洛夫兄弟办事不够低调和谨慎。在一次小型聚会上，格里戈里带着虚张声势的匪气吹嘘道，如果他愿意的话，可以在一个月内推翻叶卡捷琳娜二世。阿列克谢·拉祖莫夫斯基那个心地善良的弟弟基里尔立刻回答道："有可能。但是，我的朋友，我们不会等上一个月，只要两周就能绞死

---

① 就是伊丽莎白女皇驾崩时叶卡捷琳娜二世正在怀的那个孩子，名字是阿列克谢·格里戈里耶维奇·博布林斯基（1762—1813）。叶卡捷琳娜二世从来没有公开承认过他是自己的儿子，但承担了对他的抚育职责。博布林斯基后来在巴黎过着花天酒地的生活，女皇帮他还债。随后他返回俄国，后来又出国旅行。保罗皇帝最终认可他是自己的同母异父兄弟，封他为伯爵。——作者注

你。"[34] 大家哄堂大笑，但席间寒意逼人。当叶卡捷琳娜二世暗示想和格里戈里·奥尔洛夫结婚的时候，据说帕宁是这样回答的："女皇可以随心所欲，但奥尔洛夫太太永远不能成为俄国女皇。"[35]

踌躇不决绝非安全的政策。1763 年 5 月，叶卡捷琳娜二世从莫斯科去顿河畔罗斯托夫朝圣途中，发生了一件令她震惊的事情，这让格里戈里·奥尔洛夫与她的婚姻化为泡影。内廷侍从费奥多尔·希特罗沃曾和波将金一起煽动近卫军骑兵支持叶卡捷琳娜的政变，而此时希特罗沃被捕了。在审讯中，他承认自己蓄谋杀死奥尔洛夫兄弟，阻止格里戈里与叶卡捷琳娜二世的婚姻，并想让女皇嫁给伊凡六世的弟弟。这可不是一名普通军官醉酒之后的胡言乱语，而是曾经参与叶卡捷琳娜二世政变的内层亲信如今的反水。此事让叶卡捷琳娜二世下定决心不与格里戈里·奥尔洛夫结婚。运用这个事件挫败了奥尔洛夫野心的人，是帕宁还是叶卡捷琳娜二世自己呢？不管怎么说，目的达到了。

让我们回到阿列克谢·拉祖莫夫斯基那里。他手里摆弄着镶嵌珠宝的匣子里的文件，沃龙佐夫首相伸手索要文件。这时拉祖莫夫斯基将文件丢进了壁炉。"查无实据，"他说，"就这样禀报我们尊贵的君主吧。"[36] 这个故事可能只是传说，但在某些史书里，拉祖莫夫斯基就是用这种方式让叶卡捷琳娜二世打消了与格里戈里·奥尔洛夫结婚的念头。其实叶卡捷琳娜二世对两个拉祖莫夫斯基都颇有好感，这两位性情温和、富有魅力的老朋友都和她有二十年的交情。或许阿列克谢·拉祖莫夫斯基和伊丽莎白女皇根本就没有结婚证。焚烧文件的故事听起来像是这个诙谐的哥萨克所开的玩笑。但如果沃龙佐夫确实提出了那个问题，那么阿列克谢·拉祖莫夫斯基给出的很可能恰恰就是叶卡捷琳娜二世想听的回答，因为她不愿意嫁给奥尔洛夫。她需要向别人提出那个问题，但心里早就有了答案。[37]

　　叶卡捷琳娜二世庆祝自己在波兰取得成功的同时，不得不面对"无名的一号犯人"，即牢狱中的伊凡六世皇帝对她构成的威胁。1764 年 6 月 20 日，女皇离开都城，巡视波罗的海各省。7 月 5 日，精神紊乱、梦想恢复自家地位的年轻军官瓦西里·米罗维奇企图从什利谢利堡深层营救伊凡六世并帮他复辟。可怜的米罗维奇不知道的是，彼得三世曾下令，一旦有人企图营救"一号犯人"，就要将伊凡六世杀死，而叶卡捷琳娜二世登基后确认该命令仍然有效。米罗维奇所在的团驻扎在什利谢利堡，他确定了被严密关押在要塞内的神秘无名犯人的身份。

　　米罗维奇最信任的同谋不幸溺死。7 月 4 日，米罗维奇起草了伊凡六世皇帝的登基宣言。因为彼得三世被害之后国内的气氛很紧张，并且俄国人对沙皇有着一种近乎迷信的崇拜，米罗维奇招募到了一些同伙。7 月 5 日凌晨 2 点，米罗维奇控制了要塞大门，制服了要塞司令，奔向伊凡六世的牢房。劫狱者和伊凡六世的狱卒之间爆发枪战，但枪声突然停止。米罗维奇冲进牢房，发现前任皇帝身上有多处刀伤，鲜血淋漓。米罗维奇立刻明白了这是怎么回事，他亲吻了伊凡六世的尸体，然后投降。

　　叶卡捷琳娜二世继续旅行了一天，但随后返回都城，因为她担心此次阴谋不是这么简单。审讯表明，米罗维奇并非某个庞大阴谋集团的中心人物，而只是孤零零一个人。9 月的审判之后，他被判处死刑。他的六名军人同伙则被判处可怕的"跑棍子"刑罚，即犯人赤裸上身，在两队共一千人之间跑过，这一千人都用棍棒殴打犯人。跑这么十到十二趟，犯人就会死亡。犯人如果幸存，会被流放。米罗维奇于 1764 年 9 月 15 日被斩首。

先后两位皇帝的惨死令欧洲为之震惊。与女皇友好通信并且将她视为自己人的启蒙思想家们不得不想尽办法克服自己心中的顾虑。达朗贝尔在给伏尔泰的信中写道："我同意你的看法，我们的哲学不需要很多她那样的弟子。但我们能怎么办呢？朋友的毛病再多，也是朋友，我们还是得爱他们。"费内①的智者伏尔泰为谋杀两位沙皇的行为写了一句新的委婉语："这是家事，与我无关。"[38]

叶卡捷琳娜二世没有放松下来只顾享受。她知道光是统治还不够。她的宫廷是一面镜子，外界透过这面镜子了解她的成功。她也知道，宫廷的最佳饰物就是她自己。

"我一辈子还从未见过一个人的仪态、礼节和举止能与她媲美，"英国大使乔治·马戛尔尼爵士写道，"尽管她已经三十七岁了，但风韵犹存。见过她年轻时模样的人说还是她现在的样子更美，这我相信。"[39]利尼亲王在 1780 年回忆道："她更多的是端庄大气，而不是俊秀。她天庭饱满，非常威严，但眼睛柔美，笑容可掬。"[40]具有敏锐洞察力的苏格兰教授威

---

① 费内是法国东部靠近瑞士边境的一个城镇，伏尔泰晚年在此地生活了二十年。

廉·理查森①（《俄罗斯帝国轶闻录》的作者）写道："俄国女皇身材高挑，优雅，比例匀称，打扮得体，肤色美丽，但她会按照俄国女人的风俗涂脂抹粉。她的嘴巴形状漂亮，牙齿整齐洁白，蓝眼睛里带着一种仔细观察的神情。如果说她长得有男子气，就是侮辱她；但如果说她只是个阴柔的小女人，又完全不公正。"著名的风流浪子贾科莫·卡萨诺瓦见过叶卡捷琳娜二世，他是个最懂女人的人。卡萨诺瓦是这样描述女皇的魅力的："女皇陛下身材中等但匀称协调，姿态威严。她擅长让所有对她感兴趣的人都爱上她。虽然不算大美人，但是她的甜美、温和可亲与聪慧非常讨人喜欢。她巧妙地运用自己的聪明才智，让人觉得她不做作。"[41]

与人谈话的时候，她"并不风趣"，[42]但她会用敏捷的反应和渊博的知识来弥补。马戛尔尼觉得"她的谈吐非常精彩，甚至有些过分精彩了，因为她喜欢在谈话时表现自己"。卡萨诺瓦说，她有一种需求，就是要漫不经心地展现自己的聪明。有一次他遇见她在散步，他谈起了希腊历法，她没说什么。但他们再次相见时，她已经对这个话题了如指掌。"我相信她肯定努力学习了这方面的知识，为的就是炫耀自己的学识。"[43]

她待人接物特别老练，特别有策略。有一次当她和一些来自诺夫哥罗德的代表探讨她的改革时，一位总督解释道："这几位先生不富裕。"叶卡捷琳娜二世迅速反驳："请你原谅，总督先生。但他们热情高涨。"这句富有魅力的回答让代表们流下眼

---

① 威廉·理查森（1743—1814）是苏格兰的古典学家和文学学者，是苏格兰皇家学会的创始人之一，曾为英国驻俄国大使卡思卡特勋爵的子女的家庭教师，陪同勋爵去了俄国。他描述俄国生活的书信后来被结集出版为《俄罗斯帝国轶闻录》。

泪，给了他们足够的面子，这比金钱更能让他们高兴。[44]

她工作的时候总是明智地穿着一件俄国式的垂袖长裙，玩乐或者出席公开场合的时候"她的裙子从来不会显得俗气花哨，始终华丽昂贵……她穿军服特别好看，她也喜欢穿军服"。[45]走进人的房间时，她总是向右侧、左侧和中央"按照俄国方式鞠躬三次"。[46]她懂得表面功夫的重要性，所以在公共场合总是严格遵守东正教仪式的规矩，尽管卡萨诺瓦注意到她在教堂里的时候几乎总是心不在焉。

她竭尽全力想当一位好皇帝，并且非常珍惜时间。这一点的确很有德意志色彩。她说："尽量不要浪费时间。时间不属于我，而属于帝国。"[47]她有伯乐之才，擅长挑选人才并让他们最大限度地发挥自己的才干。认识她和她的高级官员们的亚历山大·里博皮埃尔伯爵写道："叶卡捷琳娜二世拥有一种罕见的识人之明，能够挑选出适合的人才。历史证明她的选择是正确的。"[48]选中具体的人之后，她以娴熟的手腕管理他们，让他们当中的每一个人"觉得［她的提议］是他自己的想法，于是热情洋溢地去努力把事情办好"。[49]她小心谨慎，注意不要羞辱自己的仆人："我的政策是高声赞扬，小声责备。"[50]她说过的很多话非常简明且判断准确，简直可以作为格言收集到现代人的管理手册里。

理论上，沙皇在俄国拥有绝对权力，沙皇的意志就是法律，所有人都会盲目服从。但叶卡捷琳娜二世知道在实践当中不是这样。彼得三世和后来她的儿子保罗皇帝始终没有明白这一点。她向波将金的秘书波波夫解释道："［让皇帝的意愿得到服从］没有你想的那么容易。首先，如果我的命令无法执行，就没有人会去执行……我听取别人的建议，我咨询别人……等到我确信一定能得到普遍赞同的时候，我才发布命令，然后才能愉快地看到你说的那种盲目服从。这就是无限权力的基础。"[51]

她对廷臣礼貌而慷慨，对仆人客气而体贴，但她享用权力时也有阴森可怖的一面：她很享受国家的秘密权力，喜欢阅读警察的报告，然后让她的敌人知道自己正在被监视，让他们出一身冷汗。多年后，年轻的法国志愿者罗歇·德·达马斯伯爵独自一人在自己的房间看到一些士兵从窗前走过，去前线打瑞典人时，不禁喃喃道："如果瑞典国王看见了这些士兵……一定会求和。"两天后他拜见女皇时，"她贴近我的耳朵说：'听说，你认为如果瑞典国王看见了我的近卫军，就会求和？'然后她开始大笑"。[52]

她的魅力并没有迷惑所有人。在宫廷侍奉的谢尔巴托夫公爵是个一本正经的人，他曾挖苦道，这个"聪明、和善的美人""热爱荣耀，也孜孜不倦地追寻荣耀"。她"装腔作势……极度自私"。他还说："她心里从来没有过真正的友谊，她随时会背叛自己最好的朋友……她的通常做法是，只要某个男人对她有价值，她就甜言蜜语地哄骗他，然后，用她自己的话说，'挤干了柠檬汁水就扔掉柠檬皮'。"[53]谢尔巴托夫公爵的话不完全是真相，但对女皇来说权力永远是第一位的。而波将金是唯一的例外。

作为内廷侍从，波将金现在的大部分时间都在皇宫执勤，他的工作包括在女皇宴请宾客时站在她的椅子背后侍奉。所以他经常能在公开场合见到女皇，渐渐熟悉了她的生活习惯。她对他颇为好奇，他也开始对她产生了一种无所顾忌的兴趣。这可不一定符合下级廷臣的身份。

注 释

1 Ségur, *Mémoires* 1859 pp 348-9.

2 Jean-Henri Castera, *The Life of Catherine II* vol 2 p 269. 这是叶卡捷琳娜大帝的最早传记之一，出版于 1798 年。关于译者 Tooke 给它添加了多少东西，以及它的资料来源，一直有很多争论。Samoilov cols 597-8. Engelhardt 1868 p 42.

3 Ségur, *Mémoires* 1859 pp 348-9.

4 Anonymous, *Memoirs of the Life of Prince Potemkin* pp 16-17. 这本书是 Cerenville 作品的译本，也是 Helbig 作品的改编，讲的是当时流行的关于波将金的传说，但不是假的波将金自传。

5 Ustinov pp 70-8.

6 R. Nisbet Bain, *Peter III* p 160, quoted in Alexander, *CtG* p 11.

7 Asseburg p 315. Ustinov pp 70-8.

8 V. A. Bilbasov, *Istoriya Ekateriny II* vol 2 p 74.

9 CtG, *Memoirs* 1955 pp 341-9, letter to S. Poniatowski 2 August 1762.

10 Dashkova pp 80-107.

11 SIRIO 7: 108-20. SIRIO 42: 475, 480.

12 RA（1867）4 pp 482-6.

13 Anisimov, *Empress Elisabeth* p 245.

14 O. A. Ivanov, 'Tayna Pisma Alexyey Orlova iz Ropshi', *Moskovskiy zhurnal* （1995）no 9 p 15. Ivanov 对 A. G. 奥尔洛夫写给叶卡捷琳娜大帝的著名的"第三封信"（他承认在醉酒后的斗殴中打死了彼得三世，并把费奥多尔·巴里亚京斯基拉下水）表示严重怀疑。Also CtG, *Memoirs* 1955 p 350.

15 *Moskovskiy zhurnal*（1995）no 9 p 18. AKV 21: 89. CtG, *Memoirs* 1955 p 351.

16 Dashkova p 107. Countess V. N. Golovina, *Souvenirs* p 37. 波将金后来自己告诉塞居尔伯爵，达什科娃过于傲慢，惹恼了叶卡捷琳娜大帝（Ségur 1825-7 vol 2 p 228）。

17 Alexander, *CtG* p 15.

18 S. M. Soloviev, *Istoriy rossii s drevneyshikh vremyon* vol 13 pp 114-15.

19 P. Morane, *Paul I* pp 57-8. Also Arthur M. Wilson, *Diderot*, quoted in Alexander, *CtG* p 14.

20 RGADA 268. 890. 291-4 Geroldmeysterskaya contora（Heraldic Office）.

21 RA（1867）4 pp 482-6. Information about Horse-Guards in June 1762. See also I. Annenkov, *History of the Cavalry Guards Regiment*. Alexander, *CtG* p 64.

22 Thiébault vol 2 p 78. RA（1907）11 pp 130-1，关于波将金-塔夫利切斯基公爵的传说。关于波将金擅长模仿，见 SIRIO 26（1879）：315。Marchese de Parelo，*Despatches*. Derzhavin，*The Waterfall*, in Segal vol 2 p 302. Samoilov cols 597-8. Engelhardt 1868 p 42.

23 *Sochineniya* vol 12 pp 546-63, CtG to S. Poniatowski 9 August, 12 September, 27 December 1762.（See also *Memoirs* 1955）.

24 SIRIO 7：162. Alexander，*CtG* pp 67 - 8. Madariaga，*CtG*：*A Short History*，pp137-8. Madariaga，*Russia* pp 559-60.

25 Ransel，*Politics* p 79.

26 SIRIO 7：206.

27 CtG，*Sochineniya* vol 12 p 559, CtG to S. Poniatowski.

28 Ransel，*Politics* pp 111-15.

29 AKV 31：260-72，Mikhail L. Vorontsov to Alexander R. Vorontsov 8 December 1763 and 9 March 1764.

30 Masson pp. 331-2.

31 Zamoyski，*Last King of Poland* p 86.

32 AXC 798 f527，S. Poniatowski to CtG 2 November 1763. SA，*Mémoires* p 33.

33 Madariaga，*Russia* pp 33 - 7，187 - 204. Alexander，*CtG* pp 61 - 76. Ransel，*Politics*pp 104-11. Zamoyski，*Last King of Poland* pp 61-100.

34 Baron de Breteuil quoted in Waliszewski，*Autour d'un trône* vol 1 pp 96 - 7. Bilbasov，*Istoriya* vol 2 p 281.

35 Ransel，*Politics* pp 116-27. Waliszewski，*Autour d'un trône* vol 1 pp 96-7.

36 Legend，for example，recounted in *Great Moscow Guide* p 318.

37 Anisimov，*Empress Elisabeth* p 200. Anisimov 引用了 S. S. Uvarov 说的故事，即 A. G. 拉祖莫夫斯基是这样回应叶卡捷琳娜大帝的意愿（不想与 G. G. 奥尔洛夫结婚）的。

38 Henry Troyat，*Catherine the Great* p 175.

39 BM Add MS 15，875，Sir George（later Earl）Macartney to Lady Holland February 1766.

40 Philip Mansel，*Le Charmeur d'Europe* p 141.

41 G. Casanova，*History of my Life* vol 10，ch 7 p 141.

42 Mansel，*Charmeur* p 96.

43 Casanova，vol 10 ch 7 p 14.

44 Chevalier de Corberon，*Un Diplomat français a`la cour de Catherine II* vol 2 p 95，13 January 1777.

45 Macartney to Lady Holland (see note 39).

46 Prince de Ligne, *Fragments* vol 1 pp 101-2.

47 O. I. Yeliseeva, *Perepiska Ekateriny II i G. A. Potemkina perioda vtoroy russko-turetskoy voyny* 1787-91 p 23, CtG to P. V. Zavadovsky.

48 RA (1877), vol 1 p 468 Count A. I. Ribeaupierre, *Zapiski grafa Ribopera.*

49 V. O. Kliuchevsky, *Empress Catherine* p 307.

50 Ligne, *Letters* (Staël) vol 2 p 45, Ligne to CtG.

51 CtG's remarks to V. Popov in N. Shilder, *Imperator Aleksandr I* vol 1 pp 279-80.

52 Comte Roger de Damas, *Mémoires* p 99.

53 Shcherbatov p 237.

第二部分

异性相吸，
1762—1774 年

4　独眼巨人

格里戈里·奥尔洛夫生来是个俄国农民，到死也终是俄国农民。

——迪朗·德·迪斯特洛夫 [1]

每次女皇和近卫军骑兵中尉波将金在冬宫的数百条走廊之一邂逅的时候，他总会跪下，拉着她的手，宣布自己无可救药地爱上了她。他俩能够经常这样相遇不是奇怪的事情，因为波将金是内廷侍从。任何一个廷臣都可能随时在宫里遇见君主，大家每天都能见到她。甚至宫外的人如果穿着得体、没有穿仆人号衣的话，也可以走进皇宫。但波将金竟敢跪下亲吻叶卡捷琳娜二世的手并表白自己的爱，这是非常鲁莽的行为，更不要说太肆无忌惮了。也只有他那激情澎湃的魅力和她那卖弄风情的默许，才能够让这样的相遇不显得尴尬。

宫里可能还有好几个年轻军官认为自己爱上了女皇，还有很多人为了自己的前程，假装爱上了她。多年来有一连串追求者，包括扎哈尔·切尔内绍夫和基里尔·拉祖莫夫斯基，都爱上了叶卡捷琳娜二世，也接受了她的婉拒。但波将金拒绝接受身为廷臣应当遵守的规矩，也不肯接受奥尔洛夫兄弟对宫廷的

---

① 弗朗索瓦-米歇尔·迪朗·德·迪斯特洛夫（1714—1778）为法国官僚、外交官和情报人员，1772—1774 年任法国驻俄国大使。

主宰。他的行为比其他追求者更过分。大多数廷臣都有些畏惧
谋杀过皇帝的奥尔洛夫兄弟，但波将金则刻意表现自己不怕他
们。他在登上权力巅峰很久以前就对宫廷的等级制度置若罔
闻。他甚至嘲弄秘密警察的头目。权贵们与舍什科夫斯基打交
道的时候小心翼翼，波将金却公然嘲笑"鞭笞者"，问他：
"你今天要鞭笞多少人？"[1]

若没有女皇的纵容，波将金不可能在奥尔洛夫兄弟面前这
样放肆。她如果不希望看到波将金这样胆大妄为，完全可以让
他罢手，但她没有这么做。她的做法有些不公平，因为在
1763 年和 1764 年她不可能接受波将金成为自己的情人，毕竟
她的皇位是奥尔洛夫兄弟给的。波将金还太稚嫩，所以叶卡捷
琳娜二世在此时还不能把他当真。何况她正爱着格里戈里·奥
尔洛夫，并且如她后来告诉波将金的那样，她不喜欢生活有大
的波澜，并且她忠于自己的情人。她把英俊潇洒但不是特别有
才华的奥尔洛夫视为自己的终身伴侣，"并且会一直爱他，然
而是他首先厌倦了两人的关系"。[2] 不过，她似乎意识到自己与
波将金之间有一种特殊的心灵感应。波将金也是这样想的。他
尽可能多地给自己创造见到她的机会。

叶卡捷琳娜二世每天早晨 7 点起床，但如果醒得早，她就
自己生炉子，而不是叫醒仆人。然后她独自接见大臣或内阁秘
书，与他们一起工作，有时在上午 9 点接见外臣。她每天要亲
笔写许多信，承认自己是"书写狂"。她的通信伙伴包括伏尔
泰、狄德罗，还有德意志人齐默曼医生、比尔克夫人，后来还
有格林男爵。她的书信充满温情、直言不讳、生动活泼，也有
一种略显笨拙的幽默感。[3] 这是书信写作很昌盛的年代，世界

上的男男女女都对自己书信的文笔和内容感到自豪。如果谁收
到了某位伟人或者处于有趣位置的人（比方说利尼亲王、叶
卡捷琳娜大帝或伏尔泰）的信，就会把信抄写许多份，送到
欧洲各地的沙龙朗读。这有点像著名记者的新闻，也像广告公
司的宣传攻势。[4]叶卡捷琳娜二世喜欢书写，不只是喜欢写信。
她喜欢亲笔起草御旨和命令。18 世纪 60 年代中期，她已经在
撰写为 1767 年立法委员会准备的《圣谕》。她还抄写了自己
自少女时代就研读的若干书籍（尤其是贝卡里亚①和孟德斯鸠
的著作）的大量章节。她说自己是"立法狂"。

上午 11 点，她梳妆打扮，在卧室召见她最熟悉的人，比
如奥尔洛夫兄弟。然后他们可能一起去散步。如果是夏天，
她喜欢在夏宫花园里散步，普通民众可以在那里见到她。帕
宁安排卡萨诺瓦拜见她的时候，[5]格里戈里·奥尔洛夫和两名
女官陪在她身边。她于下午 1 点用午膳。下午 2 点半，她返
回自己的套房，待到傍晚 6 点，那是"情人的时光"，留给
奥尔洛夫。

如果当天宫廷举办晚会，她就盛装打扮去参加。宫廷的男
士穿法国式的长外套，女士穿长袖、配有短裙裙的长裙和鲸骨
制成的紧身胸衣。不分男女，人人都佩戴大量钻石，在纽扣、
带扣、剑鞘、肩章上都可以点缀钻石，而且往往还在帽檐饰有
三排钻石。这种习惯符合俄国权贵奢靡且浮夸的生活方式，也
是因为俄国宫廷需要宣扬自己的合法性。男女廷臣都会佩戴俄
国五种骑士勋位的绶带和绥带。叶卡捷琳娜二世自己喜欢在一

---

① 切萨雷·贝卡里亚（1738—1794），意大利犯罪学家、法学家、哲学家、
政治家，启蒙时代的重要思想家之一，被认为是现代犯罪学理论和刑法
学之父，谴责刑讯和死刑，对美国的国父们影响很大。

个肩膀佩戴圣安德烈勋章的绶带（红底银边，缀有钻石）和圣乔治勋章绶带，领口戴圣亚历山大·涅夫斯基勋章、圣叶卡捷琳娜勋章和圣弗拉基米尔勋章，左胸戴圣安德烈星章和圣乔治星章。[6]她承袭了伊丽莎白宫廷的奢华服装风格。她喜欢壮观的排场，懂得排场的政治价值。她肯定远远谈不上节俭，但在服装上也从来不像伊丽莎白那样奢侈，并且后来还变得稍微低调了些。她明白，金碧辉煌能够彰显权力，但如果过度就适得其反了。

近卫军在皇宫外巡逻，君主的套房则由一支精锐队伍守卫，那就是叶卡捷琳娜二世在1764年组建的骑士近卫军。这支队伍只有六十人，全部是贵族，身穿镶红边、配银色蕾丝的蓝色制服；从子弹带到卡宾枪，甚至靴子，所有装备都镶银。他们的银头盔上装饰着高高的羽饰。他们的上衣后面绣着俄国的鹰徽，臂甲、胸甲、膝甲上都饰有银板，固定这些铠甲的绳索和链条也是银的。[7]

星期天晚上宫廷会举办活动；星期一晚上看法国喜剧；星期四晚上通常看一出法国悲剧，然后是一部芭蕾舞剧；星期五或星期六晚上经常在宫里举办化装舞会。这些规模庞大、半公开的庆典活动的宾客往往达到五千人。叶卡捷琳娜二世及其宫廷向外国使节展示着自己的光辉璀璨，大家也在互相展示。在这样的盛大晚会上，最好的向导当然是卡萨诺瓦，"舞会一口气开了六十个钟头……到处是莺歌燕语，到处是蜡烛……"他听见另一名宾客说："女皇来了……马上你就能看见格里戈里·奥尔洛夫；他得到的命令是跟在她一段距离之外……"宾客们假装没有认出她来。"所有人都能认得出奥尔洛夫，因为他身材非常魁梧，而且他总是把脑袋往前伸。"在各国到处揩油的卡萨诺瓦在晚会上胡吃海喝，欣赏了一支完美的法国风格的卡德里尔对舞。这个到处留情的登徒子在俄国宫廷晚会上也重逢了一位老情人（现在她是波兰大使的情人），与她再续旧情。到这时他早就找不到女皇的踪影了。[8]

叶卡捷琳娜二世喜欢盛装打扮，喜欢参加化装舞会。有一次，她身披粉色的连帽化装外衣（一种宽松的斗篷）和军服，打扮成军官，与一些确实没有认出她的宾客进行了一些略有情色意味的对话。一位公爵小姐以为她是个英俊男子，和她跳了舞。叶卡捷琳娜二世窃窃私语："我是多么幸福的男人啊。"还与公爵小姐打情骂俏。叶卡捷琳娜二世亲吻她的手，让她脸红了。公爵小姐问："请告诉我你是谁。"叶卡捷琳娜二世说，"我属于你"，但不肯说出自己的真实身份。[9]

叶卡捷琳娜二世晚饭一般吃得不多，几乎总是在 10 点半之前在格里戈里·奥尔洛夫的陪伴下离开晚会。她喜欢在 11 点之前上床睡觉。[10] 她的生活很有纪律性和规律性，宫廷的公共生活也受到她的影响。不过，波将金的聪明才智让他能够进入女皇的私密世界。这使他能够更加接近警觉而凶暴的奥尔洛夫兄弟，但也给了他机会，让女皇知道他多么爱她。然而，波将金将要为自己的鲁莽行为付出沉重的代价。

傍晚时分，叶卡捷琳娜二世会邀请约十八名内层亲信到她的套房，后来改为到冬宫的新建部分，即所谓的小埃尔米塔日①。她的常客包括布鲁斯伯爵夫人，此人颇有姿色、精明强

---

① "埃尔米塔日"的意思是隐士的居所，小埃尔米塔日是叶卡捷琳娜二世用来堆放藏品和娱乐消遣的地方。

干，叶卡捷琳娜二世把最私密的事情托付给她办理；御厩大臣列大·纳雷什金，女皇称他为她的"天生小丑"，[11] 他是典型的富有而轻浮的俄国贵族；当然还有奥尔洛夫兄弟；波将金也越来越多地出现在这个小圈子里。

俄国宫廷远远不像同时期西欧的很多宫廷（包括英王乔治三世的宫廷）那样正式和拘谨。叶卡捷琳娜二世就算是接见不属于内层亲信圈子的大臣时，也和他们坐在一起工作，而英国首相在乔治三世面前必须站立着，除非国王赏赐他们在御前落座的罕见特权。在叶卡捷琳娜二世的小埃尔米塔日，气氛就更轻松随和了。她会打牌（一般是惠斯特牌或法罗牌）到大约晚上 10 点。奥尔洛夫和波将金这样的近卫军军官在这种场合如鱼得水，因为他们自青年时代就把大量时间花在牌桌上。他们还玩文字游戏、桌游、字谜，甚至唱歌。

格里戈里·奥尔洛夫是沙龙的男主人。叶卡捷琳娜二世把冬宫内自己套房上方的那个套房给了奥尔洛夫。只要他乐意，就可以通过一道绿色楼梯直接下楼到她的房间，无须声张。叶卡捷琳娜二世在亲信圈子里的时候显得比较一本正经，不喜欢荤段子，但和奥尔洛夫独处的时候则可以无拘无束地表达对他的爱。一位英格兰访客后来记载道："他俩在一起的时候会纵情拥吻爱抚。"[12] 奥尔洛夫酷爱音乐，很有幽默感，给这样的晚会定下了轻松愉快的基调，而女皇几乎成为他朋友圈的一员。宫廷日志记载了某个夜晚的故事："晚宴之后，女皇陛下优雅地返回她的内室，棋牌室的绅士们享用多种葡萄酒，唱歌；然后，宫廷的歌手与仆人以及守卫皇村的近卫军士兵与士官在 G. G. 奥尔洛夫伯爵命令下，在另一个房间唱起欢快的歌。"[13]

在一定程度上，奥尔洛夫兄弟达成了自己的野心。虽然奥尔洛夫与女皇结婚的梦想破灭了，但他常伴在女皇左右，这让他非常有影响力。不过，管理政府的人肯定还是女皇。从政治角度看，奥尔洛夫兄弟的算计里有个缺陷：头脑、肌肉和魅力没有集中在同一个人身上，而是非常公平地分给了五个兄弟。疤脸阿列克谢·奥尔洛夫冷酷无情；费奥多尔有文化、懂政治；格里戈里非常需要冷酷和头脑，却只有英俊的相貌、善良的天性和脚踏实地的理智。

有些外交官评论说，格里戈里·奥尔洛夫"在啤酒馆和声名不佳的下流场所长大成人……过着放荡堕落的生活，不过他心地善良"。"奥尔洛夫的所有优点都被他的放荡好色掩盖了"，他把"宫廷变成了纵情酒色的巢穴。宫廷里几乎没有一个少女……没被他骚扰过"，[14] 以俄国贵族道德良心自居的谢尔巴托夫公爵则如此评论道。[15] 英国使节罗伯特·冈宁爵士说，"女皇的宠臣沉溺于酒色……"并且与下流的人为伍。到 18世纪 60 年代后半期，叶卡捷琳娜二世要么像一个普通妻子一样假装不知道他的不忠，要么真的不知道他的放荡。不过，奥尔洛夫不像外国外交官说的那样蠢笨单纯，但也算不上知识分子或政治家。他虽然与伏尔泰和卢梭通信，但这么做或许仅仅是为了取悦叶卡捷琳娜二世，并且这是当时有教养的权贵的时尚。

叶卡捷琳娜二世不会让格里戈里·奥尔洛夫一步登天。他只得到了两项工作：政变成功之后，他被任命为"外国人与移民管理局"的领导者，负责吸引殖民者到黑海之滨和北高加索边疆空荡荡的新领土。他勤勉地执行这些任务，为后来波将金的成功奠定了一些基础。1765 年，她任命奥尔洛夫为军械大臣，让他负责炮兵。不过值得注意的是，她觉得这件事情有必要征询帕宁的意见。帕宁建议她先削减军械大臣这个职位的权力，然后再任命奥尔洛夫。奥尔洛夫始终没有掌握炮兵技术的细节。法国外交官迪朗曾在一次军事演习期间见到奥尔洛夫，觉得他对炮兵技术懂的"还没有小孩子多"。不过后来奥尔洛夫在抗击莫斯科鼠疫的过程中表现得非常出色，可以说是一位英雄。[16]

格里戈里·奥尔洛夫跟在叶卡捷琳娜二世身后耀武扬威，但他没有积极地去行使权力，也从来没有像后来的波将金那样得到独立的政治权力。奥尔洛夫虽然是女皇的亲密情人，但实际上没有掌握政权。

波将金急于在女皇面前展现自己天不怕地不怕的聪明劲儿，女皇的平易近人给了他很多机会。有一次，他漫不经心地走到格里戈里·奥尔洛夫正在和女皇打牌的沙龙。他俯身在牌桌前，开始看奥尔洛夫的牌。奥尔洛夫小声让他走开，但叶卡捷琳娜二世插话了。"不妨事的，"她说，"他又没有打扰我们。"[17]

奥尔洛夫兄弟决定除掉波将金，在这个"危险的时刻"是尼基塔·帕宁施加干预，救了波将金一命。[18]1762年夏，波将金得到了他的第一个也是最后一个出使外国的任务：前往斯德哥尔摩，通知俄国驻瑞典大使伊凡·奥斯捷尔曼伯爵，俄国发生了政权更迭。[19]俄国宫廷的一项传统是把情绪激烈的情人送到瑞典去冷静一下。（帕宁自己，以及叶卡捷琳娜二世的第一个情人谢尔盖·萨尔蒂科夫都曾以类似的理由被派去瑞典。）我们对波将金早年生活掌握的材料不多，但过于张扬的波将金似乎没有明白这次任务是对他的友好警告，继续在奥尔洛夫兄弟面前上蹿下跳。奥尔洛夫兄弟感到必须给他点颜色看看。

波将金从瑞典回来之后，叶卡捷琳娜二世对这个聪明绝顶的年轻朋友仍然很感兴趣，后来把他称为自己的"学生"。女皇的宽宏大度使波将金获益匪浅。有一次他作为内廷侍从执勤的时候，在桌前坐于女皇对面。她用法语问了个问题。他用俄语回答。一名廷臣责备他这样做太粗鲁，他宣称："恰恰相反，我认为臣民应当用最能够表达自己思想的语言来回答。我学俄语已经二十二年了。"[20]这很典型地表现了他在女皇面前那种挑逗式的放肆，但也展现了他对很多廷臣狂热亲法的反对。有一个传说是叶卡捷琳娜二世建议他提高法语水平，于是安排一位名叫维瓦雷的骑士教他，此人是一位被开除圣职的法国神父。维瓦雷在七年战争期间曾在杜布雷①领导下在印度的本地治里服役。这个形迹可疑的江湖骗子根本不是什么骑士。他和"妻子"沃玛尔·德·法热（听起来像是高级妓女的花名）一同旅行，而她显然能让波将金的法语课变得很快乐。她无疑是个特别耐心的法语老师。波将金很喜欢与圆滑世故的骗子交往，维瓦雷是他结交的一长串骗子当中的第一位。波将金的法语学得极好。[21]

叶卡捷琳娜二世为自己的年轻门客波将金安排了一条特殊的仕途。她熟知他对宗教的兴趣，于是任命他为神圣宗教会议主席（彼得大帝设立的负责管理东正教会的政府机关）的助理。神圣宗教会议主席是所有宗教事务的管理者，也是宗教法

---

① 约瑟夫·弗朗索瓦·杜布雷（1697—1763）是法国在印度的殖民地的总督，是当时英国的著名殖民者"印度的克莱武"在印度的竞争对手。

官，和管理世俗事务的元老院主席对等。女皇亲笔写了给波将金的指示，足见她对他的关心。这份文件的标题为"给君主的内廷侍从格里戈里·波将金的指示"，签署时间为 1763 年 9 月 4 日。这是她给他的第一封信，体现出她与年纪较轻的男人交谈时喜欢用的母亲式口吻：

> 关于调遣你去神圣宗教会议的御旨：尽管你知道为什么挑选你担任这个职务，我还是写了下面的话，帮助你履行职责……1. 为了帮助你更好地理解该机关的事务。2. 神圣宗教会议不开会的时候，你也应当去那里……3. 提前搞清楚议程……4. 你必须勤勤恳恳地聆听……

指示的第六条规定，如果神圣宗教会议主席患病，"你应当向我禀报该会议的一切事务，并记录我关于神圣宗教会议的所有命令。简而言之，你应当努力学习会议的事务，从而更好地理解它"。[22] 波将金在神圣宗教会议第一次任职的时间比较短，可能是因为他与奥尔洛夫兄弟发生了矛盾，但我们从神圣宗教会议档案的第 146 条命令中了解到，他在这年 9 月每天都参加神圣宗教会议。[23] 他在逐渐崛起。

波将金在追求女皇和为自己的政治前途做准备的同时，情路上也没闲着。"亚西比德"是有名的情场浪子。既然奥尔洛夫占据着主场，波将金没有理由守身如玉、对叶卡捷琳娜二世忠贞不贰。波将金那位忠实但无趣的外甥亚历山大·萨莫伊洛夫记载道，他的舅舅当时向"某位出身高贵的少女""大献殷勤"，而她"对他并非毫无感情"。但让我们恼火的是，萨莫伊洛夫补充道，"我不会说出这个少女的名字"。[24] 有些历史学家认为这位少女就是叶卡捷琳娜二世的密友布鲁斯伯爵夫人，她后来臭名昭著，被认为是女皇的"试用官"，[25] 负责"测试"叶卡捷琳娜二世的情夫。其实，布鲁斯伯爵夫人是无私地帮助波将金追求叶卡捷琳娜二世。在这个世故的宫廷，有着爱情意味的友谊是政治联盟的最好基础。布鲁斯伯爵夫人也确实很难抵御年轻男子的吸引力。但此时布鲁斯伯爵夫人已经三十五岁了，和叶卡捷琳娜二世一样，肯定不能算是"少女"。所以，这个少女的身份至今是个谜。[26]

不管这个少女是谁，叶卡捷琳娜二世都允许波将金继续充满戏剧性地向她（女皇）大献殷勤。他真的爱上了叶卡捷琳娜二世吗？我们不需要过度分析他的动机：在爱情当中不可能把个人与个人的处境分隔开。他雄心勃勃，也确实热爱叶卡捷琳娜二世，既爱那位女皇，也爱那个女人。然而，这个时候他却突然在宫廷中销声匿迹。

据传说，这年的某个时候，格里戈里和阿列克谢·奥尔洛夫邀请波将金去打台球。他露面之后，却被奥尔洛夫兄弟狠揍了一顿。波将金的左眼受伤，伤口感染。波将金让一个名叫叶罗费奇的乡村庸医给他包扎，但这个庸医用的村野疗法导致伤情恶化。伤口引发败血症，波将金失去了左眼。[27]

波将金向叶卡捷琳娜二世告白和与奥尔洛夫兄弟斗殴，都是波将金神话的一部分。也有的说法是，他是在打网球的时候伤了眼睛，一个庸医的药膏导致他左眼失明。然而，我们很难相信波将金会打网球。人们普遍相信他被奥尔洛夫兄弟打伤眼睛的故事，因为波将金公开地追求叶卡捷琳娜二世，确实逾越了界限。但这个故事不大可能是真的，因为格里戈里·奥尔洛夫对年轻的竞争对手一贯以礼相待。

不管具体是怎么回事，这都是波将金遇到的第一个挫折。两年前，他从莫斯科来到都城的时候是个默默无闻的穷小子；两年后，他成了全俄罗斯女皇恩宠的门客。但他攀升得太早、太快了。失去一只眼睛是悲剧，但很讽刺的是，他因此退出宫廷，在战略上却是好事。这是波将金第一次利用自己及时的退场来吸引女皇对他的注意力。后来类似的情况还有很多。

波将金不再去拜访宫廷。他闭门谢客，开始研读宗教书籍，蓄起长胡须，甚至考虑削发为僧。他一直对宗教冥思和神秘主义感兴趣。他是东正教会的真正儿子，经常退隐到修道院祈祷。他耍的把戏里总是有演戏的成分，但即便那些想方设法攻击他的同时代人也从不怀疑，他确实对出家产生了兴趣。他的敌人也不会怀疑他对荣华富贵（尤其是他自己的荣华富贵）的厌恶。[28] 这种厌恶有苦行僧的色彩，也非常俄国化，但此次危机比这严重得多。波将金的魅力部分来源于疯狂的情绪波动，这是躁狂性格的体现，也颇能解释他的很多奇怪举止。他陷入抑郁，丧失了自信。这次的精神崩溃非常严重，以至于有人甚至说是他自己弄瞎了自己的左眼，"为的是让它免受此次事件带来的耻辱"。[29]

他的主动失踪也有虚荣的成分。他的左眼肯定丧失了视力，但眼球还在。① 他为此感到羞耻，也许觉得女皇看到独眼的他会感到厌恶。过分敏感恰恰是他最讨人喜欢的品质之一。即便成了著名政治家之后，他也几乎总是拒绝画家给他画像，

---

① 但一位外交官说，波将金"在巴黎买了一只玻璃假眼"。——作者注

因为他觉得自己已经毁容了。失去了一只眼睛，他认为自己的前途完了。他的对手看到他毁容肯定弹冠相庆。奥尔洛夫兄弟用荷马的《奥德赛》里独眼巨人的名字给他取绰号。他们说，"亚西比德"现在成了"独眼巨人"。

波将金离开宫廷十八个月之久。女皇有时会询问奥尔洛夫兄弟，波将金出了什么事。据说因为想念他模仿别人的滑稽表演，她甚至取消了自己的一些小规模聚会。她通过一些不公开姓名的女性朋友给他送信。叶卡捷琳娜二世后来告诉波将金，布鲁斯伯爵夫人总是告诉她，波将金还爱她。[30] 根据萨莫伊洛夫的说法，最后女皇通过中间人传话给波将金："这样一个拥有罕见才华的人离开了社交界、祖国和那些珍惜他、真诚地关怀他的人，真是莫大的遗憾。"[31] 这一定让他心中重新燃起了希望。据说，叶卡捷琳娜二世乘车经过他的隐居地附近时，曾命令格里戈里·奥尔洛夫去召唤波将金返回宫廷。为人正派而坦诚的奥尔洛夫在女皇面前总是表现得对波将金很尊敬。此外，奥尔洛夫可能相信，波将金已经毁容，自信心也大跌，所以应当不会对他构成威胁。[32]

磨难有时会让人变得更坚韧、更耐心，也更有深度。返回宫廷的独眼波将金与之前锐气逼人的"亚西比德"判若两人。失去左眼十八个月后，波将金的头部仍然包扎着，让他看上去像个海盗，也表现了他既羞怯又喜欢张扬的矛盾心态。叶卡捷琳娜二世欢迎他回到宫廷。他回到神圣宗教会议的旧职位；当叶卡捷琳娜二世为了纪念自己的政变三周年而向三十三名主要支持者赏赐银餐具的时候，波将金的名字出现在名单快结尾的地方，远远低于基里尔·拉祖莫夫斯基、帕宁和奥尔洛夫等权贵。奥尔洛夫稳稳占据了女皇身边的位置，似乎要永远守住这个地位，但她显然没有忘记那个鲁莽的追求者。[33]

于是奥尔洛夫兄弟设计了一个更温和的办法来排挤波将金。据传，格里戈里·奥尔洛夫向女皇提议，把基里尔·拉祖莫夫斯基的女儿伊丽莎白嫁给这个来自斯摩棱斯克的近卫军军官。这样的婚姻对波将金来说是高攀。叶卡捷琳娜二世没有反对。[34]没有证据表明波将金与伊丽莎白之间有恋爱关系，但我们知道波将金后来帮助过这个姑娘，并且与她父亲的关系一直很融洽。拉祖莫夫斯基"对他视如己出"。

拉祖莫夫斯基伯爵对年轻的波将金的友善，颇能体现这个曾经的哥萨克羊倌的朴实善良。他是叶卡捷琳娜二世麾下最受人喜爱的权贵之一。传说拉祖莫夫斯基十六岁时还是农民，二十二岁时就变成了陆军元帅。这差不多是真实的。[①] 他的几个儿子都成长为骄傲的俄国贵族，每当他们为自己父亲卑微的哥萨克出身而尴尬时，他就唤来贴身男仆："把我当年来圣彼得堡时穿的农民的破衣服拿来。我要重温一下我放牛的幸福时光！"[35]他的生活方式极其奢华，据说他是把香槟酒引进俄国的人。波将金肯定喜欢这位生性快活、特别健谈的伯爵讲述的精彩故事（也许还喜欢他的优质香槟酒），他后来对哥萨克群体特别着迷。波将金毕生对哥萨克的热情，莫非就是在拉祖莫夫斯基宫殿里享用前任盖特曼的香槟酒的时候萌芽的？波将金不

---

①　基里尔·拉祖莫夫斯基是伊丽莎白女皇的男宠的弟弟，二十出头就被任命为乌克兰的盖特曼。也就是说，在整个伊丽莎白时代，他是名义上半独立的哥萨克边疆的总督。基里尔·拉祖莫夫斯基支持叶卡捷琳娜二世的政变，然后请求她让盖特曼职位在他家里世袭。她拒绝了，废除了盖特曼职位，以"小俄罗斯事务委员会"取代它的职能，然后提升他为陆军元帅。——作者注

愿意结婚的真实原因是他还爱着叶卡捷琳娜二世，她让他对未来有着美好的憧憬。[36] 英国使节白金汉郡伯爵写道，叶卡捷琳娜二世"不时会对其他男子颇为青睐，尤其是对一位性情和蔼的才子，他配得上她的好感；他身边有优秀的顾问，颇有出人头地的希望"。[37] 这个"才子"指的应当就是波将金，而他的"优秀的顾问"只能是布鲁斯伯爵夫人。

1767 年，他接到了一项新工作，而这项工作说明叶卡捷琳娜二世在特意给他安排符合他兴趣的任务。在神圣宗教会议任职没多久之后，他从女皇那里接到的新职务是军队的财务官，还负责生产军常服。

现在，叶卡捷琳娜二世开始了她一生中最大胆的政治试验：立法委员会。波将金显然曾炫耀过自己在东方文化方面的知识，所以他被任命为三名"少数民族守护者"之一，[38] 另外两人是元老院主席维亚泽姆斯基公爵和叶卡捷琳娜二世的秘书之一奥尔苏菲耶夫。女皇在逐渐把波将金介绍给国内最重要的官员。叶卡捷琳娜二世做任何事情都是有用意的。

立法委员会是由约 500 名选举产生的代表组成的机构，这些代表来自（对当时来说）相当广泛的背景和阶层，有贵族、市民、国家农奴和非俄罗斯族人民的代表。这年，代表们在莫斯科齐聚一堂，带来了选民给他们的指示。代表中有 54 名非俄罗斯族的人，包括鞑靼人、巴什基尔人、雅库特人① 和卡尔梅克人②。因为维亚泽姆斯基和奥尔苏菲耶夫还有别的要务，这些少数民族代表就由波将金负责接待。

---

① 雅库特人，又称萨哈人，是主要生活在俄罗斯西伯利亚地区的一个突厥民族，以饲养马、驯鹿和牛而闻名。

② 卡尔梅克人是蒙古人的一支，生活在今天的西伯利亚南部和蒙古国境内。

波将金率领两个中队的近卫军骑兵，先于女皇前往莫斯科，帮助接待抵达那里的代表。叶卡捷琳娜二世于 2 月动身，乘船沿着伏尔加河顺流而下，一直来到喀山和辛比尔斯克①。她带着多达 1500 名廷臣，包括奥尔洛夫兄弟中的两人和切尔内绍夫兄弟中的两人，以及许多外国大使。这趟旅程是刻意要向外界展示，叶卡捷琳娜二世正把握着帝国的脉搏。随后她返回莫斯科，为立法委员会开幕。

叶卡捷琳娜二世也许曾考虑按照启蒙思想来废除或者改良农奴制，但她绝不希望颠覆俄国的政治秩序。农奴制是皇帝与贵族之间最坚韧的纽带之一。如果她割断这种纽带，就会给自己带来巨大的危险。她的《圣谕》的五百多个条款都是她亲笔撰写的，是她长期研读孟德斯鸠、贝卡里亚的著作和《百科全书》之后的心得体会。立法委员会的目标是整理和编纂现有的法律，但即便这样的工作也有很大风险，可能会侵犯到她的君主专制。她远远不是革命者，而是专制君主制的信徒。绝大多数启蒙思想家也并非现代的民主自由派，而是迷信与暴政的敌人，倡导自上而下的理性、法律与秩序。叶卡捷琳娜二世真诚地希望改良，但她的立法委员会也只做了表面功夫，因为这能展现她的信心和俄国的稳定。不过，立法委员会的工作后来变成了特别冗长的歌功颂德。

1767 年 7 月 30 日（星期天）上午 10 点，叶卡捷琳娜二世乘坐一辆八匹马拉的马车，后面跟着十六辆载着廷臣的马车，在格里戈里·奥尔洛夫和一个中队的近卫军骑兵（可能

---

① 辛比尔斯克今天的名字是乌里扬诺夫斯克，坐落于伏尔加河畔，在莫斯科以东 893 公里，是乌里扬诺夫斯克州的首府。列宁和亚历山大·克伦斯基都在这里出生。

包括波将金）护送下，从莫斯科的戈洛温宫来到克里姆林宫。保罗大公随后赶到。她下了车，到圣母升天大教堂领受祝福。她身后跟着元老院主席维亚泽姆斯基和立法委员会全体代表（既有俄罗斯人也有外族人），代表们两人一排行进，就像挪亚方舟上的乘客。非基督徒的代表在教堂外等候。然后，所有人依次步入克里姆林宫，得到女皇的接见。女皇身穿皇袍，头戴皇冠，站在宝座前。保罗大公、廷臣和主教们在她身旁。她的右侧摆放着若干本《圣谕》。次日上午，在克里姆林宫的多棱宫①，女皇的《圣谕》得到宣读，立法委员会开幕。这场仪式效仿的是英国议会的开幕典礼，也有与之类似的君主讲话。[39]

女皇参加立法委员会的某些议程时，波将金陪伴她一起去。他应当读过《圣谕》。他的庞大图书馆后来收入了叶卡捷琳娜二世用过的每一本书，包括孟德斯鸠的《论法的精神》、狄德罗的《百科全书》（法文版）的全部三十五卷和伏尔泰的多部著作。但波将金没有在立法委员会讲话。[40]立法委员会并没有完成编纂法律的使命，而是变成了坐而论道的清谈。不过，委员会为叶卡捷琳娜二世后来的立法搜集了一些有价值的信息。立法委员会还创造了"叶卡捷琳娜大帝"这一称号，不过她拒绝接受。②她在莫斯科的这段时间让她回忆起自己曾经在这儿的不愉快经历，于是返回了圣彼得堡，于1768年2月在那里再次召集立法委员会开会。战争的爆发终于给了她借

---

① 多棱宫是克里姆林宫建筑群内的一座宫殿，莫斯科大公国时代沙皇的主宴会厅就在这里。它是莫斯科保存至今最古老的世俗建筑，竣工于1492年。多棱宫现在是俄罗斯总统用于举办礼仪仪式的场所。

② 从此处开始，我们称她为"叶卡捷琳娜大帝"。

口，停止立法委员会无聊的高谈阔论。[41]

1768 年 9 月 22 日，波将金被从内廷侍卫提升为宫廷总管。[42] 但不寻常的是，他仍然保留军职，并被晋升为近卫军骑兵上尉。两个月后，遵照叶卡捷琳娜大帝的特别指示，他正式离开军队，成为全职的廷臣。然而，这时的波将金并不愿意待在宫廷。因为在 1768 年 9 月 25 日，奥斯曼帝国向俄国宣战。波将金觉得自己的机会来了。

注　释

1 Pushkin *Polnoye Sobraniye Sochineniya* vol 12 p 177, GAP to S. Sheshkovsky. See also Georg von Helbig, 'Russkiye izbranniye i sluchainye liudi', RS 56（10）1887 p 24.

2 CtG, *Memoirs* 1955 pp 355-7, CtG Frank Confession to GAP 1774. GARF 728. 1. 425. 1-5. Also CtG, *Sochineniya* vol 12 pp 697-9.

3 叶卡捷琳娜大帝与 F. M. 格林及其他人的通信，见 SIRIO 23。

4 SIRIO 23. See above.

5 Casanova vol 10 ch 7 p 139.

6 Castera vol 2 pp 370-5.

7 Castera vol 2 p 401. Philip Mansel, *Pillars of Monarchy* p 31.

8 Casanova vol 10 ch 7 pp 101-5.

9 CtG, *Memoirs* 1955 Autobiographical Fragments pp 358-9, The Masked Ball.

10 *Joseph II und Graf Ludwig Cobenzl*, ed A. Beer and J. Fiedler（B&F）, vol 1 p 16, Cobenzl to Joseph II 5 May 1780. Coxe vol 2 p 97.

11 CtG, *Memoirs* 1955 p 194.

12 John Parkinson, *A Tour of Russia, Siberia and the Crimea* p 211.

13 Quoted from T. Livanova, *Russkaya muzkal'naya kultura XVIII veka* vol 2 p 406, in Madariaga, *Russia* p 329.

14 Shcherbatov p 237.

15 SIRIO 19（1876）: 297, Sir Robert Gunning to Earl of Suffolk 28 July/8 August 1772.

16 Ransel, *Politics* p 76. SIRIO 12: 202 - 3, Sir George Macartney to Earl of Sandwich 18 March 1765.

17 Krasnobaev p 490.

18 K. L. Blum, *Ein russischer Staatsman*, Countess Sievers to Count Ya. Sievers 17 April 1774, quoted in A. G. Brü ckner, *Potemkin* p 26.

19 *Memoirs of the Life of Prince Potemkin* p 17.

20 Samoilov cols 597-8.

21 Saint-Jean, *Lebensbeschreibung des Gregor Alexandrowitsch Potemkin des Tau-riers*, translator's preface, and chs 1-12; Waliszewski, *Autour d'un trône* vol 1 pp 114, 146. Semevsky, *GAPT* p 490.

22 RGADA 18. 202. 2 - 3. Bishop Porphiry, 'Information', ZOOID 13: 187 - 8. Seme-vesky, *GAPT* pp 490-1.

23 Porphiry pp 187-8.

24 Samoilov cols 602-3.

25 Byron, *Don Juan*, Canto IX: 84.

26 Saint-Jean ch 1 - 12. RS (1872) 5 p 466, Family information about Prince Potemkin. Semevsky, *GAPT* p 493.

27 *Memoirs of the Life of Prince Potemkin* p 20; Krasnobaev p 490.

28 Castera vol 2 p 270. Semevsky, *GAPT p* 493.

29 *Memoirs of the Life of Prince Potemkin*, p 20.

30 CtG's Frank Confession pp 355 - 6. Semevsky, *GAPT* p 492 - 3 GARF 728. 1. 425. 1 - 5. CtG, *Sochineniya* vol 12 pp 697 - 9, CtG to GAP March 1774. SIRIO 26 (1879): 309-10. 撒丁王国的使节 Parelo 侯爵说，波将金为了保住自己的眼睛，去找过一位密仪大师。

31 Samoilov cols 602-3.

32 RS (1872) 5 p 466, Family information about Prince Potemkin. RGADA 1. 85. 1. 343, L 11, CII to GAP. 叶卡捷琳娜大帝在 1774 年初告诉波将金，G. 奥尔洛夫一直对他评价很高。

33 Bilbasov, *Istoriya* vol 2 pp 519-21.

34 RS (1872) 5 p 466, family information about Prince Potemkin. Saint-Jean chs 1-12. Semevsky, *GAPT* p 493.

35 Waliszewski, *Autour d'un trône* vol 1 p 38.

36 Krasnobaev p 491. Saint-Jean chs 1-12. 伊丽莎白·拉祖莫夫斯卡娅伯爵小姐后来与彼得·阿普拉克辛伯爵秘密结婚，因此被她父亲关进了修道院。波将金去找 K. G. 拉祖莫夫斯基，为她说情。Semevsky，*GAPT* pp 492-3.

37 Earl of Buckinghamshire, *Despatches and Correspondence* vol 2 p 232.

38 Soloviev vol 14 pp 48−9 quoted in Madariaga, *Russia*, pp 139−50.

39 Alexander, CtG pp 103−15; Madariaga, *Russia* pp 139−50.

40 Kazan University 17. 262. 3−2300, 25−2708/56−5705.

41 关于立法委员会的叙述，基于 Madariaga, *Russia* pp 139−83, and Alexander, *CtG* pp 100−2, 112−20。

42 RGADA 268. 890. 291−4, Geroldmeysterskaya contora (Heraldic Office).

5 战争英雄

他遭到优势敌人的攻击，但大获全胜，成了英雄……
　　——陆军元帅彼得·鲁缅采夫－扎杜奈斯基伯爵谈
　　1768—1774 年俄土战争期间的波将金将军

"陛下对人民福祉的热切关怀让我们无比热爱祖国。"波将金在 1769 年 5 月 24 日给女皇的信中写道。这是保存至今的他给女皇的书信当中最早的一封，其中展现的英雄气概是为了尽可能清楚地示爱。

　　您的臣民的职责就是要求所有人都服从您的意愿。至于我，我已经完全遵照陛下的意愿履行了自己的义务。

　　我认识到陛下为我们的祖国所做的伟大贡献，我努力理解陛下的法律并当一个好公民。陛下对我的仁慈让我对陛下充满热情。我对陛下感激涕零，唯有为了陛下的荣耀献出自己的鲜血。这场战争给了我一个绝佳的机会，我决不能虚度光阴。

　　仁慈的君主，请允许我在陛下的脚边恳求将我派遣到普罗佐罗夫斯基公爵的部队，去前线参战。不管什么军衔我都接受，但请陛下不要让我永久性地服兵役，而是仅在本次战争期间从军。

　　仁慈的君主，我努力成为有资格为您效劳的人。我特别希望加入骑兵，而且不谦虚地说，我对骑兵了如指掌。
至于兵法，我已经对其主要规则熟记于心。取得伟大胜利
的最好办法就是热忱地为君主效劳，视自己的生命如粪
土……您可以看得见我的热情……您不会为了自己的选择
而后悔。

陛下的忠实奴仆，

格里戈里·波将金。[1]

对波将金来说，战争的确是绝好的机会，让他能冲破沉闷无聊
的宫廷生活，建功立业、扬名立万。但战争也激发了一场危
机，让女皇非常需要他。因此，离开叶卡捷琳娜大帝反而让他
走近了女皇。

1768—1774 年俄土战争的起因是这样的：波兰爆发了反
对斯坦尼斯瓦夫-奥古斯特国王、反对俄国主宰波兰的叛乱。
俄国哥萨克追击波兰爱国者组成的"巴尔联盟"① 叛军，越过
了波兰国界，进入土耳其领土，来到了鞑靼人小镇巴尔塔②。
哥萨克在那里屠杀了一些犹太人和鞑靼人。前不久俄国向波兰
扩张势力，已经让奥斯曼帝国政府如坐针毡。此时在法国的怂
恿下，奥斯曼政府发布了最后通牒，要求俄国从波兰立陶宛联
邦撤军。土耳其人逮捕了俄国驻伊斯坦布尔特使奥布列斯克
夫，将他关进七塔要塞。这座要塞曾是苏莱曼大帝的宝库，如

---

① 巴尔联盟（1768—1772）是若干波兰贵族在巴尔城（在今天的乌克兰西
部）组建的联盟，旨在阻止俄国控制波兰、保卫波兰的独立，并抵制斯
坦尼斯瓦夫-奥古斯特国王等企图削弱贵族权力的改革派。巴尔联盟的建
立导致波兰发生内战、俄军入侵波兰，并最终导致波兰第一次被瓜分。
② 巴尔塔是今天乌克兰西南部的城市。

今是高级监狱，相当于土耳其的巴士底狱。将外国使节关进七塔要塞是奥斯曼帝国宣战的传统做法。

叶卡捷琳娜大帝的对策是设立了一个国务会议，包括她的主要谋臣，如帕宁、格里戈里·奥尔洛夫、基里尔·拉祖莫夫斯基、戈利岑堂兄弟和切尔内绍夫兄弟，让他们帮助协调战争，并担任政策方面的参谋。她还满足了波将金的心愿，命令陆军大臣扎哈尔·切尔内绍夫："必须将我的宫廷总管波将金任命到军队里。"[2] 波将金立刻奔向军中。几天后，骑兵少将（与宫廷总管对等的军衔）波将金就到了波兰小镇巴尔，向陆军少将亚历山大·普罗佐罗夫斯基公爵报到。

俄国陆军的纸面兵力是8万人，奉命夺取德涅斯特河的控制权。这条河是从黑海到波兰南部的战略水道。俄国的终极目标是打通去黑海的道路并控制黑海。俄军在德涅斯特河沿线的作战目标就是抵达黑海之滨。俄军兵分两路：第一军团由陆军将领亚历山大·戈利岑公爵指挥，目标是霍京①，波将金就在这一路；第二军团由彼得·亚历山德罗维奇·鲁缅采夫指挥，奉命保卫波兰南部边疆。如果最初的作战顺利，他们将推进到黑海岸边，沿着普鲁特河顺流而下，来到多瑙河。如果他们能渡过多瑙河、进入土耳其的保加利亚行省，就能威胁到奥斯曼帝国的都城君士坦丁堡。

女皇过于自信。她向伏尔泰吹嘘："我的士兵去打土耳其人，仿佛是去参加婚礼。"[3] 但战争从来就不是婚礼，尤其是对农民出身的俄国士兵来说。波将金之前的军旅生涯只是在圣彼

---

① 霍京在今天的乌克兰西部。

得堡耀武扬威的近卫军生活，如今他来到了真实的俄国陆军的严酷而混乱的世界。

俄国士兵的生命很短暂，有时还没有抵达军营就死在路上了。俄国士兵要终身服役（后来波将金将兵役缩短为 25 年），他们离家的时候，亲人会悲戚地唉声叹气、涕泗横流，仿佛他们已经死了。新兵被编成纵队行军，有时被用绳索拴在一起。他们脱离了自己的村庄与家庭，要忍受严酷、残暴的待遇。一位现代历史学家一针见血地说，俄国士兵的生活酷似跨越大西洋的黑奴的经历。很多士兵会死在数千俄里的长途行军途中，抵达目的地的时候羸弱不堪，很快就会丧命。18 世纪后半叶在俄军中服役的法国人朗热隆伯爵估计，俄国新兵在抵达军营之前的死亡率高达 50%。他生动形象地描绘了农奴主军官为了防止农奴士兵造反而对其施加的虐待狂一般的殴打与铁律，不过俄国士兵的处境可能并不比同时期的普鲁士陆军或英国皇家海军士兵更糟糕。和黑奴一样，俄国士兵用自己丰富多彩、神圣而温暖的文化来慰藉自己。每个士兵每年的军饷仅有 7 卢布 50 戈比（陆军少校的军饷是每年 300 卢布），当时的波将金算不上富裕，但仅仅是因为参加政变而得到的赏赐就有 1.8 万卢布。士兵们在自己的合作社（artel）里分享一切，合作社成了他们的村庄、教堂、家庭、俱乐部、厨房和银行。[4] 他们传唱着繁多的曲目，可以一口气唱五六个小时不重样，[5] 后来有很多军人歌曲是以波将金为主题的。

朗热隆伯爵写道，俄国士兵在当时已经被视为"全世界最优秀的士兵"，"他们拥有优秀军人和英雄必需的所有品质。他们像西班牙人一样克制，像波希米亚人一样吃苦耐劳，像英格兰人一样充满民族自豪感，像法国人、瓦隆人或匈牙利人一样容易冲动和受到激励"。[6]七年战争期间弗里德里希大王对俄国士兵的勇气与耐力印象深刻、钦佩有加，还专门造了一个词 les oursomanes 来形容他们那种熊一般的疯狂野劲。[7]波将金属于骑兵，而俄国骑兵也拥有赫赫威名，尤其是因为俄国有一种特别凶悍的非正规轻骑兵：哥萨克。

俄国军队在当时的欧洲独一无二，因为在美国独立战争和法国大革命之前，各国军队都是为了自己的国王，而不是为了某种思想或民族而操练和作战的。大多数国家的军队由多民族的士兵组成，包括雇佣兵、心不甘情不愿的新兵和群氓。他们为自己所在的军队效力，而不是为某个国家效力。但俄国军队完全由俄国农民组成，他们是从大约 700 万男性农奴当中大规模征募来的。这可能就是俄国士兵拥有几乎盲目的勇气的原因。[8]

俄国军队的军官要么是嗜赌如命、放荡不羁的俄国地主，要么是德意志或法国的雇佣兵和冒险家。这些军官的残酷臭名昭著。米哈伊尔·卡缅斯基将军是一个极端的例子，他甚至会咬自己的士兵。但俄国军官也极其勇猛。[9]俄国的农奴士兵则是炮灰，他们凶悍、纪律严酷、自给自足、吃苦耐劳、爱国、面对恐怖的苦难仍然坚韧不拔，这些品质让俄国军队成为一支令人生畏的作战力量。"土耳其人像保龄球瓶一样纷纷倒下，"有一句俄国谚语这样说道，"上帝保佑，我们的士兵即便没了头，也站得笔直。"[10]

当时有些人认为 18 世纪的战争已经不像以前那样血腥了。欧洲的几个王朝，比如哈布斯堡皇朝和波旁王朝，打仗的时候至少会佯装遵守贵族的礼节。但对俄国人来说，与土耳其人的战争是迥然不同的。在过去的几个世纪里，穆斯林鞑靼人，然后是土耳其人，一直威胁着东正教俄国，现在俄国农民把针对土耳其人的战争视为一场圣战。俄国军队在这场战争中绝不会心慈手软。

　　1768—1774 年俄土战争的初始阶段颇有些"假战"① 的意味，这让缺乏战争准备的土耳其人和俄国人都有时间集结兵力。波将金刚刚抵达巴尔，"假战"就结束了。1769 年 6 月 16 日，一支正在袭掠俄属乌克兰的 1.2 万的鞑靼骑兵渡过德涅斯特河，袭击了波将金所在的军营。这些鞑靼骑兵的主公是克里米亚可汗，他是奥斯曼苏丹的盟友。鞑靼人在当时还以套索和弓箭为主要武器，虽说已经落伍，但他们是奥斯曼方面唯一已经蓄势待发的军队。鞑靼人的可汗卡利姆·格来是成吉思汗的直系后裔，也是一位咄咄逼人、英勇无畏的骑兵指挥官。被派遣到伊斯坦布尔负责改良奥斯曼军队的法国军官托特男爵陪伴在卡利姆·格来身旁，留下了对这次中世纪风格的远征的记载。这也是历史上最后一次中世纪风格的远征。在成吉思汗时代的五百年之后，克里米亚鞑靼人（蒙古征服者的后代）仍然是欧洲最优秀的骑兵。他们从克里米亚呼啸而出，横扫乌克兰，冲向仍然驻扎在波兰南部的俄军，声势一定像他们的蒙古祖先一样令人胆寒。但和大多数非正规的骑兵一样，鞑靼骑兵纪律涣散，通常更注重劫掠战利品，所以他们的战略价值有限。不过，鞑靼骑兵的袭击给土耳其人争取了宝贵的时间，让他们能扩充军队。奥斯曼军队据说有 60 万人之众。

　　波将金在自己的第一次战斗中就与这些狂野的鞑靼和土耳

---

　　① "假战"是指第二次世界大战初期，从 1939 年 9 月德国入侵波兰到次年 5 月德国入侵西欧之间，在法德边境上，双方虽然已经互相宣战，但都按兵不动的现象，又称"静坐战"。

其骑兵交锋，将其打退。他的表现相当出色，因为"宫廷侍从波将金"出现在了战绩突出的军人名单中。波将金此后屡战屡胜。6月19日，他又参加了卡缅涅茨战役和更多的小规模交锋，帮助戈利岑将军占领了卡缅涅茨。[11] 在圣彼得堡，叶卡捷琳娜大帝在7月19日（星期天）命令民众唱起《感恩赞》，以庆祝这些小规模的胜利。但优柔寡断的戈利岑在霍京城下吃了败仗。8月，大发雷霆并且失去耐心的女皇将戈利岑召回。有人说，波将金借助自己与奥尔洛夫兄弟的联系，暗中参与了把戈利岑搞下台的阴谋。[12] 不过，戈利岑虽然动作迟缓，但至少运气很好。他的对手是大维齐尔穆罕默德·埃明，此人更喜欢阅读伊斯兰诗歌，而不是领兵打仗。叶卡捷琳娜大帝罢免戈利岑的命令还没有传到前线，戈利岑就已经重振雄风，渡过了德涅斯特河。这让女皇颇为尴尬。

波将金少将和他的骑兵部队如今几乎每天都要出动。6月30日，他再次立下战功；7月2日和6日，他打退了土耳其人的进攻。戈利岑最终再次渡过德涅斯特河的时候，波将金参加了攻打霍京的战役。在8月14日的普拉什科夫斯基战役中，他率领骑兵部队，表现不错，后来在29日帮助戈利岑打败了奥斯曼将领莫尔达万齐帕夏。"我高度赞扬波将金少将在战斗中表现出的英勇和技艺，"戈利岑写道，"因为在他之前，我军的骑兵还从来没有表现出如此优异的纪律和勇气。"[13] 波将金成了战争英雄。

在都城的叶卡捷琳娜大帝一定会欢迎这样的赞扬，但奥斯曼宫廷肯定不会高兴。苏丹穆斯塔法三世召回了大维齐尔。埃明帕夏在前线可能已经失魂落魄了，但如今按照奥斯曼帝国的传统，作为败军之将的他一回国就被砍了脑袋。不过，对戈利岑来说这些胜利来得太晚，他被免职的命令到了。为了抚慰戈利岑，女皇晋升他为陆军元帅。外交大臣的兄弟彼得·伊凡诺维奇·帕宁将军接管了在宾杰里①的军团，于是彼得·鲁缅采夫在 9 月接管了第一军团。俄国历史上最卓越的军事家之一的辉煌生涯就这样开始了，他成为波将金的恩主，后来又成为其竞争对手。

新任军团总司令与他幕僚当中的这位二十九岁陆军少将是完全不同的两种人。但波将金对鲁缅采夫非常尊重。鲁缅采夫此时四十三岁，身材瘦高，做事一丝不苟，机智，喜欢挖苦人。他是布鲁斯伯爵夫人的兄弟。和他的偶像弗里德里希大王一样，他"不爱也不尊重世界上的任何人"，但"他是俄国所有将军当中最才华横溢的一位，拥有突出的天赋"。[14]和弗里德里希大王一样，鲁缅采夫对纪律的要求极其严苛，但同时也颇为健谈。"我经常和他交谈好几天，"朗热隆伯爵热情洋溢地写道，"没有一刻会感到无聊。"[15]鲁缅采夫积攒了巨额财富，过着"古代封建主那样的奢华生活"，总是展现出大贵族的优雅风度。这也不奇怪，因为他是彼得大帝时代历史的鲜活样本：他可能是彼得大帝的私生子。②

---

① 在今天的摩尔多瓦东南部。

② 鲁缅采夫的母亲出生于 1699 年，活到八十九岁的高寿。她曾是俄国宫廷最气度不凡的侍从女官，认识马尔伯勒公爵和路易十四，见证过凡尔赛宫的生活和圣彼得堡建城的日子。她一直到去世都喜欢吹嘘自己是彼得大帝的最后一位情妇。从时间上看，这是完全可能的。她的儿子还被取名为彼得，即沙皇的名字。彼得·鲁缅采夫在法律上的父亲也是名俄国军人，从外省少年崛起为伯爵、陆军上将和彼得大帝麾下的铁腕人物之一，曾奉彼得大帝之命去奥地利追踪逃亡的皇太子阿列克谢并将其带回。最后阿列克谢被父皇刑讯致死。——作者注

鲁缅采夫从七年战争时期针对普鲁士的战争中学习了军事艺术，就连弗里德里希大王也对他的能耐表示钦佩。叶卡捷琳娜大帝虽欣赏鲁缅采夫的才华，但从来没有真正信任过他，于是任命他为小俄罗斯事务委员会主席。这个位置配得上他的高贵身份，但远离宫廷政治，这能让女皇放心。他对叶卡捷琳娜大帝印象不佳，喜欢普鲁士风格的制服和假发，信仰普鲁士的军事纪律，并且努力改良七年战争期间的普鲁士战术。他一般更喜欢德意志人，而不是俄国人。[16]

鲁缅采夫对待自己的士兵像是父亲对待儿子，对待自己的儿子却像是将军对待士兵。他的一个儿子结束学业之后拜访他，他问："你是谁？"男孩说："我是您的儿子。"将军粗暴地说："还真是哦。幸会。你已经长大了。"儿子问可否在军中找一个职位，是否可以留在父亲的军中。这位父亲回答："当然可以了，军队里肯定有你认识的军官，应当有人能帮助你。"[17]

波将金总是喜欢把两方面的好处都占着：既能接近总司令，又能有机会在前线杀敌立功；既能当宫廷总管，也能在前线当将军。他写信给鲁缅采夫，谈到"我的效劳的两大基础……是对君主的忠心耿耿，以及渴望得到我无比尊重的总司令的赞许"。[18]鲁缅采夫认可他的聪明才智，但一定也知道他是女皇的熟人，于是批准了波将金的请求。

战争进入第二年（1770 年），叶卡捷琳娜大帝对俄军进展缓慢感到沮丧。18 世纪的战争是季节性的：在俄国的冬天，军队要像刺猬一样冬眠。俄军只能等待来年春天再与奥斯曼主力部队交战并拿下宾杰里。

　　时机成熟之后，鲁缅采夫立刻将自己的军团分成几个机动性较强的军，沿着德涅斯特河顺流而下。波将金被鲁缅采夫派到施陶芬将军指挥的那个军。即便在天寒地冻的1月，波将金也参加了一些小规模战斗，打退了阿卜杜勒帕夏的一些进攻。2月4日，波将金参加了一系列大胆的骑兵突袭，帮助主力部队攻占了约尔雅，打败1.2万敌军，缴获两门大炮和多面军旗。此时天气依然酷寒，但他"毫不珍重自己"。[19]2月末，鲁缅采夫的报告被送到女皇的御前会议，他在报告中提及"波将金少将的热忱和功绩"，并"请求我把他派遣到冯·施陶芬中将的军中。在那里，他很快就凭借自己的勇气与军事技能建立功勋"。[20]总司令建议给波将金授勋。于是波将金得到了他的第一枚勋章：圣安娜勋章。

　　俄军南下追击土耳其军队。根据鲁缅采夫后来的报告，波将金"率领自己属下的部队保卫河流左岸，打退了敌人的多次进攻"。6月17日，俄军主力部队渡过普鲁特河，攻击驻扎在河对岸的2.2万土军和5万鞑靼人。与此同时，波将金少将率领预备队在主力部队下游3英里处渡河，攻击了土军后方。土军营地崩溃，土军也落荒而逃。[21]

　　仅仅三天后，鲁缅采夫向一支8万人的土军挺进。这支土军驻扎在拉尔加河汇入普鲁特河的地方，在那里等候大维齐尔和主力部队抵达。[22]

　　1770年7月7日，鲁缅采夫和波将金率领俄军组成方阵队形，向土军营地发动强攻，并准备好抵挡土军的冲锋。这是波将金第一次与奥斯曼正规军交手。奥斯曼军队的营地十分庞大壮观，喧嚣震耳，有好多丝绸营帐、摇摇晃晃的大车、绿色旗帜和飕飕作响的马尾旗（这是奥斯曼权力的象征）。奥斯曼军营杂乱地向四面八方延伸，到处都有女人和随军人员在活动，随处可见充满异国情调的军服，活像一个大集市。此时的奥斯曼帝国还没有变成 19 世纪的那个虽庞大却软弱无力的病夫。它此时仍然有能力从遥远的行省集结庞大的军队。苏丹升起先知的大旗的时候，从美索不达米亚的平原到安纳托利亚的山区，再到巴巴利海岸①的港口和巴尔干半岛，所有行省都送来了炮灰。

　　"土耳其人在兵法方面是傻瓜，但傻得有自己的思路。"利尼亲王后来如此解释道。他们的思路就是把庞大的部队摆成大致呈金字塔状的阵形，然后向俄军发动一波波骑兵冲锋，并用呼啸呐喊的步兵发动进攻。奥斯曼近卫军一度是欧洲最令人生畏的步兵，但已经逐渐蜕化成富裕而傲慢的权贵军人集团，他们更感兴趣的是经商和宫廷政变，而不是打仗。不过，他们仍然为自己的强大和伊斯兰热情而自豪：他们头戴红色和金色帽子，穿白衬衫、宽马裤、黄靴子，手持弯刀、标枪和火枪。

　　奥斯曼军队中最优秀的骑兵是鞑靼人和西帕希骑兵。西帕希骑兵是封建制度下的土耳其骑兵，他们能矫健地在马上开枪，或者纵身下马射击。他们身穿镶嵌珠宝的胸甲，或者只穿色彩鲜亮的背心和宽马裤，经常捋起袖子、露出胳膊；他们携带的武器是有雕刻装饰的弯刀、匕首、长矛和镶嵌珠宝的手枪。西帕希骑兵的纪律性很差，什么时候作战完全是他们自己

---

①　欧洲人称之为巴巴利而阿拉伯人称之为马格里布的地区，也就是今天的摩洛哥、阿尔及利亚和突尼斯一带。此地的海盗曾经很猖獗，他们袭击地中海及北大西洋的船只和沿海居民，又从欧洲及撒哈拉以南非洲掳走人口作为奴隶贩卖。

说了算，不服从上级，而且频繁哗变。他们经常偷窃马匹、临阵脱逃、殴打军官或者卖掉军粮中饱私囊。奥斯曼军队的大部分人是安纳托利亚的封建领主招募来的不领军饷的非正规士兵，他们靠劫掠为生。尽管托特男爵那样的法国顾问做了很大努力，奥斯曼军队的炮兵还是远远落后于俄军，并且他们的火枪也落伍了。奥斯曼士兵的枪法虽精，但射击速度太慢。

奥斯曼军队在陈腐过时的表面文章上浪费了大量精力。一切准备就绪之后，这支数十万人的乌合之众煽动起宗教狂热和对敌人的愤恨，而这种狂热往往是在鸦片的刺激下产生的。[23]波将金后来向塞居尔伯爵回忆道："他们〔奥斯曼军队〕前进的时候如同漫过河岸的洪流。"波将金还说，奥斯曼军队的金字塔阵形是按照士兵勇气的递减来排布的："最勇敢的武士，并且因为吸食了鸦片而无比狂热"，位于金字塔的尖端；而金字塔的庞大底部"纯粹"由懦夫组成。利尼亲王回忆说，奥斯曼军队冲锋时会发出"恐怖的嚎叫，呼喊安拉"。面对这样的疯狂冲锋，只有纪律严明的步兵才能稳住阵脚。被俘的俄军士兵立刻被斩首，刽子手呼喊"不要怕！"然后将首级插在长枪的枪尖上挥舞。"局势越是危险，他们的"宗教狂热就越是高涨。

俄军迎战土耳其军队冲锋的办法是构建方阵。这种阵形能够抵挡住任何疯狂的冲锋。利尼亲王后来说，土耳其军队"是世界上最危险也最令人鄙夷的敌人"，"如果他们能够发动进攻，防守一方就很危险；但如果我们做好了准备，他们的战斗力就一文不值"。西帕希骑兵或鞑靼人"就像黄蜂一样在我们周围嗡嗡叫"，能够包围俄军方阵，"兜圈子、蹦跶、转来转去、炫耀自己的骑术"，最后把自己搞得精疲力竭。这时，

鲁缅采夫用普鲁士方式训练出来的方阵就开始推进。哥萨克和
骠骑兵负责保护方阵，猎兵（运用狙击战术的轻步兵）则把
各个方阵连接起来。土耳其军队的战线被突破之后，他们要么
抱头鼠窜，要么死战到底。波将金说，通常的结果是土耳其军
队"惨遭屠戮"。"土耳其人的天性让他们非常灵活敏锐，能
够进行所有形式的作战……但他们从来都只能想出一个点子，
没有随机应变的能力。他们理智的时刻……结束后，就变得像
疯子或孩子。"[24]

拉尔加河战役中，鲁缅采夫的方阵向土耳其军营发动进
攻的时候，就发生了这样的情况。俄军方阵先是坚韧不拔地
抵挡住土耳其军队的冲锋和炮击，然后稳步推进。7.2 万名
土耳其人和鞑靼人被迫撤离自己的防御工事，仓皇逃命。波
将金此时在尼古拉·列普宁公爵的军队里，负责指挥前锋部
队攻击克里米亚可汗的营地。据鲁缅采夫说，波将金是"最
早发动进攻和占领敌军防御工事的人之一"。波将金再次得
到嘉奖，这一次获得了三级圣乔治十字勋章。他专门写信向
女皇谢恩。[25]

新任大维齐尔现在率领土耳其主力部队开始前进，试图阻
止鲁缅采夫和帕宁两军会师。大维齐尔渡过多瑙河，沿着普鲁
特河逆流而上，与从拉尔加河战役中败退的部队会合。1770
年 7 月 21 日，在拉尔加河以南不远处，鲁缅采夫率领 2.5 万
俄军杀向大维齐尔的 15 万土耳其军队。土耳其军队驻扎在卡
古尔河附近的三层防御工事内。尽管敌众我寡，鲁缅采夫还是
决定进攻。拉尔加河战役给了他经验和自信，他部署了五个方
阵迎战土耳其人的主阵地。波将金率领骑兵，负责保护主力部

队的交通线，抵挡"不计其数的鞑靼骑兵的袭击，阻止他们……攻击俄军的后方"。据说鲁缅采夫向波将金下任务时曾说："格里戈里·亚历山德罗维奇，用你的军刀给我们运来给养吧。"[26]

土耳其人没有从拉尔加河战役吸取任何教训，又一次被打得措手不及。虽然他们英勇奋战一整天，但最终仍然被击溃，惨遭屠戮，在战场丢下了 138 门大炮，有 2000 人被俘，2 万人战死。鲁缅采夫乘胜追击，向多瑙河下游推进：7 月 26 日，波将金帮助列普宁攻占了伊斯梅尔要塞，8 月 10 日又攻克了基利亚①要塞。帕宁将军于 9 月 16 日攻下宾杰里，鲁缅采夫于 11 月 10 日占领布勒伊拉②，结束了自己的军事行动。[27]此时还传来了另一条惊人的喜讯。

叶卡捷琳娜大帝派遣的波罗的海舰队（彼得大帝创建了这支舰队并引以为豪）穿过北海，通过英吉利海峡和直布罗陀海峡，一直推进到地中海东部，直取土耳其的大后方。波罗的海舰队的总司令是阿列克谢·奥尔洛夫伯爵，他此前从来没有出过海。舰队的真正灵魂是两名苏格兰军官，约翰·埃尔芬斯通和塞缪尔·格雷格。尽管彼得大帝努力把俄国农民变成水手，但只有立窝尼亚人和爱沙尼亚人熟悉航海。舰队里的俄罗斯籍军官很少，并且大多素质很差。埃尔芬斯通发牢骚的时候，叶卡捷琳娜大帝答道："俄国人无知是因为年轻，土耳其人无知是因为老迈昏聩。"[28]英国为俄国海军的远征提供了帮助：此时的伦敦还不觉得土耳其人是自己的天然盟友，也不觉

---

① 基利亚是今天乌克兰西南部的城镇。
② 布勒伊拉在今天罗马尼亚的东部，是多瑙河上的港口城市。

得"北极熊"是自己的天然敌人。"东方问题"还没有浮出水面。此时英国的主要敌人是法国，而奥斯曼帝国是法国的盟友。漏洞百出的俄国舰队抵达英格兰的时候，有 800 名水兵患病。这些容易晕船的俄国农民在赫尔和朴次茅斯修理船只、补充淡水和休养生息的时候，一定显得可怜兮兮。

奥尔洛夫的舰队在托斯卡纳的里窝那集结之后，终于抵达奥斯曼海域。俄国舰队未能在狡黠的希腊人和黑山人当中掀起反抗奥斯曼帝国的起义，后来在希俄斯岛外海与土耳其舰队也没有分出胜负。土耳其人撤退到貌似安全的切什梅港①。塞缪尔·格雷格为酣睡的土耳其人安排了一场烈火摇篮曲。6 月 25 日至 26 日夜间，他向停泊在切什梅港口的奥斯曼舰队施放火船。这场"聪明的伏击"把港口化为人间地狱。在土耳其人那边观察的托特男爵写道，切什梅"塞满了舰船、火药和大炮，很快变成喷发的火山，烈火吞噬了土耳其人的全部海军力量"。[29]1.1 万名土耳其水兵葬身海底。阿列克谢·奥尔洛夫向叶卡捷琳娜大帝吹嘘道，切什梅的海水被土耳其人的血染红了。得胜的女皇把这个恐怖的、显然不符合启蒙思想的画面传达给伏尔泰，他也兴奋不已。[30] 这是勒班陀战役之后奥斯曼海军遭受的最大灾难。

切什梅大捷的喜讯紧随着卡古尔河胜利的消息传到圣彼得堡。首都一片喜气洋洋。人们唱起《感恩赞》，舰队的每一名水兵都得到奖章，奖章上面镌刻着简单的文字："我曾在现场。"为了庆祝卡古尔河的胜利，叶卡捷琳娜大帝授予鲁缅采夫陆军元帅的权杖，并在皇村的园林竖立了纪念此役的方尖

---

① 切什梅在今天土耳其西部沿海地区。

碑。阿列克谢·奥尔洛夫得到"切什梅斯基"（意为切什梅的）的名号。这是波尔塔瓦战役之后俄国取得的最辉煌的几次胜利。尤其在西欧，叶卡捷琳娜大帝得到盛赞。在费内，卧病在床的伏尔泰为了她的胜利而高兴得蹦跳起来，想到那么多异教徒死亡就忍不住唱起歌。[31]

在俄国屡战屡胜的这一年，波将金也赢得许多荣誉。他决心好好利用自己新近取得的成功。1770 年 11 月战事停止，他向鲁缅采夫请假，希望返回圣彼得堡。也许有人让他心中燃起了希望，觉得叶卡捷琳娜大帝会敞开双臂迎接他？后来，波将金的政敌说鲁缅采夫很高兴甩掉了他。但事实上鲁缅采夫很欣赏波将金的头脑与战绩，并批准了他的假期，要求他在宫廷保护鲁缅采夫及其军团的利益。鲁缅采夫给波将金的信充满了父亲式的温情，而波将金给他的信仿佛是孝子写给慈父的。

波将金带着战争英雄的光环和鲁缅采夫热心的举荐，回到了圣彼得堡。鲁缅采夫写道："这位精明强干的军官有能力对战区所在的土地做一些高瞻远瞩的观察，这值得陛下的注意和尊重。因此，我委托他向陛下做全面的汇报。"[32]

因卡古尔河和切什梅的胜利而喜上眉梢的女皇热情地欢迎了波将金。宫廷日志显示，波将金这次回宫的时间不久，却与女皇一同用膳十一次之多。[33]据传，女皇曾单独接见波将金，他双膝跪地，抓住机会做了更多戏剧性的表白。他和叶卡捷琳娜大帝约定互相通信，显然是通过她的图书馆员彼得罗夫和备受信赖的内廷侍从伊凡·佩尔菲列维奇·叶拉金来传递信件的。这两人都是女皇的亲信，对波将金来说是有价值的盟友。对于女皇和波将金的私下交谈我们知之甚少，但我们能感受到，他俩都察觉到自己心中有种冲动，而这种冲动很可能变成认真的感情。① 不管叶卡捷琳娜大帝与格里戈里·奥尔洛夫的私人关系是否已经开始出现裂痕，阿列克谢·奥尔洛夫-切什梅斯基伯爵立下了赫赫战功，让奥尔洛夫家族在宫廷的地位如日中天，所以波将金要取代格里戈里·奥尔洛夫还为时尚早。不过，他这次回宫也不算白跑。[34]

格里戈里·奥尔洛夫肯定注意到波将金受到女皇的热烈欢迎，所以想方设法确保把波将金送回前线。波将金于 1771 年 2 月回到军中，带回了奥尔洛夫给鲁缅采夫的一封信。在信中，奥尔洛夫高度赞扬波将金，并请求鲁缅采夫当波将金的"教师和向导"。奥尔洛夫这是在用温和的手段提醒年轻的竞争对手不要忘了自己的身份，但这也表明波将金返回圣彼得堡之后地位大大提升。他可以说是前程似锦。[35]

几周后战火复燃。但与前一年的辉煌战果相比，1771 年摩尔达维亚和瓦拉几亚（这两个地区加起来大致相当于今天的罗马尼亚）战区的战事令人失望。波将金就在这个战区服役。土耳其人明智地拒绝与鲁缅采夫正面交锋，于是这位陆军元帅花了一年时间攻击多瑙河下游的奥斯曼阵地，推进到瓦拉几亚境内。波将金表现不错：他奉命防守克拉奥夫斯基地区，"不仅击退了敌军的进攻……还主动出击。他率先渡过了多瑙河"。5 月 5 日，他取得了一次小规模作战的胜利，袭击和蹂

---

① 叶卡捷琳娜大帝有一封写给波将金的情书，历史学家通常认为其写作时间是 1774 年，即他俩正式开始感情的年份。在这封信里，叶卡捷琳娜大帝告诉波将金，某位廷臣（可能是奥尔洛夫的盟友）责备她面对波将金时的种种行为，请求将波将金送回军队，她同意了。——作者注

蹂了多瑙河彼岸的小镇津布里，烧毁敌军据点，抢走他们的小舰队的船只，将其带回到俄军控制的那一侧河岸。5 月 17 日，波将金在奥尔塔河附近打败并追击 4000 名土耳其士兵。用鲁缅采夫的话说，这是"一次光荣的、威名远播的胜利"，"完全要感谢波将金的技艺与勇气"。土耳其人于 5 月 27 日向波将金发动进攻，但被击退。他又一次与列普宁会师，在 6 月 10 日联手打退了一支由一名奥斯曼陆军元帅指挥的强大敌军，然后攻克了布加勒斯特。[36]

此次进军不久之后，波将金染上热病，病情危急。在多瑙河诸国[①]的夏季，热病流行是司空见惯的事情。他的病情很严重，用萨莫伊洛夫的话说，"幸亏他体质极好，才慢慢恢复。他不肯接受医生的治疗"。他把自己的生命托付给两名扎波罗热哥萨克，让他们照料他，向他滚烫的身体泼洒凉水。他一直对帝国的少数民族感兴趣（所以他在立法委员会担任少数民族守护者），但他这次患病是我们知道的第一个表明他与哥萨克有特殊友谊的例子。他研究哥萨克文化，欣赏他们的自由和乐天精神。而哥萨克们给波将金取了一个绰号叫"灰假发"（因为他有时戴假发），并邀请他成为荣誉哥萨克。几个月后的 1772 年 4 月 15 日，他写信给哥萨克的盖特曼，请求成为一名哥萨克。这年 5 月，他正式成为扎波罗热哥萨克的一员，并写信给盖特曼表示："我非常开心。"[37]

俄军渡过多瑙河、逼近土耳其人的关键要塞锡利斯特拉[②]（它控制着多瑙河的一段）的时候，波将金已经痊愈。在这

① 多瑙河诸国（Danubian Principalities）指的是瓦拉几亚和摩尔达维亚这两个多瑙河沿岸的公国，它们是现代罗马尼亚国家的主体部分。
② 在今天的保加利亚东北部，为多瑙河畔的港口城市。

里，波将金与谢苗·罗曼诺维奇·沃龙佐夫伯爵结下了深仇大恨。这位年轻的伯爵是在彼得三世在位时期达到政治生涯巅峰的沃龙佐夫家族的成员。谢苗·沃龙佐夫出生于1744年，他的父亲是一个臭名昭著的腐败的行省总督（绰号"大口袋"），他的伯父就是彼得三世的首相。谢苗·沃龙佐夫曾因参与一场支持彼得三世的政变而被捕，后来在战场将功赎罪：他是第一个攻入卡古尔河畔土耳其军队堑壕的俄国军官。和沃龙佐夫家族的所有人一样，这个长着胖乎乎圆脸的亲英分子自视甚高，但叶卡捷琳娜大帝和波将金都正确地判断出他在政治上不可靠。所以，谢苗·沃龙佐夫的政治生涯的大部分时间都在伦敦担任大使，这也算是一种光荣的流亡。而如今，在锡利斯特拉城下，沃龙佐夫不得不仰仗波将金在1.2万土耳其骑兵的攻击之下援救他的掷弹兵。

六天后，沃龙佐夫反过来救了波将金。"我们不仅掩护他，还用三个炮兵连轰击城内的土耳其人"，杀死"大批"敌军。这是沃龙佐夫在1796年写道的，他引用上面两个战例来表明自己的强大战斗力和波将金的无能。他俩都感到需要对方来解救自己是无法容忍的事情。他们互相之间充满恶意。[38]

俄军无法攻占锡利斯特拉，不得不再次渡过多瑙河撤退。鲁缅采夫这次不温不火的作战就这样结束了。这年6月的真正作战是瓦西里·多尔戈鲁基公爵指挥的俄军第二军团成功入侵羸弱的克里米亚汗国，此时该国的军队正在多瑙河流域。

叶卡捷琳娜大帝现在明白了，荣耀来得不像她之前想的那样快，为之付出的代价也比她预想的沉重得多。军队就像一张欲壑难填的大口，需要越来越多的新兵。雪上加霜的是，庄稼收成很差。军饷拖欠了很久。俄军受到流行热病的折磨，而奥斯曼帝国各地暴发了腺鼠疫。俄国人害怕腺鼠疫会传播到自己的前线军队。现在必须趁着土耳其人还没有忘记切什梅和卡古尔河的痛苦，趁热打铁地与他们和谈。然而就在这时，1771年9月，从莫斯科传来了噩耗。

恐怖的瘟疫横扫俄国旧都。8月，每天约有400—500人死亡。没过多久，城内的秩序就荡然无存。贵族纷纷逃走，官吏手足无措，总督擅离职守，莫斯科成了一座超现实主义的停尸房，随处可见腐尸、臭气熏天的焚尸火堆，到处流传着关于神迹、诅咒和阴谋的流言蜚语。在空荡荡的城市，绝望的农民和工人在大街上漫无目标地走来走去，越来越多地寄希望于圣像能够创造神迹。[39]

莫斯科城内最后的权威人物安布罗西主教命令将那幅神奇的圣像收起来，以免群众蜂拥赶来参拜，增加传染瘟疫的风险。群众掀起暴乱，把主教撕成了碎片。就是这位安布罗西主教曾借钱给年轻的波将金，让他去圣彼得堡。此时战争的巨额开支给俄国造成极大的压力，暴民趁机兴风作浪。瘟疫有可能引发更糟糕的东西，比如农民起义。死于瘟疫的人越来越多。

格里戈里·奥尔洛夫此前没有从叶卡捷琳娜大帝那里得到过证明自己的机会，因此焦躁不安。现在他主动提出去莫斯科处理当地局势。1771年9月21日，他从圣彼得堡出发。当他抵达莫斯科的时候，每个月死于瘟疫的人数已经达到2.1万人。奥尔洛夫表现出了理智、才干、旺盛的精力和慈悲的心。他不知疲倦地辛劳工作。他的英俊面庞和魁梧身材出现在城内各地，就足以安抚民心。他下令烧毁3000座可能仍然被瘟疫影响的旧房屋，另外清洁了6000座房屋，设立孤儿院，重新开放在隔离检疫期间被关闭的公共澡堂，并花费超过9.5万卢布来给贫民发放口粮和衣服。他就像赫拉克勒斯清扫奥革阿斯的牛圈一样，① 完成了了不起的功业。在他于11月22日离开莫斯科的时候，疫情已经得到控制，死亡率下降（可能是因为天气变冷），政府再一次控制住了莫斯科。他于12月4日抵达圣彼得堡，受到民众称赞。为了赞颂他，叶卡捷琳娜大帝在皇村园林建造了一座凯旋门。此时皇村已经有很多这样的庆祝胜利的纪念碑。她甚至专门发布了一种纪念章。奥尔洛夫家族（伏尔泰称他们为英雄的家族）的地位似乎固若金汤。[40]

次年，俄国开始与土耳其人和谈。叶卡捷琳娜大帝把代表俄国参与和谈的重任委托给了格里戈里·奥尔洛夫。叶卡捷琳娜大帝为他送行的时候看到他穿着她送的一件制服，上面有刺绣装饰，每一条接缝上都缀了钻石。看到他这样的英姿，她又一次动了感情。"奥尔洛夫伯爵，"她热情洋溢地告诉朋友比尔克夫人，"是他这一代男人当中最英俊的。"[41]

奥尔洛夫离开了圣彼得堡，波将金有没有趁这个机会到首都帮助叶卡捷琳娜大帝应对近期的危机呢？他在这几个月里的行踪很神秘。但在俄国与奥斯曼帝国停战期间，他肯定又一次

---

① 奥革阿斯是希腊神话中的埃利斯国王、太阳神赫利俄斯之子，拥有大批牲畜。欧律斯透斯要求赫拉克勒斯完成的十二项功绩之一就是在一天之内清理奥革阿斯的牲口圈，奥革阿斯也答应将他的牲畜的十分之一作为报酬送给赫拉克勒斯。赫拉克勒斯挖掘沟渠，将阿尔普斯河和佩纽斯河（也有说法是两者之一）的河水引来，冲洗牲口圈，完成了任务。奥革阿斯反悔，拒绝给赫拉克勒斯牲畜，于是赫拉克勒斯杀死了奥革阿斯和他的儿子们。传说奥革阿斯的牛圈三十年从未打扫过，污秽不堪，因此在西方常以"奥革阿斯的牛圈"来形容"最肮脏的地方或者累积成堆的难以解决的问题"。

到了圣彼得堡。

　　奥尔洛夫在南方参与和谈期间，都城又发生了一起反对女皇的阴谋，此事对波将金有帮助。普列奥布拉任斯科耶近卫团的三十到一百名士官哗变了。他们相信奥尔洛夫去南方是为了"说服军队向他宣誓效忠"并自立为"摩尔达维亚大公和皇帝"。这群哗变者的目标就是那个让叶卡捷琳娜大帝始终难以安眠的噩梦：推翻她，拥立她的儿子保罗为皇帝。此次阴谋被挫败了，但保罗快成年了，所以叶卡捷琳娜大帝显然开始不安。[42]瑞典外交官里宾在 7 月写信给瑞典朝廷说，叶卡捷琳娜大帝暂时去了芬兰的一座庄园，去考虑采取什么措施；陪同她的人有基里尔·拉祖莫夫斯基、伊凡·切尔内绍夫、列夫·纳雷什金，还有波将金。[43]她带着前三个人是不需要解释的，因为这些人都是将近二十年来她非常信任的老臣。但年仅三十一岁的波将金得到这样的荣誉，还是有点出人意料。这是史料中第一个表明他已经成为女皇亲信谋臣的证据。就算里宾说错了，波将金此时也很可能在圣彼得堡，已经非常接近叶卡捷琳娜大帝。

　　还有一些史料暗示他此时已经开始秘密地为她出谋划策（即便还没有和她恋爱），这比之前史学界认为的年份早得多。1773 年末她召见他的时候，说他"已经是我的亲信心腹"。[44]1774 年 2 月，她告诉他，她后悔没有在"一年半以前"[45]（换句话说就是 1772 年）就开始和他恋爱。在 1772 年，她开始爱上他。

　　两个月后，格里戈里·奥尔洛夫在遥远的摩尔达维亚的福克沙尼①开始与土耳其人谈判的时候，（根据萨莫伊洛夫的说

　　　① 在今天的罗马尼亚东部。

法[46]）波将金也参与了和谈。他此时的行为举止后来变得令人熟知。据说，在奥尔洛夫谈判的同时，波将金穿着晨袍一连好几个钟头懒洋洋地躺在会议室的沙发上思考问题。他真的能做得出这样的事情来。他和他的部队此时在福克沙尼地区是很正常的。鲁缅采夫当然也在那里。波将金可能在他的随员队伍当中，但他能够在国际和会（并且是由对波将金满腹狐疑的奥尔洛夫主持的会议）期间懒洋洋地躺着，一定是得到了叶卡捷琳娜大帝的许可。莫非是叶卡捷琳娜大帝派遣波将金去监视奥尔洛夫？否则奥尔洛夫怎么会容忍波将金如此轻慢的行为？

奥尔洛夫为什么会被派去参加和会才是问题所在。他既没有外交经验，性格也不适合这样的工作。叶卡捷琳娜大帝让他离开圣彼得堡，怕是有自己的私密理由，但她会仅仅为了让他离开都城就拿整个和谈冒险吗？的确，他得到了经验丰富的俄国驻奥斯曼帝国大使奥布列斯克夫（前不久从七塔要塞获释）的辅助。但奥尔洛夫根本不适合与土耳其人进行冗长而迂回曲折的讨价还价（土耳其人把这种谈判方式视为一种礼节）。

后来，奥尔洛夫又和鲁缅采夫吵起来了。奥尔洛夫想要重新开战。鲁缅采夫知道军队招募不到足够的新兵、军中疫病横行并且军费短缺，所以希望和平解决。陆军元帅才智过人，十分敏锐和尖刻。这一定让原本性情随和的巨人奥尔洛夫很恼火，何况他根本不懂和谈的事务。最后，他在和谈期间大发脾气，并且令奥斯曼帝国全权大使震惊的是，他竟然威胁要绞死鲁缅采夫。土耳其人自认为是优雅的文明人，看到斯拉夫人如此野蛮的举止一定大摇其头。但和谈的问题极其复杂，而且变得越来越复杂。叶卡捷琳娜大帝决心让土耳其人认可克里米亚脱离奥斯曼帝国独立。克里米亚与欧亚大陆的相对地理位置就像肚皮舞女郎的肚脐上悬挂的钻石。控制了克里米亚，就能控制黑海。土耳其人说黑海是他们"纯洁无瑕的处女"，是苏丹的湖泊。叶卡捷琳娜大帝的要求会让奥斯曼帝国丧失对黑海北岸的控制权（若干要塞除外）并让彼得大帝受挫的梦想（控制黑海及其商贸）距离实现又近了一步。

与此同时，普鲁士和奥地利对俄国的成功感到不安。贪得无厌而又冷酷无情的弗里德里希大王因为俄国盟友获取了太多奥斯曼领土而分外眼红。敌视普鲁士和俄国的奥地利则开始与土耳其人秘密商谈一项防御条约。普鲁士要求得到报偿，因为它是俄国的忠实盟友；奥地利也要求得到报答，因为它是奥斯曼帝国的不忠实盟友。并且，俄国和普鲁士都垂涎三尺地盯着一团糟的波兰。奥地利皇后和匈牙利女王玛丽亚·特蕾西亚对抢夺波兰领土犹豫不决，但如弗里德里希大王所说："她一边抹眼泪，一边伸手。"独特、羸弱并且有自毁倾向的波兰就像一家没锁门的银行，三个帝国主义国家可以恣意掳掠，从而为自己代价昂贵的战争支付开销、满足自己的贪欲，并缓解互相之间的嫉妒。奥地利、普鲁士和俄国谈成了第一次瓜分波兰的企图，于是叶卡捷琳娜大帝可以自由地对奥斯曼帝国提出严苛的要求。

在三国差不多已经敲定了瓜分波兰方案的时候，奥斯曼帝国的传统盟友瑞典突然出手，破坏了俄国朝廷的欢庆气氛。在过去一些年里，俄国花了几百万卢布的贿金，确保瑞典始终是一个君权有限的国家，让瑞典国内的亲法派和亲俄派纠缠不休。但在1772年8月，瑞典的年轻新国王古斯塔夫三世发动政变，恢复了君主专制。他鼓励土耳其人继续对俄作战。所以，在福克沙尼的奥尔洛夫对土耳其人的顽固越来越厌烦，因为土耳其人拒绝接受他的要求——让克里米亚独立。不知道是因为外交活动的复杂性、土耳其人礼节的烦琐，还是因为波将金穿着晨袍躺在会议室的沙发上打哈欠，奥尔洛夫现在向土耳其人下达了最后通牒，毁掉了和谈。土耳其人拂袖而去。

奥尔洛夫此时有别的事情要烦恼：宫廷正处于危机中。8月23日，在没有得到指示的情况下，他突然结束了会谈，火速返回圣彼得堡。如果奥尔洛夫纵马狂奔的时候波将金还躺在沙发上，那么他一定是深陷于思考。

格里戈里·奥尔洛夫在圣彼得堡城门前被拦住。这是女皇的旨意。他接到的命令是：由于隔离检疫，返回他在附近的加特契纳庄园。

原来，几天前的8月30日，玉树临风的二十八岁近卫军骑兵少尉亚历山大·瓦西里奇科夫被正式任命为女皇的侍从长，搬进了冬宫的一个套房。廷臣们知道，瓦西里奇科夫和女皇在一个月前就成了情人。是尼基塔·帕宁把瓦西里奇科夫介绍给叶卡捷琳娜大帝的，她仔细观察了他。在皇村，瓦西里奇科夫护送女皇的马车时，她送给他一个黄金的，上面刻着"为了奖励护卫的优美仪态"的鼻烟盒，这对卫兵来说真是不寻常的奖赏。8月1日，他被任命为内廷侍从。[47]

叶卡捷琳娜大帝听说格里戈里·奥尔洛夫从福克沙尼返回之后感到了惊慌，但也恼火，因为他竟然就这样抛弃了原本已濒临谈崩的和会，这等于是把她的爱情生活揭示给了欧洲各国政府。外国大使们云里雾里，因为他们原以为奥尔洛夫是叶卡捷琳娜大帝的终身伴侣。他们已习惯了帕宁家族和奥尔洛夫兄弟（现在他们与切尔内绍夫兄弟结盟）之间的平衡。没有人知道瓦西里奇科夫的登场在政治上意味着什么，不过大家都看得出来，奥尔洛夫兄弟的地位在下降，帕宁家族的地位在上升。

奥尔洛夫和叶卡捷琳娜大帝最近几年越走越远，我们不知道具体是什么原因。她现年四十岁，他是三十八岁。也许他俩都渴望拥有更年轻的伴侣。他没什么文化，从来就对她感兴趣的那些智识生活没有兴趣。她在政治上很信任他，而且他俩一起经历过风风雨雨，还有了一个儿子。但奥尔洛夫的智力有限。狄德罗后来在巴黎见过奥尔洛夫，说他像是"一个总在沸腾的锅，却从来不能煮熟任何东西"。也许波将金的陪伴让奥尔洛夫那种简单朴素的性格在叶卡捷琳娜大帝眼里丧失了吸引力。但为什么在这个时候她没有选择波将金来取代奥尔洛夫，也一直是个谜。也许这么多年来她一直在报答奥尔洛夫及其家族的恩情，现在还没有做好心理准备去接受波将金霸道而古怪的性格。后来，她会后悔没有立刻把波将金召唤到自己身边。

她后来告诉波将金，在奥尔洛夫动身前往南方的那一天，有人向她揭示了奥尔洛夫与其他很多女人的风流韵事。这时叶卡捷琳娜大帝表示："若不是奥尔洛夫先厌倦了我们的关系，我会一直爱他的。"大家一般不会真的相信她这句话，她在过去多年里肯定早就怀疑奥尔洛夫对自己不忠。在外国大使的圈子里，他好色成性、生冷不忌，早已臭名远扬。"对他来说，什么都很好。"迪朗评论道，"他玩女人就像吃饭一样，非常不讲究。他喜欢卡尔梅克或芬兰村姑，也喜欢宫廷里最漂亮的佳丽。他就是这样一个傻瓜。"不管真实原因是什么，女皇宣布，她"再也不能信任他"。[48]

叶卡捷琳娜大帝和奥尔洛夫谈好了分手协议，对他非常慷慨。在爱情生活当中，她对男人总是很大方。奥尔洛夫获得了15万卢布的年金、10万卢布的现金（用来组建他自己的内廷）、正在施工的新古典风格的大理石宫、1万名农奴，以及各式各样的特权和珍宝，包括两套银餐具，一套供日常使用，一套用于特殊场合。[49]1763年，神圣罗马皇帝弗朗茨一世（玛丽亚·特蕾西亚的丈夫）授予奥尔洛夫神圣罗马帝国诸侯的头衔。这个头衔（俄文是 kniaz）在俄国只有古代王室的后裔可以使用。① 所以18世纪的沙皇如果想提升某人为诸侯，一般会请神圣罗马皇帝帮忙。现在叶卡捷琳娜大帝允许自己曾经的情人使用这个头衔。

1773年5月，奥尔洛夫公爵返回宫廷，继续当官，不过瓦西里奇科夫成了女皇的男宠。波将金暂时处于上不着天下不着地的状态，心急如焚。[50]

波将金重返前线的时候一定揣着满肚子的失望。不过，叶卡捷琳娜大帝至少在1773年4月21日晋升他为中将。老派权贵很嫉妒他。"波将金得到晋升，对我来讲是一剂咽不下去的苦药。"谢苗·沃龙佐夫在给兄弟的信中写道，[51]"他还是近卫军少尉的时候，我已经是上校了。他的服役资历肯定比我浅多了……"[52]沃龙佐夫打算战争一结束就辞职。此时的俄军将士，即便是那些在鲁缅采夫领导下取得过辉煌胜利的老兵，也精疲力竭、倍感挫折、脾气暴躁。俄国人再次尝试与土耳其人和

---

① 彼得大帝册封自己的宠臣缅什科夫为 kniaz（中文一般译为公爵），但这是个特例。1796年之后，保罗皇帝及其后继者大量册封公爵，导致这个头衔严重过剩，威望大减。——作者注

谈，这次的谈判地点是布加勒斯特。然而，合适的时机已经过去了。

鲁缅采夫元帅麾下疲惫的军队（如今只有 3.5 万人）又一次渡过多瑙河，去攻打固若金汤的锡利斯特拉要塞。鲁缅采夫报告称，波将金"在严冬率先进军多瑙河，开启了本次作战"，"并率领他的预备军向河对岸发动了一系列袭击"。"我军逼近多瑙河渡口的时候，敌军的大批部队和火炮聚集在河对岸的古拉巴尔斯基山，企图阻挡我军通过"，波将金"是第一个乘船过河并率军攻击敌人的"。新近成为中将的波将金于 6 月 7 日占领了奥斯曼军队营地，他已经被视为前途无量的人。另一位将军，尤里·多尔戈鲁基公爵（人丁兴旺、简直无处不在的多尔戈鲁基家族的成员）说，"怯懦"的波将金在渡河时"始终不能维持秩序"，并且他得到鲁缅采夫的尊重仅仅是因为他"与宫廷的关系"。不过，多尔戈鲁基的回忆录很不可靠。对下属要求严苛的鲁缅采夫和其他军官都佩服和喜爱波将金，在此次作战期间对他评价很高。[53]

锡利斯特拉"非常强大"的驻军向波将金发动了一次猛烈攻击。6 月 12 日，在距离锡利斯特拉不远的地方，他打退了敌人的又一次进攻。据鲁缅采夫的说法，波将金还缴获了敌人的火炮。鲁缅采夫的部队逼近了对他们来说已经很熟悉的锡利斯特拉城墙。6 月 18 日，波将金中将"指挥前锋部队，战胜了最大的困难，顶着危险将锡利斯特拉城下防御工事中的敌军驱逐了出去"。7 月 7 日，他打退了一支有着 7000 人的土耳其骑兵部队。即便在瓦西里奇科夫的怀抱中（他虽然英俊，却无趣），叶卡捷琳娜大帝仍然没有忘记波将金。这年 6 月她在给伏尔泰的信中介绍了俄军渡过多瑙河的作战，并第一次向他提起了波将金的名字。她很想念他。[54]

夏秋之交，波将金负责监督在锡利斯特拉对面的岛上营造炮兵阵地。天气持续恶化；土耳其人表现得很坚决，不肯放弃锡利斯特拉。"在严酷天气和敌人不断袭击的折磨下"，波将金"采取了一切措施去炮轰该城，杀伤敌人并制造恐惧"。[55]在俄军攻破城墙之后，土耳其人拼死抵抗，发生了逐屋争夺的残酷巷战。鲁缅采夫不得不撤退。现在天气已经很冷，波将金的炮兵继续轰击要塞。

在这个紧张而艰苦的时刻，一名帝国信使来到鲁缅采夫的营地，带来了一封给波将金的信。这封信的日期是 12 月 4 日，内容如下：

> 先生！中将和骑士，您或许忙于盯紧锡利斯特拉，无暇读信。我还不知道您的炮击是否取得了成功，但我确信不疑，您的所有行动都是出于对我本人的热忱和为了我们深爱的祖国。
>
> 但因为我非常热切地希望永远保住勇敢、聪明和有才华的人，我恳求您避开危险。您读到这封信的时候，或许会问自己，我为什么写了这封信。我的回答是：这是为了让您确信，我在思念您，因为我永远是您
>
> 善心的叶卡捷琳娜[56]

在锡利斯特拉城下肮脏、寒冷、危险而昏暗的军营，当波将金读到这封信时，一定觉得仿佛得到了来自奥林匹斯山的问候。这封信读起来不像是匆匆写就的充满激情的情书。恰恰相反，这封信的文字显得精明、谨慎而经过仔细斟酌，能够表达很

多，但同时什么也没有明确表达。它没有邀请波将金去都城，但显然是一种传唤，尽管不是赤裸裸的引诱。这封信让我们不禁猜测，也许他已经懂得叶卡捷琳娜大帝对他的"想法"，她爱上了这个已经爱了她十几年的男人。他们已经在通信，所以叶卡捷琳娜大帝才会暗示波将金没有回信。叶卡捷琳娜大帝身边的人对她阿谀奉承，而波将金漫不经心、不给女皇回信，反而让他显得更有吸引力。心情激动的波将金明白，这封信就是他等待已久的让他回圣彼得堡的邀请。

与此同时，叶卡捷琳娜大帝为波将金的生命担心也不是没有道理的。鲁缅采夫现在不得不脱离一团糟的锡利斯特拉战事，让部队安全撤过多瑙河。波将金得到了撤军行动当中最危险的任务，这是莫大的荣誉。"主力部队渡河撤退之时，"鲁缅采夫回忆道，"波将金是最后一个过河的，因为他在敌人控制的那一岸，负责掩护主力部队撤退。"[57]不过，波将金此时一定心急火燎地想要赶紧返回都城。

波将金的批评者，比如谢苗·沃龙佐夫和尤里·多尔戈鲁基，大多在波将金死后对他口诛笔伐（在其死后谴责他在当时是很流行的事情），说他是无能的军人和懦夫。[58]但如我们所见，两位陆军元帅戈利岑和鲁缅采夫早在波将金掌权很久以前就赞扬过他的战绩，其他军官在给朋友的信中也写到了波将金的英勇。鲁缅采夫的报告说波将金是"通过勇气和技艺为俄国军队增添荣耀的军事指挥官之一"。那么真相是什么？

鲁缅采夫给叶卡捷琳娜大帝的报告是在波将金1775年成为宠臣之后写的，所以鲁缅采夫对波将金的赞扬里肯定有夸大的成分，但鲁缅采夫不是那种会赤裸裸撒谎的人。所以，波将金在俄土战争中应该是真的表现英勇，确实是扬名立万了。

军队抵达冬季营地之后，波将金立刻火速奔向圣彼得堡。很多喜欢观察宫廷阴谋的人注意到了他的焦急，对他产生怀疑并加以分析。他们互相询问："他为什么这么着急？"[59]

注　释

1 RGADA 5. 85. 1. 210, L 5, GAP to CII 24 May 1769. At the flat of Prince Prozorovsky.

2 N. F. Dubrovin, *Pugachev and his Henchmen* vol 2 p 403, CII to Count Z. G. Chernyshev 23 June 1769.

3 Voltaire, *Oeuvres complètes* vol 58 p 39, CII to Voltaire 4/15 August 1769.

4 Christopher Duffy, *Russia's Military Way to the West* pp 130-6.

5 SIRIO 54 (1886): 161.

6 RS (1895) 83 pp 199-200, Comte de Langeron, quoted in Duffy, *Russia's Military Way* p 125.

7 Frederick the Great, *Oeuvres* vol 23 p 89, quoted in Giles MacDonogh, *Frederick the Great* p 299.

8 Duffy, *Russia's Military Way* pp 130-6. 俄国官僚的薪水，见 LeDonne, *Ruling Russia* pp 363-4。

9 AAE 20: 1, 88. Hereafter, the Comte de Langeron's 'Journal de campagnes faites au service de Russie par comte de Langeron Général en chef', and his other essays in the Quai d'Orsay, Archives des Affaires Etrangères are referred to as an AAE volume number.

10 Duffy, *Russia's Military Way* p 135.

11 RGADA 268. 890. 291-4, Geroldmeysterskaya contora (Heraldic Office).

12 *Memoirs of the Life of Prince Potemkin*, p 25.

13 Quoted in P. B. Bartenev, 'Biografi generalissimov i general-feld-marshalov Rossiyskoy Imperatorskoy armii', *Voenno-istoricheskiy sbornik* (1911) vol 4 p 14.

14 Langeron, AAE 20: 14, Russian army and the Turkish army.

15 Langeron, AAE 20: 14-15.

16 Wiegel vol 1 p 80 (1864-6).

17 Masson 1859 p 149, quoted in Duffy, *Russia's Military Way* p 169.

18 RGADA 11. 1. 267. 127 (reverse), GAP to P. A. Rumiantsev.

19 SeA, St Petersburg (1826) p 164, Rumiantsev to CII 14 November 1775, Moscow.

20 CHOIDR 1865 book 2, part 2 pp 2-3.

21 SeA (1826) pp 164-71, Rumiantsev to CII 14 November 1775, Moscow.

22 Semevsky, *GAPT* p 494.

23 Lord Kinross, *The Ottoman Centuries* pp 394-5.

24 Ligne, *Letters* (Staël) vol 2 p 8, Prince de Ligne to Comte de Ségur 1 August 1788, and vol 2 pp 10, 11, 12-13, September 1788. 波将金论土耳其战术, 见 Comte de Ségur *Memoirs* 1960 pp 268-9。

25 SeA (1826) pp 164 - 71, Rumiantsev to CII 14 November 1775, Moscow. RGADA 1. 43. 11. 1-1, GAP to CII 21 August 1770.

26 Semevsky, *GAPT* p 494.

27 SeA (1826) pp 164-71, Rumiantsev to CII 14 November 1775, Moscow. RGADA 268. 890. 291-4. Geroldmeysterskaya contora (Heraldic Office).

28 Kinross p 400.

29 Baron de Tott quoted in Kinross p 401.

30 Voltaire vol 58 p 96, CII to Voltaire 16/27 September 1770, St Petersburg.

31 Voltaire vol 58 p 91, Voltaire to CII 14 September 1770, Ferney; p 102, Voltaire to CII 25 October 1770, Ferney.

32 CHOIDR (1865) book 2 pp 111-13, Rumiantsev to CtG 1771.

33 KFZ January-April 1771.

34 Semevsky, *GAPT* p 496. RGADA 1. 85. 1. 209, L 10, CII to GAP ud. 这封信通常被认为写于 1774 年 2 月, 但也可能是 1771 年或 1772 年写的, 这两个年份也说得过去。如果是这样的话, 那么现在是叶卡捷琳娜大帝来找波将金, 并在他的房间外等了两个钟头。这种行为似乎能说明他们正处于开始恋爱的边缘。奥尔洛夫的盟友竟敢警告女皇说此种行为对一位女皇来说是危险的胡闹, 这真是够"疯狂"。

35 *Starina i Novizna* (1879) vol 1 p 283, G. G. Orlov to P. A. Rumiantsev.

36 SeA (1826) pp 164-71, Rumiantsev to CII 14 November 1775, Moscow.

37 Samoilov col 1002. GAP's letters to Zaporogian Ataman 15 April and 25 May 1772 quoted from A. Skalkovsky, *The History of the New Sech or the Last Zaporogian*

Kosh vol 3 pp 127-9.

38 AKV 32：74. AKV 8：1 - 38, S. R. Vorontsov to F. Rostopchin 18/29 October 1796.

39 Alexander, *CtG* pp 160-1. Madariaga, *Russia* pp 211-13.

40 Madariaga, *Russia* pp 213 - 14. Alexander, *CtG* pp 154-61. Voltaire vol 58 p 102, Voltaire to CII 25 October 1770, Ferney.

41 SIRIO 13：258-61.

42 Madariaga, *Russia* p 259. Alexander, *CtG* p 165.

43 Ribbing to Swedish Chancellery President 13 July 1772. Svenska Riksarkivet (Sra) Collection Muscovitica 356 no 29, quoted in Ransel, *Politics* p 293.

44 GARF 728. 425. 1-5. CtG, *Sochineniya* vol 12 pp 697-9, Frank Confession, CtG to GAP, 21 February 1774. CtG, *Memoirs* 1955 pp 355-7.

45 RGADA 5. 85. 1. 370, L 8, CII to GAP ud, February 1774. 他于 1771 年第一次从军中返回时的那封信，也可能是 1772 年第二次回宫时写的。

46 Samoilov cols 1004-16.

47 Madariaga, *Russia* pp 258-9. Alexander, *CtG* pp 135-7.

48 CtG, *Sochineniya* vol 12 pp 697-9, CtG to GAP, Frank Confession.

49 SIRIO 13：270-2. SIRIO 19：325.

50 RGADA 5. 85. 1. 370, L 8, CII to GAP ud, February 1774.

51 AKV 32：165, S. R. Vorontsov to A. R. Vorontsov 9 February 1774.

52 AKV 32：165, S. R. Vorontosov to A. R. Vorontsov 11 June 1773.

53 RS (1889) 9 pp 481-517, 尤里·弗拉基米洛维奇·多尔戈鲁基公爵的短信。多尔戈鲁基的回忆录包含一些幻想的成分。军中人士对波将金的看法，见 Lopatin's essay in *Perepiska* pp 500 - 502 and M. V. Muromtsev to A. I. Bibikov from Silistria in A. A. Bibikov, *Zapiski o zhiznoi i sluzhbe Alexandra Ilicha Bibikova*。

54 Voltaire vol 58 p 231, CII to Voltaire 19/30 June 1773.

55 SeA (1826) pp 164-71, Rumiantsev to CtG 14 November 1775, Moscow.

56 RGADA 5. 85. 1. 119, L 7, CII to GAP 4 December 1773.

57 RS, notes of Dolgoruky. See note 53.

58 RS, notes of Dolgoruky. See note 53.

59 Quoted in J. T. Alexander, *Autocratic Politics in a National Crisis：The Imperial Russian Government and Pugachev's Revolt* p 85 as RGADA 6. 527. 32, Platon Liubasy to N. N. Bantysh-Kamenskiy 18 December 1773.

6　世间最幸福的男人

你可爱的眸子俘虏了我，但我仍然不敢说我爱你。

——G. A. 波将金给叶卡捷琳娜二世的信，

1774 年 2 月／3 月

这个聪明的家伙真是非常有趣。

——叶卡捷琳娜二世谈 G. A. 波将金

格里戈里·亚历山德罗维奇［·波将金］抵达的那

一刻，一切都改变了！

——叶卡捷琳娜·鲁缅采娃伯爵夫人给彼得·

鲁缅采夫伯爵的信，1774 年 3 月 20 日

格里戈里·波将金中将于 1774 年 1 月的某个时间抵达圣彼得堡，兴高采烈地大踏步走进正处于混乱中的宫廷。他无疑在期待自己马上就被叶卡捷琳娜大帝纳进闺房和政府。但如果他真的这么想，就要大失所望了。

波将金将军搬进姐夫尼古拉·萨莫伊洛夫家院子里的一栋小屋，[1] 然后去觐见女皇。她有没有向他讲述围绕在她身边的各种灾难与阴谋？她有没有恳求他耐心些？波将金的期望太高，所以很难保持耐心。他从孩提时代就认为自己注定要成为统御一方的大人物；自从他加入近卫军，就一直爱着女皇。他

是个非常冲动、激情澎湃的人，但他学会了再等待一段时间。他经常到宫廷，逗得叶卡捷琳娜大帝开怀大笑。廷臣们知道波将金的地位在突然上升。有一天，在冬宫的楼梯上，他向上走的时候迎面遇见了奥尔洛夫。"有什么新闻吗？"波将金问。"没有，"奥尔洛夫公爵答道，"除了我在往下走，你在往上走。"但什么也没发生，至少表面上是这样。一连几周过去了。对波将金这样急性子的人来说，等待一定是种煎熬。叶卡捷琳娜大帝正处于复杂而敏感的局势当中，无论在个人层面还是政治层面都是这样。所以，她必须缓慢而谨慎地行动。瓦西里奇科夫仍然是她的正式情人，仍然住在皇宫套房，说不定还和她同床。但对叶卡捷琳娜大帝来说，瓦西里奇科夫是个令人失望的伴侣，她觉得他太蠢笨无聊了。无聊会让人不开心，然后就会对伴侣产生轻蔑。她后来向波将金承认："瓦西里奇科夫的爱抚只会让我哭出来。"[2] 波将金越来越焦躁不安。她给他写了一些鼓励的信，并传唤他来见她。他接到传唤就火速赶来。他等待这一刻已经等了十二年。她知道他是多么聪明能干，为什么不让他辅佐她呢？她承认自己对他有感情，他对她也有。那为什么不抛弃瓦西里奇科夫呢？

还是什么都没有发生。他直截了当地问她，传唤他到宫廷是什么意思。她答道："冷静些。我会考虑你对我说的话，请等待我把自己的决定告诉你。"[3] 也许她想让他先了解她所处的错综复杂的政治环境，也许她在逗弄他，希望两人的关系能够在时机成熟的时候自然而然地发展。叶卡捷琳娜大帝是最相信"凡事预则立"的人。最有可能的情况是，她希望他能主动推动两人的关系，因为她既需要他的头脑和爱情，也需要他那种无畏的强大自信心。波将金很快就明白了叶卡捷琳娜大帝现在为什么需要他。在抵达都城之前，他应当就已经估摸得八九不离十了。但听到女皇和他的朋友们的介绍之后，他一定意识到，女皇正处于自她登基以来最严重的危机当中，无论在政治、军事还是爱情层面都危机重重。危机是从几个月前开始的，发生在雅伊克哥萨克的土地。

1773 年 9 月 17 日，在莫斯科东南数千俄里之外的雅伊克哥萨克的大本营雅伊克镇附近（与圣彼得堡相比，这里简直是另一个世界），一位富有魅力的顿河哥萨克出现在一群热情洋溢的哥萨克、卡尔梅克人和鞑靼人面前，宣称自己就是彼得三世皇帝；他并没有被谋杀，而是来到那里，要领导大家反抗邪恶的叶卡捷琳娜大帝。他称她为"那个德意志女人，魔鬼的女儿"。这个自称皇帝的人其实叫叶梅利扬·普加乔夫，是个精瘦、黝黑的逃兵，蓄着黑色的山羊胡子，头发是棕色的。他长得一点都不像彼得三世。不过这不重要，因为在这样穷乡僻壤的地方，没人知道皇帝长什么样。普加乔夫出生于 1740 年前后（差不多和波将金年纪相同），参加过七年战争和宾杰里围城战。他曾受到政府的欺凌，背负冤情，一度被捕，后来逃脱。

他向所有人给出各种各样的承诺。他自称是"口齿伶俐、仁慈、善心的俄国沙皇"。他已经向大家展示了自己身上的"沙皇印迹"，以使这些头脑简单、满腔怒火的乡民相信，他身上的淋巴结核病疤痕就是受膏的统治者特有的圣痕。他承诺给他们"土地、饮水、森林、住房、草场、河流、鱼和面包……"总之应有尽有。

这种极其慷慨大方的政治宣言的诱惑力极大，是在场聆听

的很多人（尤其是雅伊克哥萨克）无法抵御的。哥萨克是由
自由人、社会边缘人、在逃罪犯、逃亡农奴、宗教异见分子、
逃兵和土匪组成的军人群体。他们有鞑靼人的血统，也有斯拉
夫人的血统。他们逃到边疆，组成骑马的武装团体，靠劫掠和
养马为生。哥萨克的每个军团（顿河哥萨克、雅伊克哥萨克、
扎波罗热哥萨克，以及他们在波兰和西伯利亚的兄弟）都发
展出了自己的文化，但大多会组成原始的边疆民主政权，在战
时选举一位盖特曼来领导大家。

　　几个世纪以来，他们是大国之间的中间力量，曾与波兰、
立陶宛或瑞典结盟反对莫斯科大公国，也与俄国结盟反对过克
里米亚可汗或奥斯曼苏丹。在 18 世纪，他们既会抢劫土耳其
人，也会抢劫俄国人，但对俄国来说，他们是有价值的边防军
和轻骑兵。不过，俄国政府与哥萨克之间的关系越来越紧张。
这些哥萨克有自己的问题要发愁，他们担心自己会被纳入正规
军，不得不接受严格的纪律，还会被强迫剃掉胡须。雅伊克哥
萨克尤其关心近期关于捕鱼权的争端。仅仅一年前，他们发动
的一次兵变遭到了残酷镇压。但还有更多问题：俄土战争已经
打到了第五年，农民要为国家提供兵员和军费，负担特别重。
这些人愿意相信他们面前这位毛发蓬乱的"彼得三世"说
的话。

　　普加乔夫点燃了俄国政治的火药桶。在俄国，"皇位觊觎
者"的传统还很强劲。在 17 世纪的"混乱时期"，"伪德米特
里"甚至一度统治莫斯科。在这个庞大而原始的国家，头脑
简单的普通民众相信沙皇是无所不能、心地善良的仁君，是被
上帝触碰过的圣人；沙皇在人民之中行走，然后会现身并拯救

他们。这种基督一般的统治者形象是俄国民间传说中一个影响力极大的元素。[1] 这其实不算奇怪，因为英格兰历史上也有不少王位觊觎者，比如珀金·沃贝克在 1490 年自称是约克公爵理查，即两个"塔楼内的王子"[2] 之一。

某些生活在边疆的社会边缘人、逃兵、旧礼仪派[3]喜欢自称是某位刚刚去世或被推翻的沙皇。冒充沙皇对他们来讲是一种职业。而他们冒充的对象，即那位真正的沙皇，必须满足一个条件，那就是在位时间很短，让人们能够维持这样的幻想：若不是奸臣和外国人推翻了他，他一定能够拯救万民于水火。所以，彼得三世是个理想的冒充对象。到叶卡捷琳娜大帝的统治结束时，一共出现过二十四个冒牌的彼得三世，但其中最成功的还是普加乔夫。

还有另一个比较成功的假冒沙皇：黑山（在今天的南斯拉夫地区）的冒牌彼得三世。1769 年战争爆发之时，俄国舰队试图煽动巴尔干的东正教徒起来反抗土耳其人，叶卡捷琳娜

---

[1] 亚历山大一世皇帝于 1825 年驾崩后，民间普遍认为他成了在广袤的俄国大地云游的僧人。——作者注

[2] "塔楼内的王子"指的是英格兰国王爱德华四世的两个儿子——爱德华（被加冕为爱德华五世）和理查（受封约克公爵）。爱德华四世去世时，这两位王子年仅 12 岁和 9 岁，由爱德华四世的弟弟理查（格洛斯特公爵）摄政。但这位摄政王随后攫取王位，史称理查三世，并将自己的两个侄子囚禁在伦敦塔。后来这两位王子就销声匿迹了。人们普遍相信他们是被谋杀的。幕后元凶有可能是理查三世，但没有过硬的证据。这个谜团至今没有解开。

[3] 旧礼仪派是俄国东正教的一个异端分支。1652—1666 年，东正教牧首尼康推行宗教仪式的改革，自称恢复了正确的拜占庭礼拜方法（比如用三根手指画十字），而仍然遵循俄国传统（比如用两根手指画十字）的人被逐出教门，成为"旧礼仪派"。在帝俄时期，旧礼仪派经常遭到镇压和迫害。1905 年俄国革命之后，政府赋予旧礼仪派合法地位。1971 年，东正教牧首撤销了 17 世纪教会对旧礼仪派的诅咒。

大帝命令阿列克谢·奥尔洛夫派遣使者去遥远的巴尔干小国黑山。当时黑山的统治者是"矮子斯蒂芬"，他可能是意大利人，当过医生，宣称自己是彼得三世，把彪悍好战的黑山各部落联合了起来。奥尔洛夫的使者尤里·多尔戈鲁基公爵（后来就是他批评波将金的军事才干）震惊地发现，这个黑山的"彼得三世"（当时三十岁，头发卷曲，嗓音尖细，身穿白色丝绸上衣，戴红帽）自1766年就统治着这个国家。多尔戈鲁基揭穿了这个骗子。但他无法控制黑山，于是让"矮子斯蒂芬"回到黑山的宝座，并让其穿上俄国军官的制服。"矮子斯蒂芬"又统治了黑山五年，最后被谋杀。他可以说是黑山历史上最有才干的统治者之一。[4]

普加乔夫宣布自己是皇帝的次日，他那种狡猾的投机钻营为他赢得了300名支持者，他们开始冲击政府的要塞。他的军队势力逐渐壮大。政府在当地的所谓要塞其实只是一些有木围栏的村庄，里面挤满了不可靠的哥萨克、心怀不满的农民和一小队呵欠连天的士兵。占领这样的要塞并不难。几周后，俄国东南边疆的反叛势力已经星火燎原。[5]

10月5日，"彼得三世"来到当地首府奥伦堡城下。现在他有一支3000人的军队和20多门大炮。他杀戮了许多贵族和军官，把他们的尸体吊在陷落的要塞或者熊熊燃烧的豪宅门外。这些尸体往往已经被斩去首级、双手和双腿。妇女被叛军强奸后活活打死，男人往往被倒挂着吊死。一名肥胖的军官被叛军活活剥皮，叛军还割下他的脂肪来涂抹自己的伤口。他的妻子被砍成碎块；他的女儿被送进"皇帝后宫"，后来被嫉妒她受宠地位的哥萨克谋杀。

11月6日，"彼得·费奥多罗维奇皇帝"在他位于奥伦堡城外别尔达的大本营设立"陆军委员会"。很快他就穿上了用金线刺绣的俄式长袍，头戴毛皮帽子，胸前挂满勋章，他的两个主要副将被称为"帕宁伯爵"和"沃龙佐夫伯爵"。他吩咐秘书用俄语、德语、法语、阿拉伯语和土耳其语起草宣言书，任命法官维持他部下的秩序，任命指挥官统领不同的部队，以及让逃兵操纵他的火炮。他的骑兵部队看上去一定令人生畏、充满异国情调和野蛮气质，其中很多人是农民、哥萨克和土耳其人，他们的武器是长矛、镰刀和弓箭。

10月中旬，第一批消息传到圣彼得堡"魔鬼的女儿"那里。叶卡捷琳娜大帝起初认为这只是一次小规模的哥萨克哗变，于是派瓦西里·卡尔将军率领一支部队去镇压。11月初，卡尔被疯狂的叛军（实力已经突然增加到2.5万人）打败，灰溜溜地逃回莫斯科。

这些初期的成功给了普加乔夫需要的威望。他麾下的乌合之众占领了许多城市。由神父和市民组成的接待委员会敲着钟、举着圣像向"彼得三世和保罗大公"祈祷（当然不会向叶卡捷琳娜大帝祈祷）。

普希金基于自己对普加乔夫叛乱的研究和对目击者的访谈写了部小说《上尉的女儿》。在小说中，他写道："普加乔夫坐在指挥官宅邸门前台阶上摆着的一张扶手椅上，穿着红色的哥萨克大衣，上面有金色蕾丝。他戴着一顶高高的黑貂皮帽子，上面垂着金色穗子。帽子下方的眼睛炯炯有神……哥萨克长老簇拥着他……广场上正在准备绞刑架。"[6] 有时他一口气就要绞死60名贵族。据说叛军每杀死一名贵族就可以得到100卢布赏金，谁要是烧毁了10座贵族宅邸就可以得到"将军"

的头衔。

"皇帝"随后在当地总督家中用膳。总督本人很可能已经被绞死在屋外，留下的寡妇和女儿们不得不战战兢兢地陪"皇帝"吃饭。女士们随后要么被绞死，要么被分给叛军的某个头领，供其淫乐。"皇帝"在公开场合被欢呼的众人拥戴为君主，但他的私人宴会是非正式的哥萨克盛宴。他在招募更多人马、缴获更多火炮和掳掠当地金库之后，会再次在市民的钟声和祈祷声中纵马离去。[7] 到 12 月初，普加乔夫已经在攻打萨马拉和奥伦堡，以及巴什基尔地区的乌法。南方形形色色的心怀不满分子（包括哥萨克、鞑靼人、巴什基尔人、吉尔吉斯人和卡尔梅克人）前来投奔，他的军队已经膨胀到将近 3 万人。

不过，普加乔夫此时已经在犯错误。比如他娶了自己最宠爱的情妇，这肯定不是真正的皇帝的作为，因为身为彼得三世，他已经和圣彼得堡"魔鬼的女儿"结婚了。不过，到 12 月，局势已经很明朗：普加乔夫对俄罗斯帝国构成了真切的威胁。

叶卡捷琳娜大帝写信传唤波将金回都城的时机绝不是偶然的。她写那封信的时候刚刚收到消息，普加乔夫击溃了卡尔。这是相当严重的动荡：伏尔加河地区掀起了叛乱，并且叛乱似乎组织有力，拥有一位有能耐的领导人。在写信给波将金的五天前，她指示令人印象深刻的亚历山大·比比科夫将军（他是帕宁的朋友，也是波将金的朋友）去镇压这个皇位觊觎者。在政治层面，她现在需要一个与主要的政治派系没有联系、只忠于她本人的谋士来提供军事建议；在个人层面，她想念自己现在很爱的波将金。他俩之前那么多年的奇怪关系（那么近，又那么遥远）似乎都是为了这个时刻做准备。

波将金准备到女皇身边的时候，普加乔夫叛乱并非她唯一的烦恼。还有另一个真正的皇位觊觎者，比普加乔夫更靠近女皇，也更危险，那就是她的儿子。1772 年 9 月 20 日，皇太子保罗大公满十八岁了。他对女皇的统治甚至生命都构成了威胁。她再也不能推迟承认他的成年。他完全有理由期待拥有自己的婚姻、宫廷和重要的政治角色。女皇可以允许他结婚，尽管这对她不利；女皇也可以允许他设立自己的宫廷，尽管这对她更加不利；但女皇不会允许他拥有政治影响力。叶卡捷琳娜大帝担心，如果让保罗成为自己的共同统治者，那将是她被推翻的第一步。就她在考虑如何是好的时候，一起新的阴谋证明了保罗确实是她的阿喀琉斯之踵。

叶卡捷琳娜大帝的麻烦是从一年前她剥夺了奥尔洛夫公爵的政治地位时开始的；雪上加霜的是，她随后接纳了瓦西里奇科夫，但他无论在国家大事还是情感上都帮不了她。奥尔洛夫的倒台似乎标志着尼基塔·帕宁的胜利，他作为保罗的教师一定期待着得到更多权力。但奥尔洛夫公爵结束了"国外旅行"，在 1773 年 5 月喜气洋洋地重返宫廷，于是政治平衡恢复如初。他于 6 月重新加入御前会议。他一定牢牢地把自己的家族控制在自己的路线上（不管他们私下里的立场是什么），因为圣彼得堡现在感受到了奥尔洛夫五兄弟的强大影响力。

既然保罗成年了，叶卡捷琳娜大帝就需要为他物色合适的妻子，就像当年伊丽莎白找到她一样。和伊丽莎白一样，叶卡捷琳娜大帝也认为与奥地利和普鲁士都没有直接联系的德意志公主是最合适的。6 月，保罗表示对黑森-达姆施塔特方伯（他的家族生意是出租黑森雇佣兵）的次女威廉明娜有兴趣。8月15日，威廉明娜皈依东正教。大约在同一时间，外交官卡斯珀尔·冯·萨尔登（他来自荷尔斯泰因，即保罗父亲的公国）向保罗提出了一个颇有诱惑力的提议。他建议保罗支持一个计划，即让母子俩共同统治，就像奥地利的玛丽亚·特蕾西亚和约瑟夫二世一样。帕宁得知此事之后，试图封锁消息。叶卡捷琳娜大帝发现这起阴谋之后，对萨尔登非常恼火，想要"把这可怜虫五花大绑赶走"。[8] 他此后再也没有踏上俄国土地。[9]

战争、紧张的母子关系、潜在的背叛和普遍的农民暴动：这一切都困扰着女皇。1773年9月28日，文学名人德尼·狄德罗来到圣彼得堡，给叶卡捷琳娜大帝提供了短暂的喜剧性插曲。女皇很欣赏他的《百科全书》，但狄德罗来得真不是时候。这位《百科全书》的作者满脑子都是法国启蒙思想家常有的荒唐幻想，现在他期望辅佐叶卡捷琳娜大帝，立即在帝国全境开始改革。他在距离冬宫只有几百码的一处房屋［地点在圣以撒大教堂（伊萨基辅大教堂）附近，今天有一块铜牌标明］住了五个月，女皇通过与他聊天，缓解了与瓦西里奇科夫一起生活的沉闷无聊。

然而，她很快就开始觉得狄德罗很烦人。但与伏尔泰在弗里德里希大王身边度过的糟糕时光相比，狄德罗和叶卡捷琳娜大帝相处得还算愉快。叶卡捷琳娜大帝淘气地说，狄德罗过于激动地向她宣讲应当如何治理俄国，还在手舞足蹈时敲伤了她的膝盖。[10] 不过，他至少向她介绍了他的伙伴弗里德里希·梅尔希奥·格林，此人成了女皇余生最亲近的笔友。

狄德罗在俄国的唯一成就可能是让她相信，脱离实际的改革计划在俄国没有半点用处（当然她也可能是从普加乔夫那里懂得了这一点）。"你只需要在纸面上工作，"女皇告诉狄德罗，"而我，可怜的女皇，得和活生生的人打交道。"[11] 狄德罗则说，叶卡捷琳娜大帝拥有"恺撒的灵魂和克莉奥佩特拉的诱惑力"。[12]

9月29日，因为萨尔登事件而灰头土脸的保罗与威廉明娜喜结连理，从此她被称为娜塔莉亚大公夫人。婚礼之后是十天的庆祝活动。帕宁伯爵仍然是外交大臣，但不得不放弃太子教师的位置，所以失去了在皇宫的住处。为了慰藉他，女皇把他提拔到职级表的最高级别，赏给他3万卢布年金和9000名农奴。为了安抚奥尔洛夫兄弟，叶卡捷琳娜大帝晋升他们的盟友扎哈尔·切尔内绍夫为陆军元帅和陆军委员会主席。萨尔登事件已经损害了他们所有人的地位：叶卡捷琳娜大帝再也不信任帕宁，但只能继续维持他的"北方体系"。她再也不尊重奥尔洛夫，但他的家族仍然是她的政权的支柱之一。她宽恕了他在福克沙尼谈判期间的愚行，但再也不会重新接纳他为情人。她发现自己的亲儿子保罗是个心胸狭隘、满腹怨恨、不讨人喜欢的家伙。她永远不能把政府托付给他，然而他毕竟是她的继承人。她厌倦了瓦西里奇科夫，但已经让他成为自己的正式男宠。在叶卡捷琳娜大帝的周围，帕宁家族和奥尔洛夫兄弟在激烈竞争，而她本人茕茕孑立。[13]

她所处的窘境也损害了她在欧洲的形象。弗里德里希大王特别讨厌她，因为他是个愤世嫉俗的天才，他的宫廷气氛严峻，全部由男性组成。他恶毒地说，奥尔洛夫已经恢复了所有官职，"除了操屄"。弗里德里希大王也察觉到，俄国宫廷的不安定气氛会威胁帕宁的地位，而帕宁是主张俄国与普鲁士结盟的。这位普鲁士国王宣称："让屌和屄裁决欧洲的利益，真是件可怕的事情。"[14] 但直到 1 月末，刚刚返回宫廷的波将金还是没有发挥任何作用。他再也等不下去了。他决心与叶卡捷琳娜大帝摊牌。

波将金宣布自己对世俗的荣华富贵再也不感兴趣，决定出家。他立刻离开了萨莫伊洛夫家的小屋，搬进圣彼得堡郊外的亚历山大·涅夫斯基修道院（彼得大帝在 18 世纪建了这座修道院），过上了类似僧侣的生活，蓄起了胡须，斋戒，读书，祈祷，非常张扬地吟唱祷文。在政治气氛紧张、个人关系也紧张的环境里，在胜利就在眼前的时候不得不停下等待，这种悬念和紧张足以让波将金这样敏感的人走到崩溃边缘。为了安抚自己的神经，他沉浸在东正教神秘主义当中。但他也是个天生的政治家，拥有戏剧演员的才华。他的戏剧性隐退给叶卡捷琳娜大帝施加了很大压力。我们简直可以说他在"罢工"。他拒绝向她提供建议和支持，除非她认可他的贡献。有人说他的隐退是他与女皇共同策划的一出戏，目的是加快他的崛起。不久之后的情形能够证明他俩的确能够做得出自导自演的事情来，但这一次波将金的行为似乎确实有虔诚和绝望的成分，尽管做戏的成分也存在。[15]

他的房间活像是政治运动的指挥部，在不斋戒的时候人来人往。许多马车驶入修道院大门，然后又离开；仆人、廷臣和衣裙窸窣的宫廷贵妇（尤其是布鲁斯伯爵夫人）在修道院（如同巴洛克风格的舞台）忙碌地穿梭，传递短信，低声带来口信，仿佛他们都是歌剧中的人物。[16] 每一部歌剧都有歌曲，这里也不例外。波将金让叶卡捷琳娜大帝知道，他给她写了一首歌。这首歌里听得出波将金的激情，但也有当时和今天所有情歌都有的伤感。不过，这首歌把他的处境描述得倒是挺准确："我一看到你，脑子里就只有你一人……但是苍天呐，为什么要我爱她？我不敢表白我的爱！她永远不可能成为我的爱人！残酷的诸神！你们为什么给她这样的魅力？你们为什么把她提升到这样崇高的地位？你们为什么要我爱她，只爱她一个？"[17] 波将金拜托布鲁斯伯爵夫人告诉女皇，他那"不幸而猛烈的激情让他陷入了绝望。在他悲哀的处境之中，他觉得最好逃离折磨他的人，因为单单看见她就会加剧他原本就难以忍受的痛苦"。[18] 他开始"因为对她的爱而仇恨这个世界，她听了这话受宠若惊"。[19]

叶卡捷琳娜大帝托人传递了这样的口信："我不明白他为什么会如此绝望，因为我从来没有拒绝过他。恰恰相反，我对他的亲切接待一定让他明白，我并不讨厌他的追捧。"[20] 但这还不够。波将金继续斋戒、祷告，贵妇密使继续在他与女皇之间传递消息。修道院里那些更圣洁的僧侣看到这样世俗的奔忙一定会翻白眼。

叶卡捷琳娜大帝下了决心，派遣布鲁斯伯爵夫人（具有讽刺意味的是，她是鲁缅采夫的妹妹，但已经与他疏远）把波将金带回宫廷。珠光宝气的伯爵夫人乘坐宫廷马车来到修道院。她被带到波将金面前。他在一个朴素的房间内，满脸胡子，穿着僧衣，匍匐在圣叶卡捷琳娜的圣像前。为了防止伯爵夫人还在怀疑他的真诚，他继续祈祷和吟唱了很长时间，最后波将金才不情愿地听她带来的消息。接着他迅速剃须、洗浴，换上制服，准备回宫。

在这场歌剧插曲当中，叶卡捷琳娜大帝的感受是什么？在随后几周里，他们终于成为情人，她在下面柔情蜜意的动人叙述里向他揭示，他从前线回来的时候，她就已经爱上了他：

> 然后来了一位英雄，他英勇而优雅，我早就爱上了他；听说他来了，人们开始议论纷纷，却不知道我已经私下里给他写了信，请他回宫。但我请他来的时候不是盲目行动，而是努力判明他是不是真的像布鲁斯伯爵夫人所说的很多人猜测的那样，已经有了我希望他有的那种想法。[21]

女皇此时在城外的皇村。波将金骑马去了那里，布鲁斯伯爵夫人很可能陪在他身边。宫廷日志告诉我们，波将金于2月4日拜见了女皇，被直接带进她的私人套房，在那里和她单独待了一个钟头。2月9日的宫廷日志又提及他，说他在叶卡捷琳娜宫参加了一次正式宴会。2月，他俩一起正式用餐四次，但我们可以推测，他们在一起的时间不止这些。我们掌握的叶卡捷琳娜大帝写给波将金的一些没有签署日期的短信，应当就是在这个时期写的。[22] 第一封信是写给"我的朋友"的，说明他俩之间的感情在升温，但这封信提醒他不要撞见保罗大公，因为保罗已经很讨厌奥尔洛夫公爵当他母亲的情人。[23] 在几天后的第二封短信里，女皇对波将金的称呼升级为"我亲爱的朋友"。她已经开始使用他俩一起给廷臣们取的绰号，比如有一位戈利岑被称为"胖子先生"；但更重要的是，她把波将金称为"才子"。[24]

时间一分一秒地过去，他俩的关系越来越水乳交融。14

日，宫廷人员返回城里的冬宫。15 日，又是一场宴会，有二十位宾客，包括瓦西里奇科夫和波将金。我们可以想象，看到波将金逐渐主宰了宫廷，可怜的瓦西里奇科夫该是多么郁闷。

波将金和女皇大约就是在这个时间把他俩的关系推进到下一步的。他俩之间的通信有数千封，很少有标明日期的，但其中有一封大约是在 2 月 15 日写的。在这封信里，叶卡捷琳娜大帝取消了与"才子"在浴室的会面，主要是因为"我的所有宫廷女官都在这里，可能要一个小时之后才会走"。[25]18 世纪的俄国平民经常男女混浴，这让外国人很震惊，但女皇当然不会和男人共用一个浴室。这是史料中第一次提到叶卡捷琳娜大帝和波将金在浴室幽会，后来浴室成了他俩最喜欢的见面地点。如果他们在 15 日约定在浴室见面，那么他们在此时很可能已经是情人了。

2 月 18 日，女皇在歌剧院观看了一出俄国喜剧，然后可能在自己的套房见了波将金。他们谈情说爱到凌晨 1 点，这对生活特别规律的德意志裔女皇来说是非常晚的。有一封短信能够让人体会到他俩之间感情的逐渐升温，以及她对他的百依百顺。在这封信里，她表达了甜蜜的担忧："你对我真是无比耐心……我的表停了，时间飞快地流逝，一小时仿佛只是一分钟。"[26]

"我亲爱的，你昨天说的都是什么胡话呀，"她在恋情的早期岁月写道，"我和你在一起的日子非常开心。我们一起度过了四个钟头，无聊的情绪烟消云散，我不愿和你分离。我的亲爱的，我的朋友，我多么爱你：你多么英俊、多么聪明、多么幽默、多么机智。我和你在一起的时候，我觉得世界都不重要了。我从来没有这么幸福过……"[27]我们仿佛能听得见夜间冬宫浴室内亲密无间的欢笑。他俩都是喜好感官享受的人，都是享乐主义者。"我亲爱的朋友，我担心你会对我生气。如果没生气，那更好。快点来我的卧室证明吧。"[28]

瓦西里奇科夫还住在宫里，至少还有正式的身份。叶卡捷琳娜大帝和波将金给他取的绰号是"冰汤"。[29]在这个时期，她告诉波将金，自己多希望他俩在一年半以前就开始恋爱，而不是浪费了那么多宝贵的时间，把两个人搞得闷闷不乐那么久。[30]但瓦西里奇科夫仍然待在自己的皇宫套房，这让波将金很不愉快，因为他始终是个爱吃醋的人。他可能气冲冲地离开了，因为在几天后的一封信里叶卡捷琳娜大帝不得不哄骗他回来："我不能强迫别人爱抚……你知道我的性格，我的心，你知道我的优点和缺点，我让你自己选择如何应对……这样折磨你自己实在太傻了……你这样会毁了自己的身体，却什么也得不到。"[31]

瓦西里奇科夫几乎已经被女皇彻底遗忘，这些日子对他来说一定特别难熬。叶卡捷琳娜大帝对她没办法尊重的人会很无情。我们能察觉到，她对瓦西里奇科夫的平庸感到羞耻。瓦西里奇科夫认识到，自己永远没办法扮演波将金的角色，他的"地位与我迥然不同。我只不过是个外室小三罢了……他们根本不准我出去，也不准我见任何人。我想要什么东西的时候，根本没人注意到……我心急火燎地想要圣安娜勋章，于是告诉女皇。第二天我发现衣袋里多了 3 万卢布。她总是用这种办法让我闭嘴……波将金呢，想要什么都能得到……他才是主子"。[32]

"主子"坚持要求把倒霉的"冰汤"弄走。瓦西里奇科夫搬出了在冬宫的套房，这些房间成了会议室，因为波将金不愿意住别的男人住过的房间。女皇命人为他装潢了新房间。波将金搬出了萨莫伊洛夫家的小屋，暂时和备受信赖的宫廷侍从叶拉金住在一起，等待自己的皇宫套房装修完毕。[33]

到 2 月底时，他俩的关系已经非常稳定，既不是单方面的追求，也不是单纯的露水私情。2 月 27 日，波将金自信满怀地写了一封信，要求任命他为"将军和女皇陛下的私人侍从"。宫廷有好几个侍从长，大多数只是普通的廷臣，但波将金这里说的侍从的意思是很明确的。他还补充了一个波将金式的笑话："这样不会冒犯任何人。"他和女皇看到这一句一定能笑出声。其实波将金的崛起冒犯了所有人，从奥尔洛夫兄弟到帕宁家族，从玛丽亚·特蕾西亚和弗里德里希大王到乔治三世和路易十六。波将金的攀升改变了俄国的整个政治格局，最终会改变俄国的外交盟约。但他不管这么多，还动人地描写了自己的真情实感："那样我会成为世间最幸福的男人……"[34] 这封信就像其他的请愿书一样被交给宫廷官员斯捷克洛夫，他负责处理这方面的事务。不过，波将金的这份请愿肯定比其他的更快得到回复。

"中将阁下……有鉴于你为我和我们的祖国做出的贡献，我认为你的请求是合理的。"她于次日用官腔正式回信。夏尔·马松写道："波将金是她的男宠当中唯一敢于爱她，并主动求她的。"（马松是瑞士人，担任俄国宫廷的数学教师，写了一本惊世骇俗但很不可靠的回忆录。）叶卡捷琳娜大帝在回信中很欣赏波将金的大胆："我命令起草任命你为侍从长的委任状。我必须承认，你这样信赖我，决定直接向我提出申请而不是寻找迂回的办法，让我非常满意。"[35] 在这个时刻，波将金走出了以往的阴影，正式成为 18 世纪引发最多讨论的政治家。

"一场新的大戏开幕了，" 刚刚在俄国宫廷观察过新任侍从长的英国驻俄大使罗伯特·冈宁爵士在 3 月 4 日给身在伦敦的萨福克伯爵（北方事务大臣）① 的信中写道，"这很可能是女皇登基以来最值得注意的事件。"18 世纪是书信的时代，所有人的信里都谈到了波将金。外交官们兴奋不已，因为如冈宁所说，波将金比奥尔洛夫公爵和瓦西里奇科夫都精明强干得多。有意思的是，波将金正式成为宠臣的区区几天之后，即便不熟悉俄国宫廷的外国人也都在禀报各自的君主，说波将金成了女皇的情人并将辅佐她。"瓦西里奇科夫先生的才智非常有限，不能参与任何事务，也不能得到他的情人的信赖，" 冈宁解释道，"现在他被波将金取代了。波将金既聪明绝顶，又深得女皇信任。"[36] 普鲁士大使冯·索尔姆斯伯爵在给弗里德里希大王的信中说得更直白："波将金显然……会成为俄国最有影响力的人。青春、才智和优秀的品质会让他平步青云……要不了多久，格里戈里·格里戈里耶维奇［·奥尔洛夫］公爵就会被抛在脑后，奥尔洛夫家族的地位会大幅下降。"[37] 俄国的主要盟友弗里德里希大王比两年前瓦西里奇科夫成为女皇情人的时候更加恼火。他从索尔姆斯那里得到了详细的情报，然后在

---

① 在 1782 年之前，英国内阁有 "北方事务部" 和 "南方事务部"，这两个部都管辖英格兰与威尔士事务。与此同时，"北方事务部" 负责与北方国家（包括俄国、神圣罗马帝国、荷兰等）的外交，"南方事务部" 负责与天主教国家和伊斯兰国家的外交。1782 年，两个部被改组为内政部和外交部。

给弟弟海因里希王子的信中挖苦了这个新来者的名字"帕图金还是塔普金",但承认此人的崛起"可能会危害我国的利益"。弗里德里希大王对自己具有厌女症色彩的国家治理原则做过哲学的概括:"女人终归是女人。在女性统治的政府里,尿的影响力总是大过理性引导的稳健政策。"[38]

俄国廷臣们小心翼翼地观察波将金,记录这个新宠臣的一举一动,甚至仔细观察他的珠宝首饰和套房的装潢。每个细节都代表着某种他们需要知道的东西。索尔姆斯已经发现,波将金的崛起并没有让帕宁家族烦恼。[39]彼得·帕宁将军在3月7日给亚历山大·库拉金公爵的信中写道:"我认为,这个新演员会把他的角色演得非常生动活泼,如果他能稳固自己的地位,就能带来很大的改变。"[40]帕宁家族显然觉得可以利用波将金来打击奥尔洛夫兄弟的势力。[41]"新的侍从长和其他的侍从长不一样,一直在执勤,"西弗斯伯爵夫人在给自己的丈夫(叶卡捷琳娜大帝手下的高官之一)的信中写道,"他们说他很讨人喜欢,很谦虚。"[42]波将金已经开始积攒瓦西里奇科夫始终没有获得的那种影响力。鲁缅采娃伯爵夫人在给丈夫(鲁缅采夫元帅)的信中写道:"亲爱的,如果你有什么需要,就问波将金吧。"[43]

叶卡捷琳娜在给朋友格林的信中热情洋溢地表达了自己的欣喜,因为她摆脱了瓦西里奇科夫、找到了波将金:"我放弃了一个心地善良但非常无聊的人,他当即就被一个最优秀的男人取代了。他是这个黑铁世纪里最机智风趣、最特立独行的怪人之一。"[44]

注 释

1 Samoilov col 1016.

2 CtG, *Memoirs* 1955 p 356, Frank Confession, CII to GAP.

3 Saint-Jean pp 1–10.

4 Michael B. Petrovich, ' Catherine II and a Fake Peter III in Montenegro ' p 169. Also Madariaga, *Russia* p 210.

5 关于普加乔夫起义的基本史料，除非另做说明，都基于 A. S. Pushkin's *Istoriya Pugacheva* 和他的小说 *The Captain's Daughter* 以及 J. T. Alexander 关于此话题的两本书 *Emperor of the Cossacks：Pugachev and the Frontier Jacquerie of 1773– 75* 与 *Autocratic Politics* pp 1 – 10。也可参考 Madariaga, *Russia* pp 239–55。

6 Pushkin, *Captain's Daughter* p 245.

7 Alexander, *Autocratic Politics* pp 175–6.

8 Ransel, *Politics* pp 241–50. SIRIO 19：399–400.

9 Ransel, *Politics* pp 241 – 50. Alexander, *CtG* pp 166 – 7. Madariaga, *Russia* pp 261–2. SIRIO 19：325–7, Sir Thomas Gunning to Suffolk 27 September/8 October 1772, and SIRIO 19：401, 4/25 February 1774.

10 据说是叶卡捷琳娜大帝写给 Geoffrin 夫人的信。很多相关材料已经发表，但原件情况不详。

11 Ségur, *Mémoires* 1827 vol 3 p 37, CtG to Ségur 1785.

12 Quoted in Alexander, *CtG* p 173.

13 Alexander, *CtG* pp 166–7. Madariaga, *Russia* pp 260–1.

14 Robert B. Asprey, *Frederick the Great：The Magnificent Enigma* p 600.

15 Engelhardt 1868 pp 42–3. *Memoirs of the Life of Prince Potemkin* p 27. Saint-Jean pp 1–12.

16 GARF 728. 1. 425. 1–5, CtG to GAP March 1774. CtG, *Sochineniya* vol 12 pp 697–9.

17 Masson p 108.

18 *Memoirs of the Life of Prince Potemkin* p 27. 19 Engelhardt 1868 pp 42–3.

19 Engelhart 1868 pp 42–3.

20 *Memoirs of the Life of Prince Potemkin* p 27.

21 GARF 728. 1. 425. 1 – 5. CtG, *Sochineniya* vol 12 pp 697 – 9, CtG to GAP March 1774.

22 KFZ 4 February 1774.

23 RGADA 1. 85. 1. 277，L 7，CII to GAP ud，February 1774. 叶卡捷琳娜大帝与波将金这些书信的来源是 V. S. Lopatin 的 *Perepiska* 一书，但在很多地方，本书作者也使用了书信原件。所以我给出了原件的存放位置，也给出了在 Lopatin's *Perepiska* 中的页码。

24 RGADA 5. 85. 1. 342，L 7，CII to GAP ud，February 1774.

25 RGADA 1. 85. 1. 208，L 8，CII to GAP ud，February 1774.

26 RGADA 5. 85. 1. 370，L 8，CII to GAP ud，February 1774.

27 RGADA 5. 1/1. 1. 213，L 14，CII to GAP ud，February/March 1774.

28 RGADA 5. 85. 1. 292，L 56，CII to GAP ud.

29 RGADA 5. 85. 1. 370，L 8，CII to GAP ud，February 1774.

30 RGADA 5. 85. 1. 370，L 8，CII to GAP ud，February 1774.

31 RGADA 5. 85. 1. 137，L 10，CII to GAP ud，February 1774.

32 Alexander Vassilchikov to French chargé d'affaires，quoted in Waliszewski，*Autour d'un trône* vol 1 p 145.

33 RA（1873）2 pp 123－5. A. P. Barsukov，*Knyaz Grigory Grigorevich Orlov* p 127. Count Solms to FtG 25 March 1774.

34 SPBII 238. 276a. 7426. 1/1，L 11，GAP to CII 27 February 1774.

35 RGADA 1263. 1. 7713. 3，L 13，CII to GAP 28 February 1774.

36 SIRIO 19（1876）：405.

37 RA（1873）no 2 pp 123-5，Count Solms to FtG 7 and 18 March 1774.

38 Frederick the Great，*Politische Correspondenz* 1879 － 1939 35 p 215 30 March 1774.

39 RA（1873）2 p 125. Barsukov，*Orlov*. Count Solms to FtG 7 March 1774.

40 RS（1873）. 8. 9 p 342，General-Count P. I. Panin to Prince A. B. Kurakin 7 March 1774.

41 RA（1873）2 p 125. Barsukov，*Orlov*. Count Solms to FtG 7 March 1774.

42 Brü ckner，*Potemkin* pp 26-7，quoting from Blum，*Ein russischer Staatsman*，Count-ess Sievers to Count Sievers 31 March 1774.

43 Countess E. M. Rumiantseva，*Pisma k ee muzhu grafu P. A. Rumiantsevu-Zadunayskomu 1762-1779* pp 179-81. See also：RA（1866）p 396，关于 A. I. Bibakov 将军对波将金崛起的热情反应。

44 SIRIO 27：52.

第三部分

神仙眷侣，
1774—1776 年

7 爱情

门会开的……我要上床了……亲爱的，一切按照你的
心愿。我去找你，还是你来找我？
———叶卡捷琳娜二世给 G. A. 波将金的信

他是波将金公爵，在杀人和卖淫
堪称伟大的时代，他真是了不起；
如果勋章和官衔就是一堆荣誉，
那他的荣誉只有他的产业能比。
这家伙身高六尺，只凭这高身材
就能在俄国女皇的心目中引起
同样多的幻想：因为女皇衡量人，
就像你对教堂，只衡量它的尖顶。
———拜伦勋爵，《唐璜》，第 7 章第 37 节 [1]

叶卡捷琳娜大帝和波将金的爱情在方方面面都很不寻
常。他俩都不是凡人，并且处于独特的环境里。不过，他们正
在开始的爱情有很多普遍的特点，即便放在今天也很常见。他
们之间的激情如此猛烈，如此无拘无束、不管不顾，让人很容

---

[1] 译文引自［英］拜伦《唐璜》，查良铮译，王佐良注，人民文学出版社，
1980。少数地方略有改动。

易忘记他们在相爱的同时还在治理一个庞大的帝国，在对外作战，国内也有一场战争。她是女皇，他是臣民，两人都有着"无边无际的雄心"。他们生活在竞争激烈的宫廷，那里的一切都在别人的注视之下，每一个眼神都有政治意义。他们在沉溺于爱情和自己脾性的时候经常浑然忘我，但他们从来不是普通的老百姓。叶卡捷琳娜大帝始终是君主，而波将金从一开始就不单纯是宠臣，而是第一流的政治家。

按照当时的标准，这对情人已经不算年轻了。波将金三十四岁，叶卡捷琳娜大帝比他年长十岁。他俩的爱虽然有这样那样的缺陷，却也因此更显得动人。1774 年 2 月的波将金早就不是当年那个完美的亚西比德式的美男子了。此时他的形象怪异而引人注目，让同时代人既对其着迷，也感到震惊。他身材魁梧，但仍然敏捷轻盈；他那一头令人羡慕的美丽头发很长，很少梳理，颜色深棕，接近赭色，有时被灰色的假发遮盖。他的头很大，但形状几乎像梨子。他的侧面线条很柔和，像是鸽子，也许这就是为什么叶卡捷琳娜大帝经常管他叫鸽子。他面色苍白，脸型细长，在这样一个巨人身上显得出奇地敏感脆弱，更像是诗人的脸，而不是将军的。他的嘴巴是五官当中最好看的：嘴唇饱满鲜红，牙齿洁白健康，这么好的牙在当时很少见；下巴有一道美人沟。他的右眼介于绿色和蓝色之间，左眼半闭，没有视力，有时让人觉得他在眯着眼。独眼让他的面貌显得很怪异，不过多年后见到他的瑞典外交官让-雅各布·延宁斯说，波将金的"眼睛缺陷"没有他预想的那样明显。波将金一直对自己的独眼很敏感，它让他有一种特殊的脆弱感，但也给了他海盗的匪气。眼睛的"缺陷"让这个怪异的人物更像是某种神话中的野兽。帕宁管他叫"瞎子"，但绝大多数人效仿奥尔洛夫兄弟,叫他"独眼巨人"。[1]

外交界立刻就对他产生了浓厚兴趣。冈宁写道:"他身材高大,比例不匀称,面容远远谈不上悦目",但是,

> 波将金似乎对人颇有洞察力,头脑也比他的大多数同胞聪明得多,并且擅长阴谋诡计,才思敏捷。虽然他的放荡生活方式臭名昭著,但他与教士群体有很好的交情。有了这些特质,他自然有理由胸怀大志,相信自己有希望攀登到最高峰。[2]

索尔姆斯报告称:"波将金非常高大,孔武有力,但面貌不讨人喜欢,因为他经常眯着眼。"但三天后索尔姆斯补充说,因为波将金"年轻而且有才智……应当很容易……取代奥尔洛夫在女皇心中的位置"。[3]

波将金的行为举止有时像凡尔赛宫的廷臣,有时像他的哥萨克朋友,所以叶卡捷琳娜大帝喜欢把他称为哥萨克、鞑靼人或野兽。他的同时代人,特别是叶卡捷琳娜大帝,都同意,他既有俄国人的雄壮,又混合了美与丑,给人的感受是充满了原始的能量,有着几乎像动物一样的性能力、惊世骇俗的创造力,绝顶聪明,又出人意料地高度敏感。人们要么爱他,要么恨他,没有中间道路。基里尔·拉祖莫夫斯基的一个女儿问:"怎么能向那个瞎眼的乞丐点头哈腰呢?为什么?"[4]

叶卡捷琳娜大帝正值盛年,具有成熟女人的性魅力,风韵犹存,英姿勃发,气场非常强大。她天庭饱满,蓝眼睛炯炯有神,表情既诙谐生动又冷淡傲慢。她的睫毛乌黑,嘴形优美,鼻子略有鹰钩鼻的弧度,皮肤白皙有光泽,姿态端正所以显得

比实际身高要高。此时她已经非常丰满，为了遮掩身材总是穿"宽袖子的宽松长袍……类似古代莫斯科人公国的服装"。[5] 所有人都赞美她的"尊严与优雅"，[6] 这让她"仍然美丽，无比聪明和渊博，但在爱情生活中非常浪漫"。[7]

叶卡捷琳娜大帝和波将金一下子变得形影不离。他俩不在一起的时候，即便就在各自的套房里，仅有几码之隔，也会疯狂地互相写信。他俩都善于表达，下笔如有神。对他们来讲，言辞非常重要；对后世的我们来说，他们留下了大量书信是一件大好事。有时他们一天之内要给对方写好几封信，他们的通信就像现代的煲电话粥或者发电子邮件。他们的秘密情书往往涉及国家大事，所以通常不署名。波将金这样一个粗壮的男人，书法倒是出人意料地不错，但越来越潦草，他去世前不久的信已经几乎无法辨认。他俩的信是用俄语和法语混合写的，有时会在两种语言当中随意跳来跳去；有时情书用法语写，涉及国家大事的信用俄语写。被保存至今的大量书信，记录了他们毕生的爱情与政治合作。有的信的内容具有 18 世纪的特色，但有的信简直就像是现代的两个情人写的。有的信是只有女皇和政治家才能写得出来的，有的信运用的则是经久不衰的、肉麻的爱情语言。还有的信甚至是完整的对话。叶卡捷琳娜大帝在一封信中对波将金说："去吧，我的小鸽子，玩得开心点。"于是他走了。等他回来之后，他写信给叶卡捷琳娜大帝："母亲，我们回来了，现在是吃晚饭的时间。"她回信道："老天！谁能想到你会回来呢？"[8]

叶卡捷琳娜大帝把她的情人称为"我亲爱的灵魂"、"我的心"、"甜心"和"珍宝"。后来她经常用传统俄国风格的"巴图什卡""巴金卡"（"爸爸"），以及"格里戈里"的无数种亲热的昵称形式："格里沙""格里申卡""格里申诺克"，甚至"格里舍夫申卡"。他俩的爱情最火热的时候，她给他取的绰号变得更加丰富多彩："我的黄金雏鸡""黄金小公鸡""最亲爱的鸽子""猫咪""小狗""冬冬""亲爱的小心儿""灵魂的双胞胎""小鹦鹉""半鸟半狼"，等等。这些绰号既表达了他的强力，也显示出他的敏感。如果他装腔作势，她就挖苦地称他为"亲爱的先生"、"亲爱的中将"或"阁下"。如果她给了他一个新头衔，就喜欢用新头衔称呼他。

波将金几乎总是把叶卡捷琳娜大帝称为"小妈妈"或"女君主"，或两个同时用。换句话说，他刻意用俄国传统的称呼女皇的方式，而不是用她的昵称"卡金卡"（她后来的有些情人喜欢这样称呼她）。波将金对她的称呼这样正式，不是因为两人缺乏亲近感，而是因为他尊重自己的君主。比方说，当信使给他送来女皇的短信时，他总是让信使保持跪姿，等他写好回信。这种浪漫气息让叶卡捷琳娜大帝感到有趣："请告诉我，你的司仪官今天有没有把我的信使带到你身边，像通常情况一样跪着？"

波将金始终担心这些信件会失窃。女皇将他早期写的一些情书阅后即焚，所以两人留存至今的早期通信大多是叶卡捷琳娜大帝写的，或者是他写的但被她批阅后送回的。因此我们掌握的女皇写的信远远多于波将金写的。后来，他的大多数书信得以保存下来，因为它们既是私人信件，也涉及国家大事。激情洋溢的波将金把他手里的书信用细绳扎成参差不齐的一捆，经常塞到口袋里，贴近自己的心脏，时常把信拿出来重读。"格里申卡，早上好，"她的一封信可能写于1774年3月，是这样开始的，"……我身体健康，睡得很好……我担心你会弄丢我的信，担心有人会从你口袋里把信偷走……他们会以为你口袋里装着钞票，去摸你的口袋。"⁹ 不过对我们来说幸运的是，十七年后他去世时仍然把这些信藏在身边。他俩给主要的廷臣都取了绰号，有时我们很难判断这些绰号指的究竟是谁。他们也用秘密的暗语，也许是为了让波将金告诉她，他想用什么方式和她做爱。

"我的小鸽子，早上好，"她给他的典型问候是这样的，"我想知道你昨晚睡得好不好，你是否爱我和我爱你一样多。"¹⁰ 有时他们的信很短："晚安，亲爱的，我要睡觉了。"¹¹

4 月 9 日，宫廷人员从皇村回城，波将金搬出叶拉金的宅邸（他成为女皇的情人之后就暂住在那里），搬进了冬宫内新装修好的属于他的新套房。西弗斯伯爵夫人在次日说："据说这些套房非常豪华。"现在，波将金在城里已经是家喻户晓的人物。"我经常看见波将金乘坐六匹马拉的车奔来跑去。"他的豪华马车、昂贵骏马和风驰电掣的速度成为他的公众形象的重要元素。女皇外出的时候，波将金通常会陪同。西弗斯伯爵夫人注意到，叶卡捷琳娜大帝于 4 月 28 日去看戏时，"波将金在女皇的包厢里"。当时的王室成员，甚至全体观众，在看戏的时候喜欢不停讲话，路易十五的这种习惯就让伏尔泰很恼火。波将金在"看戏的全过程中一直和女皇聊天，他享受着她的极大信任"。¹²

波将金在冬宫的新房间就在叶卡捷琳娜大帝房间的正下方。他俩的房间都面向宫殿广场和一个内部庭院，而不是面向涅瓦河。波将金想要见女皇的时候（他想见就见，无须通报）就从永远铺着绿地毯的螺旋楼梯上楼（就像当初奥尔洛夫下

楼去女皇的房间）。绿色是爱情走廊的颜色，连通路易十五的
套房与蓬巴杜夫人①闺房的楼梯也是绿色的。

　　波将金在每一座皇宫（包括城里的夏宫和城外的彼得宫
城）都得到了自己的套房，但他俩最经常待的地方是皇村的
叶卡捷琳娜宫。在那里，波将金进入女皇的卧室需要通过一条
清冷的走廊，所以他俩的信里经常互相提醒注意保暖。"听说
你病了，我很难过，"她写道，"这对你来说是个很好的教训：
不要光着脚在楼梯上走路。如果你想好起来，可以抽点烟。"[13]
他俩很少一起度过整夜（叶卡捷琳娜大帝和她后来的一些男
宠喜欢这样），因为波将金喜欢赌博和高谈阔论到深夜，然后
第二天睡一上午，而女皇喜欢早睡早起。她的生活习惯像个规
规矩矩的德意志女教师，虽然她也喜好感官享受；而他的生活
习惯像是狂野的边疆居民。

　　在叶卡捷琳娜的私人晚会上，波将金常常不通报就闯进
来，穿着凌乱的土耳其式晨袍或其他类似的随便披着的衣服，
里面通常什么都不穿，所以会露出毛茸茸的胸膛和腿。不管什
么天气，他都是赤着脚。如果天气冷，他就披上一件皮毛大
衣，那种穿衣风格让人说不准他是野人还是花花公子。此外，
他喜欢在头上束一条粉红色的大手帕。他具有东方情调，与伏
尔泰的宫廷品味相去甚远，所以叶卡捷琳娜大帝管他叫"伯
加特尔"，这是古代罗斯神话中的斯拉夫骑士英雄。即便在他
们恋情的初期，波将金也知道自己与众不同。有时女皇传唤
他，他甚至懒洋洋地不肯去。他随心所欲地走进女皇的房间，

---

　　①　蓬巴杜侯爵夫人（1721—1764）是法国国王路易十五的正式情妇之一，
　　　　在法国宫廷颇有影响力。她大力赞助建筑和装饰艺术，尤其是瓷器；也
　　　　庇护和赞助启蒙时代的思想家，如伏尔泰。

素来懒得通报，也不等待女皇的传唤。他高视阔步地进出她的套房，仿佛一头漫无目标的大熊。有时他是在座的人当中最机智风趣的，有时他却一言不发，甚至懒得和女皇打招呼。

他的品味是"真正野蛮的，莫斯科大公国风格的"，他"最喜欢的莫过于俄国人的普通食物，尤其是俄式糕点，还喜欢生的蔬菜"，他把这些好吃的摆在自己床边。[14] 他上楼去女皇房间的时候，嘴里经常嚼着苹果、萝卜或大蒜。他在冬宫的行为举止和他小时候在奇若瓦与农奴的孩子一起满村乱跑时一模一样。波将金对零食的选择是纯天然的，并且刻意选择具有俄国乡土气息的东西，就像沃波尔喜欢诺福克郡的红苹果所代表的英格兰式质朴。

波将金的粗野行为让通常亲法的俄国廷臣和一丝不苟的外国使节十分震惊，但他愿意的时候也可以穿上正式的礼服或军装，表现得彬彬有礼、温文尔雅。他特别容易从一个极端走到另一个极端。他经常深思熟虑或者闷闷不乐地琢磨事情，这时他往往会把自己的指甲咬破。他一辈子受到手指头的倒刺（指甲旁的逆刺皮）的折磨，所以帝国的两位统治者之间的书信内容除了法律与战争之外，还经常涉及他的手指尖的状态。叶卡捷琳娜大帝管他叫"俄罗斯帝国头号咬指甲的人"。亚历山大·里博皮埃尔说："'独眼巨人'有一种可爱的习惯。他喜欢疯狂地咬自己的指甲，一直咬到肉。"[15] 如果不咬指甲，他就咬眼前的其他东西。在小埃尔米塔日，女皇设立了一套要求大家不要太古板正式的规矩，她现在专门为了波将金补充了一条："第三条规则：我要求你保持快乐，但不准弄坏、打碎或者咬任何东西。"[16]

波将金还"霸占"了叶卡捷琳娜大帝的套房。他在她的沙龙里摆了一张庞大的土耳其沙发，这样他就可以穿着晨袍懒洋洋地躺在上面。叶卡捷琳娜大帝相当自豪地告诉格林："汤姆先生［叶卡捷琳娜大帝的英格兰灵猩］在我身后的土耳其沙发上打呼噜。这沙发是波将金将军弄来的。"[17] 她原本整洁的房间里如今到处是他的东西。她欣赏他那种狂放不羁、近乎波希米亚风格的漫不经心的态度。她在给波将金的信中写道："我的房间都属于你，你尽可以放你的东西。不过，不要用你那土耳其人的方式把手绢到处乱丢。多谢你的拜访！我非常爱你。"[18]

我们没办法把友谊分解成若干组成部分，更没办法这样去剖析爱情。但我们可以说，他俩的关系的基础是欢笑、性爱、互相仰慕对方的聪明才智，以及权力。不过，这些元素的优先顺序在不断变化。十二年前奥尔洛夫把波将金介绍给叶卡捷琳娜大帝的时候，波将金的机智风趣逗乐了她。此后他一直能让她笑逐颜开。叶卡捷琳娜在 6 月 19 日给格林的信中写道："说到能把我逗乐的幽默才子，首先就是波将金将军，他比别人更熟悉最流行的笑话，经常逗我笑得肚子疼。"[19] 他俩的信里随处可见她的开怀大笑，也随处让人感受到他们的雄心和相互吸引。"亲爱的，你昨天讲的故事真是太好笑了！我一想起来就忍不住笑。我和你在一起的时光是多么愉快！"[20]

波将金经常和汤姆先生比赛，看谁能在女皇的套房里制造更多混乱。女皇给格林的信里经常写到波将金的滑稽把戏，比如他把汤姆先生的小毯子披在自己身上，这场景特别搞笑："我要给汤姆缝一条新毯子……因为波将金将军假装把它的毯子偷走了。"[21] 后来波将金还搞来了一只特别淘气的猴子。

和波将金在一起，她永远不会觉得无聊。一旦他不在身边，她很快就会觉得乏味。他是个千变万化、创造力极强的人，永远有奇思妙想的新招数。如果有一段时间没见着他，她就抱怨："我无聊得要死。什么时候才能见到你？"但爱情当中经常发生这样的现象：欢笑往往成为性爱的前奏，性爱也让人欢笑。她的书信里洋溢着美好性生活带来的幸福。性爱在他俩的关系中发挥了非常重要的作用。他对别的女人的性诱惑力和风月场上的傲人战绩让她也感到自豪。"这么多女人喜欢你，我一点都不奇怪，"她在一封信中写道，"我觉得你不是凡夫俗子，你在方方面面都和别人不一样。"[22]

亲爱的，你真的以为我今天不会写信给你了吧。我5点起床，现在是7点，我要写信了……我给自己的整个身体，一直到最后一根头发，都制定了严格的规矩，不准自己向你表现出一丝一毫的爱。我把我的爱锁在心里，挂了十把锁，它在里面要窒息了，可能会爆炸。你是个理智的男人，你想想吧，在短短几行里能写出更多胡话吗？我的脑子里满是荒唐的想法，我不了解你怎么能容忍这样满脑子糊涂想法的女人。哦，波将金先生！你玩了什么花招，扰乱了我的头脑！在过去，我的心灵可被认为是欧洲最优秀的心灵之一。我必须尽快变得理智起来。多么可耻！简直是犯罪！叶卡捷琳娜二世竟成了疯狂激情的牺牲品……这是又一个证明你对我有绝对权力的证据。够了！够了！我已经写下了这么多感伤的疯话，你一定会发笑。好吧，癫狂的书信，快飞到我的英雄居住的地方吧……再会，邪教徒，莫斯科人，哥萨克……[23]

以上是 1774 年 3 月她与波将金幽会的第二天清晨醒来之后的感想。她写下这些文字的时候，波将金正在自己的套房里睡觉。她给他取的那些颇有匪气的绰号，比如"哥萨克"、"邪教徒"（土耳其人对非穆斯林的贬称）、"丛林雄狮"、"黄金老虎"、"黄金小公鸡"和"狼"，可能指的是他强大的性能力。她甚至曾管他叫"普加乔夫"，意思也许是他像哥萨克一样凶猛、精力充沛而狂放不羁。

在这几个月，他俩分享一切。他们的约会充满了欢声笑语，他们享受性爱，也做政治谋划。他俩都喜欢这三样东西。性爱和政治掺杂在一起。"我好爱好爱你，"她在 4 月的一封信中写道，"你爱抚我的时候，我总是匆匆地用爱抚回应你……别忘了叫帕维尔［格里戈里·波将金的堂兄弟 P. S. 波将金，被派去协助镇压普加乔夫］来，等他来了之后，要做两件事情。"[24] 随后她在同一封信里探讨了平叛的措施。

叶卡捷琳娜大帝对他无比痴情：有一晚他没来找她，于是她"起了床，穿好衣服，走向图书室，打算在那里等你。我顶着穿堂风站了足足两个钟头，一直等到夜里 11 点，才悲哀地回去睡觉。因为你，我一连五夜都没睡觉"。[25] 女皇竟然只穿着睡衣、戴着睡帽在波将金的房间外苦苦等了两个小时，足见她对他的一片痴心。难免会有传闻说波将金的阳具极其雄伟，所以女皇才对他这样死心塌地。有一种流传很久的荒诞说法：叶卡捷琳娜大帝制作了他的阳具的模型，在波将金越来越长期待在南方的时候就用这个假阳具来慰藉自己。[26] 这种说法和其他针对叶卡捷琳娜大帝的恶毒诽谤一样，没有历史依据，但关于波将金"雄伟武器"的传说成了圣彼得堡同性恋圈子里的无稽之谈的一部分。①

　　尽管叶卡捷琳娜大帝贵为女皇，她还是会尊重波将金的私人空间，尤其是在他忙碌的时候。有一天，她思他心切，就去他的套房找他。她走下楼梯，但走近的时候"从门廊看见了一位文书或副官的后背，于是我拔腿就跑。我用我的全部灵魂爱你"。[27]这也说明女皇在自己的宫殿里也不能为所欲为，必须注意在文书和仆人面前的形象。叶卡捷琳娜大帝不断抱怨，说自己对他的爱让她丧失了理性。她是伏尔泰和狄德罗的崇拜者，素来把理性奉为至上的理想。这位理性时代的开明君主如今却像个热恋中的小女孩一样傻得可爱："你和我在一起的时候，我要想不发疯，唯一的办法就是闭上眼睛；如果说'我的眼睛中了你的魔法'，这会让我快活一辈子。"她这里指的是他当初给她写的那首浪漫的歌吗？"我的愚蠢眼睛凝视着你；我变得傻里傻气，没有理智。"她做梦也会梦见他："在我身上发生了一件奇怪的事情。我变成了梦游者。"她描述自己如何幻想遇见了"最让她陶醉的男人"。然后她醒了："现在我正到处寻找梦中的那个男人……我珍爱他，胜过爱全世

---

① 19世纪末，"为艺术而艺术"的知识分子圈子成员、画家康斯坦丁·索莫夫（他的父亲当时是埃尔米塔日博物馆的馆长）为朋友（主要是同性恋者）举办了一次茶话会。客人当中有诗人库兹明，可能还有芭蕾舞大师谢尔盖·达基列夫。根据《另一个圣彼得堡》的作者O. 列米佐夫的说法，索莫夫在这次茶话会上告诉大家，他的父亲在叶卡捷琳娜大帝的藏品中发现了一个精致的波将金阳具的真实尺寸模型。其他人不相信他，于是被带到另一个房间。这些真正的鉴赏家屏住呼吸观赏了陶瓷做的"波将金的光荣武器"。它被包裹在棉绒和丝绸里，然后装在一个木盒中。后来它被送回埃尔米塔日博物馆，从此下落不明。该书作者不久前去埃尔米塔日博物馆寻找波将金的藏品时，馆里无人知道上述模型。不过这家博物馆非常庞大，藏品极多，也许模型就在博物馆的某个角落里。——作者注

界！……亲爱的，你若是见到了这样的男人，代我给他一个吻。"[28]

在冬宫的地下室那一层，叶卡捷琳娜大帝的礼拜堂下方，是她的俄式浴室。他俩经常在那里幽会。[①]

"亲爱的朋友，如果你想吃点肉，浴室里什么都准备好了。但我恳求你不要把那里的食物拿到别的地方，否则所有人都会知道我们在那里做饭。"[29]1774 年 3 月他在近卫军得到晋升之后，叶卡捷琳娜大帝写道：

> 早安，近卫军中校先生，你洗澡之后感觉如何呀？我很好，因为你而感到很开心。你知道你走了之后我们谈了什么吗？你这么聪明，一定猜得着。当然是谈你啦，我的亲爱的！我们都在赞扬你，觉得你无与伦比。再见。你会一整天顾着近卫团和军官们吗？至于我，我知道要做什么。我会想一个人。谁呢？当然是他了，我无时无刻不在想着格里沙……[30]

有一天，波将金从外面回到宫里。"亲爱的小妈妈，我刚回来，但是我冻僵了，连牙齿都是冰冷的。"他在给她的信中写道，"我第一个想知道的，是你怎么样。感谢你送我的三件衣服，我吻你的脚。"我们可以想象信使或宫廷女官在冬宫的走

---

① 今天，和他们的套房一样，这座浴室已经不复存在，它们都毁于 1837 年的大火。但从外面我们看得见礼拜堂的金色穹顶和十字架。浴室的原址现在是埃尔米塔日博物馆的埃及区，即便今天那里也有浴室那种凉爽的潮湿感。——作者注

廊里急匆匆地奔忙，送来了叶卡捷琳娜大帝的回复："我很高兴你回来了，亲爱的。我很好。你暖和一下身子吧，去浴室。今天浴室生炉子了。"[31] 过了一段时间又有仆人来告，波将金已经洗好了。于是女皇又送了一封短信："我的美男子，我的宝贝，什么都比不上你。我满怀对你的温暖和柔情，只要你活着，我就永远保护你。我猜，你洗了澡之后一定比以前更帅了。"[32]

情人一般会为了对方的健康嘘寒问暖，波将金和叶卡捷琳娜大帝则是从始至终分享着自己的一点一滴。一天早晨出门之前她匆匆写信给他："再见，先生，你昨晚睡得怎样？还发烧吗？坐下来聊聊天多好。"[33] 他的烧退了之后，她引诱他回来。"你会看到我们有了新的流程，"她承诺，"首先我在闺房接见你，我会让你坐在桌子旁，让你暖暖和和的，不会感冒……然后我们开始读书，到了 10 点半我就准你走……"[34]

他的身体刚好，她却病了："我睡得很深，但时间不长。我头疼，胸也痛。我不知道我今天会不会出去。如果我出去了，也是因为我爱你超过你爱我，我能证明这一点，就像 2 加 2 等于 4。我会去看你。不是所有人都像你这么聪明、英俊、可爱。"[35]

波将金经常疑神疑鬼，觉得自己生了某种病。他真生病的时候，总是处于神经高度紧张的状态，所以有时叶卡捷琳娜大帝会用粗暴的德意志母亲的暴君式口吻让他平静下来："你真的应当安生点了。安安静静的，让我也清净一会儿。我严肃地告诉你，我对你生病很同情，但我不会用温柔的话语宠溺你。"[36] 但当他真的很难受的时候，她又会温柔地说："我亲爱的、宝贵的、独一无二的灵魂，我找不到话来表达对你的爱。不要为了你的腹泻而难过，它会清理你的肠子……"[37]18世纪人们的书信里不忌讳写到生理现象。

而她自己也开始腹泻之后，和任何女人一样，会担心自己正在尴尬的时候被情人撞见。"如果你一定要见我，就派人提前通知我；自早上6点以来我的腹泻很严重。"此外她也不想穿过皇村冰冷的走廊见他："抱歉，但是走过那些没有暖气的走廊……只会让我的病痛更严重……你病了，这让我很难过。尽量保持安静，好好休息，我的朋友，那是最好的疗法。"[38]

叶卡捷琳娜大帝很高兴找到了一个在才智上可以与自己媲美的伴侣："亲爱的，我和你在一起的日子非常开心。我们一起度过了四个钟头，无聊的情绪烟消云散，我不愿和你分离。我最亲爱的朋友，我多么爱你：你多么英俊、多么聪明、多么幽默、多么机智。我和你在一起的时候，我觉得世界都不重要了。我从来没有这么幸福过。我经常想在你面前掩饰自己的情感，但我总是脱口而出、表达自己的激情。"[39]但即便在两人热恋的早期岁月，波将金也已经受到内心矛盾的折磨：一方面，他充满孩子气地渴望得到关注和爱；另一方面，他又疯狂地渴望自由和独立。

对第一个问题，叶卡捷琳娜大帝的解决方案是日日夜夜地密切关注波将金，对他万般宠爱。他如饥似渴地尽情享受每一分爱，因为他和她一样，对爱无比贪婪。在这个骄傲的俄国男人面前，全俄罗斯女皇也表现得十分谦卑："我亲爱的小鸽子，我宝贵的朋友，我必须信守诺言，写信给你。你要知道，我爱你，任何人都不会对这一点感到奇怪。为了你，我可以赴汤蹈火。我愿意做你的卑微女仆或你的低贱用人，或者两个都做。"[40] 波将金不断索取更多的关注。他想要她无时无刻不想着他。如果不是这样，他就会生闷气。

"我永远不会忘记你，"在他有一次发脾气之后，她向"这位最亲爱的朋友"保证，"我听报告花了三个小时。结束之后我就立刻派人去找你了，尤其是因为还不到 10 点钟，我担心在这之前叫你会把你吵醒。你看，根本不值得为了这个生气……亲爱的，我爱你，如同爱自己的灵魂。"[41] 如果她真的发火了，就会让他明确知道："傻瓜！我没有命令你做任何事情！你不应当对我这样冷淡。我责怪我们的不共戴天之敌：你的脾气！"[42] 她容忍他的怪脾气，觉得他对她的激情让她有点受宠若惊，并努力理解他心中的苦闷："亲爱的，你在胡说八道。我爱你，我会永远爱你，尽管你是这样的人。"甚至还有更甜蜜的："巴金卡，来找我，让我用无尽的爱抚慰藉你。"[43] 她经常用自己的爱安抚这个愤怒而倍感挫折的男人。

波将金极其喜怒无常，所以他俩之间经常玩一种"游戏"。有一次他写了怒气冲冲的短信，她假装没有读到，便这样回信："你的信纸上写了什么吗？肯定是责备，因为阁下闷闷不乐了整个晚上，伤心的我寻求你的爱抚，却一无所获……我们前天吵了架，当时我非常真诚地想和你讨论我的计划……它对你会非常有好处。我承认，昨晚我刻意没有派任何人来找你……但你到 9 点还没来的时候，我就派人去询问你的健康状况了。然后你来了，却满脸乌云。我假装没有注意到你的恶劣情绪，最终你真的气坏了……等待吧，亲爱的，让我受伤的心痊愈，等我们再见面的时候，一定会再度温柔如水。"[44]

也许就是在这次吵架之后，波将金给她送去一张空白信纸，一字未写。女皇觉得受伤，但还是感到好笑，在回信中把他几乎所有的绰号都列举出来：“今天不是愚人节，你却给我送来一张白纸……你这么做，是为了不要把我宠坏……我也没有猜出你的沉默是什么意思。但我对你充满了柔情蜜意，我的邪教徒、莫斯科人、普加乔夫、黄金小公鸡、孔雀、猫咪、雉鸡、黄金老虎、丛林雄狮。”[45]

　　叶卡捷琳娜大帝在德意志式的冷淡性情（“我的残忍的温柔”）的表面之下，其实隐藏着强迫症一般的高情感需求。这种高需求足以让任何男人窒息，更不要说是特别急躁好动的波将金。他深爱这个女人，从她那里得到丰厚的奖赏，飞黄腾达，又享受到她的宠溺，但他的精神高度紧张，一举一动充满了戏剧性的、斯拉夫式的自相矛盾，所以他永远不能放松下来、享受幸福。“冷静是一种你的灵魂无法忍受的状态。”他需要呼吸的空间。她喜欢他坐立不安的样子，但她还是忍不住会觉得这是对自己的侮辱：“我来唤你起床……发现你还在睡。现在我理解，你白天睡觉只是一个借口，是为了避开我。在城里，你和我一起度过许多钟头……在这里，我却只能见你片刻。我的邪教徒、哥萨克、莫斯科人，你总是试图回避我！……你可以嘲笑我，但我看到你在我身边时感到无聊，我就笑不出来……”[46]但其实，波将金和叶卡捷琳娜大帝一样擅长操控别人。不管他回避她是出于骄傲还是焦躁，他都喜欢让她知道这一点。有一次她可怜兮兮地写道：“如果你总是回避我，我就不来找你了。”[47]波将金高度活跃、思绪千变万化的头脑很容易感到无聊，但他永远不会厌倦叶卡捷琳娜大帝的陪伴。他俩的共同点太多了。

波将金这样传统的俄国男人，即便受过启蒙时代的经典教育，仍然很难与一个不仅更有权势而且在性方面非常独立的女人维持平等的关系。波将金的行为很自私，很放纵，但他处于非常困难的环境里，受到政治层面和个人层面的巨大压力。所以他才经常折磨叶卡捷琳娜大帝。他对其他男人非常吃醋，这很愚蠢，因为她对他绝对忠诚。对专横霸道的男人来说，女皇正式情人的身份太难了。

首先，他吃瓦西里奇科夫的醋。叶卡捷琳娜大帝为了让他满意，开始谈判让瓦西里奇科夫离开宫廷，也就是说用金钱换"冰汤"离开。"我要把决策权交给一个远比我聪明的人……我希望你能保持温和。"她的书信能让我们感受她的慷慨大方。她在给波将金的信中写道："我不会给他［瓦西里奇科夫］多于两个村庄。我已经给过他四笔钱，但不知道具体有多少。我想是 6 万卢布。"波将金和他的前房东叶拉金一起给瓦西里奇科夫安排了非常慷慨的分手协议，不过瓦西里奇科夫得到的财富与他的几位后继者相比就不值一提了。瓦西里奇科夫已经离开了冬宫，和自己的兄弟住在一起，现在得到了一座装修完毕的豪宅、5 万卢布安家费、5000 卢布年金、几个村庄、餐具、若干亚麻织物和一套 20 件的银餐具（其中肯定有用于盛冻汤的碗）。可怜的"小三"瓦西里奇科夫还要蒙受一桩耻辱——他必须"向波将金深深地鞠躬"和道谢，但他有理由感激。[48] 波将金素来不会记仇，无论对私敌还是政敌都不会睚眦必报。他给瓦西里奇科夫的待遇就是一个早期例证。但波将金仍然受到内心耻辱的折磨，因为叶卡捷琳娜大帝也随时可以把他弄走，就像处理掉"冰汤"一样。

有一次两人吵架之后，她用法语写信给他："不，格里申卡，我对你永远不会变心。你必须对自己公平一些：认识了你之后，我难道还会爱别人吗？我觉得世界上没有一个男人能与你媲美。并且我的天性是坚贞忠实的，我还要说：一般来讲，我不喜欢生活中有波澜。"她对自己"放荡"的名声非常敏感。

> 等你更了解我的时候就会尊重我，因为我向你保证，我是个正派的女人。我很诚实，我爱真理，我讨厌变化，我在过去两年里受了好多苦，我受了伤，我不会再回到那种状态……我现在非常开心。如果你继续为了这种流言蜚语烦恼，你知道我会怎么做吗？我会把自己锁在房间里，除了你谁也不见。如果有必要的话，我能做得出来那么极端的事情。我爱你胜过爱自己。[49]

她对波将金无比耐心，但她的耐心也不是没有底线的："如果你傻里傻气的坏脾气离开了你，请告诉我，因为我觉得它似乎还要维持下去。我没有给你如此倔强地发脾气的理由，我觉得你的脾气发得太久了。不幸的是，只有我一个人觉得你生气太久，你这残酷的鞑靼人！"[50]

他的喜怒无常和剧烈的情绪波动没有影响他俩如胶似漆的关系，但他的这些脾气让人非常疲惫。他这些令人震惊的行为似乎仍然能得到叶卡捷琳娜大帝的尊重和爱，尽管他发脾气显然是在操控她。叶卡捷琳娜大帝对他的激情感到兴奋，他的吃醋也让她受宠若惊。但如果不受约束的话，他有时会做得太过分。他威胁要杀掉任何胆敢与他争夺女皇芳心的竞争对手。她的一席话激怒了他："你应当为自己感到羞耻。

你为什么说任何人若是取代你，就必死无疑？用威胁来强迫人的感情，是不可能办得到的……我必须承认，你这些担忧里有温柔的成分……那个傻瓜［瓦西里奇科夫］让我很受伤。我害怕……习惯了他会让我很不开心，会让我折寿……现在你能读懂我的心和灵魂。我真诚地向你敞开我的心。如果你不感受它，看不见它，那么你就配不上我心中对你的澎湃激情。"[51]

波将金想要知道她的一切。他说她在他之前有过十五个情夫。女皇竟然被当面指控道德败坏，这倒是一个罕见的例子。叶卡捷琳娜给他写了"一份真诚的告白书"，希望借此平息他的醋意。无论在哪个时代，这样的文件都是不寻常的。其中很有现代感的女性口吻很像人们喜欢告白的 21 世纪的情形，其中世俗而务实的道德观属于 18 世纪，而浪漫和诚实的情感，则是永恒的。一位女皇解释自己的性经历，这真是独一无二的文件。她探讨了自己在他之前的四个情人：萨尔蒂科夫、波尼亚托夫斯基、奥尔洛夫和瓦西里奇科夫。她为自己曾和萨尔蒂科夫与瓦西里奇科夫保持关系感到懊悔。在这份告白书里，波将金被描绘成巨人和民间传说里的英雄："现在，英雄先生，在我的告白之后，我能否希望我的罪孽将得到宽恕？你一定很高兴看到，根本没有十五人，只有那个数字的三分之一，其中第一个［萨尔蒂科夫］是我不情愿地接受的，而第四个［瓦西里奇科夫］是我在绝望中接受的，所以这两个不能算是我的放纵。至于另外三人，上帝为我作证，我接受他们不是因为放荡，我不是那样的人。如果我年轻时得到一个我能够爱的丈夫，我一定会对他永远忠诚。"

然后，她对自己的秉性做了解释："麻烦在于，我的心必须一直拥有爱，少一个钟头也不行……"她不是很多人说的女色情狂，而是一个在情感方面有高需求的女人。18 世纪的人会说这是感性的表白；19 世纪的人会认为这是浪漫之爱的诗意宣言；今天的我们会明白，这只是复杂而充满激情的个性的一部分。

他们之间的爱是绝对真诚的，但波将金的狂野性格和权欲意味着他们的关系始终会经历惊涛骇浪。然而，叶卡捷琳娜大帝在这份告白的末尾还是说："如果你想永远拥有我，请向我表现出友谊和善意，并继续爱我，始终对我诚实。"[52]

注 释

1 对波将金的描述基于 G. Lampi 未完成的、存于埃尔米塔日博物馆的肖像。Waliszewski, *Autour d'un trône* vol 1 p 145. Stedingk p 98, J. J. Jennings to Fronce 17 MarchNS 1791. 另见波将金作为近卫军骑兵团上尉的肖像，画家不详。感谢 V. S. Lopatin。

2 SIRIO 19（1876）405.

3 RA（1873）2 pp 123 and 125, Count Solms to FII 4 and 7 March 1774.

4 Waliszewski, *Autour d'un trône* vol 1 p 145.

5 Comte de Ségur, *Memoirs*, ed Gerard Shelley p 186.

6 Nathaniel Wraxall, *Some of the Northern Parts of Europe* p 201.

7 AAE 11：297, 1773.

8 RGADA 5. 85. 1. 145, L 54. RGADA 5. 85. 1. 352, L130.

9 RGADA 5. 85. 1. 133, L 15.

10 RGADA 1. 1/1. 54. 44, L 61.

11 RGADA 1. 1/1. 54. 105, L 62.

12 Blum quoted in Brü ckner, *Potemkin* pp 25-6. Countess Sievers to Count Sievers 28 April 1774.

13 RGADA 5. 85. 1. 252, L 48.

14 Julian Ursyn Niemcewicz, *Pamietniki czasow moich* p 80.

15 RA（1877）1 p 479 Ribeaupierre. SIRIO 23（1878）：84, CII to Baron

F. M. Grimm 2/4 March 1778.

16 叶卡捷琳娜大帝为小埃尔米塔日定的规矩，见 Waliszewski, *Autour d'un trône* vol 1 p 153。

17 SIRIO 23（1878）: 7, CII to Grimm 30 August 1774.

18 RGADA 5. 85. 1. 382, L 59.

19 SIRIO 23（1878）: 3, CII to Grimm 19 June 1774.

20 RGADA 1. 1/1. 54. 4, L 14.

21 SIRIO 23（1878）: 4, CII to Grimm 3 August 1774.

22 RGADA 5. 85. 1. 150, L 94.

23 RGADA 1. 1/1. 54. 42, L 18.

24 RGADA 1. 1/1. 54. 6, L 24.

25 RGADA 1. 85. 1. 209, L 10.

26 K. K. Rotikov *Drugoy Peterburg* pp 103-4. 27 RGADA 5. 85. 1. 326, L 60.

28 RGADA 1. 1/1. 54. 7, L 18. 波将金给叶卡捷琳娜大帝的歌《当我看到你》中有这样的句子："你可爱的眸子俘虏了我。"Masson p 108.

29 RGADA 5. 85. 1. 343, L 11.

30 RGADA 1. 1/1. 54. 16, L 15.

31 RGADA 5. 85. 1. 253, L 44.

32 RGADA 1. 1/1. 54. 12, L 23.

33 RGADA 5. 85. 1. 343, L 11.

34 RGADA 5. 85. 1. 133, L 15.

35 RGADA 5. 85. 1. 343, L 12.

36 RGADA 5. 85. 1. 150, L 94.

37 RGADA 5. 85. 1. 347, L 57.

38 RGADA 5. 85. 1. 144, L 64.

39 RGADA 1. 1/1. 1. 213, L 14.

40 RGADA 1. 1/1. 54. 27, L 32.

41 RGADA 5. 85. 1. 226, L 37.

42 RGADA 5. 85. 1. 172, L 87.

43 RGADA 5. 85. 1. 160, L 53.

44 RGADA 1. 1/1. 54. 3, L 87.

45 RGADA 5. 85. 1. 226, L 37.

46 RGADA 1. 1/1. 54. 11, L 27.

47 RGADA 5. 85. 1. 313, L 59.

48 RGADA 10. 1/1. 54. 19, L 16. SIRIO 13: 398.

49 RGADA 5. 85. 1. 255, L 17.

50 RGADA 1. 1/1. 54. 14, L 93.

51 RGADA 1. 1/1. 54. 17, L 26.

52 GARF 728. 1. 425. 1-5. CtG, *Sochineniya* vol 12 pp 697-9, CII to GAP.

8 权力

> 她爱他爱得发疯。他俩之所以相爱，也许是因为他俩的性格完全相同。
>
> ——元老伊凡·叶拉金给迪朗·德·迪斯特洛夫的信

"这两位伟人简直就是天造地设的一对，"马松观察道，"他爱自己的君主，起初把她当作自己的情人；后来珍爱她，把她视为自己的荣耀。"他们都雄心勃勃，也都才华横溢，这是他们爱情的基石，也是它的缺陷。女皇的这段伟大爱情开启了一个崭新的政治时代，因为所有人都立刻认识到，与瓦西里奇科夫和格里戈里·奥尔洛夫不同的是，波将金有能力行使权力，并且会努力立即开始引导朝政。但在1774年初，他们必须谨小慎微，因为他们正处于叶卡捷琳娜大帝的统治到当时为止最敏感的时期：普加乔夫仍在里海以北、乌拉尔山区以南、莫斯科以东地区狂暴地行动，满腹忧愁的贵族希望朝廷尽快发兵阻挡他；土耳其人还不肯谈判，鲁缅采夫的军队师老兵疲、热病横行。如果在此时讨伐普加乔夫失利，或俄军落败于土耳其人，或刺激了奥尔洛夫兄弟，或怠慢了近卫军，或对保罗大公让步，那么女皇和他的情人都可能丢掉脑袋。[1]

为了让他俩不抱幻想，阿列克谢·奥尔洛夫-切什梅斯基决定让他俩知道，自己一直在仔细观察冬宫浴室窗户透出的灯

正值盛年的格里戈里·波将金公爵殿下，此时的他已是叶卡捷琳娜大帝的秘密夫君，并且越来越多地分享她的权力。叶卡捷琳娜大帝称他为她的"大理石美男子"，据说他拥有俄国最美丽的头发。但他对自己的独眼感到羞耻，所以他的肖像都是从这个角度画的，以遮掩他的盲眼。

叶卡捷琳娜大帝，身穿近卫军制服，1762 年 6 月 28 日，也就是她从丈夫彼得三世手中夺权的日子。在这一天，她第一次遇见了波将金。在圣彼得堡冬宫外检阅部队时，她发现自己的军刀缺少穗子。年轻的波将金策马上前，向她献上自己的穗子。她没有忘记他。

亚历山德拉·"萨申卡"·布拉尼茨卡伯爵夫人，聪明、灵敏，是个厉害角色。她是波将金的外甥女，可能还是他的情人，但肯定是他最好的朋友（仅次于叶卡捷琳娜大帝）。最后波将金死在布拉尼茨卡的怀中。

皇储保罗大公（后成为皇帝），叶卡捷琳娜大帝的儿子，性格乖张，满腹怨恨，对波将金恨之入骨，吹嘘说要将他投入大牢。

大约 35 岁的波将金与叶卡捷琳娜大帝的恋情正浓。他身穿骑士近卫军上尉的黄金胸甲和制服。骑士近卫军负责守卫女皇的套房。

达里娅·波将金娜，波将金的母亲。她不赞成他与外甥女们的关系，并且明确表达了自己的看法。波将金把母亲的信丢进火堆……

上：圣彼得堡的新古典风格的塔夫利宫，1791 年波将金举办的盛大舞会的场地。

下：皇村附近半壁倾颓的巴博洛沃宫。

上：他的第一座宫殿，圣彼得堡的阿尼奇科夫宫。

下：奥斯特洛夫基城堡。

巴博洛沃宫和奥斯特洛夫基城堡都受到了沃波尔的草莓山庄的启发。

叶卡捷琳诺斯拉夫的波将金宫殿。

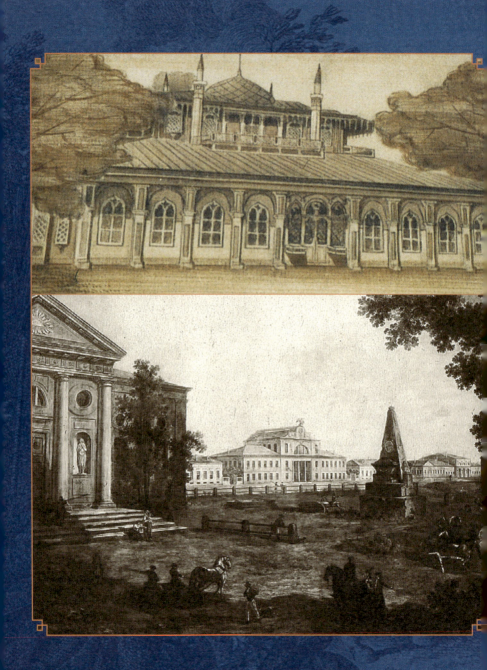

上：尼古拉耶夫的土耳其风格宫殿，波将金临终时还渴望回到这里。

下：波将金建造的第一座城市赫尔松市中心的庞大宫殿。

58 岁的叶卡捷琳娜大帝身穿旅行装束。在 1787 年波将金安排的南巡克里米亚期间,她会见了约瑟夫二世皇帝。

波将金的签名

陆军元帅波将金，1787年俄土战争期间，处于巅峰状态的胜利者。他佩戴着镶嵌钻石的叶卡捷琳娜大帝肖像，这是他最引以为豪的藏品。

18 世纪 90 年代的叶卡捷琳娜大帝，仍然威风凛凛、仪态尊贵，但已经发福，气喘吁吁。她告诉波将金，她对庸碌的年轻情人祖博夫爱得发狂，她觉得自己仿佛夏季的肥苍蝇。她非常希望自己对祖博夫的选择得到波将金的认可。

18世纪80年代末英姿飒爽、活力四射并且春风得意的军事领袖波将金。精力充沛的波将金公爵身穿他自己设计的黑海舰队总司令的华美白色制服,胸前佩戴叶卡捷琳娜大帝的肖像,手指塞瓦斯托波尔和他建造的其他新城市。叶卡捷琳娜大帝说胜利让他"显得更英俊潇洒",而他的政敌也承认"女人们渴望波将金公爵的怀抱"。

上：标记波将金于 1791 年 10 月 5 日去世地点的路边纪念碑，在摩尔多瓦境内。

下左：1791 年 10 月波将金的遗体被停放供公众瞻仰期间用过的宣布波将金去世的告示，上面列出了他的全部头衔。作者在罗马尼亚雅西戈利亚修道院的一台钢琴后找到了这幅告示。

下右：波将金的棺材，在教堂的地下墓穴。布尔什维克偷走了那里的圣像。

上：乌克兰赫尔松圣叶卡捷琳娜教堂的暗门，通往波将金的墓穴。

下：波将金的家乡，俄罗斯斯摩棱斯克附近奇若瓦村的废弃教堂。波将金在这个村庄出生、受洗、学习读书写字，他的心脏可能也被埋葬在这里。

光。奥尔洛夫兄弟自 1772 年以来已经收复了不少"失地",但如果波将金崛起,他们就是第一个牺牲品。

"是真的假的?""疤脸"微微笑着问女皇。

"什么真的假的?"女皇答道。

"是爱情吗?"奥尔洛夫-切什梅斯基紧追不舍。

"我不能撒谎。"女皇答道。

"疤脸"又问:"是真的假的?"

"是真的!"女皇最后说。

奥尔洛夫-切什梅斯基又开始笑了:"你们在浴室见面?"

"你为什么会这么觉得?"

"因为一连四天,我们都看见浴室的窗户比平时灭得更晚。"然后他补充道,"昨天,很显然,你们约定晚些见面,所以你们决定不显露出互相之间的爱意,这是为了瞒过其他人。真聪明!"[2] 叶卡捷琳娜大帝把这段对话告诉波将金,他俩哈哈大笑,就像淘气的孩子因为自己做出了让父母吃惊的事情而高兴一样。但阿列克谢·奥尔洛夫的笑话里总有一些威胁的意味。

除了在浴室享受性爱和欢笑,波将金还立刻开始在俄土战争和镇压普加乔夫叛乱这两方面协助叶卡捷琳娜大帝。这两位政治家经常讨论如何演一场好戏。"再会,兄弟,"她告诉他,"在公共场合的表现要聪明,那样的话就没人知道我们的真实想法。"[3] 但她在波将金面前感到很安全,他给她的感觉是,一切皆有可能,他们的光荣梦想是完全可行的,暂时的问题是完全可以解决的。

为了波将金,叶卡捷琳娜大帝已经承受了很大压力。3月初，一些非常有权势的廷臣（我们不知道具体是谁），包括一个绰号"炼金术士"的人（可能是帕宁或奥尔洛夫兄弟之一），建议叶卡捷琳娜大帝除掉波将金。"你管他叫'炼金术士'的那个人来了……他努力向我证明，你和我的行为很疯狂。他最后问，我能不能问你一下，你是否打算回到军队。我答应帮他问问。他们全都试图教导我该怎么做……我没有承认真相，也没有给自己找太多借口，所以他们没有理由说我撒谎。"但这封信也表明波将金和叶卡捷琳娜大帝在政治问题上团结一心：

> 简而言之，我有很多事情要告诉你，尤其是我们昨天从中午谈到 2 点的那件事情。但我不知道你现在的态度是否和昨天一样，我也不知道你说话算不算数，因为你有好几次答应我要来，最后却没来……我一直想着你。哦！我给你写了多么长的一封信啊。抱歉，我老是忘记你不喜欢这样。我以后不会了。[4]

叶卡捷琳娜大帝设法防止波将金的崛起造成她与奥尔洛夫兄弟决裂："有一件事情我请你千万不要做：不要伤害奥尔洛夫公爵，也不要企图损害他在我心中的地位。如果你这么做，就是忘恩负义了。你来之前，他表扬最多、最喜爱的人就是你。"[5]

波将金现在要求得到一个政府官职。最重要的位置在陆军和外交领域。因为他是以战争英雄的身份从多瑙河前线回来的，他现在选择陆军委员会是自然而然的。1774 年 3 月 5 日，也就是波将金被任命为女皇侍从长的一周之内，她就开始通过他向陆军委员会主席扎哈尔·切尔内绍夫（奥尔洛夫的盟友）传达军事方面的命令。[6] 普加乔夫叛乱对波将金有好处，因为政府需要为这场灾难找一个替罪羊。扎哈尔·切尔内绍夫没有沾到鲁缅采夫胜利的光彩，如今却不得不承担普加乔夫叛乱的责任。他对此很不开心。"切尔内绍夫伯爵很焦虑，老是说他要辞职。"[7] 波将金将叶卡捷琳娜大帝的旨意传给切尔内绍夫的十天后，她晋升波将金为普列奥布拉任斯科耶近卫团的副团长（她自己是团长）。这曾是阿列克谢·奥尔洛夫的位置，表明了女皇对波将金最高级别的恩宠，也印证了奥尔洛夫兄弟的衰落。波将金还成为六十名衣着光鲜的骑士近卫军的队长。骑士近卫军头戴银盔、身穿银甲，负责在皇宫巡逻，其中的骠骑兵或哥萨克分队还负责护卫女皇的马车。

波将金知道自己不能霸占宫廷的所有肥差，那样简直是发疯。所以，他努力"与所有人交朋友"，[8] 尤其是尼基塔·帕宁。[9] 这是鲁缅采娃伯爵夫人的说法。洋洋自得而懒懒散散的帕宁现在看上去比波将金崛起之前更加"心满意足"。但索尔姆斯伯爵不会低估帕宁："波将金有狡猾和邪恶的名声，我只担心他会从与帕宁的友谊当中受益。"[10]

波将金希望通过帕宁的帮助，去遏制叶卡捷琳娜大帝宫廷的另一个危险分子：长着狮子鼻、性情拘谨、亲普鲁士的皇储保罗大公。他现在二十岁了，渴望得到一个与自己的身份相配的政治角色。保罗不喜欢奥尔洛夫公爵，但更讨厌女皇的新宠臣，因为保罗已经感到，波将金会把他从宫廷永远地排挤出去。波将金很快就得罪了保罗。推崇普鲁士式军事纪律的保罗有一次撞见波将金和女皇在一起，后来就抱怨波将金的服装。叶卡捷琳娜大帝告诉波将金："我亲爱的，大公星期二和星期五来看我……从 9 点待到 11 点……安德烈·拉祖莫夫斯基伯爵①［保罗大公的朋友］穿的是同样的衣服,保罗却没有批评他。我不觉得你穿的比他差……"[11] 好在保罗大公没有撞见波将金穿着半敞着怀的熊皮大衣、头上束着粉红色的大手绢,否则肯定要吓一大跳。

帕宁努力把越来越满腹怨恨的皇储往"聪明的"波将金的方向拉拢。[12] 所以波将金在利用帕宁,而帕宁也觉得自己在利用波将金。鲁缅采娃伯爵夫人告诉丈夫,波将金重返宫廷,让政治局势彻底发生了变化。她说得一点不错。[13]

现在,波将金集中注意力于普加乔夫叛乱。叶卡捷琳娜大帝和波将金成为情人和政治搭档的不久之后,亚历山大·比比科夫将军在喀山设立大本营,于 3 月 22 日打败了普加乔夫9000 人的军队,成功为奥伦堡、乌法和雅伊克解围,并迫使冒牌沙皇放弃了自己位于奥伦堡城外别尔达的"首都"。波将金向女皇推荐自己的堂兄弟帕维尔·谢尔盖耶维奇·波将金(帕维尔的父亲就是当年那个让格里戈里的父亲相信格里戈里是私生子的人),让他领导喀山的秘密委员会,负责查明普加乔夫叛乱的真实原因(俄国政府怀疑土耳其人和法国人是叛乱的幕后指使)并惩罚叛军。于是,波将金和叶卡捷琳娜大

---

① 安德烈·拉祖莫夫斯基(1752—1836)是基里尔·拉祖莫夫斯基的儿子。安德烈·拉祖莫夫斯基后来长期在维也纳从事外交工作,是俄国在维也纳会议的主要谈判者之一。他是音乐爱好者和赞助者,聘请贝多芬创作了一套弦乐四重奏曲。他在维也纳城区建造了豪华的新古典风格宫殿,即拉祖莫夫斯基宫,收藏了大量古董和艺术品。他的宫殿于 1814 年 12 月 31 日凌晨失火,大量艺术品被毁。他深受打击,虽然次年被提升为公爵,但隐遁于维也纳,最终也死在那里。

帝命令扎哈尔·切尔内绍夫[14]把帕维尔·波将金从土耳其前线调回来。帕维尔·谢尔盖耶维奇是一位非常有 18 世纪特色的通才，既是优秀的军人，也是优雅的廷臣、诗人、精通多种语言的学者，是他第一个把卢梭的作品翻译成俄文。他回到圣彼得堡之后，叶卡捷琳娜大帝立刻"派他去喀山与比比科夫会合"。[15]现在比比科夫距离胜利已经不远，快要彻底消灭假彼得三世了，帕维尔·波将金奉命去处理叛乱的善后。女皇和波将金则将目光转向俄土战争。

波将金阅读了叶卡捷琳娜大帝起草的俄国的和平条件，草草批阅道："小妈妈，有下划线的条款是什么意思？"女皇在文件下面回复道："意思是增添了这些条款，但如果有争议的话，我们不会坚持这些要求……"[16]波将金来到女皇的议事会之后就开始与她一起草拟给陆军元帅鲁缅采夫的指令。廷臣们起初猜测波将金会努力把自己的老上司搞下台。传说波将金一辈子都非常嫉妒极少数和他一样有才华的人。事实并非如此。"有人说他对鲁缅采夫不友好，"索尔姆斯告诉弗里德里希大王，"但我知道事实恰恰相反。他俩是朋友，波将金经常为鲁缅采夫辩护。"陆军元帅的妻子也同样惊讶地发现，"波将金抓住一切机会为你效劳……他甚至对我也很好"。[17]

要想让土耳其人回到谈判桌前，还需要一次坚决果断的行动。但鲁缅采夫的军队已经被削弱了很多，需要增援部队才能执行他跨过多瑙河的计划，他也需要女皇授权才能就地开展和谈。3 月底，波将金说服叶卡捷琳娜大帝"授权鲁缅采夫开始和谈，从而结束战争"（这是她自己的说法）。[18]这意味着土耳其人传统的拖延战术无法奏效，因为鲁缅采夫现在有权立刻开始谈判，在叶卡捷琳娜大帝和波将金划定的范围之内可以自由行动，而无须随时请示圣彼得堡。4 月 10 日，新的和平条件（经过波将金的修改）被发给陆军元帅。此时，土耳其人已经失去了对谈判的胃口。奥斯曼帝国的决策即使在最顺利的时候也慢得惊人，如今则更慢了，因为苏丹穆斯塔法三世驾崩，他的弟弟阿卜杜勒-哈米德一世继承了皇位，而他更为谨慎。法国人鼓励土耳其人继续作战。狡诈的普鲁士人可能也在暗中怂恿土耳其人：弗里德里希大王正在消化第一次瓜分波兰分给他的那部分，但仍然对俄国在南方的开疆拓土炉火中烧。不止这样，普加乔夫叛乱也让土耳其人备受鼓舞。所以在议和之前还必须继续打仗。鲁缅采夫元帅准备又一次渡过多瑙河。

波将金获取权力的第一步是加入国务会议，即叶卡捷琳娜大帝于 1768 年设立的具有咨询性质的战时内阁。人们总是说他的攀升十分神速而轻松。但与历史上的传统说法相反的是，女皇的恩宠并不能保证他获得权力。波将金认为自己已经有资格加入国务会议，但很少有人同意。此外，国务会议的所有其他成员的级别都是职级表上的第一级或第二级，波将金还只是第三级。"我该怎么办？我甚至都没有进入国务会议。为什么呢？他们不同意，但我会成功的。"波将金愤怒地说。他的"坦率"让法国外交官迪朗震惊。[19] 波将金的直言不讳让他遇见的大多数外国外交官都感到震惊。这是外国使节们看到的第一个迹象，表明波将金成为叶卡捷琳娜大帝的情人仅仅三个月后就想要真正的权力，并孜孜不倦地追求权力。

宫廷人员在皇村度夏。叶卡捷琳娜大帝仍然拒绝批准他加入国务会议。但他心意已决，把自己的坏脾气当作武器。"星期天，我和他与女皇坐在桌边的时候，"迪朗记载道，"我看到，他不仅不和她讲话，甚至也不回答她的问题。她气坏了。我们几个都惊慌失措。最后御厩大臣［列夫·纳雷什金］打破了沉默，但他从来没有办法活跃气氛。女皇从桌边起身，独自离开，回来之后眼睛红红的，表情很烦恼。"[20] 波将金称心遂愿了吗？

"亲爱的，"女皇在 5 月 5 日写道，"你让我今天给你一点东西带去国务会议，我就写了一封给维亚泽姆斯基公爵的短信，请你带去。如果你想去的话，12 点前必须做好准备。我把这封短信和喀山委员会的报告给你送去。"[21] 这封短信让波将金去探讨喀山秘密委员会（负责调查和惩罚普加乔夫叛军）的事务，听起来随意，其实不然：叶卡捷琳娜大帝是在以这种方式邀请波将金加入国务会议。波将金非常招摇地把这封信送给了元老院主席维亚泽姆斯基，然后坐在国务会议的会议桌前。他此后会永久性占据这个位置。冈宁于次日报告伦敦方面："在别的任何国家，宠臣都不会崛起得如此神速。令国务会议成员大吃一惊的是，波将金将军成了他们的一员。"[22]

大约就在这个时期，喀山秘密委员会揭露了一起在叶卡捷琳娜大帝的夏季住处皇村行刺她的"阴谋"。一名被俘的普加乔夫支持者在刑讯之下供认，叛军派遣了一些刺客。波将金和维亚泽姆斯基一起安排审讯。叶卡捷琳娜大帝勇敢地告诉波将金："我觉得大山会生出一只老鼠来。"[23] 他颇为惊慌，但后来事实证明有人行刺的故事很可能是犯人受刑之后胡编乱造的。刑讯得来的信息不可靠，这是叶卡捷琳娜大帝反对刑讯的原因之一。喀山秘密委员会距离都城很遥远，她无法阻止委员会用刑，不过她试图让比比科夫尽量少用刑讯。[24]

5月30日，波将金被晋升为陆军上将和陆军委员会副主席。我们很容易忘记，当女皇的国务会议在进行这场激烈的派系斗争的同时，波将金和叶卡捷琳娜大帝还在享受他们最初的热恋。可能就是他得到晋升的同一天，女皇给波将金发去了这封甜得发腻的情书："将军爱我吗？我很爱将军。"[25] 冈宁报告称，波将金的升职让陆军大臣切尔内绍夫"深受打击"，"他无法继续待在自己的位置上……"[26] 切尔内绍夫很快辞职，改任新的白俄罗斯行省（第一次瓜分波兰时划归俄国）的总督。两年前奥尔洛夫公爵倒台引发的派系斗争造成的危机终于结束了。

荣誉、官职、农奴、庄园和财富如天女散花一般落到波将金手中：3月31日，他被任命为新俄罗斯总督（新俄罗斯就是新近征服的乌克兰南部地区，与克里米亚的鞑靼人汗国和奥斯曼帝国接壤）；6月21日，他被任命为所有非正规军队（他心爱的哥萨克）的总司令。波将金一夜之间获得的巨额财富令人难以置信。这与他在奇若瓦的拮据生活，甚至与他的教父在莫斯科的豪宅相比都是天壤之别。一名农民出身的俄国步兵每年获得7卢布的军饷，军官的年薪大约是300卢布。波将金在每个命名日、节日或为了庆祝他在某项工作上的成功，都能得到10万卢布的礼金。他的餐饮津贴每个月都有300卢布。在所有皇宫，他的住宿和得到的服务都是免费的。他会在每个月的第一天获得1.2万卢布赏金，但叶卡捷琳娜大帝很可能一心血来潮，就随时塞给他几千卢布。瓦西里奇科夫可以证明这一点。波将金的钱来得容易，花钱也如流水。他一方面因为自己从女皇那里得到金钱而窘迫，另一方面又不断向她索要更多金钱。虽然开销极大，但他的收入受到的影响仍然很小，他的奢侈也还没有达到巅峰。很快，他的收入和奢侈就都没了上限。[27]

叶卡捷琳娜大帝确保让波将金获得尽可能多的俄国和外国勋章，这是为了提升他的地位，从而巩固她自己的地位。君主喜欢为自己的宠臣搞来外国勋章。外国君主很不情愿把勋章颁发出去，尤其是发给篡位弑君者的男宠。但要是有很好的理由，外国君主一般会满足叶卡捷琳娜大帝的要求。外国君主和俄国大使之间关于这些勋章的通信非常有趣，能够让我们很好地了解宫廷外交的那种迂回曲折、简直像密码的语言。

大约在这个时期的一天，叶卡捷琳娜大帝淘气地向波将金问候："早上好，甜心……我起了床，派人问副首相那些勋章的事情。我写道，这些是给……波将金将军的。我打算在礼拜之后向他授勋。你认识他吗？他非常英俊，也聪明绝顶，并且他非常爱我，我也爱他……"[28] 这天，波将金获得了俄国的圣亚历山大·涅夫斯基勋章和斯坦尼斯瓦夫-奥古斯特国王送来的波兰的白鹰勋章。这些勋章的威望很高，不过高级贵族认为这是他们理所应得的。波将金一个比较讨人喜欢的特点是他很孩子气地迷恋勋章。没过多久他就获得了彼得大帝的圣安德烈勋章、弗里德里希大王送来的普鲁士的黑鹰勋章、丹麦授予他的白象勋章，以及瑞典送来的圣天使勋章。但路易十六和玛丽亚·特蕾西亚拒绝给波将金颁发圣灵勋章和金羊毛勋章，理由是这些勋章只能给天主教徒。在伦敦，俄国大使企图为波将金获取嘉德勋章，这令乔治三世大为震惊。[29]

"女皇似乎要把政府托付给波将金。"冈宁汇报伦敦方面。

不可想象的事情真的发生了：波将金现在是奥尔洛夫公爵的上级。外国大使们简直无法理解这一点。这些大使对奥尔洛夫兄弟早就习惯了，所以不敢相信他们再也无法重返权力巅峰。连奥尔洛夫兄弟自己也不能相信。

6月2日，奥尔洛夫公爵闯进宫去见叶卡捷琳娜大帝。即便是女皇，也张皇失措起来。消息灵通的冈宁报告称："他们说，奥尔洛夫和叶卡捷琳娜大帝摊牌了。"[30]奥尔洛夫公爵素来脾气温和可亲，但如今他变得暴躁易怒。他一旦发起脾气，就非常可怕。叶卡捷琳娜大帝甚至说他是"鲁莽狂妄的人"。不管奥尔洛夫对她说什么，她都很难过。但她懂得如何对付他，他最终同意再次"出国旅行"。她无所谓，因为她已经有波将金了。"晚安，我的朋友。明天写信告诉我你怎么样。再会。没有你，我非常无聊。"[31]

6月9日，鲁缅采夫向土耳其人发动进攻，派遣两个军渡过多瑙河，在科兹卢查①附近打败了奥斯曼军队的主力部队。于是大维齐尔和多瑙河上的几处要塞之间的联络被切断。俄军骑兵向南驰骋，经过舒门②，进入今天的保加利亚。

叶卡捷琳娜大帝和波将金得知打败普加乔夫的比比科夫将军突然死于热病，感到很遗憾。但叛乱似乎已经平息，于是他们任命才能平庸的费奥多尔·谢尔巴托夫公爵接替比比科夫。7月初，叶卡捷琳娜大帝得知普加乔夫虽然多次战败，却东山再起，组建了一支新军队。她罢免谢尔巴托夫，任命了另一位将军彼得·戈利岑公爵。女皇在给波将金的信中乐观地写道：

① 科兹卢查（Kozludzha）就是今天保加利亚东北部的城市苏沃罗沃。
② 舒门是今天保加利亚东北部的一座城市。

"我把将谢尔巴托夫公爵免职的信发给你，请帮我修改一下，然后我会在国务会议上宣读它。肯定一针见血。"[32]

6月20日，土耳其人求和。通常情况下这意味着双方会停战并召开和会，花上几个月时间谈判。上一轮和谈就是这样的。这一次，波将金"授权"鲁缅采夫自行斟酌和谈条件的决策取得了成效，因为这位陆军元帅在保加利亚村庄库楚克开纳吉①安营扎寨，告诉土耳其人，要么他们签署和约，要么两军继续交战。之后奥斯曼帝国开始谈判。签署和约的消息随时可能传来。叶卡捷琳娜大帝喜气洋洋。一切都进展顺利。

7月中旬，叶卡捷琳娜大帝受到了新一轮普加乔夫叛乱的打击。11日，普加乔夫率领2.5万人的大军杀到具有战略意义的古城喀山城下。朝廷原以为已经打败了普加乔夫，其实根本没有。不过，平定此次叛乱的真正英雄，不知疲倦、精明强干的伊凡·米赫尔松中校正在追击他。喀山距离新诺夫哥罗德只有93英里，而新诺夫哥罗德距离莫斯科只有100多英里。喀山是一座古老的鞑靼人城市，1556年被伊凡雷帝征服，现有1.1万名居民，房屋大多是木制的。新近被任命为喀山和奥伦堡秘密委员会领导人的帕维尔·波将金将军刚好在7月9日，也就是普加乔夫兵临城下的两天前，来到了喀山。喀山的老总督病了。帕维尔·波将金接管了城防，但他只有650名步兵和200名不可靠的楚瓦什②骑兵，于是他退守要塞。12日，普加乔夫猛攻喀山，从早晨6点疯狂持续到午夜，将这座城市

---

① 库楚克开纳吉就是今天保加利亚东北部的城市凯纳尔贾。

② 楚瓦什人是生活在伏尔加河流域到西伯利亚的一个突厥人族群。

夷为平地。所有穿"德意志服装"或不留胡子的男人都被杀死，穿"德意志服装"的女人则被送到冒牌沙皇的营帐。城市被一把火烧成灰，然后普加乔夫的军队逃走。帕维尔·波将金得到了米赫尔松的营救。

农民叛乱席卷了整个伏尔加河地区。叛乱变得更加丑恶。它原本是哥萨克的起义，现在变成了一场野蛮的阶级战争，农民纷纷起来屠杀地主，就像 1358 年法兰西北部的扎克雷叛乱那样。数百万农奴揭竿而起、屠戮自己的主人的可怕前景随时可能变成现实。这不只是对叶卡捷琳娜大帝的威胁，还是对整个帝国的根基的威胁。现在有大批工厂农奴、农民和 5000 名巴什基尔骑兵追随着假沙皇的旗帜。一个又一个村庄的农奴投奔叛军。成群结队的逃亡农奴在乡间游荡。叛乱的哥萨克骑着马在乡村奔来跑去，煽动农奴造反。① 7 月 21 日，喀山被叛军攻破的消息传到了在圣彼得堡的叶卡捷琳娜大帝耳边。中央政府开始手忙脚乱。普加乔夫会进军莫斯科吗？[33]

次日，女皇在彼得宫城召开了紧急会议。她宣布自己要直接前往莫斯科，鼓舞整个帝国的士气。会议上大家一言不发，没人敢讲话。国务会议成员忧心忡忡、如坐针毡。叶卡捷琳娜大帝自己也惊慌失措：喀山的失陷让她一下子显得很脆弱。对她来说很不寻常的是，这一次她的恐慌情绪流露了出来。有些权贵，尤其是奥尔洛夫公爵、切尔内绍夫两兄弟，非常怨恨波

---

① 此时伏尔加河地区陷入无政府状态的一个突出例证就是，竟然出现了另一个假彼得三世。他原本是逃亡农奴，现在集结了另一群乌合之众，攻克了莫斯科东南方的特罗伊茨克，在那里设立了自己的"朝廷"。——作者注

将金的飞黄腾达和帕宁的卷土重来，所以不肯发言。

女皇亲自前往莫斯科的意愿让与会者目瞪口呆。会议的压抑沉默反映了大家"无言的绝望"是多么深重。叶卡捷琳娜大帝转向资深大臣尼基塔·帕宁，问他对她的想法怎么看。他后来在给兄弟彼得·帕宁将军的信中写道："我的回答是，女皇的想法不仅很糟糕，而且是灾难性的。"因为这表明朝廷顶层害怕了。叶卡捷琳娜大帝激情洋溢地阐述了她亲自去莫斯科指挥的好处。波将金支持她。这可能原本就是他的主意，因为在这些有文化有教养的权贵当中，他是最传统的一个俄国人，在祖国处于危险中的时候他本能地将莫斯科视为东正教的首都。当然，他之所以同意女皇，也完全可能是因为他刚刚成为国务会议的成员，暂时还没有能力做出独立于叶卡捷琳娜大帝的决策。

国务会议绝大多数成员的反应简直可以说滑稽：奥尔洛夫公爵拒绝发表任何意见，很孩子气地说自己身体不适，没睡好觉，所以没有意见。基里尔·拉祖莫夫斯基和陆军元帅亚历山大·戈利岑是一对"傻瓜"，一个字也说不出来。扎哈尔·切尔内绍夫在"两个宠臣〔奥尔洛夫和波将金〕之间战栗"，只"嘟嘟囔囔地说了一两个词"。他们认识到，伏尔加河前线没有一个有足够军事才干的人能去协调镇压普加乔夫的行动。他们需要一个"卓越的人物"。但谁合适呢？奥尔洛夫离开了，可能去睡美容觉了，而沮丧的与会者什么决定也做不出，只能等待与土耳其人和谈的消息。[34]

尼基塔·帕宁有个主意。饭后，他把波将金拉到一边，说能够挽救俄国的"卓越的人物"不是别人，正是他的兄弟彼得·伊凡诺维奇·帕宁将军。这位彼得·帕宁将军是个战绩不俗的将领，有贵族身份，能够安抚战战兢兢的地主们，并且他现在就在莫斯科。但彼得·帕宁有些毛病，他粗俗、傲慢、势利、脾气暴躁，对下极其严苛和吹毛求疵。即便我们考虑到他是 18 世纪的俄国军人，但他经常高声鼓吹的很多观点也太荒唐了。他迂腐地坚持贵族的特权和军事礼节的细枝末节，并且经常宣扬自己的观点：只有男人可以当沙皇。这个对部下极其残酷的长官、这个唾液飞溅的暴君甚至能身穿一件灰色缎子睡袍、头戴有粉红色缎带的法国睡帽，出现在自己指挥部的接待室。[35] 叶卡捷琳娜大帝非常厌恶他，在政治上也不信任他，甚至让秘密警察监视他。

所以尼基塔·帕宁不敢在国务会议上举荐自己的兄弟，而是低调地来找波将金。波将金立刻去见女皇。也许她一想到彼得·帕宁这个人就恼火。也许波将金说服了她，因为此时就连她最亲密的支持者似乎也在动摇，他们实在没有选择。于是她同意了。后来尼基塔·帕宁来见她的时候，女皇掩盖了自己的真实看法，用娴熟的演技优雅地表示，她希望彼得·帕宁接管伏尔加河各省，"挽救莫斯科和帝国的内陆地区"。尼基塔·帕宁立刻写信给自己的兄弟。[36]

帕宁兄弟简直可以说是发动了一次"政变"，迫使叶卡捷琳娜大帝委派她无比憎恶的彼得·帕宁去挽救帝国。现在，对叶卡捷琳娜大帝和波将金来说，帕宁兄弟是和普加乔夫差不多的威胁。叶卡捷琳娜大帝和波将金吞下帕宁开出的苦药之后，立刻认识到必须把这药稀释一下。局势在开始好转之前还会先变得更糟：按照帕宁兄弟的要求，彼得·帕宁应当在四个面积广袤的省份享有副王等级的全权，有权统辖所有城镇、法庭和秘密委员会，并掌控全部军力（除了鲁缅采夫的第一军团、正在占领克里米亚的第二军团和驻扎在波兰的部队），还要有宣判死刑的权力。叶卡捷琳娜大帝告诉波将金："我的朋友，你看看这封信的附件，帕宁伯爵想让自己的兄弟成为帝国最富饶部分的独裁者。"她下定决心不能把这个"第一流的骗子……曾冒犯我的家伙"提升到"帝国所有凡人之上的位置"。波将金从女皇那里接管了与帕宁兄弟的谈判和平叛的部署。[37]

叶卡捷琳娜大帝和波将金不知道，在喀山陷落之前，鲁缅采夫已经与土耳其人签署了一项对俄国特别有利的和约，即《库楚克开纳吉和约》。7月23日，两名信使，其中之一是鲁缅采夫的儿子，骑马飞奔到彼得宫城，禀报这个喜讯。叶卡捷琳娜大帝的情绪一下子从绝望变成了欣喜若狂。"我觉得今天是我一辈子最幸福的日子。"她这样告诉莫斯科总督。[38]《库楚克开纳吉和约》让俄国在黑海之滨有了一个立足点，获得了亚速、刻赤、耶尼卡雷和金伯恩等要塞，以及第聂伯河和布格河之间的一片狭长的沿海地带。俄国商船现在可以通过博斯普鲁斯海峡和达达尼尔海峡进入地中海。她现在有权在黑海建造一支舰队。克里米亚汗国脱离奥斯曼苏丹独立，这项成功为波将金后来的丰功伟绩奠定了基础。叶卡捷琳娜大帝命令举行奢华的庆祝活动。三天后，宫廷人员前去奥拉宁鲍姆进行庆祝。

在与奥斯曼帝国的谈判桌上取得的胜利，让波将金有底气对彼得·帕宁采取强硬态度。此时，彼得·帕宁正在莫斯科兴奋地等待自己的独裁权力得到确认。保存至今的相关文件表明叶卡捷琳娜大帝和波将金急于遏制帕宁兄弟，所以并不想太早确认彼得·帕宁的权力。尼基塔·帕宁现在意识到自己可能失策了："我从第一天就看出，此事被认为是……极端的耻辱。"

波将金不怕帕宁兄弟："他［波将金］什么都不听，也不想听，只按照自己的心意自行裁决一切事务。"[39]

几天后，波将金遵照女皇的指示写信给彼得·帕宁，"放肆"地明确表示，彼得·帕宁之所以得到这个职位，完全要感谢波将金在女皇面前说情。"我坚信，阁下一定会将我的这一行为视为对您的恩惠。"[40]帕宁将军于 8 月 2 日收到了命令：他的权限仅仅是指挥目前已经在参与镇压普加乔夫的部队，他的管辖权仅限于喀山、奥伦堡和新诺夫哥罗德。波将金还把自己坚韧不拔的亲戚帕维尔·谢尔盖耶维奇安排到喀山，让他制约骄横跋扈的彼得·帕宁。他俩要分享权力。帕宁的任务是歼灭普加乔夫叛军，帕维尔·波将金的使命是逮捕、审讯和惩罚。并非所有国务会议成员都明白，彼得·帕宁不会成为"独裁者"；维亚泽姆斯基建议把帕维尔·波将金的秘密委员会交给帕宁领导，却收到了女皇亲笔写的简洁的驳斥："不行，因为它是我领导的。"[41]

从伏尔加河传来的最新消息进一步削弱了帕宁的地位。原来喀山陷落之后米赫尔松已经多次打败普加乔夫，所以喀山遭洗劫的消息传到圣彼得堡的国务会议的时候已经过时了。普加乔夫非但没有进军莫斯科，还向南逃窜。叶卡捷琳娜大帝的政治危机已经消失了。27 日，女皇在奥拉宁鲍姆举办派对，招待外国使节，庆祝大胜土耳其人。但叶卡捷琳娜大帝还在密切关注伏尔加河上的奇怪动荡。

不过，人们总是很难判断普加乔夫是在逃跑还是前进。就连他的逃跑也像是入侵。暴民纷纷投奔他，城镇纷纷投降，地主庄园被烧毁，很多人被叛军杀害，教堂钟声响个不停。在偏远的伏尔加河下游地区，各城镇接二连三地臣服于叛军，高潮是 8 月 6 日萨拉托夫城遭叛军洗劫。在那里,反叛的神父向普加乔夫及其妻子宣誓效忠,这进一步掩盖了他的伪沙皇身份。二十四名地主和二十一名官吏被绞死。但普加乔夫其实在做每一个狗急跳墙的罪犯都会做的事情:逃向自己的家乡,逃向顿河。

胜利者之间很快发生争吵:彼得·帕宁和帕维尔·波将金都是傲慢而霸道的人,都为了各自在圣彼得堡的亲戚的利益抓住一切机会互相攻击。波将金之所以分割他俩的权责,就是出于这个原因。

普加乔夫来到察里津①城下的顿河哥萨克的土地,发现皇位觊觎者在自己的家乡反而不受尊重。他与顿河哥萨克谈判的时候,他们意识到,这个"彼得三世"就是他们称为叶梅利扬·普加乔夫的那个小伙子。所以,他们没有加入他的队伍。普加乔夫此时还有 1 万叛军,他逃到伏尔加河下游,后来被自己的部下抓捕。他喊道:"你们好大的胆子,竟敢违抗你们的皇帝!"但无济于事,"皇帝"已经穷途末路。他被交给雅伊克(一年前叛乱就是从那里开始的)的政府军。伏尔加河下游现在有许多权势强大并且野心勃勃的军人:帕维尔·波将金、彼得·帕宁、米赫尔松和亚历山大·苏沃洛夫。他们撕破脸皮地争抢抓获"国家重犯"的功劳,尽管普加乔夫并不是他们当中的任何一个人抓获的。苏沃洛夫把普加乔夫押到彼得·帕宁那里,帕宁不准帕维尔·波将金审讯他。[42]他们就像小孩子向老师告状一样,在 8 月至 12 月的时间里纷纷写信到

---

① 察里津后来被更名为斯大林格勒,1961 年更名为伏尔加格勒。——作者注

圣彼得堡，检举自己的同僚。他们互相攻击的信往往在同一天送达。[43] 现在危机已经解除，叶卡捷琳娜大帝和波将金牢牢掌控了局面，所以他们对将军们之间的争斗既好气又好笑。叶卡捷琳娜大帝在 9 月某个时间写信给波将金："我的爱，帕维尔说得对。对于抓获普加乔夫，苏沃洛夫的功劳和托马斯［女皇的狗］一样大。"波将金则写信给彼得·帕宁，表达大家的喜悦："逆贼终于伏法，这让我们都满心欢喜。"[44]

现在，彼得·帕宁在前线大耍威风，甚至杀死了一些证人。彼得·帕宁抓到普加乔夫之后，狠狠扇了他一个耳光，让他跪下。普加乔夫在宾杰里时，曾在彼得·帕宁麾下服役，不过那时候普加乔夫还没有名气。每逢有好奇的客人到访，帕宁就把普加乔夫带出来扇耳光。帕维尔·波将金奉命审讯普加乔夫。[45] 叶卡捷琳娜大帝和波将金轻松地解决了一个麻烦的难题：他们解散了喀山委员会，在莫斯科设立元老院特殊调查部特别委员会，由它负责安排对普加乔夫的审判。他们任命帕维尔·波将金而不是帕宁为特别委员会主席。[46] 波将金显然是在保护自己亲戚的利益，也是在保护自己的利益，因为叶卡捷琳娜大帝告诉他："我希望帕维尔接到我让他去莫斯科的命令之后，就不再争吵，不再心怀不满。"在这封信里她不仅谈到政治，还补充道："亲爱的，我非常非常爱你，希望那种药丸能治好你的病。但我请求你节制饮食：只喝汤，喝茶时不要加奶。"[47]

借用一位现代历史学家的说法，彼得·帕宁"现在用森林般的绞刑架装饰俄国农村"。[48] 帕宁在一封没有得到叶卡捷琳娜大帝认可的公开信里宣布："杀害官员的谋杀犯及其帮凶将被处死，死法是先砍掉犯人的手脚，然后砍掉他们的脑袋，将尸体摆放在大路两边的刑台上示众……有官员遭到杀害和背叛的村庄……应当通过抽签交出罪人，每三人要绞死一个……如果用这种方法他们还不肯交出罪人，那么就通过抽签，每100人绞死一个，其他所有成年人受鞭刑……"

帕宁向叶卡捷琳娜大帝吹嘘说，他不会害怕"让该死的逆贼流血"。[49]他申明自己所使用的是一种被忘却的技术，即用铁钩刺穿犯人的肋骨，将铁钩固定在一种特别的形似小写字母r但胳膊更长的专门绞刑架上，将犯人吊死。[50]叶卡捷琳娜大帝不希望欧洲公众看到这样恐怖的景象，但帕宁说这只是一种威慑手段。叛军在木筏上的绞刑架被吊死，然后木筏沿着伏尔加河顺流而下，死尸就在这些水陆两栖的绞刑架上腐烂。其实被处死的犯人数量远远没有人们想象的那么多，但粗暴执法的案例肯定很多。被正式判处死刑的只有324人，其中很多是造反的神父和贵族。考虑到叛乱的规模很大，这样的数字与1746年卡洛登战役①之后英国政府对反叛者的镇压相比就不算什么了。[51]

叛乱最初是在雅伊克哥萨克当中爆发的，如今他们的组织被废除和更名。就像后来苏联时代用领导人的名字来给地方取名一样，叶卡捷琳娜大帝命令将普加乔夫在顿河远岸的家乡季莫维耶斯卡雅村[52]改名为波将金斯卡雅。用普希金的优美言辞说，这是"用一个对她和祖国来说越来越亲切的新名字的光

---

① 卡洛登战役是1745年詹姆斯党叛乱的最后一战。1746年4月16日，在苏格兰高地的因弗尼斯附近，坎伯兰公爵威廉王子（乔治二世最小的儿子）领导的英国政府军决定性地打败了王位觊觎者查尔斯·爱德华·斯图亚特（1720—1788，斯图亚特王朝被推翻的国王詹姆斯二世的孙子，绰号小僭王、英俊王子查理）领导的军队。此役是英国本土发生的最后一次正面对垒的战役。詹姆斯党从此一蹶不振。

荣，抹去了对叛贼的阴郁记忆"。[53]

"国家重犯"普加乔夫就像一头野兽一样，被装在专门制作的铁笼子里，运到莫斯科。他于 11 月初抵达时，愤怒的莫斯科人已经在热切期待一场特别残酷的死刑。这让叶卡捷琳娜大帝开始担心，因为她知道这场叛乱已经对她开明君主的声誉造成了令人难堪的负面影响。

叶卡捷琳娜大帝和波将金秘密决定减轻行刑的残酷程度。他俩的态度令人钦佩，因为当时英国和法国的行刑仍然惨无人道。元老院主席维亚泽姆斯基在"元老院秘书"舍什科夫斯基陪同下前往莫斯科。舍什科夫斯基是令人胆寒的"鞭笞者"，叶卡捷琳娜大帝曾告诉帕维尔·波将金，舍什科夫斯基"有一种处置普通百姓的特殊才华"。不过，普加乔夫没有受到酷刑折磨。[54]

叶卡捷琳娜大帝试图尽可能多地监督审判的过程。她把自己写的《普加乔夫宣言》送去给波将金，让他阅读（如果他的病情不是太重的话）。疑病的患者波将金没有回信，于是显然非常需要他认可的女皇又给他写了一封短信："请读一读，告诉我你的看法：行还是不行？"当天晚些时候或者次日，女皇等不及了："已经 12 点了，我们还没弄好宣言的结尾，所以没法把它及时写好了，也没法送到国务会议……如果你喜欢这份草稿，请你把它送回来……如果你不喜欢，就在上面修改。"波将金此时可能真的病了，或者正忙着准备即将在莫斯科举行的和平庆典。"我亲爱的灵魂，你每天都要开始一项新的事业。"[55]

12 月 30 日，审判在克里姆林宫大厅开始。1775 年 1 月 2

日，普加乔夫被判处肢解和斩首。俄国没有把活着的犯人开膛破肚的刑罚，那是英格兰"文明"的一部分。但俄国的"肢解"意味着犯人会在还活着的时候被斩去四肢。莫斯科人热切期待这个恐怖景观的到来。叶卡捷琳娜大帝有别的想法。她写信给维亚泽姆斯基："至于处决，不能给犯人造成太多痛苦。"12月21日，她终于能够告诉格林："再过几天，'普加乔夫侯爵'的闹剧就要结束了。你收到这封信的时候就能确信，再也不会听到关于那位先生的议论了。"[56]

"普加乔夫侯爵的闹剧"的最后一幕在克里姆林宫下方的博洛特纳亚广场紧锣密鼓地做着准备。1775年1月10日，群众聚集到这里，急于见证"怪物"被肢解。普加乔夫"浑身被涂黑"，被捆上"一辆粪车的木桩"。两名神父陪在他身边，刽子手站在他身后。刑台上摆着两把闪闪发光的斧子。"在濒临死亡的时刻"，普加乔夫泰然自若，脸上"没有一丝一毫畏惧的表情"。"怪物"攀着台阶，走上刑台，脱去衣服，伸展四肢，等待刽子手开始切割。

这时发生了"奇怪的、出人意料的事情"。刽子手挥舞利斧，但与判决不同的是，他们没有将普加乔夫肢解，而是当场将其斩首。法官和群众都勃然大怒。某人（可能是宣判的法官之一）向刽子手呼喊，"用严厉的话语恫吓他"。另一名官员吼道："啊，你这混账东西，你做了什么？"然后补充道："快点吧，砍掉手脚！"目击者说，大家普遍认为，刽子手"因为这次疏忽……会被割掉舌头"。刽子手不理睬别人，将死尸肢解，然后割掉其他躲过了死刑的犯人的舌头和鼻子。普加乔夫的尸块被插在刑台中央的一根长竿上示众。首级被插在一根铁枪尖上示众。[57]"普加乔夫时代"

落下了大幕。

在危机最后阶段的某一时间，叶卡捷琳娜大帝给波将金写了这封信："我亲爱的灵魂，亲爱的夫君，可爱的丈夫，如果你愿意，来抱抱我吧。你的拥抱对我是多么甜蜜和可爱……我亲爱的丈夫。"[58]

注　释

1 除非另做说明，关于普加乔夫起义的基本信息的史料，见本书第 6 章注释 5，Masson p 108。

2 RGADA 5. 85. 1. 213，L 14.

3 RGADA 1. 1/1. 1. 213，L 14.

4 RGADA 1. 85. 1. 209，L 10.

5 RGADA 1. 85. 1. 343，L 11-12.

6 RGVIA 52. 1. 72. 336.

7 Rumiantseva pp 179-80, Countess E. M. Rumiantseva to Count P. A. Rumiantsev.

8 Castera vol 2 p 401. Rumiantseva pp 179-80.

9 Brü ckner, *Potemkin* p 26, Count Sievers 17 April 1774.

10 RA (1873) 2 p 125, Solms to FII 7 March 1774. Mansel, *Pillars of Monarchy* pp31, 93.

11 RGADA 5. 85. 1. 207, L 14.

12 Rumiantseva pp 180-1.

13 Rumiantseva pp 179-80.

14 RGVIA 52. 1. 72. 336.

15 RGADA 5. 85. 1. 15, L 16.

16 RGADA 5. 85. 1. 410, L 22.

17 RA （1873） p 126, Solms to FII 18 March 1774. Rumiantseva p 183, 8 April 1774.

18 Khrapovitsky 30 May 1786. Rumiantseva p 183, 18 April 1774.

19 Durand de Distroff quoted in Waliszewski, *Autour d'un trône* vol 1 p 146.

20 Waliszewski, *Autour d'un trône* p 146.

21 RGADA 1. 1/1. 54. 64, L 27.

22 SIRIO 5：413, Sir Robert Gunning to Suffolk.

23 RGADA 5. 85. 1. 12, L 29. Dubrovin, *Pugachev* vol 3 pp 47-9.

24 Madariaga, *Russia* p 249.

25 RGADA 5. 85. 1. 299, L 30.

26 SIRIO 19：406, Gunning to Suffolk 10/21 June 1774.

27 E. P. Karnovich, *Zamechatelnyye bogatstva chastnykh v Rossii* pp 265-7.

28 RGADA 1. 1/1. 54. 25, L 25.

29 AKV 10：110, S. R. Vorontsov 12/24 July 1801, London. 叶卡捷琳娜大帝及
其大臣把获得这些勋章视为头等大事。例如，叶卡捷琳娜大帝亲自写信给
瑞典国王古斯塔夫三世，为波将金索要圣天使勋章，见 SIRIO（1914）
145：96。1774 年 3 月 12 日，尼基塔·帕宁命令俄国驻波兰大使奥托-马
格努斯·施塔克尔贝格伯爵请求斯坦尼斯瓦夫-奥古斯特国王授予波将金
白鹰勋章，见 SIRIO（1911）135：68。

30 RGADA 1. 1/1. 54. 22, L 30. SIRIO 19：406, Gunning to Suffolk.

31 RGADA 5. 85. 1. 143, L 31.

32 GARF 728. 1. 416. 40, L 34. AGS：1 part 1 p 452, St Petersburg.

33 Alexander *CtG* pp 176-8. Madariaga, *Russia* pp 249-51. *Russkiy Biographicheskiy
Slovar* vol 14（1904）, Count P. S. Potemkin.

34 AGS：1 p 454.

35 E. S. Shumigorsky, *Imperator Pavel i zhizn i tsartsvovaniye* p 23. G. Derzhavin,
Sochineniya vol 5 *Zapiski* p 498.

36 SIRIO 6：74-6, 22 July 1774.

37 RGADA 5. 85. 1. 3/3.

38 *XVIII Century* book 1（1868）p 112.

39 SIRIO 6：88-9, Count N. I. Panin to Count P. I. Panin ud.

40 SIRIO 6：74-6, N. I. Panin to P. I. Panin 22 June 1774. SIRIO 6：86-9,
N. I. Panin to P. I. Panin. RGADA 1274 Paniny-Bludovy op 1. 3. 3383, GAP to
P. I. Panin.

41 SIRIO 13：421, 29 July 1774. SIRIO 13：427-8. SIRIO 6：81, 29 July 1774.

42 Dubrovin, *Pugachev* vol 3 p 254.

43 RS（1870）October p 410.

44 Pugachevshchina（iz arkhiva P. I. Panina）p 39, GAP to P. I. Panin 4
October 1774.

45 Alexander, *Autocratic Politics* p 195.

46 V. V. Mavrodin, *Krestyanskaya voyna v Rossiya* vol 3 p 403. Madariaga, *Russia* pp265-6. Alexander, *Autocratic Politics*.

47 SIRIO 13: 446-7.

48 Alexander, *Autocratic Politics* pp 184-6.

49 SIRIO 6: 117, P. I. Panin to CII.

50 Mavrodin vol 3 p 434.

51 Madariaga, *Russia* p 266.

52 RGADA 5. 85. 3. 80, CII to GAP 13 October 1774.

53 Madariaga, *Russia* p 268. Philip Longworth, *The Cossacks* p 222.

54 CII to P. S. Potemkin 27 September 1774, quoted in Alexander, *Autocratic Politics* p 197.

55 RGADA 5. 85. 1. 164, L 50. RGADA 5. 85. 1. 189, L 50. RGADA 5. 85. 1. 228, L 50. GARF 728. 416. 41, L 52. Alexander, *Autocratic Politics* p 203. *Lettres d' amour de Catherine II a` Potemkine*, ed Georges Ourrard pp 123, 128.

56 Mavrodin vol 3 p 42. SIRIO 23: 11, CII to Grimm 21 December 1774.

57 Dimsdale September 1781. Bolotov vol 3 p 192, quoted in Alexander, *Autocratic Politics* p 211.

58 RGADA 5. 85. 1. 254, L 34.

9 婚姻：波将金太太

我的大理石美男子……我的挚爱，胜过任何国王……
世界上没有一个男人能与你媲美……

——叶卡捷琳娜二世给 G. A. 波将金的信

叶卡捷琳娜大帝和波将金在计划一次秘密幽会，这一定
让他们的心中充满了憧憬、喜悦和焦虑。1774 年 6 月 4 日，
与奥尔洛夫公爵发生正面冲突之后还在皇村恢复元气的女皇给
正在城里的波将金写了这封神秘莫测的信："我的亲爱的，我
明天来，会把你谈到的那东西带过来。命令他们在西弗斯家码
头对面准备好陆军元帅戈利岑的船，是否能把它拉到距离皇宫
不远的岸边……"[1] 亚历山大·戈利岑是波将金参战时的第一
位上司，如今是都城的总督，所以他有自己的船。雅科夫·西
弗斯伯爵在夏宫旁边的丰坦卡河上拥有一处码头。

6 月 5 日，遵照与波将金的约定，女皇返回圣彼得堡。次
日是星期五，她在夏宫的小花园举办了一次小型宴会，招待她
的高级廷臣，也许是为了给即将"出国旅行"的奥尔洛夫公
爵送行。6 月 8 日，星期天，叶卡捷琳娜大帝和波将金参加了
一次表彰伊兹梅洛沃近卫团的宴会；礼炮响起，作为对祝酒的
回复；他们用一套从巴黎买来的银餐具吃饭，意大利歌手在席
间歌唱助兴。饭后，叶卡捷琳娜大帝在丰坦卡河岸边、西弗斯
伯爵的宅邸旁散步。[2]

这个夏日的午夜，女皇从夏宫出发，在丰坦卡河乘船做了一次神秘的旅行。她经常到涅瓦河畔或者组成圣彼得堡的各岛屿上的廷臣家里拜访。但这一次大不相同。惯于 11 点就上床睡觉的女皇这么晚了还在外面活动，这很不寻常。并且她是秘密动身的，可能还用斗篷的兜帽遮挡住了自己的脸。[3]据说她是孤身一人行动的，或者身边只有忠实的女仆玛丽亚·萨维什娜·佩雷库希娜。白天一直和她在一起的陆军上将波将金此刻却没了踪影。他在黄昏时就溜走了，登上一艘在河边等候的船，然后驶入河上的迷雾，销声匿迹。

叶卡捷琳娜大帝乘坐的船经过夏宫及其御花园，驶出丰坦卡河，进入大涅瓦河，前往比较不时髦的维堡①那一侧。船停在了小涅瓦河畔的一处小码头。女皇登上一辆等候在那里、窗帘紧闭、没有标识的马车。女皇和女仆上车后，车夫就立刻挥动鞭子，马车快速行驶起来。它停在圣桑普森教堂门外。周围一个人也没有。两位女士下了车，走进教堂。这座教堂是彼得大帝为了纪念波尔塔瓦战役而建造的，它采用乌克兰风格，并且是木质结构（1781 年用石头重建）的，这很不寻常。它的最突出特征是一座高高的钟楼，被粉刷成浅蓝色、白色和绿色。[4]

女皇看到波将金已经在教堂内，烛光照耀着他。"帝国头号爱咬指甲的人"一定都快把自己的手指咬破了。之前他俩

---

① 维堡是一座城市，在圣彼得堡西北方 130 公里处，在芬兰湾之滨，今天属于俄罗斯的列宁格勒州，靠近俄罗斯与芬兰的边境。维堡在历史上长期属于瑞典，1710 年被彼得大帝占领后成为俄国的一部分，十月革命后又成为芬兰的一部分，1939 年苏芬战争后被苏联吞并，后来芬兰在德国的帮助下夺回，但在 1944 年芬兰又将此地割让给苏联。

参加了伊兹梅洛沃近卫团的宴会，所以此时一定都还穿着该近卫团的军服。波将金身穿陆军上将的军服：上身是红衣领、有金线蕾丝的绿色军大衣，下身穿红色马裤、高筒靴，配着剑，帽子镶金边、饰有白羽。我们从宫廷日志中知道叶卡捷琳娜大帝这一整天穿着"近卫团的长款制服"，"形似女士骑装，饰有金线蕾丝"。[5] 女皇现在可以将带兜帽的斗篷交给女仆了，因为她知道自己穿军服的模样最好看。也许她的军服让她想起了他俩第一次相遇的那一天。

教堂内除了他俩只有三个人：一位默默无闻的神父和两位"伴郎"。叶卡捷琳娜大帝的"伴郎"是宫廷侍从叶夫格拉夫·亚历山德罗维奇·切尔科夫；波将金的"伴郎"是他的外甥亚历山大·尼古拉耶维奇·萨莫伊洛夫。萨莫伊洛夫朗读了《福音书》的一些章节。他读到"妻子也当敬重她的丈夫"①时迟疑了一下，瞥了一眼君主——女皇可以害怕自己的丈夫吗？叶卡捷琳娜大帝点点头，于是他继续宣读。[6] 神父随后开始举行婚礼仪式。萨莫伊洛夫和切尔科夫走上前来，按照东正教婚礼的传统将两顶冠冕分别举在他俩的头顶。漫长的仪式结束后，他们在结婚证上签名，并将证书分发给见证人。所有人都宣誓保密。波将金就这样成了叶卡捷琳娜二世的秘密夫君。

以上就是波将金和叶卡捷琳娜大帝婚礼的传说。没有确凿的证据表明他们真的结婚了，但我们几乎可以确定这件事。不过，秘密婚姻一直是皇室神话的素材。在俄国，据说伊丽莎白

---

① 《新约·以弗所书》，5：33。

女皇曾秘密与阿列克谢·拉祖莫夫斯基结了婚。不久之后，在英格兰，威尔士亲王会秘密迎娶菲茨赫伯特太太①，这门婚姻是否有效成了争议话题。

关于波将金和叶卡捷琳娜大帝的婚姻，有很多版本的传说。有人说他们于 1775 年在莫斯科结婚，也有人说他们于 1784 年或 1791 年在圣彼得堡结婚。[7] 在莫斯科结婚的版本里，婚礼地点是尼基茨基广场附近的基督升天大教堂（它有着显眼的黄色圆顶）。这座教堂距离波将金母亲的住处很近。后来波将金为了纪念母亲，[8] 出资翻新和装饰了这座教堂。现在这座教堂之所以出名，是因为 1831 年 2 月 18 日亚历山大·普希金在这里与娜塔莉亚·冈察洛娃结了婚。这是普希金和波将金之间的诸多联系之一。②

波将金和叶卡捷琳娜大帝完全有可能在其他任何一个日子秘密结婚，婚礼的细节会被他们的日常活动淹没。但是，1774 年 6 月 8 日这个时间和圣桑普森教堂这个地点的可能性最大。叶卡捷琳娜大帝的书信提及了一次秘密活动和西弗斯家的码头。6 月 8 日的宫廷日志显示她曾在那里上船和下船。在傍晚或深夜，女皇会有时间进行这样一趟秘密的乘船旅行。19 世

---

① 玛丽亚·安妮·菲茨赫伯特（1756—1837）是英王乔治四世登基前的长期伴侣。1785 年，他们秘密结婚，但根据英国法律他们的婚姻是无效的，因为他的父亲乔治三世不同意。菲茨赫伯特是天主教徒，如果她和乔治四世的婚姻被认为有效，按照当时的法律，他就会失去王位继承权。乔治四世与菲茨赫伯特分手，正式娶妻后仍然对她念念不忘。

② 如果波将金和叶卡捷琳娜大帝是在莫斯科结婚的，那么还有一个可能的地点。19 世纪，收藏家 S. 戈利岑公爵曾邀请客人去他在沃尔孔斯基街的宫殿。据说那里就是 1775 年叶卡捷琳娜大帝在莫斯科逗留期间的住处之一。戈利岑公爵向客人展示了两幅圣像，据说是叶卡捷琳娜大帝送给他的礼拜堂里用以庆祝她和波将金在那里结婚的。——作者注

纪，巴尔捷涅夫教授记录了由婚礼客人及其后人口口相传的故事，这些故事都提及了圣桑普森教堂、1774 年的年中到年末这个时间段，以及四名相同的见证人。但是，结婚证在哪里呢？据说，波将金的结婚证由他最喜爱的外甥女亚历山德拉·布拉尼茨卡继承了。她把这个秘密告诉了自己的女婿米哈伊尔·沃龙佐夫公爵，并将结婚证留给了自己的女儿埃莉泽·沃龙佐娃公爵夫人。奥尔洛夫-达维多夫伯爵记得自己有一次拜访萨莫伊洛夫伯爵，他向奥尔洛夫-达维多夫展示了一个镶嵌珠宝的皮带扣。他说："这是女皇给我的礼物，以纪念她和我已故的舅舅的婚姻。"按照萨莫伊洛夫的外孙 A. A. 博布林斯基伯爵的说法，萨莫伊洛夫手里的那份结婚证和他埋葬在了一起。切尔科夫的那一份则消失在历史长河中。

证据消失和高度保密其实并不像表面看上去的那样可疑，因为在连续好几位严苛的、提倡军国主义的沙皇保罗、亚历山大一世和尼古拉一世统治期间以及之后的许多年里，没人敢揭露女皇婚姻的秘密。维多利亚时代的罗曼诺夫家族为叶卡捷琳娜大帝的爱情生活感到难堪，因为如果保罗血统的合法性有疑问，那么整个罗曼诺夫家族的合法性都将存疑。迟至 19 世纪 70 年代，巴尔捷涅夫教授做这方面的研究仍然需要得到皇帝的批准，并且他的研究成果直到 1906 年才被发表。一直到 1905 年革命和 1917 年革命之间，帝俄专制统治已经岌岌可危的时候，尼古拉二世才允许巴尔捷涅夫教授发表他的相关研究。[9]

这门婚姻的最有力证据是叶卡捷琳娜大帝的书信，还有她对待波将金的方式，他的行为举止，以及知情的亲信如何描述他俩的关系。她在给他的信里的署名是"爱你的妻子"，并在至少二十二封信里称他为"亲爱的丈夫"，在另外数百封信里

称他为"主人"。[10] "如果你变心,我会死的……我亲爱的朋
友,亲爱的丈夫"[11]是他俩情书当中较早使用"丈夫"一词的
例子。"父亲,亲爱的夫君……我派凯伦来治疗你的胸疾。我
非常爱你,我的挚友。"她还这样写道。[12]她把波将金的外甥称
为"咱俩的外甥"。[13]君主比普通人更注重精确地规定哪些人
是自己的亲人,哪些人不属于这个圈子。她一直到去世都把波
将金的一些亲戚视为自己的家庭成员,以至于有传闻说波将金
的外甥女布拉尼茨卡其实是她的孩子。[14]

她的信当中关于这个话题最具体、最直白的一封是大约一
年后写的,时间可能是 1776 年初:

> 我的主人和亲爱的夫君……你为什么宁愿相信自己不健
> 康的想象,也不肯相信真正的事实?所有事实都佐证了你妻
> 子的话。她难道不是在两年前与你缔结了神圣的纽带吗?我
> 爱你,并且通过所有的纽带与你连为一体。你比较一下就知
> 道了,我两年前的行为比今天的有更特殊的意义吗?[15]

他俩无疑都希望婚姻能让他们更加亲近。事实也的确如
此。也许婚姻能给波将金带来一些抚慰,因为他对叶卡捷琳娜
爱得发狂,醋意很大,自己的地位又很脆弱,再加上他雄心勃
勃地想要得到独立的政治角色。他也许既虔诚又放荡,但他是
货真价实的东正教信徒,所以这一点或许能够说服她与他结
婚。对她来讲,恋爱仅仅几个月后就结婚似乎有点奇怪,但有
时人们的确会一眼相中自己的终身伴侣。何况叶卡捷琳娜大帝
认识波将金已经十二年了,爱他也有一段时间了,肯定已经对
他很熟悉。他俩的爱不仅轰轰烈烈,而且用她的话说,他们是

"灵魂的双胞胎"。她终于找到了一个在智识上与自己旗鼓相当，并且能够与她分享统治的重担与家庭温馨的男人。

最有力的证据是，不管他俩有没有举办过婚礼，叶卡捷琳娜大帝从此以后始终把波将金当作丈夫看待。不管他做了什么，他绝不会丧失权力；他被视为皇室成员，可以不受任何限制地支取政府资金，也可以独立决策。他无比自信，甚至可以说是无忧无虑，并且刻意借用沙皇传统来表现自己。

外国大使们也有所察觉：一位外交官从某位"可靠人士"那里得知，波将金的外甥女掌握着他与女皇的结婚证，[16]但当时人民对君主极为敬畏，所以外交官们从来不在纸面上具体地提到波将金与女皇的"婚姻"，而是等到回国之后直接禀报自己的朝廷。法国大使塞居尔伯爵在1788年12月报告凡尔赛宫，波将金"利用了……某些神圣不可侵犯的权利……这种权利的独特基础是个大谜团，在俄国只有四个人知情；我偶然发现了这个秘密，等我彻底查明此事之后，一定立刻禀报国王陛下"。[17]法国国王已经知道了：这年10月，路易十六就已经在给外交大臣韦尔热讷伯爵的信中把叶卡捷琳娜大帝称为"波将金太太"，不过路易十六这么说，有开玩笑的成分。[18]

神圣罗马皇帝约瑟夫二世很快也发现了。他有一次在维也纳的奥花园①散步时向英国使节基思勋爵解释了叶卡捷琳娜大帝和波将金的谜团："出于一千种理由和形形色色的缘故，她即便想甩掉他也办不到。要想理解女皇的具体处境，必须亲身到俄国才行。"[19]英国驻圣彼得堡大使查尔斯·惠特沃思

---

① 奥花园是奥地利维也纳的一座公园，占地面积52.2公顷，位于利奥波德城（维也纳第二区），是该市最古老（始建于18世纪初）的巴洛克风格花园。

在 1791 年报告说波将金的地位稳如山峦并且不可解释的时候，大概也是这个意思。[20]

波将金暗示自己差不多可以算是皇室成员。在第六次俄土战争（1787—1792）期间，利尼亲王向波将金提议，他可以成为摩尔达维亚和瓦拉几亚大公。波将金答道："那对我来说是个笑话。如果我愿意的话可以当波兰国王。我也拒绝当库尔兰公爵，因为我的地位比那些都高多了。"[21] 除了俄国女皇的丈夫，还有谁比国王还要"高多了"呢？

现在叶卡捷琳娜大帝和波将金要回去工作了。婚礼之后，他们像往常一样，非常享受别人对他俩关系的猜疑：其他人有没有注意到他们爱得多么疯狂？她想知道"咱俩的外甥"（可能指的是萨莫伊洛夫）对他们的行为怎么看。"我想，我们的疯癫对他来说很奇怪。"[22]

还有一次，有人猜到了一个大秘密。"我们能怎么办呢，亲爱的？这种事情时常发生，"叶卡捷琳娜大帝写道，"彼得大帝在这样的情况下会派人去市场上搜集只有他一个人觉得是秘密的信息；有时，人们就是能猜得到真相……"[23]

1775 年 1 月 16 日，女皇得知普加乔夫已死之后，立刻在波将金陪同下从皇村动身，前往莫斯科。他们将在那里举行战胜奥斯曼帝国的庆祝活动。叶卡捷琳娜大帝自从签订和约以来就一直打算去莫斯科，但"普加乔夫侯爵"耽搁了她的计划。据冈宁说，波将金鼓励她访问旧都，也许是为了庆祝俄国获得了通向黑海的门户，并宣扬在平定普加乔夫叛乱之后政府已经稳稳掌控局势。

25 日，她和保罗大公一起进入莫斯科城。莫斯科人用自己的行动提醒她，现在她来到了古老俄国的心脏：保罗不管走到哪里都受到热烈欢迎，而（根据冈宁的说法）叶卡捷琳娜大帝"很少得到人民的欢呼，他们也很少表达对她的爱戴"。[24]但普加乔夫叛乱让她认识到，她需要对内陆多多关注。这一年的大部分时间她都在莫斯科度过。她下榻在戈洛温宫和郊区的科罗缅斯克宫，波将金在这两处宫殿也得到了自己的套房（并且是她亲自设计的），但她觉得这两座宫殿不舒适，气氛也不友好，可以说代表了莫斯科所有让她不喜欢的地方。

女皇没有度蜜月的机会，但她和波将金显然希望能够享受一些私密的时间。6 月，她买下了坎泰米尔公爵的庄园"黑土"，决定在那里建造一座新宫殿，并给它取名为察里津。相信她和波将金确实结了婚（不管地点是莫斯科还是圣彼得堡）的人们说，他俩就在察里津度了蜜月。他们想过得舒舒服服，所以在那里的一座仅有六个房间的屋子一待就是几个月，活像是一对资产阶级夫妇。[25]

不管这算不算是蜜月，他俩总是在筹划、设想和起草文件。我们能通过他们的书信了解他们是多么勤奋。叶卡捷琳娜大帝并不总是同意她这个"弟子"的观点，他也不是始终与她意见一致。"如果你觉得我的提议是发疯，那也别生气，"她这样告诉他，并与他讨论食盐生产的授权问题，后来同意了他的建议，即让帕维尔·波将金及其兄弟米哈伊尔调查此事，"我想不出更好的主意了。"波将金不擅长处理与钱财有关的事务，无论是他自己的财务还是国家财政。他是企业家，不是经理人。他提议由他接管食盐专卖的生意，她警告道："不要用这种事情麻烦自己，因为它会招来人们的憎恨……"他很受伤。她安抚他，但坚定地表示："我不想让大家觉得你是傻瓜……你很清楚，你的计划是扯淡。我请求你起草一部优秀的法律……你却责备我。"如果他偷懒，比如在编纂关于普加乔夫叛乱的大赦文书的时候，她就穷追不舍："星期一到星期五的时间足够你读文件了。"[26]

叶卡捷琳娜大帝为平叛善后，开展了一些行政方面的改革，重组地方政府，增加贵族、市民和农民对司法和福利工作的参与。她向格林吹嘘说，自己"得了一种新的疾病，叫立法狂"。[27]波将金修改和纠正她起草的底稿，就像后来修改她的《警察法》和颁发给贵族与城镇的特许状一样。女皇写道："请在你同意的条款后面写一个+。如果你在某条款后面写了一个#，我会删掉这个条款……请把你的修改意见写得清清楚楚。"他的修改意见让她肃然起敬："我在这里面看到了你的工作热情和聪明才智。"[28]

现在，波将金和叶卡捷琳娜大帝安排了一场国际绑架行动。1775年2月，女皇命令阿列克谢·奥尔洛夫－切什梅斯基在意大利里窝那（"疤脸"指挥下的俄国舰队正停泊在那里）引诱一个年轻女子，并将她带回俄国。

她芳龄二十，身材苗条，头发乌黑，脸部轮廓像意大利人，面色白润光滑如雪花石膏，灰色眸子。她多才多艺，会唱歌、绘画和弹竖琴。她摆出维斯塔贞女①的贞洁气派，但同时

---

① 维斯塔贞女，或称护火贞女（Vestal Virgin），是古罗马炉灶和家庭女神维斯塔的女祭司。维斯塔贞女共有六位，六至十岁开始侍奉，必须守贞并侍奉神祇至少三十年。她们的主要任务是守护维斯塔神庙的炉灶，不让圣火熄灭。三十年期满退休后，她们会得到丰厚的退休金，可以结婚。与前维斯塔贞女结婚是一件荣耀的事情，而且能带来不菲的嫁妆。

像交际花一样有很多情人。这个姑娘用过很多名字，但其中只有一个是重要的。她自称"伊丽莎白公主"，说自己是伊丽莎白女皇和阿列克谢·拉祖莫夫斯基的女儿。她是 18 世纪女冒险家的典型。每个时代都是诸多矛盾的平衡体，而 18 世纪既是贵族的黄金时代，也是冒牌货最猖獗的时代。在这个时代，旅行比以前容易了许多，但通信仍然缓慢，所以欧洲有很多出身可疑的年轻男女利用信息交流的不畅，自称是贵族或王族成员。上文已经讲到俄国有自己的皇位觊觎者的历史，而奥尔洛夫-切什梅斯基现在即将会面的这位女士则是俄国最浪漫的冒牌货之一。

她最初用的名字是"阿丽·艾美纳"，并自称是一位波斯总督的女儿。她一路骗吃骗喝，从波斯来到德意志，用过一大堆胡编乱造的头衔：弗拉基米尔公爵夫人、塞利姆苏丹娜、法兰克小姐和舍尔小姐；在威尼斯她自称特莱米尔伯爵夫人；在比萨她摇身一变成了平讷贝格伯爵夫人，然后是希尔维斯基伯爵夫人。后来她又变成了亚速公爵夫人，亚速就是亚速海之滨的那座港口城市，彼得大帝曾征服后来又失去了它。和所有能够欺骗许多人的成功骗子一样，她显然很有魅力，并且这位"公主"有一种深情脉脉的优雅，这对她的骗术也有帮助。神秘莫测的公主就应当是她这副模样。在她旅行途中，一些容易上当的年纪较长的贵族中了她的魔法，庇护她，资助她……

在俄土战争末期，她前往伪装和欺骗最猖獗的国度意大利。那是卡廖斯特罗和卡萨诺瓦的国度，在那里冒险家简直和枢机主教一样常见。始终没人能查明她的真实身份，但没过多久，在意大利的每一位外交官都开始调查她的出身——她的父亲是捷克一家咖啡馆的老板，是波兰一个客栈的老板，还是纽伦堡的一个面包师？

她蒙蔽了卡罗尔·拉齐维尔公爵，此人是个反俄的波兰贵族。在一群身穿民族服装的波兰贵族簇拥下，她变成了一件反俄的武器。但她犯了一个错误：写信给英国驻那不勒斯大使威廉·汉密尔顿爵士。这位爵士是审美家，后来他的妻子埃玛成了纳尔逊的情人。汉密尔顿特别轻信这位身姿轻盈的女冒险家，给她颁发了一本护照，但随后写信给奥尔洛夫-切什梅斯基，后者则立刻禀报了圣彼得堡。[29]

叶卡捷琳娜大帝的回信表现出了她通常隐藏起来的那一面：冷酷无情的篡位者。在普加乔夫叛乱之后，她不能冒险放过这样的皇位觊觎者，尽管这只是个年轻的弱女子。女皇的这封信用了一种霸气的语调，几乎带着匪气，让我们感受到她与奥尔洛夫兄弟一起在幕后运作的时候是什么样子。"伊丽莎白公主"此时到了拉古萨①。女皇告诉奥尔洛夫-切什梅斯基，如果拉古萨人不交出那个逆贼，"可以向城里扔几颗炸弹"，但更好的办法是"悄无声息地抓住她"。[30]

"疤脸"设计了一个狡猾的计谋，利用了这个女冒险家的恢宏幻想和浪漫的梦。他身边有两名和他一样凶残的谋士，其中之一是何塞·里瓦斯，据说是个西班牙-那不勒斯厨子的儿子，在意大利加入了俄国舰队。这个有才华的江湖骗子后来成为功成名就的俄国将领和波将金的密友，他有一个机敏的副官叫作伊凡·克列斯季奈克。克列斯季奈克通过溜须拍马的手段混进了假公主的随从队伍，并诱骗她去比萨见奥尔洛夫-切什

---

① 拉古萨是 1358—1808 年的一个城市共和国，以杜布罗夫尼克城（在今天的克罗地亚南部）为核心。

梅斯基。

"疤脸"追求她，给她写情书，借马车给她用，还带她去看戏。在她面前，任何一个俄国人都不能坐下，仿佛她真的是皇室成员。他告诉她，他很生气，因为波将金取代了他的兄弟奥尔洛夫公爵；他提议用自己的舰队帮助她登上宝座，从而让奥尔洛夫家族在一位新女皇身旁恢复地位。这样的欺骗对他来说可能是一种好玩的游戏。她应当确实成了他的情人，两人的关系维持了八天。假公主也许相信他爱上了她，相信自己骗倒了他。在冷酷无情地处理国家大事的时候，"疤脸"是一位技艺精湛的大师。他甚至向假公主求婚以设下陷阱。

他邀请她到里窝那检阅他的舰队。她接受了邀请。俄国舰队的指挥官是心直口快的苏格兰海军中将塞缪尔·格雷格，他是切什梅大捷的功臣之一。格雷格同意用皇室礼节欢迎假公主、两名波兰贵族、两名贴身男仆和四名仆人（都是意大利人）登上他的舰船。她发现一名神父在船上等候她，神父周围簇拥着身着军礼服的船员。礼炮鸣响，水兵们向她欢呼"女皇万岁！"神父吟唱着祝福"伊丽莎白公主"和奥尔洛夫-切什梅斯基。据说她看到自己的梦想成真，不禁喜极而泣。

她环视四周，却发现奥尔洛夫-切什梅斯基伯爵已经不在自己身边。根据他后来给女皇（正在莫斯科）的报告，他的部下擒获了"那逆贼"，然后将她带到甲板以下的舱室。这艘船随后驶往圣彼得堡。我们知道波将金在这个时期与奥尔洛夫-切什梅斯基保持通信，其中一些信留存至今。他们肯定讨论了此事。叶卡捷琳娜大帝把"疤脸"的来信拿给波将金看。在绑架假公主的时期，女皇给波将金的一封信是："亲爱的，我的甜心，请把奥尔洛夫伯爵的信……送给我。"4月，他们讨论了如何奖赏克列斯季奈克，此人在捕获女冒险家的过程中贡献很大，虽然有点不光彩。很多人认为，格雷格参与在外国领土上的绑架行动是可耻的，不符合英国军官的身份，但没有证据表明这位一心想要在俄国海军飞黄腾达的海军将领对绑架一个年轻女子抱有任何道德顾虑，何况叶卡捷琳娜大帝后来在莫斯科亲自感谢了他。

假公主于 5 月 12 日被押到圣彼得堡，当即被借着夜色送往彼得保罗要塞，不过据传说，她有一段时间被关押在波将金的一幢郊区住宅。圣彼得堡总督戈利岑元帅亲自审讯她，想知道她的靠山是谁，以及她是否真的相信自己的故事。和很多成功的骗子一样，她似乎相信自己的故事。戈利岑禀报叶卡捷琳娜大帝说："她一生的故事充满了不可思议的情节，简直像童话。"叶卡捷琳娜大帝和波将金一定兴致勃勃地关注了这些审讯。比这更荒诞不经的故事在俄国都能煽动千千万万农民，引发大规模叛乱。当假公主写信给叶卡捷琳娜大帝请求见面并署名"伊丽莎白"的时候，女皇的回应是："派人告诉那个臭名远扬的女人，如果她想让自己的日子好过些，就不要再演戏了。"[31]

叶卡捷琳娜大帝和波将金在莫斯科庆祝胜利的时候，已经患有肺结核的"伊丽莎白公主"被囚禁在一间潮湿的牢房，继续在那里构建空中楼阁。她写信给叶卡捷琳娜大帝，可怜兮兮地恳求改善生活条件。但她其实已经要活不下去了，无人理睬她。正如叶卡捷琳娜大帝任凭彼得三世被谋杀，还安排让伊凡六世的狱卒在有需要的时候就杀死他，她现在对这个患肺结核的姑娘置之不理。这年 6 月和 7 月圣彼得堡发了两次洪水，1777 年还有一次大洪水，所以有一个传说是，这个战栗的美人在自己的地下牢房里被溺死了。弗拉维茨基①那幅令人胆寒的名画描绘的就是这样的景象。也有一种说法是她怀了奥尔洛夫-切什梅斯基的孩子，死于难产，他后来十分内疚。但他不大可能是会内疚的人。

她在历史上留下的名字是她自己从来没用过的一个头衔——"蟑螂公主"。这是因为她自称是阿列克谢·拉祖莫夫斯基的孩子，而他的外甥们的姓是 Daraganov，俄语中的"蟑螂"则是 Tarakanov。但"蟑螂公主"的叫法也可能是因为她的最后日子里只有蟑螂陪伴她。[32] 女皇准备返回都城期间，"伊丽莎白公主"于 1775 年 12 月 4 日去世，年仅二十三岁。她的尸体被匆匆地秘密掩埋。女皇又消灭了一个潜在的威胁。[33]

1775 年 7 月 6 日，保罗大公和宫廷人员从郊外的科罗缅斯克宫返回莫斯科时，即便平素阴沉沉的莫斯科也一定喜气洋洋，挤满了军人、王公、大使、神父和百姓，所有人都准备好了参加为期十天的胜利庆祝。此次庆祝活动是波将金组织的第一场政治景观，为的是庆祝俄国在过去六年的战争、瘟疫与叛乱中，赢得了伟大的胜利。18 世纪的庆祝活动通常会用到凯旋门和焰火表演。凯旋门参考的是古罗马的蓝本，有的是用石头做的，但通常是用帆布、木质结构或硬纸板制成的。女皇和波将金不断通过短信沟通节庆的每一个细节。比如，她问："你接见了安排焰火表演的人了吗？"[34]

庆祝活动的规模极大，又比较复杂，让大家都很烦躁。谢

---

① 康斯坦丁·德米特里耶维奇·弗拉维茨基（1830—1866）是俄国的画家，作品多为宗教题材。描绘"蟑螂公主"的作品是他最有名的作品。

苗·沃龙佐夫率领部队抵达之后，"我向……波将金汇报了我的团的状况，他承诺下面三个月不会让我们操练或者参加公开阅兵式……但十天后，他食言了，送信给我说，女皇和整个宫廷要来看我们团操练……我明白他是想让我在公共场合出丑……"次日，他和波将金大吵了一架。35

7月8日，战争英雄鲁缅采夫元帅快到莫斯科了。波将金给"爸爸"鲁缅采夫送去一封亲切而充满敬意的短信，安排与他在切尔塔诺瓦见面，"那里的〔凯旋门〕的大帐篷已经就绪"。他最后的署名是"您最谦卑和忠诚的仆人，G. 波将金"。波将金随后骑马去把元帅带到叶卡捷琳娜大帝的套房。

10日，皇室队伍从普莱钦斯基门步行到克里姆林宫。波将金精心策划了一场辉煌的表演，让外国观察者确信胜利的女皇处于主宰地位。"克里姆林宫的每条街道都挤满了军人……有一座庞大的观礼台……铺着红布，大教堂和其他建筑的墙上都摆了一排排座位，形成一座庞大的剧场……但最引人注目的还是女皇的光辉璀璨的游行队伍。"钟声齐鸣，大地为之震颤。女皇头戴皇冠，身披貂皮镶边的紫色皇袍，走向大教堂。她左侧是鲁缅采夫，右侧是波将金。十二位将军举着紫色华盖，遮盖着她的头顶。骑士近卫军身穿红金两色制服、头戴闪闪发光且有鸵鸟羽毛装饰的银盔，捧着她的裙裾。全体宫廷人员跟在后面，"个个衣着华丽"。在圣母升天大教堂的大门前，主教们向女皇请安。随后是庄严肃穆的圣礼，大家唱起《感恩赞》。"我们无比陶醉，仿佛在梦中。"一位现场观众后来回忆道。36

圣礼结束后，女皇在多棱宫举行授勋典礼。叶卡捷琳娜大帝周围簇拥着四位陆军元帅，她向大家论功行赏。她授予鲁缅采夫一个荣誉性的头衔"扎杜奈斯基"，意思是"越过多瑙河"。这个威风凛凛的名字是波将金的主意。此前叶卡捷琳娜大帝问他："我的朋友，是否仍然要给元帅'扎杜奈斯基'的头衔？"[37] 波将金又一次支持了鲁缅采夫，而不是拆他的台。扎杜奈斯基还得到了 5000 名农奴、10 万卢布、一套餐具和一顶缀有价值 3 万卢布的宝石的帽子。瓦西里·多尔戈鲁基公爵凭借 1771 年攻打克里米亚半岛的战功获得了"克里木斯基"的称号。但最重要的奖赏属于波将金：他获得了自己的第一个头衔，俄罗斯帝国的伯爵，还得到了一把典礼用剑。女皇强调了他的政治工作，特别提及他对奥斯曼帝国和约的贡献。她告诉格林："啊，那个男人的头脑多么聪明！他在此次和约当中的贡献比谁都大。"[38] 他们有一次吵架之后女皇曾承诺："等和平的那天我会给你一幅肖像。再见，我的珍宝，我的心，亲爱的丈夫。"[39] 现在波将金得到了一幅镶嵌着钻石的女皇的细密画肖像，可以戴在他胸口。此前只有奥尔洛夫公爵享有这项殊荣。此后，波将金伯爵在余生的每一幅肖像里都佩戴着这幅细密画。只要他打算打扮得正式一些，就会戴着它。

庆祝活动将持续两周。波将金在霍登场①的原野安排了一处用于欢乐嬉戏的田园牧歌风格的游乐场，在那里搭建了两座凉亭，象征"黑海和我们征服的所有土地"。他创建的是一座帝国主义的主题公园，有代表顿河和第聂伯河的道路，有用黑海沿岸港口的名字命名的剧院和餐厅，有土耳其清真寺尖塔、

---

① 霍登场为莫斯科城西北部的一片开阔地，历史可上溯至 14 世纪，叶卡捷琳娜大帝曾在此举办活动庆祝战胜奥斯曼帝国，后来帝俄政府常在此举办庆祝活动。1896 年 5 月 30 日，尼古拉二世加冕礼期间在霍登场举行的盛大庆祝活动中，发生了严重的踩踏事故，导致数千人伤亡。

哥特式拱顶和古典风格的石柱。叶卡捷琳娜大帝热情地赞扬波将金作为政治表演大师的第一次富有想象力的实践。装扮成"土耳其人、阿尔巴尼亚人、塞尔维亚人、切尔卡西亚人①、骠骑兵"的车夫们驾驶着长长的一队马车，还有"头戴鲜红色头巾的真正的黑人奴仆"。烟花齐放，6万观众痛饮喷泉里喷出的葡萄酒，享用烤全牛。[40]

7月12日，庆祝活动被推迟，因为叶卡捷琳娜大帝病了。有一种传闻是，她虽然对外称病，其实是生下了波将金和她的孩子。她过去就曾巧妙地用肥大且有褶皱的衣服掩饰了自己的怀孕。欧洲各国的内阁肯定在八卦，说她怀孕了。"波将金太太足足有四十五岁了，这个年龄生孩子真是妙极了。"路易十六对韦尔热讷开玩笑说。[41]据说这个孩子的名字是伊丽莎白·格里戈里耶芙娜·特姆金娜②，她被萨莫伊洛夫一家抚养长大，所以和这个家庭有一定的联系。在俄国，根据传统，私生子通常会采用父亲的姓氏，但省去第一个音节，比如伊凡·特鲁别茨科伊公爵的私生子叫伊凡·别茨科伊，罗曼·沃龙佐夫的私生子叫龙佐夫。

然而，女皇在这个时节生孩子的传闻不大可能是真的。波将金是非常注重家庭的人，对他的所有亲戚都关怀备至，却没有证据表明他注意过特姆金娜。如果她是叶卡捷琳娜大帝的孩

---

① 切尔卡西亚人是北高加索的一个民族，在19世纪俄国对高加索的征服战争期间被驱逐到当时的奥斯曼帝国各地。西方文学艺术中有不少以貌美的切尔卡西亚人为主题的作品。

② "特姆金娜"（TemKina）是"波将金"（PotemKin）这个词去掉"波"（Po）之后的阴性形式。

子，女皇也一定会珍爱她。另外，当时有一个古老的特姆金家族，与波将金家族没有任何关系。而且，在当时，有"私生女"不算特别难堪的事情。叶卡捷琳娜大帝与奥尔洛夫公爵的儿子博布林斯基并没有被隐藏起来，别茨科伊后来也有成功的事业。如果特姆金娜是波将金与一个地位卑微的情妇的女儿，就更没有理由藏着掖着了。特姆金娜是个谜，但不一定与叶卡捷琳娜大帝和波将金有关系。[42] 与此同时，在莫斯科，女皇在普莱契斯坦斯基宫卧病在床一周，后来痊愈了。庆祝活动继续举行。

在莫斯科，英国人向波将金伯爵提了一个奇怪的请求。1775 年，英国的北美殖民地起兵反叛伦敦。在随后八年里，西方世界将会把注意力转向北美而不是俄国，波将金会妥善利用这个窗口期。法国和西班牙（都在波旁王朝的统治下）立刻看到，这是为十二年前的七年战争向英国复仇的好机会。帕宁提议英俄结盟，伦敦方面拒绝了，因为英国不愿参加俄国针对奥斯曼帝国的防御作战。但现在乔治三世和他的北方事务大臣萨福克伯爵突然不得不面对美国独立战争。英国拥有全世界最优秀的海军，但陆军的实力微不足道，所以英国需要打陆战的时候通常会用雇佣军。现在英国人打算雇用俄国军队。

1775 年 9 月 1 日，萨福克伯爵抱怨说，"英王陛下在大西洋彼岸的受蒙蔽的不幸臣民越来越疯癫"，这意味着英国急需俄国的援助。具体地讲，英国需要"2 万训练有素、装备齐全的步兵，等春季波罗的海通航之后就立刻出发"。帕宁对此没有兴趣，于是冈宁去找波将金，他倒是兴致盎然。但最终叶卡捷琳娜大帝拒绝出兵支援英国，给乔治三世写了一封礼貌的信，并祝他好运。[43]

可怜的冈宁几周后写信回国："目前我对俄国不能抱任何期望……国王陛下是否可以用汉诺威人？"[44] 最后，心急火燎的英国人用了黑森雇佣军。北美殖民地人民凭借团结一心、理想主义和非常规的战术打败了战法过于僵硬、士气低落的英军。但我们不禁想，吃苦耐劳、凶残好斗的俄国人再加上哥萨克的支持，是否能打败北美殖民地的人？这种可能性令人浮想联翩。

叶卡捷琳娜大帝和波将金的关系过于如胶似漆，这对双方都产生了消极影响。叶卡捷琳娜大帝说："如果我们爱对方少一些，反而会更幸福。"[45] 恋情最初十八个月的疯狂性爱不可能长期维持，也有证据表明，他作为女皇正式情人的角色给他带来了太大压力。叶卡捷琳娜大帝喜欢教师和学生的关系，但对波将金这样霸道、自信和精明强干的男人来说，这样的关系会让他厌烦，甚至无法容忍。他俩的婚姻也无法改变宫廷政治的现实：即便结了婚，他的地位仍然完全依赖于她的心血来潮。但她爱他的狂野性格，而这种性格让他想要逃避。他是在刻意逃避，还是仅仅需要一些呼吸的空间？

她想方设法地让他重新开心起来。她写道："现在是和谐相处的时候了。不要折磨我。"他因自己的从属地位而恼怒的时候，女皇承诺："我永远不会对你发号施令，你这傻瓜，我不应当受到这样的冷遇……我发誓只用爱抚来回报爱抚。我想要拥抱，我喜欢拥抱，最美好的那种。愚蠢的冷漠和愚蠢的脾气只会带来愤怒和烦恼。你不肯说'我亲爱的'或'我的甜心'。你的心难道真的如此沉默吗？我的心不会这样沉默。"[46]

他越来越粗暴，这让叶卡捷琳娜大帝很伤心：夫君难道不再爱她了吗？

她尽其所能地取悦他：据冈宁说，1775 年秋季，她有一次打算离开莫斯科的时候，"忘记了下一个星期三就是波将金伯爵的命名日。她想起来之后立刻决定推迟旅行……好让伯爵接受贵族们的恭贺"。冈宁补充说，女皇还给了波将金 10 万卢布的贺礼，并听从他的建议，给他的南部行省任命了一位希腊籍的大主教。波将金索求欲最强的时候就是这个样子：迫使女皇改变自己的行程，收取足以当作帝王赎金的巨额礼金，同时还没有忘记搞定一次政治任命。[47]

有时叶卡捷琳娜大帝会抱怨他当着宫廷人员的面羞辱她："我亲爱的主人，格里戈里·亚历山德罗维奇，我祝愿阁下幸福。今晚打牌的时候你最好输给我，因为你之前把我忘了，把我丢在一边，仿佛我是根门柱。"但波将金懂得如何操控她，他用一行阿拉伯风格的符号（可能是他俩的秘密语言当中与性爱有关的暗语）回复她，并补充道："这就是我的回答……"[48] 但回答是什么？她如何能留住夫君的心，让他幸福开心呢？

他俩发展出了属于他们自己的交流感情的方式。他的话暧昧而激情洋溢，她的话则体现出理解和迎合。这是书信体的二重唱：

波将金	叶卡捷琳娜大帝
我宝贵的灵魂，	我知道
你知道我	
完全是属于你的，	我知道，我知道

我也只有你,	这是真的。
我会永远对你	我不怀疑你。
忠诚,直到死亡。	
我需要你的支持,	我相信。
出于这个原因,	
也因为我的意愿,	
为你服务、	
发挥我的能力,	
对我来说是最愉快的事情。	这一点早就得到了证明。
如果你为我做什么,	我很愿意。但你要我做什么?
你将永远不会后悔,	
这只会给你带来好处。	我很开心,但不太理解。请更清楚地向我解释。[49]

波将金在渐渐远离她。传说他为了逃避她的拥抱而称病。他变得焦躁不安,叶卡捷琳娜大帝也厌倦了他无休止的坏脾气。他俩的恋情刚开始的时候,他那种压倒一切、眼睛闪亮的暴怒吸引了她,而如今当他俩已经成了老夫老妻的时候,这种怒气就是令人恼火的作秀了。波将金的行为的确不可理喻,但叶卡捷琳娜大帝也不是没有责任。她没有及时理解波将金作为女皇情夫的政治和社会地位给他造成的持续压力(这种压力让她后来的许多情人精神崩溃)。叶卡捷琳娜大帝和他一样,在情感上有极高的需求。她和波将金都像熔炉,一方面需要不断得到荣耀、奢华与权力,另一方面持续需要爱、赞扬和关心。正是他们的巨大胃口,使得他们的关系既痛苦,又成果丰硕。波将金想要统治和建设国家,但爱叶卡捷琳娜

大帝是一种全职工作。他俩的需求都极大，但又都没办法充分满足对方的需求。他俩的个性太相似，所以很难长久维持关系。

1775年5月，在庆祝胜利的活动开始之前，叶卡捷琳娜大帝履行了自己作为东正教皇帝的职责，领导了一次去气氛阴森的谢尔盖圣三一修道院的朝圣。这是沙皇的必经之旅，要重返莫斯科大公国的黑暗时代，那时的女人深居闺房，足不出户，更不可能掌握权力。这趟朝圣之旅当中，波将金表现出了斯拉夫人传统的对世俗荣华富贵的轻蔑，也表现出了他对东正教的兴趣，也许还体现出了他对自己地位的不满。他屈从于自己的修道士本能，对叶卡捷琳娜大帝不予理睬，暂时离开了宫廷，隐居到僧侣的斗室里祈祷。[50]

他喜怒无常，情绪变化极快，这一定让他俩都筋疲力尽。她说他俩互相爱得太深所以不会幸福，也许就是这个意思。他俩的关系过于火爆，不够安定，这对他俩都没有好处。在1775年的余下时间里他们继续相爱和合作，但压力在逐渐增加。叶卡捷琳娜大帝明白这是怎么回事。她找到了波将金这样美好的伴侣（他是一颗罕见的钻石），但她应当如何为他找到一个合适的角色呢？他们应当如何满足对方的需求，同时还继续维持关系呢？他们在为了这些问题而挣扎的同时，也在向四周观望。

和平庆典的前一天，波将金伯爵从姐夫瓦西里·恩格尔哈特那里收到噩耗，他的姐姐玛尔法·叶连娜去世了。恩格尔哈特和叶连娜有六个女儿（长女已经出嫁），还有一个儿子在服兵役。五个年纪较小的女儿分别从八岁到二十一岁不等。"我恳求您接替玛尔法·亚历山德罗芙娜的位置，照顾姑娘们，"恩格尔哈特在 7 月 5 日给波将金的信中写道，"您一声令下，我就把姑娘们送到您母亲那里。"恩格尔哈特当然完全可以在斯摩棱斯克把五个女儿抚养长大，但他很精明，知道自己的女儿如果到了宫廷会有很好的前途。于是波将金安排五个外甥女到了莫斯科。

女皇颇有贤妻风度地接待了波将金的亲人。令人生畏的婆婆达里娅·波将金娜（此时仍住在莫斯科①）来拜见女皇时，叶卡捷琳娜大帝表现得非常体贴和周到："我注意到你母亲非常优雅，但她没有怀表，我这里有一块，你拿给她吧。"[51]波将金的五个外甥女抵达之后，叶卡捷琳娜大帝热情欢迎她们，并告诉波将金："为了让你母亲开心，你可以把你的外甥女们任命为宫廷侍女，想任命几个都可以。"[52]7 月 10 日，也就是和平庆典的高潮那一天，五个外甥女当中年纪最长的那个，二十一岁的亚历山德拉·恩格尔哈特，被任命为女皇的侍女。[53]第二个外甥女瓦尔瓦拉最为端庄优雅，她很快也成了宫廷侍女。外甥女们抵达宫廷之后，被赞誉为俄国的大美人。

与此同时，叶卡捷琳娜大帝忙于立法工作。她从鲁缅采夫-扎杜奈斯基的参谋部借调来两名秘书，协助她进行工作。亚历山大·别兹博罗德科是两人当中较聪明的那个，虽然相貌丑陋、举止笨拙，却是个非常有意思的人。扎瓦多夫斯基则做事有条不紊，有教养，而且相貌英俊。他撅着的嘴唇和毫无幽

---

① 叶卡捷琳娜把普莱斯蒂琴卡的一座房子赐给了达里娅，她在那里一直住到去世。——作者注

默感的眼神说明他是个假正经而慢条斯理的人，和波将金截然相反。在漫长的立法工作和令人疲惫的返回圣彼得堡的旅途中，叶卡捷琳娜大帝、波将金和扎瓦多夫斯基变成了奇特的"三人行"。

　　我们可以想象此时叶卡捷琳娜大帝套房里的景象：波将金穿着飘逸的晨袍躺在沙发上，头上缠着大手帕，没有戴假发，头发乱蓬蓬的，嘴里嚼着萝卜，滑稽地模仿廷臣们的言行举止，才华横溢地迸发出精彩的主意，经常开玩笑逗乐，也经常发脾气；而扎瓦多夫斯基戴着假发，身穿制服，身姿僵硬而耐心地在写字台前书写，像拉布拉多犬一样忠心耿耿地凝视着女皇……

注　释

1 RGADA 1.1/1.54.114, L 31, CII to GAP ud, Tsarskoe Selo.

2 KFZ p 281, 8 June 1774.

3 对婚礼的叙述基于 1774 年 6 月 8 日的宫廷日志（KFZ）；V. S. Lopatin, *Ekaterina II i G. A. Potemkin, lichnaya perepiska* pp 31 - 3 and 513 - 15, and O. I. Yeliseeva, *Perepiska Ekateriny II i G. A. Potemkina* p 28；and on P. B. Bartenev, 'On Catherine and Potemkin's Marriage: A Book of Notes of the Russkiy Arkhiv', RA（1906）2 p 613 使用了 D. N. Bludov 伯爵关于 A. V. 布拉尼茨卡伯爵夫人、M. S. 和 E. K. 沃龙佐夫公爵与公爵夫人的叙述（见后记），A. G. 斯特罗加诺夫伯爵关于 E. K. 沃龙佐娃公爵夫人的叙述，F. N. 戈利岑公爵的笔记，A. A. 博布林斯基伯爵关于 A. N. 萨莫伊洛夫伯爵的叙述，以及 V. P. 奥尔洛夫-达维多夫伯爵关于 A. N. 萨莫伊洛夫伯爵的叙述。

4 作者于 1998 年访问圣彼得堡所得。

5 Coxe vol 2 p 88.

6 RA（1906）2 p 613. 巴尔捷涅夫的叙述：这个故事是萨莫伊洛夫的外孙 A. A. 博布林斯基伯爵讲的。

7 Castera vol 3 p 90.

8 RP 2. 1 p 8.

9 See note 3 above.

10 RGADA 5. 85. 1. 362, L 72. RGADA 1. 1/1. 54. 30, L 74.

11 RGADA 5. 85. 1. 271, L 32, CII to GAP.

12 RGADA 5. 85. 1. 238, L 49.

13 RGADA 1. 1/1. 54. 42, L 18, CII to GAP ud.

14 M. Kukiel, *Czartoryski and European Unity* 1770–1861 pp 17–18.

15 RGADA 5. 85. 1. 267, L 94.

16 Castera vol 3 p 90.

17 Comte de Ségur 21 December 1787, quoted in Waliszewski, *Autour d'un trône* vol 1 p 89. 在《回忆录》第 2 卷中，塞居尔写道，大家普遍相信女皇和波将金秘密结婚了，这是"另一种类型的秘密，是他俩之间的更坚不可摧的纽带"。塞居尔回国途中经过维也纳的时候，与约瑟夫二世讨论了这个神秘事件。

18 *Louis XVI and the Comte de Vergennes*: *correspondence* ed J. Hardman and M. Price p 162. Louis XVI to comte de Vergennes ud, received 5 October 1774.

19 PRO FO vol 15 Robert Keith 19 October 1782, quoted in Harold Temperley *Frederick the Great and Kaiser Joseph* p 224.

20 PRO FO Secretary of State: State Papers, Foreign, cyphers SP106/67 no 33, Sir Charles Whitworth to Lord Grenville 1 July 1791.

21 Prince de Ligne, *Mélanges militaires*, *littéraires et sentimentaires* vol 24 p 181, Prince de Ligne to Prince Kaunitz 15 December 1788, Jassy.

22 RGADA 1. 1/1. 54. 42, L 18.

23 RGADA 5. 85. 1. 359, L 37, CII to GAP ud.

24 BM Egerton MSS 2706 Sir Robert Gunning to Earl of Suffolk 19 August 1774. Also SIRIO 19 (1876).

25 Bartenev, 'On Catherine', p 616.

26 RGADA 1. 1/1. 54. 103, L 67. RGADA 5. 85. 1. 41, L 68. RGADA 5. 85. 1. 166, L 68. GARF 728. 1. 416. 22, L 69, CII to GAP.

27 SIRIO 23: 13, CII to Baron F. M. Grimm.

28 RGADA 1. 1/1. 54. 119, L 80, CII to GAP. GARF 728. 1. 416. 27, L 80.

29 关于蟑螂公主的最佳叙述是威廉·汉密尔顿爵士发给 Rochford 伯爵的报告，日期为公历 1775 年 1 月 4 日和 5 月 30 日，见 BM Egerton MSS 2636 ff 104, 108, 110 and 124, quoted in Brian Fothergill, *Sir William Hamilton*, *Envoy Extraordinary* pp 157 – 62。关于蟑螂公主，另见 Gunning – Suffolk

correspondence on Tarakanova in SIRIO 19：460-2，June 1775，Moscow。

30 SIRIO 1：105. RP 4：1 p 109.

31 *Russkaya beseda* 1858 vol 6 p 73. SIRIO 19：461, Suffolk to Gunning 26 May 1775.

32 SIRIO 19：461, Suffolk to Gunning 26 May 1775. RGADA 1. 1/1. 54. 66, L 67, CII to GAP. RGADA 1. 1/1. 54. 97, L 70, CII to GAP. Waliszewski, *Autour d'un trône* vol 2 pp 104‑14；Count Alexei Orlov to GAP, RA（1875）2 no 5 p 6. SIRIO 1：105 and 169‑96. Anisimov, *Empress Elisabeth* p 201. SIRIO 19：466-7, Gunning to Suffolk 19/30 June 1775, Moscow.

33 RP 4：1 p 109. SIRIO 1：170-93.

34 RGADA 5. 85. 1. 259.

35 AKV 8：1-38, S. R. Vorontsov to F. Rostopchin 18/29 November 1796.

36 Bolotov vol 3 pp 208-13.

37 RGADA 1. 1/1. 54. 137, L 76.

38 SIRIO 19（1876）：470, Gunning to Suffolk 13/24 July 1775, Moscow. SIRIO 23：4, CII to Grimm 3 August 1774, St Petersburg.

39 RGADA 5. 85. 1. 362, L 72.

40 Bolotov vol 3 pp 207‑24；A. Travin, *Zapiski*, Pskov 1894 pp 25‑129；G. Vinsky, *Moe Vremya*, p 147, all quoted in Dimitri Shvidkovsky, *Empress and Architect* pp 192-3. SIRIO 27（1880）：47, CII to Madame Bielke 24 July 1775.

41 *Louis XVI‑Comte de Vergennes correspondance* p 162, Louis XVI to Comte de Vergennes ud, received 5 October 1774.

42 关于特姆金娜是叶卡捷琳娜大帝的女儿的理论：见 T. V. Alexeeva, *Vladimir Lukich Borovikovsky i russkaya kultura na rubezhe 18‑19 vekov* and also V. S. Lopatin, *Perepiska* 638-9。V. L. 博罗维科夫斯基创作的伊丽莎白·格里戈里耶芙娜·特姆金娜的肖像（1798 年）今天悬挂在莫斯科的 Tretyakov 博物馆。她相貌平平、举止笨拙，确实有点像波将金的老母亲达里娅。但她不是波将金的继承人之一，并且本书作者在波将金的书信中未曾发现一处提到她。直到很久之后才有人提起她。据我们所知，波将金没有其他的（所谓的）儿女，所以他可能不育。另一种理论是，特姆金娜是另一个波将金的女儿，比如帕维尔·波将金或米哈伊尔·波将金，但为什么她的父名是格里戈里耶芙娜呢？特姆金娜后来嫁给为俄国效力的希腊人 I. X. 卡拉格奥尔吉，他曾担任波将金的第一座城市赫尔松的总督。关于对私生子的态度，见 Anisimov, *Empress Elisabeth* p 201。波将金的外甥瓦西里·恩格尔哈特终身未婚，但与不同的情妇生了五个私生子，他们全都被合法化，成为贵族，并使用了恩格尔哈特的姓氏。

43 SIRIO 19 (1876): 463-4, Suffolk to Gunning 30 June 1775, St James's. SIRIO 19: 476-9, Suffolk to Gunning 1 September 1775; George III to CII 1 September 1775.

44 SIRIO 19 (1876): 476, Suffolk to Gunning 1 September 1775, St James's. SIRIO 19: 476-501, Suffolk to Gunning 8 September 1775. SIRIO 19: 489, Gunning to Suffolk 20 September/1 October 1775, Moscow. SIRIO 19: 500-2, CII to George III 23 September 1775, Moscow.

45 RGADA 5. 85. 1. 343, L 11, CII to GAP ud.

46 RGADA 1. 1/1. 54. 3, L 85. RGADA 5. 84. 1. 149, L 86. RGADA 5. 85. 1. 172, L 87, CII to GAP.

47 SIRIO 19 (1876): 506, Gunning to Suffolk 5/16 October 1775, Moscow.

48 RGADA 1. 1/1. 54. 30, L 74. GARF 728. 1. 417. 1, L 66. RGADA 5. 85. 1. 166, L 68.

49 RGADA 5. 85. 1. 265, L 95, GAP to CII ud.

50 Castera vol 2 pp 314-15; Waliszewski, *Autour d'un trône* vol 2 p 148.

51 GARF 728. 1. 416. 49, L 69, CII to GAP ud. RGADA 5. 85. 1. 159, L 75, CII to GAP ud.

52 RGADA 5. 85. 1. 161, L 76, CII to GAP ud.

53 RGADA 5. 85. 1. 161, L 76, CII to GAP. RGADA 11. 1. 946. 595, V. A. Engelhardt to GAP 5 July 1775.

10　心碎与谅解

我的灵魂，为了你，我在竭尽全力，好让你至少能用温情和冷静的行为给我稍许鼓励……我亲爱的小主人，我可爱的丈夫。

　　——叶卡捷琳娜二世给波将金伯爵的信

但对这件事，堂堂的俄国女皇
并不比一个女裁缝做得漂亮。

　　——拜伦勋爵，《唐璜》，第 9 章第 77 节

"**我**丈夫刚刚对我说，可'我应当去哪里，我应当做什么?'"叶卡捷琳娜大帝大约在这个时期写信给波将金伯爵，"我亲爱的、挚爱的夫君，来我这里，我会敞开胸怀迎接你!"[1] 但在 1776 年 1 月 2 日，叶卡捷琳娜大帝任命彼得·扎瓦多夫斯基为侍从长。他们的"三人行"让整个宫廷的人大惑不解。

外交官们意识到女皇的私生活正在发生变化，于是推测波将金快倒台了:"女皇开始用不同的眼光看待她的宠臣［波将金］的放纵……已经有传闻说，鲁缅采夫先生安排到她身边的一个人很有机会赢得她的信任。"[2] 还有传闻说波将金可能会丢掉陆军委员会主席的职务，可能会被阿列克谢·奥尔洛夫-切什梅斯基或帕宁的外甥列普宁公爵取代。但英国外交官理查德·奥克斯注意到波将金感兴趣的领域正在扩张而不是缩减，他"似

乎对外交政策越来越有兴趣"。[3] 英国人搞不清楚俄国宫廷正在发生什么，而尖酸刻薄的法国使节马利·达尼埃尔·布雷·德·科尔伯龙骑士（他写了一部价值很高的日记，记载自己在俄国宫廷的生活）认为，就凭扎瓦多夫斯基还不足以推翻波将金。科尔伯龙观察道："［扎瓦多夫斯基］的面貌比波将金英俊，但还没有稳妥地得到女皇的宠信。"然后，科尔伯龙用外交官讨论皇室性生活时惯用的挖苦口吻写道："他［扎瓦多夫斯基］的才华在莫斯科受到了考验。但波将金……仍然有掌握大局的气度……所以女皇对扎瓦多夫斯基可能只是玩玩而已。"[4]

1776 年 1 月到 3 月，女皇在努力解决自己与波将金伯爵的关系问题，所以一直回避大型聚会。1 月，奥尔洛夫公爵结束海外旅行，回到宫廷，一下子就把水搅得更浑了，因为现在宫廷有三个前任和现任的男宠。格里戈里·奥尔洛夫恢复了过去的畅快心情，但已经不是当年那个美男子了：他如今大腹便便，多次"中风"，并且爱上了自己的十五岁亲戚叶卡捷琳娜·季诺维也娃。她是女皇的侍女之一，有人说奥尔洛夫强奸了她。有传闻说波将金给奥尔洛夫下毒，可见宫廷的竞争有多么冷酷无情，但下毒的做法完全不像是波将金能做得出来的。奥尔洛夫的症状听起来像是梅毒晚期。大家都知道他对女人来者不拒，所以得了这种病。

叶卡捷琳娜大帝现在只出席小型宴会。彼得·扎瓦多夫斯基经常参加这种宴会，波将金参加的比之前少了，但还是经常露面，这让扎瓦多夫斯基很不愉快。扎瓦多夫斯基在当时最活力四射的两位健谈高手面前一定觉得自卑和窘困。波将金仍然是叶卡捷琳娜大帝的情人，而真诚的扎瓦多夫斯基越来越爱她。我们不知道她在何时（或者有没有）脱离波将金，让扎瓦多夫斯基成为自己的情人。如果有的话，那也是在这年冬季的某个时间。最有可能的情况是，她从来没有完全结束与波将金（她称他为"我的丈夫"）的性关系。也许她是在利用两个男人之间的竞争，同时分别鼓励他俩？当然是这样了，因为她自己说过，她是不能一天没有爱的，所以当波将金故意表示自己没有兴趣的时候她把目光投向秘书，是很符合人性的事情。

从某些角度看，恰恰是气氛紧张的这六个月里，他俩的关系最动人，因为他们仍然相爱，将对方视为丈夫或妻子；虽然渐行渐远，但仍然在努力寻找办法继续待在一起。波将金伯爵有时会在女皇的怀抱里哭泣。

在那封提醒波将金他俩的婚姻是"神圣的纽带"的信里，她甜蜜地询问她的"主人和亲爱的丈夫"："你为什么想哭呢？我怎么会对你变心呢？怎么可能不爱你呢？请相信我的话……我爱你。"[5]

波将金观察到叶卡捷琳娜大帝与扎瓦多夫斯基越走越近，他至少容忍了这种情况。他继续发脾气、使性子，不过显然没有打算杀死扎瓦多夫斯基，尽管他曾发誓要杀死企图取代他的人。他与女皇在这段时间的通信揭示了他们的关系遇到的危机，也流露出对扎瓦多夫斯基一定程度的醋意，但波将金仍然稳稳占据主导地位，所以别的男人并不能真正对他构成威胁。波将金很可能在一定程度上认可了女皇与扎瓦多夫斯基的关系。

"你的生命对我来说很宝贵，我不想失去你。"[6]女皇非常明确地告诉他。他们经常鸿雁传书，用对话体的书信来和解：留存至今的第二套对话体书信像是某次讨论的高潮，是暴风骤雨般疯狂的不安全感平息之后两人冷静的和解。这比上一次

"书信二重唱"要具体得多。女皇对浑身是刺、性情古怪的波将金无比温柔和耐心,波将金也对她无比温柔（这种品质在这样一个男人身上显得格格不入）：

波将金	叶卡捷琳娜大帝
我的爱,请允许我说话,我	我允许。
希望能够结束我们的争吵。	越早越好。
我为我们的爱烦恼,你不要	不要烦恼。
吃惊。	
你不仅无比慷慨地善待我,	你对我也是这样。
还把我放在你心间。我想要	你稳稳占据了我的心,你
独自一个人占据你的心,超	会永远留在那里。
过其他所有人。	
因为没有人曾像我这样爱你。	我看到了,我相信。
我是你双手造就的,我希望	我很高兴这么做。这是最
你能给我安宁,你应当开心	让我开心的事情。
地对我好;	
崇高的你,应当为自己的伟	那是自然。
大工作,也就是思念我,而	
感到慰藉。	
阿门。	让我们的思绪都安宁下
	来,让我们的情感自由地
	行动。这些情感最最温
	柔,会找到最美好的
	途径。
	吵架结束。
	阿门。[7]

　　他不是一直如此和善。波将金感到自己很脆弱的时候就会残酷地向她发脾气。"我恳求上帝原谅你那种无谓的绝望和凶狠，也原谅你对我的不公，"她答道，"我相信你爱我，尽管从你的言辞里往往看不到一丝一毫的爱。"两人都饱受折磨。"我不是坏人，也没有对你生气，"她在一次争吵之后告诉他，"这取决于你的意志，取决于你如何对待我。"她说，他俩不可能无限期地维持这种风暴般的紧张状态："我想看到你冷静下来。"[8]

　　整个宫廷的人都在寻找波将金倒台或者扎瓦多夫斯基崛起的迹象，而女皇和波将金在探讨如何是好。波将金想要继续掌权，所以他必须保留自己在冬宫的套房。他烦恼的时候，她像许许多多普通的恋人那样安慰痛苦的伴侣："这不难决定：留在我身边吧。"然后她又补充的一句，很典型地体现了他俩关系的特点：既是爱情，也是政治合作。她说："你的所有政治提议都非常合理。"[9]然而，叶卡捷琳娜大帝最终也无法保持冷静了。

　　　　你有时候讲话的那种方式，会让人觉得我是个怪物，
　　一切错都在我，尤其是我非常愚蠢……我的心只懂得一种
　　爱你的方式，那就是让你幸福，所以我一刻也不能容忍与
　　你争吵。让我绝望的是，我爱你，却得不到你的爱的回
　　报……我的心正忙着在自己的爱里寻找益处。我喜欢看到
　　你身上的各种美好……

这样表达了自己的受伤之后，随着波将金离她越来越远，她给

他俩的问题核心下了定义："我们分歧的实质永远是权力的问题，而不是爱情。"[10]

很多人把女皇的这句话奉为真理，但这其实是她在重写他俩的历史。他们的政治合作固然精彩，他们的爱情也确实惊天动地。如果他俩的争吵真的全都是为了权力，那么如果去除爱情而保留权力，只会让他们永远争吵下去。他们分歧的本质其实是：他俩关系的第一阶段（激情澎湃的肉体关系）结束了，波将金越来越成熟，也越来越需要自由。也许叶卡捷琳娜大帝还不愿意承认，他已经不再需要作为女人的她。但他们会永远为了权力的问题而争吵。

这一切都不能让波将金满意。他似乎始终处于暴怒的状态。"你生气了，"她用法语写道，"你躲着我，你说我惹你生气了……你还想得到怎样的满足呢？即便是教会，烧死异端分子之后，也就不要求更多了……你在毁掉我余生的全部幸福。和解吧，我的朋友。我向你伸出手，你会拉住我的手吗，我的爱？"[11]

在从莫斯科返回圣彼得堡的途中，叶卡捷琳娜大帝写信给俄国驻维也纳使节德米特里·戈利岑公爵，说希望"皇帝陛下［神圣罗马皇帝约瑟夫二世］能将陆军将领格里戈里·波将金伯爵提升为神圣罗马帝国诸侯，因为他对我和国家恪尽职守、兢兢业业。我会非常感激皇帝陛下"。约瑟夫二世于2月16日（公历为27日）不情愿地同意了。他的母亲、古板的皇太后兼匈牙利女王玛丽亚·特蕾西亚很讨厌俄国女皇。"真是好笑，"科尔伯龙冷笑道，"虔诚的皇后兼女王居然会奖赏不信天主教的俄国君主的情夫。"

"格里戈里·亚历山德罗维奇公爵，"叶卡捷琳娜大帝为她的波将金欢呼，"我优雅地允许你接受神圣罗马帝国诸侯的头衔。"[12] 从此，波将金就被称为"尊贵的公爵殿下"，俄语是"Svetleyshiy Kniaz"。俄国有很多公爵，但从此之后波将金是最重要的一位。外国外交官估计这是女皇给波将金的黄金告别，因为奥尔洛夫也是在失去女皇情人的地位之后才获得公爵头衔的。叶卡捷琳娜大帝还给了波将金"1.6 万名农奴作为礼物，他们每人每年的劳动产出是 5 卢布"。随后丹麦向波将金授予白象勋章。女皇这是在给波将金分手礼物，还是巩固他的地位？"我在波将金伯爵府上用餐，"科尔伯龙在 3 月 24 日写道，"据说他的地位在衰落，扎瓦多夫斯基仍然享有女皇的恩宠，奥尔洛夫兄弟为保护他出了不少力。"[13]

除了当公爵，波将金殿下还渴望成为君主。他已经在担心叶卡捷琳娜大帝去世之后，他会落到满腹怨恨的保罗手里，很可能被保罗"发配到西伯利亚"。[14] 波将金的解决办法就是使自己成为俄国境外的一个独立统治者。安娜女皇曾安排自己的情人恩斯特·比龙成为库尔兰公爵。库尔兰是波罗的海沿岸的一个小国，被俄国主宰，但理论上臣服于波兰。现在的库尔兰公爵是比龙的儿子彼得。波将金下定决心，想把库尔兰据为己有。

5 月 2 日，叶卡捷琳娜大帝通知她的驻波兰大使奥托-马格努斯·施塔克尔贝格伯爵，说她"想要感谢波将金公爵对祖国的贡献，所以打算把库尔兰公国赐给他"，然后建议施塔克尔贝格如何操作。弗里德里希大王命令他的驻圣彼得堡使节在这件事情上帮助波将金。5 月 18 日（公历为 29 日），弗里德里希大王还从波茨坦写了一封友好的信给波将金。但叶卡捷琳娜大帝最终没有落实此事，因为波将金还没有证明自己是一个称职的政治家，她无论在库尔兰还是俄国事务上都必须谨小慎微。寻求在俄国境外获得一个安全的宝座，将是波将金政治生涯的主题。但叶卡捷琳娜大帝总是想方设法让他集中注意力于俄国，因为她在俄国事务上需要他的帮助。[15]

1776 年 4 月初，普鲁士的海因里希王子来到俄国，他此行的任务是巩固他的兄长弗里德里希大王与俄国的联盟。因为弗里德里希大王损害了俄国在俄土战争中的收益，俄国与普鲁士的关系已经不像曾经那样融洽。弗里德里希大王的弟弟是个不出柜的同性恋者，① 也是精力充沛的军事家和聪明的外交官，在 1772 年推动了瓜分波兰的启动。海因里希王子酷似弗里德里希大王，但比他年轻十四岁，也对他十分嫉妒。在帝王的时代，帝王弟弟的命运就是这样。海因里希王子是最早拉拢波将金的外国权贵之一。现在就是波将金安排了海因里希王子访问俄国，这也表明波将金对外交事务产生了新的、越来越强烈的兴趣。海因里希王子在给波将金的信中写道："如果我在圣彼得堡逗留期间能够有机会向您证明我的仰慕和友谊，我会非常高兴。"他于 4 月 9 日抵达之后立刻展现出自己的善意，向波将金授予普鲁士的黑鹰勋章（波将金拥有的外国勋章不断增多）。这让弗里德里希二世和波将金有借口互相通信，互相吹捧。海因里希王子无疑还支持了波将金获取库尔兰的计划。[16]

就在外国人猜测波将金已经失宠的时候，难以揣测的女皇和波将金似乎正在享受感情的回暖。她写下了或许是任何人能

① 弗里德里希大王自己也是同性恋者，这是大多数现代历史学家的看法。

够给出的最美好也最简单的爱的表白："我亲爱的公爵！在我还没有出生的时候，上帝就决定让你成为我的朋友，因为祂专门为了我才创造了你。感谢你的礼物和拥抱……"[17] 从这话看，他俩似乎在秘密地复合，但他们之间的痛苦谈判仍在继续。人们普遍期待看到波将金倒台、扎瓦多夫斯基崛起。叶卡捷琳娜大帝和波将金都再也不能忍受这种上不着天下不着地的状态。就在海因里希王子抵达的第二天早晨，发生了一场悲剧，让他们不得不暂时搁置自己的问题。

1776 年 4 月 10 日凌晨 4 点，保罗的妻子娜塔莉亚·阿列克谢耶芙娜大公夫人临盆。女皇亲自穿上围裙，匆匆跑向娜塔莉亚的套房。女皇和娜塔莉亚与保罗一起待到上午 8 点。[18]

这个时间真是不凑巧，因为宫廷需要接待海因里希王子。根据宫廷日志的记载，当晚，女皇和海因里希王子在"格里戈里·亚历山德罗维奇·波将金公爵殿下的套房"听了利奥利的小提琴音乐会。海因里希王子和波将金按照叶卡捷琳娜大帝提议的路线讨论了两国联盟的事情。根据弗里德里希大王的指示，海因里希王子确保自己与波将金搞好关系。[19] 当夜，娜塔莉亚大公夫人很可能会诞下帝国的继承人。

叶卡捷琳娜大帝对娜塔莉亚大公夫人其实很失望。保罗似乎很爱她，但她喜欢搞阴谋诡计，而且甚至懒得学俄语。叶卡捷琳娜大帝和波将金怀疑娜塔莉亚同保罗最好的朋友、精明圆滑的登徒子安德烈·拉祖莫夫斯基有婚外情关系。但在 11 日，叶卡捷琳娜大帝还是再次穿上围裙，跑去尽自己作为婆婆的职责，在产妇床前待了六个小时，然后在自己的套房和她的两位公爵奥尔洛夫和波将金一起吃饭。次日一整天，她都和大公夫人在一起。

用科尔伯龙的话说，外交官们认为大公夫人的分娩延缓了"波将金的倒台"，这让他们颇为失望。大公夫人在痛苦地哭喊。女皇很担心。宫廷日志写道："在女皇陛下的套房为她准备了膳食，但她没有胃口。波将金公爵用了膳。"他是个只要饿了，任何事情都不会损害他胃口的人。

医生尽了全力。但当时的产科手术很原始，和屠宰差不多。18 世纪中叶的产科手术已经用到了产钳。① 剖宫产手术虽然非常危险，但自从恺撒的时代就有了成功的例子。在剖宫产手术中，产妇几乎全都会死于感染、休克和失血，但孩子一般能活下来。现在，娜塔莉亚大公夫人的医生没有尝试这些手段，并且已经太晚了。婴儿已经胎死腹中，死胎感染了产妇。"情况非常糟糕，"叶卡捷琳娜大帝在一封签署时间为早晨5点（可能是次日）的信中写道，她已经在考虑如何安抚保罗，"我想，母亲会和孩子一样离开我们。先保密……"她命令皇村的卫戍指挥官把保罗的套房准备好。"情况清楚了之后，我会带我儿子过去。"[20] 产妇的感染发生坏疽，恶臭令人不堪忍受。

在大家等待必然的结局降临的时候，波将金公爵在打牌。科尔伯龙说："我很确定，全世界在哭泣的时候，波将金输了3000 卢布。"这么说并不公平。女皇和波将金有很多事情要安排。叶卡捷琳娜大帝已经在考虑为保罗续弦，她拟定了六位候选人名单，然后把名单送给波将金看。女皇一直想让保罗娶符

① 在 1733 年之前，产钳是尚贝兰外科医生家族的秘密武器。在那个时代，就连医生也是子承父业的。——作者注

腾堡公爵小姐索菲亚·多罗特娅，所以把她的名字放在了第一位。[21]

4月15日下午5点，娜塔莉亚大公夫人去世。保罗悲恸得几乎发疯，胡言乱语说医生在撒谎，她一定还活着，他要到她身边，他绝不允许把她下葬，等等。人们经常用这样的幻想来否认亲人死亡的现实。医生为他放血，让他平静下来。二十分钟后，叶卡捷琳娜大帝陪伤心欲绝的儿子前往皇村。波将金则和他的老朋友布鲁斯伯爵夫人一起前往皇村。"世间的荣华就这样消逝（*Sic transit gloria mundi*）。"叶卡捷琳娜大帝在给格林的信中冷淡地评论道。她一直不喜欢娜塔莉亚，但现在外国使节们在批判她对大公夫人分娩的处置：女皇是否没有尽到职责，故意让儿媳死去呢？尸检表明娜塔莉亚的身体有缺陷，所以原本就不可能顺利生产，当时的医学救不了她。但在皇帝可以死于"痔疮"的俄国，科尔伯龙说没有人相信官方的说法。[1]

"一连两天，大公悲痛欲绝，"英国使节奥克斯写道，"普鲁士的海因里希王子几乎始终陪伴在他身边。"海因里希王子、叶卡捷琳娜大帝和波将金联合起来敦促保罗立即迎娶符腾堡公爵小姐。"大公的再婚不会耽搁很长时间。"奥克斯在几天后写道。在哀悼期间，叶卡捷琳娜大帝、波将金和海因里希

---

[1] 有人说波将金安排把娜塔莉亚大公夫人害死，并神秘地拜访了接生婆。通过医生来谋杀是俄国政治中一个反复出现的主题：1952年至1953年关于斯大林最后时日的"医生阴谋"就描绘了"穿白大褂的谋杀犯"。传说奥尔洛夫公爵、娜塔莉亚大公夫人、叶卡捷琳娜大帝的情人亚历山大·兰斯科伊和波将金自己，都是被负责照料他们的医生谋杀的。据说波将金参与了对奥尔洛夫公爵、娜塔莉亚大公夫人和兰斯科伊的谋杀。——作者注

王子都认识到了这一严酷的事实：帝国需要继承人，所以保罗急需新的妻子。

保罗不肯再婚，这是完全可以理解的。但叶卡捷琳娜大帝给他看了娜塔莉亚写给安德烈·拉祖莫夫斯基的情书（是在她的遗物当中发现的），于是保罗的顾虑消失了。叶卡捷琳娜大帝对波将金的亲人那么好，对自己的亲人却这么冷酷。叶卡捷琳娜大帝和波将金安排保罗去柏林看新娘。霍亨索伦兄弟俩很高兴有机会影响俄国继承人，因为索菲亚公爵小姐是他们的甥孙女。保罗本来就亲普鲁士，而且像他父亲一样崇拜弗里德里希大王，所以很乐意去柏林。在这期间，俄国宫廷又开始玩他们最喜欢的游戏：阴谋推翻波将金。[22]

娜塔莉亚大公夫人和胎儿的遗体被停放在亚历山大·涅夫斯基修道院，她穿着白色缎子衣服。尸检表明胎儿的形态完全正常，它就躺在敞开的棺材里，在母亲脚边，那景象十分恐怖。[23]波将金殿下和叶卡捷琳娜大帝、海因里希王子还有保罗一起待在皇村。现在保罗不仅要哀悼自己的亡妻，还要为自己婚姻的假象被打破而哭泣。科尔伯龙无法理解为什么扎瓦多夫斯基和波将金能够同时待在女皇身边。"波将金的统治要结束了，"科尔伯龙喜滋滋地说，"他的陆军大臣职位已经被移交给阿列克谢·奥尔洛夫伯爵。"但科尔伯龙忧心地发现，波将金似乎仍然心情愉快，若无其事。[24]科尔伯龙和英国人都认为海因里希王子在支持波将金、反对奥尔洛夫兄弟，所以"这在很大程度上延缓了波将金公爵的垮台。黑鹰勋章的绶带把波将金和普鲁士联系在了一起"。

娜塔莉亚的葬礼于 4 月 26 日在涅夫斯基修道院举行。波将金、扎瓦多夫斯基和奥尔洛夫公爵陪伴着叶卡捷琳娜大帝，但保罗太悲痛，没能参加葬礼。外国外交官们细心观察宫廷主要人物的一举一动，捕捉政治动向，就像后来的"克里姆林宫学家"会仔细剖析苏联总书记葬礼上的礼节与等级一样。但当时和后来一样，研究俄国的学者经常判断错误。科尔伯龙注意到了波将金地位下降的一个迹象：海军委员会主席伊凡·切尔内绍夫向奥尔洛夫公爵"深深地鞠躬三次"，但"对波将金只浅浅地鞠躬一次，而波将金对切尔内绍夫不停地点头哈腰"。

波将金在玩这些游戏的时候，内心其实无比自信。6月14日普鲁士的海因里希王子和保罗大公一起动身去柏林的时候，波将金仍然掌权。保罗的这次行动很成功，带回了符腾堡的索菲亚。她后来嫁给保罗，成为玛丽亚·费奥多罗芙娜大公夫人，并做了两位皇帝的母亲。①

与此同时，奥尔洛夫公爵和他的兄弟察觉到政治气候的变化，认为波将金即将垮台，于是用玩笑来折磨他。波将金不以为意。他知道，如果一切按计划顺利进行的话，他们的取笑很快就无关紧要了。[25] 基里尔·拉祖莫夫斯基在给波将金的一个秘书的信中写道："从莫斯科传来了消息，说你的主子在用酗酒毁掉自己。我不信，因为我认为他的性格比这要坚韧。"[26] 科尔伯龙报告称，波将金正陷入"颓废"。波将金在受到很大压力的时候的确会没羞没臊地追求享乐，这是他放松精神的方

---

① 保罗和玛丽亚·费奥多罗芙娜于 1776 年 9 月 26 日在圣彼得堡喜结连理。他们的两个儿子成为皇帝，分别是亚历山大一世和一直统治到 1855 年的尼古拉一世。他们的次子康斯坦丁差一点就继承了皇位，但他拒绝接受皇位，激发了 1825 年的十二月党人起义。——作者注

式。[27]叶卡捷琳娜大帝和波将金在一连串既互相冒犯又无比亲热的书信里探讨未来。他的生涯的剩余部分就是在这个时期奠定了基础。

"即便现在，"女皇慰藉他，"叶卡捷琳娜也全身心地忠于你。"几天后她又指责："昨天一整天你毫无理由地对我冷若冰霜……"叶卡捷琳娜大帝要他表达对她的真情实感："你我当中，是谁真诚地、永恒地爱着对方？是谁更宽容？是谁懂得如何原谅对方的冒犯、侮辱和压迫？"波将金有时兴高采烈，有时又大发雷霆（他的怒气是出于吃醋、过度敏感或者干脆就是好斗）。他的嫉妒心和他的其他方面品质一样，前后不一致、无规律可循，但他不是唯一在吃醋的人。叶卡捷琳娜大帝一定问过他和别的女人的事情，波将金则故意拿这些事情伤害她。"你真伤人，"她写道，"我没想到，我现在也不明白，你为什么觉得我的好奇心是对你的侮辱。"[28]

她要求他在公开场合表现得乖一些："愚蠢的舆论要求你端正态度。"经常有人说波将金在假装吃醋，以与叶卡捷琳娜大帝达成协议，同时保护她作为女人的自尊心。他突然要求把扎瓦多夫斯基逐出宫廷。"你让我把扎瓦多夫斯基弄走，"她写道，"这样的要求严重伤害了我的名望……不要提这样的无理要求。不要听那些流言蜚语。尊重我的话。我们之间会安宁的。"[29]他俩现在快要达成谅解了，但他们一定已经决定要分开，就像一对夫妇知道彼此的关系无以为继，继续待在一起只会延长痛苦。5月21日至6月3日，宫廷日志显示波将金没有在宫廷。

根据奥克斯的记载，5月20日，扎瓦多夫斯基成为叶卡捷琳娜大帝的正式男宠，并得到3000名农奴的馈赠。在女皇登基的周年纪念日，他被晋升为陆军少将，又得到 2 万卢布和1000 名农奴。但此时的波将金已并不介意。风暴已经平息：波将金允许她巩固与扎瓦多夫斯基的关系，因为这对夫妻终于平息了彼此之间的忧虑，满足了对方的要求。"小妈妈，"他向她道谢，"这是过去几天里对我的善待的真正果实。我看到你想对我好……"

然而，心怀歉意的波将金做不到远离女皇，他于 6 月 3 日再次出现在皇村："我来到这里，想见你，因为没有你，我会很无聊。我知道我的到来让你尴尬了……仁慈的女士，为了你，我愿意赴汤蹈火……如果我最终决定了要离开你，那么最好不要在公共场合发生。我不会推迟动身，尽管离开你对我来说就是死亡。"对这样激情洋溢的表白，叶卡捷琳娜大帝的答复是："我的朋友，你的想象力蒙蔽了你。我很高兴看到你来了，并没有感到尴尬，而是在为一件别的事情烦恼，以后再告诉你是什么。"[30]

波将金在宫廷逗留了一段时间。可怜的扎瓦多夫斯基，如今爱着叶卡捷琳娜大帝，并且成了她的正式伴侣，却在波将金返回的那天从宫廷消失了。他是在回避热情洋溢的巨人波将金吗？外国外交官们没有注意到。在他们看来，波将金失去所有官职只是时间问题。在叶卡捷琳娜大帝向波将金赠送一座宫殿时，他们的推测似乎得到了证实。阿尼奇科夫宫是圣彼得堡一座庞大但有些破败的宫殿，曾属于伊丽莎白的宠臣阿列克谢·拉祖莫夫斯基。它（至今仍然）屹立在涅瓦河畔，在阿尼奇科夫桥旁边。这说明波将金即将离开位于皇宫的套房，去欧洲的各个温泉胜地"旅行"。

在专制君主制的国家里，要想获取权力就必须接近君主，这是权力的必要条件。据说波将金曾喃喃地说，如果他失去了皇宫里那张床上的位置，就会失去一切。叶卡捷琳娜大帝不断安抚她这位高度紧张的朋友："巴金卡，上帝为我做证，我不会把你赶出宫去。请在宫里放心地生活！"[31] 他后来搬出了男宠的套房，但始终没有离开冬宫，也始终有权进入叶卡捷琳娜大帝的闺房。

他们安排了一个适合他们新状态的新住处。余生中他真正的家是所谓的"谢皮洛夫府邸"，这是面向百万大街的一座独栋房屋，曾经是马厩，通过一条有遮盖的秘密通道与冬宫相连。女皇和公爵可以从冬宫礼拜堂旁的密道走到对方的房间，非常私密，波将金还可以不用穿戴整齐。

一切都安排就绪了。6 月 23 日，波将金启程去视察诺夫哥罗德。一位英国外交官注意到波将金在冬宫套房的一些家具被搬走，于是判断波将金已经失宠并隐退到修道院。但更精明的廷臣，比如鲁缅采娃伯爵夫人，注意到波将金的这趟旅行是宫廷出资并为他提供服务的。他无论旅行到哪里，都像皇室成员一样得到隆重的热烈欢迎，这肯定是因为女皇下了命令。[32] 他们不知道叶卡捷琳娜大帝还送给他一件临别礼物，恳求他向她道别，然后给他写了一系列深情厚谊的短信。"我把阿尼奇科夫宫永久性地赐给你和你的继承人。"她告诉波将金，还会送给他 10 万卢布作为装修费用。我们无法计算他在两年受宠期间得到了多少金钱，因为女皇经常馈赠他现金或礼物而没有留下记录，或者直接帮他还债。但他如今的生活方式就像克罗伊斯①一样穷奢极欲，是只有帝王才能够享受的：叶卡捷琳娜

---

① 克罗伊斯（前595—约前546）是吕底亚（小亚细亚中西部）国王，以巨富而闻名，最终被波斯的居鲁士大帝打败。他被认为是第一个发行纯金和纯银货币并将其标准化、用于普遍流通的人。

大帝经常馈赠他现金，一次就是 10 万卢布，而当时陆军上校的年薪仅有 1000 卢布。据估计，波将金从女皇那里得到了多达 3.7 万名农奴，在圣彼得堡和莫斯科周边以及白俄罗斯获得了广袤的庄园（例如单是克里切夫庄园就拥有 1.4 万名农奴），还得到了大量钻石、贵重餐具和多达 900 万卢布的现金。然而，即便是如此惊人的财富也永远不够。[33]

波将金于几周后返回都城。叶卡捷琳娜大帝用一封温情脉脉的短信欢迎他归来。他立刻住进了自己在冬宫的套房。这让他的批评者大感困惑。波将金殿下"于星期六晚上抵达这里，次日在宫廷露面。他回到了自己曾经占有的皇宫套房，这让很多人害怕他会重新获得女皇的恩宠"。[34]若是大家得知他还会帮助修改叶卡捷琳娜大帝给皇储保罗（正在柏林）的书信时，一定更加惊诧。

毫无疑问，女皇和波将金在玩他们预先安排好的游戏，就像今天的名人喜欢耍弄新闻界一样。这一年开始的时候他们还因为吃醋和懊悔而担心失去彼此的爱情与友谊，而如今他们已经开始用他们自己的方式妥善安排他们的独特婚姻。他们在享有对方在私生活、政治、爱情和实际层面的服务的同时，都可以各自追寻自己的幸福。这种安排并不容易。对感情不可能像操练军队一样训练，也不可能像协商条约一样谈判，尤其他俩都是多愁善感的人。只有相互信任、时间、天性、不断试错和聪明才智，才能让他们走到这一步。波将金现在完成了艰难的转型，从有影响力的情夫变成了与女皇共同统治的"宠臣"。[35]他俩骗过了所有人。

波将金返回宫廷的那天，他俩都知道，所有人都在仔细观

察，捕捉他垮台或者恢复权势的迹象。于是公爵"镇定自若
地"大踏步走进她的套房，发现女皇正在打惠斯特牌。他立
刻坐到她对面。她继续打牌，仿佛什么也没有发生，并且说，
他的手气向来很好。[36]

注　释

1 RGADA 5. 85. 1. 369, L 94.

2 SIRIO 19 (1876)：509, Sir Robert Gunning to Earl of Suffolk 1/12 January 1776,
St Petersburg.

3 SIRIO 19 (1876)：511, Richard Oakes to William Eden 16/27 February 1776, St
Petersburg.

4 SIRIO 19 (1876)：511, Oakes to Eden (16/27 February and 26 February/8
March 1776, St Petersburg. Corberon p 164, 27 January 1776; p 190, 11
February 1776; p 194, 30 March 1776).

5 RGADA 85. 1. 267, L 94, CII to GAP ud.

6 RGADA 5. 85. 1. 412, L 91, CII to GAP ud.

7 RGADA 5. 85. 2. 305, L 95.

8 RGADA 5. 85. 1. 413, L 91. RGADA 5. 85. 1. 419, L 91. RGADA 5. 85. 1. 412, L
91. RGADA 5. 85. 1. 412, L 92. RGADA 5. 85. 1. 363, L 93. RGADA
5. 85. 1. 366, L 93. RGADA 5. 85. 1. 369, L 94. RGADA 5. 85. 1. 267, L 95.

9 RGADA 5. 85. 1. 412, L 91, CII to GAP. RGADA 5. 85. 1. 384, L 91, CII
to GAP.

10 RGADA 5. 85. 1. 364, L 92, CII to GAP.

11 RGADA 5. 85. 1. 413, L 91. RGADA 5. 85. 1. 419, L 91. RGADA 5. 85. 1. 412,
L 91. RGADA 5. 85. 1. 412, L 92. RGADA 5. 85. 1. 363, L 93. RGADA
5. 85. 1. 366, L 93. RGADA 5. 85. 1. 369, L 94. RGADA 5. 85. 1. 267, L 95.

12 RGADA 5. 85. 3. 87, L 96, CII to GAP. RA (1878) 1 p 18, CII to Prince
D. M. Golitsyn 13 January 1776. Corberon p 188, 22 March 1776.

13 Corberon p 190 24 March 1776.

14 B&F vol 1 p 18, Count Louis Cobenzl to JII 5 May 1780.

15 RS (1895) 83 p 31, CII to Count O. M. Stackelberg 2/13 May 1776, 12/23

May. V. A. Bilbasov, 'Prisoedineniye Kurlyandii k Rossii', RS (1895) 83 pp 30-4. 普鲁士使节还在 1776 年 4 月 23 日、9 月 8 日和 1781 年 5 月 4 日的信件中向弗里德里希二世汇报了库尔兰问题。RGIA 1640. 1. 32, FII to GAP 29 May NS 1776, Potsdam, unpublished.

16 RGVIA 271. 1. 28. 6, 2 September 1775, and 271. 1. 28. 7, 6 October 1775, Prince Henry of Prussia to GAP unpublished. Also RGIA 1640. 1. 32, FII to GAP 29 May NS 1776, Potsdam, unpublished. Corberon p 210, 9 April 1776.

17 RGADA 1. 1/1. 54. 67, L 98, CII to GAP.

18 对娜塔莉亚大公夫人之死的描述，基于 KFZ April-May 1776, Corberon pp 229-50, Madariaga, *Russia* pp 344-6, and Alexander, *CtG* pp 228-31, 以及叶卡捷琳娜二世与波将金和其他人的通信。

19 RGADA 5. 85. 1. 307, L 98.

20 KFZ 9 to 15 April 1776. SIRIO 42: 346, CII to Kozmin.

21 Corberon p 229, 26 April 1776.

22 Corberon pp 230-1. SIRIO 27: 78-9. SIRIO 19: 519, Oakes to Eden 15/26 April 1776.

23 Dimsdale p 46, 22 August 1781. Alexander, *CtG* p 229.

24 Corberon p 244, 5 May 1776.

25 SIRIO 19 (1876): 520, Oakes to Eden 15/26 April, 3/14 May, 10/21 May and 14/25 June. Corberon p 244, 5 May 1776.

26 A. A. Vassilchikov, *Semeystvo Razumovskikh* vol 1 p 363, Count Kirill Razumovsky to M. V. Kovalinsky.

27 Corberon p 248, 7 May 1776; p 246, 6 May 1776; p 259, 21 May 1776.

28 RGADA 5. 85. 1. 235, L 100. GARF 728. 1. 416. 1, L 102. CII to GAP.

29 RGADA 5. 85. 1. 345-6, L 103.

30 RGADA 5. 85. 1. 235-6. GARF 728. 1. 416. 1, L 102. RGADA 5. 85. 1. 345-6, L 103. RGADA 1. 1/1. 43. 119, L 104. *Moskovskiye Vedomosti* 16 August 1776, quoted in Alexander, *CtG* p 207.

31 RGADA 1. 1/1. 43. 119, L 104. RGADA 5. 85. 1. 14, L 106. 伊丽莎白女皇在 1756 年将阿尼奇科夫宫赠给 A. G. 拉祖莫夫斯基，见 Anisimov, *Empress Elisabeth* p 202。这座宫殿是在阿尼奇科夫上校建造了它旁边的桥之后才被取名为阿尼奇科夫宫的。

32 SIRIO 19 (1876): 519, Oakes to Eden 1/12 July 1776, St Petersburg. Rumiantseva p 204, Rumiantseva to P. A. Rumiantsev.

33 900 万卢布这个数字的来源可能是 RGADA 5. 85. 1. 385, L 106, CII to GAP

ud. RGADA 5.85.3.91, L 106, CII to GAP. Karnovich p 266. Samoilov col 1205. Harris p 528。这个数字听起来很多，并且可能不准确，但因为女皇赏赐了波将金大量五花八门的礼物并且极其慷慨大方，所以没有办法得到证实。这个数字可能源自波将金向哈里斯的吹嘘。但农奴的数量以及克里切夫庄园是可以借助塞缪尔·边沁的文件、萨莫伊洛夫的文件和其他资料来核实的：见第 20 章。萨莫伊洛夫是波将金的亲信，也是他的继承人之一，所以萨莫伊洛夫的说法是可信的。

34 SIRIO 19 (1876)：521, Oakes to Eden 26 July/6 August 1776, St Petersburg.

35 Brockliss pp 279-303.

36 Castera vol 2 p 308.

第四部分

激情澎湃的搭档，
1776—1777 年

11　她的男宠们

叶卡捷琳娜呢（我们得承认这一点），

虽然是一个气势汹汹的悍妇，

被她爱一阵倒也颇为可喜，

因为凡被爱的人都有国王的光彩……

　　　　——拜伦勋爵，《唐璜》，第 9 章第 70 节

女皇陛下颁下了一道御旨，

把我们年轻的中尉交给官员

优礼相待；全世界都和颜悦色，

（在初见时，它常常是露着笑脸，

青年人记住这一点会有好处）

普罗塔索娃小姐也另眼相看。

她占据着神秘的职位，叫"试用官"，

这是指什么，诗神也无法解答。

　　　　——拜伦勋爵，《唐璜》，第 9 章第 84 节

波将金公爵和叶卡捷琳娜二世的爱情关系表面上至此结束了，但其实从来没有真正结束过。他俩的婚姻变成了一种新的状态：两人都可以爱上别人并与其成为情人，而两人之间的关系对他俩来说仍然是人生中最重要的元素。这种不寻常的婚姻安排引发了很多下流的神话，说女皇是色情狂，波将金为她

拉皮条。也许"浪漫主义运动"和我们时代的爱情婚姻与离婚，已经让我们无法理解他们那种动人的伴侣关系。

扎瓦多夫斯基是波将金之后第一个与女皇分享床榻的正式男宠，而与此同时波将金仍然统治着她的心灵，继续担当她的夫君、朋友和大臣。我们知道，叶卡捷琳娜大帝在六十七年的人生当中有十二个以上的情人，远远少于传说中的数字。而即便这样的数字也有欺骗性，因为她一旦找到了一个能让她幸福的伴侣，就相信这段关系能够天长地久。她很少主动结束一段关系，萨尔蒂科夫和波尼亚托夫斯基都是因为局势而被外力从她身边夺走的，奥尔洛夫对她不忠在先，即便波将金也可以说是自己想办法退出的。然而不管怎么说，在波将金之后，她与年龄比自己小很多的男人的关系显然是不正常的。但话又说回来，她的处境本身就不是正常的。

真相与神话相去甚远。她确实给新的情人安排了官职，而波将金会在这方面帮助她。叶卡捷琳娜大帝、波将金和她的年轻情夫之间的三角关系长期被历史学家忽视，但这恰恰就是她的"家庭"的核心。

叶卡捷琳娜大帝与扎瓦多夫斯基的恋情是女皇"三人行"的测试案例。波将金的存在让女皇男宠的生活很艰难，也很屈辱，因为他们无法阻止叶卡捷琳娜大帝与波将金继续缠绵。对男宠们来说，他们与波将金殿下的关系几乎和他们对女皇的爱情同等重要。何况即便没有波将金的存在，男宠的角色本身也很困难。扎瓦多夫斯基很快就变得如坐针毡。

叶卡捷琳娜大帝给扎瓦多夫斯基的信让我们能够很好地观察男宠所处的令人窒息的世界。扎瓦多夫斯基的受宠时间不到十八个月，但他对叶卡捷琳娜大帝的爱情是真诚的。她给他的信表明她确实也爱他，不过他俩的关系不像她与波将金那样平等。尽管年龄与波将金相同，扎瓦多夫斯基却非常敬畏女皇，她对他的态度也是纡尊降贵，感谢他"充满温情的小信"，那语气仿佛他是个小傻瓜。波将金需要有自己的时间和空间，而扎瓦多夫斯基则像小宠物狗一样黏人，渴望与女皇一起度过每一分钟，所以她不得不写信解释："时间不属于我，而属于帝国。"但他们还是在一起工作，他的整个白天要在她的秘书处辛劳，晚上与她一起打三轮惠斯特牌，然后10点睡觉。这种规律性的生活令人厌倦，也很辛苦。

据说这位新男宠的性经验远远不如波将金，这或许是他疯狂爱上她的原因之一。她写道："你就是维苏威火山。"他的缺乏经验也许让他有些失控，所以她补充道："最意想不到的时候火山却爆发了，但是没关系，我会用爱抚来扑灭爆发的火山。亲爱的彼得鲁沙！"她和扎瓦多夫斯基通信的时候不像与波将金通信那样正式。扎瓦多夫斯基叫她"喀秋莎""卡季娅"，而波将金总是叫她"小妈妈""君主女士"。女皇给扎瓦多夫斯基的信也更露骨："彼得申卡，我很高兴，你被我的'小枕头'治愈了。如果我的爱抚能够改善你的健康，那么你永远不会生病。""小枕头"指的可能是她的胸部，但她也会亲手缝制塞满草药的小靠枕，所以传记家在阐释私人信件时必须小心，否则很容易把与性无关的细节解释为性暗示。[1]

扎瓦多夫斯基对她爱得如痴似狂。他经常生病，往往是因为心理过于紧张。他不适合扮演女皇男宠的角色，承受不了宫廷的各种阴谋诡计和仇恨。尽管她在信里不断表达对他的爱，他还是不能放松：他的私生活受到所有人的严密监视，仿佛"被置于显微镜之下"。[2] 她不理解他的难处，他也没有波将金那样的力量来争取自己想要的东西。尤其是，他还不得不忍受波将金的无处不在。在他们的"三人行"关系里，波将金想要得到女皇关注的时候，随时都可以得到。而女皇和扎瓦多夫斯基的关系发生危机的时候，总是波将金出手解决问题。"我们俩都需要恢复精神的安宁！"叶卡捷琳娜大帝写道，"我和你一样，受了三个月的罪……我会和格里戈里·亚历山德罗维奇［·波将金］公爵谈谈。"女皇与波将金谈论扎瓦多夫斯基的私密情感，肯定无助于扎瓦多夫斯基的精神安宁。后来，扎瓦多夫斯基说自己对波将金的无所不在和招摇根本无所谓，但证据表明扎瓦多夫斯基非常害怕波将金，并尽量躲着他。女皇在给扎瓦多夫斯基的信中写道："我不明白，为什么你见我的时候一定要流眼泪。"波将金成为公爵之后，叶卡捷琳娜大帝建议，或者说命令扎瓦多夫斯基："如果你去祝贺新的公爵殿下，他会亲热地接待你。如果你把自己封闭起来，无论是我还是其他人，都不会高兴见你。"[3]

多年后有人讲了一个故事，说波将金对女皇发火，要她赶走扎瓦多夫斯基，然后怒气冲冲地跑过他们的套房，几乎攻击了女皇和扎瓦多夫斯基，他向叶卡捷琳娜大帝扔了一个烛台。[4] 这听起来像是波将金发飙的时候会做的事情，但我们不知道这次他是为什么生气。也许波将金觉得扎瓦多夫斯基很沉闷无聊，也许是因为扎瓦多夫斯基和波将金的批评者（比如谢苗·沃龙佐夫）是朋友。扎瓦多夫斯基肯定有一种小心眼的气质，这是波将金完全没有的，这可能让叶卡捷琳娜大帝自己也有些恼火。

外国外交官们注意到了扎瓦多夫斯基的困境。即便在1776 年中期他刚刚正式成为女皇男宠的时候，科尔伯龙就开始思考"下一个男宠叫什么名字……因为据说扎瓦多夫斯基的日子久不了"。外交官们喜欢分析叶卡捷琳娜大帝的恩宠对象，但这是一种不精确的科学，混合了下流小报风格的流言蜚语，需要解读形形色色的做戏。如科尔伯龙所说："女皇的男宠若是得到提拔，就说明他失宠了。"

但在不到一年时间里，烦恼的叶卡捷琳娜大帝也注意到了扎瓦多夫斯基的困窘。1777 年 5 月，她写信给他："奥尔洛夫公爵告诉我，你想走。我同意……晚宴之后我可以见你。"他们进行了一次痛苦的谈话，叶卡捷琳娜大帝当然把细节一五一十地告诉了波将金："我……问他有没有什么话想对我说，他跟我说了。"她让扎瓦多夫斯基提名一个中间人（介于文学经纪人和离婚律师之间），来谈判和安排他的分手条件。叶卡捷琳娜大帝告诉波将金："他泪流满面地选择了基里尔·拉祖莫夫斯基伯爵……再见，亲爱的，享受那些书！"她显然送了一批书给波将金，此时他的藏书在不断增多。拉祖莫夫斯基谈妥了扎瓦多夫斯基的分手条件。叶卡捷琳娜大帝给了他"3000名或 4000 名农奴……今年给 5 万卢布，以后再加 3 万，还有一套 16 人用的餐具……"

分手对叶卡捷琳娜大帝的情感也造成了伤害。她告诉波将金："我的心里难受，灵魂也难受。"[5] 她对自己的情人总是慷慨大方，但我们会看到，她给扎瓦多夫斯基的馈赠远远少于其他人（除了瓦西里奇科夫）。瑞士教师马松的说法有一定道理："叶卡捷琳娜大帝在爱情方面很宽容，但在政治上冷酷无情。"[6]

扎瓦多夫斯基心烦意乱。叶卡捷琳娜大帝用诺尔兰学校①培养出来的保姆的口吻建议他通过翻译塔西佗的著作来疗伤，这真是新古典时代的独特疗法。然后，她这样安慰这个心碎的男人：为了让波将金公爵"像之前一样对你友好，你一定要努力……你俩可以分享对我的感情，这样你们就可以更亲近"。女皇让扎瓦多夫斯基争取波将金的好感，这一定是在给他的伤口撒盐。他伤心欲绝："在希望当中，在感情充沛的激情当中，我的幸福人生被打断了，就像一个无法停止的噩梦：她对我的爱消失了。"6月8日，扎瓦多夫斯基满腹愤恨地退隐到乌克兰。新的英国使节詹姆斯·哈里斯爵士说："波将金公爵如今又回到了巅峰。"[7]无须多说，"不能一个钟头没有爱"[8]的叶卡捷琳娜大帝已经找到了一个新人。

1777年5月27日，女皇抵达波将金位于圣彼得堡郊外奥泽尔基的新庄园。大家坐下用餐时，礼炮响起，欢迎女皇大驾光临。波将金主持的宴会总是非常奢华。一共有35名宾客，包括顶级廷臣、公爵的外甥女亚历山德拉和叶卡捷琳娜·恩格尔哈特、他的堂兄弟帕维尔和米哈伊尔·波将金。宾客名单的末尾是骠骑兵少校谢苗·加夫里洛维奇·佐里奇，他是塞尔维亚人，三十一岁，肤色黝黑，头发蜷曲，体格健壮。这是他第一次出席正式的招待会，但叶卡捷琳娜大帝此前似乎就已经见过他。佐里奇是个玉树临风的莽汉，被宫廷贵妇称为"阿多尼斯"，其他人则称他为"真正的野蛮

① 诺尔兰学校是1892年在英国创办的保姆培训学校，目前设在巴斯。该学校的毕业生经常被王室和名人聘用。

人"。他也是战争英雄。波将金在军中的时候认识了他。佐里奇曾被土耳其人俘虏。土耳其人一时激动经常将俘虏斩首,但一般会饶恕贵族,以换取赎金。佐里奇高呼自己是伯爵才得以幸存。

这个野心勃勃的流氓回国之后写信向波将金求助,而后被任命为他的副官。波将金的副官当然会被介绍给宫廷,于是女皇注意到了他。几天后,佐里奇就成为新的正式男宠,他的生活一夜之间发生了变化。他是波将金之后叶卡捷琳娜大帝的情人当中第一个得到正式任命的。叶卡捷琳娜大帝对佐里奇的英俊相貌如痴如醉,管他叫"西马"或"谢纽沙",但她也想念波将金。"把所附的信给谢纽沙,"她在给夫君的信中写道,"没有你,真无聊。"[9]正如在热情洋溢的波将金之后谦逊低调的扎瓦多夫斯基让女皇耳目一新,在忧郁消沉的扎瓦多夫斯基之后,这个容易激动的塞尔维亚人也让女皇颇有新鲜感。扎瓦多夫斯基听说佐里奇得了宠,于是匆匆返回圣彼得堡,住在自己的朋友沃龙佐夫家中。

扎瓦多夫斯基就像"受伤的雄鹿"一样痛苦不堪,宫廷也把他当作"受伤的雄鹿"看待。女皇要求他注意自己的言行举止。女皇"尊重"他,但建议他克制自己,"好让别人放心"。[10]让谁放心?也许是女皇自己。不过,肯定还有喜欢咬指甲的疑病症患者波将金。不管怎么说,扎瓦多夫斯基认识到,自己已经不可能重新得宠,所以廷臣们再也不关注他。他回到了自己的工作当中。扎瓦多夫斯基的兢兢业业为国效力和他浪漫的失恋之苦很容易得到同情,但他在随后二十年里经常向朋友抱怨波将金的霸道和奢侈。他终身对叶卡捷琳娜大帝无比痴情,在随后十年里没有结婚。他后来建造了一座宫殿,取名为叶卡捷琳娜达尔①（意思是"叶卡捷琳娜的馈赠"）。这座宫殿有 250 个房间、孔雀石壁炉和庞大的图书馆，最核心的位置摆放着一座叶卡捷琳娜大帝的真人尺寸雕像。[11] 然而，他不是典型的男宠，因为女皇虽然没有给他独立的政治权力（就像给波将金的那样），但后来他在叶卡捷琳娜大帝及其继承者的统治下仕途一帆风顺，享有显赫的地位。②

叶卡捷琳娜大帝爱上了佐里奇。波将金对自己的前任副官很满意，赠给他一支用来装饰帽子的缀有钻石的羽饰和一根豪华的手杖。[12] 叶卡捷琳娜大帝非常努力地让自己的男宠尊重波将金。她写道："我亲爱的公爵，羽饰已收到，我把它送给了西马。他已经戴上了。感谢你。"以虚荣著称的瑞典国王古斯塔夫三世正在访问俄国，女皇开玩笑地比较了他和佐里奇，他俩都是有名的花花公子。[13] 佐里奇喜欢衣着光鲜地踱来踱去，很像是一只羽毛美丽的斗鸡，但"真正的野蛮人"很快就应付不了宫廷的局面了，并且他赌博成瘾。叶卡捷琳娜大帝起初对他的美貌和充沛精力非常迷恋，但这种迷恋消退之后，她就认识到对自己来说，他是个负担。问题不在于赌博，因为女皇自己也经常在白天赌博，波将金则会彻夜狂赌，问题在于佐里奇不懂得摆正自己在波将金面前的位置。[14]

几个月内，所有人都知道佐里奇得宠的日子不多了，外交官们又一次开始猜测下一个男宠会是谁。詹姆斯·哈里斯爵士早在 1778 年 2 月 2 日就写道："如果佐里奇先生倒台的话，有一个波斯候选人。"但佐里奇仍然昂首挺胸地到处转悠，并高

---

① 今天的名字是克拉斯诺达尔（字面意思是"红色的馈赠"，得名于苏俄内战时期），在俄罗斯南部、库班河畔。

② 亚历山大一世任命他为俄国的第一任教育大臣。——作者注

声呼喊，说如果自己失去了现在的地位，就会"让他的接替者负责"，换句话说，要与其决斗。这种虚张声势的吹牛只会让叶卡捷琳娜大帝的宫廷蒙羞。他以为这样就能延缓自己的倒台，但适得其反，这种不妥当的行为恰恰让女皇决定他非走不可。他威胁道："对着上帝起誓，不管谁取代了我的位置，我都要割掉他的耳朵。"没过多久，哈里斯觉得自己已经发现了新男宠的候选人。和所有外交官一样，他相信"女皇也许会让波将金帮忙物色新人选。我听说……他已经找到了一个叫阿恰罗夫的。此人是莫斯科的一名警察中尉，人到中年，身材健壮，更像赫拉克勒斯而不是阿波罗"。[15]

三个月后，宫廷人员到皇村度夏，此时佐里奇仍然盘踞在自己的位置上。哈里斯说，女皇看戏的时候，波将金向她引见了一位"身材魁梧的骠骑兵军官，是他的副官之一。她很欣赏此人"。叶卡捷琳娜大帝刚刚离开，佐里奇就"凶神恶煞地攻击波将金，用非常难听的话辱骂他，并坚持要求与他决斗"。波将金轻蔑地拒绝了这种无理要求。佐里奇冲进女皇的套房，吹嘘自己向波将金发出了决斗要求。"波将金出现的时候没得到女皇的热情迎接，佐里奇似乎仍然得宠。"

波将金离开皇村，返回圣彼得堡。和往常一样，波将金和叶卡捷琳娜大帝的行为其实很有欺骗性。女皇命令"真正的野蛮人"骑马到圣彼得堡，请波将金吃饭并与他和解。佐里奇感到无比屈辱。波将金回来了。佐里奇举办宴会招待他，"两人似乎成了好朋友"。佐里奇犯下了冒犯波将金公爵的错误。不过，这本身不具有决定性，因为所有的男宠都在某个时间冒犯过波将金。詹姆斯爵士看波将金看得很准："一个精明狡黠的人，最终会战胜粗鲁率真的佐里奇。"[16]

果不其然，仅仅六天之后，哈里斯就报告称，佐里奇失宠了，"女皇亲自非常温和地向他解释了这一点"。佐里奇满腹怨恨，对别人大加指责，可能是在指责波将金。女皇给了佐里奇价值不菲的什克洛夫①庄园、7000 名农奴和"巨额现金"。宫廷日志中佐里奇最后一次露面是在 5 月 13 日。[17] 次日，叶卡捷琳娜大帝在从皇村返回圣彼得堡的途中，在克里金斯基宫与波将金一起用餐。"那孩子走了，"她在讨论了波将金的军事计划之后写道，"至于其他的事情，我们一起商量吧。"这里"其他的事情"很可能指的是她新近找到的幸福。

波将金是和"伊凡·尼古拉耶维奇·里姆斯基-科尔萨科夫少校"一起来到克里金斯基宫的。叶卡捷琳娜大帝与佐里奇分手的时候已经迷恋上了这位新朋友。5 月 8 日，在佐里奇还虚张声势地大发威胁的时候，里姆斯基-科尔萨科夫已被任命为波将金的副官。[18] 叶卡捷琳娜大帝并非没心没肺、只知享乐的人，她并不能轻松地从一个情人换到下一个，这些情感纠葛和动荡给她造成了很大痛苦。据哈里斯说，当佐里奇还在圣彼得堡生闷气的时候，叶卡捷琳娜大帝甚至考虑召回"平实而安静"的扎瓦多夫斯基。波将金"为女皇办事的能力超过当时其他任何人，他努力为女皇分忧解难……"他在"关键时刻""引荐"了科尔萨科夫。

几天后，女皇率领宫廷人员和波将金的多名亲属（包括

---

① 什克洛夫今天属于白俄罗斯，位于莫吉廖夫以北 35 公里的第聂伯河之滨。

他的两个外甥女），动身前去波将金的另一处庄园，"从而在她的新男宠身边……忘记自己的忧愁"。波将金的这处住所是"靠近芬兰边境的"埃申鲍姆庄园（奥西诺瓦雅·罗查）。叶卡捷琳娜大帝从埃申鲍姆写信给格林，兴高采烈地歌颂自己窗前湖泊与森林的美景，同时抱怨此地的宅邸只有十个房间，不够她的随行人员住。但从这封信里我们看不出来，她的新激情其实已经遭遇了障碍。两位气场强大、如狼似虎的中年女性正在争夺波将金英俊副官的注意力。[19]

二十位宾客聚集在埃申鲍姆，其中当然有波将金的老朋友布鲁斯伯爵夫人，传说她是叶卡捷琳娜大帝男宠的"试用官"。我们知道这时除了女皇还有别人（肯定是布鲁斯伯爵夫人）也喜欢风流倜傥的科尔萨科夫。叶卡捷琳娜大帝注意到了这一点，她犹豫了一段时间，才最终屈从于自己的激情。"我害怕烧到自己的手指，最好不要让我受到诱惑……"叶卡捷琳娜大帝在一封神秘的信里向波将金袒露心迹，似乎在请求他提醒某个女人注意自己的身份，"我原以为那种吸引只是单方面的，有了你的聪明指引之后就可以轻松地阻止它。但昨天的事情表明我错了。"她显然想独占"那个孩子"，但"我不想，我想，没有渴望……这是毫无疑问的！"她这段话简直是胡言乱语，文理不通，但她显然在坠入爱河，同时希望竞争对手走开。

波将金的"聪明指引"奏效了。女皇的竞争对手（如果是布鲁斯伯爵夫人的话）让步，叶卡捷琳娜大帝获得了新男宠。[20]埃申鲍姆庄园的聚会结束。两天后的6月1日，科尔萨科夫被正式任命为女皇的侍从长。在新古典主义的时代，二十岁的里姆斯基-科尔萨科夫"古希腊风格的美"立刻击中了她，于是她给他取了个绰号"伊庇鲁斯①国王皮洛士"。在给格林的信中，她说科尔萨科夫非常美丽，"令画家叹息，让雕刻家绝望"。[21] 叶卡捷琳娜大帝选择男宠的时候似乎在两种类型当中轮换，佐里奇肌肉结实、充满雄赳赳的男子气概，而科尔萨科夫非常优雅，有艺术气质。科尔萨科夫的肖像展现了他精致的古典风格面貌。他喜爱唱歌。叶卡捷琳娜大帝告诉奥尔洛夫公爵，科尔萨科夫的嗓音"像夜莺"。女皇为他安排了歌咏课程，对他慷慨大方，赠给他 4000 名农奴和价值 50 万卢布的礼物。科尔萨科夫傲慢虚荣，头脑不是很聪明，"天性善良但愚蠢"。[22]

叶卡捷琳娜大帝又一次被自己的新伴侣迷得神魂颠倒。"再见，我的宝贝，"她写信给波将金，概括他俩的特殊婚姻，"感谢你和伊庇鲁斯国王，我现在开心得就像只苍头燕雀。我希望你和我一样开心。"[23] 女皇开心了，而波将金越来越忙于军务和南方治理，完全主宰政局，所以在扎瓦多夫斯基最终回到圣彼得堡并发现一个新男宠占据了他的旧套房时，震惊地发现波将金"对他［科尔萨科夫］没有任何恶意"。扎瓦多夫斯基向鲁缅采夫-扎杜奈斯基嘟哝道："在所有的世纪里，上帝还不曾创造这样一个全才。波公爵无处不在，所有的事务都由他掌管！"[24]

叶卡捷琳娜大帝给她的"伊庇鲁斯国王"写了一封激情澎湃的信："在我眼里，你是上帝的造物当中最美好的。我等不及想见你，我渴望见你，我要去见你。"哈里斯挖苦道：

---

① 历史上的伊庇鲁斯地区在古希腊的西北部。第一次世界大战之后，伊庇鲁斯地区北部成为阿尔巴尼亚领土，南部归属希腊。

"科尔萨科夫像所有新鲜事物一样，得到了喜爱和恩宠。"科尔萨科夫肯定很享受自己的角色，也许享受得过分了。波将金建议任命他为内廷侍从，但科尔萨科夫想直接当宫廷总管。他得逞了，不过叶卡捷琳娜大帝为了安抚波将金，向帕维尔·波将金也授予了这项荣誉。科尔萨科夫很快成为陆军少将；波兰国王给他送来金鹰勋章，他一直戴在胸前。叶卡捷琳娜大帝对科尔萨科夫的"饥肠辘辘"在书信里表现得淋漓尽致。她的语气显得感激涕零到了可怜的程度："感谢你爱我！"[25]

但这时出现了一些不祥的迹象，大家都看在眼里，只有女皇看不到，或者不愿意看到。从她的书信看，科尔萨科夫似乎经常不在她身边，她也始终搞不清楚他的下落。"我一分钟也不能忘记你。我什么时候能见到你？"从女皇的这封信可以瞥见她那种令人窒息的黏人劲头，也能看出他在逃避她。没过多久，她的语气变得简直疯疯癫癫："如果他不尽快回来，我就跑出去，到城里每一个地方找他。"这种情感上对伴侣的依赖一直主宰着叶卡捷琳娜大帝，让她变得出人意料地脆弱。她是一台无懈可击的政治机器，却有这样的阿喀琉斯之踵。[26]

叶卡捷琳娜大帝对这个肤浅的年轻人十分迷恋，但没过多久她就烦恼起来。1778年8月初，也就是科尔萨科夫得宠仅仅几个月后，哈里斯向伦敦报告称，新男宠的地位已经在衰落，并且波将金、格里戈里·奥尔洛夫和尼基塔·帕宁都在努力为女皇物色新人。几周后，哈里斯甚至知道"帕宁伯爵的办公室里有个叫斯特拉霍夫的……女皇最初在6月28日的彼得宫城舞会上注意到了他"。哈里斯告诉英国的北方事务大臣萨福克伯爵，如果斯特拉霍夫和女皇的关系维持下去，"最终必然会导致波将金垮台"。到这年的年底，哈里斯判断科尔萨科夫的地位又安全无虞了，但"他完全受波将金公爵和布鲁斯伯爵夫人的支配"。

在这里提到布鲁斯伯爵夫人大有深意。到1月底，新男宠的候选人越来越多：有斯特拉霍夫，他的"朋友觉得他的希望很大"；还有一个叫列瓦绍夫的，是谢苗诺夫斯科耶近卫团的少校，他也有希望；"还有一个叫斯威霍斯基的年轻人，他受到布鲁斯夫人的提携……但因为失望而用刀自杀，不过伤不致命"。这些关于叶卡捷琳娜大帝新恋情的传闻往往来自街谈巷议，没有切实的根据，但外交界在传播这样的谣言，就表明宫廷的政治斗争很激烈，尽管斗争不一定在女皇的闺房发生。不管怎么说，哈里斯的消息比大多数人灵通，因为他和波将金是朋友。到这时，就连哈里斯这样新到圣彼得堡的外交官都知道，布鲁斯伯爵夫人"重新对科尔萨科夫燃起了猛烈的激情"。

除了女皇之外，圣彼得堡全城人肯定都知道布鲁斯伯爵夫人狂热地爱着科尔萨科夫，她只能克制自己一小段时间。因为两人都住在宫里，距离女皇闺房只有咫尺之遥，他俩的奸情是在叶卡捷琳娜大帝的眼皮底下进行的。难怪女皇经常想找她的男宠却找不到。布鲁斯伯爵夫人和叶卡捷琳娜大帝同龄，她曾经是谨小慎微、经验丰富的廷臣，如今却被"伊庇鲁斯国王"的美貌冲昏了头脑。[27] 这段时间波将金和布鲁斯伯爵夫人闹翻了，可能就是因为科尔萨科夫。波将金几乎从布鲁斯伯爵夫人与科尔萨科夫发生奸情的一开始就知道了，所以他想把伯爵夫人从宫廷赶走。他一定在9月初委婉地向女皇暗示过。他们吵了一架。外交官们误以为吵架是因为波将金嫉妒帕宁的门客斯特拉霍夫。[28]

波将金既不想伤害女皇，也不希望自己因为想帮助女皇反而伤害了自己，于是决定设法解决此事。女皇在宫里到处寻找全无踪影的科尔萨科夫时，忠于波将金的某个人（可能是波将金最喜欢的外甥女，此时担任宫廷侍女的亚历山德拉·恩格尔哈特）把女皇引向了某个房间。哈里斯可能从亚历山德拉本人那里听说了这个故事，因为她会秘密地从英国人那里拿钱。[29] 叶卡捷琳娜大帝把科尔萨科夫和布鲁斯伯爵夫人捉奸在床。"傻乎乎的"科尔萨科夫的短暂统治结束了。

女皇很伤心，也很愤怒，但她从来不是睚眦必报的人。迟至 1779 年 10 月 10 日，她还给科尔萨科夫写了一封客气的信："我再次请求你冷静下来，振作起来。上周我已经证明，我在照料你……"尽管得到了丰厚的礼物，科尔萨科夫仍然逗留在圣彼得堡，甚至在沙龙里厚颜无耻地夸耀他与女皇在床上的把戏。这消息一定传到了致力于保护女皇的波将金的耳边，他太爱叶卡捷琳娜大帝，不可能袖手旁观。当她在讨论是否奖赏下一个男宠时，波将金建议她对科尔萨科夫和其他人的慷慨要有限度。但他这么说，又一次伤害了叶卡捷琳娜大帝的自尊。她对男人的慷慨，部分是一种防御机制，用来掩盖自己情感受的伤有多么严重，部分是为了弥补自己与男宠的年龄差。据科尔伯龙说，波将金和女皇吵了一架，但后来和好了。

科尔萨科夫还没有彻底完蛋。他不仅色胆包天对女皇劈腿，还对布鲁斯伯爵夫人不忠。他与宫廷美人叶卡捷琳娜·斯特罗加诺娃伯爵夫人开始了一段不贞的恋情。她为了他抛弃了自己的丈夫和孩子。叶卡捷琳娜大帝也觉得科尔萨科夫太过分了。忘恩负义的科尔萨科夫被调到莫斯科。如今失宠的布鲁斯伯爵夫人也离开了都城,去莫斯科追寻"伊庇鲁斯国王"。科尔萨科夫再也不要她了,于是她回到自己的丈夫雅科夫·布鲁斯伯爵身边。[30] 叶卡捷琳娜大帝私生活的一个章节结束了。宫廷里的人们又一次兴致勃勃地开始猜测女皇的下一个男宠是谁。彼时,这种猜测的游戏就像惠斯特牌和法罗牌一样时髦。

受伤的叶卡捷琳娜大帝度过了不寻常的六个月,其间她没有与任何人相爱。哈里斯评论道,正是在这样不开心的时期,波将金的权势变得越来越强大。他有没有回到叶卡捷琳娜大帝的闺房,慰藉他的朋友呢?

他们很可能恢复了旧的生活习惯。在他们的余生,他们经常时不时地旧情复燃,从她给波将金的信里能看出这一点。她开玩笑地说,"卡廖斯特罗的灵丹妙药"效果非常美妙。臭名昭著的江湖医生卡廖斯特罗伯爵于 1777 年在欧洲扬名,在库尔兰首都米陶①风靡一时,随后恰好在这个时期来到圣彼得堡。② 叶卡捷琳娜大帝盛赞道:"卡廖斯特罗的灵丹妙药如此温软,如此怡人,如此方便,让人的心灵和感官都变得柔软灵活……算了,算了,够了,够了,亲爱的朋友,我就不说这些

---

① 今天拉脱维亚的中部城市叶尔加瓦。

② V.S. 洛帕京等人认为,女皇提到卡廖斯特罗的书信是在 1774 年写的,因为这些书信突显了女皇对波将金的激情。但卡廖斯特罗直到 1776 年或 1777 年才在伦敦出名,所以女皇和波将金不可能在 1774 年谈论他。卡廖斯特罗在 1778 年周游欧洲,在米陶得到了库尔兰公爵家族一位成员和当地贵族的庇护,因此扬名,随后他来到圣彼得堡,在那里见到了波将金。下一章会详细讨论他俩的关系。她曾表示希望自己没有与"冰汤"(瓦西里奇科夫)恋爱,而是在"一年半以前"与波将金恋爱。如果将其翻译成"在这一年半以前",那么就可以说这封信是 1779 年或 1780 年写的,她和波将金在这个时期团圆,会让她想到曾经浪费掉的一年半时光。——作者注

让你无聊的话了……"³¹ 这种灵丹妙药要么是指那个江湖骗子兜售的某种神秘药膏，要么指的是波将金的床上功夫。叶卡捷琳娜大帝对卡廖斯特罗的炼金术、共济会思想和兜售长生不老药的把戏很不耐烦，但非常愿意接受波将金的爱抚，所以我们很容易猜测它指的究竟是哪一个。

与此同时，廷臣们努力给女皇寻找新的男宠。这一次有好几个候选人，包括一个叫斯坦尼奥夫的人（后来消失在历史长河里），然后是罗曼·沃龙佐夫的私生子伊凡·龙佐夫（一年后他出现在伦敦，在戈登暴乱①期间成为一群伦敦暴民的煽动者和领袖）。最后在1780年春季，她找到了配得上自己的伴侣——一个名叫亚历山大·德米特里耶维奇·兰斯科伊的年轻人。

叶卡捷琳娜大帝已经五十一岁了，而根据一位英国访客的说法，这个"英俊潇洒的年轻人"只有二十岁，温柔可亲，性情甜美，是叶卡捷琳娜大帝所有情人当中最没有野心的。叶卡捷琳娜大帝的秘书、平步青云的别兹博罗德科说，萨沙·兰斯科伊"品性当然不好"，但与她之后的男宠们相比，"简直就是天使"。别兹博罗德科见证了叶卡捷琳娜大帝办公室里的一切事务，所以有资格做这样的评价。兰斯科伊虽然卷入了至

---

① 1780年（正值美国独立战争期间），伦敦发生反对天主教的暴乱，起因是英国政府打算通过新法案，放松对天主教徒的限制并改善歧视性待遇，赋予他们更多自由（部分理由是战事吃紧，英国需要征募大批天主教徒士兵，还需要与西班牙、奥地利等天主教国家搞好关系）。在激进的新教徒政治家乔治·戈登勋爵的领导下，大批群众对政府的该项政策发起抗议，游行示威演化为打砸抢、袭击外国使馆、劫狱、袭击银行的暴乱。在军队镇压之下，有数百人伤亡。戈登勋爵本人后来被判无罪。此次暴乱与英国战时的糟糕经济形势也有关系，并暴露出当时英国缺乏专业警察的问题。

少一起针对波将金的阴谋，但他也是女皇的男宠当中最乐意加入叶卡捷琳娜-波将金大家庭的。[32]

兰斯科伊也是近卫军骑兵军官，曾担任波将金的助理几个月时间，叶卡捷琳娜大帝也许就是因此注意到了他。但根据在这个时期每天都能见到波将金的哈里斯的说法，兰斯科伊不是波将金的第一选择。女皇在波将金的生日赠给他大量土地与金钱（哈里斯说高达 90 万卢布，这真是惊人的数字），他才同意接受兰斯科伊。不管波将金是不是真的有别的人选，他在女皇闺房的事务当中总是非常灵活，于是他支持兰斯科伊。

兰斯科伊很快成为陆军中将，他也是叶卡捷琳娜大帝理想的学生和伴侣。他没有受过良好的教育，但勤于学习。他喜欢绘画和建筑。和其他男宠不同的是，他尽量回避政治（尽管这是不可能完全办到的），也努力维持与波将金的友谊（这也是不可能完全成功的）。[33]尽管兰斯科伊爱好奢侈且他的家人贪得无厌，他仍然是男宠当中最好的一位，因为他真诚地热爱叶卡捷琳娜大帝，她也真诚地爱他。在随后四年里，叶卡捷琳娜大帝享受着与性格沉稳善良的兰斯科伊的稳定关系。

1781 年 5 月，他俩的关系出现了一个小小的裂痕。哈里斯听到传闻：叶卡捷琳娜大帝与一位新男宠（莫尔德维诺夫）有了恋情。但波将金帮助女皇和兰斯科伊渡过了这个难关。如果叶卡捷琳娜大帝与别人打情骂俏，兰斯科伊"既不吃醋，也不会对她不忠；不会放肆，也不会可怜兮兮地哀叹自己的悲惨命运"，所以叶卡捷琳娜大帝总会对他重新燃起爱情，舍不得与他分开。[34]他们开开心心地过日子，她希望这种状态能持续到她自己辞世。

叶卡捷琳娜大帝在私生活方面的习惯对波将金极其有利。在她享受稳定的关系的时候,他就得到了施展拳脚的时间,为青史留名而努力。在她与兰斯科伊一起度过的那些幸福岁月里,波将金成长为政治家。他改变了俄国外交政策的方向,吞并了克里米亚,建立了许多城镇,向荒漠殖民,打造黑海舰队,改革俄国陆军。但到叶卡捷琳娜大帝的晚年,她的私生活既成了传奇,也成为笑柄。

在俄国,人们对叶卡捷琳娜大帝与波将金道德的谴责,往往与对他们的统治的政治敌意结合在一起。他们的反对派包括谢苗·沃龙佐夫那样的批评者和保罗大公的"年轻宫廷"。这两个群体都被排除在决策圈子之外。米哈伊尔·谢尔巴托夫的《论道德的腐化》(在叶卡捷琳娜大帝驾崩很久之后出版)表达了传统东正教贵族的观点。这本书几乎把整个18世纪的道德问题都归咎于叶卡捷琳娜大帝和波将金。她的批评者指责说,她的那些男宠败坏了整个宫廷的气氛。谢尔巴托夫抱怨道:"她养了一长串情夫,给其他女人立下了坏榜样。"而邪恶的操控狂魔波将金"权欲熏心,酷爱奢靡,欲求无度,饕餮不休,喜好溜须拍马,欲壑难填"。换句话说,波将金是"世界上一切罪恶的源泉,他的罪孽罄竹难书"。[35]

这种耸人听闻、活色生香的谎言在女皇的晚年达到高潮。到那个时候,外国人在谈论俄国时不可能不提起叶卡捷琳娜大帝的私生活。爱八卦的牛津大学教授约翰·帕金森在波将金去世后访问俄国,搜集整理并大肆宣传了关于叶卡捷琳娜大帝爱情生活的各种花边轶闻,包括下面这样隐晦的色情笑话:"一次聚会上,大家谈论哪一条运河的成本最大;其中一人说,此事毫无疑问,叶卡捷琳娜运河(运河之一的名字)肯定是最昂贵的。"就连卓越的前任大使乔治·马戛尔尼爵士（他因为与俄国宫廷的一名侍女生了个孩子而丢官，被召回英国；后来因为出使中国的先驱之旅而闻名）也不知羞耻地说，叶卡捷琳娜大帝对俄国男人的胃口这么大，是因为"俄国的保姆经常抽拉男婴的阳具，这样能大大增加其长度"。[36]外交官们在给各自政府的报告里拿"职能""职责"这样的词开玩笑，并炮制了许多现代下流小报也不敢登的双关语。但外交官对女皇私生活的了解往往是被歪曲的，而许多历史学家仅仅是简单地重复那些谎言，它们只能说明男人对有权势的女人的旺盛性欲产生了许多下流的幻想。历史上很少有比叶卡捷琳娜大帝的私生活更受到刻意误会的话题。

女皇"恩宠"的性质源于她的特殊地位和她与波将金的独特关系。毫无疑问，任何一个人，如果成为叶卡捷琳娜大帝的男宠，就走进了由三个人而不是两个人组成的关系。叶卡捷琳娜大帝需要男宠，因为她生活在男人的世界里。她没有办法公开再婚，并且无论在法律上还是精神上，她已经有了波将金这样一位丈夫。他俩的个性、才华和情感都是平等的，也高度相似，这决定了他俩不可能始终在一起生活。不过，叶卡捷琳娜大帝需要不间断的爱和陪伴。她渴望有自己的家庭，她也有强烈的教导和抚育的母性本能。这些情感方面的需求完全可能和她传说中的旺盛性欲同等强烈。她必须时刻有伴侣，并且往往先找到了新人才与现任分手。通常这样的习惯更多是因为缺乏安全感，而不是因为她生性放荡，但也许这两方面是互相联系的。叶卡捷琳娜大帝上了年纪之后专门寻找年轻的情人，即便这样做会损害她的尊严和声誉。她这么做还有一个原因，在描述伊丽莎白女皇宫廷的种种诱惑时她谈到了这一点。宫廷里挤满了英俊男人，而她是君主。叶卡捷琳娜大帝找情人，是因为她可以这么做。孩子进了糖果店，谁能抵得住诱惑呢？

叶卡捷琳娜大帝男宠的地位逐渐演化成一种不寻常的正式任命。启蒙时代终极的风流才子利尼亲王对波将金和叶卡捷琳娜大帝两人都非常喜爱，他解释道："热爱俄国女皇，是宫廷的职能之一。"[37] 叶卡捷琳娜大帝没有让自己的私生活扰乱宫廷，而是公开任命自己的情人。她希望这种公开化的恩宠制度能够显得不是那么放荡。从某种角度看，她是在用启蒙思想来管理自己的身体，因为透明度和理性肯定能够阻止流言蜚语造成的种种弊端。

表面功夫还是要做的，但这是一个在性方面格外直率的时代。就连终极的天主教道德家、主持着一个在性道德方面特别古板的宫廷的玛丽亚·特蕾西亚，在自己的女儿玛丽·安托瓦内特嫁给路易十六时也给她提供了一些特别直率的妇科建议。叶卡捷琳娜大帝本人在公开场合非常一本正经。她责备塞居尔伯爵讲荤段子，但她自己偶尔也会讲个黄色笑话。科尔伯龙记载道，有一次她在视察一家陶器厂时讲了一个惊人的笑话，他将其记录到自己的日记里：她好像笑嘻嘻地说其中一个陶器的形状像女阴。后来，她的秘书记载道，女皇在听到神话里经常有这样的情节——女人怀孕之后解释说这是神与她们同床后怀上的——时哈哈大笑。女皇毕生处于公众的凝视之下，所以听到她说几个荤段子不算什么，不过我们还是没法想象玛丽亚·特蕾西亚讲黄笑话。

在一本正经的表面之下，叶卡捷琳娜大帝与自己的情人在一起的时候非常"接地气"。她给波将金和扎瓦多夫斯基的信都体现出她享受肉欲的一面，例如，她说自己的身体统治了她的心灵，她必须克制自己的每一根体毛。她显然喜欢性爱，但据我们所知，她喜欢的始终是与爱情（至少是她自己相信自己正在爱情当中）相伴的性爱。没有任何证据表明她会单纯为了肉欲而与一个男人做爱。她接受某个男人的时候，都相信这是一段长期稳定关系的开端。而外交官们轻浮地传播流言蜚语，说那些男人为女皇提供"服务"，于是后世很多人信以为真。

叶卡捷琳娜大帝在寻找心心相印的情人的过程中，肯定有过类似"一夜情"的露水情缘。但这样的短暂恋情一定很少，因为很难有这样的机会。例如，在冬宫，很难把情人（即便他是近卫军）带进带出皇宫而不引起其他近卫军、侍女、男仆和廷臣的注意。比如1774年叶卡捷琳娜大帝去见波将金的时候，如果他正和自己的副官在一起，她就不能直接走进他的房间，而只能静悄悄地回到自己的房间，尽管他已经是她的正式情人。后来还有一位男宠在她的闺房过夜，第二天出去的时候撞上了她的秘书，秘书就把这次邂逅记录在了自己的日记里。

叶卡捷琳娜大帝一辈子生活在非常公开化的环境里，与之相比就连我们这个时代的狗仔队都显得很尊重隐私了。在她的皇宫内，她的一举一动都要受到观察和评论。如果她真的像很多传言那样与大批近卫军军官有私情，那么留下来的证据肯定比我们掌握的多得多。只有波将金一个人能随意进出她的卧室，因为他可以从自己的房间通过密道直接进入女皇的闺房。所有人都承认，波将金的地位是独一无二的。[38]

下面解释一下女皇如何选择男宠，以及他们如何在女皇的内室生活。叶卡捷琳娜大帝的爱情生活成了宫廷的一种制度。宫廷日志会宣布，在某天，某个年轻人（通常是出身外省乡绅家庭的近卫军军官，不是权贵子弟）被任命为女皇的侍从长。上文已经讲到，在好几个案例中，这个年轻人已然是波将金的副官（或助理），所以之前就有机会经常接触叶卡捷琳娜大帝。[39] 因此每当外交官们兴致勃勃地记载波将金向叶卡捷琳娜大帝引见一名军官时，这可能是有深意的，但也可能只是普通的引见。[①] 然而，我们觉得叶卡捷琳娜大帝似乎喜欢从波将金的幕僚当中挑选情人，因为这些人染上了一点波将金本人的气质，并且懂得相应的规矩。

在被任命为侍从长之前，这个年轻人应当已经通过了一系列考验和测试。传说波将金会简单地从候选人名单中挑选出一位。如果叶卡捷琳娜大帝喜欢他，就会让"试用官"（起初是布鲁斯伯爵夫人，后来是安娜·普罗塔索娃）"试用"一下。不太可靠的回忆录作者圣让据说曾在波将金的秘书处工作，他说波将金是性爱方面的治疗师：潜在的男宠会在波将金身边待六周，从他那里学习担当叶卡捷琳娜大帝情人的"必需知识"。[40] 然后由叶卡捷琳娜大帝那位好交际的苏格兰籍御医罗杰逊医生为新人做体检，最后新人被送到女皇的内室，接受最重要的考验。不过，上述全部传说，尤其是波将金的角色，都是假的。

---

① 叶卡捷琳娜大帝的副官包括她的现任男宠、几个权贵子弟和波将金的好几个外甥。令情况愈加复杂的是，1776 年 6 月，波将金设立了"女皇助理"的衔级，其职责是协助副官的工作（波将金亲笔写下相关文件，叶卡捷琳娜大帝亲笔修改）。波将金当然也有自己的助理，他们常常会在后来被叶卡捷琳娜大帝收入宫廷。——作者注

那么，女皇如何挑选情人呢？主要是偶然，也有品味和巧妙的心机。人们普遍认为波将金会给女皇拉皮条。科尔伯龙说："他现在扮演的角色就是晚年的蓬巴杜夫人为路易十五服务的角色。"真相比这复杂得多，因为其中涉及爱情、选择和一个极其有尊严且精明的女人的情感。任何人都不能简单地给叶卡捷琳娜大帝"提供"人选，波将金也做不到。他俩都极有自尊心，不可能做这种拉皮条的事情。扎瓦多夫斯基不是波将金"提供"给叶卡捷琳娜大帝的，因为扎瓦多夫斯基原本就已经在她身边工作。作为她的夫君和朋友，波将金最终认可了扎瓦多夫斯基，但也曾尝试把这个沉闷无聊的秘书弄走。有人说佐里奇是波将金"指定"的。在佐里奇成为男宠之前，在奥泽尔基举办的那次宴会当天早些时候，叶卡捷琳娜大帝和波将金交换了下面的短信，其中有我们需要的线索。

波将金写信给女皇，谦卑地恳求她任命佐里奇为他的副官，"按照您的心愿授予他随便什么衔级"。波将金在测试叶卡捷琳娜大帝是否认可佐里奇。她简单地回信："晋升他为上校。"[41]波将金希望叶卡捷琳娜大帝开心，也希望保住自己的权力。也许精明的波将金就是用这种迂回路线，而不是外交官们嘴里的下流手段，来试探叶卡捷琳娜大帝的心意，看她是否希望把这个年轻人留在宫廷。这种办法能维护她的自尊心。她确定了男宠的人选之后，经常会向波将金寻求"聪明的指引"。[42]这两位聪明绝顶的政治家，这两个敏感的人，在如此敏感的话题上就是这样交流的。

决定都是她自己做的。兰斯科伊被选中的时候是波将金的助理，但波将金其实想推荐另一个人。不管结果如何，被选中的人都会同帕宁兄弟和奥尔洛夫兄弟推荐的潜在男宠发生激烈竞争，因为大家都觉得男宠对女皇有很强的影响力（事实并非如此）。鲁缅采夫和帕宁都曾希望从波将金的崛起中获益，但他俩后来的倒台都是因为他。

真的会有人"试用"新男宠吗？没有任何证据。不过，叶卡捷琳娜大帝对自己的男宠有着强烈的占有欲，非常容易吃醋。"试用官"的传说之所以产生，可能是因为布鲁斯伯爵夫人在早期或许曾与波将金有过一段恋情，并且是她奉命去亚历山大·涅夫斯基修道院找波将金回宫的，后来她又和科尔萨科夫发生关系，尽管那时叶卡捷琳娜大帝与科尔萨科夫的恋情已经开始了。说不定就是科尔萨科夫在倒台之后发明了"试用官"的说法，从而为自己的不端行为开脱。至于对男宠的体检，也没有证据，不过让罗杰逊医生检查一下喜好玩乐的近卫军军官有没有性病然后才把他送到女皇身边，是合情合理的。

顺利通过考验之后，幸运的年轻人会被安排与女皇一起用餐，参加她出席的招待会，然后去小埃尔米塔日与她的内层亲信圈子一起打牌。这个小圈子包括波将金、御厩大臣列夫·纳雷什金、奥尔洛夫兄弟（如果他们此时受宠的话）、波将金的几个外甥和外甥女，以及少量得宠的外国人。她会坐下来玩几轮惠斯特牌或法罗牌，又或者是玩押韵游戏或猜字谜。所有人都会密切观察，不过波将金可能已经知道新人即将登场。晚上11点，叶卡捷琳娜大帝起身，年轻人陪她回到她的套房。这将是他们待在圣彼得堡期间几乎每一天的固定流程，除非有特殊的假期。叶卡捷琳娜大帝始终感激波将金的建议、善意和在这样的私事上的大度。她爱上科尔萨科夫之后给波将金写信："他是个天使。太感谢你了！"[43]

男宠会从自己的镀金地位当中获得极大的好处，但这种地位也有极大的坏处。好处是能够获得足以建立一个新的贵族家系的大量土地、农奴、珠宝和现金。坏处，简单来说，则是必须忍受叶卡捷琳娜大帝和波将金。

第一大好处，也是男宠地位的真正标志，是占据全俄国最重要的一块地产。对房地产来讲，地段永远是第一位的。皇宫内属于女皇内宫的套房就像凡尔赛宫的套房一样宝贵。新男宠会占据一套装修华美、铺着绿色地毯的套房。那座著名的楼梯会把男宠的套房与叶卡捷琳娜大帝的套房连接起来。据传说，第一次来到自己的套房之后，新男宠会得到欢迎礼物。这是一笔现金，要么是10万卢布，要么是每周1万卢布。没有证据表明这种"黄金欢迎礼"当真存在，但我们知道瓦西里奇科夫在抱怨自己是"外室小三"的时候说女皇会在他的生日会给他慷慨的礼金。女皇也会出钱给男宠买华美的衣服，每个月还会给他们慷慨的津贴。据传说，得到特权地位之后为了表达谢意，男宠会给波将金大约10万卢布的贿金，仿佛是男宠得到了征税权，或者在租赁属于波将金的位置。但就连素来不太可靠的圣让也不相信这个传说，尽管他对关于波将金的其他传说都深信不疑。[44]男宠将来会得到不可估量的财富，所以要感谢帮助他进入这个高级圈子的介绍人，这也是说得通的，但即便真的存在这种体制，身无分文的外省人也不太可能有10万卢布来行贿波将金。对于这种所谓行贿的仅有证据是，后来有一位男宠赠给波将金一个茶壶，还有一位赠给他一只金表以示感谢。通常情况下，波将金不会从男宠那里得到任何东西。

男宠及其家人会一夜暴富。科尔伯龙说："相信我，我的朋友，在俄国，这种职业很精彩！"[45]女皇包养男宠的开销，尤其是给他们的分手费，往往令外国人瞠目结舌。根据哈里斯的计算，"除了给奥尔洛夫公爵和波将金公爵的巨额年金，女皇在男宠身上每年要花 100 万卢布以上"。根据哈里斯的估算，奥尔洛夫兄弟在 1762—1783 年从女皇那里得到了 1700 万卢布。[46] 这些数字都没有办法证实，但确实，叶卡捷琳娜大帝即便在受到男宠伤害之后也会对他们过分慷慨大方，也许是因为她内疚，或者她至少明白男宠的处境很困难，也许她想用一掷千金来证明自己并没有受伤。但是，想通过这条道路飞黄腾达的野心勃勃的青年男子有很多。在女皇物色新情人期间，波将金的副官（也是他外甥女的亲戚）列夫·恩格尔哈特注意到，"在宫廷礼拜的时候，很多年轻人，即便只有一点点姿色，也站得笔挺，希望能用轻松的方式改变自己的命运"。[47]

男宠的制度听起来也许冷冰冰且玩世不恭，但叶卡捷琳娜大帝与男宠的关系其实十分宽纵、温情脉脉和舒适自如。叶卡捷琳娜大帝激情洋溢地爱过她的每一任男宠，用爱和（近乎控制欲的）关怀来沐浴他们，经常和他们一聊就是几个钟头，或者一起读书。每一段恋情的开端都见证了她的母性、德意志人的多愁善感和对他们的美的欣赏。她在别人面前陶醉地赞美自己的男宠。因为她是女皇，所以大家都必须聆听她抒发的赞美。尽管大多数男宠都被宠坏，或者太愚蠢而没有治国能力，但她还是爱他们每一个人，仿佛这种关系会延续到她去世的那一天。每一段恋情破裂的时候，她都会变得绝望而抑郁，往往一连几周不能理政。

对男宠来说，过了一段时间之后，女皇规律性很强的日常生活会显得非常枯燥无聊：无休止的宴会、打惠斯特牌，还要侍寝。女皇虽然极有魅力和威严，但毕竟上了年纪，到 1780

年就五十出头了，受到消化不良的折磨，身材越来越肥胖。等奢侈生活和接近君主的兴奋感淡去之后，这样的生活对二十出头的年轻人来说很艰难。叶卡捷琳娜大帝的关爱似乎能让人窒息。如果这个男宠有一丁点的才华和个性，那么日复一日地陪伴这个逐渐衰老的女皇（并且她把他视为漂亮的小学生和"外室小三"）就一定是越来越困难的事情。有一位男宠说，这是沉闷无聊的"监狱"。宫廷里的人们对男宠充满恶意。男宠觉得自己仿佛生活在"森林里的群狼当中"。况且宫廷里到处是时髦的贵族富家少女，可男宠只能和一个肥胖的老太太过夜。所以，背叛女皇的诱惑几乎是不可抵挡的。[48]

波将金在叶卡捷琳娜大帝生活中的角色让男宠的日子更加难过。男宠不仅要陪伴一个要求严苛的老妇人，并且还要眼睁睁看着她把真正的好处都给了波将金，何况女皇还要求男宠像她一样热爱波将金。这对男宠来说一定难以忍受。大多数男宠都承认（上文引用过瓦西里奇科夫的评论），尽管他们受到女皇的宠溺和庇护，可波将金始终是叶卡捷琳娜大帝的"主人"和丈夫。叶卡捷琳娜大帝称他为"爸爸"或"我的主人"。俄国政府里没有第二个波将金的位置。

即便男宠（比如扎瓦多夫斯基和兰斯科伊）真的爱上了女皇，也没有办法在波将金面前保障隐私，因为波将金的房间通过密道与女皇的套房连接了起来。他是俄国唯一见女皇无须事先通报的人。到了 18 世纪 70 年代末，他经常待在外地，这一定让男宠如释重负；但当波将金在圣彼得堡或皇村的时候，他经常会穿着皮毛衬里的晨袍、披着粉红色披肩、头上裹着红色手绢，一阵风似的闯到女皇面前。这自然会毁掉男宠的一天，尤其是因为男宠的才智和魅力没有办法与波将金相比。难怪扎瓦多夫斯基会泪流满面地躲着他。⁴⁹叶卡捷琳娜大帝确保让男宠都尊重波将金，这暗示着他才是家里真正的男主人。男宠一定感到屈辱。每个男宠都要写信给波将金溜须拍马，叶卡捷琳娜大帝在给波将金的大多数信的末尾都会转达男宠对他的奉承，并附上男宠的短信。

我们能强烈地感受到，叶卡捷琳娜大帝简直可以说是希望男宠把她和波将金视为父母。她自己的儿子保罗还是小婴儿的时候就被从她身边夺走，后来和她很疏远，而她也没办法亲自抚养博布林斯基，所以她把年纪与她儿子差不多的男宠当成儿子的替代品，这是很容易理解的。她充满母性地说："我教育这个年轻人，是为了国家的利益。"⁵⁰仿佛她开了一家只有她一个人当教员的公务员培训学校。

如果她是母亲，那么她的夫君波将金就是这个独特"家庭"的父亲。她经常把男宠称为"孩子"，而他们显然是遵照叶卡捷琳娜大帝的指示，称波将金为"叔叔"或"爸爸"。波将金有一次患病，兰斯科伊不得不写信给他："我刚从母亲那里得知，您，父亲，格里戈里·亚历山德罗维奇公爵，身体抱恙。这让我们非常难过。衷心祝愿您早日康复！"兰斯科伊有时不把波将金称为父亲，而是"亲爱的叔叔，非常感谢您给我的那封信"。他还像叶卡捷琳娜大帝一样补充道："您无法想象，父亲，没有您，这里是多么无聊。您快来吧。"后来波将金在南方病重时，兰斯科伊写信给他："我们无与伦比的君主母亲……为了您哭个不停。"兰斯科伊也许对必须管波将金叫爸爸有过怨恨，但他天性温良，所以接受了这样的奇异家庭。下一章会讲到，波将金的外甥女们是这个家庭的另一部分。

"亲情"不是单向的。波将金的确也把女皇的男宠当作自己的孩子。趾高气扬的佐里奇被"免职"之后，波将金慷慨地写信给波兰国王斯坦尼斯瓦夫－奥古斯特，让这个倒台的男宠在波兰人那里能受到体面的欢迎。波将金向国王解释道，这件"不幸的事情"让佐里奇"在俄国暂时失去了他凭借自己的军事才干、效劳和良好行为而应得的地位"。波兰国王在佐里奇旅行期间照顾了他。国王告诉波将金："能帮你的忙让我很高兴。"我们从兰斯科伊的感谢信里知道，波将金给他写过一些客气的书信，给他送过橘子，还提携过他的家人。[51]

波将金愿意接受女皇的男宠们，原因很简单：他们不得不陪叶卡捷琳娜大帝赴宴，还有陪睡，而他拥有真正的权力。过了好多年，廷臣和外交官们才认识到，男宠的确有掌权的潜力，但先决条件是他们必须先设法除掉波将金。女皇的宫廷女官、御医和秘书都有一定的影响力，不过男宠的影响力更大一些，因为她爱他们。然而即便在女皇的晚年，只要波将金还在世，男宠（只不过是"朝生暮死的下级官员"）就没有真正的权力。如普鲁士驻俄使节冯·德·格尔茨告诉弗里德里希二世的话，女皇挑选男宠的时候"会刻意选择没有才华或者没有能耐……直接干预朝政的人"。[52]

一个人若想要行使权力，就需要在公众面前享有威望，这样才能服众。不过，男宠制度的公开性决定了男宠几乎没有任何公共威望。非常熟悉叶卡捷琳娜大帝和波将金的达马斯伯爵评论道："她宣布男宠地位的那种方式……恰恰决定了她能够给他们的荣耀是有限的。在日常琐事上，他们每天都会推翻她的意见，但在真正重要的大事上他们从来没有主动权。"[53] 只有波将金和奥尔洛夫能够通过成为叶卡捷琳娜大帝的情人而增加自己的威望，但奥尔洛夫成功的程度较低。哈里斯向英国国务大臣韦茅斯子爵解释道，通常情况下，一个新男宠的崛起"除了对他和女皇之外，对所有人都不是重要的事情。他们是……波将金选择的结果，而男宠的新旧更替只会加强波将金的权力与影响力"。[54] 所以，如果男宠能够维持自己的地位，就会被波将金主宰；如果他们被赶走，波将金就会从这轮危机当中受益。至少理论上是这样，但现实永远不会这么简单明了。

传说波将金如果看哪个男宠不顺眼，就可以随时让他们滚蛋。如果叶卡捷琳娜大帝生活幸福的话，波将金就有机会掌管朝政。他曾对每一个男宠都发动过攻击，企图让他们离开女皇。但仅仅因为波将金的要求叶卡捷琳娜大帝就赶走某个男宠的事情，只发生过一次。通常她爱自己的男宠，不肯听波将金的抱怨。在这种情况下，生性既不死板又不睚眦必报的波将金会高兴地与这个男宠共存，直到发生新的危机。他知道，那些比较傻的男宠以为自己能推翻他。这样的男宠往往待不了太久。

男宠们通常会自掘陷阱，或是像科尔萨科夫那样背叛女皇，或是像扎瓦多夫斯基和波将金本人那样变得闷闷不乐，再或是就像佐里奇那样笨手笨脚地阴谋反对波将金。这都会让女皇厌倦他们。波将金经常要求女皇把某个男宠赶走，在这种时候，她或者告诉他少管闲事，或者赠给他一座新庄园，又或者赞扬他营造新城市的最新计划。有时女皇责备波将金没有告诉她，男宠们对她不忠；但他可能是知道她正爱着他们，所以就是告诉她也没意义。

波将金喜欢吹嘘说叶卡捷琳娜大帝无论在政治上还是爱情

生活当中不顺利的时候总是需要他。女皇的闺房发生危机时，他会特别不可或缺。1781 年 5 月当叶卡捷琳娜大帝与兰斯科伊的关系出现问题的时候，哈里斯向伦敦报告称："在这种时候，我的朋友［波将金］的影响力极强，不管他的要求多么夸张，都不会被拒绝。"[55] 但是，波将金的作用肯定不止这些。

在危机时刻，比方说科尔萨科夫让她丢脸的时候，波将金会再次成为她的夫君和情人。奥地利使节路德维希·冯·科本茨尔伯爵是少数真正对叶卡捷琳娜大帝和波将金非常熟悉的外国人之一，他告诉自己的皇帝约瑟夫二世："如果用其他办法都不能达成他的目标，波将金就会重新当回女皇的情人几天。"[56] 女皇和波将金之间的通信表明，他俩的关系极其放松和亲密，在任何时候一起过夜都是自然而然的事情。所以，有些作家说他是"头号男宠"，而其他男宠只是"下级男宠"。也难怪有些"下级男宠"不能理解波将金的角色，会企图阴谋反对他。

波将金和叶卡捷琳娜大帝就是通过上述的体系解决了他俩关系的难题，保住了他们的友谊，让女皇的爱情与政治隔离，并把政治权力留给波将金。尽管他俩的这种体系运作得比大多数婚姻还要好，但仍然有缺陷。他俩都是手腕娴熟、擅长操纵他人的人精，但都没有办法真正控制男宠制度，因为它是爱与性、贪婪与野心的高度敏感的混合体。

不过，这种办法还是解决了他俩的吃醋问题。1780 年叶卡捷琳娜大帝和兰斯科伊在一起真正和谐幸福的时候，她对波将金那些耸人听闻的风流韵事也泰然处之，非常大度。哈里斯告诉韦茅斯子爵："这种办法加强了波将金的权力。现在任何事情都不能让他倒台，除非那桩传闻是真的……"哪桩传闻？原来是波将金可能会"迎娶自己最喜爱的外甥女"。[57]

注 释

1 *Russkiy istoricheskiy zhurnal* 5 (1918): 244–57, quoted in Alexander, *CtG* pp 342 – 52. *Pisma imp. Ekateriny II k gr. P. V. Zavadovskomu* 1775 – 1777 ed I. A. Barskov, letters 7, 22, 30, 33, 35, 39, CII to P. V. Zavadovsky.

2 AKV 12: 9–10, Zavadovsky to S. R. Vorontsov.

3 *Russkiy istoricheskiy zhurnal* 5 (1918): 244–57, quoted in Alexander, *CtG* pp 342–52. *Pisma CII – Zavadovsky* (Barskov) letters 7, 22, 30, 33, 35, 39, CII to Zavadovsky.

4 Parkinson p 76.

5 *Russkiy istoricheskiy zhurnal. Pisma CII – Zavadovsky* (Barskov) and Alexander *CtG*, pp 342 – 52 letters 27, 62, CII to Zavadovsky. RGADA 5. 85. 1. 296, L 114. RGADA 1. 1/1. 54. 96, L 114, CII to GAP.

6 Masson p 105.

7 AKV 24: 156, Zavadovsky to S. R. Vorontsov.

8 CtG, *Memoirs* 1955 p 355, Frank Confession to GAP.

9 GARF 728. 1. 416. 51, L 115.

10 AKV 12: 16–19, Zavadovsky to S. R. Vorontsov.

11 Alexander, *CtG* p 213.

12 RGADA 1. 1/1. 54. 69, L 116.

13 GARF 728. 1. 416. 51, L 115.

14 RGADA 1. 1/1. 54. 69, L 116.

15 Harris p 149, Sir James Harris (H) to William Eden February 2/13 1778; H to Earl of Suffolk 2/13 February 1778. "Harris" 中没有给出页码的地方，日期指的是 Diaries and Correspondence of Sir James Harris, 1st Earl of Malmesbury 中的日期。

16 Harris p 170, H to William Fraser 16/27 May 1778.

17 Harris p 172, H to Suffolk 22 May/2 June 1778; p 173, H to Suffolk 29 May/9 June 1778.

18 KFZ 8 May 1778. RGADA 5. 85. 1. 141, L 124.

19 SIRIO 23: 89, CII to Baron F. M. Grimm 16 May 1778.

20 GIM OPI 197. 1. 152, L 124.

21 Madariaga, *Russia* p 354.

22 Harris, H to Suffolk 20/31 December 1778.

23 RGADA 5. 85. 1. 59, L 125, CII to GAP ud.

24 *Starina i Novizna* (1901) 4 ed P. M. Maykov pp 23 - 4, Zavadovsky to Count P. A. Rumiantsev.

25 RA (1881) 3 pp 402-3, CII to Ivan Rimsky-Korsakov.

26 RGADA 5.85.1.59, L 125, CII to GAP. KFZ 1 June, 28 June 1778. RA (1881) 3pp 402-3, CII to Korsakov. RP 5.1 p 119. Harris p 174, H to Suffolk 8/19 June 1778.

27 Harris pp 179, 180, H to Suffolk 28 August/8 September, 14/25 September, 10/21August, 20/31 December 1778. Harris p 195, 29 January/9 February 1779.

28 Harris p 179, H to Suffolk 14/25 September 1778.

29 Harris p 224, H to Viscount Weymouth 9/20 September 1779.

30 RA (1911) 6 pp 190 - 4, Corberon. RGADA 10.3.467.3, CII to Korsakov 10October 1779; Harris to Weymouth 11/22 October 1779.

31 RGADA 5.85.1.370, L 8, and RGADA 1.1/1.54.63, L 8, CII to GAP ud, 但 Lopartin 将其日期分别确定为 1774 年 2 月 14 日和 18 日之前。François Ribadeau Dumas, *Cagliostro* pp 13 - 83, and W. R. H. Trowbridge, *Cagliostro: The Splendour and Misery of a Master of Magic* pp 1-154.

32 Pole Carew CO/R/3/195, unpublished. Harris pp 434-40, H to Weymouth 11/22 October 1779, H to Charles James Fox 9/20 May 1782. Also Dimsdale p 57, 27 August 1781. AKV 13: 163/4, A. A. Bezborodko to S. R. Vorontsov 5 July 1789.

33 Harris, H to Weymouth 11/22 October 1779.

34 Harris p 366, H to Viscount Stormont 14/25 May 1781.

35 Shcherbatov pp 245, 241, 119. Alexander, *CtG* pp 201 - 26, and Madariaga, *Russia*pp 343-58.

36 Parkinson p 49. George Macartney's 'Commentary on Russia in 1786', Macartney Papers, Osborne Collection, Beinecke Library, Yale University, quoted in Alexander, *CtG* p 215.

37 Ligne, *Fragments* 1, 275.

38 Corberon vol 2 pp 137-8. Ségur, *Mémoires* vol 3 18. RGADA 1.85.1.209, L 10, CII to GAP 1774. Khrapovitsky p 13. 传说另一名近卫军军官 Semyon Fyodorovich Uvarov 曾与叶卡捷琳娜大帝有过一段短暂恋情，时间是兰斯科伊去世之后、她与叶尔莫洛夫开始恋情前不久。后来 Uvarov 成为波将金的亲信。波将金喜欢听 Uvarov 弹三弦琴（一种古代弦乐器），也喜欢看他跳俄式踢腿舞（prisiadka）。除了在近卫军混得不错之外，Uvarov 没有得到别的奖赏。他的儿子 S. S. Uvarov 在尼古拉一世时期成为教育大臣，也是普希金的敌人。见 Serena Vitale, *Pushkin's Button* p 143。

39 SIRIO 27 (1880): 130-1, GAP, 关于女皇副官岗位的御旨，1776 年 6 月 16 日。

40 Saint-Jean ch 6 pp 40-8.

41 AVPRI 2. 2/8a. 20. 94, L 124 GAP to CII and CII to GAP 27 May 1777.

42 GIM OPI 197. 1. 1. 152, L 124, CII to GAP ud.

43 RGADA 5. 85. 1. 334, L 124, CII to GAP ud.

44 Saint-Jean ch 2 pp 12-21.

45 Corberon vol 2 p 154, 19 June 1776.

46 Harris pp 430, 528, H to Stormont 25 March/5 April 1782.

47 Engelhardt 1868 p 49.

48 Khrapovitsky p 254 - A. D. -Mamonov 'prison' 1789 RS (1876) 15 p 16, Garnovsky V. S. to Popov December 1786.

49 Engelhardt 1868 p 46.

50 RS (1876) 16 p 406, CII to N. I. Saltykov July 1789, quoted in Garnovsky to V. S. Popov.

51 AGAD 172: 79, GAP to SA 25 September 1779, St Petersburg, unpublished. RGADA 11. 914. A. D. Lanskoy to GAP 3 April 1784. RGADA 11. 914, Lanskoy to GAP 29 September 1783. RGADA 11. 914 Lanskoy to GAP ud.

52 Count J. E. von der Goertz, *Mémoire sur la Russie* section 3 p 43. 在 Ségur's *Mémoires* (1826) vol 2 p 344 中，马莫诺夫（叶卡捷琳娜大帝在 18 世纪 80 年代末的情人）告诉塞居尔，如果他（马莫诺夫）"胡乱干涉"朝政，叶卡捷琳娜大帝会生气。

53 Damas p 97.

54 Harris p 210, H to Weymouth 7/18 August 1779.

55 Harris p 366, H to Stormont 7/18 May 1781.

56 Saint-Jean ch 2 pp 12-21. B&F vol 1 p 17, Cobenzl to JII 5 May 1780.

57 Harris to Weymouth 11/22 October 1779.

12 他的外甥女们

有一个人——假如他能算人的话，
请别误会，我是说他体力非凡……
——拜伦勋爵，《唐璜》，第 7 章第 36 节

在 1775 年恩格尔哈特五姐妹来到宫廷之后，她们的舅舅很快就把这些失去母亲、几乎没有受过教育但美貌的外甥女变成了高雅精明的美少女，并且她们被视为皇室成员，"和女大公差不多"。[1] 在结束了与俄国女皇的恋情之后，波将金几乎立刻与明艳动人、正值青春年少的外甥女瓦尔瓦拉·恩格尔哈特变得亲密无间。没过多久，宫廷的流言蜚语就开始说腐朽的公爵勾引了全部五个姑娘。

波将金恢复了半单身的身份之后，立刻投身于一连串秘密恋情和公开的风流韵事。与他交往的女子既有冒险家也有贵族，这些恋情错综复杂，让当时的人们兴致勃勃，但直到今天也很难理清头绪。"和叶卡捷琳娜大帝一样，他是享乐主义者，"亚历山大·里博皮埃尔伯爵（波将金的一个副官之子，娶了波将金的外甥孙女）说，"感官享受在他的人生中占据重要的地位。他热烈地沉溺于女色，任何东西都阻挡不了他的激情。"[2] 现在他可以按照自己的心愿，过自己想要的生活了。他爱睡懒觉，经常通过密道去见叶卡捷琳娜大帝，周转于狂热地拼命工作与纵情享乐之间；时而孜孜不倦地处理政治公文、筹

划战略，时而享受情事，时而沉溺于神学辩论，时而在铺着绿色粗呢桌布的桌前彻夜飨宴。

最让当时的人们震惊的，莫过于五个外甥女的传说。所有的外国外交官都用几乎赤裸裸的、兴致勃勃的笔调向自己的君主汇报这个传说。科尔伯龙向一本正经的新国王路易十六治下的凡尔赛宫报告："从波将金公爵庇护自己外甥女的方式，你们能理解俄国人的道德。"为了强调波将金的道德败坏，科尔伯龙故作惊恐地补充道："其中一位年仅十二岁，无疑也会遭遇同样的命运。"谢苗·沃龙佐夫鄙夷地说："我们看到波将金公爵把自己的亲人当作后宫，并且是在皇宫里做这样的事。""多么丑恶，多么放肆！"当时的人们都认为五个外甥女的传说是真的。波将金难道真的引诱了全部五个外甥女，甚至包括年纪最小的吗？[3]

"和女大公差不多"的五个姑娘成了叶卡捷琳娜大帝宫廷的镀金美人、俄国最富有的女继承人，后来还成为帝国许多贵族豪门的老祖母。她们都不曾忘记自己的身份，也不会忘记自己的舅舅是何许人也。她们近乎皇室成员的地位和波将金公爵殿下的威望给她们的生活增光添彩，也让她们的生活成为神话。

恩格尔哈特姐妹共六人，但只有五个对宫廷有影响，因为长姐安娜在波将金崛起之前已经离家，嫁给了米哈伊尔·茹科夫。不过，波将金很照顾这对夫妇，提拔茹科夫为阿斯特拉罕总督。二姐亚历山德拉·瓦西里耶芙娜的性格令人敬畏，在1776年的时候二十二岁，是波将金最喜欢的外甥女，也是除了女皇之外他最亲爱的朋友。亚历山德拉来到宫廷的时候已经是成年人，所以最难适应宫廷的复杂生活。但她和波将金一样高傲，并且"聪慧而意志顽强"。她用"那种恢宏气度"来掩盖自己的"缺乏教育"。[4] 她有生意头脑，懂政治，擅长缔结友谊。她的肖像展现的是一位身材苗条的棕发美女，头发往后梳，高颧骨，有着聪慧明亮的碧眼、肉感的大嘴巴、小小的鼻子，肌肤胜雪，体态轻盈，气场强大，毕竟她是皇室的荣誉成员，还是帝国最伟大政治家的密友。

三姐瓦尔瓦拉二十岁，在她的魅力攻势下，人生中的任何问题都会迎刃而解。诗人杰尔查文称她为"金发的迷人小妖精"，她那光芒四射的金发闻名遐迩。即便到了中年，她仍然保持着苗条身材，回忆录作者维格尔[①]说她的五官"完美……如同二十岁的姑娘一般清丽可人"。她不像姐姐亚历山德拉那样懂政治，而是敏感好动，喜欢打情骂俏，任性倔强，脾气大，要求高。波将金在世的时候没人敢批评她的暴躁脾气和糟糕教养，但她曾在某场合拉扯过一位朋友的头发；还有一回鞭打了自己的庄园经理。她对浮夸、爱炫耀或者腐败的人很严酷，但对仆人非常和气[5]（不过对农奴就不一定了）。多年后，她的庄园发生农民暴动，动武才镇压了下去。

十五岁的娜杰日达满头红发，皮肤较黑，在一家子天鹅当中是只丑小鸭，但波将金还是安排她和姐妹们一样成为宫廷侍女。她特别任性，令人恼火。"娜杰日达"在俄语里的意思是

① 菲利普·维格尔（1786—1856），有着瑞典血统的俄国贵族，在俄国外交部任职，曾出使中国。他见证了亚历山大一世时期的所有主要事件，并结交了当时的许多名人，包括普希金。他的长篇回忆录覆盖了从沙皇保罗一世到 1831 年 11 月革命的俄国历史。他的回忆录非常详细，但不是很可靠。

"希望"，所以特别喜欢给别人取绰号的波将金残忍地称她为"无望"。排行第五的妹妹是性格温和而消极被动的叶卡捷琳娜，她此时已经成为全家的第一美人。维热·勒布伦于 1790年为她画的肖像展现了她天使般的容颜、明亮的褐金色头发，画中的她凝视着镜子。法国使节塞居尔伯爵写道，叶卡捷琳娜"可以给画家当模特，去画一幅维纳斯头像"。最后的小妹塔季扬娜在 1776 年只有七岁，但长大之后和亚历山德拉一样俊俏和聪慧。波将金在脱离叶卡捷琳娜大帝的闺房之后，爱上了瓦尔瓦拉。[6]

"小妈妈，瓦莲卡，我的灵魂，我的生命，"波将金在给瓦尔瓦拉的信中写道，"你睡着了，小傻瓜，所以什么都不记得。我从你身边离开的时候吻了你，给你盖好被子，又盖上一件长袍。"也许这只是慈爱的舅舅给外甥女道晚安并给她掖好被子，不过读起来像是两人一起过夜之后他在第二天早晨离开的情景。

"我的天使，你的爱抚如此怡人，如此可爱。清点一下我对你的爱，你就会明白，你是我的生命，我的愉悦，我的天使；我吻你无数次，我越来越想你……"即便在多愁善感的时代，即便波将金是个感情充溢、纵情表达的人，这也不像是长辈写给晚辈的信。他经常称她为"我的蜜糖"，"我的宝贝"，"我的灵魂、我的温柔爱人"，"我的甜心女神"和"可爱的樱唇"，并在信的末尾写道："我亲吻你从头到脚。"这些信充满了厚颜无耻的情色意味，但也洋溢着亲情："我的蜜糖，瓦莲卡，我的灵魂……再会，甜蜜的嘴唇，来吃饭吧。我邀请了你的姐妹们……"在一封信里，他告诉她："明天我要去浴室。"他曾在皇宫的浴室与叶卡捷琳娜大帝幽会，那么他现在是在和外甥女安排幽会吗？

波将金此时三十七岁，比瓦尔瓦拉年长十七岁，所以至少从年龄来看，他俩产生恋情并非不可思议的事情。姐妹们和她们笨拙的兄弟瓦西里如今每天都在宫廷，每晚都去波将金的住宅（谢皮洛夫府邸或阿尼奇科夫宫）。她们参加他的宴会，观看他在小埃尔米塔日与女皇打牌。她们是他最珍贵的装饰品，也是他的朋友、亲人和随从。据我们所知，波将金没有子女，所以她们也是他的继承人。瓦尔瓦拉成为他的情人不是偶然，因为她是家里最喜欢打情骂俏的人，而他是家族的英雄。

他们之间的书信明显是一个老男人和一个少女的信。例如，波将金告诉她，女皇邀请她赴宴，并补充道，"亲爱的，请打扮得漂漂亮亮，尽量客客气气、美丽动人"，还提醒她"小心行事"。在城外（也许是皇村），他问道："我打算明天进城……你打算在哪里拜访我，是阿尼奇科夫宫还是皇宫？请写信告诉我。"瓦莲卡经常看到波将金和女皇在一起。"女皇今天接受了放血治疗，所以今天不要烦扰她，"他告诉瓦莲卡，"我会去见女皇，然后回来看你。"

瓦莲卡也爱上了他。她经常叫他"我的生命"，并和他的所有女人一样，一边享受他带来的荣华富贵，一边为他的健康状况担忧："父亲，我的生命，非常感谢你的礼物和信……我在心里吻你一百万次。"但她后来也开始痛苦，并开始惹是生非。"爱抚我是没用的，"她说，"听着，我现在要严肃地告诉你……如果你曾经爱过我，我请你永远忘了我，因为我已经决定离开你。我希望有别的女人爱你……不过，没有人会像我一样爱你……"这个小妖精是吃别的女人的醋（因为他的确有别的女人），还是仅仅在假装吃醋？

"瓦莲卡，你是个傻瓜，是忘恩负义的恶棍，"波将金（可能带着一时的冲动）写道，"瓦莲卡伤心的时候，格里申卡难道会什么都没感觉到吗？我来了之后要把你的耳朵揪掉！"也许就是因为他怒气冲冲地来到她身边，她才告诉他："好吧，我的朋友，如果是我惹恼了你，那你就走吧！"但后来她又说自己睡得太多，也许这就是为什么她的情绪不好。瓦莲卡就这样生闷气、摆姿态，而波将金和每一个爱上被宠坏的少女的老男人一样，忍受着这种折磨。女皇邀请瓦尔瓦拉参加各种社交场合，也知道她和波将金的关系，但并不介意波将金在瓦尔瓦拉那里找到幸福。女皇还想方设法地把瓦尔瓦拉留在她和波将金身边。一名廷臣搬出宫之后，波将金请求女皇"命令马尔蒂茨夫人［管理侍女的女侍长］把叶卡捷琳娜公爵夫人的套房交给我的瓦尔瓦拉·瓦西里耶芙娜"。叶卡捷琳娜大帝答道："我会下令的……"[7]

舅舅和外甥女的丑闻传到了身在莫斯科的达里娅·波将金娜耳边。她惊恐万状，试图阻止这种关系。波将金大怒，他拒绝读母亲的信，并将信扔进壁炉。达里娅还写信给瓦尔瓦拉去责备她。"我收到了外婆的信，"瓦尔瓦拉告诉波将金，"这让我非常生气。你要离开，就是这个原因？"然后瓦尔瓦拉又向波将金献身："我亲爱的小坏蛋，我的天使，你难道不想要我吗，我的宝贝？"

波将金开始在南方省份停留更多时间，瓦尔瓦拉则在宫廷闷闷不乐。叶卡捷琳娜大帝决定干预。哈里斯听到了风声："女皇陛下责备了某某某公爵与其外甥女的不正常行为，以及此种行为带来的耻辱……"哈里斯这是在用英国人在性道德方面的假正经来解释他根本不理解的一种关系。叶卡捷琳娜大帝宽容地拿波将金与外甥女兼情妇的关系来逗弄他，这表明了女皇与波将金的关系是多么开放："听着，我的小瓦莲卡状况很不好，这都是因为你不在。你这样做非常不对。这样会害死她的，而我现在很喜欢她。医生要给她放血。"[8]

瓦莲卡正在因为对舅舅的爱而消沉吗？或者有别的原因？也许这个狡黠的姑娘在和公爵玩两方面下注的游戏。起初，她给他的信充满柔情蜜意。后来，信的语调就变了。波将金还爱着她，但他知道她很快就必须嫁人了。"你非常强势、永久性地战胜了我。如果你爱我，我会开心。如果你知道我多么爱你，你永远不会想要别的东西。"现在她已经是个成熟女人了，所以想要别的东西。她结识了谢尔盖·费奥多罗维奇·戈利岑公爵（人丁兴旺而有权有势的戈利岑家族的又一名成员），并且爱上了他。

我们不知道波将金有没有因此而长时间伤心，但他已经下定决心，要让自己的外甥女们都嫁入豪门。为了达到这个目的，他给她们都安排了大笔财富。出于对家族的责任，他必须结束与瓦莲卡的恋情。"现在一切都结束了，"她写信给他，"从我注意到你对我的态度改变，这一个月来的每一分每一秒我都在期待这种结局。我那么不开心的时候做了什么？我要把你的所有书信都退还。"一个巴掌拍不响。她写道："如果我的表现不好，那么你必须记住，这是谁造成的。"

波将金对瓦尔瓦拉慷慨大方。1778年9月，"他劝说某某某公爵娶她"。某某某公爵就是谢尔盖·戈利岑，他同意了。哈里斯记载道："前天，他俩在宫中举行了盛大的订婚仪式。"1779年1月，女皇作为贵宾出席了瓦尔瓦拉的婚礼。后来恩格尔哈特姐妹的每一次婚礼，女皇都会出席。瓦尔瓦拉和波将金在他们的余生仍然维持着亲密的关系，她继续给他写温情脉脉、打情骂俏的信："父亲，我吻你的手，请你不要忘了我。不知怎么的，我觉得你好像已经忘了我……"然后，和每一个熟悉波将金的人一样，她写道："来吧，我的朋友，尽快来吧。没有你，我很无聊。"她的落款仍然是"格里申金的小猫咪"。[9]

瓦尔瓦拉和谢尔盖·戈利岑婚姻幸福美满，养育了十个儿女。他们的长子出生于他们结婚的当年，被取名为格里戈里，女皇和波将金则担任这孩子的教母和教父。有人说这个男孩其实是波将金的骨肉。这当然是有可能的。格里戈里·戈利岑无论是在童年还是长大成人之后，都酷似自己的舅公。这是血亲关系的又一个谜团。

瓦尔瓦拉结婚后，哈里斯发现"亚历山德拉·恩格尔哈特似乎对波将金有了更大的影响力"。公爵似乎将注意力投向了与他最相像的这个外甥女。他们的情书没有保存至今，也没人知道闺房紧闭的门后发生了什么，但当时的人都坚信他俩是情人（不过这并不能证明他们确实是）。亚历山德拉的昵称是"萨申卡"，"是一位非常讨人喜欢的年轻女士，身材匀称，头脑精明，擅长搞宫廷阴谋"。这是哈里斯的描述，带有仰慕甚至嫉妒的语气，因为他自己也热衷于宫廷阴谋，不过不算成功。哈里斯坚信，是亚历山德拉引导叶卡捷琳娜大帝发现了布鲁斯伯爵夫人和科尔萨科夫在一起。

萨申卡与女皇和公爵形影不离。"如果她的舅舅对她的态度不变，"哈里斯写道，"她就可能成为［叶卡捷琳娜大帝］的闺蜜。"亚历山德拉与女皇的关系变得极其亲密，以至于出现了一种愚蠢的传说（并且有些波兰家族对其信以为真），认为亚历山德拉是叶卡捷琳娜大帝的亲生女儿。根据这个传说，保罗大公和亚历山德拉都是 1754 年出生的，叶卡捷琳娜大帝生下的是女儿而不是期待已久的男性继承人，于是将女婴藏起来，然后用一个卡尔梅克农妇的儿子调换和冒充，也就是后来的保罗皇帝。[10] 女皇对萨申卡万般宠爱的更简单解释是，她是波将金的外甥女，也是个魅力十足的女人。萨申卡作为皇室非正式成员的地位在四十年后仍然得到认可。

现在她成为波将金家庭的女主人。如果某人受邀参加她主持的宴会，就说明此人得到了波将金的青睐。哈里斯委婉地告诉伦敦方面，亚历山德拉"懂得礼物的价值"。她接受了英国使节的馈赠和贿赂。哈里斯后来向自己的继任者阿莱恩·菲茨赫伯特介绍亚历山德拉，安排她继续向英国人提供情报。她是个精明能干的生意人，靠做粮食和木材生意赚了几百万卢布，但她对自己的农奴也宅心仁厚。[11]1779 年末，波将金与萨申卡的"深情厚谊"结束了，但此后两人一直是挚友。

现在公爵和第五个外甥女叶卡捷琳娜开始了一段长期关系，不过也没有保存至今的情书能够证明他们的关系。"他们甚至说，波将金会和这个小外甥女结婚，因为他对她爱得如痴如醉。"[12] 叶卡捷琳娜的昵称是卡金卡或卡提什，女皇和波将金还叫她"猫咪"。她是家里的第一美人。"她拥有天赐的娇艳容颜，"维热·勒布伦写道，"再加上天使般的柔和，她的魅力令人无法抵挡。"波将金说她是他的"人间天使"。拿骚-西根公子后来告诉妻子，波将金的这个说法"再恰当不过了"。[13]

她没有受过教育，也没有求知欲，但浑身洋溢着诱惑力。

她始终慵懒而漫不经心，充满性吸引力。维热·勒布伦回忆道："最让她开心的事情，就是伸展四肢躺在沙发上，不穿紧身胸衣，裹着宽大的黑色毛皮大衣。"有客人问她，为什么从来不戴"著名的波将金"赠给她的"那些硕大的、人能想象到的最奢华的钻石……"她懒洋洋地答道："戴了有什么好处？戴给谁看？为什么戴？"她是波将金的三个外甥女兼情人当中"最善良的一个"，"相信波将金对她的爱，并尽量避免伤害他"。对波将金来说，她未免过于消极和耽于梦幻。波将金只会迷上那些充满激情或精明狡黠的女人，所以在三个外甥女情人当中波将金爱她最少，尽管如此，她的地位延续的时间却最久。公爵说，当她的情人，能品尝到最本质的肉体快感。他无疑精通此道，不过这样的赞美有些缺乏绅士风度。[14]

根据外国外交官的说法，在 1780 年末，波将金的"家庭后宫"在宫廷引发了一场"激烈争吵"。任性而固执的瓦尔瓦拉·戈利岑娜现在已经是体面而地位稳固的已婚贵妇，她公开表达了自己对女皇私生活的观点。这种愚笨的行为让叶卡捷琳娜大帝颇为恼火。瓦尔瓦拉错上加错，大吵大闹地宣称，她说的是真相，没有人可以因此鞭笞她。波将金也怒火中烧，让她回到戈利岑的庄园。在这个令人尴尬的时刻，"人间天使"叶卡捷琳娜据说还怀上了舅舅的孩子。罗杰逊医生建议她去某个温泉胜地疗养。波将金说服瓦尔瓦拉，让她把妹妹带走。科尔伯龙很佩服波将金处理此事的手段：波将金给大家制造的印象是，瓦尔瓦拉仅仅是陪妹妹去疗养，而不是被从宫廷流放；叶卡捷琳娜离开宫廷仅仅是与戈利岑夫妇一起旅行，而不是为了隐藏自己的大肚子。叶卡捷琳娜离开的时候，据说已经怀孕六个月。

现在叶卡捷琳娜提出了一个让波将金恼火的建议，导致了
又一次争吵。叶卡捷琳娜在 1777 年夏季被任命为宫廷侍女的
时候，当即得到了女皇与奥尔洛夫公爵的儿子博布林斯基的关
注。女皇觉得这很有趣，在给波将金的信里还拿这事开玩
笑。[15]博布林斯基爱上了这个姑娘。据科尔伯龙说，女皇甚至
承诺允许他娶她。博布林斯基是个无足轻重的花花公子，他的
出身让他貌似高贵，实则不值一提。在那个时代有很多帝王的
私生子拥有自己的精彩人生，比如路易十五的陆军元帅萨克森
的莫里斯，他是波兰国王"强壮的"奥古斯特二世（同时是
萨克森选帝侯）的私生子。但博布林斯基碌碌无为，是个臭
名昭著的浪荡子。现在他拒绝娶这个怀上自己舅舅的孩子的姑
娘了吗？还是波将金提出了反对，因为他认为博布林斯基是个
傻瓜，并且更糟糕的是，他是奥尔洛夫的儿子？这种道德、性
和家庭关系的迷宫让我们能够稍稍了解当时俄国宫廷的
风化。[16]

阿列克谢·奥尔洛夫-切什梅斯基此时已经退隐到莫斯
科，他憎恨波将金，察觉到上述风波之后于 1778 年 9 月回到
都城，希望能够借此机会推翻波将金。"独眼巨人"和"疤
脸"这两个身材伟岸的对手都在女皇的桌前侍奉，公爵表现
出"轻松愉快的心情和不以为意"。哈里斯观察道："我这支
秃笔无力描绘……这样的场景：在场每一个人都以极其娴熟
的虚伪掩饰自己的真情实感。"奥尔洛夫-切什梅斯基决心做
最后一次努力推翻波将金。他告诉女皇，波将金"毁掉了您
的军队"，"他的唯一突出才能就是狡猾"，他的唯一目的是
"攫取最高权力"。叶卡捷琳娜大帝听了很不高兴，但试图促

成波将金和奥尔洛夫-切什梅斯基的和解。她恳求奥尔洛夫-切什梅斯基:"和波将金做朋友吧。""劝那个不寻常的男人做事更瞻前顾后一些……请更多关注他承担的那些艰巨职责……"

"陛下,您知道,""疤脸"说,"我是您的奴仆……如果波将金扰乱了您的心情宁静,那么请给我下命令。他就会立即消失……"奥尔洛夫-切什梅斯基提议杀死波将金,这可能只是外交界的流言蜚语,但所有人都知道奥尔洛夫-切什梅斯基能干得出来这样的事情。叶卡捷琳娜大帝则不以为然。这场风波标志着奥尔洛夫家族权力的最后一息。[17]

尽管发生了一些争吵,此时的波将金和女皇还是正在调整外交政策,所以他的政治地位稳如磐石。两人吵得厉害的时候,波将金就巧妙地躲开,自己生闷气,直到女皇冷静下来。据我们所知,外甥女叶卡捷琳娜回国之后,并没有婴儿的踪影。

年纪最小的外甥女塔季扬娜在 1781 年只有十二岁,但已经"生机勃勃"。她也被任命为宫廷侍女。舅舅在南方的时候,她用小姑娘的稚嫩笔迹给他写信,这给我们提供了一些线索去理解叶卡捷琳娜大帝和波将金的"家庭"是什么样子。塔季扬娜在 1785 年 6 月 3 日那封信的落款很典型:"我渴望你回来,已经等不及了。"和其他所有人一样,没有波将金在身边,塔季扬娜也感到无聊:"亲爱的舅舅,我不知道何时能再次幸福地见到你。我问了一些人,他们说他们也不知道,你会整个冬天都待在南方。啊!如果真是这样,我还要等那么久!我不相信这些傻瓜。"他慷慨地赠给她贵重的礼物。"我亲爱的舅舅，一千次、一百万次向你道谢，感谢你给我的丰厚礼物，我永远不会忘记你对我的好，我恳求你永远对我好。我会努力对得起你的好。"不过，她从来都不是他的情人。[18]

波将金家族的所有人都被视为叶卡捷琳娜大帝的大家庭（包括她的情人兰斯科伊在内）的成员。女皇不仅对恩格尔哈特姐妹关怀备至，对波将金的其他亲人也提携有加。他的堂兄弟帕维尔·波将金在率军镇压普加乔夫之后，被任命为高加索副王。帕维尔的兄弟米哈伊尔成为陆军委员会的总监和叶卡捷琳娜大帝内层亲信圈子的一员。公爵那位忠心耿耿的外甥亚历山大·萨莫伊洛夫（公爵的姐姐玛丽亚的儿子）成为国务会议秘书和将军，他被认为"虽勇敢却无用"。别的外甥——比如瓦西里·恩格尔哈特[①]和尼古拉·维索茨基（公爵的妹妹佩拉格娅的儿子）——成为叶卡捷琳娜大帝的副官，都被女皇视为亲戚。

女皇的男宠萨沙·兰斯科伊对波将金的外甥女们非常好，我们从塔季扬娜的信里知道了这一点。（这是历史学界首次引用塔季扬娜的信。）"兰斯科伊先生对我们嘘寒问暖。"她纯真地写道。在一封信里，塔季扬娜告诉舅舅，保罗大公和大公夫人"在花园里遇见我，他们觉得我已经长大了，对我说了很多客气话"。[19]几年后，叶卡捷琳娜已经结婚并怀孕，她生产的喜讯还是兰斯科伊传达给波将金的。他写道："父亲，君主仁慈地命令我向您鞠躬，并给孩子洗礼……我在此附上叶卡捷琳娜·瓦西里耶芙娜的一封信……"几天后，他告诉波将金，女皇发烧了，但刚分娩的叶卡捷琳娜·瓦西里耶芙娜的身体越

---

① 波将金的姐夫和外甥同名，两人是父子关系。——译者注

来越好。

我们能感觉到，在残酷的政治斗争之外，女皇在一定程度上成功地用她的亲戚（或者用她自己的话说，"我们的"波将金的亲戚）和她心爱的兰斯科伊创造了一个新家庭。她选择自己的家庭成员，就像其他人选择朋友一样。叶卡捷琳娜大帝的男宠们和波将金的外甥女们构成了一种平衡。当政事不是特别紧张从而可以享受片刻宁静的时候，她就会把波将金的外甥女当成自己的女儿一样，而波将金则把女皇的男宠视为自己的儿子。外甥女和男宠仿佛是这个非常规的、无子女的家庭的孩子。[20]

波将金与他的外甥女们的关系不符合常规，也很怪异，但在那个时代不算特别惊世骇俗。叶卡捷琳娜大帝肯定没有对此感到震惊。她在自己的《回忆录》中写道，在她的童年时代，来到俄国之前，她曾与自己的舅舅荷尔斯泰因的格奥尔格·路德维希公子调情（也许不只是调情），他想娶她。[①] 在王室当中，这样的行为（以及更糟糕的行为）相当常见。哈布斯堡家族经常有叔伯或舅舅与自己的侄女或外甥女结婚的现象。在18 世纪早些时候，据说法国摄政王奥尔良公爵菲利普与自己的女儿贝里公爵夫人发生了关系。[②]

波兰国王"强壮的"奥古斯特二世（同时是萨克森选帝

[①] 这个格奥尔格·路德维希也是她的丈夫彼得三世的叔父。彼得三世在自己的短暂统治期间把格奥尔格·路德维希带到了圣彼得堡。具有讽刺意味的是，在此期间格奥尔格·路德维希的副官就是年轻的波将金。——作者注

[②] 她死后，奥尔良公爵的政敌唱道："你是以丈夫的身份为她哭泣吗？她是你的女儿还是你的情妇？"——作者注

侯，也是彼得大帝的盟友）创造了无人能望其项背的乱伦和
荒淫的先例，就连波将金也没法与他相提并论。奥古斯特二世
热爱艺术，手头拮据，政治上颇为狡猾，喜好享受。卡莱尔①
说他是"生性快活的罪人，乐呵呵、消化能力极强的彼列②之
子"。据传说，奥古斯特二世不仅和一大群情妇一共生了 354
个私生子，还与自己的女儿奥泽尔斯卡伯爵夫人发生了关系。
这种乱伦关系还包括，奥泽尔斯卡伯爵夫人又爱上了自己同父
异母的兄弟、奥古斯特二世的另一个私生子鲁道夫斯基伯爵。
平民百姓的生活当然不是这样，不过在 17 世纪，法国枢机主
教马扎然把自己的多个外甥女栽培成法国最富有的女继承人，
并且据说他与她们也有不伦关系。与此同时，伏尔泰漫长一生
中的最后一位情妇是他那个淫荡而贪得无厌的外甥女德尼夫
人。不过他对此事保密，后世是从他们的通信中得知的。在波
将金之后的那一代人当中，拜伦勋爵公开与自己的同父异母姐
姐发生不伦关系，而塔列朗亲王和自己的侄媳迪诺公爵夫人
同居。

在俄国，叔伯或舅舅与自己的侄女或外甥女乱伦的现象更
为常见。东正教会对此视而不见。据说，尼基塔·帕宁与自己
的姻亲达什科娃公爵夫人有过婚外情，但后者否认这点。基里
尔·拉祖莫夫斯基在巴图林③与自己妹妹的女儿 S. 阿普拉克
辛娜伯爵夫人同居，形同夫妻。但这位地位显赫、受人敬仰的

---

① 托马斯·卡莱尔（1795—1881），苏格兰哲学家、讽刺作家、散文家和历史学家。著有《论历史上的英雄、英雄崇拜和英雄业绩》《法国大革命》等。他在数学上也有贡献。
② 彼列是犹太教和基督教某些文本中的恶魔。
③ 巴图林在今天乌克兰的北部。

权贵的乱伦关系几乎无人说起，因为它是在乡村静悄悄地发生的，没有引起"大惊小怪"。波将金的罪孽在于他公开地、高调地与自己的外甥女恋爱。这让同时代人震惊，就像叶卡捷琳娜大帝公开与男宠交往让她声名狼藉一样。波将金的外甥女和女皇的男宠，是同一个硬币的两面。波将金自视为近乎帝王，所以他随心所欲，所有人都看得出来他很享受这种状态。[21]

邪恶的舅舅波将金因自己的行为遭到了历史学家的恶评，但他的外甥女们是心甘情愿地参与乱伦的。瓦尔瓦拉爱上了他，并且终身对他十分仰慕。亚历山德拉和瓦尔瓦拉并没有因为乱伦关系而受到伤害，后来都有美满的婚姻，同时继续与舅舅维持友谊。叶卡捷琳娜在波将金的余生断断续续地做他的情人，据说她对波将金的拥抱只是"容忍"。不过，她是个稀里糊涂的姑娘，对自己的丈夫、钻石和其他所有东西都只是"容忍"而已。她天性如此。她们一定对家族的保护者波将金顶礼膜拜。她们在书信里总是表示渴望见到他。和叶卡捷琳娜大帝一样，若是没有波将金在身边她们就会觉得无聊。波将金并没有强迫外甥女们。在那个时代和那样的地方，这种关系一定显得自然而然。

在退出叶卡捷琳娜大帝的闺房之后，除了外甥女们之外，波将金还有别的情人。留存至今的波将金文件里有成百上千封未署名的情书，是许多不知名的女人写给他的，她们显然对这个独眼巨人爱得如痴如醉。登徒子有两种：一种蔑视被自己征服的女性，另一种则是真正热爱女性的男人，对他们来讲，引诱是爱情与友谊的基础。波将金是后一种。他非常喜爱与女人相伴。后来他的宫廷挤满了外来者，以致他的诸多情妇的身份一目了然。但对于18世纪70年代他的爱情关系，我们掌握的只有娟秀的女性笔迹写下的热情洋溢的情书："亲爱的，你睡得怎样？一定比我好。我一秒钟都睡不着。"他给予情妇的时间，让她们永远不会嫌够。其中一封情书里写道："我对你不满意，你一副心不在焉的样子。你脑子里一定在想别的事情……"他的情妇不得不在自己丈夫的宫殿里苦等，通过朋友和仆人来了解波将金正在做什么。"我知道你晚上在女皇那里，生病了。告诉我，你现在怎么样了。我很担心，我没有你的音讯。再会了，我的天使，我不能说更多了，因为障碍太多……"这封信骤然结束，肯定是因为这个女人的丈夫回家了，于是她把未完成的信匆匆交给心腹女仆。

这些女人对他的健康、旅行、赌博、饮食都关怀备至，总是嘘寒问暖。他特别擅长吸引女性的关注，也许是他自幼在好几个爱他的姐妹当中长大的缘故。有一位情妇写道："我亲爱的公爵，你能为了我做一个小小的牺牲，不要花那么多时间赌博吗？那只会损害你的健康。"情妇们心急火燎地渴望与他一起多待一些时间："明天大公那里有舞会。我希望能在那里见到你。"大约同一时期，另一个女人写道：

> 我多么渴望亲吻你，我亲爱的朋友，而我只能远远看着你，这是多么遗憾……上帝啊，多么难受，我忍受不了了！至少告诉我，你爱不爱我，我的亲爱的。只有这样才能让我安心……我想一直亲吻你，但你会很快就厌倦了我；我在镜子前写信给你，仿佛在和你聊天。我想到什么就告诉你什么……

两百多年前，这些不知名的女人坐在梳妆镜、胭脂水粉的瓶瓶罐罐、丝绸和香粉前，提笔写下这些柔情蜜意的情书，从中我们可以看到一个活生生的波将金："在你走之前，我要吻你一百万次……你工作太辛苦了……我要吻你三千万次，我会对你越来越温柔……给我一个吻吧。再见，我的生命。"[22]

但这些情书掩盖了波将金的独特地位造成的窘境。除了女皇，没有一个女人能永远占有他。他选择与外甥女发生恋情是有意为之，因为他永远不能娶她们，永远不能和她们一起过正常的家庭生活。如果他没有生育能力的话，与外甥女的关系就更合适他了。他爱过很多女人，但他与女皇和帝国紧紧地捆绑在一起。

注　释

1 RGADA 11. 1. 9496. 595, V. A. Engelhardt to GAP 5 July 1775. RGADA5. 85. 1. 161, L 76, CII to GAP.

2 RA (1877) 1 p 479, Ribeaupierre.

3 AKV 11: 361, S. R. Vorontsov to Count Kochubey ud, 1802.

4 Wiegel, *Zapiski* p 43.

5 Wiegel, *Zapiski* p 43/4.

6 Ségur, *Mémoires* 1826 vol 2 p 225.

7 RGADA 1. 1/1. 43. 118, L 116, CII to GAP ud.

8 RS (1875) March 5190520, CII to GAP ud.

9 波将金与瓦尔瓦拉·恩格尔哈特的通信，1777 年和 1779 年，见 Semevsky, *Prince G. A. Potemkin-Tavrichesky* pp 512 - 22。Harris p 180, H to Earl of Suffolk 14/25 September 1778. See also N. Y. Bolotina, *Ties of Relationship between Prince G. A. Potemkin and the Family of the Princes Golitsyn*, at Conference of Golitsyn Studies, edited in *Bolshiye vyazemy*. Also Varvara Golitsyna in *Russkiy Biographicheskiy Slovar* (1916) vol 5 and her entries in RP. On Daria Potemkina: RP5. 221.

10 Kukiel pp 17 - 18.

11 Harris p 224, H to Viscount Weymouth 9/20 September 1779. PRO FO Secretary

of State: State Papers, Foreign, cyphers SP103/63, Alleyne Fitzherbert Lord St Helens to Charles James Fox 26 April 1783.

12 B&F vol 1 p 139. Cobenzl to JII 19 March 1781.

13 Marquis d'Aragon, *Un Paladin au XVIII siècle. Le Prince Charles de Nassau-Siegen* p 133, Nassau-Siegen (N-S) to wife February 1787. Vigée Lebrun vol 1 pp 192-4.

14 尤里·多尔戈鲁基公爵的回忆录，转引自 RP 1: 1 p 30。

15 RGADA 1. 1/1. 54. 26, L 116.

16 Corberon vol 2 p 371, 24 September 1780; p 377, 27 September 1780; p 384, 2 October 1780. B&F vol 1 p 13, Cobenzl to JII 13 December 1780.

17 Harris pp 181, 185, H to Suffolk 21 September/2 October and 5/16 October 1778.

18 RGADA 11. 858. 6, 3 June 1785; RGADA 11. 858. 5, 8 April 1784; RGADA 11. 858. 4, 29 March 1784; RGADA 11. 858. 3, 14 March 1784; all Tatiana Engel-hardt to GAP, all unpublished. Corberon vol 2 p 363, 17 September 1780. RP 1: 1p 10 and 4: 2 p 206.

19 RGADA 11. 858. 4, Tatiana Engelhardt to GAP 29 March 1784, unpublished.

20 RGADA 11. 914, A. D. Lanskoy to GAP.

21 很多关于乱伦的故事其实只不过是敌人编造的谎言。不过哈布斯堡家族的成员确实多次与自己的侄女或外甥女结婚，并且得到了教宗的批准。例如，西班牙国王腓力二世的第四任妻子就是他的外甥女。另见 Derek Beales, *Joseph II* p 20。法国摄政王奥尔良公爵的故事无法证实，见 Christine Pevitt, *The Man Who Would Be King: The Life of Philippe d' Orléans, Regent of France* p 249。"强壮的"奥古斯特二世的故事得到普遍采信，虽然无法证实，但在他的宫廷的淫乱气氛里是完全可能发生的，见 Nancy Mitford, *Frederick the Great* p 35 和 David Fraser, *Frederick the Great*, p 22, p 42。伏尔泰的书信，包括给德尼夫人的信，有 Théodore Besterman 编辑的版本。

22 RS (1875) 12 pp 681, 682, 683, 684, letters of unknown woman to GAP. (Also: RGADA-11).

13 公爵夫人、外交官和江湖骗子

或者，我带上狗、侍从小丑或朋友，
坐着金色的英式马车驰驱，
四马并驾，绝顶壮丽，
或者，我带上个什么美人，
　　　　——加夫里拉·杰尔查文，《费丽察颂》①

阁下怕是想不到俄国腐败到了什么程度。
　　　　——詹姆斯·哈里斯爵士给斯托蒙特子爵的信，
1780 年 12 月 13 日

1777 年夏季，金斯顿公爵夫人伊丽莎白（同时也是布里斯托尔伯爵夫人）的豪华游艇停泊在圣彼得堡。这位公爵夫人是个徐娘半老的狐狸精，在伦敦人眼里她是个厚颜无耻的通奸者和重婚者。但圣彼得堡距离伦敦十分遥远，俄国人有时要花很长时间才能识破江湖骗子。当时，英国时尚风靡欧洲，而到访俄国的英国公爵夫人少之又少。有很多英国商人在俄国做生意，他们在圣彼得堡的聚居区变得很有名，被称为"英国大街"。在俄国宫廷，波将金是亲英派的领袖。

---

① 本书中的杰尔查文《费丽察颂》译文，部分参考了魏荒弩的译文，有改动。见《俄国诗选：诗苑译林》，湖南人民出版社，1988。

波将金只出过一次国，但在俄国人当中可以算是非常有世界眼光的了。他在认真学习西方的语言、风俗习惯和政治，从而提升自己的政治才干。他自己的宫廷（叶卡捷琳娜大帝称之为"农家小院"或"农庄"）[1] 里挤满了被吸引到俄国的形迹可疑的外国人。18 世纪 70 年代末，俄国成为年轻英国绅士"壮游"① 的一个时髦目的地，波将金则是到访俄国的英国人必看的一景。金斯顿公爵夫人是这方面的先锋人物。

金斯顿公爵夫人受到海军委员会主席伊凡·切尔内绍夫的欢迎，他是扎哈尔·切尔内绍夫的兄弟。扎哈尔担任俄国驻伦敦大使的时候体验过她的魅力。伊凡·切尔内绍夫把金斯顿公爵夫人介绍给叶卡捷琳娜大帝、保罗大公，当然还有波将金。就连叶卡捷琳娜大帝和波将金对这个著名贵妇传奇般的巨富也略有敬意。金斯顿公爵夫人的游艇就是一座浮动的醉生梦死的游乐宫，满载着英国最精美的古董、新鲜的机械玩意儿和价值连城的珍宝。

金斯顿公爵夫人是 18 世纪女冒险家的经典例子。她通过引诱、婚姻、欺骗、裸露癖和偷窃，在由男性主宰的贵族圈子里出尽风头、占尽便宜。她原名伊丽莎白·查德利，1720 年出生于绅士之家，二十四岁时秘密嫁给奥古斯塔斯·赫维。他给她的手指戴上的是床帷的一个圈，而不是钻石戒指。他是布里斯托尔伯爵的继承人，他的家族凭借两样本领闻名遐迩，一

---

① "壮游"（Grand Tour）是欧洲贵族子弟的一种传统旅行，后来也扩展到富有的平民阶层。壮游尤其盛行于 18 世纪的英国，留下了丰富的文字记述。壮游的主要价值，一方面是接触古代和文艺复兴时期的文化遗产，另一方面是接触欧洲各国的贵族和上流社会。一次壮游可能会持续几个月到几年，通常有博学的向导或教师陪伴。

是积累巨额财富，二是纵情享乐。而查德利是那个时代最令人倾倒也最风流成性的女人之一，她在廉价的低俗小报上成为名人：她寻求曝光，低俗小报也乐于追踪她的荒唐胡闹，记录每一个活色生香的细节。她的人生巅峰是 1749 年在威尼斯大使的舞会上，她头发蓬乱、身穿几乎透明的薄纱裙子，扮演被献祭的伊菲革涅亚①。第一代金斯顿公爵的女儿玛丽·沃特利·蒙泰古评论道："她简直就是完全赤裸，大祭司可以轻易地观察祭品的内脏。"查德利的这次半裸登场如此性感，如此大胆，以至于在随后几十年里成为畅销印刷品的主题。她的这种表演极为放荡撩人，据说成功勾引了年迈的乔治二世。这可以

---

① 伊菲革涅亚是希腊神话中迈锡尼国王阿伽门农和克吕泰涅斯特拉的长女。全希腊的国王与英雄决定进攻特洛伊后，把军队和给养聚集在海港奥利斯。舰队即将出发前夕，阿伽门农猎到一头公鹿，便吹嘘自己的枪法堪比狩猎女神阿耳忒弥斯。此举引起阿耳忒弥斯不满，于是她在海港掀起大风大浪，让海船无法航行，军队空耗给养。

随军祭司卡尔卡斯预言，只有献祭阿伽门农的长女伊菲革涅亚，才能平息女神的愤怒。于是阿伽门农在家信中谎称要将伊菲革涅亚许配给英雄阿喀琉斯，让伊菲革涅亚立刻前往奥利斯。伊菲革涅亚在母亲克吕泰涅斯特拉与幼弟俄瑞斯忒斯的陪同下来到阿伽门农的营帐，并在该处得知要将她牺牲的事实。在最初的震惊过去后，伊菲革涅亚表现出可敬的镇定，表示愿意为了民族的利益牺牲自己。

祭坛上，卡尔卡斯挥刀斩向伊菲革涅亚的颈项，她却在那一瞬间消失无踪，由一头公鹿取代了她的位置。此后的大约二十年，伊菲革涅亚处于失踪状态。克吕泰涅斯特拉怨恨轻易舍弃女儿性命的丈夫阿伽门农，这为十年后的刺杀埋下伏笔。尚年幼的俄瑞斯忒斯也目睹了姐姐失踪的场面。在祭坛上消失的伊菲革涅亚被阿耳忒弥斯传送到蛮荒之地陶里斯担任当地的神庙祭司。特洛伊战争结束后，归国的阿伽门农被其妻克吕泰涅斯特拉及其面首刺杀。再过十年，长大成人的俄瑞斯忒斯为父报仇。此后，俄瑞斯忒斯因弑母的罪名被复仇女神追杀，最终在雅典法庭上被判无罪。此时他得到阿波罗的神谕，叫他去陶里斯夺回一件神器。

俄瑞斯忒斯在朋友皮拉得斯的陪同下来到陶里斯，旋即被俘。即将成为祭品时，他才发现操刀的祭司正是伊菲革涅亚。姐弟相认之后，伊菲革涅亚帮助俄瑞斯忒斯等人击败追击的当地蛮族，共同返回希腊。

算是了不起的成就。

她给上了年纪的辉格党权贵金斯顿公爵当了多年情妇之后与他结婚，尽管她先前已经嫁给了赫维。金斯顿公爵死后，因争夺遗产而发生了丑态百出的争斗。金斯顿公爵的亲人皮尔庞特家族发现了她与赫维的婚姻，于是在上议院起诉了她。在5000名观众面前，她被宣判犯有重婚罪。她原本会被处以烙刑，但赫维恰好及时继承了伯爵爵位，于是给了她豁免权。她虽失去了公爵夫人的地位，但得到了大笔金钱，并且之后继续自称公爵夫人。在愤怒的皮尔庞特家族的追踪之下，她逃到加来。霍勒斯·沃波尔说她是"公爵的伯爵夫人"。她在加来为自己装配了一艘新游艇，游艇上配有餐厅、客厅、厨房、画廊和一台管风琴。她还从金斯顿公爵的豪宅索斯比宅随心所欲地带走了很多财宝。她的船员胡作非为，包括发动了两次哗变，所以她必须寻找人员来取代原先的英国水手。最后她带着一群各种肤色的随从起航了。她身边有一队法国水手、一名英国牧师兼雇佣文人（他似乎是多家报纸的非正式通信记者）和一群流氓恶棍。

来到俄国之后，这群马戏团一般的荒唐人物在圣彼得堡制造了一场在英国伦敦周围各郡更常见，但在俄国比较稀罕的风波。金斯顿公爵夫人"在她的游艇上举办了一场流光溢彩的娱乐活动"，她身边那位谄媚的牧师忠实地在《绅士杂志》刊文介绍了此事。"宴会开始后，由横笛、军鼓、单簧管和法国号组成的乐队演奏了一些英国进行曲……宴会结束后，在前厅用管风琴演奏了若干协奏曲。"圣彼得堡的英国侨民对这个犯有重婚罪的女暴发户的放肆大为震惊。据牧师威廉·图克说，圣彼得堡的英国侨民对金斯顿公爵夫人"普遍不屑一顾"。但她"浮夸的表演"在圣彼得堡本地人那里引起了轰动。

女皇将公爵夫人及其扈从安顿在涅瓦河畔的一处宅邸。公爵夫人那一群人和波将金相处了很长时间。其实他们很适合波将金放荡不羁的圈子。波将金与耳聋并且过度涂脂抹粉、穿着打扮仍然像少女的公爵夫人打情骂俏,但他更感兴趣的是她的古董。他手下的军官米哈伊尔·加尔诺夫斯基上校负责"照料"她。加尔诺夫斯基既是军人,也是生意人。他是波将金的间谍、谋士和商业代理,现在履历表上又添了"小白脸"这一项。遵照波将金的指示,加尔诺夫斯基成了公爵夫人的情夫。公爵夫人"每天化妆就要五六个小时",简直是典型的"装嫩"。她把一些宝物赠给波将金,并送给伊凡·切尔内绍夫一幅拉斐尔的画作。她还想把波将金的外甥女、年仅八岁的塔季扬娜带回英国,按照自己的路数教育她。波将金是绝对不会同意的。

金斯顿公爵夫人比叶卡捷琳娜大帝年长九岁。她打算把圣彼得堡迷得眼花缭乱,然后在胜利的号角声中快速撤退。但这个计划失败了,因为1777年9月的风暴导致她的游艇搁浅。这让科尔伯龙不禁窃喜。她的法国船员掀起哗变并逃之夭夭,女皇不得不帮她寻找新的船员并修理游艇。金斯顿公爵夫人从陆路离开俄国的时候,把叶卡捷琳娜大帝称为自己的"挚友",并对波将金赞不绝口,说他是"了不起的大臣,极有才智……拥有正派和殷勤的男人的一切优秀品质"。波将金和叶卡捷琳娜大帝客气地邀请金斯顿公爵夫人有机会再次访问俄国,尽管他们对她已经厌倦了。加尔诺夫斯基陪她到了边境。

　　两年后她又一次来到俄国。她总是欣然接受别人的邀请，尽管对方只是虚情假意地说客套话。她给波将金定做了一本豪华精装书，上面用白银和钻石展示了他的全部头衔，但这本书始终没有送达。据她在索斯比宅邸的园艺师（现在为女皇服务）说，她装潢了圣彼得堡一座"金碧辉煌"的豪宅，用的是"鲜红色锦缎挂毯"和"五套玻璃的枝形吊灯！优质的管风琴、餐具和油画！"据年轻的英国人塞缪尔·边沁的说法，她在立窝尼亚买了一些庄园，包括用 10 万多英镑从波将金手里买下的一座，并气度恢宏地将自己的土地称为"查德利庄园"。

　　到 1780 年，叶卡捷琳娜大帝和波将金都已经厌烦了"那个金斯顿女人"。塞缪尔·边沁在拉祖莫夫斯基府上看见这个邋里邋遢的老荡妇在听音乐会的时候呼呼大睡："她成了在场观众的笑柄。"不过，她仍然拥有今天我们称之为"公关"的本领，经常向伦敦报界泄露关于她与俄国皇室关系有多么亲近的虚假故事。"女皇在公开场合对公爵夫人很礼貌，"边沁写道，"但公爵夫人没有机会单独觐见女皇……她在英国报纸上的说法是假的。"公爵夫人开门迎客，但"只有想混顿饭吃的俄国军官来拜访……"她试图与拉齐维尔公爵之一结婚，但失败了。她去视察自己的"查德利庄园"，然后前去加来。她最后一次到俄国是 1784 年，1785 年终于离开的时候，她已经垂垂老矣。她于 1788 年在巴黎去世，在遗嘱里给加尔诺夫斯基留了 5 万卢布。但他后来霸占了"查德利庄园"的绝大部分土地和她的三处房产，于是发家致富。[2]

　　波将金的审美趣味受到了金斯顿公爵夫人的影响。她的大部分珍宝后来都到了波将金手里。① 波将金的孔雀钟（制作人是詹姆斯·考克斯）就是她带到圣彼得堡的。这是历史上最精美的珍宝之一：一只用黄金做的真实尺寸的孔雀，尾羽光辉璀璨，站立在一棵黄金树上；还有一只黄金猫头鹰，在一个十二英尺高的黄金笼子里，周围有铃铛；钟面是蘑菇形状的，秒针是蜻蜓。时钟敲响的时候，这台美妙的设备就会出人意料地动起来：猫头鹰会点头；孔雀鸣叫，带着帝王的尊严昂头，然后孔雀开屏，艳光四射。② 她还买了一台同样美得令人屏住呼吸的管风琴钟，也许就是在她的游艇上演奏的那台。它的宽阔钟面看上去像普通时钟，但能够展开，成为一台管风琴；它的音调很高，很像教堂里的那种管风琴。③ 公爵夫人去世后，波将金买下了上面这些宝物，并命令自己的机械工将其安装在他的宫殿里。[3]

金斯顿公爵夫人还在波将金身边留下了一个庸俗的家伙。1779 年她返回俄国的时候（当时还得到女皇和波将金的青睐），带来了一个年轻的英国人——名叫詹姆斯·乔治·森普尔的"少校"。他自称是陆军军官和军事与商业方面的专家。

---

① 波将金在 1791 年的一次舞会上展示了金斯顿公爵夫人的很多珍宝（见本书第 32 章）。波将金藏品的很大一部分今天保存在埃尔米塔日博物馆，里面就有很多原属于金斯顿公爵夫人的宝物。加尔诺夫斯基的贪婪得到了报应，他后来挥霍了家产，变得一文不名，保罗皇帝将他投入债务人监狱。他以穷光蛋的身份于 1810 年去世。——作者注

② 孔雀钟是现在埃尔米塔日博物馆的核心藏品之一。到今天，它仍然能在每个整点正常运转。——作者注

③ 这台管风琴钟如今保存在缅什科夫宫（埃尔米塔日博物馆的一部分），会在每个星期日的正午演奏。从它的音乐里，我们能听到两个世纪之前波将金的沙龙里的声音。——作者注

森普尔确实曾在英国军队服役，参加了镇压北美殖民地的战争，他也确实是商贸专家，不过不是常规的商贸。（大英博物馆有一幅他的肖像，表情傲慢，戴着高帽子，穿着有褶饰边的白衬衫和军服，这是江湖骗子的必备装束。）森普尔抵达俄国的时候已经是相当有名的流氓，人称"北方冒牌货和骗子之王"。几年后有人出版了一本书讲述他的事迹：《北方豪杰：出人意料的冒险、爱情阴谋、奇特诡计、无可比拟的虚伪、惊险的逃亡、邪恶的骗子、套路极深的欺诈和卑鄙的恶行》。森普尔娶了金斯顿公爵夫人的一个亲戚。公爵夫人在加来安排自己的第二次俄国之旅时，森普尔正在那里的债务人监狱里。她搭救他出狱，并邀请他一起去圣彼得堡。森普尔可能还勾引了"公爵的伯爵夫人"。[4]

波将金与森普尔一见如故。公爵一贯喜欢神气活现、威风凛凛的英雄好汉，而森普尔和所有流氓一样，擅长奉承哄骗。波将金在从政的早期才刚刚开始接触西方人，所以在结交外国人的时候粗心大意，但他一直更喜欢有趣的江湖骗子而不是沉闷无聊的贵族。这个"北方豪杰"和"骗子之王"加入了波将金身边的那一大群有趣的英法流氓，这些人中包括：一个名叫牛顿的爱尔兰雇佣兵，他后来在法国大革命期间被送上断头台；维瓦雷骑士，他是被开除圣职的法国神父，身边带着情妇；[5]还有一个叫作泰索尼耶尔骑士的神秘莫测的法国冒险家，他帮助科尔伯龙推进法国的利益。[6]可惜这个时代的头号冒险家、风雅而机智风趣的卡萨诺瓦到俄国太早，与波将金没有交集。他俩若是结识了，一定会惺惺相惜。

波将金宫廷中国际化色彩很浓的圈子是外交界的一个扭曲

版的微观宇宙。波将金一边认真处置军务和南方事务，一边对尼基塔·帕宁的职责范围——外交产生了兴趣。在波将金与叶卡捷琳娜大帝的恋情结束之后，鲁缅采娃伯爵夫人对自己的丈夫做了这样的敏锐评论："曾经驱动波将金的那种冲动，如今消失了。现在他过的是与以前迥然不同的生活。他晚上不打牌；日理万机地工作……士别三日当刮目相待……"[7]

波将金在外交方面是个新手，但他完全有资格参与当时的国际事务。18 世纪的外交界常被比作一场优美高雅的芭蕾舞，每一位舞者都对自己每一个舞步最微小的细节烂熟于心。这种比喻是一种错觉，因为即便外交家们熟悉每一个舞步，18 世纪末的舞曲也已经不像之前那样容易预测了。1756 年的"外交革命"已经彻底推翻了外交的"旧体制"。如今外交的指导原则是冷酷无情地追寻国家的利益。一切取决于国力，而衡量国力的要素是人口、领土和军队的规模。始终存在的武力威胁维持了欧洲的"均势"，而为了达成"均势"，各大强国都无情地扩张，侵吞小国。为了维持"均势"，如果某个大国获得某种收益，为了不使它过于强大（因为那样就会打破"均势"），其他大国必须得到相应的补偿。1772 年波兰被瓜分就是一个典型例子。

大使通常是教养良好的贵族，如果他们距离本国首都很远，就有了一定的独立性，可以用自己的方式执行君主的政策。但外交官的独立行动往往与他们政府的政策不协调。有时外交官与外国签署了条约，然后本国政府拒绝接受。这意味着政策的形成发展很缓慢，也极难发生出人意料的大转折，因为信使需要来回穿梭。加之当时的道路泥泞、坑坑洼洼，剪径强贼多如牛毛，信使还得在满地蟑螂和耗子的客栈过夜。外交官喜欢让别人觉得他们是有闲贵族而不是职业官僚，从事外交仅仅是出于个人爱好而已。例如英国驻巴黎大使和法国驻伦敦大使经常互换住宅和仆人，互行方便，这是很常见的事情。18世纪的外交部规模极小，例如18世纪80年代的英国外交部仅有二十名雇员。

外交被视为帝王的特权。有时君主秘密执行的外交政策与大臣执行的官方政策完全相悖。例如，路易十五笨手笨脚的反俄亲波兰的政策（被称为"国王的秘密"）让法国在华沙的最后一点影响力付之东流。那个时代的大使和军人是为帝王服务而不是为国家服务的。波将金的宫廷和军事随从队伍足以表明，这是个高度国际化的时代，外国人可以在任何一个国家的宫廷效力，尤其是在外交界和军队里。我们今天普遍认为任何人都只能为自己出生的国家效力，而18世纪的人会觉得现代人的想法很傻，是自我设限。

"我在任何地方都想当外国人，"国际化的大贵族利尼亲王告诉他的法国情妇，"只要我能拥有你，并且在某处有房产。"他解释说："如果一个人在某个国家待的时间太久，就会失去别人的尊重。"[8]18世纪的各国大使馆和军队里随处可见形形色色的外国人，他们往往表现出色：有立窝尼亚男爵、意大利侯爵、德意志伯爵，以及最常见的苏格兰和爱尔兰詹姆斯党人①。意大利人的专长是外交，而苏格兰人和爱尔兰人是优秀的军人。

---

① 詹姆斯党是17世纪到18世纪上半叶一场政治运动的主角，他们的目的是帮助1688年被废黜的英国国王詹姆斯二世及其后代（斯图亚特王族）复辟。詹姆斯党的基地主要在苏格兰、爱尔兰和英格兰北部，他们发动了多次反对英国汉诺威王朝的武装叛乱。

在 1715 年和 1745 年的叛乱①之后，很多苏格兰和爱尔兰人流散到欧洲各国。他们被称为"飞鹅"，其中很多人流亡到俄国，为沙皇效力。② 有三个"飞鹅"家族，莱西家族、布朗家族和基思家族，③ 似乎主宰了欧洲各国的军队。基思兄弟（流亡的苏格兰军务伯爵④乔治和他的兄弟詹姆斯）先是为俄军效力、对抗土耳其人，后来成为弗里德里希大王的挚友。在俄国与奥斯曼帝国的战争中，詹姆斯·基思将军有一次向奥斯曼使者致意，不料这个戴着土耳其头巾的使者用苏格兰口音的英语进行回答，让基思大吃一惊。原来此人是来自柯科迪的苏格兰人。⁹ 在七年战争的典型战役，如曹恩道夫战役中，俄军、普军和附近瑞典军队的指挥官分别叫弗莫尔、基思和汉密尔顿，这些都是英语名字。

---

① 1715 年詹姆斯党叛乱：詹姆斯·弗朗西斯·爱德华·斯图亚特（1688—1766，詹姆斯二世的长子，绰号老僭王）在苏格兰和英格兰多个地点发动武装叛乱，企图推翻汉诺威王朝、复辟斯图亚特王朝，但最终失败。1745 年詹姆斯党叛乱：老僭王的儿子查尔斯·爱德华·斯图亚特发动叛乱，败于卡洛登战役。

② 苏格兰和俄国有一种特殊关系。有不少苏格兰人后来俄国化了。伊丽莎白女皇的首相别斯图热夫是一个名叫别斯特的苏格兰人的后代，雅科夫·布鲁斯伯爵是苏格兰雇佣兵的后代，19 世纪的诗人莱蒙托夫是一个名叫"打油诗人托马斯"的苏格兰人的后代。——作者注

③ 布朗家族有一名成员成为奥地利的陆军元帅。乔治·布朗为俄军效力，他被土耳其人俘虏，在伊斯坦布尔三次被卖为奴隶，后来在叶卡捷琳娜大帝在位的大部分时间里担任立窝尼亚总督，活到九十多岁。陆军元帅莱西伯爵是神圣罗马皇帝约瑟夫二世最信任的军事顾问和笔友，而弗朗西斯·安东尼·莱西伯爵是西班牙驻圣彼得堡大使和整个加泰罗尼亚的总督。——作者注

④ 苏格兰的军务伯爵（Earl Marischal）是一个世袭官职，负责保管苏格兰王室宝器和在议会上保护国王的人身安全。这个职位由基思家族世代相传。第九代苏格兰军务伯爵乔治·基思因为参加 1715 年的詹姆斯党叛乱而被褫夺了军务伯爵的职位。

在繁复的外交礼节背后，外交官之间的争斗非常激烈并且无所不用其极，他们争相影响政府的政策并搜集情报。在外交界活动的人物包括冒牌贵族冒险家、偷窃成性的女伶、密码破译专家、纵马奔驰的信使、私拆信件的邮局局长、女仆、风流女人和收受外国政府贿赂的贵妇。大多数外交信函会被"黑室"截获，它是政府的秘密机关，负责拆阅、抄录信件和破译密码，随后将信件重新封印。俄国的"黑室"特别神通广大。① 帝王和外交官想要让外国政府知道自己书信内容的时候，就不用密码。这叫"明文"。[10]

互相争斗的外交官会运用代价昂贵的间谍网络（尤其是通过仆人打探情报），并且要花费巨资给外国的大臣和廷臣支付"年金"。外交官用秘密经费来刺探情报（比如英国人对亚历山德拉·恩格尔哈特的贿赂）或影响政策（18 世纪 50 年代，当时还是大公夫人的叶卡捷琳娜大帝也收过英国人的贷款）。但这种贿赂往往对政府政策没有任何影响，而贿赂的规模也通常被大大夸张了。[11] 大家一般会说俄国人特别腐败，但他们可能并不比法国人或英国人更贪婪。在俄国争夺影响力的主要竞争者是英国、法国、普鲁士和奥地利。现在这四个国家都在想方设法拉拢波将金。

在 1778 年，欧洲面对着三个冲突来源。法国急于为七年战争复仇，即将开始支持北美殖民地并向英国开战。（战争于 1778 年 6 月爆发，西班牙于次年支持法国。）但俄国更关心的

① 英国的"黑室"也令人生畏，因为它设在乔治三世的汉诺威选侯国，位于欧洲的一个十字路口，能够拦截八方来信。——作者注

是另外两个冲突焦点。奥斯曼苏丹一直对 1774 年的《库楚克开纳吉条约》满腹怨恨，尤其是因为该条约保障了克里米亚独立并向俄国商船开放了黑海和地中海。君士坦丁堡煽动克里米亚人与俄国敌对，于是在 1776 年 11 月，叶卡捷琳娜大帝和波将金派遣了一支军队去克里米亚，扶植他们的傀儡沙欣·格来为可汗。而在 1778 年，克里米亚汗国掀起了反对沙欣·格来的叛乱，于是奥斯曼帝国和俄罗斯帝国再次剑拔弩张，准备兵戎相见。

欧洲冲突的第三大来源是普鲁士和奥地利争夺德意志主宰权的斗争。俄国一直可以在奥地利和普鲁士当中选择盟友，两种路线各有好处。从 1726 年起俄国就是奥地利的盟友，后来因为彼得三世的干预，才在 1762 年改为与普鲁士结盟。奥地利还没有原谅俄国的这次背叛，所以叶卡捷琳娜大帝和弗里德里希大王不得不继续互相忍受。外交大臣尼基塔·帕宁把自己的前程赌在了俄普联盟上，但"北方体系"（帕宁组织的北欧国家网络，包括英国）除了俄普联盟之外并没有实现，而且还让俄国针对波兰和奥斯曼帝国的政策受到弗里德里希大王的影响，差不多等于给了他否决权。

不过，波将金一直认为俄国的利益（以及他自己的利益）在南方而不是北方。他对普奥冲突和英法冲突并不关心，除非这两轮冲突会影响俄国在黑海周边与奥斯曼帝国的关系。1768—1774 年俄土战争中俄国的胜利揭示了普奥联盟对俄国在南方的利益无关紧要，也揭示了弗里德里希大王的两面三刀。

波将金开始研究外交。"他对所有人都彬彬有礼。他假装活泼开朗、爱讲闲话，但他其实是在虚与委蛇。他想要什么就一定会得到。"1773—1774 年,波将金"孜孜不倦地"拉拢尼基塔·帕宁。[12]帕宁是俄国官僚机构的动作迟缓与顽固不化的象征。这位眯缝眼、顽皮、精明的大臣就像一只肿胀而昏昏欲睡的蛤蟆,长期把持俄国的外交政策。在外国外交官眼中,帕宁"贪吃、好赌、贪睡",他有一次把一封外交信函看都没看就塞在晨衣口袋里,四个月后才想起来。他"与水性杨花的女子和二流交际花厮混",他的"品味和心血来潮的性情就像个柔弱的小伙子"。瑞典大使有一次与他一起用餐时勇于和他谈论国家大事,他给出了这样的精彩回答:"亲爱的男爵,你竟然让国家大事影响吃饭,说明你还不习惯于处置国家大事。"哈里斯显然带着钦佩之情告诉英国朝廷:"你们一定不会相信,一天二十四小时里帕宁伯爵只花半个小时处理公务。"[13]

波兰国王斯坦尼斯瓦夫-奥古斯特注意到,起初波将金"只想着赢得帕宁的好感,而没有直接干预外交事务。而帕宁的外交政策是亲普鲁士的"。后来波将金逐渐开始影响外交政策。他很可能在与叶卡捷琳娜大帝恋情的早期说服了她,为了俄国的利益,应当维持彼得大帝在波罗的海沿岸征服的疆土并继续控制波兰,但随后要与奥地利结盟,从而让黑海变成俄国的内湖。叶卡捷琳娜大帝素来不喜欢弗里德里希大王,也不信任帕宁。但波将金的提议是逆转俄国的外交政策,改为重新亲奥地利。这样的政策转向只能缓慢进行。波将金与帕宁的关系难免开始变得紧张。有一次召开国务会议的时候,波将金报告称,波斯发生了新的动荡,他说这可能对俄国有好处。固守俄国北方利益的帕宁猛烈攻击他,波将金大为恼怒,结束了会议。[14]两位政治家及其政策的较量变得越来越明显。

帕宁不可能举手投降，肯定要抗争到底。叶卡捷琳娜大帝必须小心谨慎，因为波将金还没有机会在国际舞台上证明自己。帕宁看到波将金的地位显然固若金汤，于是紧张起来。1777 年 6 月，科尔伯龙写道，帕宁对一位密友说："先等等，不可能一直这样下去的。"但波将金继续巩固自己的权力，他的地位稳如磐石。叶卡捷琳娜大帝有意识地帮助波将金干预外交政策，比如让他与到访的普鲁士王子海因里希会谈。瑞典国王古斯塔夫三世在前不久通过政变获得了专制权力，他化名为哥得兰伯爵，微服到了俄国。波将金与他会面，在他访俄期间陪同他。波将金面临的挑战是消灭帕宁的势力，推翻"北方体系"，缔结新的盟约，从而让他能够在南方追逐梦想。

1778 年初，中欧和东欧的两大冲突同时升级。这让俄普盟约愈加显得过时，也让波将金有了更多自由在南方发展。在这两方面，叶卡捷琳娜大帝和波将金把外交和军事行动协调起来。

第一场冲突是所谓的"土豆战争"。巴伐利亚选帝侯于 1777 年 12 月去世。随着玛丽亚·特蕾西亚年纪越来越大，约瑟夫二世的影响力逐渐增强，而他早就梦想用奥属尼德兰交换巴伐利亚，以增强他在德意志的势力，并补偿奥地利被迫将西里西亚割让给普鲁士的损失。1778 年 1 月，奥地利占领了巴伐利亚的大部分地区。这威胁到了普鲁士在神圣罗马帝国框架内新近获得的大国地位，于是（已经六十五岁的）弗里德里希大王团结了一些受到奥地利扩张威胁的德意志诸侯，在 7 月入侵了哈布斯堡家族统治下的波希米亚。奥地利的盟友法国正忙着与英国厮杀，所以不愿支持约瑟夫二世。叶卡捷琳娜大帝也不愿援助自己的盟友普鲁士。约瑟夫二世率军向弗里德里希大王的位置推进。中欧再次燃起战火。但普奥双方都不愿冒险正面对垒，只发生了一些小规模战斗。因为口粮短缺，士兵们为了熬过寒冬，只能挖掘波希米亚的土豆为食，所以这场战争被称为"土豆战争"。

与此同时在克里米亚（根据《库楚克开纳吉条约》，克里米亚已经脱离伊斯坦布尔的控制，取得"独立"），亲俄的可汗沙欣·格来被自己的臣民推翻。波将金命令在克里米亚的俄军帮助沙欣·格来复辟。土耳其人在 1777 年 8 月甚至发动了一次旨在推翻沙欣·格来的远征，不过失败了。土耳其人需要一个西方盟友帮助他们对抗俄国，但奥地利和普鲁士都忙着收割波希米亚的土豆，而法国即将投入美国独立战争。

波将金和帕宁逐渐成为俄国朝廷内部亲奥派和亲普派的领袖。他俩都同意叶卡捷琳娜大帝的意见，即俄国虽然肩负着支援盟友普鲁士的条约义务，但卷入德意志的战争会削弱俄国在克里米亚的地位。法国也不希望这些冲突引发战争。法国的唯一目标是阻止英国在欧洲大陆找到盟友。所以法国不会鼓励战争，而是希望和平解决普奥矛盾和俄土矛盾。俄国提议和法国一起调解普鲁士和奥地利的矛盾。为了回报叶卡捷琳娜大帝不帮助普鲁士，法国同意调解俄国和土耳其的矛盾。

调停者迫使奥地利让步。叶卡捷琳娜大帝和波将金虽然在为了他俩的关系、她的男宠和他的外甥女而争吵，但在政治上精诚团结。女皇写信给公爵："巴金卡，我会很高兴从你手里收到行动计划……先生，我对你生气了，你为什么用寓言的方式对我讲话？"[15] 波将金命令列普宁公爵指挥的一个军向西进发，去援助普鲁士。据说普奥双方都提议给波将金巨额贿赂。

奥地利首相考尼茨愿意给波将金"一笔可观的数目",而弗里德里希大王表示可以把库尔兰公国给波将金。据说波将金后来曾表示:"如果我接受了库尔兰公国,那么我想得到波兰王冠也不是难事,因为女皇很可能会劝说波兰国王让位给我。"[16]可事实上没有证据能表明普奥向波将金行贿,也没有证据表明他收了普奥的贿赂,尤其是因为弗里德里希大王的吝啬非常有名。①

1779年5月2日(公历为13日),普奥两国在泰申②达成协议,由俄国担任神圣罗马帝国现状的担保人。俄国和土耳其在3月的埃纳里卡瓦克会议上达成协议,认可克里米亚独立和沙欣·格来为克里米亚的可汗。这两项成功增强了叶卡捷琳娜大帝的自信,也提升了她在欧洲的威望。

1778年,波将金欢迎普鲁士的海因里希王子再度访问圣彼得堡,从而稳住摇摇欲坠的俄普联盟。海因里希王子竭尽全力拉拢波将金,奉承他是俄国的三巨头之一(另外两个巨头是女皇和皇储)。海因里希王子说自己被"女皇的善意、大公的友谊和您——我的公爵的关注深深感动了"。[17]到这时,海因里希王子对波将金已经非常熟悉了。但有一次在海因里希王子与女皇会谈时,波将金放出了自己的宠物猴子,女皇把王子抛在一边,和猴子玩了起来。我们不知道王子会不会觉得受到了怠慢。叶卡捷琳娜大帝看到海因里希王子目瞪口呆,她感到十分满意。不管海因里希王子有没有意识到,波将金放出猴子的把戏已经表明他对俄普联盟不感兴趣了。他在想方设法攻击帕

---

① 在当时,"为普鲁士国王效力"是"无薪工作"的委婉语。——作者注
② 泰申是德语名字,即今天波兰的切申,在该国南部,靠近捷克边境。

宁并推行自己的新战略。

1777 年 12 月 15 日，波将金得到了一个新工具：詹姆斯·哈里斯爵士来到圣彼得堡，担任英国驻俄全权公使和圣詹姆斯宫特使。哈里斯是英国人，但和波将金的英国朋友森普尔与金斯顿公爵夫人大不相同。哈里斯是温文尔雅、教养极好的英国绅士的典范。他现年三十二岁，之前第一次出使是去马德里，在那里用非常具有 18 世纪风格的方式奠定了自己的名望。当西班牙和英国为了叫作福克兰群岛（又叫马尔维纳斯群岛）的一些默默无闻的小岛几乎要发生战争的时候，他理应回国，却逗留在马德里郊外二十英里的地方，沉湎于爱情。所以后来战争并没有爆发的时候，他距离马德里最近，能够快速反应，为英国外交做出贡献。就这样，他的仕途有了很好的前景。[18]

英国正在与北美殖民者（他们得到法国支持）交战。这就是美国独立战争。哈里斯从北方事务大臣萨福克伯爵那里接到的指示是，与俄国缔结"攻守同盟"，让俄国提供海军支援。哈里斯先去找帕宁，但他不愿意帮忙。哈里斯得知波将金"对帕宁先生恨之入骨"，[19]于是决定去拉拢波将金。

1779 年 6 月 28 日，詹姆斯爵士鼓起勇气，在女皇的前厅找到波将金，用最有可能吸引他注意力的厚脸皮和阿谀奉承拉拢他。"我告诉波将金，现在时候到了，俄国必须在欧洲扮演最重要的角色，而只有他有能力领导俄国扮演这样的角色。"哈里斯注意到波将金对国际关系越来越感兴趣，钦佩他"非常敏锐的理解力和无穷无尽的雄心"。一段亲密的友谊就这样开始了，这让波将金成为坚定的亲英派，[20]但他始终没有真正同意与英国结盟。

詹姆斯·哈里斯爵士（和法国大使一样）在俄国期间一直认为波将金和叶卡捷琳娜大帝的主要兴趣在于英法斗争，而不是俄国与土耳其的冲突。波将金巧妙地利用了这位辉格党绅士以为全世界都围绕英国转的错觉。所以这两场戏——西方各国外交官之间的竞争与波将金和叶卡捷琳娜大帝的秘密梦想，是同时发展、并行不悖的。波将金与哈里斯的唯一真正共同点是热爱英国和敌视帕宁。

哈里斯的示好让波将金很高兴，他也喜欢这个英国人，所以冲动地邀请哈里斯到他一个外甥的乡村别墅赴宴。这可是波将金的亲戚圈子。哈里斯起初谴责过叶卡捷琳娜大帝的堕落和波将金的"腐化"，但现在则爱上了波将金的热情洋溢，并自豪地称波将金为"我的朋友"。[21] 哈里斯恳求波将金派遣"一支队伍"，即一支海军去援助英国（换取某种目前尚未确定的利益），从而恢复各国之间的均势并增强俄国的影响力。波将金对这种设想印象深刻，并说："我们应当把起草相关宣言的任务托付给谁呢？我们应当委托谁来准备这支舰队呢？帕宁伯爵没有这样的意志，也没有能力……他是普鲁士人，除此之外什么都不是；切尔内绍夫伯爵［海军大臣］是个恶棍，会背叛我们给他的使命……"[22]

科尔伯龙和新任普鲁士使节格尔茨也在拉拢波将金。他俩都描述过波将金的奢靡、风趣和心血来潮。但这个普鲁士人对波将金特别钦佩，说他是"鹤立鸡群的天才……所有人都拜倒在他面前"。哈里斯最后在外交官之间拉拢波将金的竞争中赢得了胜利：波将金同意安排他单独觐见女皇，让他直接向女皇陈情。[23]

1779 年 7 月 22 日，在皇宫的化装舞会上，叶卡捷琳娜大帝打完牌之后，当时的男宠科尔萨科夫找到哈里斯，带他穿过私密的走廊，进入女皇的私人更衣室。哈里斯向女皇提议结盟，她的态度很友好，但模棱两可。她明白，哈里斯的提议会让俄国卷入英法战争。哈里斯问叶卡捷琳娜大帝是否愿意让北美殖民地独立。她语气激烈地说："我宁愿自己丢掉脑袋。"次日，哈里斯写了一份备忘录，送给波将金。[24]

波将金与帕宁的竞争似乎对哈里斯有利，但哈里斯理应谨慎才对。国务会议讨论英国人的提议的时候，叶卡捷琳娜大帝通过波将金请哈里斯再写一份备忘录。他们谈起帕宁的行为时，波将金愚弄这位英国人，说"他［波将金］对外交事务知之甚少，我［哈里斯］谈的很多东西对他来讲是完全陌生的"。但其实波将金学习的速度极快。

波将金和詹姆斯爵士不分昼夜地一起聊天、喝酒、谋划和赌博。波将金也许是在耍弄哈里斯，但确实喜欢他。这给人的感觉是，哈里斯在办正事，而波将金在利用与他交往的机会学习英国文明。信使在他俩之间来回穿梭。哈里斯后来公开发表的书信里记述了他与波将金的友谊，但还有一些未发表的书信被保存在俄国档案馆里，能够表明他俩的关系是多么亲密：其中一封信写道，有人欠了哈里斯 3000 几尼[①]，没有还钱，而是用一个橱柜抵债。英国特使给波将金写信："如果你能说服女皇买下这个橱柜，那就不容置疑地证明了对我的友谊……原谅我对你如此开诚布公……"我们不知道波将金有没有请女皇买下这个橱柜，但他对朋友素来很大方。1780 年 5 月，哈里斯给他的父亲，一位德高望重的古典学者，送去"一套希

---

① 几尼是 1663—1814 年英国发行的一种金币，1 几尼相当于 21 先令。

腊文物，是波将金公爵让我送给你的"。哈里斯的父亲去世后，波将金殷勤地吊唁。在一封没有标明日期的短信里，哈里斯向波将金道谢："我的公爵大人，我现在的状态还不能到您的宫殿请安，但您对我的善意已经让我的悲恸减弱了不少……没有人比我更爱您，更敬仰您，更尊重您。"[25]

他俩在冬宫相遇时，波将金把哈里斯带到女皇的私人套房，仿佛那是他自己的套房。两人在那里整晚畅谈。[26]他们显然喜欢一起狂欢嬉戏。1780年，哈里斯告诉妹妹格特鲁德："大约三周前我安排了一次晚宴，宴请波将金公爵等人"，宾客们"喝了三瓶波兰国王送的托考伊葡萄酒和十几瓶波多尔葡萄酒与香槟"。哈里斯声称自己只喝了水。

在圣彼得堡，英俄友谊让外交界的阴谋诡计更加激烈。其他国家的外交官疯狂地观察、窃听和贿赂，希望搞清楚波将金和英国人谈了什么。当时监视和刺探的手段非常原始，简直到了滑稽可笑的地步，我们仿佛可以听见幕帘的窸窣声，可以看见有人躲在锁孔后偷看。法国人最紧张。科尔伯龙不得不持续监视波将金的多处住宅。他注意到哈里斯的花园里有一座"可容纳十人"的帐篷，就说这是波将金送给哈里斯的。科尔伯龙说叶卡捷琳娜大帝的御医罗杰逊是"哈里斯的间谍"。科尔伯龙甚至还去找波将金，当面斥责他敌视法国。然后，科尔伯龙"从口袋里掏出一张纸，读了写在上面的清单"，清单上记录的是哈里斯被人看见与波将金打交道的场合。波将金冷冷地说自己很忙，骤然结束了与科尔伯龙的无聊对话。哈里斯可能从自己的间谍（波将金那位无处不在的外甥女兼情人亚历山德拉）那里得知了科尔伯龙与波将金的这次对质。哈里斯与亚历山德拉的关系变得非常密切，以至于科尔伯龙指控他在追求亚历山德拉。普鲁士人也在静静观察。格尔茨在1779年9月21日报告弗里德里希大王："整整一个月里，英国大使的宴会桌前和住宅内挤满了波将金的亲戚和下属。"[27]

哈里斯向波将金呈送第二份备忘录时，据说波将金懒洋洋地将其塞进晨衣口袋或塞在"枕头下"。外交界优雅的尔虞我诈到达了一个新的顶点：有人把备忘录偷走，交给了法国使节科尔伯龙，然后又送到帕宁手中。波将金宫廷的门客泰索尼耶尔骑士在此事中发挥了一定的作用，但真正偷窃文件的是一个法国女人：波将金的情妇之一、他外甥女们的家庭教师吉巴尔德小姐。后来有人说，帕宁在备忘录上添加了一些驳斥英国人的论点，并将其留在叶卡捷琳娜大帝的桌上，让她以为这些驳斥是波将金的意见。这个故事显然让人觉得波将金的宫廷管理非常混乱，所以绝大多数历史学家认为这个故事是假的，吉巴尔德也只是个传说。叶卡捷琳娜大帝肯定认识波将金的笔迹，也知道他的立场，所以帕宁的奸计是不大可能成功的。但泰索尼耶尔肯定在波将金的宫廷鬼鬼祟祟地活动，塔季扬娜·恩格尔哈特给舅舅的信也能证明的确有吉巴尔德小姐这个人。何况，波将金宫廷的几乎每一个人都在收受某方面的贿赂，这也许就是吉巴尔德没有被解雇的原因。她此后多年一直在波将金宫廷服务。上面的故事也许有部分真实的元素。[28]

波将金并不是全部时间都和哈里斯在一起。在外交界风云变幻期间，一位欧洲名人来到了圣彼得堡。所谓的亚历山德罗·迪·卡廖斯特罗伯爵自称西班牙陆军上校，在娇妻的陪伴下，在圣彼得堡开始了自己的生意。他是医者、埃及共济会仪式的组织者、炼金术士、术士和巫师。这个有名的江湖骗子的真名可能是西西里的朱塞佩·巴尔萨莫，但这个矮胖、黧黑、秃头、黑眼、天庭饱满的西西里人显然胆大妄为、魅力无穷。

在理性的时代，宗教式微，但人们仍然对精神生活有一种自然的渴望，想去填补宗教留下的空白。这就是共济会（有的派系比较理性，有的则信奉神秘主义）在当时特别时髦的原因之一。形形色色的共济会神秘主义活动在欧洲迅速传播，比如催眠术、巫术、炼金术、卡巴拉①，相关的派系则有马丁派②、光照派③、玫瑰十字会④和斯威登堡派⑤。共济会通过自

---

① 卡巴拉（Kabbalah，字面意思是"接受/传承"）是犹太教神秘主义的一种思想和学科。卡巴拉旨在界定宇宙和人类的本质、存在的本质，以及其他各种本体论问题。它也提供方法来帮助理解这些概念和精神，从而达到精神上的实现。

② 马丁派（Martinism）是一种基督教神秘主义或曰密传基督教教派。其思想体系着重于人类的堕落（人类丧失了他的神性之源）以及人类回归神性的历程，这种回归被称为"重返"（Reintegration）或"启发"（Illumination）。作为一种神秘主义传统，马丁派首先流传于 1740 年前后在法国由马丁尼斯·德·帕斯夸利建立的共济会组织，然后经由他的弟子路易·克劳德·圣-马丁与让-巴蒂斯特·惠勒莫发展成两种不同的形式。

③ 光照派（Illuminati）是 1776 年（启蒙运动时期）成立于巴伐利亚的一个秘密组织，宗旨是反对迷信、蒙昧、宗教对公共生活的影响以及国家权力的滥用。关于光照派流传着大量的阴谋论，比如他们引发了法国大革命、刺杀了美国总统肯尼迪等。

④ 玫瑰十字会（Rosicrucianism）是 17 世纪初欧洲兴起的一场精神与文化运动。有人匿名在德意志地区发表三份关于该会的宣言，描述了中世纪德意志朝圣者 C. R. C 的传奇经历。传说这个朝圣者在中东跟随神秘学大师学习，返回德意志后创立了"玫瑰十字会"，目的是带来"人类全面的改革"。也有人认为玫瑰十字会根本不曾存在过，它只是一个文字骗局或恶作剧。

⑤ 斯威登堡派（Swedenborgism）是受瑞典科学家和神学家伊曼纽·斯威登堡（1688—1772）影响而产生的一些基督教流派。斯威登堡自称得到了上帝的直接启示。

己的组织传播这些思想，一系列医者和江湖骗子对其大肆鼓吹。其中有些人，比方说斯威登堡、梅斯梅尔①和拉瓦特尔②，虽然没有真正的治愈能力，但在医生和科学家对自然的解释能力还很弱的时代，能够运用他们对人性的深刻洞察来帮助人们。[29]也有的人，比如说风流才子卡萨诺瓦和臭名昭著的乔治·撒玛纳札③，是纯粹的江湖骗子，在欧洲四处流窜，用魔法石和青春之泉的荒唐故事欺骗幼稚的贵妇。他们总是把自己打扮成拥有外国贵族头衔的富人，并且品味高尚、神秘莫测。他们为受众提供的部分是常识和务实的医学建议，但他们也承诺长生不老、提供对来世生活的指南，以及宣称自己拥有点石成金（甚至点尿成金）的神奇本领。

这些江湖骗子的老前辈是所谓的圣日尔曼伯爵，他自称已经将近两千岁高龄，年轻时见证过耶稣受难（他的男仆也记得此事）。他曾凭空制造出一块价值 1 万里弗的钻石，这令路易十五肃然起敬。这个时代的欧洲贵族当中有很多人卷入了类似的神秘主义活动。

卡廖斯特罗在库尔兰首都米陶大获成功，但他随后不得不赶紧跑路。现在他希望在圣彼得堡也能叱咤风云。叶卡捷琳娜

---

① 弗朗茨·梅斯梅尔（1734—1815）是德意志的医生，对天文学感兴趣，他提出了在一切有生命和无生命的物体之间会发生一种自然能量转送的理论。这种理论被他称为"动物磁性说"。他运用这种理论给人"治病"，风靡一时。他还被认为是催眠术的奠基人。

② 约翰·卡斯帕·拉瓦特尔（1741—1801）是瑞士诗人、哲学家、面相学家和神学家。

③ 乔治·撒玛纳札（约 1679—1763）是法国有名的骗子，自称是第一个到欧洲的台湾少数民族。他在英国出版了一部民族志，概述了台湾的历史、地理、文化、语言等，一时轰动欧洲上层社交圈，并被翻译成多国语言刊行，但在几年之后便被揭穿是一本伪书。之后，他成为神学散文家，并与塞缪尔·约翰逊及多名英国 18 世纪著名文学家成为朋友。

大帝告诉格林，大师卡廖斯特罗"来得正是时候，因为圣彼得堡的好几个共济会分支的人都想见识一下鬼魂⋯⋯"于是，"巫术大师"卡廖斯特罗为观众传唤了许多鬼魂，并玩了各种各样的把戏，包括让钱币凭空消失，兜售神秘药剂和"没有起效的化学操作"。卡廖斯特罗还自称能点尿成金并让人长生不死，这让女皇哈哈大笑。

不过，卡廖斯特罗在圣彼得堡的行医大受欢迎，并为他的埃及共济会仪式赢得了大批追随者。科尔伯龙和伊凡·叶拉金与亚历山大·斯特罗加诺夫伯爵等廷臣热情洋溢地追捧这位巫师的魔力。许多俄国贵族因此加入共济会。俄国的有些共济会分支逐渐发展成反对叶卡捷琳娜大帝的小团体，这是她对共济会抱有深刻怀疑的原因之一。

波将金参加了卡廖斯特罗的一些通灵会，但从来就不相信他。波将金是少数没有加入共济会的高级廷臣之一。他和叶卡捷琳娜大帝都喜欢嘲笑卡廖斯特罗的把戏。[30]波将金真正感兴趣的对象是卡廖斯特罗伯爵夫人。她的本名是洛伦扎，后改名为塞拉菲娜，她有时自称圣十字公主。据说波将金和她有过一段情缘。这段奸情对卡廖斯特罗的损害可能比他意识到的更严重。叶卡捷琳娜大帝拿波将金在卡廖斯特罗夫妇家中的活动逗弄波将金：也许他应当学会抵挡卡廖斯特罗的鬼魂⋯⋯她指的是不是卡廖斯特罗伯爵夫人？[31]

波将金经常去拜访卡廖斯特罗的奢华住宅（其实卡廖斯特罗债台高筑）。传说波将金的出身高贵的俄国情妇之一为此很气恼，便决定贿赂卡廖斯特罗伯爵夫人，让她不要独占波将金。这位俄国贵妇几乎彬彬有礼地会见了交际花塞拉菲娜，向她支付3万卢布（算是一笔巨款），换取她离开波将金。波将金得知此事后颇为得意。他告诉卡廖斯特罗的妻子，她可以留下，还可以保留那笔钱。波将金给了那位贵妇 3 万卢布。根据某些荒唐的传说，[32] 这位"贵妇"就是女皇本人。

即便在这个风流的世纪，卡廖斯特罗这样的江湖骗子也很容易负债累累，或者被揭穿真实身份。没过多久，西班牙大使就抱怨说，卡廖斯特罗既不是西班牙贵族，也不是上校。叶卡捷琳娜大帝快活地告诉格林，巫师和他的"伯爵夫人"已经被赶出了俄国。[①]

1780 年 2 月，帕宁召见哈里斯，向他宣读了俄国政府拒绝与英国结盟的声明。詹姆斯爵士赶紧跑到波将金那里去打探原因。波将金这一次总算是非常明确地告诉他，叶卡捷琳娜大帝"对一场全新战争的畏惧超过了她对荣耀的渴望"。哈里斯仿佛没有听明白他的话。波将金解释道，新的男宠兰斯科伊此时病重了，这让女皇"心神大乱"。詹姆斯爵士相信了波将金的这句话——"我暂时对女皇没有影响力"。哈里斯批评俄国政府的"怯懦决定"，"公爵听了大怒"，吹嘘说在睡觉之前他"要测试一下，看帝国之内有没有人的影响力比他更强"。哈里斯大受鼓舞，但波将金偏偏病倒了，一连好几周没有接见哈里斯。

---

① 离开圣彼得堡之后，卡廖斯特罗周游欧洲，无论走到哪里都会引起轰动，他更像是现代的摇滚明星而不是江湖术士。但在巴黎，因他的恩主罗昂枢机主教，卡廖斯特罗卷入了钻石项链丑闻。这桩诈骗案严重损害了玛丽·安托瓦内特的名誉。拿破仑说钻石项链丑闻是法国大革命的诱因之一。玛丽·安托瓦内特愚蠢地要求举行审判，而路易十六鲁莽地同意了。卡廖斯特罗被无罪开释，但他的好运到头了。1795 年，他死于意大利教宗国圣利奥要塞的狱中。——作者注

随后波将金向这个容易轻信的英国人透露，女皇是个过于谨慎的女人，并且为了自己的男宠很容易陷入歇斯底里的状态。在哈里斯面前，波将金一会儿说自己在政治上没有影响力，一会儿又大肆吹嘘自己的能量。他攻击帕宁，"那个懒惰而迟钝的"大臣，但他自己又会在大中午卧床不起。哈里斯几乎被波将金的友谊、浮夸性格和（表面上的）诚实迷倒了。[33]

1780年2月，波将金召见哈里斯，并"带着与他性格相符的放纵的喜悦"，宣布将派遣一支包括15艘风帆战列舰和5艘巡航舰的舰队"去保护俄国贸易"。但波将金一定知道这对哈里斯的使命来说是致命打击。[34] 这是叶卡捷琳娜大帝成功调停巴伐利亚继承战争的续集。在镇压北美殖民地和对法战争期间，英国宣布自己有权扣押中立国船只并没收其货物，但它犯下了扣押俄国船只的错误。英国在海上的专横跋扈激怒了包括俄国在内的许多中立国。于是，在1780年3月，叶卡捷琳娜大帝在所谓的"武装中立"宣言中宣布了中立国在海上的权利，这是专门为了打击英国的傲气、壮大俄国的商船队并提升她本人的威望。要想得到俄国的关注，哈里斯必须开出更好的条件。

詹姆斯爵士想知道波将金是否被法国或普鲁士收买了。与此同时，法国人和普鲁士人又突然觉得波将金被英国收买了。这种被害妄想狂的情绪引发了一场贿赂的狂潮，主要受益人是圣彼得堡的贪婪仆役们。外国外交官的大笔贿赂对俄国人来说仿佛天降甘露。

哈里斯坚信科尔伯龙贿赂了"俄国各大豪门的所有男仆

和下级代理人，这些人大多是法国人"。凡尔赛宫的确决心防止俄国参战，所以愿意在圣彼得堡抛撒金钱。法国人甚至吹嘘说他们有足够的金钱来收买波将金。³⁵哈里斯向北方事务大臣斯托蒙特子爵透露："我几乎要怀疑，我的朋友波将金的忠诚被法国人的金钱撼动了。"科尔伯龙向凡尔赛宫汇报，哈里斯贷款 3.6 万英镑，向波将金行贿 10 万卢布。奥尔洛夫-切什梅斯基指控波将金收了英国人的 15 万几尼。哈里斯相信法国向帕宁家族支付了 4000 或 5000 英镑。

1780 年 3 月末，哈里斯再也按捺不住。如果法国人在贿赂"我的朋友"，那么英国人应当用"类似的诱饵"开出更高的价钱。圣彼得堡的贿赂市场如今十分兴隆，活像个股票交易所。哈里斯提醒斯托蒙特子爵，波将金"富可敌国"，所以哈里斯建议的价码"与托尔西向马尔伯勒公爵提议的那个数字相同，尽管托尔西失败了"。³⁶就算英国是欧洲的金主，这次也要狼狈喘气了。①普鲁士人和奥地利人也在拉拢波将金。哈里斯观察到普鲁士使节每天与波将金会晤，并听到普鲁士使节又一次提议把库尔兰送给波将金，或者"在女皇百年之后［保罗继承皇位之后］保障他的人身安全、荣誉和财产"。据说奥地利人提议把另一个小国送给波将金。³⁷

波将金有没有受贿？10 万卢布和 15 万几尼这些巨额数字是在 1779 年末提出的，但对英国外交部"秘密行动经费"的研究表明，到这一年 11 月，哈里斯只支取了 1450 英镑，后来因为花费了 3000 英镑就受到上级的批评。这两笔钱加起来也

---

① 斯托蒙特子爵知道，这个数字是 200 万法郎，在当时是一个天文数字。路易十四派驻海牙的公使托尔西侯爵于 1709 年向马尔伯勒公爵提议了这笔 18 世纪最著名的贿赂。——作者注

许能让萨申卡·恩格尔哈特满意，但对波将金来说连餐费都不够。哈里斯的疑虑"消失"了，因为他认识到，波将金"拥有巨额财产，所以根本不屑接受贿赂，他是不可腐蚀的"。富人往往也会受到金钱的诱惑，但哈里斯的话可能是对的：要想拉拢波将金，"只能悉心迎合他的心情和个性"。据哈里斯说，叶卡捷琳娜大帝为了感谢波将金促成"武装中立"就赠给了他4万英镑，所以外国外交官根本不可能用金钱打动波将金。4万英镑已经是巨款，但"这个独一无二的男人已经被宠坏了，他觉得这根本不值得道谢"。普鲁士使节格尔茨同样认为波将金是不可腐蚀的："财富吸引不了他，因为他自己的财富已经数不胜数。"

帕宁也曾鄙夷地问："你们真的相信5万英镑就能收买波将金公爵吗？"当波将金听到"哈里斯给了他200万卢布"的坊间传闻时，他对这种想法表示轻蔑。英国人对波将金的高尚深信不疑：波将金太骄傲，也太富有，任何人都没有办法贿赂他。[38]

波将金的策略对帕宁产生了影响。他俩都认为对方在接受外国人的贿赂。这引发了国务会议上的一次惊涛骇浪般的对质。波将金指控帕宁收受法国人的贿赂，并说"路易十六的肖像"很适合"当作惠斯特牌的赌注"。帕宁勃然大怒，说如果他需要法郎的话，那么英国的几尼更容易上手。帕宁理应相信波将金从英国人那里收到的贿金远远不止可笑的5万英镑。最后女皇出面，才恢复了国务会议的秩序。[39]

哈里斯决心查明波将金是否真的支持英俄结盟，于是贿赂了"波将金公爵最喜爱的秘书……也是女皇的秘书"。这指的可能是亚历山大·别兹博罗德科，随着帕宁势力的衰落，他正在成为叶卡捷琳娜大帝在外交方面的主要谋臣。斯托蒙特子爵同意出价 500 英镑，但补充说这已经太多了。最后哈里斯花了将近 3000 英镑，不过确实基本上摸清了波将金的对英政策。别兹博罗德科揭示，欧洲各国君主，从弗里德里希大王到约瑟夫二世，都在连珠炮一般向波将金提议馈赠王位和金钱。但任何人都收买不了他。他其实对英俄结盟并不很热情，除非在受到帕宁刺激的时候。这位"间谍"补充说，波将金"性情容易冲动"，完全可能"支持任何一个国家的政治原则"，但目前对奥地利最有好感。那么，这就是真相了。[40]

外国外交官们已经听过波将金谈论的在南方的真正计划。哈里斯注意到，即便在探讨是否派遣舰队支援英国的时候，波将金"也始终想着在东方建立帝国霸业"，"只有他一个人不断鼓舞和激励女皇从事此项事业"。[41]叶卡捷琳娜大帝的确被波将金激动人心的宏伟愿景感染了。她与哈里斯会谈时，"花了很长时间谈……古希腊人，他们的活泼和优越性……以及同样的品质在现代希腊人身上也有"。[42]科尔伯龙也听过女皇的这些想法，所以他说"俄国女皇热情洋溢地接受一种浪漫理念"时并没有夸张。[43]但外国外交官们不理解，让叶卡捷琳娜大帝如此激动的其实是波将金的"浪漫理念"，即他的"希腊计划"。波将金的思绪并不在伦敦、巴黎、柏林或费城，他憧憬的是沙皇格勒（皇帝的城市），即君士坦丁堡。主宰他余生的宏大主题就是肢解奥斯曼帝国，这也是他的丰功伟业的基础。

注　释

1 SIRIO 23（1878）：571, CII to Baron F. M. Grimm August 1792.

2 关于金斯顿公爵夫人的叙述，基于如下材料：Isobel Grundy, *Lady Mary Wortley Montagu*: *Comet of the Enlightenment*, pp 1-10, 526; Corberon vol 2 p 179, 22 September 1777; RGVIA 52.33.539, Samuel Bentham to his father; 17 May 1780, St Petersburg; RGADA 39.33.539, 8 April 1780; BM 120.33555, 8 April 1780; Elizabeth Mavor, *Virgin Mistress*: *The Life of the Duchess of Kingston* pp 157, 175, 184; Anthony Cross, 'Duchess of Kingston in Russia' p 390; Anthony Cross, *By the Banks of the Neva* pp 363-7; Waliszewski, *Autour d'un trône* vol 1 p 95; T. H. White, *The Age of Scandal* pp 147-9; Prince Felix Yusupov, *Lost Splendour* pp 6-9。

3 作者于 1998 年访问埃尔米塔日博物馆所得。

4 'The Northern Hero: The Life of Major S—le The Celebrated Swindler', British Library 1493 r35, 1786. James George Semple in *The Dictionary of National Biography* (1903). Castera vol 2 pp 399, 445. Mavor p 184. Cross, 'Duchess' pp 394-5.

5 Waliszewski, *Autour d'un trône* vol 1 p 114.

6 Corberon vol 2 p 227, 10 May 1779.

7 Rumiantseva pp 197-9, Countess E. M. Rumiantseva to Count P. A. Rumiantsev 2February 1776.

8 Prince de Ligne quoted in Mansel, *Charmeur* p 9; Ligne, *Letters* (Staël) p 71, letter 11, Ligne to Coigny.

9 见到詹姆斯·基思的那位维齐尔的父亲名叫詹姆斯·米勒，曾是柯科迪的城镇传令员。Philip Mansel, *Constantinople*: *City of the World's Desire* p 202. MacDonogh, *FtG* pp 193-4. Fraser, *FtG* p 248. Harris p 181, H to Earl of Suffolk 21 September/2 October 1778; p 184, H to Suffolk 5/16 October 1778.

10 Isabel de Madariaga, *The Travels of General Francisco de Miranda* p 9.

11 Harris p 321, H to Viscount Stormont 13/24 December 1780.

12 Rumiantseva pp 197-9, Rumiantseva to Rumiantsev 2 February 1776.

13 Harris pp 136-7, Suffolk to H 9 January 1778; p 140, H to Suffolk 26 January/6 February 1778; p 170, H to William Fraser 16/27 May 1778. Waliszewski, *Autour d'un trône* vol 1 p 11. Castera vol 2 p 282.

14 SIRIO 19 (1876): 407, Sir Robert Gunning to Suffolk 7/18 March 1774, St Petersburg. SA, *Mémoires* vol 2 p 233, 1774. A. R. Barsukov, *Proekty voennykh reform* p 113, quoted in Ransel, *Politics* p 251.

15 RGADA 5.85.1.141, L 124.

16 *Memoirs of the Life of Prince Potemkin* pp 48-9.

17 RGADA 5. 167. 1, Prince Henry of Prussia to Potemkin 25 October 1778, unpublished.

18 Isabel de Madariaga *Britain, Russia and the Armed Neutrality* p 3. 19 Harris p 210, H to Viscount Weymouth 7/18 August 1779.

20 Harris p 212, H to Weymouth 9/20 September 1779.

21 Harris p 146, H to Suffolk 30 January/10 February 1778.

22 Harris p 212, H to Weymouth 9/20 September 1779.

23 Goertz section 3 p 41, Goertz to FtG, Memorandum.

24 Harris p 210, H to Weymouth 7/18 August 1779, p 214, 9/20 September 1779.

25 RGVIA 271. 1. 66. 1, H to GAP ud. unpublished RGADA 11. 923. 11, H to GAP unpublished. Harris p 268, H to his father 26 May 1780. RGADA 11. 923. 2, H to GAP, unpublished.

26 Harris p 216, H to Weymouth 9/20 September 1779.

27 Corberon vol 2 p 313. P. Fauchille, *La Diplomatique française et la Ligue des Neutres* p 316, quoted in Isabel de Madariaga, 'The Use of British Secret Service Funds at St Petersburg 1777 – 1782' p 466; Malmesbury PRO FO Secretary of State: State Papers, Foreign, cyphers 91/103 no 59, 9/20 September 1779; H to Gertrude Harris ud, Papers of Lord Malmesbury, Merton College Oxford, quoted in Mad-ariaga, 'British Secret Service Funds' p 467.

28 *Memoirs of the Life of Prince Potemkin* p 50. Castera vol 2 p 442. RGADA 11. 858. 6, Tatiana Engelhardt to GAP 3 June 1785, unpublished. Pole Carew CO/R/3/203, unpublished. Harris p 338, H to Stormont 16/27 February 1781.

29 关于卡廖斯特罗在圣彼得堡以及 18 世纪神秘学的叙述，基于以下材料：SIRIO 23 (1878), CII to Grimm 9 July 1781; RS 12 pp 50 – 83; V. Zotov, 'Cagliostro: His Life and visit to Russia'; Dumas pp 65 – 73。Trowbridge pp 142-7，关于 18 世纪的江湖骗子与神秘学医者，见 pp 74 – 110。RGADA 5. 85. 1. 179, L 8, CII to GAP ud. RGADA 5. 85. 1. 280, L 19, GAP to CII and CII's reply ud. RGADA 1. 1/1. 54. 18, CII to GAP ud. Corberon vol 1 p 195 and vol 2 pp 395 – 6. Madariaga, *Politics & Culture in Eighteenth Century Russia: Collected Essays*, pp 150-67.

30 RGADA 5. 85. 1. 179, L 8, CII to GAP ud. RGADA 5. 85. 1. 280, L 19, GAP to CII and CII's reply ud. RGADA 1. 1/1. 54. 18, CII to GAP ud.

31 RGADA 5. 85. 1. 179, L 8, CII to GAP ud. RGADA 5. 85. 1. 280, L 19, GAP to CII and CII's reply ud. RGADA 1. 1/1. 54. 18, CII to GAP ud.

32 RS 12 pp 50-83. Zotov. SIRIO 23 (1878), CII to Grimm 9 July 1781.

33 Harris pp 239-40, H to Stormont 15/26 February 1780.

34 Harris p 240, H to Stormont 15/26 February 1780.

35 Harris p 225, H to Weymouth 23 October/5 November 1779; pp 225-6, 9/20 September 1779. Harris p 229, H to Weymouth 23 October/5 November 1779.

36 Harris p 252, H to Stormont 31 March/11 April 1780. Also Malmesbury PRO FO Secretary of State: State Papers, Foreign, cyphers SP91/106 no 161, quoted in Madariaga, 'British Secret Service Funds' p 466. Memoirs de Torcy vol 2 p 99. Corberon vol 1 p 370, Corberon to Vergennes 24 September 1779. Fauchille p 293.

37 Harris p 255, H to Stormont 7/18 April 1780.

38 Harris p 275, H to Stormont 15/26 June 1780. Potemkin by J. E. Cerenville, *La Vie de Prince Potemkine* p 73 n 1. Madariaga, 'British Secret Service Funds' p 472. Goertz section 3 p 41, Goertz to FtG. Harris p 405, H to Stormont 13/24 March 1781. FO 65/1 no 170, H to Stormont 29 December/9 January 1781.

39 Corberon vol 1 p 370, 23 September 1780.

40 Harris p 256, H to Stormont 15/26 May 1780. PRO FO Secretary of State: State Papers, Foreign, cyphers SP91/104 unnumbered, H to Stormont 15/26 February 1780; SP91/104 no 19, Stormont to H 11 April 1780; SP91/105 no 42, H to Stormont 14 July 1780.

41 SIRIO 19 (1876): 506, Gunning to Suffolk 5/16 October 1775, Moscow. SIRIO 23: 136, CII to Grimm 7 May 1779. Stephen K. Batalden, *Catherine II's Greek Prelate: Eugenios Voulgaris in Russia* 1771-1806 pp 33, 39, 43, 41. RGADA 16. 689. 1. ZOOID 1 (1844) pp 206 - 11 S. Sofanov, 'Ostatki Grecheskikh Legionov v Rossii'. PSZ 14. 366. 叶卡捷琳娜二世于 1775 年 9 月 9 日任命伏尔加里斯为赫尔松和斯洛维扬斯克大主教。1779 年 8 月 6 日，波将金的另一位希腊教士 Nikiforos Theotokis 接替了伏尔加里斯。See Gregory L. Bruess, *Religion, Identity and Empire* pp 85-6. Also GPB 227. 1. 25 ch 1, CII on Greek Gymnasium 19 November 1774, quoted in Batalden. Harris p 203, H to Weymouth 24 May/4 June 1779. Goertz section 1 p 24.

42 Harris p 203, H to Weymouth 24 May/4 June 1779.

43 Corberon vol 2 p 226.

第五部分

巨人，
1777—1783 年

14 拜占庭

我应邀参加了波将金公爵在他的橘园举办的一次宴会……门前是一座小小的献给友谊之神的神庙，里面有一尊女皇的半身像……女皇用餐的地方是用丝绸装饰的，被涂画得非常美丽，就像一座帐篷……里面只能容纳五六个人……另一个小房间里有一两张沙发，是女皇亲自刺绣和填充制作的。

——科尔伯龙骑士，1779 年 3 月 20 日

1453 年奥斯曼苏丹穆罕默德二世攻占君士坦丁堡之后，骑马穿过街道，径直走向查士丁尼皇帝主持建造的宏伟的圣索菲亚大教堂。在这座献给基督教的辉煌建筑前，他向自己的头顶抛撒泥土，象征自己在真主面前的谦卑，然后才走进教堂。眼神锐利的穆罕默德二世看见一名土耳其士兵在劫掠教堂的大理石。苏丹命令他解释。士兵回答："这是为了信仰。"穆罕默德二世挥剑将其斩杀，并下令："对你们来说，财宝和俘虏就足够了。这座城市的建筑都属于我。"奥斯曼人征服拜占庭，可不是为了丢掉君士坦丁的宏伟。

穆罕默德二世的头衔中原本有土耳其风格的"可汗"、阿拉伯的"苏丹"和波斯的"帕迪沙"①，现在又加上了"罗马

---

① 波斯文中，"帕迪"意为"伟大"，"沙"意为"国王"。"帕迪沙"是波斯帝王的称号，后来奥斯曼帝国苏丹和莫卧儿帝国皇帝也使用这个头衔。

的恺撒"。对西方人来说，他不仅是"大君主"或"土耳其苏丹"，他从此还经常被称为皇帝。从那天起，奥斯曼皇室吸收了拜占庭的威望。"无人怀疑，陛下就是罗马皇帝，"克里特历史学家特拉布宗的乔治①在 1466 年告诉"征服者"穆罕默德二世，"谁是罗马帝国首都的合法主人，谁就是罗马皇帝。君士坦丁堡是罗马帝国的首都……谁是罗马皇帝，谁就是全世界的皇帝。"[1]波将金和叶卡捷琳娜大帝现在渴望的就是这样的战利品。

奥斯曼帝国幅员辽阔，从巴格达延伸到贝尔格莱德，从克里米亚延伸到开罗，囊括了东南欧的大部分：保加利亚、罗马尼亚、阿尔巴尼亚、希腊和南斯拉夫地区。伊斯兰教的各大圣城均在奥斯曼帝国统治下，包括大马士革、耶路撒冷、麦加和麦地那。好几个世纪以来，黑海是奥斯曼帝国"纯洁无瑕的处女"，是苏丹的私人湖泊，甚至地中海沿岸——从塞浦路斯一直到阿尔及尔和突尼斯——也仍然被他的港口掌控。所以，奥斯曼帝国是地地道道的世界性帝国，如果说它是土耳其帝国就错了。通常情况下，在帝国等级森严的统治集团当中唯一的土耳其领导人就是苏丹本人。尽管它经常被称为土耳其帝国，但它其实是多民族国家。帝国的主要建设者是巴尔干半岛原本

---

① 特拉布宗的乔治（1395—1472/1473），希腊哲学家与学者，文艺复兴的先驱之一。他生于克里特岛，但因其先祖来自特拉布宗，所以被称为"特拉布宗的乔治"。他青年时来到意大利，很快成为知名学者。1420 年及 1433 年他分别任维琴察大学和威尼斯大学的希腊语教授，成为文艺复兴的首要人物。他将亚里士多德的《修辞学》和《动物志》、柏拉图的《法律篇》，以及托勒密的《天文学大成》译成了拉丁文，虽然错误很多，有时受到批评，但他的译作丰富了意大利人文主义思想和文艺复兴运动的内容。

信东正教后来皈依伊斯兰教的斯拉夫人。宫廷的高层、官僚机构和近卫军当中有很多斯拉夫人。

帝国之内很少有阶级的概念。西方的骑士借助贵族谱系将自己整合成一个个集团，而奥斯曼帝国的社会任人唯贤，阿尔巴尼亚血统的官僚以苏丹的名义治理国家。最重要的一点是，所有人，甚至包括大维齐尔，都是苏丹的奴仆，而苏丹就是国家。在 16 世纪中叶以前，连续涌现了多位才华横溢、冷酷无情、精力充沛的苏丹。但他们自己的"希腊计划"最终损害了他们的地位，因为龌龊的政治被托付给首席大臣大维齐尔，而苏丹自己披上了拜占庭皇帝令人窒息的繁文缛节的神圣外衣。1755 年法国军人托特男爵见证穆斯塔法三世的加冕礼后回忆说，苏丹周围簇拥着罗马帝国风格的羽饰，甚至还有束棒①。在这样的光辉之下，苏丹本人反倒显得黯淡无光。拜占庭的皇室典礼以 10 世纪君士坦丁七世编纂的仪式规矩为基础。获得了拜占庭的荣耀，对奥斯曼苏丹来说既是祝福也是诅咒，因为它把奥斯曼苏丹从骑乘骏马、统率三军、活力四射的征服者变成了领导着成群结队的宦官、沉溺女色、手无缚鸡之力的花花公子。这不能全怪希腊的传统。

起初没有皇位继承的法律，这意味着每一位苏丹登基之后都会屠戮自己的亲人和潜在竞争者。新皇帝会命令用弓弦扼杀自己的兄弟（这种"礼貌"的杀人手段不会让皇室成员流血），有时一口气要杀十九人。后来，苏丹们停止了这种愚蠢

---

① 束棒（fasces），音译"法西斯"，在古罗马是权力和威信的标志。束棒是一根斧头，被多根绑在一起的木棍围绕着。在官方场合下，高级官员的卫兵在其前面持束棒来代表到来的官员的级别和权力。按官员级别的不同，束棒的数量也不等。

的杀戮。奥斯曼皇子们被供养起来，如同华丽的笼中鸟，虽然享尽荣华富贵但受到忽视，得不到良好的教育，并且仍然对弓弦心存畏惧。新苏丹最终现身之时就像受惊的动物一般眼神恍惚、战战兢兢，直到看到前任苏丹的尸体才得以放心。

整个国家变得等级森严、无比僵化。最顶层是大维齐尔（通常是斯拉夫血统），他的内廷有 2000 人，另有 500 名阿尔巴尼亚卫兵。每一位帕夏都用自己旗帜上马尾的数量来代表自己的衔级，这种习俗是奥斯曼帝国游牧起源的遗留。大维齐尔有五条马尾，地位较低的帕夏有一到三条。维齐尔可以穿绿色拖鞋，戴绿头巾；宫廷总管穿红色；毛拉穿蓝色。奥斯曼人用头饰和鞋来表明自己的衔级，就像西方人用肩章上的星星。官僚穿绿色，廷臣穿红色。帝国的每一个民族都有特定颜色的拖鞋：希腊人穿黑色，亚美尼亚人穿紫罗兰色，犹太人穿蓝色。权贵戴着华美的帽子，上面饰有皮毛和羽毛。

苏丹深居于萨拉基里奥角①之上的皇宫，这里是拜占庭卫城的原址。皇宫为土耳其风格，由若干越来越与世隔绝的庭院组成，通往内宫需要穿过一系列门廊。根据传统，土耳其人在这些大门处执行司法，所以大门成了奥斯曼政府的视觉象征。这也就是为什么西方人用"高门"这个词来指代奥斯曼政府。

为了让皇室男丁枝繁叶茂，皇帝的色欲受到鼓励。所以苏丹们追寻美色，而后宫的逻辑是要求尽可能多的女子为苏丹服务。另外，管理宫廷的宦官据说也有性交能力，因为他们仅仅是被剥夺了生育能力；所以他们也负责管理后宫女眷。有专门

---

① 萨拉基里奥角（意为"皇宫角"）是伊斯坦布尔的一块海岬，它将金角湾与马尔马拉海分隔开来。

的皇宫学校负责培训侍从，其中很多人后来会崛起成为帝国的栋梁。这些学校的学生大多是阿尔巴尼亚人和塞尔维亚人。而负责生产男性继承人来统治帝国的后宫，则挤满了金发碧眼的斯拉夫少女，她们都是从克里米亚的奴隶市场买来的。在17世纪以前，宫廷的通用语居然是塞尔维亚-克罗地亚语。

奥斯曼苏丹国在缓缓死去，不是被弓弦，而是被传统逐渐扼杀。到波将金的时代，苏丹受到重重束缚。约束苏丹的不仅有拜占庭的繁文缛节，还有伊斯兰法庭（乌理玛①）要求的原教旨主义，以及宫廷与军队既得利益集团要求的政治保守主义。

恐惧和暴力主宰着帝国。苏丹掌握着生杀予夺大权，并且可以毫无顾忌地行使这种权力。宫廷中人随时可能被心血来潮的苏丹命令处死。许多大维齐尔之所以出名，不是因为他们治国理政的业绩，而是因为他们被苏丹处决。大维齐尔是个特别危险的位置，尽管它能带来财富，但想当大维齐尔的人却不多。塞利姆一世苏丹在位期间处死了七位大维齐尔，以至于民间把"祝你成为塞利姆的维齐尔"等同于"你早死早好！"维齐尔受到苏丹召见的时候往往随身带着遗嘱。在波将金即将发动的针对土耳其人的战争期间，60%的维齐尔会被苏丹处决。

苏丹只消在御座厅轻轻顿一顿脚，或者打开某一扇有格栅的窗户，就表示对某人判了死刑。刽子手一般是令人生畏的哑巴，杀人的兵器则是弓弦或斧子。枭首示众是奥斯曼死刑仪式

---

① 乌理玛的阿拉伯文原意为学者，是伊斯兰教学者的总称。任何一位了解《古兰经》注疏学、圣训学、教义学、教法学，以及有系统宗教知识的学者，都可被称为乌理玛。它被用来泛指伊斯兰社会中所有的知识分子，包括阿訇、毛拉、伊玛目等。

的一部分。高官的首级被摆放在皇宫的白色大理石柱子顶端。重要死者的首级被填塞棉花，一般死者的首级用稻草填充。地位更低者的首级被放在壁龛里进行展示。成堆的人体内脏、鼻子和舌头成为皇宫的装饰品。女性受害者，往往是在后宫斗争中失败的美女，则被缝进麻袋，投入博斯普鲁斯海峡。[2]

　　苏丹受到的最直接威胁来自他自己的近卫军和暴民。君士坦丁堡市民素来桀骜不驯，即便在查士丁尼时代也是如此。如今伊斯坦布尔的乌合之众在近卫军或乌理玛的操控下，越来越强势地影响着国家政策。波将金的代理人皮萨尼在 18 世纪 80 年代连续报告说，维齐尔们和其他人"煽动暴民"用"各种各样的过激行为"去"恫吓君主"。[3]

　　苏丹的命令被置若罔闻，军队纪律涣散，官僚普遍贪污腐化。指挥体系从最高层往下都是失灵的。1774 年，阿卜杜勒-哈米德一世在与世隔绝四十三年后继承了较为精明强干的穆斯塔法三世的位置。阿卜杜勒-哈米德一世生性温顺胆怯，既不是军事领袖也不是改革家，不过他完成了苏丹的使命之一：一共生养了二十二个儿女。[①] 他嗜酒如命，喜欢说自己如果成为异教徒，就会接受罗马天主教，因为最好的葡萄酒都产于天主教国家，谁听说过哪个新教国家有美酒？这种幽默感无助于改善他的军队纪律。

　　托特为奥斯曼军队组建炮兵部队的时候，要求找一个诚实的人来管理炮兵的经费。维齐尔答道："诚实的人？到哪里去找？我一个都不认识。"最后，维齐尔转向外交大臣："你呢？

---

　　① 其中之一是后来的苏丹马哈茂德二世，据说他的母亲是阿卜杜勒-哈米德一世最宠爱的宫女艾梅·杜·比克·德·里韦利，她是未来的法国皇后约瑟芬的亲戚。——作者注

你认不认识一个诚实的人?"外交大臣笑道:"我只认识流氓。"⁴奥斯曼政府的智识水平也已经一落千丈。奥斯曼官僚的无知是外交界的笑话。在斯维什托夫①会议上,一名奥斯曼帝国谈判代表竟认为西班牙在非洲;一个世界性帝国的外交大臣,竟认为战舰不能在波罗的海航行;他们全都认为直布罗陀在英国。⁵

帝国再也不能仰仗自己的军事力量。奥斯曼人解决这个问题的办法是效仿欧洲列强。他们把克劳塞维茨的那句名言颠倒过来。对大多数国家来说,战争是外交的手段;对奥斯曼人来说,外交是战争的手段。俄国的崛起改变了奥斯曼帝国关注的优先顺序。俄国的潜在敌人——法国、普鲁士、瑞典和波兰,成为奥斯曼帝国的四个潜在盟国。游戏很简单:这四个国家都主动出钱,帮助奥斯曼帝国攻击俄国。这四个国家都不能袖手旁观,眼睁睁看着俄国吞噬奥斯曼人。

用波将金一名使者的话说,奥斯曼帝国"就像一位迟暮美人,她不知道自己的青春已经过去了"。但奥斯曼帝国毕竟还拥有规模庞大的军事资源,还拥有雄厚的人力、狂热的精神和伊斯兰信仰。1780 年的奥斯曼帝国被弓弦、绿色拖鞋和君士坦丁堡的暴民主宰着,就像一个患麻风病的巨人,即便他的肢体正在逐渐从庞大的身体上脱落,但仍然拥有骇人的力量。⁶

1779 年 4 月 27 日,玛丽亚·费奥多罗芙娜大公夫人生下了一个儿子。叶卡捷琳娜大帝和波将金为其取名为康斯坦丁,

---

① 斯维什托夫是今天保加利亚北部位于多瑙河右岸的小镇。

并打算在消灭奥斯曼帝国之后让康斯坦丁当君士坦丁堡的皇帝。① 两年前大公夫人已经为俄罗斯帝国生下了一个继承人，即叶卡捷琳娜大帝的长孙，亚历山大大公。现在玛丽亚又生下了希腊人的拜占庭帝国的继承人。

波将金运用古典历史、东正教信仰和他自己的浪漫想象，创建了一个新的文化项目、一套地缘政治体系和一轮宣传攻势。它们是三位一体的，即"希腊计划"：征服君士坦丁堡，让康斯坦丁大公登上它的宝座。叶卡捷琳娜大帝给康斯坦丁雇了一位名叫海伦的希腊保姆，并坚持让他学希腊语。[7] 在 18 世纪 80 年代，波将金亲自推动大公的希腊语教育。他写信给女皇，谈到要改变亚历山大和康斯坦丁的课程："我想提醒你，在学习语言的时候，希腊语是头等重要的，因为它是其他所有语言的基础……你说让他们读拉丁文版本的《福音书》，其实希腊文更合适，因为《福音书》的原文是希腊文的。"叶卡捷琳娜大帝在这封信的底部批示："照你说的办。"[8]

我们不知道他俩具体是在什么时间开始讨论古典的辉煌和复兴拜占庭的计划的，但显然是在他俩刚开始热恋的时候。（那时叶卡捷琳娜大帝逗弄他，说他是"邪教徒"，这是土耳其人对异教徒的称呼。）叶卡捷琳娜大帝对"希腊计划"的古怪成分（有想象，也有历史和务实的元素）一定印象深刻。波将金很适合"希腊计划"，它是为他而诞生的。他在拜占庭东正教的历史和神学方面的知识非常渊博。叶卡捷琳娜大帝和波将金与那个时代绝大多数受过教育的人一样，从小学习古典文化，从塔西佗到普鲁塔克都读过（所以波将金的一个绰号

---

① 俄语的"康斯坦丁"相当于"君士坦丁"。

是亚西比德）。不过，他懂希腊文，而她不懂。波将金经常让
人为他朗诵古典时代历史学家的著作，他的书房也收藏了大量
这样的著作。18世纪对古典文化热情洋溢的人们不仅阅读相
关的书，还想效仿古人。他们营造了古希腊和古罗马风格的建
筑。① 现在波将金要把自己培养成奥斯曼问题的专家。

俄国人对希腊和奥斯曼帝国的兴趣并不新鲜。自君士坦丁
堡（俄国人一直称之为沙皇格勒，意思是恺撒之城）陷落以
来，莫斯科大公国的宣传机器一直宣扬俄罗斯是"第三罗
马"。1472年，莫斯科大公伊凡三世娶了拜占庭末代皇帝的侄
女索菲亚·帕里奥洛格斯。他的都主教赞誉他为"新的君士
坦丁堡——莫斯科的新皇帝"。伊凡三世还开始采用"恺撒"
的头衔，这个词在俄语中变成了"沙皇"。后来伊凡雷帝正式
将俄国统治者的头衔改为"沙皇"。在16世纪，僧人菲罗费
指出："两个罗马已经陷落，但第三罗马仍然屹立，将来不会
有第四个。"9 不过新古典主义的端庄典雅，宗教、文化与政治
的三位一体，俄奥联盟的可行性，以及具体的瓜分奥斯曼帝国
的计划，都属于波将金。他的才能不仅在于冲动地构想，他还
有充分的耐心和本能去实现这些构想。自从掌权以来他就一直
幻想着拜占庭。他花了六年时间才绕过亲普鲁士的帕宁。

早在1775年，叶卡捷琳娜大帝和波将金在莫斯科庆祝战
胜土耳其人的时候，公爵就结交了希腊僧人尤金尼奥斯·伏尔
加里斯，此人会为"希腊计划"提供东正教神学方面的支持。
1775年9月9日，叶卡捷琳娜大帝听取了波将金的建议，任

---

① 就连波将金的贴身男仆扎哈尔·康斯坦丁诺夫也是希腊人。——作者注

命伏尔加里斯为赫尔松和斯洛维扬斯克①的首任大主教。这两
座城市此时还不存在。赫尔松得名自古希腊城市克森尼索②，
它是俄国东正教的诞生地。不过，此时赫尔松还只是波将金的
狂热想象中的一个希腊名字。

　　叶卡捷琳娜大帝任命伏尔加里斯的诏书可能是波将金起草
的，里面说俄国东正教的起源是希腊（这种说法有待商榷）。
波将金成为女皇男宠后的最早举措之一就是建立一座古希腊式
的体育馆，并任命伏尔加里斯为馆长。波将金试图让他的希腊
大主教成为他的"赫西俄德、斯特拉波③和金口④"，撰写一
部该地区的历史，"挖掘隐藏的过去……"从而展现古代斯基
泰人⑤和希腊-斯拉夫人之间的联系。伏尔加里斯始终没有写

---

① 斯洛维扬斯克就是今天乌克兰南部的城市尼科波尔。

② 克森尼索是约前 6 世纪古希腊人在克里米亚半岛西南部建立的殖民地，
在今天的塞瓦斯托波尔郊外。"克森尼索"在希腊文中的意思就是"半
岛"，现在是世界文化遗产地。——作者注

③ 斯特拉波（前 64 或前 63—约公元 24）是生活在小亚细亚的希腊地理学
家、哲学家和历史学家，游历甚广，著有《地理学》。他所在的时代正
逢罗马共和国转型为帝国。

④ "金口"可能指罗马帝国时期的希腊演说家、作家、哲学家和历史学家
金口狄奥（约 40—约 115），或金口圣约翰（约 349—407），他是君士坦
丁堡大主教、重要的基督教早期教父，以讲道和演说闻名。

⑤ 斯基泰人，《史记》《汉书》称之为塞种、尖帽塞人或萨迦人，是公元前
7 世纪至公元 4 世纪在亚欧草原中部广袤地区活动的伊朗语族游牧民族，
其居住地从今日俄罗斯平原一直到中国的河套地区和鄂尔多斯沙漠，是
史载最早的游牧民族，善于养马，据信骑术与奶酪等皆出于其发明。前 7
世纪，斯基泰人曾对高加索、小亚细亚、亚美尼亚、米底以及亚述帝国
大举入侵，威胁西亚近七十年，其骑兵驰骋于卡帕多细亚到米底、高加
索到叙利亚之间，大肆劫掠；其后逐渐衰落，分为众多部落。5 世纪中
期随着被称为"上帝之鞭"的匈人阿提拉王入侵欧洲，一度抵达巴黎近
郊的阿兰人，即为其中一部。斯基泰人没有文字，但善于冶金打造饰
物，许多金器被保存至今。

出这样一部史书，但翻译了维吉尔的《农事诗》，并将这部译著献给波将金，"最崇高、最显赫的热爱希腊的公爵"，还附上了一首他对第聂伯河新雅典城的颂歌。这首诗的末尾是："曾经的希腊在这里再度浮现；你，著名的公爵，赢得光荣的胜利。"[10] 波将金"希腊计划"的目标是在黑海周边建立起一个新的拜占庭帝国，复兴希腊文明。上述的工作只是这个宏伟计划的一部分。

要理解女皇与波将金合作的方式，不妨了解一下"希腊计划"的起源。叶卡捷琳娜大帝那位平步青云的秘书亚历山大·别兹博罗德科在 1780 年起草了《政治事务笔记》，阐述了"希腊计划"，所以有人说这个计划是他的创意。这就误解了制定俄国外交政策的这三人之间的关系。

波将金在别兹博罗德科来到圣彼得堡之前就已经构想了"希腊计划"，这从波将金的书信与对话、他对伏尔加里斯的庇护提携、康斯坦丁大公的名字和 1778 年建立赫尔松都可以看得出来。别兹博罗德科的《政治事务笔记》是"希腊计划"的可行性研究报告，基于对 10 世纪中叶以来拜占庭-奥斯曼-俄国关系的阐述。《政治事务笔记》显然是叶卡捷琳娜大帝和波将金命令别兹博罗德科撰写的。别兹博罗德科给 1781 年俄国-奥地利条约撰写的草稿能够揭示这三人是如何合作的：秘书在每页纸的右半部分写字，然后波将金用铅笔在左半部分修改，并将修改稿呈送给叶卡捷琳娜大帝。创意是波将金的，但落笔起草是别兹博罗德科的任务。所以，波将金去世后别兹博罗德科的那句话非常真实：波将金擅长"构想计划，却要别人去执行"。[11]

别兹博罗德科是个"笨手笨脚、小丑一般、粗心大意"的乌克兰青年，厚嘴唇，眼睛圆而突出，走路跌跌撞撞，袜子在脚踝处耷拉着，步态像大象。但如塞居尔伯爵所说，别兹博罗德科"皮囊粗笨，头脑却极精明"。传说别兹博罗德科喜欢定期在圣彼得堡的红灯区狂欢。他经常一连三十六个钟头不见踪影。意大利歌剧歌手为他的后宫输送年轻的意大利姑娘。他包养女高音歌手达维亚，每个月给她 8000 卢布，而她忘恩负义，无数次背叛他。"尽管他的装束华丽高贵，看上去却总像是刚刚结束狂欢。"也许的确如此。

有一次他醉醺醺地回到家，发现女皇正紧急召见他。在宫中，叶卡捷琳娜大帝索要他之前答应呈送的一份文件。别兹博罗德科取出一张纸，宣读了一份措辞优美的圣旨。叶卡捷琳娜大帝向他道谢，然后索要那份文件。结果他交出的却是一张白纸，然后他扑通一声跪下。原来他忘记了起草文件，刚才是他急中生智、临时拼凑的。女皇原谅了他。他性格独立，聪明绝顶，头脑极其精确和敏感。他起初是波将金的门客，后来成为他的政治盟友，不过他和波将金的敌人，比如沃龙佐夫家族，也是朋友。他在给波将金的信里表达了对波将金的提携的感激，这说明公爵始终是他的上级。[12] 别兹博罗德科在给朋友的信中写道："波将金一直待我很好，我也没有辜负他，我为他的私事花的时间和为欧洲国际事务花的时间一样多。"[13]

波将金还与叶卡捷琳娜大帝的大臣们合作，比如元老院主席维亚泽姆斯基和商务委员会主席亚历山大·沃龙佐夫（谢苗·沃龙佐夫的兄弟）。波将金因擅长巧妙的政治密谋而闻名，他蔑视传统的宫廷政治。他对大臣们，尤其对沃龙佐夫，"极其鄙视"，还告诉哈里斯，"即便他能除掉这些大臣，也找不到更好的人来填充空缺"。[14] 别兹博罗德科似乎是唯一得到波将金尊重的大臣。波将金自豪地告诉叶卡捷琳娜大帝，他从来没有企图在圣彼得堡建立自己的朋党。他对自己的定位是女皇的夫君，而不是假公济私的政客或区区一个宠臣。他的朋党只有两个人，一个是他自己，另一个就是叶卡捷琳娜大帝。

"希腊计划"的第一步是与奥地利缓和关系。两国都在往这个方向转向，已经有相当长的时间互相发送鼓励性的外交信号。神圣罗马皇帝和哈布斯堡君主国的统治者之一约瑟夫二世从来没有放弃吞并巴伐利亚的计划（就是这个计划导致了"土豆战争"）。他认识到，要想得到巴伐利亚（那样会让他的哈布斯堡君主国的疆域更紧凑和连贯），他需要波将金和叶卡捷琳娜大帝的支持。为了这个目标，约瑟夫二世必须拉拢俄国，让它背弃帕宁钟爱的俄普联盟；如果在这过程中能吞并奥斯曼帝国的一些土地，就再好不过了。所以，他必须向圣彼得堡示好。

约瑟夫二世和他的母亲玛丽亚·特蕾西亚多年来把叶卡捷琳娜视为女色情狂和弑君者，轻蔑地称她为"采尔布斯特侯爵小姐叶卡捷琳娜"。现在约瑟夫二世不顾母亲的反对，考虑与俄国结盟。他得到了首相文策尔·冯·考尼茨－里特贝格侯爵的支持。正是考尼茨发动了1756年的外交革命，推动奥地利与宿敌法国结盟。考尼茨是个虚荣、冷酷、好色的神经官能症患者，对疾病怕得要命，甚至让玛丽亚·特蕾西亚关闭所有窗户。考尼茨每顿饭吃完之后会花很长时间清洗牙齿，这是维也纳公共生活最令人作呕的一个景象。他确保奥地利驻圣彼得堡使节科本茨尔小心地"与波将金先生维持友好关系……告诉我，你现在和他的交情怎么样了"。[15]

1780 年 1 月 22 日，约瑟夫二世通过俄国驻维也纳使节德米特里·戈利岑公爵向叶卡捷琳娜大帝发送消息，表示希望与她会晤。这个时机真是完美。她于 2 月 4 日同意，并只将此事告诉了波将金、别兹博罗德科和心怀不满的尼基塔·帕宁。两国皇帝会晤的时间定在 5 月 27 日，地点是白俄罗斯的莫吉廖夫。[16]

女皇和公爵都热切期待此次会谈。从 2 月到 4 月，他们反反复复探讨此事。他俩都处于高度紧张的状态。他们就像老夫老妻一样互相抚慰，让对方冷静下来，然后像一对密谋者，为了自己的计划欢呼雀跃。4 月的某个时间，叶卡捷琳娜大帝的情人兰斯科伊告诉她，敏感的波将金的"灵魂充满焦虑"。也许波将金在担心很多人阴谋反对他的"南方计划"，但女皇安慰他："你在我的心里永远会找到真挚的友谊……那颗与我相连的心［兰斯科伊］也会爱你，因为他和我一样爱你，尊重你。"最后她温柔地写道："我们唯一担忧的是，你太焦虑了。"波将金对可怜的兰斯科伊发脾气，兰斯科伊跑到叶卡捷琳娜大帝那里哭诉。她担心自己的男宠惹恼了公爵："请告诉我，亚历山大·德米特里耶维奇［·兰斯科伊］是不是在什么地方惹恼了你。你是不是对他生气了，又是为了什么呢？"有人暗示在这段时间女皇和波将金旧情复燃，不过他俩可能只是在讨论政治计划。"我亲爱的朋友，我吃完饭了。小楼梯的门开着。如果你想和我谈谈，就过来吧。"

4月底，波将金骑马去莫吉廖夫为女皇与神圣罗马皇帝的会晤打前站。与奥地利结盟是他的政策，叶卡捷琳娜大帝便把峰会交给他来筹办。他刚刚动身，叶卡捷琳娜大帝就开始想念他。她写道："我的朋友不在身边，我的公爵。"两人之间不断交换令彼此心情激动的书信。1780年5月9日，叶卡捷琳娜大帝离开皇村，随行人员有波将金的外甥女亚历山德拉和叶卡捷琳娜·恩格尔哈特，还有别兹博罗德科。女皇没有带尼基塔·帕宁。约瑟夫二世皇帝抵达莫吉廖夫，受到波将金的欢迎，而叶卡捷琳娜大帝正从圣彼得堡赶来。她和波将金继续通信，探讨会谈的最后细节。两人互相想念。她在谈及自己的行程时写道："如果你有更好的办法，请告诉我。"这封信的末尾是："再见，我的朋友，我想你想得心里难受。我迫不及待，想尽快见到你。"[17]

注　释

1 此处对奥斯曼帝国的描述，基于 Baron de Tott, *Memoirs*, especially vol 1；N. Pisani、Y. Bulgakov 等人从伊斯坦布尔发出的关于奥斯曼朝廷和政治的未被发表的报告，存于 Potemkin Chancellery Archive in RGVIA 52，例如 N. Pisani to Y. Bulgakov RGVIA 52.11.53.11。这些材料里满是关于奥斯曼政治沉浮的生动描述。还可参考 Kinross esp. pp 112, 362–406，以及对奥斯曼帝国最好的现代描述 Mansel, *Constantinople* esp. pp 57–132。

2 Anspach, *Journey* p 199, Lady Craven to Margave of Anspach 11 May 1786, Constantinople. De Tott vol 1 p 137. Kinross pp 137–47 and p 171 De Tott vol 1 p 96. Mansel, *Constantinople* pp 60–1.

3 RGVIA 52.11.53.31, N. Pisani to Y. Bulgakov 1/12 May 1787.

4 De Tott vol 3 p 101. Mansel, *Constantinople* p 203.

5 Sir Robert Keith, British Ambassador to Vienna, quoted in M. S. Anderson, *The Eastern Question* p 22.

6 Gerhard F. Kramer and Roderick E. McGrew, 'Potemkin, the Porte and the Road to Tsargrad' pp 267, 210B, Colonel Barozzi to GAP January 1790.

7 Harris p 203, H to Viscount Weymouth 24 May/4 June 1779. Corberon vol 2 p226.

8 RGADA 5. 85. 1. 1, L 189, GAP to CII.

9 Isabel de Madariaga, *Politics and Culture in Eighteenth Century Russia*: Collected *Essays* pp 20, 21. Metropolian Zosimus quoted in D. Stremoukhoff, 'Moscow the Third Rome: Sources of the Doctrine', *Speculum* (1953) 28 p 112 cited, Madariaga, *Politics and Culture* pp 20/21.

10 RGADA 11. 941. 4, Prince Alexander Mavrocordato to GAP 10 July 1791, Elisabethgrad. Coxe vol 2 p 461. RA 3 (1879) p 19. *Ypselotate kai Eklamprotate Prinkips in T. Georgikon ta D'vivilia en eroika to metro*, St Petersburg 1786, and GAP to Voulgaris, both quoted in Batalden pp 71 - 2. Also ZOOID 9 (1875) 281-2. 波将金在拉拢三位主要的希腊主教，他们都成了他的拜占庭-俄国计划的宣传工作者。Nikiforos Theotokis 为康斯坦丁大公写了希腊文的颂词，歌颂他是未来的拜占庭皇帝。波将金让 Theotokis 担任阿斯特拉罕与斯塔夫罗波尔大主教，安布罗西于 1786 年 11 月 28 日接替了 Theotokis。

11 AKV 13: 223-8, Count A. A. Bezborodko to Count P. V. Zavadovsky 17 November 1791, Jassy. O. I. Yeliseeva, 'The Balkan Question in G. A. Potemkin's Projects of Foreign Policy', in *The Century of Catherine II*: *Russia and the Balkans* pp 63 - 8. AVPRI 5. 591. 1. 99 - 113 the reverse. AVPRI 5. 591. 1. 105 - 6 the reverse. SIRIO 26: 93, 399, 369-70, A. A. Bezborodko, 'Picture or Short Note on Russia's Wars with Tartars, Begun in the Middle of the Tenth Century and Uninterruptedly Lasting for Almost Eight Hundred Years' ud, 1776. SIRIO 26 (1879): p 385, 'Memorial Brigadra Alexandra Andreevicha Bezborodka po delem politicheskim'. Batalden pp 96 - 7. O. I. Veliseeva, *GA Potemkin's Geopolitical Projects*, *Associates of Catherine the Great* pp 26 - 31. O. P. Markova, 'O proiskhozhdenii tak nazyvayemogo Gre-cheskogo Proekta'. Hugh Ragsdale (ed), *Imperial Russian Foreign Policy* pp 75- 103.

12 Ségur, *Mémoires* vol 2 p 393. Masson p 203. RP 2. 1. 9. Mikhail Garnovsky to Vasily Popov August 1787, quoted in Waliszewski, *Autour d'un trône* pp 30 - 3. Goertz p 45.

13 AKV 13: 84-7, Bezborodko to S. R. Vorontsov 29 July 1785.

14 Harris p 281, H to Sir Joseph Yorke, 14/25 July 1780.

15 B&F vol 1 p 6, Prince Wenzel von Kaunitz to Count Cobenzl 14 April 1780, Vienna.

16 A. A. Bezborodko, *Pisma A. A. Bezborodka* p 57, Bezborodko to P. A. Rumiantsev-Zadunaisky 4 February 1780. RA (1872) p 992, CII to D. M. Golitsyn, Vienna.

17 RGADA 5. 85. 1. 30, L 137. RGADA 5. 85. 1. 309, L 138. RGADA 5. 85. 1. 204, L 138. RGADA 5. 85. 1. 110, L 139. RGADA 5. 85. 1. 203, L 138. All CII to GAP.

15　神圣罗马皇帝

> 难道不是你，勇敢地提升
>
> 俄罗斯的力量，与叶卡捷琳娜的精神，
>
> 并在它们的支持下，渴望
>
> 把惊雷远播到那些湍流，
>
> 古罗马曾在那里屹立
>
> 并震撼寰宇？
>
> ——加夫里拉·杰尔查文，《瀑布》

1780 年 5 月 21 日，波将金公爵欢迎约瑟夫二世皇帝（他旅行时采用"法尔肯施泰因伯爵"的化名）驾临俄国。很难想象有比他俩更天差地别、脾气更不相配的人了。神经紧张、自我中心、待人严苛的奥地利君主希望立刻开始谈政治，而波将金坚持引导他先聊聊东正教。这位三十九岁的皇帝已经谢顶、椭圆脸，在哈布斯堡家族当中已经算相当英俊。他对不赞同与俄国交好的母亲、皇后兼女王玛丽亚·特蕾西亚这样抱怨道："到目前为止，和波将金一直在谈无关紧要的事情。他没有吐出一个与政治有关的字眼。"约瑟夫二世其实可以少安毋躁，因为叶卡捷琳娜大帝就在一天路程之外。皇帝继续忍耐，但波将金十分殷勤且温和，这显得有些神秘。他是在刻意耍弄政治手腕，让约瑟夫二世主动找他开启话题。没人知道波将金和叶卡捷琳娜大帝在盘算什么，但弗里德里希大王和奥斯曼苏丹观察着此次会谈，有了不祥的预感，因为这次会谈的主要针对对象就是他俩。

公爵给皇帝送上一封叶卡捷琳娜大帝的信，它清楚地表明女皇对此次会谈寄予厚望："我发誓，在此时此刻，没有比掩饰我的喜悦更困难的事情了。法尔肯施泰因伯爵先生这个名字能激起我的信任……"[1] 波将金把自己对约瑟夫二世的印象告诉叶卡捷琳娜大帝，他俩焦急地讨论这些印象意味着什么。公爵转达了约瑟夫二世对女皇的浮夸盛赞。叶卡捷琳娜大帝距离会谈地点还有一天路程的时候写的一封信，能够展示她与波将金的独特合作关系是怎样的："我希望明天就能到你身边。所有人都想念你……我们会一起努力摸清法尔肯施泰因的想法。"[2]

说得轻巧，做起来难。这位皇帝的尴尬个性令同时代人和历史学家都大感困惑。没人比他更能代表开明专制君主的重重矛盾：约瑟夫二世既是热衷于扩张的军国主义暴君，又是希望将人民从古代迷信中解放出来的哲学家。他认为自己是军事天才和哲学王，就像他的偶像弗里德里希大王一样（这个敌人险些彻底摧毁了约瑟夫二世继承的国度）。约瑟夫二世的理想令人景仰，但他鄙视自己的同胞，说话做事缺乏技巧，过于粗暴和直接，也完全不明白政治其实是有所为有所不为的艺术。他的过于严苛、过于教条主义的改革源自他的极度虚荣，这让他显得有些滑稽：他相信，国家就是他自己。

约瑟夫二世的化名象征了他的所有关于君主制的哲学。他对自己的化名、对自己的生活起居安排和改革同样自以为是。

"你知道……在我的所有旅行当中,我都严格保护法尔肯施泰因伯爵的身份给我带来的权益和好处,"约瑟夫二世向科本茨尔做指示,"所以,我会穿军服,但不戴勋章……你要在莫吉廖夫给我安排面积很小、普普通通的住处。"[3]

皇帝自称"国家的第一公务员",穿着朴素的灰色军服,旅行时身边只带一两个人,希望只吃最简单的客栈提供的粗茶淡饭,并喜欢睡在路边客栈的供普通士兵用的床垫上,而不在宫殿过夜。这对负责安排行程的波将金来说是个挑战,但他圆满地完成了任务。俄国很少有这位皇帝期待的那种遍地跳蚤的下等客栈,于是波将金把贵族庄园大宅装饰为客栈。

皇帝事必躬亲,从黎明忙到黄昏,并以此为豪。他从来不明白,有时无为胜过有为。所以,利尼亲王说他"勤政有余,统治不足……"利尼亲王很了解约瑟夫二世,也很喜欢他:"身为男人,他有极佳的品质……身为君主,他持续勃起,欲壑难填。他的统治就是持续的异常勃起。"自他的父亲于1765年去世以来,约瑟夫二世就担任神圣罗马皇帝,但必须与母亲(令人生畏、仁厚、精明的玛丽亚·特蕾西亚)分享对哈布斯堡君主国的统治权。当时的哈布斯堡君主国包括奥地利、匈牙利、加利西亚、奥属尼德兰、托斯卡纳和现代南斯拉夫地区的一部分。玛丽亚·特蕾西亚虽然非常"假道学",并且拥有极其严苛的天主教信仰,但为约瑟夫二世的改革奠定了基础。不过,他执行改革的时候过于严厉,导致这些改革先是成为笑柄,后来沦为灾难。他后来采取措施去解放农奴和犹太人。得到他的解放之后,犹太人不再需要佩戴黄色大卫星,有权自由从事自己的宗教活动,有权上大学和从事商贸。他鄙视自己的贵族,但他的改革对人民来说如同暴风骤雨般的鞭笞。他无法理解人民的冥顽不灵和不知感恩戴德。为了节约木材和时间，他下令禁止使用棺材，结果引发民愤，迫使他撤销了这个决定。米拉波①惊呼："上帝啊，他甚至想让人民的灵魂都穿制服。这是暴政的极致。"

他的情感生活充满悲剧。他才华横溢的第一任妻子帕尔马的伊莎贝拉不太喜欢自己的丈夫，倒是喜欢自己的小姑子，她俩可能有同性恋关系。但皇帝很爱伊莎贝拉。结婚三年后，她香消玉殒。二十二岁的约瑟夫二世痛不欲生。"我失去了一切。我挚爱的妻子，我全部温柔的对象，我唯一的朋友，离开了……我简直不知道我是否还活着。"七年后，他唯一的孩子，他的宝贝女儿，不幸死于胸膜炎。"我请你留下她那件白色条格麻纱的晨袍，就是绣着花朵的那件……"但即便这些悲戚的情感爆发，其实也是更多关涉他自己而不是其他人。为了对巴伐利亚提出权利主张，他娶了维特尔斯巴赫家族丑陋的女继承人约瑟法，然后对她冷若冰霜、没心没肺。他写道："她身材矮胖，没有一丝一毫的魅力。她的脸上长满斑点和疱疹。她的牙齿难看得要命。"

此后他靠贵妇和娼妓来解决性欲。当他觉得自己可能爱上一个女人的时候，就先去嫖妓，从而消除自己的欲望。利尼亲王回忆说，约瑟夫二世"不懂得快乐，也不会娱乐。除了公文之外，他什么都不读"。他自视为理性和体面的楷模，对其他所有人都报以挖苦讽刺和鄙夷。身为男人，他是个没有精气

---

① 奥诺雷·加布里埃尔·里克蒂，米拉波伯爵（1749—1791），法国革命家、作家、政治记者和外交官、共济会会员。他是法国大革命早期著名的政治家和演说家。在法国大革命初期统治国家的国民议会中，他是温和派最重要的人物之一，主张建立类似英国的君主立宪制。

神的空壳；身为统治者，"他最大的敌人就是自己"（这是叶卡捷琳娜大帝的评价）。波将金要拉拢的就是这样一位皇帝。这将是波将金政治生涯中最大的成就。[4]

1780 年 5 月 24 日，俄国女皇在成群结队的胸甲骑兵护卫下，通过凯旋门进入莫吉廖夫。这幅盛景让性喜挖苦别人的皇帝也肃然起敬："这真是美丽的景观：所有波兰贵族都骑着马，还有骠骑兵、胸甲骑兵，大群将军……最后她和侍女恩格尔哈特一起乘坐一辆双座马车抵达……"礼炮齐鸣，钟声清脆，女皇在波将金和陆军元帅鲁缅采夫-扎杜奈斯基陪同下去教堂做礼拜，然后乘车去当地总督的住宅。为期四天的戏剧、歌唱和焰火表演即将开始。这座了无生气的外省小城是 1772 年才从波兰归属俄国的，挤满了波兰人和犹太人。为了把莫吉廖夫转变成适合帝王会晤的地点，俄国人不惜花费巨资。意大利建筑师布里冈齐在那里建造了一座特殊的剧院，意大利歌手博纳菲娜在那里为宾客献艺。

约瑟夫二世穿上军服。"波将金公爵带我去见女皇。"[5]波将金给两位皇帝彼此介绍，他俩一见如故，无疑都在憧憬伊斯坦布尔的圣索菲亚大教堂。他们饭后探讨政治，身边只有波将金和他的外甥女兼情妇亚历山德拉·恩格尔哈特陪伴。叶卡捷琳娜大帝说约瑟夫二世"聪明绝顶，健谈，口才也很好"。叶卡捷琳娜大帝自己也侃侃而谈。她没有正式提出"希腊计划"，也没有谈起瓜分奥斯曼帝国，但双方都知道这些议题。她暗示了自己的拜占庭梦想。约瑟夫二世后来告诉母亲，俄国女皇的"头脑和灵魂里萦绕着在东方建立一个帝国的计划"。次日，两位皇帝一同观赏一部喜剧，相谈甚欢，约瑟夫二世向她吐露了"我不敢公开"（出自叶卡捷琳娜大帝给格林的信）的计划。两位皇帝都在努力赢得对方的尊重。他们必须互相喜欢，所以都竭尽全力以达成这样的效果。[6]

但还是有人反对俄奥结盟，而且不只是帕宁和亲普鲁士的保罗大公。鲁缅采夫-扎杜奈斯基询问，这些庆典活动是否意味着俄国将与奥地利结盟。这位易怒的战争英雄有资格问这样的问题。女皇答道："与奥地利结盟有利于我们对土耳其人的战争。波将金公爵建议我们这样做。"鲁缅采夫-扎杜奈斯基恼怒地建议女皇自己拿主意。"一个头脑很好，"叶卡捷琳娜大帝简练地回答，"但两个头脑更好。"[7]这就是她与波将金合作的方式。

约瑟夫二世痴迷于视察和检阅，清早就起床去视察一切能够视察的东西。和许多无才华的军人（比如彼得三世和保罗大公）一样，约瑟夫二世相信足够频繁的视察和阅兵能让他变成弗里德里希大王。波将金礼貌地陪同他检阅俄国军队，但显然觉得他昂首阔步的模样令人厌倦。约瑟夫二世老是谈起他还没有检阅波将金的"精锐骑兵团"之一，但公爵根本不想去，因为"天气随时可能变坏"。最后，叶卡捷琳娜大帝就像爱唠叨的妻子一样劝他还是安排一次，带约瑟夫二世一起去，不管天气怎么样。

为了让两位君主观看骑术表演，甚至专门搭建了一座漂亮的帐篷。其他观众——包括波兰国王的侄子斯坦尼斯瓦夫·波尼亚托夫斯基亲王（这个故事是他讲的）——骑马观看。波将金公爵率领数千骑兵疾驰而来，呼声震天。公爵举剑命令冲锋，这时他的坐骑在他的重压之下突然倒地，"就像半人马，只有后腿着地"。不过，在这个尴尬时刻他还是处理得当，没有坠地，而是继续发出命令。骑兵团从一里格①的距离之外开始冲锋，地动山摇，然后在两位皇帝的帐篷前突然停下，并且队形整整齐齐。约瑟夫二世说："我从未见过一个骑兵团能这样。"他对波将金坐骑的事故做了怎样的评论则没有被记载下来。[8]

5月30日，叶卡捷琳娜大帝和约瑟夫二世离开莫吉廖夫，同乘一辆马车前往斯摩棱斯克，在那里暂时分别。约瑟夫二世只带了五名随从，去莫斯科观光。此时叶卡捷琳娜大帝距离波将金的出生地奇若瓦不远。有一个传说是波将金邀请叶卡捷琳娜大帝参观奇若瓦村。他和外甥瓦西里·恩格尔哈特（女皇的助理之一，此时是村庄的主人）一起在村口迎接她，并带她参观了他出生的那间木制浴室。村里的一口井从此被称为叶卡捷琳娜井。随后他们分两路行进，波将金去莫斯科与约瑟夫二世会合，而女皇返回圣彼得堡。她写信给波将金："我的好朋友，没有你，我的心里空荡荡的。"[9]

约瑟夫二世无法理解波将金。这位皇帝告诉他母亲："波将金公爵想和我一起去莫斯科，向我解释所有的东西。他现在深得女皇宠信。女皇甚至在餐桌前说他是她最忠实的学生……"约瑟夫二世补充道："到目前为止，他还没有表达出什么了不起的见解，不过我相信在这趟旅途中他会表达的。"然而，约瑟夫二世的希望落空了。波将金带着皇帝到处检阅部队，其间约瑟夫二世不断发表学究气的高谈阔论，波将金却总

---

① 里格是欧洲和拉丁美洲一个古老的长度单位，在英语世界通常定义为3英里（约4.828公里，适用于陆地，即大约等同于一个人步行一小时的距离），或定义为3海里（约5.556公里，适用于海上）。

是陷入沉默的冥思。波将金想要与约瑟夫二世结盟，但波将金不是阿谀奉承之辈，不会因为哈布斯堡家族的首脑在自己身边就受宠若惊。到了莫斯科之后，约瑟夫二世写信给"非常亲爱的母亲"，说波将金"向我解释了某些景点的必看特色"，但"其他景点我是一个人去的"。波将金经常在床上打盹，而酷爱视察的皇帝黎明就起身，去看更多东西。他们离开莫斯科时，约瑟夫二世对波将金很生气，因为波将金"悠闲自得。我在莫斯科只见了他三次，他完全没有和我谈过正事"。约瑟夫二世的结论是，波将金"太懒惰、太冷漠，没有干劲，并且太漫不经心"。[10]

6 月 18 日，约瑟夫二世和波将金抵达圣彼得堡。双方这才开始探讨结盟的可能性。在皇村，波将金为法尔肯施泰因伯爵安排了一轮享受。他让叶卡捷琳娜大帝的英国园丁（来自哈克尼①，本是汉诺威人，名叫布什②，这真是巧合）为喜欢小客栈的皇帝打造了一家特别的客栈。英国贵妇蒂姆斯戴尔男爵夫人（她的丈夫是医生，为俄国皇室接种了疫苗）几年后到访时，这位园丁自豪地告诉她，他在客栈外挂了个牌子，上书"法尔肯施泰因伯爵客栈"。他还写了个牌子，自称"客栈老板"。约瑟夫二世在"法尔肯施泰因伯爵客栈"享用了煮牛肉、汤、火腿和最"可口但普通的俄国菜"。不知这位毫无幽默感的迂腐皇帝有没有明白俄国人的笑话。[11]

与此同时，俄国大臣和外国外交官都如坐针毡，因为他们察觉到某种庞大但到目前为止还看不清的变化即将发生。皇帝

---

① 哈克尼是伦敦的一个区。

② "布什"（Bush）的意思是灌木丛。

一行返回圣彼得堡后，约瑟夫二世遇见了尼基塔·帕宁。皇帝写道："此人一副胆战心惊的样子，仿佛害怕我去找他的对手波将金公爵。"到 7 月初，波将金本人开始在皇帝、女皇和奥地利使节科本茨尔之间穿梭，开始确立俄奥两国更为正式的关系，从而"恢复两国朝廷之间旧有的信任与亲密"。叶卡捷琳娜皇帝看清了约瑟夫二世那雅努斯①一般的个性，但她在给格林的信中（这些信几乎是半公开的）宣称这位皇帝的头脑是她见过的"最稳重、最深刻也最聪明的"。他离开的时候，两国关系已经有所改善，但双方还没有做任何决定。玛丽亚·特蕾西亚仍然在维也纳统治。[12]

约瑟夫二世离开俄国之后，在奥地利、普鲁士和英国争相向俄国示好的气氛中，波将金疏远已久的母亲达里娅在莫斯科去世了。女皇得知时正在去往皇村的路上，波将金正在附近的夏季住处奥泽尔基。叶卡捷琳娜大帝坚持亲自将噩耗告诉波将金，于是改变路线，赶到他那里。失去一位疏远的母亲，往往比失去与自己关系亲密的母亲更让人痛苦。波将金泪如雨下，因为（用科尔伯龙的话说）"这位公爵""极为敏感"。[13]这么说算是很保守了。

约瑟夫二世的成功访问引起了极大震动。亲普鲁士的帕宁和保罗大公方寸大乱。弗里德里希大王决定派遣一位普鲁士王子去圣彼得堡，从而抵消哈布斯堡家族在俄国取得的成功。在莫吉廖夫会议的很久之前，弗里德里希大王的使节格尔茨就在与波将金和帕宁探讨这样一次访问。不过，弗里德里希大王这

---

① 古罗马神话中的门神雅努斯有两张脸，一张往前看，另一张向后看。

次没有派熟悉波将金的海因里希王子，而是派了自己的侄子和继承人弗里德里希·威廉。这不是个好主意。约瑟夫二世虽然迂腐，却令人肃然起敬；而从国王那里接受了具体指示要奉承波将金的弗里德里希·威廉则是个蠢笨而肥壮的普鲁士粗汉，不擅长待人接物。海因里希王子尽职尽责地写信给波将金，请他欢迎粗鲁的王侄，那语气就像是不情愿地送给对方廉价的礼物，想事先为此而道歉。①

8月26日，波将金和帕宁一同欢迎普鲁士王子驾临。但波将金刻意宣布，亚历山德拉·恩格尔哈特"不会设宴接待他"。[14] 叶卡捷琳娜大帝给"肥胖、拘谨、笨拙"的普鲁士王子取了个绰号"肥猪"。没过多久，整个都城就厌烦了这位霍亨索伦王子，只有保罗大公例外，因为他崇拜弗里德里希大王，所以爱屋及乌，喜欢任何一位普鲁士王子。此外，弗里德里希大王的计划已经被挫败了，因为约瑟夫二世派来了他的秘密武器：利尼亲王。[15]

科尔伯龙和格尔茨想当然地认为，约瑟夫二世的访问不会带来什么切实的成果。但这位法国使节随后不得不与科本茨尔夫妇和"新来的利尼亲王及其公子"一同赴宴。科尔伯龙轻蔑地说这个"佛兰德的大老爷"只不过是个"和蔼可亲的浪荡子"，但事实远远不是这样。

利尼亲王夏尔·约瑟夫时年五十岁，是启蒙时代的一位始终带着男孩般的淘气、狡黠并且机智风趣的贵族。他的家族于1602年获得帝国直属诸侯的地位。他是家族的继承人，由一

---

① 就连弗里德里希大王也说弗里德里希·威廉王子是"沉闷无聊、令人生厌的乌云"。——作者注

位保姆抚养长大。她让他光着身子跳舞、赤裸裸地与她一起睡
觉。他娶了列支敦士登家族的一位女继承人，但觉得婚姻
"在最初几周里很荒诞，随后就无所谓了"。结婚三周后，他
第一次背叛妻子，与一名女仆通奸。七年战争期间他率领自己
的利尼亲王团，在科林战役①中表现出色。战争结束后他告诉
弗里德里希大王："我在 30 岁之前想当一个漂亮姑娘……在
60 岁之前想当将军，在 80 岁之前想当枢机主教。"然而，有
一件事情让他愤愤不平：他渴望别人把他视为一位真正的将
军，但从约瑟夫二世到波将金，没有一个人愿意给他一个独立
的军事指挥职位。这让他满腹愤恨。[16]

　　利尼亲王的头号才华是交际。这位迷倒全欧洲的风流才
子把每一天都视为一出喜剧，等待被他变成一句名言警句；
每一个姑娘对他来说都是一次冒险，等待被他写入诗歌；每
一位君主都在等待他用风趣的妙语来引诱。他的阿谀奉承有
时令人作呕。一位曾观察他拍马屁的人士写道："利尼亲王
真是个卑贱、臭不要脸的马屁精！"但拍马屁是很有用的。
他与约瑟夫二世和弗里德里希大王都是好朋友，这可是了不
起的本事；他和卢梭、伏尔泰、卡萨诺瓦和玛丽·安托瓦内
特王后的关系也很好。可见那个时代的世界真是很小。没有
人比他更适合代表 18 世纪晚期那种风流放荡的世界主义：
"我在任何地方都想当外国人……在奥地利，我想当法国人；
在法国，我想当奥地利人；在俄国，我既想当法国人，也想

---

① 科林战役是七年战争的一部分，发生于 1757 年 6 月 18 日，地点在今天
捷克中部的科林附近。道恩伯爵指挥的 4.4 万名奥军打败了弗里德里希
大王指挥的 3.2 万名普军。这是七年战争当中弗里德里希大王首次战败。
他不得不放弃进军维也纳的计划、结束对布拉格的围攻并撤退。

当奥地利人。"

在全欧洲的沙龙，人们争相抄录他的信件，鹦鹉学舌一般重复他的珠玑妙语。他文采斐然，对那个时代的许多伟人做了尖酸刻薄的描绘。他对波将金兴趣盎然，而他对波将金的描绘最为精彩，无人能敌。他的《杂记》和卡萨诺瓦的《我的一生》一样，是那个时代的最佳记录。利尼亲王和卡萨诺瓦是同一个法罗牌协会的成员，不过利尼亲王在顶层，卡萨诺瓦在底层。他们在欧洲各地的舞会、牌桌、歌剧院、妓院、路边客栈和宫廷，一次又一次地遇见同一批江湖骗子、公爵、娼妓和伯爵夫人。

就连波将金也被他迷住了。他们的友谊把那个时代最风趣健谈的两个人联系在了一起。他俩的友谊也有跌宕起伏，就像一段爱情有沉有浮。波将金档案里有利尼亲王的很多从未发表的亲笔信，用的是细小的笔迹，极其幽默和机智，但也很难辨认。自称"外交骑师"的利尼亲王应邀参加了女皇在皇村的所有私密牌戏，经常与女皇同乘一匹马车，并与她一起赴宴。叶卡捷琳娜大帝赞誉他是"我见过的最讨人喜欢、最容易打交道的人，头脑充满奇思妙想，思维深刻，如同孩子般擅长各种各样的花招"。在这样一个人面前，蠢笨如牛的普鲁士王子怎么会有机会？

只有保罗大公费功夫和弗里德里希·威廉打交道，这只会让叶卡捷琳娜大帝和波将金更加不喜欢他。为了欢迎普鲁士王子，女皇在埃尔米塔日剧院举办了庆祝活动、舞会和晚宴。大公夫妇陪伴着普鲁士客人，但叶卡捷琳娜大帝叹着气对哈里斯说："我请你保护我，挡住那些粗野的傻瓜。"女皇懒得和普鲁士王子一起观看表演。外国外交官都不知道女皇去哪里了。

原来她在和波将金与利尼亲王一起打台球。[17]

　　弗里德里希·威廉终于无功而返之后，女皇和公爵如释重负。王子也注意到了女皇与公爵对他的冷淡。他在未来成为普鲁士国王之后，会对俄国复仇。至于利尼亲王，俄国人简直舍不得他走。始终很有绅士风度的"外交骑师"多待了一段时间。最后，在 10 月，他坚持要走，于是波将金带他检阅了自己的一个团，送了他一大堆礼物（马匹、农奴和一个镶嵌钻石的匣子）才让他走。波将金后来很想念利尼亲王，经常问科本茨尔，利尼什么时候回来。

　　奥地利人要的就是这个。他们像连珠炮一般奉承波将金。科本茨尔甚至请求皇帝在尽可能多的明文信件里赞美波将金。可见当时外交界的谄媚到了多么油腻的程度。科本茨尔说，波将金也赞美约瑟夫二世，把皇帝的言论看得比普鲁士国王或瑞典国王的话重要得多；但皇帝对波将金的直接赞美应当留给特殊的场合；约瑟夫二世还应当专门问候恩格尔哈特姐妹。[18]

　　1780 年 11 月 17 日（公历为 28 日），约瑟夫二世终于得到解放。在位四十年的玛丽亚·特蕾西亚去世，再也不能对儿子施加理智的约束。现在约瑟夫二世有了机会去推行自己的主张。他险些毁了哈布斯堡家族的遗产，这是连普鲁士的弗里德里希大王也预料不到的。在维也纳和圣彼得堡之间的悲戚书信中，约瑟夫二世几乎掩饰不住自己的喜悦。利尼亲王在 11 月 25 日，也就是玛丽亚·特蕾西亚去世的仅仅一周之后对波将金开玩笑说："在我看来，皇帝的内心充溢着对你的友谊……我故意为了你和他争吵，把我乐坏了……他经常告诉我，你还没有忘记我……"[19] 那是自然了。

玛丽亚·特蕾西亚被安葬在维也纳嘉布遣会①教堂的皇帝墓穴之后，约瑟夫二世知道自己可以开始和俄国亲善了。波将金向科本茨尔表达了自己对俄奥结盟的"热情"和"严肃态度"。叶卡捷琳娜大帝则确保所有的细节都被直接汇报给她，而不是帕宁"那个老滑头"（她与波将金对话时这样称呼帕宁）。[20] 叶卡捷琳娜大帝和约瑟夫二世将注意力转向了即将开始的针对奥斯曼苏丹的斗争。

詹姆斯·哈里斯爵士相信俄奥结盟对他自己的使命有帮助，但即便在波将金从莫吉廖夫返回之后，哈里斯还是不能理解俄国为什么不愿意与英国结盟。波将金快快活活地向哈里斯解释说，叶卡捷琳娜大帝不愿与英国结盟是出于一系列原因（都是很苍白的借口），包括"喜欢嚼舌根的男宠兰斯科伊的愚蠢"，以及她自己的"激情"和让她变得软弱的哈布斯堡皇帝"圆滑的奉承"（约瑟夫二世让她相信自己是"欧洲最伟大的女君主"）。波将金的这些指责反映了他想办法操控叶卡捷琳娜大帝时的挫折感，但也有波将金调皮捣蛋的成分在里面。这显然是波将金"耍弄"可怜的哈里斯的例子，因为女皇和公爵的秘密通信能够证明他们把自己的整个政治体制都建立在俄奥结盟的基础上。[21] 哈里斯最终认识到，自己支持波将金去反对帕宁是个错误，因为如今波将金虽然友好但对英国不感兴

---

① 嘉布遣会是天主教方济各修会的独立分支，1525 年由玛窦·巴西（约1495—1552）创立。玛窦·巴西认为，方济各会修士的会服不合圣方济各所著原式，于是自行设计尖顶风帽，并蓄须赤足，许多人纷纷以他作为榜样。他们的生活简朴清贫。嘉布遣会在反宗教改革时期积极活动，力图让普通人保持对天主教的忠诚；现在主要从事传教和社会工作。

趣，而帕宁则公开敌视哈里斯。

面对帕宁的敌意，哈里斯请求返回英国，但伦敦方面仍然催促他想办法促成英俄结盟。于是，在与波将金的夜间密谈中，始终足智多谋的哈里斯写出一个雄心勃勃的计划。波将金的想象就是后来英国官方政策的来源。公爵说，如果英国希望俄国参战帮助英国，那么英国应当给俄国"一些值得追寻的目标"。哈里斯在1780年11月用密文向国务大臣斯托蒙特子爵解释："波将金公爵虽然没有明说，但非常清楚地让我知道，俄国女皇成为我国盟友的唯一条件是割让梅诺卡岛。"这听起来牵强，但其实也不一定，因为1780年波将金正在建造自己的黑海舰队，并扶植俄国通过两道海峡、前往马赛等地中海港口的贸易。梅诺卡岛上的马翁港也许能成为黑海舰队有价值的基地。在上一次战争期间，俄国人占领了希腊的若干岛屿，但签订和约的时候没有保留这些岛屿。波将金在他的瓜分奥斯曼帝国的计划里经常提议把克里特岛给法国和英国。后来保罗皇帝还占领了马耳他岛。哈里斯强调说，波将金非常小心，从来没有直接提出这一点。这是波将金喜欢玩的那种神奇梦幻般的开疆拓土的帝国游戏，对他自己来说无本万利。

波将金对"俄国在梅诺卡岛上获取一个海军基地"的想法很有兴趣，尤其是英国会在岛上留下大批补给物资（价值200万英镑），等于是白送给俄国或者波将金的。他每天都和哈里斯会谈、讨论此事，并安排哈里斯于1780年12月19日第二次与叶卡捷琳娜大帝密谈。在召见哈里斯之前，公爵先与女皇谈了两个钟头，出来的时候"满面春风"。这是哈里斯与波将金的友谊的巅峰。"我们单独坐在一起，谈到深夜，他突然谈起英俄结盟能够给俄国带来的所有好处……"我们可以想象波将金懒洋洋地躺在自己房间（满地是托考伊葡萄酒和香槟酒瓶，绿色台面呢的桌子上摆着纸牌）的沙发上时那种孩子气的喜悦、空中楼阁的梦想和狂热的兴高采烈。"随后他用他丰富的想象力构想一支俄国舰队驻扎在马翁，并安排大批希腊人在该岛定居的场面。这样一个据点能成为女皇在地中海的荣耀的支柱。"[22]

女皇明白梅诺卡岛的潜在好处，但告诉波将金："新娘实在太美了，美得不真实。他们企图欺骗我。"看来她和波将金在一起的时候很容易被波将金的兴奋感染，但她单独思考的时候还是会更冷静和审慎。俄国的舰队还没有建成，守不住梅诺卡岛，只能任凭英国操控。于是她否决了梅诺卡岛的计划。她做得对，因为它太遥远，并且过没多久英国自己就丢失了它。

波将金抱怨说，叶卡捷琳娜大帝"疑心重、怯懦并且思维狭隘"，但他这么说有一半是在演戏。哈里斯还没死心，希望波将金能支持英国："星期三在皇村与波将金公爵一起吃饭……他非常友好、十分明智地谈起我们两国的利益，这让我更加感到遗憾，因为他经常陷入懒散和放纵。"哈里斯还没有意识到，波将金的战略重心根本不在西方，而在南方。不过，在波将金秘密与奥地利人谈判的同时，詹姆斯爵士仍在不断努力。

在此期间，约瑟夫二世和叶卡捷琳娜大帝已经同意了一项防御性条约的条件，包括针对奥斯曼帝国的秘密条款。但波将金的宏业如今遇到了一个很有时代特色的障碍。根据外交传统，两国君主在签署一式两份的条约时，会分别在其中一份上先签名，在另一份上后签名。然而，神圣罗马皇帝作为欧洲最高级的统治者，总是在两份上都先签名。现在叶卡捷琳娜大帝拒绝承认俄国的地位低于神圣罗马帝国，而约瑟夫二世拒绝把自己的签名放在第二位，因为那样会损害他作为皇帝的尊严。于是，东方的大洗牌出人意料地因为外交礼仪问题而搁浅。

这场危机清楚地体现出叶卡捷琳娜大帝和波将金的差别。女皇固执己见，而公爵恳求她灵活一点，把条约签了才是最重要的。两人的争吵反映在他们的书信和科本茨尔的报告里。波将金在双方之间来回交涉。叶卡捷琳娜大帝有一次让他通知科本茨尔"放弃这种无聊的事情，因为它会毁掉一切"。谈判确实停止了。

令问题更加复杂的是，波将金还要求给他的外甥女亚历山德拉和叶卡捷琳娜好处，她俩都要结婚了。很快连叶卡捷琳娜大帝的男宠兰斯科伊也卷入了争吵。不过，叶卡捷琳娜大帝设计了一个巧妙的解决方案，让波将金向约瑟夫二世提议：双方可以在书信中列出各自的条约义务，然后交换已署名的书信，而不是签署条约。[23]

精神高度紧张的波将金看到自己的毕生大业遇到危机，因"消化不良"而病倒了。叶卡捷琳娜大帝到波将金的套房看望他，与他和解，并与他"从晚上8点待到午夜"。他俩和好如初。

1781年5月10日，俄奥条约的危机抵达巅峰之时，波将金命令达尔马提亚航海家马尔科·沃伊诺维奇伯爵向波斯发动一次小规模入侵。为了扫清"希腊计划"道路上的障碍，波将金在执行一项针对波斯的秘密政策。

在之前的整整一年里，波将金一边与奥地利人谈判，一边筹划自己的波斯政策。1780年1月11日，也就是约瑟夫二世提议在莫吉廖夫与叶卡捷琳娜大帝会谈的十天前，波将金命令自己麾下最能干的将领亚历山大·苏沃洛夫在阿斯特拉罕集结一支入侵部队。自1778年，波将金就命人在伏尔加河畔的喀山建造船只，现在他命令这些船只向南移动。俄奥联盟也许还要几年才能谈成。在此期间，俄国会试探一下波斯帝国。

那个时代的波斯帝国延伸到里海南端以南，囊括巴库和杰尔宾特①、今天的阿塞拜疆全境、亚美尼亚大部和格鲁吉亚的一半。亚美尼亚人和格鲁吉亚人是基督徒。至于希腊人、瓦拉几亚人和摩尔达维亚人，波将金渴望解放这些东正教兄弟，将其纳入俄罗斯帝国。与此同时，他在圣彼得堡召见了亚美尼亚人的代表，讨论将亚美尼亚基督徒从波斯的桎梏下解放出来。

当时的俄国政治家当中鲜有理解商业的重要性的人，波将金是其中之一。他知道，如果在里海东岸建立一个贸易站，从那里去波斯湾只有"三十天"路程，取道坎大哈去印度也只有五周路程。换句话说，这是波将金为后来所谓的"大博弈"②走出的第一步，尽管是很小的一步。我们知道波将金在

---

① 杰尔宾特在今天俄罗斯的达吉斯坦共和国，在里海之滨、俄罗斯与阿塞拜疆边界以北不远处。它是俄罗斯最南端的城市。

② "大博弈"是指19世纪大部分时间里英国与俄国为了阿富汗及其周边的中亚与南亚领土而发生的政治与外交对抗。俄国害怕英国侵入中亚，而英国害怕俄国威胁印度。双方互不信任，不时以战争互相威胁。一般认为，"大博弈"的开始是在1830年1月，印度总督威廉·本廷克勋爵开始建立从印度通往布哈拉埃米尔国的贸易路线。另外，英国企图控制阿富汗，将其变成自己的附庸，并将土耳其、波斯、希瓦汗国和布哈拉埃米尔国作为英俄之间的缓冲地带。这样就能保护印度和英国之间的关键海上路线，并阻止俄国在波斯湾或印度洋获得港口。随后爆发了1838年的第一次英国-阿富汗战争、1845年的第一次英国-锡克战争、1848年的第二次英国-锡克战争和1878年的第二次英国-阿富汗战争。俄国则吞并了希瓦、布哈拉和浩罕汗国。"大博弈"的结束是在1895年9月，俄国与阿富汗的边界得到确定。英国作家罗德亚德·吉卜林的小说《基姆》让"大博弈"这个词闻名于世。

同时考虑他的"希腊计划"和波斯计划,因为他和英国朋友谈过此事。法国人和英国人兴致勃勃地观察着波将金的秘密波斯计划。六年后,法国大使还在努力查明它的秘密。

1780年2月,萨沙·兰斯科伊病倒了。波将金推迟向苏沃洛夫发布出征的命令,后者在乏味的外省城市阿斯特拉罕无聊得直跳脚。反奥斯曼的"希腊计划"和约瑟夫二世的访问被正式提上日程之后,波将金再分散力量到波斯就显得愚蠢了。于是他修改了计划。1781年初,波将金取消了入侵波斯的计划,改为劝说叶卡捷琳娜大帝发动一次规模有限的远征,由三十岁的沃伊诺维奇指挥。有人说沃伊诺维奇是来自达尔马提亚的"危险的海盗",也有人说他是"维也纳的大臣掌控的意大利间谍"。他参加过叶卡捷琳娜大帝的1768—1774年俄土战争,并曾短暂占领贝鲁特(今天的黎巴嫩首都)。

1781年6月29日,这支小小的远征舰队(三艘巡航舰和几艘运输船)横跨里海,在波斯建立了一个贸易站,奠定了叶卡捷琳娜大帝的帝国在中亚的基石。此时的波斯一盘散沙,但里海东岸的阿什哈巴德省的总督阿迦·穆罕默德·汗在利用各方势力来对抗中央。这位令人胆寒的帝国建设者在年幼时被自己父亲的敌人阉割,现在他希望成为波斯统治者。他欢迎俄国在里海东岸建立贸易站,也许是因为这样可以得到俄国的帮助,为他的军队筹措军费。

沃伊诺维奇的远征是很有启蒙时代特色的混合体,既代表了波将金对科学知识的渴求,也代表了商业热情,还是帝国主义扩张的表现。小小的远征队仅有50名步兵,其他人员一共只有600人。后来保存在法国外交官档案里的那份未署名的远征记述的作者,可能是得到波将金尊重的德意志-犹太植物学家卡尔-路德维希·哈布里茨。沃伊诺维奇其实不适合这样敏感的角色，但此次远征的规模很小，俄国政府没怎么管它。也许这是叶卡捷琳娜大帝的谨慎和波将金的热情相妥协的结果。远征开始的时候，女皇和公爵都已经坚定地将注意力转向沙皇格勒和维也纳，而不是阿什哈巴德和坎大哈。

公爵命令沃伊诺维奇"只可以用劝导的"手段，但沃伊诺维奇抵达之后"做的事情却完全相反"。他来到里海东岸之后，发现阿迦·穆罕默德的军队驻扎在那里。事实证明沃伊诺维奇是"一位糟糕的廷臣，也是蹩脚的政治家"。波斯军阀对俄国的贸易站还有兴趣，甚至提议让自己的侄子率领一个代表团去圣彼得堡。沃伊诺维奇却放肆地建造了一座堡垒（只有20门炮），仿佛仅凭他的650人就能对抗一支波斯大军。他设宴招待波斯人并故意放炮恫吓他们。原本就心中起疑的当地人更加警觉，他们又听说苏沃洛夫正率领6万人从达吉斯坦杀来。这条假消息可能是英国人在"大博弈"中的第一条诡计。它很有效。阿迦·穆罕默德决定除掉这些无能又讨厌的俄国人。

当地村长请沃伊诺维奇和哈布里茨赴宴。他们还没有抵达目的地，就被600名波斯武士团团围住。沃伊诺维奇和哈布里茨得到两个选择，要么撤离自己的堡垒并乘船离开，要么丢掉脑袋。他们正确地选择了撤退，因为阿迦·穆罕默德能做出极其残忍的事情。他后来有一次将一座敢于抵抗他的城镇中全体男性居民（共2万人）的眼睛戳瞎。他还完成了一项罕见的业绩：他是历史上唯一建立了一个新王朝的阉人。他的侄子的后代，即卡扎尔王朝，到20世纪初一直统治波斯，最后被巴列维王朝取代。沃伊诺维奇的远征失败了，要再过一个世纪，俄国才能征服中亚。[24]

小小的舰队灰溜溜地回国。这次狂妄的远征很可能酿成大祸，波将金必须对其负责。不过，他的风格就是同时操作两条路线，以防维也纳发生对他不利的事情。[25]

好在维也纳方面一帆风顺。约瑟夫二世同意用交换书信的方式签署秘密防御条约。在六个月里，全欧洲都认为俄奥谈判已经破裂，但在 5 月 18 日，叶卡捷琳娜大帝秘密签署了给"我亲爱的兄弟"的信，约瑟夫二世也照做了。她同意，如果奥地利和普鲁士发生战争，俄国会支持奥地利；但对波将金来说更重要的是，约瑟夫二世承诺，如果俄国遭到土耳其人攻击，奥地利会支持俄国。约瑟夫二世表示："〔土耳其人攻击俄国的〕三个月后，我将……〔对土耳其人〕宣战……"所以，奥地利会作为俄国与土耳其的和约的担保人。[26]俄国外交政策的路线就这样发生了变化，这是波将金的胜利。

叶卡捷琳娜大帝和波将金喜欢愚弄国际社会。法国、普鲁士和英国使节到处行贿，打探消息。哈里斯带着狐疑注意到"我的朋友""心情极佳"，但"回避一切政治话题"。科本茨尔当然对一切都心知肚明，也很高兴把别人蒙在鼓里。他告诉皇帝："整件事情在俄国仍然无人知晓，除了波将金公爵和别兹博罗德科。"[27]没过多久，约瑟夫二世就认识到，叶卡捷琳娜大帝想要什么一般都能得到。尽管"希腊计划"很优先，她还是没有放任"武装中立"失效，并说服了普鲁士和奥地利两国都保持中立。约瑟夫二世说："有句谚语说，女人想要什么，上帝都会赐予。一旦东西到了她们手里，她们一定会更加过分。"叶卡捷琳娜大帝和波将金为了自己的胜利欣喜若狂。

约瑟夫二世给女皇的一封恭维的信甚至让她脸红了。

条约仍然被严格保密。直到一个月后的 6 月 25 日，哈里斯才通过向别兹博罗德科的秘书行贿 1600 英镑得知俄国与奥地利签署了一项条约。令人惊讶的是，条约的秘密居然维持了将近两年。只有叶卡捷琳娜大帝、波将金和别兹博罗德科知道全部情况，他们没有告诉保罗大公。帕宁则已退隐到自己位于斯摩棱斯克的庄园。[28] 女皇和公爵互相道贺。叶卡捷琳娜大帝觉得自己和波将金就是古典神话中那对最好的朋友，皮拉得斯和俄瑞斯忒斯①。她向他祝贺时说："我的老皮拉得斯是个聪明人。"

但他们现在受到了保罗大公的挑战，后者对向南方扩张和俄奥联盟都持深刻的怀疑态度。他效仿自己的父亲，自命为"普鲁士人"。7 月，叶卡捷琳娜大帝邀请英国医生蒂姆斯戴尔男爵及其夫人为年轻的大公亚历山大和康斯坦丁接种天花疫苗。尼基塔·帕宁要求回到宫廷监督此事，这是他和保罗约好的花招。叶卡捷琳娜大帝怒道："如果他幻想回到首席大臣的位置上，那么就要大失所望了。在我的宫廷，他只能当个护士。"

叶卡捷琳娜大帝和波将金一定讨论过如何防止保罗阻碍他们的政策，如果可能的话还要把他拉到亲奥地利的路线上。那么何不送保罗及其妻子去维也纳和巴黎旅行，并绕过柏林的弗里德里希大王呢？如果叶卡捷琳娜大帝提议保罗出国旅行，神经紧张的保罗一定会觉得这是波将金企图除掉他的奸计。波将金此时正在安排创建自己的王国，在黑海之滨建立他的第一批城市，并安排两个外甥女的婚姻。他不会允许保罗破坏这些事业，于是设计了一个方案。[29]

① 见上文关于伊菲革涅亚的注释。

注　释

1 *Josef II und Katharina von Russland. Ihr Briefwechsel* ed Alfred Ritter von Arneth, letter III, CII to JII 19 May 1780.

2 *Maria Theresa und Josef II. Ihre Correspondenz* ed Alfred Ritter von Arneth, vol 3 p 246, JII to Maria Theresa 2 June NS 1780, Mogilev. SIRIO 27：182, CII to GAP 11pm 23 May 1780, Shklov.

3 B&F vol 1 p 1, JII to Count Cobenzl 13 April 1780, Vienna.

4 此处对约瑟夫二世的描写基于以下材料：Mansel, *Charmeur* p 80. Ligne, *Fragments* vol 1 310；Ligne, *Mélanges* vol 20 p 79；Ligne, *Letters* (Staël) vol 2 p 34, Ligne to CII 12 February 1790；SIRIO 23：440, CII to Baron F. M. Grimm 19 April 1788；Edward Crankshaw, *Maria Theresa* pp 254 – 68；Andrew Wheatcroft, *The Habsburgs* pp 226, 232, 236；T. C. W. Blanning, *Joseph II* pp 47-67, 151-5；Beales, pp 31-89, 306-37, 431-8。

5 *Maria Theresa – JII* (Arneth) vol 3 p 246, JII to Maria Theresa 2 June 1780.

6 Engelhardt 1997 pp 26-30. SIRIO 23：175-82, CII to Grimm.

7 Engelhardt 1997 pp 27-30.

8 Jerzy Lojek, *Stanislas Poniatowski：Pamietniki synowca Stanislawa Augusta przekl*, Instytut Wydawniczy PAX 1979 p 58.

9 L p 709. V. M. Zheludov articles, including 'Tsarski Kolodets' [The Tsarina's well]', all *Rayonnay Gazeta* of Dukhovshchina Region of Smolensk Oblast. RGADA 5. 85. 1. 83, L 140, CII to GAP.

10 *Maria Theresa – JII* (Arneth) vol 3 pp 250 and 260, JII to Maria Theresa 8 and 19 June 1780.

11 Dimsdale p 70, 7 September NS 1781, Tsarskoe Selo.

12 *Maria Theresa – JII* (Arneth) vol 3 p 270, JII to Maria Theresa 4 July 1780, St Petersburg. SIRIO 23 (1878)：183, CII to Grimm 24 July 1780, Peterhof.

13 Corberon vol 2 p 287, 18 August 1780. Harris, H to Viscount Stormont 2/13 October 1780.

14 Harris, H to Stormont 2/13 October 1780. Fraser, *FtG*, p 561.

15 RGADA 52. 3. 2. 1, Prince Henry of Prussia to GAP 2 August 1780, Rheinsburg, unpublished. Harris p 285, H to Stormont 28 August/8 September 1780.

16 关于利尼亲王的资料，见下面两条注释。

17 描写利尼亲王的主要史料是 Mansel, *Charmeur* 和利尼亲王自己的 *Mélanges*, *Fragments* and *Letters*，以及他给波将金的未公开发表的书信，存于 RGADA

and RGVIA, 下文有引用。Francisco de Miranda, *Archivo del General Miranda* p 294, 26 March 1787, Kiev. Corberon vol 2 pp 274–5, 8 August 1780. Ligne, *Letters* (Staël) vol 2 p 71 letter 11, Ligne to Coigny 8 August 1780. Mansel, *Charmeur* pp 21, 29, 65, 93. SIRIO 23 (1878): 185, CII to Grimm 7 September 1780. B&F vol 1 p 53, Cobenzl to JIII 17 September NS 1780. Harris p 287, H to Stormont 22 September/3 October 1780.

18 B&F vol 1 p 91, Cobenzl to JIII 13 December 1780.

19 RGADA 11.893.9, Ligne to GAP 6 December NS 1780, Vienna, unpublished. B&F vol 1 p 113, Cobenzl to JIII 4 February 1781.

20 GARF 728.1.416.42, L 144, CII to GAP ud.

21 Harris p 321, H to Stormont 13/24 December 1780.

22 Harris p 314, H to Stormont 13/24 December 1780; pp 380–1, H to Stormont 14/25 July 1781. SIRIO 23 (1878): 431, CII to Grimm 30 November 1787. Harris p 275, H to Stormont 15/26 June, 6/17 October, 24 November/5 December 13/24 December 1780. Madariaga, *Russia* pp 385–7. AKV 13: 75–83, A. A. Bezborodko to S. R. Vorontsov July 1785. PRO FO Secretary of State: State Papers, Foreign, cyphers SP106/67, William Fawkener to Lord Grenville 18 June 1791, unpublished. Harris pp 431–2, Charles James Fox to H and H to Fox 19/30 April 1782; pp 342–50, H to Stormont 13/24 March 1781, H to Stormont 30 April/11 May 1781. William Coxe, *Memoirs of the Kings of Spain of the House of Bourbon* vol 3 p 448 (the £2 million stores on Minorca), quoted in Madariaga, *Britain, Russia and the Armed Neutrality* p 297.

23 GARF 728.1.416.47, L 145, and RGADA 5.85.1.104, L 146, CII to GAP.

24 Cyrus Ghani, *Iran and the Rise of Reza Shah – Qajar Collapse to Pahlavi Power* pp 1–2.

25 Pole Carew CO/R/3/95, May 1781, unpublished. 关于波斯远征：AAE Mémoires et Documents Russie vol 10 pp 113–224 esp. 139 and 191, 包括哈布里茨和塞居尔伯爵给韦尔热讷伯爵的讲述，时间是 1786 年 10 月 15 日。Passe Turco-Tatar Present Soviétique (1986): Michel Lesure, L' Expedition d' Astrabad 1781–2: Est-il Encore un Secret d' Etat? 3 September 1780 Order of Prince Potemkin to College of Admiralty – Opisanie del Arkhiva Morskago ministerstva za vremya s poloviny XVIII-go do nachala XIX stoletiya, St Petersburg 1877–82 vol 3 p 629 no 724/111, cited in Lesure. 关于亚美尼亚问题：波将金希望建立一个与他的"希腊计划"平行的"亚美尼亚计划"。他一直在追寻这个想法，提拔亚美尼亚教士，就像他提拔希腊教士一样。

Bruess, pp196-7. 详见本书第 17 章、18 章和 19 章。

26 B&F vol 1 pp 154-8, Cobenzl to JII 23 May 1781; p 207, Cobenzl to JII 26 August 1781. *JII-CII* (Arneth) letter XXXII, JII to CII, and letter LXXXIV, CII to JII.

27 B&F vol 1 p 141, Cobenzl to JII 5 April 1781. Harris p 367, H to Stormont 8/19 June and 25 June/6 July 1781.

28 B&F vol 1 p 197, JII to Cobenzl 19 August 1781; p 207, Cobenzl to JII 26 August 1781. PRO FO Secretary of State: State Papers, Foreign, cyphers SP 65/3 no 94, Harris to Stormont 25 June/6 July 1781.

29 RGADA 5.85.1.490, L 146, CII to GAP. Harris p 382, H to Stormont 14/25 July 1781.

16 三门婚姻和一顶王冠

或在一处可爱的小果园，

有一座凉亭，那里泉水叮咚，

如同甜美的竖琴音，拨动我的心弦，

我的思绪被各式各样的愉悦吸引，

先是让我疲倦，后来唤醒了我的精气神；

倚靠在天鹅绒沙发上，

一位受宠的温柔少女，

我用爱注满她年轻的心。

——加夫里拉·杰尔查文，《费丽察颂》

俄奥条约签署不久之后，叶卡捷琳娜大帝就开始落实波将金的计划。她劝说帕宁的外甥列普宁公爵向保罗建议去奥地利旅行，仿佛这是列普宁的主意。保罗吞了诱饵，恳求女皇允许他去奥地利。叶卡捷琳娜大帝欲擒故纵，假装不愿意，后来才同意。不过，她确实担心这个满腹苦水、精神状态不稳定的儿子会犯下严重的错误。她写信给约瑟夫二世："我恳求陛下体谅……年轻人的缺乏经验。"约瑟夫二世发来了邀请函。保罗和玛丽亚·费奥多罗芙娜很兴奋。他们甚至对波将金也彬彬有礼，波将金则向所有人赞扬皇储。[1]

帕宁听说了女皇的计划。"老滑头"已经不屑于掩饰自己的不满。他匆匆赶到圣彼得堡，煽动保罗的恐惧，并告诉他，这样的旅行对俄国皇子来说可能很危险：大家都记得彼得大帝的儿子阿列克谢被从维也纳带回并折磨致死。对于父亲被母亲所害的保罗来说，他可以信任的人很少。因此他完全相信了旅行的计划其实是要害他的阴谋。帕宁说，去柏林比去维也纳好，并暗示，保罗如果去了维也纳，不仅可能失去继承权并被谋杀，他的孩子可能也会被夺走。保罗害怕得歇斯底里起来。

次日（9月13日）上午在皇村，六神无主的大公夫妇拒绝启程。他们的部分借口是两个孩子刚刚接受疫苗接种，需要父母陪伴。叶卡捷琳娜大帝让罗杰逊医生和蒂姆斯戴尔医生向他们保证疫苗的安全可靠。宫廷为此喧腾了三天，外国外交官们则在分析皇储如何通过挑战女皇和波将金来破坏俄奥关系。波将金"大惑不解，拿不定主意，甚至绝望"到考虑允许保罗去拜访柏林的老狐狸。星期五，哈里斯在波将金的套房和他待在一起。哈里斯相信俄奥结盟给了英国新的希望，于是提醒波将金，软弱会危害他的地位。波将金在屋里"按照他的习惯"踱来踱去，一言不发，然后跑去见女皇。叶卡捷琳娜大帝不是彼得大帝，但如果保罗拒绝服从她的命令，会导致异常严重的继承危机。女皇和公爵决心强迫保罗启程。一个小时后波将金回到哈里斯身边的时候，一切都已经决定好了。

皇储启程的景象是皇室生活的一出小小悲剧，在宫廷人员、保罗的随从和若干农奴与马匹的面前上演。19日，化名"北方伯爵"的皇储和妻子一起亲吻了孩子，然后出发了。大公夫人晕厥了，不得不让人把她抬进马车。保罗可怜兮兮、心惊胆战地跟上去。女皇和她的权贵，包括波将金、奥尔洛夫公爵和奸诈的帕宁伯爵，向保罗道别。保罗闷闷不乐地上车的时候向帕宁低声说了些什么，但帕宁没有回答。

皇储拉下马车的百叶窗，命令车夫快速出发。次日上午，帕宁被罢免。[2]

波将金享受着自己的政治胜利，并为自己的两个单身外甥女兼情妇萨申卡和卡金卡安排婚姻。1781 年 11 月 10 日，叶卡捷琳娜·恩格尔哈特（昵称卡金卡，绰号"维纳斯"，半个宫廷的人都为之倾倒，叶卡捷琳娜大帝的两个儿子保罗和博布林斯基都爱过她）在皇宫礼拜堂嫁给了病恹恹但富有的帕维尔·马丁诺维奇·斯卡乌龙斯基伯爵。斯卡乌龙斯基是彼得大帝的小舅子（立窝尼亚人）的后代，是个特别有趣的怪人。他在意大利长大，把意大利当作家乡。波将金挑中他，因为他是个宽容的傻瓜，并且痴迷于音乐。他自己作曲并举办音乐会，尽管他其实没有一丁点音乐才华。他不准仆人正常讲话，要求他们必须用歌剧宣叙调交流。他发号施令都是用音乐的形式，他的访客也不得不用歌唱的方式交谈。他的歌唱宴会在慵懒而好卖弄风情的卡金卡衬托下，一定显得无比滑稽。[3] 叶卡捷琳娜大帝对斯卡乌龙斯基取悦女人的能力表示怀疑，"他有点傻乎乎的，又笨手笨脚"。女皇表示，她之所以关心，仅仅因为此事"与我关系密切"，意思是她把波将金的外甥女当作亲人看待。公爵不同意女皇的看法，因为斯卡乌龙斯基的软弱和富有很符合他的目的。[4]

两天后，萨申卡嫁给了她舅舅的波兰盟友，波兰王室的大盖特曼，四十九岁的克萨韦里·布拉尼茨基。他是个本性善良、白手起家且雄心勃勃的暴徒，凭借担当斯坦尼斯瓦夫-奥古斯特国王的打手而平步青云。卡萨诺瓦说他是头脑不聪明但威风凛凛的"波兰好汉"。卡萨诺瓦曾在华沙与布拉尼茨基决斗，因为布拉尼茨基辱骂了他的情妇，一个名叫拉·比内蒂的意大利女演员。双方都负了伤，布拉尼茨基的伤尤其重，但不打不成交，两人从此成为好友。[5] 塞居尔伯爵经过华沙的时候，布拉尼茨基穿着传统波兰服装（红靴子、棕色长袍、皮毛帽子，腰挎军刀）去见他，送给他两支镶嵌珠宝的手枪，并说："这是您的两个旅伴。"[6]

布拉尼茨基与波兰国王闹翻了，他觉得自己的未来是成为俄国的盟友。他和波将金一见如故。1775 年他们在圣彼得堡第一次相遇，此后布拉尼茨基一直努力讨好波将金，在波兰为他效力。那年 3 月 27 日，布拉尼茨基写信给"我亲爱的将军"，"波兰挑选我"给波将金汇报喜讯：波兰王国授予波将金波兰贵族的身份。这是他成为库尔兰公爵或波兰国王的第一步。波将金给自己设计的在叶卡捷琳娜大帝百年之后的两条出路就是当库尔兰公爵或波兰国王。[7] 布拉尼茨基与波将金外甥女的婚姻显然是在为波将金家族在波兰开辟一个桥头堡。[8]

女皇监督了亚历山德拉与"波兰好汉"的婚礼。当天早上，新娘被带到叶卡捷琳娜大帝的房间，"女皇亲自把自己的一些华丽昂贵的珠宝首饰给新娘戴上"。我们有与之相似的对女皇的另一位亲信侍女列夫·纳雷什金的女儿的婚礼记载："这位女士的礼服是一件意大利睡袍，上有白银丝线和水袖……裙撑非常大。"新娘与女皇一同用膳。在教堂内，新娘站在"一块海绿色的丝绸之上"。新娘和新郎手里拿着蜡烛，有人按照东正教传统将冠冕举到他们头顶。新娘和新郎交换戒指，然后神父"拿出一块两三码长的丝绸，将他俩的手束在一起"。仪式结束后是婚宴，随后新娘把女皇的珠宝首饰归还，并从女皇那里得到 5000 卢布的礼金。[9]

波将金的第四个外甥女，"无望的"娜杰日达在 1779 年嫁给了 P. A. 伊斯梅洛夫上校，他们的婚礼没有那么隆重。差不多在萨申卡结婚的同时，娜杰日达失去了丈夫，随后改嫁给波将金的盟友之一，元老 P. A. 谢皮洛夫。最后一个外甥女塔季扬娜在 1785 年嫁给了自己的远亲，比她年长二十五岁的米哈伊尔·谢尔盖耶维奇·波将金中将。他性格温和，波将金公爵戏称他为"圣人"。他们的婚姻很幸福，直到他早逝。[10]

瓦尔瓦拉和亚历山德拉都结束了与波将金的关系，而叶卡捷琳娜·斯卡乌龙斯卡娅伯爵夫人似乎在继续当他的情人。科本茨尔告诉约瑟夫二世："她和舅舅之间的关系照旧。她的丈夫非常吃醋，当然不会同意，但不敢阻挠。"即便在五年之后，斯卡乌龙斯卡娅仍然"光艳照人，是舅舅最宠爱的情妇"。[11]

1784 年，波将金安排斯卡乌龙斯基出任俄国驻那不勒斯大使，这让他很高兴，因为可以生活在音乐大师的国度。但斯卡乌龙斯卡娅对意大利歌剧没有兴趣；波将金虽然同时还有另外好几个情妇，但很喜欢这个柔顺的外甥女，不希望与她分别。最后她去了那不勒斯，但没有在那里待多久。斯卡乌龙斯基写给波将金的一些书信简直是奴颜婢膝的典范："我无法表达读到您屈尊给我写的信时的喜悦与感激，以及您屈尊给予我的善意和关照让我多么感动。我会献出自己的生命来珍惜您的恩典，我敢说世上不会有人比我更感激您。"此外，斯卡乌龙斯基还哀求波将金帮助他避免外交上的失礼行为。波将金读到这样的信一定忍俊不禁，不过他喜欢斯卡乌龙斯基从意大利给他送来的雕塑。[12]斯卡乌龙斯基在那不勒斯欣赏咏叹调的间歇居然生了好几个儿女，其中有一个女儿后来会在全欧洲臭名昭著。

斯卡乌龙斯基总是小心地告诉波将金，他的妻子渴望回到俄国。这也许是真的，因为满脑子梦幻的"天使"思乡心切。她在那不勒斯期间豢养了一个"女奴"，让她"每晚给女主人讲同样的故事"，帮助她入眠。白天她"总是闲散无事"，她讲起话来"极其空洞无聊"，但她控制不住自己，总是与别的男人打情骂俏。[13] 她成了那不勒斯的第一风骚女子，这在那不勒斯可以算是很高的评价，而这座城市即将体验到汉密尔顿夫人埃玛的狡猾。但当波将金的成功让他有机会拉拢全欧洲的时候，卡金卡就匆匆回到了他的身边，沐浴他的光辉。

亚历山德拉·布拉尼茨卡伯爵夫人不仅继续担当波将金的心腹和他在波兰的代理人，而且仍然是叶卡捷琳娜大帝最亲密的朋友。亚历山德拉那挥霍无度的丈夫总是一掷千金，而她为自己的家庭获取了大笔财富，这让她有时与舅舅发生争吵，但他俩总是能和好如初。[14] 她在余生经常与波将金和女皇待在一起，但主要住在自己位于波兰和白俄罗斯的庄园。她给波将金的信的笔迹很难辨认，但充满了温情："我的父亲，我的生命，我离你这么远，让我很难受……我只有一个请求，不要忘了我，永远爱我。没有人像我这样爱你。我的上帝，我见到你的时候会非常开心。"[15] 她广受尊重。同时代的人强调她品德高尚，"她一辈子都是忠贞的楷模"，[16] 这在那个时代是很了不起的事情，尤其她的丈夫是个年纪较大的风流浪子。他们有很多儿女。也许她真的爱上了布拉尼茨基那种讨人喜欢的粗犷。

三个外甥女的婚姻让波将金与女皇发生了一些争吵，因为波将金想要授予自己的亲人一些勋章并给予大笔金钱："给未来的大盖特曼夫人〔亚历山德拉〕60万卢布、其他若干款项和圣叶卡捷琳娜勋章；给戈利岑公爵夫人〔瓦尔瓦拉〕一幅〔女皇的〕肖像。"波将金希望国家出钱，给他的外甥女提供结婚礼物，因为她们也是叶卡捷琳娜大帝的亲人。吵了几周之后，女皇答应了。他对自己的亲人就是这样关怀备至。

保罗离开皇村的时候对波将金恨之入骨。但波将金不像是大臣，反倒像是君主，努力在宫廷不同派系和外国势力之间维持平衡。11月，他与哈里斯谈话，说要重新给帕宁一定程度的权力，也许是为了拿帕宁去平衡正在飞黄腾达的别兹博罗德科。[17] 波将金的最大优点之一是从不睚眦必报，很多政治家（包括民主社会的政治家）没有这个品质。也许他仅仅是不想再看帕宁受辱。不管怎么说，波将金的胜利已经打垮了帕宁，他在10月病倒了。

一个类似的情况是，在1782年初，大感困惑的科本茨尔禀报约瑟夫二世，波将金正在重新倒向普鲁士。科本茨尔和哈里斯的报告结尾都承认自己摸不清波将金这一系列动作的动机。公爵虽然倾向于奥地利，但在余生始终努力在两个德意志君主国之间走中间路线。[18]

在维也纳，保罗的行为让东道主感到震惊，尤其是在约瑟夫二世吐露了俄奥联盟的秘密之后。哈布斯堡君主认为，大公是个长着狮子鼻的迫害妄想狂，"他的软弱和优柔寡断，再加上虚伪"不大可能让他成为成功的专制君主。保罗在奥地利待了六个月，向约瑟夫二世倾吐自己对波将金的憎恶。保罗来到哈布斯堡家族的意大利领地之后，又滔滔不绝地向托斯卡纳大公（约瑟夫二世的弟弟）咒骂自己母亲的宫廷，谴责"希腊计划"和俄奥联盟。他说，叶卡捷琳娜大帝"侵略土耳其从而扩张俄国领土并重建君士坦丁堡帝国"的计划是"妄想"；奥地利显然贿赂了卖国贼波将金；等他（保罗）登基之后，就要逮捕波将金，把他投入大牢！[19]"北方伯爵"启程前往巴黎之后，哈布斯堡兄弟一定长舒了一口气。

要想抵挡保罗当上皇帝之后必然发动的攻击，波将金只有两个办法：要么改变皇位继承顺序，要么在俄国之外给自己建立一个基地。于是他尝试改变计划，企图一劳永逸地打击保罗，也许将来可以剥夺他的皇位继承权，把皇位留给他的儿子亚历山大。波将金听说保罗的随行人员当中有亚历山大·库拉金公爵（另一个亲普鲁士、敌视波将金的人，并且是帕宁的外甥），于是通过科本茨尔请求奥地利人给他看"黑室"截获的保罗的邮件。奥地利秘密情报机构搜集了保罗与帕宁的一些书信，将其送给波将金。波将金自信一定可以抓住库拉金替普鲁士人刺探情报的把柄，从而打击皇储保罗。[20]

尼基塔·帕宁虽然卧病在床，但知道库拉金的书信一定会被拆阅，所以安排保罗通过帕维尔·比比科夫（亚历山大·比比科夫将军的儿子）与在国内的支持者联络。1782 年初，比比科夫写给库拉金的一封信被拆阅，引发了比萨尔登阴谋更严重的爆炸性后果，使得保罗于叶卡捷琳娜大帝在世期间始终不能获得权力。比比科夫在信中说，叶卡捷琳娜大帝的统治是"祖国的糟糕局面"，并批评"独眼巨人"或"独眼龙"毁掉了军队。"如果弄断他［波将金］的脖子"，一切都会恢复"天然的秩序"。

叶卡捷琳娜大帝感到担忧和愤怒。比比科夫被立即逮捕。叶卡捷琳娜大帝亲自为审讯官舍什科夫斯基拟定了问题。比比科夫的借口是，他当时仅仅是因为自己的团被调往南方而不满。叶卡捷琳娜大帝把审讯笔录送给波将金看，同时命令元老院的秘密行动部审判比比科夫。秘密法庭宣判他犯有叛国罪，根据军法还确定他犯有诽谤总司令波将金的罪行。惩罚是死刑。

波将金在这个关头表现出了自己的正派。尽管保罗的圈子说要弄断他的脖子，他还是在1782年4月15日请叶卡捷琳娜大帝开恩："即便美德会招人嫉妒，与美德能给人们带来的好处相比，嫉妒也不值一提了……您可能已经宽恕他了……他也许能克服自己的堕落倾向，成为陛下的一位有价值的臣民。如果您能宽恕他，那么就是对我的恩赐。"比比科夫承认自己非常害怕波将金报复，在审讯中号啕大哭。他表示愿意公开向波将金道歉。

"他不应当害怕我报复，"波将金写信给叶卡捷琳娜大帝，"上帝赐给我很多能力，但我不会报复人。我甚至不想要他公开道歉……在我的一生中，他绝对找不到一个我报复别人的例子。"[21] 的确如此。但更重要的是，这一席话展现了这位政治家的克制：他从来不会对人过分，所以也不会引发意想不到的反应。

库拉金此时在巴黎，在保罗身边，他被召回，然后和比比科夫一起被流放到南方。皇储旅行结束、回到圣彼得堡时，他的影响力已经荡然无存，他的盟友作鸟兽散。就连他的母亲，也鄙视这个招人讨厌、精神状态不稳定的儿子和他的妻子，说他们是"沉重的包袱"。[22] 科本茨尔告诉约瑟夫二世："现在波将金公爵比我以往任何时候看到的都要高兴。"[23]

俄奥两国的秘密盟约很快受到了克里米亚局势的考验。克里米亚是黑海的关键，是鞑靼人的最后要塞，也是波将金南扩政策的绊脚石。5月，波将金去莫斯科以东"做了一次短途旅行"，视察了一些庄园。他在途中的时候，土耳其人又一次支持克里米亚人反叛叶卡捷琳娜大帝安插的傀儡沙欣·格来。他又一次被驱逐，在他宫廷的俄国代表也被赶走。克里米亚汗国陷入无政府状态。

女皇派了一名信使去找波将金。她在 1782 年 6 月 3 日的信里写道："我亲爱的朋友，尽快回来吧。"她疲惫地补充道，他们必须兑现承诺，帮助沙欣·格来复辟，尽管这是他们第三次扶植他上台了。她告诉波将金，英国海军将领罗德尼①于 4 月 1 日（公历为 12 日）在加勒比海的桑特海峡战役中打败了约瑟夫·德·格拉斯将军指挥的法国舰队，这稍稍缓解了英国的困境，因为此时北美殖民地即将取得独立。她认识到她在克里米亚支持沙欣·格来的政策已经过时，但如何是好的微妙问题取决于欧洲列强和波将金的态度。"我们在一起的话，半个小时就能做好决策，"她告诉波将金，"但现在我不知道你在哪里。我请你尽快回来，因为我最害怕的事情就是错过了什么重要的事情，或者犯错误。"女皇的这番话十分清楚地表达了他俩是合作关系，他俩是平等的。²⁴

波将金认为克里米亚的动荡是一个历史性机遇，因为英法都正忙于别的战争。他疾驰回都城，几乎是一路欢呼雀跃。他立刻用自己潦草的笔迹给詹姆斯·哈里斯爵士写了这封淘气的法文信："大不列颠万岁，罗德尼万岁。亲爱的哈里斯，我刚到。猜我是谁，马上来找我。"

---

① 乔治·布里奇斯·罗德尼，第一代罗德尼男爵（1718—1792），英国海军名将，参加过七年战争和美国独立战争。

哈里斯在午夜匆匆赶到皇村，去拜访"那个不寻常的
人"。哈里斯后来告诉英国新任外交大臣、他的挚友查尔斯·
詹姆斯·福克斯①，波将金"每天都做出新的让我惊诧的事
情"。詹姆斯爵士到了皇村之后发现波将金正处于欣喜若狂的
状态。波将金坚持要与哈里斯彻夜长谈，尽管他刚刚结束
"长达 3000 俄里的旅行，仅仅花了 16 天，在此期间他只睡过
3 次。并且除了视察好几座庄园和教堂之外，他还不得不忍受
女皇命令各地为他准备的沉闷无聊的欢迎仪式和社交活动……
但他身上没有一丝一毫疲劳的迹象……我们分别时，我［哈
里斯］肯定比他累"。25

波将金和女皇会合后，决心帮助沙欣·格来再次成为克里
米亚可汗，但也援引俄奥盟约请奥地利援助，以防俄国与奥斯
曼帝国发生战争。约瑟夫二世给"我的女皇，我的朋友，我的
盟友，我的女英雄"26 做了热情洋溢的回复。于是波将金开始准
备俄国对克里米亚危机的军事回应，而叶卡捷琳娜大帝抓住机
会将他们的"希腊计划"从幻想变成政策。1782 年 9 月 10 日，
叶卡捷琳娜大帝向约瑟夫二世提出"希腊计划"，后者对计划的
不切实际感到震惊，但对它的宏伟愿景肃然起敬。首先，叶卡
捷琳娜大帝想要为"我的第二个孙子康斯坦丁大公""在一个野
蛮政府的遗迹之上"重建"古代的希腊君主国"。然后，她想要
建立一个达契亚王国（达契亚是古罗马的一个行省，覆盖今天

---

① 查尔斯·詹姆斯·福克斯（1749—1806），英国辉格党政治家，是小威
廉·皮特的主要对手。查尔斯的父亲亨利曾是老威廉·皮特的主要对手。
福克斯坚决反对乔治三世，认为后者是暴君；他支持美国爱国者，甚至
赞扬乔治·华盛顿。他反对奴隶制，支持法国大革命，主张宗教宽容和
个人自由。他曾担任外交大臣。

的罗马尼亚），"一个独立于三个君主国的国家……由一位基督徒君主统治……并且是俄奥两国朝廷都能信任的人……"科本茨尔的书信明确表示，达契亚将是波将金的王国。

约瑟夫二世的答复同样豪情万丈。他原则上同意"希腊计划"。他索要的价码是霍京要塞、瓦拉几亚的一部分和贝尔格莱德；他要求威尼斯割让伊斯的利亚①和达尔马提亚给他，用来交换摩里亚②、塞浦路斯岛和克里特岛。他补充说，若没有法国的帮助，这一切都是办不到的，所以也许要把埃及交给法国。具体细节要看战争和谈判的结果，但他不反对"希腊计划"。[27]

波将金当真相信会建立一个复兴的拜占庭帝国，让康斯坦丁当皇帝，并建立一个达契亚王国，他自己来当国王吗？这种想法让他心潮澎湃，但他始终是实干家。达契亚的想法后来实现了，即19世纪中叶建立的罗马尼亚。波将金肯定为实现这个想法做了计划。不过，他没有因此冲昏头脑。[28]1785年，他与法国大使塞居尔伯爵讨论土耳其问题时说，他能占领伊斯坦布尔，但坚持表示新拜占庭的想法只不过是"镜花水月"。他说，这是"扯淡"，是"虚无"。他随后却淘气地提议，三四个欧洲强国联合起来将土耳其人驱赶到亚洲，从奥斯曼帝国的魔爪之下解放埃及、爱琴海诸岛、希腊和全欧洲。多年后波将金问一个正在朗诵普鲁塔克作品的朋友，自己能否去君士坦丁堡。对方巧妙

---

① 伊斯的利亚半岛是亚得里亚海北端的一个半岛，今天大部分属于克罗地亚，小部分属于意大利和斯洛文尼亚。
② 中世纪和近代初期，希腊的伯罗奔尼撒半岛被称为摩里亚。"摩里亚"的意思可能是桑树叶。这座半岛生产的丝绸很有名，半岛的形状也很像蚕的食物。

地回答，这是完全可能的。"这就够了，"波将金呼喊，"如果有人告诉我去不了那里，那我干脆掏枪自尽算了。"[29]他的思维总是很灵活，正是他在1788年9月提议安排康斯坦丁当瑞典国王（尽管瑞典距离沙皇格勒很遥远）。[30]所以，波将金希望自己的梦想能达成战略目标，但同时他也是个务实的人。

波将金对俄奥联盟和"希腊计划"的贡献有多大？叶卡捷琳娜大帝本人做了评价。她后来对波将金写道："与维也纳朝廷的盟约，完全是你的功劳。"[31]

1782年8月7日，女皇和波将金出席了法尔科内的彼得大帝巨型塑像"青铜骑士"的揭幕仪式。这座塑像至今屹立在圣彼得堡的元老院广场。这是一份石头做的宣言书，表达了女皇和波将金效仿彼得大帝的雄心壮志。（彼得大帝在波罗的海地区取得了辉煌胜利，但在南方失败了。）

公爵命令自己的外甥萨莫伊洛夫少将开始准备出征克里米亚，恢复那里的秩序，但后来波将金决定亲自南下主持此事。这趟旅行标志着波将金和叶卡捷琳娜大帝合作关系的第一阶段结束了，此后波将金不再长期待在都城，而是亲临一线，开启他的丰功伟业。从此刻起，叶卡捷琳娜大帝明白他俩会经常分开。这是他为自己挣得荣耀与满足的道路，不过她在给身在远方的波将金的信中温柔地承认："我亲爱的主人，我非常不喜欢你不在我身边。"

1782年9月1日，波将金公爵离开圣彼得堡，去征服克里米亚。[32]

注 释

1 *JII-CII*（Arneth）letter XLIX, CII to JII 7/18 December 1781. B&F vol 1 p 170, Count Cobenzl to JII 5 July 1781.

2 Harris p 391, H to Viscount Stormont 10/21 and 17/28 September 1781; pp 399–408, 21 October/1 November 1781; p 394, 21 September/2 October 1781. B&F vol 1 p 209, Cobenzl to JII 26 August 1781.

3 B&F vol 1 p 226 12 September 1781; p 291, 18 January 1782; vol 2 p 75, 1 November 1786, all Cobenzl to JII. Wiegel quoted in RP 3. 1 p 10.

4 RGADA 5. 85. 1. 401, L 148, CII to GAP.

5 Casanova vol 10 ch 8 pp 190–7.

6 Ségur, *Memoirs*（Shelley）p 189.

7 RGADA 11. 867. 12, Grand Hetman Branicki to GAP 9 April NS 1775, Warsaw. RGADA 11. 867. 1–60, unpublished. 布拉尼茨基与波将金的通信能够帮助我们研究 1775—1791 年的俄国与波兰关系。我用这些材料展示这对舅舅与外甥女婿之间的关系，以及波将金的波兰政策。这些材料对本书来说过于详细了，但将来研究波兰的学者会觉得它们非常宝贵。早在 1775年，大家就明白，波将金在庇护布拉尼茨基并培植他的力量。例如，见 SIRIO（1911）135. 68, Vice-Chancellor Ivan Osterman to O. M. Stackelberg 7 December 1775, Moscow。

8 Zamoyski, *Last King of Poland* p 291.

9 Dimsdale 27 August 1781.

10 有一个传说是，谢皮洛夫能够与娜杰日达·恩格尔哈特结婚，是因为他在 1775 年的一次决斗中杀死了彼得·M. 戈利岑公爵，所以得到波将金的奖赏。传说谢皮洛夫是应波将金的要求才杀死戈利岑的，因为戈利岑与叶卡捷琳娜大帝调情。这种说法没有任何证据：杀死戈利岑的人叫 Lavrov，根本不是谢皮洛夫；并且谢皮洛夫与娜杰日达结婚是五年后的事情。谢皮洛夫怎么可能等待奖赏这么久呢？不管怎么说，通过决斗来施加报复不是波将金的风格。见 Catherine's letter to GAP on the duel, RGADA 1. 1/1. 54. 130, L 79, probably in October/November 1775。

11 B&F vol 1 p 291, 18 January 1782; vol 2 p 75, 1 November 1786; vol 1 p 93, 13 December 1780, all Cobenzl to JII.

12 RGADA 11. 901. 5, P. M. Skavronsky to GAP 20 June 1784, Vienna. RGADA 11. 901. 19, Skavronsky to GAP 4/15 June 1785, Naples, unpublished.

13 Vigée Lebrun vol 1 pp 192–4.

14 RGADA 11. 857. 8, Countess A. V. Branicka to GAP ud, unpublished.

15 RGADA 11. 857. 40, Branicka to GAP ud, unpublished.

16 Wiegel 1 (1891) p 43.

17 Harris p 391, H to Stormont 7/18 September 1781.

18 B&F vol 1 p 282, Cobenzl to JII 18 January 1782. Harris p 412, H to Stormont 9/ 20 November 1781; p 408, 21 October/1 November 1781.

19 Arneth, *Joseph II u. Leopold von Toscana* vol 1 pp 114-24, 5 June 1782. B&F vol 1p 301, JII to Cobenzl 19 February 1782. Roderick E. McGrew *Paul I* p 129. SIRIO 23: 145 and SIRIO 23: 157-9, CII to Paul 25 April and 7 June 1782. D. M. Griffiths, 'The Rise and Fall of the Northern System' p 565. Ransel, *Politics* p 211. SIRIO 9: 64. B&F vol 1 p 342, JII to Cobenzl 13 November 1782.

20 B&F vol 1 pp 262, 318, Cobenzl to JII 4 December 1781 and 18 July 1782.

21 RGADA 7. 2. 2607, GAP to CII, CII to Prince Viazemsky etc.

22 SIRIO 23: 621, CII to Grimm 6 April 1795.

23 B&F vol 1 p 318, 18 July 1782.

24 RGADA 5. 85. 1. 121, L 150, CII to GAP 3 June 1782. Also RGVIA 271. 1. 31. 1106, M. S. Potemkin to GAP 1 June 1782, unpublished.

25 Harris p 447, H to Charles James Fox 10/21 June 1782.

26 JII-CII (Arneth) p 136, JII to CII and CII to JII 12 July and 5/26 July 1782.

27 JII-CII (Arneth) p 169, letter XXIV, JII to CII 13 November 1782; letter LXV, CII to JII 10 September 1782. B&F vol 1 p 344, Cobenzl to JII 4 December 1782. Harris, H to Lord Grantham 23 December/3 January 1783.

28 B&F vol 1 p 344, Cobenzl to JII 4 December 1782.

29 Ségur, *Mémoires* 1827 vol 2 pp 401, 382-3. Castera vol 3 p 307.

30 AVPRI 5. 585. 294, L 317, GAP to CII 29 September 1788.

31 RGADA 5. 85. 1. 557, L 256, CII to GAP 23 November 1787.

32 RGADA 5. 85. 1. 88, L 154, CII to GAP.

17　波将金的天堂：克里米亚

> 然而我抓获波斯的俘虏，
>
> 忽而又向土耳其人发射利箭……
>
> ——加夫里拉·杰尔查文，《费丽察颂》

波将金说克里米亚是叶卡捷琳娜大帝鼻子上的"疣子"，但它将会成为他自己的俄国"天堂"。克里米亚半岛不仅风光旖旎、郁郁葱葱，而且是历史悠久的国际贸易中心，能够掌控整个黑海。古希腊人、哥特人、匈人、拜占庭人、可萨人①、卡拉伊姆人②、格鲁吉亚人、亚美尼亚人、热那亚人和（较晚抵达的）鞑靼人都是克里米亚的访客，在那里经商。这座半岛似乎并不属于任何一个种族。在波将金这样的古典学家眼中，克里米亚有克森尼索的遗迹和神话中阿伽门农的女儿伊菲革涅亚的神庙。但最让他感兴趣的是克里米亚的战略意义，以及它作为折磨了俄国三个世纪的蒙古要塞的历史。

克里米亚的鞑靼人汗国被西方人称为克里米亚汗国。它即

---

① 可萨人（或译作哈扎尔人）是一个半游牧的突厥民族，于6世纪末在今天俄罗斯欧洲部分的东南部建立了一个强大的国家。位于东西方贸易道路之上的可萨汗国发展为繁荣的商业据点。10世纪末，基辅罗斯消灭了可萨汗国。可萨王公在8世纪皈依犹太教。

② 卡拉伊姆人是中东欧的一个信奉犹太教的突厥民族，可能是可萨汗国的遗民。19世纪，俄罗斯帝国迫害犹太人时，卡拉伊姆人从政府那里获得了豁免的条件，也就是说他们不被视为犹太人。第二次世界大战时侵占克里米亚的纳粹也不将卡拉伊姆人视为犹太人。

便在 1782 年也显得古老，因为它是曾经的蒙古帝国的最后前哨。克里米亚的格来家族是奥斯曼帝国第二尊贵的家族，因为他们是成吉思汗的后代，比奥斯曼家族显赫多了。如果说罗马和拜占庭代表了帝国合法性的三大国际性传统之二，那么成吉思汗的血脉就是第三种传统。格来王朝在安纳托利亚拥有大片土地，奥斯曼人巧妙地在那里囚禁了格来家族许多焦躁不安的继承人。大家都心知肚明，假如奥斯曼家族有一天绝嗣，那么成吉思汗的后代格来家族就会继位。所以，他们更多是奥斯曼帝国的盟友而不是臣民。

克里米亚汗国建立于 1441 年，哈吉·格来脱离金帐汗国①，自立为克里米亚和黑海沿岸的可汗。他的继承人明里·格来承认奥斯曼苏丹的最高宗主权，从此两国就以紧张但互相尊重的同盟关系并存。鞑靼人守卫黑海，保卫土耳其的北方边疆，并给君士坦丁堡提供源源不断的金发碧眼的斯拉夫奴隶。这些斯拉夫人要么成为纸醉金迷的奥斯曼上层社会的奴仆，要么成为划桨奴隶。据估计，在 1601—1655 年，克里米亚汗国将超过 15 万斯拉夫人卖为奴隶。克里米亚汗国的军队由 5 万至 10 万骑兵组成，主宰着东欧大草原，需要更多奴隶的时候就袭击莫斯科大公国。这些鞑靼骑兵装备 6 英尺长的劲弓，使用 2 英尺长的箭；也配有火枪和镶嵌珠宝的圆盾，以及镶嵌天青石和祖母绿的手枪。在 18 世纪以前，克里米亚可汗从俄国沙皇和波兰国王那里收缴贡金。格来王朝相信自己的辉煌无人

---

① 金帐汗国即钦察汗国，延续时间为 1242—1502 年，是蒙古四大汗国之一，建立于蒙古帝国西北部，后来突厥化，占有东欧和中欧地区（至多瑙河），由拔都（成吉思汗长子术赤的儿子）及其后裔掌权，长期统治俄罗斯，盛极一时，后分裂为许多汗国。

能敌。一位可汗在巴赫齐萨莱宫的一处铭文中写道："帝王之星在荣耀的地平线上高高升起。他美丽的克里米亚宝座向全世界放射光彩。"在巴赫齐萨莱宫，可汗就像小型的奥斯曼苏丹一样深居简出，由 2100 名君士坦丁堡派来的近卫军守护。

三百年来，克里米亚汗国是东欧最重要的大国之一，它的骑兵被誉为欧洲最强的骑兵。克里米亚汗国的疆域比克里米亚半岛大得多，16 世纪它处于巅峰状态的时候，它的统治范围远至特兰西瓦尼亚、波兰、阿斯特拉罕和喀山，兵锋直指莫斯科。即便在波将金的时代，克里米亚汗国的统治范围仍然东至库班大草原，西到比萨拉比亚，从克里米亚半岛的南端一直延伸到扎波罗热哥萨克的领地，"囊括俄罗斯帝国和黑海之间的全部土地"。克里米亚汗国经常与立陶宛联手对抗莫斯科大公国，在 16 世纪甚至曾纵火焚烧莫斯科郊区。[1] 但克里米亚汗国有致命的缺陷：可汗不是世袭的，而是推举产生的。格来家族之下还有穆尔扎，即同样源于蒙古帝国的鞑靼人家族，他们选举格来家族的一名成员为可汗，然后选举另一名成员（不一定是可汗的儿子）为王储。此外，可汗的很多臣民是桀骜不驯的诺盖①鞑靼人游牧者。只有在战时，可汗才能真正统领这些人。[2]

奥斯曼帝国的法国顾问托特男爵被派遣到克里米亚，在那里与可汗一起骑马、放鹰捕猎、观赏灵猩赛跑。可汗身边始终有 6000 名骑兵陪伴。1768 年奥斯曼帝国向俄国宣战后，可汗卡利姆·格来在托特陪同下，骑马从克里米亚出征，率领 10 万大军去比萨拉比亚和波兰边境攻击俄军（年轻的波将金就在这支

① 诺盖人是生活在北高加索地区的一个突厥族群。

部队里）。卡利姆·格来去世（可能是被毒死的）后，鞑靼人在
比萨拉比亚停下脚步，扶植新的可汗德夫莱特·格来。托特男
爵是最后一批见证这个成吉思汗君主国原始的辉煌的人士之一：
"他［德夫莱特·格来］的帽子上装饰着两根长羽饰和钻石，背
着弓和箭筒，前方走着他的卫兵，还有几人牵着马，马头上有
羽饰，后面跟着先知的大旗和全体宫廷人员。他就这样前往自
己的宫殿。在御座厅，他端坐在宝座上，接受所有权贵的宣誓
效忠。"现场还有"一支管弦乐队和一群演员与小丑，与上述的
游牧武士的高尚场景很不协调"。可汗出征的时候像他的蒙古祖
先一样住在"内壁深红"的帐篷里。[3]

　　鞑靼人对俄军的袭击起初很成功，但总的来讲俄土战争对
克里米亚汗国来说是场灾难。德夫莱特·格来死在他的深红色
内壁的帐篷里，被一个能力不及他的人取代。托特被召回君士
坦丁堡，但不幸的是鞑靼军队正和奥斯曼主力部队一起留在多
瑙河畔，所以 1771 年瓦西里·多尔戈鲁基占领克里米亚的时
候，鞑靼军队并不在国内。如前文所述，在 1774 年，普加乔
夫叛乱和外交局势让俄国人没能保住自己新征服的全部土地。
但叶卡捷琳娜大帝在波将金的精明辅佐下，坚持在《库楚克
开纳吉条约》中要求克里米亚汗国独立于奥斯曼苏丹，不过
苏丹仍以哈里发的身份对克里米亚汗国施加名义上的宗教控
制。"独立"给克里米亚汗国带来了更多灾难。

　　有一个人是克里米亚悲剧的聚焦点：沙欣·格来。用叶卡
捷琳娜大帝的话说，他是鞑靼人的"王太子"。沙欣·格来于
1771 年率领一个克里米亚代表团去了圣彼得堡。叶卡捷琳娜
大帝告诉伏尔泰，沙欣·格来"是个可爱的人，他会写阿拉

伯文的诗歌……我允许他每个星期日宴会后到我的宫廷，允许他观看姑娘们跳舞……"沙欣不仅相貌英俊，而且在威尼斯受过教育。于是，1772 年 11 月克里米亚人根据《卡拉苏巴扎尔条约》① 脱离伊斯坦布尔的控制之后，沙欣成为俄国扶植的可汗人选。同年，沙欣带着 2 万卢布和一支黄金宝剑离开了圣彼得堡。⁴ 土耳其人虽然同意了《库楚克开纳吉条约》和《埃纳里卡瓦克条约》，但始终不接受克里米亚的独立。奥斯曼帝国割让了第聂伯河上的金伯恩和亚速海之滨的两座要塞，但保留了易守难攻的强大要塞奥恰基夫②，从那里可以威胁占据了第聂伯河与布格河之间土地的俄国人。

1774 年 4 月，沙欣·格来当选可汗。他对俄国宫廷过于崇敬。然而他对西方文化的仰慕和效仿掩饰不住他在政治和军事上的无能，以及他毫无节制的虐待狂行为。他像是伊斯兰版本的约瑟夫二世，但没有后者的慈善心。沙欣·格来开始在一支雇佣军（由一名波兰贵族领导）的支持下建立开明专制政权。与此同时，俄国人将 1200 名希腊盟友安置到亚速海之滨的耶尼卡雷。这些希腊人被称为"阿尔巴尼亚人"，他们很快就和鞑靼人发生争吵。奥斯曼人派来一支舰队，带来一位前任可汗，准备用他取代沙欣。于是鞑靼人掀起反叛，沙欣不得不再次逃亡。1778 年 2 月，波将金命令发动一次新的军事行动帮助沙欣复辟，而奥斯曼人滑稽地宣称他们可以证明沙欣是异教徒，因为他"睡在床上，坐在椅子上，并且不按正确的方式祈祷"。⁵ 沙欣复辟之后对自己的政治才干抱有不切实际的幻

---

① 卡拉苏巴扎尔就是今天克里米亚半岛上的城市白山。

② 在今天乌克兰的西南部。

想。据波将金说，沙欣自认为是克里米亚的彼得大帝。他凶残地谋杀自己的敌人，让俄国人都惊呆了。叶卡捷琳娜大帝希望沙欣已经吸取到了教训。

波将金企图给克里米亚汗国来个釜底抽薪。该国的经济依赖于希腊、格鲁吉亚和亚美尼亚的商人与果农，而这些人全都是东正教徒。鞑靼人在毛拉们的煽动下，在"阿尔巴尼亚人"的诱惑下，在沙欣的波兰雇佣军的刺激下，对这些基督徒大开杀戒。1779 年，俄国资助 31098 名基督徒在亚历山大·苏沃洛夫将军的控制下从克里米亚汗国逃亡。这些基督徒应当很高兴脱离乱七八糟的异教泥潭，到东正教帝国去寻找避难所。俄国政府承诺在俄国境内给他们一些经济特权。但流亡演变成了死亡行军。他们在俄国境内的新家园根本没有被准备好，很多难民死在路上。政治和军事高官波将金和鲁缅采夫-扎杜奈斯基应当对难民的苦难负责。但不管怎么说，波将金确实把大部分难民安置到了塔甘罗格和他的新城镇马里乌波尔。从帝国主义政策的角度看，难民安置行动非常成功。[6] 没了这些基督徒的贸易和农业活动，沙欣的国家日渐贫困，只能寄希望于俄国的慷慨施舍。沙欣的兄弟们在 1782 年夏季反叛。沙欣再次逃亡，哀求俄国援助。他的兄弟之一巴哈德尔·格来当选可汗。他的统治将会很短暂。

波将金现在完全掌管了南方战区。他仅用十六天就跨越欧亚大陆，从波罗的海地区赶到黑海之滨。通常只有信使才会用这么快的速度，但他的一贯风格就是风驰电掣。他向叶卡捷琳娜大帝抱怨"讨厌的旅伴、恶劣的天气、糟糕的路况和慢吞吞的马匹"。"讨厌的旅伴"可能指的是森普尔少校。波将金会询问他一些关于西欧军队的问题，这个流氓后来自称辅佐了波将金的军事改革，不过波将金的改革思想在森普尔到俄国之前就产生了，而且是在他离开俄国之后执行的。波将金对这个骗子快要不耐烦了。他在旅途中不断和叶卡捷琳娜大帝鸿雁传书。她想了解克里米亚的情况，还给了他关于正在病中的卡金卡·斯卡乌龙斯卡娅的最新消息。兰斯科伊去看望了斯卡乌龙斯卡娅，随后向叶卡捷琳娜大帝和波将金报告称，她的身体在好转。这个独一无二的家庭就是这样运作的。[7]

1782 年 9 月 16 日，公爵来到他的新城市赫尔松。22 日，他在彼得罗夫斯克（今天的别尔江斯克）会见沙欣·格来，商谈俄国如何干预克里米亚事务。然后他命令德·巴尔曼将军入侵克里米亚。俄军击溃了叛军，"放纵地"杀死 400 人，然后占领了首都巴赫齐萨莱。沙欣·格来在俄军士兵的护卫下收复了自己的首都。9 月 30 日是波将金的命名日，通常他会在自己的套房与叶卡捷琳娜大帝一起庆祝。这一天，女皇给他送来了妻子给丈夫的礼物，一套旅行用的茶具和一个洗漱用品盒："我的朋友，你在命名日去了多么狂野的地方呀。"[8]

10 月中旬，克里米亚相对来讲恢复了安宁，波将金返回了自己的新城市赫尔松。在他的余生，他的很大一部分时间会在南方度过。叶卡捷琳娜大帝很想念他，但"我的主人，我必须承认，你在赫尔松待的这四周非常有价值"。[9]他努力工作，加快赫尔松的建设，推动造船事业，并视察金伯恩要塞的修建工程。（金伯恩就在奥斯曼要塞奥恰基夫对面。）叶卡捷琳娜大帝问："这个小小的城镇［奥恰基夫］怎么敢挑战赫尔松的年轻巨人？"女皇和波将金都在静观事态，看奥斯曼帝国是否会向俄国开战。幸运的是，奥地利和俄国的团结足以威慑奥斯曼帝国。[10]"巨人"匆匆赶回圣彼得堡，劝说叶卡捷琳娜大帝吞并克里米亚汗国。[11]

10月底，波将金返回圣彼得堡，此时的他与之前已经判若两人。他现在有了自己的使命。哈里斯向英国新任外交大臣格兰瑟姆勋爵报告称，所有人都注意到"波将金公爵的个性和行为在这六个月里发生了极大变化。他每天早早起身，勤于政事，不仅乐于在公众面前露面，而且平易近人"。[12]

公爵甚至赶走了自己宫廷那些声名狼藉的成员。森普尔少校企图利用波将金的庇护来敲诈圣彼得堡商人和金斯顿公爵夫人。他威胁金斯顿公爵夫人要派俄国士兵去她的住宅拿钱，但波将金揭穿了这个"骗子之王"。森普尔逃离俄国，一路上继续招摇撞骗。我们对森普尔后来的冒险知之甚少，不过利尼亲王后来告诉波将金，他招待了"殿下身边的一个英国人，森普尔少校。此人告诉我，他陪伴您一起征服了克里米亚"。森普尔后来在英国被判犯有诈骗罪，1795年被流放，不过他成功潜逃，但于1799年在伦敦死于狱中。[13]波将金喜欢自己身边聚集的这些江湖骗子，他从他们那里了解尽可能多的信息，然后运用自己超人的记忆力将这些信息牢记于心。那些人当然也会利用他，不过总是他的收获更多。

现在他开始出售自己的房产、马匹、庄园、珠宝，积攒"巨额现金"，并宣布自己打算退隐到意大利。他告诉哈里斯，他已经失去权力，并向叶卡捷琳娜大帝递交了辞呈，但她不接受。波将金经常威胁要辞职，叶卡捷琳娜大帝一定已经习惯了。没人说得清究竟是怎么回事。[14]他甚至把自己的债都还清了。

似乎上帝也在帮助波将金收拾局面。奥尔洛夫公爵年轻的

新任妻子于 1781 年 6 月去世后，他发疯了，在皇宫走廊里到
处漫游，满嘴胡言乱语。尼基塔·帕宁于 1783 年 3 月 31 日中
风。奥尔洛夫和帕宁都是被波将金遮蔽了光辉的夕阳，他俩互
相憎恶，但都不情愿地佩服波将金，最后在几天之内相继去
世。叶卡捷琳娜大帝觉得，他俩"如果在另一个世界相遇，
一定会大吃一惊"。[15]

公爵在处理家务，因为他在为自己在南方的毕生事业做准
备。叶卡捷琳娜大帝的这位"亲爱的主人"返回圣彼得堡的
时候，他正处于创造力的全盛期，奇思妙想不断从他的脑海迸
射出来。他回宫后立刻开始帮助她一劳永逸地处置克里米亚问
题。有后世历史学家说叶卡捷琳娜大帝是强硬而固执的战略
家，而波将金是谨慎的战术家。果真如此吗？在当前的问题
上，波将金采取了更强硬的路线，并得到了女皇的批准。但在
不同的事件中，他们可能采取不同的路线，所以很难一以概
之。遇到问题或风险的时候，他俩会争论、喊叫、生闷气、和
解，如此反复，直到他们的共同政策最终成熟。

11 月底，波将金就为什么必须吞并"打断了我国边境线"
的克里米亚，向叶卡捷琳娜大帝做了精彩绝伦而激情洋溢的解
释：因为奥斯曼人能"取道克里米亚直插我们的心脏"。时不
我待，吞并克里米亚必须尽快完成，必须趁着英国还在与法国
和北美殖民者缠斗，趁着奥地利仍然亲俄，趁着伊斯坦布尔仍
然被暴乱和瘟疫困扰的时候吞并克里米亚。他用滔滔不绝的帝
国主义言辞，运用自己渊博的历史知识，雄辩道：

> 想象一下，克里米亚是您的，仿佛是去掉了您鼻子上
> 的疣……尊贵的女士……您有责任提升俄国的荣耀！看看

现在各国的进展：法国占领了科西嘉；奥地利人不费一枪一弹，在摩尔达维亚占据了比我们还多的土地。欧洲没有一个强国不参与瓜分亚洲、非洲和美洲。相信我，这项事业会为您赢得不朽的荣耀，让您远远超过任何一位俄国君主。这样的荣耀还会带来更伟大的荣耀：有了克里米亚，就能确保主宰黑海。

最后他说："俄国需要自己的天堂。"[16]

叶卡捷琳娜大帝犹豫不决：吞并克里米亚是否会引发战争？他们是不是可以仅仅占领阿合提阿尔港，而不是整个汗国？波将金向哈里斯抱怨叶卡捷琳娜大帝的过度谨慎："我们从不高瞻远瞩，也不回顾历史，而是完全被对当下的考虑主宰着……如果我能确定自己办了好事就会得到掌声，做了坏事就会受责怪，我就起码能知道自己能仰仗什么……"哈里斯终于做了件有用的事情：波将金从他那里获得了保证——英国不会阻碍俄国向奥斯曼帝国的方向扩张。[17]

在波将金返回圣彼得堡的仅仅几周后，叶卡捷琳娜大帝给了他吞并克里米亚的"绝密"命令，但先决条件是：沙欣·格来死亡或被推翻，或者他拒绝割让阿合提阿尔港，或者奥斯曼人先发动进攻，或者……条件太多了。女皇和波将金都明白，他其实享有充分的自由去夺取自己的战利品，只要他能办得成。女皇在1782年12月14日写信给波将金："我在此宣布我的意志：吞并克里米亚，将其纳入俄罗斯帝国。我完全信任你，也坚信，你一定会在恰当的时机、用合适的手段完成此项使命。"奥斯曼帝国对俄国开战或者欧洲列强施加干预的风险仍然存在。[18]

　　难怪波将金在废寝忘食地拼命工作。他希望能避免与奥斯
曼帝国发生战争，但与此同时又必须做好战争准备。叶卡捷琳
娜大帝通过书信把工作进展都告诉了约瑟夫二世，因为她精明
地判断，如果约瑟夫二世事先得到通知，为此发脾气的可能性
就会小一些。如果他们动作快一些，并且避免流血冲突、和平
地占领克里米亚，那么他们就能在欧洲其他国家来得及反应之
前得到克里米亚，制造既成事实。时间很紧张，因为英法正在
为了美国独立战争进行和谈，并于1783年1月9日（公历为
20日）在巴黎签署了初步协定。和约还没有正式签署，所以
俄国人还有大约六个月时间。外国外交官们努力猜测女皇和波
将金会走到哪一步。"波将金公爵的想法每天都在延伸和发
展，规模极大，"哈里斯报告称，"这是为了超越女皇本人的
雄心。"[19]詹姆斯爵士写道："尽管波将金努力掩饰，但他对于
我们的战争即将结束感到非常失望……"詹姆斯说得很对。[20]

　　这段时间是波将金与詹姆斯·哈里斯爵士交际的最后机
会。哈里斯感到自己在圣彼得堡的戏份已经结束了。他的朋友
查尔斯·詹姆斯·福克斯因为"福克斯-诺斯联盟"① 而重新
掌权并奉行亲俄政策后，哈里斯要求趁着英俄关系还算友好，
让他赶紧回国。詹姆斯爵士和波将金在1783年春季最后一次
相见，此时波将金越来越忙于南方远征的准备工作。波将金于

---

　　① 弗雷德里克·诺斯，第二代吉尔福德伯爵（1732—1792），于1770—1782
年出任英国首相，是美国独立战争时期英方的重要人物。
　　1783年，辉格党人福克斯和托利党人诺斯出人意料地联手，推翻了
谢尔本伯爵领导的政府，组成联合政府，让波特兰公爵出任首相，但出
任外交大臣的福克斯与出任内政大臣的诺斯掌握实权。这届政府得不到
英王乔治三世的支持，在任时间很短，因为同年12月的《印度草案》未
获上议院通过，政府垮台，年仅二十四岁的小皮特接任首相。

8月20日启程，不久之后哈里斯最后一次觐见女皇，向她辞行，然后回国。①

哈里斯的错误在于把他的全部希望寄托在波将金身上，因为波将金虽然愿意鼓吹英俄结盟，但他其实是在追寻完全不同的政策，他的兴趣在南方。俄奥联盟生效之后，这样的事实就一目了然了：哈里斯上了波将金的当。

詹姆斯爵士离开圣彼得堡的时候颇得伦敦方面的青睐，因为他是波将金的朋友，并且在英国文明方面是波将金的老师；他比其他任何一个外国大使都更接近俄国的权力核心。但他对耍弄了他的波将金一定怀有复杂的心情。他悲哀地告诉查尔斯·詹姆斯·福克斯："波将金公爵不再是我们的朋友了。"波将金的档案表明，他和哈里斯在此之后还保持长期通信，语调很亲热。哈里斯经常推荐一些旅行者去见波将金，其中之一是回忆录作者会吏长考克斯②。哈里斯在给波将金的信中写道："我知道我应当向你解释……但我也知道你多么喜欢文人墨客……"叶卡捷琳娜大帝渐渐把哈里斯视为"制造麻烦、搞阴谋诡计的人"。波将金对他的朋友们先是"热恋"，然后就继续过自己的生活了。他告诉后来的一位大使，他帮了哈里斯很多忙，而哈里斯"毁了一切"。他还对别兹博罗德科咆

---

① 哈里斯得到叶卡捷琳娜大帝和波将金恩宠的一个象征物至今保存在伦敦，是一件精美的饰物。哈里斯辞行时，她送给他一套波将金的玻璃厂制造的枝形吊灯。哈里斯的后人第六代马姆斯伯里伯爵前不久将它赠给伦敦金融城的皮毛商人同业公会，它如今被悬挂在公会的外层大厅。——作者注

② 威廉·考克斯（1748—1828）是英国历史学家和牧师，著有多部史学作品和游记。他曾担任一座教堂的会吏长。作为多位贵族和绅士的家庭教师与旅伴，他在欧洲游历了很长时间。

哞，说哈里斯"阴险、爱撒谎、不正派"。波将金与哈里斯的友谊后来被英国对俄国越来越强的敌意毁掉了，这是外交界友谊常见的宿命。[21]

1783 年 2 月和 3 月，波将金制订了军事计划（包括防备奥斯曼帝国的潜在盟友瑞典和普鲁士的计划），同时调兵遣将去对付土耳其人，并派遣波罗的海舰队重返地中海。如果爆发战争，俄国的目标肯定是奥斯曼人的要塞奥恰基夫，因为它控制着第聂伯河的入海口，从而控制着通往黑海的水道。波将金还在计划改革俄国士兵的服装和武器。他在给叶卡捷琳娜大帝的一份"头脑风暴"备忘录中运用他的常识和丰富多彩的通俗语言，提议减轻普通士兵的负担，废除普鲁士风格的纨绔子弟气的装饰。对一位俄国将军和 18 世纪的指挥官来说不寻常的是，他居然想要改善"炮灰"的生活舒适度。

当时的俄国步兵需要给自己的头发扑粉和梳辫子，这一套动作可能需要十二个小时；步兵的军服非常不切实际，包括紧绷的高筒靴、长袜、昂贵的鹿皮裤子和无法遮风挡雨的三角帽。波将金写道，这一切都"只会给士兵增加负担"，所以他建议："消灭所有纨绔子弟气的装饰。"他对普鲁士军人发型的谴责是很典型的波将金行为："整天就是花功夫在发型上。把头发弄卷曲、扑粉、扎辫子。这是士兵的工作吗？他们又没有贴身男仆。再说了他们要鬈发干什么？所有人都同意，经常洗头和梳头比扑粉、涂油脂和面粉、用发卡，以及梳辫子卫生得多。士兵的军服必须简洁利索。"他成为女皇的男宠仅仅几个月后就命令军官不得"以非人性的手段殴打"士兵，因为那会让人无比厌恶和无法忍受服兵役。他建议军官"和善、耐心"地对待士兵。自 1774 年以来，他还给骑兵减轻负担并改善其福祉，创建了若干新的龙骑兵团，并让胸甲骑兵的装备和甲胄更容易操纵。

在这些方面，波将金的思维领先于时代很多年，而且他不像当时绝大多数西方（和俄国）将领那样盲从残暴的普鲁士军事制度。他在设计新军服时借鉴的是哥萨克的轻便服装，而不是专为操练场设计的僵硬古板的普鲁士军服。他设计的新军服后来被称为"波将金式"军服：暖和而舒适的帽子能够保护耳朵，发型较短，穿布绑腿而不是长袜，宽松舒适的靴子，没有仪式用剑，只有刺刀。波将金的新军服为"美观、简单、方便、适应当地气候与风俗的服装"确立了标杆。[22]

出征的时间快到了。他知道，如果克里米亚的冒险取得成功，"我会很快被另眼相看。如果我的行为得不到认可，我就退隐到乡村，再也不到宫廷"。[23] 但波将金这么说是在演戏。他坚信，自己可以随心所欲。他离开都城的时候，正逢女皇恩宠的高峰。扎瓦多夫斯基愤愤不平地告诉鲁缅采夫-扎杜奈斯基："他们觉得他的眼睛无所不见。"但哈里斯知道风险还是有的："波将金公爵会去接管军队的指挥，不管这对他的得宠来说有多大风险。"[24]

最后，波将金理了发，也许是为了让自己的仪表更有政治家风度。米哈伊尔·波将金写信给波将金公爵："大公夫人说，你理发之后比以前好看多了。"即便在电视发明的两个世纪以前，发型也有政治意义。[25] 把一切事务都处理妥善，解决了道德、政治、财政和头发的问题之后，在若干随行人员（包括他最小的外甥女塔季扬娜·恩格尔哈特）的陪同下，波将金于1783年4月6日启程南下，去征服"天堂"。

在投入战争之前，波将金先参加了一次洗礼。舅舅和活力四射的小塔季扬娜来到萨申卡·布拉尼茨卡的贝拉亚采科夫庄园，参加她的新生儿的洗礼。别兹博罗德科在圣彼得堡追踪波将金的行程。"我们得到消息，波将金公爵于4月27日离开了克里切夫。"他告诉谢苗·沃龙佐夫，"在贝拉亚采科夫，他担任婴儿的教父，于次日再次出发……"欧洲各国政府都密切关注着这场洗礼。

公爵的行程非常悠闲和缓慢。女皇不断给他发来心急火燎的书信。起初，他俩很享受自己走钢丝一般的外交策略，就像剪径强人在筹划拦路抢劫。他们怀疑约瑟夫二世皇帝嫉妒1774年俄国从奥斯曼帝国那里得到的好处，所以叶卡捷琳娜大帝告诉波将金："我已经下定决心，谁都不依靠，只靠我自己。蛋糕做好之后，所有人都想分一块。"至于奥斯曼帝国的盟友法国，她对"法国的雷鸣，或者说热闪电①"不以为意，如同她不担心约瑟夫二世不可靠。"请随时告知你的情况，以及我们事业的进展。"波将金始终很明确俄奥联盟的价值，但他很喜欢嘲笑约瑟夫二世及其首相的首鼠两端。他在4月22日写信给叶卡捷琳娜大帝："考尼茨的行为就像蛇或者蛤蟆。"但他劝女皇放心："保持坚定，小妈妈，不要理睬国内外的敌人……你不应当依靠皇帝，但我们需要友好地对待他。"26

波将金的部下在稳住克里米亚和库班的鞑靼人，而他的军队则做好了与奥斯曼人交战的准备。巴尔曼搞定了整个七巧板

---

① 热闪电指的是天际线或云团出现的微弱闪电，同时没有雷声。

当中最容易的一块：4 月 19 日，他安排沙欣·格来在克里米亚的卡拉苏巴扎尔退位，后者换取了慷慨的补助金，也许还有另一顶王冠。叶卡捷琳娜大帝得知消息后兴高采烈地写道："我的小鸽子，我的公爵！"[27]公爵于 5 月初终于抵达赫尔松之后，发现一切如常。没有他的风风火火的能量，俄国官僚取得的成绩甚微。他在 5 月初写信给叶卡捷琳娜大帝："小妈妈，我抵达赫尔松之后累得像条狗，并且发现海军部乌烟瘴气。一切都乱七八糟，一份像样的报告也没有。"他是乡村的孩子，所以他想到欧洲的大臣们时总是用狗、狼和蛤蟆来打比方。

趁着外国势力还没有干涉，波将金风风火火、心急火燎地投入攫取克里米亚的战争。从档案里可以了解这位精力充沛的多面手的工作风格。波将金给将军们（巴尔曼在克里米亚，苏沃洛夫和帕维尔·波将金在库班）的命令里考虑到了每一个细节：应当善待鞑靼人；妥善部署各团；将火炮运到前方，以防需要攻打奥恰基夫；识破了一个间谍（"逮捕他，把他带来见我"）。一名上校对已经被废黜的可汗毕恭毕敬，因此受到波将金的冷嘲热讽："你是可汗的管家，还是俄国军官？"他还明确规定了鞑靼人向俄国女皇宣誓效忠的每一个步骤。[28]

与此同时，他在与克里米亚和库班以东、高加索山脉以南的两位格鲁吉亚国王谈判，让俄国保护格鲁吉亚；他还与一位波斯的封疆大吏以及亚美尼亚起义军谈判，考虑扶植一个独立的亚美尼亚国家。除此之外，从君士坦丁堡传播来的瘟疫席卷克里米亚，必须施行隔离检疫。波将金写信给别兹博罗德科："我命令采取防疫措施：重复最基本的手段，鼓励保持卫生，并以身作则，视察瘟疫医院。"这只是波将金当时在同时处理的诸多事务当中的一小部分。"只有上帝知道，我把自己累坏了。"这样日理万机仿佛还不够，他同时还在密切监视欧洲列强的动向，并打理与叶卡捷琳娜大帝的关系。[29] 他责备她："你一直恩宠我……所以不要拒绝我最重要的要求：请珍惜玉体。"

弗里德里希大王现在企图怂恿法国人来破坏叶卡捷琳娜大帝的宏图大略。波将金说，如果普鲁士的老"混蛋……敢把法国军队弄来，我们就用俄国人的方式好好教训他们一顿"。瑞典国王古斯塔夫三世想效仿自己的偶像亚历山大大帝，坚持要拜访叶卡捷琳娜大帝，寻找机会利用俄国与奥斯曼帝国的冲突来收复瑞典已经丧失的波罗的海帝国。但他在一次检阅部队时坠马，跌断了胳膊，不得不推迟访问。叶卡捷琳娜大帝在给波将金的信中笑道："真是笨手笨脚的英雄。"亚历山大大帝可从来没有这样出丑过。当古斯塔夫三世终于访问俄国的时候，克里米亚的蛋糕已经做好，并被狼吞虎咽地吃完了。

法国外交大臣韦尔热讷伯爵找到奥地利驻巴黎大使，希望法国与奥地利联合对俄国的计划做出回应。约瑟夫二世受到叶卡捷琳娜大帝的催促，并且担心错过在奥斯曼方面可能得到的好处，于是突然公开站到俄国那边。他告诉韦尔热讷，俄国与奥地利已经缔结了盟约，这让韦尔热讷大为惊恐。得不到传统盟友奥地利的支持，精疲力竭的法国没有足够的意志对俄国做出回应。英国因为摆脱了北美的泥沼而如释重负，格兰瑟姆勋爵告诉哈里斯："如果法国打算在土耳其问题上保持安静……我们为什么要乱插手？现在可不是开启新冲突的时候。"

约瑟夫二世的盟约对俄国来说具有决定性。女皇告诉波将金："我的快乐而聪明的朋友，你的预言完全正确。吃着吃着就有胃口了。"看样子女皇和波将金能够顺利完成吞并克里米亚的计划。[30]

　　波将金百事缠身，不再像以前那样定期给叶卡捷琳娜大帝写信。她焦躁不安，在 5 月和 6 月不断写信，生气地说："你还抱怨我没有消息给你，反倒是我已经很长时间没有听到你的消息了。"他俩开始互相不耐烦，在遇到政治危机时他们总是这样。她想知道可汗是否已经离开克里米亚，鞑靼人是否可以向她宣誓效忠，以及她是否可以颁布吞并克里米亚的宣言书。

　　在赫尔松劳作的波将金正在设法安排沙欣退场，后者虽然从俄国人那里得到了 20 万卢布的补助金，但仍然赖着不肯走。可汗还在的话，鞑靼人就不肯与俄国人合作。尽管可汗已经把自己的行李送到了彼得罗夫斯克，他的军官们仍然在劝毛拉们不要信任俄国人。帕维尔·波将金和苏沃洛夫终于从遥远的库班发来报告，说诺盖游牧民族愿意臣服于叶卡捷琳娜大帝。几方面的事情必须协调起来。波将金下定决心，吞并克里米亚的过程不能流血，并且至少要看上去是克里米亚人民的意愿。5月底，波将金写信说自己要离开赫尔松去克里米亚："再见，小妈妈，亲爱的……可汗很快就会动身。"

　　波将金来到克里米亚，在卡拉苏巴扎尔安营扎寨，准备安排鞑靼人在 6 月 28 日（叶卡捷琳娜大帝的登基纪念日）向女皇宣誓效忠。然而，此事拖延了很久。波将金疯狂工作，把自己累得够呛，但同时摆出一副东方式的慵懒模样。他的一名军官写道："我在克里米亚见到了他。只见他躺在沙发上，周围都是水果，仿佛无忧无虑。但就在他无忧无虑的期间，俄国征服了克里米亚半岛。"[31]

　　叶卡捷琳娜大帝非常想念波将金，同时又很焦急。"我不知道你究竟在什么地方，也没有人知道。"6月初，她想他了："我经常为了你在那里而不在我身边而伤心，因为没有你，我感到很无助。"一个月后，她生气了："一连五周我都得不到你的消息，你能想象我该多心焦……我之前期望至迟在5月中旬占领克里米亚，而现在已经是7月中旬了，我却一点消息都没有。"[32] 然后她又开始担心，他说不定染上了瘟疫，正奄奄一息。也许，波将金决定要等到能够把整个克里米亚和库班都献给叶卡捷琳娜大帝的时候再禀报她。

在古老的克里米亚汗国全境，穆尔扎和毛拉们身穿最华美的服装，聚集起来，准备手按《古兰经》向1000多英里之外的东正教女皇宣誓效忠。波将金亲自主持宣誓典礼，他先接受神职人员的誓言，然后是其他人。最奇特的景观发生在遥远东方的库班。在事先约定的日子，诺盖部族的6000顶鞑靼帐篷在艾伊斯克草原搭建起来。成千上万吃苦耐劳的蒙古矮种马在营地周围慢跑。俄国士兵保持警惕，但并不过分紧张。诺盖人聆听了沙欣的退位宣言书，然后在苏沃洛夫面前向女皇宣誓效忠。他们返回各自的部落，族民也都朗诵了誓言。接着盛宴开始，他们一共烹煮并吃掉了100头牛和800只公羊。诺盖人痛饮伏特加，因为《古兰经》禁止他们饮用葡萄酒。多轮祝酒和山呼万岁之后，哥萨克和诺盖人开始赛马。诺盖人在成吉思汗派遣大军西征的600年后丧失了自由，如今他们向四面八方散去。[33]

7月10日，波将金向女皇打破沉默："三天后，我将向您恭贺您获得了克里米亚。鞑靼人的所有显贵已经宣誓效忠，其他人也会宣誓。"7月20日（公历为31日），叶卡捷琳娜大帝收到了波将金的报告，克里米亚鞑靼人和两个诺盖部族均已归顺。她如释重负，然而因为之前的焦急期待让她十分疲惫，她的回复显得冷淡，但她后来清楚地认识到此事的重大意义，并且收到了波将金的解释，所以能够理解他的丰功伟绩："在这么短的时间内，竟然建立了如此光荣的功勋。"他在信里阐述了建造城镇、港口和舰船的计划，描述他的新领土时经常用古典历史的典故。他的热情奔放具有感染性。他写道，"斯帕①和巴黎的"懦夫到处传播克里米亚瘟疫的消息，这让叶卡捷琳娜大帝终于朗声大笑。³⁴

几天后，波将金又施了一个精彩的法术。高加索山脉的格鲁吉亚王国接受了俄国的保护。高加索山脉是黑海和里海之间的地峡，分布着一系列王国和公国，这些小国都被周围的大帝国（俄国、奥斯曼帝国和波斯）主宰。在高加索山脉的西北方，波将金刚刚吞并了克里米亚人统治的库班。在高加索山脉的山脚地带，俄国将军们在努力控制车臣和达吉斯坦那些狂野的穆斯林山民。波斯帝国和奥斯曼帝国正在瓜分高加索山脉以南地区。那里的两个信奉东正教的格鲁吉亚王国，卡特利-卡赫季和伊梅列季，具有浪漫的凶悍精神，几乎有神话或者《圣经》的色彩，所以它们的国王分别采用赫拉克勒斯和所罗门的名字倒是很恰当。

希拉克略二世（或称赫拉克勒斯二世，格鲁吉亚语的说法是叶拉克利）是一位了不起的帝国建设者。他似乎是伏尔泰的世纪里最后一位在世并且活跃的中世纪骑士。他的名字很

---

① 斯帕在今天比利时东部的法语区，出产矿泉水。后来的温泉疗养或水疗（Spa）就得名自这座城镇。

适合他。他是巴格拉季昂王朝的后裔，将近一千年里格鲁吉亚的君主都出自该王朝。希拉克略二世既是国王也是军事家，他之所以得到王位是因为他在印度为波斯国王效力，并在波斯和土耳其的后院为自己开辟了一个微型帝国。此时他年事已高，"身材中等，长脸，大眼睛，蓄着小胡子"。一位旅行者说，他的青年时代在"纳迪尔沙①的宫廷度过，在那里喜欢上了波斯风俗……"希拉克略二世"因为英勇和军事才华而闻名遐迩。骑马的时候，他的腰带上总是别着一对装好子弹的手枪。如果附近有敌人，他还会肩扛一支滑膛枪……"格鲁吉亚的另一位君主，伊梅列季的所罗门一世同样令人肃然起敬，因为他多次被推翻又卷土重来，"像野人一样在山洞里生活长达十六年，经常凭借勇气躲过敌人的刺杀"。他也随身携带滑膛枪。[35]

1768 年俄国与奥斯曼帝国开战的时候，叶卡捷琳娜大帝曾帮助过希拉克略二世和所罗门一世，但在 1774 年之后抛弃了他们，任凭波斯国王和奥斯曼苏丹向这两位格鲁吉亚君主报复。如今，俄奥联盟让波将金勇气大增，他决定通过与格鲁吉亚人谈判来向奥斯曼人施压。于是他与希拉克略二世通信，询问他现在是否与所罗门一世处于和平状态。波将金想把这两个

---

① 纳迪尔沙（1688—1747）是伊朗历史上最强大的君主之一，是卓越的军事家，被誉为"波斯的拿破仑""亚历山大第二"。他起初是为统治伊朗的萨非王朝效力的将领，在对抗阿富汗人、奥斯曼帝国等外敌的作战中屡建奇功，威望极高，于是废黜了萨非王朝的君主，于 1736 年自立为王。他征服了伊拉克，然后又征服高加索，迫使俄国人从那里撤退。1739 年，他击败了莫卧儿帝国，占领德里，抢走了孔雀宝座。最后他遇刺身亡，他建立的阿夫沙尔王朝仅维持了几十年就被阿迦·穆罕默德的卡扎尔王朝消灭。

王国都归入俄国的羽翼之下。

1782 年 12 月 31 日，希拉克略二世国王告诉"仁慈而尊贵的公爵"，"我把我自己、我的孩子和我的东正教国家"托付给俄国。波将金命令自己的堂弟帕维尔（此时是俄军在高加索的部队的指挥官）与希拉克略二世谈判。1783 年 7 月 24 日，帕维尔代表波将金公爵与希拉克略二世签署了《格奥尔吉耶夫斯克①条约》。[36]

此时还在克里米亚卡拉苏巴扎尔的波将金大喜过望。他为女皇献上了又一份厚礼。他的道喜既有古典文化的色彩，也有东正教的气息：

> 小妈妈，养育我的母亲，格鲁吉亚的事情办好了。还有其他君主能像您一样光照整个时代吗？但这不只是光辉。您为俄国获得的领土，庞培和亚历山大也只能看一眼。塔夫利［克里米亚］的赫尔松是我们的基督教源泉，也是我们的人性源泉，如今它已经在您手中。② 这颇有神话色彩。您消灭了鞑靼人，他们是古时俄国的暴君，在近期也蹂躏过俄国。今天的新边界能给俄国带来太平，让欧洲国家嫉妒得红眼，让奥斯曼帝国战栗。那么，请为此次不流血的吞并起草宣言，昭示天下，请命令您的史官备下

---

① 格奥尔吉耶夫斯克是今天俄罗斯斯塔夫罗波尔边疆区南部的一座城市，位于高加索北部。
② 身为东正教徒的波将金很高兴占领了赫尔松，即克里米亚的古城克森尼索，因为基辅大公弗拉基米尔于 988 年在这里受洗，这是基督教传播到罗斯土地的时候。——作者注

足够的笔墨纸张！[37]

叶卡捷琳娜大帝十分感动。她感谢他的成就，批准了《格奥尔吉耶夫斯克条约》。根据该条约，希拉克略二世可以保留自己的头衔、边界和铸币权。9月，帕维尔·波将金将一条骑马专用道整修为大道，乘坐一辆八匹马的马车疾驰翻越高加索山脉，来到梯弗里斯（今天的第比利斯）。11月，俄军的两个营进驻梯弗里斯。公爵开始主持修建俄国新边界上的要塞。而格鲁吉亚的两位王储，希拉克略二世的儿子们，前往波将金的国际化宫廷，在那里生活。[38]

还不止这些。两年前沃伊诺维奇里海远征的失败，并没有让波将金放弃与波斯联手对抗奥斯曼帝国的设想。别兹博罗德科是极少数能够理解波将金的地缘政治谋划的人之一，他解释道，波将金的计划不仅仅是在东方复制一个俄奥盟约。波将金还说服了叶卡捷琳娜大帝授权他继续向里海推进，并建立另外两个小国：一个是亚美尼亚人的国家（今天的亚美尼亚），另一个在里海之滨（今天的阿塞拜疆），也许可以让被废的克里米亚可汗沙欣·格来统治。[39]

1784年初，波将金与统治伊斯法罕的波斯人可汗谈判，看他是否愿意接受俄罗斯帝国的保护，换取建立自己的亚美尼亚王国的机会。波将金向女皇宣称："亚美尼亚向陛下的神圣宝座伸手求援，恳求陛下解救它于阿迦的桎梏。"[40]与波斯权贵舒沙①可汗和

---

① 舒沙是南高加索的一座城市，今天理论上属于阿塞拜疆，但在实际上独立的纳戈尔诺-卡拉巴赫地区之内。

格雅可汗，以及卡拉巴赫①的亚美尼亚人的谈判一直持续到
1784 年。② 波将金派了一名使者去伊斯法罕，但那位可汗已经
去世，于是使者无功而返。最终，波将金的波斯-亚美尼亚计
划没有任何成果。然而在其他方面，他的成就已经相当了不
起了。

叶卡捷琳娜大帝十分满意，以女皇、情人和朋友的身份赞
扬他："为你的千辛万苦和对我的事务无微不至的关照，我无
法充分表达对你的感激；你知道我能多么敏锐地认可别人的功
绩，而你的功绩无与伦比，我对你的友谊和爱同样深厚。愿上
帝赐你健康，给你的身体和灵魂更强大的力量。"41

1783 年 8 月底，波将金染上热病，病情一度很危急。庞
大的计划、持续不断的舟车劳顿、瘟疫肆虐的地区和恶劣的天
气，都让波将金精疲力竭。在卡拉苏巴扎尔青翠的牧场上一座
漂亮的鞑靼人小屋内，波将金奄奄一息。

波将金没有办法休息，不过他的病情在 9 月中旬有所好
转。欧洲仍然在为俄国的惊人成就而震惊。他不时发高烧，但
仍然抽空检阅军队。叶卡捷琳娜大帝、别兹博罗德科和外国大
使们在圣彼得堡密切关注波将金的每一个动向。这样的关注成
了一种常规，甚至是传统。他离开瘟疫肆虐的克里米亚和赫尔
松，转移到南方的区域首府克列缅丘格③。叶卡捷琳娜大帝以

---

① 卡拉巴赫是南高加索的一个地理区域，在今日的亚美尼亚东部及阿塞拜
疆西南部。

② 在 20 世纪 90 年代初的一场血腥战争中，纳戈尔诺-卡拉巴赫的亚美尼亚
人还在试图逃脱阿塞拜疆共和国（以穆斯林为主）的控制，加入亚美尼
亚共和国。——作者注

③ 克列缅丘格在今天乌克兰的中部、第聂伯河之滨。

关心丈夫的贤妻的语调写道："你休养的时候总是不注意保重身体。就算是帮我的忙，请你多多珍重。帝国的福祉和我的荣耀需要你保持健康。"她深知，南方的征服和发展都依赖于他。"若是没了你，全世界最重要的事业也会化为乌有。我赞赏你搬到克列缅丘格的决定，但你不应当在病情很重的时候搬迁。我听说你在病情严重的时候还走了 300 俄里，真是把我吓坏了。"[42]

女皇和波将金这两位俄罗斯帝国主义者尽情享受着他们的成功。波将金沉浸于浪漫的新古典梦想，而叶卡捷琳娜大帝露骨地表达了自己的洋洋自得："对于欧洲的嫉妒，我泰然处之。让他们逗乐吧，我们可是要办正事。"她再次确认了波将金的永久性地位："我对你，一百年不变。"[43]为了展现这一点，她拨款 10 万卢布给他建造了一座新宅邸，即后来的塔夫利宫①。[44]

他日理万机，从不懈怠。他知道诺盖部族永远是库班的不安定因素，于是他设计了一个方案，将这些游牧民族迁移到伏尔加河和乌拉尔山区之间，让他们在那里定居。这种强制迁移为后来俄国历史的一些污点埋下了伏笔。消息传到了诺盖人那

---

① "塔夫利"为古希腊人对克里米亚的称呼。塔夫利宫是圣彼得堡规模最大、历史最悠久的宫殿之一。波将金委托他最喜欢的建筑师伊凡·斯塔罗夫设计这座带有大花园的帕拉迪奥式建筑，还有运河将塔夫利宫与涅瓦河相通。工程始于 1783 年，历时六年。塔夫利宫被认为是 18 世纪最宏伟的俄罗斯贵族府邸，是散布于俄罗斯帝国的无数庄园的典范。这座宫殿后被憎恶波将金的保罗沙皇改为兵营。19 世纪，塔夫利宫是地位较低的皇室成员的住所，1906 年，它成为俄国第一个议会，即杜马的所在地。1917 年二月革命后，它成为临时政府和彼得格勒苏维埃的所在地。1918 年 5 月，布尔什维克党在这里召开第七届大会，将自己更名为俄国共产党（布尔什维克），即俄共（布）。此后到 1991 年，塔夫利宫为高级党校所在地。

里。与此同时，招人讨厌的成吉思汗后裔、花花公子沙欣·格来在塔曼①逗留，与诺盖部族保持联系。也许是受到了他的怂恿，这些几乎刚刚离开苏沃洛夫的草原烤肉宴会的人就屠杀了他们当中亲俄的穆尔扎。精力充沛的苏沃洛夫立刻对这些反叛者发起追击，并于 10 月 1 日屠杀了他们。[45]

俄国驻奥斯曼帝国大使是波将金大学时代的朋友雅科夫·布尔加科夫，他在观察土耳其人的反应，同时为一项贸易协定与他们谈判。他报告称，土耳其人"不会为了克里米亚与俄国争吵，除非欧洲发生新情况"。8 月 23 日（公历为 9 月 3 日），《凡尔赛条约》结束了美国独立战争，但已经太晚，英法无法干涉克里米亚。普鲁士和法国仍然试图组织一些力量反抗俄国。在 9 月末，叶卡捷琳娜大帝估计奥斯曼帝国仍然"随时可能"对俄国宣战。但约瑟夫二世坚定地支持俄国，抵制韦尔热讷和弗里德里希大王。[46] 约瑟夫二世甚至向女皇赞扬"波将金公爵的成功"："我非常清楚，他这样优秀而忠诚的仆人价值极高，并且非常稀罕。身为帝王，能找到真正理解自己的人实在难得。"1783 年 12 月 28 日，土耳其人在布尔加科夫谈成的新《埃纳里卡瓦克协定》中默认克里米亚已经归属俄国。[47]

赞扬的书信潮水般涌入波将金的办公室。如他麾下的将领伊格尔斯特伦所说，他已经"位极人臣"。[48] 不止如此，如作家格林卡所说，"数百年没有完成的功业，彼得一世未能做到的"，"波将金这个时代巨人都办成了"。[49] 叶卡捷琳娜大帝非

---

① 塔曼半岛在今天俄罗斯的南部，北为亚速海，南为黑海，西隔刻赤海峡与乌克兰的刻赤半岛相望。

常想念他，在 10 月初用简单的言辞确认了他俩的合作关系：
"愿上帝让你恢复健康，早些回来。诚实地讲，没有你在身
边，我经常觉得自己仿佛没有双手。"公爵回信道："感谢上
帝，我的身体逐渐恢复了……等我痊愈之后，就来看我亲爱的
小妈妈。"[50]

　　波将金公爵于 1783 年 11 月末返回圣彼得堡，发现廷臣们
对他嫉妒到发狂，充满敌意。他的盟友别兹博罗德科四面受
敌，于是波将金为他辩护，结果政敌从四面八方向他发动进
攻。别兹博罗德科对波将金的支持十分感激，并表示："显然
很多人嫉妒他。"政敌们谋划了一个奸计，要打击波将金的
名誉。

　　有人向女皇进献谗言，说南方暴发瘟疫是因为波将金玩忽
职守。在 1770 年莫斯科的瘟疫和暴乱之后，女皇对这个话题
很敏感。还有人说，一些意大利人定居到俄国南方，去草原上
从事农耕，但因为波将金没有给他们准备房屋，他们都死了。
这两个故事都是假的。波将金花费了很大力气去遏制瘟疫，并
且取得了成功。他取得了那么辉煌的成就，并且跋涉千山万水
返回宫廷，结果发现很多人造谣诽谤他，这一定让他寒心。据
别兹博罗德科说，攻击波将金的阴谋的幕后指使是海军委员会
主席伊凡·切尔内绍夫，他最有理由怨恨波将金的成功，因为
海军上将波将金正在建立自己的黑海舰队，不受海军委员会的
领导。刚刚结束旅行回国的达什科娃公爵夫人，甚至还有兰斯
科伊，都卷入了攻击波将金的阴谋。这些指控导致女皇和波将
金吵了一架。这两位骄傲的政治家开始互相冷淡起来。[51]

　　波将金不再去拜访叶卡捷琳娜大帝。列夫·恩格尔哈特

（波将金的又一个来自斯摩棱斯克的亲戚，刚刚加入他的幕僚，担任副官）为这一时期留下了生动的记录。经过波将金门前、通往冬宫的那条路（百万大街）通常挤满了马车和请愿者，熙熙攘攘，难以通行。但如今，在波将金的成功处于巅峰的时候，百万大街上却冷冷清清。他的政敌弹冠相庆。

1784 年 2 月 2 日，波将金像往常一样很晚才起床。贴身男仆在他床边放了一个盖着女皇御玺的小信封。女皇早上 7 点就起床了，命令不要唤醒公爵。波将金读了信，然后叫来他的秘书瓦西里·波波夫。"看看这个！"他说。波波夫跑进接待室，副官恩格尔哈特正在那里值班。波波夫说："去向公爵道喜吧！他被晋升为陆军元帅了。"恩格尔哈特跑进卧室，向主人祝贺。公爵兼陆军元帅跳下床，披上大衣，在脖子上系了条粉红色丝绸围巾，然后去见女皇。他还被晋升为陆军委员会主席。并且，女皇听取了他的建议，设立了塔夫利省（塔夫利是克里米亚的古典名字），还将其纳入了波将金庞大的副王辖区"新俄罗斯"。不到两个小时，他的套房里就挤满了前来道喜的人。百万大街又一次变得车水马龙。曾经对波将金最冷淡的廷臣如今最为奴颜婢膝。[52]2 月 10 日，叶卡捷琳娜大帝在波将金的一个外甥女家中接受波将金的宴请。

波将金冲动地想去看看君士坦丁堡，于是问布尔加科夫："我能不能从克里米亚乘船去你那里做客？我真的想知道这样行不行。"波将金的请求不仅仅是浪漫使然，但的确很大一部分是因为他渴望看一眼恺撒们的城市。他现在知道自己想要做什么，在南方要开展什么样的宏图大略，因此他需要时间，也需要和平。他肯定想去沙皇格勒，与苏丹本人谈判。布尔加科夫大使肯定害怕他真的这么做。3 月 15 日，他从伊斯坦布回信说，波将金的想法过于复杂。布尔加科夫解释道："他们以为您是我们的大维齐尔。"[53] 波将金一辈子都没有到过君士坦丁堡，但他的命运在南方。从此之后，他计划"每年的最初四五个月在他的省份度过"。[54]3 月中旬，公爵又一次离开圣彼得堡。他要去营造许多城市，打造自己的舰队，开辟自己的王国。

注　释

1 对克里米亚汗国及其被吞并历史的叙述，基于 Baron de Tott's *Memoirs* esp. vol 2；N. F. Dubrovin（ed）*Prisoyedineniye Kryma k Rossii*（*reskripty*，*pisma*，*relatsii*，*doneseniya*） vol 2 和 N. F. Dubrovin （ed），*Bumagi knyaza Grigoriya Alexandrovicha Potemkina-Tavricheskogo* 1774–88 SBVIM vol 1 and 6；以及 Alan W. Fisher 的两部作品 *The Crimean Tartars* 和 *The Russian Annexation of the Crimea*。也可参考 Alexander，*CtG* pp 246－55，and Madariaga，*Russia* pp 386–91。

2 Fisher，*Crimean Tartars*，pp 7–69.

3 *De Tott*，*Memoirs* vol 2 p 98. Fisher，*Russian Annexation* pp 6–21.

4 SIRIO 8. 227，CII to Voltaire.

5 Fisher，*Russian Annexation* p 95.

6 克里米亚的基督徒当中有希腊人和亚美尼亚人。希腊人被安置到塔甘罗格和马里乌波尔，与在 1768—1774 年俄土战争中为俄国效力的"阿尔巴尼亚人"生活在一起。移民工作发生了严重的问题。俄国人，尤其是波将金，必须为后来的糟糕局面负责。移民怨声载道，险些哗变。伏尔加里斯大主教和 Theotokis 大主教担当希腊移民在波将金那里的发言人。波将金解决了问题，为移民安排了一些好处和优惠条件。这是波将金对移民安置工作的第一次经验，他从中学到很多，后来在 18 世纪 80 年代的移民工作中事无巨细地亲自监督。亚美尼亚人得到了自己的城镇格里戈里波尔和纳希切万，也有很多人定居到阿斯特拉罕。波将金任命 Joseph Argutinsky 为这些亚美尼亚人的大主教。见第 18 章和第 19 章。波将金向塔甘罗格授予优惠条件，见 Bruess pp 122－7，RGADA 16. 689. 2. 1. 29。RGADA 5. 85. 1. 35，L 151，GAP to CII. 他还给正在赫尔松的 I. A. 汉尼拔下达命令，让他为战争做准备：OOID 11：pp 324-6, N. N. Murzakevich, *The materials for a history of the principal town of a province -Kherson* GAP to I. A. Hannibal 11 August 1782。

7 RGADA 5. 85. 1. 122, L 152, CII to GAP 19 September 1782.

8 RGADA 5. 85. 2. 15, L 152, CII to GAP 30 September 1782.

9 RGADA 5. 85. 1. 88, L 154, CII to GAP.

10 RGADA 5. 85. 1. 126, L 154, CII to GAP 18 October 1782.

11 Dubrovin, *Prisoyedineniye Kryma* vol 2 pp 98, 318-19, 322, 550, 558, 752-3, Prince Prozorovsky to GAP; GAP to Prozorovsky; Count P. A. Rumiantsev to GAP; General Alexander Suvorov to GAP. Charter to Greeks PSZ 21 May 1779 14879; Charter to the Armenians PSZ 14 November 1779 14942. ZOOID 2 (1848-50)：660. ZOOID 1：197-204. IV (1860) pp 359-62. Fisher, *Russian Annexation* pp 131-4. Marc Raeff, 'The Style of Russia's Imperial Policy and Prince Potemkin' pp 10-11.

12 Harris p 483, H to Lord Grantham 8/19 November 1782.

13 RGADA 11. 893. 6 Prince de Ligne to GAP 23 May 1787?, unpublished. See also Semple in *Dictionary of National Biography* (1903).

14 Harris p 372, H to Viscount Stormont 25 June/6 July 1781.

15 Harris p 481, H to Grantham 4/15 November 1782. SIRIO 23 (1878)：274-5, CII to Baron F. M. Grimm 20 April 1783.

16 AVPRI 5. 5/1. 591. 1. 106, L 154, GAP to CII.

17 Harris p 498, H to Grantham 20/31 January 1783. PRO FO Secretary of State：State Papers, Foreign, cyphers SP 65/8 no 47, H to Grantham 2/13 December 1782, quoted in Isabel de Madariaga, 'The Secret Austro-Russian Treaty' p 135.

18 叶卡捷琳娜二世给波将金的关于克里米亚的御旨：RGADA 5. 85. 3. 158-60, 14 December 1782; RGADA 5. 85. 165, 14 January 1783; RGADA 5. 85. 3. 167-9, 7 February 1783; RGADA 5. 85. 3. 175-80, 8 April 1783。

19 Harris p 487, H to Grantham 6/17 December 1782.

20 Harris p 492, H to Grantham 27 December 1782/7 January 1783.

21 Harris pp 380-1, H to Stormont 14/25 July 1781. SIRIO 23 (1878)：431, CII to Grimm 30 November 1787. Harris p 275, H to Stormont 15/26 June, 6/17 October, 24 November/5 December, 13/24 December 1780. Madariaga, *Russia* pp 385-7. AKV 13：75-83 A. A. Bezborodko to S. R. Vorontsov July 1785. PRO FO Secretary of State：State Papers, Foreign, cyphers SP106/67, William Fawkener to Lord Grenville 18 June 1791, unpublished. Harris pp 431-2,

Charles James Fox to H and H to Fox 19/30 April 1782；pp 342 - 50，H to Stormont 13/24 March，30 April/11 May 1781.

22 RA（1888）3 pp 364-7，关于士兵的被服和武器，GAP to CII. Masson vol 1 p 103. RGADA 5.85.3.81，叶卡捷琳娜二世给波将金的关于改编龙骑兵和骠骑兵部队以及非正规部队的御旨，1774 年 12 月 15 日。SBVIM vol 1 pp 74- 88；pp 74-88；p 13，GAP to College of War 16 November 1774；p 38；p 10，GAP order to Kazan Cuirassier Regiment 27 October 1774. See also RS 7 pp 722- 7；RA （1888）2 pp 364 - 7；and RS （1908）136 p 101. Senator Nikolai Yakovlevich Tregubov，*Zapiski.* A. Begunova，*Way through the Centuries* pp 86- 7. 这些改革在 18 世纪 80 年代继续开展，见 SIRIO 27（1880）：p 348，CII *ukase* to GAP 14 January 1785. 值得注意的是，英国陆军直到 19 世纪才废除这种"花里胡哨的装束"（头发扑粉、涂润发油等），比波将金在俄国的改革晚得多。

23 Harris p 498，H to Grantham 20/31 January 1783.

24 P. V. Zavadovsky，*Pisma Zavadovskago k Rumiantsevu* p 255，P. V. Zavadovsky to P. A. Rumiantsev.

25 RGVIA 271.1.31.14，M. S. Potemkin to GAP ud.

26 RGADA 5.85.1.440，L 162，CII to GAP. RGADA 1.1.43.61，L 163，GAP to CII 22 April 1783.

27 RGADA 5.85.1.449，L 165，CII to GAP May 1783.

28 M. S. Vorontsov's Family Archive p 265 no 38，GAP order to General Count A. B. de Balmain 31 May 1783；p 265 no 40，GAP order to Lt-Gen A. S. Suvorov 10 June 1783；p 266 no 42 and 43 and 54，GAP orders to de Balmain 14 and 23 June 1783；p 277 no 77，GAP order to de Balmain；p 279 no 83，GAP order to Lt-Col Rakhmanov.

29 AVPRI 123.123/2.71.127，GAP to de Balmain. RGADA 1.1/1.43.76 - 7. RGADA 5.85.1.450，CII to GAP. RGADA 1.1/1.43.78，GAP to CII. RGADA 5.85.1.456，CII to GAP. RGADA 5.85.1.459，CII to GAP. RGADA 1.1/1.43.80，L 165 - 73，GAP to CII. RGVIA 52.2.37.63，GAP to Bezborodko. Harris p 504，Grantham to H 22 February 1783.

30 *Louis XVI-Comte de Vergennes* pp 131-4.

31 A. S. Pishchevich，*Zhizn A. S. Pishchevicha* p 128. See also Duffy，*Russia's Military Way* p 181. M. S. Vorontsov Family Archive，p 282 nos 91 and 93，GAP to Suvorov 11 and 13 September 1783；p 282 no 92，GAP to Khan Shagin Giray 13 September 1783.

32 RGADA 5. 85. 1. 461, CII to GAP. RGADA 5. 85. 1. 504.

33 A. Petrushevsky, *Generalissimo Knyazi Suvorov* vol 1 p 226.

34 RGADA 11. 1/1. 43. 86 – 7, L 175, GAP to CII 10 July 1783, Karasubazaar. RGADA %2. 1/1. 43. 67 – 8, L 176, GAP to CII 16 July 1783, Karasubazaar. RGADA 1. 1/1. 43. 69 – 71, L 179, GAP to CII 29 July 1783, Karasubazaar. RGADA 1. 1/1. 43. 74 – 5, L 179, GAP to CII 29 July 1783, Karasubazaar.

35 John Anthony Guldenstaedt, quoted in Coxe *Travels* vol 2 p 413.

36 RGVIA 52. 1/194. 20. 6. 58 (Georgian text p 26), King Hercules/Heracles/ Erakle to GAP 21 December 1782. RGVIA 52 1/194/20/6/34, King Hercules to GAP 31 December 1782. RGVIA 52. 2. 31, GAP to CII 5 August 1783. RGVIA 52. 1. 28. 23, CII to GAP 23 August 1783. RGVIA 52. 1. 28. 25, CII to GAP 30 September 1783. John F. Baddeley, *Russian Conquest of the Caucasus* pp 20 – 1. Ronald Grigor Suny, *The Making of the Georgian Nation* pp 58–9.

37 RGADA 1. 1/1. 43. 64, L 180, GAP to CII.

38 如本章注释 24。也可参考 RGVIA 52. 2. 29. 33, GAP to CII 13 October 1783 和 RGVIA 52. 2. 29. 56, GAP to CII 22 June 1784。

39 RGADA 5. 85. 3. 175–80, 叶卡捷琳娜二世决定吞并克里米亚、塔曼与库班之后，给波将金的关于行动路线的御旨，时间为 1783 年 4 月 8 日。

40 AKV 13：53–4, Bezborodko to P. V. Bakunin 31 May 1784.

41 RGADA 5. 85. 1. 507, L 181, CII to GAP. 关于"亚美尼亚计划"，见 Bruess pp 196–8。

42 RGADA 5. 85. 513. SIRIO 27：279, CII to GAP.

43 RGADA 5. 85. 1. 508. SIRIO 27：276–80, CII to GAP.

44 RGADA 5. 85. 4. 1. 524, CII to GAP.

45 M. S. Vorontsov Family Archive, p 279 no 84, GAP order to Lt-Gen Suvorov 12 August 1783.

46 RA (1905) 2 p 349, Yakov Bulgakov to GAP 1 October 1783, Constantinople. RGADA 5. 85. 4. 1. 521, CII to GAP. RGADA 5. 85. 4. 1. 521, L 185, CII to GAP26 September 1783.

47 *JII-CII* (Arneth) letter XCIV, JII to CII 12 November 1783, Vienna.

48 RGADA 11. 924. 2. General I. A. Igelstrom to GAP February 1784, Karasubazaar, unpublished.

49 S. N. Glinka, *Zapiski* pp 10–11.

50 RGADA 5. 85. 4. 1. 524, L 186, CII to GAP. RGADA 1. 1/1. 43. 4, L 187, GAP

to CII 22 October 1783, Chernigov.

51 AKV 13：45-6，别兹博罗德科给谢苗·沃龙佐夫的信，时间为1784年2月7日。关于波将金在南方与疾病做斗争（同时订购新战舰），见 ZOOID 11：335，GAP to Colonel Gaks 16 July 1783；p 341，GAP to Gaks 6 October 1783；pp 342-4，GAP to Gaks 14，22 October 1783 and GAP to M. V. Muromtsev 9 November 1783。

52 Engelhardt 1997 pp 39-41.

53 RA（1905）2 p 352，GAP to Bulgakov. RA（1866）11-12 p 1574.

54 AKV 13：47-8，Bezborodko to Simon Vorontsov 15 March 1784.

让 我 们 一 起 追 寻

〔英〕
西蒙·塞巴格·蒙蒂菲奥里
著

SIMON SEBAG MONTEFIORE

CATHERINE THE GREAT & POTEMKIN: POWER, LOVE AND THE RUSSIAN EMPIRE
by SIMON SEBAG MONTEFIORE
Copyright © 2000 BY SIMON SEBAG MONTEFIORE
This edition arranged with THE ORION PUBLISHING GROUP
through Big Apple Agency, Inc., Labuan, Malaysia.
Simplified Chinese edition copyright:
2023 SOCIAL SCIENCES ACADEMIC PRESS (CHINA), CASS

陆大鹏

刘晓晖

译

II 叶卡捷琳娜大帝 与波将金

CATHERINE THE GREAT & POTEMKIN

Power, Love and the Russian Empire

社会科学文献出版社
SOCIAL SCIENCES ACADEMIC PRESS (CHINA)

目 录

上 册

下　册

第六部分

共治沙皇，
1784—1786 年

18　南方的皇帝

難道不是你，驅逐了
禿鷲般鄰人的強大軍隊，
並將廣袤的荒原化為
宜居的城鎮與農田，
並讓黑海滿是艦船，
用你的驚雷震撼了地心？

——加夫里拉·傑爾查文，《瀑布》

"每個鐘頭，我都能發現波將金公爵亞洲特性的一些新鮮的、神奇的例證。"達馬斯伯爵寫道，他在18世紀80年代末親眼觀察了俄國的南方副王精神抖擻、極具創新精神的工作風格，"他會搬遷整個省份，拆除整個城鎮然後在別的地方重建，建立一個新的定居點或新的工業中心，然後給省裡的行政機關洗牌。這一切都是在區區半個小時內決策的，然後他會把全部注意力轉向一次舞會或節慶活動的安排……"[1] 這就是西方人眼裡的波將金：魔法師般的封疆大吏，一邊治國，一邊給情婦定做舞會禮服。西方人總是覺得"野蠻"的俄國人永遠不能把任何事情辦得像模像樣，永遠比不上德意志人或法國人，所以波將金的工作肯定會有毛病。然而事實證明，波將金的工作非常出色，他的想象力豐富，執行起來也穩妥可靠。於是滿肚子嫉妒的西方人和俄國人就炮製和傳播了關於"波將金村"的谎言。

波将金在治理南方的十五年里取得的成就是非常了不起的。"有人企图嘲笑波将金的第一批新城镇与定居点，"最早为他立传的作者之一写道，"但这些成就完全配得上我们的钦佩……时间证明我们的看法是正确的。听听那些亲眼看过赫尔松和敖德萨的旅行者的话吧……"[2] 所谓的"波将金村"今天都已经是有数百万居民的大城市了。

俄国在南方经历过两次突飞猛进的扩张。先是伊凡雷帝吞并了阿斯特拉罕汗国和喀山汗国，然后就是叶卡捷琳娜大帝的开拓。普希金和其他一些人认识到，波将金是叶卡捷琳娜大帝在南方取得成功的主要推动力量。南扩政策不是波将金发明的，如俄国历史学家克柳切夫斯基[①]所说，殖民是"俄国历史的基本要素"。但波将金独一无二的地方在于，他既是富有创新精神的企业家，也是英勇无畏的军人，同时还是深谋远虑的政治家。他还把南方置于朝廷政策的中央。在帕宁领导下，俄国奉行"北方体系"；而在波将金领导下，南方成为俄国外交政策的重点。

波将金在得宠不久之后就被任命为新俄罗斯、亚速、萨拉托夫、阿斯特拉罕和高加索的总督，但在 18 世纪 70 年代末，尤其是吞并克里米亚之后，他成了俄罗斯帝国实质上的共同统治者之一。如同戴克里先认为罗马帝国过于广袤，有效的治理需要东西方各有一位皇帝，叶卡捷琳娜大帝让波将金治理南

---

① 瓦西里·奥西波维奇·克柳切夫斯基（1841—1911）是俄罗斯帝国末期的重要历史学家，是最早将注意力从政治和社会问题转向地理和经济因素的俄国历史学家之一。

方，让他对南方实施绝对的控制。自 1774 年以来，波将金已经越来越成熟，不仅身宽体胖，地位也越来越高。他注定属于南方辽阔而开放的草原，不可能被束缚在圣彼得堡的宫廷。对他和女皇两个人来说，圣彼得堡太小了。

波将金的权力既是垂直的，也是水平的，因为他不仅以陆军委员会主席的身份掌管陆军，还是全体非正规部队（尤其是哥萨克）的总司令。他开始建造黑海舰队之后，该舰队不听命于圣彼得堡的海军部，而是直接听命于波将金。不过，最重要的是，他的权力取决于他的强悍个性、他的成功（比如吞并克里米亚）带来的崇高威望，以及他构想计划并将其付诸实施的能力，而不再仅仅是因为他与叶卡捷琳娜大帝的特殊关系。

虽然各行省的名字和边界会发生变化，但总的来讲波将金的副王辖区包含 1774—1783 年吞并的全部新领土，西至布格河，东到里海，从高加索山脉和伏尔加河跨越几乎整个乌克兰，差不多一直到基辅。他有意识地以皇帝的姿态和作风来统治自己的辖区。俄国沙皇把如此广泛的权力委托给自己的配偶，这是独一无二的例子，但波将金和叶卡捷琳娜大帝的关系也是独一无二的。[3]

波将金在南方设立的宫廷与叶卡捷琳娜大帝在北方的宫廷遥相呼应，既有竞争也有互补。他像沙皇一样关心穷人、蔑视贵族，并向他人授予衔级和庄园。波将金旅行时像帝王一样前呼后拥。来到一座城镇时，当地的全体贵族和市民都要向他请安。他大驾光临时，要鸣响礼炮、举办舞会。但他的帝王姿态远远不止这些外在的浮夸。他发布命令的时候用的是女皇的名义，但他也像君主一样列举自己的诸多头衔和勋位。他的命令也是帝王式的。他的下属不管是园丁还是工程师，通常都有军衔，波将金给他们的命令都是军事风格的。维格尔回忆道："波将金的权力足以与最强大的帝王媲美。我怀疑拿破仑也做不到他那样一声令下、四海宾服。"[4]

波将金喜欢表现得慵懒闲适，很多人的回忆录对他的描写就是这样。然而，这只是一种刻意摆出来的姿态。他日理万机，工作繁重，结果损害了自己的健康。也许可以把他比作一个勤奋的学生，假装懒散，其实彻夜苦读。18世纪80年代初，他通过自己的私人秘书处来理政。这个秘书处有至少五十名职员，包括负责法文和希腊文通信的专家。[5]他甚至有自己的"首相"，即不知疲倦的瓦西里·斯捷潘诺维奇·波波夫。波将金对波波夫绝对信任，后来女皇对波波夫也十分信赖。波波夫和波将金一样，经常彻夜赌博，白天有一半时间在睡觉，从不脱下军服，往往深更半夜也能随时精神抖擞地工作。波将金经常在半夜从床上呼喊"瓦西里·斯捷潘诺维奇！"而波波夫总是随叫随到。"瓦西里·斯捷潘诺维奇！"的呼唤随时都可能响起。[6]如果说波波夫是波将金的首相，那么同样不知疲倦的米哈伊尔·列昂托维奇·法列耶夫就是他的军需官、承包商和庞大工程的合作者。波将金在1768—1774年俄土战争期间结识法列耶夫的时候，后者还是个年轻的商人。从肖像看，这位极不寻常的俄国企业家有着疲惫、精明的蓝眼睛，清瘦、利索、整洁而英俊的面庞，穿着有白色褶边的蓝色大衣。波将金授予他贵族身份，他也积攒了巨额财富，但对当时的巨商来说罕见的是，法列耶夫在他与波将金共同建造的城市尼古拉耶夫普遍受到尊重和爱戴。他俩经常通信。[7]

除了因为抑郁或患病而卧床不起的时候，波将金始终在一刻不停地忙碌着。不管他营造了多少新城市，不管他身在何方，不管他独自一人乘坐雪橇、把自己的秘书处丢在数百俄里之后，还是待在宫殿里，这个南方帝国的中心永远是波将金这个富有创造力然而也有缺陷、内心饱受折磨的男人。

波将金的生涯从他对哥萨克的热爱开始，也以这样的热爱结束。首先他消灭了扎波罗热哥萨克的传统社会，然后又重建了他们的组织，让他们成为帝国军队的核心。在宽广的第聂伯河中央的一个小岛上（扎波罗热的意思就是"激流之外"）有一个独一无二的共和国。那里生活着 2 万名斗志昂扬的武士，他们控制着黑海以北一片庞大而荒芜的三角形地带。扎波罗热哥萨克不事农耕，因为种田是奴隶干的活，而他们是自由人。"哥萨克"这个词就源于古代突厥语的"自由人"。但和大多数哥萨克一样，他们的军团是一个残暴的民主政权，在战时选举一位盖特曼。他们有自己的法律：叛徒受到的惩罚是被缝进一个麻袋，然后扔进湍急的河水；谋杀犯被和他们的受害者的死尸捆在一起，然后活埋。

在很多方面，他们与别的哥萨克大不相同。他们的马上功夫十分娴熟，但也精通水性，擅长操作他们那种长六十英尺、铺有芦苇的划桨船。这种船被称为"海鸥"。传说他们还发明了最早的潜艇，用沙子当压舱物，通过木管呼吸。扎波罗热哥萨克不和女人一起生活。为了维持在他们眼中高于一切的军纪，任何女人不得进入他们的军团领地。列夫·恩格尔哈特解释道："他们是单身汉，就像马耳他骑士团的骑士。"

这些"船上哥萨克"蓄着八字胡，头发剃光，只留一条长长的马尾辫，穿着带金线的土耳其式宽松裤子，围着丝绸腰带，披着缎子长袍，戴毛皮帽子或往往饰有鸵鸟羽毛和珠宝徽记的头巾。他们的真正职业是打仗，要么为自己而战，要么替别人打仗，有时充当雇佣兵。在 17 世纪中叶，波兰国王把一些扎波罗热哥萨克借给孔代亲王①，在敦刻尔克与西班牙人作战。在这个世纪，扎波罗热哥萨克的将近 100 艘"海鸥"战船组成舰队，两次袭击了君士坦丁堡。

哥萨克在俄国边疆既是土匪，也是边防军。但到了 1774 年，俄国已经不再需要这些桀骜不驯的独立哥萨克来守卫边疆、抵御土耳其人，并且哥萨克妨碍了俄国针对鞑靼人的行动。马泽帕领导下的乌克兰哥萨克曾背叛彼得大帝，加入瑞典国王查理十二世的阵营。1768 年就是哥萨克袭击者引发了俄土战争，扎波罗热哥萨克还多次抢劫开赴前线的俄国军队。前不久，雅伊克和顿河的哥萨克支持了普加乔夫。

不过，在战争期间，波将金与哥萨克又有了特殊关系，他还成了扎波罗热哥萨克的名誉成员。1774 年 5 月，他从皇村写信给自己的哥萨克朋友，告诉他们自己已经掌权，并表示"我已经把你们的一切告诉了君主"。但普加乔夫叛乱被镇压之后，他立刻改变了腔调，警告哥萨克立即停止抢劫活动，并建议朝廷镇压哥萨克政权，然后重组所有的哥萨克军团。哥萨克已经成为俄国的心腹大患，也是波将金开发新领土计划的绊脚石。

1775 年 6 月 4 日黎明，俄国军队遵照波将金的命令，逼

---

① 路易二世·德·波旁，第四代孔代亲王（1621—1686），绰号"大孔代"，是法国最卓越的军事家之一，也是波旁王朝的分支孔代家族最著名的代表。在三十年战争后期，他与西班牙人对战，取得不少胜利。后来他卷入投石党运动，甚至为西班牙人效力，最后与路易十四和解。

近扎波罗热哥萨克的领地，将其团团围住，命令他们投降，否则格杀勿论。波将金说扎波罗热哥萨克是"愚蠢的乌合之众"。他们未做抵抗便投降了。波将金替叶卡捷琳娜大帝起草了 1775 年 8 月 3 日发布的那份宣言："必须列举他们的所有暴行，解释为什么必须消灭这样一个有害的群体。"[8]俄国人并没有杀害扎波罗热哥萨克。他们当中只有三位领袖，其中之一，富有的盖特曼卡利舍夫斯基，被流放到白海上的北极岛屿索洛韦茨基的修道院。绝大部分扎波罗热哥萨克被安置到阿斯特拉罕，被改名为阿斯特拉罕哥萨克，不过也有很多人逃去投奔土耳其人了。在 18 世纪 80 年代，波将金会把这些人引诱回来。[9]不是只有扎波罗热哥萨克的领地受到了这样的处置。雅伊克哥萨克也被搬迁并更名；顿河哥萨克被重组，并接受波将金的直接控制。他给他们任命了新的盖特曼，并设立了一个委员会来管理他们的民政。[10]势力过于强大的顿河盖特曼叶夫列莫夫被逮捕，不过波将金保护了他和他的家人。[11]

波将金立刻提议将忠诚的扎波罗热哥萨克改编成特殊的团。叶卡捷琳娜大帝在普加乔夫叛乱之后对哥萨克颇为忌惮，所以波将金的想法暂时无法落实，不过他在里海和亚速海组建了哥萨克的小型舰队。[12]他对哥萨克关怀备至，以至于有些贵族抱怨说他爱上了哥萨克。他的身边簇拥着忠诚的扎波罗热哥萨克。他还确保逃到这些边民当中的农奴不会被交还给原主人。波将金毕生受到哥萨克的爱戴，赢得了"哥萨克保护者"的称号。[13]

但始终有人把消灭扎波罗热哥萨克的传统社会视为波将金的罪行之一，尤其在现代乌克兰，因为扎波罗热哥萨克被视为乌克兰国家的前身。而在普加乔夫叛乱之后，扎波罗热哥萨克和其他哥萨克团体就末日临头了，他们的领土无人定居、没有农业，并且阻挡了俄国向黑海推进的道路。他们被迁走之后，俄国才得以吞并克里米亚。有人批评波将金把扎波罗热哥萨克教堂内的财宝搬走，并把土地分配给了他的密友。但他本人并没有到那里，而是命令泰凯利将军①列了一份教堂财宝的清单，并将它交给了教会。[14]（何况这些教堂的大多数珠宝来路本身就不正。）分配土地从而开展农耕，则原本就是吞并这些土地的目的。他把一些曾为奥尔洛夫-切什梅斯基作战的希腊人安置到这些土地上，后来还把来自俄国内陆的一些国家农奴迁过来，并建造要塞保护这些移民。有一位现代历史学家主张，正是对这些草原的开发，让俄国有了足够的资源和粮食供应，才能在 1812 年打败拿破仑。[15]

1778 年 5 月 31 日，叶卡捷琳娜大帝批准了波将金在黑海之滨建造一座名叫赫尔松的港口的计划。这个悦耳的名字源自他对克森尼索的具有新古典主义和东正教色彩的梦想。与奥斯曼帝国签订的和约，以及迁移扎波罗热哥萨克，让他有机会建造这座城市。[16] 他命令建造码头，并从帝国全境征召木匠。7 月 25日，波将金挑选海军部的军官之一——伊凡·阿布拉莫维奇·汉尼拔——担任赫尔松的首任总督。波将金之所以选他，也许是因为他富有异国情调的家庭背景，以及他与彼得大帝的联系。

伊凡是彼得大帝身边的著名黑人阿布拉姆·汉尼拔的儿

---

① 彼得·泰凯利（1720—1792）是为俄国效力的塞尔维亚军人，年轻时曾为奥地利效力，参加奥地利继承战争，后移民到俄国，参加了七年战争和两次俄土战争（1768—1774，1787—1792）。1775 年，他主持了解散扎波罗热哥萨克军团的行动，没有造成流血事件，因此荣获亚历山大·涅夫斯基勋章。

子。阿布拉姆原为阿比西尼亚人的王子，后来被变卖为奴。有人在伊斯坦布尔买下他，送给沙皇。彼得大帝用西庇阿的对手的名字给他取名，庇护他、教育他、提携他，并担任他的儿子伊凡的教父。大诗人普希金是阿布拉姆的另一个儿子奥西普的外孙，所以是伊凡的侄外孙。普希金为自己的外曾祖父写了一部未完成的传记《彼得大帝的黑人》。奥西普·汉尼拔不是个好父亲，所以普希金的母亲实际上是在伊凡家中长大的。伊凡·汉尼拔和普希金一样对自己的血统很自豪。1801年伊凡去世后，他的墓志铭上写道："湿热的非洲养育了他，寒风让他的血冷静下来。"赫尔松国家历史博物馆里有伊凡·汉尼拔的肖像，显示了他从父亲那里遗传的黑皮肤和优雅的阿比西尼亚面容，以及从他的俄国母亲那里遗传的直发和健壮身材。

波将金的第一座城镇有两个功能：一方面是作为他新建的黑海舰队（此前只能在亚速海之滨的几个小港内龟缩）的基地，另一方面是作为地中海贸易的中转站。这个港口的选址经历了艰难的抉择，因为俄国在1774年只获得了一条通往黑海的狭窄走廊。从赫尔松到黑海，要经过第聂伯河的入海口。第聂伯河是罗斯土地的主要水路之一，通过一条叫作利曼河的狭窄的浅水支流汇入黑海。在利曼河末端的金伯恩海岬，波将金建造了一座小型要塞。但奥斯曼人仍然控制着河对岸的坚固要塞奥恰基夫，它实际上控制着利曼河的河口三角洲。要想同时满足易守难攻和天然良港这两个条件是不现实的。俄国海军的工程师青睐的是一个叫作格洛博卡雅·普利斯坦的深水港，但它无险可守，于是波将金选择了第聂伯河更靠近上游的一个地方，因为那里已经有一座叫作亚历山大堡的要塞。那里的河中央有座小岛，可以保护港口和码头；但第聂伯河水流湍急，船只难以接近，而且城镇下方的一处沙洲阻挡了通往大海的水道。更糟糕的是，赫尔松位于炽热的草原和沼泽丛生的水道的边缘，并且距离最近的造船木料产地有数千俄里，更不要说获取粮食是多么困难了。

尽管困难重重，波将金还是将其克服，建成了他的城市。圣彼得堡无人相信这项事业能够成功。叶卡捷琳娜大帝给他的信里说："若是没有你，赫尔松永远不能建成。"这可不是夸张之辞。建造城市的第一块石头还没有铺设，嫉妒波将金的人就开始诽谤中伤，最终毁坏了他的名誉。扎瓦多夫斯基气哼哼地说："赫尔松的建设将来会很有名，因为它的创造者酷爱自己的工程，花了很大力气推动它。"[17]他说得对。这座城市能够拔地而起，靠的是波将金的顽强意志和他对汉尼拔的无情鞭策。到这年8月，汉尼拔已经组建了十二支工程队，从第聂伯河上游的俄属白俄罗斯和波兰运送木材到赫尔松。所有建材都必须从河上运到赫尔松。

波将金雇用了超过500名木匠和成千上万名劳工，建造了造船厂，并规划了城镇。1779年5月，赫尔松造船厂开始铺设第一艘战舰的龙骨。到1781年，又铺设了两条龙骨。波将金决定动用军队来建造城市。军队的工程从自己的木制兵营开始，起初砌墙用的是泥土和树枝，后来他引进1000名囚犯在采石场劳动。[18]然后他给了商人法列耶夫一个良机，说服后者用爆破技术铲平崎岖不平的第聂伯河湍流浅滩，换取在赫尔松未来贸易中的一杯羹。在赫尔松建城事业中投资甚多的法列耶夫，从事了这项庞大的爆破工程。波将金为他提供了炸药。到1783年，法列耶夫已经取得了相当大的进展，部分驳船可以直接行驶到赫尔松。波将金赐予他陆军少校的军衔和贵族身份。[19]

　　波将金的批评者说波将金的工程建树很少，而且粗制滥造。历史上很多人对此信以为真。好在有不少受过良好教育的西方人在"壮游"期间到访圣彼得堡，去拜见波将金，而他总是建议他们去赫尔松看看。最早去那里的西方人之一是年轻的英国工程师塞缪尔·边沁（他是效益主义①哲学家杰里米·边沁的兄弟），他后来在波将金身边工作了五年。1780 年，他看到赫尔松已经有 180 座房屋并打造了一艘 64 门炮的风帆战列舰和五艘巡航舰，不禁惊叹道："波将金为赫尔松选址只是两年前的事情……那时这里连一座小木屋都没有。"他注意到，建设所用的木料都是从波兰的一座城镇（后来非常有名的切尔诺贝利）通过水路运来的。[20]

　　另一个到访赫尔松的勇敢的英国人是塞缪尔·边沁的朋友雷金纳德·波尔·卡鲁。他是牛津大学的校友和康沃尔的地主，将近 30 岁。他见证了赫尔松建设的下一阶段。他和后来参与"大博弈"的那些年轻人一样具有冒险精神。波将金庇护波尔·卡鲁，带他参观自己在圣彼得堡周边的庄园和工厂，然后送他南下。波尔·卡鲁的笔记至今未发表，读起来给人的感觉是他要么在准备写一本书，要么是业余的间谍。在他抵达赫尔松的时候，那里已经有 300 座房屋。除了九个团的士兵，"到此时为止该城的居民主要是波兰犹太人和希腊人……士兵、水手、农民都参与到……建设当中"，但他注意到要塞工

---

①　效益主义（Utilitarianism）是伦理学的一种理论，旧译功利主义，但由于功利一词在中文中有贬义，所以近年来中文哲学界倾向以效益主义取而代之。效益主义提倡追求"最大幸福"（Maximum Happiness），认为效益即至善，决定某行为适当与否的标准在于其结果的效益程度。主要哲学家有杰里米·边沁、约翰·斯图尔特·密尔等。

程进展得过快，"因为施工者害怕得罪高层"。[21] 这些是他的真情实感，但他也巧妙地告诉波将金："我在这里看到的东西超出了我的想象。"[22]

波将金决心把贸易吸引到自己的辖区。1781 年，波尔·卡鲁与汉尼拔将军和赫尔松的两位巨商（波将金的商人法列耶夫和法国人安托万）讨论了潜在的商贸问题。法列耶夫创办了"黑海公司"，专门与奥斯曼人做生意。他的巡航舰"玻里斯提尼斯"号也很快下水。他还拥有波将金治下三个行省的多家白兰地酒厂，并为部队提供肉食。波尔·卡鲁估计法列耶夫此时的年收入高达 50 万卢布。波尔·卡鲁列举了在赫尔松能够买卖的商品种类（蜂蜡、旗帜、绳索、木材），[23] 他自己也受到贸易机遇的诱惑。他在给波将金的信中说："给您写信的我，是赫尔松的一位资产阶级人士。"[24]

马赛的安托万（后来成为圣约瑟夫男爵）是赫尔松的航运大亨。他曾去圣彼得堡拜访波将金，并提议在赫尔松设立一个贸易和自由港。波将金大喜过望，[25] 请叶卡捷琳娜大帝"废除国内关税并重新考虑对外的关税"。[26] 波将金虽然喜欢英国，但他明白法国主宰着以马赛为基地的地中海贸易，这将会产生政治影响。1786 年，安托万告诉波将金，在前一年，他名下有十一艘法国商船从马赛来到了赫尔松。[27]

即便如此，赫尔松的建设仍然步履艰难。波将金有时间的时候就事无巨细地监督各项工程。1783 年 8 月 3 日，他给在赫尔松的工程师贾克斯上校写信："我再次确认，医院的建设必须完成……"10 月 14 日，他写道："我惊讶地发现，尽管你向我保证医院已经竣工，但实际上根本没有开工……"然后补充道："有时我确认了自己的命令之后却发现又有人把它撤销了，这让我百思不得其解。"换句话说，如果赫尔松的建设过程中真的有欺诈行为，那么波将金也是受害者。但他分身乏术，不可能面面俱到。一周后，他命令贾克斯建造两座澡堂用于防治瘟疫，"一座给绝对健康的人使用，另一座给身体虚弱的人用……"以及"不要忘记建造啤酒厂"。然而，汉尼拔和贾克斯无力完成这么多艰巨的任务。这让波将金倍感挫折。次年2月，波将金将贾克斯免职，以在英国受教育的有才华的工程师尼古拉·科尔萨科夫上校取而代之。波将金确认了233740卢布的年度预算，但希望所有工程"在短时间内"完成，同时坚持要求建筑应当"耐久"和"内部美观"。[28]波将金本人审核了每一项计划、每一座建筑的正立面设计（从学校到大主教宅邸到他自己的宅邸）。城市开始成形。[29]

赫尔松博物馆里的一幅油画展现了波将金设计的城市中央广场，有一座美丽的圣叶卡捷琳娜教堂。后至1790年，波将金仍然在美化这座城市。他最喜爱的建筑师伊凡·斯塔罗夫到达南方之后，波将金命其"重建赫尔松大教堂的圆顶"，把它做得和波将金在圣彼得堡的宫殿一模一样，"并给钟楼确定位置"。[30]斯塔罗夫完成了任务。今天我们看到的圆顶和钟楼就是波将金要求的模样。波将金的宫殿就在大教堂附近。

波将金给官员们的备忘录足以驳斥绝大部分西方人对波将金的负面评价。[31]我们清楚地看到，波将金明白自己的部下面临的种种困难。他肯定是个专横跋扈的人，纠结于最细枝末节的东西，但也出人意料地处事灵活，愿意给过度劳累的部下第二次机会。波将金非常清楚，赫尔松的地理位置让它在疫病面前显得特别脆弱。从他的字里行间看，赫尔松一定不是个健康宜人的地方。波尔·卡鲁记载道，从喀琅施塔得和圣彼得堡来的造船匠"全死了"。来自伊斯坦布尔的船只和来自帝国各地的士兵抵达赫尔松地区之后，疫病的威胁变得非常严重。到1786年，法国商人安托万的好几个兄弟和许多雇员已经在赫尔松病故。赫尔松"就像一座庞大的医院：到处仅见死人和奄奄一息的病人"。波将金试图控制本地的卫生状况，遏制流行热病。[32] 他特别关注医院和啤酒厂（用于生产干净的饮用水），督促居民多吃蔬菜，[33] 并亲自任命医生[34] 到他的医院。①

这个被叶卡捷琳娜大帝称为"赫尔松的年轻巨人"[35] 的男人，以他的澎湃热情推动着城市的建设。只有他那种具有感染力的能量，才能够战胜俄国官僚的懒惰。从他的新城镇返回都城之后，波将金向詹姆斯·哈里斯"热情洋溢地讲起赫尔松的气候、土壤和条件"。[36] 但他每次视察赫尔松，都发现自己的下属犯下了更多错误。这就是为什么他越来越多地待在赫尔松，也是为什么叶卡捷琳娜大帝承认他的这些旅行是值得的，尽管她非常想念他。[37]

常有人说波将金掩盖了自己在赫尔松犯下的错误。事实恰恰相反。他向叶卡捷琳娜大帝承认了一连串错误：他罢免了汉尼拔，原因是后者主持的要塞工程很差；他觉得海军部乌烟瘴气，没有配合他的工作；工程花费太大；木料不够；现有的木料质量不行。"哦，小妈妈，海军部真是一团糟，这里的人多么不诚实！"天气太热了，房屋仍然处在一片荒野之中。"居然没人想到植树。我已经命令植树了。"[38] 他要求派遣更多专家："请根据我附上的清单派遣人员。这里的铁匠不够。我已

---

① 本书作者到赫尔松的时候，那里仍然遍地害虫。当地主要酒店的床和天花板上爬满了蚊子，白床单和天花板上的白色涂料几乎都变成了黑色。——作者注

经派人去图拉找了。"

赫尔松城继续发展壮大。基里尔·拉祖莫夫斯基于 1782 年访问时，惊讶地看到了许多石质房屋、要塞、战舰、"宽敞的郊区"、兵营和希腊商船："想想这一切，你就能理解我的惊讶，因为不久前这里除了一座养蜂小屋之外还什么都没有。"[39]南美革命者弗朗西斯科·德·米兰达曾短暂地得到波将金的庇护。他在 1786 年 12 月参观了赫尔松。他说此时的赫尔松有 4 万居民，其中 3 万是军人，1 万是平民。那里有 1200 座"石质的质量极佳的房屋"。[40]波将金去世后，英国旅行者玛丽亚·古斯里和俄国作家苏马罗科夫描述了这座拥有圣叶卡捷琳娜教堂、14 座教堂、1 座犹太会堂、2.2 万名东正教徒居民和 2500 名犹太居民的[41]"美观的城镇"。[42]

波将金在赫尔松吸取到不少教训。他吹嘘自己用军人承担劳役为国家省了钱，但他对财政预算的概念是沙皇风格的。工程必须尽快完成，但如果质量不好，比如汉尼拔的要塞，他就坚持拆掉重来。他拥有近似皇帝身份，可以把国库视为自己的财产，对他来讲结果压倒一切，成本无关紧要。不过，今天的造船工业城市赫尔松就是对批评波将金的人的最好驳斥。①

---

① 这座城市的中心今天仍然大体保留了波将金的设计。要塞已经被毁，只剩下两座门楼。庞大的水井，也许就是波将金命令贾克斯上校建造的那口，今天被一套格栅遮挡着。第二次世界大战期间，纳粹撤退前将他们处死的俄国人的尸体丢进这口井。波将金的庞大宫殿一直屹立到 1922 年。弧形的军械库、铸币厂、海军部大楼，尤其是圣叶卡捷琳娜教堂，至今尚存。这座教堂由沙色的石料建成，有许多石柱和斯塔罗夫设计的壮观圆顶。它曾被当作无神论的博物馆，在那里陈设被埋在教堂墓园内的腐烂尸体。但如今它的教堂功能被恢复了。工程师科尔萨科夫就被安葬在圣叶卡捷琳娜教堂的墓园内。这里的神父和教民自豪地宣称，主持建造教堂的人，即波将金，就长眠在教堂地下。详见本书后记。——作者注

波将金请人为赫尔松美观的新古典风格教堂制作了两幅大型圣像，一幅是圣乔治，一幅是圣叶卡捷琳娜。圣像中的圣乔治手执长枪，穿着古罗马军服、胸甲和红斗篷；圣叶卡捷琳娜则穿着金色长袍和白鼬皮毛镶边的红斗篷。圣乔治举目向上望，圣叶卡捷琳娜则目光直指观看者。我们不禁遐想连篇：如果这里的圣叶卡捷琳娜是叶卡捷琳娜大帝的肖像，那么圣乔治[43]无疑就是波将金。①

扎波罗热哥萨克的解散让波将金得以建设赫尔松，而克里米亚汗国的灭亡让波将金终于有机会去开拓南方，也让赫尔松更多成为一个商业港口而不太需要是海军基地，因为克里米亚拥有很多良港。赫尔松位于草原的边缘，而克里米亚是黑海的市场，也是君士坦丁堡的温室和菜园。

波将金和他的女皇渴望追寻彼得大帝的足迹。彼得大帝从瑞典人手中夺取了波罗的海，在那里建造了一支俄国舰队并兴建了一座城市。如今波将金从鞑靼人和土耳其人手中夺取了黑海，建造了一支俄国舰队，并渴望建造自己的圣彼得堡。"波罗的海之滨的圣彼得堡是俄国的北方都城，莫斯科是中央都城，那么就让阿合提阿尔的赫尔松成为我的君主的南方都城吧。"他在给叶卡捷琳娜大帝的信中写道。[44]又是赫尔松！他俩真是热爱这个名字。

---

① 本书作者听到一个传说：V. L. 博罗维科夫斯基创作的这两幅圣像表现的就是圣人一般的波将金和叶卡捷琳娜大帝。教堂内的神父没有听过这种说法。这两幅圣像曾被存放在赫尔松艺术博物馆，那里的人认为这两幅圣像的作者是米哈伊尔·希巴诺夫。我们一眼就能看出圣像里的屠龙勇士是波将金。——作者注

首先，他要为自己的舰队建立一个港口。1783 年 6 月，波将金从克里米亚写信给女皇说，阿合提阿尔"是世界第一良港"。[45] 它将成为俄国新的海军基地。波将金在完全吞并克里米亚汗国之前[46] 就匆匆开始在那里修建防御工事和造船厂。[47] 波将金当然给阿合提阿尔取了一个希腊名字：塞瓦斯托波尔。他在"一座山坡的天然圆形凹地里"[48] 兴建了一座城市，并命令工程师科尔萨科夫建造"一座固若金汤的要塞。海军部大楼的选址必须方便舰船卸货"，还必须有一条贯穿整个半岛的公路，"要像古罗马的大路一样完备"。"我会把它命名为叶卡捷琳娜大路。"[49] 工程师同意波将金的新城市选址："殿下选择的是最合适不过的地点……"[50] 仅仅 4 年后，波将金和他的南美朋友弗朗西斯科·德·米兰达视察该城的时候，后者发现这里有"14 艘巡航舰、3 艘 66 门炮的风帆战列舰和 1 艘炮舰"。米兰达立刻明白了波将金的新城市的价值：这里的港口可以容纳一支"超过 100 艘舰船"的舰队；如果遇到灾难，在这里只需一周就可以修复一支舰队。[51] 波将金去世不久之后，玛丽亚·古斯里[52] 说塞瓦斯托波尔是"世界上最优良的港口之一"。此后，塞瓦斯托波尔一直是俄国（和乌克兰）最大的海军基地。①

波将金对自己的克里米亚十分心醉，他周游半岛各地，同

---

① 塞瓦斯托波尔曾经是对外封闭的海军城市，由乌克兰的黑海舰队和俄罗斯的黑海舰队分享。波将金最初在这里营造的建筑都毁于克里米亚战争期间英法的围攻和第二次世界大战期间纳粹的攻击。港口拥挤地停泊着许多战舰，上方不远处有一座纪念碑，碑文写道："1783 年 6 月 3 日[公历为 14 日]，俄国南方的海防要塞塞瓦斯托波尔在这里建立。"——作者注

时命令自己最喜爱的工程师尼古拉·科尔萨科夫提供关于要塞建设的意见，并指示科学专家（比如植物学家哈布里茨，他熬过了波将金失败的波斯远征）提供关于当地人口与动物的报告。

"我不会描述克里米亚的美景，因为那样会花太多时间……"波将金在1783年6月这样告诉女皇。他已经吞并了克里米亚半岛，欣赏着它的魅力、战略潜力和古典历史。[53]他已经爱上了这个充满魔力的地方，他在这里狂热而精神百倍的创造性工作令人惊叹。即便在今天也很容易明白为什么：当我们通过彼列科普地峡，经过那些盐湖（古代可汗的主要财源之一），看到的克里米亚北部是一片平坦、干旱、单调乏味的平原；但继续往南走一个钟头，景致就变成了一片葱翠的伊甸园，很多人将其比作意大利南部或西班牙的葡萄园。布满绿色植被和葡萄藤的山岭延绵起伏，中世纪热那亚人要塞的城堞俯瞰着白色峭壁和蔚蓝色的海湾。热爱园林的波将金开始植树，并为庆祝大公的孩子们降生而设计了月桂树和橄榄树夹道的林荫道。他想象着女皇来视察他的"天堂"。19世纪的罗曼诺夫家族和20世纪的苏联政治局首长会把克里米亚当作自己的高档度假胜地，但在波将金的宏图大略里，克里米亚远不只是游玩的场所。[54]

他在克里米亚的最早举措之一是保护穆斯林鞑靼人，让他们免受他自己的俄国士兵的残暴侵害。他不厌其烦地命令将军们"善待土著居民，不要冒犯他们。各团的长官……必须以身作则"。[55]他派专人在各团监督官兵的行为，或者按照他的说法，"保护各村庄"，并向他报告"所有明令禁止的行为"。他把塔夫利地区交给克里米亚的穆尔扎们管理，尤其是投奔俄国的雅各布·阿迦，此人后来改名为雅科夫·伊斯梅洛维奇·鲁杰维奇。[56]波将金告诉叶卡捷琳娜大帝，他专门拨款维护清真寺和供养穆夫提①。他和弗朗西斯科·德·米兰达一起在克里米亚旅行的时候，总会接见当地的穆夫提并向清真寺捐款。[57]波将金向鞑靼人的穆尔扎授予了俄国贵族的身份和拥有土地的权利。[58]他还组建了一支小规模的克里米亚鞑靼人部队，用于仪仗和展示。[59]吸收穆斯林上层集团、争取他们的合作，是俄罗斯帝国主义的传统招数，但波将金对穆斯林的关怀对任何时代的俄国军人来说都是不寻常的。

鞑靼人不是农夫，他们从来没有开发过土地。波将金认为："如果我们让鞑靼人离开克里米亚，这个半岛的情况也许会更好……上帝明鉴，他们不配拥有这样肥沃的土地。库班才是适合他们的地方。"波将金具有俄罗斯帝国主义者的本能，喜欢强制性地将整个民族迁移，就像移动棋盘上的棋子。但是，他没有迁移克里米亚鞑靼人。恰恰相反，他经常保护他们，并且想方设法地让他们留下，然而还是有成千上万的鞑靼人离开了。一位克里米亚穆夫提向米兰达讲的话很好地概括了这些背井离乡的鞑靼人的立场。这位穆夫提说，他对攫取克里米亚的波将金的印象，就像"一个女人对夺去她贞操的男人的印象"。[60]

波将金决定把克里米亚首府设在鞑靼人的城镇"白清真寺"，它位于半岛干燥而平坦的中央。他把这座城镇称为辛菲罗波尔，它在今天仍然是克里米亚的首府，[61]也仍然保留了波将金创造的那座平坦、规划精细但单调无趣的城市的原貌。[62]

---

① 穆夫提是伊斯兰教法的权威，负责就个人或法官提出的询问提供意见。穆夫提通常必须精通《古兰经》、圣训、经注以及判例。在奥斯曼帝国时期，伊斯坦布尔的穆夫提是伊斯兰国家的法学权威，总管律法和教义方面的所有事务。随着伊斯兰国家现代法律的发展，穆夫提的作用日益减小。如今，穆夫提的职权仅限于处理遗产继承、结婚、离婚等民事案件。

波将金的规划规模极大，涉及范围从赫尔松到塞瓦斯托波尔，从巴拉克拉瓦到费奥多西亚、刻赤、耶尼卡雷，又回到赫尔松。在所有这些地方，他都建立了新城市，或把现存的要塞扩建成城镇。科尔萨科夫上校能够胜任所有这些工作。波将金在给叶卡捷琳娜大帝的信中兴高采烈地写道："小妈妈，我们以前从未有过科尔萨科夫这样优秀的工程师……我们必须好好待他。"[63] 五年之后，塞瓦斯托波尔及其舰队已准备就绪，可以接受东方的两位皇帝的检阅了。

1784 年，波将金决定在一个叫作帕拉维察的扎波罗热哥萨克小村的原址，为自己的南方帝国建造一座奢华的新都城。它可以说是新的雅典。他打算把新都城称为"叶卡捷琳诺斯拉夫"。他打定主意要做的事情，都会想要做得尽善尽美。他爱上了这个名字，因为它的意思是"叶卡捷琳娜的荣耀"。他想把这个名字用到所有地方。（他也把自己的整个辖区称为叶卡捷琳诺斯拉夫。）波将金写道："最仁慈的君主，在这片属于您的荣耀的土地上，何不建造一座拥有辉煌建筑的城市呢？就是出于这个原因，我制订了能配得上这座城市的美名的开发计划。"波将金的设想是建造一座新古典风格的大都市：它的法庭就像"古代的会堂"①，庞大的半圆形市场就像"雅典的

---

① 会堂（Basilica）是古罗马的一种公共建筑形式，其特点是平面呈长方形，外侧有一圈柱廊，主入口在长边，短边有耳室。"Basilica"这个词源于希腊语，原意是"王者之厅"。在古罗马的城市，会堂一般被用作法庭或大广场的豪华建筑。基督教沿用了罗马会堂的建筑布局来建造教堂。随着历史的变迁，"会堂"这个词的意义也发生了变化。今天在天主教中，有特殊地位的教堂被赋予 Basilica 的称号，中文的说法是"宗座圣殿"。

大门"。总督的宅邸将会采用"希腊和罗马风格"。[64]

叶卡捷琳娜大帝对古典主义和利他主义的理念与波将金的相同，于是她批准了他的计划。[65]波将金为新城市的设计方案斟酌了一年多。最后在1786年，法国建筑师克洛德·吉鲁瓦尔设计了城市的中央广场和与第聂伯河呈直角的街道网格。波将金的建筑师斯塔罗夫完善了最终的计划。1787年1月，波将金自豪地向弗朗西斯科·德·米兰达展示了设计方案，米兰达对其"罗马式的恢宏和建筑品味"印象深刻。波将金计划在此过程中动用1.6万名劳工，工期为九到十年。米兰达说不准这样的计划最终能否完成。[66]

波将金一生中最招人嘲讽的想法就是建设叶卡捷琳诺斯拉夫城。为了开发空荡荡的扎波罗热哥萨克草原，的确有必要在此地建造一座城市，但它的问题在于它的设计过于宏伟了。那些反波将金的谎言也很有意思，因为从中我们可以看出，波将金的敌人为了抹黑他简直无所不用其极。大多数史书说，波将金把叶卡捷琳诺斯拉夫建在一个不卫生的地点，因为他的无能，这座城市几乎刚刚竣工就不得不搬迁。的确，在六年前的1778年，他曾允许一位行省总督在克尔琴河畔为亚美尼亚人、希腊人和克里米亚难民建造一个定居点，用的名字也是"叶卡捷琳诺斯拉夫"。现在他又把这个名字用在他的"著名城市"上，但他并没有搬迁原先那个叶卡捷琳诺斯拉夫，因为那里已经有将近3000居民，有希腊人、亚美尼亚人和天主教徒各自的聚居区，还有三座教堂。[67]他把那个城镇更名为新莫斯科斯克。[68]

敌视波将金的人说，他计划在这片目前为止还空无一人的草原上建造一座比罗马圣彼得大教堂还要宏伟的大教堂，就好比现代某个非洲穷国的独裁者要在丛林中央建造全世界最大的大教堂。历史学家，甚至包括波将金唯一的现代传记作家乔治·索洛韦伊奇克，都鹦鹉学舌地重复了这个令人尴尬的关于野心的故事，以此证明波将金的狂妄不可一世。[69] 波将金也许提过罗马的圣彼得大教堂，但他从来没有提出要在草原上建造类似的大教堂。在给叶卡捷琳娜大帝的信中，他写道："我想象这里有一座绝美的大教堂，就像为了纪念'主易圣容'① 的罗马城外圣保罗大殿，以此表明在陛下的关怀之下，这片土地发生了翻天覆地的变化，从荒凉的草原变成了丰饶的果园，从野兽栖息的荒野变成了笑迎八方客的家园。"[70] 要想效仿城外圣保罗大殿当然是雄心勃勃，但并不像效仿圣彼得大教堂那样荒唐。如果波将金的想法真的那么荒诞，叶卡捷琳娜大帝就不大可能批准建造大教堂的计划，也不会给南方开发计划拨付 200 万或 300 万卢布的巨款。

叶卡捷琳诺斯拉夫城最初的建筑当中唯一留存至今的是叶卡捷琳诺斯拉夫大学及其音乐学院。[71] 波将金把在自己的奥泽尔基庄园创办的古希腊式体育馆（作为"希腊计划"的一部分）搬迁到他的新雅典，说他已经攒够了钱，可以在那里重建学校。[72] 他是个热爱诗情画意的人，特别重视音乐学院。1786 年 11 月，科本茨尔向约瑟夫二世挖苦道："这是第一次有人决定在一座尚未建成的城市里创办音乐学院。"[73] 波将金聘

---

① "主易圣容"，又称"耶稣显圣容"，是《圣经·新约》记载的耶稣在大博尔山改变容貌并且发光的事。耶稣和他的三个门徒前往大博尔山。在山上，耶稣开始发出明亮的光线，显示出神的容貌。然后，先知摩西和以利亚出现在他两旁，耶稣和他们谈话。随后耶稣被一个从天而来的声音呼唤为儿子，这被视为上帝对耶稣的事工的肯定。

请自己的私人作曲家兼指挥家朱塞佩·萨尔蒂担任音乐学院的第一任院长。不只是萨尔蒂，波将金在城市还没有建成之前就开始在意大利招聘音乐人才。1787 年 3 月 21 日，一个名叫卡斯泰利的人从米兰写信给波将金："殿下，我在此信中附上了 2800 卢布的账单，收款人为约瑟夫·康塔先生。他已经将这笔钱交给了四位音乐教授……他们计划在 26 日启程前往俄国……"[74] 不过，我们不知道这四位米兰教授的最终命运。

1786 年，波将金命令叶卡捷琳诺斯拉夫总督伊凡·西涅利尼克夫聘请画家内雷丁和布哈罗夫担任叶卡捷琳诺斯拉夫大学的艺术教授，薪水为 150 卢布。即便是在 1791 年 1 月的战争期间，他还命令叶卡捷琳诺斯拉夫总督聘请一个名叫德·吉耶纳的法国人为"历史学教授"，薪水为 500 卢布。波将金告诉西涅利尼克夫，必须提升公立中学的质量，从而为大学提供优质生源。波将金单是为叶卡捷琳诺斯拉夫的教育系统就拨款 30 万卢布。[75] 这受到了一些人的嘲笑。但波将金把教师和战列舰放在同等重要的地位，我们怎么能为此嘲笑他？

这些举措无疑显得有些怪异，但把理念化为现实的能力正是波将金的天才所在。在他死后显得荒唐的很多事情，在他生前是完全可行的：他不仅创建了许多新城市，还建立了黑海舰队。规模如此宏大的工作听起来是不可能完成的，但他确实做到了。所以叶卡捷琳诺斯拉夫及其大学是完全可能建成的，但只有在他活着的时候才行。他的设想是恢宏的，远远不止建立一所音乐学院。按照他的想法，叶卡捷琳诺斯拉夫大学将会成为一所国际化的东正教大学，波将金相信，来自波兰、希腊、瓦拉几亚和摩尔达维亚的"青年人"可以在那里学习。[76] 波将金对学生的设想也是与他为帝国和自己设定的目标紧密联系的。他始终在努力为自己的舰队培养更优秀的水手。1787 年，叶卡捷琳娜大帝访问克里米亚之后，他把克里米亚和圣彼得堡的所有海军院校合并，搬迁到叶卡捷琳诺斯拉夫。这将是"希腊计划"的大学，也是波将金的王国的学校。[77]

叶卡捷琳诺斯拉夫的建设直到 1787 年的年中才开始，后来又被战争耽误，所以完成度很低，不过也不像大家想的那样低。1790 年，斯塔罗夫来到南方，为全城设计了新的方案，尤其是大教堂和公爵宅邸。波将金在 1790 年 2 月 15 日批准了全部计划。大学的教授住宅和行政楼竣工了。到 1792 年，已经建成了 546 座属于政府的房屋，不过居民仅有 2500 人。[78] 总督瓦西里·卡霍夫斯基在公爵去世后向女皇报告称，全城的布局已经完成，正在施工。现在这座城市没了主人，工程还会继续吗？[79]1815 年，一名到访的官员报告称，这座城市"更像是荷兰的一个殖民地而不是省级行政中心"。[80] 不过，波将金的新雅典毕竟还是留下了一些东西。

叶卡捷琳诺斯拉夫始终未能成为南方的圣彼得堡，它的大学也始终未能成为草原上的牛津。理想与现实的差距让叶卡捷琳诺斯拉夫成为波将金的最大败绩。很多人用这个例子来贬低和攻击波将金其他那些优异的成绩。但过去两个世纪的历史学家没有一人亲身到过叶卡捷琳诺斯拉夫，它在苏联时代和塞瓦斯托波尔一样，是一座对外封闭的城市。它今天的名字是第聂伯罗彼得罗夫斯克①。只要我们仔细观察它，就会清楚地发现

---

① 2016 年更名为第聂伯罗。

它的选址极佳：在第聂伯河一个河弯附近、地势较高的青翠河岸，在那里第聂伯河的河面几乎有一英里宽。波将金的"叶卡捷琳娜大街"如今叫作"卡尔·马克思大街"，当地人至今仍然说它是"全俄最长、最宽、最优雅的大街"。（苏格兰建筑师威廉·黑斯蒂在他的 1816 年城市规划中扩展了最初的设计。）[81]

城市中央屹立着一座始建于 18 世纪的教堂，它在今天吸引了很多东正教信徒，相当热闹。这座教堂的名字是主显圣容教堂，也就是波将金在 1784 年建议的名字。这是一座宏伟而肃穆的建筑，与城市的规模相匹配。教堂有一座高高的尖塔、古典风格的石柱和金色圆顶，遵循了斯塔罗夫的最初设计。教堂于 1788 年，也就是战争期间开始施工，1837 年竣工，已是波将金去世的多年之后。波将金的宏伟教堂就耸立在这座很多批评者口中从来没有建成的城市的中央。[82] 距离教堂不远的地方有一道丑陋的黄色凯旋门，是苏联时代设计的，它通向波将金公园，巍峨的波将金宫殿就在那里。[83] 波将金去世八十年后，圣彼得堡和莫斯科才开办了音乐学院。但叶卡捷琳诺斯拉夫在苏联时代的规划之下最显欣欣向荣，成为繁忙的工业中心，正如波将金当年所期望的。①

波将金一边开疆拓土，一边建立新城市。第六次俄土战争

---

① 在苏联时期，第聂伯罗彼得罗夫斯克培养了 20 世纪 70 年代的一批苏联领导人。1938 年，在大清洗期间，三十二岁的列昂尼德·勃列日涅夫成为第聂伯罗彼得罗夫斯克的宣传部部长。在这个职位上，他结识了将在 1964—1980 年主宰苏联的那群伙伴。这些人被称为"第聂伯罗彼得罗夫斯克帮"。根据今天当地人的回忆，勃列日涅夫当年特别喜欢在波将金宫殿宴请客人。——作者注

（1787—1792）期间征服的新领土让他得以创建了他的最后一批新城市，比如攻克奥恰基夫要塞让他得以建立尼古拉耶夫，在黑海周边的推进让他能够兴建敖德萨。

1789 年 8 月 27 日，公爵签署了建立尼古拉耶夫城的命令。它得名自航海者的主保圣人圣尼古拉，波将金在他的瞻礼日那天终于占领了奥恰基夫。尼古拉耶夫坐落在因古尔河与布格河交汇的一个地势较高、凉爽又清风习习的地方，在赫尔松上游约二十英里处，距离黑海五十英里。这是波将金兴建的城市当中除了敖德萨之外规划最好、发展最成功的。

法列耶夫遵照波将金规模宏大但在细节方面又极其精确的计划建造了尼古拉耶夫。在二十一条的备忘录中，波将金命令法列耶夫：建造一座修道院，将海军司令部从赫尔松迁往尼古拉耶夫，建造一家可容纳 300 名学员的军校，利用当地酒馆的收入建一座教堂，重铸美吉戈尔斯基女修院破损的大钟并为其增注黄铜，"按照利瓦诺夫教授的三个在英国受教育的助手的方法"耕种土地，建造医院和疗养院，设立一个自由港，给所有喷泉铺上大理石，建一家土耳其浴室和一座海军部办公大楼，然后还要组建市议会和警队。

法列耶夫以惊人的才智和能量一项一项完成了波将金布置的任务。他回复波将金的具体命令，"阁下给我的命令是……"然后报告称几乎全部任务都已经完成；他还做了更多，比如安置旧礼仪派神父和给菜园播种。最先建的是造船厂。参加建设的劳工是农民、士兵和土耳其战俘。1789 年已有 2500 名战俘在那里劳动。法列耶夫对劳工的驱使显然过于严酷，于是波将金命令保护他们，并每天给他们提供热葡萄酒。尼古拉耶夫博物馆有一幅当年的印刷画，表现的是士兵和土耳其战俘在徒步劳动，骑马的俄国军官在一旁监工。另一幅画表现的是牛群拖来城市建设所需的原木。

10月，法列耶夫告诉公爵，码头的栈桥已经竣工，劳工和土耳其战俘的土方工程也将在一个月内完成；已经建成九座石质兵营和五座木制兵营。1791年，主要的造船厂从赫尔松搬迁到尼古拉耶夫。[84] 从这里我们可以了解波将金的工作风格。全副身心投入工作的波将金不是那个懒散的贵族，不是在西方人面前表演的小丑，也不是毫不关注细节专横跋扈的暴君。波将金不断鞭策法列耶夫。他在提及自己需要的一艘战列舰时对法列耶夫写道"尽快完成！""使出全部力气！"随后他又感谢法列耶夫送来的西瓜，但补充道："你无法想象，我的荣誉和尼古拉耶夫造船厂的未来都取决于这艘战舰。"[85] 在这座城市建造的第一艘巡航舰于他去世前下水，那时他自己的宫殿也差不多竣工了。

四年后，到访的玛丽亚·古斯里赞扬了已经拥有1万居民、"相当长、相当宽敞和笔直的街道"以及"美观的公共建筑"的尼古拉耶夫城。即便在今天，这座城市的位置也是很理想的，布局和规划很好，不过波将金时代的建筑大多没有被保存到今天。但造船厂仍然在200年前波将金兴建它的地方运作。[86]

敖德萨是波将金征服的，他命令在那里建造一座城镇和要塞，但敖德萨得到命名和开始施工都是在他去世之后的事情。1789年波将金占领奥斯曼人的要塞哈吉贝伊之后，认识到这是个绝佳的战略要地，于是命令炸毁当地的旧城堡，并亲自选定了新建港口和城镇的地点。他命令立刻开始施工。

他去世的时候，这些工作正在紧锣密鼓地进行。敖德萨城于三年后由他的门客何塞（奥西普）·里瓦斯正式建立。里瓦斯就是那个来自那不勒斯的西班牙冒险家，曾帮助奥尔洛夫-切什梅斯基绑架"蟑螂公主"。用朗热隆伯爵的话说，"里瓦斯将军颇有教养和才干，擅长欺诈，不是圣人"。兰皮创作的里瓦斯肖像表现了他狡黠、无情而精明的面庞。1776 年，他娶了叶卡捷琳娜大帝的朋友和艺术顾问伊凡·别茨科伊的私生女。（别茨科伊与女皇的母亲有过私情。）里瓦斯夫妇成为圣彼得堡最擅长玩弄政治手腕的一对。从此以后，不管波将金在什么地方，里瓦斯总是离他不远。里瓦斯始终精力充沛、精明强干，有时为波将金建造船只，有时指挥他的舰队，有时帮他引诱女人。里瓦斯、波波夫和法列耶夫是波将金手下的三员大将。[①]

叶卡捷琳娜大帝给这座港口城市取名为敖德索斯，这是一座古希腊城镇的名字，据说原址就在新城市附近。不过后来她把这个名字改为阴性的敖德萨。它是波将金的遗产中最重要的瑰宝之一。[87]

"我向陛下报告，第一艘下水的战舰将被命名为'叶卡捷琳诺斯拉夫'号，也就是'叶卡捷琳娜的荣耀'，"波将金热情洋溢地写信给女皇，"请允许我给它这样的名字。""叶卡捷琳诺斯拉夫"的名字已经成了波将金的执念。许多城镇、舰船和团都采用了这个光辉的名字。生性谨慎的女皇对此有些担忧："请不要给舰船取这样辉煌的名字，免得成为一种负

---

① 今天敖德萨最雅致的大街之一就叫"里瓦斯大街"。——作者注

担……取名的时候你自己拿主意就好了，但不要太夸张，因为实质胜过外表。"[88] 但即便女皇提出了这一点要求，波将金还是不肯给"叶卡捷琳诺斯拉夫"号改名。他没有理睬女皇的这个请求，他在 9 月自豪地宣布，配备 66 门炮的风帆战列舰"叶卡捷琳诺斯拉夫"号在赫尔松造船厂下水了。[89] 他俩这样的交流与回应很典型。①

波将金有理由兴奋，因为风帆战列舰是 18 世纪最有威望的武器，就像今天的航空母舰。当时的风帆战列舰是庞大的浮动要塞，一艘战列舰就拥有四五十门火炮，当时往往一整支陆军部队才有这么多火炮。而建造一支完整的舰队所需的金钱和资源，被一位现代历史学家比作航天工程。（叶卡捷琳娜大帝在 1786 年 6 月 26 日给波将金提供了第一笔 240 万卢布的钱款，用于建造风帆战列舰。）但波将金的批评者说，如果他真的建造了这些战舰，它们也是腐朽的。这是无稽之谈。波尔·卡鲁仔细地观察了正在进行中的造舰工程：已有 3 艘 66 门炮的风帆战列舰"大体完工"，若干艘 30 或 40 门炮的巡航舰已经下水，还有另外 4 艘战舰正在铺设龙骨。在赫尔松造船厂施工的不只是俄国政府，法列耶夫也在那里建造自己的商船。在 35 俄里之外、更靠近大海的格鲁博卡，已经停泊着另外 7 艘配备 24 到 32 门炮的巡航舰。拥有丰富军事经验的米兰达不像大部分西欧人那样对俄国有成见，他在五年后到访时报告称，赫尔松造船厂的木材质量极佳，舰船设计也很好。他认为那里

---

①　在今天的赫尔松，在波将金时代造船厂的原址矗立着一座苏联时代丑陋的混凝土航船雕像。雕像上的文字当然没有提及波将金，但仍然颂扬了他的功绩。雕像上写着："1783 年，黑海舰队的第一艘 66 门炮的风帆战列舰'叶卡捷琳诺斯拉夫'号在这里下水。"——作者注

的造船工艺水平比西班牙和法国都高。他说,这些舰船是"用英国方式"建造的。这可是当时对造船技术的最高评价。[90]

这表明米兰达很了解波将金的造船工程,因为批评波将金的战舰的那些德意志人、法国人和俄国人并不知道,波将金的木材和英国战舰用的木材同出一源,而且造船的水手和工程师都是在英国受过训练的,比如波将金的海军将领尼古拉·莫尔德维诺夫(他的妻子是英国人)和工程师科尔萨科夫。到1786年,赫尔松甚至有了浓厚的英国味道。热爱旅行的克雷文夫人评价道:"莫尔德维诺夫和科尔萨科夫比我见过的任何外国人都更像英国人。"[91]不过,不熟悉海军事务的约瑟夫二世皇帝说波将金的舰船是"用未干燥的新木材制造的,到处是虫蛀的洞"。[92]

到1787年,波将金已经创建了一支令人生畏的舰队,英国大使估计它拥有27艘风帆战列舰。如果把配备火炮数量超过40门的舰船算作风帆战列舰的话,那么他就在9年之内(从赫尔松开始)建成了24艘。后来塞瓦斯托波尔的良港成为波将金舰队的海军基地,尼古拉耶夫成为主要造船厂。再加上波罗的海舰队的37艘风帆战列舰,俄国一跃成为几乎可以与西班牙平起平坐的海军大国,只比法国落后一点点,不过与拥有174艘风帆战列舰的英国相比还差很远,毕竟英国是当时世界上唯一的海权超级大国。

波将金是黑海舰队之父,正如彼得大帝是波罗的海舰队之父。波将金对自己的舰队无比自豪。舰队是他的特殊"孩子"。在兰皮为他所画的那幅罕见的肖像画中,波将金穿着黑海舰队和里海舰队总司令的白色制服,他背后就是黑海。叶卡捷琳娜大帝知道黑海舰队是波将金创造的。一位英国使节在波将金晚年写道："这么说可能有点夸张，但他完全有资格说，用于建造黑海舰队的每一块木板都是用他的肩膀扛来的。"[93]

他的另一项艰巨事业是吸引普通百姓到这片广袤但荒无人烟的土地上定居。把定居者和退伍军人安置到边疆是俄国的传统做法，但波将金的招募行动反映了他的惊人想象力，招募行动规模极大，也取得了极好的成绩。叶卡捷琳娜大帝颁布诏书，用各种形式的优惠条件吸引定居者，比如免税十年、政府提供免费的牛或农具，或授予蒸馏酒和啤酒的生产权。数十万百姓在政府的领导下搬迁，从政府那里得到房屋从而安居，并得到政府赠送的犁、资金和牛。弗里德里希大王为了让自己饱受战火蹂躏的国土休养生息，设立了殖民地开拓的标准：对所有教派持宽容态度。到他去世时，普鲁士人口的 20% 是外来移民。波将金对公关蕴含的强大力量有非常现代化的理解。他在外国报纸上刊登广告，并在欧洲各地设立办公室来招募定居者。他向叶卡捷琳娜大帝解释道："外国报纸对我们在新俄罗斯和亚速设立的新定居点赞不绝口。"读者会读到俄国政府向亚美尼亚和希腊定居者授予特权，并"认识到这些特权的全部价值"。他还建议运用俄国驻外使馆来帮助招募定居者。这是很现代化的思想。波将金自掌权以来就热情洋溢地支持殖民运动。早在 18 世纪 70 年代中期，他就为自己在高加索北部莫兹多克防线的新定居点招募了移民。[94] 按照他的理想化设计，定居者在和平时期从事农耕、贸易和制造业，战争来了则出征对抗土耳其人。[95]

波将金吸引到的第一批定居者，是 1769 年奥尔洛夫-切什梅斯基的地中海舰队里的阿尔巴尼亚人和克里米亚基督徒。阿尔巴尼亚人最初定居在耶尼卡雷；克里米亚基督徒生活在他们自己的城镇，比如马里乌波尔。阿尔巴尼亚人既是军人，也是农夫。波将金为这些移民兴建了城镇以及相应的学校和医院。吞并克里米亚之后，波将金将这些阿尔巴尼亚人编成若干个团，把他们安置到巴拉克拉瓦。波将金特意把马里乌波尔指定给克里米亚的希腊人。像对待自己的所有城镇一样，他监督了马里乌波尔的发展，并持续推动它的发展。到1781年，亚速总督报告称，马里乌波尔的大部分已经建成——那里有四座教堂，希腊人有自己的法庭；它已经成为一座欣欣向荣的希腊贸易城镇。后来波将金在亚速附近的顿河下游建立了纳希切万，在德涅斯特河畔建立了格里戈里波尔（用的是他自己的名字），这两座城市都是给亚美尼亚人准备的。[96]

波将金绞尽脑汁地在帝国全境搜寻具有生产能力的公民，吸引他们去他的新城镇。他吸引到了一些贵族及其农奴、[97]退伍军人和伤兵、旧礼仪派①、[98]哥萨克，当然还有帮助定居者成家立业的妇女。很多姑娘被送往南方，就像19世纪美国中西部的"邮购新娘"。[99]波将金还招募了一些贫穷的乡村神父。[100]在帝国之外，他向流亡者提供赦免，比如逃亡农奴、[101]异端分子和逃到波兰或奥斯曼帝国的哥萨克。往往有整个家庭、整个村庄甚至整个城镇的百姓搬迁或者回归到他的几个省份，在那里定居。据估计，到1782年，经过他的努力，新俄罗斯和亚速的人口已经翻了一倍。[102]

---

① 旧礼仪派做礼拜时遵照东正教的古老仪式。他们被排除在俄国主流生活之外一个世纪之久，为了能够自由地按照自己的规矩做礼拜，他们往往生活在偏远的西伯利亚村庄。波将金对他们的信仰很感兴趣，所以保护和宽容他们。——作者注

征服克里米亚之后，波将金招募移民的行动大幅升级。他运用急速发展的代理人的网络，向全欧洲招募定居者。在之前的动乱期间克里米亚人口减少了一半，只剩约 5 万男性。[103] 波将金相信克里米亚能够容纳现有人口的十倍。"我在竭尽全力，"他告诉叶卡捷琳娜大帝，"我从各地招募了熟悉经济生活方方面面的定居者……"他行使自己的强大权力，决定给予那些人免税权，还规定了每个定居者，不管是贵族还是外国人，应当领到多少土地。移民通常得到一年半的免税权，后来延长到六年。[104]

帮助波将金招募移民的代理人每成功介绍一名移民，就可以得到 5 卢布的佣金。"我遇见一个负责把外国定居者带到克里米亚的人，"其中一人写信给波将金，"我和他达成协议，每送一个家庭到那里，就给他 30 卢布的佣金。"后来此人给波将金介绍了另一名代理人："我和他达成的协议是他要带200 名移民来，但他承诺说可以带来更多。"[105]

南欧农民是被吸引到克里米亚的人数最多的群体。1782年，61 个科西嘉家庭来到克里米亚，被安置在赫尔松附近。[106] 1783 年初，波将金安排接收克里永公爵招募来的科西嘉人和犹太人。但波将金决定："除了莫切尼戈伯爵〔俄国驻佛罗伦萨公使〕已经送来的人，我觉得没有必要再增加这些居民的人口了。"在波将金的档案里，我们可以追踪这种奇特的移民生意，其中有老实巴交的农民，也有胆大妄为的流氓。有人直接写信给波将金的秘书处。在一封典型的信里，潜在的希腊移民帕纳伊奥和阿列克西亚诺请求允许把他们的亲戚从"群岛"带来，从而"建立一个比科西嘉人的村庄更大的定居点"。[107] 有些移民代理人简直就是最恶劣的招摇撞骗之徒：他们坑害了多少无知的人？有些地主似乎觉得把自己庄园里的流氓恶棍除掉的最好办法，就是把他们送去克里米亚。波将金对此并不介意。他写道："我们会把这些人运送到赫尔松，那里已经做好了迎接他们的准备。"[108]

波将金也的确吸引到了他这样的帝国建设者最需要的既勤奋又理智的定居者。但泽的门诺会①教徒请求允许他们保留自己的教会并免税十年。波将金的代理人乔治·特拉普同意给他们这样的条件，而且他们抵达之后还会得到旅费和房屋。波将金批准了这些特权。他给自己的苏格兰籍银行经理理查德·萨瑟兰的书信，展现了俄罗斯帝国的首席大臣是如何亲自安排小群移民横穿欧洲的旅行的："先生，女皇陛下已经决定向愿意定居到叶卡捷琳诺斯拉夫的门诺会教徒授予若干特权……请在但泽、里加和赫尔松准备所需的资金，以助他们的旅行和安置……女皇陛下仁慈地决定授予这些优秀农民若干特权，我认为你提供相应的经费应当不会有困难……"[109] 档案里有很多这样未公开发表的书信。228 个门诺会教徒家庭，共计约 2000人，于 1790 年初开始了他们漫长的旅程，后来在克里米亚建立了 8 个定居点。[110]

与此同时，在赫尔松，他命令无能的贾克斯上校欢迎一群瑞典定居者，"他们不仅会得到房屋……请给每人发放 5卢布用于购买食品"。[111] 另外一批瑞典移民（880 人）在新城市叶卡捷琳诺斯拉夫定居。成千上万的摩尔达维亚人、瓦拉

---

① 门诺会是弗里斯兰的神学家门诺·西蒙斯（1496—1561）创立的信奉和平主义的再洗礼派分支，一度受到天主教和新教国家的镇压，于是逃到一些统治者较为宽容的地区而得以幸存。2015 年，全球约有 210 万门诺会教徒。

几亚人、奥斯曼统治下的罗马尼亚东正教徒，也蜂拥越过边境，投奔波将金。到 1782 年，已经有约 2.3 万名移民抵达。大多数移民生活在伊丽莎白格勒，那里的移民人口超过了俄国人口。波将金的代理人之一给他写了一封很典型的信："保加利亚的一个希腊人告诉我，摩尔达维亚边境上有一些摩尔达维亚人，劝他们移民过来是很容易的事情。"这些人无疑也来了。[112]

在俄国军人和政治家当中，波将金有一个特点几乎可以说独一无二：他对犹太人不只是宽容。他喜欢研究犹太人的文化，喜欢和拉比交往，还成了他们的保护者。启蒙思想已经让很多人对犹太人的态度发生了转变。伊丽莎白女皇在 1742 年将这些"基督的敌人"全部驱逐出境。玛丽亚·特蕾西亚特别仇恨犹太人，1777 年波将金授予犹太人定居的特权时，玛丽亚·特蕾西亚写道："我不知道有比犹太人更严重的灾害。"她不能容忍看到哪怕是一个犹太人，她与自己的犹太银行家迭戈·德·阿吉拉尔隔着一扇屏风说话。但她的儿子约瑟夫二世大大改善了犹太人的生活条件。[113] 叶卡捷琳娜大帝篡位的时候打的是捍卫东正教的牌，所以没有办法善待犹太人。她于 1762 年 10 月颁布的御旨写着欢迎所有移民，"除了犹太人"，但她秘密地允许犹太人入境，命令她的爱尔兰裔立窝尼亚总督布朗伯爵不要询问潜在移民的宗教信仰。[114]

1772 年的瓜分波兰导致第一次有大批犹太人（约 4.5 万人）进入俄国。波将金第一次遇见大批犹太人是在他的克里切夫庄园（当地曾属于波兰）。早在 1775 年波将金邀请移民到南方定居的时候，就补充了一句"甚至犹太人也可以"。

1777 年 9 月 30 日，他制定了政策：犹太人可在他的土地定居，可以占据扎波罗热哥萨克留下的小农场，条件是每个犹太人要带五个波兰移民来，并且有自己的资金可以投资。后来，他把条件改得更有诱惑力：犹太人可以免税七年，有权从事葡萄酒和烈酒贸易；政府保护他们不受士兵的侵害；他们的纠纷由自己的拉比调解；可以拥有自己的犹太会堂、墓园，有权在波兰的犹太人社区当中娶妻并将其带到克里米亚。这些犹太移民很有价值。除了商贸之外，波将金为了建设新城镇而需要的制砖业也主要是犹太人的行业。没过多久，赫尔松和叶卡捷琳诺斯拉夫就不再仅仅是哥萨克、异端分子和希腊人的大熔炉，还有了犹太居民。[115]

波将金和犹太商人同时也是希伯来学者的约书亚·蔡特林变得特别友好。蔡特林与波将金一同旅行，经营他的庄园，建造城镇，为他的军队筹措军费，甚至管理位于克里米亚卡法的修复后的铸币厂。档案里随处可见蔡特林的名字。蔡特林"和波将金亲如兄弟"，他俩的友情在俄国历史上可以说独一无二，因为蔡特林自豪地拒绝融入东正教社会，沉浸于犹太人的拉比学术和虔敬，但同时在波将金的亲信当中又接近最高层。波将金提升他为"宫廷顾问"，给了他贵族身份，允许他拥有自己的农奴和庄园。俄国犹太人把蔡特林称为"大人"。波将金很喜欢既懂生意经，又能探讨《塔木德》[①] 神学的蔡特林。他俩经常在一起。在视察新的道路和城镇时，蔡特林

---

① 《塔木德》是犹太教中极其重要的宗教文献，是犹太教律法和神学的主要来源。《塔木德》包含了人生各个阶段的行为规范，以及人生价值观的养成，是犹太人对自己民族和国家的历史、文化，以及智慧的探索而淬炼出的结晶。

"骑在一匹威风凛凛的高头大马上，与波将金并辔而行"。波将金听取请愿的时候，这位有权有势的拉比"接受学者们关于哈拉卡①的询问……他会翻身下马，保持跪姿，撰写关于哈拉卡的答复"，然后重新上马，与波将金一同骑行。基督徒的权贵对犹太人如此宽容，这不仅在俄国，在当时的整个欧洲都是惊人的现象。

波将金向犹太人伸出援手，多次为了保护他们而施加干预。1787 年叶卡捷琳娜大帝巡视南方期间，他甚至支持蔡特林领导一个代表团向女皇请愿，请她不要称呼犹太人为意第绪人（zhidy）。叶卡捷琳娜大帝接见了这些犹太人代表，宣布从今往后要称呼犹太人为"希伯来人"（evrei）。当蔡特林与波将金的银行家萨瑟兰发生冲突的时候，波将金则为自己心爱的犹太人撑腰，反对他心爱的英国人。[116] 没过多久，就有更多形形色色的犹太拉比像蔡特林一样，加入了波将金的怪异宫廷（那里既有伊斯兰教的毛拉，也有基督教的神父）。正是波将金这种特殊的宽容，让他的很多反犹的贵族政敌讥讽地说他喜欢所有"大鼻子"的外国人。但波将金从来不受别人种种偏见的约束。[117]

难怪犹太人把波将金视为英雄。尤其在白俄罗斯，不管他走到哪里，都有成群结队、兴高采烈的犹太人盛情迎接他，这有时让他很恼火。他们会给他献上"盛满白银、面包、食盐和柠檬的大盘子"。米兰达在赫尔松见过这样的场面，挖苦地说这"无疑是某种欢迎仪式"。[118]

---

① 哈拉卡是源自书面与口传《托拉》的犹太教法的统称，是犹太人必须遵循的道德与礼仪律令，也象征着"应当遵循"的行为标准。

波将金去世后，蔡特林退隐到自己位于白俄罗斯乌斯特耶的豪华宫殿。这位不寻常的金融家在自己的希伯来图书馆和犹太会堂赞助犹太学术，在自己的实验室开展科学实验，并主持自己的宫廷。他古怪的性格和奢华的生活方式让人觉得他是一个犹太版的波将金。波将金去世后，俄国犹太人的地位再度下降。他们再也不会拥有波将金那样显赫的保护者了。[119]

现在，波将金又有了一个新想法：引进英国囚犯，让他们到克里米亚定居。

注　释

1 Damas pp 89 - 90. 本章能够写成，要十分感谢 E. I. Druzhinina 所著的书 *Severnoye Prichonomorye 1775-1800*，尤其是其中关于人口数字和定居的章节。

2 *Memoir of the Life of Prince Potemkin* pp 66-7.

3 Roger P. Bartlett, *Human Capital*: *The Settlement of Foreigners in Russia* 1762 - 1804 p 109. Ligne, *Mélanges* vol 24 p 181, Prince de Ligne to Prince Kaunitz 15 December 1788, Jassy.

4 Wiegel 1 pp 29-30. Raeff, *Imperial Manner* pp 234-5. Raeff 的文章对于波将金作为南方统治者的风格与才干极有洞察力。

5 ZOOID 11：pp 506-8；E. A. Zagorovsky, *Organization of the Administration in New Russia under Potemkin 1774-1* pp 1-33. 波将金的秘书处的另一位重要人物是 von Bühler 男爵，他是萨克森首席大臣的兄弟，在 18 世纪 80 年代末担任波将金的高级外交问题顾问。

6 RS（1876）15 pp 33-8, July 1787. M. Garnovsky, *Zapiski Mikhaila Garnovskago*.

7 Samoilov cols 1234-5.

8 RGADA 5. 85. 1. 38, L 73, CII to GAP. Manifesto on Liquidation of Zaporogian Sech. SBVIM vol 1 pp 46-52, 3 August 1775.

9 AVPRI 2. 2/8. 20. 55, L 99, GAP to CII 21 April 1776. Skalkovsky, *New Sech* part 3 A. pp 148, 158-63. Letters of Potemkin to Hetman P. I. Kalnikshevsky on 21 June 1774 and then threatening letter to same on 8 December 1774, quoted in Skalkovsky.

10 SBVIM vol 1 pp 74-88, 20-1, proposal on Don 18 February 1775; pp 20-1, report to Senate 14 May 1775. Kolomenskoy pp 33-4. PSZ xx nos 14, 251, 15 February 1775. PSZ xx no 14, 464, 9 May 1775. SIRIO 27: 37.

11 RGVIA 52.1.54.3.21-30, GAP correspondence with S. D. Efremov and wife Melaniya Karpovna.

12 RGADA 5.85.1.68, L 110, GAP to CII and her reply, GAP to CII and again her reply. RGADA 5.85.1.68, L 110.

13 SBVIM vol 6 p 54.

14 SBVIM vol 1 pp 74-88, 36-7, GAP to General P. A. Tekeli 18 June 1775.

15 William H. McNeill, *Europe's Steppe Frontier* 1500-1800 pp 200-2. RGADA 5.85.1.464, L 81, CII to GAP. SBVIM vol 1 pp 65-7, 8 September 1775. Druzhenina pp 64-5.

16 RGADA 1.1/1.54.83, L 125. RGADA 5.85.3.109. SIRIO 27: 50-1.

17 RGADA 5.85.1.25, L 127, CII to GAP. Zavadovsky pp 23-4, Count P. V. Zavadovsky to Count P. A. Rumiantsev. 关于赫尔松选址的辩论，见：SBVIM p 110, CII *ukase* to GAP; p 112, GAP to CII 25 July 1778。RGVIA 143.1.6-7, ud, 1777. 波将金建立赫尔松的开销为 460103 卢布。

18 Samoilov cols 1215-18. 叶卡捷琳娜大帝也派了工人过去：RGADA 5.85.3.109, 叶卡捷琳娜二世给波将金的信，关于建造海军部大楼的工人，日期为 1778 年 5 月 31 日。I. A. 汉尼拔给波将金的报告：RGVIA 1.194.54.10.52, 11 November 1779。也可参考 ZOOID 11: pp 324-6. Murzakevich, GAP to Hannibal 1 March 1781 and 11 August 1782。*Druzhinina* pp 64-83.

19 Samoilov cols 1215-18.

20 M. S. Bentham, *Life of Brigadier-General Sir Samuel Bentham* pp 17-18, 10 August 1780.

21 Cornwall Archive, Antony CAD/50 Pole Carew Papers 1, 3, 4, 8, 9, 13, 14, 15, 16, 17, 18, 20, unpublished.

22 RGADA 11.900.1, Reginald Pole Carew to GAP 24 October 1781, Kherson, unpublished.

23 Cornwall Archive, Antony CAD/50, Pole Carew Papers 25-7, unpublished.

24 RGADA 11.900.1, Pole Carew to GAP 24 October 1781, Kherson, unpublished.

25 M. Antoine, *Essai Historique sur le commerce et la navigation de la Mer Noire* p112.

26 ZOOID 8: 210, GAP to CII.

27 ZOOID 13: 162, M. Antoine to GAP 11 January 1786.

28 ZOOID 11: 342, GAP to Colonel Gaks 22 October 1783. ZOOID 11: 354, GAP to Colonel N. I. Korsakov 1 February 1784. ZOOID 11: 343, GAP to M. V. Muromtsev.

29 RGVIA 271. 1. 35 pp 4-5.

30 RGVIA 52. 2. 11. 102 pp 22-3, GAP to Ivan Starov 26 May 1790.

31 ZOOID 11: 341, GAP to Gaks 6 October 1783. 叶卡捷琳娜二世密切关注赫尔松的情况: 她对新拨款的批准和提供, 见 SIRIO 27 (1880): 292, CII to GAP 22 January 1784。

32 ZOOID 11: 335, GAP to Gaks 14, 22 October 1783 and GAP to Muromtsev 9 November 1783.

33 Antoine p 228. 波将金希望通过红海与埃塞俄比亚建立商贸联系, 可见他在贸易方面的雄心壮志。O. Markova, *O neutralnay sisteme i franko-russkikh otnosheniyakh. Vtoraya Polovina xviii v.* p 47. Also: Druzhinina ch xxx.

34 RGADA 11. 946. 152, Dr G. Behr to GAP, 1787, unpublished.

35 RGADA 5. 85. 1. 124-5, CII to GAP 30 September 1782.

36 Harris p 477, H to Lord Grantham 25 October/5 November 1782.

37 RGADA 5. 85. 1. 88, L 154, CII to GAP.

38 RGADA 1. 1/1. 43. 84-5, L 165, GAP to CII. RGADA 1. 1/1. 43 pp 76-7, GAP to CII. RGADA 1. 1/1. 43. 78, L 168, GAP to CII. 上述资料都从赫尔松发出, 1783 年 5 月。

39 Vassilchikov vol 1 pp 370-1, Count Kirill Razumovsky 22 June 1782.

40 Anspach, *Journey* p 157, 12 March 1786.

41 P. I. Sumarokov, *Travelling through all the Crimea and Bessarabia* pp 21-4. Maria Guthrie, *A Tour performed in the years* 1795-6 *through the Taurida or Crimea* letter IX p 32.

42 RGADA 1355. 1. 2064.

43 作者于 1998 年访问赫尔松所得。赫尔松艺术博物馆与圣叶卡捷琳娜教堂的教士阿纳托利神父。

44 RGADA 1. 1/1. 43. 80-3, L 172, GAP to CII June 1783, Kherson.

45 RGADA 1. 1/1. 43. 80-3, L 172, GAP to CII June 1783, Kherson.

46 AVPRI 2. 2/8a. 21. 32.

47 RGADA 1. 1/1. 43. 69-71, GAP to CII July 1783, Karasubazaar.

48 Guthrie letter 27 p 91.

49 ZOOID 12：308, GAP to Korsakov.

50 RGVIA 52.1.1.160.3 p 57, Korsakov to GAP, 科尔萨科夫给波将金的信, 关于塔夫利切斯基地区建筑工程的计划, 日期为 1786 年 2 月 14 日。也可参考 160.2.160-2, Korsakov to GAP。

51 Miranda pp 229-30, 1 January 1787.

52 Guthrie letter 27 p 91.

53 RGADA 1.1/1.43.80-3, L 172, GAP to CII June 1783, Kherson.

54 RGADA 1.1/1.43.66, L 181, GAP to CII.

55 ZOOID 12：265, GAP to A. B. de Balmain 1783.

56 ZOOID 12：281, 272, GAP to I. A. Igelstrom 16 August 1783.

57 Miranda p 227, 28 December 1786.

58 ZOOID 23（1901）：41-3.

59 SIRIO 27：300. Fisher, *Russian Annexation* pp 142-3. 'Ocherk voennoy sluzhby krymskikh tatar s 1783 po 1889 god', ITUAK 30（1899）pp 1-2. Fisher, *Crimean Tartars* p 87. Druzhinina pp 64-7, 69, 161-2.

60 Miranda p 225, 25 December 1786.

61 GIM OPI 197.2.43, GAP：On Taurida Province.

62 作者于 1998 年访问辛菲罗波尔所得。

63 RGADA 1.1/1.43.69, L 178, GAP to CII July 1783, Karasubazaar. 尼古拉·科尔萨科夫上校在奥恰基夫围城战期间从一处山坡摔下来时被自己的剑戳死。他和波将金一样, 被葬在赫尔松的圣叶卡捷琳娜教堂。今天我们仍然可以在那里找到他的墓地, 不过可能被布尔什维克挖过。

64 RGADA 16.799.1.39-40, L 209.

65 RGADA 16.798.114, 叶卡捷琳娜二世给波将金的御旨, 关于叶卡捷琳诺斯拉夫, 日期为 1784 年 2 月 22 日。RGADA 16.798.180, 叶卡捷琳娜二世给波将金的信, 批准叶卡捷琳诺斯拉夫的计划, 日期为 1786 年 10 月 13 日。Druzhinina p 176.

66 Miranda p 234, 8 January 1787.

67 RGADA 16.689.2.95 and 98, N. Chertkov to GAP 24 December 1781.

68 Druzhinina p 89.

69 George Soloveytchik, *Potemkin* p 191.

70 RGADA 16.799.1.39-40, L 209. Ségur, *Mémoires* vol 3 p 173 说, 叶卡捷琳娜大帝于 1787 年到访此地时, 波将金谈到过圣彼得大教堂, 但后来的计划书和给女皇的信里都没有提及。这种说法显然是敌视波将金的人炮制的。

71 RGADA 16. 799. 2. 149, L 219.

72 RGADA 16. 799. 1. 1, L 199, GAP to CII. RGVIA 52. 1. 72. 179, L 202, GAP to CII.

73 B&F vol 2 p 86, Count Cobenzl to JII 1 November 1786.

74 RGADA 11. 946. 270, Charles Castelli to GAP 21 March 1787, Milan, unpublished.

75 ZOOID 9: 276, I. M. Sinelnikov to V. S. Popov 19 April 1784. ZOOID 4: 376, GAP to Sinelnikov 15 January 1786. ZOOID 4: 377, GAP to V. V. Kahovsky. ZOOID 4: 375, GAP to Sinelnikov 14 March 1787. ZOOID 2: 742-3, GAP to Sinelnikov 28 September 1784.

76 RGADA 16. 799. 1. 35-6, GAP to CII October 1786 ud.

77 RGADA 16. 799. 1. 35, L 210, GAP to CII. RGADA 5. 85. 1. 498, L 203, GAP to CII ud.

78 RGADA 16. 696. 1. 179, 30 January 1792.

79 RGADA 11. 950. 5. 234. RGVIA 52. 2. 103. 50-1. RGADA 52. 2. 11. 102. 22-3 (Starov's plans). RGADA 16. 696. 1. 163-4 and 180-18.

80 Bartlett p 133. A. Fadyev, *Vospominaniya* 1790-1867 vol 1 p 42.

81 Dimitri Shvidkovsky, *The Empress and the Architect: British Architecture and Gardens at the Court of Catherine the Great* pp 250-1.

82 作者于 1998 年访问第聂伯罗彼得罗夫斯克所得。

83 John Dornberg, *Brezhnev* p 69.

84 ZOOID 13: 184-7, GAP to M. L. Faleev 1791. ZOOID 13: 182-3, Faleev to GAP probably 1791.

85 P. M. Vyborny, *Nikolaev* p 6.

86 Sumarokov, *Travelling* p 7. Guthrie letters 1-2 pp 6-8.

87 SBVIM vol 7 p 371. José de Ribas: RP 2. 1 p 34. AAE 20: 24, Langeron.

88 IRLI 265. 2. 2115. 1-2, L 169, GAP to CII, Kherson. RGADA 5. 85. 1. 502, L 173, CII to GAP, Tsarskoe Selo. AVPRI 2. 2/8a. 21. 42, L 185, GAP to CII, Nezhin. Evgeny Anisimov quoted in Lindsey Hughes, *Russia in the Age of Peter the Great* p 88.

89 作者于 1998 年访问赫尔松所得。

90 Miranda p 204, 22 November 1786. SIRIO 27 (1880): 369, 叶卡捷琳娜二世给波将金的信, 关于海军经费, 日期为 1786 年 6 月 26 日。

91 Anspach, *Journey* p 159, 12 March 1786.

92 *JII-CII* (Arneth) p 353, JII to Count Lacy 19/30 May 1787.

93 PRO FO Secretary of State: State Papers, Foreign, cyphers SP106/67, 威廉·福克纳给格伦维尔勋爵的信, 1791 年 6 月 18 日, 及英国大使查尔斯·惠特沃思 1787 年 1 月 11 日对俄国黑海舰队情况的估计, 未发表手稿。Anderson, *Europe in the Eighteenth Century*, pp 144-5. SIRIO 27 (1880): 354-5, 叶卡捷琳娜二世给波将金的御旨, 关于将黑海舰队置于他自己的独立指挥之下, 1785 年 8 月 13 日。

94 PSZ 10: 520/1, 24 April 1777.

95 Michael Jenkins, *Arakcheev*, *Grand Vizier of the Russian Empire*, pp 171-203.

96 RGADA 16. 588. 1. 12. RGADA 16. 799. 1. 141 - 2 and 95. SBVIM vol 7 p 85. GAP to Maj-Gen and Gov of Azov Chertkov 14 June 1776 and pp 94 to General Meder 27 August 1776. 波将金对亚美尼亚人特别小心关照, 见 L. Mellikset-Bekov, *From the Materials for the History of the Armenians in the South of Russia* p 14, 波将金 (通过波波夫) 给卡霍夫斯基的信, 关于亚美尼亚人的定居问题。Bruess pp 195-7. Druzhinina pp 176, 150-4, 164-5.

97 CAD/51. Pole Carew Papers, unpublished. 1781 年 6 月 25 日, 波将金安排将数千名贵族和农奴迁移到这些新的土地上 (如果他们愿意去的话)。波尔·卡鲁在写到新俄罗斯时表示: "这些土地是保留给 2 万名属于皇室的农奴的。要把他们从帝国本土迁来, 因为帝国本土的农奴人口过剩。"

98 ZOOID 8: 212, GAP to CII 10 August 1785. ZOOID 8 包含波将金给叶卡捷琳娜二世的许多关于定居者的报告以及相关的命令, 例如 ZOOID 8: 209, 9 July 1776, 涉及将阿尔巴尼亚人安置到刻赤和耶尼卡雷。旧礼仪派信徒: 波将金拉拢旧礼仪派, 允许他们按照自己的方式开展宗教活动。ZOOID 9 (1875): 284. GAP to Metropolitan Gabriel of St Petersburg. 26 August 1785. 关于旧礼仪派信徒的定居, 见叶卡捷琳诺斯拉夫总督西涅利尼克夫给波将金的报告, ZOOID 9: p 270. 2 April 1785。

99 PSZ 22: 280, 14 January 1785. 波将金的总督们派人去招募妇女, 见如 ZOOID 10, August 1784。卡霍夫斯基写信给波波夫, 谈起给波将金的一份报告, 说他派了一名官员去小俄罗斯, "在那里为所有单身汉找老婆"。我们很难判断波将金招募妇女的工作有多成功, 但我们知道, 在 1785 年 1 月, 4425 名招募来的妇女被送往南方, 与她们的丈夫会合, 在边疆一起过苦日子。

100 ZOOID 8: 212, GAP to CII 10 August 1785. "让我把神圣宗教会议送回的神父调往新领土," 他在 1785 年请求女皇, "这些神父可以像军事定居者一样, 并且分外有价值, 因为他们既是农夫也是民兵。" 4000 名没有职位的神父在新领土定居。另见: Bartlett, p 125。

101 PSZ 20: 14870 and 15006. GAP to M. V. Muromtsev 31 August 1775, SBVIM vol 7 p 54. 波将金采取了一项具有革命性的措施：他规定，如果逃亡农奴定居到他的辖区，原主人不可以将其追回。这违反了由贵族主宰的俄国社会的传统规矩，由此进一步证明他拥有近似皇帝的权力，可以按照自己的想法行事。他这么做当然不会为他赢得贵族的好感。

102 RGADA 11. 869. 114, Prince A. A. Viazemsky to GAP 5 August 1786. 另见 RGADA 448. 4402. 374。起初，2.6 万名农奴被送到亚速省和叶卡捷琳诺斯拉夫省。更多的农民（可能一共有 2.4 万人）被允许登记姓名，准备迁移。另有 2.6 万名属于地主的农奴去了那里。根据维亚泽姆斯基在 1786 年给波将金的一封信，30307 名属于国家的农奴也定居到北高加索。

103 V. Zuev, 'Travel Notes 1782–3', *Istoricheskiy i geographicheskiy mesyazeslov* p144.

104 SIRIO 27: 275. PSZ 22: 438–40. 16239, 13 August 1785. SBVIM vol 7 pp 119-24. 波将金规定，贵族可以得到一块土地，条件是在最初十年内，他要在每 1500 俄亩土地上安置不少于 15 户农民。叶卡捷琳娜大帝给了波将金独一无二的权力，让他自行决定这些定居者应当缴纳多少赋税。例如：Druzhinina p 63. RGADA 248. 4402. 374–5。这能够揭示波将金与女皇在南方的开发当中是如何合作的。1785 年 10 月 16 日，波将金提议，在南方定居的地主和农民不用缴纳土地税或人头税。元老院于 1785 年 11 月 25 日同意，（same reference p382/3）但叶卡捷琳娜二世将细节交给波将金处理。

105 RGADA 11. 946. 273 and 275. Mikhail Kantakusin（Prince Cantacuzino）to GAP, 6 February 1787 and 25 January 1787, St Petersburg unpublished. 有些招募官是商人；也有的是法那尔希腊人王公，如坎塔库济诺；或西欧贵族，如克里永公爵。

106 A. Skalkovsky, *Chronological Review of New Russia*（1730–1823）part 1 pp 146-7.

107 RGADA 11. 946. 32. Panaio and Alexiano toGAP 11 December 1784, Sebastopol, unpublished. 1782 年 8 月至 1783 年 7 月，德米特里奥·莫切尼戈伯爵送去了至少五批希腊人和科西嘉人，总计超过 1010 人。Druzhinina, *Severnoye prichernomoye* p 159. 见 Bruess p 115。

108 ZOOID 11: 330-1 GAP to Count Ivan Osterman 25 March 1783.

109 RGADA 11. 895. 25. GAP to Baron Sutherland ud, 1787, unpublished.

110 ZOOID 9（1875）: 265, Sinelnikov to Popov. RGADA 16. 962. 14. V. M. Kabuzan *Narodonaseleniye rossii v XVIII – pervoy polovine XIX veka* p 154.

111 ZOOID 11: 331, GAP to Gaks, 26 May 1783.

112 RGADA 11. 946. 278. Mikhail Kantakusin（Cantacuzino）to GAP 30 May 1785, Mogilev, unpublished. Bartlett p 126.

113 Edward Crankshaw p 313.

114 Y. Gessen, *Istoriya Evreyskogo naroda v Rossii*, and same author *Zakon i zhiznkak sozdavalis ogranichitelnyye zony o zhitelstve v Rossi* pp 16-18 quoted in Madaringa *Russia* p 505. 对叶卡捷琳娜二世和波将金时代犹太人的描述，主要参考了 D. Z. Feldman, *Svetleyshiy Knyaz GA Potemkin i Rossiyskiye Evrei* pp 186-92; David E. Fishman, *Russia's First Modern Jews The Jews of Shklov* pp 46-59 and pp 91-3; John Klier, *Russia Gathers Her Jews*, *Origins of the Jewish Question in Russia 1772-1825* pp 35-80, particularly on GAP pp 37, 95, 125, 和 Louis Greenberg, *The Jews in Russia*, vol 1 pp 23-4。

115 RGADA 16. 696. 1. 179, Register of Peoples in Ekaterinoslav 30 January 1792. 俄国在第一次瓜分波兰期间获得了 4.5 万名犹太人：Klier p 19。

116 波将金在自己位于白俄罗斯的克里切夫庄园和谢苗·佐里奇（叶卡捷琳娜大帝曾经的情人）在附近的什克洛夫的庄园，认识了这些犹太商人和拉比。约书亚·蔡特林是与波将金关系最亲近的犹太人。其他的主要的犹太人廷臣包括 Natan Nota ben Hayim（俄语名字是 Natan Shklover）和 Nota Khaimovich Notkin。他们与蔡特林一样，与犹太人启蒙运动的思想家（如柏林的摩西·门德尔松）保持着联系。蔡特林和 Notkin 帮助波将金修路、营造城镇、组建陆海军。波将金组建犹太人部队的想法（见本书第 26 章）可能也是蔡特林启发的。Notkin 对宗教不像蔡特林那样虔诚。后来，像 Notkin 那样越来越俄国化、越来越不像犹太人的世俗化犹太巨商还有很多。蔡特林那位富裕的女婿 Abraham Perets（波将金的后人仍然庇护他）在 19 世纪初成了圣彼得堡上流社会的风云人物，最后皈依东正教。即便如此，他与亚历山大一世时期的改革名臣米哈伊尔·斯佩兰斯基的亲密友谊还是让俄国上流社会震惊，并损害了斯佩兰斯基的地位。这也能印证若干年前波将金与拉比蔡特林的友谊是多么不寻常。波将金的其他犹太人朋友包括卡尔-路德维希·哈布里茨，即参加波斯远征的那位植物学家；Nikolai Stiglitz，他按照波将金的要求，在曾属于扎波罗热哥萨克的土地上从 A. A. 维亚泽姆斯基公爵手中买了 2000 名农奴。Stiglitz 是德意志犹太人的后代，建立了一个延续到 19 世纪的巨型王朝（也许，犹太人在哥萨克土地上定居，促进了哥萨克的反犹主义的滋长）。这些犹太人在波将金的南方开发工程中发挥了特殊作用。Notkin 甚至特地建议安置"犹太人到肥沃的草原上养羊……并建立工厂"。这是 20 世纪 20 年代布尔什维克在同一地区建立的犹太人集体农庄的前身，也许还启发了第二次世界大战期间在克里米亚建立犹太人家园的想法。波将金保护犹太人的一个例子是 1783 年涉及什克洛夫犹太人的货币丑闻。最后，从英国银行家理查德·萨瑟兰男爵的档案来看，波将金更愿意支持蔡特林而不是萨瑟兰。这对特别亲英的波将金来说的确是不寻常。Klier p 95；Greenberg pp 23/24；Derzhavin, Zapiski p 133. Feldman pp 186-92. Fishman pp 46-59 and 91-3. Page 80 谈及去拜见叶卡捷琳娜大帝的代表团。Page 57 可见蔡特林的曾孙 Shai Hurvitz 对蔡特林和波将金的回忆，转引自 *Seger hayai* (*Book of My Life*) by Shai Hurvitz, Hashiloah 40 (1922) p 3. ZOOID 12: 295 6 March 1784, 蔡特林被波将金任命为卡法铸币厂的货币部门主管。叶卡捷琳娜大帝关于意第绪人 (zhidy) 和希伯来人 (evrei) 的御旨：PSZ: XXII. 16146。波将金、萨瑟兰和蔡特林之间的关系，见 GARF 9、RGVIA 52 and RGADA 11, especially RGADA 11. 895. 3-5, Sutherland to GAP 10 August 1783 and 13 September 1783。RGADA 11. 895. 7 Sutherland to GAP 2 March 1784. All unpublished. 另见第 29 章注释 43。

117 ZOOID 17: 163-88, P. A. Ivanov. 'The Management of Jewish immigration into New Russia region'. 也可参考 ZOOID 11: p 330, GAP to Count Osterman 25 March 1783。波将金准许犹太移民去赫尔松，但或许不是波兰或白俄罗斯的犹太人，而是地中海的犹太人（像克里永公爵的科西嘉人和意大利人一样）。Engelhardt p 42.

118 Miranda p 219. 30 December 1786.

119 Fishman pp 46-59 and pp 91-3. 蔡特林退隐到乌斯特耶，见 p 58/9 and also Notes 37-41。Note 41：Fishman 认为"蔡特林营造自己宫殿的行为榜样可能就是波将金"。蔡特林生于 1742 年，退休之后过着奢靡的生活，1821 年去世。在他之后，Notkin 和 Perets 成为俄国犹太人社区的领导者。

19　英国黑人和车臣武士

可是我睡到晌午才起，

然后吸烟又喝咖啡；

我把工作日当作假日，

我让我的思维沉湎在幻想里。

——加夫里拉·杰尔查文，《费丽察颂》

波将金听说，因为美国独立战争，英国一时间无法将本国的囚犯流放到殖民地。他觉得这是一个机遇。他的朋友利尼亲王很可能是这条信息的来源，因为约瑟夫二世曾考虑将英国囚犯安置到加利西亚，后来又放弃了。一天，俄国驻伦敦大使谢苗·沃龙佐夫接待了一个名叫狄龙的爱尔兰冒险家，此人说利尼亲王派他到英国搜罗"囚犯……和黑人"，将其安置到克里米亚。沃龙佐夫不喜欢波将金，他对这种想法感到震惊，因为这可能成为"俄国的耻辱；全欧洲都会知道克里米亚的定居者是什么样的妖孽"；囚徒若是到了克里米亚，一定会继续花天酒地，那样他们就会染病，并且他们除了"自己的老本行抢劫和诈骗"之外别无谋生之道。①

1785年10月，沃龙佐夫惊讶地收到了别兹博罗德科传来

---

① 这里所谓的"黑人"指的是什么？波将金真的想引进黑人定居者，也就是非洲黑奴吗？我们认为这里的"黑人"指的是伦敦街头的流浪顽童，也叫"街头阿拉伯人"。——作者注

的御旨，要求他与英国政府谈判，安排将英国囚犯送往里加，然后送往克里米亚。旅费由英国政府承担。沃龙佐夫觉得这是一个攻击波将金的机会，于是写信给女皇，说这样做会影响她在欧洲的声誉。沃龙佐夫后来吹嘘道，"尽管波将金公爵的影响力和权力极大"，女皇还是认可他［沃龙佐夫］的意见——引进英国罪犯确实会损害她在欧洲的声誉。多年后沃龙佐夫还在吹嘘："的确，为了这事，波将金公爵始终没有原谅我。"[1]

沃龙佐夫传播了这个故事，后来很多人重复提起它，为的是证明波将金是个无能的滑稽小丑，完全缺乏判断力。但引进囚犯来开拓边疆并不是个愚蠢的主意，也并不可憎。当时的绝大部分"囚徒"并不是死硬的犯罪分子。在那个时代，英国实施严刑峻法，仅仅偷了一块手绢或者偷猎了一只兔子的倒霉蛋，就会被披枷带锁地押上恐怖的囚船，从英国流放出去。其中很多犯人的目的地是最有名的囚犯流放地澳大利亚，我们都知道澳大利亚后来繁荣昌盛了起来。女皇、利尼亲王和别兹博罗德科都不是傻瓜，他们都支持波将金的想法。并且，用囚犯开拓边疆是很常规的理念，因为很多俄国罪犯也会被送到西伯利亚去"定居"。

何况克里米亚的部分定居者本来就有犯罪背景。1784年，一船"衣衫褴褛的叫花子"（塞缪尔·边沁的说法），主要是科西嘉人，从里窝那来到克里米亚。他们在途中掀起反叛，杀害了船长，但被抓获并押送到赫尔松。俄国人让这些人参与城市建设。这个故事还有出人意料的后续：这些为非作歹的凶徒当中有一个英国人（波将金的各种计划里总是有英国人的身影），据说他是煤矿工人，于是俄国人让他去寻找煤矿。边沁看到这个矿工"衣不蔽体，每天只有5戈比的生活费"，于是向波将金提起了这个凄惨的同胞。波将金"答应给他一笔不错的薪水。我〔边沁〕说此人几乎赤身露体，于是波将金命令我给他 300 卢布买衣服。我想，这足以说明波将金为人慷慨，并且对我们英国人特别友好"。[2]

还有一个与美国有关的故事很能说明问题。1784 年，一批因忠于英国王室而被迫离开美国的人士恳求波将金允许他们到克里米亚定居。波将金担心"这些人可能是上世纪英国内战期间离开英国的移民的后代，而他们的政治理念可能与俄国的精神相悖"。[3] 所以他去搜寻英国罪犯，但拒绝了体面正派的北美保王党人。不过，波将金素来把克伦威尔、丹东和普加乔夫视为同一类人。在他眼里，政治反叛比刑事犯罪危险得多。

波将金向他属下的总督们做了具体的指示，规定他们应当以何种方式迎接在漫长旅途之后终于抵达克里米亚的移民。他告诉克里米亚总督卡霍夫斯基："不懂我们的语言和风俗的新臣民应当得到我们的尊重和保护……"在决定移民的命运时，波将金肯定有心血来潮的时候："我曾打算把他们安置到第聂伯河左岸。但我现在觉得，把他们搬迁到塔夫利的空荡荡的希腊人土地上更容易，因为那里有现成的房屋。"[4] 他一直在想方设法改善移民的生活条件，比如他向卡霍夫斯基下令："请把已经离开的塔夫利鞑靼人留下的公牛、奶牛和马匹分发给新定居者。你不仅要做到公平，还要帮助穷人。"[5] 他给叶卡捷琳诺斯拉夫总督西涅利尼克夫下令，让每个移民家庭得到同样数量的牲口，外加每人 8 俄亩土地。"现在另有 40 户移民在第聂伯河上南下；请不要忘了亲自迎接他们……"[6] 他坚持要求公务繁忙的当地总督亲自迎接新移民，所以这听起来不像是在俄国草原执行的军事殖民，而像是煽情的现代福利政策。

经常有人指控波将金对移民不管不顾。事实是，他不可能事必躬亲，而他的下属经常向他撒谎。也正是出于这个原因，他一年到头在路上奔波，以确保官员不会欺下瞒上。即便如此，肯定还是有一些移民遇到了多多少少的困难。波将金写信给卡霍夫斯基说，有些移民离开了克里米亚，这"证明他们的生活不顺利"，"请了解其原因，坚定地履行你的职责，满足那些不满的人"。[7] 波将金以军事风格的命令要求下属去"理解"。用专横的军事命令迫使官僚对移民更加体贴关怀，这的确是一种奇异的现象。

但是，过得不错的移民更多。档案足以证明，无论何时，只要波将金发现有不端行为，就会立刻做出反应，比如他在给卡霍夫斯基的信中提议了五种方法去解决村民的"极大困苦"（因为政府没有给他们提供足够的牛）："四户甚至更多家庭……只领到了三对公牛、一只犁和一辆大车……"[8] 堂堂的帝国统治者之一，竟然亲自命令将军们纠正这样的错误、向某村庄的具体某户农民提供具体数量的牛，这的确是不寻常的事情。波将金经常事必躬亲地处理这样的小事。

他迁移整个民族的措施的确解决了一些安全问题。有些诺盖部族被安置到乌拉尔山区、塔曼和克里米亚北部，然后又被迁到别处。在波将金眼中，诺盖人的罪孽在于政治上的不可靠，并且过于靠近风云变幻的高加索地区。这些强制移民行动一定造成了一些悲惨的后果，波将金必须对其负责，正如同时代的英国大臣应当承担奴隶贸易造成的耻辱。

总的来讲，波将金对自己辖区的人民关怀备至，并且对那个世纪的行政管理者来说，他已经尽了最大的努力。后来，可能是在建设他的最后一座城市尼古拉耶夫期间，他给法列耶夫写的一封短信里流露出他对普通民众的生活条件的怜悯之心："你一定要告诉我真相。我不可能知道所有事情，如果你向我隐瞒真相就太可耻了。我雇用了很多人去劳动，承诺给他们足够的薪水；结果有人把他们变成了苦工。不幸的是，到处都是我的名字，所以他们可能会觉得我是个暴君……"[9]

波将金的设想是把克里米亚和整个南方变成帝国的果园。他告诉叶卡捷琳娜大帝："这是个令人难以置信的肥沃的好地方。"可以说波将金是早期的"绿党"，至少他本能地理解我们今天所说的生态学。在他看来，植一棵树就是为这片土地的未来做贡献，所以他经常命令部下"种植天堂树"或"栗树"。1785 年 8 月 5 日，波将金向克里米亚的贵族发放了一份印刷的演讲稿，其中他专横地命令他们多多植树、促进社会发展："我认为耕作土地是财富的第一来源。"农业是非常可靠的行当，因为军队永远会需要给养，而且农耕是为国家做贡献。但如果土地被荒废，"就是土地主人的耻辱，因为他太懒惰"。[10]

他竭尽全力地将自己的理念付诸实践。他"希望推进彼列科普草原的开发，并以身作则"，亲自接管了那里的森林和 6000 俄亩土地。[11] 他多次命令克里米亚农业部门的主管利瓦诺夫教授和普罗科波维奇教授（他们和波将金派遣的学生一起，曾在英国学习）以及植物学家哈布里茨巡视克里米亚半岛各地，尽可能地改善农业生产。除了命令科尔萨科夫修建盐场从而提升制盐效率之外，波将金还派遣工程师去顿涅茨河和卢甘斯克河沿岸寻找烟煤。塔夫利地区甚至有一位常驻的采矿专家。[12]

波将金特别重视的另一个项目是把他自己的庄园和他分配给其他一些人的庄园当作南北之间的贸易站。一位法国外交官向巴黎方面解释道："从〔位于白俄罗斯的〕波将金公爵名下的庄园和工厂给赫尔松海军运送补给物资的船只，返航的时候载满了盐……"波将金获得克里米亚汗国和扎波罗热哥萨克的空荡荡草原之后，打算用封授土地的方式鼓励商贸和制造业，尤其是鼓励边沁兄弟那样的外国人。在这方面他也特别优待英国人。"俄国人不适合做生意。"波将金后来告诉一位英国使者。"波将金一直认为，帝国的外贸应当完全"交给英国人来经营。[13]

波将金下令，克里米亚的所有土地的封授必须经过他的批准。开发这片广袤土地的办法很多。首先，他向权贵、官员（比如他的秘书波波夫和盟友别兹博罗德科，后者对自己得到的"近似帝王财产"的庞大庄园非常满意）、外国朋友（比如利尼亲王）、哥萨克朋友和亲俄的鞑靼人授予了大片土地。他在大陆给自己留了 7.3 万俄亩土地，在半岛给自己安排了 1.3 万俄亩。[14] 如果这些地主把自己的庄园开发得不错，波将金就给他们减免税赋，比如三个在英国学农业的人就因"卓越的成绩"得到了这样的优待。[15] 如果地主荒废了波将金的馈赠，他就把土地从他们手中收走。很多外国人，从热那亚贵族到英国女爵，纷纷拿着形形色色的计划书向波将金申请土地，但只有拿得出切实可行的计划的人才会得到批准。

"公爵殿下，我非常渴望成为此地若干庄园的主人。"性感而闯劲十足的克雷文伯爵夫人伊丽莎白从克里米亚写信给他。她是伯克利伯爵的女儿，满头卷曲的黑色秀发，在当时是伦敦花边报纸最喜欢的美人，风格有点像金斯顿公爵夫人和德文郡公爵夫人。不过，这个有才华且独立自主的女人，还是勇敢的旅行家和早期的游记文学畅销书作家。她与克雷文伯爵的婚姻极其短暂，但离婚后仍然无耻地继续使用他的头衔。她曾与一位法国公爵（驻伦敦的法国使节）被抓奸在床，也因为对男人的品味非常"民主"而臭名远扬，据说她甚至有属于工人阶层的情夫。后来她和一个年轻的情夫一同旅行，与此同时给她的追求者安斯巴赫边疆伯爵（弗里德里希大王的妹夫）写绘声绘色的信。这些信后来被整理成一本书发表，题为《从克里米亚到君士坦丁堡之旅》。1791 年，她结束了自己的旅行，也结束了在爱情和文学领域的冒险，嫁给了安斯巴赫边疆伯爵，于是成为神圣罗马帝国的一个小邦的王族成员。恰好波将金也与安斯巴赫边疆伯爵通信。[16]

克雷文伯爵夫人伊丽莎白在圣彼得堡拜会了波将金，然后带着他的祝福前往克里米亚。她在那里发现了机遇。"我希望引进我国的一些正派而勤劳的人到此地，"她提议，"我会很高兴看到自己的土地繁荣昌盛……我坦率地告诉您，我的公爵，我希望在塔夫利的不同地方拥有两处庄园。"她知道波将金是个浪漫派，于是利用这一点来劝说他，说这是她的"美丽的梦"。她请求波将金"不要把此事告诉菲茨赫伯特先生［英国驻俄公使，哈里斯的继任者］，也不要告诉我的其他同胞"，理由可能是她不希望此事被刊登到伦敦的报纸上。为了让波将金得以对她倾倒，她给每一封信的署名都是"伊丽莎白·克雷文，英格兰的女爵，原名伊丽莎白·伯克利伯爵小姐"，以确保他知道她的身份多高贵。我们不知道波将金给她的回复是什么，但她后来始终没有定居到克里米亚。或许，此时的波将金已经不是当年那个对森普尔也感兴趣的外交新手，他觉得这位"英格兰的女爵"太烦人了。[17]

波将金的梦想是让他的土地遍地是欣欣向荣的农场和工

厂。现在他需要的不是军人，而是农业专家。叶卡捷琳娜大帝在给她的德意志朋友齐默曼医生的信中引用了波将金的话："在塔夫利，头等大事……是耕种土地，植桑养蚕。可以在这里织布……也可以制作奶酪……开辟园林，尤其是植物园……我们需要明智且知识渊博的人。"[18]

西班牙军官安东尼奥·德·埃斯坦达斯向波将金申请土地，希望在辛菲罗波尔附近建一家瓷器工厂。波将金立刻命令他属下的总督为其提供"所需的土地"，但"条件是必须立刻开始建造工厂"。[19]他特别强调农业、果园和养羊而不是养牛，[20]因为他认为克里米亚是养羊和羊毛工业的理想场所。他向叶卡捷琳娜大帝吹嘘："我们会用简单实用的方法生产更优质的羊毛，我们的纺织品会打败欧洲的每一个国家。我从所有拥有优质羊的地方订购了种羊，明年夏季应当能到。"[21]

波将金亲自促进了各行各业的发展，尤其是葡萄酒业和丝绸业。在这些事业上，他是专制君主、银行家、企业家和消费者的合体。他以前就在阿斯特拉罕成功地生产过丝绸，现在决定在克里米亚也从事这门行当。他与意大利的帕尔马伯爵签了协议，在一座大庄园生产丝绸。波将金提供了自己在俄国的庄园的 20 户农民，还承诺在五年后再增加 20 户，并向帕尔马伯爵贷款 4000 卢布作为启动资金。为了鼓励克里米亚的丝绸业，他还自掏腰包高价收购了当地的全部丝绸产品。[22]波将金在这方面取得了成功，19 世纪初玛丽亚·古斯里发现"狂热的"帕尔马伯爵仍然在克里米亚生产丝绸。[23]

波将金想把叶卡捷琳诺斯拉夫发展成他的克里米亚桑树种植园和养蚕基地的产品销售中心。他花 34 万卢布建了一家丝袜厂，后来给女皇送去一双极其精美和纤细的丝袜，它甚至可以被收纳在一个果壳里。波将金写道："我仁慈的母亲，当您视察我主政的领地时，您会看到您的路上铺满了丝绸。"[24]

至于葡萄酒，波将金经过约瑟夫二世的许可，从匈牙利进口了 3 万株可酿出托考伊葡萄酒的葡萄藤，并将其种植在克里米亚半岛的四个地方。他有好几年在阿斯特拉罕经营果园和葡萄园的经验，从那里把他的法籍葡萄栽培专家约瑟夫·班克带到了苏达克。这是克里米亚一个林木青翠的滨海村庄，在一座热那亚要塞的遗迹之下，后来成了波将金的葡萄酒酿造中心。1783 年 9 月，也就是吞并克里米亚汗国仅仅几周后，波将金就让人买下了苏达克的一些庄园，足见他的办事效率之高。波将金档案里保存的班克写的书信往往语调愤怒，写得很潦草，而且往往有弄湿的痕迹，仿佛他是在给葡萄藤浇水的时候写的。这些书信表明了落实波将金的葡萄酒计划是多么困难。可怜的班克非常思念妻子："没有亲人在身边，即便公爵殿下把全世界给我，我也不能在苏达克待下去。"何况，他需要的是20 名熟练劳工而不是士兵。班克手头现有的劳工对他非常粗鲁无礼，他不得不又一次向公爵抱怨。不过，葡萄藤苗壮成长之后，他自豪地给公爵送去了 150 瓶苏达克红葡萄酒。[25]

班克的任务是扩建葡萄园，开辟果园，设立葡萄干工厂，并"建一家法国式的伏特加工厂"作为利润丰厚的副业。他的聘用期为五年，年薪 2000 卢布（比普通俄国军官的军饷高很多），另外还可以享用俄国政府提供的一套公寓、两匹骏马和四十桶一升装的葡萄酒。[26]班克刚到苏达克的时候抱怨说，波将金给他买的葡萄园"一钱不值……已经三年没有种植过了……今年还想酿酒纯属浪费时间"。[27]最后波将金开除了倒霉的班克（可能有人发现班克贪污公款，因为班克后来"满怀最恐怖的绝望心情"哀求宽恕）。我们不知道他的最终命运，不过另一个法国人取代了他。[28] 法国使节塞居尔伯爵在给凡尔赛方面的报告里写道："苏达克的葡萄酒非常可口。"玛丽亚·古斯里在 19 世纪初也表示认可。[29]

即便在 1789 年，也就是第六次俄土战争（1787—1792）期间波将金率军攻入奥斯曼帝国领土的时候，他还在百忙之中抽出时间命令法列耶夫"耕作最肥沃的土地，准备足够的菜豆以便明年夏季播种。我会从雅西送种子给你。我会在这里开办一家农技学校……"[30] 波将金就是这样一位不知疲倦、享受创造性工作的种植者和建设者。

波将金的辖区是俄罗斯帝国之内的另一个帝国，不仅限于新俄罗斯。他还治理着高加索山脉与库班的军事边疆，这些地区在 18 世纪 80 年代持续处于战争状态，因为车臣人和其他山区民族正在抵抗俄国的步步紧逼。俄国的对策是维持一条由若干要塞组成、横穿高加索山脉的战线，让吃苦耐劳的哥萨克定居者守卫这些军事前哨。18 世纪 70 年代波将金掌权不久之后就重新斟酌了高加索地区的防御计划。他决定把边防战线从旧的察里津防线往前推进到新的亚速—莫兹多克防线。

此时波将金的考虑已经不再局限于更多的大炮和城镇。他写道，亚速—莫兹多克防线"能让我们有机会建立更多葡萄园和丝绸与棉花生产基地，推进畜牧业发展，建立更多的种畜基地、果园，提升粮食产量，把亚速纳入阿斯特拉罕省，并在战时……缓解敌人对我们的国土的压力"。[31] 新防线于 1777 年夏季开始施工，俄国人在叶卡捷琳娜格勒、格奥尔吉耶夫斯克和斯塔夫罗波尔建造了一系列要塞。卡巴尔达人①、切尔克斯人②和诺盖部族掀起了反叛，之后被镇压下去。1780 年，波将金将第一批平民定居者（往往是来自内陆的国家农奴）安置到该地区的各城镇，这些城镇后来成为重要的区域中心。③ 1782 年末这些要塞快竣工的时候，女皇下旨，将该地区土地分配的"独立监管权"交给波将金。[32] 波将金把一些哥萨克从伏尔加河沿岸的定居点迁到了新防线上。1784 年，他建立弗拉基卡夫卡兹要塞，给它取的这个名字就是对山区部族的悍然挑战，因为"弗拉基卡夫卡兹"的意思是"高加索的主人"。

1783 年与希拉克略二世国王签订的《格奥尔吉耶夫斯克条约》使俄国边境继续向前推进，越过高加索山脉到了梯弗里斯。此时波将金的工程和辖区已经极为庞大，他建议女皇设立一个单独的高加索副王辖区，包括高加索省、阿斯特拉罕省和萨拉托夫省。当然，高加索副王辖区还是要接受他本人的控制。公爵的那位精力充沛的堂兄弟帕维尔·波将金被任命为高加索副王。他在修建了翻越高加索山脉通往梯弗里斯的"格鲁吉亚军用公路"之后，把一些属于政府或教会的农奴安置到新城镇。仅在 1786 年一年，就有 30307 名定居者遵照波将金的命令，从俄国内陆来到高加索地区（有的去了叶卡捷琳

---

① 卡巴尔达人是北高加索的一个民族，是阿迪格人（切尔卡西亚人的自称）的十二分支之一，大多信奉伊斯兰教逊尼派。

② 切尔克斯人即切尔卡西亚人，或指切尔卡西亚人的一个分支。

③ 斯塔夫罗波尔最有名的儿子是米哈伊尔·戈尔巴乔夫。另外，苏沃洛夫将军主持建造了他的库班防线上的一些要塞，所以苏联的很多历史书把建设这些要塞的功劳算给他，但实际上是波将金下令建造的。——作者注

诺斯拉夫）。帕维尔·谢尔盖耶维奇的气魄和才干很像波将金公爵，他把叶卡捷琳娜格勒设为自己的副王首府，在那里的一座豪华宫殿主持自己的小宫廷。[33]

俄国对高加索地区的侵略激起了车臣人、阿瓦尔人和其他信奉伊斯兰教的部族的反抗。1785 年，一位身穿绿袍、神秘莫测、名为"谢赫[①]曼苏尔"（"曼苏尔"的意思是"胜利者"）的领袖从山区崛起，宣讲神秘主义苏非派纳克什班迪教团[②]的理想，并宣布对俄国人开展圣战。我们永远没有办法知道他的真实身份。他可能是一个名叫乌舒尔马的车臣牧羊人，生于约 1748 年；也有人说他是一个意大利公证人的儿子，来自蒙费拉，名叫乔万尼·巴蒂斯塔·博埃蒂，离家出走之后成为多明我会传教士，后皈依伊斯兰教，在布哈拉的神学院学习《古兰经》，最后成为一位穆斯林战士。有些俄国人根本不相信真的有这个人，他们认为谢赫曼苏尔只是个象征符号。[③] 他和他的武士是"穆勒德"[④] 的前辈（在 19 世纪，"穆勒德"在沙米勒领导下与俄国对抗，曾歼灭一

---

① 谢赫（Sheikh）是阿拉伯语中常见的尊称，指"部落长老""伊斯兰教教长""智慧的男子"等，通常是超过四十岁且博学的人。在阿拉伯半岛，谢赫是部落首领的头衔之一。南亚的伊斯兰世界也用谢赫这个尊称。

② 纳克什班迪教团是逊尼苏非派的一个重要教团，发源于布哈拉。

③ 谢赫曼苏尔和伊玛目沙米勒（19 世纪反抗俄国人的阿瓦尔人领袖）是今天的车臣反叛者最推崇的两位英雄。1994 年车臣战争之前，本书作者在格罗兹尼的时候，车臣共和国总统和部长们的办公室里都悬挂着谢赫曼苏尔的肖像：面部线条清晰，胡须浓密。20 世纪 90 年代车臣短暂独立期间，格罗兹尼的机场被命名为谢赫曼苏尔机场。——作者注

④ 穆勒德（Murid）是伊斯兰教苏非派的说法，为阿拉伯语，意为"寻道者"，是苏非派神秘主义的初级修士。高加索山区的苏非派将伊斯兰教义和抵抗俄国侵略结合起来，建立神权国家，号召圣战，抵抗了俄国三十年左右。俄国人将沙米勒的追随者统称为"穆勒德"，而不管这个词原本的宗教意义。

支 600 人的俄军纵队）。谢赫曼苏尔败多胜少，但他领导着由山区族民组成的联军，英勇无畏地抵抗俄军，缔造了一个传奇。

帕维尔·波将金坐镇叶卡捷琳娜格勒，指挥镇压谢赫曼苏尔的战争。但波将金公爵的档案表明，他才是这场漫长战争的总指挥，不断调遣高加索和库班的部队作战。在 1787 年俄土战争再度爆发之前，战败的曼苏尔逃到奥斯曼帝国境内，去召唤切尔克斯人作战。俄土战争爆发后，他已经做好了卷土重来的准备。[34] 俄国人始终没有办法彻底消灭这些游击战士，在 19 世纪的大部分时间里都在打所谓的穆勒德战争。本书写作的时候，俄国与高加索山区穆斯林武装的战争仍在继续。

波将金还在南方的许多地方为自己建造了宫殿，这些宫殿即便算不上皇宫，也完全配得上他这样显赫的副王。他"最大的宅邸"在克列缅丘格，克雷文伯爵夫人和弗朗西斯科·德·米兰达去参观过；[35] 他在赫尔松有一座宏伟宫殿，① 宫殿分成两翼，各有两层楼，还有一座四层的中央门廊，它是赫尔松的核心景观。还有他的"雅典"的光辉建筑，伊凡·斯塔罗夫设计的巍峨的叶卡捷琳诺斯拉夫宫，它的两翼分别从中央门廊向两侧延伸 120 米，中央门廊有六根石柱和两套石质楼梯。波将金的园艺设计师威廉·古尔德带领数百名劳工跟随着

---

① 赫尔松国家历史博物馆保存着一些印刷画，展现的是这座宫殿在 19 世纪的壮美。不过它已经不复存在。它毁于苏俄内战期间，被拆毁当作木柴，部分原因是它的恢宏气度遭到憎恨。——作者注

斯塔罗夫建造了这座宫殿。① 在叶卡捷琳诺斯拉夫，古尔德在波将金宫殿周围建了一座英式花园和两座温室，以匹配它的"实用功能和美观"。[36]

奇怪的是，波将金在克里米亚并没有为自己特别地大兴土木，不过斯塔罗夫在卡拉苏巴扎尔给他建造了一座如今已经不存在的粉红色大理石宫殿。[37] 波将金的最后一座宫殿位于尼古拉耶夫。② 建造这座宫殿的时候波将金的地位简直快要赶上奥斯曼苏丹，他命令当地建筑师用摩尔达维亚-土耳其风格设计和施工，建造了一个配有四座塔楼的圆顶，形似清真寺。它位于两条河的交汇处，风景如画，地势高，阳光明媚但凉风习习。它在因古尔河岸边，正面为两层，背面只有一层。波将金在他生命的最后几个月里命令斯塔罗夫给这座宫殿添加一座浴室和一座喷泉，"就像我在皇村的那样"。[38] 这是斯塔罗夫为他

① 今天，"波将金的宫殿"仍然屹立在第聂伯罗彼得罗夫斯克市中心。当地博物馆保存着一些镶金的镜子，可能是在波将金的工厂生产的，波将金打算用这些镜子装饰宫殿。他去世的时候，这座宫殿只有一层竣工了。其余部分是在 19 世纪 30 年代遵照斯塔罗夫的设计图纸建成的。它成为贵族俱乐部。1917 年，它成为工人休闲俱乐部。今天它是学生俱乐部。它在第二次世界大战期间被毁，于 1951 年重建。叶卡捷琳诺斯拉夫冬季花园里的两座温室在 1794 年倒塌。古尔德的花园今天是一座文化公园，被称为"波将金公园"，仍然保有英国韵味。——作者注

② 这座宫殿在他去世后屹立了很久，本书作者去参观过它的遗址。今天，当地人在那附近的海边游泳和潜水。有一座保存至今的两层的、白色石料建成的阶梯通往宫殿，还可以看到斯塔罗夫设计的精美的白色喷泉，建造时间是 1792 年。今天宫殿的地基上有一个篮球场。这座宫殿在 19 世纪是船主俱乐部，在革命期间被毁。从一张照片上可以看见它被拆毁，当作木柴。很讽刺的是，今天在尼古拉耶夫郊区周围，随处可见俄国新富的摩尔达维亚风格豪宅，如同波将金宫殿的扭曲版本。——作者注

的主人执行的最后一项工程。[1]

波将金始终相信，他的毕生志业在南方。1791 年 6 月最后一次待在圣彼得堡期间，他向英国使节威廉·福克纳发表了一次激情澎湃的独白，表明自己对南方的热情从未消退过。福克纳一句话都插不进去。波将金在这次谈话中表现出了他的兴奋、能量、想象力和高傲，正是这些品质让他成为一位伟大的帝国政治家。他说，他必须南下去继续主持自己的伟大工程，因为"它的成功完全取决于他 [波将金] 一个人……"他几乎完全靠自己的努力建立了黑海舰队，"他刚上任的时候辖区人口仅有 8 万，现在已经大幅增长，有超过 40 万可以作战的男性居民，总人口完全可能接近 100 万……"[39]

在污蔑波将金的谎言遮蔽了真相之前，法国大使塞居尔伯爵向凡尔赛发送了一份报告，记述了波将金的丰功伟业，并热情洋溢地表示："他接管自己的庞大辖区的时候，那里的人口仅有 20.4 万人。在他治理下，在短短三年内人口就增长到 80 万。增长的部分包括希腊移民、德意志人、波兰人、老残军人、退伍军人和水手。"

1782 年，克里米亚的男性人口估计有 5.2 万人，1795 年，这个数字上升到 13 万人。在新俄罗斯的其他地区，在同一时期，男性人口从 33.9 万人增加到 55.4 万人。也就是说，在十年多一点的时间里，波将金的整个副王辖区的男性人口从 39.1 万人增加到 68.4 万人，几乎翻了一倍。另一位颇有声望

---

[1] 波将金的两位富有创造力的设计师斯塔罗夫和古尔德像其他为他工作的人一样，取得了不错的成绩。波将金显然是位慷慨大方的雇主，法列耶夫、蔡特林、舍米亚金、加尔诺夫斯基和其他很多人都通过为他办事而发家致富。伊凡·斯塔罗夫成为富人，1808 年去世。——作者注

的历史学家估算，1787 年波将金整个副王辖区的男性人口是
724678 人，1793 年达到 819731 人。不管真实的数字是多少，
人口大幅增长的确是了不起的成就。一位现代历史学家写道：
"在 19 世纪轮船和铁路的发明让美国中西部之类的偏远地区
得到……商业化的大规模开垦之前，俄国在克里米亚的发展无
论在规模、体量还是速度上都是无与伦比的。"[40]

波将金建立了成百上千的定居点。塞居尔伯爵记载道：
"一个法国人告诉我，每年他都发现，之前是荒漠的地方出现
了新的欣欣向荣的村庄。"[41] 不仅是村庄，波将金还建立了一些
大城市，其中大多数在今天仍然很繁华，比如今天的赫尔松人
口为 35.5 万人，尼古拉耶夫有 120 万人，叶卡捷琳诺斯拉夫
（今称第聂伯罗）有 60 万人，塞瓦斯托波尔有 37.5 万人，辛
菲罗波尔有 35.8 万人，斯塔夫罗波尔有 35 万人，弗拉基卡夫
卡兹（北奥塞梯的首府）有 30 万人，敖德萨有 110 万人。这
些城市大多仍然有造船厂和海军基地。

波将金在不到十年的时间里建立了俄国黑海舰队和一支主
要装备划桨船的小型舰队，这同样是惊人的成就，影响极其深
远，可以说影响远至克里米亚战争的时代乃至再往后。黑海舰
队的建立和俄国对大草原的大规模农业开发，对俄国的影响一
直持续到 20 世纪。俄国首次成为东欧的强国。一位现代历史
学家写道："这是真正伟大的成就……让俄国……成为东欧的
仲裁者，让俄国的力量超过了奥地利，并令奥斯曼帝国黯然失
色。"[42] 但波将金热爱南方从来不仅仅是因为赤裸裸的权欲，还
有相当程度的浪漫成分。有时他挥毫赋诗，表达自己对南方的
感情。比如，他写了一首诗给女皇，讲述叶卡捷琳诺斯拉夫的
建成：

上古遗迹的乱石，

会呼应你的神圣灵感。

用宜人的、精彩的方式，

他们将创建新的雅典。[43]

注　释

1 AKV 16：202-4, S. R. Vorontsov 11/22 August 1786, London. AKV 11：177-9, S. R. Vorontsov to Count N. P. Panin 6/18 May 1801, Southampton. AKV 13：101-2, A. A. Bezborodko to S. R. Vorontsov 28 October 1785, St Petersburg.

2 BM 33540 ff 64-5, SB to JB 1784, Kremenchuk.

3 Bartlett pp 127-8, D. Gray to Sir Robert Ainslie 24 June 1784.

4 ZOOID 12：324, GAP to V. V. Kahovsky.

5 M. S. Vorontsov's Family Archive, Orders of H. E. Prince GAPT regarding Tauris Region ud, July? 1785：pp 324-5 no 194, GAP to Kahovsky.

6 ZOOID 15 (1889)：607-8, GAP to Sinelnikov 1 July 1784.

7 ITUAK 8 (1889) p 10, GAP to Kahovsky 16 August 1787.

8 RGVIA 52. 1. 2. 461. 40, GAP to Kahovsky 25 May 1787.

9 ZOOID 11：part 2 pp 673-4, GAP to M. L. Faleev.

10 RGADA 16. 788. 1. 149, 波将金向克里米亚地区的贵族与其他居民所做的演讲的印刷稿，其中呼吁他们发展农业，还描述了这么做的好处。

11 RGVIA 52. 1. 2. 496. 44-5, GAP to Kahovsky 20 January 1787. M. S. Vorontsov's Family Archive, p 220 no 180, Orders of H. E. Prince GAPT regarding Foundation of Tavrichesky Region 1781-6, GAP to Kahovsky.

12 RGVIA 52. 1. 461. 1. 13, GAP to Professors V. Livanov and M. Prokopovich 5 January 1787. RGVIA 52. 1. 461. 1. 14 GAP to K. Hablitz same date. SIRIO 27 (1880)：357, 叶卡捷琳娜二世给波将金的信，关于利瓦诺夫教授和普罗科波维奇教授新近从英格兰返回，1785 年 9 月 1 日。

13 PRO FO Secretary of State：State Papers, Foreign, cyphers SP106/67, William Fawkener to Lord Grenville 18 June 1791, unpublished.

14 AKV 13：59-60, Bezborodko to S. R. Vorontsov 20 August 1784. 克里米亚当地的官员 Sirin Bey 获得了 2.7 万俄亩，比别兹博罗德科的 1.8 万俄亩多。波

波夫得到了 57876 俄亩，其中 2.8 万俄亩在克里米亚半岛。别兹博罗德科为他在"卡拉苏巴扎尔附近的绝妙的乡村庄园"激动不已，吹嘘道，那座庄园要是搬到圣彼得堡，就是帝王的档次（波将金在克里米亚建立了一个"英国式农场"）。

15 RGVIA 52.1.2.461.1.64.

16 Venetia Murray, *High Society in the Regency Period* pp 145-7.

17 RGADA 11.939.2, Lady Craven to GAP 5 April 1786, Sebastopol, unpublished. Cross, *By the Banks of the Neva* p 358.

18 *Filosofskaya i politicheskaya perepiska Imperatritsky Ekateriny II s Doctorom Zimmermanom* p 47, CII to Dr Zimmerman 10/21 January 1786. 波将金要求为克里米亚提供丝绸专家。AAE 10：206, Observations sur l'état actuel de la Crimée, Comte de Ségur to Comte de Vergennes, unpublished.

19 M. S. Vorontsov's Family Archive, Orders of H. E. Prince GAPT regarding Foundation of Tavrichesky Region p 313 no 159, 3 December 1784.

20 ZOOID 15 (1889)：678-80. E. A. Zagorovsky, *Potemkin's Economic Policy in New Russia* (reprinted in KNDKO vol 2, 1926) p 6. 1790 年，Shterich 和采矿工程师 Gayskop 奉命在卢甘斯克和北顿涅茨寻找沥青煤。一位名叫 Falkenberger 的贵族因为懂得采矿技术而被克里米亚地方政府聘用。RGADA 16.689.1.50. 另见 RGADA 11.869.134, A. A. 维亚泽姆斯基给波将金的信，关于克里米亚和高加索的采矿前景，1783 年 9 月 12 日。

21 RGADA 16.799.1.35, GAP to CII.

22 AAE 10：206, Observations sur l'état actuel de la Crimée, Ségur to Vergennes, unpublished.

23 Guthrie letter LXI p 195. 波将金赞助新型工业的另一个例子是，他帮助一个名叫 Pavel Aslan 的希腊手工艺人于 1780 年在塔甘罗格定居，因为此人懂得生产一种特殊绸缎的秘密技艺。SIRIO 27：257-8. Druzhinina, *Severnoye prichernomorye* p 84. Bruess, pp 130-1.

24 RGADA 16.799.1.35, L 210, GAP to CII. RGADA 5.85.1.498, L 203, GAP to CII ud.

25 RGADA 11.946.201, Joseph Banq to GAP 14 October 1781, Astrakhan. RGADA 11.946.207, Banq to GAP 16 April 1782, Astrakhan. RGADA 11.946.208, Banq to GAP 10 May 1783, Kherson. RGADA 11.946.203, Banq to GAP 31 October 1783, Soudak. RGADA 11.946.204, Banq to GAP 14 January 1784. RGADA 11.946.220, Banq to GAP, Karasubazaar 26 April 1785. RGADA 11.946.226, Banq to GAP 15 January 1787, Soudak. All unpublished.

26 ZOOID 9 (1875): p 254.

27 RGVIA 271. 1. 33. 1, Banq to GAP 25 September 1783, Soudak, unpublished.

28 Tavricheskiy Gubernskiye Vedomosti 5. GAOO 150. 1. 23. 10, GAP to Kahovsky re Banq. RGADA 11. 946. 226, Banq to GAP 15 January 1787, Soudak. 接替班克的是法国人 Jacob Fabre。未刊手稿。

29 AAE 10: 206, Observations sur l'état actuel de la Crimée, Ségur to Vergennes. Guthrie letter XL p 130.

30 ZOOID 4: 369, GAP to Faleev 13 October 1789, Akkerman (Belgrade-on-Dniester).

31 PSZ 20: 520-1, 24 April 1777.

32 PSZ 21: 784, 22 December 1782.

33 Bartlett p 120. RGADA 11. 869. 73. 1786 年 8 月 5 日，维亚泽姆斯基给波将金提供了 30307 名移民（男女都有）去高加索（或者可能是叶卡捷琳诺斯拉夫）。P. S. 波将金从 1783 年 7 月 1 日开始治理该地区。*Russkiy Biographicheskiy Slovar* vol 14 (1904).

34 关于车臣人的宗教：作者于 1994 年访问车臣格罗兹尼所得。Marie Bennigsen Broxup (ed) *The North Caucasus Barrier: The Russian Advance towards the Moslem World*; see 'Circassian Resistance to Russia' by Paul B. Henze p 75. Baddeley pp 40 - 50. *Russkiy Biographicheskiy Slovar* vol 14 on Count P. S. Potemkin. 波将金命令 Pieri 上校运用阿斯特拉罕团去消灭曼苏尔。Pieri 和他的 600 名士兵遭到伏击，全军覆灭。另见 Ségur 在 *Mémoires* (1826) vol 2 中关于车臣人和高加索战争的内容。

35 Anspach, *Journey* p 155, 9 March 1786, Kherson. Miranda p 247, 27 January 1787.

36 作者于 1998 年访问克里米亚、圣彼得堡和第聂伯彼得罗夫斯克所得。J. C. Loudon (ed), *Encyclopaedia of Gardening* p 52. RGADA 11. 950. 5. 234, William Gould to GAP, unpublished. Dornberg p 69.

37 作者于 1998 年访问克里米亚的卡拉苏巴扎尔/阿卢普卡所得。Anna Abramova Galichenka, Alupka Museum. Miranda p 234, 9 January 1787.

38 Kruchkov p 164. 作者于 1998 年访问尼古拉耶夫所得。RGVIA 52. 2. 2. 22-33, GAP to Starov 26 May 1790.

39 PRO FO Secretary of State: State Papers, Foreign, cyphers SP106/67, Fawkener to Grenville 18 June 1791, St Petersburg, unpublished.

40 第一批人口数字出自 Kabuzan p 164。第二批人口数字出自 Druzhinina, pp 150-5, 160-5, and 200。Druzhinina 是关于波将金南方殖民行动的最具权威性的历史学家。引文出自 McNeill p 200。McNeill 也引用了 Kabuzan 的统计数据。

41 Ségur, *Memoirs* 1859 vol 2 p 43.

42 McNeill p 202.

43 ITUAK（1919）no 56 pp 127-30. G. Vernadsky, Prince G. A. 波将金的诗歌，纪念叶卡捷琳诺斯拉夫的奠基。

20 热爱英国：边沁兄弟在俄国，
园林皇帝

> 我的恋情结束了……我必须离开圣彼得堡……我的运
> 气很好，波将金公爵给了我一个很好的机会……
> ——塞缪尔·边沁写给兄长杰里米·边沁的信

1783 年 12 月 11 日，波将金公爵在自己的圣彼得堡宅
邸接见了一个名叫塞缪尔·边沁的英国青年。俄国的上流社会
近期一直在热切追踪边沁曾经的恋情和如今的心碎，仿佛那是
一部肥皂剧。现在，波将金向他提议了一项光荣的新事业。英
国人在俄国最惊险刺激的冒险生涯就这样开始了，而且后来还
引发了一场闹剧，让一群互相吵吵闹闹的威尔士和纽卡斯尔手
工艺人定居到白俄罗斯的一座庄园，在那里开辟了波将金的私
人工业帝国。塞缪尔·边沁（不久之后他的兄长、哲学家杰
里米也来到波将金的庄园）的经历不仅体现了波将金无穷无
尽的进取精神，也表明他把自己的庄园视为国家的兵工厂和市
场，他并不区分自己的私产和帝国的财产。

塞缪尔·边沁的父母共有七个孩子，塞缪尔排行最小，杰
里米是老大，但只有这兄弟俩长大成人。他们的父亲杰里迈亚
是交游甚广的律师，而他的恩主是后来的辉格党首相、性格怪
异而阴险的谢尔本伯爵。伯爵的很多政敌称他为"伯克利广

场的耶稣会士"。边沁一家关系融洽，互相之间经常通信，为
塞缪尔在俄国的冒险而担忧。兄弟俩都聪明绝顶、精力充沛，
并且极具创新精神，不过在个性上截然相反：杰里米现在将近
四十岁了，是个害羞、学究气的法学家；塞缪尔则是个话痨，
喜好交际，并且多情。塞缪尔是工程师，但从不让自己的职业
束缚自己，他还是一位擅长发明创造的博学者和企业家。在某
些方面，他和波将金一样充满了忙个不停的充沛能量，"总是
在追寻一个又一个精彩计划……岁月蹉跎，他却没有完成一项
事业"。[1]

　　1780 年，杰里米在伦敦致力于司法改革的同时，二十三
岁的塞缪尔踏上旅途，来到黑海之滨，在那里观察了正在蓬勃
发展的赫尔松，然后到圣彼得堡，在那里拜访了波将金。塞缪
尔想要在俄国发财致富，而杰里米希望把自己的法律思想传播
给女皇。[2] 波将金关注了年轻的边沁的行程。塞缪尔意识到，
要想把自己的想法实现，他需要波将金的支持。而波将金希望
塞缪尔帮助他处置第聂伯河的湍流浅滩并经营他的庄园，于是
波将金在接见塞缪尔不久之后给出了一个粗略的提议。[3] 但塞
缪尔想要继续旅行，波将金随后在 1781 年派遣他去西伯利亚
调研当地的工业，并给了他几名士兵作为保镖。塞缪尔完成任
务返回后，波将金把他关于矿藏、工厂和盐场的调研报告呈送
给女皇。[4]

　　波将金在寻找有才干的工程师、造船匠、企业家和英国
人。塞缪尔同时属于这四个范畴。塞缪尔从西伯利亚的伊尔库
茨克写信给兄长杰里米，吹嘘自己结交了一个大人物、"掌权
的人"。[5] 兴高采烈的旅行家塞缪尔觉得，他和这个大人物简直
就是为对方而生的：

这位大人物的事业比我在俄国听说过的任何事业都要宏大。他在宫廷的地位极高，并且他富可敌国，所以总督们都向他点头哈腰。他的主要事业在黑海周边。他在那里向某些商品征税，为皇室建造船只，为军队和皇室提供形形色色的物资，拥有五花八门的工厂，并且正在自掏腰包铲平第聂伯河上的瀑布。他非常希望在我离开圣彼得堡之前得到我的帮助。[6]

但边沁返回圣彼得堡之后，注意力就被更诱人的东西吸引过去了。

他如痴如醉地爱上了索菲亚·马图什金娜伯爵小姐。这个漂亮姑娘是圣彼得堡总督、陆军元帅亚历山大·戈利岑公爵的外甥女和养女。戈利岑公爵在俄土战争期间的失败如今已经被人淡忘，他现在是位德高望重的老人。塞缪尔和马图什金娜年纪相仿，在戈利岑元帅的沙龙相识并一见钟情，一周约会两次。因为老戈利岑不赞同他们交往，而且整个宫廷都对他们的恋情表现出关注，他们必须隐秘行事，这让他们的激情更加澎湃。戈利岑元帅反对自己的养女和这个显然盯着钱财的英国人交往，更不要说结婚了。但女皇一方面出于淘气，另一方面也是因为她自己的浪漫情怀，让整个宫廷都知道她对这段恋情很感兴趣。

在这个关头，雄心勃勃的塞缪尔开始发挥疯狂的想象力。他写信给杰里米："如果我想和她结婚，你怎么看？是赞成还是反对？请告诉我。"他很爱马图什金娜，也爱她的地位，因为他赤裸裸地补充道："她是两个富翁的继承人。"塞缪尔还相信，他的恋情已经引起了女皇的兴趣，这也许能帮助他从女皇那里得到一个职位。这真是一种奇特的求职履历书，不过在俄国不算闻所未闻。"我完全相信，如果女皇陛下愿意帮助我求爱，那么这一定有利于提升女皇对我的好感……她坚信，是我的爱情促使我愿意为女皇效力。"他还写信给戈利岑元帅，宣称："我爱上您的外甥女，已经有五个多月了。"这让元帅更加恼火，他禁止外甥女与塞缪尔再见面。

廷臣们和女皇一样，对这场被禁止的恋情兴致勃勃。波将金在征服克里米亚的时候也不断收到关于此事的报告。这个时期在圣彼得堡的英国人真是太幸运了，塞缪尔如鱼得水，享受着权贵和伯爵夫人们的关注。此时的圣彼得堡随处可见英国人。詹姆斯·哈里斯爵士和他的继任者阿莱恩·菲茨赫伯特都庇护和提携了塞缪尔。在圣彼得堡的英国人当中，塞缪尔只有一个敌人，那就是宫廷的苏格兰御医罗杰逊医生。罗杰逊是个技艺高超的赌棍，也经常把病人治死。罗杰逊可能怀疑塞缪尔的动机，于是告诉叶卡捷琳娜大帝，塞缪尔不值得女皇接见，因为他有发音障碍。[7]但这阻止不了塞缪尔。他的两个最好的俄国朋友都是波将金的幕僚，分别是达什科娃公爵夫人的儿子帕维尔·米哈伊洛维奇·达什科夫公爵和工程师科尔萨科夫上校。他俩都曾在英国接受教育。达什科夫和科尔萨科夫把边沁带到每一位公开接待外国人的权贵的沙龙。塞缪尔风风火火的社交生活典型的一天是这样的："在菲茨赫伯特家用早餐，应邀去金斯顿公爵夫人［她又来俄国了］那里用午餐，然后去达什科夫公爵家，然后去波将金宅邸（不过他不在家），然后去斯特罗加诺夫男爵夫人家，从那里再去达什科夫公爵家吃晚饭。"[8]

也许是在叶卡捷琳娜大帝的授意下，她的男宠兰斯科伊开始帮助塞缪尔，告诉索菲亚的舅妈和母亲，"女皇认为，她们反对年轻的伯爵小姐的意愿是不对的……这只会让舅妈更加烦恼"。像圣彼得堡这样适合搞阴谋诡计的城市在全世界（哪怕是意大利）都不多，俄国宫廷是阴谋的中心，成群结队的仆人参与传递密信、窃听和在窗前等候秘密信号之类的工作，所以招募密探是很便宜的事情。在朋友们的帮助下，塞缪尔和索菲亚就像罗密欧与朱丽叶一样在光线昏暗的宫殿花园的阳台上幽会。贴身男仆和马车夫传递密信，将其送到美人的玉手（指甲受过精心打理）里。索菲亚伯爵小姐则从窗户向下传递写给塞缪尔的洒过香水的情书。[9]塞缪尔因为很多权贵帮助他求爱而陶醉，产生了一种处于热恋中的人常有的错觉：他和他的爱人是已知世界的中心。在他眼里，仿佛欧洲各国政府都忘记了战争与条约，除了他的幽会之外什么都不谈。

　　所以，在波将金征服了克里米亚和格鲁吉亚、凯旋圣彼得堡之时，塞缪尔坚信公爵的第一个问题一定是询问他的爱情进展。但波将金更感兴趣的是塞缪尔造船的本领，而且他从廷臣那里得知，边沁的爱情注定不会有结果。女皇也许喜欢拿戈利岑家族逗乐，但绝不会支持一个英国人与立陶宛大公格迪米纳斯的后代作对。于是兰斯科伊代表女皇再次施加干预：塞缪尔的恋情必须结束。

　　12月6日，垂头丧气的塞缪尔拜访了波将金。公爵让科尔萨科夫给塞缪尔在赫尔松安排一个职位。塞缪尔刚开始没有同意，因为他还在痴心妄想，希望能与索菲亚伯爵小姐结婚。但恋情确实已经结束，圣彼得堡对他来说已经不好玩了。塞缪尔决心"为了体面"而离开正在害相思病的伯爵小姐，于是

接受了波将金的提议。波将金授予他陆军中校的衔级和 1200
卢布年薪，以及"更多的津贴"。公爵有很多计划准备托付给
年轻的塞缪尔，比如他打算搬迁第聂伯河上的造船厂，希望塞
缪尔"在他的指挥下"搭建他发明的各种机械装置。

　　幸运的中校现在简直可以说是爱上了波将金。在塞缪尔之
前和之后，热爱波将金的西方人还有很多。边沁对波将金独特
地位的观察非常有意思："波将金直接的管辖区是俄国的整个
南方，而他间接的管辖区是整个帝国。"几个月前充满戏剧性
的爱情故事的主角如今成了波将金麾下志得意满的门客："我
可以恭维自己，说我目前享有公爵的善意和信任，所以我的处
境十分令人愉快。我向他提的建议，他无不接受。"当波将金
对某人感兴趣的时候，他就对其表现出极大的尊重，仿佛此人
的重要性超过了全欧洲所有的将军的加总。现在，享受波将金
尊重的人就是塞缪尔。"我任何时间都可以去见他。不管我何
时走进他的房间，他都主动向我问好，让我坐下。而将军们走
进来的时候，他从不让他们坐下，甚至看都不看他们一眼。"

　　波将金古怪的管理风格让边沁中校忍俊不禁。他在赫尔松
或其他地方的具体工作是什么呢？波将金提及"波兰边境的
一处庄园……有一天他谈到沙洲下游的一处新港口和造船厂，
另一天他谈到要我在克里米亚建造风车磨坊……后来又说我可
以掌管一个骠骑兵团，去讨伐……中国人，然后指挥一艘装备
100 门炮的战舰"。最终，边沁几乎没有做上述任何一项工作。
他肯定不能抱怨说为波将金工作是一件枯燥无聊的事情。但对
于自己在短期内的使命，他只能对兄长说："暂时还不清楚。"

　　1784 年 3 月 10 日，波将金突然离开圣彼得堡，前往南

方，把边沁交给了他的秘书处长官波波夫上校照料。[10]3 月 13
日（星期三）午夜，边沁加入了一支由七辆马车组成的队伍，
也奔赴南方。塞缪尔在这些日子里写了日记：他于星期六抵达
莫斯科，去见波将金。星期天上午，他穿着自己通常的礼服大
衣去拜见波将金，公爵唤来时刻听候吩咐的波波夫，让其安排
塞缪尔注册进入军队，骑兵或步兵都行，随便他喜欢哪样
（塞缪尔选择了步兵），并让他穿上陆军中校的军服。[11]从此以
后，边沁一直穿着有鲜红色翻领的绿色长袍、配金色蕾丝的鲜
红色马甲和白色马裤。[12]

　　陪伴波将金在帝国各地旅行是一项殊荣，极少数外国人得
到了这样的特权，不过波将金只能容忍志趣相投的伙伴。在随
后的六个月里，塞缪尔周游俄罗斯帝国，"始终和波将金同乘
一辆马车"。"我不是怕吃苦的人，所以这年春季我与公爵一
起旅行的方方面面都非常令人愉快……我好久没有这样开心过
了。"[13]他们向南方进发，取道博罗季诺、维亚济马和斯摩棱斯
克，经过了位于第聂伯河上游奥尔沙①的波将金庄园。塞缪尔
注意到波将金在奥尔沙的制革厂已经聘用了两位来自纽卡斯尔
的制革匠。随后他们前往波将金在南方的大本营克列缅丘格。
波将金设立自己新的副王辖区叶卡捷琳诺斯拉夫的时候，边沁
一定在他身边。6 月初，他们到了克里米亚。他们肯定一起参
观了塞瓦斯托波尔的新海军基地。在途中，边沁中校体验到了
波将金治理国家的方式：乘坐疾驰的马车穿过雪原，长途跋涉
数千俄里，同时处理政事。

　　马车是波将金的流动办公室。他在这趟旅途中决定，边沁

———————

　　① 奥尔沙是今天白俄罗斯东北部的一座城市。

中校不会待在赫尔松。7月，边沁抵达他的新岗位所在地：克里切夫。这就是波将金提到过的他位于"波兰边境的一处庄园"。这座庞大的庄园本身就是一个令人惊叹的世界。[14]

边沁被任命为克里切夫庄园的最高长官，它的面积"比英国的任何一个郡都要大"，甚至比德意志的很多邦国还大。据边沁说，克里切夫本身的面积就超过了100平方英里，而且隔壁是另一座属于波将金的庄园杜布罗夫诺①，它比克里切夫还大。克里切夫包括5个城镇和145个小村庄，有1.4万名男性农奴。按照塞缪尔的说法，克里切夫和杜布罗夫诺一共有"超过4万男性人口"，这意味着总人口一定全少是这个数字的两倍。[15]

克里切夫-杜布罗夫诺庄园不仅面积广袤，而且具有关键的战略意义。1772年第一次瓜分波兰期间俄国吞并这些原属于波兰的领土之后，叶卡捷琳娜大帝控制了欧洲两大贸易河流的上游地区，即通向波罗的海之滨里加的道加瓦河的右岸（北岸），以及第聂伯河的左岸（东岸），波将金将会在那里建造他的许多城市。1776年叶卡捷琳娜大帝向波将金封赏土地的时候，他可能特意索要了克里切夫-杜布罗夫诺庄园，因为从那里可以同时接触道加瓦河和第聂伯河，所以这两座庄园是潜在的与波罗的海和黑海做生意的贸易站。波将金的这片土地沿着第聂伯河北岸延伸50英里之遥，并且很适合在此建造小型船只。

波将金已经是一个工业帝国的主人。他的工厂最有名的产

———————

① 在今天白俄罗斯的东北部。

品是俄国最精美的镜子。18 世纪的人们产生了一种新的自我
意识，一个重要体现就是人们对镜子的需求持续增长。① 克里
切夫也是波将金的一处工业基地。[16]边沁在那里看到了一家白
兰地酒厂、一家工厂、一家制革厂、一家铜器厂、一家拥有
172 台织机并专门生产帆布的纺织厂、一家拥有 20 台机器并
为赫尔松的造船厂供货的制绳厂、一座温室、一家陶器厂、
一家造船厂和另一家镜子厂。克里切夫是赫尔松的延伸。
"该庄园……生产海军所需的各种物资，产量极高，通过一
条可通航的河流运输货物……可以轻松地把货运到黑海。"[17]
贸易有来有往，克里切夫生产的一些绳索和帆布也被运到君
士坦丁堡进行交易，同时克里切夫与里加的进出口贸易也做
得有声有色。克里切夫是波将金的帝国兵工厂、生产和贸易
中心、内河造船厂，也是为黑海之滨他的新城市与海军供应
物资的主要基地。

　　与圣彼得堡的沙龙（更不要说林肯律师学院了）相比，
克里切夫简直是另一个世界。边沁从英国招募来的移民肯定比
他更加感到震惊。边沁搬进了所谓的"波将金宅邸"，但它其
实只不过是一座"摇摇欲坠的棚屋"。[18]这个热情洋溢、傲慢
自负的英国人来到了欧洲的十字路口之一：在这里交汇的不只
是河流，此地还是文化的大熔炉。"这里风光旖旎，人也……

---

①　1781 年，波将金曾带雷金纳德·波尔·卡鲁参观他的工厂，包括什利谢
利堡附近的玻璃厂和制砖厂、亚历山大·涅夫斯基修道院附近的另一家
玻璃厂，以及圣彼得堡郊外二十英里处埃申鲍姆庄园的铸铁厂，那里的
经理是英国人希尔先生。波尔·卡鲁还参观过克里切夫和波将金在第聂
伯河下游的其他庄园，并提议在一个曾属于扎波罗热哥萨克的岛上建立
一个英国人定居点。后来波将金把一些移民安置到那个岛上。——作
者注

特别安静和有耐心……有的勤劳，有的懒散或者酗酒。"这里有四十名贫穷的波兰贵族，他们在庄园劳动，"几乎形同奴隶"。这里活跃着不同种族，人们讲着不同语言。

对不久前从纽卡斯尔来到这里、缺乏旅行经验的手工匠人比蒂来说，这一切都令人眼花缭乱和惊恐。比蒂坦诚地说："形形色色的人在这里混杂，这景象太让人惊讶了。"这里有俄国人、德意志人、顿河哥萨克、波兰犹太人，还有英国人。起初"我觉得各种奇怪的声音在一刻不停地侵犯我的英国耳朵"，"我们必须从犹太人那里购买所有的生活必需品"，他们说德语或意第绪语。[19] 比蒂说："在集市的日子，我看到形形色色的面孔和无奇不有的服装聚集在一起，不止一次感到惊慌失措，不知道自己为什么要来到他们当中。"[20]

塞缪尔对所有这些人拥有广泛的管辖权。首先，他现在是当地农奴的"立法者、法官、陪审员和警长"。其次，"我负责管理和经营公爵在这里的所有工厂"。当地工厂的状况很不理想。[21] 于是边沁自告奋勇地接管它们。波将金从皇村回信给他，这"再好不过"，并表示自己"对你的活动和你负责的项目十分满意，兴趣盎然"。[22]

波将金无时无刻不在思考如何改良自己的城市和战舰。有人批评他粗枝大叶、不考虑细节，或者指控他从来不能把一个项目跟进到底。事实恰恰相反，比如他将注意力转向制绳厂："他们告诉我，这里生产的绳索……几乎完全不能用。"[23] 他恳求边沁改良制绳厂的工作，并从喀琅施塔得找一位专家给他。塞缪尔的朋友科尔萨科夫和航海家莫尔德维诺夫（都是波将金麾下的高级军官）在前往赫尔松途中经过克里切夫时，边沁报告公爵，他会给他俩的造船厂提供一切需要的物资。[24] 将近两年之后，塞缪尔把工厂经营得风生水起，于是向波将金提了一个建议：把盈利状况良好的工厂留给波将金，他自己接管那些状况不好的工厂，让他经营十年；请波将金把相关的厂房和物资交给他，再给他2万卢布（折合约5000英镑）的资金，他会逐步还清。在1786年签订的合同里，波将金不要求任何收入，只希望在十年期满后接管有盈利能力的工厂。他真正感兴趣的不是金钱收益，而是帝国的利益。[25]

边沁的建议之一是引进土豆，在克里切夫种植。波将金批准了。第一批十二英亩土地种上了土豆，后来公爵"十分满意"，就想在自己的其他庄园也种植土豆。有些历史学家认为，就是波将金和边沁最早把土豆引进到俄国。其实不是这样。叶卡捷琳娜大帝早在18世纪60年代就引进了土豆，但波将金是第一个大规模种植土豆的人，土豆成为俄国人的主食之一也许要感谢他。[26]

边沁的主要使命是为波将金建造船只，什么类型的船只都行。边沁说："我似乎有权选择建造任何种类的船只……不管是战船、商船还是游船。"波将金需要为海军提供装备火炮的巡航舰，为女皇建造一艘休闲用的巡航舰，为第聂伯河上的贸易建造驳船，还要为已经准备许久的女皇南巡准备豪华画舫。这些订单的规模很大。边沁试图让波将金确定具体的舰船设计，问他想要单桅还是双桅，想要多少门火炮。这让波将金颇为恼火。"他最后告诉我，我可以按照自己的想法办，只要我喜欢，一艘船有二十根桅杆和一门炮也可以。这让我有点糊涂了……"[27] 对发明家来说，还有比波将金更宽容也更让人抓狂的甲方吗？

　　塞缪尔很快意识到自己需要帮助。他建造的船只需要桨手，从农民或士兵当中招募都行。这不是问题。波将金施法术一般迅速提供了一个营的火枪兵。这年 9 月，波将金从圣彼得堡写信给他："我把这个营的指挥权交给你。"波将金无时无刻不在想着他心爱的海军："先生，我希望他们有朝一日能在海上服役，所以我敦促你……帮助他们做好准备。"[28]边沁当然不懂指挥士兵，也不会说俄语，所以一位少校问他操练的命令时，他答道："和昨天一样。"少校问："本次操练如何进行？"边沁命令："照常进行。"[29]他手下只有"两三名中士"会写字，更不要说绘图了；在奥尔沙还有两名来自纽卡斯尔的制革匠、一名来自斯特拉斯堡的年轻数学家、一名丹麦铜匠和一名苏格兰钟表匠。[30]塞缪尔连珠炮一般向波将金索要工匠。在一封未发表的书信里，他抱怨道："我发现很难招到人才。"[31]波将金回信说，可以按照塞缪尔的要求招募工匠。

　　波将金对英国的爱慕和好感如今到了痴狂的程度，他积极开展大规模的招募行动，吸引英国专家到遥远的克里米亚。爱慕英国是当时欧洲的时尚。[32]在巴黎，绅士穿着"温莎衣领"和朴素的礼服大衣；女士一边喝苏格兰威士忌或饮茶，一边赌马或打惠斯特牌。①波将金不关心招募的细节，但他知道自己只想要英国人，不仅要用英国人经营克里切夫的纺织厂，还要用英国人管理从克里米亚到克里切夫的所有植物园、奶牛场、

_____

① 　纸牌游戏也追随政治时尚。例如，塞居尔伯爵在他的《回忆录》里记载了在巴黎的高级贵族圈子里法罗牌如何让位于英国惠斯特牌，因为惠斯特牌代表了孟德斯鸠倡导的温和自由主义；但在美国独立战争表明民众可以挑战国王之后，"波士顿"牌成了新的时尚。——作者注

风车磨坊和造船厂。边沁兄弟在英国报纸上刊登了招募广告。这些广告无意中很好地传达了波将金的需求。其中一份广告这样写道："公爵需要引进啤酒。"或者"他希望拥有一家优秀的奶牛场"，"在那里生产最好的黄油和品种尽可能多的奶酪"。很快，广告的招募对象就扩大到了全体英国人。边沁在英国发布的一份广告写道："任何有能力改良波将金公爵政府的聪明人士均会得到很好的激励。"最后，波将金干脆简单地向塞缪尔宣布，他希望建立"一个完整的英国人定居点"，他们可以拥有自己的教堂和特权。[33] 波将金对英国的狂热也感染了他的下属。地主们希望他们的农民接受英国工匠的培训，达什科夫的农奴就被送到了英国学习英国人的木匠工艺。[34] 后来成为海军将领的莫尔德维诺夫娶了英国女人亨丽埃塔·科布利之后，尼古拉·科尔萨科夫向塞缪尔表示，他也"非常渴望有一位英国太太"。[35] 英国园丁、英国水手和英国工匠还不够，俄国人还想要英国太太。

边沁的预算不受限制。他请波将金给预算设个上限，"他的唯一回答是'需要多少就有多少'"。波将金的银行家萨瑟兰在伦敦为边沁安排经费。[36] 边沁立刻抓住机会，和兄长杰里米一起从事英俄贸易，并担任波将金招募行动的代理人。第一批广告刊登的短短几周之后，塞缪尔就给杰里米送来了所需人才的清单。例如，其中一份清单要求招募一名磨粉机安装工、一名风车磨坊专家、一名织布匠，若干造船匠、鞋匠、砌砖工、水手、女管家，以及"两名女仆，其中一人会制作奶酪，另一人会纺线和针织"。[37]

杰里迈亚和杰里米·边沁父子热情洋溢地在英国各地搜寻

合适的人才。老杰里迈亚特别出力，去海军部拜访了豪勋爵①，然后邀请副国务大臣弗雷泽和两名不久前回国的俄国通詹姆斯·哈里斯爵士和雷金纳德·波尔·卡鲁去他家里讨论此事。杰里迈亚甚至找来了前首相谢尔本（现在是第一代兰斯多恩侯爵）[38] 帮忙，"都是为了招募造船匠，送去帮助我儿子"。兰斯多恩侯爵认为波将金是个有意思但不值得信赖的人，他对边沁兄弟的赞扬也显然是话中有话。1786 年 8 月 21日，他从韦茅斯写信给杰里迈亚："你的两个儿子的天性都太自由化了，所以他们没有商业精神；你的萨姆（塞缪尔）的脑子想得更多的是新发明而不是计算复利。如果是算账的工作，恐怕俄国最乏味无聊的人也能做得和他一样好……他把最美好的岁月花在了一个反复无常的国家，依赖于一些反复无常的人。"[39]

引进英国人的狂热计划现在有了 18 世纪情景喜剧的荒诞色彩：一群不懂任何外语的英国哲学家、水手、骗子、风骚女子和工匠，突然聚集到了一个多语言的白俄罗斯村庄，接受经常出门在外但性格冲动的波将金公爵的领导。这些英国人各自心怀鬼胎，他们来俄国的目的与边沁兄弟设想的大不相同。

杰里米成了和叶卡捷琳娜大帝一样的写信狂人，他不停地写信给塞缪尔，废话连篇地提议一连串各种各样的人选，从植物园园长到挤奶女工："说到植物学家，我相信找到一个合适

---

① 指的是英国海军元帅理查德·豪，第一代豪伯爵（1726—1799），美国独立战争期间曾为北美及西印度舰队总司令，小皮特首相时期曾任第一海军大臣。他的弟弟威廉·豪，第五代豪子爵（1729—1814）是英国陆军将领，在美国独立战争时期曾任在北美的英军总司令。

的科学家不会有丝毫困难"，然后又探讨了招募"挤奶女工"的开销。最后，杰里米招募了一个叫洛根·亨德森的人去管理波将金的植物园。去俄国的冒险当然吸引了一大群鱼龙混杂的人，例如亨德森是苏格兰人，自称是园林、蒸汽机、蔗糖种植和白磷焰火等领域的"专家"。他报名参加，并承诺把自己的两个外甥女（两位柯特兰小姐）也招募到俄国当挤奶女工。曾在剑桥阿登布鲁克医院担任药剂师的约翰·德布劳博士还是一位颇受尊重的作家，著有一部重要的作品《关于蜜蜂性行为的发现》（出版不久，毁誉参半）。他成为波将金的实验化学家。成为波将金新员工的还有一些园丁、磨粉机安装工，其中绝大多数来自纽卡斯尔或苏格兰。第一批英国员工于1785年抵达里加。

杰里米·边沁渴望到白俄罗斯与塞缪尔会合，因为杰里米看到的不只是商业机遇，他还想得到一份完成自己的著作的安宁。他也相信波将金那样的政治家可以将他的效益主义思想付诸实践。（他的效益主义理论衡量统治者成功与否的尺度是，能否为最大多数的人带来最大的幸福。）波将金的庄园听起来像是哲学家施展拳脚的理想之地。杰里米还打算把他招募来的下一批人一起带到白俄罗斯。他出发的时候，塞缪尔已经对兄长那些荒唐的书信十分恼火。哲学家杰里米开始直接给波将金写信的时候，局面就更不好看了。杰里米向波将金提了很多堂吉诃德式的荒谬想法，大谈他对园丁和化学家的想法。波将金的档案里有很多从未发表过的杰里米·边沁的书信。这些书信作为历史文献是价值无量的，但也令人捧腹，让人觉得他是个"疯癫教授"。

杰里米计划买一艘船把波将金的新工匠送到俄国，并提议给这艘船取名为"波将金公爵"号。然后，他开始谈正事：
"殿下，您的植物学家已经找好了。挤奶女工也就绪了。柴郡
是奶酪之乡，牛奶质量很好……"柯特兰小姐是挤奶女工，
也懂化学，这让边沁发表了一番对女性的阐述："知识渊博的
女性经常因为获取了男性的品质而丧失女性的完美……但柯特
兰小姐不是这样。"杰里米非常想卖一台"火机器"给波将
金，或更好的是，卖给他一台博尔顿与瓦特公司的最新蒸汽
机，并解释道，这些机器"利用的是将水烧开产生的水蒸气
的力量。在现代的所有机器当中……最容易制造的就是火机
器"，但博尔顿与瓦特公司的蒸汽机最难制造，造价也最高。
杰里米问，如果公爵殿下不想要蒸汽机，那么可否让蒂特勒先
生在克里米亚建一家印刷厂？这家印刷厂可以印刷什么作品
呢？杰里米建议印刷某位 J. 边沁先生的法学著作。杰里米带
着歉意在信的末尾署名："这是您永恒的笔友第四次给您
写信。"[40]

这让塞缪尔慌了神。他知道波将金讨厌冗长的书信，只想
要结果。边沁中校担心"永恒的笔友"会毁掉自己的前程，
于是责备了笨拙的兄长。他说，波将金会觉得这些细节"太
麻烦"，并且"在这些新员工抵达之前不想听更多了"。塞缪
尔很焦虑，因为波将金没有回复杰里米："我担心最坏的结
局……我希望能解释说，是你过于热忱了。"[41]但最后哲学家杰
里米终于从俄国驻伦敦大使馆那里收到了波将金彬彬有礼的回
信。波将金写道："先生，我感谢您为了我的事业所做的一
切……因为公务繁忙，我没能早点做决定……但我现在恳求您
招聘亨德森先生，让他与佩尔森一家同行……"杰里米·边
沁冗长但精彩的书信其实恰恰就是波将金喜欢的那种有趣的消

遣。他说他非常欣赏杰里米的信，还找人将其翻译成俄文。[42]

杰里米·边沁非常自豪的一项成绩是为克里切夫招募到一位名叫约翰·艾顿的园林设计师。杰里米向父亲吹嘘道："我们这位设计师是邱园①的御用设计师的侄子。"[43] 在那个时代，园林设计师当中也有高低贵贱之分。不过，艾顿没有成为波将金的明星设计师。波将金最喜爱的园林设计师已经于 1780 年到了俄国，也就是和塞缪尔·边沁差不多同一时间抵达。他名叫威廉·古尔德，是英式园林大师、外号"能力"的兰斯洛特·布朗②的高徒。在 18 世纪 70 年代，叶卡捷琳娜大帝和波将金都成为英式园林的狂热爱好者。波将金无论走到哪里都要建立英式园林，这是他对英国的狂热爱慕表现得最突出的领域。

英式园林貌似凌乱，其实背后有精心设计。它们一般具有自然风味，风景如画，有湖泊、洞穴、景观美化和废墟。此时英式园林已经逐渐战胜了严整精确而正式的法式园林，园林风格的兴衰与国家的沉浮有直接关联。路易十四主宰欧洲的时候，法式园林风靡各国。随着法国日薄西山而英国建立了自己的帝国霸业，英式园林取得胜利。叶卡捷琳娜大帝告诉伏尔泰："我酷爱英式园林，爱它们的曲线、缓坡、湖泊一般的池塘（陆地上的人造群岛）；我深深鄙视直线和雷同的林荫道……简而言之，与其说我爱园林，不如说我爱英国。"[44]

---

① 邱园是伦敦西南部的著名植物园，始建于 1840 年，是世界文化遗产。

② 兰斯洛特·布朗（1716—1783）是 18 世纪英国最重要的园林设计师之一。他之所以获得"能力"的外号，是因为他总是告诉客户，他们的地产还有提升和改善的"能力"。

　　女皇用她一贯的稳健务实的方式来享受自己对园林的新爱好，而波将金用他典型的执迷和专一来追寻园林之美。1779 年，女皇聘请约翰·布什和他的儿子约瑟夫来美化她位于皇村的园林。在她的其他庄园，她雇用了其他来自英国的园艺专家，并且这些人的名字也与园林有关：斯帕罗和哈克特①。波将金显然认为英国的园艺工作者可以与俄国贵族平起平坐，可见他对英国爱慕到了什么程度。他对这些"花圃之王"十分尊重，曾带着自己的两个外甥女、其中一个外甥女的丈夫斯卡乌龙斯基伯爵和三位外国大使一起去布什家吃饭。这种贵贱混杂的社交场合让表面上更为民主的英国客人蒂姆斯戴尔男爵夫人惊愕不已。[45] 据她观察，波将金非常喜欢布什家"英国风味的佳肴"，吃得很多。（波将金确实酷爱英式菜肴，有一次他的银行经理萨瑟兰招待他吃烤牛肉，他把吃剩的牛肉打包带回家了。）没过多久，波将金对园林的需求就大大增长，于是他从英国招聘了艾顿，并从叶卡捷琳娜大帝身边借调了斯帕罗。[46]

　　但这几位园艺师的名气都比不上古尔德，直到今天俄国和乌克兰的一些遥远角落还在颂扬他。（1998 年本书作者曾在圣彼得堡和第聂伯罗彼得罗夫斯克听到有人提起他。）古尔德很幸运，因为招募他的波将金被《园艺百科全书》（1822 年版）赞誉为"我们的艺术在现代最慷慨的赞助者之一"。但波将金也很幸运，因为精明强干的古尔德完全符合他的心意，在俄罗斯帝国境内许多相距遥远的地方创建了许多庞大而挑战想象力的英式园林。

　　古尔德手下有"数百名助手"，他们都跟随波将金旅行。[47] 他

---

① 英语中"斯帕罗"的意思是麻雀，"哈克特"可能是一种鱼的名字。

在阿斯特拉罕、叶卡捷琳诺斯拉夫、尼古拉耶夫和克里米亚设计和建造园林，其中包括在林木葱翠的克里米亚沿海地区的阿尔泰克、马桑德拉和阿卢普卡宫等庄园建造的园林。① 时隔两百年，当地的园林行家说到古尔德时仍然肃然起敬。[48] 波将金发现了查理十二世的城堡之一的遗迹，可能在波尔塔瓦附近。他不仅让人将其修复，还让古尔德在它周围建造了更多的英式园林。

古尔德的特殊专长是，不管波将金身在何处，古尔德都能在一夜之间为他建造起一座英式园林。根据《园艺百科全书》（资料来源是古尔德的助手之一考尔）的说法，每当波将金在旅行途中逗留的时候，就会建造一座行宫，古尔德会为其建造一座英式园林，包括"灌木丛和树林，由砾石小径分隔，饰有椅子和雕塑，这些东西都是车队运来的"。绝大多数历史学家推测，波将金一夜之间就能建起英式园林的故事只是传说，古尔德肯定不能带着大量橡树、假山和灌木旅行吧？但这个故事并非无中生有：圣彼得堡的国家档案馆收藏的波将金文献表明，古尔德确实经常随波将金旅行，我们从别的史料里也能知道，古尔德确实可在几天之内就建造出一座新的园林。在这方面，波将金有点哈伦·拉希德的色彩。用伊丽莎白·维热·勒布伦的话说，波将金是"《一千零一夜》里的那种魔法师"。②

---

① 克里米亚的阿卢普卡宫是米哈伊尔·沃龙佐夫公爵及其妻子埃莉泽（波将金的甥孙女）建造的，融合了苏格兰贵族风格、阿拉伯风格和哥特风格。它今天是博物馆。见本书后记。——作者注

② 我们可以参照档案来追踪古尔德的一些冒险经历：1785 年，他领到 1453 卢布，用于购买他在克里米亚需要的一件工具；次年，他领到 500 卢布，用于支付给从英国赶来加入他的团队的园丁；1786/1787 年，古尔德从圣彼得堡前往克里米亚，携带了 200 卢布路费和 225 卢布车马费。随后在战争期间他到摩尔达维亚与波将金会合，1789 年与他一起前往杜伯萨里（花费 800 卢布），次年去了雅西（花费 650 卢布）。——作者注

现在古尔德在俄国全境奔波，与波将金合作。按照《园艺百科全书》的说法，古尔德变成了"俄国的'能力'·布朗"。但"深得皇帝宠爱的外国园艺师变得和他的主人一样专横跋扈"。古尔德飞黄腾达，成为园艺界的沙皇、园林界的波将金，这一定让他的同行妒火中烧。[49]

波将金对英国的爱慕自然也延伸到了绘画领域。他收藏了一些油画和木刻画，据说还拥有提香①、范·戴克②、普桑③、拉斐尔和达·芬奇的作品。波将金让一些商人和俄国大使担任他的艺术品代理商。常驻萨克森王国的巴洛克风格都城德累斯顿的俄国大使写道："我的公爵，我还没有找到您想要的那幅风景画，但我希望很快就能办妥。"[50]

波将金的英国人脉让他接触到了约书亚·雷诺兹爵士。哈里斯于1784年回到伦敦之后，为凯利斯福特勋爵约翰·约书亚·普罗比写了一封介绍信给波将金："持此信者是一位出身

---

① 提香原名蒂齐亚诺·韦切利奥（1488/1490—1576），意大利著名画家，曾活跃于威尼斯。他创作了很多以基督教和希腊罗马神话为题材的杰作，包括具有革新意义的《圣母升天》。他的《酒神与阿里阿德涅》带有异教式的放纵，为文艺复兴艺术最伟大的作品之一。提香因刻画内心人微的肖像而大受欢迎，包括意大利主要贵族、宗教人物、皇帝查理五世的肖像。他以《劫夺欧罗巴》达到才华的巅峰，这是他为西班牙国王腓力二世所绘的几件作品之一。

② 安东尼·范·戴克（1599—1641），佛兰芒的巴洛克风格艺术家，在意大利和佛兰德大获成功，后成为英格兰的宫廷画家。他画的英王查理一世及其家人与宫廷人员的肖像非常有名，其优雅风格成为之后一百五十年里英国肖像画的典范。他还画《圣经》与神话题材，并且革新了水彩画和蚀刻画。

③ 尼古拉·普桑（1594—1665）是法国古典巴洛克风格画家中的佼佼者，大部分时间在罗马创作，作品主要为宗教和神话主题，他曾任法国国王路易十三的宫廷首席画师。代表作有《阿卡狄亚的牧人》。

高贵的爱尔兰贵族。"[51] 凯利斯福特勋爵来到圣彼得堡，向女皇和波将金提出，他俩的收藏都缺少英国名画，不妨收藏一下他的朋友雷诺兹的作品？女皇和波将金都同意了。具体的主题由画家自己确定，但波将金想要一幅历史题材的作品，这也符合雷诺兹的品味。经过许多耽搁，四年之后，叶卡捷琳娜大帝收到了雷诺兹创作的一幅画，波将金得到两幅。这三幅画在法国被装载到"友谊"号上、准备运往俄国的时候，凯利斯福特勋爵和雷诺兹写信给波将金。凯利斯福特勋爵感谢波将金在俄国盛情款待他，并解释说，雷诺兹为叶卡捷琳娜大帝创作的画的主题是"幼年的赫拉克勒斯扼死巨蛇"，随后补充道："殿下精通古典文学，所以我无须赘言，这个故事出自品达的颂歌。"① 雷诺兹则写信给波将金说，他原打算给波将金画同样的主题，但后来改了主意。雷诺兹给波将金创作的那幅画是《西庇阿的克制》。凯利斯福特勋爵还给波将金送去了雷诺兹的《丘比特解开女仙的腰带》。凯利斯福特勋爵写道："鉴赏家会发现这幅画具有惊人的美。"[52]

这幅画的确美得惊人。给波将金的两幅画的主题都很合适。《丘比特解开女仙的腰带》（今天被称为《丘比特解开维纳斯的腰带》）描绘的是活泼的小丘比特解开光彩照人、裸露双乳的维纳斯的腰带。在另一幅画里，波将金理想中的古典英雄西庇阿（他打败了迦太基人，正如波将金打败了土耳其人）抵御住了女色和金钱的诱惑。不过，这两样诱惑都是波将金抵御不了的。[53] 叶卡捷琳娜大帝和波将金都没有很快付钱

---

① 生性尖刻的霍勒斯·沃波尔嘲笑说这个主题很合适，因为叶卡捷琳娜大帝为了得到皇位谋杀了两位沙皇，其中至少一人是被扼杀的。——作者注

给画家。雷诺兹向凯利斯福特勋爵开价 105 英镑。直到雷诺兹去世后，叶卡捷琳娜大帝才付款，当然是付给雷诺兹的遗嘱执行人。① 后来波将金给自己的英国名画藏品清单添加了一幅内勒②的作品和一幅托马斯·琼斯③的作品。

波将金还提携了在圣彼得堡的顶级英国艺术家理查德·布朗普顿。杰里米·边沁说布朗普顿是一位放荡不羁、"鲁莽冒失但心灵手巧的画家"。叶卡捷琳娜大帝把布朗普顿从负债人监狱营救了出来。波将金则差点成为布朗普顿的经纪人，甚至给他提过关于如何开价的建议。他曾请布朗普顿给布拉尼茨卡画像。这幅精彩绝伦的全身肖像今天保存在克里米亚的阿卢普卡宫，很好地表现了萨申卡那种泼辣、俊俏、聪明和高傲的个性。布朗普顿还给女皇画过像，但波将金亲自命令他修改了画中女皇的头发。约瑟夫二世买了这幅画，但抱怨说波将金命令的"涂抹""太差，我真想把画退回去"。54 布朗普顿经常给波将金写信，表达自己关于金钱和女皇对他的庇护的烦恼。这些字迹潦草的信都没有发表过。55 布朗普顿去世时留下 5000 卢布的债务，波将金赠给他的遗孀 1000 卢布。56

波将金和叶卡捷琳娜大帝在艺术品味方面非常投机，这是他俩关系的另一个富有魅力的方面。1785 年，有一次他俩单

---

① 1792 年，牛津大学教授约翰·帕金森在埃尔米塔日欣赏了波将金收藏的油画。雷诺兹的这三幅作品今天都不在埃尔米塔日，而是在国外展出。本书作者在 1998 年寻找它们的时候，它们被放在一道积满灰尘、被当作仓库的走廊里，孤零零地倚靠在墙上。——作者注

② 戈弗雷·内勒爵士，第一代从男爵（1646—1723）是出身于吕贝克的德意志裔英国肖像画家，是从查理二世到乔治一世的多位英国君主的宫廷画家。他的作品包括牛顿、路易十四等人的画像。

③ 托马斯·琼斯（1742—1803）是威尔士的风景画家，他的回忆录是了解 18 世纪艺术界的重要史料来源。

独待了两个小时，外交官们以为战争要爆发了，后来才得知他俩是在兴高采烈地欣赏英国旅行者理查德·沃斯利爵士买的一些黎凡特①画作。他俩经常一同欣赏艺术，所以在波将金去世之后他的藏品与叶卡捷琳娜大帝的埃尔米塔日藏品合二为一，可以说恰如其分。[57]

与此同时，1785 年 7 月 28 日，杰里米·边沁从布莱顿启程，并把谢尔本的明智建议牢记于心："不要为了服务英国或俄国而卷入任何阴谋，即便是为了给一位美丽的贵妇服务也不行。"[58] 杰里米在巴黎与洛根·亨德森和两位体态轻盈的柯特兰小姐会合，然后取道尼斯和佛罗伦萨（他在那里遇见了一位"可怜的老绅士"，即"小僭王"）东进。一行人从里窝那乘船到了君士坦丁堡。从那里，杰里米让亨德森和两位柯特兰小姐走海路去克里米亚，他自己走陆路。他与摩尔达维亚领主的妹妹和二十名骑兵经历了一段戏剧性的旅程，于 1786 年 2 月抵达克里切夫。[59] 分别五年半之后，边沁兄弟喜气洋洋地团圆了。

杰里米等人抵达之后，这个白俄罗斯村庄似乎变成了乱哄哄的巴别塔，人们在这里吵架、酗酒、换妻。招募来的英国人是一群乌合之众，很少有人诚实地表达自己的真实身份。塞缪尔努力控制这群"纽卡斯尔暴民，即从那个暴民之城招募来的人"。[60]

杰里米向塞缪尔承认，亨德森的两个挤奶女工"外甥

---

① 黎凡特（Levant）是历史上的地理名称，一般指的是中东、地中海东岸、阿拉伯沙漠以北的一大片地区。在中古法语中，黎凡特即"东方"的意思。黎凡特是中世纪东西方贸易的传统路线。

女"的温柔可人和渊博知识固然让他印象深刻，但她俩并非
奶酪制作工人，也不是亨德森的亲戚。这一男两女其实是
"三人行"的情人关系。亨德森的表现也不能令人满意。波
将金把这个园丁和他的两个挤奶女工"外甥女"安置到卡拉
苏巴扎尔附近的鞑靼人房屋里。多愁善感的波将金记得自己
1783 年在那座房屋里患过热病并痊愈，后来他买下了这座住
宅。但他很快得知亨德森是个"不知羞耻的骗子"，甚至
"一辈子连一棵草都没有种过，而柯特兰小姐从来没有做过
一块奶酪"。[61]

　　另一位新移民罗巴克把他"所谓的妻子"带来了，事实
证明这个女人是个彻头彻尾的娼妇。她表示愿意为"两个纽
卡斯尔男人中的任意一个服务"，从而甩掉她那粗暴的丈夫。[62]
塞缪尔后来把她送到了达什科夫公爵身边。俄国的"英粉"
很乐意得到这个园丁的荡妇，仅仅因为她来自莎士比亚的国
度。塞缪尔怀疑"非常爱吵架的"罗巴克在里加偷过钻石，
"不是最诚实的人"。波将金传唤塞缪尔到自己身边的时候，
杰里米负责管理英国移民，这导致了更多不端行为。蜜蜂性行
为专家德布劳博士也是个不讨喜的角色。他跟着杰里米进入他
的书房，"脸上是疯人院病人的表情"，并索要离开的通行证。
这群流氓恶棍甚至偷了塞缪尔的钱去还自己的赌债。[63]总管家
本森率领移民们起来造边沁兄弟的反。本森"像疯人院里逃
出来的疯子一样"辱骂杰里米，尽管杰里米与他素不相识。[64]
随后"担任厨娘和女管家的那个泼妇"把"老本森"引诱到
自己的床上。[65]"疯人院"这个词在边沁兄弟的书信里出现的
频率极高，这让人感觉不妙。

　　尽管英国移民惹出了许多乱子，但边沁兄弟无论在文学创

作还是商业领域都取得了了不起的成绩。"在克里切夫，或者说在我现在居住的距离克里切夫三英里的小屋，一天似乎不止二十四个小时，"杰里米写道，"我在黎明前不久起床，在一个小时之内吃好早餐，然后直到……晚上 8 点才吃饭。"他在忙着编纂《赏罚原理》，这是《奖赏原理》和《为高利贷辩护》的法文版本。但他"也不得不去向我的兄弟借用一个主意……"这个主意就是圆形监狱①。塞缪尔用它来监督这群由俄国人、犹太人和纽卡斯尔人组成的乌合之众。塞缪尔建了一家工厂，经理可以在中央的观察塔上看到所有工人。身为法律改革家的杰里米立刻意识到，可以把这个创意用于监狱。他从早到晚地研究圆形监狱的应用。[66]

与此同时，杰里米和塞缪尔都还在追寻一个波将金式的雄心壮志：在克里米亚成为地主。杰里米宣布："我们将会成为了不起的农场主。我敢说，只要我们想要，他会给我们相当大的一块土地。"[67]但波将金残忍地嘲弄塞缪尔："你只需要说说自己想要什么样的土地。"[68]边沁兄弟始终未能成为克里米亚的权贵，不过得到了科尔萨科夫的一处庄园的股份。

塞缪尔经营工厂，与里加和赫尔松的商人做外币生意（把波将金的 2 万卢布换成杜卡特②）和英国纺织品生意，并

---

① 圆形监狱（Panopticon）是杰里米·边沁设计的一种监狱形式。该建筑由一个圆形大厅组成，其中间设有检查室。这种设计允许一个警卫监视该监狱的所有囚犯，而囚犯则不知道自己是否受到监视。尽管单一警卫不可能在同一时刻观察所有囚犯的牢房，但囚犯不知何时会受到检查，只有假设自己无时无刻不被监视，因此他们被有效地强迫自己规范自己的行为。

② 杜卡特是欧洲历史上很多国家都使用过的一种金币，币值在不同时期、不同地区差别很大。

为第聂伯河上的交通建造船只。尽管他招募来的工作人员的行为举止像"疯人院的住户"，他却经常表扬那些帮助他建立功勋的工人。在最初两年里，他已经建造了两艘大船和八艘内河船只；在1786年，他建造了二十艘内河船只，这是一个令人肃然起敬的数字。[69]这一切都充满戏剧性并且激动人心，就连老杰里迈亚·边沁也在考虑要不要去克里米亚。不过，两个边沁就足够了。

1786年，波将金给塞缪尔下了新的命令。自1783年以来，叶卡捷琳娜大帝和波将金就在讨论，女皇是否应当亲自南下巡视她的新领土。女皇南巡的计划被推迟了很多次，但现在似乎要落实了。塞缪尔此时已经是为第聂伯河上的交通建造驳船与普通船只的专家。波将金命令他建造十三艘游艇和十二艘豪华画舫，好让女皇顺第聂伯河而下到赫尔松。塞缪尔在试验一种新发明，他称之为"虫形船"，对其最好的描述是"一种划桨驱动的铰接式浮动火车，将一系列浮箱用巧妙的方式连接起来"。[70]塞缪尔开始工作，完成了波将金的高额订单，另外还给女皇建造了一艘虫形船，它由六节驳船组成，长252英尺，有120支桨。杰里米·边沁很想见见著名的波将金，于是在塞缪尔外出测试他的船只期间等待波将金视察庄园。这个时期绝大多数俄国人都在热切期盼"至尊公爵"的驾临，杰里米这样做并不奇怪。但是，既然如今是精神紧张的效益主义哲学家在临时治理庄园，犯上作乱的白俄罗斯"疯人院"里英国移民的表现就比以往更加不堪了。

波将金还没有给这些英国移民发过饷，德布劳博士、园丁罗巴克和管家本森现在公开造反。很多英国人显然过着传统外国侨民的放纵生活。很快他们就迅速减员，不少人死亡，塞缪尔说这样的悲剧更多是因为他们不知节制的生活方式，而不是因为水土不服。德布劳去世前不久刚刚被任命为陆军的军医总监。对俄国士兵来说，他死了可能是上帝在发慈悲。其他英国人要么死亡，要么逐渐分散到四面八方。[71]"相当长的一段时间以来，我们时时刻刻都在期待公爵驾临他的辖区……"杰里米·边沁这样写道。但是，波将金的行程经常被耽搁。[72]几天后，波将金的外甥女兼情妇斯卡乌龙斯卡娅伯爵夫人从那不勒斯返回圣彼得堡，途中在克里切夫逗留，她告诉那里的人们："至尊公爵已经放弃了到这里的计划。"[73]有些传记作家说波将金和杰里米·边沁有过长期的哲学讨论，[74]但并没有他俩见过面的记录。如果他们真的见过面，杰里米肯定会把此事记录在案。①

杰里米·边沁在波将金的世界逗留一年多之后，最终取道波兰离开，他曾在许多"犹太人开的客栈"下榻。这些客栈的房屋和牲口都污秽不堪，但这样的地方也有安慰：漂亮的犹太女人。这是杰里米·边沁日记的一个典型段落："俊俏的犹太女人，猪在马厩里……家禽在屋里乱走。"[75]那个时代的英国旅行者对外国往往嗤之以鼻，而这位哲学家发表过一次罕见的正面评价：有一户犹太女人非常美丽，"全家都是美人，不比英国人差"。

波将金的庄园欣欣向荣。在克里切夫，波将金听取了他的瑞士医疗顾问贝尔医生关于降低死亡率的建议（手段可能是

---

① 波将金可能始终没有机会与杰里米·边沁见面。我们今天可以在伦敦大学学院的走廊里看到经过防腐处理的边沁的遗体，虽然面庞苍白干枯，但大家一眼就能认出是他。——作者注

疫苗接种）。克里切夫的男性农奴人口在仅仅几年内就从 1.4 万人增长到 2.1 万人。[76] 克里切夫的庄园档案和财务档案表明了它对赫尔松的舰队的重要性，而波将金档案收录的未发表的边沁书信揭示，黑海周边的各城市都将克里切夫视为补给基地。在 1785 年 8 月之前的两年零八个月时间里，边沁的企业给赫尔松输送了总价值 12 万卢布的索具、帆布和内河船只，以及总价值 9 万卢布的缆绳和船帆。1786 年，边沁交付了价值 1.1 万卢布的内河船只。塞缪尔离开的时候，克里切夫的帆布产量与他刚到的时候相比已经翻了两倍，船用索具的产量翻了一倍。到 1786 年，克里切夫的很多工厂都有很好的利润：白兰地酒厂的年利润为 2.5 万卢布；172 台纺织机的年利润也是 2.5 万卢布；制绳厂每周产量为 1000 普特，相当于 16 吨，利润可能有 1.2 万卢布。[77] 但对波将金来说，利润和亏损并不重要。他对事业的唯一衡量标准就是它能否为帝国带来光荣和力量，换句话说，是否对他的陆海军和城市有利。按照这样的标准，克里切夫这座帝国军械库和工厂是非常成功的。

1787 年，波将金突然把整个克里切夫建筑群卖掉，换得 90 万卢布，以便去波兰购买更大的庄园。他当初不费一文钱就获得了克里切夫，后来虽然投资了很多，但聘用英国工匠的成本应当远远不到 90 万卢布。他小心翼翼地经营克里切夫，后来又突然把它卖掉，其中有政治考量。他把部分工厂搬迁到自己位于克列缅丘格的庄园，把其余的工厂留给新的主人。克里切夫庄园转手的时候，当地犹太人试图集资买下庄园，"从而让塞缪尔·边沁买下整个城镇"。不过，此事后来就没下文了。

杰里米·边沁和他招募的英国移民的克里切夫冒险就这样结束了，但波将金最喜欢的两个英国人塞缪尔·边沁和威廉·

古尔德在俄国的故事还远远没有结束。他俩都将在波将金的生涯中发挥重要作用。到目前为止，塞缪尔·边沁为波将金扮演的角色是西伯利亚矿业顾问、工厂经理、造船匠、火枪兵中校、农学家和发明家。接下来塞缪尔将会把他建造的驳船带到河流上游，执行一项特殊使命，并先后成为军需官、炮兵专家、海军军官、西伯利亚事务的教师，以及与中国和阿拉斯加做生意的商人。

古尔德则成为波将金随员队伍不可或缺的一员。古尔德的团队也不断发展壮大，从英国招募来更多专家。古尔德等园艺师总是在波将金抵达某地的几周前先期到达，带来工具、工匠和树木。在即将到来的战争期间，波将金的流动大本营总会拥有一座古尔德的园林。不过，古尔德的最重要作品是塔夫利宫的冬园。

波将金必须同时关注圣彼得堡的政治和他自己的南方事业，所以偶尔会把英国客人抛在脑后。在塞缪尔·边沁的冒险的开端，当他与波将金一起从克里米亚返回都城的时候，波将金承诺要和他一起去克里切夫，决定在那里的若干事务。他们走到了克列缅丘格，这时从圣彼得堡传来的消息彻底改变了他们的计划。

波将金没有向塞缪尔道别就"急匆匆地"离开了克列缅丘格，身边只带了一名仆人。[78] 世界上只有一个人能让波将金如此焦急地抛下手头的工作。

注　释

1 Jeremy Bentham, *Collected Works* ed Sir J. Bowring vol 10 p 171, George Wilson to

JB 26 February 1787.

2 I. R. Christie, *The Benthams in Russia* pp 1-10.

3 BM 33558 f3, SB to ? 1 August 1780. M. S. Bentham pp 67-8. 来自大英博物馆边沁档案的部分文件完全没有发表过，或者部分没有发表过，不过有些文件在杰里米·边沁的《选集》的不同版本、塞缪尔·边沁爵士的传记（作者是他的遗孀）以及 I. R. Christie 的出色文章与著作中有体现，比如他的著作 *The Benthams in Russia*。所以，尽管本书作者去大英博物馆看了档案的原件，但只有在俄国档案馆 RGADA 或 RGVIA 发现的边沁材料才标为"未发表"。这里的叙述很大程度上要感谢 I. R. Christie。

4 BM 33555 f65, SB to JB 7 January 1783.

5 BM 33539 f60, S. Pleshichev to JB 21 June 1780.

6 BM 33539 ff289-94, SB to JB 16 June 1782, Irkutsk.

7 BM 33539 f39, SB to JB? 8 April 1780.

8 BM 33564 f31, SB's diary 1783-4.

9 BM 33558 f100, SB to Jeremiah Bentham 1 June 1783; f77, SB to JB ud; ff 102-4, SB to Field-Marshal Prince A. M. Golitsyn 23 March 1783; ff 108-9, SB to Countess Sophia Matushkina and, f 114, she to him 2/13 May 1783. BM 33540 f7, SB to JB? 20 January 1784.

10 BM 33540 f6, SB to JB 20 January 1784; ff 17-18, SB to JB 22 January OS 1784. BM 33540 f 7-12, SB to JB 20/31 January-2 February 1784 and 6/17-9/20 March 1784.

11 BM 33564 f30, SB's undated diary, March 1784.

12 Jeremy Bentham, *Correspondence* p 279, SB to JB 10/21 June - 20 June/1 July 1784.

13 BM 33540 f88, SB to ? 18 July 1784. M. S. Bentham pp 74-7, SB to Jeremiah Bentham 18 July 1784.

14 Christie, *Benthams in Russia* pp 122-6. Druzhinina, *Severnoye prichernomorye* p 148.

15 BM 33540 ff 87-9, SB to Jeremiah Bentham? 18 July 1784, Krichev.

16 CO/R/3/93 Cornwall Archives, Antony, Reginald Pole Carew 4/15 June 1781. CO/R/3/10.1, 波尔·卡鲁对波将金在第聂伯河畔的地产（包括 Chartyz 岛，他想在那里建造某种类型的城镇或定居点）的规划，见波将金的档案：RGADA 11.900.3/4/5, Pole Carew to GAP 30 March 1782 and 13/24 August 1781. 这些档案存于俄国和康沃尔，都没有发表。波尔·卡鲁在俄国的经历很有趣，值得出版。

17 BM 33540 ff87-9, SB to Jeremiah Bentham 18 July 1784, Krichev.

18 M. S. Bentham p 77, SB to Jeremiah Bentham 18 July 1784.

19 Christie, *Benthams in Russia* pp 127-8. BM 33540 f216, SB to JB.

20 BM 33558 f383, A. Beaty to Thomas Watton. 18 February/1 March 1786.

21 BM 33540 f99, SB to JB 26 August-6 September 1784.

22 BM 33540 f108, GAP to SB 17 August 1784, Tsarskoe Selo.

23 BM 33540 f108, GAP to SB 10 September 1784, St Petersburg.

24 RGADA 11. 946. 183, SB to GAP 3 March 1786.

25 BM 33540 f237, SB to Jeremiah Bentham 6 January 1786.

26 BM 33540 ff 380-2, JB to Jeremiah Bentham 2/14 June 1787.

27 BM 33540 ff87-9, SB to Jeremiah Bentham? 18 July 1784, Krichev.

28 BM 33540, GAP to SB 10 September 1785, St Petersburg.

29 M. S. Bentham p 79.

30 Christie, *Benthams in Russia* p 132.

31 RGADA 11. 946. 132-4, SB to GAP 18 July 1784, Krichev, unpublished.

32 Ségur, *Memoirs* 1960 p 71.

33 BM 33540 f70-78, SB to JB 10/12 June-20/1 July 1784.

34 BM 33540 f147, 30 March/10 April 1785.

35 BM 33540, SB to JB June 1784.

36 BM 33540 f68, SB to JB 19 June 1784, Kremenchuk.

37 BM 33540 f94, SB to JB 18 July 1784.

38 BM 33540 f235, Jeremiah Bentham 2 November 1784.

39 BM 33540 f306, Marquess of Lansdowne to Jeremiah Bentham 1 September 1788.

40 RGADA 11. 946. 141-2, JB to GAP 27 August 1785. RGADA 11. 946. 186-210. JB to GAP February 1785. 这些材料有一部分没有出版。

41 BM 33540 ff151-2, SB to JB 27 March 1785.

42 BM 33540 f160, Robert Hynam to JB 10 May 1785.

43 BM 33540 f258, JB to ? 9 May/28 April 1786.

44 SIRIO 23: 157.

45 Dimsdale p 51, 7 September NS 1781.

46 Cross, *By the Banks of the Neva*, pp 267-70, 274-6, 284. 对波将金的园丁的叙述主要参考了 Anthony Cross, *By the Banks of the Neva*。关于烤牛肉的有趣故事，见 Coxe's *Travels*（5th edn），quoted by Cross at p 410 n 163。

47 RGIA 1146. 1. 33, unpublished. See note 49.

48 Anna Abramova Galichenka, Alupka Museum. 作者于 1998 年访问克里米亚

所得。

49 RGIA 1146. 1. 33, unpublished. 关于古尔德在阿斯特拉罕、乌克兰、尼古拉耶夫和克里米亚的行踪，见 Cross, *By the Banks of the Neva* p 275。考尔肯定是 Martin Miller Call，他是叶卡捷琳娜大帝从英格兰诺森伯兰郡聘请的三位园艺师之一。考尔直到 1792 年才离开俄国，之前在塔夫利宫的花园工作。Cross, *By the Banks of the Neva* p 285. 伊丽莎白·维热·勒布伦是将波将金的"辉煌"比作《一千零一夜》并赞扬"他的想象力之强大与恢宏"的许多人之一。Vigée Lebrun pp 23-4.

50 RGADA 11. 891. 1, Prince Belozelsky to GAP 9/20 July 1780, unpublished.

51 RGADA 11. 923. 8, H to GAP 15 June 1784, London, unpublished.

52 RGADA 11. 923. 5, H to GAP 4 June 1784, unpublished. RGVIA 52. 2. 89. 91, Lord Carysfort to GAP 12 July 1789, London. unpublished. Sir Joshua Reynolds to GAP 4 August 1789, quoted in ' Sir Joshua and the Empress Catherine ' by Frederick W. Hilles pp 270-3 in *Eighteenth Century Studies in Honor of Donald F. Hyde*. Cross, *By the Banks of the Neva* pp 321-3.

53 作者于 1998 年访问埃尔米塔日博物馆西欧部所得，感谢 Maria P. Garnova。

54 B&F vol 1 p 115, Count Cobenzl to JII 4 February 1781; p 265, Cobenzl to JII 4 December 1781; p 278, JII to Cobenzl 27 December 1781. 布朗普顿最著名的画作是他为两位年轻的大公亚历山大与康斯坦丁画的充满梦幻气氛的肖像。Anthony Cross 在 *By the Banks of the Neva* p 310 中写道，这是女皇"希腊计划"的实现，她的两个小孙子一个是未来的亚历山大大帝，一个是君士坦丁大帝（布朗普顿夫妇将他们的孩子之一命名为亚历山大·康斯坦丁）。他为女皇画的一幅肖像一定被送去维也纳了，但最终下落不明。

55 RGADA 11. 946. 119-23, Richard Brompton to GAP 21 June 1782, Tsarskoe Selo, unpublished.

56 Cross, *By the Banks of the Neva* pp 309-10. Bentham quoted in Cross p 310.

57 Ségur, *Mémoires* (1826) vol 2 p 341. 另见 Lincolnshire Archives Office, Lincoln, Yarborough Collection, Worsley MS no 24 f205 quoted in Cross, *By the Banks of the Neva* pp 357-8。沃斯利是当时将圣彼得堡包括在自己的壮游行程中的英国绅士之一。他在俄国见过克雷文伯爵夫人、帕维尔·达什科夫公爵和边沁兄弟。在塞居尔的故事里，波将金和叶卡捷琳娜大帝单独待了一个小时，但沃斯利说是两个小时。

58 BM 33540 f168, Landsdowne to JB ud.

59 BM 33540 ff196, 199, 201, 219, 226, 232, 240, 256, JB's trip to Krichev September 1785-January 1786.

60 BM 33540 f163, 18/29 June 1785.

61 Miranda pp 234 – 5, 9 January 1787. Druzhinina, *Severnoye prichernomorye* p 136n. Christie, *Benthams in Russia* p 148.

62 BM 33540 f163, SB to JB 10 June 1785.

63 BM 33540 ff318–21, JB to Christian Trompovsky 18/29 December 1786.

64 BM 33540 f339, JB to SB February 1787.

65 BM 33540 f432, JB to Charles Whitworth ud.

66 BM 33540 f31, 19/30 December 1786.

67 BM 33540 f151, JB to Jeremiah Bentham 27 March 1785.

68 BM 33540 f64, SB to Reginald Pole Carew 18 June 1784, Kremenchuk.

69 Christie, *Benthams in Russia* pp 166.

70 E. P. Zakalinskaya, *Votchinye khozyaystva Mogilevskoy gubernii vo vtoroy polovinye XVIII veka* pp 37, 41 – 3. See I. R. Christie, ' Samuel Bentham and the Western Colony at Krichev ' p 140–50.

71 BM 33558 ff422–3, SB to Jeremiah Bentham 14/25 February 1788, Elisabethgrad.

72 Jeremy Bentham, *Correspondence* vol 3 p 443, JB to Jeremiah Bentham 28 April/ 9 May 1785.

73 BM 33540 f296, JB to Prince Dashkov 19 July 1786.

74 Soloveytchik, *Potemkin*.

75 Jeremy Bentham, *Correspondence* vol 3 pp 599–611, Diary of JB's Departure.

76 Zakalinskaya pp 37, 41 – 3. Christie, *Benthams in Russia* p 206. Christie, ' Samuel Bentham at Krichev ' p 197.

77 Lincolnshire Archives Office, Lincoln, Yarborough Collection, Worsley MS 24 pp182–4. 理查德·沃斯利爵士还见到了克雷文伯爵夫人，并且像塞缪尔·边沁一样，与帕维尔·达什科夫公爵是朋友。Cross, *By the Banks of the Neva* pp 357–8.

78 BM 33540 f88, SB to JB 18 July 1784.

21　白色黑人

而且女皇有时候也爱少年，

何况刚刚埋葬了小白脸兰斯科伊……

——拜伦勋爵，《唐璜》，第 9 章第 47 节

1784 年 6 月 25 日，叶卡捷琳娜大帝的二十六岁情人、陆军中将亚历山大·兰斯科伊在皇村去世，女皇陪伴在他临终的病榻前。他的病来得很突然，仅仅一周前才出现了喉咙肿痛的症状。兰斯科伊似乎知道自己时日无多了，尽管叶卡捷琳娜大帝劝他不要这么想。兰斯科伊死得平静而有尊严，正如他在世的时候应对自己尴尬的处境一样。[1] 但还是很快就传出了关于他的死亡的恶毒谣言：他是与叶卡捷琳娜大帝"连接"的时候死去的；为了满足老情妇无休止的欲望，他不得不服用危险的春药，最终毁了自己虚弱的身子骨。有人说，他死的时候"身体爆炸，肚皮炸裂"；他去世不久后，"双腿脱落，臭不可闻。给他入殓的人……很快也死了"。有人说他是被毒死的。已经有人指控是波将金用见效缓慢的毒药害死了奥尔洛夫公爵，莫非他又杀害了另一个竞争对手？从叶卡捷琳娜大帝写给格林的信和其他目击证人的说法来看，兰斯科伊很可能死于白喉。当时正值盛夏，并且叶卡捷琳娜大帝舍不得与他分别，耽搁了一段时间才安葬他，所以"臭不可闻"是完全可能的。而且在炎热天气里，死尸的内脏也确实会膨胀和爆裂。[2]

　　女皇悲痛万分，不能自已。廷臣们从未见过她这样的状态。御医罗杰逊和大臣别兹博罗德科（他俩是酒友和赌友）窃窃私语地商议。宫廷危机的背景音就是这样的喃喃低语。罗杰逊给女皇开了泻药（当时的泻药往往能致命）并给她放血，但他和别兹博罗德科都感到，女皇需要情感方面的疗伤。① 女皇当然想到了自己的"丈夫"和"最亲爱的朋友"。她悲痛欲绝的时候经常询问，是否已经通知波将金。罗杰逊对别兹博罗德科说，"必须"想办法让女皇节哀，遏制她的焦虑："我们知道只有一个人能办得到。必须请公爵殿下尽快回来。"兰斯科伊刚咽气，别兹博罗德科就把宫廷最神速的信使派往南方。叶卡捷琳娜大帝像个孩子一样不停地问，公爵何时能到。廷臣们肯定是这样回答：公爵已经在路上了。3

　　信使找到波将金的时候，他正和塞缪尔·边沁一起在克列缅丘格，筹划塞瓦斯托波尔建城和克里切夫的管理。公爵得到消息后立刻启程。和往常一样，驱使他行动的是两种不可分割的情感：他的挚友需要他，他的权力依赖于女皇。波将金自诩为俄国动作最快的旅行者，并以此为豪。同样的路程，其他廷臣通常需要十天，而波将金只需要七天。7月10日，他抵达皇村。

　　当波将金纵马穿越草原的时候，叶卡捷琳娜大帝不得不面对失去兰斯科伊的悲剧，他是最能让她感到幸福的一位情人。"快活、诚实和温柔"的兰斯科伊是她心爱的学生，她在他身

---

①　罗杰逊医生刚刚治死了另一个病人。陆军元帅亚历山大·戈利岑公爵在阻止了塞缪尔·边沁对他外甥女的追求不久之后，死在罗杰逊的手下。死因可能就是过度的放血和泻药疗法。叶卡捷琳娜大帝对波将金半开玩笑地说："到了罗杰逊手里的人就已经被宣判死刑了。"——作者注

上自由地倾注她的母性和教导欲，他也确实成了叶卡捷琳娜-波将金家庭的真正成员。他在世的时候非常英俊、引人注目，他的肖像能体现他那种优雅而淘气的风度。叶卡捷琳娜大帝相信，在兰斯科伊身上，她找到了自己的圣杯，认为他是可以终身厮守的伴侣。在兰斯科伊的喉咙肿痛开始的仅仅十天前，她还写信给格林：“我希望他能成为我老年的支柱。”[4]

波将金发现宫廷处于瘫痪状态，因为女皇过度悲痛、卧床不起，而兰斯科伊的遗体尚未入土，已经腐烂，并且宫廷里弥漫着恶毒而充满窃喜的流言。叶卡捷琳娜大帝伤心欲绝。“我陷入了最深切的痛楚，”她告诉格林，“我的幸福再也没有了。”兰斯科伊“曾与我同甘共苦”。[5]圣彼得堡和皇村的贵族都对叶卡捷琳娜大帝的情感崩溃感到担忧。兰斯科伊去世几周后，廷臣们说：“女皇仍然像兰斯科伊先生去世的第一天那样伤心。”叶卡捷琳娜大帝几乎悲痛到发疯，不停地问她的情人的遗体怎么样了，也许心里还抱有一丝幻想，希望他还活着。她卧床三周之久，最后终于起床，但仍然不肯出门。她一连好几个月不见客，也不参加娱乐活动。宫廷的人们“极度悲哀”。她病了，罗杰逊医生为她放血，开了通常的泻药，这无疑能解释她的身体为什么如此羸弱。起初只有波将金和别兹博罗德科能见她。后来费奥多尔·奥尔洛夫（他是奥尔洛夫五兄弟中最温柔的一位）可以在晚上见女皇。波将金安慰叶卡捷琳娜大帝的办法是与她一起哀痛。据说，廷臣们听见波将金和叶卡捷琳娜大帝一起为死去的男宠“哭号”。

叶卡捷琳娜大帝感到任何人都无法想象她的痛苦。起初，就连波将金的同情也让她受伤，不过最终他的悉心照料帮助她逐渐走出了痛苦，“他把我从死亡的昏睡中唤醒了”。[6]每天上午和每个夜晚，他都陪着她。这段时间他差不多始终和她在一起。[7]也许在这次危机期间，波将金又重新扮演起了丈夫和情人的老角色。（科本茨尔伯爵是这样禀报约瑟夫二世的。）[8]他俩的关系完全不符合现代人的风俗，但与法国式的"爱的友谊"最为接近。这段时间不一定适合做爱，但非常需要爱。就是在这样的时期，波将金获得了"无限的权力"。他曾告诉哈里斯：[9]"一切顺利的时候，我的影响力很小；但当她遇到挫折的时候，她总是需要我，那时我的影响力就会变得特别强大。"[10]

叶卡捷琳娜大帝逐渐走出了阴影。兰斯科伊去世一个多月之后，终于被安葬在皇村，女皇没有到场。叶卡捷琳娜大帝于9月5日离开夏季宅邸，说她永远不会回来了。她抵达都城之后，无法忍受待在她的旧套房，因为那里处处是兰斯科伊的影子，于是她搬到了埃尔米塔日。随后一年时间里，叶卡捷琳娜大帝没有情人。她在缅怀死者。波将金与她相伴。在某种意义上，他俩团圆了一段时间。女皇最终出现在公共场合的时候大家都如释重负。三天后她去教堂做了礼拜。这是宫廷的人们在两个半月里第一次见到她。

波将金必须返回南方完成他的事业。他于1785年1月离开圣彼得堡。即便与女皇相隔甚远，他仍然给了她莫大的慰藉。他们的一些可能出自这个时期的书信在骑士风度和俏皮方面可以与十年前他们热恋时的情书媲美，不过已经没有了当年那种癫狂的激情和捧腹大笑的欢乐。他俩浪漫关系的复燃有一种秋天的气氛，仿佛他俩都感到自己已经老了。他送给她一个鼻烟盒，她"全心全意地"感谢他赠送这样美丽的东西。然后，他送给她一件用他的南方工厂生产的丝绸制成的裙子，并浪漫地邀请她踏上"铺满丝绸"的道路去南方。[11]

1785 年初夏，波将金回到克里米亚，此时叶卡捷琳娜大帝已经恢复了精气神。这对老鸳鸯玩着他们熟悉的游戏。波将金用古斯拉夫文字写道："我现在要去做告解。宽恕我，我的小妈妈，宽恕我的全部罪孽，不管是我有意犯下的还是无意的。"他大概做了某件调皮捣蛋的事情。叶卡捷琳娜大帝的回复是："我同样请求你宽恕我。上帝保佑你。我大概能猜得出来，但我不太理解。我读你的信时经常放声大笑。"[12] 波将金就是这样的人：往往让人无法理解，但总是振奋人心。欢笑是她疗伤的一个重要部分。他在南方的六个月里，她很思念他的陪伴。

叶卡捷琳娜大帝习惯于给男宠一个半官方的位置，所以宫廷也已经习惯了男宠的存在，现在廷臣们都在期待出现一个新的男宠填补兰斯科伊留下的空缺。这可能给她造成了一种奇怪的压力，让她很难找到一个合适的新人。兰斯科伊已经去世一年了，波将金明白"不能一个小时没有爱情"的女皇需要长久的爱，而这是他给不了她的。如果波将金要为帝国挣得荣耀，就需要有人帮助他照料叶卡捷琳娜大帝。这个时期她去教堂的时候，年轻男子们都会打扮得漂漂亮亮，穿着他们最精神抖擞的制服，腰杆挺得笔直，希望吸引她的注意。[13] 叶卡捷琳娜大帝在教堂的时候总是很难集中注意力，卡萨诺瓦也观察到了她的这个特点。所以，这是一种虽然令人反感但可以理解的情形。年轻男子们的邀宠清楚地表明，与很多恶毒的流言相反，男宠的人选不是波将金确定的，是女皇本人在宫廷搜寻潜在的新人，不过聪明的恩主会把自己的门客安排到女皇经过的地方。[14] 不管怎么说，狩猎开始了。

兰斯科伊的退场标志着叶卡捷琳娜大帝光辉灿烂的巅峰，但也意味着她从此开始滑向不名誉的状态。此后她的恋情再也不是平等的。

波将金再次回到都城后，女皇注意到了若干执勤的近卫军军官。其中有帕维尔·达什科夫公爵，他是达什科娃公爵夫人的儿子，在爱丁堡受过教育，是边沁的朋友；还有近卫军军官亚历山大·彼得罗维奇·叶尔莫洛夫与亚历山大·马特维维奇·德米特里耶夫-马莫诺夫，他是波将金的远房亲戚。这三人都是波将金的幕僚。女皇挑选男宠的过程变成了帝国的选美大赛，最终花落谁家将在一次化装舞会上宣布。

叶卡捷琳娜大帝青睐达什科夫已经有些时日。她经常询问他的"完美的心"怎么样了。[15] 五年前，奥尔洛夫公爵在布鲁塞尔偶然遇见了达什科娃公爵夫人和她的儿子。这两位俄国权贵都处于类似被流放的状态。奥尔洛夫逗弄以自我为中心的公爵夫人，向年轻的达什科夫建议，说他可以成为女皇的男宠。等儿子离开房间之后，达什科娃就假正经地训斥奥尔洛夫：他怎么可以和一个十七岁男孩谈这样恶心的事情？她最后总结道："至于男宠，我要让他记得，我不认识那样的人，也不会与那样的人打交道……"奥尔洛夫对如此装腔作势的言论给出了"不值得重复"的答复，他说得很到位。[16] 现在奥尔洛夫已经入土，达什科娃公爵夫人在国外旅行多年之后已经回国，而达什科夫二十三岁了。

达什科娃公爵夫人虽然毫不掩饰地表达对男宠们的鄙夷，但似乎克制不了自己的野心，希望儿子能得到那个位置。此时的波将金仍然能模仿高级廷臣的举止，把女皇逗得前仰后合，而他最精彩的表演就是模仿自负而浮夸的达什科娃。叶卡捷琳娜大帝经常主动要求波将金模仿达什科娃。所以，波将金一定特别享受观察达什科娃如何被打脸。[17]

达什科娃公爵夫人登门拜访波将金，使出了浑身解数。波将金显然鼓励了公爵夫人的野心，并调皮地暗示，他相信达什科夫家族即将得到特殊的荣耀。在这些讨论的间隔，波将金很可能跑去叶卡捷琳娜大帝的套房，恶毒地模仿公爵夫人的一举一动，逗得女皇哈哈大笑。达什科娃不知道的是，叶卡捷琳娜大帝正在与叶尔莫洛夫和马莫诺夫打情骂俏，这两人也很英俊，并且没有喜欢惹是生非的母亲。所有人都希望自己的人选能够被女皇选中，但波将金显然没有自己的倾向。

达什科娃公爵夫人很享受自己重新得宠，在回忆录里说波将金派自己的外甥萨莫伊洛夫在晚饭后的"情人的时光"来见她，"询问达什科夫公爵是否在家"。他不在家。于是萨莫伊洛夫留了口信，说波将金希望达什科夫尽快去见他。公爵夫人在多年后撰写的回忆录里说波将金提议把令人作呕的男宠位置安排给她的儿子，她向萨莫伊洛夫发表了如下的谴责："尽管我爱女皇，我不敢违逆她的意志，但我也是有自尊的人……绝不会参与这种性质的事情。"她补充道，如果她的儿子真的成了男宠，她会运用自己的影响力申请出国。

这件可疑的轶事后来成了一个传闻的材料，说波将金在"情人的时光"把一些年轻男子送到叶卡捷琳娜大帝那里。达什科夫是波将金的副官，所以他派遣达什科夫去见女皇是很正常的事情。但更有可能的情况是，波将金在耍弄达什科娃公爵夫人。他肯定很快在叶卡捷琳娜大帝面前模仿了达什科娃"义正词严"的拒绝。[18]

波将金在阿尼奇科夫宫举办了一次化装舞会。这座庞大的宫殿位于涅瓦大街和丰坦卡街的拐角，他从来没有在那里住过，① 但把自己的藏书保存在那里，并把它用作招待客人的场所。他命令建筑师斯塔罗夫给阿尼奇科夫宫增添了第三层并修改了正立面，增加他喜爱的多利亚式立柱。后来缺乏经费的时候，波将金曾把阿尼奇科夫宫交给自己的商人朋友尼基塔·舍米亚金抵债。但叶卡捷琳娜大帝从舍米亚金手里买下了阿尼奇科夫宫，并交还给波将金。波将金用宫殿抵债的事情发生过好几次，每次女皇都伸出援手。[19]

舞会的这天晚上，2000 名宾客身穿奇装异服、面戴化装面具，来到阿尼奇科夫宫。管弦乐队的位置在宫殿内庞大的椭圆形走廊上一座装饰华美的金字塔周围。超过 100 名乐师在罗塞蒂的指挥下演奏乐曲，给一个合唱队伴奏。管弦乐队的明星是"一名身穿丝绸衣服的黑人，他在金字塔顶端敲定音鼓"。舞厅由一扇帘子分隔开。宾客成双结对地跳起夸德里尔舞。廷臣们看到达什科夫公爵的舞伴是一位名叫叶卡捷琳娜·巴里亚京斯卡娅公爵小姐的少女。她是一位倾国倾城的美人，这是第一次出现在社交场合。她后来成为波将金最后的几位情人之一。

女皇和保罗大公一起驾临，所有人都在观察，竞争男宠地位的三个青年当中是否有人会得到恩宠。列夫·恩格尔哈特为

---

① 波将金去世后，阿尼奇科夫宫成为罗曼诺夫家族的财产。亚历山大一世最喜爱的妹妹叶卡捷琳娜把它当作自己的圣彼得堡住宅，直到她于 1818 年去世。后来它属于登基之前的尼古拉一世，再往后则被用来举办皇后的舞会。普希金和他的妻子经常在那里跳舞。后来阿尼奇科夫宫属于尼古拉二世的母亲玛丽亚·费奥多罗芙娜皇太后，直到 1917 年。1914 年 2 月，费利克斯·尤苏波夫公爵在阿尼奇科夫宫迎娶了伊琳娜女大公。尤苏波夫就是后来杀死拉斯普京的人。——作者注

当晚的舞会留下了生动的记录，他注意到了叶尔莫洛夫。波将
金命令他的部下都穿轻骑兵制服，但叶尔莫洛夫违抗命令，穿
的是龙骑兵制服。恩格尔哈特赶紧跑过去劝他回家换衣服。
"不必担心，"叶尔莫洛夫自信地答道，"但还是多谢了。"他
这种大胆的傲慢让恩格尔哈特大惑不解。

达什科娃公爵夫人纠缠住波将金不放。波将金不得不和她
一起欣赏她儿子的矫健体格，但随后她过于冒失地假定自己的
儿子已经被女皇选中，或者请波将金推荐她家族的另一人给女
皇。波将金当着大家的面挖苦她。他说，已经没有空缺了；叶
尔莫洛夫中尉刚刚已经占据了那个位置。受辱的公爵夫人结结
巴巴地问："谁？谁？"

波将金抛下她不管，拉住叶尔莫洛夫的手，带着他走进人
群，"仿佛他是个大贵族"。波将金把叶尔莫洛夫带到女皇正
在打惠斯特牌的桌前，把他安顿到女皇椅子背后四步远的地
方，比高级廷臣们都更接近女皇。这时候，所有人，包括达什
科娃，都明白了，女皇已经选择了新男宠。帘子被拉开，布置
得华丽的牌桌被展现在大家眼前。女皇、保罗大公和廷臣们坐
在特殊的圆桌旁，另有四十张给其他人预备的桌子。舞会一直
持续到凌晨 3 点。[20]

次日上午，也就是受到大家沉痛哀悼的兰斯科伊去世十一
个月之后，叶尔莫洛夫搬进了冬宫内原属于兰斯科伊的套房，
并被任命为女皇的侍从长。他现年三十一岁，身材魁梧，金
发，有着杏眼和扁平鼻子。波将金给他取了个绰号"白色黑
人"。他不如兰斯科伊正派和英俊，也不像扎瓦多夫斯基那样
聪慧。科本茨尔写道："他是个好孩子，不过资质非常有限。"
叶尔莫洛夫不久之后被晋升为陆军少将，并获得白鹰勋章。他

是波将金的朋友列瓦绍夫的外甥，但与别兹博罗德科关系同样友好。叶卡捷琳娜大帝经历了悲惨的一年之后终于找到了可以接受的人，波将金也许因此感到如释重负。一些头脑简单的历史学家说波将金在女皇每次选了新男宠之后都会吃醋，但科本茨尔那样更精明的观察者明白，波将金很高兴有叶尔莫洛夫防止女皇"再次陷入抑郁"，并激活她"天生的快活性情"。[21]

叶尔莫洛夫的崛起让波将金达到了权力的巅峰。几天后波将金患病，叶卡捷琳娜大帝"去看望他，强迫他吃药，对他无微不至"。[22]波将金的地位终于再也无人能挑战了。宫廷的气氛很和谐。波将金将会回到南方治理自己的各个省份，因为叶卡捷琳娜大帝的私生活问题已经解决了。

18世纪80年代中叶，叶卡捷琳娜大帝的宫廷达到了奢华与光辉的巅峰。达马斯伯爵写道："俄国宫廷金碧辉煌、流光溢彩，有着法国宫廷的高雅品位和魅力。亚洲式的奢靡更是增加了宫廷典礼的庄严。"[23]叶卡捷琳娜大帝和波将金都喜欢一掷千金地举办奢华的化装舞会、节庆活动和其他舞会。女皇尤其喜欢异装舞会。她在统治的早期写道："我刚有了个好主意。我们必须在埃尔米塔日办一次舞会……我们必须让女士们来的时候不要过分打扮，不要穿裙撑，头上不要戴全套珠宝……让法国喜剧演员摆摊卖衣服，可以赊账，向男人卖女装，向女人卖男装……"[24]也许是因为身形丰满的女皇知道自己穿男装很好看。

如果我们能在18世纪80年代在俄国宫廷见到全俄罗斯女皇，就会看到她"穿着紫色薄纱衬裙，白色薄纱长袖一直垂到手腕……和一套非常雅致的裙子"，她"坐在一张很大的扶手椅上，椅子上覆盖着深红色天鹅绒，有华丽昂贵的饰物"，廷臣们站立着簇拥在她周围。女皇的衣袖、裙子和长袍往往是不同的颜色。叶卡捷琳娜大帝现在总是穿俄国传统的长袖长袍。这种衣服能掩饰她的肥胖，也比紧身胸衣和衬裙更舒适。达什科娃公爵夫人和布拉尼茨卡伯爵夫人模仿她的穿着，但蒂姆斯戴尔男爵夫人注意到，其他贵妇"仍然追随法国时尚"。不过，按照克雷文夫人的说法，"法国轻纱服装和花卉装饰从来不是为俄国美人准备的"。皇宫里到处摆着牌桌。所有人都打牌，女皇在房间里踱来踱去，优雅地表示大家应当继续打牌，不要为了她而起身。大家当然还是会起身向她请安。[25]

在冬季的圣彼得堡，宫廷人员时而在夏宫，时而在冬宫。每周的安排是一样的：星期日，女皇在埃尔米塔日召见全体外国使节；星期一，在大公的宫殿举办舞会；诸如此类。波将金在都城的时候，通常在星期四下午进出女皇的小埃尔米塔日，她在那里和情人叶尔莫洛夫以及纳雷什金和布拉尼茨卡等朋友休闲。那里的对话都是私密的。没有仆人在一旁窃听。用膳时，宾客用铅笔在小石板上写字点菜，将石板放在特制的机械桌子中央，然后通过送菜升降机把石板传下去，过一会儿饭菜就会通过升降机送上来。[26]

在夏季，整个宫廷的人们要走大约二十英里的路，去附近的皇家度假胜地。叶卡捷琳娜大帝非常喜爱芬兰湾之滨的彼得宫城，但宫廷在夏季的主要下榻地是皇村。叶卡捷琳娜大帝在皇村的时候通常待在叶卡捷琳娜宫。这是伊丽莎白女皇建造的巴洛克风格宫殿，形似婚礼蛋糕，得名自伊丽莎白女皇的母亲，即彼得大帝那位农妇出身的皇后。

"这是一座辉煌的建筑，"蒂姆斯戴尔男爵夫人写道，"砖砌的墙壁用灰泥粉饰过……外面的柱子全都镀了金。"室内有些房间简直"美得惊人"；有一个中国风的房间让她印象深刻，而她"永远不会忘记"的小套房"就像施了魔法的宫殿"，"室内墙壁贴着红色和绿色的箔纸片，令人眼花缭乱"。"里昂室"的壁毯据说花了201250卢布。叶卡捷琳娜大帝让她的苏格兰建筑师查尔斯·卡梅伦重新设计了整座宫殿。园林当然是英式的，设计者是布什先生，有草坪、碎石小径、装饰性景观和树林，中央有一个很大的湖。卡梅伦设计的画廊仿佛一座古代神庙，在石柱之上，似乎悬浮在空中，给人轻盈感和空旷感。叶卡捷琳娜大帝收藏的半身像，包括德摩斯梯尼和柏拉图的塑像，就收藏在这座画廊内。园林内满是纪念俄国军事胜利的纪念碑和景观，所以这片神奇的土地仿佛是俄罗斯帝国版本的迪士尼主题公园，主题就是女皇的辉煌和帝国的扩张。那里有安东尼奥·里纳尔迪①设计的切什梅石柱，从湖泊中央一个小岛上巍峨地崛起；还有纪念卡古尔河战役的鲁缅采夫石柱。有西伯利亚桥、土耳其桥和中国桥，有中国村、一座毁弃的塔楼、一座金字塔，以及她的三只英国灵猩的墓园。墓志铭写道："泽米拉长眠于此，哀悼她的人应当在她墓前献花。与她的祖先'汤姆'和母亲'女士'一样，她对主人忠心耿耿，只有一个缺点，就是脾气略微暴躁……"兰斯科伊的陵墓就在附近。园林内甚至还有"飞山"那样的游乐场游戏，类似"北斗七星"过山车。[27]

---

① 安东尼奥·里纳尔迪（约1710—1794）是意大利建筑师，主要在俄国工作。他被基里尔·拉祖莫夫斯基请到俄国之后，设计了圣彼得堡的大理石宫、加特契纳宫等建筑。格里戈里·奥尔洛夫是他的重要恩主。

女皇在皇村的时候经常早起，穿上长袍、皮鞋，戴上帽子，牵着灵猩散步。博罗维科夫斯基[①]的油画和普希金的中篇小说《上尉的女儿》都描绘过这样的情景。白天的晚些时候她可能会检阅部队。蒂姆斯戴尔男爵夫人在那里的时候，叶卡捷琳娜大帝会站在阳台上看波将金率领她的近卫军操练。

波将金在皇村附近有自己的多处宅邸，女皇经常待在那里。有时他俩的宫殿就建在彼此的隔壁，比如她的佩拉宫和他的奥斯特洛夫基宫毗邻，他俩可以随时互相拜访。他住在皇宫内的套房时，他的诸多宅邸就只是这位四处游荡的苏丹的客栈，但他仍然不断购买新的宅邸，出于心血来潮或者紧追英国时尚，建造和重建宫殿。其中第一座这样的宫殿位于芬兰滨海的埃申鲍姆，是 1777 年女皇"赠给我的波将金公爵"的。叶卡捷琳娜大帝当年与科尔萨科夫开始恋情的时候就住在那里。她在给格林的信中感慨道："从每一扇窗户向外眺望都美不胜收。从我房间的窗户能看得见两座湖、一片田野和一座树林。"[28] 哈里斯可能与波将金的亲人一起在这里住过。波将金在通往彼得宫城的道路上有另一座宅邸，[②] 是他在 1779 年购买的：斯塔罗夫拆掉了一座巴洛克风格的宫殿，用新古典风格重建。

但在 18 世纪 80 年代，波将金爱上了新哥特风格。在英国，这种风格的典型例子就是沃波尔的草莓山庄。于是斯塔罗

---

① 弗拉基米尔·卢科奇·博罗维科夫斯基（1757—1825）是 19 世纪初俄国最著名的肖像画家之一，出身哥萨克家庭，曾向奥地利画家詹巴蒂斯塔·兰皮学画。他为叶卡捷琳娜大帝、保罗皇帝、皇室成员、贵族、将领和文艺界名人创作了许多肖像。

② 那里现在是一座苏联时代的丑陋的电影院。——作者注

夫把波将金的两座宫殿改为新哥特风格的城堡，即奥泽尔基宫和奥斯特洛夫基宫。① 奥斯特洛夫基宫有塔楼、尖塔、拱顶和城堞。波将金的哥特式城堡只有一座留存至今：此人在皇村附近的巴博洛夫斯基树林有一座大庄园，叫巴博洛沃宫。1782—1785 年，他聘请伊利亚·涅耶洛夫（他刚参观完英国的乡村别墅回来）建造他自己的草莓山庄。巴博洛沃宫②是一座美丽如画、非对称布局的宫殿，有哥特式塔楼、拱顶和拱窗。宫殿的两翼从中央的圆形中世纪风格塔楼向外延伸。今天，从树林里看，这座宫殿像是毁弃教堂和魔法城堡的混合体。[29]

宫廷人员准备返回圣彼得堡的时候，一名身穿深红色镶边、饰有金色流苏的制服的仆人摆好一只深红色天鹅绒的小踏脚凳，女皇踩着踏脚凳，登上 10 匹马拉的马车，另外 15 辆马车跟在后面。每一趟这样的旅程都需要动用超过 800 匹马。100 门礼炮鸣响，喇叭响起，人群山呼万岁。通往圣彼得堡的路上还有一些宫殿，可供女皇中途歇脚。[30]

波将金和叶卡捷琳娜大帝相恋已经十多年了。叶卡捷琳娜大帝已经五十七岁。达马斯伯爵写道，女皇身边的每个人都被"她的仪态的尊严与稳重，她的表情的善良与柔和"所震撼。[31]边沁觉得"她的眼睛是人们能想象得到的最美丽的眼睛，她

---

① 有一个阴森森的传说："蟑螂公主"曾被关押在这里，她与阿列克谢·奥尔洛夫-切什梅斯基的孩子也在那里。不过没有证据表明她曾在此处，也没有证据表明她有过孩子。奥斯特洛夫基宫后来被纳粹摧毁，不过在20 世纪 30 年代留下了照片。——作者注

② 本书作者在巴博洛夫斯基公园找到了巴博洛沃宫的遗迹。塔楼内有一个出人意料之处：一个圆形红色花岗岩的池子，直径约十英尺。这是亚历山大一世建造的早期版本的游泳池，他在皇村度夏的时候会在这里游泳。——作者注

的整个身姿十分标致"。[32] 她的碧眼和令人生畏的颇有男子气概的前额像往常一样引人注目，但她身材不高，日渐臃肿，并且经常受到消化不良的折磨。[33]

她对权力的态度没有变，仍然热衷于冷酷无情的对外扩张，以国家利益为重，同时又狡黠而完全虚伪地摆出谦逊的姿态。利尼亲王和格林开始在各国的沙龙传播"叶卡捷琳娜大帝"的称号时，她照例假装谦卑："请不要叫我叶卡捷琳娜大帝，因为，首先，我不喜欢绰号；其次，我的称号是叶卡捷琳娜二世，我不想让人们觉得我的名字是错的，就像路易十五一样……"[34]（路易十五的绰号是"受爱戴的"，但他晚年已经不是那么受爱戴了。）她的唯一弱点是永远在追寻爱情。"如果她只追寻肉体之爱，反倒更好，"一位法国外交官写道，"老年人还追求爱情，真是稀罕事。尤其如果他们的想象力还没有枯竭，他们往往会为了爱情而出丑，比年轻人更傻。"从此时起，这位女性专制君主开始经常为了爱情而犯傻。

波将金知道怎么操控她，她也知道怎么操控波将金。到18世纪80年代中叶，他俩的关系既需要他俩在一起，也需要他俩不时地分开。达马斯伯爵记述道，波将金明白，"他的权力最大的时候永远不会是他在女皇身边的时候，因为那样的话他需要与她分享权力。所以他在近期更喜欢与她保持距离。当他不在女皇身边的时候，行政和军务的所有细节都由他一手掌握"。[35] 波将金尊重她"极强的洞察力"和辩论时捕捉对方论点内在矛盾的能力，但他也遵循迪斯雷利的名言，即与王室成员打交道时要擅长阿谀奉承。波将金给哈里斯的建议是："尽可能多地恭维女皇，再怎么奉承也不为过。不过，你要赞美的是她应当成为的样子，而不是她的本来面目。"他还批评她的怯懦与妇人之见："应当利用她的激情，迎合她的情感……她需要赞扬和恭维，那就给她。她会把帝国的全部权力都给你。"[36] 然而，波将金向哈里斯说这些话的时候是在做戏，也许事先已与叶卡捷琳娜大帝通过气。如果阿谀奉承对女皇真的那么有效，那么哈里斯应当更成功，而波将金不那么成功才对。事实上，波将金和女皇经常争吵。

他写信给女皇的时候称她为乳母或养母，这一点很能说明问题。她则称他为"主人"或用绰号称呼他。但她始终把他俩视为希腊神话中的皮拉得斯和俄瑞斯忒斯，或者《圣经》里的大卫和约拿单。她以女皇和妻子的双重身份对待波将金：他在远方的时候，她就像德意志的家庭妇女一样织补他的外套的肘部，给他送去许多衣服，像照料小孩一样劝他按时服药。[37] 在政治上，她把他视为自己政府的核心主政者，也是她的朋友和夫君。她经常告诉他："没有你在身边，我仿佛没了双手。"她也经常恳求他赶紧回圣彼得堡看她。她经常希望他在自己身边而不是在南方，那样他们就可以在"半个钟头"内解决麻烦的事情。从书信里可以清楚地看出她很仰慕他的聪明才智和充沛精力，她也经常担心自己没有他的帮助会犯错误："我不知所措。你在我身边的时候，我从来不会这个样子。我总是担心自己错过了什么。"[38] 他俩的"两个头脑"聚在一起，胜过"一个头脑"。她觉得他"比我聪明，他做的每一件事情都经过深思熟虑"。[39] 如果某件事情是她不愿意做的，他也没办法迫使她做，但他俩都懂得如何劝诱对方，如何与对方争辩，直到找到解决方案。"他是女皇敬畏的唯一一个男人，她既喜欢他也怕他。"[40]

她宽容他放荡不羁的生活方式，宽容他的古怪性格，她也很清楚，他几乎可以算得上是皇帝。"波将金公爵晚上 11 点回到自己的住宅，借口要睡觉"，她在 1785 年 6 月 30 日从彼得宫城（当时她正和新情人叶尔莫洛夫待在那里）写信给格林，"但我很清楚，他要组织一群人"去查看地图和决定国家大事，"我甚至听说有人认为他的地位超过一般的国王"。[41]她明白很多高级贵族敌视波将金，不过当她的男仆告诉她除了她之外所有人都恨波将金的时候，她私下里很高兴。[42]他不屑于别人的爱戴，这让她很喜欢；他的地位最终完全依赖于她，这也让她不必畏惧他的权力。她喜欢说："即便整个俄国都起来反对波将金公爵，我也站在他那边。"[43]

他结束旅行回到圣彼得堡之后，往往会帮助推动她的事务。叶卡捷琳娜大帝决定任命她当年的政变同谋、令人厌烦的达什科娃公爵夫人为科学院院长。达什科娃觉得这个职位超出了自己的能力，于是写信拒绝接受任命，并去波将金家解释自己为什么拒绝。但是，波将金打断她的话头："我已经听女皇陛下说了。"他读了达什科娃的信，然后当着她的面将其"撕得粉碎"。达什科娃"大吃一惊、怒火中烧"地问他怎么敢撕毁她写给女皇的信。

"少安毋躁，公爵夫人，"波将金说，"听我说。您真心热爱女皇陛下……那么您为什么要为了这件事情让她烦恼？在过去两天里陛下一直在考虑这事，并且已经下定决心。如果您心意已决，那么这里有笔墨纸张，您重新写一封信就是了。但我这么做，是为了您的利益考虑。"然后，他用自己的方式安抚她：女皇希望达什科娃待在圣彼得堡，还有别的原因；她希望有更多机会与达什科娃谈话，"实话实说，女皇已经受够了围绕在她身边的那群傻瓜"。达什科娃被说服了。她后来写道：

"我的怒气……平息了。"如果愿意的话,波将金可以让别人无法抵御他的魅力。达什科娃最后当然接受了任命。[44]

叶尔莫洛夫在新寓所安顿好之后,女皇就在宫廷人员、新男宠、波将金和英国、法国与奥地利大使的陪同下,开始了从拉多加湖到伏尔加河上游的巡游。叶卡捷琳娜大帝和波将金都喜欢亲自查看民情。如女皇所说:"主人的目光能让马儿更肥。"在这趟旅行中我们可以清楚地看到宫廷如何享乐,以及波将金如何制定政策。宫廷生活的主要挑战是与沉闷无聊对抗。

三国大使都是典型的启蒙时代才子。奥地利大使是丑陋但贪恋女色的路德维希·冯·科本茨尔,他虽然已经人到中年,但仍然梦想登台演出,并学习歌唱。维也纳的皇家信使来到俄国之后,如果看到科本茨尔大使穿着女装扮演埃斯卡巴尼亚伯爵夫人①,在自己镜子前唱歌,绝不会吃惊。[45]英国大使阿莱恩·菲茨赫伯特具有"真正英国式的性格",所以他"对波将金的习惯感到困惑"。[46]不过,波将金找到了一个新朋友,他就是新任法国大使塞居尔伯爵路易-菲利普。他与几个才干平庸的前任大不相同。塞居尔伯爵脸庞圆圆的,眉毛始终扬起,所以脸上总是一副被逗乐的表情,像一只微笑的狨猴。他现年三十二岁,是启蒙时代的一大才子,他在回忆录里也优雅而生动地记载了这个时代的奇闻逸事。他是一位法国陆军元帅和陆军大臣的儿子,他与玛丽·安托瓦内特、狄德罗和达朗贝尔都私交甚笃,参加过美国独立战争,现在成了叶卡捷琳娜大帝和波

---

① 出自莫里哀的戏剧《埃斯卡巴尼亚伯爵夫人》。

将金的内层亲信圈子的成员。

此次巡游期间，廷臣们靠打牌、听音乐会和玩文字游戏取乐。这些文字游戏在现代人看来矫揉造作，但大使们如果擅长这些游戏，就有可能改善他们的国家与俄国的关系。例如，女皇让菲茨赫伯特写一首法文诗，要求是各行的最后一个词应当分别是 amour、frotte、tambour 和 garde-note。他作的诗充满恭维，并且包括了女皇要求的四个词，非常精彩。叶卡捷琳娜大帝在给格林的信中提到此诗：

> D'un peuple très nombreux Catherine est l'amour.
>
> Malheur à l'ennemi qui contre elle se frotte ;
>
> La renommée usa pour elle-son tambour,
>
> L'histoire avec plaisir sera-son garde-note.
>
> 万众爱戴的叶卡捷琳娜，
>
> 胆敢挑衅她的仇敌是多么可悲；
>
> 赫赫之名是她迈向胜利的鼓声，
>
> 历史将会是她的公证人。

这些矫揉造作的妙语有的是现场急中生智想出来的，但更多是预先花了很大力气编造出来的，然后在公共场合发表，伪装是作者的即兴发挥。这有点像今天的很多电视喜剧节目，貌似是现场直播，其实不是。然而，菲茨赫伯特不是写滑稽诗歌的高手，"温和可亲而机智风趣"的塞居尔伯爵比他厉害多了。叶卡捷琳娜大帝说塞居尔伯爵是这种即兴诗歌的天才："他给我们编了很多诗歌……途中波将金公爵笑得前仰后合。"[47]

女皇一行人的游船沿着伏尔加河顺流而下，塞居尔伯爵见证了波将金似乎一时心血来潮就能制定政策的场面。约瑟夫二世曾帮助波将金吞并克里米亚，所以叶卡捷琳娜大帝必须支持约瑟夫二世用奥属尼德兰交换巴伐利亚的计划。早在 1778 年约瑟夫二世就做过这样的尝试，但那一次导致了奥地利与普鲁士的"土豆战争"。这一次，弗里德里希大王通过谈判组织了德意志各邦诸侯的联盟来阻止约瑟夫二世吞并巴伐利亚的计划。这是弗里德里希大王在欧洲舞台上的最后致意，他主宰这个舞台已经将近五十年了。碰巧此时《英俄贸易条约》需要续约，叶卡捷琳娜大帝提出了对俄国更有利的条件。不过，汉诺威加入了弗里德里希大王的反奥联盟，而英国国王同时是汉诺威选帝侯。英王的举动是对叶卡捷琳娜大帝的一记耳光，对亲英的波将金更是沉重打击。

消息传到女皇的游船之后，女皇和波将金都闷闷不乐。饭后，塞居尔伯爵跟着波将金去了他的桨帆船，波将金在那里大发雷霆，谴责英国的自私自利和"奸计"。"我早就和女皇这么说过，但她不肯相信我。"新任英国首相、年仅二十六岁的威廉·皮特"对女皇没有好感"，所以肯定会给俄国针对德意志、波兰和土耳其的政策设置障碍。波将金对皮特的对俄政策的分析很准确。波将金宣称，为了向"奸诈的阿尔比恩"[①] 复仇，他愿意付出任何代价。塞居尔伯爵建议俄国与法国签订贸易条约。波将金哈哈大笑："时机有利！那我就抓住机会！"外国人喜欢说波将金是个任性的孩子，但实际上他早就开始鼓励赫尔松与法国的贸易，因为他坚信，对俄国的黑海贸易来

---

① 阿尔比恩指的是大不列颠岛，或指英国。

说，关键在马赛而不是伦敦。他立刻建议塞居尔伯爵起草一份秘密的草约："不要签名。这样你不会有任何风险……其他大臣不知道……赶紧动笔！"很讽刺的是，为了起草这份反英条约，塞居尔伯爵借用了英国大使菲茨赫伯特的写字台。

次日，波将金闯进塞居尔伯爵的舱室，告诉他，等他们返回圣彼得堡之后，女皇就会命令签署该条约。果不其然，他们于 6 月 28 日返回都城后，塞居尔伯爵参加宫廷的一次化装舞会时，别兹博罗德科摇摇摆摆地走过来，附耳低语道，他已经接到女皇的命令，要立刻开始条约的谈判。后来花了一些时间，条约最终于 1787 年 1 月签订。

塞居尔伯爵返回圣彼得堡后注意到，"叶尔莫洛夫似乎平步青云，宫廷的人们对这样的变化大吃一惊，纷纷转向这轮冉冉升起的太阳"。到 1786 年春季，也就是叶尔莫洛夫得宠不到一年之后，这个年轻的男宠开始玩一场危险的游戏：他决心推翻波将金。"公爵的朋友和亲戚们大为震惊。"[48] 叶尔莫洛夫脱离波将金的肇始，是波将金在打牌时发现叶尔莫洛夫的舅舅列瓦绍夫作弊。波将金把列瓦绍夫赶了出去，列瓦绍夫向自负的叶尔莫洛夫抱怨。有人说叶尔莫洛夫拒绝帮助波将金向女皇索取恩惠，但波将金完全可以自己直接与女皇谈。更有可能的情况是，不够聪明的叶尔莫洛夫不肯屈作叶卡捷琳娜–波将金家庭的老三，他嫉妒波将金的权力，而且受到了波将金的竞争对手的怂恿。[49]

叶尔莫洛夫阴谋的幕后指使可能是亚历山大·沃龙佐夫（商业委员会主席、俄国驻英大使谢苗·沃龙佐夫的兄弟）和女皇曾经的男宠扎瓦多夫斯基。他俩都曾与波将金合作，但都憎恨他。他们利用波将金的财务拮据来暗示波将金在侵吞国库财产，具体地讲就是用于开发南方的 300 万卢布。不过，他们能拿得出手的证据只有被废的克里米亚可汗沙欣·格来的一封信，其中说波将金偷窃了他的年金。[50] 他们也知道这不能算是证据，因为国库的支出，包括支付给波将金和沙欣·格来的钱，往往都会拖欠多年。我们说分析波将金的财务毫无意义的原因之一，是他经常把私人的钱投入国家的事业，也经常用公款来给自己报销。再说了，他哪里需要贪污公款？不管他要多少钱，叶卡捷琳娜大帝都会批准。然而，密谋者说服叶尔莫洛夫，让他把沙欣·格来的信送到女皇面前。宫廷人员在皇村的时候，叶尔莫洛夫这么办了，并让女皇产生了一些疑虑。骰子已掷出。[51]①

叶卡捷琳娜大帝对波将金冷淡起来。为南方的建设立下汗马功劳的波将金不屑为自己辩护。他俩很少交谈，他也很少去拜访她，不过他的拒绝是被故意夸大的。在 5 月末，也就是这场危机达到顶点的时候，叶卡捷琳娜大帝对自己的新任秘书亚历山大·赫拉波维茨基说："波将金公爵像头狼，所以大家不喜欢他，但他的内心是善良的……他也是最宽大为怀的人，愿意为他的敌人求情。"[52] 尽管如此，廷臣们还是嗅到了杀气，对波将金唯恐避之不及。他的接待室变得空荡荡的。"所有人都远离他，"塞居尔伯爵回忆道，"而我对他加倍殷勤。我每天都去见他。"塞居尔伯爵这么做不是因为友谊，而是因为他猜到了波将金与女皇的关系建立在一个秘密的基础上，他俩的关

① "骰子已掷出"（iacta alea est）是恺撒渡过卢比孔河、向共和国元老院开战时的名言，意思是这是一场赌博。

系是牢不可破的。然而，波将金似乎真的要大难临头了。塞居尔伯爵恳求他多加小心。"什么！你也这么说！"波将金答道，"我立下那么大的功劳，如今遇到这样可耻的冤屈，你也让我去低三下四地哀求？我知道他们说我已经完蛋了，但他们错了。你放心好了，一个毛头小子不可能推翻我！"

"还是小心为好！"塞居尔伯爵再次劝他。

"你的好意让我很感动，"公爵说，"但我对敌人只有鄙夷，我绝不怕他们。"[53]

6 月 17 日，女皇、保罗大公、波将金、叶尔莫洛夫和塞居尔伯爵离开皇村，前往佩拉宫。次日，女皇到邻近的奥斯特洛夫基宫拜访波将金。这也说明波将金的真正地位不可能像流言说的那样脆弱。返回皇村之后，波将金参加了叶卡捷琳娜大帝随后三天里的每一场宴会。密谋者可能在催促叶卡捷琳娜大帝参照他们提供的证据对波将金采取行动。即便在阳光明媚的叶卡捷琳娜宫，波将金还是受到了冷遇。

次日，他一言不发地离开宫廷，前往波罗的海之滨的纳尔瓦。他把自己在都城的家搬回御厨大臣纳雷什金的宫殿，沉溺于"派对、享乐和爱情"。波将金的"敌人弹冠相庆"。叶卡捷琳娜大帝可能习惯了他生闷气的样子，所以什么也没做。但他在 6 月 28 日（叶卡捷琳娜大帝的登基纪念日）还没有露面，她肯定认识到这位老谋深算的政治家已经看穿了她的虚张声势。

叶卡捷琳娜大帝写了一封密信给波将金，回应他的挑战："我很担心你的健康。我已经很多天没有听到你的消息。"[54]这封信的语调很温馨。他一下子就理解了女皇的意思。波将金又等了几天。

然后，他如班戈的鬼魂①一般突然出现在宫廷。据说波将金"怒气冲冲地"大踏步闯进了女皇的闺房，[55] 然后喊道："陛下，我来是为了向您宣布，您现在必须在叶尔莫洛夫和我之间选择。我和他当中必须有一个人今天就离开您的宫廷。只要那个'白色黑人'还在，我就绝不踏进皇宫。"[56] 然后他又冲了出去，离开了皇村。

7月15日，女皇通过扎瓦多夫斯基（她的玩偶操纵大师之一）将叶尔莫洛夫解职。"白色黑人"于次日得到4000名农奴和13万卢布的赏赐，被迫离开了宫廷。② 当晚，另一个一年前曾与叶卡捷琳娜大帝调情的年轻军官亚历山大·德米特里耶夫-马莫诺夫与波将金一同来到宫廷。马莫诺夫是波将金的副官，也是他的远亲。据说波将金刻意派马莫诺夫给叶卡捷琳娜大帝送去一幅水彩画，并提了一个俏皮的问题：她对这幅画评价如何？"轮廓不错，"她端详了马莫诺夫的相貌，答道，"但色彩的选择不是那么好。"这只是个传说，不过听起来很像只有波将金能与女皇开的那种玩笑。次日，女皇写信给马莫诺夫……

当夜，马莫诺夫被带进叶卡捷琳娜大帝卧室的时候遇见了自己的朋友赫拉波维茨基（女皇的秘书）。在这样的时刻遇见

① 班戈是莎士比亚戏剧《麦克白》中的人物。他和麦克白原本都是苏格兰国王邓肯麾下的将领，并且是好友。三位女巫预言麦克白将成为国王，而班戈不会当国王，但他的后代会成为国王。麦克白篡位后认为班戈会威胁到自己，于是派人行刺班戈及其儿子弗里恩斯；班戈死亡，但弗里恩斯逃脱。麦克白深恐班戈后裔的潜在威胁。一次宴会中，麦克白宴请贵族吃喝作乐。没想到，班戈的鬼魂出现，并坐在了麦克白的座位上。麦克白是唯一能看见那鬼魂的人，他因受惊吓而发疯。

② 一年后，叶尔莫洛夫来到伦敦，请求觐见乔治三世，这引起了一些尴尬。他后来到维也纳定居。——作者注

朋友，要么是春风得意，要么是万分尴尬。赫拉波维茨基在妙趣横生的日记里详细记载了这个很小的宫廷世界的生活。第二天早上，这位一丝不苟的秘书调皮地写道："他们一直睡到9点。"换句话说，女皇比平时晚起了三个钟头。次日，"他们关上门。马莫诺夫来吃晚饭。按照习惯，［她］扑了粉"。赫拉波维茨基几乎无时无刻不在窥伺女皇的动静。[57]

从叶尔莫洛夫到马莫诺夫的过渡非常顺利，所以波将金的"怒气冲冲"很可能发生在更早以前，并且那次危机可能根本就不是因为波将金被指控贪污，而是因为叶尔莫洛夫自己。说不定叶尔莫洛夫及其同党在弹冠相庆的时候，叶卡捷琳娜大帝就已经在和马莫诺夫恋爱了。这就能解释波将金为什么在这次有人阴谋反对他时表现得很紧张，而他过去一贯是不会紧张的，因为他这是在演戏而已。从扎瓦多夫斯基往后，每次有新的男宠，波将金都曾威胁要把男宠赶走。在这种情况下，叶卡捷琳娜大帝通常会安抚他，保证他的权力是很稳固的，而他应当继续处理自己的事务。她迫使男宠们恭维巴结波将金，而他也足够灵活，能与男宠们结交或合作。他除掉叶尔莫洛夫，或许是因为叶尔莫洛夫拒绝在波将金的系统里生活，也可能是因为叶卡捷琳娜大帝并不真正爱叶尔莫洛夫。不管怎么说，除掉叶尔莫洛夫是波将金的一次政治胜利。

波将金写道："小妈妈，我在圣彼得堡、彼得宫城、奥拉宁鲍姆周围散了步。我回来了，我亲吻您的脚。我把小帮手安全带来了，他很健康、开心、可爱。"小帮手就是马莫诺夫，他已经到女皇身边了。女皇给波将金回信："我很高兴，巴金卡。我的主人，你睡眠不足，感觉还好吗？你来了，我太高兴啦！"[58]

"格里戈里·亚历山德罗维奇公爵回来了。"赫拉波维茨基在 7 月 20 日写道。马莫诺夫感激地送给公爵一只金茶壶，上面的铭文写道："我对您的爱超过了我们的血缘关系。"因为他俩是远亲。[59] 二十六岁的马莫诺夫是个很有文化的亲法分子，出身中等士绅，嘴巴秀美如玫瑰花蕾，小鼻子很俊俏。他比叶尔莫洛夫有修养得多，也比他聪明得多。马莫诺夫的魅力、英俊外貌和礼貌让大家都很喜欢他。叶卡捷琳娜大帝慷慨地给予他赏赐。这位侍从长被册封为神圣罗马帝国的伯爵，很快就拥有 2.7 万农奴、18 万卢布的年薪和 3.6 万卢布的津贴。也许女皇因为感到自己年老而更加需要补偿自己的情人。她爱上了马莫诺夫，很快就对他沉醉不已。她给他取了个绰号"红衣先生"，因为他喜欢穿与自己的黑色眼睛相配的红色衣服。她于 12 月 17 日兴高采烈地写信给格林："红衣先生心地善良……才智相当于四个人……性情极其快活。"马莫诺夫让叶卡捷琳娜大帝感到幸福，也让波将金的地位固若金汤。马莫诺夫和兰斯科伊一样，成了女皇与波将金的不寻常家庭中的一员。他帮助过波将金的外甥女布拉尼茨卡和斯卡乌龙斯卡娅，[60] 会给波将金写嘘寒问暖的信，叶卡捷琳娜大帝给波将金写信的时候就把马莫诺夫的信附上。有时她会给马莫诺夫的信补充几句，而他的署名通常是"绝对忠诚的"。[61]

"白色黑人"倒台和"红衣先生"崛起不久之后，波将金邀请塞居尔伯爵赴宴。波将金这样迎接他："外交官先生，至少这一次……我的预言比你的要准确！"然后波将金热情地拥抱自己的朋友，高声说："我有什么说错了吗？那个毛头小子推翻我了吗？我的勇敢让我完蛋了吗？"[62]

他的勇气为他挣得了丰厚的报偿。现在公爵殿下可以返回南方了。他长时间远离都城，于是让米哈伊尔·加尔诺夫斯基上校给他发送关于宫廷局势的秘密报告。加尔诺夫斯基是波将金在圣彼得堡的得力助手，曾在金斯顿公爵夫人那里大发横财。加尔诺夫斯基特别监视了新男宠的举动。他注意到，在酒桌上祝酒的时候，马莫诺夫小心翼翼地只向波将金祝酒。叶卡捷琳娜大帝会把国家大事的密件给马莫诺夫看，但他不懂政治。波将金的政敌亚历山大·沃龙佐夫和扎瓦多夫斯基拉拢马莫诺夫，希望能像利用叶尔莫洛夫一样利用他。马莫诺夫对波将金很忠诚，但他的日子也很难过。如果叶卡捷琳娜大帝注意别的男人，马莫诺夫就会吃醋，并且他发现宫廷生活既寂寞又残酷。他说廷臣们就像"森林里的群狼"。[63]

叶卡捷琳娜大帝和波将金感到，女皇亲自南下视察他的成就并展示俄国控制黑海的雄心壮志的时机已经成熟。南巡的预计时间改了好多次，但最后他们同意，她将于1787年夏季视察赫尔松和克里米亚。叶卡捷琳娜大帝开始此次雄壮而光荣的远征前夕，波将金正处于他的权力巅峰。按照一位外国人的说法，波将金"在俄国掌握的权力远远超过……沃尔西、奥利瓦雷斯和黎塞留"。[64]多年来，外国外交官们称他为"大维齐尔"，[65]也有人说他是俄国的"首相"，[66]但这些头衔都不足以表明他的独特地位。圣让的说法更接近真相："人们意识到，他们永远不可能推翻波将金……他是无冕之沙皇。"[67]但他过得幸福吗？他是怎么生活的？波将金究竟是什么样的一个人？

注　释

1 SIRIO 23（1878）: 319, CII to Baron F. M. Grimm 14 September 1784. Masson p 107. Alexander, *CtG* pp 216-19, and Madariaga, *Russia* pp 354-6.

2 Parkinson pp 45-9. Dashkova pp 215, 229-30. RA (1886) no 3 pp 244-5, Iz zapisok doctora Veikarta. Masson p 107.

3 SIRIO 26: 280-1, A. A. Bezborodko to GAP 29 June 1784.

4 SIRIO 23 (1878): 244, CII to Grimm 29 June 1782, and SIRIO 23: 316-17, 7/ 18 June 1784.

5 SIRIO 23: 316-17, CII to Grimm 25 June 1784.

6 SIRIO 23: 344.

7 AKV 21: letter 6 p 464, E. Poliasky to Simon Vorontsov 18 August 1784. SIRIO 23: 317-18, CII to Grimm 9/18 September 1784. AKV 31, Alexander Vorontsov to Simon Vorontsov 21 July 1784, Riga.

8 B&F vol 1 p 17, Count Cobenzl to JII 5 May NS 1780.

9 Harris p 366, H to Viscount Stormont 14/25 May 1781.

10 Harris, H to Stormont 21 July/1 August 1780.

11 RGADA 1. 1/1. 54. 45, L 203, CII to GAP. RGADA 5. 85. 1. 498, L 204, GAP to CII.

12 RGADA 1. 1/1. 43. 63, L 204.

13 Engelhardt 1868 p 49.

14 Saint-Jean ch 6 pp 40-8.

15 SIRIO 23: CII to Grimm 31 August 1781. 就是在这个时期，叶卡捷琳娜大帝（据说）与近卫军军官 Semyon Fyodorovich Uvarov（他给波将金弹三弦琴、跳俄式踢腿舞）发生了短暂恋情。如果这是真的，那么 Uvarov 没有得到好处，而是回到近卫军继续发展。这个故事的一个版本见 Vitale p 143。

16 Dashkova vol 1 p 218.

17 *Memoirs of the Life of Prince Potemkin* pp 89-90.

18 Dashkova vol 1 pp 341-2.

19 作者于 1998 年访问阿尼奇科夫宫所得，得到了 Ina Lokotnikova 的讲解。Engelhardt 1997 pp 39-40.

20 *Memoirs of the Life of Prince Potemkin* pp 89-90. Engelhardt 1868 pp 50-1.

21 B&F vol 2 p 37, Cobenzl to JII 14 May 1785. V. I. Levashov's friendly letters to GAP, dating from 1774, are in RGADA 2. 1. 946. 2-3 and RGVIA 52. 2. 59. 6.

22 B&F vol 2 p 37, Cobenzl to JII 14 May 1785.

23 Damas p 97.

24 SIRIO 42: 123, CII November 1790.

25 Dimsdale 27 September OS 1781. Anspach, *Journey* p 134, 18 February 1786.

26 Golovina p 6.

27 Masson p 93. Dimsdale p 51, 27 August 1781. 对皇村的描述，基于 Shvidkovsky pp 41-106。

28 SIRIO 23: 89, CII to Grimm 16 May 1778.

29 Shvidkovsky p 191.

30 Dimsdale p 72, 25 September OS 1781; p 62, 27 August 1781.

31 Damas p 95.

32 BM 33539 f39, SB 8 April 1780, St Petersburg.

33 Dimsdale, p 51, 27 August 1781.

34 SIRIO 23.438, CII to Grimm 22 February 1788.

35 Damas p 97.

36 Harris p 304, H to Stormont 13/24 December 1780.

37 M. Garnovsky, *Zapiski*: RS (1876) 15, 16, 17; see 15 p 699, January 1788. 米哈伊尔·加尔诺夫斯基给 V. S. 波波夫发了这些报告，波波夫对这些新闻做了浓缩，然后报告给波将金。

38 RGADA 5.85.2.88, L 274, CII to GAP 8 March 1788.

39 Pushkin, *Polnoye Sobranige Sochineniya* vol 11 p 16.

40 Engelhardt 1868 p 29. Anonymous, c 1787, *General Observations Regarding the Present State of the Russian Empire* p 29. Harris p 413, H to Stormont 16/27 November 1781.

41 SIRIO 23 (1878), CII to Grimm 30 June 1785, Peterhof.

42 Garnovsky, RS (1876) 15 p 226, 3 February 1789.

43 Garnovsky, RS (1876) 16 p 9.

44 Dashkova vol 1 pp 291-5.

45 Ségur, *Mémoires* 1827 vol 3 p 46, 叶卡捷琳娜二世关于"主人的眼目"。 Masson p 79.

46 Ségur, *Memoirs* 1827 vol 2 p 359.

47 SIRIO 23 (1878): p 353, CII to Grimm June 1785. SIRIO 23: 353, CII to Grimm 1 June 1785.

48 Ségur, *Memoirs* 1827 vol 2 pp 393, 419.

49 B&F vol 2 p 75, Cobenzl to JII 1 November 1786.

50 Ségur, *Memoirs* 1827 p 418.

52 *Memoirs of the Life of Prince Potemkin* pp 98-103. 52 Khrapovitsky 30 May 1786.

53 Ségur, *Memoirs* 1827 vol 2 pp 418-19.

54 GARF 728.1.416.54, L 206, CII to GAP (after 28 June 1786?). KFZ 17-28 June 1786.

55 B&F vol 2 p 75, Cobenzl to JII 1 November 1786.

56 *Memoirs of the Life of Prince Potemkin* pp 103-4.

57 Khrapovitsky p 13.

58 RGADA 1. 1/1. 43. 1-16, L 206, GAP to CII (July 1786?).

59 Khrapovitsky p 13.

60 B&F vol 2 p 75, Cobenzl to JII 1 November 1786.

61 RGADA 11. 902, Count A. D. Mamonov to GAP ud.

62 Ségur, *Memoirs* 1827 vol 2 p 420.

63 Garnovsky, RS (1876) 15 pp 15 - 16, December 1786; p 474, October 1787. Damas p 109.

64 Davis p 148.

65 Corberon vol 2 p 365, 19 September 1780.

66 Miranda p 204, 22 November 1786.

67 Saint-Jean ch 6 p 40.

22　格里戈里·亚历山德罗维奇生命中的一天

是你，凡人中的最勇敢者！
丰产的头脑里有着千千万万的谋略！
你走的不是寻常的路，
你开拓了新的道路，
你给子孙后代留下赫赫威名。
是你，波将金，神奇的领袖！

——加夫里拉·杰尔查文，《瀑布》

早晨

波将金在"谢皮洛夫府邸"下榻时，每天上午很晚才起床。"谢皮洛夫府邸"通过一条密道与女皇在冬宫的套房相连。他起床的时候，"谢皮洛夫府邸"的接见室已经挤满了达官贵人。他穿着晨袍躺在床上接见自己最喜欢的访客。起身之后，他喜欢洗个凉水澡，然后做短暂的晨间祈祷。他的早餐通常是热巧克力和一杯利口酒。

如果他决定同时接见大批访客，就会在接见室里倚靠着，刻意不理睬那些最阿谀奉承的人。但如果他们敢不理睬他，那就没有好果子吃了。一名曾在剑桥和牛津受教育的年轻秘书拿着装满文件的公事包，与诸位将军和大使一起等候拜见公爵。等候的时候，室内鸦雀无声，因为大家都知道公爵还在睡觉。

"突然间，卧室的门……砰的一声打开，身材魁梧的波将金披着晨袍出现，传唤他的贴身男仆。他还没来得及喊出声，室内的所有人，包括将军和贵族，就争先恐后地猛冲出去，帮助寻找公爵的贴身男仆……"其他人都匆忙跑出去了，只剩下秘书呆若木鸡地留在波将金面前，"连眼都不敢眨"。

公爵凶狠地瞪了他一眼，然后高视阔步地走开，再次出现的时候已经穿上了全套制服。波将金喊秘书过去："告诉我，阿列克谢耶夫，你知道我的塔夫利宫花园里有多少棵坚果树吗？"阿列克谢耶夫不知道。公爵命令："那就去我的花园，数清楚了回来禀报。"夜幕降临时年轻的秘书回来了，把数字报告给公爵。"很好。你很快就圆满完成了任务。你知道我为什么给你这样的命令吗？是为了教导你，以后动作要利索些，因为今天早晨我叫男仆的时候，将军和贵族们都跑出去找他，你却一动不动，你这乳臭未干的小子……你明天再带文件过来吧，因为我今天不想看文件。再见！"[1]

有事相求的人们对公爵的外貌和个性感到困惑，因为他是个难以捉摸、极为迷人而又令人畏惧的人。他流露出的情绪既有威胁，也有欢迎。他有时"很吓人"，[2]有时无比傲慢，有时风趣淘气，有时热情和善，有时癫狂，有时孤僻。亚历山大·里博皮埃尔八岁的时候有一次被带去见波将金，后来他永远忘不了波将金那种兽性的力量和温情脉脉的和善："他用他那双巨手把我举起来时，我吓坏了。他的身材极其雄壮。我现在能清晰地想象他穿着宽松的晨袍、露出毛茸茸胸膛的样子。"[3]利尼亲王说波将金"高大、腰杆笔直、傲慢、英俊、高贵、威严或者令人着迷"，但也有人将波将金描述为丑陋的独眼巨人。叶卡捷琳娜大帝经常谈起他的英俊，而且从他的档案里收藏的大量女性写来的情书看，他显然拥有强大的"性魅力"。[4]他对自己的声望显然很虚荣，但对自己的外貌又很害羞，尤其是为了自己的独眼而敏感。有一次，有人给他派来一名独眼的信使，他立刻怀疑对方在取笑自己，并被这种"考虑不周的玩笑"伤得很深，尽管此时的他已是维也纳以东最有权势的男人。[5]这就是为什么他留下的肖像很少。

"波将金公爵从来不肯接受被人画像，"叶卡捷琳娜大帝向格林解释道，"如果有他的肖像或剪影像，那也是违背他的意愿画下来的。"[6]1784 年和 1791 年，她说服他接受詹巴蒂斯塔·兰皮为他画像。兰皮是唯一得到他信任的画家。[7]但波将金始终对自己的独眼很敏感，所以只肯对画家展现四分之三个面庞，尽管他那只半闭的盲眼并不是很难看。① 外国人觉得他的眼睛象征着俄国，"一只眼睁着，另一只闭着，这让我们想起黑海永远是开放的，而北方的海洋长期处于冰封的状态"。兰皮把波将金画成脚跨黑海的海军统帅，这个活力四射的波将金形象长期被历史忽视。兰皮后来的作品显示的是年纪更大、面部更丰满的波将金。[8]但兰皮最好的一幅波将金肖像画的是他四十四五岁时的模样，表现了他充满艺术气息的长脸、丰满的嘴唇、下巴上的"美人沟"和浓密的赤褐色头发。到 18 世纪 80 年代末，这位巨人已经变得身宽体胖。

---

① 詹巴蒂斯塔·兰皮（1751—1830）是当时维也纳最时髦的画家之一，曾为约瑟夫二世和考尼茨画像。波将金似乎和奥地利人分享兰皮的服务，有时会请考尼茨把兰皮送到俄国。1791 年（波将金去世前不久）兰皮画的那幅波将金肖像被罗斯林等画家临摹，并被做成印刷品出售。——作者注

波将金无论走到哪里，都是注意力的焦点。"波将金能创造，能毁灭，能打败一切，但他也能给一切注入活力，"马松写道，"那些憎恨他的贵族仿佛被他瞟一眼就化为了齑粉。"[9] 几乎所有见过他的人都用"不寻常"、"惊人"、"巨人"、"别出心裁"和"天才"这样的词来形容他，但即便很熟悉他的人也觉得很难描述他。世界从来没有办法定义波将金，只能说他是历史上最激动人心的独特人物之一。毕竟叶卡捷琳娜大帝就是这样看他的。最敏锐观察者的唯一共识就是他"很卓越"，他是大自然的一种超凡现象。黎塞留公爵说波将金是"最超乎寻常的人之一，他这样的人非常罕见，也很难描述"。来自弗吉尼亚的路易斯·利特尔佩奇写道，波将金是"无法被描述的男人"。[10]

波将金的方方面面都充满了矛盾和明暗对照。塞居尔伯爵写道，波将金"既气度恢宏又心胸狭隘，既懒惰又勤奋，既勇敢又怯懦，既雄心勃勃又漫不经心"。有时他表现出"鹰的天才"，有时"反复无常如孩童"。他"和俄国一样庞大"。他的脑子里"有文明的定居区域也有荒漠，有 11 世纪的粗犷也有 18 世纪的腐朽，有艺术的光辉也有修道院里的不谙世事"。[11] 一方面，他"对自己拥有的东西感到厌倦"，另一方面"渴望自己得不到的东西"。波将金"想要一切，但也憎恶一切"。他的权欲、放纵的奢靡和无比的傲慢之所以能让人忍受，是因为他同时才华横溢，有调皮捣蛋的幽默感，关怀人的时候无微不至，待朋友慷慨大方，并且心中永远没有恶意。黎塞留公爵认为"他的天性始终让他更倾向于善，而不是恶"。[12] 他的开疆拓土提升了帝国的声望，但他知道，如塞居尔伯爵的预言所说，这些征服"激起的仰慕"都属于叶卡捷琳娜大帝，而"它们激起的憎恨"都指向波将金。[13]

波将金的一切都很复杂。[14] 塞居尔伯爵注意到,波将金的诸多怪癖也许有时让女皇恼火,但也让她觉得波将金非常有趣。黎塞留公爵认为波将金是"卓越的人",但"也是荒谬与天才的令人震惊的混合体"。[15] 利特尔佩奇评论道:"有时,他似乎有能力治理俄罗斯帝国,但有时让人觉得他连小人国的一名文员都不配当。"[16] 不过,他的诸多怪癖当中最引人注目的,也是我们永远不应当忘记的特点,就是他居然挤出时间、留出精力完成了海量的艰巨工作,并几乎完成了不可能完成的事业。

求他办事的请愿者习惯了听见公爵的管弦乐队奏乐。他喜欢用音乐开始自己的一天,所以会命令始终伴随他的乐师和几个合唱队之一为他表演。下午 1 点波将金用午餐时他们也要表演,并且傍晚 6 点他们也要做好准备,随时为公爵表演。他在克里米亚或者领兵打仗的时候,乐队和合唱队都一直陪伴他。音乐对他来说非常重要,能抚慰他的精神,并且他亲自谱曲。不管走到哪里,他都需要音乐,他还经常唱歌给自己听。

因为女皇很乐意承认自己是乐盲,所以波将金负责主持宫廷的音乐活动。"萨尔蒂、歌手马尔凯塞和托迪夫人不能取悦女皇,因为她的耳朵对和声没有感觉,"塞居尔伯爵回忆起一次音乐会时说道,"他们要取悦的主子是波将金和其他几位开明的音乐爱好者……"[17] 波将金为拉祖莫夫斯基的管弦乐队支付了 4 万卢布。不过,他对音乐的激情真正旺盛起来,是在 1784 年他聘请著名的意大利作曲家和指挥家朱塞佩·萨尔蒂的时候。克雷文夫人回忆道,波将金的管弦乐队有 60 到 100 名乐师,"这些男人和男孩演奏了极不寻常的音乐,每人都吹奏一只根据其身材调节过的直号。其中 65 名乐师可以一起演奏出非常和谐的旋律，就像一台庞大的管风琴"。[18] 波将金任命萨尔蒂为叶卡捷琳诺斯拉夫大学（后来没有建成）音乐学院的第一任院长。从他的开销账目可以了解到，他进口管乐器并安排马车去"接意大利音乐家孔蒂和多芬"到南方。波将金还把南方的 1.5 万俄亩土地封赏给萨尔蒂和另外三名音乐家："我把这个村庄……赠给四位音乐家……请在我们的国家幸福开心，过安宁的生活。"这可以说是历史上的第一个音乐家定居点。[19]

波将金及其圈子的人经常互相传送歌剧的曲谱，就像今天的乐迷之间传递新 CD 一样。叶卡捷琳娜大帝喜欢让波将金把曲谱送给她的朋友格林，而格林说波将金是"我在音乐方面的恩公"。[20] 通过音乐可以赢得波将金的恩宠。波兰权贵卢博米尔斯基公爵（他的庄园为波将金提供木材）就经常给波将金送去曲谱："如果殿下喜欢这种类型的音乐，我就冒昧地再给您送上一套。"[21] 奥地利人则把音乐当作外交武器。科本茨尔本人也是歌剧的狂热爱好者，他回到维也纳之后写信给波将金："我们听说了萨尔蒂和马尔凯西尼即将在圣彼得堡上演精彩的节目。"科本茨尔很聪明地向波将金表示，维也纳的歌剧无法与之媲美。后来战争爆发之后，约瑟夫二世皇帝觉得有必要给科本茨尔送去"两套合唱的曲谱，供波将金公爵的管弦乐队演奏"。[22] 俄国的驻外大使为波将金收购艺术品和购物的同时，也始终在为他寻找新的音乐家。[23]

波将金对萨尔蒂的作品非常自豪，尤其是因为波将金自己谱写了曲子的一部分。他一直喜欢写情歌，比如写给叶卡捷琳娜大帝的那些情歌。他也写宗教音乐，比如由他自己的印刷厂出版的《救世主颂》。我们很难评价波将金的作曲水平，但他的批评者没有挖苦过他的音乐，所以他可能确实有音乐才华，正如弗里德里希大王擅长吹笛。波将金那位玩世不恭的旅伴米兰达是公正的证人，他对波将金的音乐才华印象深刻。米兰达在南方见到了萨尔蒂，并亲眼看到波将金"在各处谱曲，然后把谱子交给萨尔蒂，标出他即兴创作的两小段的音调、节奏和旋律。这能让我们了解波将金的旺盛创造力和娴熟技巧"。据说萨尔蒂随后采纳了波将金的主意，并安排管弦乐队演奏。[24]

叶卡捷琳娜大帝肯定对波将金的音乐才华非常骄傲。"我可以把萨尔蒂的曲谱送给你，"她写信给格林，"那是根据波将金公爵随手创作的谱子写成的。"波将金始终希望得到即刻的回应，"非常焦急地想知道所有的谱子是否已经送到你手里了"。[25]萨尔蒂和他的流动号手一直陪伴波将金到最后，后来萨尔蒂的作品得到了当时最伟大的音乐天才莫扎特的传扬。

上午 11 点左右是最能体现波将金神秘权力的仪式性时刻。达马斯伯爵回忆道，波将金会在这个时间"主持接待会，接见全体佩戴全套勋章的达官贵人。他会坐在一圈人的中央，披头散发，披着宽大的晨袍，下面没穿马裤"。在这个颇有亚洲风情的场景中，女皇的近侍会登场，在波将金的耳边低语。"只见他快速地将晨袍往自己身上裹得更紧，向大家鞠躬道别，然后离开。他穿过通往女皇私密套房的门，去见女皇。"[26]此时她已经醒来大约五个小时了。

他可能会在这时决定是否更衣。利尼亲王认为波将金喜欢让所有人震惊，所以他故意"采用最讨人喜欢或最惹人讨厌"的言行举止。他喜欢有时打扮得奢华高贵，有时故意衣着简

陋。在正式的场合，没人穿得比波将金更华丽，他采用的是
"路易十四宫廷中大贵族的风格与仪态"。他去世后，他宫殿
内留下的衣服被清点造册：有的肩章上配有价值 4 万卢布的红
宝石；有的纽扣是用钻石制成的，价值 6.2 万卢布；他总是佩
戴着嵌有钻石的女皇肖像，它价值 3.1 万卢布。他有一项因为
缀满珠宝而特别沉重的帽子，需要一名副官托着它，价值 4 万
卢布。就连他长筒袜的袜带也价值 5000 卢布。他的全套礼服
价值 27.6 万—28.3 万卢布。但他经常"披头散发，随便披着
晨袍，穿着宽松马裤，躺在沙发上"。他还喜欢毛皮大衣。波
将金"没有毛皮大衣就不能活；总是穿着长衬衣，没穿内裤，
或者穿着每一条接缝上都有刺绣的华美军服"。[27] 外国人喜欢说
穿着晨袍的人显然没有在工作，但波将金不是这样。不管是披
着晨袍还是穿着笔挺的军服，他都在勤奋地工作。

　　塞居尔伯爵第一次来到圣彼得堡的时候，波将金裹着毛皮
大衣接见了这位法国大使，令他大为震惊。于是塞居尔伯爵邀
请波将金赴宴，并且穿着同样的装束迎接波将金，这让波将金
捧腹大笑。不过，只有玛丽·安托瓦内特的朋友才能在波将金
面前这样放肆。波将金选择服装的时候貌似癫狂，其实有政治
的考虑。叶卡捷琳娜大帝宫廷的仪式感越来越强，越来越奢
华，也越来越等级森严，所以廷臣们争先恐后地穿戴得尽可能
浮华。叶卡捷琳娜大帝的男宠们总是热衷于借助蕾丝、羽毛和
钻石来展现自己的富有和权势。服装是他们展现自己的富裕和
影响力的象征符号。[28] 而波将金穿着乱蓬蓬的毛皮大衣，表明
他的地位高于男宠。这凸显了他的优越身份：他凌驾于宫廷之
上。他是女皇的夫君。

波将金已经起床几个钟头了。他和波波夫一起批阅文件，接见请愿者并拜会女皇。但有时他的心情太郁闷，根本起不了床。有一次他把塞居尔伯爵传唤到自己的卧室，解释说："他因为抑郁，无法起床，也不能更衣……"哈里斯相信波将金的疾病纯粹是因为"他独特的生活方式"。[29]波将金的神经的确始终承受着很大的压力。宠臣的生活压力很大，而女皇的秘密夫君承受的压力就更大了，因为所有人都对他虎视眈眈，他必须保护自己，抵抗所有不怀好意的新来者。[①]并且，当时的国家在迅速扩张，而官僚机构的发展没有跟上节奏，所以首席大臣的工作极其繁重和艰辛，难怪皮特和波将金这样的政治家只活到了四十六岁和五十二岁。[30]

波将金的双手和嘴巴一刻都闲不下来，他"要么咬着自己的指甲，要么啃着苹果或萝卜"。甚至在君主面前，他也经常咬自己的指甲，这真是个可爱的习惯。[31]但他咬指甲咬得太凶，以致指甲旁的倒刺经常感染。叶卡捷琳娜大帝认为这是他独特魅力的一部分。[32]亚历山大大公出生后，女皇开玩笑说，"他啃自己指甲的动作就像波将金公爵"。[33]

波将金的情绪反复无常。利尼亲王回忆说，波将金的情绪变化极快、极频繁，"从狐疑变成信任，然后是嫉妒或感激，再之后是恼火或愉快"。每逢危机或者每次拼命工作一段时间之后，他往往会生病。其他政治家也有类似的情况，比如罗伯特·沃波尔爵士每次取得成功、焦虑消除之后都会发高烧。波将金的疾病部分是因为他在1772年和1783年染过疟疾。高速

---

① 更早时期的著名宠臣，比如奥利瓦雷斯伯爵兼公爵和枢机主教黎塞留，都多次出现过精神崩溃的状况。——作者注

的长途旅行造成的鞍马劳顿，再加上不知疲倦地持续视察、极大的政治压力、酷暑与严寒、不卫生的饮水，足以让任何人病倒。的确，俄国的另一位旅行范围极广、速度极快的领导人彼得大帝在旅途中也经常生病发烧。波将金在某些方面很像彼得大帝。波将金需要掌控俄国，这就意味着他必须不断到各地旅行，这让他的生活变得非常辛苦。

他的情绪波动极大，经常在瞬息之间从狂喜变到极度抑郁。"有时他无忧无虑，甚至动都懒得动，有时他又生龙活虎地拼命工作。"他心情抑郁的时候静悄悄地一个人待着，往往感到绝望，甚至疯狂。这时他会一口气传唤二十名副官，然后又对他们一言不发。有时他一连几个钟头保持沉默。"宴会时我坐在波将金公爵旁边，"克雷文夫人写道，"但除了请我吃喝之外，他几乎没有发出任何声音。"[34]

他也许患有循环性精神病，甚至是躁狂抑郁症，时而处于深度抑郁、呆滞和绝望的状态，时而能量充沛、兴高采烈、高度活跃。他的情绪在这两个极端之间来回波动。经常有人说他处于癫狂状态。他的狂喜、话痨、失眠、大手大脚地花钱和性欲旺盛都是循环性精神病的体现，但这也让他拥有"强大的创造力"，在活跃的时期能同时处理多件事情，工作能力超过常人。他的过度乐观主义往往能促成他想要的结果，也让他的性吸引力更强，让他能更好地享受性爱，从而让他更讨女性的喜欢。他这样的人很难相处，但往往得到容忍。① 这样的人有时拥有卓越的领导能力，恰恰是因为他们患有这样的精神

---

① 据说其他表现出循环性精神病症状的有才华的领导人包括奥利弗·克伦威尔、马尔伯勒公爵和印度的克莱武。——作者注

疾病。[35]

了解波将金的人们佩服他"敏锐的想象力",但批评他的反复无常。塞居尔伯爵说:"没有人比波将金更快速地构想出一个计划,但也没有人比他执行得更慢,或者比他更容易半途而废。"[36]虽然波将金取得的伟大成就足以驳斥这种说法,但他给人的印象的确是那样。利尼亲王的说法更接近真相,他说波将金"貌似闲散,实则始终忙碌"。

他有能力同时处理多项事务。有一次塞居尔伯爵去赫尔松拜访他并帮助法国商人安托万,波将金让塞居尔伯爵高声朗读他的备忘录。塞居尔伯爵朗读的时候"惊讶地发现波将金把一个又一个人传唤进屋,先后向一名神父、一名刺绣匠、一名秘书和一名女帽制作匠人发号施令"。这位法国大使感到恼火。波将金"微笑着说自己把塞居尔伯爵读的东西听得一清二楚",但塞居尔伯爵不相信。三周后,安托万从赫尔松写信给塞居尔,说波将金批准了他的每一项要求。塞居尔伯爵后来向波将金道歉:"他一看见我就张开手臂,向我走来,说:'怎么样,你说的东西我是不是都听见了?……你是不是还认为我不能同时做好几件事情,是不是还要跟我生气?'"[37]不过,波将金只有想工作的时候才工作。

如果他处于抑郁状态或者正在从这种状态恢复,就会拒绝批阅文件,于是俄国政府的一部分职能就停摆了。他的秘书处的工作人员会倍感挫折。其中有一个聪明人吹嘘说自己能想办法让波将金签署文件,这人的绰号是"母鸡",也许是因为他好管闲事。"母鸡"找到了波将金,解释为什么非现在签署这份文件不可。"啊!你说得好。我现在有时间。"于是波将金温和地把这小伙子带进书房,签署了所有文件。这位秘书回到办公室吹嘘自己的成就；但当办公室开始处理这些文件时，一名倒霉的官员发现波将金给每一份文件的签名都是"公鸡，小公鸡，母鸡"。[38] 波将金有时就是会这样孩子气，并且不以为耻。

每天都有大群公子王孙、将军和大使挤在他的接见室，希望有机会巴结他。他总是刻意对这些人置之不理、不屑一顾。他也许会半裸着身子、裹着毛皮大衣躺在沙发上，弹弹指头召唤其中一人。[39] 外交官们害怕出丑，所以躲在宫门外停着的马车里，派遣他们的下属去接见室等待波将金屈尊接见他们。[40]

波将金不容忍溜须拍马，他会用恰当的手段嘲弄和惩罚马屁精，但他尊重和奖赏有勇气的人。有一天他抱怨道："我烦透了这些讨厌的家伙。"机智风趣但喜欢拍马屁的作家丹尼斯·冯维辛抓住了机会："您为什么允许这样的流氓进来？您应当下令把他们挡在门外。"

"是吗？"波将金说，"我明天就这么办。"次日，冯维辛来到宫门，为自己成功驱逐了竞争对手而得意。但是，卫兵不准他进门。

"一定是有什么误会。"冯维辛说。

"不，"守门的卫兵说，"我认识您。因为您昨天的建议，殿下命令我不准您进去。"[41]

一位将军在接见室等了好几个钟头，喊道，他拒绝被"当作一名下士"来对待，他要求得到接见，不管公爵正在干什么。波将金命人把他带进自己的办公室。将军进屋后，波将金站起身。对客人来说这是闻所未闻的荣誉。将军说："殿下，不要这么客气！"

"我是要去上厕所。"公爵大笑道。①

一次一名贫穷的老上校闯进他的办公室索要一笔退休金，波将金怒道："把他赶出去！"一名副官走近上校，遭到了上校的拳击，被打倒在地之后仍然受到殴打。波将金跑过去把他俩分开，然后把老上校带进自己的套房。上校得到了一个新的职位、一份旅行津贴和一笔奖金。[42]

波将金谁都不怕，并且就像沙皇一样，自视为处于比贵族更高的层级。他对俄国贵族没有好感，反倒对俄国农民或欧洲的世界公民更有认同感。在莫吉廖夫，他看到一名行省总督在打法罗牌时作弊，就一把揪住他的衣领，用拳头揍他。他有一次殴打了一位大贵族，是沃尔孔斯基家族的成员，因为此人听到波将金讲的笑话就鼓掌。波将金怒道："什么，你竟敢鼓掌，难道我是个弄臣吗？"一记耳光。"好了……对付这样的流氓就要用这种办法。"这个挨了教训的贵族一连几周都不敢接近波将金，但很快又回到了他身边。[43]

中午

接见结束之后，波波夫再次露面，捧着一摞公文请波将金批示。波将金和考尼茨是欧洲最有名的两个疑病症患者，总是神神道道地怀疑自己得了什么病。波将金批阅公文的时候总是同时请医生给他看病。米兰达评论道："潮水般的信函涌向波将金公爵，我不知道他如何做到对四面八方向他群起而攻的白痴们这般耐心。"[44]给波将金写信的人包括德意志诸侯、俄国寡

---

① 在我们的时代，L. B. 约翰逊总统会坐在马桶上羞辱他的内阁成员。——作者注

妇、希腊海盗和意大利的枢机主教。所有人都说自己的请求是
"向他再三要求",通常是申请在俄国南方获得土地或者请求
允许在俄国军队服役。这给人的印象是,波将金似乎在与神圣
罗马帝国的几乎每一位诸侯通信。他说神圣罗马帝国是"诸
侯群岛"。就连君主也为自己的信太冗长而道歉。波兰国王斯
坦尼斯瓦夫-奥古斯特写道:"我通过自己的经验也知道,您
忙碌的时候一定不喜欢冗长的信……"

他收到过许多过于夸张、显得滑稽的颂词,比如很像萨姆
格拉斯①的巴塔伊教授给叶卡捷琳娜大帝寄来一首颂歌,并补
充道:"我创作这首诗的时候怎么可能不提到殿下您呢?我恳
请殿下屈尊瞥一眼我的作品。"[45]波将金的流动秘书处有五十
人,这些秘书帮他回复了很多信,但他经常忘记给瑞典国王那
样显赫的人物回信。陆军元帅劳东②(一个奥地利化了的苏格
兰人)向约瑟夫二世抱怨:"波将金公爵没有回复我写给他的
两封信。"

也有很多人写来充满悲剧意味的求援信,求他伸手帮助身
份衔级不一的落难者。这些信能让我们一瞥当时的社会生活。
波将金的一位男性门客写来感谢信,因为波将金帮助他娶了纳
雷什金家族的一位姑娘,但她突然说她负债2万卢布,显然是
打牌(可能是法罗牌,这是当时贵族女性普遍的嗜好)欠下
的赌债。有的信是遇到困难的贵族写的,比如巴里亚京斯卡

---

① 萨姆格拉斯是伊夫林·沃的小说《故园风雨后》里的人物,他是牛津大
　学万灵学院的研究员,非常虚荣,利用自己与贵族的关系来满足自己的
　野心。
② 恩斯特·吉迪恩·冯·劳东男爵(1717—1790)是出身波罗的海德意志
　贵族家庭的奥地利陆军元帅,他是普鲁士的弗里德里希大王的重要敌手
　之一。劳东说自己有苏格兰血统,但无法证实。

娅公爵夫人从都灵写信求助："我努力挣扎，抵抗凄惨的恐怖遭遇"，"公爵殿下，只有您能让一个终身不幸的女人幸福"。一名被女皇免职的德意志伯爵写道："我再也无法维持生计，因为我的妻子长年染病，我的女儿只有十四岁，还有几个儿子……"一个普通人写道："我恳求您怜悯我们……"[46]但波将金毕竟是波将金，他总是能收到一些十分新奇的信。其中一位神秘的写信人是埃利亚斯·阿贝兹，他自称是巴勒斯坦王子，并承认："我目前正蒙受苦难，缺乏金钱、贷款的信用和所有生活必需品，不得不恳求殿下的庇护和恩典……凛冬将至……求您帮我启程。"最后的签名用的是阿拉伯文。这人莫非是奥斯曼帝国巴勒斯坦行省的某个游荡的犹太人或阿拉伯人？若果真如此，他为什么会在 1780 年 8 月到了圣彼得堡？波将金会帮助他吗？埃利亚斯·阿贝兹的下一封信写道："殿下已经慷慨地向我伸出援手……"[47]

波将金亲笔写了很多回信，用的是俄文或法文，笔迹潦草。深得信赖的波波夫也会根据波将金的意思起草回信并寄出。波将金对下属非常宽容，[48]即便他们有时把事情办得一团糟。这些情况下，他会首先重复自己的命令。如果宽容没有效果，他就会用尖刻但也搞笑的讽刺。当海军将领沃伊诺维奇为一艘船搁浅找借口的时候，波将金答道："我很高兴'亚历山大'号卡在了一处沙洲上，但如果当初没有撞上沙洲就更美妙了……你说这次事故会让军官们更勤奋，我很欣赏你的观点，但我希望并且要求你们以后勤奋但不出事故……如果巴罗诺夫船长能把土耳其人的船而不是他自己的船撞上沙洲，那么我会更加相信他是经验丰富的航海家。"[49]

午餐前，波将金喜欢独处一个钟头。就是在这样的时候，他酝酿出了丰富的政治思想。正是这些思想让他与叶卡捷琳娜大帝的其他谋臣大不相同。波波夫和秘书们很少在这个时间打扰他。这是一条铁律——有一个秘书在这段时间讲话打扰了波将金，因此被开除。这时，波将金会让人把他的珠宝拿来。

珠宝和音乐一样，能对他起到安抚作用。他独自一人坐着，拿着一把小锯子、一些白银和一盒钻石。[50] 有时访客看到他孤零零一个人坐着，如同一个身形庞大的孩童，把玩着珠宝，将其从一只手倒进另一只手，将其摆成某种形状和图案，直到想出当前问题的解决办法。[51]

他向几个外甥女慷慨赠送了大量钻石。维热·勒布伦说斯卡乌龙斯卡娅在那不勒斯的首饰盒是她见过的内容最丰富的。利尼亲王惊叹地说，波将金收藏的钻石价值高达 10 万卢布。[52] 珠宝是赢得波将金好感的另一种有效工具。萨申卡的丈夫布拉尼茨基在一封特别谄媚的信里写道："我给您送去了一颗小小的红宝石和一颗更大的蓝宝石。"[53] 波将金与首饰匠的通信流露出他对珠宝的极大热情。阿列克谢·德乌扎（可能是波将金位于奥泽尔基的宝石切割工厂的一名希腊工匠）写道："我给殿下送去圣叶卡捷琳娜的红宝石。它没有我希望的那样纯净。要把这样的宝石加工好的话需要一台汽缸，殿下订购的那台需要十天……才能就绪，我觉得不能等了。殿下似乎急需这块宝石。"[54] 波将金在珠宝上一掷千金，这反映了他对光辉的执着追寻。他向一大群商人赊购了"钻石、宝石、紫水晶、黄玉、海蓝宝石和珍珠"。[55] 他想要的东西，必须是精雕细琢且美不胜收的。这是法国珠宝商杜瓦尔在 1784 年 2 月给波将金开出的一份典型账单：

一块大蓝宝石，重 18.75 克拉，1500 卢布；

两块钻石，分别重 5.375 克拉，600 卢布；

10 块钻石，分别重 20 克拉，2200 卢布；

15 块钻石，分别重 14.5 克拉，912 卢布；

78 块钻石，分别重 14.5 克拉，725 卢布……[56]

他喜欢的不只是珠宝。他的华沙银行经理泰珀开出的一份账单列举如下：两个镶嵌钻石的黄金鼻烟盒、一块金表、一只镶嵌钻石的黄金报时钟、一件"钻石纪念品"、若干乐谱、十八支笔、从维也纳进口油画的关税、给一位有影响力的波兰经纪人支付的款项，以为了某些工作而向"犹太人荷西亚斯"支付的 1.5 万卢布。整个账单的总金额接近 3 万卢布。[57]

波将金给珠宝首饰之类的东西付账时总是漫不经心，很不靠谱，这也成了传说的一部分。挤在他套房里的请愿者当中几乎始终有未能拿到货款的珠宝商和工匠。据说每当有债主上门，波将金就向波波夫发信号：如果波将金伸出敞开的手掌，意思就是付账；如果他伸出攥紧的拳头，就是把债主弄走。没人敢为了这些账款在宫廷与波将金直接对质。不过，据说瑞士籍的宫廷珠宝匠法西曾把账单塞到女皇宴会桌上波将金的盘子底下。波将金以为是情书，拿到手里读了之后不禁大怒。叶卡捷琳娜大帝则哈哈大笑。波将金始终钦佩有勇气的人，于是付账给法西。但为了给这个大胆的珠宝匠一个教训，波将金付账用的全部是铜币，那么多硬币足以塞满两个房间。[58]

午餐

大约下午 1 点，珠宝被收拾起来，波将金的客人前来赴宴。在 18 世纪，午餐是每天的正餐。波将金用一张十八人桌举办午宴，宾客通常是军官、访客和他在此时最好的朋友，比如塞居尔伯爵、利尼亲王、克雷文夫人或塞缪尔·边沁。我们从哈里斯的例子已经看到，波将金的友谊和爱情一样猛烈，并且往往以幻想破灭告终。"赢得他的友谊的真正秘诀，"塞居尔伯爵说，"是不要怕他。"塞居尔伯爵最初抵达圣彼得堡并拜访波将金的时候，被晾在门外等了好长时间，气得他甩门而去。次日，波将金给他写了一封道歉信，邀请他回去，并穿着一套每条接缝都缀着钻石的华服迎接他。有一次，波将金郁闷地躺在床上，对塞居尔伯爵说："我亲爱的伯爵，让我们抛下一切繁文缛节……像两个普通朋友一样生活吧。"如塞缪尔·边沁所发现的那样，一旦波将金与某人成了朋友，就会把这位朋友看得高过帝国的所有权贵。[59]波将金对朋友两肋插刀。虽然在公共场合他显得"傲慢自负"，但私下里对朋友非常温柔和热情。这可能是因为他出人意料的羞怯性格。[60]米兰达有一次看到他受到阿谀奉承时脸红了。[61]

18世纪特别推崇机智风趣，而波将金是聊天对话的大师。塞居尔伯爵回忆道："波将金时而不苟言笑，时而令人捧腹，总是热衷于讨论神学话题，总是从无比严肃变得乐不可支，对自己的渊博学识不以为意。"利尼亲王说波将金如果想要用魅力迷倒某人，就拥有了"征服任何一颗心的本领"。波将金是个令人享受的、可亲可敬可爱、世间罕有的伙伴，"时而责骂，时而欢笑，时而模仿，时而诅咒，要么放纵，要么祈祷，要么歌唱，要么深思"。他有时对人"极其温和可亲，有时极其残暴"。"残暴"的时候，他的严酷往往掩盖了"他内心的善良"。边沁认为，坐在波将金的马车里与他一同旅行是最"畅快"的时光。诗人杰尔查文记得波将金的"善心和莫大的慷慨"。[62] 波将金也非常友善。塞缪尔·边沁告诉波尔·卡鲁：
"我对他的性格了解得越多，就越有理由尊重和仰慕他。"[63]

他平易近人，对普通民众，尤其是士兵，有着一种真诚的
温暖关怀，这在把士兵视为炮灰的时代是罕见的品格。利尼亲
王注意到，他"从不睚眦必报，若是伤害了别人会请求原谅，
如果冤屈了别人会迅速弥补"。波将金买下卢博米尔斯基公爵
在波兰的庄园之后，命令"拆除当地的所有绞刑架……尽可
能不留痕迹"。他希望农民服从他是出于"对自己义务的尊
重，而不是因为害怕受责罚"。[64] 他的军事改革的宗旨是给士兵
带来更多舒适，这在 18 世纪还是新鲜的理念。不过他也提升
了士兵的战斗力。他经常下令更宽大地对待犯错的士兵，这在
俄国陆军是独一无二的现象。他再三命令减少对士兵的体罚。
他在一道命令中写道："必须消除……一切强制的行为。""对
懒惰的士兵可以用木棍施行体罚，但不能超过六下。必须消
除……所有强制的行为。"[65] 他经常下令给士兵提供有营养的热
饭菜，当时的俄国将军们认为他这是在溺爱士兵，但这很符合
现代军队的精神。[66]

"他从不睚眦必报，也不对人心怀恶意，但所有人都怕
他。"[67] 回忆录作家维格尔如此写道。他认为这能解释为什么人
们对波将金的态度很暧昧。波将金的宽容态度和善良天性让俄
国人摸不着头脑。"他看别人的方式，他的举止，似乎都在告
诉他周围的人：'你们不配让我发火。'他对人们的宽大和宽
纵，显然源自他对人们无穷无尽的鄙夷。"[68]

午宴于下午 1 点半开始。即便总共只有十六名宾客的时候
（克雷文夫人在塔夫利宫参加过这样一次午宴），也会有六十

人的管弦乐队在席间奏乐。[69] 波将金是有名的享乐主义者和饕
餮食客，谢尔巴托夫说他是"无所不能的暴食者"。[70] 政治气
氛紧张的时候，他通过吃喝来放松自己，就像火车消耗燃煤一
样猛吃猛喝。他一直喜爱朴素的农民饭菜，但也会给自己的餐
桌摆上里海的鱼子酱、汉堡的熏鹅、新诺夫哥罗德的黄瓜、卡
卢加①的糕点、波罗的海的牡蛎、阿斯特拉罕和中国的西瓜与
橘子，以及普罗旺斯的无花果。他喜欢的甜点是"萨伏依糕
点"，[71] 并且不管身在何方都要吃他最喜欢的一道菜：里海小体
鲟做成的鱼汤。雷金纳德·波尔·卡鲁于 1780 年抵达圣彼得
堡不久之后参加了波将金的一次"普通"宴会，列举了席间
"精美而稀罕的山珍海味"："阿尔汉格尔斯克的精细白色牛犊
肉、小布哈拉的汁水丰美的羊肉、波兰的猪崽肉、波斯的蜜饯
和里海的鱼子酱。"[72] 掌勺的人是波将金的法国大厨巴莱②。[73]

　　波将金也能欣赏美酒，不仅是克里米亚的苏达克葡萄酒，
还有（根据波尔·卡鲁的记载）来自"欧洲每一个港口、希
腊群岛、好望角和顿河边疆的美酒"。[74] 每次祝酒他都要痛饮香
槟。[75] 如果派驻南欧的俄国大使，比如在那不勒斯的斯卡乌龙
斯基，想要向波将金邀宠，就可以送去一根古典石柱和几桶葡
萄酒。[76]

　　在波将金如日中天的时期，有一天，他坐下用午餐。他心
情极佳，一直取笑逗乐到午餐结束，这时他变得安静起来，开

----

①　卡卢加在莫斯科西南约 150 公里处。
②　波将金酷爱巴莱的菜肴。巴莱最初从法国到俄国的旅途受阻，被困在丹
　　麦的赫尔辛格，于是波将金动员了俄国大使和多位特使，帮助巴莱尽快
　　从陆路抵达圣彼得堡。——作者注

始咬指甲。宾客和仆人都等着看他会说什么。最后他问道：

> 会有人比我更幸福吗？我曾想要的东西，如今都有
> 了。我心血来潮的愿望，都如同变魔术一般实现了。我想
> 要崇高的衔级，现在有了。我想要勋章，现在有了。我爱
> 赌，如今输掉了天文数字的金钱。我喜欢举办派对，也办
> 了很多精彩的派对。我喜欢建造房屋，就建造了许多宫
> 殿。我喜欢收购庄园，就买了很多。我喜爱钻石和美丽的
> 东西，如今我拥有欧洲最罕见、最精美的宝石。一句话，
> 我的所有激情都得到了满足。我非常幸福！

说到这里，波将金把价值连城的瓷盘推到地上，把它们全都摔得粉碎，然后怒气冲冲地跑到卧室，把自己锁在里面。

人想要的东西，波将金几乎全都有了，这恰恰让他痛苦。他自视为"命运的宠儿"，自己也经常这么说。但有时他的成功恰恰让他厌恶，也许这在深层次上是非常有俄国特色的事情。他对自己一手遮天的权力感到羞愧，为自己激荡的灵魂感到自豪；他憎恶冰冷的国家机器，对自己承受苦难和自贬的能力感到自豪，因为俄国民族性的伟大之处就在于这种能力。他对名望、财富和享乐的胃口无穷无尽，但这些不能让他幸福。只有伟大的成就（无论是在政治还是军事领域），只有审美的愉悦（无论是音乐还是视觉艺术），或者宗教神秘主义带来的宁静，才能让他暂时忘记权力的龌龊。[77]

有一次，波将金传唤副官，让他上咖啡。有人匆匆跑出去准备咖啡。然后他又要了一次咖啡。另一名廷臣跑了出去。最后他几乎发狂一般不停地要咖啡。但当咖啡终于送来之后，他

却说："不必了。我只是想要等待，如今连这样的乐趣我都没有了。"[78]

下午：情人的时光

按照俄国的传统，下午是"情人的时光"，就像法国的"5点到7点"①或者西班牙的午睡时间。这个时间一定有许多遮着帘子的马车来回奔忙，贵妇的女仆给波将金送来情书。很多有夫之妇给他送来情书，恳求见他。其中一位女子总是这样称呼他："你好，我独一无二的朋友！"这些从未发表过的短信都是用法文和俄文混合的隐语手写的，并且全都没有署名、没有日期。波将金的档案收藏了大量这样的情书。其中一封字写得很大，用小姑娘的笔迹写道："我没法让你开心，因为我没有时间，你走得太快了。"每一封情书都有类似的话。这位女子后来写道："我急不可耐地等候我终于能前来亲吻你的时刻。等待的时候，我就在想象中亲吻你，并且用的是同等的温柔。"

波将金的喜怒无常对他的情妇们来说是一种折磨。其中一位写道："你让我爱得发疯。"他是个不安分的人，并且长期待在南方，让女人们很难接触到他，而这一点恰恰让他更有诱惑力。一位女子写道："我没有机会拥抱你，这让我很生气。不要忘了，我请你一定要相信，我只和你一个人在一起！"不过，波将金似乎很快就忘了她。"不要忘了我，"她在后来的一封信里恳求，"你是不是已经忘了？"另一位女子充满戏剧性地宣布：

---

① "5点到7点"是法国文化里所说的工作结束之后、回家之前的活动时间，比如与朋友聚会，但多指与情人幽会。

"如果我没有希望得到你的爱，我就把自己献给死神。"波将金
拒绝给姑娘们任何承诺，于是她们最后不得不退缩，再次成为
他的普通朋友："我不想回忆过去，我已经忘记了一切，除了我
爱过你，而这足以让我真诚地祝你幸福……别了，我的公爵。"[79]

他惯于像奥斯曼苏丹一样躺在沙发上，周围簇拥着女人，
不过他把自己的后宫称为"母鸡窝"。他一直喜欢与女人做
伴，觉得没有必要克制自己的"伊壁鸠鲁①式胃口"。[80]外交官
们总是把他的正式情妇称为"最高苏丹娜"。但据萨莫伊洛夫
说，波将金高尚地对待他的情妇们。萨莫伊洛夫有理由知道这
一点，因为他的妻子可能就是波将金的情妇之一。波将金的恋
情总是出于激情，而不仅仅是为了虚荣，"就像很多名人那
样"。[81]他的下属知道，如果要保住自己妻子的贞洁，最好让她
们与波将金保持距离。维格尔回忆说："波将金色眯眯的目光
有时停留，或者说逗留在我母亲美丽的面庞上。"有一天，波
将金扈从当中的一个"傻瓜"告诉波将金，维格尔母亲的双
足十分美丽。"的确如此，"波将金写道，"我之前还没注意
到。我有机会会请她过来，脱掉长袜给我看。"维格尔的父亲
迅速把她送到他们的庄园，以避开波将金的垂涎。[82]

如果波将金感到无聊，往往会去叶卡捷琳娜大帝插科打诨
的朋友——御厨大臣列夫·纳雷什金的宫殿，那里的人们从早
到晚一直在吃喝、跳舞。波将金把纳雷什金的宫殿当作自己的

---

① 伊壁鸠鲁（前341—前270），古希腊哲学家，认为最大的善是驱逐恐惧、
追求快乐，以达到一种宁静（ataraxia）且自由的状态，并通过知识免除
生理的痛苦（aponia），降低欲望。伊壁鸠鲁主义是以伊壁鸠鲁的学说为
基础的哲学思想体系，西塞罗认为，这是放纵的享乐主义，缺乏道德感
和责任感以及远离公众生活的负罪感。

私人俱乐部，因为那里是邂逅身份高贵的贵妇人妻的绝佳场所。
他通常坐在属于自己的特殊位置。塞居尔伯爵写道："这里是万
千愉悦的门厅、所有情人幽会的场所，因为在这么多幸福的人
当中幽会，要比在需要遵守礼节的舞会或沙龙轻松一百倍。"波
将金在这里全身心放松，有时一言不发，有时"非常欢快，与
女人们聊天，也有时从不和任何人讲话"。"大家在别处几乎从
来见不着"的波将金被纳雷什金的女儿们吸引了，他总是和她
们"密谈"。他似乎在引诱纳雷什金的女儿们。科本茨尔向他的
皇帝报告称："波将金的外甥女不在，为了弥补这个缺陷，他与
索洛古布夫人交往，即纳雷什金娜夫人的女儿。"伊凡·索洛古
布是波将金麾下的将领之一。波将金手下的军官都不得不忍受
他一边在战场上春风得意，一边在他们的家庭里兴风作浪。[83]

　　波将金仍然主宰着他的每一个外甥女的生活，并抓住一切机
会掌控他们的家庭。他的"肉体享受的天使"卡金卡·斯卡乌龙
斯卡娅此时正在那不勒斯拜访她那酷爱歌剧的丈夫，但我们可以
根据波将金给银行经理的指示（帮助卡金卡付账）来追踪她在欧
洲各地的足迹。她经过维也纳的时候，就连约瑟夫二世也不得不
招待[84]"你的小猫咪"（叶卡捷琳娜大帝对她的宽容的称呼）。[85]到
1786年，据非常懂女人的科本茨尔说，卡金卡"比以往更美艳"，
并且始终是她舅舅的后宫里"最得宠的最高苏丹娜"。[86]

　　热情洋溢的萨申卡·布拉尼茨卡和她舅舅一样傲慢和霸
道。他俩总是吵架，尽管他俩的关系最亲密。1788年，波将
金试图把一个名叫吉巴尔德的女子从恩格尔哈特姐妹之一的家
里弄走。吉巴尔德小姐是波将金麾从当中的一个法国女人，据
说曾偷窃哈里斯的书信，后来成为恩格尔哈特姐妹的伙伴和波
将金的后宫管理者。布拉尼茨卡拒绝解雇吉巴尔德，于是波将

金写信坚持己见，因为吉巴尔德"想让我的外甥女永远是孩子"。我们不知道他说的是哪一个外甥女，但这时候她们都已经结婚了。布拉尼茨卡显然向那位法国女士保证过不会解雇她，这让波将金大怒："我是自家的主人，我想要怎么样就怎么样。我不明白布拉尼茨卡伯爵夫人为什么敢于违抗我的意志去安慰吉巴尔德……"波将金认为"我的崇高地位让我的亲戚得到了很多好处，他们的一切都是我给的。若没有我，他们的地位就不值一提……"他简单地说："原因有很多，但主要的原因是，这是我的意愿。"[87]

晚上

夜晚的早些时候，波将金通常在小埃尔米塔日或舞会上陪伴女皇。大约晚上 10 点半，女皇与男宠就寝了。这时波将金就可以自由活动了。他的一天才刚刚开始。夜间是他最清醒也是创造力最蓬勃的时间。我们可以说，专制的权力就是能够推翻时间法则的权力。波将金不关心时钟，他的部下也不得不效仿。利尼亲王说，波将金是失眠症患者，"不管白天黑夜，他经常躺下，但从来不睡觉"。[88]

深夜

詹姆斯·哈里斯爵士体验过波将金的夜间生活习性："他吃饭睡觉都没有固定的钟点，我们经常在午夜乘着敞篷马车淋雨。"[89]没有比这更具有波将金色彩的场景了。

波将金的好奇心极强，他总是在提问题，逗弄和刺激他的伙伴，讨论宗教、政治、艺术和性。他是"全世界最会提问题的人"。他的问题让黎塞留公爵想起"一只蜜蜂，它吮吸花蜜，在花卉的帮助下制造出最精美的物质"。"花蜜"就是波将金那些生动活泼而辛辣的言论。过目不忘的记忆力和天马行空的想象力让他的谈话多姿多彩。[90]

所有见过波将金的人，甚至那些憎恨他的人，都承认他聪明绝顶："波将金的记忆力超强，并且头脑极其敏锐和灵活……"[91]利尼亲王认为他有"天生的才干、绝佳的记忆力、高尚的灵魂，攻击他人的时候没有赤裸裸的恶意，足智多谋但不奸诈，任性但不令人厌恶"，最后总结说，波将金"对自己不知晓的东西也有准确推测的能力，对人性有深刻的洞察力"。但并非所有西方人都对波将金有好感。约翰·辛克莱爵士[①]说波将金是"无用的危险分子"，不过他也觉得波将金有"非凡的才干"。[92]波将金的俄国政敌当中的聪明人也同意这一点：谢苗·沃龙佐夫认为波将金"非常聪明，有权谋，有能力"，但缺乏"知识、实干精神和美德"。[93]

塞居尔伯爵经常对波将金关于"不仅是政治，还有旅行家、仆人、作家、艺术家甚至工匠"的丰富知识感到惊诧。所有熟悉他的人都赞赏他"在古典文化领域的渊博知识"。他在南方的旅伴米兰达对他关于建筑、艺术和音乐的渊博知识感到震惊。"看来这个极其聪颖、记忆力超强的人还想深入学习科学和艺术，并且取得了一定成绩。"米兰达在与波将金谈论海顿和博凯里尼[②]的音乐、穆里罗[③]的绘画和沙佩·

---

① 约翰·辛克莱爵士，第一代从男爵（1754—1835）是英国政治家和财政与农业领域的作家，他在英语中首创"统计"一词。

② 路易吉·博凯里尼（1743—1805）是意大利作曲家和大提琴家。

③ 巴托洛梅·埃斯特班·穆里罗（1618—1682）是西班牙的巴洛克风格画家，他有大量宗教题材作品，也有很多描绘卖花女、街头顽童、乞丐等日常生活中人物与情景的作品。

达奥特罗什①的著作之后这样说道。波将金对这些领域都耳熟能详。[94]难怪达马斯伯爵说"我一生中最有教益也最愉快的时刻"就是和这位"奇特的"公爵在一起的时候。[95]

波将金在研究俄国历史方面也有很深造诣。他帮助叶卡捷琳娜大帝撰写了她的《俄国历史笔记》。女皇写道:"感谢你在历史年代方面的帮助,这是我的俄国历史书最精彩的部分。"他俩都酷爱历史。叶卡捷琳娜大帝告诉法国官僚和作家塞纳克·德·梅扬②:"我花费多年潜心研究这个主题。我一直喜欢读别人不读的材料。我只知道一个人有同样的品味,那就是陆军元帅波将金公爵。"[96]读历史是他俩的另一个共同爱好。波将金最钟爱的项目之一是《亚美尼亚史》的翻译,该书的译者被土耳其人绞死之后,叶卡捷琳娜大帝告诉格林:"波将金公爵为此事大动肝火。"[97]

波将金一直想创办自己的印刷厂,杰里米·边沁曾努力帮助过他。[98]战争爆发前不久,波将金终于得到了自己的印刷厂,它会伴随他南征北战,印刷俄文、法文、拉丁文和希腊文的政治杂志、古典名著和他自己的作品。[99]

塞居尔伯爵和他的朋友利尼亲王说波将金"更多是通过人获取知识,而不是书本"。这显然不对。波将金嗜书如命。波尔·卡鲁在 18 世纪 80 年代初经常和波将金在一起,他说波将金的文化修养源自"早年的大量阅读",所以波将金"懂希

---

① 让-巴蒂斯特·沙佩·达奥特罗什(1722—1769)是法国天文学家,因 1761 年和 1769 年对金星凌日的观察而闻名。

② 塞纳克·德·梅扬(1736—1803)是法国作家,是路易十五的御医的儿子。他在巴黎见证了法国大革命的爆发,但很快移民到英国,后来去了德意志。1792 年,叶卡捷琳娜大帝邀请他到俄国,聘请他为宫廷史官,但后来对他的表现不满意。梅扬写过分析法国大革命爆发原因的书。

腊文，也喜欢希腊文"。[100] 波将金建议叶卡捷琳娜大帝为几位年幼的大公提供希腊文教育，这展现出他对希腊语言的艺术品味："学习希腊文能给人渊博的知识和高雅的品味。这种语言拥有最美妙的音乐感和思想性。"[101]

他不断扩充自己的藏书，收购伏尔加里斯大主教那样的学者和友人的藏书。他的藏书体现了他的兴趣和涉猎之广泛：有塞内卡①、贺拉斯和普鲁塔克的全套名著，有 1724 年巴黎出版的《萨福情诗》；有大量关于神学、战争、农业和经济的图书，包括《修道院风俗》；有炮兵技术手册，有《军队制服》和亚当·斯密的《国富论》法文版；有很多关于彼得大帝的著作，也有伏尔泰和狄德罗等哲学家的名著，以及吉本的《罗马帝国衰亡史》。波将金爱慕英国文化和英国园林，收藏了大量英国历史书、洛克和牛顿的著作、贺加斯②的《讽刺画》法文版，当然还有十卷本的《不列颠尼亚图册，或大不列颠的……主要宅邸与园林》。到他去世时，他的藏书包含 1065 册外文图书和 106 册俄文图书，需要 18 辆马车装运。[102]

虽然吸收了启蒙思想家的宽容思想和边沁的效益主义哲学，波将金的政治思想在本质上仍然有很强的俄国色彩。他相信，对幅员辽阔的俄国来说，专制是最好的政治制度。俄国的统治者是个女人，他为她服务，也为国家服务。美国独立战争、法国大革命和波兰革命令他震惊也兴趣盎然。他向塞居尔

① 此处指小塞内卡（约公元前 4—公元 65），罗马斯多葛派哲学家、政治家、戏剧家、幽默家。他是尼禄皇帝的教师和谋臣，后因被怀疑参与刺杀尼禄的阴谋而被强迫自杀。他的父亲老塞内卡是著名修辞学家和作家。
② 威廉·贺加斯（1679—1764）是英国著名画家、版画家、讽刺画家和欧洲连环漫画的先驱。他的许多作品是对当时的政治和风俗的讽刺和嘲笑。

伯爵询问美国人的情况（塞居尔曾为美国而战），但"不相信在那么广袤的土地上共和体制能够长时间持续下去。他［波将金］的头脑习惯了绝对专制，所以不承认秩序与自由的联合有可能存在"。[103] 至于法国大革命，波将金简单地告诉朗热隆伯爵："上校，你的同胞是一群疯子。"[104] 波将金相信，政治是一门艺术，需要无限的灵活和哲学家的耐心，最终达到一种固定的目的。他教导哈里斯："你们必须耐心。相信我吧。耐心静候事态变化比你们的全部说辞对你们都更有益。"波将金的政治格言是"随机应变，逐渐改良"。[105]①

利尼亲王说，波将金喜欢"对将军们谈神学，对主教们谈战术"。列夫·恩格尔哈特曾观察波将金"怂恿他那些渊博的拉比、旧礼仪派信徒和各式各样的学者互相争论"。[106] 波将金"最喜爱的话题"是"希腊与拉丁教会的分裂"。唯一必然能引起他注意的办法就是谈论"尼西亚会议②、迦克墩会议③

---

① 英国首相哈罗德·麦克米伦说："亲爱的孩子，政治就是一个又一个事件。"波将金的说法算是麦克米伦理念的一个早期的、更积极进取的版本。——作者注

② 公元 325 年，罗马皇帝君士坦丁大帝在尼西亚城（今天土耳其的伊兹尼克）召开基督教大公会议。这是基督教历史上第一次世界性的主教会议，确立了一些影响深远的宗教法规和现今基督教会普遍接纳的传统教义"尼西亚信经"。在基督教成为罗马帝国的国教的过程中，第一次尼西亚会议亦为关键之一。"尼西亚信经"主张圣子是"出于真天主而为真天主，被生而非受造"，确定了圣父、圣子、圣神为三位一体的天主，本质相同。接受并且信奉此信经的有罗马天主教会、东正教会、英国圣公会、路德宗和新教的主要教派。

③ 迦克墩大公会议为基督教历史上重要的会议，于 451 年在迦克墩（今天是伊斯坦布尔的一个街区，在亚洲海岸）召开。此会议产生了重要的基督论定义，界定了"基督的神人二性"，并将基督一性派定为异端。最后，会议制定了今天基督教著名的信经"迦克墩信经"，同时巩固了罗马主教优越的权威地位。

和佛罗伦萨会议①"。他有时想建立一个宗教修会，有时想以僧人的身份游历俄国全境。这就是为什么弗里德里希大王在18世纪70年代命令他的驻俄大使研究东正教，从而讨好波将金。

波将金喜欢拿宗教开玩笑，嘲弄苏沃洛夫遵守斋戒的规矩："你想骑着一条鲟鱼上天堂。"不过，波将金本质上是严肃的"教会之子"，从来没有加入过共济会。107 他有时是苦行的修道士，有时是骄奢淫逸的浪荡子，但他肯定是虔诚的信徒。他在后来爆发的战争期间告诉叶卡捷琳娜大帝："基督会佑助我们。他会结束我们的苦难。检视一下自己的人生，你就会看到，许多次在你陷入低谷的时候，出乎意料地得到了基督的帮助……你的加冕日恰好是神圣使徒的瞻礼日。"波将金随即引用了圣保罗的《罗马书》第16章第1节的内容。108 他经常梦想退隐、成为教士。"请当我的好母亲，"他曾对叶卡捷琳娜大帝说，"为我准备一顶主教冠和一个安宁的教区。"109 但波将金从来不会出于宗教的考虑而停止享乐。塞居尔伯爵"看到他花了一个上午查看龙骑兵军帽的样式，为他的外甥女挑选帽子和裙子，为神父挑选主教冠和法衣"。他往往从教堂回来之后就开始狂欢，或者结束狂欢之后去教堂。利尼亲王说他"一只手向取悦他的女人挥舞，另一只手在画十字；要么

① 1431—1449年的佛罗伦萨大公会议是天主教会的第七次大公会议，当时的历史背景是波希米亚的胡斯战争和奥斯曼帝国的崛起。拜占庭帝国希望借由教宗的影响力获得援军以抵抗奥斯曼军队，所以派遣使节讨论解决东西教会分裂的情况，由此本会议造成许多东方礼仪教会和天主教的共融，产生了许多东仪天主教会。

拥抱圣母像的脚，要么搂着情妇肌肤胜雪的脖子"。[110] 他是虔诚的信徒，也是罪孽深重的俗人，"可以代表俄国人那种惊人的能力：在犯下罪孽的同时内心仍然保持正直"。[111]

波将金深夜时光的很大一部分在铺着绿色台面呢的赌桌前度过。如果说法语是当时欧洲的通用语，那么法罗牌就是全欧通行的赌戏。莱斯特郡的乡绅、威尼斯的江湖骗子、弗吉尼亚的种植园主和塞瓦斯托波尔的军官都玩同一种游戏，不需要语言沟通。18世纪80年代中叶在波将金的宫殿玩法罗牌的感受可能很像在查茨沃斯庄园①与德文郡公爵夫人乔治亚娜②打牌。她也嗜牌成性。玩家们围坐在一张有木边框用米分牌、铺着绿色台面呢的椭圆形赌桌前。庄家坐在荷官对面，玩家对边框两侧的牌下注。玩家可以追加赌注到六十倍，无须说话，而是通过用复杂的方法弯折纸牌来表示。所以，法罗牌特别适合波将金：一言不发就可以冒很大的风险。

波将金赌博的方式很有特色。后来普希金记载了波将金赌博的一个故事。一个名叫 Sh. 的年轻人欠了 B 公爵的债而即将身败名裂，因为 B 公爵打算向女皇抱怨。这个年轻人的亲

① 查茨沃斯庄园是德文郡公爵家族的产业，位于德文郡德文特河的东岸。建筑位于连绵的绿地之中，建筑内则收藏有众多珍贵的绘画（包括17世纪之前欧洲画家的）、家具、新古典主义雕塑、书籍和其他文物。它多次被评选为英国最受欢迎的庄园。电影《傲慢与偏见》2005年版中达西先生住所的取景地就是查茨沃斯庄园。

② 乔治亚娜·卡文迪许，德文郡公爵夫人（娘家姓斯宾塞，1757—1806）是英国的社交名媛，是第五代德文郡公爵的第一任夫人和第六代公爵的母亲。她的魅力、政治影响力、美貌、不寻常的婚姻（与丈夫及其情妇"三人行"，且夫妻俩都各自有情人和私生子）、私情、社交和赌博都非常有名。她还进行文学创作。

属向波将金求救。他给 Sh. 写了一封信，让他于次日在自己打
牌的时候登门，并坚持说："请他［Sh.］在我面前大胆些。"
Sh. 抵达之时，波将金已经在打牌了。B 公爵也来了，但受到
冷遇，于是坐下来看波将金打牌。波将金突然喊 Sh. 过去，把
自己的牌给他看，问道："告诉我，兄弟，你会怎么打？"年
轻的 Sh. 记起了波将金之前的指示，于是粗鲁地回答："这关
我什么事？你想怎么打就怎么打！"所有人都屏住呼吸看波将
金会如何回应这样的放肆行为。波将金说："天哪，别人真不
能和你讲话，巴金卡。你的脾气这么大！"B 公爵看到这景象，
相信 Sh. 一定深得波将金和叶卡捷琳娜大帝宠爱，所以才敢这
么放肆。于是他放弃了向 Sh. 收债。[112]

　　赌客一般赌的是成卷的钞票，但波将金早就忘记了金钱的
价值，所以他坚持赌宝石，于是把一大堆光辉璀璨的宝石堆在
绿色赌桌上。[113]冒险家们经常用决斗来解决赌债，但波将金这
样身份的人是不会决斗的。不过，与他一起玩的赌客会冒险作
弊，因为波将金赌博是为了乐趣，他的背后是叶卡捷琳娜大帝
取之不尽、用之不竭的金库，而其他人则要把自己的全部身家
押在牌桌上。赌客之一（可能是叶尔莫洛夫的舅舅列瓦绍夫）
输给了波将金，用不值钱的莱茵石冒充钻石来支付，波将金一
言不发，但安排马车夫对其进行报复。当天下午正逢暴风雨，
波将金与赌客同乘马车。马车走到一片被水淹没的田野时，波
将金对马车夫喊道："走吧！"于是车夫把赌客丢下，带着波
将金驾车跑了。赌客只得步行回家，一连走了几个钟头，丝绸
衣服都被浸透了。波将金已经先行抵达，从窗户里对他哈哈大
笑，但始终不提此人作弊的事情。[114]

　　波将金禁止任何人打断他的牌戏。如果他打牌的时候有信

使传唤他去参加国务会议，他会干脆拒绝起身。如果信使谦恭地问他为什么不肯走，波将金就怒道："《诗篇》第 1 章第 1 节。"国务会议的成员查阅《圣经》，发现这一段是："不参加恶人的会议。"① 这一句话就可以同时体现出波将金的才智、超强记忆力、傲慢、神学知识和嗜赌如命。[115]

在黄昏和黎明之间，波将金还会于百忙之中批阅大量公文。他的很大一部分工作都是在夜里完成的。他的秘书们在一旁侍奉，而波波夫往往就在赌博和狂欢之间拿着纸笔站在波将金的椅子背后，等候他的命令，记录他的所思所想。

黎明

失眠的波将金终于就寝的时候，他情妇之一的马车有时会停在冬宫外的百万大街。马车内的女士渴望地、充满爱意地观察着黎明前不久波将金房间内仍然亮着的烛光。"我经过了你的屋子，看到灯火通明。你肯定在打牌。我亲爱的公爵……给我这份愉悦，看在我的分上，不要熬夜到早晨四五点钟……我心爱的公爵。"[116]

因为波将金旅行时也离不开他的英式园林，所以他的园艺师威廉·古尔德的下落能够清楚地体现波将金的行程安排。1786 年末，这位英国的"园林皇帝"带着大批园丁和工匠组成的"总参谋部"浩浩荡荡地动身南下。了解波将金的人都明白，这意味着有大事要发生。[117] 女皇即将开始自己的辉煌南巡，去克里米亚会见神圣罗马皇帝。这趟旅程将受到全欧洲的

---

① 这是字面意思。和合本中文《圣经》的译法是：不从恶人的计谋。

密切关注。1786 年 11 月，女皇南巡的主持人波将金启程，去对行程安排做最后的检查。这趟旅行期间，他选择了比以往更加抢眼的随行人员：一位在日记中记录自己在乌克兰风流韵事的委内瑞拉解放者和江湖骗子，还有一位曾受塔希提王后引诱、渴望成为威达①国王的海盗。

注 释

1 IV（1889）vol 37：683-4, G. P. Alexeev.

2 Thiébault vol 2 p 78.

3 RA（1877）1 p 479 Ribeaupierre.

4 RGADA f11.

5 Castera vol 3 p 296.

6 SIRIO 23（1878）：300, CII to Baron F. M. Grimm 5 April 1784.

7 M. Fournier-Sarloveze, *Artistes Oubliés*, pp 95-6.

8 Ségur quoted in Castera vol 2 p 333.

9 Masson p 110.

10 Davis p 148. SIRIO 54（1886）：148-9, Duc de Richelieu, 'Journal de mon voyage en Allemagne'.

11 Ségur quoted in Castera vol 3 p 333.

12 SIRIO 54（1886）：148-9, Richelieu, 'Mon voyage'.

13 Ségur quoted in Castera vol 2 p 333.

14 Ségur, *Memoirs*（Shelley）pp 210-11.

15 利尼亲王对波将金的著名描述，见 *Letters*（Staël）vol 2 p 6, Prince de Ligne to the Comte de Ségur August 1788, Ochakov. 除非另做说明，这是本章中利尼亲王引言的资料来源。SIRIO 53（1886）：p 147-8, Richelieu, 'Mon voyage'.

16 Davis p 148.

17 Ségur, *Memoirs*（Shelley）p 252.

---

① 历史上的威达王国在西非海岸、今天的贝宁境内，是主要的奴隶贸易据点。1727 年，威达王国被达荷美王国征服。

18 Anspach, *Journey* p 137, 18 February 1786.

19 RGIA 1146. 1. 33.

20 SIRIO 33 (1881): 239, Grimm to CII, 10/21 September 1786, Paris.

21 RGADA 11. 889. 2, Prince Lubomirsky to GAP, 15 August 1787.

22 B&F vol 2 p 194, JII to Count Cobenzl 12 September 1787; p 55, Cobenzl to JII October 1785. RGADA 11. 928. 8, Cobenzl to GAP 26 March 1786.

23 RGVIA 52. 2. 61. 7, Prince F. M. Golitsyn, Russian Ambassador to Vienna, to GAP 26 August/6 September 1781.

24 Miranda p 272, 6 and 7 March 1787.

25 RGADA 85. 1. 488, L 204, CII to GAP. SIRIO 23 (1878): 333, 372, 374, CII to Grimm 15 April 1785 and 17 February 1786. And 17 June 1786, Pella.

26 Damas p 109. SIRIO 26 (1879): 315, Marquis de Parelo.

27 Ségur, *Mémoires* 1859 pp 358-9. 波将金死后留下的衣物的清单。CHOIDR (1891) book IV pp 15 - 53. Spisok domov i dvizhimogo imushchestva G. A. Potemkina-Tavricheskogo, kuplennogo u naslednikov ego imperatritsyey Ekateranoy II. Also SIRIO 54 (1886): p 148-9, Richelieu, 'Mon voyage'.

28 Brockliss, 'Concluding Remarks', in Elliott and Brockliss pp 298-9.

29 Harris p 338, H to Viscount Stormont 16/27 February 1781.

30 Brockliss, 'Concluding Remarks', in Elliott and Brockliss p 282.

31 Waliszewski, *Autour d'un trône* vol 1 p 153.

32 SIRIO 23: 84, CII to Grimm 2-4 March 1778.

33 SIRIO 23: 73, CII to Grimm 22 December 1777, St Petersburg.

34 Anspach, *Journey* p 137.

35 Wiegel vol 1 p 291 J. H. Plumb *Sir Robert Walpole: The Making of a Statesman* p 124. Frederick K. Goodwin and Kay Redfield Jamison, *Manic - Depressive Illness* pp 332-67 esp. pp 342-56. See also Kay Redfield Jamison, *The Unquiet Mind*.

36 Ségur, *Memoirs* (Shelley) pp 210-11.

37 Ségur, *Memoirs* (Shelley) p 212.

38 *Moskvityanin zhurnal* (1852) no 2 January book 2 p 88.

39 Thiébault vol 2 p 78.

40 SIRIO 26 (1879): 35, Parelo.

41 Engelhardt 1997 p 68.

42 *Moskvityanin zhurnal* (1852) no 2 January book 2 p 92.

43 Castera vol 3 p 128.

44 Miranda p 238, 13 January 1787.

45 RGADA 5. 169. 1, Prince Charles of Courland 2 March 1787, Cracow. RGADA
11. 925. 15, Princess Dashkova to GAP ud. RGADA 11. 946. 229, Professor Bataille to
GAP ud, 1784. RGADA 5. 17. 1-10, Frederick-William of Wü rttemberg to GAP 7/8
September 1784. RGADA 5. 166. 8, SA to GAP 7 May 1787. RGADA 11. 896. 1, Ernest
of Hesse to GAP ud, 1780. All unpublished. B&F vol 1 p 464, JII to Cobenzl 13 May
1784.

46 RGADA 11. 918. 1, G. Golovchin to GAP 22 August 1784（纳雷什金婚姻）。
RGADA 11. 937. 3, Count de Sayn and Wittgenstein to GAP（失去叶卡捷琳娜
大帝的恩宠）1 August 1780。RGADA 11. 946. 430-4, Elias Abaise Prince de
Palestine（?）to GAP August 1780. RGVIA 52. 2. 89. 145 and 146, Princess
Bariatinskaya to GAP 2 September 1790 and 11 March 1791, Turin. RGADA
11. 946. 303 and 315, Nicolas Carpoff toGAP 27 May and 25 September 1786,
Kherson. 上述文件均未发表。

47 RGADA 11. 946. 43-4, Elias Abaise Prince de Palestine（?）to GAP August
1780 and ud, unpublished.

48 Ribeaupierre p 479.

49 SBVIM vol 7 p 399, GAP to Rear-Admiral Count Mark Voinovich 9
October 1789.

50 Niemcewicz pp 79-80.

51 Niemcewicz p 79.

52 Ligne, *Letters* (Staël) p 75, Ligne to JII April 1788, Elisabethgrad.

53 RGADA 11. 867. 11, K. Branicki to GAP ud, unpublished.

54 RGADA 11. 946. 385, Alexis Deuza to GAP 24 August 1784, Ozerki, unpublished.

55 RGADA 11. 902a, Register of GAP's Debts.

56 RGADA 11. 946. 378, C. D. Duval to GAP February 1784, unpublished.

57 RGADA 52. 2. 35. 7, Pierre Tepper of Warsaw to GAP 25 September 1788,
unpub-lished.

58 Karnovich pp 265-9. Waliszewski, *Autour d'un trône* vol 1 p 155.

59 BM 33540 f6, SB to JB 20 January 1784.

60 SIRIO 54 (1886): 148-9, Richelieu, 'Mon voyage'.

61 Miranda pp 229-30, 1 January 1787.

62 Derzhavin vol 6 p 444.

63 BM 33540 f64, SB to Reginald Pole Carew 18 June 1784.

64 RGVIA f5 op 194 book 409, order to Brzokovsky 28 January 1787. Waliszewski,
Autour d'un trône vol 1 p 157.

65 RS 11 pp 722-3.

66 SIRIO 27: 238-9. ZOOID 11: 346-7.

67 Wiegel 1864 p 30.

68 Wiegel 1864 p 30.

69 Anspach, *Journey* p 137, 18 February 1786.

70 Shcherbatov p 245.

71 Saint-Jean ch 6 p 40.

72 Pole Carew CO/R/3/95, unpublished. 他也喜欢去英国朋友家吃饭，有时把他们的烤牛肉带回家。见本书第 20 章。

73 RGADA 11.881.1, Sacken to GAP re Ballez the cook 3/14 October 1778, unpub-lished.

74 Pole Carew CO/R/3/95, unpublished.

75 BM 33540 f65, SB to JB ud.

76 RGADA 11.901.9, Count Skavronsky to GAP 20 June 1784, unpublished.

77 Marc Raeff, 'In the Imperial Manner', in Marc Raeff (ed), *Catherine the Great: A Profile* pp 197-246. SIRIO 26 (1879): 309-10, Parelo.

78 Engelhardt 1868 p 89. Weidle p 152.

79 RGADA 11.864.36-77. RGADA 11.864.1.29. RGADA 11.864.1.16. RGADA 11.864.1.13. RGADA 11.864.1.12. RGADA 11.864.2.86. RGADA 11.864.2.73. RGADA 11.864.2.68. 有些来自匿名女人的书信的摘编已经发表于 RS (1875) 7。绝大部分尚未发表。

80 Ribeaupierre p 476.

81 Samoilov col 1574.

82 Wiegel 1864 p 30.

83 Ségur, p 361. B&F vol 1 p 484, Cobenzl to JII 3 November 1784. 根据 KFZ，索洛古布伯爵于 1781 年 5 月 28 日与娜塔莉亚·纳雷什金娜结婚。

84 RGVIA Potemkin Chancellery 52.2.35.33, Ferguson Tepper to GAP 11 January 1788, Warsaw, and GAP to Messrs Boesner 21 September 1788, Brody near Ochakov, unpublished. B&F vol 1 p 484, Cobenzl to JII 3 November 1784.

85 RGADA 5.85.2.31, L 217, CII to GAP 1 July 1787.

86 B&F vol 2 p 75, Cobenzl to JII 1 November 1786.

87 Reshetilovsky Archive (V. S. Popov's Archive) Prince GAPT's own private papers p 403.

88 Harris p 447, H to Charles James Fox 10/21 June 1782; p 281, H to Stormont 2 July/1 August 1780.

89 Harris p 281, H to Stormont 21 July/1 August 1780.

90 SIRIO 54 (1886): 147-8, Richelieu, 'Mon voyage'.

91 Harris p 200, H to Weymouth 24 May/4 June 1779. SIRIO 26 (1879): 309-16. Parelo 侯爵也对波将金的记忆力表示钦佩。

92 Cross, *On the Banks of the Neva* p 356. Sir John Sinclair quoted in Cross. SIRIO 26 (1879): 309-16. Parelo 侯爵认为,"识人之明"是波将金那样的"伟大大臣最突出的天赋"。

93 AKV 9: 86, Simon R. Vorontsov to Alexander R. Vorontsov 4/15 November 1786.

94 Miranda p 234, 8 January 1787.

95 Damas p 89-90.

96 SIRIO 42: 173, CII to Sénac de Meilhan 11 June 1791.

97 SIRIO 20 (1878): 605, CII to Grimm 27 August 1794.

98 RGADA 11. 946. 210 JB to GAP 25 February 1785.

99 ZOOID 4: 470, J. Grahov, Potemkin's Military Printing house.

100 Pole Carew CO/R/3/95, unpublished.

101 RGADA 5. 85. 2. 1, L 189, GAP to CII (early 1784).

102 Kazan State University 17: 262: 3 - 2300, 25 - 2708, 56 - 5700, 52 - 60. N. Y. Bol-otina, 'The Private Library of Prince GAP-T'.

103 Ségur, *Memoirs* (Shelley) p 359.

104 AAE 20: 330-5, Langeron, 'Evénements dans la campagne de 1791'.

105 Harris p 239, H to Stormont 15/26 February 1780. Pushkin, *Polnoye Sobraniye Sochineniya* vol 12 p 171. 波将金相信,在敌人当中生活可以磨炼自己的政治本领,培养自己的道德勇气。见第 31 章开头引用的他给甥孙 N. N. 雷夫斯基的建议。

106 Engelhardt 1868 p 42.

107 Pushkin, *Polnoye Sobraniye Sochineniya* vol 12 p 156. Madariaga, *Politics and Culture* p 167.

108 AVPRI 5. 585. 168, L 266.

109 AVPRI 5. 585. 128 - 31, L 388, GAP to CII December 1789. RGADA 5. 85. 2. 272-4, L 390, CII to GAP.

110 Ségur, 1826 vol 1 p 539.

111 Edvard Radzinsky, *Rasputin* p 501. Radzinsky 这里描写的是拉斯普京而不是波将金。波将金是有很高文化修养的贵族审美家,而拉斯普京是个没受过教育的西伯利亚农民,但他们有一些共同的根本性的俄国品质。波将金毕竟是在奇若瓦村的农民当中长大的,他把农民的一些思想与习惯带到了宫廷。波将金和拉斯普京都是俄国女皇或皇后最亲密的谋臣，但对历史产生了截然相反的影响。波将金加强了女皇和帝国的力量，并留下了伟大的遗产；而拉斯普京损害和污染了他的皇后和帝国，加速了皇后和帝国的毁灭，并且没有任何遗产可言。

112 Pushkin, *Polnoye Sobraniye Sochineniya* 12 p 811.

113 Amanda Foreman, *Georgiana*, *Duchess of Devonshire* pp 42 - 3, 126 - 7, 133. *Hoyle's Games*, new rev edn by C. Jones, London 1796, quoted in John Masters, *Casanova* pp 46-7.

114 *Moskvityanin zhurnal* (1852) January book 2 pp 3-22, 97-8.

115 Castera vol 2 p 279.

116 RS (1875) 7 p 681, anonymous woman to GAP.

117 RGIA 1. 146. 1. 33, unpublished.

第七部分

巅峰，
1787—1790 年

23　魔法剧场

　　路易十四会嫉妒他的姊妹叶卡捷琳娜二世，或者会娶
她……女皇接见了我……她回忆起了成千上万件事情，我
觉得只有君主才能记住这么多，因为他们的记忆力总是极
佳的。

——利尼亲王

　　1786 年 12 月 7 日，三十七岁的弗朗西斯科·德·米
兰达在赫尔松等候波将金。米兰达颇有文化修养，玩世不
恭，风流倜傥，是出身克里奥尔①贵族（不过他的贵族身份
存疑）的革命者，曾是西班牙军队的军官，后被开除，前不
久从君士坦丁堡来到赫尔松，目的是为委内瑞拉独立运动赢
得支持。此时，整个赫尔松都在为波将金的驾临做准备。他
正在做叶卡捷琳娜二世和神圣罗马皇帝访问克里米亚之前的
最后一轮视察。所有人都在等待。礼炮在准备，军队在操
练。有传闻说波将金已经快到了，但这位"神秘莫测的神
祇"（米兰达的说法）迟迟不来。"没人知道他下面要去哪
里。"让千万人等待他，正是波将金的权力的一大标志。没
有他亲身到场，就什么都办不成。他的权势越大，就越是迫

---

　　①　克里奥尔人是指殖民时代的一些混血族群，比如西班牙裔与非洲裔或印
第安人的混血儿。

使一切事务都停下来等候他。根据叶卡捷琳娜大帝的命令，必须用欢迎沙皇或至少是皇室成员的礼节来欢迎波将金。他惯于心血来潮，难以揣测，并且他旅行时行进的速度极快，可以事先毫无预警地突然降临到一座城镇，所以为了恭候他，大家必须做好充分准备。叶卡捷琳娜大帝逗弄他说："你不是行进，而是飞翔。"[1]

二十天后的 12 月 28 日，米兰达还在等待。日落时分，"万众期待的波将金公爵"终于在隆隆礼炮声中抵达。军人和官员纷纷向"最得宠的偶像"致敬。[2]米兰达被朋友带到公爵充满异国情调的宫廷，赫尔松能够容纳的所有"白痴和体面人"都聚集在那里。"天哪，真是一大群阿谀奉承之辈和奸诈的流氓"，米兰达写道，"但最让我觉得有趣的是，在那里可以看到五花八门的民族服装，有哥萨克、希腊人和犹太人的"，还有身穿普鲁士风格制服的高加索大使。突然出现了一个巨人，他不时鞠躬致意，不和任何人讲话。向波将金引见米兰达的人介绍说米兰达是一位西班牙伯爵（并非如此）。波将金很少说话，但对米兰达产生了好奇。

12 月 31 日，波将金的副官传唤米兰达。他去了之后发现波将金正在与卡尔·德·拿骚-西根公子饮茶。[3]"上帝请给我力量吧。"米兰达看到拿骚-西根的时候这样想。他在西班牙和君士坦丁堡的时候就认识拿骚-西根，并且非常鄙视他，也只有一个冒险家能够这样鄙视另一个。他俩都有过乱糟糟的经历。米兰达曾为西班牙军队效力，在阿尔及尔和牙买加那样遥远的地方打仗，在美国的时候结识了华盛顿和杰斐逊。四十二岁的拿骚-西根则是一个袖珍小国的继承人，一贫如洗，十五岁成为雇佣兵，参加过布干维尔①的环球远航，在那期间杀死过一头老虎，还曾试图在西非自立为威达国王，[4]并曾追求塔希提王后。回到欧洲之后，他于1782年指挥了法国和西班牙联军向直布罗陀的进攻，一败涂地，后来又向泽西岛发动过袭击。无论在战争还是阴谋活动中都冷酷无情而鲁莽冒失的拿骚-西根随后转往东方。他追求波兰寡妇桑古什科亲王夫人，他俩都误以为对方很富有。他们结婚之后才发现彼此其实手头拮据。他俩都是个性很强的人，不过婚姻倒是很幸福。他们在自己位于波多里亚②的庄园豢养了五十头熊来逐退哥萨克，这让华沙各沙龙的贵人啧啧称赞。不久前，波兰国王斯坦尼斯瓦夫-奥古斯特派遣拿骚-西根去请波将金平定他的波兰门客，于是拿骚-西根成了波将金的旅伴。但拿骚-西根也想赢得波将金的好感，从而获取在赫尔松的贸易权。[5]

波将金正在询问米兰达南美洲事情的时候，他的那不勒斯廷臣里瓦斯闯了进来，宣称波将金的情妇到了。此人自称塞夫尔"伯爵夫人"，但米兰达说："不管她的出身是什么，她都是个娼妓。"这不要紧。大家都争先恐后地去讨好她。她的伙伴是吉巴尔德小姐，即波将金外甥女的家庭教师，现在是波将金南方后宫的管理者。波将金亲吻了塞夫尔，让她坐在自己右侧。米兰达写道："波将金没什么讲究，可以随时和她做爱。"一支五重奏乐队开始演奏博凯里尼的曲子。随后几天，兴高采烈的

---

① 路易-安托万·布干维尔伯爵（1729—1811）是法国海军将领和探险家。他参加过七年战争和美国独立战争，对抗英国。1766—1769年，他领导的科考队环游了全球，深入太平洋。巴布亚新几内亚的布干维尔岛由他而得名。

② 波多里亚是欧洲历史上的一个地区，位于今乌克兰中西部和西南部，还包括今摩尔多瓦东北部的部分地区。

波将金在自己宫殿中塞夫尔"伯爵夫人"的套房里待客，让他的新朋友米兰达和拿骚-西根一直陪着他。这两人虽然风格不同，但都有可取之处。拿骚-西根被称为那个时代的"圣骑士"，米兰达则是南美解放运动之父。对后人来说幸运的是，米兰达在他充满怀疑精神、没有偏见的日记里记载了自己在波将金身边的经历。波将金在与他们讨论阿尔及利亚海盗和波兰前途的时候甚至亲手给他们做了油焖原汁肉块。米兰达很高兴看到廷臣们因为波将金对新朋友的亲热而嫉妒得"要爆炸"。[6]

波将金邀请拿骚-西根和米兰达陪他去视察女皇即将开始的南巡路线。波将金知道，叶卡捷琳娜大帝的南巡若是成功，他的地位就会无懈可击；如果失败，他的前途会不堪设想。欧洲各国政府都在密切关注。波将金兴建城市和建造舰队以威胁君士坦丁堡，这令英国、普鲁士和奥斯曼帝国如坐针毡。女皇的克里米亚之旅因为瘟疫而推迟，但总有人怀疑女皇之所以不能南巡是因为波将金在南方没有什么拿得出手的成绩。科本茨尔告诉约瑟夫二世："有人认为，南巡的准备工作不可能完成。"[7]

1787年1月5日晚上10点，波将金、米兰达和拿骚-西根从赫尔松出发了，高速穿过冰封的河流。这个时代的三个不寻常的男人同乘一辆马车。他们在夜间乘车疾驰，三次换马，途中在波将金的一处宅邸停留，次日早晨8点抵达彼列科普，即克里米亚的门户。他们在二十个小时内走了160英里。[8]走较短路程的时候他们乘坐一辆宽敞的大马车，但因为正逢隆冬，他们经常搭乘雪橇上的轻型车辆（原本是马车，拆掉了轮子），在白雪皑皑的草原上飞驰。草原上几乎没有别的旅人。乘坐这种雪橇车就像躺在太空舱里。"它们的形状和摇篮

一模一样，前方有窗，"克雷文夫人回忆道，"我可以在里面
坐着，也可以平躺，我感觉自己就像个大型的婴孩，舒舒服服
垫着枕头、裹着毯子，不用怕冷。"崎岖不平的地形和高速的
赶路让这种交通工具有很大风险。乘客一刻不停地"被震颤、
被猛烈地颠簸……最硬的脑壳也可能被撞破。我两次被掀
翻"。但俄国的车夫对此不以为意。如果翻车，他们就一声不
吭地下马，把车弄正，"也不管车辆有没有受损"，[9]然后继续
风驰电掣。

波将金视察了克里米亚各地，米兰达在那里看到了新的舰
队、部队、城市和种植园。他很欣赏辛菲罗波尔、巴赫齐萨
莱、塞瓦斯托波尔和卡拉苏巴扎尔等地为女皇准备的宫殿和威
廉·古尔德在这些宫殿周围建造的英式园林。他们抵达塞瓦斯
托波尔后，当地军官坚持为公爵举办舞会，大家为他祝酒时，
他脸红了。米兰达嘲笑了其中一些军官，他们就像"巴黎的
小少爷"一样"蹦来跳去"。随后他们视察了因克尔曼①，然
后骑马返回辛菲罗波尔。这群旅行者在那里狩猎了两天，与此
同时波将金在工作。[10]

波将金不管走到哪里，都有好几个中队的鞑靼骑兵护卫。
拿骚-西根告诉妻子："波将金的马车随时有五十名骑兵护卫。
我们经过的每个地方都有鞑靼人从四面八方赶来，乡间挤满了
人马，颇有战争的气氛。""圣骑士"觉得这一切"妙极
了"。[11]米兰达也注意到波将金很重视拉拢每个城镇的伊斯兰穆
夫提。波将金身边带着他的宫廷画家伊万诺夫，此人在陪同波

---

①　因克尔曼是克里米亚半岛的一座城镇，位于塞瓦斯托波尔以东五公里处。
据说在土耳其语中，"因克尔曼"的意思是"洞穴要塞"。

将金的旅行途中创作了很多画。波将金旅行时还带着乐师，从弦乐四重奏到乌克兰唱诗班，他们途中歇脚的时候必然奏乐。有一天，米兰达看到波将金在欣赏"一条非常有名的饰有钻石的珍珠项链"。[12] 米兰达"一辈子从未见过比它更高贵或更美丽的饰品"。这条项链价值连城，维也纳的宫廷首饰匠马克卖掉它的时候，买家的身份被严格保密。就连约瑟夫二世也想知道是谁买了它。最后科本茨尔向皇帝透露：波将金打算在女皇南巡时向她献上这条项链。[13]

三位旅行者在亨德森先生和他的两个身份可疑的"外甥女"（都是边沁兄弟招募来的）经营的英式奶牛场用茶，然后前往苏达克的葡萄园。波将金把一处葡萄园赠给拿骚-西根，而后者立刻从君士坦丁堡订购葡萄藤。他们检阅的部队给米兰达留下了深刻印象，他说基辅和塔夫利的各团"状态极佳"。随后这一行人参观了波将金位于卡法旧奴隶市场的铸币厂（经理是波将金的犹太商人朋友蔡特林）和他的新城镇费奥多西亚。

每天夜里和每次乘马车旅行的时候，波将金都与伙伴们做政治和艺术方面的探讨，话题从穆里罗的妙处到异端裁判所的罪孽，不一而足。他们三人在波将金的马车里相处融洽，也许过于融洽了，所以波将金为了娱乐，故意挑唆拿骚-西根和米兰达吵架。波将金故意斥责法国人对俄国忘恩负义，从而刺激有法国和德意志双重血统的拿骚-西根。委内瑞拉人米兰达也加入进来，辱骂法国。拿骚-西根勃然大怒，他告诉米兰达，西班牙女人全都是娼妓，绝大多数有性病；他遇见臭名昭著的阿尔瓦公爵夫人的时候，一个西班牙人立刻发出警报，说她"感染"了。米兰达听了大怒，于是和拿骚-西根争论哪个国家的性病更严重。波将金无疑在偷着乐。这样旅途中的时间会更容易消磨。[14]

20 日，波将金一行开始穿过草原，返回赫尔松。和往常一样，他们彻夜奔驰，通过地峡，在彼列科普用早餐并休息。米兰达在那里欣赏了波将金的一种新品种羊羔。天气太冷，旅行者们的面庞都冻僵了。"他们往脸上涂抹雪和油脂。这是当地治疗冻伤的办法。"波将金的副官鲍尔在那里等候他们。他花了七天半时间从皇村赶到彼列科普，宣布女皇已经启程，准备在基辅与波将金会合。[15]

天寒地冻的 1 月 7 日上午 11 点，在礼炮声中，14 辆马车和 124 架雪橇（还有 40 架备用雪橇）从皇村启程。在每个驿站有 560 匹备用马等候他们。叶卡捷琳娜大帝一行共 22 人，包括她的高级廷臣，还有法国大使塞居尔伯爵、奥地利大使科本茨尔和英国大使菲茨赫伯特。所有人都裹着熊皮，戴着黑貂皮帽子。数百名仆人陪同他们行进，包括 20 名跑腿小厮、30 名洗衣妇、专门清洁银器的仆人、药剂师、医生和黑人仆役。

女皇的马车由 10 匹马拖曳，内设铺着软垫的凳子和地毯，非常宽敞，足以让人站立。一共有 6 个座位，每个座位都很重要。① 旅行的第一天，这辆马车上坐着女皇、"红衣先生"马

---

① 女皇的旅行让她与皇储又吵了一次。她想把保罗大公的两位小皇子亚历山大和康斯坦丁带在身边，遭到了保罗的坚决反对。他想参加南巡，但叶卡捷琳娜大帝决不允许"沉重的包袱"毁坏她的荣耀。保罗绝望之下甚至恳求波将金劝女皇把两个小皇子留在都城。对保罗来说向波将金求助非常屈辱，因为这意味着他认可了波将金的权力。波将金可能帮助了保罗把两个孩子留在父母身边，这表明波将金的善意压倒了政治上的便利。而亚历山大生病了，只能留在都城，这实际上直接解决了问题。——作者注

莫诺夫、宫廷女官普洛托索娃、御厨大臣纳雷什金、宫廷总管舒瓦洛夫和科本茨尔。这个时代的皇室旅行也很颠簸和辛苦，关键在于想办法消磨时光而避免损害外交利益。所以，每隔一天，舒瓦洛夫和纳雷什金就与塞居尔伯爵和菲茨赫伯特交换座位，[16] 叶卡捷琳娜大帝说这是她的"袖珍大臣们"。[17] 每个人都知道自己即将见证毕生难见的盛景。

下午 3 点天就黑了，好在路两边有柏木、桦木和冷杉木的篝火，形成"一条亮如白昼的大道"，马车和雪橇借着这光亮在冰冷的道路上继续飞驰。波将金命人不分昼夜地照管这些篝火。女皇试图继续恪守自己在圣彼得堡的生活习惯，每天早晨 6 点起床，然后工作。她与"袖珍大臣们"共进早餐，9 点上路，下午 2 点停下来吃午餐，然后一直行进到晚上 7 点。不管走到哪里，都有宫殿准备好了迎接她。宫殿里的炉子热腾腾的，塞居尔伯爵"更害怕炉子的热度……而不是室外的寒冷"。他们打牌和聊天到晚上 9 点，然后女皇继续工作到就寝的时间。塞居尔伯爵很享受这样的经历，不过女皇不能容忍他那些下流的笑话。性格忧郁的菲茨赫伯特焦躁易怒，他把自己的俄国情妇留在了都城，所以感觉无聊。他向杰里米·边沁抱怨"同样的家具、雷同的饭菜"，女皇的马车"只不过是在帝国各地流动的圣彼得堡"。[18] 女皇和"红衣先生"到宫殿就寝，而大使们有时在附近的庄园过夜，有时只能在臭烘烘的农舍凑合一晚。[19]

他们赶往西南方的基辅。外国大使们在途中观察了传统的俄国。"女皇陛下抵达某地的一刻钟之前"，当地农民"开始匍匐跪拜，直到女皇离开一刻钟之后才起身"。[20] 人群蜂拥前来欢迎女皇，但她和弗里德里希大王一样蔑视他们的顶礼膜拜："老百姓出来看一头熊也是这样的。"[21] 女皇经过了波将金的庄

园克里切夫，杰里米·边沁看见她经过当地的主街，"路两边
装饰着冷杉树枝和其他常青树的树枝，成桶的焦油为道路提供
照明"。[22] 旅途中每天都有舞会。她对格林夸耀道："我们就是
这样旅行的。"[23]

1 月 29 日，她抵达基辅，宫廷人员将在那里逗留三个月，
等待第聂伯河解冻。"来自欧洲各地的一大群旅行者到那里"
等她，包括利尼亲王。[24] 通往基辅的道路上挤满了达官贵人。
一位前去觐见叶卡捷琳娜大帝和波将金的波兰贵妇写道："我
一辈子从未见过这么多欢乐、魅力十足又机智风趣的人。"①
"我们在这些肮脏的犹太客栈吃的饭菜相当不错……如果我们
闭上眼睛，可以想象自己在巴黎。"[25]

叶卡捷琳娜大帝此时收到了波将金从克里米亚写来的信：
"这里，草地已经开始葱翠。我相信花儿也快绽放了……我向
上帝祷告，希望这片土地足够幸运，能让您，我的养母，满
意。那样的话我会非常开心。再见，我亲爱的小妈妈。"[26]

波将金日夜兼程赶往克列缅丘格，途中享受音乐，并听着
两位旅伴关于哪个国家的性病更猖獗的争吵。用拿骚-西根的
话说，他们的行驶"速度快如魔鬼"。[27] 尽管肩负重担，并且
欧洲各国的好几位帝王和一半廷臣都要来参观他的成绩，但波

---

① 这位贵妇是穆尼谢赫伯爵夫人，原名乌苏拉·扎莫伊斯卡，是波兰国王
的外甥女。斯坦尼斯瓦夫-奥古斯特波将金在 1775 年曾向她求婚。这
是不大可能的。现在的波将金对她显然没有恶意，他让叶卡捷琳娜大帝
向她授予勋章。同时得到勋章的还有亚历山德拉·布拉尼茨卡。——作
者注

将金似乎整天忙着听音乐会。"我们终日听音乐。"米兰达惊叹道。他们时而听小号,时而听萨尔蒂的清唱剧,时而听乌克兰合唱,然后是更多的博凯里尼四重奏。虽然表面上漫不经心,但波将金一定在加倍努力工作并神经紧张地咬自己的指甲。他的成绩并不完美。叶卡捷琳娜大帝抵达基辅两天后,他检阅了十个中队的龙骑兵。"太差了,"米兰达记录道,"波将金不是很高兴。"波尔塔瓦附近的一个胸甲骑兵中队的状态太差,根本不堪检阅。

女皇在基辅等待,而波将金的准备工作在加速进行,其中有很多无法预测的因素。他命令拿骚-西根和米兰达陪他一起去基辅见女皇。2月4日,检阅部队并参加派对之后,波将金接见了流亡的摩尔达维亚领主亚历山大·马夫罗克达特,土耳其人刚刚违背《库楚克开纳吉条约》的精神,废黜了他。俄国和奥斯曼帝国之间的气氛越来越紧张。

米兰达赶去为自己定做廷臣的服装。他回家之后,发现仆人为他找了个俄国姑娘,她的"床上功夫可以与最风骚的安达卢西亚女人相比"。次日早晨,一名副官宣布,波将金已于早晨5点乘坐雪橇启程去基辅,"没有对任何人说一句话"。下午3点,拿骚-西根和米兰达各自乘坐雪橇去追赶波将金。他们当然始终赶不上他,因为18世纪没有比波将金行进速度更快的人。积雪很柔软,这让雪橇容易陷入雪地或者倾覆。他们订了新的马匹,但还是耽搁了好几个小时。两天后米兰达抵达基辅海关时发现拿骚-西根已经取走了波将金的书信。这个无所顾忌的阴谋家经常这样做。"乱七八糟。"米兰达写道。[28]

基辅位于第聂伯河右岸,是"希腊-斯基泰人"想象中的一大片"废墟、修道院、教堂、未竣工的宫殿",是一座衰败委顿的俄国古城。[29]大家全部抵达后,基辅复现奢华:"人们惊讶地同时看到了富丽堂皇的宫廷、春风得意的女皇、富裕而爱吵架的贵族、骄傲而奢侈的王公",以及帝国所有民族的人,包括顿河哥萨克、格鲁吉亚王公、吉尔吉斯酋长和"野蛮的卡尔梅克人,他们是匈人的真正后裔"。塞居尔伯爵说这是一个"魔法剧场,它似乎将古代与现代混合在一处,将文明与野蛮融为一体"。[30]

科本茨尔下榻的豪宅就像专供外国人使用的绅士俱乐部,不过另外两位"袖珍大臣"各有自己的豪宅。现在有法国人、德意志人、很多波兰人和一些美国人,包括身材矮小、名副其实的路易斯·利特尔佩奇①,他刚刚被任命为波兰国王斯坦尼斯瓦夫-奥古斯特的宫廷总管。利特尔佩奇年方二十五岁,是弗吉尼亚的绅士和乔治·华盛顿的朋友,曾在直布罗陀和梅诺卡岛与英国人作战,也是热情洋溢的业余戏剧演员和制片人,在拿骚-西根的住宅首演了波兰版本的《塞维利亚的理发师》。现在利特尔佩奇成了斯坦尼斯瓦夫-奥古斯特在波将金宫廷的耳目。[31]这群外国人当中的老资格是利尼亲王,他"与地位相当的人亲切友好,受到地位不如他的人的爱戴,与王公甚至君主称兄道弟,能让所有人都轻松自如"。不过,并不是所有人都臣服于他的魅力,米兰达就觉得利尼亲王是个令人作呕的马屁精。[32]

然后是波将金的宫廷。这位"修道士"到基辅之后立刻搬进了庞大的洞穴修道院。它半是教堂,半是要塞,是一座墓穴般的中世纪迷宫,由许多地下厅堂、拥有二十一座圆顶的教

---

① 英语中"利特尔佩奇"（Littlepage）可以理解为"小侍从"。

堂和地下房间（其中很多是在城市下方的洞穴里挖掘而成的）构成。七十五位圣徒的遗体躺在这里清凉的地下墓穴，身穿丝绸，金身不朽。波将金在那里接待廷臣的时候，仿佛"人们前来拜见的是君士坦丁堡、巴格达或开罗的维齐尔。这里一片静默肃杀，令人生畏"。在女皇宫廷的时候，波将金身穿陆军元帅的制服，身上的勋章和钻石叮当作响。他的衣服上绣有大量蕾丝，头发扑了粉，银带扣熠熠生辉。但在自己的修道院的时候，他穿着自己最喜爱的毛皮大氅，躺在沙发上，浓密的头发没有梳理，假装"忙于下棋"所以没有注意到出现在他宫廷的一大群波兰和格鲁吉亚王公贵人。塞居尔伯爵担心自己身为法国大使，如果受到波将金的冷遇会损害法国国王的尊严，于是"我决定这样……"波将金连眼皮都不从棋盘抬起，于是塞居尔伯爵走近他，捧起他雄狮般的脑袋，紧紧拥抱，然后若无其事地坐在沙发上，就坐在波将金身旁。私下里，波将金会放下傲慢的姿态，恢复成快快活活的样子，[33]周围簇拥着外甥女布拉尼茨卡和斯卡乌龙斯卡娅、拿骚-西根、米兰达和作曲家萨尔蒂（"穿得像通心粉，很滑稽"）。波将金珍爱自己的好朋友塞居尔伯爵，仿佛他"是个孩子"。[①]

---

① 打进波将金的亲信圈子之后，塞居尔伯爵注意到，波将金经常溜进一个小房间。塞居尔伯爵尝试跟进去，但被波将金的外甥女们用"花言巧语"拦住。最后塞居尔伯爵发现那个房间里是一幅东方式的景象，堆满了珠宝和走私商品，周围簇拥着商人和旁观者。而房间中央正是塞居尔伯爵自己的贴身男仆埃夫拉尔，他走私时被人赃俱获，赃物被拿到这里拍卖，波将金无疑搞到了其中最好的宝石。塞居尔伯爵十分窘迫，当场解雇了自己的男仆，但波将金的外甥女们显然喜爱巴黎的最新时尚，便劝他不要这么做。"你最好对他好点，"波将金说，"因为出于奇特的机缘，你会发现自己是他的……同谋。"他的男仆或许是因为走私被抓，但法国国王的大使显然是被波将金的笑话讥讽了一把。——作者注

基辅暂时成了俄国的都城。就连利尼亲王也对这些景象感到惊异："老天呀！这么多随从！这么喧嚣！这么多钻石、金星和勋章！有多少金链子、缎带、头巾和皮毛镶边或尖顶的红帽子！"[34] 波将金带着他的客人米兰达和拿骚-西根四处纵情享乐，打牌、吃喝、跳舞。波将金的外甥女们比以往得到更多恭维和追捧，仿佛她们是女大公。外国大使和俄国大臣熙熙攘攘地聚集在布拉尼茨卡的住宅，米兰达对在那里所见的波托茨基和萨皮哈等波兰"一方诸侯"的"财富与辉煌"感到难以置信。[35]

2 月 14 日，波将金向女皇引见了米兰达。她很喜欢他的阳刚气概，询问他关于宗教裁判所的问题（他自称是宗教裁判所的受害者）。从那以后，米兰达就不仅是波将金的亲信，也是叶卡捷琳娜大帝的亲信。不过，没过多久他就腻烦了。他写道："和常客一起打牌。"拿骚-西根向妻子抱怨，打牌的赌注"有点高，居然有 200 卢布"。他毕竟是在和女皇与波将金打牌，赌注怎么可能不高呢。大多数夜晚的末尾，他们在列夫·纳雷什金的住处放松和享乐，就像在圣彼得堡时一样。[36]

大家和往常一样，对叶卡捷琳娜大帝和波将金的性生活兴趣盎然。大使们向自己国家的宫廷发送报告，所有旅行者都记录下自己能搜罗到的所有信息。叶卡捷琳娜大帝身边总是有马莫诺夫相伴，拿骚-西根说他的"好运气全都要感谢波将金公爵，他自己对此心知肚明"。但也有一些关于米兰达的谣言。妒火中烧的年轻美国外交官斯蒂芬·塞尔声称："没有什么东西逃得过米兰达的爪子，哪怕是全俄女皇。这让我很羞愧，因为我在她的都城待了二十一个月，却始终没能打进她庞大而知名的领地的最内层。"[37]

　　自称塞夫尔"伯爵夫人"的女人在吉巴尔德小姐陪伴下，在基辅停留的初期享有波将金"短暂的爱慕"，此外还有他的两个外甥女。但塞夫尔"最得宠的苏丹娜"的地位很快被某位纳雷什金娜夺走，[38] 米兰达在纳雷什金家的庆典上见过她。女皇也在那里用餐。"大家玩游戏，听音乐，载歌载舞。"叶卡捷琳娜大帝与波将金、塞居尔伯爵和马莫诺夫玩惠斯特牌，随后传唤米兰达来探讨格拉纳达的建筑。晚上 10 点她照例离开之后，真正的狂欢才开始。纳雷什金娜跳了一支哥萨克舞，然后是一支俄国舞。米兰达认为她的俄国舞"比我们的凡丹戈舞①还要下流……舞跳得真好……肩膀和后背的动作多么轻柔！她的舞姿简直能起死回生！"

　　波将金显然和米兰达一样欣赏她的优美舞姿，因为他"和 M. 纳雷什金娜小姐单独待了一个钟头……为了在某个政治事件上说服她"。米兰达听见她"发出叹息"，她听了波将金的故事之后惊呼"如果那是真的该多好！"[39] 一份可疑的史料还说波将金在此期间，在叶卡捷琳娜大帝的房间外勾引了扎哈尔·切尔内绍夫的女儿。② 那姑娘尖叫起来，吵醒了叶卡捷琳娜大帝。这个故事不大可能是真的，因为波将金从不缺少女性的陪伴。[40]

---

　　① 凡丹戈（Fandango）是一种西班牙舞曲，属于弗拉明戈舞的一种。曲调轻快，一般用吉他和响板伴奏，有时可以加入人声歌唱。18 世纪时通过西班牙宫廷开始在欧洲流行。格鲁克的舞剧《唐璜》、莫扎特的歌剧《费加罗》和尼古拉·安德烈耶维奇·里姆斯基-科尔萨科夫的《西班牙随想曲》中都有凡丹戈舞曲。

　　② 这很像帕默斯顿勋爵在温莎的时候企图强暴维多利亚女王的宫廷女官之一。只是维多利亚女王不会高兴，而叶卡捷琳娜大帝则可能会感到好笑。——作者注

波将金的随行人员，包括米兰达和拿骚－西根，都和他一起住在修道院，但他们的行为举止一点都不像僧侣。基辅成了寻欢作乐的场所，这让乌克兰的妓院生意兴隆。米兰达和波将金的副官之一基谢廖夫"去了一个波兰犹太女人的妓院，她那里有非常好的姑娘，今晚有最好的货色"，但当他们在陆军元帅鲁缅采夫－扎杜奈斯基的住处度过了一个下午再赶过去的时候，"我只找到一个姿色非常一般的波兰女人"。米兰达看到即便是乌克兰省份的姑娘也穿着法国时尚的衣服时吃了一惊："真该死！法国式的轻浮已经把人类污染到了什么程度？"基辅的妓女们劳累过度，但不同的廷臣仍然激烈地争夺她们。米兰达和波将金的副官刚刚来到妓院，叶卡捷琳娜大帝的年轻宫廷侍卫们就强行闯进来，霸占了所有姑娘。米兰达怒火中烧，因为他把享乐看得非常重要。最后，他找到了波兰犹太人老鸨，向她解释基谢廖夫想要什么样的服务，这时基谢廖夫也发火了。米兰达嘟哝道："哎呀，男人要想在爱情和性癖好方面自由行事，是多么困难！"这两个登徒子几天后交了好运，找到了一个十八岁的交际花和她的女仆。基谢廖夫负责那个女仆。米兰达则"试图征服女主人，最后她同意了三杜卡特的价格（她起初的开价是十杜卡特）"。他幸福地"和我的仙女待在床上……她的技术很好，我很享受"，但也许他的愿望并没有得到完全满足："她不准我进去。"次日早晨，"神圣星期四，我们在佩切尔斯基教堂听了神圣圣礼，女皇也到场了……"从波兰犹太娼妓那里出来之后去参加女皇的圣礼，这就是基辅的生活。[41]

寻欢作乐的背后也有阴谋诡计的暗流。大使们努力打听究竟发生了什么，但"叶卡捷琳娜大帝、波将金公爵和别兹博罗德科伯爵三人牢牢掌握着政治机密"。塞居尔伯爵宣称，在遥远的巴黎，路易十六召开了显贵会议（后来造成致命后果，因为这是走向法国大革命的第一步），女皇向他道贺。"所有人的心思都秘密地被自由主义情绪煽动起来。所有人都渴望改革。"叶卡捷琳娜大帝和波将金也在谈论改革，但他们看到了巴黎的不祥之兆。叶卡捷琳娜大帝在给格林的信中写道，"我们对法国的事情印象不佳"，并承诺让波将金给格林送去一些"德尔维希①音乐的谱子"。[42]

波兰最富裕也最桀骜不驯的一些"诸侯"来到了基辅，这反映了现实的冰冷。叶卡捷琳娜大帝在给格林的信中写道："半个波兰都来了。"女皇正在安排与波兰国王斯坦尼斯瓦夫-奥古斯特见面，他俩在18世纪50年代曾是情人。波将金决定先见波兰国王一面，讨论他与叶卡捷琳娜大帝的峰会的议程。波将金在继续拉拢波兰，这既是为了保障他个人的利益和安全，也是为了执行俄国对波兰的政策。作为出身斯摩棱斯克的贵族，他自幼对波兰有特殊的同情，但他的两个近期目标是提高自己作为波兰权贵的地位，并在即将开始的针对土耳其人的战争中赢得波兰的支持。

波兰事务错综复杂而且极不稳定，所以波将金没有公开主张任何一种政策，而是随机应变，表现得很神秘。他同时执行着至少三种政策。第一种政策，即他继续经营波兰内部的亲俄

---

① 德尔维希是伊斯兰教苏非派教团的成员。这些神秘主义者强调通过狂喜、舞蹈和旋转来表达献身的情感。德尔维希可以集体生活，也可以在俗；云游四方的德尔维希叫作托钵僧，常被视为拥有神奇力量的圣人。多数穆斯林将他们视为非正统和极端分子，但该运动已持续至今。

派，该派系以波将金的外甥女婿布拉尼茨基和一群权贵为核心，与斯坦尼斯瓦夫-奥古斯特国王敌对。[43]

1786 年末，他开始执行第二种政策：在波兰境内购买面积广袤的大庄园。1775 年授予他波兰贵族身份的法令让他能够这么操作。（他于 1783 年卖掉了在俄国的一些庄园，并即将卖掉克里切夫建筑群。）现在他告诉米兰达，他刚刚在波兰买了面积超过 30 万英亩、价值 200 万卢布的庄园。[44]基辅有传闻说，这些庄园包括 300 个村庄和 6 万农奴。[45]1786 年末，波将金与克萨韦里·卢博米尔斯基公爵做了一笔复杂的交易，买下了庞大的斯米拉①和麦西里茨庄园，它们位于第聂伯河右岸，就在插入俄国领土的波兰基辅省三角地带之内。在波将金去世时光是斯米拉就有 11.2 万男性农奴，相当于 18 世纪一座小城市的人口总和。它拥有自己的贵族法庭，自己的司法体系，甚至还有一支私人军队。[46]

波将金买这些庄园用的是自己的钱，但这些钱的最终来源也是俄国国库。在他眼里，这些收购不仅是他个人的生意，也是俄罗斯帝国的生意。卢博米尔斯基此时已经是波将金的黑海舰队所需木材的主要供应商，波将金因此等于是收购了自己的供货商，从而创建了一个半私有制、半公有制的商业集团。[47]但是，收购庄园的意义不止这些。得到这两座庄园之后，波将金成了波兰的一位大权贵，在俄国之外拥有了自己的私人领地基础。并且这也是俄国在用私有化的手段吞并波兰领土，就像特洛伊木马，让他能够渗透波兰的政治体制。叶卡捷琳娜大帝曾打算把库尔兰公国册封给波将金，或者给他新建一个达契亚

---

① 斯米拉是今天乌克兰中部的一座城市。

王国，如果不是给他波兰王位的话。在基辅的时候她对自己的秘书说："波将金在波兰新近购买了大片土地，也许他能够借此独立于俄国和波兰。"她明白，一旦保罗登基，波将金的处境就会很危险。然而，波将金的谋划也让她感到不安。当年晚些时候，他向她解释说，他购买这些土地"是为了成为地主，并获得参与俄国和波兰两国事务并指挥两国军队的权利"。[48] 与波兰扯上关系的事情都很复杂，波将金收购斯米拉的事件也成了泥潭，在卢博米尔斯基家族内部导致了一系列法律诉讼和争吵，让波将金卷入谈判和诉讼四年之久。[49]

斯坦尼斯瓦夫-奥古斯特国王代表着波将金的第三种波兰政策。波将金虽然用布拉尼茨基和收购土地来暗地里攻击斯坦尼斯瓦夫-奥古斯特，但他对这个没有实权的审美主义者和过分真诚地支持启蒙思想的知识分子一直有好感。他俩之间通信的语调比普通的外交礼节要温暖得多，至少波将金写的信是这样。波将金认为，如果俄国与斯坦尼斯瓦夫-奥古斯特缔结条约，就能赢得波兰的支持、共同对抗土耳其人，并把波兰控制在俄国的势力范围之内、阻止普鲁士染指波兰。那样的话，波将金本人就能够以波兰贵族的身份指挥波兰军队。达成这些目标的最好办法就是拉拢斯坦尼斯瓦夫-奥古斯特国王。

一些波兰权贵到了基辅，希望抢在他们的国王与叶卡捷琳娜大帝会谈之前攻击他，并赢得波将金的支持。[50] 米兰达在布拉尼茨基住宅的一次宴会上评论道："这些第一流的波兰权贵在波将金公爵面前奴颜婢膝。"政治和通奸是这些活动的暗流，所有波兰人"自我欺骗，互相欺骗。所有人都和蔼可亲，他们的妻子就不是那么好脾气了……"他们整个表演的目的是提升自己在波将金眼中的地位，但利尼亲王开玩笑地说："想吸引波将金的目光可不容易，因为他只有一只眼睛，而且还近视。"[51]

波将金展示自己权力的办法是对波兰人打一批，拉一批。所有人都渴求波将金的注意。利尼亲王、拿骚－西根和路易斯·利特尔佩奇各自代表自己的主公与波兰人搞阴谋。布拉尼茨基嫉妒拿骚－西根，因为他和波将金住在一起，所以是"战场的主宰者"。[52]布拉尼茨基和菲利克斯·波托茨基试图让波将金相信斯坦尼斯瓦夫－奥古斯特反对他在波兰购买土地，当然，波将金的行为在波兰造成了一些不安也是意料之中的事情。[53]亚历山德拉·布拉尼茨卡和女皇的关系非常亲密，以至于波兰人造谣说她是女皇的私生女。[54]波将金对布拉尼茨基那些笨拙的阴谋很恼火，"和他大吵一架"，亚历山德拉因此病倒。[55]但他让女皇热情接见了布拉尼茨基和菲利克斯·波托茨基，而女皇对这两人的批评者伊格纳齐·波托茨基和萨皮哈亲王"不屑一顾"。[56]

就连米兰达也卷入了波兰人的游戏。有一次，当着一些波兰权贵的面，米兰达向波将金问候时没有起身。米兰达应当明白，波将金的身份可以算是帝王，而帝王对这样的礼节是非常敏感的。外来者永远不能把波将金的恩宠视为理所当然。米兰达既非西班牙伯爵也非上校的传闻也可能是波将金对他的态度变冷淡的原因之一。波将金立时对他冷若冰霜。[57]

3月初，波将金在拿骚－西根、布拉尼茨基和施塔克尔贝格（俄国驻华沙大使）的陪同下行进二十八英里，去齐瓦斯托夫会见波兰国王。时隔多年，波兰国王正在紧张地等待与叶卡捷琳娜大帝的重逢。[58]波将金身穿布拉茨拉夫省①波兰贵族

---

① 布拉茨拉夫是今天乌克兰西部的一座城镇。

的制服，佩戴波兰勋章。他对待波兰国王（利特尔佩奇在一旁作陪）的态度仿佛波兰国王是他的君主。国王同意了波将金关于俄国与波兰结盟对付奥斯曼人的提议。波将金希望波兰国王册封他为斯米拉的封建领主，在那里建立一个小邦，于是让施塔克尔贝格试探斯坦尼斯瓦夫-奥古斯特的态度。国王回复说，在改革波兰政体的问题上他需要俄国的同意。波将金在国王面前骂伊格纳齐·波托茨基是"化石"，菲利克斯·波托茨基是"傻瓜"，但布拉尼茨基真不是个坏人。[59]波将金被国王"迷住"了[60]——"至少在一个短暂时期内"。[61]波兰国王与叶卡捷琳娜大帝的峰会安排得到了确认。

两天后，米兰达在基辅紧张地等待波将金回来。但波将金不是记仇的人，回来之后对米兰达很亲热，仿佛他是失散多年的朋友。波将金兴高采烈地说："我们好像一个世纪没见了。"[62]叶卡捷琳娜大帝从基辅启程的时间越来越近，她需要与米兰达分别了。女皇通过马莫诺夫向米兰达提议，让他为俄国效力，但他说自己希望煽动委内瑞拉人起来反抗西班牙。叶卡捷琳娜大帝和波将金对这个反对波旁王朝的计划表示同情。波将金开玩笑说："如果真的需要宗教裁判所，那么应当让米兰达当宗教法官。"叶卡捷琳娜大帝表示可以让所有的俄国驻外使团帮助米兰达，而他厚脸皮地请求借款1万卢布。马莫诺夫告诉米兰达，这需要波将金的批准。这也证明叶卡捷琳娜大帝和波将金的地位几乎平等。他批准了。4月22日，未来的委内瑞拉独裁者（尽管在位时间不长）向女皇和波将金辞行。弗朗西斯科·德·米兰达终于被西班牙人盯上了。当年晚些时候，在圣彼得堡，两位西班牙大使威胁要离开俄国，除非俄国

政府驱逐冒牌的西班牙伯爵和上校。最后米兰达没有拿到全部
1 万卢布，但仍与波将金保持联系。档案显示，他后来从伦敦
给波将金寄了一支望远镜作为礼物。[63]

　　大家对基辅已经腻烦了，叶卡捷琳娜大帝说基辅"令人
憎恶"。[64] 就在这时，炮声宣布第聂伯河已经解冻，南巡可以开
始了。1787 年 4 月 22 日正午，女皇登上她的桨帆船。这是在
任何一条大河上行驶过的最奢华的舰队。

注 释

1 RGADA 5. 85. 2. 229, L 348, CII to GAP 13 May 1789, Tsarskoe Selo.

2 Miranda pp 204–19, 22 November–28 December 1786.

3 Miranda p 219, 30 December 1786.

4 Duc de Cars, *Mémoires du duc de Cars* vol 1 pp 268–79.

5 Davis p 88. 在本章中，对德·拿骚-西根公子的描述基于 Aragon；对弗朗西
斯科·德·米兰达的描述基于他的日记（给出了来源）；Isabel de
Madariaga, *The Travels of General Francisco de Miranda in Russia*；Benjamin Keen
and Mark Wasserman, *A History of Latin America* pp 154–8；and Adam Zamoyski,
Holy Madness pp 136–43, 152–3。关于拿骚-西根的警句和他的妻子对婚姻
的期望，见 Zamoyski, *Last King of Poland*, p 260。

6 Miranda pp 220–4, 31 December 1786–3 January 1787.

7 B&F vol 2 p 75, Count Cobenzl to JII 1 November 1786.

8 Miranda pp 224–7, 25–29 December 1786 and 5 January 1787.

9 Anspach, *Journey* p 144, Lady Craven to Anspach 29 February 1786, Moscow.

10 Miranda pp 225–38, 25 December 1786–15 January 1787.

11 Aragon p 115, Prince Charles de Nassau-Siegen (N-S) to wife January 1787.

12 Miranda p 242, 8 January 1787. M. M. 伊万诺夫后来画了波将金临终的场景。

13 B&F vol 2 p 86, Cobenzl to JII 1 November 1786.

14 Miranda p 241, 16 January 1787.

15 Miranda p 244, 20 January 1787.

16 Engelhardt 1997 p 53.

17 SIRIO 23 (1878): p 392, CII to Baron F. M. Grimm 19 January 1787, Krichev.

18 Jeremy Bentham, *Collected Works* p 525 (Bowring vol 10 pp 168-71), JB to George Wilson 9/20 February 1787.

19 Ségur, *Memoirs* (Shelley) p 218.

20 Ligne, *Letters* (Staël) p 65, Prince de Ligne to Coigny. 利尼亲王直到基辅才加入旅程。

21 Khrapovitsky 17 January 1787.

22 Jeremy Bentham 19/30 January 1787, quoted in Christie, *Benthams in Russia* p 177.

23 SIRIO 23 (1878): 393, CtG to Grimm 23 January 1787, Novgorod Severskiy.

24 Ségur, *Memoirs* (Shelley) p 222.

25 Urszula Mniszech, *Listy pani mniszchowej zony marszalka w. koronnego*, in, *Rocznik towarzystwa historyczno literackiego* p 192.

26 GIM OPI 1. 139. 32, L 214, GAP to CII 7 January 1787, Simferopol.

27 Aragon p 121, N-S to wife 13/24 January 1787.

28 Miranda pp 245-53, 23 January/7 February 1787.

29 Davis pp 148-9.

30 Ségur, *Mémoires* 1859 vol 2 p 4.

31 Zamoyski, *Last King of Poland* p 260. Davis pp 27, 119, 213.

32 Miranda pp 294-5, 26 March 1787. Ségur, 1890 vol 1 pp 422-3, quoted in Mansel, p 106.

33 Ségur, *Mémoires* 1859 vol 2 pp 17-19.

34 Ligne, *Mélanges* vol 21 p 9 and *Letters* (Staël) p 33, Ligne to Coigny. Ségur, (Shelley) p 224.

35 Miranda pp 255, 257, 7 and 12 February 1787.

36 Ségur, *Mémoires* 1859 vol 2 p 17. Aragon p 138, N-S to wife. Miranda p 257, 14 February 1787.

37 Aragon p 138, N-S to wife. Stephen Sayre quoted in Joseph O. Baylen and Dorothy Woodward, 'Francisco Miranda and Russia: Diplomacy 1787-88', *Historian* xiii (1950) 52-68.

38 B&F vol 2 p 134, Cobenzl to JII 25 April 1787, Kiev.

39 Miranda p 261, 20 February 1787; p 269, 28 February 1787.

40 Saint-Jean pp 63-75.

41 Miranda p 279, 14 March 1787; p 262, 18 February 1787; pp 263-4, 19 February 1787; p 291, 22 March 1787.

42 Ségur, *Memoirs* (Shelley) pp 227 – 9. SIRIO 23: 399, CII to Grimm 4 April 1787.

43 RGADA 11. 867. 1–60, Grand Hetman K. Branicki to GAP, unpublished.

44 Miranda pp 220–4, 31 December 1786–3 January 1787.

45 Miranda p 271, 4 March 1787.

46 Edward Rulikowski, 'Smila'.

47 Prince K. F. 卢博米尔斯基公爵是波将金最重要的木材承包商之一，波将金在 1783 年与卢博米尔斯基和波托茨基家族的某些人打过交道。AVPRI 2. 2/8a. 21. 39.

48 AVPRI 5. 585. 157, L 257, GAP to CII 25 December 1787. J. M. Soloviev, *Istoriya padeniya polshi*, p 198, and Khrapovitsky p 16, 16/17 March 1787.

49 RGADA 52. 2. 71. 1 – 93. RGVIA 52. 2. 35. 9 – 35. RGVIA 52. 2. 56. 2. RGVIA 52. 2. 74. RGVIA 52. 2. 39. 这些文件涉及波将金与他的波兰代理人 Moczinski 伯爵的通信，与俄国驻华沙大使 O. M. 施塔克尔贝格伯爵的通信，以及与 K. G. 卢博米尔斯基公爵及其家人关于斯米拉和麦西里茨的通信。卢博米尔斯基家族的有些人认为 K. G. 卢博米尔斯基公爵不是这些庄园的真正主人，所以他无权将其出售。最后在 1790 年，波将金提出用自己的杜布罗夫诺庄园（就在克里切夫隔壁，在第聂伯河之滨的奥尔沙附近）换取卢博米尔斯基家族解决分歧。另见 RGADA 5. 166. 8–14。斯坦尼斯瓦夫–奥古斯特与波将金关于斯米拉和他的庄园的通信：波将金在与卢博米尔斯基家族的诉讼中请求国王的帮助，还请布拉尼茨基和波兰色姆议会中的其他权贵帮忙。这些通信都没有发表，它们能够帮助我们了解波将金错综复杂的事务以及俄国与波兰的关系，不过这些都不是本书的主题。见本书第 29 章注释 93 和注释 97。

50 SIRIO 23: 393, 8 February 1787. Ligne, *Letters* (Staël) p 34, Ligne to Coigny. Miranda p 259, 15 February 1787.

51 Ligne, *Letters* (Staël) p 34, Ligne to Coigny letter 1.

52 Aragon p 126, N-S to wife February 1787, Kiev.

53 Ségur, *Mémoires* 1855 vol 2 p 27.

54 Kukiel p 18.

55 Aragon p 131, N-S to wife February 1787, Kiev.

56 Zamoyski, *Last King of Poland* p 295. Mniszech p 199.

57 Miranda, pp 265–6, 22 February 1787.

58 Aragon p 134, N-S to wife. Madariaga, *Russia* p 370. Zamoyski, *Last King of Poland* p 294.

59 SA to Kicinski 21 March 1787, BP 38 p 59 quoted in Zamoyski, *Last King of Poland* p 294.

60 Aragon p 134, N-S to wife March 1787. X. Liske, *Beitrage zur Geschichte der Kaniower Zusammenkunft* (1787) *und ihr Vorlä ufer*, cited in Madariaga, *Russia* p 370.

61 Davis p 148.

62 Miranda p 261, 21 February 1787; p 265, 22 February 1787; p 278, 11 March 1787.

63 Miranda p 305, 11 April 1787; p 309, 21 April 1787.

64 B&F vol 2 p 120, Cobenzl to JII 9 April 1787. Miranda p 300, 1 April 1787.

24　克莉奥佩特拉

> 她坐的那艘画舫就像一尊在水上燃烧的
> 发光的宝座；舵楼是用黄金打成的，
> 帆是紫色的，熏染着异香，
> 逗引得风儿也为它们害起相思来了；桨是白银的，
> 随着笛声的节奏在水面上下，使那
> 被它们击动的痴心的水波加快了速度
> 追随不舍。讲到她自己，
> 那简直没有字眼可以形容……
>
> ——威廉·莎士比亚，《安东尼与克莉奥佩特拉》

1787 年 4 月 22 日正午，叶卡捷琳娜大帝、波将金和他们的全体随行人员登上宴会画舫，那里已经布置了 50 人的宴会。下午 3 点，舰队启航。波将金这支光彩夺目的舰队的 7 艘皇家画舫既雅致舒适又威风凛凛，外表被涂成金色和鲜红色，内部饰以黄金与丝绸。共有 3000 名桨手、船员和警卫，由超过 80 艘小船为画舫提供服务。[1] 每艘画舫均配备管弦乐队，他们始终在甲板上，有客人上下船的时候乐队会奏乐。叶卡捷琳娜大帝的"第聂伯河"号画舫上的管弦乐队由波将金的音乐大师萨尔蒂亲自指挥。她的闺房内有两张床，供她和马莫诺夫使用。每艘画舫都有公共的客厅、图书室、音乐室和甲板天篷。奢华的卧室套房装饰有中国丝绸，床上铺着塔夫绸。

书房内的写字台是桃花芯木的，还有一张舒适的印花棉布的沙发，甚至还有抽水马桶，这在陆地上都是新鲜玩意儿，更不要说在第聂伯河上了。宴会画舫可招待 70 人。

这趟航行给所有客人留下了眼花缭乱、几乎具有神话色彩的印象，令他们终生难忘。塞居尔伯爵回忆说："一大群单桅帆船和小艇一刻不停地在舰队的前方和两侧穿梭。这就像个童话。"旁观者看到"她的辉煌舰队的水手们在隆隆炮声中一板一眼地将刷成彩色的木桨插入第聂伯河水，不禁发出雷鸣般的欢呼赞叹"。利尼亲王觉得这就像"克莉奥佩特拉的舰队……从来没有过这样豪华和舒适的旅行"。拿骚-西根告诉妻子："的确，这艘桨帆船上高朋满座，是史上最独特的景象。"

波将金沿河安排了连续不断的奇景：在礼炮轰鸣和交响乐声的伴奏下，小群的哥萨克骑兵在平原上奔驰。"城镇、村庄、乡间别墅，有时甚至是村民的棚屋都得到美妙的装饰，用花环和光彩夺目的建筑景观装点一新，就在我们眼皮底下摇身一变，成了辉煌的城市。宫殿和园林也像变魔术一样突然间崛起。"

波将金的画舫"布格河"号上载着他本人、两个外甥女和她们的丈夫，以及拿骚-西根。基辅的沉闷无聊被抛在脑后，但沿着第聂伯河顺流而下的航行途中仍然有人不忘恶意和捣蛋。"我非常喜欢和公爵在一起，他真的喜欢我，"拿骚-西根告诉妻子，"尽管旅伴们憎恨我。"后来他和布拉尼茨基还交上了朋友。塔希提王后的前情人、差点成为威达国王的冒险家为妻子描绘了他们在"宽敞而豪华"的画舫上的住处：波将金住在最大的套间，所有人要想进入自己的房间都必须经过他的沙龙。叶卡捷琳娜大帝在河上第一次见客是起航五天后与波兰国王的会面。波将金的画舫是波兰人各种阴谋诡计的浮动竞技场。拿骚–西根还处在反对布拉尼茨基的意见支持斯坦尼斯瓦夫–奥古斯特的任务中，并想努力发笔横财。他总是很早起床，所以会吵醒波将金。

上午无事可做。正午，女皇的桨帆船鸣响礼炮，宣布午宴开始，有时只有十名客人赴宴，他们乘小艇来到女皇的船上。饭后，拿骚–西根被送到利尼亲王和塞居尔伯爵的画舫，利尼亲王会在那里朗读自己的日记。傍晚6点，大家回到女皇的船上用晚餐。她总是在晚上9点就寝，随后"所有人都会去波将金公爵的船上"。虽然排场盛大，旅伴之间的关系却很亲密。一天夜里，马莫诺夫因为女皇早早关灯睡觉而感到无聊，于是请拿骚–西根和其他几个人留下和他打惠斯特牌。他们刚刚开始在叶卡捷琳娜大帝的沙龙打牌，女皇就披散着头发走了进来，手里拿着睡帽，穿着带蓝色缎带的杏色塔夫绸晨袍。这是一个独特的景象，让我们能了解上了年纪的叶卡捷琳娜大帝在卧室里她年轻情夫的面前是什么模样。拿骚–西根说："她披下头发之后显得年轻。"她说希望没有打扰大家打牌，然后坐下来，为自己"衣冠不整"而道歉，并且"心情极佳"。这一晚她在10点就寝。大家一直打牌玩到凌晨1点半。

"这趟航行真是一连串的派对，绝对精彩，"拿骚–西根报告称，"真是魅力无穷的一群人，因为利尼亲王和塞居尔伯爵使这场派对精彩十足。"利尼亲王和塞居尔伯爵分享"色姆议会"号，他俩是此次旅行的淘气包，总是在搞恶作剧。每天早晨，利尼亲王敲击分隔两人卧室的薄板，即兴向塞居尔伯爵背诵诗歌，然后派侍从给塞居尔伯爵送去一些"充满智慧、愚行、政治、精彩的演说、军事轶闻和哲学格言"的书信。

没有比这更奇怪的景象了：每天早晨，"一位奥地利将军和一位法国大使躺在同一艘画舫上，之间只隔一道薄板，却还要通信，并且他们距离北方的女皇不远，一同沿着第聂伯河顺流而下，穿过哥萨克地区，去拜访鞑靼人"。塞居尔伯爵觉得这趟旅行简直富有诗意："财富的悦目、舰队的光辉、大河滔滔的壮美、旅行、河岸无数旁观者的欢悦、三十个不同民族的军服和亚洲服装的混合。我们每天都能看到新鲜事物，我们的想象力始终受到刺激，变得更敏锐。"这些奇景取得的纯粹的成功反映了组织者的才华横溢："环境、季节、自然和艺术似乎携起手来，确保这位炙手可热的宠臣一定大获全胜。"[2]

克莉奥佩特拉式的航行进行了三天之后，波兰国王斯坦尼斯瓦夫-奥古斯特怀揣着浪漫的回忆和政治上的考虑，在第聂伯河波兰一侧岸边的卡涅夫等待与女皇会面。这次见面颇有悲伤的气氛。他俩上次见面时，他是一个年轻的波兰梦想家，而她是受到白痴丈夫欺凌的女人。如今他是国王，她是女皇。二十八年来他一直爱着她，但一直没有机会见她。也许他心里抱有与她团聚的幻想。在 2 月与波将金见面时（见一份未发表的记录），国王向波将金坦言："你很容易想象，我是多么激动地等待那个必然给我带来极大喜悦的时刻。"这种注定没有结果的感伤一定触动了波将金的心弦。[3]

斯坦尼斯瓦夫-奥古斯特此时仍然玉树临风，敏感，有很高的文化修养，但最重要的是，他希望为波兰的利益竭尽全力。波将金和斯坦尼斯瓦夫-奥古斯特都对歌剧、建筑和文学感兴趣，但波兰国王没办法信任波将金。这位国王的命运除了挫折和屈辱之外无关其他。在政治层面，他拿到了最差的一手牌。在个人层面，他绝不是波将金那样的政治家的对手。叶卡捷琳娜大帝觉得国王的政治困境令人恼火而尽显无能，而他个人的诚恳则让她几乎无法忍受。也许，当初她爱他的时候正处于凄惨的婚姻牢笼里，所以如今想到自己当年无助而幼稚的样子她就觉得尴尬。[4]

女皇和波兰国王会面的真实目的不是爱情和怀旧，而是决定波兰的生死。波兰立陶宛联邦庞杂混乱、外强中干，贵族顽固地坚持要求得到自由，国家的政治体制如同迷宫。唯一能让叶卡捷琳娜大帝条理分明的头脑感到糊涂的政治问题就是波兰。然而恰恰是在这样混乱的条件下，狡黠的波将金能够如鱼得水。国王和波将金在齐瓦斯托夫确定的协议，即建立反奥斯曼帝国的同盟并改革波兰政体，也许能够阻止波兰灭亡的悲剧发生。但在这个例子里，国王本人的笨拙造成了政治上的误会。

女皇的舰队在卡涅夫停下。4月25日上午11点，别兹博罗德科和宫廷大总管巴里亚京斯基公爵用一艘小艇接来了波兰国王。"先生们，波兰国王请我把波尼亚托夫斯基伯爵托付给你们。"国王这样说，并采用了他的本名，因为根据波兰法律，波兰国王不可以离开波兰土地。国王见到女皇之后，塞居尔伯爵和其他人在他俩周围围成一个圆圈，见证他们的对话开端，"此时的境况与他俩最初邂逅近时大不相同，当年是爱情把他们联合起来，嫉妒让他们分离，仇恨追逐他们"。但他俩的期望当即就破灭了，他俩之间已经迸发不出火花。两位君主动作生硬地在甲板上踱步。也许涌上心头的怀旧让波兰国王控制不住自己，痛苦地谈到了往昔，因为他们返回时，她很紧张并且尴尬，而他的眼睛里"有哀伤的痕迹"。有人说她故意利用他的示爱让马莫诺夫吃醋。"我已经三十年没有见他了，"叶

卡捷琳娜大帝后来写道，"你可以想象，我俩都觉得对方变了。"⁵

斯坦尼斯瓦夫-奥古斯特笨拙地向波将金的外甥恩格尔哈特授予白鹰勋章之后，出现了一个动人的时刻。这时是吃午饭的时间了。国王在寻找自己的帽子。叶卡捷琳娜大帝把帽子递给他。他开玩笑说："啊，陛下，您两次给我戴上了帽子，您真是太慷慨，对我太好了。"第一次戴帽子指的是给他戴上波兰王冠。斯坦尼斯瓦夫-奥古斯特在另一艘画舫上休息，然后乘小艇去了波将金的画舫。波将金试图让国王和布拉尼茨基冰释前嫌，但布拉尼茨基的举止非常放肆，于是斯坦尼斯瓦夫-奥古斯特拂袖而去。波将金跑上去追赶他，向他道歉。女皇和波将金都严厉训斥了布拉尼茨基，但他毕竟是家人，而他们的波兰朋友只能算是伙伴。

傍晚 6 点，国王回到叶卡捷琳娜大帝的画舫，参加政治谈判。他在甲板上踱步，提议两国结盟。她承诺会给他答复。波将金漫不经心地在旁边打牌。叶卡捷琳娜大帝看他不来帮忙，非常生气。她训斥利尼亲王："波将金公爵和你为什么经常这样抛下我？"斯坦尼斯瓦夫-奥古斯特恳求叶卡捷琳娜大帝到卡涅夫赴宴，他在那里安排了两天的宴会和焰火表演，这几乎让囊中羞涩的国王破产。但叶卡捷琳娜大帝拒绝赴宴。她告诉波将金，她不愿意像波兰人习惯的那样匆忙行事："你自己也知道，改变目标对我来说是很不愉快的事情。"波将金不知是因为尊重斯坦尼斯瓦夫-奥古斯特，还是因为叶卡捷琳娜大帝毁了他的波兰战略而恼火，一直光是打牌，不吭声。叶卡捷琳娜大帝的火气更大了，同时安静了一些。国王越来越闷闷不乐。廷臣们坐立不安，到处偷听。"波将金公爵一句话也没说，"叶卡捷琳娜大帝在次日对秘书嘟哝道，"我不得不一直讲话，讲得我口干舌燥。他们让我留下，简直让我发起火来。"叶卡捷琳娜大帝最后终于屈尊同意在自己的画舫里观看波兰人昂贵的焰火表演。

心碎而受辱的国王道别了。"不要这么郁闷，"利尼亲王向他刻薄地低声说，"你这个样子，只会让……这个憎恶你的宫廷高兴。"叶卡捷琳娜大帝还在对波将金生气。而彼得金在"布格河"号上生闷气。她给他送去一系列短信："我对你生气了，你今天的表现特别差。"舰队停在河上，等待焰火表演的高潮：模拟的维苏威火山爆发。借用利尼亲王独有的妙语，国王"在这里待了三个月，花了300万，为的是见女皇三个钟头"。几天后，斯坦尼斯瓦夫-奥古斯特给波将金发来这封字迹潦草到几乎看不清、语调可怜兮兮的短信："见到女皇时我很高兴。我再也不认识她了，但尽管我很悲伤，我还是寄希望于拥有波将金公爵这位朋友。"[6]

神圣罗马皇帝约瑟夫二世和俄国沙皇叶卡捷琳娜二世，这两位皇帝越走越近。4月30日，因为风浪而迟到的舰队驶入克列缅丘格。约瑟夫二世这一次又是微服前往，用的是法尔肯施泰因伯爵的化名；他在下游的卡伊达克等候，十分不耐烦。

约瑟夫二世的改革（虽然符合理性，但手段暴虐）导致他的好几个省份掀起了叛乱。他原来根本不想到俄国来，但有他到场对俄国人来说至关重要，因为俄奥联盟是他们反对土耳其人的主要武器。约瑟夫二世向考尼茨首相提出："也许可以找个借口不去。"自负的哈布斯堡皇帝认为叶卡捷琳娜大帝的邀请"非常自以为是"，所以他告诉考尼茨，他的回答将是

"诚实而简短的,但会让采尔布斯特侯爵小姐叶卡捷琳娜知道,和我打交道时她应当……稍微多考虑些"。但后来他又热情洋溢地接受了邀请。他很想亲自查看俄国的军力,不过他坚信俄国军队和他的奥地利人不一样,肯定什么事情都办不好。他写信给波将金,挖苦地说自己很期待看到波将金"有趣的安排和出人意料的成绩"。现在,"视察狂人"约瑟夫二世因为不耐烦继续等待而独自去视察赫尔松了。[7]

叶卡捷琳娜大帝焦躁不安:约瑟夫二世到哪里去了?科本茨尔给他的皇帝写信让他放下心来。波将金似乎无忧无虑,不过有传闻说他缺少马匹,所以很难把旅程继续下去。女皇在克列缅丘格上岸,参观了一座雅致的宫殿,它周围当然环绕着一座"魔法般的英式园林",有林荫、流水和梨树。波将金命人从远方运来庞大的橡树(利尼亲王开玩笑说,"和波将金一样粗壮"),组成一片树林。威廉·古尔德主持了这座园林的建设。女皇告诉格林:"春暖花开,争奇斗艳。"叶卡捷琳娜大帝随后检阅了 1.5 万人的军队,包括波将金新建的轻骑兵部队的好几个团,科本茨尔很赞赏这些士兵和马匹。当晚叶卡捷琳娜大帝设宴招待 800 名宾客,然后顺流而下,与约瑟夫二世会面。[8]

当女皇的船只消失在下游之时,塞缪尔·边沁(事先把兄长杰里米留下照管克里切夫)乘坐着他最骄傲的产品——为叶卡捷琳娜大帝建造的六节的豪华虫形船,从远方驶来。[①]这个年轻的英国人站在高高的平台上,通过喇叭发号施令,这也是一幅神奇的景观。波将金命令他把船停到他的画舫附近。

---

① 整个浮动虫形船长 252 英尺,宽近 17 英尺,由 120 名桨手提供动力。——作者注

据塞缪尔说，波将金于次日上午视察了这艘虫形船，"十分满意"。舰队再次起航，边沁也跟随前进。波将金说，女皇注意到了他的船并且很喜欢。不过这也可能是波将金在安慰他，因为边沁错过了向女皇展示虫形船的机会。

他们计划在卡伊达克与约瑟夫二世会见。距离卡伊达克还有二十五英里的时候，有几艘画舫搁浅。舰队落锚停船。波将金意识到，他们不能一直走水路。他的宏伟安排很可能陷入令人尴尬的混乱：女皇的船搁浅了，皇帝不知去向，马匹短缺，运载食品和厨房的画舫也在沙洲搁浅了。这时，是边沁的"虫形船"挽救了局势。

波将金先把女皇留在原地，然后乘坐虫形船去寻找皇帝，这让边沁大喜。波将金抵达卡伊达克附近，在距离被征服的扎波罗热哥萨克军团的旧领地已经很近时，他选择在船上过夜而不是下榻到自己在当地的某一座宫殿。次日上午，他找到了约瑟夫二世。当晚，皇帝也乘坐边沁的虫形船去见女皇。两位皇帝和一位公爵的赞赏让边沁春风得意，但他们更感兴趣的是互相见面而不是观赏英国人别出心裁的船只。[①]

波将金和约瑟夫二世决定给女皇一个"惊喜"。不过君主不喜欢意外，所以波将金暗地里派人火速通知叶卡捷琳娜大帝，而科本茨尔派人去通知约瑟夫二世，波将金已经通知了女皇。为帝王效劳就是这样荒诞。5月7日，叶卡捷琳娜大帝抛下画舫，乘马车去迎接这个"惊喜"。[9]

叶卡捷琳娜大帝在利尼亲王、马莫诺夫和亚历山德拉·布

---

① 塞缪尔非常可爱地欺骗自己，他告诉杰里米·边沁："毫无疑问，皇帝和其他每个人一样，都赞赏了我的发明。"——作者注

拉尼茨卡的陪同下穿过一片田野，与约瑟夫二世（科本茨尔陪同）"迎头撞上"（女皇的原话）。两位皇帝在一辆马车上重逢，然后一同行进三十俄里去往卡伊达克。在那里，约瑟夫二世震惊地发现，食品和厨房还在搁浅的画舫上，距离他们很远。波将金骑马去做安排，而自己忘了吃饭。现在女皇和皇帝没有东西可吃。约瑟夫二世记载道："没有厨子，也没有仆人。"喜欢微服出行的皇帝也受不了了。女皇的南巡很可能变为一场闹剧。[10]

好在波将金擅长急中生智，而且在情急之下人们往往能有发明创造。"波将金公爵亲自担任大厨，"叶卡捷琳娜大帝后来笑着告诉格林，"拿骚-西根公了担任厨房小厮，布拉尼茨基将军是糕点师。"一位独眼的俄国巨人、一位国际冒险家和一位蓄着美髯的"波兰好汉"在厨房里忙活的景象一定令人惊愕又非常滑稽。波将金成功献上一套旋转焰火的景观，它绕着叶卡捷琳娜大帝名字的缩写旋转，由 4000 枚烟花承载，还有模拟的火山爆发。对 18 世纪的王室成员来说，焰火表演和模拟火山一定就像今天的王室成员参观青少年中心和工厂一样无聊。不过，或许焰火表演能让他们把注意力从波将金做的饭菜上转移走。三个疯狂的厨师把肉汤做得一塌糊涂。叶卡捷琳娜大帝觉得"两位皇帝从来没有享受过如此高贵的仆人的服务，也从来没有吃过这么糟糕的饭菜"，但这是非常好玩的体验，"所以这顿饭既好也糟"。但有一个人，也是最重要的一个人，不同意女皇的看法。

闷闷不乐的皇帝后来告诉陆军元帅莱西，"这顿饭菜根本不能下咽"，但至少"同桌的人都很有意思"。不过，最喜欢幸灾乐祸的皇帝心里很欢乐："这趟旅行的混乱令人难以置信。"他注意到"船上的行李和人极多，却没有足够的马车运载，也没有足够的马匹"。约瑟夫二世满心都是德意志人对笨手笨脚的俄国人的优越感，"不禁想问，这最后要怎样收场"。他仿佛烈士一般叹息道："这真是赎罪的时节。"[11]

约瑟夫二世找到机会后就把利尼亲王叫到一边："我觉得这些人似乎想打仗。他们准备好了吗？我觉得未必。不管怎么说，我没有准备好。"他已经看过了赫尔松的舰船和要塞。俄国人正在进行军备竞赛，不过他相信这都是作秀，是为了"迷惑和蒙蔽我们。俄国人的准备工作没有一样是稳妥的，都是匆忙进行的，而且代价极其高昂"。约瑟夫二世就是不肯承认波将金的经营给他留下了深刻印象。不过他的判断是正确的：此次旅行的奢华和波将金的成就会推动叶卡捷琳娜大帝走向战争。她告诉自己的秘书："我们可以自己发动战争。"

波将金希望与约瑟夫二世本人探讨战争的可能性，于是在一天上午去拜见皇帝，并解释了俄国蒙受的冤屈和对土耳其人的领土要求。波将金因为害羞而没有和盘托出自己的愿景，于是请利尼亲王帮他说。"我没想到他想要这么多，"约瑟夫二世喃喃道，"我以为占领了克里米亚对他来说就足够了。但假如哪一天我和普鲁士发生战争，他们会为我做什么？我们拭目以待……"[12]

两天后，两位皇帝乘坐一辆气派的黑色马车（车门上有叶卡捷琳娜大帝的纹章，车的内饰是皮革天花板和红色天鹅绒的座椅）抵达波将金的恢宏城市叶卡捷琳诺斯拉夫的荒凉工地。① 两位皇帝为大教堂奠基后，约瑟夫二世低声对塞居尔伯

---

① 这辆马车如今保存在第聂伯罗彼得罗夫斯克国家历史博物馆。——作者注

爵说:"女皇为这座城市铺的是第一块石头,而我铺的是最后一块。"(他的预言是错误的。)次日,他们穿越蓄养着"大群的羊和马匹"[13]的草原,奔向赫尔松。

12 日,他们引领着盛大的队伍进入波将金建立的第一座城市,穿过一道拱门,上面的铭文无疑是向奥斯曼帝国发出的挑战:"通往拜占庭之路。"[14]约瑟夫二世已经视察过这座城市,现在则有机会观察叶卡捷琳娜大帝的随行人员。"只有波将金公爵一人酷爱音乐,他身边带着 120 名乐师,"皇帝观察道,但此地没有像样的医疗设施,"一名双手被火药严重烧伤的军官等了四天才得到医治。"至于女皇的男宠,约瑟夫二世认为马莫诺夫"算不上聪明……只是个孩子而已"。皇帝喜欢塞居尔伯爵,认为菲茨赫伯特"聪明"但显然一副百无聊赖的样子,并赞扬"外交骑师",因为他拥有皇帝本人缺乏的机智诙谐和生活情趣:"利尼亲王在这里的表现极为精彩,对我的利益很有帮助。"不过,俄国人还是察觉到了约瑟夫二世对视察的热衷和内心对俄国的嫉妒。叶卡捷琳娜大帝对她的秘书翻翻白眼,说:"我什么都看得见,什么都听得见,但我不像皇帝那样奔来跑去。"她觉得皇帝把布拉班特和佛兰德的市民逼得造反①一点都不奇怪。[15]

---

① 18 世纪 80 年代,约瑟夫二世的自由主义改革引起奥属尼德兰(今天的比利时)的激烈反对,保守的比利时人认为皇帝的改革是对天主教会和尼德兰本地机构的攻击。布拉班特和佛兰德的富裕阶层逐渐开始抵制皇帝的改革企图。1787 年发生了反对皇帝的暴乱,即所谓"小革命"。之后很多反对皇帝的人跑到邻近的荷兰共和国,组建了一支反叛军。与法国大革命的爆发差不多同时,奥属尼德兰也发生革命,成立了短命的共和国。1790 年,奥地利的新皇帝利奥波德二世成功镇压了奥属尼德兰的革命军,但不久之后,奥属尼德兰就被法国革命军占领。

波将金在赫尔松取得的成就让塞居尔伯爵和利尼亲王眼花缭乱。塞居尔伯爵写道："我们看到这样宏伟的成就，不禁流露出惊异之情。"赫尔松的要塞差不多竣工了；可供 2.4 万人居住的房屋也建成了；"好几座庄严雄伟的教堂已经傲然矗立"；军械库里有 600 门大炮；港口内停泊着 200 艘商船，以及准备就绪可以下水的 2 艘风帆战列舰和 1 艘巡航舰。叶卡捷琳娜大帝的随行人员也感到吃惊，这或许是因为圣彼得堡的人们几乎普遍相信波将金的成就是虚假的。塞居尔伯爵说，他们现在全都认可了"波将金公爵的才干和成绩"。叶卡捷琳娜大帝本人显然也听过波将金的政敌进献的谗言，她现在告诉格林："他们在圣彼得堡爱怎么说就怎么说。波将金公爵的兢兢业业已经改变了这片土地。[1774 年] 和约签订时这里还只有一间棚屋，如今已经是欣欣向荣的城镇了。"不过，外国人意识到了这座港口的局限性。约瑟夫二世写道："自赫尔松奠基以来他们在很短的时间内大兴土木，建设得过于匆忙了，这能看得出来。"

15 日，叶卡捷琳娜大帝和约瑟夫二世在海边的华盖下参加了 3 艘战舰的下水典礼。华盖装饰着"薄纱、蕾丝、褶裥花边、花环、珍珠和鲜花"，利尼亲王觉得这些东西仿佛"刚刚被从圣奥诺雷路①的女帽店"送来。其中一艘配备 80 门炮的风帆战列舰被命名为"圣约瑟夫"号以纪念皇帝，但他觉得这艘船的"木头太新了……桅杆也很差"，所以过不了多久就会解体。他猜错了。[16]

---

① 圣奥诺雷路在巴黎第一区，靠近杜伊勒里花园，有很多博物馆和高档服装店。

　　离开赫尔松之前有一个不祥的时刻，叶卡捷琳娜大帝决定视察第聂伯河河口的战略要塞金伯恩；但一支奥斯曼舰队在利曼河巡弋，所以女皇去不了。俄国人虽然在外国人面前佯装对土耳其人不屑一顾，但其实很紧张土耳其人对他们的观察。俄国驻奥斯曼帝国大使雅科夫·布尔加科夫从君士坦丁堡乘船赶来，探讨针对土耳其人的政策。波将金拿法国鼓舞土耳其人的事情逗弄塞居尔伯爵，说他们"有很好的理由担忧"。[17]

　　从赫尔松动身之后，两位皇帝穿过荒凉的草原前去克里米亚。塞居尔伯爵冒失地拿这些荒原开玩笑，叶卡捷琳娜大帝怒道："伯爵先生何必这么辛苦？如果你害怕荒漠太无聊，那就去巴黎好了。"[18]

　　突然间，两位皇帝的马车被3000名身穿全套民族服装的顿河哥萨克团团围住，领头的是他们的盖特曼。他们排成一列横队，准备冲锋。其中有一个中队的卡尔梅克人，他们是波将金喜欢的另一个草原民族。拿骚-西根觉得这些凶悍的卡尔梅克人"长得像中国人"。哥萨克一次又一次纵马冲锋，发出呐喊和咆哮，令波将金的宾客激动不已。随后哥萨克分成两队，进行战斗模拟。就连约瑟夫二世也对哥萨克的强悍和耐力肃然起敬：他们一天可以骑行六十俄里。拿骚-西根说："欧洲没有别的骑兵能够做到这一点。"

　　在赫尔松东北方七十五俄里的吉泽克尔曼①，他们看到了一座小型石屋和一座帐篷营地。帐篷饰有白银，地毯上撒着宝石。次日上午，亚历山德拉·布拉尼茨卡向女皇引见了一些哥萨克军官，外交官们看到这位盖特曼夫人时都很激动。她穿着

---

　　① 波将金更喜欢它的希腊语名字"奥尔维奥波尔"。——作者注

一件类似神父法衣的长袍，它是"用价值不菲的饰有金线的锦缎"制成的。她戴着黑貂皮帽子，帽子的基部饰有珍珠。但最让拿骚-西根注目的是她脸颊两侧垂下的"四条珍珠链子"，一直垂到她的嘴边，十分性感撩人。[19]

黄昏时，约瑟夫二世和塞居尔伯爵走到平坦且似乎无边无际的荒原上，举目望去，青草直连天际。"真是奇特的景致，"神圣罗马皇帝说，"谁能想到我会和叶卡捷琳娜二世与法国大使、英国大使一起漫步在鞑靼人的荒漠呢？真是历史的独特一页！"

"更像是《一千零一夜》的一页。"塞居尔伯爵答道。

随后约瑟夫二世停下脚步，揉揉眼睛："我不知道自己是否还醒着，还是你说的关于《一千零一夜》的话让我做梦了。看那边！"

一顶高高的帐篷似乎正向他们移动，在草地上滑行。皇帝和伯爵眺望这魔法般的景象：原来是一群卡尔梅克人在移动他们的帐篷，保持了它的完整而没有拆卸它。三十名卡尔梅克人走了过来，围住他俩，完全不知道其中一人是皇帝。塞居尔伯爵走进帐篷，约瑟夫二世则待在外面。塞居尔伯爵终于走出来之后，约瑟夫二世开玩笑说，他看到他从"囚禁"中被释放，如释重负。[20]

两位皇帝刚刚经过彼列科普地峡、进入克里米亚，就响起一阵奔雷般的马蹄声，眼前烟尘滚滚。1200名鞑靼骑兵向他们奔驰而来。波将金的"鞑靼埋伏部队"把两位皇帝的马车包围得水泄不通。只见这些鞑靼人挥舞着镶嵌宝石的手枪、雕刻花纹的匕首、长枪和弓箭。旅行者仿佛一下子回到了欧洲的黑暗往昔。

利尼亲王说："我亲爱的塞居尔伯爵，假如包围我们的这1200 名鞑靼人决定把我们劫持到附近的一座小港口，然后把高贵的叶卡捷琳娜大帝和伟大的神圣罗马皇帝押到君士坦丁堡供阿卜杜勒 - 哈米德一世取乐，会不会在全欧洲引起轰动？"好在叶卡捷琳娜大帝没有听见这番俏皮话。一群身穿有金色条纹的绿色制服的鞑靼人穆尔扎现在组成了叶卡捷琳娜大帝的私人卫队。十二名鞑靼男孩担任她的侍童。[21]

马车和鞑靼骑兵的行进速度似乎越来越快。他们走下了通往巴赫齐萨莱的陡峭山坡。巴赫齐萨莱是格来王朝历代可汗的古都。叶卡捷琳娜大帝和约瑟夫二世乘坐的八座马车轰鸣着下山，冲出了道路，在山岩之间冲撞，十分危险。在马车两侧护卫的鞑靼骑兵试图控制马车。叶卡捷琳娜大帝面无惧色。鞑靼人最后设法让拉车的马安静了下来。它们突然间停下时已经进入了克里米亚的首府城市。[22]

可汗的王宫吸收了多种风格的元素，是许多宫殿、后宫和清真寺组成的建筑群。乌克兰奴隶按照波斯和意大利建筑师的图纸，建造了这座具有摩尔、阿拉伯、中国和土耳其风格，也有一些西方建筑特色（比如哥特式的烟囱）的王宫。它的布局仿照了君士坦丁堡的奥斯曼皇宫，有一道道大门，庭院向内延伸，通往可汗的寝宫和后宫。各个庭院十分静谧。高耸的宫墙环绕着私密的御花园，精心打造的喷泉流水给花园增添了活力。西方建筑元素和厚厚的宫墙让约瑟夫二世想起一座封闭的加尔默罗会修道院。在拥有耸入云霄的尖塔的可汗清真寺旁是格来王朝的陵园，气氛肃穆而高贵：两座八边形建筑环绕着历代可汗的陵寝，墓碑上有雕工精美而复杂的图案。窗下燃烧的蜡烛香气袭人。① 宫殿之外是一座鞑靼人的城镇，有澡堂和清真寺尖塔，坐落在两座悬崖峭壁之间的山谷里。波将金让人在峭壁上悬挂了许多燃着的灯笼，这让旅行者们真的感觉自己来到了神话中的阿拉伯宫殿，而宫殿就坐落在一座灯火通明的圆形剧场的中央。[23]

叶卡捷琳娜大帝下榻在可汗的御用套房，其中有格来王朝"光辉璀璨而异乎寻常的觐见厅"，它很宏伟，富丽堂皇地装饰着格来王朝向东方所有王朝发出的挑战宣言："心怀嫉妒的人将不得不承认，无论伊斯法罕还是大马士革，或者伊斯坦布尔，都不是此地的对手。"哈布斯堡皇帝住在可汗的兄弟的房间。波将金和利尼亲王一起住在后宫，后者完全被这座宫殿的魔力俘获了。叶卡捷琳娜大帝也心醉神迷。花园里的橘树、玫瑰、茉莉、石榴树飘来的沁人心脾的香气渗入每一个套房。每个套房都有倚靠着墙壁的长沙发，中央有一座喷泉。叶卡捷琳娜大帝在宴会上接见了当地的穆夫提，对他们以礼相待。伊玛目②每天在她窗外吟唱五次，传唤信众祈祷。叶卡捷琳娜大帝受到这吟唱的启发，写了一首蹩脚的押韵诗给波将金："这地方难道不属于天堂？我赞美你，我的朋友。"

---

① 波将金命人用一系列里程碑标记了叶卡捷琳娜大帝的克里米亚之巡。每隔十公里就有一座里程碑，上面镌刻俄文和土耳其文。这样的里程碑只有三座保存至今，其中一座今天屹立在巴赫齐萨莱的可汗宫殿之外。格来王朝的陵园也完整地保存至今，不过杂草丛生。——作者注

② 伊玛目是伊斯兰教社会的重要人物。在逊尼派中，伊玛目等同于哈里发，是穆罕默德的指定政治继承人。逊尼派认为伊玛目也可能犯错误，但假如他坚持伊斯兰教的仪式，就仍要服从他。在什叶派中，伊玛目是拥有绝对宗教权力的人物，只有伊玛目才能明晓和解释《古兰经》的奥秘含义，他是真主选定的，不会犯错。这里指的是主持礼拜的德高望重的穆斯林，是一种荣誉称号。

饭后，约瑟夫二世骑马去视察附近的楚福特卡莱，那里是
8 世纪犹太人卡拉伊姆教派的家园，他们摒弃了《塔木德》，
只信原初的《托拉》①，生活在克里米亚一些废弃的山顶城堡
里，自得其乐。在巴赫齐萨莱，拿骚-西根、塞居尔伯爵和利
尼亲王在城镇漫游，就像短期离校的学童。利尼亲王虽然年纪
比塞居尔伯爵大二十岁，却是最调皮的人，他想找到一个没有
蒙面的鞑靼姑娘。但这种诱人的景象一时还找不到。在后宫
里，波将金倚靠在沙发上观看"阿拉伯舞女"的表演，据拿
骚-西根说，她们的"表演非常淫秽"。[24]在巴赫齐萨莱仅仅过
了两夜之后，两位皇帝于 5 月 22 日上午 9 点在侍童、鞑靼人
和顿河哥萨克的簇拥下启程，去观看波将金最大规模的表演。

女皇和皇帝在因克尔曼高地的一座美丽宫殿用膳。那是一
座岬角，突出地耸立在大海之上。波将金的管弦乐队在演奏。
山坡上满是正在比武和冲锋的鞑靼骑兵。波将金发出信号，大
幕掀开，大门敞开，通向一座阳台。两位君主从阳台上向外眺
望，只见一个中队的鞑靼骑兵纵马冲过，揭示出一幅"壮观
的盛景"，令观者屏住呼吸。

群山之间是波光粼粼的深水港湾，如同一座圆形剧场。在
港湾中央停泊着一支雄壮而令人生畏的舰队，约瑟夫二世觉得
至少有二十艘风帆战列舰和巡航舰。舰队摆开了阵势，正对着

---

① 即《摩西五经》。"托拉"是犹太教名词，指上帝启示给以色列人的真
道。狭义上专指《旧约》的首五卷：《创世记》《出埃及记》《利未记》
《民数记》《申命记》。传统看法认为《托拉》由摩西所著，但研究《旧
约》的学者认为它是在远晚于摩西的时期编写完成的，很有可能是在公
元前 9 世纪到前 5 世纪，尽管它引用了更为久远的传统。在犹太教中，
"托拉"也常用来指全部希伯来《圣经》（基督教《旧约》的全部）。从
更广义上讲，这一术语也指犹太教的宗教文献和口头圣传。

两位君主用膳的地方。波将金隐秘地发出新的信号，于是舰队的所有火炮齐鸣，向两位皇帝致敬。塞居尔伯爵记得，这隆隆炮声仿佛在宣布俄罗斯帝国已经驾临南方，叶卡捷琳娜大帝的"军队能在三十个钟头之内……把旗帜插到君士坦丁堡的城墙顶端"。拿骚-西根说这个时刻"仿佛有魔力"。这就是三年前开始建设的塞瓦斯托波尔海军基地。波将金在区区两年内就建成了这支庞大的舰队。

礼炮声平息之后，被俄国强大军事力量的展示深深震撼的叶卡捷琳娜大帝心情激动地起身，向她"最好的朋友"祝酒。她没说指的是谁，但盯着约瑟夫二世。[①] 我们可以想象约瑟夫二世对她的激情感到畏惧，一边嫉妒地嘲笑俄国的成功，一边按捺不住想亲自去查看俄国舰队。菲茨赫伯特完全无动于衷。[25] 所有人将目光投向波将金。这是他的成就。尽管俄国官僚懒惰而动作迟缓，尽管他要负责的方面太多，尽管俄国缺乏海军的技术专长，尽管最近的木材产地也在遥远的波兰，他还是完成了建造黑海舰队和海军基地的宏业。在场的俄国人一定想到了彼得大帝征服波罗的海并在那里建立了一支俄国舰队的丰功伟绩。哪位廷臣会率先对波将金歌功颂德呢？"陛下，"塞居尔伯爵宣称，"您建成了塞瓦斯托波尔，就是在南方完成了彼得大帝在北方开始的伟业。"拿骚-西根拥抱波将金，然后请求亲吻女皇的手。她拒绝了，并一再表示："我的一切都要感谢波将金公爵，所以你必须拥抱他。"然后她欢笑着转向自己亲爱的夫君。"我希望再也没有人说他懒惰了。"她这是

---

① 利尼亲王在这里总结出了一条关于女性的普遍法则："坐在宝座上的女人的一大弱点……就是很容易被奉承得飘飘然。"——作者注

在警告所有人不得再含沙射影地说波将金的成就是虚假的。波将金吻了她的双手，激动得热泪盈眶。[26]

波将金引领女皇和皇帝走到一处栈桥，登上一艘小艇。它驶向了塞瓦斯托波尔和新的舰队，其他人乘坐一艘单桅帆船跟随。他们从 3 艘配备 66 门炮的风帆战列舰、3 艘配备 50 门炮的巡航舰和 10 艘配备 40 门炮的巡航舰的舰首之下经过，这些舰船又发出三轮礼炮，向女皇致敬。水兵们山呼万岁。他们在一处石头阶梯处登陆，阶梯通往海军部大楼，她会在那里下榻。他们周围就是塞瓦斯托波尔新城。约瑟夫二世写道："这是我见过的最美丽的港口。"最终，他满腹仰慕之情："这里有 150 艘舰船……整装待发，随时可以出海。"有 3 座炮台保卫港口。城内有许多房屋、商铺、两家医院和兵营。科本茨尔估计有 12 艘风帆战列舰很快就可以竣工。就连约瑟夫二世也承认这些战列舰"建造得十分出色"。塞居尔伯爵觉得波将金在如此之短的时间内取得了这样好的成绩实在令人难以置信。三年前这里还空无一物，如今一切都欣欣向荣。叶卡捷琳娜大帝当天写信给正在巴黎的格林："我们必须公正地评价波将金公爵。"约瑟夫二世写道："女皇欣喜若狂……波将金公爵正处于权力巅峰，得到了令人难以想象的赞颂。"

两位皇帝和波将金公爵在考虑战争。叶卡捷琳娜大帝和波将金自信现在就能打败土耳其人。女皇问拿骚-西根是否认为她的战舰足以与奥恰基夫的奥斯曼战舰匹敌。拿骚-西根回答说，俄国舰队只要愿意，随时能把奥斯曼舰队打得落花流水。她微笑着用令人胆寒的调情语气问利尼亲王："你觉得我敢不敢？"波将金"喋喋不休"地告诉利尼亲王，俄国已经做好了战争准备；如果不是法国的缘故，"我们可以立即开战"。

"但是你们的大炮和弹药太新了。"利尼亲王代表他的皇帝告诫波将金。

"这里的一切都准备就绪了,"波将金答道,"我只要一声令下,10万大军就能开拔!"

叶卡捷琳娜大帝仍然足够冷静,她命令布尔加科夫给苏丹送去一封信安抚他。她和波将金都不像他们表现出来的那样好战。但是,"袖珍大臣"、奥斯曼帝国和欧洲各国政府都认为俄国跃跃欲试要打仗。[27]

叶卡捷琳娜大帝与深受震撼的皇帝单独讨论了战争的时机。波将金加入他们的会谈,这凸显了他近似皇室成员的身份。约瑟夫二世敦促俄国人谨慎行事,说法国和普鲁士可能会趁机对俄国不利。叶卡捷琳娜大帝说,普鲁士国王弗里德里希·威廉二世(弗里德里希大王已经于1786年驾崩)"非常平庸",不会阻止俄国对奥斯曼帝国开战。波将金指出,法国会"大声鼓噪",但"最后也会分一杯羹"。他建议在未来瓜分奥斯曼帝国时把埃及和干地亚(克里特)交给法国。女皇带着威胁的意味补充道,除此之外,"我足够强大,只要你不阻拦我就行了"。约瑟夫二世害怕被隔绝在这场游戏之外,于是向他们担保,奥地利一定会支持俄国。[28]他们都不知道,在距离他们只有一天航程的地方,在黑海的另一边,奥斯曼帝国的国务会议正在探讨相同的话题:战争还是和平。君士坦丁堡的下层人民叫嚣战争,而成千上万的士兵正在行军,穿过都城的街道,前往黑海之滨和巴尔干半岛的要塞。

约瑟夫二世邀请外交官们在塞瓦斯托波尔周边骑马兜风,并私下里讨论波将金这个谜一样的人。这个充满异国情调的怪人居然取得了如此宏伟的成就,这让皇帝百思不得其解。他告诉拿骚-西根，波将金"的强大执行力让他更显得不同寻常"。
约瑟夫二世还对塞居尔伯爵宣称，"尽管波将金性格古怪"，
但要控制俄国人这样野蛮的民族，"这个独一无二的人"不仅
"是有用的，还是必需的"。约瑟夫二世渴望挑出波将金的毛
病，于是对有海军指挥经验的拿骚-西根说，波将金的舰船肯
定还没有做好出海的准备。拿骚-西根回答："它们已经装备
齐全，整装待发。"约瑟夫二世不得不承认："真的是必须亲
身到此，才能相信我看到的景象。"[29]

　　拿骚-西根和利尼亲王在哥萨克和鞑靼人的护卫下骑马去
查看波将金赐给他们的庄园帕尔特尼察和马桑德拉。据说利尼
亲王的新庄园帕尔特尼察是狄安娜神庙（伊菲革涅业在这里
被献祭）的所在地。利尼亲王深受感动，他给波将金写了一
首诗。客人们参观了古城克森尼索的遗址。波将金去山区待了
一天，带拿骚-西根去一座庄园休闲。这座庄园非常美丽，波
将金称之为"魔法庄园"。[30]

注　释

1 对巡航的叙述主要基于塞居尔伯爵、德·拿骚-西根公子和利尼亲王的描
　述，以及 Madariaga, *Russia* pp 393–5, and Alexander, *CtG* pp 256–7。资料来
　源见下文。

2 Aragon pp 141–4, N-S to wife. Ligne, *Letters*（Staël）p 37, Prince de Ligne to
　Coigny. Ségur, *Memoirs*（Shelley）pp 230–1. Also Ségur, *Mémoires* 1859 vol 3 p
　30. Waliszewski, *Autour d'un trône* vol 2 p 233. 塞居尔伯爵说叶卡捷琳娜大帝
　是"北方的克莉奥佩特拉"。

3 对卡涅夫会晤的描述，基于下列未发表材料：RGADA 5.166.14, SA to GAP
　16/17 February 1787；RGADA 5.166.9, SA to GAP 7 May 1787。他俩在
　1774—1791 年有不计其数的书信，信息量极大，能够说明他俩的关系和俄
　国与波兰的关系。本书只运用了这些未发表书信中的一小部分。Also SIRIO

26：284. SIRIO 23：407-8. RGADA 5.85.2.24, L 215, CII to GAP 25 April
1787. RGADA 5.85.2.23, L 215, CII to GAP 25 April 1787. RGADA
5.85.2.22, L 215. Khrapovitsky p 33, 26 April 1787. SA to Kicinski 8 May
1787, Kalinka. *Ostatnie Lata*, vol 2 p 42, quoted in Zamoyski, *Last King of
Poland* p 297. Ligne, *Letters* (Staël) p 40, Ligne to Coigny. Ligne quoted in
Mansel, *Charmeur* p 111. Ségur, 1859 vol 2 p 39.

4 RGADA 5.166.14, SA to GAP, 16-17 February 1787, unpublished.

5 Ségur, *Mémoires* 1859 vol 3 pp 30 - 46. Zamoyski, *Last King of Poland* p
297. Ligne, *Letters* (Staël) p 82. Aragon p 144, N-S to wife May 1787. SIRIO 23：
408, CII to Baron F. M. Grimm 26 April 1787.

6 SIRIO 26, 284. SIRIO 23：407-8. RGADA 5.85.2.24, L 215, CII to GAP 25
April 1787. RGADA 5.85.2.23, L 215, CII to GAP 25 April 1787. RGADA
5.85.2.22, L 215. Khrapovitsky p 33, 26 April 1787. SA to Kicinski 8 May
1787, Kalinka. *Ostatnie Lata*, vol 2 p 42, quoted in Zamoyski, *Last King of
Poland* p 297. Ligne *Letters* (Staël) p 40, Ligne to Coigny. Ligne quoted in
Mansel, *Charmeur* p 111. RGADA 5.166.9, SA to GAP 7 May 1787,
unpublished. 斯坦尼斯瓦夫-奥古斯特在这个时期给将金写了很多这样风
格的信，承诺帮助波将金保护他在波兰的地产。Ségur, *Mémoires* 1859 vol 2 p
39.

7 RGVIA 271.1.43.1, JII to GAP 25 November 1786, Vienna. 这套未发表的档
案包含波将金与约瑟夫二世及其继任者利奥波德二世还有他们的首相考尼
茨侯爵的大量通信。B&F vol 2 p 117, Count Cobenzl to JII 25 February
1787. *JII-CII* (Arneth), Briefe Joseph II an den Feldmarschall Grafen Lacey, p
277, JII to Kaunitz 19 August and 12 September 1786, and JII to CII 15 February
1787.

8 SIRIO 23：408, CII to Grimm 3 May 1787. B&F vol 2 p 141, Cobenzl to JII 11
May 1787. Ségur, *Memoirs* (Shelley) pp 232-3. Ligne, *Letters* (Staël) p 40,
Ligne to Coigny.

9 BM 33540 ff365-6, SB to JB 16 May 1787, Kremenchuk. M. S. Bentham p
82. Christie, *Benthams in Russia* pp 186-7.

10 Ligne, *Letters* (Staël) p 40, Ligne to Coigny. Ségur, *Memoirs* (Shelley) p
234. *JII- CII* (Arneth) p 356, JII to Lacey 19 May 1787, Kaidak. B&F vol 2 p
140, Cobenzl to JII 6 May 1787, Kaniev.

11 *JII-CII* (Arneth) p 356, JII to Lacey 19 May 1787, Kaidak. SIRIO 23：410, CII
to Grimm 15 May 1787, Kherson.

12 Khrapovitsky pp 30, 29, 15-20. Ligne, *Mélanges* vol 24 pp 4-8.

13 Ségur, *Mémoires* 1859 vol 2 pp 46-7. Ligne, *Mélanges* vol 24 pp 4-8. 作者于 1998 年访问第聂伯罗彼得罗夫斯克国家历史博物馆所得。

14 *Memoirs of the Life of Prince Potemkin* p 118. Ségur, *Mémoires* vol 3 p 220.

15 *JII-CII* (Arneth) p 355, JII to Lacey 19 May 1787, Kherson; p 358, 30 May 1787, Aibar, Crimea. Khrapovitsky pp 35, 36, 15 May 1787.

16 SIRIO 23 (1878): 410, CII to Grimm 15 May 1787. Ségur, *Mémoires* 1859 vol 2 p 47. Ligne, *Letters* (Staël) p 42, Ligne to Coigny.

17 Ségur, *Mémoires* 1859 vol 2 pp 47-8.

18 Ségur, *Mémoires* 1859 vol 2 pp 54-5.

19 Aragon p 154, N-S to wife May 1787. *JII-CII* (Arneth) p 358, JII to Lacey 30 May 1787.

20 Ségur, *Memoirs* (Shelley) pp 238-9.

21 B&F vol 2 pp 147-50, Cobenzl to Kaunitz 3 June 1787, Sebastopol. Ségur, *Mémoires* 1859 vol 2 pp 54-5.

22 Ségur, *Mémoires* 1859 vol 2 pp 54-5.

23 作者于 1998 年访问克里米亚所得。Ségur, *Mémoires* 1859 vol 2 pp 54-5. Aragon p 155, N-S to wife *JII-CII* (Arneth) p 361, JII to Lacey 1 June 1787.

24 *JII-CII* (Arneth) p 361, JII to Lacey 1 June 1787. Aragon pp 155-8, N-S to wife. Ligne, *Letters* (Staël) p 44, Ligne to Coigny. SIRIO 23 (1878): 411, CII to Grimm 21 May 1787, Bakhchisaray. B&F vol 2 p 148, Cobenzl to Kaunitz 3 June 1787, Sebastopol. RA (1865) p 622, L 216 CII to GAP 28 May 1787, St Petersburg.

25 Ligne, *Mélanges* vol 24 p 11.

26 Ligne, *Mélanges* vol 24 pp 4-7. Aragon pp 158-61, N-S to wife 1 June 1787, Sebastopol. B&F vol 2 pp 150, Cobenzl to Kaunitz 3 June 1787. *JII - CII* (Arneth) p 363, JII to Lacey 3 June 1878; p 292; JII to Kaunitz 3 June 1787. Ségur, *Mémoires* 1859 vol 2 pp 66-7.

27 Ligne, *Mélanges* vol 24 pp 4-8. SIRIO 23 (1878): 412, CII to Grimm 23 May 1787. *JII-CII* (Arneth) p 363, JII to Lacey 3 June 1787; p 292, JII to Kaunitz 3 June 1787. B&F vol 2 pp 150-1, Cobenzl to Kaunitz 3 June 1787.

28 B&F vol 2 pp 150-1, Cobenzl to Kaunitz 3 June 1787. *JII-CII* (Arneth) p 364, JII to Lacey 5 June 1787.

29 RGVIA 52. 2. 53. 31, N. Pisani to Ya. Bulgakov 1/12 May 1787, unpublished. 奥斯曼帝国的外交官世家皮萨尼家族通过布尔加科夫向波将金发送的报告

是价值无量的史料，证明了当时的伊斯坦布尔已经处于战争狂热中。RGVIA 52.2.53.80, N. Pisani to Bulgakov 1 June 1787. 皮萨尼在此处又报告称，新兵已经行军通过伊斯坦布尔，开赴前线。这是很重要的证据，因为之前的绝大多数历史学家都说战争之所以爆发，责任完全在于波将金置失当以及他刺激了奥斯曼朝廷。Ségur, *Mémoires* 1859 vol 2 pp 52-3. Aragon pp 158-61, N-S to wife 1 June 1787.

30 Ligne, *Letters* (Staël) p 50, Ligne to Coigny. Mansel, *Charmeur* p 113. Aragon p 173, N-S to wife.

25　阿玛宗女战士

这来自大自然馈赠的非凡集合，
是天资与最纯洁的灵魂的汇合。
这荣誉之声细腻而敏感，
温柔，富有同情心，天真满溢。
可爱、快活、漫不经心、凝思且阴郁的思想家，
这最后的一丝阴郁，风采是那样迷人。
能用什么技巧，把你脑中一切传授于我？
——利尼亲王在克里米亚旅行期间为波将金

公爵写的诗

皇帝去巴拉克拉瓦参观的时候，一个团的阿玛宗女战士骑马前来迎接。波将金安排的这场表演让约瑟夫二世大吃一惊。波将金在当地建立的希腊人或"阿尔巴尼亚人"军事定居点的居民已经穿上了新古典风格的装束：胸甲和斗篷，配上现代的手枪。这些阿玛宗女战士是 200 名"阿尔巴尼亚女人"，据利尼亲王说，个个"风姿卓越"。她们穿着鲜红色天鹅绒裙子（裙边饰有金色蕾丝和流苏）和绿色天鹅绒上衣（边缘也饰有金线），戴白纱头巾，装饰着闪光亮片和白色鸵鸟羽毛。她们武装到牙齿，手执"火枪、刺刀和长枪，穿着阿玛宗式胸甲，梳着优雅的长辫子"。这场精彩表演的源头是南巡开始之前叶卡捷琳娜大帝和波将金在圣彼得堡的一次讨

论，他们谈到了现代希腊人和古代希腊人的相似之处。他赞扬
自己属下的希腊人和他们的妻子的勇气。叶卡捷琳娜大帝不是
女权主义者，她怀疑这些希腊女人没什么用处。于是波将金决
定证明她是错的。①

　　笨拙的皇帝非常喜欢阿玛宗女战士这道风景，亲吻了美
丽的十九岁阿玛宗指挥官叶连娜·萨尔达诺娃（一名上尉的
妻子）的嘴唇，以示褒奖。然后，他骑马回去见女皇。女皇
在下一个歇脚点卡迪柯福卡（希腊人的定居点）遇见了波将
金的阿玛宗女战士，当时女皇正在月桂树、橘树和柠檬树夹
道的林荫道上前进。波将金告诉她，阿玛宗女战士想要为女
皇展示她们的射击技术。叶卡捷琳娜大帝心里可能已经对军
事演习感到厌倦，所以谢绝了。她拥抱了萨尔达诺娃，赐给
她一只价值 1800 卢布的钻石戒指，还赏赐了她的部下 1 万
卢布。[1]

　　在叶卡捷琳娜大帝随后的旅程中，阿玛宗女战士与鞑靼
人、哥萨克和阿尔巴尼亚人一同担任卫兵。两位皇帝的队伍沿
着克里米亚肥沃多产而地形崎岖的东南海岸（整个半岛最有
天堂气氛的地区）行进，经过了波将金的葡萄园。这一定是
美不胜收的景象。"通往拜占庭之路"的胜利气氛让两位皇帝
身心放松。约瑟夫二世甚至承认，波将金经常让他在前厅等

---

　① 希罗多德写道，阿玛宗女战士在她们的女王彭忒西勒亚领导下渡过黑海
　　与斯基泰人作战，然后和他们一起定居在距离亚速海不远的地方。所以
　　波将金应当知道克里米亚是阿玛宗女战士的天然家园。波将金把米兰达
　　带到克里米亚的时候邂逅了一位名叫舒茨的德意志上校，他的妻子"女
　　扮男装，跟随他行军打仗，并且两次负伤，看上去有一点阳刚之气"。也
　　许是舒茨夫人建议波将金组织一个阿玛宗女战士的骑兵团？在一座小小
　　的半岛上同时有两户阿玛宗女战士似乎太巧了。——作者注

待，仿佛他是个普通廷臣；不过皇帝说，他忍不住要原谅这个不寻常的人。平素暴躁任性的哈布斯堡皇帝在波将金面前真是一反常态。[2]

叶卡捷琳娜大帝和约瑟夫二世在颠簸的马车里讨论那些国家元首才有共同语言的话题。利尼亲王被夹在他俩之间，昏昏欲睡，有一次醒来时他听见其中一位君主说："只算男性的话，我有3000万臣民。"另一位君主承认自己只有2000万臣民。其中一位问另一位："有没有人试图刺杀你？"然后，他俩讨论了两国的盟约。约瑟夫二世问叶卡捷琳娜大帝："我们应当怎么处置君士坦丁堡？"[3]

在古老的奴隶贸易港口卡法（波将金重建了这座城市并将其改名为费奥多西亚），波将金在塞居尔伯爵身上搞了一把恶作剧。这天早晨大家登上马车的时候，塞居尔伯爵撞上了一个身穿切尔卡西亚民族服装的美丽少女。他一下子面色煞白：她长得酷似他的妻子。"有一瞬间我以为塞居尔伯爵夫人从法国来看我了。在奇迹的国度，人的想象力也特别活跃。"那姑娘消失了。波将金喜滋滋地走来，问："是不是一模一样？"然后补充说自己在他的帐篷里看过他妻子的肖像。

"真是一模一样，让人难以置信。"还在震惊的塞居尔伯爵答道。

"嗯，"波将金说，"这个年轻的切尔卡西亚姑娘属于我的一个朋友，他允许我支配她。等你到了圣彼得堡之后，我就把她送给你。"

塞居尔伯爵试图谢绝，因为他的妻子可能不会欣赏波将金的这种好意。波将金感到很受伤，称塞居尔伯爵假正经。于是塞居尔伯爵答应接受波将金的下一件礼物，① 不管是什么。[4]

一行人登上绵延起伏的青翠山峦，去观赏波将金的园林、奶牛场、成群的绵羊和山羊，以及他位于卡拉苏巴扎尔的粉色"鞑靼宫殿"②。据十年后参观该宫殿的一个英国女人说，它是"神仙的宫殿之一"，"按照波将金的秘密安排，它如同变魔术一般突然出现在人们的眼前，令人惊喜和沉醉"。[5]

他们在这里发现了一处英国人的世外桃源。"能力"·布朗如果在场，一定会认出这里的园林是英国风格的，"成片的威风凛凛的树木，一片非常开阔的草坪"，通往"树林，那是我们的同胞古尔德创造的令人心旷神怡的游乐场"。这里还有亨德森的英式奶牛场。若是没有全套的英式下午茶，波将金的田园牧歌就不算完整。与杰里米·边沁一起到此地的亨德森的"外甥女们"引起了情场老手利尼亲王的关注："两个身穿白衣的天仙"走了出来，请客人们在一张铺满鲜花的桌前落座，并"端来黄油和奶油。这让我想起英国小说里的早餐"。此地有兵营和军队可供约瑟夫二世视察，但他完全不感兴趣。"我们不得不走山区小道，"他向莱西元帅抱怨道，"却只是为了看一只公山羊、一只安哥拉绵羊和一座英式园林。"[6]

波将金安排了一场烟火表演，这让那些对烟火已经腻烦的

---

① 波将金的下一件礼物是一个名叫纳古的卡尔梅克男孩，是在后来攻打奥恰基夫的战役中俘获的。塞居尔伯爵教他法语，回到北方之后把他送给了科本茨尔伯爵夫人，这令她非常高兴。——作者注

② 今天我们不知道这座"神仙居所"的具体地点。它建在1783年末波将金差点死去时所在的鞑靼人小屋的原址。但本书作者来到别利戈尔斯克（卡拉苏巴扎尔今天的名字）时，在一条河和一座果园附近找到了一个郁郁葱葱的地方，符合英国访客玛丽亚·古斯里的描述。鞑靼人曾被斯大林驱逐，现在已经返回了那座村庄。——作者注

权贵也赞不绝口：在宴会期间，2万支烟花向高空发射，5.5万朵焰火两次升到山顶，组成女皇名字的首字母，而整座英式园林被照耀得犹如白昼。约瑟夫二世说自己从没见过比这更精彩的景象。波将金（换言之，也就是俄国政府）不顾成本、随心所欲的能力让皇帝惊奇不已。"在德意志或者法国，我们绝不敢搞这么大规模的烟火表演……在俄国，人的生命和劳动力都一文不值……主人下令，奴隶就必须服从。"[7]

他们回到巴赫齐萨莱之后，世俗的廷臣们又是满脑子鞑靼女人。虽然年过五十但比三十岁的人还活跃的利尼亲王再也抑制不住自己的好奇心。"如果不准我欣赏花朵，那么在万花丛中走过又有什么意义？在我离开克里米亚之前，我一定要看一下不戴面纱的鞑靼女人是什么样。"于是他问塞居尔伯爵："你要不要和我一起去？"于是，利尼亲王和塞居尔伯爵走向树林。他们看到三位少女在洗澡，面纱放在旁边的地上。塞居尔伯爵回忆说，很遗憾，没有一个好看的。一切恰恰相反。"天哪！"利尼亲王惊呼，"穆罕默德让她们遮住脸真是英明！"三个女人尖叫着逃走。偷看女人的两位权贵遭到了鞑靼人的尖声咒骂、追逐和石头投掷。

次日的午宴上，叶卡捷琳娜大帝一言不发，波将金也闷闷不乐，他俩可能都累坏了。利尼亲王打算用自己前一天的冒险故事给他们鼓劲。但女皇很不高兴："先生们，这个笑话很没品位。"她已经征服了这片土地，并下令要尊重伊斯兰教。鞑靼人现在是她的臣民，得到女皇的保护。如果举止如此幼稚的是她的侍从，她会惩罚他们。[8]

就连皇帝也受到了这种轻浮气氛的感染。叶卡捷琳娜大帝让约瑟夫二世、利尼亲王和塞居尔伯爵看看她接见的一位格来王朝的公主（也许是为了在训斥利尼亲王和塞居尔伯爵之后再安抚他俩）。但他们对这位成吉思汗的后裔大失所望。塞居尔伯爵认为："她的眼睛虽然可爱，但描过的眉毛和闪闪发光的妆容让她看上去像个瓷器。"约瑟夫二世告诉莱西："我更喜欢她的一个女仆。"皇帝迷上了切尔卡西亚女人的美貌，以至于这位启蒙思想的支柱人物居然决定买下一个切尔卡西亚女人。①他给了一个名叫齐鲁利的中尉一笔钱，让他去库班买一个"俊俏的切尔卡西亚女人"。波将金赞成他这么做。我们不知道这次行动的结果如何，不过约瑟夫二世回到维也纳的时候确实带着一个六岁的小女孩（可能就是切尔卡西亚人），是他从一个奴隶贩子那里买下的。9 她接受了洗礼，被取名为伊丽莎白·古莱西，在宫廷受教育。皇帝在遗嘱里给她留下了每年1000 古尔登的年金，这不算少，因为莫扎特在 1787 年获得的年金也只有 800 古尔登。后来她嫁给了一个贵族的管家，就消失在历史长河中了。

6 月 2 日，两位皇帝终于在吉泽克尔曼的草原上互相道别。约瑟夫二世向西返回维也纳，叶卡捷琳娜大帝则向北去莫斯科。6 月 8 日，女皇抵达波尔塔瓦，即彼得大帝打败瑞典国王查理十二世的地方。波将金用"活生生的图景，极其逼真地"（塞居尔伯爵的说法）重演了这场著名战役，动用了 5 万

---

① 西方君主虽然憎恶东方的奴隶制，却经常购买东方的女奴。这些女奴要么是战争中劫掠来的俘虏，要么是西方国家驻奥斯曼帝国的大使买来的。这样的女奴贸易一定很兴隆，所以波将金会送一个姑娘给塞居尔伯爵。弗里德里希大王的苏格兰詹姆斯党朋友、陆军元帅基思伯爵旅行时曾带着一个土耳其女奴，她是俄土战争期间被俘的。我们还会看到，当时最有教养的男人之一、波兰国王斯坦尼斯瓦夫-奥古斯特也定期收到东方女奴。——作者注

人扮演当年的俄军和瑞典军队。叶卡捷琳娜大帝观赏了战役重演，眼睛里闪耀着彼得大帝式的自豪。随后波将金向她献上了他曾展示给米兰达的那套珍珠项链。作为回报，叶卡捷琳娜大帝颁布法令，褒奖波将金在南方取得的成就，赏赐给他 10 万卢布和新的姓氏"塔夫利切斯基"。从此他的正式头衔就是波将金-塔夫利切斯基公爵，意思是塔夫利的波将金公爵。①

"爸爸，"她在 6 月 9 日写道，"我希望你明天不要大搞排场，让我低调地出发。"次日，在通往哈尔科夫的道路上，女皇和波将金分别了。此时他俩都已经很疲惫。叶卡捷琳娜大帝在布拉尼茨卡和"小猫咪"斯卡乌龙斯卡娅以及"便捷大臣们"的陪同下去了莫斯科，在那里见到了自己的孙子亚历山大和康斯坦丁。在她于 7 月 22 日抵达皇村之后，这趟神奇旅行的所有参与者"都不得不重新拾起枯燥的政治算计"。10

这些算计当中最枯燥的，要数一种经久不衰的指控：波将金欺骗了叶卡捷琳娜大帝，即关于"波将金村"的诽谤。"袖珍大臣们"回到都城之后立刻受到波将金的政敌的询问，他们想知道赫尔松、塞瓦斯托波尔、牛羊群和舰队是否真实存在。而"波将金村"这一说法的始作俑者从来没有去过南方，更没有亲眼看过波将金的成就。

18 世纪 70 年代就已流传着一些恶毒的流言，说波将金在南方什么都没做。这是胡说八道。而现在，他的政敌，以及俄

---

① 这个名字翻译成英语 Potemkin-Tavrichesky 之后佶屈聱牙，但在德语里比较好听，"Potemkin der Taurier"，法语"le Taurien"也不错。叶卡捷琳娜大帝和格林探讨过如何翻译这个词，这位启蒙思想家的建议是"Tauricus"或"le Taurien"。——作者注

国的敌人，都在窃窃私语，认为波将金为女皇安排的整个表演是一场大规模的骗局。因没有参加南巡而满腹怨恨的萨克森使节格奥尔格·冯·黑尔比希编造了"波将金村"这个词。这个概念非常适合用来描述政治骗局（尤其在俄国），所以已经演化为成语，意思是"诈骗、作假、虚假的成绩"。黑尔比希不仅在外交报告里使用了他的这一妙语，还于18世纪90年代在汉堡的杂志《密涅瓦》上发表了一部传记《塔夫利的波将金》。俄国的敌人拿这部传记里的说法大做文章。1809年在德意志出版了该书的完整版，19世纪还出版了英文和法文的扩充版。"波将金弄虚作假"的历史神话的基础就这样奠定了，这种神话既不真实也不公正。波将金完全不是这样的人，但这种污名化持续至今。[11]

"波将金村"神话的基础是第聂伯河上的巡游。黑尔比希说船上的人看到的定居点是假的，只是在纸板上画出来的，然后波将金派人沿河移动这些纸板，让女皇看到了五六次。黑尔比希还说，波将金把成千上万的农民从俄国内地强行赶来，让他们在夜间赶着羊群沿着河岸走，准备在次日早晨给女皇看，这导致1000个村庄荒无人烟、饥荒蔓延，许多农民被活活饿死。船上的外国人每天看到的是同一群农民。

实际上，在女皇南巡的好几年前，就已经出现了针对"波将金村"的指控。基里尔·拉祖莫夫斯基于1782年访问赫尔松的时候，这座城镇的存在就让他"颇为惊喜"，显然是因为他之前觉得建造这座城镇的计划只是海市蜃楼。[12]所有去南方的外国人都在圣彼得堡得到过警示，说波将金的南方建设只是谎言。克雷文夫人在叶卡捷琳娜大帝开始南巡的一年前写道，"那些嫉妒波将金才干的圣彼得堡人"告诉她，克里米亚没有水，"他掌管塔夫利的政府并指挥那里的军队，可能引起了很多人的嫉妒，这些人炮制了关于这片新领土的 1000 种谎言……从而减少他理应享有的赞誉"。[13] 多年来一直有人（皇储的圈子或心怀嫉妒的廷臣）告诉女皇，波将金在弄虚作假。在叶卡捷琳娜大帝的南巡开始之前，加尔诺夫斯基向波将金汇报，有人向女皇进献谗言，说她在南方只会看到纸板画出来的假房子，而不是真的建筑。在基辅，谣言愈演愈烈，说叶卡捷琳娜大帝这么急于南巡的原因之一肯定是想亲自去查看真相。而波将金因为还没有做好安排，曾试图推迟女皇从基辅出发的行程，这时她告诉秘书赫拉波维茨基，"尽管安排还没有做好"，她也要亲眼看看。[14]

无论是在波将金自己的命令里，还是在目击者的记述里，所谓"波将金村"都没有任何证据。早在 1784 年他就开始为叶卡捷琳娜大帝的南巡做准备，所以整个表演怎么可能是一夜之间创造出来的呢？1784 年，卡霍夫斯基将军报告称，已经为即将驾临的女皇建造了新宫殿并翻修了旧的房屋。在南巡途中，波将金用到了一些临时行宫，但叶卡捷琳娜大帝的大多数宫殿都是永久性的，比如赫尔松的那些宫殿此后仍然屹立了一个多世纪。在巴赫齐萨莱，可汗的宫殿得到了"修缮"和"重新粉刷"。次年，波将金发布了一系列关于克里米亚改良工程（从彼列科普的盐仓到古尔德在卡法建造的栗树园林）的命令，其中有一道命令是让卡霍夫斯基在巴赫齐萨莱兴建"女皇将要通过的最宽敞的大街"，街边要有"优质的房屋和商铺"。[15] 这道命令的意思是改良一些现有的建筑，这是波将金档案的成千上万文件当中最接近"弄虚作假"的所谓"证据"。米兰达是个关键人物，是没有偏见的目击者，因为他陪同波将金做了南巡开始之前的检查。米兰达没有看到任何造假的迹象。恰恰相反，他证明了波将金的工程有多么真实。

那么，河岸上那些载歌载舞的农民和他们的牛羊群是假的吗？在那个时代，要迁移那么多的人和牲口是根本办不到的事情，何况是在夜间。如果那样长途驱赶牛羊的话，它们会死掉。在卡伊达克的时候因为没有厨房而出现了一次危机，波将金不得不亲自下厨为两位君主做饭，却无法掩饰自己的这次失败。这也能证明他没有办法长途迁移成千上万的人畜去欺骗客人。[16]那些牲畜也绝不是从外地专程弄来的。克里米亚的游牧民原本就蓄养牛羊。波将金帮助农民增加了牲畜的数量并改良其品种。米兰达看到了草原上的羊群，[17]而克雷文夫人在一年前的见闻能够证明河岸和草原上有牛群和羊群是自然而然的事情，无须波将金弄虚作假。她看见了大群"马匹和牛羊走来，一下子让这片淳朴而雄伟的土地满是安宁与富足"。[18]牲口都是现成的，也是真实存在的。

波将金也无须强迫人群去围观女皇。自六十年前彼得大帝驾临以来还没有一位沙皇造访南方，何况这次来的不是一位皇帝而是两位，老百姓争先恐后地跑去观看，难道不是再自然不过的事情吗？即便是在斯摩棱斯克，人们也从二十里格之外赶来围观女皇。[19]另外，当地农民肯定想向女皇的随行厨房兜售农产品。克雷文夫人在一年前造访巴赫齐萨莱的时候，她只是一个孤零零的外国人，就有人山人海的鞑靼人和士兵跑来围观她，所以两位君主驾临的时候出现熙熙攘攘的人群，是很正常的事情。[20]当然，这不是说第聂伯河沿岸的景观没有人工作秀的成分。恰恰相反，波将金美化和装饰了所有东西。他是政治作秀的大师，懂得表演的重要性，也很享受政治当中"演戏"

的成分。他的表演是有自我意识且故意为之的。[21]

今天，如果有国家元首访问某地，肯定会事先做各种各样的安排和精细的组织，重新粉刷房屋、清扫街道、抓捕流浪汉和妓女、在大街上悬挂彩旗。铜管乐队奏乐，当地儿童载歌载舞，安排贵宾去参观商品琳琅满目的商店。[22]从很多角度看，叶卡捷琳娜大帝的南巡是史上第一次这样的国家元首视察。所有人都知道那些阿玛宗女战士、哥萨克和突然映入眼帘的英式园林全是事先安排的表演，①正如伊丽莎白二世访问约翰内斯堡的时候知道那些手执长矛和盾牌的祖鲁武士不是当地的一般居民。塞居尔伯爵说波将金"拥有克服一切障碍、征服大自然……的神奇本领，能够欺骗疲惫腻烦的客人的眼睛，让他们不会觉得广袤的沙地平原太过无聊"，就是这个意思。[23]

毫无疑问，不管女皇走到哪里，当地官员都会事先清扫街道、美化建筑和遮掩碍眼的地方。在哈尔科夫和图拉（都不在波将金安排的南巡路线上），当地总督确实遮掩了一些东西，也许搭建了假房屋来欺骗她。②所以，关于"波将金村"的唯一真实叙述讲的却根本不是波将金的辖区，这很讽刺。[24]

---

① 但这些也不全都只是作秀：克雷文夫人于 1786 年 4 月拜访当地的阿尔巴尼亚定居者时，他们已经穿上了"某种古罗马武士的服装，佩带东方和意大利的匕首"，而哥萨克纯粹为了好玩就给她表演了马术。——作者注

② 1786 年的农业歉收确实导致某些地区，尤其是莫斯科周边，发生了饥荒，这是叶卡捷琳娜大帝匆匆赶回都城的原因之一。不过波将金治下较为富饶的南方各省没有饥荒。她抵达图拉（距离波将金的副王辖区很远）之后，当地总督用假的房屋正立面遮掩当地的贫困，也没有向她报告粮价飙升的情况。列夫·纳雷什金把面包价格告诉她后，她立刻取消了当晚图拉总督为她准备的舞会。叶卡捷琳娜大帝和波将金得知民间疾苦之后都会同情普通百姓，但他们都不会让一次小规模的饥荒影响到帝国的光荣扩张，也不会改变自己的奢华生活方式。这是 18 世纪政府的普遍现象，不管统治者是多么开明。——作者注

我们可以说波将金是现代政治景观的发明者，但不可以说他是骗子。

波将金不需要在城镇和舰队等方面造假，从米兰达到约瑟夫二世的外国人亲眼看见了他的成就。[25] 女皇不可能视察每一个地方，而波将金自己也会被下属欺骗。但约瑟夫二世特意去视察了克里米亚的每个地方，他承认波将金的成就都是真实的。不过皇帝本人也承认，假如不是亲眼看到的话，他并不会相信。[26] 利尼亲王也亲自去做了调查，发现了"正处于萌芽状态的辉煌建筑，欣欣向荣的制造业，以及街道整齐、林木葱郁、灌溉良好的村庄……"

叶卡捷琳娜大帝听到的波将金的罪状之一是，他对骑兵的改革毁掉了军队。她在克列缅丘格看到波将金那些英姿飒爽的轻骑兵之后，对进献谗言的人怒火中烧。她对利尼亲王说："真是恶棍，他们竟然这样骗我！"[27] 这也是为什么叶卡捷琳娜大帝得知那些传闻都是谎言之后格外高兴，并急于把自己的所见所闻告诉她的孙子们和布鲁斯伯爵那样的官员："亲眼看到这些地方，我真是开心。他们警告我说克里米亚一塌糊涂，吓唬我，劝我不要亲自去看。到了这里之后，我真想知道他们为什么会有如此冒失的偏见。"她甚至承认自己看到赫尔松发展很好之后"非常吃惊"，但她的话并不能阻止某些人继续诽谤波将金。[28]

利尼亲王在给巴黎方面的信中写道："已经有人在传播荒诞不经的故事，说我们在路上看到的村庄都是纸板屋……说舰船和大炮都是画出来的，说骑兵没有战马。"他立刻解释了原因："即便在俄国人当中……也有人因为没有机会和我们一起南巡而恼火，因此愿意相信我们都受骗了。"利尼亲王"很清楚骗人的花招是什么样"，但波将金的成就是真实的。[29] 波将金也知道他的政敌在传播关于他的谎言。"关键在于，"他后来写信给叶卡捷琳娜大帝，"恶意和嫉妒永远不会蒙蔽陛下，不会损害我在陛下眼中的形象。"女皇说他是对的："你狠狠地打了你敌人的手。"[30]

波将金政敌的手可能在剧痛，但这不会阻止他们继续污蔑波将金。在圣彼得堡，波将金的政敌下定决心要损害他的公信力，尽管他的成就有着充分的证据。像叶夫格拉夫·切尔科夫（波将金与叶卡捷琳娜大帝结婚的见证人）那样过于激动的廷臣热衷于向大家宣讲波将金的伟大成就，但于事无补："我看见了奇迹，只有上帝知道它们是如何出现的……就像一场梦……只有他［波将金］才能办成这些事情。"[31] 保罗大公那样的人正想听这样的话。

皇储召见了利尼亲王和塞居尔伯爵，询问波将金的政绩。保罗对波将金的偏见极深，所以拒绝相信真相。"不管这两位旅行者告诉他什么，他都不肯相信克里米亚的状态像他们说的一样好。"[32] 当利尼亲王承认叶卡捷琳娜大帝没有视察所有东西时，保罗大发雷霆："哦！我很清楚！这就是为什么这个狗杂种的民族不想仅仅被女人统治！"[33] 即便在宫廷的高层也有人下定决心拒绝相信波将金的成就，这就解释了为什么虽然有目击证人，很多谎言仍然流毒甚广。而很多人对俄国向外扩张的批评，更是放大了这些谎言。我们很容易想象，等到波将金和叶卡捷琳娜大帝去世之后，这些蓄谋的谎言就变成了得到普遍接受的历史"真相"。就连黑尔比希著作 1813 年英文版的结尾也说："伟人自然会受到嫉妒，而嫉妒放大了原本仅仅是表演的东西，并贬低了真实的东西。"[34] 波将金是他自己的辉煌成就的受害者。"波将金村"是历史上最大的谎言之一。

　　新任塔夫利公爵陷入了精疲力竭和深度抑郁的状态。在劳累过度和取得重大胜利之后，他往往陷入这样的疲软状态。他在克列缅丘格待了几天，然后于 7 月中旬在赫尔松设立了自己的宫廷。他在那里病倒了，躺在沙发上，闷闷不乐，把玩钻石。公爵偏偏在这时抑郁起来，真是不凑巧。自 1786 年 10 月以来他就掌管了俄国所有的针对奥斯曼帝国的政策，成为"战争与和平的仲裁者"。现在奥斯曼帝国正在摩拳擦掌，准备战争。自从丧失克里米亚和格鲁吉亚并被迫认可俄国在多瑙河诸国的影响力以来，奥斯曼人一直在寻找反击和雪耻的机会。[35]

　　早在 3 月，伊斯坦布尔就发生了动荡，一直乱到了 5 月。波将金手下最好的间谍 N. 皮萨尼报告称："这里的公众除了战争什么都不谈。"皮萨尼是伊斯坦布尔的专业外交官家族之一的后裔，他这样的人可以为任何人做翻译和打探情报。苏丹阿卜杜勒-哈米德一世在主张战争的大维齐尔优素福帕夏和穆夫提们的敦促下，决定测试一下俄国的决心：1786 年，摩尔达维亚领主马夫罗克达特被驱逐。俄国庇护了他。格鲁吉亚国王希拉克略二世遭到当地帕夏的攻击。土耳其人支持谢赫曼苏尔和他的车臣人，于是波将金加强了他的莫兹多克战线。奥斯曼人修缮了自己从库班到多瑙河，从阿纳帕①和巴统②到宾杰里和伊斯梅尔③的各个基地，重建了舰

①　阿纳帕今天属于俄罗斯，在黑海北岸、亚速海附近，是度假胜地。
②　巴统是今天格鲁吉亚的第二大城市，在该国西南部、黑海之滨。
③　伊斯梅尔位于今天乌克兰的西南部，在多瑙河畔。

队。叶卡捷琳娜大帝南巡时奥恰基夫附近的奥斯曼舰队就是在向俄国人展示武力。皮萨尼补充道："奥斯曼武士们日渐放肆，为所欲为。"[36]

新舰队和叶卡捷琳娜大帝即将开始的南巡让当时的波将金自信力量强大，他的自信肯定是奥斯曼人在外交上如此冒险的原因之一。1786 年 12 月，波将金命令俄国驻奥斯曼帝国大使布尔加科夫要求奥斯曼人停止在多瑙河诸国和高加索地区的试探，[37] 保障俄国在黑海周边领土的安全，以换取俄国对奥斯曼帝国安全的保障，否则两国就要兵戎相见。那时，奥斯曼帝国倾向于选择安全的路线。波将金的措辞很强硬，但不是非常有挑衅性。如果他真挑衅了的话，奥斯曼人就会在叶卡捷琳娜大帝南巡期间发动进攻了。科本茨尔认为波将金的要求是"很有限的"。[38]3 月，波将金命令布尔加科夫："我们尽一切努力避免战争，但如果他们无视我们的要求，就一定会发生战争……请努力向苏丹解释，我的要求是多么少，又是多么公平。"[39]6 月，布尔加科夫在赫尔松请示波将金的时候，波将金的目标是避免而不是激发战争。8 月，波将金特别让布尔加科夫"再争取两年时间"。[40]他需要推迟战争，因为战备工作还没有完成。[41]

波将金的强硬语气听起来是在挑战，但他通过以战争相威胁，获得了扎波罗热哥萨克军团的旧领地、克里米亚和格鲁吉亚，而没有牺牲任何一名俄国掷弹兵的生命。他知道自己与土耳其人最终必有一战，因为俄国的每一次成功都让土耳其人更加怨恨。他嘴上说战争，目的显然是不战而屈人之兵。但有人责怪波将金过于咄咄逼人的外交政策导致了战争。这种观点部分是出于后见之明（我们现代人知道当时的俄国比奥斯曼帝国更强大，俄国是在欺凌奥斯曼帝国。不过，当时后者正在招兵买马和组建舰队，奥斯曼人虽在上一次俄土战争期间的表现很差，但此时军力已经有了很大提升），部分是出于无知，不知道伊斯坦布尔对战争是多么狂热，也不知道奥斯曼政府在高加索山脉和多瑙河流域的固有政策就是向俄国挑衅。如果说波将金有错，那么错就错在他建立了黑海舰队并安排女皇到克里米亚巡视。这两个举动宣示了俄国在黑海的势力将是永久性的，却也表明这是奥斯曼帝国将俄国势力从黑海驱逐出去的最后机会。所以，两国的军备竞赛和挑衅是相互的，也是同时发生的。战争的爆发是因为两国都在向对方施压，最终战争真的到来时，双方都没有完全做好准备。

俄国大使返回君士坦丁堡后发现那里的好战气氛十分狂热。根据皮萨尼在1787年6月1日的说法，大维齐尔优素福帕夏在近卫军和伊玛目的支持下刻意"煽动暴民……起来威吓他们的君主，让他相信人民想要战争，如果不开战，人民就会推翻他"。暴民掀起了骚乱。来自亚洲的新兵潮水般涌过君士坦丁堡，开赴伊斯梅尔，即奥斯曼军队在摩尔达维亚的主要要塞。奥斯曼人拥兵30万。只有苏丹维持和平的决心和德高望重的海军司令哈桑帕夏才能抑制住战争的狂热。[42]普鲁士、瑞典、英国和法国在鼓励土耳其人开战。皮萨尼报告称，"我手里就有法国军官提出的帮助奥斯曼人"收复克里米亚的方案。最后，苏丹让步了。奥斯曼政府向布尔加科夫提出了俄国人绝不可能答应的要求，比如交还格鲁吉亚和接受土耳其人在俄国城市设置领事。布尔加科夫拒绝了，他于8月5日被逮捕并被关进七塔要塞。20日，奥斯曼战舰在奥恰基夫附近袭击了两艘俄国巡航舰。六个小时的交火之后，俄国人逃跑。战争爆发了。[43]

8月24日，叶卡捷琳娜大帝写信给波将金探讨战略和御前会议的组成问题时说："你是不是把自己的指甲都咬掉了。"[44] 她真是了解他。在这个月，叶卡捷琳娜大帝和波将金的关系进入了一个新阶段：随着作战和外交活动的扩展，他俩的书信也越来越长。他们比以往更加有福同享、有难同当。他们的通信就像是一对老夫老妻之间的交流，只不过他们碰巧是一个帝国的统治者。他们的笔调充满爱意，也经常怒气冲冲。他们交换政治思想和八卦，互相鼓励、赞扬，互相赠送新衣服和医药。但波将金在克列缅丘格发了高烧，战栗不止，陷入了黑暗的焦虑和抑郁。与通常的历史说法不同，他此时并不是忽视了自己的职责，而是因为自己手里集中了极大权力而疲惫不堪。这让叶卡捷琳娜大帝很担心："你事必躬亲，把自己累坏了。"[45]

在彼得大帝之后，波将金是第一位同时主持多个战区陆海军的俄国军事统帅。身为陆军大臣，他是所有战线的负责人，包括俄国与瑞典、中国、波兰和波斯的边境线。有两支主要的俄军在面对土耳其人。波将金亲自指挥中路的叶卡捷琳诺斯拉夫军团，而鲁缅采夫-扎杜奈斯基元帅指挥较小的乌克兰军团，在俄国与摩尔达维亚的边境上掩护波将金的西翼。此外，波将金也是黑海舰队的总司令。在高加索山脉和库班，他还指挥着一些部队，同时与奥斯曼人和谢赫曼苏尔领导的车臣及切尔卡西亚部族作战。俄军的这些部队都没有齐装满员，没有做好充分的准备，不过好在土耳其人也是这样。波将金集中兵力，并等待内陆征募的新兵（每500人征召两人）来组建一支 6 万人的新部队。另外，他还负责与奥地利盟友协调作战，并越来越多地掌控俄国的波兰政策。他的权责太广，不仅需要为这么多部队提供给养和协调海陆两路的作战，还需要恢宏的战略眼光。

奥斯曼人的主要目标是以强大的奥恰基夫要塞为基地，收复克里米亚。首先，他们要占领波将金的城市赫尔松，而赫尔松的关键是金伯恩，这是一座小型的俄国要塞，位于利曼河（第聂伯河长长的入海口）河口的一小块岬角上。波将金积极地安排防御，他派遣自己手下最优秀的将领亚历山大·苏沃洛夫率军去支援金伯恩。9 月 14 日，土耳其人企图在金伯恩登陆但被打退。波将金命令黑海舰队从塞瓦斯托波尔出海，去猎杀据说正在瓦尔纳的奥斯曼舰队。[46] 但波将金的高烧和抑郁损害了他的精力。他向叶卡捷琳娜大帝透露："疾病让我一天比一天衰弱。"他建议，如果他的身体不能恢复，就请女皇把指挥权交给鲁缅采夫。[47]

"上帝保佑绝不会让你身体弱到需要把指挥权移交鲁缅采夫的程度，"叶卡捷琳娜大帝在 9 月 6 日回信，"我无时无刻不在想着你……我恳求上帝保护你，让你安然无恙，因为你知道，你对我、对帝国是多么重要。"她同意，在开春之前他们必须采取守势，但他们也担心土耳其人会在俄国军队做好准备之前发动进攻，还担心约瑟夫二世会背弃俄奥联盟。[48]

她的言辞鼓舞了他。"你给我写的信就像一位真正的母亲的谆谆教导"，他回信道，并用自己一贯有趣的风格为她概述了战略形势：苏沃洛夫在金伯恩"奉献他的血与汗"，而卡霍夫斯基会在克里米亚"镇静自若地骑在大炮上，仿佛躺在沙发上"。波将金建议叶卡捷琳娜大帝安抚英国和普鲁士，因为他已经预见到这两国的政策。随后他建议把俄国的波罗的海舰队派到地中海，就像上一次俄土战争期间那样。但他在写这些信的时候又病倒了：他寝食难安，"十分虚弱，麻烦重重，疑病症太严重。一分钟都休息不了，我甚至说不准自己还能坚持多久"。[49] 他不再给女皇写信。

这时，波将金的世界突然崩溃了。他得知自己心爱的黑海舰队（也是俄国在南方力量的源泉）于 9 月 9 日毁于风暴。他几乎当场发疯。"我累坏了，小妈妈，"他在 19 日写道，"我什么都做不了……上帝保佑，若是有什么损失，如果我还没有死于伤心的话，我就要拜倒在您脚下，从此隐姓埋名……让我休息一小会儿……我真的受不了了……"但他的思路很清晰，办事也很高效：军队正在集结、移动和准备给养，金伯恩的防务也准备就绪了。他已经竭尽全力，身心都处于崩溃的边缘。[50]

"小妈妈，我太倒霉了，"相信宿命的波将金于 9 月 24 日写信给女皇，"尽管我采取了措施，但还是一团糟。塞瓦斯托波尔的舰队瓦解了……打败我的不是土耳其人，而是上帝。"他的整个生涯都是在为这个关键时刻做准备，而恰恰在这个时刻，他陷入了最严重的抑郁。他无比绝望。不过历史上像他这样在关键历史时刻神经崩溃的例子还有很多：1700 年纳尔瓦战役之后，彼得大帝绝望到几乎要自杀；1741 年在莫尔维茨战败之后弗里德里希大王绝望地逃跑，1758 年霍赫基希战役之后他也神经崩溃了。在 20 世纪，[51] 类似的短暂神经崩溃的典型例子是 1941 年 6 月 22 日德军入侵苏联时约瑟夫·斯大林的绝望，以及 1967 年 5 月以色列陆军总参谋长伊扎克·拉宾在筹划六日战争的先发制人打击时的惨痛经历。①

波将金处于癫狂的状态，向自己的老前辈鲁缅采夫-扎杜奈斯基吐露心迹："我的生涯结束了。我几乎已经发疯。"他在这一天给叶卡捷琳娜大帝写了一封笔迹潦草的信，建议放弃克里米亚（那可是他的战利品、他自己的领地），因为既然俄国在塞瓦斯托波尔已经没有了舰队，那么把那么多部队留在那里还有什么用？他恳求："把指挥权交给别人吧……"他说，上帝可以见证，他素来对她忠心耿耿，但如今"我差不多算是已经死了……"[52]

注 释

1 Ligne, *Letters* (Staël) p 64, Prince de Ligne to Coigny, Kaffa. Note on Amazon Company, *Moskvityanin zhurnal* (1844) no 1 pp 266-8, note by G. Dusi 基于叶连娜·萨尔达诺娃的回忆录。Herodotus, *The Histories* pp 306-8. See also Neal Ascherson, *Black Sea* pp 111-14.

2 Ségur, *Mémoires* 1859 vol 2 pp 88-90.

3 Ligne, *Letters* (Staël) p 42, Ligne to Coigny.

4 Ségur, *Memoirs* (Shelley) p 245.

5 Guthrie letter LXV pp 204-6.

6 Ligne, *Letters* (Staël) p 60, Ligne to Coigny. *JII-CII* (Arneth) p 363, JII to Lacey 5 and 7 June 1787. B&F vol 2 p 163, Count Cobenzl to Prince Kaunitz 13 June 1787. Aragon pp 173-4, N-S to wife.

7 *JII-CII* (Arneth) p 364, JII to Lacey 7 June 1787. Aragon p 174, N-S to wife. Ségur, *Memoirs* (Shelley) p 236.

① 1941 年 6 月 22 日希特勒入侵苏联时，斯大林几乎遁世，不见任何人，他似乎被自己无比沉重的责任和短暂的丧失勇气压倒了。这显然是某种形式的抑郁。1967 年 5 月，拉宾"结结巴巴，无比紧张，前言不搭后语"。他的传记作者引用了一位目击者的说法："仿佛他已经丧胆，彻底失控。"——作者注

8 Ségur, *Memoirs* (Shelley) p 242; or *Mémoires* 1859 vol 2 pp 67-8.

9 Ségur, *Memoirs* (Shelley) p 242. *JII-CII* (Arneth) p 364, JII to Lacey 8 June 1787, Staricrim. ZOOID 13: 268. General V. V. Kahovsky to V. S. Popov 11 June 1787, Karasubazaar; Lt Tsiruli to Kahovsky 7 June 1787. 似乎有两个姑娘。齐鲁利中尉的第二次任务听起来像是寻求性满足，但买下六岁女孩肯定是为了做教育方面的试验。不过这两方面并不互相排斥。齐鲁利去了山区，而当时的一幅印刷画《购买一个鞑靼少女》显示约瑟夫二世从"一名奴隶贩子"手中买下了这个女童。Zinzendorf 的日记在约瑟夫二世驾崩那天的条目里提到了切尔卡西亚女孩。皇帝写信给 Chanclos 伯爵夫人，确保那个女孩得到 1000 古尔登的年金。Hans Wagner 日记的一个脚注里说她的名字是伊丽莎白·古莱西，她是约瑟夫二世在去克里米亚的旅途中买的切尔卡西亚女孩。Chanclos 伯爵夫人把这个孩子抚养长大，随后考尼茨接管了对她的监护，让她于 1798 年嫁给了 Karoly 伯爵的管家 Amandus Lacdemer。对于这些方面的信息，我要感谢 Derek Beales 教授。Wien von Maria Theresa bis zur Franzosenzeit, *Aus den Tagebüchern des Grafen Karl v. Zinzendorf* (ed Hans Wagner) Vienna 1972, p 40, 20 February 1790. 另见 *Österreich zur Zeit Kaiser Josephs II mit Regent Kaiserin Maria Theresias*, *Kaiser und Landesfürst*, *Niedero-Sterreichische Landesaustellung* (Lower Austrian Exhibition catalogue) Stift Melk, 29 March-2 November 1980, p 439, item 551, Linz, Stadtarchiv。

10 RGADA 5. 85. 2. 39, L 216, CII to GAP 9 June 1787. Ségur, *Mémoires* 1859 vol 2 p 90. *JII-CII* (Arneth) p 373, JII to Lacey 12 July 1787, Berislav. SIRIO 27: 410-13, 447. KFZ 8 June 1787. RGADA 5. 85. 2. 31, L 217, CII to GAP ('Your kitten').

11 'Potemkin Villages' and 'Helbig' in the *Modern Encyclopaedia of Russian and Slavic History*, Academy International Press 1982 by Joseph L. Wieczynski p 134. Georg von Helbig, 'Potemkin der Taurier', *Minerva ein Journal historischen und politischen Inhalts herausgegeben von J. W. Archeholtz* (Hamburg 1797-1800). *Russische Günstlinge* (Tübingen 1809). *Potemkin: Ein interessanter Beitrang zur Regier ungeschichte Katarina der Zweiten* (Halle/Liepzig 1804). 这些材料以不同形式发表，如法文的 *Vie de Pr Potemkin* by J. E. de Cerenville (1808) and *Memoirs of the Life of Prince Potemkin* (London 1812 and 1813)。

12 Vassilchikov vol 1 pp 370-1, 22 June 1782.

13 Anspach, *Journey* p 160, 3 April 1786.

14 Khrapovitsky p 17, 4 April 1787.

15 ZOOID 12: 303, 309, 320, GAP to Kahovsky 1784, 1785.

16 *JII-CII* (Arneth) p 356, JII to Lacey 19 May 1787, Kaidak. SIRIO 23: 410, CII to Grimm 15 May 1787, Kherson.

17 Miranda p 244, 20 January 1787.

18 Anspach, *Journey* p 160, 3 April 1786.

19 Ligne, *Letters* (Staël) p 65, Ligne to Coigny.

20 Anspach, *Journey* p 170, 8 April 1786.

21 Ségur, *Memoirs* (Shelley) p 232.

22 Ligne, *Letters* (Staël) p 137. Ségur, *Mémoires* 1859 vol 3 pp 6-8, 111-13, 120-5. B&F vol 2 pp 172, Cobenzl to Kaunitz 22 June 1787.

23 Ségur, *Memoirs* (Shelley) p 232.

24 *Moskvityanin zhurnal* (1842) no 2 pp 475-88. 叶卡捷琳娜二世在图拉的口述历史由 N. Andreev 整理。Miranda p 324, 9 May 1787.

25 Aragon p 117, N-S to wife 3 January 1787, Kherson.

26 *JII-CII* (Arneth) p 364, JII to Lacey 8 June 1787, Starikrim.

27 Ligne, *Letters* (Staël) p 65, Ligne to Coigny, Tula. Ligne, *Mélanges* vol 24 p 3, 'Rélation de ma campagne de 1788 contre les Turcs'.

28 RGADA 2.111. 13-14, 14-15, CII to Moscow commander P. D. Eropkin 12 and 20 May 1787. SIRIO 27: 411, CII to Grand Duke Alexander 28 May 1787. RGADA 10.2.38. 1-2, CII to Count L. A. Bruce 14 May 1787.

29 Ligne, *Mélanges* vol 24 p 11. Miranda p 204, 22 November 1786.

30 IRLI 265.2.2115.5-6, L 219, GAP to CII 17 July 1787, Kremenchuk. RGADA 5.85.1.543, L 220, CII to GAP 27 July 1787.

31 RS (1876) 15 pp 33-8, Garnovsky July 1787.

32 B&F vol 2 p 192, Cobenzl to JII 9 August 1787.

33 Ligne, *Mélanges* vol 24 pp 5, 11, 14, quoted in Mansel, *Charmeur* p 116.

34 *Memoirs of the Life of Prince Potemkin* pp 117-18. 奥诺雷·巴尔扎克是很多提到 "波将金村" 的人之一：见 Graham Robb, *Balzac* p 383。

35 AKV 14: 242-3, Arkadiy Ivanovich Markov to A. R. Vorontsov 17 February 1787, St Petersburg.

36 RGVIA 52.11.53.31, N. Pisani to Bulgakov 1/12 May 1787, unpublished. 对战争爆发的描写，也参考了 *Russia* pp 394-7, and Alexander, *CtG* pp 262-5。

37 Sobstvennoruchnyye bumagi Knyaza Potemkina, RA (1865) pp 740-1, CII to GAP 16/27 October 1786, and GAP to Bulgakov 13/24 December 1786. Ragsdale pp 75-103.

38 AKV 14: 242, Markov to A. R. Vorontsov 17 February 1787, St Petersburg. B&F

vol 2 p 188, Cobenzl to JII 9 August 1787, St Petersburg.

39 ZOOID 8: 201, GAP to Bulgakov March 1787.

40 RGVIA 52. 2. 1. 9, GAP to Bulgakov.

41 ZOOID 8: 203, GAP to A. A. Bezborodko 14 August 1787.

42 RGVIA 52. 2. 53. 59, N. Pisani to Bulgakov 15/26 May 1787. RGVIA 52. 2. 53. 80, N. Pisani to Bulgakov 1 June 1787. RGVIA 52. 2. 53. 31, N. Pisani to Bulgakov 1/ 12 May 1787. 这些报告都没有发表过。最后一条列举了英格兰外交官为了怂恿奥斯曼帝国向俄国开战而进行的活动，以及奥斯曼朝廷的一项政策，即利用高加索民族（包括达吉斯坦人、车臣人和列兹金人）来攻击俄国。

43 RGVIA 52. 2. 53. 130, N. Pisani to Bulgakov ud. 这显然是在 1787 年夏季写的。RGVIA 52. 2. 53. 31, N. Pisani to Bulgakov 1/12 May 1787. Both unpublished. ZOOID 8: 203, GAP to Bezborodko. 波将金收到这些报告之后，在给别兹博罗德科的信中表达了自己的焦躁不安。波将金在 1787 年 8 月 14 日写信给他："我请你再争取一些时间。" 但为时已晚。

44 RGADA 1. 1/1. 47. 5-9, L 223, CII to GAP 24 August 1787.

45 RGADA 5. 85. 2. 43-8, L 233, CII to GAP 24 September 1787.

46 MIRF ch 15 p 51, M. I. Voinovich to GAP 25 August 1787. AVPRI 5. 585. 149, L 223, GAP to CII 22 August 1787. RGADA 11. 267. 38 - 41, GAP to P. A. Rum-iantsev-Zadunaisky 22 August 1787.

47 AVPRI 5. 585. 343, L 226, GAP to CII 28 August 1787.

48 RGADA 1. 1/1. 47. 13-14, L 226, CII to GAP 6 September 1787.

49 AVPRI 5. 585. 317, L 229, GAP to CII 16 September 1787, Kremenchuk.

50 AVPRI 5. 585. 143, L 231, GAP to CII 19 September 1787.

51 Robert Slater, *Rabin: Warrior for Peace* (London 1996) p 142. Robert C. Tucker, *Stalin in Power: Revolution from Above* 1928-1941 (New York 1990) p 625. Alan Bullock, *Hitler and Stalin: Parallel Lives* (London 1991) pp 805-6. 俄国专著，如 *Stalin* by Edvard Radzinsky (London 1996) pp 445-7, and *Stalin: Triumph and Tragedy* by Dmitri Volkogonov (New York 1991) pp 405-7 表明斯大林在那些日子里其实能够比较正常地工作。Macdonogh pp 278-80, 157. Hughes p 30.

52 AVPRI 5. 585. 152, L 232, GAP to CII 24 September 1787, Kremenchuk; p 314, L 232, GAP to CII 24 September 1787. SBVIM issue IV pp 150-1, GAP to Rum-iantsev-Zadunaisky 24 September 1787.

26 犹太哥萨克和美国海军将领：
波将金的战争

> 波将金公爵构想了一个奇特的计划，要组建一个犹太人的团……他打算把他们变成哥萨克。没有比这更让我觉得好笑的了。
>
> ——利尼亲王

> 你会喜欢波将金公爵的，没有比他更高尚的人。
>
> ——约翰·保罗·琼斯给拉法耶特侯爵的信

叶卡捷琳娜大帝设法鼓励塔夫利公爵。在波将金绝望地写下上面的书信的同一天，女皇写道："我亲爱的朋友，在这样的时刻，你不是一个能够随心所欲的普通人。你属于国家，你属于我。"不过，她还是向波将金发布命令，授权他在觉得有必要时将指挥权移交给鲁缅采夫-扎杜奈斯基。

她收到他那封最癫狂的信之后，展现出了自己理智的冷静。她用一位严格但宽容的德意志女教师的语气写道："并没有损失什么。风暴让我们损失惨重，也不会饶过敌人。"至于波将金放弃克里米亚的建议，女皇认为，"该省份并未遇险，没必要从那里撤退。用撤退来开始战争是不合适的"。① 她说波将金的抑郁是因为"过度的敏感和热忱的勤勉。你是我最好的朋友、养子和学生，你有时甚至比我更理智。但这一次，我比你更坚韧不拔，因为你生病了，而我很健康"。[1] 这就是他俩的伴侣关系的精髓：状态好的人会照料处于低谷的人。战争给了他俩更多烦恼，但也让他们更多地同甘共苦。他俩经常在信中一会儿讨论军事，一会儿又无比热情地向对方宣示自己的爱和友谊。

一周后，波将金摆脱了抑郁，这要部分感谢叶卡捷琳娜大帝的信，但更多是因为事实证明黑海舰队虽然受损但并没有全毁：只有一艘船毁于风暴。他向女皇坦言："塞瓦斯托波尔舰队被毁的消息对我的打击太大，我都不知道自己是怎么熬过来的。"女皇授权他在无力承受时将指挥权移交给鲁缅采夫，这也让他如释重负。他俩同意，应当派尼古拉·列普宁公爵（一位有才干的将领，是帕宁的外甥）辅佐波将金指挥军队。波将金为自己之前的疯狂而向她道歉："我这么敏感，不是我的错。"[2] 她表示同情。叶卡捷琳娜大帝说他的精神状态的病因是肠胃（这可真是很有 18 世纪风格的诊断）。她说，他的痉挛"其实就是肠胃的胀气。让医生给你开点药，解决胀气的问题……我知道，对我们这样敏感而急性子的人来说，这样的病症是多么痛苦"。[3]

---

① 波将金建议将 26 个步兵营、22 个骑兵中队和 5 个哥萨克团从克里米亚撤走，这并非歇斯底里症患者的怯懦表现，而是合理的军事策略。波将金计划先允许土耳其人在克里米亚半岛登陆，然后在陆战中歼灭他们。（苏沃洛夫在金伯恩就是这么做的，不过规模较小。）敌军登陆的危险消失之后，就可以把部队调回克里米亚。但叶卡捷琳娜大帝出于政治原因否决了这个方案。——作者注

战争真正开始的时候，波将金的身体刚刚康复。10 月 1 日夜间，在一轮炮击和好几次佯攻之后，5000 名土耳其近卫军精锐在金伯恩的狭窄地带登陆，企图强攻那里的俄军要塞。土耳其人在那里构建了堑壕。俄军在才华横溢的苏沃洛夫的指挥下三次冲锋，几乎全歼这股敌军，但自己也伤亡惨重。苏沃洛夫本人两处负伤。但金伯恩大捷意味着，在来年开春之前，赫尔松和克里米亚都安全了。

"我找不到语言来表达我对你的重大贡献是多么感激和尊重，亚历山大·瓦西里耶维奇。"[4] 波将金写信给年纪比自己大九岁的苏沃洛夫。这个时代的两位伟大的怪人和才子在 1768—1774 年俄土战争时期就相识了。他俩关系紧张，既惺惺相惜又互不耐烦。苏沃洛夫身材矮小精瘦，长着一张喜剧演员的形容枯槁的脸，目光显得凶悍而精明，会很多滑稽的把戏。拜伦写道："苏沃洛夫是英雄也是丑角，半是恶魔半是尘垢，他是穿军服的小丑。"[5] 苏沃洛夫每天早晨赤身露体在草地上打滚；在全军面前做健美体操；跳上桌子；在上流社会的聚会场合突然唱歌；为一个被斩首的土耳其人哀悼，企图把他的头放回到脖颈上；住在海滩上的一座茅草小屋里；检阅部队时金鸡独立；他命令部队前进的信号是学三声公鸡叫。他会向部下询问一些疯疯癫癫的问题，如："多瑙河有多少鱼？"正确回答是果断地给出一个数字。他经常呼喊："求上帝把我们从'我不知道'的魔爪下解救出来。"[6]

金伯恩战役不久之后，一名年轻的法国志愿兵正在帐篷里写信，这时有人粗暴地掀开帐篷的帘子，一个精瘦如稻草人、只穿一件衬衫的人走了进来。这个"不可思议的鬼魂"问法国人在写什么。他回答，给在巴黎的妹妹写信。"我也想写封信。"苏沃洛夫说。他抓过一支笔，给这个法国兵的妹妹写了一封完整的信。她收到信之后说大部分读不懂，剩余的部分是疯话。法国人判断："这是个疯子。"据传，有一次苏沃洛夫听见叶卡捷琳娜大帝对波将金说，所有的伟人都是怪人。于是苏沃洛夫立刻开始每天装神弄鬼，搞出疯疯癫癫的新花样，这最后成了他的天性。但他会说六种语言，并且精通古代史和文学。[7]

苏沃洛夫和波将金一样主张穿轻松休闲的服装、采纳简单的进攻战术。但和波将金不一样的是，苏沃洛夫冷酷无情，完全不顾惜自己属下士兵的生命。从这个角度看，他非常有俄国风格。刺刀是他最喜爱的武器："冰冷的钢铁——刺刀和军刀！把敌人撞倒，狠揍他们，不要耽搁一秒钟！"他还说，永远不要信任火枪，"那个疯婊子"。他总是想强攻和冲锋而不考虑伤亡。在他眼里，速度和冲击力是至高无上的。他的最伟大战役，伊斯梅尔战役和普拉加①战役，都杀得血流成河。[8]每一位最高统帅都需要苏沃洛夫这样的猛将。波将金能够拥有苏沃洛夫可以说很幸运，不过他对后者的使用也很巧妙。②

波将金现在把苏沃洛夫称为"我亲爱的朋友"，给他送去源源不断的礼物，从一件大衣到一篮子鹅肝。[9]他敦促叶卡捷

---

① 普拉加是华沙的一个区，在维斯瓦河东岸。1794年，波兰人反抗俄国的科希丘什科起义期间，苏沃洛夫指挥的俄军强攻普拉加，随后屠杀了当地平民。约有2万波兰军民死亡。

② 后来苏沃洛夫更加名声大噪：他被册封为意大利公爵，在意大利和瑞士与法国革命军对战，成为欧洲的明星。到1799年，他已经成为俄国人无与伦比的偶像，他的威望一直延续到1917年。后来在1941年，斯大林恢复了苏沃洛夫作为民族英雄的地位，并设立苏沃洛夫勋章。苏联历史学家把他塑造成了人民的英雄。对苏沃洛夫的英雄崇拜的结果就是，很多功绩其实属于波将金，但被算在了苏沃洛夫头上。——作者注

琳娜大帝破格提升苏沃洛夫："小妈妈，谁能拥有这样雄狮般的勇气？"波将金说，应当授予苏沃洛夫俄国最高级的勋章，即圣安德烈勋章。"有谁比他更有资格得到这样的荣誉？……把我的勋章给他好了！"[10] 波将金对苏沃洛夫的嫉妒已经成了苏沃洛夫传奇的一部分，但在波将金的书信里没有任何证据能表明这一点，并且在他们在世的时候，要说波将金会嫉妒苏沃洛夫是很荒唐的，因为波将金是最高统帅，苏沃洛夫只是他麾下的将领之一。波将金友好的书信让苏沃洛夫颇为感动，苏沃洛夫回信道："我只是平头百姓！殿下如此高抬我，我怎么能不受宠若惊！我灵魂秘密的钥匙永远在您手中。"[11] 在怪异性格和才华方面，苏沃洛夫都与波将金棋逢对手。他俩互相憎恨的说法只是传说，事实上他们是英雄惜英雄。他俩充满热情、半疯半癫的书信读起来仿佛是情书。波将金开玩笑说："你不能比苏沃洛夫还苏沃洛夫。"

波将金在一次快速旅行期间视察了赫尔松、金伯恩和舰队，然后在伊丽莎白格勒设立大本营，冬季就在那里主持自己的宫廷并筹划来年的作战。但他继续到各处巡视。在天寒地冻的天气里旅行了 1000 俄里之后，他向叶卡捷琳娜大帝抱怨自己的痔疮和头痛。不过，他在此期间创造了奇迹：修复了旧舰队，并建造了一支新的小型舰队，用于利曼河的作战。

保罗大公宣布自己想去打土耳其人并把他的妻子带到前线。波将金不希望在前线与保罗相伴，因为皇储可能会企图破坏他的指挥。不过，他在原则上同意保罗去前线。叶卡捷琳娜大帝现在很讨厌自己的儿子，把他比作"饭后的芥末"。虽然保罗请求了两次，但她一直支吾搪塞，用一切借口（农业歉收、大公夫人又一次怀孕等）拖住保罗，免得他去前线骚扰波将金。在战争的剩余时间里，保罗一直在加特契纳操练自己的部队，就像"一个普鲁士少校，夸张地强调每一个鸡毛蒜皮的细节的重要性"，同时为了自己父亲被谋杀的事情而苦恼，威胁说自己登基之后要"严酷待人，报仇雪恨"。他不得不忍气吞声地祝贺波将金的胜利，但他的妻子很感激波将金对她的兄弟们（在俄军中服役）的优待。随着叶卡捷琳娜大帝年纪的增长，波将金也会恭维保罗。但保罗始终满腹怨恨，"在他眼里，天与地都是有罪的"。他抓住一切机会向任何愿意听他唠叨的人谴责母亲的伴侣。[12]

约瑟夫二世还没有同意履行俄奥条约、向奥斯曼帝国开战，但仍然抱怨说波将金和鲁缅采夫什么都没做。俄国人和奥地利人密切地监视对方，都想让对方承担战争的主要任务，而自己又不想放弃战争的回报。双方都派遣了间谍盯着对方。[13]

约瑟夫二世的间谍是利尼亲王，他奉命利用自己与波将金的友谊来让俄国人尽可能多地承担作战的负担。约瑟夫二世秘密指示利尼亲王："你用另一张信纸，用法语向我汇报，然后把信纸藏进一个普通包裹，上面写'仅供皇帝陛下使用'。"[14]"外交骑师"[15]不知道自己的秘密报告已经落入了俄国人的"黑室"手中，这些报告至今仍然保存在波将金的档案里。不过利尼亲王注意到，自己在伊丽莎白格勒露面之后，波将金对他很有保留。波将金告诉叶卡捷琳娜大帝："虽然我爱利尼亲王，但他现在已经成了负担。"[16]战争会毁掉友谊。

伊丽莎白格勒是一座鸟不拉屎的驻军小镇，距离奥斯曼帝国的边境四十七英里。利尼亲王拥抱波将金并问："我在伊丽莎白格勒见到的怎么会是这样的天气、这样的道路、这样的冬天、这样的大本营？我们何时去奥恰基夫？"这真是个可笑的问题，因为此时正逢隆冬，而且奥地利人和俄国人一样为战争的突然爆发而吃惊、没有做好战争准备，甚至还没有向奥斯曼帝国宣战。"上帝呀，"仍然在抑郁的波将金答道，"此地的驻军有 1.8 万人。我的军队都没有这么多人。我什么都缺。如果上帝不帮助我，我就是世上最不幸的人。"波将金列举了附近的奥斯曼要塞阿克尔曼①、宾杰里和霍京的驻军数字。利尼亲王说："他没有一句实话。"[17]事实并非如此。[18]皮萨尼从伊斯坦布尔发来的报告证明这些要塞已经有了新的驻军，工事也得到了加强。②波将金无意为了挽救奥地利人的声誉而牺牲俄国人的生命。也许他的抑郁部分是在演戏给奥地利人看，以转移他们的注意力。

在伊丽莎白格勒，波将金下榻在老要塞隔壁的一座豪华的木制宫殿。外国志愿者（西班牙人、皮埃蒙特人、葡萄牙人，尤其还有法国的贵族）蜂拥来到这座冰天雪地的城镇，"一群丑恶的冒险家"也赶来了。1788 年 1 月 12 日，为了追寻荣耀而离开法国的达马斯伯爵罗歇抵达此地，为俄国效力。罗歇是塔列朗的亲戚，年仅二十三岁，满头黑色鬈发，优雅而无畏。他是夸尼侯爵夫人的情夫，而她曾是利尼亲王的情妇，玛丽·安托瓦内特称她为"巴黎的女王"。达马斯伯爵到了之后，求

---

① 即今天乌克兰的西南部城镇比尔戈罗德-德尼斯特罗夫西基。
② 利尼亲王对波将金的很多批评得到了广泛传播，并被接受为历史事实。然而他的这些批评往往有悖实情并且是基于奥地利人的偏见。这是诸多例子中的第一个。他对战争时期波将金的著名描述被记录在给约瑟夫二世、塞居尔伯爵、夸尼侯爵夫人等人的文辞优美的书信里，所以等于是传播给了全欧洲。这些描述从来不是刻意的撒谎，但我们必须在他的使命的背景之下来理解。他的使命就是监视他的朋友波将金，说服波将金让俄国人多出力，从而减轻约瑟夫二世的压力。而且利尼亲王没有得到任何一支部队的指挥权，他也因此十分愤恨。——作者注

见自己情妇的老相好利尼亲王。有人告诉他，利尼亲王在城堡里。于是达马斯伯爵来到波将金的宫殿。他经过两名卫兵，进入一座宏伟的大厅，里面到处是勤务兵。然后是长长的一组套房，灯火通明，"仿佛某座都城在举行节庆"。

他看到的第一个房间挤满了正在等候波将金的副官；第二个房间里，萨尔蒂在指挥他的管弦乐队；在第三个房间，三四十名将军围着一张庞大的台球桌。[19]左侧，波将金在与他的一个外甥女和一名将军赌博。这个宫廷的气派"不亚于欧洲许多君主的宫廷"。俄国将军们奴颜婢膝，如果波将金手里掉了什么东西，总有二十位将军争先恐后地帮他捡起。[20]波将金起身迎接罗歇，安排他坐到自己旁边，然后邀请他到一张小桌前，与利尼亲王和他的外甥女一起用餐，而将军们在一张较大的桌子前吃饭。此后，一连三个月，罗歇每天都与波将金一起用餐，享受山珍海味，但也要忍受波将金的不耐烦。[21]利尼亲王给外国人提供了慰藉，他是"社交场合的孩子，女人面前的风流浪子"。这里的女人可不少。

若是没有女人相伴，波将金绝对无法忍受战争。这年冬天很快有一大群十八九岁或二十出头的妙龄美女来到他身边，她们都是来前线看望自己的丈夫的。这里有"俄国的阿佛洛狄忒"叶卡捷琳娜·多尔戈鲁卡娅公爵夫人，她是一名军官的妻子，也是叶卡捷琳娜大帝的高级廷臣费奥多尔·巴里亚京斯基的女儿。她的"美貌、优雅、高尚品味、精明、幽默和才华"颇得赞颂。还有身段优美、生性放荡的叶卡捷琳娜·萨莫伊洛娃，她是波将金的外甥媳妇，也是谢尔盖·特鲁别茨科伊公爵的女儿。她是"最可爱的女人"，利尼亲王很快就爱上了她，并为她写诗。这些情诗捕捉到了当地生活的单调无聊：

伊丽莎白女皇，身材挺拔，金发碧眼，精明而冷酷无情，不愧是彼得大帝的女儿。她喜好男色、服装、变装舞会和东正教的虔诚。拜见她之后，年轻的波将金就对读书没了兴趣……

叶卡捷琳娜大公夫人和她笨拙的丈夫彼得以及他们的儿子保罗。她憎恶彼得。
保罗可能是她与自己的第一任情人谢尔盖·萨尔蒂科夫的儿子。

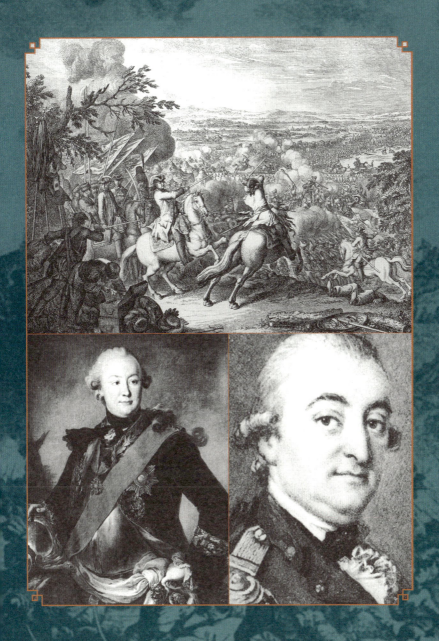

上：陆军元帅彼得·鲁缅采夫在 1770 年的卡古尔河战役中打败了土耳其人。波将金将军在此役中的英勇表现让他成为战争英雄。

下：帮助叶卡捷琳娜夺权的奥尔洛夫兄弟。生性善良的格里戈里（左）和她的情人关系维持了十二年。残暴、脸上有疤的阿列克谢（右）帮助她谋杀了彼得三世，后来在切什梅海战中打败了土耳其人。波将金打破了奥尔洛夫兄弟的影响。

叶卡捷琳娜大帝和波将金在她的闺房内打牌的想象图。实际上他们通常在小埃尔米塔日打牌。女皇在那里为波将金制定了特殊的规矩："不准打碎或者咬任何东西"，因为他经常只穿着睡袍、头上缠着粉色头巾，嘴里嚼着萝卜闯进屋来。

左：亚历山大·兰斯科伊，在 1780—1784 年是叶卡捷琳娜大帝的情人。他生性温良，有爱心，无野心。她和他在一起的时候最幸福。他去世后，波将金匆匆赶来安慰她，廷臣们听见他俩一起号啕大哭。

右：亚历山大·德米特里耶夫－马莫诺夫伯爵，叶卡捷琳娜大帝的倒数第二位情人，也是波将金的亲戚。她给他的绰号是"红衣先生"。他爱上了一位侍女，伤透了女皇的心。波将金说："啐他一脸唾沫！"

波将金的外甥女们是他的亲人、朋友和情人。

左：瓦尔瓦拉·戈利岑娜公爵夫人。波将金与叶卡捷琳娜大帝的恋情结束后，他爱上了这个喜好卖弄风情且任性的外甥女。

右：金斯顿公爵夫人（同时也是布里斯托尔伯爵夫人）还只是伊丽莎白·查德利的时候就因裸体出席 1749 年威尼斯驻伦敦大使的舞会而名声大噪。18 世纪 70 年代，这个已经上了年纪但仍然放荡的贵妇乘坐一艘豪华游艇到访圣彼得堡的时候，是英国最臭名昭著的女人，并且被判犯有重婚罪。波将金垂涎她的艺术藏品，于是安排自己的一名副官成为她的情人。

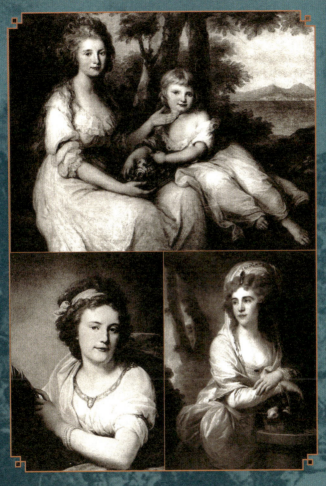

上：叶卡捷琳娜·斯卡乌龙斯卡娅伯爵夫人和她的女儿（后来成为巴格拉季昂公爵夫人）。波将金的这位慵懒而美艳的外甥女兼情妇（被他称为"天使"）在多年里一直是他的"最高苏丹娜"。

下左：塔季扬娜·尤苏波娃公爵夫人，波将金的外甥女当中年纪最小的。她非常爱戴舅舅，并在信中说，如果他不在场，宫廷就了无生趣。

下右：叶卡捷琳娜·萨莫伊洛娃伯爵夫人，波将金的外甥媳妇，虽厚脸皮，但是个非常有意思的人。1788 年围攻奥恰基夫期间，她勾引了达马斯伯爵，并且据说不久之后成为波将金的情妇。

上：1787年波将金安排的克里米亚南巡期间，叶卡捷琳娜大帝在卡伊达克附近的田野上会见神圣罗马皇帝约瑟夫二世。当晚，约瑟夫二世抱怨了波将金的厨艺，但羡慕他的伟大成就。

下左：利尼亲王夏尔·约瑟夫，社交名流，奥地利军人，著名的才子，"外交骑师"，靠魅力迷倒全欧洲的人。他说，大自然在创造波将金的时候使用了"通常用来创造一百个人的材料"。

下右：波将金的"小妈妈"和"养母"。18世纪80年代，人们经常能看见叶卡捷琳娜大帝在皇村园林内行走。她戴着帽子，穿着方便走路的鞋，牵着她心爱的英国灵猩。

1788 年，俄军强攻土耳其的坚固要塞奥恰基夫，中央戴头盔的就
是波将金，他在指挥进攻。土耳其人损失惨重，死尸被放到冰面
上堆积成金字塔状，冻得硬邦邦的。

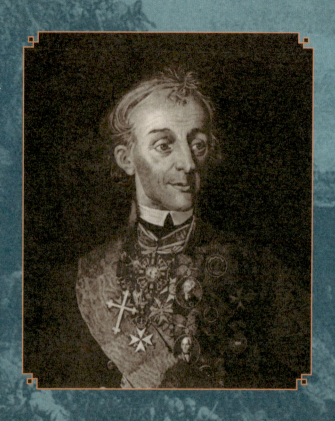

亚历山大·苏沃洛夫伯爵，俄国最卓越的军事家。坚韧不拔、有文化修养、怪癖极多，他一度每天早晨当着全军的面裸体翻跟斗。"不可能比苏沃洛夫还要苏沃洛夫"是波将金的评价。

Генералъ Фелдмаршалъ Князь Потемкинъ
Шаврический просить зделать ему честь пожаловать
въ понедельникъ 28го дня сего Апреля въ шесть часовъ по по=
=лудни въ домъ его что въ Конной гвардіи въ маскерадъ,
который удостоенъ будетъ Высочайшаго присутствія
ЕЯ ИМПЕРАТОРСКАГО ВЕЛИЧЕСТВА и
ИХЪ ИМПЕРАТОРСКИХЪ ВЫСОЧЕСТВЪ

1791 年 4 月 28 日波将金在塔夫利宫举办的著名舞会的邀请函。
叶卡捷琳娜大帝离开的时候，波将金跪在她脚边道别，两人都泪
如雨下。

叶卡捷琳娜·多尔戈鲁卡娅公爵夫人，波将金晚年的情妇之一。她是贵族美女的典范，波将金深深地爱着她，在公共场合爱抚她，引起观察者的震惊。他为她建造了一座地下宫殿，下令在他们做爱的时候燃放礼炮，并在她的生日舞会上把钻石当作布丁送给她。

左：索菲·波托茨卡伯爵夫人，"希腊美人"，那个时代最有名的女冒险家，据说是"欧洲第一美人"。她是间谍和交际花，因为"美貌、堕落和罪行"而臭名昭著。她被母亲卖掉，后成为波将金的最后几位情妇之一，最终嫁给富可敌国的菲利克斯·波托茨基伯爵；之后她又勾引了她的继子，积攒了巨额财富。

右：普拉东·祖博夫公爵，叶卡捷琳娜大帝的最后一位男宠。他虚荣、愚蠢，没有政治才干。她给他的绰号是"黑人"。波将金没能把他赶走，但祖博夫自己也承认，波将金始终是叶卡捷琳娜大帝的"严厉的丈夫"。

"波将金的死亡像他的生命一样不寻常。"1791 年 10 月 5 日，呼喊着女皇的名字怆然涕下的波将金在比萨拉比亚草原上的一条路边去世。他死在最喜爱的外甥女布拉尼茨卡伯爵夫人的怀里。布拉尼茨卡看到他去世，当场晕倒。一名哥萨克评论道："活着的时候享用黄金，死的时候躺在青草上。"

波将金在雅西的葬礼非常隆重，但他的遗骸和他的人生一样不得安宁。

"单峰骆驼，马；扎波罗热哥萨克，绵羊；我们在这里只能见到这些。"[22] 第三位美女是帕维尔·波将金的妻子普拉斯科维娅。[23] 塞居尔伯爵从圣彼得堡写信逗弄波将金，说他与一位"有着美丽黑眼睛的姑娘有恋情，据说你在她身上尝试了赫拉克勒斯的十二项功业"。[24] 达马斯伯爵说波将金"把战争的艺术、政治和政府管理的科学都置于自己特殊激情的驾驭之下"。[25] 这群佳丽围绕着波将金，谁将成为下一任"最高苏丹娜"？

波将金和利尼亲王互相折磨：波将金催促奥地利人参战"反对我们的共同敌人"。[26] 利尼亲王挥舞着约瑟夫二世的一封信，里面有一套战争计划，然后要求波将金说出战略。波将金支支吾吾。两周后，利尼亲王声称波将金用这样的话欺骗他："在上帝佑助下，我将攻击布格河和德涅斯特河之间的一切。"这是利尼亲王的又一个谎言。在一封没有公开发表的信里，波将金概述了俄国的作战计划："我们将攻打奥恰基夫，同时我们在乌克兰的军队将攻打宾杰里"，在高加索山脉和库班的部队将与山区部族和东面的奥斯曼人对战。[27]

不过，波将金的确对利尼亲王喜怒无常，利尼亲王在这方面没有夸大其词。他俩"时而融洽，时而争吵，几乎剑拔弩张。利尼亲王有时是波将金无可争议的宠臣，有时与他一起赌博，谈话或沉默，熬夜到第二天早晨6点"。利尼亲王说自己是照料"被宠坏的孩子"的保姆。那么他也是个有恶意的保姆。波将金已经受够了利尼亲王"奸诈的忘恩负义"，因为他的"黑室"拆阅了利尼亲王写给朋友们的每一封撒谎的信。波将金向叶卡捷琳娜大帝抱怨说，"外交骑师"拿不定主意：

"在他眼里，我有时是忒耳西忒斯①，有时是阿喀琉斯。"忒耳西忒斯是《特洛伊罗斯与克瑞西达》里的放荡人物，而阿喀琉斯是《伊利亚特》中的英雄主角。波将金和利尼亲王之间的关系是既爱又恨。[28]

除了与有夫之妇通奸、对着单峰骆驼大笑和打台球之外，波将金奇迹般地为来年的作战做着准备。他在等候援军和新征募的士兵，使伊丽莎白格勒集结的兵力逐渐增长到了4万到5万。地中海另一边，波将金的军官们在努力招募更多兵员，尤其是在希腊和意大利招兵买马。例如，据说在科西嘉岛上有个年轻人找到俄国的招募官 I. A. 扎博罗夫斯基将军，表示愿意为俄国效力。这个科西嘉人要求获得与他在科西嘉国民自卫军中等同的军衔。他甚至给塔玛拉将军写信谈到此事。② 但他的请求被拒绝了，于是他留在了法国。这个差点加入波将金军队的人就是拿破仑·波拿巴。[29]

波将金在解散扎波罗热哥萨克军团之后一直打算建立自己的哥萨克军团，现在终于可以实现了。身为扎波罗热哥萨克的荣誉成员，他对"哥萨克有一种激情"。他的随行队伍里有很多哥萨克，很多是1768—1774年俄土战争期间结交的老朋友，如西多尔·别利、切佩加和格拉瓦蒂。波将金相信旧式的胸甲骑兵（属于重骑兵）已经过时，并且在南方的战争中很不便

---

① 忒耳西忒斯是希腊神话中的人物，是特洛伊战争中希腊军队的一名士兵。根据《伊利亚特》，忒耳西忒斯是瘸子，并且粗俗、下流。莎士比亚在《特洛伊罗斯与克瑞西达》中把忒耳西忒斯描写成丑陋而好骂人的傻瓜。

② 衔级造成的纠结往往会改变历史。后来担任莫斯科总督并在1812年烧毁该城的费奥多尔·罗斯托普钦伯爵在《莫斯科大火的真相》一书中说他见过这封信："我手里拿过这封信好几次。"他很遗憾波拿巴没有加入俄国军队。——作者注

利。而哥萨克学会了鞑靼人的骑术，波将金选择让自己的轻骑兵模仿哥萨克，但他也决定重新起用扎波罗热哥萨克，并引诱那些投奔土耳其人的兄弟回来。"努力招募哥萨克，"他命令别利，"我会亲自检查他们。"他还从波兰人、旧礼仪派，甚至马车夫和小资产阶级当中招募新的哥萨克，以补充他们的实力。虽然叶卡捷琳娜大帝对此抱有疑虑，但他还是建立了新的"黑海和叶卡捷琳诺斯拉夫军团"，由别利和波将金的哥萨克门客领导。他们后来更名为库班哥萨克，在革命之前是俄国的第二大军团（顿河哥萨克一直是第一大军团）。是波将金把哥萨克变成了沙皇政权的支柱之一。[30]

波将金决定为犹太人提供武装，让他们反抗土耳其人。这个"奇特的计划"也许是波将金的犹太朋友蔡特林与波将金探讨拉比学术的时候想到的主意。该计划的开端是用波将金的克里切夫庄园犹太人组建一个骑兵中队。12 月，他组建了一个犹太人团，番号为"以色列洛夫斯基团"，这个词也许参考了"伊兹梅洛沃近卫团"。但这两个团的相似之处只有这么多了。该团的指挥官是不伦瑞克公子斐迪南，该团的最终目标是为犹太人解放耶路撒冷，正如波将金的愿景是为了东正教而征服君士坦丁堡。当时的俄国人，尤其是哥萨克，普遍反犹，波将金的亲犹太主义可以说十分独特，而蔡特林的影响力在俄国也显得与大环境格格不入。但这肯定是自提图斯摧毁圣殿①以

---

① 犹太教的第一圣殿是所罗门王建造的，于前 586 年被新巴比伦帝国摧毁；耶路撒冷被征服，犹太王国的部分人口被掳走，即所谓"巴比伦之囚"。后来，波斯帝国的居鲁士大帝允许犹太人重建圣殿，圣殿于前 516 年建成，即第二圣殿。公元 66 年，犹太人反叛罗马帝国。公元 70 年，罗马将领提图斯（后来的皇帝）占领耶路撒冷，摧毁第二圣殿。根据犹太教的信仰，未来将会有第三圣殿出现。

来第一次有外国势力打算把犹太人武装起来。

按照波将金的构想，以色列洛夫斯基团应当一半是步兵，一半是骑兵，后者由手执扎波罗热哥萨克长枪的犹太哥萨克充当。利尼亲王向约瑟夫二世报告："已经有了一个中队的犹太骑兵。因为他们的马镫很短，他们的长胡子垂到了膝盖；他们在马背上战战兢兢，如同猿猴。"约瑟夫二世此时已经放松了对自己国内犹太人的限制，也许会对利尼亲王描述的景象感到好笑。

到 1788 年 3 月，已有三十五名这样蓄着长胡须的犹太哥萨克在接受训练。很快就有了两个骑兵中队。波将金告诉利尼亲王，波兰还有更多这样的骑兵。利尼亲王不相信，但也承认自己见过一些非常优秀的犹太驿站长甚至马车夫。以色列洛夫斯基团显然和骑兵一起出去巡逻过，因为利尼亲王写道，他们像害怕敌人的马一样害怕自己的坐骑。但五个月后波将金撤销了以色列洛夫斯基团的建制。利尼亲王开玩笑说波将金不敢使用他们，因为害怕"与《圣经》搞成一团"。组建犹太人部队的罕见试验就这样结束了。但波将金能想到这么做，就体现了他的原创思维和灵活的想象力。① 利尼亲王觉得犹太哥萨克的

---

① 不知道这些犹太哥萨克后来怎么样了。六年后的 1794 年，波兰犹太人组建了一支 500 人的轻骑兵部队，与俄军对抗。该部队的指挥官拜赖克（贝尔克）·约泽雷维奇于 1807 年加入了拿破仑的波兰军团。拜赖克获得了荣誉团勋章，于 1809 年在与奥地利人作战时阵亡。波将金的犹太哥萨克当中有人后来为拿破仑效力吗？后来在 19 世纪中叶，伟大的波兰诗人亚当·密茨凯维奇用在伊斯坦布尔的波兰流亡者组建了另一个犹太骑兵团，称为"以色列的骠骑兵"。其中一位名叫米哈伊尔·霍伦施泰因的中尉甚至设计了一种优雅的灰色军服。克里米亚战争期间，在塞瓦斯托波尔城外，有犹太骑兵和剩余的忠于奥斯曼帝国的哥萨克一起对抗俄军。——作者注

理念"太荒唐"。波将金转而集中力量把"一大群扎波罗热哥萨克和其他哥萨克志愿者"组建成新的黑海军团。[31]

被外国人称为"公爵元帅"的波将金一边修理受损的舰船，一边在准备一支庞大的分舰队去奥恰基夫城下的利曼河作战。俄军在利曼河的位置很暴露。这片入海口浅滩的自然条件意味着波将金在这里必须用另一种舰队打另一种战争。波将金和他的海军将领莫尔德维诺夫在寻找他们认识的最别出心裁的造船匠：塞缪尔·边沁的虫形船在女皇的队伍前往赫尔松之后就被丢在原地，遭人遗忘，塞缪尔也被留在后面。① 现在波将金又需要他了，可之前忘了给他酬劳。于是波将金赶紧付钱给他，但因为对自己欠边沁的债感到尴尬，所以很少和他讲话。"根据公爵殿下的命令"，塞缪尔被纳入俄国海军，[32] 不过"我还是继续待在陆地上"。[33] 波将金命令他建造一队轻型舰船，从而在利曼河与土耳其人对抗。[34] 波将金貌似是在伊丽莎白格勒消磨时光并向利尼亲王发脾气，但档案显示他其实在全力以赴地推动新舰队的打造。"尽快给这些新舰船配好全套的索具和武器装备，"他命令莫尔德维诺夫，"不要在这件事上耽误时间。"[35]

约瑟夫二世现在履行了俄奥盟约，向奥斯曼人的要塞贝尔格莱德（在今天的塞尔维亚境内）发动了一次先发制人的打击，但搞砸了。身穿特殊制服以隐藏身份的奥地利突击队员在大雾中迷失方向，导致行动失败。这真是滑稽。波将金为了这次可笑的军事失败对利尼亲王"大发脾气"，[36] 但此事减轻了

---

① 塞缪尔十分郁闷，他写信给英国首相小皮特，表示愿意用他的"900名俄国人"去看管一座羁押"英国罪犯"的圆形监狱。——作者注

俄国人的压力。"这件事对他们不是很好，"叶卡捷琳娜大帝告诉波将金，"但对我们很好。"约瑟夫二世出动了24.5万大军，但在中欧转入守势，这至少牵制住了土耳其人，让波将金有机会去打利曼河战役。[37]

俄国人的这种战略让奥地利人很绝望。波将金坚定不移地告诉叶卡捷琳娜大帝："如果一件事情不能给我带来好处，随便别人怎么说我也不会去做；但如果出现了有利的机遇，任何人都不能阻止我去做。"[38]利尼亲王试图劝说他，波将金却恶狠狠地笑道："你是不是以为可以跑到这里来，牵着我的鼻子走?"[39]奥地利将领萨克森－科堡－萨尔费尔德公子弗里德里希·约瑟夫也未能攻克霍京。奥军向贝尔格莱德的第二次攻势后来根本没有启动。奥军进展不顺。[40]

波将金向利尼亲王展示了两份没有公开的战略备忘录，而"外交骑师"在他那些著名的书信里没有提及这两份备忘录，因为它们毋庸置疑地表明了奥地利和俄国哪一方的战绩更好。"在我看来，有好几次，奥军没有足够的警惕，"波将金随后解释了土耳其人的战法，"他们喜欢从四面八方包围敌人……"波将金的建议是集中兵力，而不是像约瑟夫二世那样把兵力分散得很稀薄。不管约瑟夫二世有没有看过这两份备忘录，他的做法都与波将金的建议背道而驰，造成了灾难性后果。[41]

利尼亲王别无他法，只能指责波将金虚荣地追求勋章和夸大自己的战果。一名信使带着高加索地区的捷报抵达，波将金喜气洋洋地说："你们不是说我什么都不做吗？我刚刚杀死了1万切尔卡西亚人、阿比西尼亚人、伊梅列季人和格鲁吉亚人。另外我已经在金伯恩杀死了5000土耳其人。"利尼亲王说这些数字是谎言，但波将金麾下的将领泰凯利和帕维尔·波将金确实于 9 月和 11 月在库班赢得了一连串胜利，打败了奥斯曼人的盟友谢赫曼苏尔。[42] 利尼亲王对波将金的统率范围有多么广大根本没概念。[①]

现在轮到叶卡捷琳娜大帝暂时丧失自信了，于是波将金鼓舞她，说他坚信，他俩得到了上天格外的宠幸；基督会佑助她，正如他一贯做的那样。他安慰她："有的时候，似乎所有的出路都被阻断了。这时，突然间，机缘伸出援手。请信赖基督。"她给他送来了一件皮毛大衣，他表示感谢。尤其在危机期间，她会特别想念他："没有你在身边，我仿佛少了一只手，总是遇到麻烦。而只要有你在，我就从来不会有这样的困难。我老是担心出了什么差池。"[43] 后来在春季，她给之前的一封短信添了几句，感谢他的安慰并保证："我的朋友，我想我应当告诉你，我爱你，非常爱你，默默地爱你。"他们的关系仍然非常亲近，他们经常心有灵犀，甚至会得相同的病。[44]

一个波兰代表团来到了伊丽莎白格勒。波将金故意让他们等了好几天，然后只穿晨袍、不穿马裤地接见他们，这让他们大为震惊。不过，波将金对波兰的问题非常关注。庞大而杂乱

---

① 利尼亲王的书信只讲了真相的一半，另一半要到波将金的档案里寻找。利尼亲王说波将金夸大了其他战线的胜利，这种说法虽然被很多历史学家接受，但其实是在撒谎。从波将金的档案来看，他的间谍网络帮助他掌握了庞大战区的各种动态：波兰境内卡缅涅茨-波多利斯基要塞的指挥官德·维特将军定期给他发送报告。维特解释了自己如何把间谍送进土耳其人控制的霍京：把间谍藏在一批黄油里。不过维特的妻子是希腊人，而她的妹妹是霍京帕夏的妻子，这也许会有帮助。——作者注

的波兰王国正在走向所谓的"四年议会"①,即后来领导波兰革命、推翻俄国傀儡政权的长期议会。如果波将金和斯坦尼斯瓦夫-奥古斯特国王提议的俄波联盟能够实现,就很可能会避免这样的结局。波将金敦促叶卡捷琳娜大帝:"让波兰作为我们的盟友参战吧。"⁴⁵他表示可以给波兰人提供5万支步枪来武装波兰军队,包括1.2万名将会与土耳其人作战的波兰骑兵。波将金希望亲自指挥部分波兰部队,"至少一个旅。我和他们同样是波兰人"。他说自己是波兰人,指的是自己的斯摩棱斯克出身和法令授予他的波兰贵族身份。

波将金表示愿意指挥波兰军队,这可不是随口说说。他还在构想自己处置波兰的灵活计划,希望部分以位于波多里亚的新庄园为基础,保障自己在保罗统治下的未来。⁴⁶但叶卡捷琳娜大帝不信任他的这个计划,她也许对他在波兰控制了广袤土地并在构想庞大的计划感到紧张。她只肯提议一项条约来维持虚弱而混乱的波兰现行政体,因为这对俄国有利。不过,这份条约最终没有得到签署。

即便在战时,波将金身上也总是有喜剧色彩。他的哥萨克俘获了四名鞑靼人,这些俘虏以为自己必死无疑。但波将金欣然地命人将他们扔进一桶水里,然后宣布他们已经受了洗礼。一个自称是攻城战专家但其实接近老年痴呆的法国人来了,波将金询问了他,结果发现这位大师已经基本上忘光了所有知

---

① 波兰立陶宛联邦的议会于1788—1792年开会,即所谓"四年议会"或"大议会",旨在恢复联邦的主权并开展政治和经济改革,最后颁布了《五三宪法》,这是欧洲的第一部现代成文宪法,也是全世界的第二部宪法,仅晚于美国宪法。反对斯坦尼斯瓦夫-奥古斯特国王和"四年议会"的权贵组成了"塔戈维查联盟",在俄国支持下发动内战并邀请俄国干预,最终结果是第二次瓜分波兰。

识。老头说："我想看一眼……研究一下我忘记的那些著作。"
波将金对怪人"总是亲切友好"。他哈哈大笑，让法国老头放
松："不要读那么多书把自己累死……"[47]

在赫尔松，塞缪尔·边沁在海军将领莫尔德维诺夫和陆军
将领苏沃洛夫的领导下工作，忙于建造一支划桨船分舰队。边
沁发挥了他的全部聪明才智。[①] 他把叶卡捷琳娜大帝南巡时乘
坐的"倒霉"的画舫改装成炮艇，不过他的真正贡献是改装
了一大批已经废弃的旧式火炮，并将其安装到他能够改装或者
建造的所有轻型船只上。他写道："不谦虚地说，我是这里的
主要工程师，装配了许多桨帆船和较小的船只。"[48]

边沁的大师之作是给他的船只装备了比绝大多数炮艇通常
承载的武器都更重型的火炮。[49] 边沁向兄长吹嘘："在救生艇这
样小的船上安装 36 磅炮甚至 48 磅炮，完全是我的创意。"[50] 波
将金在 10 月来视察时立刻理解了边沁这个创意的重大意义，
并将其应用到所有巡航舰和炮艇的建造当中，包括他的总管法
列耶夫正在单独建造的 25 艘扎波罗热哥萨克的"海鸥"船。[51]
波将金向叶卡捷琳娜大帝解释："他们的着眼点是舰队里大炮
的口径，而不是数量。"[52] 他克服了自己的尴尬，公开表扬了边
沁的贡献。[53] 边沁非常开心。

到了春季，波将金已经白手起家建成了一支武备强大的轻
型舰队，拥有了约 100 艘舰船。[54] 就连利尼亲王也不得不同意：

———

① 在这个过程中，他发明了一种两栖车，这可能是史上第一艘两栖登陆艇；
一种浮动的定时炸弹；一种早期鱼雷；还有装满可燃液体的瓶子炸弹，
可以在点燃之后投掷，这比"莫洛托夫鸡尾酒"燃烧瓶领先了 160 年。
也许应当把燃烧瓶叫作"边沁鸡尾酒"或者"波将金鸡尾酒"。——作
者注

"只有波将金公爵这样有本事的人，才能如此迅速地设想、创造和装备这样一支舰队。"[55] 利曼河舰队是波将金的又一个"心爱的孩子"，它的诞生或许是"波将金为俄国做出的最核心的贡献"。[56] 谁负责指挥利曼河舰队呢？拿骚-西根于新年来到伊丽莎白格勒，热切希望为波将金效力。波将金欣赏拿骚-西根的阅历（曾与塔希提王后共枕同眠，在美国独立战争期间还袭击过泽西岛），但知道拿骚-西根的水平有限。他说拿骚-西根"勉强算是航海家"，[57] 所以让他统领利曼河上"勉强算是舰队的"武装力量倒也合适。3月26日，他任命"凭借英勇而闻名遐迩"的拿骚-西根为这支划桨船舰队的指挥官。[58]

波将金马不停蹄地进行视察和检阅。"他的权力极大，不怒而威，只要一声令下大家就赶紧执行，所以他其实不必这样到处视察。"[59] 到3月底，差不多已经万事俱备。拿骚-西根宣布："我们可以开始跳舞了。"[60] 但就在一切似乎就绪的时候，一位美国海军将领来到了利曼河。

"保罗·琼斯来了，"叶卡捷琳娜大帝在1788年4月25日写信给格林，"我今天见了他。我相信他会为我们建立奇功。"[61] 叶卡捷琳娜大帝幻想琼斯能所向披靡地一口气杀到君士坦丁堡。约翰·保罗·琼斯是苏格兰一个小岛上园丁的儿子，也是那个时代最有名的海军将领。今天他仍然被视为美国海军的创始人之一。在美国独立战争期间，他的一小队舰船多次袭击英国沿海地区，给英国人制造了恐慌。他最疯狂的事迹是袭击苏格兰海岸，劫持了一座乡间别墅的居民。这让他被美国人视为自由斗士和英雄，被法国人视为风流倜傥的好汉，被英国人视为可耻的海盗。他的肖像被制成印刷品兜售；英国的保姆们则用这个浑身血污的食人魔吓唬小孩。1783 年美国独立战争结束后，暂居巴黎的琼斯枯坐家中，百无聊赖。格林、托马斯·杰斐逊和波兰国王的弗吉尼亚廷臣路易斯·利特尔佩奇都帮了忙，把他介绍给叶卡捷琳娜大帝。女皇知道俄国需要航海家，并且无法抵御一位西方名人的魅力。一般认为叶卡捷琳娜大帝没有征询波将金的意见就聘用了琼斯，但档案表明波将金同时也在与琼斯谈判。"如果这位军官目前在法国，"波将金于 3 月 5 日告诉俄国驻巴黎大使西莫林，"请阁下安排他尽快过来，好让我们在作战初期运用他的才智。"[62]

琼斯来到了皇村，但海军将领塞缪尔·格雷格和波罗的海舰队的英籍军官们拒绝与这个臭名昭著的海盗共事，于是叶卡捷琳娜大帝立刻把琼斯送到了伊丽莎白格勒。1788 年 5 月 19日，波将金把十一艘战列舰交给海军少将琼斯指挥，而拿骚-西根保留划桨船舰队。[63]琼斯并非唯一为波将金效力的美国人：波将金在基辅认识的路易斯·利特尔佩奇作为波兰国王的间谍，也来到了俄军大本营。在利曼河战役期间，利特尔佩奇指挥了一队炮艇。波将金命令达马斯伯爵、边沁和另一个英国志愿者亨利·范肖（来自兰开夏的绅士，波将金把他的名字读作范施）在拿骚-西根麾下指挥各个分队。波将金通知莫尔德维诺夫："范施中校和边沁中校最终同意在船上服役。"

拿骚-西根和他手下的三人在指挥分舰队的过程中表现出色，[64]两个美国人的表现则不是那么好。琼斯引起了大家的怨恨和激动：范肖和边沁对"著名的，或者说臭名远扬的"琼斯不以为然。范肖宣称："若不是大敌当前，我们绝不愿意和他一起服役，更不会接受他的指挥。"[65]在圣彼得堡，塞居尔伯爵写了一封非常有现代色彩不过也阿谀奉承的信给波将金，其中谈到了名誉："自从我在美国打仗，就不曾想到会在离家如此遥远的地方见到勇士保罗·琼斯，但名人会吸引名人，所以当我看到所有热爱荣耀的人……都来分享您的胜利桂冠，一点都不觉得奇怪。"但塞居尔伯爵颇有先见之明地劝波将金公平地对待琼斯，"千万不要不听他的解释就谴责他"。[66]

1788 年 5 月 20 日，拿骚－西根看到奥恰基夫附近的利曼河上出现了奥斯曼舰队森林一般的桅杆。"我们必须和奥斯曼海军司令跳一支舞。"拿骚－西根对妻子吹嘘。[67]他还向达马斯伯爵发誓，两个月之后他要么已经离世，要么已经戴上了圣乔治十字勋章。[68]

奥斯曼海军司令加齐·哈桑帕夏统领着 18 艘风帆战列舰、40 艘巡航舰和数十艘桨帆船，共计 109 艘舰船，数量比俄国的多很多，吨位也重不少。[69]海军司令本人是巴巴利海岸一名当仆役的格鲁吉亚东正教徒的儿子，后来叛教，成为 18 世纪晚期一位卓越的奥斯曼军事家，他也是为奥斯曼苏丹效力的阿尔及利亚海盗中的最后一人。这位"阿尔及利亚叛教者"的"雪白美髯"人尽皆知。他曾目睹切什梅的惨剧，然后匆匆赶回去保卫伊斯坦布尔；他成功镇压了埃及反对苏丹的几次叛乱；还赢得了"海战鳄鱼"的诨名。[70]他是伊斯坦布尔暴民的偶像。克雷文夫人在 1786 年登门拜访后记述了他奢华的生活方式和他妻子头巾上大量的钻石。[71]他身边总是有一头宠物狮子相伴，只要他喝一声它就会卧倒。

波将金此时又开始神经紧张，考虑是否要撤离克里米亚。叶卡捷琳娜大帝答道："既然已经骑上了马背，为什么还要下马然后拉扯马尾巴？"波将金其实并不是真的打算撤退，而是在寻求女皇的确认，她则明确地表达了自己的意思。[72]

利曼河，或者说第聂伯河的入海口，是一座狭长而地形复杂的海湾，向西延伸三十英里，然后注入黑海。它的宽度仅有八英里，而入海口只有两英里宽。它的南岸属于俄国，末端就是金伯恩所在的狭窄海岬，但入海口被庞大的奥斯曼要塞奥恰基夫牢牢把控。奥恰基夫具有重大的战略意义，它就是俄国人作战第一阶段的主要目标。但只要奥斯曼人控制着利曼河，俄国人就不可能拿下奥恰基夫。并且，如果俄国人战败，土耳其人就能自由地再次攻击金伯恩，然后逆流而上十五英里去赫尔松，或许就能占领整个克里米亚。波将金的战略是赢得利曼河的制海权，然后攻打固若金汤的奥恰基夫，那样就可以打通赫尔松和塞瓦斯托波尔之间的交通线，保卫克里米亚，并占领一片新的沿海地带。所以，一切都取决于拿骚-西根公子、海军少将约翰·保罗·琼斯和"海战鳄鱼"的表现。

5月27日，波将金率军从伊丽莎白格勒出发，而奥斯曼海军司令集结了他的舰队。6月7日上午，奥斯曼海军司令率领他的划桨船分舰队在大型战舰支援下沿着利曼河推进。这是一幅五光十色、令人肃然起敬的盛景。拿骚-西根说："这比华沙的舞会还要华丽，我相信我们会像萨皮哈亲王跳德意志舞一样玩得开心。"他和达马斯伯爵互相展示了各自爱人的肖像。土耳其人开火了。琼斯的分舰队因为逆风而止步不前，拿骚-西根则运用自己左翼轻型的扎波罗热哥萨克"海鸥"船去攻击敌军全线。土耳其人阵脚大乱，不得不撤退。为了阻止撤退，奥斯曼海军司令命令向自己的部队开火。毕竟当初他为了解决伊斯坦布尔消防队救火不力的问题，曾把四名消防队员投进火中，以儆效尤。拿骚-西根和琼斯命令各自的分舰队追击敌人。边沁负责指挥七艘桨帆船和两艘炮艇，他安装的重型火炮赢得了胜利，不过他的一门大炮炸膛时他的眉毛被烧焦了。[73]第一次利曼河战役其实只能算是平局，不能说俄国人大败了奥斯曼舰队，但这对俄国人已经是很大的鼓舞。

"这是上帝在显灵！"波将金喊道。他的部队在新格里戈里安营扎寨，他在那里还给一座新教堂取名为圣乔治教堂，用的是他的主保圣人的名字。他拥抱了利尼亲王。[74]出人意料的是，波将金这样因为懒散而臭名远扬的人在指挥作战时却事必躬亲，对最小的细节都不放过。他监督了分舰队的机动、阵形和舰船与金伯恩之间的信号联络。他对普通士兵关怀备至，命令拿骚-西根每天向每名士兵发放一份烧酒，并要求餐食必须及时，必须是热饭菜，且在瞻礼日必须有蔬菜汤和肉；夏季到来之后，他要求士兵们每天洗澡。不过，最有意思的是他对纪律的态度。他写道："我坚信，'人性的情感'有利于官兵的健康，对作战也有帮助。""有鉴于此，我建议你们不要体罚士兵。最好的弥补办法是明确地解释你们做了什么。"当时的人们觉得波将金对士兵的温情和慷慨大方是疯狂、放任而危险的行为。半个世纪之后的英国皇家海军也会认为他过于宠溺士兵了。[75]

拿骚-西根和琼斯成了不共戴天之敌。琼斯理智地保存实力、避免冒险，这让鲁莽的拿骚-西根很瞧不起。而琼斯认为拿骚-西根之所以憎恨他，是因为"他从糟糕和危险的局面当中救了拿骚-西根"。[76]两人都向波将金发牢骚。他努力维持两人之间的和平，但私下里支持拿骚-西根。两天后波将金写信给拿骚-西根："我认为此次胜利完全是你的功劳。"[77]不过，他也命令拿骚-西根努力和琼斯维持关系："要克制一下你的热情。"[78]

6月16日，"海战鳄鱼"决定将他的整个舰队，包括战列舰，都带进利曼河，从而打破僵局。范肖写道："没有比这更令人生畏的景象了，只见敌人的舰船从此岸排布到了彼岸。"奥斯曼舰船的阵形如此紧密，以至于船帆连绵不绝。他们即将发起进攻。当夜，在新一批的二十二艘俄国炮艇抵达之后，拿骚-西根召开作战会议。琼斯宣称，"我在你的眼睛里看见了英雄的灵魂"，但建议要小心行事。拿骚-西根大发脾气，并告诉这个美国人，如果他愿意的话可以带着自己的舰船留在后方。随后拿骚-西根命令在黎明发动先发制人的打击。现在拿骚-西根和琼斯这两位海军将领已经水火不容。

达马斯伯爵指挥他的桨帆船、炮台和炮艇在右翼发动进攻，而边沁和范肖在琼斯的战列舰"弗拉基米尔"号和"亚历山大"号的支援下攻击笨重的土耳其风帆战列舰。土耳其人在推进过程中吹响喇叭、奏响铙钹，高呼"真主伟大"，但因为遭到了俄国人的抢先攻击，很快就企图撤退。他们的副司令所在的战舰和加齐·哈桑的旗舰相继搁浅。达马斯伯爵的炮艇猛扑上去，但土耳其人的炮火击沉了一艘较小的俄国船只。琼斯注意到了浅滩，于是让自己的风帆战列舰停止追击。然而，谨小慎微不能为他赢得战友的好感。边沁、范肖和其他人指挥他们的轻型炮艇继续追击。主要的战斗发生在下午，达马斯伯爵摧毁了"海战鳄鱼"的旗舰。范肖回忆说，这艘旗舰的爆炸"真是震撼人心的景象"。[79]"阿尔及利亚叛教者"继续在附近的海岬指挥作战。夜幕降临之后，几个年轻的英国人乘胜追击。土耳其人撤退到奥恰基夫要塞大炮的射程之内，丢弃了两艘损毁的风帆战列舰和六艘炮艇。

夜间，老"鳄鱼"将白天战败的那些战列舰后撤，但当它们经过金伯恩海岬时，苏沃洛夫的岸炮已经严阵以待。两艘战列舰和五艘巡航舰企图躲过俄军的炮轰，但搁浅了。月光照耀下它们的身形非常明显。在这场战斗的间歇，琼斯执行了一次秘密侦察，在每艘搁浅的敌舰上用粉笔写下了"准备烧掉。保罗·琼斯，6月17日"。琼斯、边沁和达马斯伯爵乘小船来到拿骚-西根的旗舰。将军们之间又吵了起来。拿骚-西根喊道："我和你一样懂得如何捕获敌船。"琼斯尖刻地回敬："我已经证明自己有本事捕获不属于土耳其人的战船。"① 就是这样的话让他的敌人对他恨之入骨，决心要搞垮他。[80]

拿骚-西根和血气方刚的年轻军官们决定进攻。他们手忙脚乱地驾驶炮艇轰击那些搁浅的巨兽。边沁写道："我们的纪律就像伦敦暴民一样涣散。"塞缪尔发射了大量炮弹，因为硝烟缭绕，几乎看不见目标。他俘虏了一艘风帆战列舰，但嗜血的"伦敦暴民"炸毁了另外一艘仍然有3000名划桨奴隶被锁在舱内的土耳其战舰。这些奴隶的惨叫一定惊心动魄。塞缪尔告诉父亲："战役结束后一连两周，到处都漂浮着死尸。"[81] 奥斯曼舰队的其余舰船躲避到奥恰基夫要塞的城墙下。奥斯曼海军司令处决了自己的若干军官。[82]

"我们大获全胜！是我的分舰队的功劳！"拿骚-西根宣布，并开始自诩为"利曼河的主宰"。在为期两天的第二次利

---

① 大概是指他与英国人作战时的战绩，而英国人是比土耳其人优秀得多的海军。

曼河战役中，土耳其人损失了 10 艘战舰和 5 艘桨帆船，1673
人被俘，超过 3000 人阵亡；而俄国人仅损失 1 艘巡航舰，18
人阵亡，67 人负伤。达马斯伯爵赢得了向波将金（正在新格
里戈里等待渡过布格河）报捷的荣誉。[83] 这一次波将金大喜过
望。他拼命亲吻利尼亲王："关于新格里戈里，我对你说什么
来着？又赢啦！是不是很了不起？我是上帝的宠儿。"利尼亲
王冷淡地评论道，波将金是"史上最不寻常的人"。[84] 塔夫利
公爵狂喜道："小船打败了战舰。我高兴得要疯了！"[85]

当夜，兴高采烈的波将金从河岸抵达前线，在琼斯的旗舰
"弗拉基米尔"号上与拿骚-西根和路易斯·利特尔佩奇一起
用餐。波将金的黑海舰队和里海舰队司令旗冉冉升起。拿骚-
西根和琼斯仍然针锋相对。拿骚-西根对琼斯的评价是："在
二流军官当中算非常优秀，在一流当中就不起眼了。"[86] 波将金
说服拿骚-西根向敏感的美国人道歉，但波将金也相信此次胜
利的功绩属于拿骚-西根。他向叶卡捷琳娜大帝报告称："都
是拿骚-西根的功劳。"至于那个"海盗"琼斯，他不是"好
战友"。[87] 其实，战功更多属于边沁的炮兵，而不是拿骚-西根
的"暴民"。塞缪尔自然是这么认为的。他被晋升为上校[①]并
获得了圣乔治勋章和一支金柄的剑。[88] 叶卡捷琳娜大帝送给波
将金一支黄金宝剑，"饰有三块大钻石，这真是最美丽的东
西"，还有一个金餐盘，上面镌刻着"赠给陆军元帅塔夫利的
波将金公爵，利曼河大捷的陆海军统帅和舰队的创立者"。[89] 敏
感易怒的琼斯得到的嘉奖少于厚颜无耻的拿骚-西根，琼斯受

---

① 波将金写信给他："先生，女皇陛下为了嘉奖您在奥恰基夫城下利曼河上
　对抗土耳其人时表现出的勇气……仁慈地决定赏赐您一支剑，从而纪念
　您的英勇事迹……"——作者注

到了明显的冷遇。而深受打击的"海战鳄鱼"则带领他的舰队残部出海了。

正当战局一帆风顺的时候，从叶卡捷琳娜大帝那里传来了危险的噩耗：瑞典国王古斯塔夫三世于6月21日攻击了俄国。他用身穿俄国军服的瑞典军队冒充俄军攻击自己的边境，然后以自卫反击为理由发动了进攻。[90]古斯塔夫三世离开斯德哥尔摩去芬兰指挥军队之前吹嘘道，他很快就会"在圣彼得堡吃午餐"。俄国都城暴露在敌人的兵锋之下，因为俄国的精锐部队都在南方，不过波将金在边境上留了一支警戒部队，并派遣手执长矛和弓箭的卡尔梅克人和巴什基尔人去吓唬瑞典人。（俄国人同样怕这些民族。）好在格雷格指挥的波罗的海舰队并没有赶往地中海去攻击土耳其人。波将金指派穆辛-普希金伯爵指挥芬兰边境上的部队，抵抗古斯塔夫三世。没过多久，阿列克谢·奥尔洛夫-切什梅斯基来到了圣彼得堡，企图利用波将金的所谓玩忽职守来攻击他。叶卡捷琳娜大帝说奥尔洛夫-切什梅斯基的行为就像往她头上"倒了一桶雪"。[91]她说，圣彼得堡很快就有了一座设防城镇的模样。7月6日，俄军在哥得兰的第一场海战中取胜。她告诉夫君："所以，我的朋友，我也闻到了火药味。"[92]但古斯塔夫三世仍在陆地上挺进。波将金半开玩笑地说应当冷酷无情地将芬兰人口疏散，使芬兰成为一片荒原。[93]

不幸的是，瑞典的行动只是冰山一角。英国、荷兰和普鲁士即将签署强烈反俄的"三国盟约"。法国即将爆发革命，正处于瘫痪状态。叶卡捷琳娜大帝发现了自己横跨欧洲的两大断层线：俄国与奥斯曼帝国的对抗、奥地利与普鲁士的矛盾。普鲁士的新国王弗里德里希·威廉二世很嫉妒俄国，决心在俄国与奥地利从土耳其人那里夺来的战利品当中分一杯羹，并热切希望再吃掉波兰的一块。普鲁士首相冯·赫茨贝格伯爵会在以他的名字命名的计划中提出这些要求。奥地利害怕自己的后方会遭到普鲁士进攻，但俄国向约瑟夫二世保证，不会允许普鲁士这么做。波将金受到了更大的压力。俄国再度陷入危机。[94]

7月1日，波将金率军渡过布格河，围攻奥恰基夫，而拿骚-西根向奥恰基夫城下的奥斯曼舰队发动了一次袭击。一番激战之后，土耳其人放弃了舰船，手忙脚乱地逃进奥恰基夫要塞。两个小时后，范肖听见波将金攻击了奥恰基夫城。[95]波将金骑马率领1.3万名哥萨克和4000名骠骑兵向奥恰基夫推进。守军用弹雨迎接他们，然后出动了600名西帕希骑兵和300名步兵。波将金立刻把20门大炮部署到要塞城下的平原上，并站在那里亲自指挥炮火，"他的上衣纽扣孔里总是戴着美丽的女皇肖像，上面那些硕大的钻石非常吸引敌人的火力"。他身旁有两匹马和一名车夫中弹死亡。

利尼亲王赞扬波将金"雄壮的勇气"，但叶卡捷琳娜大帝对此并不欣赏。她写道："你如果这样害死了自己，也就是害死了我。怜悯我吧，将来不要这样胡闹。"[96]奥恰基夫围城战就这样开始了。

注　释

1 在本书第26—34章，对本次俄土战争进程的描写参考了下列著作。主要资料来源是 A. N. Petrov, *Vtoraya turetskaya voyna v tsarstvovaniye imperatritsy Ekateriny II 1787-91*。其他文献有 V. S. Lopatin, *Potemkin i Suvorov*；A. V. Suvorov, *Pisma ed V. S. Lopatin*；A. Petrushevsky, *Generalissimo Knyazi Suvorov*；D. F. Maslovsky, *Zapiski po istorii voiennogo iskusstva v Rossii*；ZOOID 8, 4, 11. D. F. Maslovsky (ed), *Pisma i Bumagi A. V. Suvorova, G. A. Potemkina, i P. A. Rumiantseva 1787-1789. Kinburn Ochakovskaya operatsiya, SBVIM*；N. F. Dubrovin (ed), *Istoriya*

voyny i vladychestva russkikh na Kavkaze；*Bumagi Knyaza Grigoriya Alexandrovicha Potemkina-Tavricheskogo*，ed N. F. Dubrovin，SBVIM；RS 1875 June，RS 1876 July and RA 1877，GAP's letters to A. V. Suvorov；I. R. Christie，'Samuel Bentham and the Russian Dnieper Flotilla'，and I. R. Christie，*The Benthams in Russia*；MIRF。此处参考的英文和法文资料有 Christopher Duffy，*Russia's Military Way to the West*；Alexandre，Comte de Langeron 关于 1787—1791 年战争的叙述，AAE vol 20；Roger，Comte de Damas，*Mémoires*；the Prince de Ligne's *Mélanges* and *Letters*（Staël）；and the Duc de Richelieu's 'Journal de mon voyage en Allemagne'。朗热隆的文件还没有全部出版。经常有人用朗热隆和利尼亲王的说法来攻击波将金。他俩的叙述很有价值，但显然是有偏见的。不过朗热隆最终对波将金做出了高度评价。而利尼亲王与波将金的通信（未发表，本书第一次使用了这些材料）能够更多地揭示他的动机。黎塞留和达马斯伯爵的材料很少有人使用，这些材料对波将金战时的表现评价得更为公正。如果引用的是特定文献，则已注明出处，但关于战争进程的总体信息（主要来自 Petrov）则没有注明出处。RGADA 5.85.2.43-8，L 233，CII to GAP 24 September 1787. RGADA 5.85.2.49，L 235，25 September. RGADA 5.85.2.52-4，L 238，2 October 1787.

2 AVPRI 5.585.365-7，L 358，GAP to CII 2 October 1787，Kremenchuk.

3 RGADA 5.85.2.56，L 240，CII to GAP 9 October 1787.

4 RS（1875）May vol 8 pp 21-33，letters of GAP to A. V. Suvorov 1787-8，5 October 1787.

5 Byron，*Don Juan*，Canto VII：55.

6 Duffy，*Russia's Military Way* pp 185-7.

7 AAE 20：20，Langeron，'Armées Russes and Turques'. Damas pp 34-5. Engelhardt 1868 p 183. Duffy，*Russia's Military Way* pp 192-3.

8 AAE 20：95-7，Langeron，'Résumé des campagnes de 1787，1788，1789'.

9 RS（1875）May vol 8 p 21，GAP to Suvorov 5 October 1787；p 28，1 January 1788.

10 AVPRI 5.585.190，GAP to CII 1 November 1787.

11 RS（1875）May vol 8 pp 21-33，letters of GAP to Suvorov 5 November 1787.

12 Aragon p 189，N-S to wife（保罗希望参军和娶妻）. RGADA 5.85.2.43-8，CII to GAP 24 September 1787. RGADA 5.181.7，Grand Duke Paul Petrovich to GAP June 1788，Pavlovsk. RGADA 5.181.11 Grand Duke Paul Petrovich to GAP 26 September 1789，Gatchina. RGADA 5.182.2-3 and 181.1，6，Grand Duchess Maria to GAP，Pavlovsk and Gatchina. Ségur，*Memoirs*（Shelley）p

265. Damas pp 100-7. RS (1876) 15 p 484, Garnovsky November 1787. SIRIO 42: 191, CII to Grand Duke Paul Petrovich 1791.

13 B&F vol 2 p 231, JII to Count Cobenzl 11 December 1787, Vienna.

14 RGVIA 52. 2. 52. 10, JII to Prince de Ligne 25 November 1787, Vienna, unpublished.

15 Ligne, *Mélanges* vol 7 p 152, Ligne to Comte de Ségur 1 December 1787, Elisabethgrad.

16 AVPRI 5. 585. 312, L 254, GAP to CII 12 November 1787, Elisabethgrad.

17 Ligne, *Mélanges* vol 24 p 15.

18 Ligne, *Letters* (Staël) p 72, Ligne to JII December 1787, Elisabethgrad.

19 Pishkevich p 128.

20 Ligne, *Mélanges* vol 24 pp 11-15.

21 Damas pp 23-5.

22 Ligne, *Mélanges* vol 21 pp 296-7.

23 AAE 20: 64, Langeron, 'Résumé des campagnes de 1787, 1788, 1789'.

24 RGVIA 52. 2. 64. 4, Ségur to GAP 7 January 1788, St Petersburg, unpublished.

25 Damas p 25.

26 RGVIA 52. 2. 48. 1, GAP to Cobenzl 15 October 1787, Elisabethgrad, unpublished.

27 Ligne, *Mélanges* vol 24 p 17. RGVIA 52. 2. 52. 3, GAP to Ligne ud, unpublished.

28 Ligne, *Mélanges* vol 24 p 18. AVPRI 5. 585. 179-80, L 282, GAP to CII; and RS (1873) November pp 727-8, L 283, 5 May 1788, Elisabethgrad.

29 Count Fyodor Rostopchin, *La Verité sur l'incendie de Moscou*, p 27. Aragon p 180. Waliszewski, *Autour d'un trône* vol 2 p 78. 另见波将金对塔玛拉将军的地中海使命的评价：RGVIA 52. 2. 47. 11, m GAP to Prince Kaunitz October 1790, unpublished。

30 SIMPIK KV vol 2 p 9, GAP to Ataman Sidor Bely 2 January 1788, Elisabethgrad. AVPRI 2. 2/8a. 21. 96, L 261, GAP to CII 3 January 1788, Elisabethgrad. SIRIO 27 (1880): 494, 叶卡捷琳娜二世感谢波将金建立了哥萨克部队，1788 年 5 月 20 日，pp 486-7, 叶卡捷琳娜二世给波将金的御旨，同意他用马车夫和资产阶级人士补充哥萨克部队的提议，1788 年 4 月 20 日。波将金对哥萨克的喜好：AKV 13: 227, A. A. Bezborodko to S. R. Vorontsov 17 November 1791. SIRIO 27 (1880): 332-3, 叶卡捷琳娜二世给波将金的御旨，关于做好安排让 Nekrazovsky 和扎波罗热哥萨克返回，

1784 年 4 月 15 日。叶卡捷琳娜大帝和波将金起初都很谨慎，但波将金最
终说服了女皇。另见 Longworth, *Cossacks* p 229。

31 Ligne, *Letters* (Staël) p 74, Ligne to JII December 1787. Ligne, *Mélanges* vol 24
   p 41, Ligne to JII 2 March 1788; p 57, Ligne to JII 6 April 1788; vol 21 pp
   180 – 1, ' Mémoire sur les Juifs '. D. Z. Feldman, Svetleyshiy Knyaz GA
   Potemkin i Rossiyskiye Evrei, p 186 – 192. N. A. Engelhardt, Ekaterinskiy
   kolloss. IV (1908) April p 55 – 57. Dudakov, S. Y. , *Istoriya odnogo mipha*:
   Ocherki russkoy literatury XIX – XX, Moscow 1993 p 29 – 31. Both cited by
   Feldman. 关于拿破仑的犹太骑兵军官: Berek Joselewicz, see Cecil Roth and
   Geoffrey Wigoder, *New Standard Jewish Encyclopedia*, London 1975。

32 BM 33540 f408, N. S. Mordvinov 21 September 1787; f442, SB to William Pitt.

33 BM 33540 f453, SB to Pleshichev 7 January 1788, Kherson.

34 Mordvinov to GAP 31 August 1787, quoted in I. R. Christie, ' Samuel Bentham
   and the Russian Dnieper Flotilla ' p 176. BM 33540 f487, SB to Jeremiah
   Bentham 12/27 October 1787; ff365 – 6, SB to JB 16 May 1787, Kremenchuk;
   f391, SB to JB ud, 1787; f397, SB to JB 2/13 September 1787, Kherson.

35 MIRF 15: 99, 104, 123, quoted in I. R. Christie, ' Samuel Bentham and the
   Russian Dnieper Flotilla ' pp 175 – 8 and Christie, *Benthams in Russia*, pp
   218 – 221.

36 Ligne, *Mélanges* vol 24 pp 20 – 1.

37 Blanning, *JII* p 176. Ligne, *Mélanges* vol 24 pp 44 – 6, February 1788,
   Elisabethgrad. AVPRI 5. 585. 160, GAP to CII 3 January 1788, Elisabethgrad. RGADA
   5. 85. 2. 81 – 4, L 260, CII to GAP 11 January 1788.

38 AVPRI 5. 585. 175, L 262, GAP to CII 15 January 1788, Elisabethgrad.

39 Ligne, *Mélanges* vol 24 pp 44 – 6, Ligne to JII February 1788, Elisabethgrad.

40 RGVIA 52. 11. 69, Count Joseph de Witte to GAP 13 May 1788, Podolsky-
   Kamenets. RGADA 11. 921. 1 and 11. 921. 9, Witte to GAP 6 – 8 October 1787,
   unpublished.

41 RGVIA 52. 2. 52. 5, GAP to Ligne 3 April 1788; and RGVIA 52. 2. 52. 6, 2/13
   May 1788, unpublished.

42 Ligne, *Mélanges* vol 24 p 49, Ligne to JII February 1788, Elisabethgrad.

43 AVPRI 5. 585. 168 – 73, L 265, GAP to CII; and RGADA 5. 85. 2. 88, L 274,
   CII to GAP 8 March 1788.

44 RGADA 5. 85. 2. 97, L 284, CII to GAP 7 May 1788, Tsarskoe Selo.

45 AVPRI 5. 585. 160, GAP to CII 3 January 1788, Elisabethgrad.

46 AVPRI 5. 585. 168-73, L 265, GAP to CII.

47 *Memoirs of the Life of Prince Potemkin* p 148. Ligne, *Letters* (Staël) pp 78-9, May 1788.

48 BM 33540 f395, SB to JB 30 August-2 September 1787.

49 BM 33558 f424, SB to Henry Fanshawe 2/13 September 1787, Kremenchuk.

50 BM 33540 f487, SB to JB 12/23 October 1788.

51 MIRF 15: 86, quoted in I. R. Christie, 'Samuel Bentham and the Russian Dnieper Flotilla', pp 175-8, and Christie, *Benthams in Russia*, pp 218-21.

52 AVPRI 2. 2/8a. 21. 94, L 248, GAP to CII 1 November 1787.

53 BM 33540 f487, SB to Jeremiah Bentham.

54 MIRF 15: 60-90, quoted in I. R. Christie, 'Samuel Bentham and the Russian Dnieper Flotilla', pp 175-8, and Christie, *Benthams in Russia*, pp 218-21.

55 Ligne, *Mélanges* vol 7 p 158, Ligne to Ségur 8 May 1787.

56 AAE 20: 71, Langeron, 'Résumé des campagnes'.

57 Damas p 32.

58 RGVIA 52. 2. 82. 1, GAP to N-S 26 March 1788, Elisabethgrad, unpublished.

59 Damas pp 32-3.

60 Aragon p 203, N-S to wife 18 March 1788.

61 SIRIO 23 (1878): 446, CII to Grimm 25 April 1788. 关于约翰·保罗·琼斯的主要资料来源，除了俄国档案和他与叶卡捷琳娜二世的未发表通信之外，还有三部传记：*John Paul Jones: A Sailor's Biography* by Samuel Eliot Morison; *The Life of Rear-Admiral John Paul Jones* by George R. Preedy; and *The Life of John Paul Jones* by James Otis。

62 RGVIA 52. 2. 56. 1, GAP to Baron Simolin 5/16 March 1788, unpublished.

63 RGVIA 52. 2. 82. 1, GAP to N-S 26 March 1788, Elisabethgrad, unpublished.

64 MIRF 15: 98, 188, GAP to Mordvinov 29 February 1788 quoted in Christie, *Benthams in Russia* pp 218-21.

65 BM 33540 f488, SB to JB 12/23 October 1788.

66 RGVIA 52. 2. 64. 8, Ségur to GAP 2/13 May 1788, unpublished.

67 Aragon p 223, N-S to wife 4 June 1788.

68 Damas pp 31-2.

69 Aragon p 225, N-S to wife.

70 Tott vol 3 p 24. Damas pp 44-5. Ligne, *Letters* (Staël) p 88, Ligne to JII August 1788.

71 Tott vol 3 p 24. Anspach, *Journey* p 191, Lady Craven to Anspach 25 April 1786,

Constantinople.

72 SIRIO 27: 480, CII to GAP 27 May 1788.

73 BM 33540 f488, SB to JB 12/23 October 1788.

74 Ligne, *Mélanges* vol 24 p 20.

75 RGVIA 52. 2. 82. 1 GAP to N-S 2 April 1788 ud. RGVIA 52. 2. 82. 4, GAP to N-S ud. Both unpublished.

76 J. P. Jones to José de Ribas 11/22 June 1788, quoted in Morison pp 374-8.

77 RGVIA 52. 2. 82. 13, GAP to N-S, unpublished.

78 RGVIA 52. 2. 82. 12, GAP to N-S 10 June 1788, unpublished.

79 Colonel Henry Fanshawe quoted in Christie, 'SB and the Flotilla' p 191.

80 Morison pp 379-81.

81 BM 33540 f489, SB to Jeremiah Bentham 12/23 October 1788.

82 BM 33554 ff90-1, Fanshawe 18 June 1788.

83 Damas p 45.

84 Ligne, *Mélanges* vol 24 p 21.

85 Aragon p 238, N-S to wife 28 and 29 June 1788. RS (1875) June p 160, GAP to Suvorov.

86 Aragon p 236, N-S to wife 25 June 1788.

87 RGVIA fVUA 2388. 13, L 296, GAP to CII June 1788.

88 M. S. Bentham p 89, quoted in Christie 'SB and the Flotilla'. BM 33540 f490, GAP to SB.

89 Aragon p 250, N-S to wife.

90 SIRIO 23 (1878): 446, CII to Grimm 31 May 1787.

91 RGADA 5. 85. 2. 124, L 305, CII to GAP 19 July 1788, St Petersburg. 据说塔季扬娜·恩格尔哈特的丈夫米哈伊尔·波将金（1783 年起担任陆军总监）在 1788 年与马莫诺夫联手，反驳 A. R. 沃龙佐夫、扎瓦多夫斯基和奥尔洛夫-切什梅斯基对波将金作战行动的攻击。见 'M. S. Potemkin' in *Russkiy Biographicheskiy Slovar* vol 14 (1904)。

92 RGADA 5. 85. 2. 121, L 302, CII to GAP 17 July 1788.

93 AVPRI 5. 585. 260, L 304, GAP to CII 18 July 1788, Ochakov.

94 RGADA 5. 85. 2. 115, L 299, CII to GAP 3 July 1788.

95 BM 33554 d92-3 June 1788.

96 RS (1889) no 9 p 510, Prince Y. V. Dolgoruky. Ligne, *Mélanges* vol 24 p 95, Ligne to JII 12 July 1788. RGADA 5. 85. 2. 119, L 301, CII to GAP 13 July 1788, St Petersburg.

27　强攻奥恰基夫

早晨旭日东升的时候，
波将金一声令下，
战斗开始……
我们最勇敢的领袖
你只要挥挥手，就能攻克奥恰基夫，
一句话，伊斯坦布尔就会陷落
与你在一起，我们愿意赴汤蹈火……
　　　　——俄国士兵的行军歌《奥恰基夫的陷落》

巍峨森严的奥恰基夫要塞是 1788 年俄国志在必得的首要目标，因为它控制着第聂伯河和布格河的入海口。这是通往赫尔松，也就是通往克里米亚本身的关键所在，所以土耳其人在"著名的法国工程师"拉菲特的指导下加强了奥恰基夫的防御体系。范肖观察后道："从山顶到水边，这座城镇构成了一个平行四边形，周围有相当厚的城墙和双重护城河……两翼有六座堡垒，西翼有一块海岬伸入利曼河，掩护着海墙，其末端是一座设防的炮台。"[1]这座城镇的规模相当大，有清真寺、宫殿、园林和兵营，驻扎有 8000—12000 名西帕希骑兵和近卫军，他们上身穿绿色夹克和短衣，下身穿宽松马裤，头上戴头巾，装备盾牌、弯匕首、战斧和长枪。① 约瑟夫二世到访时曾观察过奥恰基夫，他也认识到，想用偷袭的手段出其不意地攻占这座要塞是不可能办到的。[2]

奥恰基夫围城战打响之后，波将金立刻带着利尼亲王、拿骚-西根和其他随行人员乘坐一艘划桨小艇去勘察地形并测试一些臼炮。奥恰基夫用炮火迎接波将金并派出了一队土耳其士兵乘坐小船来攻击。波将金傲慢地对其不屑一顾。"没有人比公爵更高贵、面对危险时更欢快和勇敢了，"利尼亲王说，"那一天，我爱他爱得要死。"[3] 波将金的勇敢让所有人肃然起敬，尤其是在几周后，他们又遭到敌人炮击，叶卡捷琳诺斯拉夫总督西涅利尼克夫在他身旁被炮弹击中腹股沟部，而波将金面不改色，利尼亲王为此激动不已。波将金命令轰击帕夏园林内的一座土耳其要塞。这引发了一场小规模交锋，波将金和 200 名廷臣在弹幕之中观看了这场战斗。拿骚-西根说："我从未见过遭到火力攻击时比他更镇静自若的人。"[4] 波将金冲向西涅利尼克夫，而这位彬彬有礼的廷臣即便痛不欲生，也恳请公爵"不要亲临险境，因为俄国只有一个波将金"。因为太痛苦，他哀求波将金用枪给他一个了断。[5] 西涅利尼克夫于两天后去世。[6]

波将金将自己部队的两翼向外扩展，形成一道弧线，包围城镇，然后命令炮兵开火。大家都在等待强攻的命令，尤其是苏沃洛夫，因为他总是渴望向敌人挥舞血腥的刺刀，如果不是

① 这些防御工事今天都已经不复存在，但我们可以站在城墙顶端俯瞰利曼河和当年围城俄军的营地原址。左侧远处就是布格河的入海口。对面的狭窄海岬上坐落着俄军的要塞金伯恩。右侧近处在奥恰基夫海岬的尽头，哈桑帕夏棱堡仍然令人生畏。当年的古迹几乎只剩下街巷的铺路石。现代的奥恰基夫城在它后面。——作者注

用"疯婊子"火枪的话。

次日，即 7 月 27 日，土耳其人派遣五十名西帕希骑兵从城内发动了一次突袭。"饭后醉酒"的苏沃洛夫没有等待波将金的命令，而是主动攻击这股敌人，投入了越来越多的兵力。土耳其人败退，但又派出优势兵力的部队来驱赶苏沃洛夫和他的俄军，将其赶到俄军的战线，杀死了他的很多精锐士兵，然后将他们枭首。波将金写了一封短信来问发生了什么事，据说苏沃洛夫的回信是两行诗：

> 我坐在大石头上，
> 盯着奥恰基夫。[7]

3000 名土耳其人扑向败退的俄军。达马斯伯爵说这是"无意义的屠杀"。[8]苏沃洛夫负伤。幸亏列普宁公爵发动了一次牵制攻击，才挽救了苏沃洛夫的部队。许多俄国士兵的首级被插在长杆上，在奥恰基夫到处展示。

据波将金的秘书采布里科夫说，波将金"出于内心的仁慈和同情心"，为白白牺牲了 200 名士兵的生命而哭泣。"哦，我的上帝！"波将金喊道，"你倒是乐意让那些野蛮人把大家都撕成碎片。"他愤怒地训斥苏沃洛夫，说："士兵的生命不是那么廉价，可以随便挥霍……"[9]苏沃洛夫闷闷不乐，到金伯恩养伤。①

---

① 因为在后来的俄国历史中苏沃洛夫被奉为天才，所以后世很多历史学家说他在这里是因为波将金的无能和优柔寡断而感到挫折，于是试图单方面开始对奥恰基夫的强攻。这是有可能的，但可能性不大，因为苏沃洛夫当时没有炮兵支援。实际情况应当是，苏沃洛夫只是个凡人，而且喝醉了酒，所以把这次作战搞得一团糟。他有能耐赢得辉煌的胜利，但也会犯下代价昂贵的错误。——作者注

波将金暂时没有开始强攻奥恰基夫。他承受的压力越来越大：8月18日，土耳其人又出击了一次。米哈伊尔·戈列尼谢夫-库图佐夫将军（1812年的传奇英雄，战胜了拿破仑）的头部第二次负伤。他和波将金一样，也是独眼龙。① 拿骚-西根用停泊在入海口的分舰队轰击土耳其人的侧翼，将其打退。冬季降临，外国人，比如利尼亲王和拿骚-西根，恼火地抱怨波将金无能且动作缓慢。拿骚-西根认为波将金是"全世界最没有军人气概的人，并且太骄傲，不肯听别人的意见"。② 利尼亲王说波将金在"浪费时间和人的生命"，并用密文写信给科本茨尔，攻击波将金，但他不敢向叶卡捷琳娜大帝抱怨波将金。[10] 达马斯伯爵认为围城俄军的火炮部署得很差，他写道："除非波将金公爵有私人的原因……要延缓作战的进展，否则不可能犯下这么多错误。"不过，这几个外国人都是对俄国有偏见的。波将金拖延作战有政治和军事上的理由。[11] 他很愿意让奥地利人承受奥斯曼人的最初几轮进攻，尤其是因为约瑟夫二世除了占领微不足道的萨巴奇之外几乎所有的计划都失败了，已经转入守势。叶卡捷琳娜大帝力挺波将金的决定："慢些、稳些，比快但是危险要好。"[12] 考虑到俄国还在与瑞典交战，并且英国与普鲁士结成了敌对俄国的联盟，以及奥斯曼军队与奥地利人作战时表现出的出乎意料的强大战斗力，波将金知道即便现在拿下奥恰基夫，战争也不会结束。所以，他有充

---

① 1812年的大多数英雄曾在波将金麾下作战。未来的陆军元帅米哈伊尔·巴克莱·德·托利公爵也参加了奥恰基夫战役。他后来担任陆军大臣，于博罗季诺战役期间在库图佐夫领导下担任第一军团司令。——作者注

② 但就连利尼亲王也向约瑟夫二世承认，波将金的军营整洁干净，士兵的军饷丰厚，轻骑兵即便没有进行演习或训练也状态极佳。——作者注

分的理由积蓄力量，等待来年。

波将金不是运动战的天才，而是"拖延者"费边①那样的指挥家，擅长耐心地等待时机。在这个时代，利尼亲王和苏沃洛夫那样的军官认为战争是一种光荣的游戏，要的就是一往无前的冲锋和猛攻，而不在乎生命的损失。波将金不理睬当时的西方常规作战理论，而用符合他的敌人的天性，也契合他自己天性的方式来作战。他更愿意不战而屈人之兵，就像 1783 年在克里米亚那样。在围城战当中，他更愿意用贿赂、谈判或者饥饿来迫使敌人的要塞屈服。他不是那种猛冲猛打的豪杰，但现代的将领能够理解他的人性关怀和审慎。[13] 波将金特别下了决心，为了避免自己麾下将士受伤或战死，除非绝对必需，绝不强攻奥恰基夫。他告诉苏沃洛夫："我会尽力赢得一场代价低廉的胜利。"[14] 波将金的使者来回奔走，与土耳其人谈判。波将金坚信"土耳其人有投降的意愿"。[15] 强攻是他的最后手段。② 批评他的外国人也不理解他的权责范围有多么广泛：从高加索山脉到芬兰湾的陆海军都需要他指挥并提供给养，他还负责掌管波兰政策，并驱使法列耶夫建造另一支划桨船分舰队，以备来年在多瑙河上作战。[16]

约瑟夫二世愤恨地向利尼亲王发牢骚："我才不上俄国人

---

① 昆图斯·费边·马克西穆斯·维尔鲁科苏斯（约前 280—前 203），绰号"拖延者"，古罗马政治家和军事家，五次担任执政官，两次担任独裁官。在第二次布匿战争期间，汉尼拔率领的迦太基军队连续多次重创罗马军队，罗马共和国遇到严重的生存危机，此时费边临危受命。因为敌人拥有优势兵力而且汉尼拔是优秀的军事家，费边采用了在当时很新颖的战术：避免冒险与敌人主力部队交战，而是袭击敌人的补给线，只接受小规模交锋，最终将敌人拖垮。

② 从军事角度看，他有充分的理由暂缓强攻，因为他的舰队还没有控制利曼河，而且他的炮兵直到 8 月才抵达前线。——作者注

的当。他们想让我一个人肩扛全部的负担。"[17] 约瑟夫二世急于让俄国人分担作战的负担，所以利尼亲王心急如焚。他歹毒地企图迫使波将金要么强攻奥恰基夫，要么对约瑟夫二世的失败负责。9 月，最精明强干的奥斯曼将领、大维齐尔优素福帕夏偷袭了约瑟夫二世的营地。皇帝九死一生，逃得性命，回到维也纳。惨痛的教训让约瑟夫二世认识到自己没有弗里德里希大王的本领。"说到我们的盟友，"波将金开玩笑地说，"只要他在，就没有一样事情是顺利的。"① 土耳其人自上一次战争以来已经大幅提升了自己的战斗力。波将金告诉叶卡捷琳娜大帝："土耳其人已经今非昔比。是魔鬼教导了他们。"奥地利人不理解叶卡捷琳娜大帝为什么不命令波将金开始强攻，但"她在一切事务上都与他商量"。他经常根本不回复她的信。"他决定按照自己的想法行事。"[18]

波将金经常和利尼亲王一起打台球，一口气打到第二天早晨 6 点，或者彻夜长谈。一天夜里，利尼亲王设宴招待波将金、五十名将领和波将金的所有外国朋友。[19] 波将金经常抑郁，这样的时候他就会"把蘸过薰衣草香水的手绢缠在自己的前额，这是他的疑病症的一个迹象"。天热的时候，他会招待大家吃冰激凌和冰冻果子露。夜间，利尼亲王和其他人听着他"人数众多、独一无二的管弦乐队演奏，指挥是著名的、令人景仰的萨尔蒂"。据传说，在某一次音乐会期间，

---

① 不是只有波将金一个人在拖延：利尼亲王骑马去找鲁缅采夫-扎杜奈斯基，发现他同样按兵不动；尼古拉·萨尔蒂科夫伯爵也明目张胆地推迟向霍京的进攻。进攻时稳步推进是俄国的政策，也是俄国人的习惯，库图佐夫在 1812 年会突出地体现这一点。——作者注

在乐器大鸣大奏的时候，披着晨袍的波将金询问一名德意志裔的炮兵军官："你对奥恰基夫怎么看？"军官答道："您以为奥恰基夫的城墙就像耶利哥的城墙一样，喇叭一响就会倒塌吗？"[20]①

三位被利尼亲王称为"整个帝国最美丽的姑娘"[21]的佳丽来到前线，给波将金和他的圈子带来慰藉。波将金公爵爱上了帕维尔·波将金的妻子。普拉斯科维娅·安德烈耶芙娜（娘家姓扎克列夫斯卡娅）的身材不好，但"面容精致，肌肤胜雪，双目俊俏，没什么智慧但非常自立"。她写给波将金的一些调皮的短信至今保存在他的档案里："你找借口说你等待我的命令才来见我，这真是拿我开玩笑……我一直为您的魅力倾倒。"[22]达马斯伯爵则迷上了波将金那个风骚的外甥媳妇，二十五岁的叶卡捷琳娜·萨莫伊洛娃。兰皮为她画的肖像展现的是一位大胆、嘴唇丰满的性感女郎，头发上装饰着珠宝，头巾在脑后摇摇欲坠。后来她生了孩子，爱开玩笑的人说她的丈夫萨莫伊洛夫已经很久没见过她了，但她仍然"充分证明了自己的丰产"。[23]达马斯在不同的日子轮流穿法国军服和俄国军服，十分风流倜傥。在寒冷的战壕里度过一天之后，他到女士们的帐篷拜访。"我希望，如果我们的'围攻'更积极的话，她们会比这座城镇更早'投降'。"他很快赢得了萨莫伊洛娃，但后来又被伤了心。波将金为了安慰自己的门客，把新到的斯卡乌龙斯卡娅送到他的病床前。[24]波将金不希望达马斯伯爵失去"目睹欧洲最美丽的女人之

---

① 根据《旧约·约书亚记》，约书亚率领希伯来人攻打耶利哥城，在上帝保佑下吹响号角后，城墙就坍塌了。

一"的机会。①

7月3日，奥斯曼海军司令在费奥多西亚外海、多瑙河三角洲附近与俄军的塞瓦斯托波尔舰队（黑海舰队）遭遇。波将金的宝贝接受了第一次战火洗礼。加齐·哈桑撤退，回去挽救奥恰基夫。"鳄鱼"给奥恰基夫送去了给养和1500名近卫军。给养被成功送入围城之内两次，这让俄国海军将领们颇感羞耻，波将金则大发雷霆。但整个土耳其舰队又一次被困在奥恰基夫城下，丧失了行动力。不管怎么说，波将金的疯狂里总是有些章法。

9月5日，波将金、拿骚-西根、达马斯伯爵和利尼亲王乘船来到利曼河上，观察哈桑帕夏棱堡并讨论拿骚-西根的计划：派遣2000人在棱堡较低的炮台墙下登陆。土耳其人向他们发射葡萄弹②和榴弹③。波将金独自坐在船尾，胸前的勋章闪闪发光，他满脸是"冷酷的尊严，这是他刻意摆出的姿态，的确值得钦佩"。25

波将金的圈子，尤其是他那一群奇奇怪怪的新晋海军将领

---

① 保罗大公此时忙着在加特契纳搞阅兵。他憎恶波将金在前线维持后宫的行为，并嘲笑地问沃邦元帅的围城战指导手册里哪里写了攻城的时候需要带自己的外甥女。这很有讽刺意味，因为保罗自己在1787年曾要求带自己的妻子一起去前线。——作者注

② 葡萄弹（grapeshot）是一种炮弹，通常是大量铁制弹丸被紧紧地装在帆布袋内，因形似一串葡萄而得名，陆战和海战均可使用。发射之后弹丸向四周飞散，在近距离对密集人员的杀伤力极强。葡萄弹与霰弹（canister）类似，但霰弹一般装在锡罐内。

③ 榴弹（shell）外观是球形，内部中空，装有火药，靠插在弹丸开口处的引信引燃。它一般由榴弹炮发射，弹道较为弯曲，利用爆炸后的破片杀伤人员，理论上可以用来对付背坡上的敌人。

和外国间谍，开始因为幻想破灭而分道扬镳。奥恰基夫城下的生活变得艰苦起来。"我们没有水，"利尼亲王写道，"我们吃苍蝇，距离集市有 100 里格。我们只能喝葡萄酒……饭后要睡四个钟头。"严冬来得很早。利尼亲王把自己的马车拆了当柴火。营地变成了"雪堆和屎堆"。就连利曼河也因为焚烧过后的土耳其人的尸体而变成绿色。[26]

塞缪尔·边沁对军营内臭气熏天、痢疾肆虐的景象感到震惊，说战争是"可憎的行当"。波将金宽纵他，派他去远东①执行他俩都感兴趣的使命。[27]波将金怀疑波兰国王的耳目利特尔佩奇在暗地里攻击拿骚-西根，利特尔佩奇气哼哼地走了。这个小个子美国人抗议说自己从来不是"惹是生非之徒"。波将金安抚他，后来他回到了斯坦尼斯瓦夫-奥古斯特的身边。[28]这次离别的真正受害者是美国最有名的航海家约翰·保罗·琼斯，他出身卑微，所以总是受到很大的压力去证明自己。他脸皮薄，非常敏感又迂腐，波将金很不喜欢他。拿骚-西根被晋升为海军少将的时候，琼斯可笑地大吵大闹了一场，说自己的地位更高，列举了六个理由解释他为什么不需要向拿骚-西根敬礼！

没过多久，海上出的一切问题都被怪罪到琼斯头上。波将金命令琼斯消灭奥恰基夫城下停泊的奥斯曼舰船，或至少破坏其火炮。琼斯尝试了两次，但出于某些原因都失败了。波将金

---

① 边沁上校后来在清朝-蒙古边境指挥俄军的两个营，创办了一所军校，探索了新土地，与蒙古人、卡尔梅克人和吉尔吉斯人结盟，并与日本和阿拉斯加开展贸易。他还订了一个具有波将金风格的计划，要用 10 万大军打败清朝。1790 年，他取道圣彼得堡来到波将金位于宾杰里的大本营，向公爵汇报，并请求允许他返回英国。他最终回归故土，英俄关系史上一段奇特的冒险就此落幕。——作者注

撤销了给琼斯的命令，把任务交给安东·格拉瓦蒂和他心爱的扎波罗热哥萨克，他们完成了使命。琼斯粗鲁地向波将金抱怨，他答道："我向你保证，海军少将先生，在指挥的时候我从不考虑个人的因素，总是赏罚分明……至于我的命令，我没有义务解释为什么这样下令。我根据局势的变化来修改自己的命令……我领兵打仗已经很长时间了，我很熟悉指挥的规则。"[29] 波将金认定琼斯"没有指挥能力"，让叶卡捷琳娜大帝把他召回都城。[30] 琼斯在 10 月 20 日告诉波将金："不幸地失去了您的恩宠，我会悔恨终身。我敢说，要找到我这样水平的海军军官虽然困难但并非不可能……不过您永远找不到像我这样热忱而忠诚的人……"[31] 两人最后一次见面时，琼斯愤恨地责怪波将金从一开始就分割了指挥权。波将金怒道："同意。但是现在已经太晚了。"[32]10 月 29 日，琼斯启程前往圣彼得堡。[33]在那里，他很快就会发现，得罪了这个位高权重的人是多么危险的事情。

拿骚-西根再次尝试从海陆两面炮击城镇，企图用炮火令敌人屈服，但仍然没有成功。他为战事的拖延感到受挫，并且波将金已经发现了他的许多奸诈谎言，对他不再宠信。于是拿骚-西根气鼓鼓地去了华沙。波将金告诉叶卡捷琳娜大帝："他的好运气用尽了。"[34]

约瑟夫二世的间谍利尼亲王也离开了。波将金给了他一封"最甜蜜、最温柔、最天真"的告别信。利尼亲王在一封给波将金的未发表、字迹潦草的短信里为自己伤害了朋友而道歉："对不起，1000 个对不起，我的公爵。"这语气像是被抛弃的情人在分手前夕的哀怨。[35] 波将金"有时是最善良的人"，他如梦初醒，去向利尼亲王告别："他［波将金］拥抱了我很长时间，一再跑上来追赶我，依依不舍，最后才痛苦地让我离去。"但利尼亲王回到维也纳之后就告诉所有人，俄军永远拿不下奥恰基夫，并开始毁坏波将金的名誉。[36] 就这样，年轻的伯爵罗歇·德·达马斯失去了他的两位恩公。波将金表示愿意当他的"朋友和保护者"。波将金的状态能在几秒钟之内从"最完美的优雅"变成"最孤僻的粗鲁"，他能够同时激发人们的"感激、忠诚和憎恨"。[37]

叶卡捷琳娜大帝为公爵的荣耀和夫君的健康担忧：她为身为公爵的他送去了纪念碟了和宝剑，又给身为夫君的他送去了一块珠宝和一件毛皮大衣。波将金很高兴："感谢你，小妈妈……"他动情地说，那块珠宝显示出"帝王的慷慨"，而毛皮大衣表现出"母性的关怀。这对我而言比珠宝和黄金更珍贵"。[38]

10 月底，奥恰基夫的天气和欧洲的政治形势同时恶化。天寒地冻。波将金视察堑壕时告诉士兵们，他们看到他走近时不必起身，"不过在土耳其人的炮火前尽量不要趴下"。没过多久，气温降到零下十五摄氏度，冰天雪地里官兵遭受的苦难到了"无法想象的"程度。士兵们把帐篷卷起来，蜷缩在地表的洞穴里，这让达马斯伯爵大为震惊，不过这种洞穴是俄国士兵传统的过冬方式。粮草短缺，肉食和白兰地几乎没有。波将金和达马斯伯爵收到了从法国传来的新闻。"你认为你们的国王召开了三级会议之后……就能想几时用膳就几时用膳吗？"波将金问达马斯伯爵，"才不会呢。现在只有他们允许他吃饭的时候他才能吃！"

不久之后，军营里的局势已经糟糕到就连萨莫伊洛娃也得离开，与她的丈夫（负责指挥左翼）会合。这给她的情人达马斯伯爵带来了很大的麻烦："为了向她求爱，我不得不冒在雪地里冻死的风险。"[39]

科本茨尔告诉约瑟夫二世，俄军的惨状"完全是波将金公爵的责任，是他在倒霉的奥恰基夫城下浪费了整整一年。他的军队因为疾病和粮草匮乏而遭受的损失超过了打两场战役的伤亡数字"。[40]波将金的批评者，尤其是奥地利人，说他的优柔寡断造成了2万人和2000匹马死亡。这些数字是有偏见的法国人朗热隆伯爵给出的，然而他根本没有到过波将金军中。[41]据说军医院里每天有四五十人死亡。[42]"染上痢疾的人几乎必死无疑。"[43]很难查明死亡人数究竟有多少，但波将金的损失肯定少于明尼希和鲁缅采夫-扎杜奈斯基等老将。在之前的一些战役里，这两位的部队损失惨重，几乎完全丧失了战斗力。奥地利人因为奥恰基夫围城战毫无进展而怪罪波将金，但奥地利人根本没有资格批评他：在同一时间，奥军有17.2万人患病，其中3.3万人后来死亡，这比波将金的全军人数还多。[44]

外国人一边嘲笑波将金对官兵过于慷慨和爱护，一边抱怨他生性残暴、冷酷无情。萨莫伊洛夫住在一线官兵当中，他承认"天气极冷，但我们的部队没有受苦"，因为波将金确保他们都有皮毛大衣、帽子和皮毛或毡子做的套鞋，以及特殊的帐篷。官兵可以领到肉食、伏特加和"热的里加药酒"。[45]

波将金向前线将士发放了大笔金钱。达马斯伯爵带着令人惊愕的贵族偏见和对普通士兵的鄙夷说波将金"把士兵宠坏了……却没有解决他们的需求"。[46]俄国人更能理解波将金。他的秘书写道，波将金"天性爱人"。至于对病患的照料，采布里科夫看见波将金的营帐旁边有四十座医院帐篷，他特意命令将这些帐篷安排在自己的住处旁边，以便让伤病员得到更好的照料。波将金会亲自去看望伤病员，而即使是六十年后克里米亚战争期间的英国将领也很少这样做。不过，采布里科夫也遇到过一队从军中返回的大车，每辆车载着三四具尸体。[47]官兵们的确在吃苦受罪，很多人丧命，但波将金提供的医疗服务、金钱、口粮、服装和人道主义在当时的俄国无与伦比，这也许能解释他的军队为什么能生存下来。

最后，一名土耳其逃兵告诉波将金，要塞司令绝不会投降，并且已经处决了好几名曾与波将金谈判的军官。[48]波将金还在等待。

女皇逐渐失去了耐心。俄国仍然在双线作战，不过在格雷格于哥得兰打败瑞典海军，以及丹麦干预并攻击瑞典后方之后，针对瑞典的战线局势已经有很大改观。8月，英国、普鲁士和荷兰缔结了三国盟约。波兰人对俄国主宰权的怨恨压抑已久，如今爆发了，他们掀起了争取自由的斗争。叶卡捷琳娜大帝在11月27日告诉波将金："波兰涌起了针对我们的深仇大恨。"[49]她试图按照传统的路线与波兰缔结一项条约，但普鲁士给波兰人开出了更好的条件，提议给他们更强大的政体和不受俄国干预的自由。叶卡捷琳娜大帝在逐渐失去波兰，波将金如果能快速与土耳其人达成和平，就能帮助女皇腾出手来对付波兰。

"请尽快写一封详细的信给我，谈谈此事，"女皇告诉波将金，"免得让我错过重要的事情。并且在占领奥恰基夫之后，请尽最大努力开启和谈。"[50]始终头脑灵活、擅长随机应变的波将金已经警示过叶卡捷琳娜大帝，请她与普鲁士拉近关系并提议他构想的俄波联盟。他关于波兰的建议之前被忽视，现在事实证明他是正确的。这时的他又想辞职。[51]波兰人现在得到了普鲁士的撑腰，要求全部俄军撤离波兰，尽管在南方作战的俄军的冬季营地和绝大部分给养都依赖于波兰。这是对俄国的又一记打击。叶卡捷琳娜大帝写道："如果你要辞职……就是对我的致命一击。"她恳求他尽快攻克奥恰基夫并把部队带进冬季营地。"在整个世界，我最想要的，就是你来这里……好让我，第一，在分别这么久之后再次与你团聚；第二，可以当面与你商讨许多事情。"[52]

波将金还是忍不住要对叶卡捷琳娜大帝说一句"我早就说过吧，当初怎么不听我的"："现在波兰的局势很糟糕。如果当初采纳我的计划，就不会这样了。但事已至此"，他建议向普鲁士和英国伸出和平触角，并与瑞典议和，从而对三国盟约釜底抽薪。他给女皇的信听起来像是命令："将来再考虑如何复仇。"[53]他的心腹加尔诺夫斯基从圣彼得堡发出的秘密报告表明，朝中对波将金在奥恰基夫按兵不动的不满已经影响到叶卡捷琳娜大帝本人。早在8月，宫廷的人们就对波将金的动作缓慢不满了。亚历山大·沃龙佐夫和扎瓦多夫斯基大肆攻击波将金，反对他与英国和普鲁士重归于好的计划。叶卡捷琳娜大帝"十分不满"。[54]只有波将金亲自到场，才能缓解她的犹豫不决和满脑子糨糊的状态。[55]

11月4日，奥斯曼舰队的残部撤回母港，准备过冬，把奥恰基夫的守军丢下。波将金制订了计划。[56]11月底，他解散了全部骑兵部队，让他们进入冬季营地。在冰天雪地的荒原里行军是艰苦卓绝的体验，夺去了许多骑兵的生命。[57]在奥恰基夫，土耳其人于11月10日发动了一次进攻，攻击波将金的炮

台之一，杀死了 S. P. 马克西莫维奇将军，他的首级被挂在奥
恰基夫的城墙顶端。[58] 鹅毛大雪推迟了奥恰基夫围城战的最后
一幕。①

11 月 27 日，叶卡捷琳娜大帝恳求他："拿下奥恰基夫并
与土耳其人议和吧。"[59]12 月 1 日，波将金签署了强攻要塞的计
划：用六个纵队强攻，每个纵队约有 5000 人，所以一共约有
3 万人。但范肖说此时只有 1.45 万人。[60] 萨莫伊洛夫率领其中
一个纵队，他说波将金故意等到了利曼河冻结，以便从海上进
攻奥恰基夫。[61]12 月 5 日的作战会议确定了战斗序列。达马斯
伯爵奉命指挥猛攻伊斯坦布尔门的那个纵队。他做好了战死的
心理准备，给妹妹写了信，把他的巴黎情妇夸尼侯爵夫人的情
书全部寄回，与他的俄国情妇萨莫伊洛娃在总攻前夜厮守到凌
晨 2 点，然后他才回到自己的帐篷。

这是波将金一生中最重要的一夜。当夜的大部分时间他都
待在前沿堑壕的一处工事内。列普宁跑来报告进攻即将开始，
但波将金固执的贴身男仆不准列普宁进来，因为害怕吵醒主
人。"除了俄国，没有任何一个国家能有这样愚忠的例子。"
官兵开始前进的时候，塔夫利公爵在祈祷。[62]

12 月 6 日凌晨 4 点，三声炮响发出了进攻的信号。各纵
队高呼"乌拉"，冲向敌人的堑壕。土耳其人拼死抵抗。俄
国人毫不手软。达马斯伯爵率领他的掷弹兵猛攻伊斯坦布尔

---

① 但首先，在 11 月 7 日，波将金命令他的扎波罗热哥萨克占领了别列赞
岛，它是奥恰基夫最后的支援和补给来源。哥萨克们划着他们的"海
鸥"小船占领了这个岛，并发出夺人心魄的独特呐喊。他们缴获了二十
七门大炮和准备输送给奥恰基夫的可供维持两个月的粮食。事实证明，
波将金的这个决定很英明。——作者注

门。他们冲进门之后，"极其恐怖、绝无仅有的大屠杀就开始了"。难怪弗里德里希大王给俄国士兵取的绰号是"les oursomanes"，因为他们半是熊，半是疯子。[63]

俄国士兵的"狂暴"到了几乎癫狂的程度。即便守军举手投降，俄军士兵也在大街小巷横冲直撞，不分男女老幼，见人就杀，共有8000—10000土耳其人丧生。波将金告诉叶卡捷琳娜大帝："如同猛烈的旋风，一瞬间就把人们刮入地狱。"[64]这是货真价实的残杀，俄国人对它的辩解是，这是针对异教徒的圣战。大批土耳其人被杀死，尸体堆积成山，达马斯伯爵及其部下就在尸堆上踩踏，双腿深深陷入血淋淋的尸体。"我们浑身污血和脑浆"，但他们成功杀进了城。死尸堆积得太密，达马斯伯爵不得不从一具尸体跳到另一具上，直到他的左脚滑进了一大堆足有三四个人深的血肉，一脚踩进一个负伤的土耳其人嘴里。此人拼命咬住达马斯伯爵的脚后跟，撕掉了他靴子的一块。[65]

城内的战利品极其丰富，士兵们缴获了大量钻石、珍珠和黄金。随后几天里这些珍宝就在俄军营地里转手，价格几乎贱如泥土。大家都懒得去抢白银。波将金为女皇留了一块鸡蛋大的绿宝石。[66]随后一个世纪里的俄国士兵会经常唱起这首歌："土耳其人血流成河，帕夏跪倒在波将金面前。"[67]

奥恰基夫的城防司令，一位坚韧不拔的老帕夏，没戴头巾，被带到波将金面前。波将金既喜又忧。他说："这场血腥的屠杀都是因为你的固执。"如果奥恰基夫早些投降，就可以避免这样的残杀。城防司令看到对方统帅为死了这么多人而伤心，似乎很惊讶。这位侯赛因帕夏耸耸肩说："我只不过是尽忠职守，和你一样。是命运与我作对。"他用东方式的谄媚解释说，他坚守这么久，只是为了让公爵殿下的胜利显得更辉煌。波将金命令部下去城镇的废墟里寻找城防司令丢失的头巾。

大约四个小时的野蛮杀戮之后，到早晨7点，俄军已经控制了奥恰基夫。① 波将金命令停止杀戮，官兵立刻服从。他采取了特殊措施去保护妇女的衣服和首饰，并照料伤员。所有目击者，包括外国人，都承认波将金的强攻"极妙"，筹划得非常缜密。[68]

波将金率领随行人员和后宫女眷进入奥恰基夫。据保罗大公的数学教师夏尔·马松说："这些潇洒的阿玛宗女战士很高兴寻访战场，她们欣赏躺在地上、手握弯刀、衣着华丽的土耳其人的死尸。"[69]在详细战报被送到圣彼得堡之前，就已经流传了很多故事，说波将金对伤员不管不顾。波将金在给叶卡捷琳娜大帝的信中驳斥了谣言："谈到我的时候，他们很少说实话，这里也在撒谎。"事实上，波将金把自己的豪华营帐改成了医院，自己住在一座小型工事内。[70]

达马斯伯爵跑去与波将金和他的"外甥女们"会合，尤其是叶卡捷琳娜·萨莫伊洛娃，她肯定给了达马斯伯爵甜美的奖励。"还从来没有一个男人因为一个早晨的残酷杀戮而得到……如此幸福的奖赏。大多数男人要回到都城之后才能得到这样的奖励。"萨莫伊洛娃那位长期受苦受难的丈夫无疑也得

---

① 这座城镇今天已经不复存在，只剩下一座曾经是清真寺的建筑，如今被改为博物馆。这家博物馆纪念的是苏沃洛夫而不是波将金，这是苏联时代对波将金偏见的一个典型例子。苏沃洛夫不仅没有指挥强攻奥恰基夫，甚至根本不在现场。然而这家博物馆歌颂苏沃洛夫是胜利者和天才，对波将金几乎只字不提。——作者注

等待。[71]

俄国最神速的旅行家鲍尔中校纵马疾驰去禀报女皇。他抵达时，叶卡捷琳娜大帝正在睡觉。最近她生了病，精神高度紧张。马莫诺夫唤醒了她。女皇说："之前我的身体不适，你治愈了我！"波将金于次日写信给她："我祝贺陛下赢得了这座要塞"，并缴获 310 门火炮和 140 面军旗。9500 名土耳其人战死，2500 名俄国人阵亡。波将金写道："哎，我为这些死者感到伤心。"[72]

屠杀很容易，善后却很难。土耳其人的尸体太多，无法全部入土埋葬，何况地面太硬，无法挖掘墓穴。于是俄军将尸体搬上大车，运到利曼河上，丢到冰封的河面上。这些由于还沾着污血所以湿润的死尸在冰面上被冻成了一座座恐怖的黑漆漆的金字塔。俄国贵妇们乘坐雪橇去冰上观看。[73]

叶卡捷琳娜大帝春风得意。"我用双手拉住你的耳朵，亲吻你，我亲爱的朋友……你用实际行动让所有人哑口无言。这次胜利让你有机会对那些盲目而愚蠢地批评你的人表现出宽容大度。"[74]奥地利人再也不能用波将金不行为借口掩饰自己的无能，所以几乎感到失望。"占领奥恰基夫对继续作战十分有利，"约瑟夫二世告诉身在维也纳的考尼茨，"但对议和没有好处。"[75]廷臣们现在嘲笑利尼亲王，因为他曾"高声宣扬"说俄军不可能在这一年拿下奥恰基夫。[76]波将金的批评者现在争先恐后地给他写溜须拍马的信。[77]利特尔佩奇写道："您从不走寻常的路，但总是能抵达目的地。"[78]

12 月 16 日，俄国人在 101 门礼炮的轰鸣伴奏下唱起《感恩赞》。"群众欢欣鼓舞。"鲍尔被晋升为上校并得到一个镶钻石的黄金鼻烟盒的赏赐，然后奉命返回前线，给塔夫利公爵送去镶钻的圣乔治星形勋章和一柄价值 6 万卢布的镶钻宝剑。[79]波将金精疲力竭，但没有躺在胜利花环上睡大觉。在返回圣彼得堡之前他还有很多事情要做。他在兴高采烈之下精神抖擞地视察了维托夫卡的新海军造船厂，决定建造一座叫尼古拉耶夫的新城镇，然后去赫尔松检阅舰队。但他最重要的工作是为奥恰基夫安排驻军，将舰队送回塞瓦斯托波尔，将缴获的土耳其舰船改装为装备 62 门炮的风帆战列舰，并安排陆军进入冬季营地。这些工作都不容易，因为波兰在英国与普鲁士盟约的鼓励下越来越不友好。

波将金主张与普鲁士缓和关系。叶卡捷琳娜大帝不同意，说西欧事务应当由她掌管。"陛下，我不是世界公民，"波将金答道，"我对欧洲一点都不关心，但如果欧洲事务会牵涉到我的职责，那么我就不能对欧洲事务视若无睹。"这显然表明他俩分别承担各自的责任，但波将金不愿遵守这样的分工。至于普鲁士人，"我不爱普鲁士国王"，也不怕他的军队。波将金只是认为普鲁士人"可鄙的程度低于其他人"。[80]

最终，波将金赶往圣彼得堡。他告诉达马斯伯爵："我会亲自带你去。我们不能分开。我会做安排。"[81]雪橇已经准备就绪。波将金和达马斯伯爵爬进形似婴儿摇篮的雪橇座位，用毛皮把自己裹得严严实实。"你准备好了吗？"波将金用低沉的嗓音向达马斯伯爵喊道，"我已经命令让你的雪橇靠近我的。"一名男仆跳上雪橇尾部的座位，挥舞鞭子催马前进。雪橇在夜色中疾驰，四面八方都有手持火把的哥萨克护卫。达马斯伯爵的雪橇被抛在后面，到莫吉廖夫才赶上波将金。达马斯伯爵只想睡觉，但每当波将金抵达一个地方，当地的总督和贵族就请他检阅驻军，并设宴迎接他。达马斯伯爵下了雪橇就被带进一

座"金碧辉煌的舞厅","全镇人都在那里集合"。达马斯伯爵
担心自己的衣服不适合舞会并且他太疲惫，波将金不以为意地
挥挥手，叫来了所有姑娘，"一下子就给我安排好了舞伴，于
是……我一直跳到第二天早晨 6 点"。正午时他们又上路了。[82]

圣彼得堡的人们等待波将金时的心情既畏惧又激动，仿佛
在等待第二次圣临。① "全城人都在忧心忡忡地等待公爵殿
下，"加尔诺夫斯基报告称，"除了这个没有别的话题。"外交
官们，尤其是普鲁士和英国外交官，在密切注视道路。一名英
国外交官在纳雷什金家喝醉了，大吼大叫地向波将金祝酒。失
意但始终抱有憧憬的美国"海盗"约翰·保罗·琼斯也在热
切期待波将金回来，因为波将金将会决定他的命运。"公爵还
没到，"扎瓦多夫斯基向陆军元帅鲁缅采夫-扎杜奈斯基发牢
骚，"没有他，就什么都没有。"[83]

叶卡捷琳娜大帝觉得波将金风驰电掣的旅行仿佛是候鸟的
迁徙："难怪你会累。如果你到这儿的时候生病了，不管我多
么高兴见到你，都会一见到你就揪你的耳朵。"[84] 但叶卡捷琳娜
大帝仍然如坐针毡，战争、联盟和宫廷阴谋从四面围困着她。
马莫诺夫能给她一些慰藉，在国家大事上却帮不了她，何况他
现在经常生病。叶卡捷琳娜大帝为了迎接夫君而烦恼，尤其是
她意识到自己曾为得胜的奥尔洛夫公爵和鲁缅采夫-扎杜奈斯
基建立凯旋门，却忘了给波将金准备。她的秘书赫拉波维茨基
答道："但陛下对公爵殿下再熟悉不过了，不需要专门记录他

---

① 第二次圣临是指在基督教某些派别的思想中，耶稣基督将会再次降临人
间，一般被认为就在末日审判之时。

的功劳。""确实如此,"她说,"但他也是个凡人,也许他会喜欢。"于是她命令给皇村的大理石门张灯结彩,并让宫廷诗人彼得罗夫创作了一首颂歌:"您会伴着雷鸣般的掌声,进入索菲亚大教堂。"这里指的是伊斯坦布尔的索菲亚大教堂。叶卡捷琳娜大帝思忖道,波将金"也许今年就能去君士坦丁堡,但不要突然告诉我"。[85] 六里长的一段道路上,不分昼夜灯火辉煌。各要塞将会鸣炮欢迎波将金,这是君主专享的特权。她问自己的贴身男仆扎哈尔·佐托夫:"城里的人们爱公爵吗?"他勇敢回答:"只有上帝和您爱他。"叶卡捷琳娜大帝对此并不介意。她说自己身体不好,所以不会再让公爵南下了。她喃喃低语:"我的上帝呀,我现在就需要公爵。"[86]

1789 年 2 月 4 日,星期天,傍晚 6 点,波将金抵达圣彼得堡。此时宫中正在举行舞会,为保罗大公的女儿庆生。波将金径直去了他的与冬宫毗邻的套房。女皇抛下舞会,在他更衣的时候来到他面前,让他吃了一惊。她和他一起待了很长时间。[87]

注 释

1 本次俄土战争的这段叙述的主要资料来源,见第 26 章注释 1。BM 33554 ff93-4, Henry Fanshawe July 1788, unpublished.

2 B&F vol 2 p 170, JII to Count Cobenzl 16 June 1787, Kherson.

3 Ligne, *Mélanges* vol 24 pp 21-3, 2 July 1788, Ochakov.

4 Aragon p 255, N-S to wife.

5 RS (1895) 9 p 175. Ligne, *Mélanges* vol 7 p 194, Prince de Ligne to Comte de Ségur 1 October 1788, Ochakov.

6 BM 33540 f489, SB to JB ud.

7 Petrushevsky vol 1 p 327.

8 Damas pp 58-9. Ligne, *Mélanges* vol 24 p 123, Ligne to JII 11 August 1788.

9 RS (1895) September pp 175-6, Roman Maximovich Tsebrikov, *Vokrug ochakova 1788 god* (*dnevnikochevidtsa*). RS (1875) May p 38, GAP to A. V. Suvorov 27 July 1788.

10 Damas pp 56-9. Aragon pp 256-8, N-S to wife. Ligne, *Mélanges* vol 24 p 129, Ligne to JII 20 August 1788; p 176, Ligne to Cobenzl. 波将金写给拿骚-西根的一封未发表的信(时间为 1788 年 7 月或 8 月)前不久被伦敦的 Maggs Brothers 拍卖公司公开拍卖,编号为"签名书信与历史文件"1275,第 149 件。这封信没有标明具体日期,是波将金亲笔用法文写的,讲到海军将领马尔科·I. 沃伊诺维奇监视奥斯曼海军司令从黑海而来的航线,从而让拿骚-西根在金伯恩的部下于白天补充淡水,然后"夜间返回现有阵地"。波将金特别指示,要让士兵们有时间上岸。这体现了他典型的体恤士兵的情怀。这封信的拍卖价格为 1200 英镑。

11 Damas pp 56-7. Ligne, *Mélanges* vol 24 p 129, Ligne to JII 20 August 1788, Ochakov.

12 RGADA 5. 85. 2. 136-7, L 311, CII to GAP 31 August 1788.

13 Samoilov col 1260.

14 RS (1875) May pp 21-33, GAP to Suvorov April 1788.

15 Ligne, *Letters* (Staël) p 87, Ligne to JII August 1788.

16 RGVIA 52. 7. 1. 13, GAP to Count Rzewowski, 7 November 1788, Quartier-Genéral Ochakov, unpublished. AVPRI 5. 585. 278, L 320, GAP to CII 17 October 1788. ZOOID 4: 363, GAP to M. L. Faleev 14 August 1788, Ochakov. ZOOID 2: 667, 668, GAP to Faleev.

17 *Lettres de Catherine II au prince de Ligne* p 81, JII to Ligne 18 June 1788.

18 *CII - Ligne* pp 96-7, Cobenzl to Ligne. Ligne, *Mélanges* vol 24 p 157, Ligne to JII; p 75. RGVIA f VUA. 2388. 7, L 291, GAP to CII 8 June 1788, Camp on the Bug. AVPRI 5. 585. 278, L 320, GAP to CII 17 October 1788.

19 Ligne, *Mélanges* vol 24 p 176.

20 AAE 20: 74, Langeron, 'Résumé des campagnes'.

21 Aragon pp 268-70, N-S.

22 RGADA 11. 864. 2. 91, Praskovia Potemkina to GAP(未签名,但可能是普拉斯科维娅·波将金娜写的),未发表。

23 RP 2. 1 p 36, Countess Ekaterina Sergeevna Samoilova.

24 Damas pp 66-9.

25 Damas pp 63-4.

26 Ligne, *Mélanges* vol 7 pp 198-201, Ligne to Ségur 1 December 1788. Ligne, *Letters* (Staël) vol 2 p 16, Ligne to Ségur 1 October 1788.

27 BM 33540 f489 and 33558 f443 and f445, SB to JB. BM 33558 f442, William Newton to J. T. Abbot 10 September 1789. Christie, *Benthams in Russia* p 241.

28 RGVIA 52. 2. 89. 64-5, Lewis Littlepage to GAP 16 September 1788; and GAP to Littlepage 16 September 1788, both unpublished.

29 RGVIA 52. 2. 82. 21, GAP to John Paul Jones ud, unpublished.

30 AVPRI 585. 278, L 320, GAP to CII 17 October 1788.

31 RGVIA 52. 11. 82. 23, 约翰·保罗·琼斯给波将金的信, 1788 年 10 月 20 日, 在战舰"弗拉基米尔"号上, 奥恰基夫城下, 未发表。

32 Otis pp 352-4. Preedy p 223.

33 Preedy p 216. Otis pp 335-52. Morison p 382.

34 Damas pp 70-1. AVPRI 5. 585. 278, L 320, GAP to CII 17 October 1788.

35 RGADA 11. 893. 11, Ligne to GAP 16 September 1788, unpublished.

36 Ligne, *Mélanges* vol 24 pp 25, 26, 32.

37 Damas pp 70-1.

38 AVPRI 5. 585. 278, L 320, GAP to CII 17 October 1788, Ochakov.

39 Damas p 72.

40 B&F vol 2 p 299, Cobenzl to JII 24 October 1788.

41 AAE 20: 74, Langeron, 'Résumé des campagnes'.

42 Damas pp 66-7.

43 BM 33540 f489, SB to JB.

44 Criste, *Kriege unter Kaiser Josef II* p 222 n3, quoted in Blanning, *JII* p 178.

45 Samoilov col 1251.

46 Damas pp 63-4.

47 RS (1895) 84 no 9 Tsebrikov p 172, 12-15 June; p 177, 28 July; p 151, 5 June 1788.

48 AVPRI 5. 585. 273, GAP to CII 15 September 1788.

49 RGADA 5. 85. 2. 150-1, L 327, CII to GAP 27 November 1788.

50 RGADA 5. 85. 2. 145-7, L 322, CII to GAP 19 October 1788.

51 AVPRI 5. 585. 284-5, L 324, GAP to CII 3 November 1788.

52 RGADA 5. 85. 2. 152-3, CII to GAP 7 November 1788.

53 AVPRI 5. 585. 286-7, L 326, GAP to CII 17 November 1788.

54 RS (1876) 16 p 213, 16 August 1788; p 220, Garnovsky to Popov 1

October 1788.

55 RS（1876）16 pp 229-30, Garnovsky to Popov 29 November 1788.

56 Damas p 72.

57 BM 33554 f96, Fanshawe 15 February 1789, Kiev.

58 Damas pp 74-5.

59 RGADA 5. 85. 2. 150-1, L 327, CII to GAP 27 November 1788.

60 Damas pp 79-84. BM 33554 f98, Fanshawe.

61 Samoilov col 1251.

62 Damas pp 79-83.

63 Macdonogh p 299.

64 AVPRI 5. 585. 290, L 330, GAP to CII 26 December 1788.

65 Damas pp 84-6.

66 Samoilov col 1256. *Memoirs of the Life of Prince Potemkin* p 187.

67 ZOOID 9（1875）：459, 纪念攻克奥恰基夫的歌曲。还有献给波将金 1790 年战役的歌曲和纪念他去世的歌曲。

68 Damas pp 86-7. Samoilov cols 1256-7. BM 33554 f98, Fanshawe.

69 AAE 20：81, Langeron, 'Résumé des campagnes'. Masson p 312.

70 AVPRI 5. 585. 290-3, GAP to CII 26 December 1788, Ochakov.

71 Damas pp 88-9.

72 AVPRI 5. 585. 288-9, L 328, GAP to CII December 1788.

73 Samoilov col 1258. Masson p 312.

74 RGADA 5. 85. 2. 149, L 329, CII to GAP 16 December 1788. 叶卡捷琳娜大帝为了纪念奥恰基夫大捷而赐给波将金的有雕刻图案的椭圆形银碟今天保存在莫斯科克里姆林宫的军械博物馆。纪念他此次胜利的纪念章是由 K. Leberecht 设计的。RGADA 5. 85. 2. 185, L 371, CII to GAP 7 September 1789.

75 *JII-CII*（Arneth）p 325, JII to Prince Kaunitz 2 February 1789; letter CLXVI, JII to CII 5 January 1789.

76 B&F vol 2 p 316, Philip Cobenzl to Ludwig Cobenzl 5 January 1789, Vienna. Also RGVIA 52. 2. 55. 72, 从维也纳发出的报告，关于波将金给利尼亲王的信，谈及他在战争中的表现，1791 年 2 月 15 日，未发表。

77 RGVIA 52. 2. 82. 24, GAP to N-S 7 December 1788, Ochakov, unpublished.

78 Davis p 194.

79 SIRIO 23（1878）：467, CII to Baron F. M. Grimm 17 December 1788. *Memoirs of the Life of Prince Potemkin* p 190.

80 AVPRI 5. 585. 290-3, L 330, GAP to CII.

81 Damas pp 89-90.

82 Damas p 93.

83 P. V. Zavadovsky, *Pisma Zavadovskago Rumiantsevu* p 320, P. V. Zavadovsky to P. A. Rumiantsev-Zadunaisky January 1789.

84 RGADA 5. 85. 2. 155, L 333, CII to GAP 2 February 1789.

85 Khrapovitsky pp 229 and 238, 26 January 1789.

86 RS (1876) 16 pp 234-5 and 226, Garnovsky to Popov 3 January and 3 February 1789.

87 *Memoirs of the Life of Prince Potemkin* pp 195-7.

28 我的成功都属于你

我们要歌颂波将金，
我们要用我们的心给他编织一束花。

——俄国士兵的行军歌《1790年的
摩尔达维亚战役》

受到女皇的宠幸是够惬意的，
尽管履行他的职责越来越不易；
但在这方面，像他那样的小孩子
要显一显身手应该轻而易举。

——拜伦勋爵，《唐璜》，第10章第22节

1789 年2月11日，一队近卫军士兵高举200面在奥恰基夫缴获的奥斯曼军旗，在四名军号手的伴奏之下从冬宫门前列队走过。检阅之后是庆祝波将金战功的盛大宴会。[1] 扎瓦多夫斯基酸溜溜地告诉鲁缅采夫-扎杜奈斯基："信念集于一身的公爵非常和蔼可亲，对所有人都客气得要命。我们每天都庆祝他的凯旋。"[2] 波将金又得到了10万卢布的赏金用于装修塔夫利宫，以及一柄镶嵌钻石的元帅权杖。对他来说最重要的奖赏可能是乌克兰军团的总司令鲁缅采夫-扎杜奈斯基的退休；波将金被任命为两个军团的总司令。

波将金慷慨大方地嘉奖他的部下：他把苏沃洛夫带到圣彼

得堡，并坚持赠给他一套装饰帽子用的钻石羽饰，上面有个字母 K 表示金伯恩。[3] 他命令这位他最喜爱的将领立刻去指挥鲁缅采夫的旧部，土耳其人已经开始在那里发动袭击了。[①] 公爵答应给苏沃洛夫指挥一个单独的军的权力。[4]

然而，盛大的庆祝活动既不能缓解紧张的国际形势，也不能舒缓叶卡捷琳娜大帝私人的痛苦。当夜的宴会之后，叶卡捷琳娜大帝与男宠马莫诺夫吵了一架。赫拉波维茨基记载道："女皇泪流满面，整晚待在床上。"马莫诺夫的表现很不正常，经常患病，要么对女皇不友好，要么干脆不见人影。叶卡捷琳娜大帝问波将金该怎么办。他答道："你是不是在吃谢尔巴托娃公爵小姐［侍女］的醋？"并补充道："她和马莫诺夫是不是有奸情？"之后他重复了"一百遍"："哦，小妈妈，啐他一脸唾沫！"[5] 波将金已经非常明确地向女皇警示了要提防她的情人，但年近花甲、身心俱疲的叶卡捷琳娜大帝听不进他的话。

她已经太习惯于只听得见自己想听的话，并且太习惯于自己与马莫诺夫在一起的日常生活，所以没有听信波将金的警示。何况波将金曾经反对过每一个男宠。于是马莫诺夫的麻烦事继续拖了下去。赫拉波维茨基在次日写道："更多的眼泪。"叶卡捷琳娜大帝整个白天都卧床不起，于是她的夫君前来营救。"宴会后，塔夫利的 G. A. 波将金"在女皇和马莫诺夫之间充当和事佬。[6] 但他顶多能修复两人关系表面的裂缝，即便是波将金也没办法解决俄国的所有问题。

对俄国来说，国际形势持续恶化，俄国领导层对如何应对

---

① 后来有些史书记载苏沃洛夫向叶卡捷琳娜大帝抱怨，说波将金因为嫉妒他而不给他高级的指挥职位。真相与之恰恰相反。——作者注

意见不一。尽管俄国在针对土耳其人和瑞典人的两条战线上都打得不错，但俄国在波兰的势力受到了沉重打击。波兰的"四年议会"如今在柏林的鼓励下满腔热血地（即便是天真地）试图推翻俄国的傀儡政权并投入普鲁士的怀抱。波兰人对俄国的"深仇大恨"[7]推动着波兰改革自己的政体，并走上与叶卡捷琳娜大帝开战的道路。普鲁士无所顾忌地支持波兰"爱国者"的理想主义，尽管对弗里德里希·威廉二世来说真正有利的不是波兰的改革，而是瓜分波兰。

不止这些。普鲁士和英国还在努力鼓舞奥斯曼和瑞典继续对俄作战。皮特现在希望把波兰招募进一个"联邦体系"来对抗俄国与奥地利，这让维也纳方面大为惊慌。雪上加霜的是，约瑟夫二世的健康状况越来越差，已经在"咯血"。奥地利人担心波将金会变得亲普鲁士。约瑟夫二世能给自己的驻俄大使提的建议就是：用阿谀奉承来拉拢"那个一手遮天的人"。[8]

那么，俄国是应当冒与普鲁士发生战争的风险，还是应当与普鲁士达成妥协？如果选择第二条道路，俄国就必须与土耳其人议和，而那样就背叛了身陷险境的奥地利人，并且也许还要瓜分波兰，然后用奥斯曼土地来补偿波兰。这就是为什么大家早就盼着波将金回来：只有他能够解决这个一团乱麻的难题。

近一段时间以来，波将金一直在建议叶卡捷琳娜大帝缓和她那固执的对弗里德里希·威廉二世的鄙视态度。御前会议期望他劝说女皇与普鲁士达成妥协，因为他知道俄国不可能同时与普鲁士、波兰、奥斯曼和瑞典作战。与苏丹议和的时机还没有成熟，因此波将金不得不避免在其他地方陷入战争。但他又不想回到帕宁的亲普鲁士路线，所以这样建议叶卡捷琳娜大帝："刺激普鲁士国王尽量从波兰那里获得好处。"⁹ 如果他能诱使普鲁士国王暴露出对波兰土地的贪婪本色，波兰人就不会喜欢普鲁士了。¹⁰ 波将金告诉自己的盟友别兹博罗德科：¹¹ "政治当中无须真诚。"¹²

波将金此次回到都城，还结束了他与法国大使塞居尔伯爵的友谊，因为塞居尔伯爵在奥恰基夫期间支持利尼亲王和科本茨尔对波将金的批评。塞居尔伯爵感到很受伤："您对我的友谊冷淡了一些，但我对您永远不会这样。我一辈子对您忠心耿耿。"¹³ 他们一直在讨论俄国、英国、波旁王朝和哈布斯堡皇朝缔结四国盟约，¹⁴ 但英国越来越强，而法国越来越弱。波将金公爵逗弄塞居尔伯爵说："我会建议我的君主与胖子路易、年轻的路易、圣路易、聪明的路易十一、睿智的路易十二、伟大的路易十四，甚至受爱戴的路易结盟，但不能与民主派的路易结盟。"¹⁵①

与波将金下棋时，可怜的塞居尔伯爵不得不整晚忍受波将金宫廷"小丑"的反法题材的滑稽表演（当时的俄国贵族还会在家中豢养弄臣）。不过塞居尔伯爵动手报复，贿赂了小丑，让他当着波将金的面嘲笑俄国的军事错误。波将金大怒，掀翻了桌子，用棋子投掷抱头鼠窜的小丑，但他立刻明白了塞居尔伯爵的玩笑，于是这个夜晚在"欢声笑语"中结束了。¹⁶

塞居尔伯爵后来扮演起侦探的角色，代表琼斯（波将金

———

① 胖子路易指法王路易六世，年轻的路易是路易七世，圣路易是路易九世，受爱戴的路易是路易十五。

的美国"海盗")搜索圣彼得堡的各大妓院和酒馆。4月，波将金正打算给琼斯一个新职位，从而让他成为"在世的最幸福的人"，这时琼斯却被逮捕并被指控强奸幼女。这个故事颇有现代性丑闻的下流色彩。琼斯向波将金求救："一个有伤风化的女人指控我强奸了她的女儿！"更糟糕的是，这个女儿据说只有九岁。他向波将金哀求："这样一个卑贱的俄国女人，抛弃了丈夫和家庭，偷走了女儿，住在声名狼藉的地方，过着淫荡的通奸生活。她难道有足够的公信力，在毫无证据的情况下发出简单的投诉，就能影响一位有声望的将军的荣誉？何况这样一位将军在美国、法国和俄国都立下战功、赢得过勋章！"琼斯在巴黎的时候曾经是风流浪子，他向波将金承认"我贪恋女色"，喜好"只有从性爱中才能得到的愉悦，但我绝不会为了这种愉悦动粗"。[17]

波将金此时忙于政事和军务，分身乏术，并且已经讨厌琼斯，所以没有回信。都城对琼斯来说变成了荒原。大侦探塞居尔伯爵是他唯一的朋友，支持这位美国老战友，并决心查个水落石出，看是谁陷害了琼斯。塞居尔伯爵发现琼斯对波将金说的是实话，指控琼斯的那个母亲是个老鸨，从事"买卖少女的丑恶勾当"。那个姑娘卡特琳娜·戈尔茨瓦特不是九岁而是十二岁，或者十四岁。她向琼斯下榻的"伦敦客栈"的客人兜售黄油。琼斯在事发三天后给警察局长的证词中承认这个"堕落的姑娘"多次进过他的房间。完事之后他总是给她钱。他说她的处女身不是自己夺走的，"每次她来我这里的时候，都使出狐媚之术引诱我"。

塞居尔伯爵请求波将金将琼斯官复原职，并且不要起诉他。不起诉琼斯是可以的，但要恢复他的官职就办不到了。

"感谢您为保罗·琼斯做的一切，尽管您没有满足我的心愿，"塞居尔伯爵写信给波将金，"保罗·琼斯是无辜的，他这样身份的人不应当承受这样的羞辱。指控他的那个女人，据她的丈夫作证说是个老鸨，而她的女儿在客栈里卖淫。"[18] 多亏了塞居尔伯爵的调查和波将金不温不火的帮助，琼斯没有受到起诉，还在 1789 年 6 月 26 日得到了叶卡捷琳娜大帝的最后一次接见。是谁陷害了琼斯？波将金不是睚眦必报的人；而波将金麾下的几名英国军人非常憎恨这个美国海盗，有可能设计构陷了他，但大侦探塞居尔伯爵的结论是，罪魁祸首是拿骚-西根公子。

回到巴黎之后，琼斯写了一部自吹自擂的关于利曼河战役的书，并抨击波将金，说波将金欠了他许多应得的勋章。他在 1790 年 7 月 13 日写信给波将金："时间会告诉您，殿下，我既不是江湖骗子也不是诈骗犯，而是对您忠心不二的人。"[19]

3 月 27 日，性喜和平、嗜酒如命的苏丹阿卜杜勒-哈米德一世驾崩。对俄国来说这是坏消息，因为他的十八岁继承者塞利姆三世是一位积极进取、聪明敏锐的改革家，并且穆斯林狂热分子与普鲁士、英国和瑞典的大使都怂恿他继续对俄作战。奥地利和俄国希望与塞利姆三世商讨和平条件，从而避免普鲁士干预当前这场土耳其战争，但局势并不乐观。奥地利首相考尼茨写信给波将金，说到塞利姆三世有多么凶悍。据说有一次塞利姆三世在伊斯坦布尔大街上看见一个波兰犹太人穿着不符合规定的黄色鞋子，他当场就把这个人斩首了。这个可怜人根本没有机会解释自己是外国人。[20] 要想得到和平，波将金必须在下一次作战中取胜。难怪叶卡捷琳娜大帝那么焦虑。

波将金和叶卡捷琳娜大帝仍然在互相调情。4月12日在保罗的宫殿为女皇举办了生日接待会后，波将金甜言蜜语地鼓舞斗志低沉的女皇，赞美"子民的母亲，尤其是我的母亲"和"雏鹰中最年长者"，即她的孙子亚历山大"天使般的美德"。[21] 在离开之前，波将金送给她一件精美绝伦的礼物。她后来写信给他说："这是所谓的'巴格代拉桌球'，具有罕见的美，和你本人一样独一无二。它和你，都让我惊艳。你真是机智的化身。"[22]

1789年5月6日，塔夫利公爵离开皇村南下。此前他已经与叶卡捷琳娜大帝一起制订了各种情况下的预案，包括俄国与普鲁士和波兰发生战争时的处置方案。这对老夫老妻在随后将近两年内没有再见过面。[23]

波将金飞奔到前线，把乌克兰军团和叶卡捷琳诺斯拉夫军团的共计约6万人分配到自己原先的军团，分成四个军。他的战略是在黑海沿岸向西南方进攻，穿过摩尔达维亚和瓦拉几亚这两个公国（今天的摩尔多瓦和罗马尼亚），并占领德涅斯特河、普鲁特河和多瑙河上的敌军要塞。波将金的大军将封锁德涅斯特河，等到土耳其人元气大伤，就开始沿着多瑙河逆流而上，进入现在的保加利亚境内，最终目标是君士坦丁堡城下。[24]

在他们的众多苏格兰军官之一劳东元帅的指挥下，奥地利军队的主力将进攻贝尔格莱德（在今天的塞尔维亚），同时萨克森-科堡-萨尔费尔德公子弗里德里希·约瑟夫会在摩尔达维亚和瓦拉几亚与俄军配合。除了波将金的部队之外最重要的力量就是苏沃洛夫的"飞行军"，即第三军，它负责掩护俄军极左翼与奥军的"接合部"。苏沃洛夫在三条平行的河流锡雷特河、贝尔拉德河与普鲁特河的流域安营扎寨，等待时机。

新任大维齐尔哈桑·格纳泽帕夏指挥着10万大军。他的战略是在俄军与奥军联络的最薄弱环节，也就是普鲁特河和锡雷特河附近、靠近苏沃洛夫的"接合部"的地方击溃奥军，同时派遣一支新的舰队在克里米亚登陆。前任海军司令加齐·哈桑，即白胡须的"海战鳄鱼"，现在上了陆地，指挥一个3万人的军，负责牵制波将金的主力部队，好让大维齐尔取得突破。此次土耳其人的机动部署非常巧妙，实在稀罕。但俄军的警惕性很高。5月11日，波将金渡过布格河，在奥尔维奥波尔集结军队，然后开赴德涅斯特河畔强大的奥斯曼要塞宾杰里。

西欧正在发生翻天覆地的变化。波将金在奥尔维奥波尔的新大本营安顿下来的同时，巴黎暴民于7月14日（俄历为3日）冲进了巴士底狱。8月26日（俄历为15日），法国的国民议会通过了《人权宣言》。[25] 反对俄国统治的波兰爱国者受到了法国大革命的鼓舞。华沙民众群情激奋，渴望自由，满怀希望。波兰人要求俄国从波兰领土撤军并撤走军火库。波将金严密地监视波兰，但他别无选择，只能同意。[26] 他继续奉行自己的波兰政策，大力扩张他的黑海哥萨克的势力，并将其作为东正教的矛头，等时机成熟之后就可以在亲俄的波兰立陶宛联邦东部地区发动起义。[27]

波将金在奥尔维奥波尔（俄国、波兰和奥斯曼帝国的边境）、赫尔松、奥恰基夫和伊丽莎白格勒之间来回穿梭，检查和视察他的庞大前线，直到精疲力竭，"患了痔疮和热病"。他告诉叶卡捷琳娜大帝："除了死亡之吻，任何东西都不能阻挡我。"[28] 为了鼓励他，女皇把之前嘉奖他在奥恰基夫获胜的赏赐之一，镶嵌钻石的元帅权杖送到了他手中。

大维齐尔偷偷地向前推进，用一个 3 万人的军去攻击科堡公子指挥的奥军，阻止他们与俄军会师。在这个关键时刻，波将金收到了癫狂的女皇发来的冗长而充满痛楚的密信。原来，在土耳其人试探波将金战线薄弱环节的同时，叶卡捷琳娜大帝与马莫诺夫的关系以最可耻的方式土崩瓦解了。

叶卡捷琳娜大帝终于明白了，马莫诺夫并不开心。这也很难怪他。马莫诺夫总是抱怨说宫廷的生活仿佛是在热带雨林里生存。[29]他的职责，即陪伴一个老女人，这让他觉得沉闷无聊，而他现在已经习惯了奢靡的生活。波将金不允许他获得任何政治角色。波将金上次到首都时，否决了马莫诺夫想当宫廷副总管的请求。马莫诺夫在女皇闺房内的职责或许也变得无聊起来，甚至令他厌恶。

叶卡捷琳娜大帝快六十岁了。在公开场合她仍然威风凛凛，而在私人场合她没有架子，淘气俏皮。马松写道："十年来我每周见她一到两次，我每次都比之前更仰慕她。"她对下属的平易近人令人感动。戈洛温娜伯爵夫人回忆说，有一次她和其他侍女在开心地吃饭，这时她们突然注意到给她们递盘子的那个"仆人"的"美丽"的手上戴着一只"精美的带有单粒宝石的戒指"。她们抬起头，发现原来是女皇本人。女皇很注意保养自己的容颜、细嫩皮肤和美丽的双手。她的头发现在已经白了，但得到了精心的梳理和装饰。不过，她现在十分肥胖，双腿经常肿胀到"变形"。她的建筑师，包括在皇村的卡梅伦，以及她去拜访的贵族，逐渐都给房屋安装了缓坡，以方便她走进屋。她的嗓音变得嘶哑，鼻子可能变成了"纯粹的希腊式",即鹰钩鼻。她患有肠胃气胀和消化不良,并且可能已经掉了几颗牙。她年纪大了,[①] 时间让她对爱的渴求和需要更显得夸张。[30]

女皇给马莫诺夫写了一封信,慷慨地表示可以给他自由,并安排他迎娶俄国最富有的女继承人之一,从而给他幸福。而他的回复让她伤心欲绝。他承认,他在"一年半前"就爱上了女皇的侍女达里娅·谢尔巴托娃公爵小姐,并请求女皇允许他和她结婚。叶卡捷琳娜大帝倒吸了一口气,在如此无耻背叛的打击下崩溃了。马莫诺夫跑上去追赶她,拜倒在她脚边,吐露了自己的全部秘密。叶卡捷琳娜大帝的朋友安娜·纳雷什金娜对马莫诺夫大声咆哮。叶卡捷琳娜大帝虽然很受伤,但她一贯对情人慷慨大方,所以准许他娶谢尔巴托娃。

起初,她向波将金隐瞒了这次危机,也许是因为太尴尬,也许是想先看看她与身边一个年轻的新人能否发展下去。但在6月29日,她告诉身边的人,她要写信给正在奥尔维奥波尔的波将金。他收到这封信的时候,女皇已经参加过了马莫诺夫在7月1日的婚礼:新郎从女皇那里得到2250名农奴和10万卢布的礼金。叶卡捷琳娜大帝在婚礼上泪流满面。"我从来没有残暴地对待过任何人,"她悲伤地告诉波将金,"我也讨厌强迫别人。你会不会忘记了我的本性慷慨大方,觉得我是个可怜兮兮、自私自利的人?你原本可以告诉我真相,那样就能治愈我。"她记起了波将金的警示:"小妈妈,啐他一脸唾沫!"但她当初没有听他的话。"但如果你知道他的恋情,为什么不

---

① 她的廷臣们也都老了:伊凡·切尔内绍夫会在女皇的套房内留下一股令人作呕的恶臭,每次他走了之后,女皇的仆人都必须用薰衣草水泼洒地板。——作者注

坦率地告诉我？"[31]

波将金回答："去年我听说他把自己桌上的水果送给她［谢尔巴托娃］，我立刻就明白了，但没有能拿到您面前的确凿证据，小妈妈。我暗示过。我为您感到遗憾，我的养母。他的粗鲁和装病真是令人无法忍受。"波将金鄙视马莫诺夫的"冷漠无情和自私自利……极端的自恋"，并建议女皇任命这个忘恩负义的人为驻瑞士大使。[32]但马莫诺夫伯爵和夫人被送到莫斯科自生自灭了。

"神圣的地方，从来不会长时间空荡荡。"扎瓦多夫斯基的这句话说得很对。[33]叶卡捷琳娜大帝已经找到了马莫诺夫的继任者，但她想先让自己适应了再告诉波将金。不过即便在她的上一封信里，波将金也一定注意到女皇提及自己认识了一个被她称为"黑人"的年轻男子。马莫诺夫露出真面目的三天之后，叶卡捷琳娜大帝就开始更多地接见"黑人"：她的贴身男仆和秘书都怀疑一段新恋情要开始了。[34]此人是安娜·纳雷什金娜和尼古拉·萨尔蒂科夫伯爵（保罗大公的内廷总管、波将金的批评者）的门客。整个宫廷都知道马莫诺夫爱着谢尔巴托娃，所以立刻把"黑人"推向女皇，因为他们知道如果耽搁的话，波将金就会干预。波将金没有权力为叶卡捷琳娜大帝挑选男宠，但他希望确保新男宠不会敌视他。"黑人"的靠山们无疑希望借此机会攻击波将金，因为波将金此时忙于前线军务，不能像兰斯科伊去世之后那样迅速回来。1789年6月，患病的女皇受到战争和消化不良的折磨，正处于脆弱的时候，极有可能接受别人向她推荐的人选。或许，对现在的她来说，幸福比尊严更重要。

"黑人"的名字是普拉东·亚历山德罗维奇·祖博夫，他是叶卡捷琳娜大帝的最后一位男宠，也可能是她的男宠当中最英俊的一位。二十二岁的祖博夫肌肉结实但瘦削，英俊而皮肤黧黑，叶卡捷琳娜大帝给他取的绰号是"黑人"，但他的表情显得娇气易怒、虚荣而冷漠。他体弱多病，这很适合让叶卡捷琳娜大帝发挥母性。他从十一岁起就在宫廷，叶卡捷琳娜大帝曾资助他出国留学。这个花花公子有一种浮浅而傻里傻气的狡猾劲儿，但既没有想象力，也没有求知欲，更没有才干，只有贪婪和勃勃野心。不过对男宠来说，这些都不重要。有波将金帮助女皇统治帝国和指挥作战就够了。祖博夫是她的伴侣和在政事方面的学生。"我栽培年轻人，"她言不由衷地说，"是为国家造福。"[35]

祖博夫飞黄腾达的步骤和之前男宠的类似：首先，宫廷的人们注意到这个年轻人在晚上会伸胳膊给叶卡捷琳娜大帝挽着。他穿着一件新制服，帽子上插着一根很大的羽毛。女皇打完牌之后，他被传唤过去陪她回房间。他占据了前任男宠的房间，在那里可能找到了一笔作为礼物的现金。次日，这位"新偶像"的前厅就挤满了请愿者。[36] 7月3日，祖博夫被晋升为近卫军骑兵上校，并被任命为侍从长。值得注意的是，他向自己的赞助者纳雷什金娜赠送了一块价值2000卢布的金表。祖博夫的恩主们已经在害怕波将金的反应，警示祖博夫要尊重"殿下"。[37]

叶卡捷琳娜大帝坠入了爱河。[38] 她对"黑人"赞不绝口，过分热情地宣称："我爱这个孩子，他真是非常有意思。"这个老女人对比自己年轻将近四十岁的帅小伙的性迷恋颇有一种感伤之情。"我很胖，很开心，"她告诉波将金，"就像夏天的苍蝇一样恢复了生气。"³⁹ 她给祖博夫订购法文书时，甚至对秘书讲了一个笨拙的有色情意味的笑话，她可是很少讲荤段子的。其中一本书的书名是《处女露西娜，证明女人无须与男人同床也能生孩子的一封信》，叶卡捷琳娜大帝笑道："这真是新鲜。在古代，一般是玛尔斯、朱庇特和其他神祇背锅。"⁴⁰但她还在紧张地等待塔夫利公爵的反应。

"你内心的安宁是绝对必需的，"波将金谨慎地写道，"对我来说，这比任何东西都宝贵。"但他不认为祖博夫在政治上能对他构成威胁，因为"您的仁慈属于我"。⁴¹不过，波将金没有对她选择祖博夫做任何评判。叶卡捷琳娜大帝不好意思对波将金提起这个年轻人的名字，但忍不住要赞扬他的美貌："'黑人'的眼睛非常美。"她重新确认了自己与波将金的秘密关系："你说我的仁慈属于你，这是完全正确的，在任何情况下我都不会伤害你……你的敌人在我这里不会得志。"作为回报，她恳求波将金认可她的新情人："安慰我，爱抚我吧。"⁴²

没过多久，她让祖博夫给波将金写去谄媚的书信，从而重建他们的"家庭"："我附上一封信，是你的仰慕者写的，他是最纯真的人……他心地善良，有一种可爱的思维方式。"她充满希冀地补充道："想想看，若是没有这个人，我的健康将会多么糟糕。再会，我的爱人，对我好一点！"⁴³当波将金确实对她"好一点"的时候，女皇就感谢他的支持："我的朋友，你对我和小'黑人'表示满意，这让我非常开心……我希望他不会被宠坏。"⁴⁴女皇的这个希望要落空了。祖博夫每天要对镜梳妆好几个小时，把自己的头发弄得卷曲。他傲慢地让自己的宠物猴子拉扯掉有身份的请愿者的假发。对波将金和祖博夫两人都很熟悉的马松回忆说："波将金获得崇高的地位几乎完全靠他自己的才干，而祖博夫依赖的是叶卡捷琳娜大帝的脆弱。"[45]

　　常有人说祖博夫的崛起对波将金来说是政治灾难，这种判断太夸大其词了。对波将金来说，最重要的是让叶卡捷琳娜大帝找到一个男宠并安定下来，从而让波将金能够自由地治国理政并让她开心。马莫诺夫原本是他的选择，但他不会为马莫诺夫的退场感到遗憾，因为马莫诺夫变得对叶卡捷琳娜大帝很不尊重。2月，波将金在圣彼得堡的时候，有传闻说他在提携自己中意的男宠候选人，[46]有一份史料说波将金的人选就是祖博夫的弟弟瓦列瑞安。这说明，不管祖博夫兄弟与哪些人为伍，波将金并不把这兄弟俩视为敌人。事实上波将金很喜欢勇敢能干的瓦列瑞安，有机会就提拔他。[47]当时和波将金在一起的达马斯伯爵也没有注意到波将金对祖博夫兄弟有什么明显的恶感。[48]波将金和祖博夫现在开始了照例的通信，这个年轻的男宠向老前辈和女皇的夫君致敬。每一个男宠都梦想取代波将金。现在叶卡捷琳娜大帝年纪大了，波将金受到的威胁比以往要大。但在整个战争期间，波将金的威望和权力一直在上升。所以对他来讲，祖博夫只是个无关紧要的小麻烦。

　　波将金对祖博夫的认可不是一夜之间的事情，而是经历了一个过程："我亲爱的小妈妈，只要这个男人让你开心，我怎么可能不真诚地爱他呢？请放心，因为他和你的关系，我一定和他维持坦率的友谊。"不过，波将金还有更激动人心的消息：胜利。[49]

　　那支3万人的奥斯曼军队突然冲向摩尔达维亚的福克沙尼，那里有1.2万名奥军在掩护波将金的右翼。沉闷无趣的奥军指挥官科堡公子知道自己水平有限，于是向俄军求援。波将金特意指示苏沃洛夫阻止土耳其人集结兵力，并防止土耳其人分割奥军与俄军。苏沃洛夫接到科堡公子的消息之后立刻通知波将金，并率领他的 5000 名俄军火速驰援科堡公子。俄军来势汹汹，土耳其指挥官相信他们一定是一支大军的前哨。在 1789 年 7 月 20—21 日的福克沙尼战役中，苏沃洛夫麾下兵力虽少但纪律严明的部队在奥军支援下击溃了土耳其人，杀敌超过 1500 人，自己只损失数百人。土耳其人逃向布加勒斯特。[50]

大维齐尔的庞大军队再次开始行动。苏沃洛夫匆匆赶回自己的岗位。波将金于 8 月 12 日渡过德涅斯特河，转向南方，在杜伯萨里①设立司令部。现在所有人都在关注大维齐尔。波将金把自己的军队留在杜伯萨里和基希讷乌之间，自己赶回奥恰基夫和赫尔松，准备迎接土耳其人计划的从海上发动的进攻。

在杜伯萨里的司令部，波将金在一座"光辉灿烂如维齐尔府邸"的豪宅里过着奢靡的生活。"园林皇帝"威廉·古尔德在那里很快建造了一座英式园林。[51]萨尔蒂的管弦乐队终日演奏。很多将领旅行时会带着情妇和仆人，但只有波将金会带着一大群园丁和小提琴师，仿佛他要在这里度过余生。[52]

大维齐尔做出了正确的判断——奥军与俄军之间的接合部是波将金的最薄弱环节，于是发动了两次进攻。老"鳄鱼"加齐·哈桑率领 3 万人从伊斯梅尔出击，渡过普鲁特河，去吸引波将金的主力。但波将金按兵不动，派遣列普宁去抵挡加

---

① 杜伯萨里在今天的摩尔多瓦共和国境内，但被德涅斯特河沿岸共和国（未得到国际社会普遍承认）实际控制。

齐·哈桑的攻击，若有可能还要占领固若金汤的伊斯梅尔要
塞。列普宁把在陆地作战的阿尔及利亚航海家及其部队一直打
退到伊斯梅尔要塞城下。不过到了那里之后，列普宁就再无作
为，白白浪费了时间。

9月1日，波将金就如何对付大维齐尔的军队向苏沃洛夫
发布了具体的命令："如果敌人出现在你的方向，你就攻击敌
人，不要给他们集中兵力的机会。"[53]9月4日，苏沃洛夫在接
到波将金的命令之后很快又收到了科堡公子的第二次求援。大
维齐尔逼近了福克沙尼，用9万人攻击科堡公子的1.8万人。
苏沃洛夫回信给科堡公子："来了。苏沃洛夫。"[54]他派一名信
使给波将金送去回信，然后立刻指挥自己的7000人开展了一
次100俄里的强行军，渡过好几条涨水的河流，全程只用了两
天半。

波将金担心苏沃洛夫不能及时赶到。[55]他在命令苏沃洛夫
做好准备的同一天，还设计了一次复杂的水陆并进的行动，去
攻击关键的奥斯曼设防港口哈吉贝伊①，即后来的敖德萨。俄
国陆军从奥恰基夫出发；扎波罗热哥萨克的"海鸥"船和其
他划桨炮艇组成的分舰队在颇有才干的那不勒斯冒险家何塞·
德·里瓦斯的指挥下走海路，他的背后则由黑海舰队的风帆战
列舰掩护。波将金亲自率军赶往克乌谢尼②，准备支援列普宁
或苏沃洛夫。这些复杂的部署足以驳斥很多人对波将金军事指
挥水平的贬低。[56]

苏沃洛夫抵达勒姆尼库河的时候，发现科堡公子在大维齐

---

① 哈吉贝伊得名自克里米亚汗国的建立者和第一任统治者哈吉·格来一世
（卒于1466年）。

② 克乌谢尼在今天的摩尔多瓦共和国东南部，距离首都基希讷乌80公里。

尔的营地前瑟瑟发抖。土耳其人的兵力是苏沃洛夫与科堡公子兵力加起来的四倍。9 月 8 日,波将金命令苏沃洛夫"协助科堡公子攻击敌人,但不必帮助他防御"。9 月 11 日,俄奥联军发动进攻。土耳其人带着他们旧时的狂热拼死作战,投入一波又一波的近卫军和西帕希骑兵去攻击苏沃洛夫的方阵。土耳其人只坚持了两个钟头。随后联军开始前进,高呼"叶卡捷琳娜!"和"约瑟夫!"事实证明,波将金麾下新的轻装部队(猎兵、灵活机动的狙击兵、骑兵、卡宾枪兵和哥萨克)和奥斯曼人一样迅捷和机敏。土耳其人被击溃,1.5 万人死在了"残酷的战场"上。[57] 波将金对自己曾经的朋友利尼亲王吹嘘说,大维齐尔"像个孩子一样逃走了"。[58]

倍受鼓舞的波将金不吝溢美之词地赞扬苏沃洛夫:"我真诚地拥抱你,亲吻你,我亲爱的朋友,你如此不知疲倦,如此热情洋溢,我真希望你能出现在每一个地方!"苏沃洛夫热情地回应:"我亲吻您的宝贵来信,对您五体投地,公爵殿下,仁慈的主公!"他们的互相赞美是基于互相的尊重:战略是波将金设计的,战术则属于苏沃洛夫的天才。波将金在海陆两路跟进苏沃洛夫的胜利。他于 9 月 13 日占领了克乌谢尼。次日,里瓦斯攻克哈吉贝伊。波将金命令塞瓦斯托波尔的舰队出海去攻击奥斯曼人。

随后,他逼近德涅斯特河畔最强大的两座奥斯曼要塞。波将金用奥恰基夫遭血洗的故事恫吓敌人,希望能"以很小的代价"拿下这两座要塞。首先是控制德涅斯特河入海口的巍峨耸立的阿克尔曼要塞。奥斯曼舰队撤回伊斯坦布尔后,波将金命令攻打阿克尔曼。它于 9 月 30 日投降。波将金火速赶去视察,然后取道基希讷乌返回。此时波兰向俄国人关闭了大门，波将金必须设法为军队提供给养。①

随后，波将金将目光转向德涅斯特河畔的最重要目标——著名的宾杰里要塞，它位于俯瞰河面的一座悬崖峭壁之上，有现代化的防御工事和四座令人生畏的塔楼，还有 2 万驻军，算得上是一支不可小觑的力量。[59] 波将金开始围攻要塞，但同时也与守军谈判。11 月 4 日，他的愿望达成了。他后来很喜欢向叶卡捷琳娜大帝讲述宾杰里的"奇迹"：八名守军将领在梦中认定自己要么投降，要么必死无疑，于是去找帕夏，把这个梦告诉他。这些土耳其人显然是在用梦的借口以避免遭受俄军强攻，但这个救了他们一命的故事让波将金觉得很有趣。[60] 宾杰里投降了。波将金缴获了 300 门火炮，并允许守军离开。宾杰里的投降书如今保存在波将金的档案里，[61] 体现了朽烂僵化的奥斯曼官僚机构的那种繁文缛节，而且把波将金置于和苏丹本人而不是大维齐尔平起平坐的地位。②

征服宾杰里是波将金心目中理想化的胜利，没有损失一兵一卒。成功具有感染性。约瑟夫二世向波将金道贺，他在给利尼亲王的一封未发表的信中准确把握到了波将金的真正成就："攻打并用武力占领要塞是一种艺术……但不战而屈人之兵是最伟大的艺术。"这将是波将金"最辉煌的荣耀"。[62]

但大维齐尔没有办法认同，因为在勒姆尼库战役之后，苏

---

① 阿克尔曼的高墙屹立至今。——作者注
② "宾杰里的艾哈迈德·胡哈菲兹帕夏向极其慷慨、极其坚定、极其优雅的波将金公爵殿下，构思和执行国家大事的崇高天才，拥有耀眼尊严的权威，主要大臣，享有最高等级地位的俄国女皇陛下的首席代表致敬。出于对妇孺的怜悯……我们呈送如下提议。"——作者注

丹下令在舒门将他处决，而宾杰里的指挥官在伊斯坦布尔被斩首。四个月后，英国大使看到他的腐烂首级仍然挂在后宫之外。[63]

"怎么样，小妈妈，是不是一切都如我所料?"[64] 兴奋不已的波将金问叶卡捷琳娜大帝。胜利让他心情愉快，于是他给她写了这首小曲：

> 我们抓住了九条肥鱼，
>
> 自己未损一兵一卒；
>
> 我们拿下了宾杰里和三位帕夏，
>
> 自己一只猫也没少。[65]

波将金对苏沃洛夫在勒姆尼库的胜利给出了慷慨的盛赞："小妈妈，他真的配得上你的恩宠。这场战役非常关键，我在考虑如何嘉奖他……彼得大帝把功劳甚微的人都册封为伯爵。那么给苏沃洛夫一个头衔，以及'勒姆尼库斯基'的称号，如何?"[66] 这次是俄国人拯救了即将作鸟兽散的奥地利人，让波将金很自豪。他请求女皇"恩宠苏沃洛夫"并"羞辱那些光拿薪水不做事的饭桶将军"。[67]

叶卡捷琳娜大帝明白波将金的意思。于是她册封苏沃洛夫为伯爵，赐给他一柄镌刻有"大维齐尔的征服者"字样、镶嵌钻石的宝剑。波将金代苏沃洛夫感谢她（约瑟夫二世也册封苏沃洛夫为神圣罗马帝国的伯爵），并赏赐每位士兵一卢布。[68] 波将金把苏沃洛夫得到的所有奖赏（"整整一车"[69]的钻石和一级圣乔治十字勋章）都送给他时，告诉这位新晋的伯爵："你当然在任何时候都能赢得同等的荣耀和胜利，但不是每一位上级都像我这样真心实意地为你高兴。"这两位才华横溢又都过分情绪化的怪人这一次又惺惺相惜。"我高兴得流下了泪水,几乎看不见日光!"苏沃洛夫-勒姆尼库斯基宣称,"格里戈里·亚历山德罗维奇公爵万岁……他是诚实的人,是善良的人,是伟人!"[70]

叶卡捷琳娜大帝告诉利尼亲王,波将金是本时代的英雄,"屡战屡胜":他现在已经占领了整个德涅斯特河和布格河以及这两条河之间的土地。[71] 圣彼得堡的人们唱起《感恩赞》,101门礼炮鸣响。如果说权力是春药,那么胜利就是爱情本身:叶卡捷琳娜大帝给他的信的语气仿佛他俩又成了情人。"你当前的作战非常精彩!我非常非常爱你。"[72] 他们还在讨论如何应对普鲁士的威胁。她告诉他,她已经采纳了他关于普鲁士的建议:"我正在安抚普鲁士人",不过要忍受他们的"虐待"并不容易。她告诉他,祖博夫想去百万大街上的宅邸参观波将金的艺术藏品与套房,于是叶卡捷琳娜大帝带他去看了,并注意到那里的装潢对一位开疆拓土的英雄来说未免有些寒酸。因此她重新装修了波将金的这处住宅,毫不吝惜地用白色锦缎装饰卧室,并替他张挂艺术品。她这封信的落款是:"我全心全意地爱你。"[73]

与此同时,奥军在办事稳妥的劳东指挥下于9月19日攻克了巴尔干半岛的贝尔格莱德,而科堡公子占领了布加勒斯特。圣彼得堡的人们唱起《感恩赞》,庆祝占领两个贝尔格莱德(阿克尔曼也称德涅斯特河畔的贝尔格莱德)的胜利。

胜利引发了对波将金的英雄崇拜,人们将他奉为战神玛尔斯。叶卡捷琳娜大帝命人铸造了有他侧面肖像的奖章,以纪念奥恰基夫大捷。雕塑家舒宾创作了波将金的半身像。[74] 她就像明智的母亲教导出了名的儿子一样教导波将金如何看待自己的明星地位。她写道："不要自负，而要向世界展现你的伟大人格。"[75] 波将金明白"我的一切好东西都是上帝赐予的"，但他听了女皇的话后还是有点受伤。他威胁要退出政坛，去当主教。[76] 叶卡捷琳娜大帝答道："对威震亚洲和欧洲的人来说，修道院永远不会合适，因为它太小了。"[77]

在维也纳，就连约瑟夫二世也因为胜利而得到爱戴，而波将金的名字在维也纳的剧院里得到人民的欢呼，很多女人会穿戴饰有"波将金"字样的腰带和戒指。约瑟夫二世忍不住把这些情况告诉叶卡捷琳娜大帝，并给她送去艾什泰哈齐侯爵夫人的"波将金"戒指。受过教导之后，波将金很小心，不会在女皇面前过分自吹自擂，而女皇其实和他一样热爱荣耀："既然我属于你，那么我的成功也属于你。"[78]

患病的皇帝敦促波将金利用"我们共同的敌人的歹意"来促使土耳其人接受和平。"我们共同的敌人"当然是指普鲁士人。[79] 土耳其人现在总该愿意议和了吧。波将金在摩尔达维亚首府雅西设立宫廷，像苏丹一样用奢华的生活方式过冬，纵情享用自己的情妇们，建造城镇，组建新部队，并与奥斯曼帝国政府谈判。如今，他目力所及的范围都处于他的统治之下。他住在土耳其风格的宫殿里，他的宫廷的异国情调越来越浓郁，可以看见卡巴尔达人的王公和波斯大使；他的姑娘们无论是不是俄国人，都用东方宫女的方式侍奉他。炎热的气候、与圣彼得堡相隔的遥远距离，以及长期在南方生活，都改变了波将金。他的政敌开始把他比作半神话的、公元前 7 世纪的亚述暴君——那位以恣意妄为、穷奢极欲、荒淫无度和军事胜利而闻名的萨尔丹那帕勒斯。

注 释

1 对于本次俄土战争的叙述的主要资料来源，见第 26 章注释 1。KFZ 11 February 1789. Also for this chapter: Madariaga, *Russia* pp 407 – 11, and Alexander, *CtG* pp 262-85.

2 Zavadovsky p 321.

3 KFZ 15 April 1789. RS (1876) October p 23.

4 SBVIM vol 7 p 127, GAP to A. V. Suvorov 23 April 1789.

5 *CII Sochineniya* vol 12, 2nd half-volume pp 699-701, L 355-7, June 1789. Khrapovitsky pp 255, 260, 11 April 1789.

6 Khrapovitsky, 11 and 12 February 1789.

7 RGADA 5. 85. 2. 150-1, L 327, CII to GAP 27 November 1788.

8 B&F vol 2 p 340, JII to Count Cobenzl 24 April 1789; p 344, 19 May 1789; p 326, Cobenzl to JII 24 January 1789; p 335, 15 April 1789.

9 AVPRI 5. 585. 236, L 358, GAP to CII 9 July 1789, Olviopol.

10 AVPRI 5. 585. 299-303, L 334, GAP to CII February 1789.

11 AKV 13: 180-1, A. A. Bezborodko to Simon Vorontsov 7 March 1789.

12 Bezborodko letters 1685, GAP to Bezborodko 1789.

13 RGVIA 52. 2. 64. 12, Ségur to GAP ud, spring/summer 1789, unpublished.

14 Aragon p 280, N-S to wife.

15 Ségur, *Mémoires* 1859 p 152.

16 Ségur, *Mémoires* 1859 pp 152-3.

17 对琼斯性丑闻的叙述，基于 Otis, Morison 和 Preedy 的琼斯传记，以及塞居尔伯爵发给波将金的未发表信件（存于 RGVIA）。

18 RGVIA 52. 2. 64. 12, Ségur to GAP ud, summer 1789, St Petersburg, unpublished. Ségur, *Mémoires* 1859 pp 164-5.

19 J. P. Jones to GAP 13 April 1789, quoted in Otis p 359. 给警察总长的声明，见 Morison p 388. RGVIA 52. 2. 64. 12, Ségur to GAP ud, summer of 1789, St Petersburg, unpublished。

20 RGVIA 52. 2. 47. 31, Prince Kaunitz to GAP 30 June 1789, Vienna, unpublished.

21 AVPRI 5. 585. 203, L 344, GAP to CII April 1789. KFZ 12 April 1789.

22 RGADA 5. 85. 2. 17, L 343/4, CII to GAP April 1789.

23 RGADA 5. 85. 1. 496, L 343, GAP to CII and CII to GAP April 1789.

24 Petrov, *Vtoraya turetskaya voyna* vol 2 appendix pp 15-16, GAP's report from 10

June 1789, Elisabethgrad. RGVIA 52. 2. 48. 3, GAP to Cobenzl 25 March 1789, 关于 1789 年的作战计划，未发表。

25 波将金经常从俄国驻凡尔赛大使西莫林那里收到关于法国大革命的报告（例如 RGVIA 52. 2. 56. 31, Simolin to GAP 27 April/8 May 1790, Paris, unpublished，"国王是杜伊勒里宫里的一个幽灵般的囚徒……恐怖的无政府状态"）。在华沙的施塔克尔贝格伯爵也发来消息（RGVIA 52. 2. 39. 306, Stackelberg to GAP 26 July/6 August 1789, Warsaw, unpublished，"巴黎如同一座巨大的军营，家家房门紧闭……街上满是士兵，妇女在为他们鼓劲……"）。塞居尔伯爵返回法国后，也向波将金报告了局势：RGVIA 52. 2. 64. 24, Ségur to GAP 9 May NS 1790, Paris, unpublished，"我们处于震荡之中"。

26 AVPRI 5. 585. 347, L 353, GAP to CII 25 June 1789, Olviopol. 波将金从很多各不相同的来源收到了关于波兰革命的信息。这些未发表的书信和报告中的绝大部分仍保存在他的档案中：RGVIA 52. 2. 70. 1. 例如布拉尼茨基在 1788 年 12 月 31 日报告了华沙局势，未发表。施塔克尔贝格发来了详细报告和当地报纸，例如 RGVIA 52. 2. 39. 290, Stackelberg to GAP 1/12 June 1789。波将金本人试图平息反俄情绪，指示施塔克尔贝格和其他人安抚斯坦尼斯瓦夫 - 奥古斯特等人，向他们保证他对波兰的和平意图，例如 RGVIA 52. 2. 39. 11, GAP to Stackelberg 6 July 1788, Ochakov, unpublished, or RGVIA 52. 2. 39. 21, GAP to Stackelberg 20 July 1789, Olviopol, unpublished。这些内容大部分在本书探讨的范围之外，但对研究俄国与波兰关系的人来说应当是价值无量的。

27 SIMPIK KV vol 2 p 9. 波将金给他的哥萨克军官们的命令表明他逐渐将哥萨克部队转变成了一个相当强大的新军团。GAP to Ataman Sidor Bely 2 January 1788, Elisabethgrad; p 10, 波将金给 A. A. 格拉瓦蒂的信，关于用之前的扎波罗热哥萨克组建黑海军团，1788 年 8 月 10 日；p 24, 波将金给安东·格拉瓦蒂的信，关于为新的黑海军团招募人员，1789 年 10 月 4 日。

28 AVPRI 5. 585. 339, L 350, GAP to CII 10 June 1789, Elisabethgrad.

29 RS (1876) 15 p 16, Garnovsky December 1786.

30 Masson pp 42, 55. Vigée Lebrun pp 13-14. Golovina p 120. 戈洛温娜描述了叶卡捷琳娜大帝与她的宫廷女官们在一起时的诙谐与质朴。戈洛温娜写的是女皇生命中最后的一年。她们都知道她身体欠佳，戈洛温娜最后一次见到女皇之后泪流满面。

31 CII Sochinenya vol 12, 2nd half-volume pp 699-701, L 355, CII to GAP June 1789. RGADA 5. 85. 2. 166-7, CII to GAP 14 July 1789.

32 RS (1876) 16 p 400, Garnovsky to Popov 21 June 1789. RGADA 5.85.2.3-4, GAP to CII 18 July 1789, Olviopol.

33 AKV 12: 63, P. V. Zavadovsky to S. R. Vorontsov June 1789, St Petersburg.

34 Khrapovitsky pp 290-1, 19 June 1789.

35 RS (1876) 16 pp 406-7, Garnovsky to Popov.

36 Masson pp 99-100.

37 RS (1876) 16 p 404, Garnovsky to Popov. Khrapovitsky p 290, 18 - 23 June 1789.

38 RGADA 5.85.2.163, L 358, CII to GAP 6 July 1789.

39 RGADA 5.85.2.173, L 363, CII to GAP 5 August 1789, Tsarskoe Selo.

40 Khrapovitsky pp 294-8, 501-4.

41 RGADA 5.85.2.7, L 357, GAP to CII ud.

42 RGADA 5.85.2.166-7, L 319, CII to GAP 14 July 1789.

43 RGADA 5.85.2.163, L 358, CII to GAP 6 July 1789.

44 RGADA 5.85.2.177, L 365, CII to GAP 12 August 1789.

45 Masson p 194.

46 PRO FO Secretary of State: State Papers, Foreign, cyphers 65 SP 181, Baron de Keller to Berlin 26 February 1789, St Petersburg.

47 Saint-Jean pp 137-45. 这始终是可疑的，但另见伊斯梅尔战役之后波将金给 V. A. 祖博夫的信：RGADA 1.1/1.43.35 - 5, L 444, GAP to CII 18 December 1790, Bender。

48 Damas p 113.

49 RGADA 1.1.43.42, L 362, GAP to CII 30 July 1789, Olviopol.

50 Philip Longworth The Art of Victory pp 156-7. SD vol 3 pp 500-10. V. S. Lopatin, Potemkin i Suvorov pp 157-69.

51 RGIA 1146.1.33, 米哈伊尔·加尔诺夫斯基在 1789 年 7 月 27 日给波将金的叙述，被威廉·古尔德送到了杜伯萨里。

52 RS (1889) 9 p 512, Prince Y. V. Dolgoruky.

53 RGVIA 52.1.586.2.430, GAP to Suvorov 1 September 1789.

54 Longworth, Art of Victory p 157. SD vol 3 p 553, Suvorov to Khvostov 29 August 1796.

55 RS (1875) October p 220, GAP to CII 10 September 1789.

56 AAE 20: 95-7, Langeron, 'Résumé des campagnes'. Lopatin, Potemkin i Suvorov pp 157-70.

57 SO (1839) vol 9 p 64, GAP to Suvorov and Suvorov to GAP September 1789,

quoted in Lopatin, *Suvorov i Potemkin* p 167.

58 RGVIA 52. 2. 52. 8, GAP to Ligne 15 September 1789, Lauchon, unpublished.

59 AAE 20:149, Langeron, 'Evénements de campagne de 1790'.

60 AVPRI 5. 585. 144, GAP to CII 9 November 1789, Bender.

61 RGVIA 52. 2. 39. 28, 波将金给施塔克尔贝格伯爵的信, 附有宾杰里投降的协议文本, 1789 年 11 月 7 日, 未发表。

62 RGVIA 52. 2. 46. 3, JII to GAP 1 December 1789, Vienna; and RGVIA 52. 2. 46. 14, JII to GAP 5 December 1789, Belgrade, unpublished. 这些信件表明了奥地利人和波将金在 1789 年的密切关系和交流。其中的微妙之处令人着迷, 但不在本书的探讨范围之内。另见下文波将金给约瑟夫二世、考尼茨侯爵、科本茨尔伯爵和利尼亲王的书信。RGVIA 52. 2. 52. 8, GAP to Ligne 15 September 1789, Louchon. 波将金在奥恰基夫与利尼亲王翻脸后, 对利尼亲王的诽谤感到很受伤, 但对这位朋友还是很喜欢, 始终愿意去赢得他的敬佩。例如在勒姆尼库河战役之后, 波将金给他写信: "我在给你写一封信, 希望提醒你, 我的亲王, 不要忘了那个始终温柔地爱着你的人, 尽管你有那么多错误。"RGVIA 52. 2. 48. 4, GAP to Cobenzl 30 July 1789, Olviopol. RGVIA 52. 2. 46. 1, GAP to JII 15 September 1789, Kauchon. On Rymnik: RGVIA 52. 2. 47. 1, GAP to Kaunitz 28 July 1789, Olviopol. RGVIA 52. 2. 47. 3, GAP to Kaunitz 15 September 1789. RGVIA 52. 2. 48. 33, Cobenzl to GAP 26 September 1789 关于贝尔格莱德陷落, and RGVIA 52. 2. 48. 36, 15/26 October 1789, GAP to Cobenzl: 送去祝贺。RGVIA 52. 2. 48. 38, Cobenzl to GAP on Bender 16/27 November 1789, St Petersburg. RGVIA 52. 2. 46. 2, GAP to JII 7 November 1789 on fall of Bender. RGVIA 52. 2. 47. 54, Kaunitz to GAP, 关于和平的希望, 2 November 1789. RGVIA 52. 2. 46. 3, JII to GAP 1 December 1789, Vienna, 祝贺波将金的宾杰里大捷。RGVIA 52. 2. 48. 3, GAP to Cobenzl 25 March 1789, 关于1789 年作战计划。以上材料都没有发表。

63 PRO FO Secretary of State: State Papers Foreign, cyphers SP106/67, Sir Robert Ainslie in Istanbul to J. Ewart in Berlin 8 February NS 1790, unpublished.

64 AVPRI 5. 585. 326-7, L 383 GAP to CII.

65 AVPRI 5. 585. 326, L 383, GAP to CII 9 November 1789, Bender.

66 IRLI 265. 2. 2115. 13-14, L 338, GAP to CII 22 September 1789, Kaushany.

67 AVPRI 5. 585. 132, L 374, GAP to CII 2 October 1789, Akkerman (Belgrade-on-Dniester).

68 AVPRI 5. 585. 237, GAP to CII 21 October 1789, Kishnev.

69 RGADA 5. 85. 2. 198, L 379, CII to GAP 18 October 1789.

70 GPB S-Sch f755 vol 1 quoted in Lopatin, *Potemkin i Suvorov* p 173, GAP to Suvorov and Suvorov to Popov 8 November 1789.

71 *CII-Ligne* p 114, CII to Ligne 5 November 1789.

72 RGADA 5. 85. 2. 197, CII to GAP 18 October 1789.

73 RGADA 5. 85. 2. 199, L 378, CII to GAP 18 October 1789.

74 RS (1876) 16 pp 415-22, Garnovsky to Popov August/September.

75 RGADA 5. 85. 2. 204, L 383, CII to GAP 15 November 1789.

76 AVPRI 5. 585. 128-31, L 388, GAP to CII December 1789.

77 RGADA 5. 85. 2. 273, L 391, CII to GAP 20 December 1789.

78 AVPRI 5. 585. 123-31, L 359, GAP to CII December 1789, Jassy.

79 RGVIA 271. 1. 43. 3, JII to GAP 7 October 1789, Vienna, unpublished.

29　甜美的和残酷的：
　　萨尔丹那帕勒斯

我梦想自己是一位苏丹，

我的一瞥足以令世界颤抖……

　　　　　——加夫里拉·杰尔查文，《费丽察颂》

恶习的暴政

奢靡造成的软弱与罪恶

肉体懒惰带来的疏忽、冷漠与邪恶

会养成一万个暴君。

　　　　　——拜伦勋爵，《萨尔丹那帕勒斯》

瓦尔瓦拉·戈洛温娜伯爵夫人来到位于摩尔达维亚首府雅西的波将金宫廷时，她的朋友叶卡捷琳娜·多尔戈鲁卡娅公爵夫人低声叮嘱她："在公爵面前要非常小心，他在这里就像君主。"[1]波将金挑选的首府雅西（今天在罗马尼亚境内）简直就是为他而建的。它被三个帝国包围（奥斯曼帝国、俄罗斯帝国和哈布斯堡帝国），信奉三种宗教（伊斯兰教、东正教和犹太教），说三种语言（希腊语、土耳其语和法语）。它的集市被犹太人、希腊人和意大利人主宰，在那里可以买到"东方的各式货物，应有尽有"。[2]利尼亲王于1788年经历了奥恰基夫的艰苦生活之后在繁华的雅西得到了慰藉。这座城市"有足够的东方色彩，所以有亚洲的刺激；但也足够文明，所以有欧洲的优雅"。[3]

两个多瑙河公国——瓦拉几亚和摩尔达维亚——的王公们是来自君士坦丁堡法那尔区的希腊人，其中有些是拜占庭皇帝的后裔。这些富有的法那尔希腊人[①]从奥斯曼苏丹那里买来了他们的临时王座。他们在伊斯坦布尔接受东正教-伊斯兰、拜占庭-奥斯曼混合风格的加冕，这也许是统治者在不属于自己的国家加冕的唯一例子。[4]到了雅西或布加勒斯特之后，这些混血的希腊-土耳其王公就对他们的临时国度征收苛捐杂税，从而充实自己的钱箱，因为他们之前为了得到王座而向苏丹缴纳了巨款。"一位王公离开君士坦丁堡的时候背负了300万皮亚斯特的债务，而四年之后……回来时手里有600万。"[5]他们的生活方式极其奢华，效仿奥斯曼—拜占庭皇帝，身边簇拥着法那尔希腊人廷臣。首相的头衔是"大波斯托尼克"，警察总长的称号是"大斯帕塔尔"，大法官的名号则是"大盖特曼"。有时一位王公会同时统治瓦拉几亚和摩尔达维亚，或者在不同时期多次统治同一个公国。

当地的贵族，即波雅尔们，都是罗马尼亚人，但被好几个富裕的法那尔希腊人家族压制着，有的家族如今以雅西为基地，在那里兴建精美的新古典风格宫殿。这些希腊波雅尔们

① 法那尔人是奥斯曼帝国时期居住在君士坦丁堡法那尔区的一些希腊裔的权贵世家，大多是富有的巨商，于16世纪下半叶崛起，到18世纪时在奥斯曼帝国巴尔干省份的行政管理中发挥了重要作用。帝国的四个要职往往由法那尔人掌控：帝国翻译官、舰队翻译官、摩尔达维亚王公和瓦拉几亚王公。

"貌似骑马的猴子，浑身缀满红宝石"，身穿土耳其长袍和宽松马裤，蓄长胡须，剃光头，戴饰有毛皮和一串串珍珠的圆帽。他们手里摇着蝇掸，文雅地小口吃冰冻果子露，阅读伏尔泰的著作。他们的女眷懒洋洋地躺在沙发上，戴着缀满钻石的头巾，穿着透明的衬裙，脖子和胳膊覆盖着饰有珍珠和钱币的薄纱。她们脖子上戴着钻石、珍珠、珊瑚、天青石和珍稀木材做成的项圈。利尼亲王那样懂得欣赏女性美的人被这些"俊俏、温柔如水但冷淡"的公主迷得神魂颠倒，她们唯一的缺点是突起的小腹，这在她们的文化里被认为是美的。利尼亲王说，与这些女人的风骚相比，《危险关系》①里的巴黎也显得禁欲了，并且王公会允许他的朋友们"拜访"他妻子内廷的女人，但事先需要体检。"人们相爱又分手，既不吃醋也不发脾气。"[6]

此地吸引波将金的不只是国际化色彩和奢侈的生活方式，还有政治。摩尔达维亚的王座有丰厚的油水可捞，但十分危险：它能让人一夜暴富，也能让人随时掉脑袋。利尼亲王偶然听见宫廷的贵妇说："我父亲就是在这里被苏丹下令处决的，我妹妹也在这里被王公下令处死。"摩尔达维亚是历次俄土战争的战场，这让当地王公左右为难。他们在东正教的上帝和穆斯林的苏丹之间走钢丝。他们不得不玩一种错综复杂、两面三刀的游戏。1768—1774 年俄土战争结束后，俄国获得了在两

---

① 《危险关系》是法国作家肖德洛·德·拉克洛（1741—1803）的书信体小说，讲述了巴黎社交界的两位红人梅尔特伊侯爵夫人和瓦尔蒙子爵（他俩曾是情人）勾引、操控和利用他人的故事。这部书描绘了法国大革命爆发前不久贵族的腐化堕落。故事影射了当时社会上的一些人士，并且故事中黑暗的情节有违当时的社会道德，作者因而被捕下狱。

个多瑙河公国派驻领事的权利。1787 年俄土战争爆发的一个主要原因是奥斯曼人推翻了当时的摩尔达维亚王公亚历山大·马夫罗克达特，他得到了俄国的庇护，给波将金送了一些书并请求波将金提供金钱援助，同时还说"只有哲学能滋养我"。这些王公的无常命运、他们的希腊血统和当地人民的东正教信仰都吸引了波将金。[7]

波将金如今在雅西进行统治，仿佛他终于建立了自己的王国。自 1782 年的"希腊计划"以来，达契亚就是给他预留的。关于波将金有可能得到王位的传闻越来越神乎其神，有人说他会成为立窝尼亚公爵、希腊的摩里亚国王，或者甚至从那不勒斯王国手中买下意大利的两个岛屿兰佩杜萨和利诺萨，并建立一个骑士团。但以达契亚为基础建立一个政权是可能性最大的方案。[8] 波将金"将摩尔达维亚视为自己的领地"。[9]

摩尔达维亚王公和瓦拉几亚王公从土耳其军营写信给波将金，乞求和平，[10] 而波将金采纳了他们无比奢靡的生活方式，通过一群波雅尔组成的会议来统治，会议则由他手下那位活力四射的格鲁吉亚谈判专家[11]谢尔盖·拉日卡列夫领导。[①] 土耳其人和西方人都知道波将金想要摩尔达维亚；他欺骗和劝诱波雅尔们，他们[12]差点自己主动将王位献给他。[13] 他们在这个时期写信给波将金，感谢他将他们"从土耳其人的暴政下解救出来。我们恳求殿下不要忽视我们国家的卑微利益，我们永远

---

① 西方人将拉日卡列夫比作吉普赛小丑。有一次他在内格罗蓬特遭到一群穆斯林暴民围攻，于是他抱着一盆水从阳台上跳下，威胁要立刻对他们施行基督教洗礼。后来，在 1807 年的蒂尔西特会议期间，拉日卡列夫在亚历山大一世的随行队伍里见到了拿破仑，并与他谈判，让俄国吞并比萨拉比亚（奥斯曼帝国于 1808 年将其割让给俄国），换取俄国接受法国主宰欧洲。——作者注

奉殿下为我们的解放者"。拜占庭皇帝的后代坎塔库济诺公爵歌颂"这个幸福的时代，我们敢于奔向殿下的睿智光芒，殿下就是本世纪的英雄"。[14]

波将金现在做了一件很有现代色彩的事情：他成了报业大亨。他创办、编辑并出版了他自己的报纸《摩尔达维亚信使报》，而且用他自己的流动印刷机来印刷。《摩尔达维亚信使报》是一份通俗小报，画着摩尔达维亚的纹章，报道国际新闻和本地新闻。文章的政治立场属于温和的自由主义，坚决反对法国大革命，并以温和的口吻支持建立一个独立的、由波将金领导的罗马尼亚国家。[15] 有些人相信他甚至打算抽调一些精锐的俄国官兵，来创建摩尔达维亚自己的军队。[16] 他的外甥萨莫伊洛夫将军在这个时期经常和他在一起，萨莫伊洛夫说波将金只有在摩尔达维亚（或者说达契亚）获得独立的情况下才肯议和。[17]①

波将金永远不会让战争、严冬或者一个新王国这样的琐事影响自己的享乐。叶卡捷琳娜大帝取笑他是个"不守戒律的僧人"，不过这种说法还是轻描淡写了。[18] 他有时住在坎塔库济诺公爵或吉卡公爵的宫殿，天气热的话就到附近乡村的切尔达克避暑。② 来到雅西，围绕在他身边的有：十名来自图拉的机

---

① 在罗马尼亚人眼中，波将金后来成了可憎的俄罗斯帝国主义的代表。但四十年过去，一名法国访客发现，在雅西，波雅尔们仍然把波将金视为罗马尼亚民族主义的先驱。这能说得通，因为达契亚的地理范围大致相当于后来的罗马尼亚。不过，"达契亚"这个名字的遗产只有齐奥塞斯库总统决定把罗马尼亚的国产汽车品牌命名为"达契亚"。——作者注

② 吉卡宫殿屹立至今，如今是雅西大学医学院的所在地。该宫殿曾扩建过，但保留了原本的古典风格门廊。——作者注

械工、十二辆马车的书籍、两名首饰匠、二十三名地毯女工、一百名刺绣工人[19]、一个哑剧剧团、他的小号乐队（负责演奏萨尔蒂的《感恩赞》以纪念奥恰基夫大捷，奏乐背景音里有炮声，后来柴可夫斯基的《1812 序曲》借鉴了这种效果）、一个三百人的合唱队、一个芭蕾舞剧团、[20]园林设计师古尔德、建筑师斯塔罗夫、[21]外甥们、外甥女们和秘书波波夫。

只有他的英国厨师拒绝去雅西，[22]所以波将金只能用英式园林和法式大餐来凑合。这样或许反倒更好。不过他收到了许多篮[23]英式美食作为安慰。其中一批美食（清单保存在他的档案里）包括烟熏三文鱼、三文鱼干、腌三文鱼、荷兰鲱鱼、立窝尼亚鳗鱼、七鳃鳗、海鳗、两桶苹果、两罐贻贝、两瓶西班牙红葡萄酒、两瓶"基督之泪"葡萄酒、两瓶香槟、六瓶"隐士"葡萄酒、三瓶勃艮第红葡萄酒、三瓶勃艮第白葡萄酒、三瓶牙买加朗姆酒，以及更多。

"派对、舞会、戏剧、芭蕾舞剧，一场接一场，从不停歇。"波将金听说 700 俄里之外有位军官的小提琴拉得好，于是派人接他到雅西。小提琴手到了之后，波将金欣赏他的演奏，赠送他礼物，然后命人把他送了回去。[24]拿破仑说军队行进的时候靠的是填饱肚子，而波将金认为靠的是娱乐。"悲伤的士兵永远不能执行最艰巨的任务，"他写道，"并且更容易生病。"[25]

圣彼得堡的佳丽们纷纷来到雅西与他相伴，欺骗她们的夫君。皮肤洁白无瑕、面容倾国倾城的普拉斯科维娅·波将金娜如今正式成为"最得宠的苏丹娜"，[26]求她托波将金办事的人挤满了她的前厅。[27]普拉斯科维娅和波将金在雅西享受了一段热恋。"你是我的愉悦，是我的无价之宝，你是天赐的厚礼"，他写道，并补充说，他向她表达爱意的时候不是出于癫狂的激情或醉酒的状态，而是"带着无限的温情"。没有她，"我就只是半个自己……你是我的灵魂的灵魂，我的帕拉申卡"。他一直喜欢给外甥女们挑选服装、给僧侣设计僧衣。普拉斯科维娅穿军服一定很好看，因为他在信中写道："你知道吗，美丽的甜心，你是我团里的一名胸甲骑兵。那头盔很适合你，所有东西都适合。我今天要给你戴上一顶主教冠……无与伦比的美人啊，请用印花棉布和紫色缎子做件裙子……"他调教她应当戴什么首饰，哪些珠宝可以做成项链，哪些应当装在冠冕上。他甚至设计了他俩想象中的爱巢，这揭示了这个奇特而敏感的男人有多么动人的创造力："我为你画了衣服样式，我送了钻石给你，现在我要为你画一座小房子和花园，用的是最具原创性的风格，还有魔法般的奢侈……"他想象中的房子有大厅，听得见喷泉的叮咚脆响。楼上有光照良好的画廊，悬挂"赫洛与勒安得耳①、阿波罗和达佛涅②的画像……萨福最热忱的诗篇"和普拉斯科维娅本人的一幅性感肖像，"身穿白色短

---

① 赫洛与勒安得耳是希腊神话中的人物。在分隔欧亚两洲的赫勒斯滂海峡的亚洲一岸，有一座叫阿卑多斯的城市，城里面住着一位俊美的青年，名叫勒安得耳；隔海峡相望的塞斯托斯有一位名叫赫洛的少女，是阿佛洛狄忒的女祭司。赫洛与勒安得耳相恋，勒安得耳每天晚上都泅渡过海峡与赫洛相会，赫洛总是燃起火把，为勒安得耳指引方向。后来在一个暴风雨之夜，火把被吹灭，勒安得耳溺水而亡，第二天早上赫洛在岸边见到勒安得耳的尸体后跳水自杀而死。

② 达佛涅（字面意思为"月桂树"）是希腊神话中的一个宁芙女仙。达佛涅发誓要像狩猎女神阿耳忒弥斯一样永保童贞。但阿波罗却对达佛涅非常着迷，疯狂地追求她。奥维德解释说，阿波罗迷恋达佛涅的原因是爱神厄罗斯的报复，因为阿波罗曾嘲笑厄罗斯的箭术。达佛涅苦于阿波罗的追逐，无奈之下向众神求助，众神（一说为其父珀纽斯）把她变成了一株月桂树。达佛涅变成月桂树后，阿波罗拥抱了这棵树，从此月桂树就成了阿波罗的圣树。

裙，束着精美的淡紫色腰带，领口开得很低，秀发披下，没有扑粉，宽松的内衣上缀着一块红宝石……"卧室配有碧绿色的玻璃，床榻周围是"轻如青烟的帐幕"。"但最奢华的地方是浴室，那里会有很多镜子，弥漫着玫瑰、丁香、茉莉和橘子的香气。""你开心的时候我也开心，你精神抖擞的时候我也精神抖擞。"[28]

波将金深陷爱河的时候愿意为情人做任何事情。1790 年 3 月和 4 月，他甚至命令法列耶夫将两艘战舰命名为"普拉斯科维娅"号。[29]"珠宝、钻石和世界各地的所有宝物都被用来装点她的容颜。"她想要珠宝，鲍尔上校就骑马去巴黎买。她想要香水，兰姆斯多夫少校就奔向佛罗伦萨，带回来整整两辆马车的香水。[30]

这是他 1790 年（法国大革命的第二年）7 月的一份巴黎购物清单，要的东西可能就是给普拉斯科维娅和其他"苏丹娜"的。使者是兰姆斯多夫。他抵达巴黎之后，俄国驻法大使西莫林男爵不得不放下手头的一切事务。"我竭尽全力协助他执行殿下希望我们在巴黎执行的任务，并给他提供建议，还让我认识的一位女士给他建议。"也许是西莫林让自己的情妇帮助兰姆斯多夫购物，以确保买到正确品种的长袜。"我们小心挑选最新的时尚物品。"西莫林承认，若没有那位女士和兰姆斯多夫的努力，他不可能买到下列商品。这是账单：

> 舞会长裙，葛菲小姐和莫德夫人制作，14333 里弗；
> 舞会长裙，亨利·德勒约制作，9488 里弗；
> 一块东印度的棉布，来自印度的丝绸和银线刺绣

（亨利·德勒约），2400 里弗；

普吕姆弗尔夫人的时尚衣物，724 里弗；

红宝石商人，1224 里弗；

花店女商人，826 里弗；

4 件紧身胸衣，255 里弗；

72 双舞鞋，446 里弗；

12 双舞鞋的刺绣，288 里弗；

一对耳罩，132 里弗；

72 双长袜，648 里弗；

红宝石，248 里弗；

薄纱女商人，858 里弗；

包装工人包克尤，1200 里弗。[31]

这么多东西想必不全是给波将金本人用的。所有工匠和裁缝的工作完成后，兰姆斯多夫带着这些商品骑马返回雅西。这样的长途使命貌似可笑，但有实际用处：从巴黎带回精美食品和舞会长裙的使者也传递了波将金的大量信件（一天有二十到三十封），并搜集了情报和信息。例如，在华沙的施塔克尔贝格报告称，波将金速度最快的使者在去西欧的途中携带了一份紧急快件。[32] 所以，这些行动不单纯是为波将金搜罗食品和舞会长裙，也有外交和情报工作的成分。

波将金生活方式极尽奢靡之能事。兰姆斯多夫这次出差，购买商品或服务的账单有 14 项，总金额为 4.4 万里弗①，差不多相当于 2000 英镑，而当时的一位英国绅士靠

———————

① 原文如此，数据与上文略有出入。

300 英镑就能舒舒服服地过一年。这比俄国陆军元帅的年薪（7000 卢布）还要多。[33] 而且这样的购物行动相当频繁。波将金甚至经常给格林发去购物清单，请他帮忙购买女装、地图或乐器。叶卡捷琳娜大帝的哲学家朋友恪尽职守地完成了这些使命。[34] 但波将金付账极慢，甚至到了臭名昭著的程度，这给西莫林带来了不少烦恼。1788 年 12 月 25 日，他甚至被迫向别兹博罗德科求助，请他催促波将金支付上一笔 3.2 万里弗的账单。[35]

自 1774 年以来，波将金的生活方式如果说与皇帝相比还有距离的话，那么也称得上颇有国王的风格。并且他拥有的"财富超过了某些国王"。[36] 我们根本没有办法计算他的准确身价。即便在他去世之后，他的财产也无法量化。利尼亲王写道，波将金"富可敌国却又身无分文，他喜欢一掷千金和慷慨地馈赠他人，付账时却很不靠谱"。[37] 这话说得很对，因为波将金实际上是皇室成员，所以国库就是他的私人银行。马松声称："波将金确实能够直接从国库支取资金，但他也为国家的事业花了很多钱。他展现出自己既是叶卡捷琳娜大帝的宠臣，也是一位俄国大公的样子。"[38] 普希金后来记载了这样一个故事：财政部的一名文书对波将金最新一次的提款要求提出质疑，波将金回信："要么给钱，要么滚蛋！"据说叶卡捷琳娜大帝要求财政部将波将金的要求视作她的要求，但事实并非如此。[39]

没有证据表明叶卡捷琳娜大帝曾经拒绝过波将金对金钱的要求，但他需要钱的时候还是得提出申请，尽管他知道女皇一定会批准。在建造新城镇和舰队期间以及战时，他经手了巨额资金，但历史文献无法支撑"波将金恣意挥霍公款"的常见说法。从档案里我们能看到叶卡捷琳娜大帝如何通过元老院主席维亚泽姆斯基拨款，然后波将金通过他的各机关和官员（如法列耶夫、蔡特林或波波夫）将资金分配到真实存在的各团和舰队。大部分资金实际上从未进过波将金的账户；他这样地位崇高的人懒得管小数目，而维亚泽姆斯基曾向女皇抱怨说波将金没有给全部资金做好账目。这就涉及了他在财务方面是否清廉的问题。但对他来讲，清廉是个毫无意义的概念：波将金会自掏腰包用于公务，也会用公款满足自己的需求。在他眼里，公款和私产几乎没有区别。[40]

波将金对金钱的胃口极大，也喜欢花钱，但他感兴趣的并不是金钱本身。为了维持女皇夫君的帝王式生活方式，他必须花费巨资。为了装点门庭，就连高级廷臣也会把自己搞得手头拮据。另外，国库拨款经常很慢，所以为了推动他的工程、组建他的军队，他经常需要自掏腰包。他对财富的贪婪，部分是为了在保罗登基之后保护自己。也正是出于这个原因他才投资了波兰的土地。

有一次他带领几位军官参观他的一处宫殿，他们看见了一个金浴缸。军官们对其赞不绝口，波将金喊道："如果你们能拉出足够多的屎填满它，就把它拿走吧。"一个阿谀奉承之徒赞美他的舞会是多么光辉灿烂，他怒道："什么，先生，你以为你知道我的钱包有多深吗？"波将金是从来不知道自己钱包的容量的。他只知道自己的钱包几乎是无穷无尽的。有人估计他的家产有 900 万卢布，有人说是 1600 万卢布，还有人说是 5000 万卢布。但在战争与和平时期帝国的整个军事预算和南方开发预算都要经过他的秘书处，所以这些数字没什么意义，而且他的债多得数不清。[41]

波将金大量借款，经常为了这事折磨他的苏格兰银行家理查德·萨瑟兰。此人因为帮助波将金处理财务而发家致富，最终成为叶卡捷琳娜大帝的御用银行家，还被册封为男爵。① 银行家和商人像秃鹫一样围绕着波将金，争先恐后地向他提供商品和贷款。[42] 为了赢得波将金的生意，萨瑟兰最勤奋，也最受罪。1783 年 9 月 13 日，他哀求波将金"屈尊下令支付我有幸为他开出的账单，金额为 167029 卢布 60 戈比"，这笔钱大多用于公务和安置移民。满腹忧愁的银行家努力解释："我斗胆禀报殿下，我的信用在很大程度上依赖于您偿付这笔钱。"[43] 萨瑟兰的处境显然很绝望，因为他欠华沙及其他地方的银行家很多钱。波将金似乎随时能够在全欧洲触发银行破产的连锁反应，但需要明确的是，这笔钱的绝大部分并非花在玩乐上。萨瑟兰是波将金为安置移民、购买木材、建造城镇等筹资的渠道。萨瑟兰的例子最能说明波将金的私人财务和政府财政是多么密不可分。

到 1788 年，波将金已经欠了萨瑟兰 50 万卢布。三周后，萨瑟兰发誓赌咒，说财务形势已经到了"令人担忧的关键点"，所以他不得不"放肆地恳求公爵殿下……偿付一笔债款，否则我的信用将无以为继"。波将金亲自用法语写了潦草的几笔："告诉他，他会收到 20 万卢布。"

波将金绝不是守财奴。恰恰相反，他仗义疏财。储蓄不是他的天性。只有在他去世之后，我们才能了解他的财务状况，而且即便在那时也很难搞清楚。和女皇一样，他是国家的一部

---

① 波将金酷爱萨瑟兰家的英式烤牛肉，所以波将金到他家吃饭的时候，会把烤牛肉打包带回去。——作者注

分，帝国是属于他的。[44]

一个国家越是成功，敌人就越多。波将金的胜利对俄国的敌人构成了威胁，于是他们无所不用其极地鼓励土耳其人继续对俄作战。与此同时，俄国面临同时与普鲁士、波兰、英国、奥斯曼帝国和瑞典交战的危险局面，所以俄国的军事活动陷入瘫痪状态。因此，在 1789 年冬季和次年的大部分时间里，波将金都在努力与奥斯曼帝国谈判。起初，土耳其人似乎有和谈的诚意。苏丹塞利姆三世将俄国大使从七塔要塞释放，并任命"著名的阿尔及利亚骑士"、[45] 前任海军司令加齐·哈桑帕夏为大维齐尔，让他负责和谈。

但普鲁士的外交政策是攻击俄国并执行所谓的"赫茨贝格计划"。该计划得名自普鲁士首相，目标是让普鲁士吞并波兰的城镇托伦和但泽，换取奥地利割让加利西亚给波兰、俄国把多瑙河诸国还给奥斯曼帝国。这需要几个国家联手反对俄国，普鲁士于是向苏丹提议了一项盟约，要把克里米亚还给奥斯曼帝国。普鲁士还提议把立窝尼亚（包括里加）送给瑞典。另外普鲁士威胁奥地利，要求它退出战争，否则就要入侵奥地利。普鲁士希望迫使俄国退出波兰，并把那片势力范围让给普鲁士。如此就会出现一种很讽刺的局面：普鲁士希望瓜分波兰，却在该国最有影响力。普鲁士向波兰提议改革其政体并与之结盟，但换取的是波兰割让托伦和但泽给普鲁士。直到这时，波兰人才如梦初醒，发觉自己被普鲁士人骗了。普鲁士并非与俄国同样贪得无厌，而是更加欲壑难填。但波兰人不得不接受普鲁士的条件，去攻击俄国人。英国支持普鲁士的另一项要求，即俄国和奥地利与奥斯曼帝国议和，恢复战前的疆界。

俄国没有办法开展任何军事行动：波将金不得不调动一个军去戒备波兰和普鲁士可能发动的进攻。1789 年 12 月 24 日，叶卡捷琳娜大帝告诉她的秘书："现在我们遇到了危机：要么和平，要么在三条战线上同时与普鲁士发生战争。"[46]

波将金的和谈代表是一个真正的黎凡特人和外交家，名叫伊凡·斯捷潘诺维奇·巴罗奇，他是希腊人，是俄国、奥斯曼帝国、奥地利和普鲁士的四面间谍。巴罗奇在雅西与波将金进行了迂回曲折、神秘莫测的谈话，他对波将金的放荡行为表示震惊，然后去大维齐尔的司令部所在地舒门，送去了波将金的和平条件。[47]波将金要求把德涅斯特河定为两国的新边界，拆除阿克尔曼和宾杰里要塞，并让两个多瑙河公国"独立"。①

1789 年 12 月 26 日，巴罗奇抵达舒门。波将金对此事的记述表明，谈判过程中有大量贿赂行为。至少十六套戒指、黄金钟、项链、鼻烟盒被送给不同的土耳其官员，比如"镶蓝宝石和钻石的戒指被送给土耳其大使的第一秘书奥夫尼·艾斯菲卢"，而巴罗奇自己得到的"一枚镶嵌着硕大绿宝石的戒指"，可能是用来送给大维齐尔的，也可能是让巴罗奇与大维齐尔会谈时戴的。[48]波将金甚至提议在莫斯科建一座清真寺。虽然用于贿赂的宝石很贵重，但波将金的和平条件并不能让"阿尔及利亚叛教者"满意。波将金也不喜欢对方提议的条件，于是在 1790 年 2 月 27 日他开出了新条件。"我的提议很

---

① 波将金还提议，如果土耳其人支持俄国提出的人选当波兰国王，俄国就可以考虑两国依旧以布格河为边界。换句话说，俄国人想利用奥斯曼帝国的帮助来收复波兰，并且无论如何，波将金都有可能为自己赢得一顶王冠，不管是波兰的还是达契亚的。但我们很难相信，即便是为了获得波兰，波将金会愿意接受以布格河为边界，因为那意味着要将奥恰基夫交还给奥斯曼帝国。——作者注

短，"他说，"不需要谈很长时间。"按照他的设想，两国不必
签署停战协定，因为"据我对土耳其人之奸诈的了解，对他
们来说停战协定更多是为了争取时间继续作战而不是为了和
平"。然后是很有波将金风格的一句："土耳其人喜欢用战车
追赶野兔。"波将金宁愿被打败，也不愿被欺骗。[49]

波将金没有把全部赌注押在巴罗奇的谈判上。这么做是正
确的。波将金从奥地利人和他在伊斯坦布尔的间谍那里得知，
苏丹塞利姆三世将大维齐尔与巴罗奇的和谈仅仅视为备用政
策，苏丹优先考虑的是在君士坦丁堡与普鲁士使者蒂茨的谈
判。如果土耳其人能从普鲁士和波兰那里得到帮助，他们就会
继续对俄作战。波将金答复的时候，苏丹已经在 1790 年 1 月
20 日与普鲁士签订了一项进攻性的盟约。根据该盟约，弗里
德里希·威廉二世将会帮助奥斯曼帝国收复克里米亚，普鲁士
还将对叶卡捷琳娜大帝开战。

俄国脖子上的绞索在逐渐收紧。波将金在这年 1 月告诉考
尼茨："皇帝的健康状况是当前政治局势里最危险的一场风
暴。"约瑟夫二世身患肺结核，而他的帝国从匈牙利到尼德兰
发生了多起叛乱。他的身体刚刚好转的时候，又不得不接受一
次痛苦的手术，治疗肛门脓肿，这严重削弱了他的体力。他的
死亡极具悲剧性。他问："有人为我哭泣吗？"有人告诉他，
利尼亲王泪流满面。皇帝说："我没想到自己配得上这样的
爱。"他提议了自己的墓志铭："一位君主长眠于此，他用心
良苦，却不幸地目睹自己的计划全部失败。"叶卡捷琳娜大帝
对"我的盟友感到遗憾"，他"奄奄一息，被所有人憎恨"。[50]
约瑟夫二世于 1790 年 2 月 9 日（公历为 20 日）驾崩后，据说
考尼茨曾喃喃低语："死得好。"[51]

约瑟夫二世的死对哈布斯堡君主国来说或许是好事，但对俄国是又一次打击。3月18日（公历是29日），普鲁士加紧了对俄国的封锁，并与波兰缔结军事联盟。弗里德里希·威廉二世在北方向立窝尼亚调动了4万军队，向西里西亚调动了另外4万人，并集结了10万人的预备队。新的哈布斯堡君主是利奥波德二世（他被选举为皇帝之前的头衔是匈牙利国王），他颇感警醒，立刻写信给波将金："我的皇兄是你的朋友，如今你失去了这位朋友。但我是你的新朋友，我比其他任何人都更尊重你的天才和高尚。"波将金和利奥波德二世互相配合，保卫加利西亚、抵抗波兰人，但匈牙利国王真正关心的是挽救哈布斯堡君主国，所以他要阻止普鲁士"与波兰协调"起来入侵奥地利。他恳求波将金与奥斯曼帝国议和，尽管和平已与他失之交臂。[52]

在这些风起云涌的事件之间，波将金得知，值得敬慕的英国人约翰·霍华德在赫尔松患上热病，时日无多了。霍华德是一位无私的监狱改革家，在周游世界的途中敢于揭露他看到的监狱和医院的恶劣条件，包括波将金副王辖区内的监狱和医院。波将金派自己的医生去医治霍华德，但他还是病逝了。英国外交大臣利兹公爵写信说"英国人永远不会"忘记波将金的好意。波将金回信说："霍华德完全配得上我的敬意。他是人类之友，还是英国公民。这两样就足以获得我的敬佩。"霍华德在后来的俄国历史和苏联历史上都被奉为英雄。[53]

塔夫利公爵现在将他的大炮和想象力转向俄国曾经和未来的敌人——波兰。所谓的波兰"爱国者"渴望获得强有力的政体、驱逐俄国人并从奥地利手中收复加利西亚。这样的憧憬让他们兴奋不已，他们也控制了华沙。失去波兰，对叶卡捷琳娜大帝和波将金的健康造成了很大的损害。公爵深受倒刺困扰，还患了风湿病。叶卡捷琳娜大帝关切地给他送去"整柜整柜的药品"和"一件配有黑貂皮帽子的狐皮大衣"。[54]波将金告诉利奥波德二世，如果与普鲁士和波兰发生战争，"我将亲自指挥作战"。[55]奥地利人惊慌失措，并请求俄国援助，而针对土耳其人的军事行动暂时中止。

叶卡捷琳娜大帝将波兰视为一旦有机会就必须处置的敌人，但波将金的丰富想象力使他酝酿出了一个计划，要向波兰立陶宛联邦输送一匹特洛伊木马。这匹特洛伊木马就是他自己。波兰东部的东正教徒和他的新哥萨克军团都支持他。他打算在波兰的东正教地区，即布拉茨拉夫、基辅和波多里亚这三个省（他的庞大庄园就在那里）发动一场代表俄国利益的反叛，去反对波兰中部的天主教地区，就像当年的哥萨克盖特曼博格丹·赫梅利尼茨基①一样。于是，在占领宾杰里之后，他请求叶卡捷琳娜大帝赐予他一个拥有历史意义的新头衔：大盖特曼。[56]

"你的计划很好。"女皇答道，尽管她担心大盖特曼的头衔会招致波兰色姆议会的更多仇恨。[57]不过，她还是在1月任

---

① 博格丹·赫梅利尼茨基（约1595—1657）是乌克兰人，是扎波罗热哥萨克军团的盖特曼。当时扎波罗热哥萨克的领地是波兰立陶宛联邦的一部分。1648—1654年，他领导哥萨克发动了反对波兰立陶宛联邦的起义（或称波兰哥萨克战争、赫梅利尼茨基之乱），建立了一个哥萨克政权，在这过程中野蛮屠杀了大量犹太人（可能有十几万）。1654年，为了对抗波兰，他与俄国沙皇阿列克谢结盟，让乌克兰最终并入俄罗斯帝国。在今天的乌克兰，他一般被视为国父和民族英雄；在波兰，他一般被视为负面人物，因为他的起义标志着波兰立陶宛联邦开始衰落；在俄罗斯，他一般被视为乌克兰与俄罗斯"团结"的标志性人物，所以是英雄。

命他为"黑海与叶卡捷琳诺斯拉夫哥萨克军团的大盖特曼"。
波将金对自己的大盖特曼头衔非常满意，他设计了一套富丽堂
皇的新制服，在雅西各地穿着它炫耀。[58]他奢靡的生活方式经
常与他时而显露出来的苦修者本性相矛盾。他敏感地注意到较
穷的军官跟不上他奢华的衣着风格，于是命令所有人，包括他
自己，都穿朴素的布质上衣。他告诉叶卡捷琳娜大帝这样更有
斯巴达风格。[59]他现在变得很小心，总是与女皇分享他的荣耀。
她称呼他为"我的盖特曼"时，他答道："我当然属于你！我
可以自夸，除了你之外，我对任何人都什么也不欠。"[60]

　　波将金原本就实际上控制了俄国针对奥地利和奥斯曼帝国
的外交政策，现在他还接管了波兰政策。他要求罢免俄国驻华
沙大使施塔克尔贝格（波将金称他为胆怯的"兔子"[61]），于
是叶卡捷琳娜大帝任命波将金的盟友布尔加科夫为驻波兰大
使。[62]她知道波将金在波兰有自己的利益，所以对他把自己在
波兰的土地发展成一个独立公国的可能性很敏感。他向她保
证："这里没有什么我想给自己的东西。"至于他的大盖特曼
头衔，"如果不是你的福祉需要我采纳这个头衔"，他才不需
要"这种与其说是显赫不如说是滑稽的虚幻名号"。与此同时
他在春季继续建设自己的哥萨克军团，甚至说服了他的一些扎
波罗热哥萨克单身汉娶妻。[63]

　　波将金的大盖特曼头衔果然激怒了华沙的爱国者。说他企
图成为波兰国王的传闻愈演愈烈。波将金本人气愤地向别兹博
罗德科否认自己有这样的野心："波兰国王认为我想要他的位
置，我可以原谅他这么想。如果是我说了算，就让魔鬼占据那
个位置好了。竟然有人相信我除了国家利益之外还有私利要考
虑，真是罪过。"[64]波将金这话也许是真心实意的：在当时，波

兰的王冠简直可以说是小丑的花帽。与波兰有松散关系的位于乌克兰或摩尔达维亚的公国或许更可行，也更符合他的心愿。而且，他早就有了政治家的那种虚荣，相信对他自己有利的事情必然就是对国家有利的。

法国和波兰的革命改变了叶卡捷琳娜大帝宫廷的气氛，也改变了她的外交政策。法国思想（她称之为"毒药"）的传播令她警觉，所以她决心在俄国镇压法国思想。1790 年 5 月，俄国失去了奥地利盟友，俄国与瑞典的战事处于关键阶段，而普鲁士与波兰的联盟可能会导致开辟一个新战场。恰在此时，一位名叫亚历山大·拉季舍夫的年轻贵族匿名出版了一本题为《从圣彼得堡到莫斯科旅行记》的书，向叶卡捷琳娜大帝、农奴制和波将金发起隐晦的抨击。拉季舍夫暗示波将金是一位东方式的暴君。但激怒女皇的不仅仅是对波将金的侮辱，而是该书鼓吹要将法国革命思想运用于俄国。拉季舍夫被逮捕，并以煽动叛乱和大不敬的罪名被起诉，被判死刑。

法国和波兰正在闹革命，在这样紧张的时期批评俄国政府当然是很危险的事情，并且拉季舍夫对波将金进行了人身攻击。但波将金还是替这位作家说情，尽管他自己此时受到了极大压力。"我读了他的书。我不生气……小妈妈，看样子他还诽谤了你。相信你也不会生气。你的功业就是对你最好的辩护。"波将金的大度和克制让叶卡捷琳娜大帝冷静下来。她将拉季舍夫的判决减为流放西伯利亚。拉季舍夫的兄弟在 1791 年 5 月 17 日感激地写道："是格里戈里·亚历山德罗维奇公爵帮助我们获得了君主的开恩。"[65]

波将金还在与大维齐尔谈判。叶卡捷琳娜大帝认定，既然奥斯曼帝国已经与普鲁士结盟，那么俄国要求让摩尔达维亚独立并有自己的统治者（也就是波将金），就是不切实际了。始终灵活机动的波将金立刻改变政策，提议把摩尔达维亚交给波兰，以引诱波兰回到俄国的阵营。这样的话他并没有损失什么，因为摩尔达维亚仍然可以成为他私人的位于波兰的公国。[66] 这段时间波将金的日子很难过。他告诉女皇："这种不确定性造成的焦虑让我很虚弱，使我寝食难安。我现在比被抱在怀里的婴儿还虚弱。"他也没有忘记祖博夫。他说自己"越来越喜爱"叶卡捷琳娜大帝的年轻情人，"因为他能让你开心"。[67]

苏丹塞利姆三世得到普鲁士撑腰、决心继续作战之后，大维齐尔的和谈就破产了。这位前任海军司令的威望太高，苏丹不能公开处死他，于是"海战鳄鱼"在1790年3月18日神秘地死去，可能是被苏丹下令毒死的。这让叶卡捷琳娜大帝很紧张。"看在上帝的分上，"她警示波将金，"小心提防土耳其苏丹……他可能会给你下毒。他们会用这样的奸计……普鲁士人也许会给他们机会，除掉他们最害怕的那个人。"[68] 与此同时，在摩尔达维亚的土耳其人抓住机会，打败了科堡公子指挥的奥军。波将金为此在叶卡捷琳娜大帝面前怒斥这位奥地利陆军元帅"打起仗来像个傻瓜，结果像个婊子一样被狠揍了一顿"。但反复无常的普鲁士国王得知他与奥斯曼帝国要签订的新条约要求他向俄国开战时大为震惊，便又撕毁了盟约，召回了使者蒂茨。弗里德里希·威廉二世更愿意与奥地利人打仗。5月，他亲自接管了军队的指挥权。[69]

哈布斯堡皇朝屈服于普鲁士的威胁。利奥波德二世放弃了约瑟夫二世曾抱有的征服若干奥斯曼帝国领土的希望，改为平定自己国内的骚乱并与普鲁士达成妥协，所以退出了针对奥斯曼帝国的战争。7月16日（公历为27日），在赖兴巴赫，利奥波德二世同意了英国和普鲁士的要求：立即停战，恢复战前疆界。普鲁士庆祝了自己的这次胜利，并加大赌注：弗里德里希·威廉二世又改了主意，批准了蒂茨谈的普鲁士与奥斯曼帝国的盟约。在与普鲁士、英国和波兰的冷战中，以及与奥斯曼帝国和瑞典的热战中，俄国都茕茕孑立。

6月28日（公历为7月9日），瑞典人首次打败了俄国的波罗的海舰队。该舰队此时的司令是拿骚-西根，他因为莽撞而在斯文斯克松德①落败。[70] 但不喜欢承认噩耗的叶卡捷琳娜大帝拖了三个星期才将此次失败告诉波将金。[71] 不过俄军的这次战败有好的一面，因为它挽救了古斯塔夫三世的声誉，使得他能够缔结体面的和约。俄国和瑞典于8月3日（公历是14日）在魏雷拉签署了和约，恢复两国的战前疆界。"我们把自己的一个爪子从烂泥里拔了出来，"叶卡捷琳娜大帝向波将金庆贺，"等我们把另一个爪子拔出来，我们就可以唱哈利路亚了！"[72]

奥地利退出战争对俄国的另一个好处是，暂时缓解了普鲁士的威胁。波将金和叶卡捷琳娜大帝认识到，他们可以趁着普鲁士和英国酝酿下一步行动的时候打垮土耳其人。此时土耳其人已经加强了他们在多瑙河和高加索地区的军力。波将金"累得像条狗"，因为他要在赫尔松、奥恰基夫和他的新海军基地尼古拉耶夫之间的1000俄里道路上来回奔波，去视察他的舰船。不过，他设计出了一种水陆并进的策略，去消灭多瑙

---

① 斯文斯克松德即今天芬兰南部沿海的科特卡。

河上的土耳其人，那样就可以打通去君士坦丁堡的道路。[73] 他的舰队将在黑海巡逻，陆军则将攻打多瑙河上的奥斯曼要塞。还有一支分舰队将沿多瑙河逆流而上，在欧洲土地上最令人生畏的奥斯曼要塞伊斯梅尔城下与陆军会师。这支分舰队是典型的波将金风格的随机应变、临时组建起来的力量，包括由皇室画舫改装的舰船、边沁的炮艇、扎波罗热哥萨克的"海鸥"船和一艘伪装成战舰的马赛商船。分舰队的指挥官是里瓦斯，他那些三教九流的水手包括"希腊土匪、科孚岛的叛教者和意大利伯爵"。[74]

波将金亲自安排了里瓦斯分舰队中两栖作战部队的训练。他的指示彰显了他的现代思维、想象力和军事才干。他的很多思想在更著名的苏沃洛夫的《胜利的艺术》之前就已经成形。他命令"找出最擅长精确射击的人、擅长跑步的人和精通水性的人"，这表明他设想的就是我们今天的海军陆战队突击队员，轻装急进，本领娴熟。与此同时，在高加索地区，他命令他的库班和高加索将军们消灭巴塔勒帕夏的 4 万军队，然后攻打庞大的奥斯曼要塞阿纳帕。[75]

8 月，塔夫利公爵在德涅斯特河畔的宾杰里要塞（之前被俄军占领）设立新的司令部，此地很适合他监督各条战线上的陆海军，并同时与华沙、维也纳和圣彼得堡保持联系。在这座半壁倾颓、被草原环绕的鞑靼人城镇，他纵情享受奢侈的生活，甚至比他在雅西时更加放纵。

新的战役，新的情妇。他爱了普拉斯科维娅·波将金娜两年，但他俩的关系在雅西结束，她被送到前线，与她那位殷勤恭顺的丈夫团圆。大军前进，舰船行驶，而波将金可能和叶卡捷琳娜·萨莫伊洛娃发生了一段短暂的恋情。他这个放浪的外甥媳妇曾在奥恰基夫爱过达马斯伯爵。利尼亲王写信说自己"温情脉脉地爱着"波将金，并且嫉妒，因为他〔利尼亲王〕想念"萨莫伊洛娃夫人的俊俏眼睛、美丽笑容和高贵的冷漠"。

但她在波将金身边的地位没有维持多久，普拉斯科维娅"最得宠的苏丹娜"的地位被年方二十的叶卡捷琳娜·多尔戈鲁卡娅公爵夫人夺走了。据说她是俄国最漂亮的姑娘。"她的美让我惊异，"画家维热·勒布伦写道，"她的容貌有希腊色彩，也混杂了一些犹太人的特点，尤其是侧脸。"她长长的黑发被漫不经心地放下，垂落到肩头。她嘴唇饱满，眼睛是浅蓝灰色，皮肤光洁如象牙，身材婀娜多姿。[76]

一些因为法国大革命而离开法国的流亡者赶来为俄国效力，他们也给波将金的宫廷增添了光彩，其中有美国独立战争的老兵朗热隆伯爵亚历山大。他是那种信奉法国至上的贵族，对落后的俄国人大加嘲笑，并且憎恶波将金骄奢淫逸的生活方式，所以朗热隆伯爵的叙述里记载了他听到过的每一条关于波将金的恶毒谎言。朗热隆伯爵（还有利尼亲王）对波将金的负面评述后来成为西方历史学界的主流意见。但朗热隆伯爵最后非常失意，他在奥斯特利茨战役之后被亚历山大一世免职，后来虽得宽恕，被任命为南方的总督，但在那个岗位上只干了一年。维格尔对他的评价是："没有能力指挥一个军，却被委派治理一个庞大的地区。"只有在经历了这些挫折之后，朗热隆伯爵才肯承认波将金的伟大，并为他撰写了一首热情洋溢的颂歌。

有一个比朗热隆伯爵更有才干的法国人也来到了波将金身边，那就是二十四岁的黎塞留公爵阿尔芒·迪普莱西，他留下了一部较为公正的关于波将金的回忆录。黎塞留公爵是一位令人景仰的贵族，面貌英俊而严肃，长着鬈发，眼神总是带着挖苦的神气。他是路易十三的枢机主教黎塞留的外甥的后代、路易十五那位神气活现的陆军元帅①的孙子。黎塞留公爵遗传了枢机主教黎塞留的冷静和狡黠，以及陆军元帅黎塞留的国际化色彩和宽容精神。[77]

黎塞留风尘仆仆十天之久，在灯光黯淡的客栈过夜，所以来到宾杰里的帕夏宫殿，走进波将金的沙龙时，一下适应不了那里的光辉璀璨："精妙绝伦的华盖下是一张缀有金线的沙发；五位品味高雅的美人仪态万方，漫不经心；第六位美女穿着富丽耀眼的希腊服装，以东方式的慵懒风度躺在沙发上。"就连地毯里也编有金线。到处是鲜花、黄金和红宝石。金银丝细工的香囊发散出沁人心脾的阿拉伯香水的香气，真是"亚洲的魔法"。波将金本人身穿宽松的黑貂皮镶边大衣，佩戴圣安德烈和圣乔治的钻石星章，除此之外服饰很少，就这样坐在他们当中。最靠近他的是多尔戈鲁卡娅公爵夫人，她衣着大胆，穿着土耳其宫女的服装（但没有穿那种宽松裤子）。她始终不离公爵左右。

他们在一座大厅用餐，侍者都是魁梧的胸甲骑兵，他们束着银腰带，穿着银胸甲、红斗篷，戴着高高的毛皮帽子，帽子顶端有羽饰。他们"两人一组，成对出现……就像悲剧里的近卫军"，同时有管弦乐队演奏助兴。黎塞留被引见给波将金，后者羞怯地向黎塞留打招呼。黎塞留很高兴随后能融入人群，找到了自己的朋友达马斯伯爵和朗热隆伯爵。[78]黎塞留写道，波将

---

① 指第三代黎塞留公爵阿尔芒·德·维涅罗·迪·普莱西（1696—1788）。

金的权力超过了"人们能想象的最高界限。对波将金来说，没有什么事情是不可能的。如今他统治着高加索山脉到多瑙河的全部土地，并与女皇分享帝国其余部分的统治权"。[79]

五十名军官聚集在灯火辉煌的沙龙的一端，与其他人保持距离，侍奉波将金。"这里有一位被推翻的苏丹，他在波将金的前厅已经待了三年；还有另一位君主，成了哥萨克上校；有一位叛教的帕夏，一个马其顿人，还有几位波斯大使。"[80] 在这个五光十色的地方还坐着塞缪尔·边沁，他在等待批准他回国的文书。波将金觉得自己的宫廷还缺一位画家，尤其缺那位唯一被允许为他画肖像的艺术家——兰皮。于是他写信给正在维也纳的考尼茨，请他把兰皮送到宾杰里："有优秀的画家在我眼皮底下工作，颇能放松我的神经。"[81]

黎塞留写道："一座都城的享乐所需的一切东西，波将金公爵的营地和大军当中都有。"[82] 这里的日常生活颇有超现实主义色彩，也很像圣彼得堡的生活，有小型晚宴、音乐会、赌博、露水情缘和嫉妒。"美女能够激发的一切，比如愉悦、残忍和奸诈，这里都有。"[83] 波将金生活在一个光怪陆离而玄妙的世界里，"在这里，'不可能'这个词应当从语法书中删去"。据说，他与情人多尔戈鲁卡娅在一起的奢华生活方式"超越了《一千零一夜》"。[84] 不管她想要什么，哪怕它在天涯海角，她都能得到。界限已经不存在了。她说自己喜欢舞蹈演员，波将金听说了两名上尉是俄国最优秀的吉普赛舞者，于是派人把他们请来，尽管他们当时正在高加索地区。他们到了之后，每天都会在宴会后表演，其中一人男扮女装，另一人打扮成农民。波将金的副官恩格尔哈特回忆道："我一辈子从未见过更精彩的舞蹈。"[85]

波将金决定为多尔戈鲁卡娅建造一座地下宫殿。他厌倦了在自己的各处宫殿和情妇们的住所之间穿梭，于是让两个团的掷弹兵劳作了两周，建造了这座地下宫殿。它竣工后，波将金用希腊石柱、天鹅绒沙发和"形形色色想象得到的奢侈饰物"装饰其内部。[86] 就连俄国人也为这样的奢华感到震惊，不过整个俄国陆军过冬的地穴和军官的地堡都"像正儿八经的房屋一样舒适"，有茅草屋顶和烟囱。[87] 波将金的地下宫殿当然比这豪华得多：有管弦乐队的表演区，但音响效果略微"低沉"，可回声效果更佳。这座地下享乐宫的内层就像后宫一样，有一系列越来越隐秘的房间。最外面一圈是将军们的住处。波将金的套房分成两部分，在第一部分里人们不分昼夜地赌博；第二部分有一张沙发，波将金躺在上面，周围簇拥着他的女人，但与他最亲近的始终是多尔戈鲁卡娅公爵夫人。

波将金对文明社会里私通的规则置若罔闻。他"激情澎湃并且因为自己享有的专制地位而无比自信"，所以有时忘记了现场还有别人，就肆无忌惮，"过于亲热"地爱抚多尔戈鲁卡娅，仿佛她只是个出身卑贱的交际花，而不是俄国最高贵的妇人之一。这时多尔戈鲁卡娅就会笑着阻拦他。[88] 她的朋友戈洛温娜伯爵夫人抵达后，对波将金这种"以虚荣为基础的"腥腺激情感到厌恶。道德高尚的戈洛温娜起初相信多尔戈鲁卡娅发誓赌咒的说辞，即她和比她大三十岁的波将金没有肉体关系。但后来多尔戈鲁卡娅再也克制不住自己，突然"放肆地与公爵打情骂俏起来，令人震惊"，于是她再也遮掩不住自己的秘密。[89] 她的丈夫瓦西里·多尔戈鲁基抓住一切机会打断波将金的享乐。据朗热隆伯爵说，有一次波将金揪住了多尔戈鲁基的衣领，吼道："你这可怜兮兮的家伙，是我给了你所有这些勋章，没有一个是你有资格得的！你只不过是烂泥而已，我想把你弄成什么样就是什么样！"朗热隆伯爵评论道："这样的场面若是发生在巴黎、伦敦或维也纳，一定会掀起轩然大波。"[90]

有一次，也许在炮轰奥恰基夫期间，波将金把他的叶卡捷琳诺斯拉夫掷弹兵部队和它的 100 门炮部署成一个方阵，环绕地下宫殿，每人领到 40 发空包弹。鼓手敲鼓。他在宫殿内与多尔戈鲁卡娅嬉戏，在达到高潮的时候给出信号，命令开火。她的丈夫听到这些高潮时刻的枪炮声，耸耸肩评论道："明明什么都没有，何必弄出这么大噪音。"[91]

在多尔戈鲁卡娅的生日宴上，波将金给出了更精彩的表演。甜点上了之后，客人们惊诧地发现自己的水晶高脚杯里装的不是糖果而是钻石。侍者用长汤勺把成堆的钻石送到每一位客人面前。就连坐在波将金身旁的被宠坏的公爵夫人也很吃惊。他低声说："都是为了你。今天是你的生日，何必吃惊呢?"[92]

波将金的懒散更多是作秀而不是真实的，但它加强了外国人心目中俄国人野蛮落后的偏见。然而，在朗热隆伯爵说的波将金沉溺于和多尔戈鲁卡娅玩乐的时期，档案表明，波将金其实在无比勤奋地工作，而且涉及的地理范围极广。他监督新城镇的建设时给出的指示极其详细，甚至具体到尼古拉耶夫教堂大钟的形状、喷泉的位置和海军部办公大楼周围炮台的角度；他监督法列耶夫在因古尔河造船厂建造更多的炮艇和风帆战列舰；重新组织在高加索山脉和库班的作战行动（将那里的指挥官比比科夫免职，因为他的"无能和渎职"搞砸了向阿纳帕的进军，随后任命了比比科夫的继任者）；与里瓦斯讨论他的分舰队的作战策略，同时命令里瓦斯调查某些军官的贪污行为。波将金还为舰队设计了一种新的信号系统，并训练舰队的炮手。

在波兰方面，他终于同意了卢博米尔斯卡公爵夫人的要求，将他的杜布罗夫诺庄园转给她，作为换取斯米拉的部分抵偿。① 他给俄国驻华沙大使（先是施塔克尔贝格，后来是布尔加科夫）指导了俄国的政策，从在华沙的德·阿施男爵那里接收关于波兰革命的秘密报告，处理斯坦尼斯瓦夫－奥古斯特国王对他的哥萨克偷窃波兰马匹的抱怨，以及与亲俄的波兰权贵讨论他的盖特曼身份和秘密计划。波将金不断地改革和改良军队，增加更多轻骑兵和哥萨克，但也决心稀释精锐的近卫军各团的贵族成分，于是提拔了一些外国人、哥萨克和旧礼仪派，这让高层贵族十分不满。他告诉叶卡捷琳娜大帝，普列奥布拉任斯科耶近卫团的军官们"因为奢侈而变得软弱"。所以，这段时期他绝不是仅仅忙着勾引多尔戈鲁卡娅。"我要忙的事务不计其数，"他略微夸张地告诉卢博米尔斯卡公爵夫人，"所以我没有一刻工夫可以考虑自己。"[93]

还有国际形势需要他处置。波兰人在武装自己。叶卡捷琳娜大帝告诉大盖特曼波将金：如果波兰人坚决支持普鲁士，"你执行自己计划的时机就到了"。[94] 雪上加霜的是，英国人和

---

① 波将金的杜布罗夫诺庄园后来在拿破仑的历史中也露了面。拿破仑于1812 年 11 月从莫斯科撤退途中会在卢博米尔斯卡公爵夫人的杜布罗夫诺庄园暂住。——作者注

普鲁士人正在酝酿一场战争来阻挠俄国人。叶卡捷琳娜大帝和波将金谨慎而密切地观察国际环境里浓密的雨云，不过自从俄国与瑞典缔结和约以来，他俩都变得乐观了。叶卡捷琳娜大帝透露，她"十分开心"，觉得自己的裙子太紧了，需要把裙子放松一些。不过，她想念夫君："我的朋友，我经常觉得，在很多时候，我都很想和你聊上一刻钟。"[95] 在庆祝俄国与瑞典缔结和约的场合，普鲁士使节晕倒，头撞到了叶卡捷琳娜大帝的宝座，女皇觉得这是个吉兆。但"精疲力竭"的叶卡捷琳娜大帝和波将金很像，一旦紧绷的神经放松下来，就会生病。现在她几乎要病倒了。她承认自己"患了严重的痢疾"和"腹绞痛"。[96]

现在波将金成了普鲁士人和波兰爱国者心目中的妖魔，他们攻击他企图成为波兰国王的野心。并且自 1789 年以来，色姆议会企图撤销他的波兰贵族身份并没收他在波兰的土地，这让他陷入了更加复杂的谈判。[97] 也许是因为梦想退休和希望获得安全感，他请求叶卡捷琳娜大帝把他青睐的一些南方土地赐予他："我已经有了足够多的土地，但没有一个地方能让我舒舒服服地休息。"她同意了，并给他送去一套黄金的咖啡器皿和一只钻石戒指。[98]

经历新一轮谈判之后，波将金认识到，既然普鲁士和英国在怂恿土耳其人，那么只有战争能迫使土耳其人回到谈判桌前。"我厌倦了土耳其的童话故事，"波将金告诉自己的谈判代表拉日卡列夫，"向他们解释，如果他们想要和平，就把动作放快点。否则我就要打败他们。"[99] 战争将会继续。

3 月，他亲自接管了黑海舰队的指挥权，并任命海军少将费奥多尔·乌沙科夫为舰队副司令。这个任命是波将金最英明的决定之一。6 月 14 日，波将金命令乌沙科夫出海"与敌人交锋"。在亲自检阅舰队之后，波将金又于 7 月 3 日派遣乌沙科夫出海："祈祷吧，求上帝佑助我们。把全部希望寄托在上帝身上，鼓舞水手们，激励他们作战……"[100] 乌沙科夫先于 7 月 8 日打败了土耳其人，8 月 28/29 日又在坦德拉外海再次打败他们，并炸毁了他们的旗舰。此时距离波将金创建黑海舰队只过了七年。"在北方，陛下扩充了舰队，"波将金告诉叶卡捷琳娜大帝，"而在南方，陛下从无到有地建立了一支新舰队。"[101] 她同意，黑海舰队是她和波将金的孩子，"是我们自己的事业，所以是我们心爱的珍宝"。[102] 波将金现在命令他的分舰队攻入多瑙河。"我已经命令塞瓦斯托波尔舰队出海，"他告诉里瓦斯，"并让你看得见它。你和你的分舰队应当准备好在多瑙河入海口与他们会师……有情况向我报告。"[103] 9 月，波将金匆忙赶往尼古拉耶夫和克里米亚检阅舰队，随后命令陆军南下，进军多瑙河。

从黑海的另一岸传来了更多喜讯：9 月 30 日，赫尔曼将军歼灭了一支 2.5 万人的土耳其军队，生擒巴塔勒帕夏。波将金告诉别兹博罗德科："我们的损失不到四十人！"[104] 在更靠近俄国本土的地方，波将金命令占领多瑙河上的基利亚。俄军第一次攻击这座要塞时伤亡惨重但还是失败了，因为里瓦斯还没有消灭土耳其人的多瑙河分舰队。波将金第二次强攻基利亚，于 1790 年 10 月 18 日将其拿下。[105] 里瓦斯在两天后闯入多瑙河，占领图尔恰①和伊萨克恰②，逼近强大的要塞伊斯梅尔。

---

① 图尔恰是今天罗马尼亚东南部的一座城市。
② 伊萨克恰是今天罗马尼亚东南部的一座城市，在图尔恰西北方约三十五公里处。

波将金很信任和敬佩里瓦斯。"这里有你就行了,"他写道,"都交给你指挥。"[106] 到 11 月底, 远至加拉茨①的整个多瑙河下游流域都处于波将金的控制下, 唯一的例外是伊斯梅尔。波将金决定占领这座要塞。"我会尝试攻打伊斯梅尔,"他说,"但我不愿损失哪怕是十个人。"[107]

在遥远的西方, 黎塞留公爵、朗热隆伯爵和利尼亲王的儿子夏尔正在维也纳用餐, 他们在抱怨波将金按兵不动的时候听到了巴塔勒帕夏战败、俄军围攻伊斯梅尔的消息。他们立刻离开维也纳, 奔向宾杰里去找波将金, 希望重新加入他的军队。朗热隆伯爵写道:"我恳求殿下允许我在伊斯梅尔城下重新加入您的军队。"[108] 没有一个血气方刚的好汉愿意错过这场大战。伊斯梅尔战役是波将金军事生涯的高潮, 也是 18 世纪最血腥的战役之一。

注 释

1 对于本次俄土战争的叙述的主要资料来源, 见第 26 章注释 1。Golovina pp 24-5.

2 SIRIO 54 (1886): 197, Richelieu, 'Mon voyage'.

3 Ligne, *Mélanges* vol 7 p 199, Prince de Ligne to Comte de Ségur 1 December 1788.

4 Mansel, *Constantinople* pp 154-5. 这段描述主要参考了 Philip Mansel 关于瓦拉几亚和摩尔达维亚的希腊王公的章节。

5 AAE 20: 8-10, Langeron, 'Journal de la campagne de 1790'.

6 Ligne, *Mélanges* vol 7 pp 199-210, Ligne to Ségur 1 December 1788.

7 AAE 20: 8-10, Langeron, 'Journal de la campagne de 1790'. Damas p 139. Ligne, *Mémoires* 1828 vol 1 pp 211-14, Ligne to Ségur 1 December 1788 and

① 加拉茨是今天罗马尼亚东南部的一座城市, 在多瑙河畔。

vol 2 pp 390-2. Mansel, *Constantinople* pp 154-7. RGVIA 52. 2. 89. 149, Prince Alexander Mavrocordato to GAP 21 September 1790, Elisabethgrad, unpublished. SIRIO 54 (1886)： 197, Richelieu, ' Mon voyage '. Ligne, *Mélanges* vol 7 p 199-210, Ligne to Ségur 1 December 1788.

8 Castera vol 3 p 294. Saint Jean pp 48-54, 137-45. AAE 20： 38, Langeron, 'Journal de la campagne de 1790' (résumé).

9 AAE 20： 367, Langeron, 'Résumé 1790'.

10 RGVIA 52. 11. 91. 11, Prince Nicholas Mavrogeny Hospodar of Wallachia to GAP 5 November 1789; and RGVIA 52. 11. 91. 6, GAP to Prince Nicholas Mavrogeny Hospodar of Wallachia 24 October 1789, unpublished.

11 Demetrius Dvoichenko-Markov, ' Russia and the First Accredited Diplomat in the Danubian Principalities 1779-1808' pp 208-18.

12 Saint Marc de Giraudin, *Souvenirs de voyage et d'études* p 249, cited in Georges Haupt, ' La Russie et les Princapautés Danubiennes en 1790： Le Prince Potemkin-Tavrichesky et le Courrier de Moldavie ' pp 58-63. Also N. Iorga, *Geschichte des Osmanishen Reiches* (Gotla 1908) vol 1 p 469, cited in Dvoichenko-Markov p 218.

13 Samoilov col 1553.

14 RGVIA 52. 11. 91. 25-6, Prince de Cantacuzino and others to GAP 12 February 1790. RGVIA 52. 11. 91. 24, Moldavian boyars to GAP 17 November 1789. RGVIA 52. 11. 91. 23, Moldavian boyars to GAP ud, 1790, unpublished.

15 ZOOID 4： 470. Haupt, pp 58-63.

16 AAE 20： 367, Langeron, 'Résumé 1790'.

17 Samoilov col 1553.

18 RGADA 5. 85. 2. 206, L 385, CII to GAP 25 November 1789.

19 RA (1907) 2 pp 130-2.

20 Engelhardt 1997 p 82.

21 RGIA 1146. 1. 31, Mikhail Garnovsky accounts 1790, unpublished.

22 RS (1876) 16 p 425, Garnovsky to Popov 4 March 1790.

23 RGVIA 52. 2. 89. 128, unsigned to GAP ud, unpublished.

24 *Moskvityanin zhurnal* (1852) no 2 January vol 2 p 101.

25 *Moskvityanin zhurnal* (1852) no 2 January vol 2 p 99.

26 AAE 20： 98, Langeron, 'Résumé 1790'.

27 RGADA 11. 940. 5, Peter Zahorevsky to Praskovia Potemkina ud, unpublished.

28 RS (1875) June vol 13 pp 164-8. Brü ckner, *Potemkin* pp 254-5, GAP to

Praskovia Andreevna Potemkina. RGADA 11. 857. 8, 13, 14, 19, 22, 40, P. A. Potemkina to GAP.

29 SBVIM vol 8 p 22, GAP Orders to M. L. Faleev 15 March and 25 April 1790.

30 AAE 20: 131, Langeron, 'Evénements de la Campagne de 1790 des Russes contre les Turcs en Bessarabie et en Bulgarie'.

31 RGVIA 52. 2. 56. 32-3, Baron I. M. Simolin to GAP 16/26 July 1790, Paris, unpub-lished.

32 RGVIA 52. 2. 39. 182, Count Stackelberg to GAP 18/29 March 1788, Warsaw, unpublished.

33 RGVIA 52. 2. 56. 32-3, Simolin to GAP 16/26 July 1790, Paris, unpublished.

34 RGVIA 52. 2. 35. 35, GAP to Baron Sutherland 1/16 March 1787, 关于付款给格林男爵以在巴黎购物，未发表。

35 *Literaturnoye nasledstvo* (Moscow 1937) vol 29 – 30 pp 386 – 9. Simolin to A. A. Bezborodko 25 December 1788/5 January 1789, Paris. 账单是 8000 蒂雷纳里弗，1 蒂雷纳里弗大约相当于 4 个普通里弗。

36 Vigée Lebrun vol 1 p 323.

37 Ligne, *Letters* (Staël) vol 2 p 5, Ligne to Ségur 1 August 1788.

38 Masson p 113.

39 A. S. Pushkin, 'Notes on Russian History of the Eighteenth Century' p 5.

40 RGADA 248. 4404. 221 reverse, 日期为 1785 年 9 月 2 日，叶卡捷琳娜大帝命令元老安德烈·彼得罗维奇·舒瓦洛夫伯爵调拨 300 万卢布给波将金，用于营造塞瓦斯托波尔的海军部大楼。1787 年战争爆发后，预算猛增。与上述文件保存在同一处的另一份文件是 A. A. 维亚泽姆斯基公爵于 1790 年 11 月 7 日给叶卡捷琳娜大帝的信，其中显示，1787—1790 年，波将金通过加尔诺夫斯基上校、法利耶夫和波波夫等官员，给黑海舰队以及叶卡捷琳诺斯拉夫和乌克兰的部队拨款 300 万卢布。不过，维亚泽姆斯基抱怨道，波将金有三次没有汇报金钱开支的详情。再举一例：SIRIO 27 (1880): 348-51, CII to GAP 14 January 1785。叶卡捷琳娜大帝命令维亚泽姆斯基给波将金拨款 100 万卢布，用于组建新部队。PSZ xxii no 16, 131. SIRIO 27 (1880): 354, CII to GAP 13 August 1785. 其中 240 万卢布用于建设黑海舰队的司令部。

41 *Memoirs of the Life of Prince Potemkin* pp 85-7.

42 GARF 9: 波将金与不同人的通信。波将金继续任用他的"宫廷犹太人"和朋友蔡特林以及华沙的弗格森·泰珀等银行家。他们的未发表通信保存于几家档案馆，RGIA in Petersburg, RGVIA f52 and RGADA f11 in Moscow. 这些通信是价值无量的史料，能够帮助我们了解波将金的财务和俄罗斯帝国的财政，但这些通信不在本书的讨论范围之内。关于萨瑟兰男爵的艰难挣扎，见下一条注释。

43 RGADA 11.895.3‐5, Baron Richard Sutherland to GAP 10 August and 13 September 1783. RGADA 11.895.7, Baron Sutherland to GAP 2 March 1784. All unpublished. 萨瑟兰可能得到了一些偿付，因为他平静了下来，直到次年得罪了蔡特林："我非常懊恼地得知，因为我与蔡特林先生的那件事情，我失去了殿下慷慨赐予我的庇护与信任。"萨瑟兰自称是"他自己的善意的受害者"，并对波将金奴颜婢膝，哀求着想要得到原谅。波将金很可能是唯一因为一个犹太商人而与一位英国男爵决裂的俄国政治家（见本书第 19 章）。RGVIA 52.2.35.33, Ferguson Tepper to GAP 11 January 1788 Warsaw. 萨瑟兰很快又重新得到了波将金的宠信，但波将金付款的每一次耽搁都会伤害萨瑟兰在华沙的银行经理弗格森·泰珀。没过多久，泰珀就哀求波将金直接支付萨瑟兰 77912 卢布。关于波将金的秘书处（既是国家机关，也是他私人的办公室）的运作方式，见 RGVIA 271.1.53.1, Abbe Michel Ossowski to GAP 30 July NS 1789, unpublished。此处，一个波兰人探讨了波将金在波兰的庄园，以及为波将金赫尔松造船厂输送木材与桅杆的事情。

44 RGVIA 52.2.35.4, Sutherland to GAP 6 October 1788. RGADA 11.895.13, Sutherland to GAP 22 October 1788, unpublished.

45 RA（1873）2 p 1687, GAP to Bezborodko.

46 Khrapovitsky 24 December 1789.

47 Gerhard F. Kramer and Roderick E. McGrew, 'Potemkin, the Porte and the Road to Tsargrad：The Shumla Negotiations 1789‐90' pp 467‐87. This work quotes from the Barozzi Diaries in Austrian Haus‐, Hof‐, und Staatsarchiv Russland II Berichte 202A to 206B.

48 RGIA 468.1.2.3904, 送往雅西预备在与土耳其人谈判期间使用的珠宝的清单，未发表。

49 RGVIA 52.2.79.1, GAP to Barozzi February 1790. ZOOID 8（1872）：194‐5, GAP to Grand Vizier and Barozzi 16/27 February 1790. ZOOID 8：198‐9, GAP to Barozzi, 关于在莫斯科建造清真寺的提议。

50 RGADA 5.85.2.216, L 397, CII to GAP 6 February 1790.

51 Blanning, *JII* 1, pp 189, 198. SIRIO 54：111, Richelieu, 'Journal de mon voyage'. RGVIA 52.2.47.8, GAP to Prince Kaunitz 31 January 1790, unpublished. Ligne, *Letters*（Staël）vol 2 p 34, Ligne to CII 12 February 1790.

约瑟夫二世的处境越发恶化，因此催促波将金议和。他与波将金的通信（全部未发表）：RGVIA 271.1.43.3，JII to GAP 7 October NS 1789, Vienna; RGVIA 52.2.47.41，JII to GAP 22 October NS 1789, Vienna（six-page letter）; RGVIA 52.2.47.6，GAP to Kaunitz 11/22 December 1789, Jassy, and also RGVIA 52.2.47.4，GAP to Kaunitz 7 November 1789, Bender。

52 RGVIA 52.2.46.9，Leopold King of Hungary to GAP 30 March 1790, and GAP to King of Hungary ud. Also RGVIA 52.2.46.6，GAP to Leopold ud. 波将金与奥地利人利奥波德和考尼茨的书信未发表。据说波将金对利奥波德焦躁不安的书信大感愤怒，他用脚踩这些书信，并咒骂哈布斯堡家族，他们很快就听说了他是怎么骂他们的。Sir N. William Wraxall, *Historical Memoirs of my own Time* p 171.

53 RGVIA 52.2.65.1，Duke of Leeds to GAP 31 March NS 1790. RGVIA 52.2.65.2，GAP to Leeds 30 May 1790, unpublished. Cross, *By the Banks of the Neva* pp 361-3. 约翰·霍华德（1762—1790）被安葬在赫尔松附近，亚历山大一世沙皇在他的墓地前建造了一座金字塔。苏联人继续尊崇这位"人类之友"。1998 年，本书作者来到赫尔松时，当地政府向游客分发的小册子仍然推荐参观霍华德之墓。

54 RGADA 5.85.2.212，L 385，CII to GAP 3 December 1789.

55 RGVIA 52.2.46.4，GAP to Leopold King of Hungary 25 May 1790, unpublished.

56 AVPRI 5.5/1.589.214-16，GAP to CII ud, November/December 1789.

57 RGADA 5.85.2.208-9，L 385，CII to GAP 2 December 1789.

58 Engelhardt 1997 p 82.

59 RGADA 1.1/1.43.24-6，L 414，GAP to CII May 1790. 波将金命令的原文见 SIMPIK KV vol 2 p 30, 31 March 1790："致全军各级官兵，我命令你们只穿常规军服，不得有任何区分。将官的外衣上不得有鹰徽。"

60 AVPRI 5.585.142，L 397，GAP to CII February 1790, Jassy.

61 AVPRI 5.585.128.31，L 389，GAP to CII December 1789.

62 RGADA 5.85.2.225-6，L 407，CII to GAP 19 March 1790, and RGADA 5.85.2.224，L 408，CII to GAP 30 March 1790.

63 AVPRI 5.585.323，L 394，GAP to CII 23 January 1790, Jassy. RGADA 5.85.2.208，L 387，CII to GAP 2 December 1789. AVPRI 5.585.128-131，L 388-9，GAP to CII December 1789. 1789 年末和 1790 年春，波将金给他的哥萨克军官切佩加和格拉瓦蒂的关于组建新军团的命令越来越多，例如 SIMPIK KV vol 2 p 24, GAP to Golovaty 4 October 1789; p 32, 14 April 1790,

Jassy。

64 RGVIA 52. 2. 37. 207, GAP to Bezborodko.

65 RA （1842） 7 - 8 pp 17 - 18. AKV 5：402, M. N. Radischev to Count A. R. Vorontsov 17 May 1791.

66 RGADA 1. 1/1. 43. 107, L 441, GAP to CII 3 December 1790.

67 RS （1876）November pp 417-8, 1 GAP to CII June 1790.

68 RGADA 5. 85. 2. 227, CII to GAP 27 April 1790.

69 RGADA 1. 1/1. 43. 17, L 419, GAP to CII 19 June 1790.

70 Madariaga, *Russia* p 414. Wraxall 说，奥地利之所以退出俄奥联盟，部分原因是利奥波德二世听说波将金很粗鲁。不过，俄国人的愤怒并不是利奥波德二世要面对的最严重问题。但是，波将金可能确实会对奥地利的退出暴跳如雷。Wraxall 说波将金"脾气极其火爆"。Wraxall p 171.

71 RGADA 5. 85. 2. 239, L 422, CII to GAP 17 July 1790.

72 RGADA 5. 85. 2. 245-6, L 425, CII to GAP 9 August 1790.

73 RGADA 1. 1/1. 43. 38, L 427, GAP to CII 16 August 1790, Bender.

74 AAE 20：179, Langeron, 'Evénements 1790'.

75 Dubrovin p 20, quoted in Lopatin, *Potemkin i Suvorov* p 182.

76 RP 2. 1 p 36. RP 4. 1 p 19. RP 1. 2 p 85. Vigée Lebrun vol 1 pp 319-20. AAE 20：138, Langeron, 'Evénements 1790'. Golovina pp 24-5. RGVIA 52. 2. 52. 1, 利尼亲王给波将金的这封信可能是 1789 年 10 月 18 日或甚至 1790 年从维也纳发出的，因为信里提到年轻的利尼亲王夏尔在波将金军中服役，以及伊斯梅尔可能被占领了。这封信未发表。利尼亲王的笔迹极难辨认。这封信标志着利尼亲王和波将金在奥恰基夫之后和解的一个新阶段："我经常感到自己有必要告诉我亲爱的公爵殿下，我非常爱他。并且这是我人生中第一次觉得相距遥远也不是那么重要了……我不能见到……萨莫伊洛夫夫人，这对我是多么不幸……我还想念那些在摩尔达维亚环绕你的人，我喜欢那些人，他们也是那样爱你……"

77 SIRIO 54 （1886）：111-98, Richelieu, 'Mon voyage'. RP 4. 2 p 152.

78 SIRIO 54 （1886）：147-9, Richelieu, 'Mon voyage'.

79 SIRIO 54 （1886）：pp 147-9, Richelieu, 'Mon voyage'.

80 AAE 20：158, Langeron, 'Evénements 1790'.

81 RGVIA 52. 2. 47. 12, GAP to Kaunitz October 1790, Bender, unpublished.

82 SIRIO 54 （1886）：147-9, Richelieu, 'Mon voyage'.

83 AAE 20：160, Langeron, 'Evénements 1790'.

84 Vigée Lebrun vol 1 p 321.

85 Engelhardt 1868 p 88.

86 Engelhardt 1868 p 88. AAE 20：226，Langeron，'Evénements 1790'.

87 SIRIO 54（1886）：152，Richelieu，'Mon voyage'.

88 SIRIO 54（1886）：147 - 9，Richelieu，'Mon voyage'. AAE 20：226，
Langeron，'Evénements 1790'.

89 Golovina pp 24-5.

90 AAE 20：143，Langeron，'Evénements 1790'. Pushkin，*Polnoye Sobraniye Sochineniya* vol 12 p 173. 普希金的故事背景设置在奥恰基夫，主人公是一位伯爵夫人，但真实事件更有可能发生在宾杰里，时间是 1790 年，人物是多尔戈鲁卡娅公爵夫人。

91 Engelhardt 1997 p 88.

92 Vigée Lebrun vol 1 p 321. AAE 20：226，Langeron，'Evénements 1790'.

93 RGVIA 52.2.71.9，GAP to Princess Lubomirska 2 August 1790，'Not a moment for myself'，and RGVIA 52.2.71.8，波将金同意割让杜布罗夫诺，1790 年 7 月 20 日，雅西附近的 Czerdack，未发表。关于波兰政治：RGVIA 52.2.70.12，GAP to Branicki 28 February 1790 on the Hetmanate；RGADA 11.946.56，Baron Ivan I. d'Asch to GAP 23 July/3 August 1790，and document 65 d'Asch 感谢波将金送给他一份土耳其手抄本。RGVIA 52.2.7.2，SA to GAP 22 July 1790，Warsaw；RGVIA 52.2.68.26，Count Felix Potocki to GAP 1 MayNS 1790，Vienna. 均为未发表材料。关于军队改革、哥萨克团和近卫团：RGADA 1.1/1.43.24-6，L 414，GAP to CII May 1790；G. S. Vinsky，*Moe vremya*，*zapiski* with new introduction by Isabel de Madariaga；Vinsky p 100。Vinsky 抱怨说，波将金在近卫军里塞满了"形形色色的三教九流（raznochintsky），甚至亚洲人"。AKV 9：270，S. R. 沃龙佐夫也对 1792 年 11 月 7 日事件发出抱怨，转引自 Duffy，*Russia's Military Way* p 138. 关于哥萨克的招募：SIMPIK KV vol 2 p 39，GAP to Chepega 9 November 1790，Bender。关于库班战争：Dubrovin，*Istoriya voyny* vol 2 pp 260 - 1，Yury Bogdanovich Bibikov to GAP 16 February 1790；p 269，GAP to General de Balmain 26 June 1790；and p 269，GAP to I. V. Gudovich 24 December 1790。Also SBVIM vol 8 p 9，GAP to Y. B. Bibikov 23 February 1790. 关于海战，vol 7 p 107，GAP to José de Ribas 8 July 1790；p 139，GAP to Ribas 17 August 1790. 关于舰队的信号：vol 8 p 18，GAP to Ribas 14 March 1790。关于尼古拉耶夫：ZOOID 8：200，波将金谈及尼古拉耶夫的教堂，给斯塔罗夫和建筑师的命令，以及 1790 年 8 月 24 日给法列耶夫的命令，转引自 Kruchkov。

94 RGADA 5.85.2.266，L 440，CII to GAP October 1790.

95 RGADA 5. 85. 2. 251−4, L 430, CII to GAP 29 August 1790.

96 RGADA 5. 85. 2. 256 − 7, L 434, CII to GAP 11 September 1790. RGADA 5. 85. 2. 266, L 439, CII to GAP October 1790.

97 波将金的波兰贵族身份与俄国在波兰的地位受到的威胁，见未发表的波将金与施塔克尔贝格通信，例如 RGVIA 52. 2. 74. 2, GAP to Marshals of the Sejm Malachowski and Sapieha 7 November 1788, Ochakov; RGVIA 52. 2. 39. 1, CII to Stackelberg 12 May 1788, Tsarskoe Selo; RGVIA 52. 2. 39. 270, Stackelberg to GAP 13/24 December 1788; RGVIA 52. 2. 39. 385, Stackelberg to GAP 1/12 April 1790; RGVIA 52. 2. 39. 384, Stackelberg to GAP 5/16 March 1790; RGVIA 52. 2. 39. 370, Stackelberg to GAP 12/23 January 1790; RGVIA 52. 2. 39. 358, Stackelberg to GAP 3/14 January 1790。另见反波将金的宣传：'Reflexion', RGVIA 52. 2. 54. 147, ud, unsigned。以上材料均未发表。见本书第 23 章注释 49。

98 RGADA 1. 1/1. 43. 59 − 60, L 432, GAP to CII 10 September 1790, Bender. RGADA 5. 85. 2. 258 − 9, CII to GAP 16 September 1790. RGADA 5. 85. 2. 260, L 436, CII to GAP 30 September 1790. RGADA 5. 85. 2. 262, L 436, CII to GAP 1 October 1790.

99 Petrov, *Vtoroya turetskaye voyna* vol 2 pp 43−4, GAP to Lazhkarev 7 September 1790. RA（1884）2 p 30.

100 SBVIM vol 8 p 16, GAP to F. F. Ushakov 14 March 1790; p 89, GAP to Ushakov 24 June 1790; p 92, GAP to Ushakov 3 July 1790.

101 RGADA 1. 1/1. 43. 55, L 431, GAP to CII 4 September 1790, Bender.

102 RGADA 5. 85. 2. 258-9, L 434, CII to GAP 6 September 1790.

103 SBVIM vol 8 p 172, GAP to Ribas 28 September 1790.

104 RGVIA 52. 2. 37. 230, GAP to Bezborodko.

105 RGVIA 52. 1. 586. 1. 586, GAP to Bezborodko.

106 SBVIM vol 8 p 186, GAP to Ribas 13 November 1790.

107 AAE 20: 272, Langeron, 'Evénements 1790'.

108 Odessa State History Local Museum d680 and d681, Armand Duc de Richelieu to GAP and Alexandre Comte de Langeron to GAP 10 November 1790.

30 杀戮之海：伊斯梅尔

> 魔鬼发疯时所犯的各种罪行，
>
> 见闻和想象所描绘的灾祸，
>
> 还有罄竹难书的、使人入地狱，
>
> 或变人间为地狱的那些邪恶，
>
> （想不到仅凭人们的胡作非为
>
> 就会变成这样！）都已在这儿鼎沸。
>
> ——拜伦勋爵，伊斯梅尔攻城战，《唐璜》，
>
> 第 8 章第 123 节

1790 年 11 月 23 日，约 3.1 万俄军在伊凡·古多维奇中将、帕维尔·波将金中将和亚历山大·萨莫伊洛夫中将的指挥下，与多瑙河上里瓦斯少将指挥的俄国分舰队一起包围了固若金汤的伊斯梅尔要塞。此时已经是冬季，适合作战的季节已经结束了；饥肠辘辘的官兵受到疾病的侵害，严重减员。只有坚韧不拔且才华横溢的里瓦斯敢于发动强攻。另外三位将军互相争吵。他们之中没有一个人拥有足够的威望，能够驱动部队去强攻这样一座几乎坚不可摧的要塞。[1] 伊斯梅尔位于一个天然形成的类似圆形露天剧场的区域之内，拥有 265 门火炮和 3.5 万守军，这相当于一个中等规模的军团。防御阵地呈半圆形，有多道高耸的城墙、深沟、犬牙交错的塔楼、与地面垂直的栅栏和棱堡。多瑙河构成了半圆形的直径。法国和德意志工

程师在近期加固了它"建造巧妙的"城堞。[2]

波将金留在宾杰里观战，因为假如拿不下伊斯梅尔，他不希望全军的威望都受损。[3]在这个关键时刻，波将金觉得没有必要再过朴素的生活。恰恰相反，可供他选择的佳丽非常多。他对多尔戈鲁卡娅公爵夫人的激情正在淡去。冉冉升起的新"苏丹娜"德·维特夫人陪在他身边。据说布拉尼茨卡伯爵夫人正在途中，而"L夫人"（李沃夫将军之妻）"抵达，带来了一个十五或十六岁的少女，美如丘比特"。据一位消息灵通但敌视波将金的目击者说，这个少女是个交际花，也是"公爵最新的受害者"。[4]他和以往一样骄奢淫逸。黎塞留公爵、朗热隆伯爵和年轻的利尼亲王抵达宾杰里时，波将金自称"幸甚"，不过没说自己是否打算强攻伊斯梅尔。朗热隆伯爵问了，但"没人答他"。这三人在伊斯梅尔城下重新加入俄军。[5]

伊斯梅尔城下的俄国将军们和研究此次围城战的绝大多数历史学家不知道的是，波将金此时已经认定，现场的指挥官没有攻克此城的能耐。于是他召唤了他知道肯定能攻克伊斯梅尔的人——苏沃洛夫。波将金在11月25日写信给他："在上帝的佑助下，拿下此城。"并补充道："现在那里有许多级别相同的将军，所以变成了优柔寡断的议会。"波将金提醒苏沃洛夫，伊斯梅尔靠近河流那一侧的城墙最薄弱；他只推荐了两名在现场的军官："里瓦斯会帮助你……你对库图佐夫也会满意。"在这两方面，后来的事实证明波将金的判断都是正确的。"做好安排，向上帝祈祷，然后进攻吧。"[6]苏沃洛夫收到信后立即前往伊斯梅尔。

那里的俄军营地生动地展现了俄国人在行政管理方面的混乱和低劣的领导力。波将金已经下令将火炮调往前沿并要求

"不惜一切代价"拿下此城。[7]11 月 25 日，也就是波将金写信传唤苏沃洛夫的同一天，古多维奇主持了一次鸡同鸭讲的作战会议。里瓦斯主张发动全面进攻，其他人则犹豫不决。里瓦斯向波将金求助。波将金于 11 月 28 日秘密回信，说苏沃洛夫已经在路上了，"所以一切困难都会迎刃而解"。12 月 2 日，古多维奇再次召开作战会议，命令撤退。里瓦斯怒不可遏。"喜剧结束了。"[8]一位感到愤恨的军官写信给朋友说。俄军把火炮拆卸打包，开始撤退。里瓦斯再次向波将金求助，而里瓦斯的分舰队返回了加拉茨。[9]

在宾杰里，波将金仍然伪装漫不经心、放纵享乐，始终没有向大家透露苏沃洛夫即将接管伊斯梅尔围城战。据说波将金与后宫女人们打牌的时候，德·维特夫人假装给他算命，预言他将在三周之内攻克伊斯梅尔。波将金哈哈大笑，说自己手里有一张牌比算命更可靠，那就是苏沃洛夫。仿佛他是在打牌的时候刚刚想到任用苏沃洛夫。波将金喜欢与头脑简单的廷臣玩这种游戏，但他对这么重要的事情秘而不宣是故意的。他曾向叶卡捷琳娜大帝吹嘘，他能隐瞒自己的真实意图，不仅敌人不知道，连他的下属也不知道。"屠夫永远不应当露出自己的刀子，"他又一次写道，"战争的灵魂是保守秘密。"[10]

古多维奇撤退的消息传到波将金耳边。波将金十分鄙视古多维奇，对他大加挖苦，然后调他去指挥在高加索地区和库班的部队："我看到你对攻打伊斯梅尔的问题做了很多讨论，但我觉得你没有什么对敌人有伤害的想法……因为你从来没有近距离见过土耳其人，除非是俘虏，所以我要派苏沃洛夫将军向你展示一下怎么操作……"[11]波将金知道，不可能做到"比苏沃洛夫更苏沃洛夫"。

苏沃洛夫-勒姆尼库斯基伯爵接近了伊斯梅尔，他把正在撤退的部队赶回，并召回里瓦斯的分舰队。苏沃洛夫于 12 月 2 日进入营地，他看上去"更像是鞑靼人而不是一支欧洲军队的将军"。他像个矮小的稻草人，骑着马，身边只有一名哥萨克勤务兵。[12] 尽管（或者恰恰是因为）苏沃洛夫行事怪异（夜间唱歌、在不是饭点的时间坐在地上吃饭、赤身露体在地上打滚），官兵们还是信赖他。他重新部署了炮兵阵地，监督士兵制作云梯和用来填平壕沟的柴捆，并用模拟的城墙训练士兵爬城。波将金在宾杰里紧张地等待，但他特意给了苏沃洛夫一条狭窄的撤退路线，如果苏沃洛夫判断伊斯梅尔确实坚不可摧的话就可以使用。这并不是说明波将金对苏沃洛夫没有信心，而是在提醒他，如果强攻不能得手，就不要浪费俄国人的生命、损害俄国人的威望。毕竟土耳其人坚信，伊斯梅尔是不可能被攻克的。[13]

12 月 7 日，一名俄军号手带着波将金和苏沃洛夫的书信来到要塞前，劝降伊斯梅尔守军，以免让"无辜的妇孺流血"（波将金的说法）。[14] 苏沃洛夫更直率：如果伊斯梅尔顽抗，他就"把城内的人斩尽杀绝"。[15] 土耳其人在城墙顶端轻蔑地炫耀武力。此时城头已经插上了许多旗帜，黎塞留觉得"这么一大群衣着华丽的士兵构成了极其别致的景观"。[16] 奥斯曼城防司令请求十天的停战期，苏沃洛夫拒绝接受这种拖延策略。里瓦斯在筹划攻势。在 12 月 9 日的作战会议之后，苏沃洛夫命令全线猛攻伊斯梅尔城，用六个纵队在陆地进攻，四个纵队从多瑙河上进攻。苏沃洛夫告诉官兵："明天，要么是土耳其人，要么是俄国人，将被埋葬在伊斯梅尔。"[17] 奥斯曼城防司令用已经听天由命、抱着必死决心的人的语气宣布："除非多瑙河停止流动，除非天空坠落，伊斯梅尔决不投降。"[18]

12 月 11 日凌晨 3 点，天空果真坠落了。俄军的大炮猛轰要塞，随后一枚烟花升上天空，宣布进攻开始。土耳其人的大炮杀死杀伤了大批进攻的俄军。朗热隆伯爵回忆说，伊斯梅尔一片"恐怖与美丽的盛景"，城墙顶端熊熊燃烧。[19]达马斯伯爵负责指挥一个纵队从多瑙河上进攻，他是最早登城的人之一。波将金的判断是正确的，要塞的临河一面最为薄弱。在陆地那一侧，最前方的两个纵队冲进了城，但库图佐夫的前锋部队被两次打退，伤亡惨重。据说苏沃洛夫在这时给他送了一封信，祝贺他攻克了伊斯梅尔，并任命他为伊斯梅尔总督。库图佐夫大为振奋，亲自率军第三次进攻，终于成功。一名神父挥舞着十字架，在弹雨中带来了预备队。太阳升起的时候，所有纵队都登上了城堞，但还有几个纵队没有进入街道。随后俄军"如同淹没乡村的洪水一般"涌进了伊斯梅尔。6 万士兵的肉搏战现在达到最血腥的高潮。直到正午仍然胜负未决。[20]

伊斯梅尔沦为但丁笔下的那种恐怖地狱。熊一般凶悍的俄国士兵高呼"乌拉！"和"叶卡捷琳娜二世！"土耳其人败退，俄军纵情肆虐，疯狂地破坏和杀人。达马斯伯爵回忆道："随后发生了最恐怖的残杀、最惨不忍睹的屠戮。丝毫不夸张地说，这座城镇的下水道都被染红了，就连妇孺也不能幸免。"孩童的哭喊也不能让俄国人心软。一个土耳其人冲出一座房屋，用枪瞄准达马斯伯爵，但枪没有响，这个"可怜的家伙"瞬间被达马斯伯爵的部下杀死。

4000 匹鞑靼战马从地下马厩逃逸，踩踏着死者和垂死挣扎的人。疯狂的马蹄把人肉踩成烂泥，把奄奄一息的人的头骨踩得粉碎，直到这些马匹也被杀死。城防司令和 4000 名士兵仍在坚守一座堡垒，他的绿色营帐就设在那里。在他们即将投降的时候，一名为俄国效力的英国水兵试图擒获这位土耳其将军，用枪将他打倒，但自己被十五支刺刀戳死。俄国人见状就铁石心肠又有条不紊地杀死了这4000人，一个没留。

土耳其人用听天由命的态度等待死亡，这种态度是黎塞留公爵闻所未闻的。"我不会尝试描述那种让我的所有感官都僵化的恐怖景象。"但他救了一个十岁女孩的命，她浑身浸透鲜血，周围躺着四名被割喉的女人的尸体。两名哥萨克正打算杀死这个女孩，这时黎塞留公爵拉住她的手，"我很高兴看到我的小小俘虏除了脸上有一道轻微划痕之外没有伤，可能就是杀死她母亲的那支剑在她脸上留下了这伤痕"。鞑靼王公卡普兰·格来和他的五个儿子，都是成吉思汗的骄傲子孙，在堡垒内做了最后的抵抗。父亲的尸体周围环绕着他的勇敢儿子们的尸体。

守军的抵抗逐渐瓦解，屠杀变得很像一场令人毛骨悚然的哑剧。嗜血的俄国人把他们能找得到的每一件衣服，不管是男装还是女装，都穿在自己身上。为了保护衣服，他们在杀死俘虏之前先把他们剥光。他们劫掠土耳其人的商店，被垂死者的哭喊撕裂的天空里弥漫着香料的芬芳。哥萨克们穿戴上抢来的假发和女裙，形象变得更加可怖，他们在洋溢着香料气味的街道上横冲直撞，践踏齐膝深的、污血已经凝固的死尸，浑身血腥气，挥舞滴血的剑，追赶赤身露体的不幸之人。耳边是马儿的嘶鸣和马蹄声，还有犬吠和孩童的哭喊。

> 屠戮的激情，如尼罗河被阳光晒干的淤泥，
> 造就了形形色色的恐怖罪行。

尸体堆积如山，朗热隆伯爵发现走路时根本不可能不踩到死人。黎塞留公爵拉着他救下的那个女孩的手，遇见了达马斯伯爵。他们不得不从尸堆里开辟一条路，好让女孩走过。屠杀一直持续到下午 4 点土耳其人终于投降的时候。

> 燃烧的街巷的火光，如水面倒映的月光，
> 血色的倒影，杀戮之海。

伊斯梅尔幸存的最高级别奥斯曼官员在被毁要塞的中央地面上铺了几张地毯。他周围环绕着惨遭屠戮的同胞的尸体。他镇定自若地吸了一管烟，仿佛坐在自己的后宫里。"奥斯曼帝国最关键的要塞之一"就这样被征服了。[21] 这是 18 世纪规模最大的军事屠杀之一，约有 4 万人死亡。[22]

苏沃洛夫在一张纸（如今已经发黄，几乎还能闻得到火药味）上给波将金写信："在女皇陛下的宝座前，各民族纷纷下跪，高墙也会崩坍。本次攻势漫长而血腥。伊斯梅尔已陷落，我向殿下贺喜。"[23]

波将金"十分喜悦和亲切，气度如同苏丹"。[24] 他命令鸣炮庆祝胜利，并立刻写信给叶卡捷琳娜大帝，派遣新男宠的弟弟瓦列瑞安·祖博夫（波将金对他有好感）去送捷报。波将金把此次胜利全部归功于苏沃洛夫。叶卡捷琳娜大帝回信："我全心全意地祝贺你。"[25] 敌视波将金的朗热隆伯爵说，波将金一个月前还不肯牺牲十个人的生命，如今却吹嘘："与这样的辉煌胜利相比，死掉 1 万—1.2 万人又算什么？"波将金也许扮演了嗜血征服者的角色，不过值得注意的是，尽管他几乎

每天都计划去伊斯梅尔，但始终没有去。他在紧张的等待结束之后往往会生病，这次也病了，但他确实也不愿意亲临那"丑恶的场景"。[26] 最后他派波波夫代表他去了。波将金对这次胜利肯定很高兴，但对俄军的伤亡惨重也深感不安。他的甥孙亚历山大·雷夫斯基上校在此役中阵亡，雷夫斯基和他的兄弟是波将金"最喜爱的两个甥孙"。[①] 所以，波将金对伊斯梅尔大捷的态度更可能是：这是非做不可的脏活，但做得很好。伊斯梅尔的陷落让他如释重负，因为他和叶卡捷琳娜大帝希望这能促使土耳其人觉醒，接受条件还算不错的和约。让波将金高兴的另一点是，捷报传到维也纳之后，利尼亲王不得不承认自己对波将金军事指挥水平的贬低是错误的。[27]

据说苏沃洛夫在战役结束之后抵达雅西时，波将金大摆排场欢迎他，并问："我应当怎样奖赏你的服务？"苏沃洛夫怒道："不，殿下，我又不是个商贩……除了上帝和女皇，没人能奖赏我！"这个故事是虚构的，但被后人信以为真。[②] 其实这两个怪人直到2月才再次见面，而且他俩的通信语气都很亲热。他俩几乎同一时间抵达圣彼得堡之后，波将金继续赞扬和

---

① 亚历山大·雷夫斯基的兄弟尼古拉·雷夫斯基就是1812年博罗季诺战役中坚守雷夫斯基棱堡的那位英雄将军。多年后，尼古拉·雷夫斯基与普希金成了朋友，普希金与他一起旅行，听他讲波将金和1812年的故事。雷夫斯基兄弟是亚历山大·萨莫伊洛夫的妹妹的儿子。——作者注

② 几乎每一部关于波将金的史书，无论是俄国人还是英国人写的，都包含这个与苏沃洛夫有关的传说。据说他俩因此决裂，心怀嫉妒的波将金遭到天才苏沃洛夫的怒斥。实际上，他俩可能根本没有这样见过面。在雅西的人，比如朗热隆伯爵，都没有提过这样的事情。伊斯梅尔战役结束之时，波将金在宾杰里，不在雅西。V. S. 洛帕京已经证伪了关于波将金与苏沃洛夫关系的绝大多数说法，他的研究表明他俩在伊斯梅尔战役结束后的两个月里都不可能见过面，他们的下一次见面是在2月的第一周。——作者注

提拔他最喜欢的这位指挥官。[28]

波将金安排部队过冬，然后前往自己的"都城"雅西。他的队伍接近雅西时，黎塞留公爵注意到城里传出光亮，那是为迎接波将金准备的火炬。然而，他不愿在雅西久留。[29]

波将金想要带着屡战屡胜的总司令的威望胜利返回圣彼得堡，他在"几乎占据地球表面四分之一"的广袤战区赢得了一连串光辉胜利，"战无不胜"。他或许没有苏沃洛夫那样令人生畏、端着刺刀穷追猛打的骁勇，但作为战略家和陆海军总司令，他不曾输过一场战役。在给叶卡捷琳娜大帝的一封信里，他忍不住把自己的胜利与萨伏伊的欧根亲王和弗里德里希大王的胜利相提并论，但说自己"遵照她在上一次战争期间给出的母亲式建议"，会戒骄戒躁。他回顾自己的人生，感谢叶卡捷琳娜大帝的恩宠，"自我的青葱岁月以来，你一直对我恩宠有加"。在信的结尾，他写道："因为我属于你，所以我的所有美妙成功都属于你。"

叶卡捷琳娜大帝和波将金还不算老，但也不年轻了。他们的神经长期处于紧绷的状态。掌权的漫长岁月让他们变得更加专横跋扈，也更加敏感。但他们仍然互相关爱，情意缠绵。伊斯梅尔围城战让他俩都付出了不少代价。他俩鸿雁传书，交换有关各自健康状况的消息。"我的身体在好转，"叶卡捷琳娜大帝写道，"我想应当是痛风病影响到了我的肠胃，但我用胡椒和每天一杯马拉加酒治愈了自己。"他在雅西病倒，但得知她的病情后，认同了马拉加酒和胡椒的疗法，不过补充道，她必须"始终注意肠胃的保暖。我亲吻你的双手，我的养母"。[30]他离开圣彼得堡差不多已经有两年了，于是问叶卡捷琳娜大帝是否允许他回城。他在 1791 年 1 月 11 日从雅西发出的信中写道："我非常需要和你一起待一阵子。"他可能想当面和她探讨波兰的问题。"让我好好看看你。"[31]

她也想见他。她赞同"面谈比写信好"，但请他少安毋躁。有人对此的解释是，这是波将金开始失宠的迹象，因为她害怕他回到圣彼得堡之后会试图排挤祖博夫。但她的书信里完全没有这个意思，尽管他俩之间肯定有紧张的气氛。她不肯对普鲁士采取绥靖政策，这让波将金倍感挫折。他也知道，在都城，普鲁士人、波兰人和他们的朋友，包括保罗大公和各个共济会分社，都在企图攻击他，说他想当波兰国王。他怀疑祖博夫也在阴谋反对他。不过，他对自己与女皇之间永恒的"神圣"纽带极有信心："我不会怀疑你对我的永久恩宠。"[32]

从叶卡捷琳娜大帝的表现来看，她显然并没有在这个时候抛弃自己的一生挚爱。恰恰相反，她慷慨大方地赠给他许多厚礼，并且为了帮他还债又斥资 46 万卢布买下了塔夫利宫。让波将金感到好笑的是，他注意到，女皇给他送来的圣安德烈勋章上的钻石是假货，是水晶做的，这肯定表明宫廷已经在变得越来越僵化。[33]她请他在南方再等几周，免得错过伊斯梅尔大捷之后与土耳其人议和的机会。伊斯梅尔的陷落确实震惊了伊斯坦布尔朝野。[34]

如果能与奥斯曼帝国议和，那么俄国就可以将注意力转向波兰问题。波兰的"四年议会"正在起草一部宪法，希望能让波兰成为强大的正常国家。这会对俄国构成威胁。波将金主宰着俄国对波兰和奥斯曼帝国的政策，因此向叶卡捷琳娜大帝提议，强迫土耳其人把摩尔达维亚割让给波兰，以此让波兰人与普鲁士人反目。[35]但一切都取决于土耳其人。现在英国和普鲁士向土耳其人抛去了一个救生圈。这就是"奥恰基夫危机"。

甚至在伊斯梅尔陷落之前，反俄的三国联盟就在谋划挫败俄国的对外扩张。到目前为止，驱动三国联盟的主要力量是普鲁士。主要是因为弗里德里希·威廉二世既失败又前后不一致的外交政策，俄国才没有受到更大损害。现在英国从努特卡湾危机①中解脱出来，出于经济和政治两方面的理由，开始领导反俄运动。英国和俄国的关系恶化是从叶卡捷琳娜大帝的武装中立和1786年英俄贸易协定到期开始的。次年，法国和俄国又签订了一项贸易协定，这让英国更加恼火。英国人感到自己过分依赖于俄国提供的海军物资，所以应当更多与波兰做生意。俄国在东欧的称霸也让英国人警觉，尤其是伊斯梅尔的陷落意味着俄国人极可能迫使土耳其人媾和。于是，英国首相威廉·皮特寻求与波兰和普鲁士建立一个"同盟体系"，目标是迫使俄国接受以战前国界为基础的和平。如果俄国拒绝放弃奥恰基夫和其他新征服的土地，英国皇家海军将从海上攻击俄国，普鲁士将从陆地进犯。英国似乎仅仅为了"从女皇的帽子上拔下一根羽毛"就要大动干戈。[36]

英国正在准备用一支舰队炮轰圣彼得堡。在这种局面下，塞利姆三世不大可能与俄国议和。苏丹处决了最新一位大维齐尔，重新任命鹰派的优素福帕夏为大维齐尔，并集结了一支新的军队。皮特和普鲁士人准备了最后通牒，以及军队和战舰。圣彼得堡急需波将金。现在他可以回家了。

---

① 努特卡湾危机发生在1789年夏季。努特卡湾（位于今天加拿大的不列颠哥伦比亚省）的西班牙殖民据点的指挥官扣押了一些英国商船，引发外交争端。法国是西班牙的盟友，但不愿为此开战。英国则得到荷兰的支持。最终双方通过谈判达成和解，同意都不在当地建立永久性基地，双方船只均可自由通行。

1791 年 2 月 10 日，他从雅西启程。据说他在该时期开玩笑说自己去圣彼得堡是为了除掉祖博夫，去"拔牙"（"祖博"是牙齿的意思）。不过在奥恰基夫危机期间，他有更要紧的事情要讨论。圣彼得堡的人们带着比以往更严重的焦灼和畏惧等待他大驾光临。瑞典使节库尔特·斯特丁克伯爵在 2 月 8 日给国王古斯塔夫三世的信中写道："所有大臣都惊慌失措"，因为他们害怕波将金。[37] 想到"这个大人物随时可能出现"，"所有人都心神不宁"。政府工作都停摆了："在他到来之前，没人敢决定任何事情，或者说没人能决定。"[38]

"陛下，"斯特丁克在宫廷问女皇，"有人说波将金公爵会带来和平，我们应当相信这种说法吗？"

"我什么都不知道，不过这是可能的。"叶卡捷琳娜大帝答道。她又补充说，波将金公爵足智多谋，只要她允许，他会愿意尽最大的努力去争取和平。然后她说了一句很能说明问题的话："他喜欢给我准备惊喜。"

宫廷的马车被派去恭候他，道路在夜间张灯结彩一周之久。布鲁斯伯爵带领欢迎队伍在从莫斯科去圣彼得堡途中路旁的一座小屋内等待，他甚至不敢脱衣睡觉。别兹博罗德科骑马去安排与波将金的会议。[39] 弗里德里希·威廉二世在东普鲁士集结了 8.8 万军队。胡德勋爵①在斯比特海德②集结了 36 艘风帆战列舰和 29 艘较小的战舰。而塔夫利公爵带着一位艳光四射的新情妇，在准备战争，也在为俄国历史上最奢靡的舞会做准备。[40]

---

① 指塞缪尔·胡德，第一代胡德子爵（1724—1816），英国海军将领，在美国独立战争和法国革命战争中表现出色。他是纳尔逊的前辈导师。胡德家族中有很多人在英国海军服役，不少人成为高级军官。
② 斯比特海德是英国朴次茅斯附近的海军锚地。

注 释

1 关于本次俄土战争的叙述的主要资料来源，见本书第 26 章注释 1。本章也运用了以下资料：Alexander, *CtG* pp 257-92, and Madariaga, *Russia* pp 413-26；RA（1871）September 394 - 6, Count G. I. Chernyshev to Prince S. F. Golitsyn 23-24 November 1790, Ismail. G. I. 切尔内绍夫是伊凡·切尔内绍夫的儿子。伊凡掌管海军学院，并且反对波将金。不过他正在与自己的朋友 S. F. 戈利岑公爵通信，这个戈利岑娶了波将金的外甥女瓦尔瓦拉，所以和波将金关系亲近。因此，这是一个敌视波将金的人在向亲近波将金的人描述波将金，说明要想从家族关系或政治派系的角度来理解俄国朝廷是多么徒劳。

2 Damas pp 148-50. SIRIO 54 (1886)：156, Richelieu, 'Mon voyage'.

3 RGADA 1. 1/1. 43. 107, L 442, GAP to CII 3 December 1790, Bender.

4 RA (1871) pp 385-7, 20 November 1790, Ismail.

5 ΛΛΕ 20：168, Langeron, 'Evénements 1790'.

6 SD vol 2 pp 524-5, GAP to A. V. Suvorov 25 November 1790, Bender. KD vol 1 p 113, GAP to Suvorov 25 November 1790. 波将金用波兰文单词 Sejm 指代议会。RA (1877) no 10 pp 196-7, GAP to Suvorov (two notes) 25 November 1790, Bender.

7 RA（1871）pp 391 - 2, Count G. I. Chernyshev to Prince S. F. Golitsyn 22 November 1790, Ismail.

8 RGVIA 52. 1. 586. 1. 630, GAP to José de Ribas 28 November 1790. RA (1871) September p 396, Count G. I. Chernyshev to Prince S. F. Golitsyn 27 November 1790, Ismail.

9 AAE 20：194, Langeron, 'Evénements 1790'.

10 *Memoirs of the Life of Prince Potemkin* p 229. Castera vol e p 292. RGADA 1. 1/1. 43. 51-4, L 447, GAP to CII 13 January 1791, Jassy. RGADA 1. 1/1. 43. 22, L 415, GAP to CII 29 May 1790, Kokoteny（'the soul of war'）.

11 SBVIM 8 pp 193 - 4, GAP to General Ivan Gudovich 28 November 1790, Bender. SIRIO 54 (1886)：194, Richelieu, 'Mon voyage'.

12 SBVIM 8 p 195, GAP to Suvorov, order 1730, 4 December 1790, Bender. RGVIA 52. 1. 16. 11. RA（1877）10 pp 197 - 8, GAP to Suvorov 29 November 1790, Bender, and 4 December 1790, Bender.

13 SBVIM 8 p 194, GAP to Suvorov 29 November 1790, Bender. SIRIO 54 (1886)：168-9, Richelieu, 'Mon voyage'.

14 RV (1841) 1. 8 p 345, GAP to Governor of Ismail 7 December 1790.

15 RA (1877) no 10 p 198, Suvorov to Governor of Ismail 7 December 1790, Ismail. SD vol 2 p 535, Suvorov to Governor of Ismail 7 December 1790, quoted in Longworth, *Art of Victory* p 167.

16 SIRIO 54 (1886): 174, Richelieu, 'Mon voyage'.

17 Damas p 151.

18 Longworth, *Art of Victory* p 168.

19 AAE 20: 235, Langeron, 'Evénements 1790'.

20 Damas pp 153-5. SIRIO 54 (1886): 181-3.

21 Damas pp 153-6. SIRIO 54 (1886): 183-7, Richelieu, 'Mon voyage'. AAE 20: 235, Langeron, 'Evénements 1790'.

22 Longworth, *Art of Victory* p 174. AAE 20: 235, Langeron, 'Evénements 1790'. Duffy, *Russia's Military Way* pp 187-8. M. S. Anderson, *Europe in Eighteenth Century* p 135. 我们永远不可能确定伊斯梅尔战役的真实死亡数字，就连目击者也说不准是 2.4 万人还是 3 万人。但最恰当的估计是有 2.6 万土耳其人在伊斯梅尔死亡。9000 名俘虏中有 2000 人在一周之内因伤重不治身亡。俄国人的损失比官方的数字（1815 人死亡、2445 人负伤）高得多，死亡数字可能在 4500 人和朗热隆说的 8000 人（其中 4000 人因伤重不治身亡）之间。

23 Samoilov col 1550.

24 AAE 20: 272, Langeron, 'Evénements 1790'.

25 RGADA 5. 85. 2. 277, L 446, CII to GAP 3 January 1791.

26 SIRIO 54 (1886): 195, Richelieu, 'Mon voyage'.

27 SIRIO 54 (1886): 194, Richelieu, 'Mon voyage'. AAE 20: 272, Langeron, 'Evénements 1790'. Pushkin, *Polnoye Sobraniye Sochineniya* vol 12 pp 171-2. RGVIA 52. 2. 47. 16, GAP to Prince Kaunitz 25 January/5 February 1791, Jassy, and RGVIA 52. 2. 47. 19, GAP to Kaunitz 9/20 February 1791, RGVIA 52. 2. 55. 72, unnamed to GAP 15 February 1791, Vienna, all unpublished. 此时波将金仍然与考尼茨保持着友好联系。在第一封信（由年轻的夏尔·德·利尼亲王捎回维也纳）里，波将金感谢考尼茨给他送去了"卡萨诺瓦先生的画"（风流浪子卡萨诺瓦的兄弟是一位著名的肖像画家）。波将金写道："画已经到了，它让我很高兴，给了我极大的享受。"第二封信涉及政治："我们的敌人和嫉妒我们的人竭尽全力要离间我们两国，但他们不会成功。"但俄奥两国已经被离间了。随后波将金感谢考尼茨给他送去奶酪。作为回礼，"我给殿下准备了一匹土耳其骏马，它曾属于指挥伊斯梅尔守军的帕夏"。波将金春风得意地告诉身处维也纳的考尼茨侯爵和利尼亲王，他赢得了胜利。在第三份文件里，波将金得知利尼亲王不得不纠正自己关于波将金指挥水平的错误看法。有两份报告显示，"波将金公爵在写给利尼亲王的那封信里赞扬了利尼亲王的儿子在里瓦斯将军指挥下渡过多瑙河的纵队里的杰出表现……这封信显然是为了报复老利尼亲王从奥恰基夫返回之后对波将金元帅的声誉进行的诽谤"。

28 Lopatin, *Potemkin i Suvorov* p 198：' After Ismail：What happened in Jassy?' Lopatin 对这个传说所做的研究似乎能够决定性地将其证伪。这个故事的不同版本见 Petrushevsky vol 1 pp 400-1 and Longworth, *The Art of Victory* p 175。

29 AVPRI 5. 585. 217, L 447, GAP to CII 11 January 1791, Jassy. 黎塞留和达马斯伯爵现在返回正处于革命风暴中的巴黎。年轻的夏尔·德·利尼亲王返回维也纳，把宣告胜利的书信送给考尼茨侯爵。考尼茨给波将金送去奶酪和肖像画，波将金则给他送来伊斯梅尔帕夏的骏马（见本章注释27）。

30 RGADA 1. 1/1. 43. 51-4, L 448, GAP to CII 13 January 1791, Jassy. RGADA 5. 85. 2. 275, L 444, CII to GAP 20 December 1791. AVPRI 5. 585. 208, L 449, GAP to CII 15 January 1791, Jassy.

31 AVPRI 5. 585. 217, L 447, GAP to CII 11 January 1791, Jassy.

32 RGADA 1. 1/1. 43. 51-4, L 448, GAP to CII 13 January 1791, Jassy.

33 AVPRI 5. 585. 204, L 451, GAP to CII January 1791, Jassy. M. I. Pilaev, *Staryy Peterburg* p 306.

34 RGADA 5. 85. 2. 279-80, L 451, CII to GAP 22 January 1791.

35 RGADA 1. 1/1. 43. 51-4, L 448, GAP to CII 13 January 1791, Jassy.

36 McKay and Scott pp 240-2. John Ehrman, *The Younger Pitt*, vol 2：*The Reluctant Transition* pp 12-17.

37 Stedingk p 77, Count Stedingk to Gustavus III 8 February NS 1791.

38 Stedingk p 87, Stedingk to Gustavus III 16 February NS 1791.

39 Stedingk p 94, Steding to Gustavus III 11 March NS 1791.

40 Ehrman vol 2 pp 12-17. PRO FO 65/20, Sir Charles Whitworth to Duke of Leeds no 2, 10 January 1791. PRO FO 30/8/20, Joseph Ewart to William Pitt 11 February 1791, both as quoted in Ehrman vol 2 pp 12-17.

第八部分

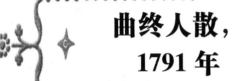

曲终人散，
1791 年

31　希腊美人

首先，考验你自己，看你是不是懦夫；如果你不是，就尽可能多地与敌人相处，从而使你内心的勇敢更强。[1]

——波将金公爵给他的甥孙 N. N. 雷夫斯基（1812 年的英雄和 A. S. 普希金的朋友）的建议

1791 年 2 月 28 日，波将金一阵旋风般地来到圣彼得堡，道路两侧装饰有数百支火炬。女皇匆匆前去见他。她又一次将塔夫利宫赠给他（不久前她刚刚从他手里将其买下）。英普联盟对俄国的战争威胁是自普加乔夫起义以来俄国遇到的最严重危机。两位老搭档每天都焦虑地开会商议，而贵族和外交官们则争先恐后地庆祝公爵殿下的归来。

瑞典外交官让-雅各布·延宁斯写道："尽管我对此事期待已久，尽管我听到许多人谈论此人是多么重要、他的权势有多么如日中天，但他归来时的盛大排场、喧嚣、人们的激动，还是让我无比震惊。那景象至今仍然在我眼前浮现。自公爵驾到以来，整个社会，无论是贵族还是平民，除了他之外没有别的话题。所有人都在兴致勃勃地谈论他做的或即将要做的事，他是否在用餐，还是即将用餐，又或是已经用餐完毕。公众……只对他一人感兴趣——所有的赞颂、推崇、各阶层公民的主动奉献——王公贵族、手工艺人、商贾和文人墨客，全都坐在他门前恭候，或者挤满他的前厅。"[2]

塔夫利公爵似乎战无不胜。瑞典使节斯特丁克注意到："他的地位和权威比以往任何时候都高。在他抵达之前发光的东西如今全部黯然失色，整个俄国拜倒在他的脚下。"[3] 大家纷纷表达对他的仰慕爱戴，某些权贵则对他嫉妒不已。[4] 俄国的"公众"（指的是小贵族和商人）把他奉为英雄，顶礼膜拜。贵妇名媛纷纷戴上带有他肖像的挂坠。杰尔查文写道："她珍珠般的酥胸波澜起伏，是因为一位英雄的肖像给了它动力。"[5] 有人专门写了一篇《波将金颂》，并在招待会上朗诵。[6] 在所谓的"波将金公爵狂欢节"期间，每一位权贵都必须举办一场舞会。[7]

叶卡捷琳娜大帝时隔许久之后与波将金重逢，似乎感到如释重负和由衷的喜悦。她告诉格林："胜利为他增添了光彩。"如今的波将金"英俊如白昼，欢快如云雀，光辉如星辰，比以往更有灵性，再也不咬指甲，每天举办派对。有人嫉妒他，但所有人都对他心醉神迷"。[8] 波将金从未像如今这样魅力四射。就连敌视他的波兰使节奥古斯丁·德博利也报告称，波将金极其彬彬有礼，调皮地问所有人是否注意到他的行为有所变化。[9]

1791 年 3 月波将金处于巅峰状态的时候就是这样子。"上周日在大公的圈子里，我第一次见到了这个不寻常的人，"延宁斯兴奋地写道，"之前我听某人说他非常丑陋。我发现并非如此。与此相反，他器宇轩昂，眼睛的缺陷对容貌的影响并没有人们想象的那么厉害。"波将金身穿黑海舰队总司令的白色制服，佩戴了许多钻石和勋章。这位总司令露面之后，"围绕着大公的人们一瞬间就消失了，簇拥到了波将金公爵周围，仿佛我们都认他为主人"。就连几位符腾堡公爵小姐也站得笔直、一动不动，"如同雕像，眼睛紧盯着那位伟人，等待他屈尊瞥她们一眼"。[10]

"波将金狂欢节"期间，他们夜夜笙歌。廷臣们（尼古拉·萨尔蒂科夫、扎瓦多夫斯基、伊凡·切尔内绍夫、别兹博罗德科、奥斯捷尔曼、斯特罗加诺夫和布鲁斯）争相举办豪华舞会，极尽奢侈之能事。有些人为了追赶斯特罗加诺夫家族的时髦，几乎把自己害得破产。但他们都说不清公爵最新一位情人的身份。廷臣们原本准备举办舞会来恭维他的"苏丹娜"，即多尔戈鲁卡娅公爵夫人，但发现他从来不去见她。她自称有恙，但他还是一次也没有去探望。于是怯懦的廷臣们取消了为多尔戈鲁卡娅准备的舞会，这位公爵夫人不得不垂头丧气地返回莫斯科。[11]3月18日，拿骚-西根公子举办了最华贵的派对之一，餐盘上堆满鲟鱼和小体鲟，这都是波将金钟爱的美味。波将金身穿珠光宝气、无比华丽的大盖特曼制服（德博利说这件制服的造价是90万卢布），[12]向大家揭幕了他喜爱的另一道佳肴：德·维特夫人。她是最勾人魂魄的女冒险家。

据目瞪口呆的延宁斯说，"这位闻名遐迩的美人"出现在拿骚-西根的舞会上，"引起了最大的轰动"。波将金打完牌之后匆匆跑到她那里，只和她一人谈话，其他所有人都呆若木鸡地盯着他俩："所有女人都如坐针毡，男人也是。女人们绝望、恼火而好奇，男人们欲火焚身、充满期待。"[13]

索菲·德·维特芳龄二十五岁，拥有金色鬈发、高贵的希腊式面庞和紫罗兰色的眼睛。她是"那个时代的欧洲第一美人"。她在少女时期是君士坦丁堡的交际花，后成为波兰最富有的伯爵夫人之一。四十年间，她的"美貌、堕落和罪行"令全欧洲震惊而愤恨。她出生于"世界的欲望之都"郊外的一个希腊人村庄，人称"希腊美人"或"法那尔美人"。法那尔是君士坦丁堡的一个希腊人聚居区。她的母亲是蔬菜小贩，在她十二岁时把她卖给了波兰大使（他为斯坦尼斯瓦夫-奥古斯特国王搜寻美色），而把她同样美丽的妹妹卖给了一位地位很高的奥斯曼帕夏。从那以后，每次她被转手，就有一个新的男人对她爱得如痴如醉，开价超过她的前一个主人。在她随着波兰大使的行李一同出行时，索菲·德·切利切（她当时的名字）被德·维特少校盯上了。此人是波兰的卡缅涅茨-波多利斯基要塞司令的儿子。他用 1000 杜卡特将她买下，1779 年娶她为妻，当时她只有十四岁。维特让她与拿骚-西根公子妃一起去巴黎，学习礼仪和法语。

整个巴黎拜倒在"法那尔美人"的石榴裙下。朗热隆伯爵在巴黎见过，赞美了她的"人间最温柔如水、最美丽的眼睛"，但他的头脑很清醒，知道她是个精明狡黠、擅长操控别人而且"心肠冰冷"的女人。[14]她的吸引力部分来自"一种别出心裁的举止，而这要么是源自假装的纯真，要么是真的无知"。在巴黎，所有人都赞扬她"美丽的眸子"。有人向她问安时，她答道："我美丽的眸子酸痛了。"这让所有人都捧腹大笑。[15]而在波兰，等波将金的战争开始之后，她的丈夫（已经成为卡缅涅茨总督）是波将金在波兰南部的间谍网的一个关键人物，就是他把间谍藏在黄油里送进了霍京。但提供相关情报的可能是他的妻子。她的妹妹嫁给了霍京的帕夏，而索菲自己成了攻打霍京的俄国将军尼古拉·萨尔蒂科夫的情妇。[16]目光如炬的里瓦斯在奥恰基夫注意到了她，并把她介绍给波将金。雅西和宾杰里的访客注意到了她的希腊装束，以及她如何过于夸张地搔首弄姿，"东奔西跑"地讨好波将金。波将金与多尔戈鲁卡娅相恋的时候，索菲成了他俩的密友，后来又取代了多尔戈鲁卡娅。[17]波将金把索菲那位"懂事"的丈夫任命为赫尔松总督。[18]他有可能把她用作在波兰人和土耳其人当中活动的间谍。[19]

女皇对自己的夫君经常换情妇已经见怪不怪，于是送给"希腊美人"一对钻石耳坠。[20]这让索菲的丈夫十分自豪，吹嘘说自己的妻子会作为帝王的朋友而永载史册，并补充道："波将金公爵不是我妻子的情夫，只是普通朋友，因为假如他是她的情夫，我就会和他断绝关系。"这种头脑简单的如意算盘一定引起了很多人的窃笑。波将金对这位交际花兼间谍显然兴致盎然：她有东方情调，擅长阴谋诡计，是美女，而且是希腊人。这些元素都会吸引他。波将金告诉她："你是唯一能让我吃惊的女人。"这个风骚的女人答道："我知道。假如我是你的情妇，你肯定很快就会忘了我。但我只是你的朋友，并且永远是这样。"（女士在公共场合永远会这么说。他俩身边的人没有一个相信她这话。）[21]不过也许她违反了自己的规矩，因为两周之后外交官们注意到波将金突然间开始对她失去兴趣。莫非她违背了自己的理智，成了波将金的情妇？[22]

波将金决定举办一次舞会，以表明自己丝毫不怕英普联盟，并庆祝伊斯梅尔大捷。据说他在和瑞典人谈判，看需要多少钱能让古斯塔夫三世同意瑞典与俄国结盟。这么做符合波将金的利益，因为英国也在用金钱诱惑瑞典，希望在针对俄国的战争中能使用瑞典的港口。这样的威胁很真切，所以波将金在4月25日派遣苏沃洛夫去指挥与瑞典人对峙的那个军，用这位名将的声望警告古斯塔夫三世。瑞典国王试图拍卖自己的友谊，英国人出价 20 万英镑，但奥恰基夫危机结束之后，这个价码就会暴跌。因此波将金刻意拖延与瑞典人的谈判，迫使瑞典使节斯特丁克在塔夫利宫观看他的舞会彩排。

于是斯特丁克接受了一次戏剧方面的教育，但在外交上完全没有达成目标。[23] 浑身挂满钻石的波将金似乎将全副注意力放在钻石上，端详钻石，欣赏自己的叶卡捷琳娜大帝细密画肖像上的硕大钻石，把玩钻石，直到钻石成了唯一的话题。[24] 波将金让斯特丁克"走过五十个套房，观看和欣赏所有东西。然后让我上了他的马车，他却只谈他自己、克里米亚和黑海舰队"。此后是更多的彩排。[25] 波将金对自己安排的景致厌烦之后，脸上流露出"厌恶、无聊和疲乏……这是因为他的所有欲望都得到了满足，他对一切都腻烦了，再也没有什么是他想要的"。[26]

接着他发号施令。"200 名乐师在大厅的廊台上……演奏起来，听众只有我们两人。公爵如同升上了第七层天堂。来了100 人，他们翩翩起舞，又跳了一轮夸德里尔舞。"彩排于下午 3 点开始，晚上 9 点结束。"找不到一个瞬间能让公爵的注意力转向瑞典。所以，陛下，"斯特丁克忧伤地告诉他的国王，"统治俄罗斯帝国的就是这样一个人。"[27] 波将金告诉所有人，他没有参与外交事务，而是只想着他的娱乐活动。[28]

真正处理外交事务的地方是叶卡捷琳娜大帝的套房。她和波将金在那里努力设法应对英国和普鲁士在海陆两面的夹攻。分别了两年之后，他俩需要调整互相之间的关系。他专横跋扈，企图主宰一切；而她身心俱疲，却又固执己见。3 月 16日（公历为 27 日），皮特通过柏林发来了给圣彼得堡的最后通牒。这位英国首相素来谨小慎微，这次却十分莽撞。不过

39 艘风帆战列舰和 8.8 万人的普鲁士军队可不是闹着玩的。女皇决心不向普鲁士人和英国人妥协。

在寻找办法逃出生天的过程中，波将金和叶卡捷琳娜大帝甚至向法国大革命的主要政治家米拉波伯爵奥诺雷·加布里埃尔·里克蒂求助，尽管他俩都憎恨法国大革命。波将金认为"法国发疯了"，叶卡捷琳娜大帝认为应当把米拉波绞死而且用不止一台绞刑架，然后把他"用刑轮砸烂"。但波将金实际上在秘密与米拉波接触。在全欧洲只有米拉波能够在别出心裁、聪颖、魁梧身材和奢靡放纵这些方面与波将金媲美。（很讽刺的是，米拉波的父亲曾这样评价自己的儿子："除了俄国女皇之外，我找不到一个人适合当他的妻子。"）波将金向"米拉波查"（他给米拉波取的绰号）大量行贿，试图劝说法国与俄国合作、共同反对英国。（实际上米拉波主张法国与英国达成谅解。）四面楚歌的路易十六已经重金贿赂了米拉波，所以米拉波仅仅"运用"波将金的贿金去维持自己的奢侈生活，但后来生病了。他于 1791 年 3 月 19 日（公历为 4 月 2 日），也就是拿骚－西根为波将金举办舞会的次日，在巴黎去世。[29]

波将金知道，俄国没有实力同时与三国联盟、波兰和土耳其作战。所以他一边准备在边境作战，在道加瓦河沿线和基辅部署军队，以备随时穿过波兰进入普鲁士本土，一边又打算收买弗里德里希·威廉二世，从而让俄国能抽出手来对付土耳其人和波兰人。叶卡捷琳娜大帝不想向三国联盟投降。这让她与波将金的关系变得紧张起来。斯特丁克相信，"就连女皇陛下"也"私下里嫉妒"波将金的成就。也许就是这嫉妒心让叶卡捷琳娜大帝说，她让波将金"做什么，他就得做什么"。

斯特丁克报告称："女皇已经不是过去的女皇了……年龄和身体的衰弱让她不像过去那样精明强干。"现在比较容易欺骗她，也比较容易利用她的虚荣心去误导她。套用阿克顿勋爵①的话说，绝对权力令人粗俗。叶卡捷琳娜大帝和波将金都变得粗俗了。恋栈的政治家的命运必然是这样。但波将金仍然自豪地把她当作小女人看待。"你想怎么样?"他告诉瑞典人，"她是女人。必须得有人管着她。不能着急。"³⁰

实际上，女皇之所以焦虑，不仅因为她是女人，而且因为她和波将金出现了真正的意见分歧，这是以前从来没有过的。她也许在担心他会获胜，那样就会损害她的权威。波将金则感到恼火，因为他觉得她的傲慢和固执很可能毁掉他俩的所有成就。她会认可波将金对军事形势的更准确把握，并向他屈服吗?³¹

波将金还想除掉女皇的情夫普拉东·祖博夫，因为他越来越多地参与了反对波将金的阴谋。这一定让波将金与女皇的关系更加紧张。政治家最脆弱的时候就是他貌似不可战胜的时候，因为这会让他的所有敌人团结起来。此时有很多人企图推翻波将金。德博利记载道，祖博夫、萨尔蒂科夫和拿骚-西根公子已经在图谋反对波将金，尽管"像这样反对波将金的企图……很多都失败了"。³²但祖博夫有他的恩主尼古拉·萨尔蒂科夫撑腰，而萨尔蒂科夫是几位年幼的大公（保罗的儿子们）

① 约翰·达尔伯格-阿克顿，第一代阿克顿男爵（1834—1902），是英国历史学家、政治家和作家。他的背景很复杂和多元，他有英国、那不勒斯、德意志和法国的身份。阿克顿早年师从德国史学家利奥波德·冯·兰克，后来担任英国剑桥大学历史系教授。他有句名言是"权力导致腐败，绝对权力导致绝对腐败"。

的总管，所以祖博夫与保罗有联系，与保罗的亲普鲁士圈子（以加特契纳庄园为基地）和共济会都有联系，尤其是同与柏林息息相关的玫瑰十字会有联系。[①] 共济会的某些分社[33] 成了批评叶卡捷琳娜大帝和波将金的政权的场所，尤其是因为很多权贵是共济会成员，而波将金不是。[34] 保罗对波将金恨之入骨，他与柏林通信，这可以说是里通外国的行为。[35]

叶卡捷琳娜大帝和波将金现在没有时间沉溺于怀旧的温存。他们经常吵架，然后又和解。他们十七年前坠入爱河之后就经常这样。叶卡捷琳娜大帝多年前就相信他俩的争吵"始终是为了权力，而不是爱情"。这种想法是正确的。波将金没有办法劝诱她的时候，就试图用威吓来促使她改变政策。叶卡捷琳娜大帝泪流满面地抵抗，不过她的眼泪始终和他的发飙一样，具有表演性质，是操纵对方的工具。普鲁士即将入侵精疲力竭的俄国，而她拒绝向普鲁士示好，如此顽固显然是愚蠢的。波将金知道一线的局势，他提议的不是投降，而仅仅是暂且安抚弗里德里希·威廉二世，直到俄国与土耳其人议和。

波将金告诉叶卡捷琳娜大帝的贴身男仆扎哈尔·佐托夫，他和女皇必然会吵架，因为女皇踌躇不决，一再推迟做决定。她甚至不肯和弗里德里希·威廉二世通信。波将金恼火地谈到

---

① 第一部，也是最敌视波将金的传记《黑暗公爵潘斯拉文》（甚至早于黑尔比希的书）的作者 J. F. E. 阿尔布雷希特是共济会成员，或许还是玫瑰十字会成员，这或许不是巧合。在普鲁士那些酷爱检阅部队的狂人当中，神秘主义的共济会非常时髦，这很出人意料。肥胖、沉闷无趣而蠢笨的普鲁士国王弗里德里希·威廉二世据说在晚间与马可·奥勒留、莱布尼茨和大选帝侯等人的鬼魂交流，希望从他们那里学到成为伟人的秘诀。如果这是真的，那么他学得不好。——作者注

祖博夫：马莫诺夫为什么用那么愚蠢的方式离开，而不是等待波将金来帮他安排？波将金打算，如果战争真的不可避免，那么他会保护俄国从土耳其人手里夺得的土地，而用波兰的一部分领土满足普鲁士。但分割波兰只能是下下策，因为那会毁掉他自己对波兰的巧妙计划。[36]

叶卡捷琳娜大帝和波将金一吵就是好几天。女皇哭泣，波将金发火。他焦躁地咬自己的指甲，而她带着肠绞痛卧床。到3月22日，叶卡捷琳娜大帝仍然因为"痉挛和猛烈的肠绞痛"而卧床不起。就连他们吵架的时候也像是老夫老妻：波将金建议她服药治疗，而她任性地坚持等待"自愈"。波将金不断对她施压。[37]

波将金贴身男仆的十岁儿子目睹了他俩的一次吵架和之后的和解。那些场面和普通夫妻一模一样：波将金气得拍桌子，怒气冲冲地走出房间，猛地甩门，玻璃都被震动了。叶卡捷琳娜大帝流下眼泪。然后她注意到了那个受惊的孩子，他肯定希望自己能一瞬间飞到别处。她梨花带雨地向孩子微笑，指着波将金出门的方向，对孩子说："去看看他怎么样了。"于是孩子顺从地跑到波将金的套房，看见他正坐在书房的桌前。

"是她派你来的？"波将金问。

是的，纯真的孩子勇敢地说。公爵殿下可否去安慰一下女皇陛下？因为她在哭泣，要向他道歉。

"让她号吧！"波将金粗暴地说。但他是刀子嘴豆腐心，不会离开她太久。几分钟后，他冷静下来，去找女皇和解。[38]他俩在晚年的私人关系和政治关系就是这个样子。

叶卡捷琳娜大帝的秘书在4月7日记载道："固执会引

发新的战争。"但如今多面受敌的前景（波兰和瑞典很可能加入英国、普鲁士和奥斯曼帝国一方）让叶卡捷琳娜大帝也紧张了。她命令仆人不要再饮用"啤酒和波尔图葡萄酒"，因为它们都是英国产品，但在 4 月 9 日，波将金和别兹博罗德科起草了一份备忘录来安抚弗里德里希·威廉二世，让他不要对俄国开战。"我们的新兵怎么能和英国人匹敌？"波将金嘟哝道，"瑞典人的炮火不是已经让俄国人厌烦了吗？"叶卡捷琳娜大帝确实已经厌烦了战争。她终于向波将金让步，同意秘密与普鲁士再续旧的条约，鼓励波兰同意割让托伦和但泽给普鲁士，并与奥斯曼帝国议和，保留奥恰基夫及其腹地。[39] 但他们仍然在积极备战。"如果他们从陆地或海上进攻，我会把消息告诉你。"叶卡捷琳娜大帝故意用不加密的明文写信给在柏林的一位朋友，并且没有主动表露出妥协的意思。[40]

女皇和波将金并不知道，反俄同盟正在自行瓦解。在叶卡捷琳娜大帝的提案送抵柏林之前，英国先退缩了。皮特内阁赢得了关于奥恰基夫危机的三次议会辩论，但最后还是输了。3月 18 日（公历是 29 日），查尔斯·詹姆斯·福克斯发表慷慨激昂的演说，驳斥皮特出动海军攻击俄国的薄弱论点。而埃德蒙·伯克① 谴责皮特保护土耳其人，"一群野蛮的亚洲人"。叶卡捷琳娜大帝的驻英大使谢苗·沃龙佐夫动员了英国的亲俄

---

① 埃德蒙·伯克（1729—1797）是出生于爱尔兰的政治家、作家、演说家、政治理论家和哲学家，他曾在英国下议院担任数年辉格党议员。他最为后人所知的事迹包括：反对英王乔治三世和英国政府、支持北美殖民地（后来的美国）独立，以及对法国大革命的批判。对法国大革命的反思使他成为辉格党里的保守主义代表人物。他常被视为英美保守主义的奠基者。

"游说集团"（主要是从利兹到伦敦的商人），并用了他招募的雇佣文人。事实证明，墨水和纸张比普鲁士的钢铁和英国的火药更强大。就连皇家海军也反对出征俄国。霍拉肖·纳尔逊不明白"我们应当如何攻击俄国的舰队。那里的海域太狭窄，我们在那里又没有友好的港口，这些都不妙"。几天之后，全英各地的墙上都被人刷了"不要和俄国打仗！"的标语。内阁迅速变得不得人心。4月5日（公历是16日），皮特撤销了对俄的最后通牒，派遣密使威廉·福克纳去圣彼得堡，设法解决危机，以帮助皮特从这场险些让他丢掉首相官位的惨败中脱身。[41]

公爵和女皇欣喜若狂。叶卡捷琳娜大帝为了庆祝胜利，把福克斯的雕像摆在她的卡梅伦画廊，就在德摩斯梯尼和西塞罗的雕像之间。波将金庆祝的方式则是兴奋不已地向受辱的英国大使查尔斯·惠特沃思吹嘘，他和叶卡捷琳娜大帝是"命运的宠儿"。奥恰基夫危机让英国首次关注东方问题，但此时英国人对"欧洲病夫"的生存还不感兴趣。英国为了支撑摇摇欲坠的奥斯曼帝国而动武反俄是后来的事情。波将金当初催促叶卡捷琳娜大帝与普鲁士谈判，从事后来看是错误的。他的建议在当时是理智的。不过，这次他们能够全身而退，实在是因为运气好。公爵相信他和女皇福星高照。他告诉英国人，他和女皇"如果想要成功，只需要心里产生这个念头"。[42]

他自从返回首都以来就日夜排演他的化装舞会。这场舞会将会庆祝俄国战胜土耳其人、普鲁士人和英国人的大捷。叶卡捷琳娜大帝和波将金将以舞会的形式赞颂对他们恩宠有加的上

苍。他的仆人在圣彼得堡奔来跑去，发送如下请柬：①

> 陆军元帅塔夫利的波将金公爵
>
> 诚邀阁下赏光，
>
> 参加 4 月 28 日（星期一）晚 6 点
>
> 在他位于近卫军骑兵路的宫殿举行的
>
> 化装舞会。女皇陛下和大公伉俪
>
> 也将亲临现场。[43]

注　释

1 *Memoirs of the Life of Prince Potemkin* pp 233-4. 除非另有说明，本章的资料来源为 Alexander，*CtG* pp 285-92, and Madariaga, *Russia* pp 409-26。

2 Stedingk p 98, J. J. Jennings to Fronce 17 March NS 1791, St Petersburg.

3 Stedingk p 96, Count Stedingk to Gustavus III 17 March NS 1791, St Petersburg.

4 AGAD Collection of Popiel Family 421：10 - 11, Augustyn A. Deboli to SA, unpub-lished.

5 Derzhavin, *The Waterfall*, in Segal p 302.

6 AGAD 421.5-6, Deboli to SA ud, March 1791, unpublished. 给波将金的颂诗可能是苏马罗科夫起草的，见 Bolotina, ' Private Library of Prince GAPT ' p 254。

7 AGAD 421：1-2, Deboli to SA 1, 2, 3, 5 March 1791, unpublished.

8 SIRIO 42：163, CII to Prince de Ligne 21 May 1791. SIRIO 33：349, CII to Baron F. M. Grimm 30 March 1791.

9 AGAD 421：10-11, Deboli to SA March 1791, unpublished.

10 Stedingk p 98, Jennings to Fronce 17 March NS 1791.

11 AGAD 421：12 - 15 and 20 - 1, Deboli to SA 1 April and 8 April 1791,

---

① 本书作者在敖德萨地区历史博物馆的档案中发现了一份这样的请柬（可能是现存的唯一一份），这份请柬是发给奥斯捷尔曼伯爵夫人的。——作者注

unpublished. Stedingk p 103, Stedingk to Gustavus III 25 March NS 1791, St Petersburg.

12 AGAD 421: 12 - 15 and 20 - 1, Deboli to SA 1 April and 8 April 1791, unpublished. Stedingk p 103, Stedingk to Gustavus III 25 March NS 1791, St Petersburg.

13 Stedingk pp 98-108, Stedingk to Gustavus III and Jennings to Fronce 17, 21 25 March, 1 April NS 1791, St Petersburg.

14 AAE 20: 134-5, Langeron, 'Evénements 1790'. RP 1. 1 p 72.

15 Vigée Lebrun vol 1 p 325. Czartoryski p 37.

16 Engelhardt, 1868 p 69.

17 SIRIO 54 (1886): p 149, Richelieu, 'Mon voyage'. Golovina pp 24-5.

18 RGVIA 52. 11. 69. 61, GAP to Count Joseph de Witte 21 September 1788, unpub-lished.

19 RP 1. 1 p 72. AGAD 421: 5-6 and 20-1, Deboli to SA ud, March 1791, and 8 April 1791, St Petersburg, unpublished.

20 AGAD 421: 12 - 15 and 20 - 1, Deboli to SA 1 and 8 April 1791, unpublished. Stedingk p 103, Stedingk to Gustavus III 25 March NS 1791, St Petersburg.

21 AGAD 421: 12-15, Deboli to SA 1 April 1791, St Petersburg unpublished. Stedingk p 108, Jennings to Fronce 1 April 1791, St Petersburg. AAE 20: 286, Langeron, 'Evénements 1790'.

22 AGAD 421: 22-3 Deboli to SA 12 April 1791, St Petersburg, unpublished.

23 Ehrman, vol 2 pp 18-19. RGADA 5. 85. 2. 290, L 455, CII to GAP 25 April 1791. 苏沃洛夫给瑞典的书信被绝大多数研究苏沃洛夫的历史学家认为是波将金嫉妒苏沃洛夫的更多证据，但实际上在 1791 年瑞典的威胁是真实存在的。

24 Stedingk p 107, Jennings to Fronce 1 April NS 1791, St Petersburg.

25 Stedingk pp 113-16, Stedingk to Gustavus III 8 April NS 1791, St Petersburg.

26 Stedingk pp 109-10, Jennings to Fronce 1 April NS 1791, St Petersburg.

27 Stedingk pp 113-16, Stedingk to Gustavus III 8 April NS 1791, St Petersburg.

28 AGAD 421: 16-19, Deboli to SA 5 April 1791, St Petersburg, unpublished.

29 K. E. Dzedzhula, *Rossiya i velikaya Frantzuzskaya burzhuaznaya revolyutsiya kontsa XVIII veka* p 281. *Literaturnoye nasledstvo* (Moscow 1937) vol 29-30 pp 448-50, Baron Simolin to Count Osterman 21 March/1 April 1791, Paris pp 450 - 1. Also AKV 8: 1 - 38, S. R. Vorontsov to F. V. Rostopchin 18/29

November 1796. 施塔克尔贝格在华沙给波将金发送关于革命的情报，施塔克尔贝格的书信见 RGVIA 52.2.39.385；西莫林也给波将金通风报信，例如 RGVIA 52.2.56.31；塞居尔伯爵也是，例如：RGVIA 52.2.64.24, Comte de Ségur to GAP 9 May 1790, Paris。以上材料均未发表。叶卡捷琳娜大帝对米拉波的真实看法（"应当在刑轮上处死"）见 SIRIO 23（1878）：520, CII to Grimm 30 April 1791。Antonina Vallentin, *Mirabeau: Voice of the Revolution* p 65.

30 Stedingk p 111, Stedingk to Gustavus III 8 April NS 1791, St Petersburg.

31 Stedingk p 94, Stedingk to Gustavus III 11 March NS 1791; and p 96, 17 March 1791, St Petersburg.

32 ADAD 421：84 Deboli to SA ud, March? 1791, St Petersburg, unpublished.

33 Derzhavin *Sochineniya* vol 6 p 592.

34 Madariaga, *Politics and Culture* pp 166-7. Franz Demmler, *Memoirs of the Court of Prussia* p 342.

35 Vernadsky *Imperatritsa Ekaterina II i Zakonodatdnaya Komissiya* 1767-8 pp 237-9, quoted in Lopatin, *Potemkin i Suvorov* p 213.

36 Robert H. Lord, *The Second Partition of Poland* pp 180-1. Goertz p 74.

37 Khrapovitsky p 359, 15, 17, 22 March 1791.

38 RS（1892）April p 179, Memoirs of Fyodor Secretarev.

39 Khrapovitsky pp 359-61, 7 and 9 April 1791. Madariaga, *Russia* p 418. Lord p 181 and appendix 5, Osterman to Alopeus 14/25 March 1791.

40 SIRIO 42：150-1. RS（1887）55 p 317.

41 Ehrman vol 2 pp 19-28. Madariaga, *Russia* p 418. Lord pp 183-5. Hansard XXIX：31 and 52-79. AKV 8：1-38, S. R. Vorontsov to Rostopchin 18/29 November 1796. 索尔兹伯里侯爵在1878年把英国与俄国的冲突比作鲨鱼和狼打斗（quoted in Andrew Roberts, *Salisbury*,（London 1999）。

42 PRO FO Secretary of State：State Papers, Foreign, cyphers SP106/67 no 29, Charles Whitworth 10 June 1791, St Petersburg, unpublished.

43 敖德萨地区历史博物馆，给奥斯捷尔曼伯爵夫人的邀请，1791年4月28日。作者于1998年8月访问敖德萨所得。未发表。

32　狂欢与危机

> 陆军元帅波将金公爵昨天为我们举办了一场精彩纷呈的舞会，我从晚上 7 点一直待到第二天凌晨 2 点才回家……现在为了缓解头痛，我给你写信。
>
> ——叶卡捷琳娜二世给格林男爵的信

1791 年 4 月 28 日晚 7 时，女皇的马车来到近卫军骑兵路上波将金公爵宫殿的新古典风格柱廊前。数百支火炬将宫门前照得灯火通明。女皇穿着一件与身等长的俄式长袖裙子，头戴华丽的冠冕，在雨中缓缓下车。波将金上前迎接。他身穿鲜红色燕尾服，肩披缀钻石的金黑两色蕾丝斗篷。他身上佩戴和装饰的"钻石极多，没办法更多了"。[1] 他身后有一名副官捧着一个小枕头，上面摆着他的帽子，这顶帽子也满是钻石，重得几乎无法戴到头上。波将金在两列仆人之间走向她。仆人都穿着主人的浅黄色、蓝色和银色的号衣，每人捧着一个枝状大烛台。波将金沐浴着帝国的荣光，单膝跪在叶卡捷琳娜大帝面前。她扶他起身，他挽住她的手。

这时传来一阵低沉的轰鸣，原来是 5000 名观众奔向提供免费饮食的桌子。他们更感兴趣的是吃喝，而不是见证历史。宫殿里有秋千、旋转木马，甚至还有为人们提供服装道具的商店，但他们现在只想着大饱口福。公爵曾命令等到女皇进宫之后再上菜，然而一名管家把一名廷臣的马车误认成了女皇的马车，于是提前开始了盛宴。乱哄哄的人群争抢食物，简直像一场暴乱。有一瞬间，对群众的纷乱景象感到紧张（因为法国大革命推翻了波旁王朝）的叶卡捷琳娜大帝以为"可敬的公众"在胡乱踩踏。她看到他们只是忙着往口袋里塞食物以便带回家之后，才松了一口气。[2]

公爵引领女皇走向这座宫殿（后来被称为塔夫利宫）的大门。塔夫利宫为古典主义建筑的朴素和恢宏设立了新的标杆。"所有东西都硕大无朋。"这就是它清晰传达的讯息。建筑的外立面简朴而宏伟，是由建筑师伊凡·斯塔罗夫设计的，象征波将金的权势与辉煌。两翼从有穹顶的门廊分别延伸出去。六根多利亚式石柱支撑着门廊的穹顶。走入宫门之后，女皇和公爵步入前厅，沿着迎宾队列走进柱廊大厅。保罗大公和夫人以及 3000 名穿戴一新的宾客在那里恭候。

"努力想象吧！"叶卡捷琳娜大帝后来告诉格林。这是欧洲最大的柱廊大厅，高 21 米，布局为椭圆形，长 74.5 米，宽14.9 米。两排共 36 根伊奥尼亚式立柱支撑着天花板，这就是高耸于数千宾客身边的"石柱之诗"。（大厅可以轻松容纳5000 人。）地板镶嵌着贵重的木料，地上立着"大得惊人"的白色大理石花瓶，天花板上悬挂着多层的黑水晶枝形吊灯，这些吊灯是从金斯顿公爵夫人那里买来的宝贝。大厅的两端各有两排落地长窗。[3]庞大的枝形吊灯和 56 座较小的吊灯（各有 16根蜡烛）把整个大厅照得亮如白昼，简直仿佛着了火。另有5000 根火炬熊熊燃烧。300 名乐师和一台管风琴组成的管弦乐队在合唱队（全都隐藏在两座廊台内）配合下，演奏起专门为了这个场合创作的曲子。

女皇的正前方是著名的温室花园。这也是欧洲第一号此类的花园，占地面积 65.07 万平方英尺，与宫殿剩余的部分相当。棕榈树形状的石柱支撑着庞大的玻璃大厅，温室内设有温水管。这是威廉·古尔德的杰作，是人工布置的、由富有异国情调的植物组成的丛林，有"大量鲜花、风信子、水仙花、桃金娘和橘树"，墙壁都是镜子，隐藏着更多庞大的火炉。① 假的葡萄串、梨子和菠萝里隐藏着灯和钻石，所以一切东西都熠熠生辉。玻璃球里有银色和鲜红色的鱼儿在游弋。穹顶被画成如同蓝天一般。温室内有纵横交错的小径和小丘，还有女神的雕像。温室最惊人的效果是它"无限的透视"，叶卡捷琳娜大帝可以从光彩夺目的柱廊大厅径直看到温室的热带光亮，并且透过温室的玻璃墙能看见外面的英式园林。园林内"铺着沙子的小径蜿蜒曲折，丘陵延绵起伏，山谷凹陷，穿过开阔的树林，池塘波光粼粼"，[4] 景观和山峦仍然被皑皑白雪覆盖，一直延伸到涅瓦河。热带森林和林海雪原，哪个才是真的？

在温室花园的中央有一座献给女皇的神庙，雄踞于一座镶嵌钻石的金字塔之上。在舒宾创作的"立法者叶卡捷琳娜"雕像的脚下有波将金写的铭牌，上书："献给祖国之母和我的恩主。"[5] 波将金陪同叶卡捷琳娜大帝走到柱廊大厅的左侧，来到一座铺着波斯地毯、面向热带花园的高台之上。从热带花园里走出两支跳着夸德里尔舞的队伍，各有 24 名儿童，据叶卡

---

① 波将金的那位"园林帝王"威廉·古尔德居住在塔夫利宫内叶卡捷琳娜大帝为他建造的帕拉迪奥风格别墅（至今仍被称为"园丁之屋"）内，"过着奢侈的生活"，"经常举办娱乐活动招待达官贵人"。他后来回到英国，过上奢华的退隐生活，于 1812 年在兰开夏的奥姆斯柯克去世。——作者注

捷琳娜大帝说，"都是圣彼得堡最美丽的孩子"。这些孩子身穿天蓝色和粉红色服装，从头到脚"穿戴着城市和郊区的所有珠宝首饰"。男孩穿西班牙服装，女孩穿希腊服装。亚历山大大公（未来的皇帝和打败拿破仑的征服者）在第一队里跳了一曲复杂的芭蕾舞。编舞者是著名的舞蹈家勒皮克。康斯坦丁大公在第二队里跳舞。叶卡捷琳娜大帝后来说："没有比这更华美、更丰富、更精彩的景象了。"随后勒皮克自己跳了一支单人舞。

夜幕降临，波将金把女皇一家（后面跟着所有宾客）引领到戈布兰①房间，那里的壁毯描绘的是以斯帖②的故事。在沙发和椅子之间矗立着一个波将金风格的奇观：一头金色大象，与真实的大象同尺寸，身上铺满绿宝石和红宝石，底部藏有钟表，一名身穿波斯丝绸服装的黑皮肤驯象人骑在大象背上。他发出信号，周围的帘幕升起，露出舞台和配有包厢的圆形剧场。先上演的是两出法国喜剧和一出芭蕾舞剧，随后是帝国各民族的游行，其中有在伊斯梅尔被俘的奥斯曼帕夏们，他们穿着自己民族风格的光彩夺目的亚洲服装。在宾客观看表演时，外层厅堂内的仆人又点燃了14万盏灯和2万支蜡烛。女皇返回后，柱廊大厅灯火通明，流光溢彩。

波将金拉着叶卡捷琳娜大帝的手，引领她步入温室花园。他们站在神庙的雕像前时，他又一次双膝跪下，感谢女皇的恩

---

① 法国的戈布兰家族起初为服装染匠，15世纪中期发达致富，以生产精美壁毯而闻名，家族的不少成员后来买了贵族头衔。17世纪，路易十四政府买下了戈布兰家族的工坊，发展为王家工厂，专门生产壁毯。

② 以斯帖是《圣经·以斯帖记》中记载的波斯国王亚哈随鲁（可能就是薛西斯一世）的犹太裔王后，名字来源于波斯语词"星"。以斯帖帮助挽救了波斯境内的犹太人。

德。她扶他起身，温柔地亲吻他的前额，感谢他的功业和忠诚。人们朗诵杰尔查文颂扬波将金的胜利的《赞歌》："胜利的惊雷，轰鸣吧！勇敢的罗斯，喜悦吧！"[6]

波将金给管弦乐队发出信号，舞会终于开始。叶卡捷琳娜大帝在戈布兰房间与儿媳打牌，然后去休息。正如波将金在女皇的宫里有自己的套房，女皇在他的宫里也有自己的卧室。他们的房间展现了他们在一起的时候是多么亲密无间。他俩都喜爱恢宏巍峨的宫殿，也都喜欢小小的卧室。她的卧室在宫殿里波将金内室的那一翼，天花板装饰着古典风格的性感美人、山羊和牧羊人的图画。墙上挂着一幅壁毯，壁毯后藏着一扇暗门，通往波将金的前厅、卧室和书房，他俩可以自由进入对方的房间。他的卧室很简单朴素，舒适而明亮，墙上装饰着普通丝绸。①（据说他在塔夫利宫居住的时候，她有时会在这里过夜；可以肯定的是，她在那里举办过宴会。）[7]

午夜过后，叶卡捷琳娜大帝兴高采烈地回来用晚膳，48名儿童又回来跳了一轮夸德里尔舞。女皇的餐桌摆在之前管弦乐队在圆形剧场进行演奏的地方，桌面覆盖黄金。48位权贵坐在她周围。她的餐桌旁有14张餐桌。不同的厅里还有其他餐桌和自助餐。每张餐桌都被一个白色和蓝色的玻璃球照亮。其中一张桌上，金斯顿公爵夫人的两只庞大花瓶之间摆着一个巨大的银色高脚杯。身穿号衣的仆人侍奉的时候，波将金就站在女皇的椅子背后。浑身是钻石、闪闪发光的独眼巨人俯身向前，亲自伺候女皇，直到她坚持让他坐下陪她

---

① 保罗皇帝在母亲驾崩后破坏了这座宫殿的外观，但他特别讨厌这两个小卧室，所以没有破坏它们，而是将其封闭。由此只有这两个房间至今保留原貌。——作者注

吃饭。饭后是更多音乐会，舞会又一次开始。凌晨 2 点，也就是女皇通常离开舞会的时间的四个钟头之后，她才终于起身，准备离去。塔夫利公爵亲自引领她出门，就像之前带她进门一样。

在门厅，波将金双膝跪下。这位一身鲜红的巨人又一次拜倒在女皇面前，把这个仪式性的姿态展示给帝国的达官显贵和欧洲各国的使节。他表示，如果她愿意留下，他已经为女皇准备好了卧房。女皇不大可能公然同意留下过夜，但他还是想提出这个邀请。而且她太疲劳，不能再耽搁了。波将金已经让管弦乐队准备好了两支曲子，无论女皇选择去留，乐队都会奏乐。他们事先商定好，如果她要走，波将金就用手捂住自己的胸口。看到公爵的示意，管弦乐队会立刻演奏起一首忧郁的情人哀歌，那是波将金本人在很久以前写的。这首康塔塔曲子唱道："世上唯一重要的就是你。"舞会的华丽、歌曲的哀伤和这个笨拙的巨人跪在自己面前的景象让叶卡捷琳娜大帝深深感动。他俩都感到自己垂垂老矣，并且已经相爱很久很久。女皇和公爵泪流满面。他拉着她的手吻了又吻。两人一起抽泣了许久。最后她登上马车，离去了。[8]

这看上去像是生离死别。常有人解释说，这预示着波将金的死亡。波将金在圣彼得堡的这段最后时光被后人的解说扭曲了许多。[①] 但这的确是一个感情充溢的夜晚，是他们共同冒险的高潮。波将金在舞会留下的七零八落当中徘徊，满腹忧郁和怀旧，几乎恍然出神。

---

① 甚至有些历史书说这是他们最后一次见面。实际上，波将金随后在圣彼得堡又待了三个月，经历了不少风波。——作者注

他向一位很熟悉他的女士娜塔莉亚·扎克列夫斯卡娅伯爵夫人道别时，她注意到了他的忧伤。她被深深触动了。因为她和他是熟人，所以她说："我不知道你会怎么样。你比君主年轻，你会活得比她久。那时候你会怎么样？你永远不会同意屈居第二的。"波将金带着做梦的神情说："不用担心。我会死在君主前头。我很快就会死。"此后她再也没有见过他。[9]

"这场舞会太精彩了，"参加了舞会的斯特丁克写道，"除了他之外没有人能举办这样的舞会。"[10]但这场舞会也未免太奢侈靡费了，据说波将金在这三个月里花了 15 万—50 万卢布。所有人都知道舞会的开支是国库承担的，正如他的其他支出也由国库承担。没过多久，人们就普遍相信，（如斯特丁克所说）"这样的浪费令女皇不悦"。

叶卡捷琳娜大帝回宫之后仍然兴奋不已，睡不着觉。为了缓解她的"轻微头痛"，她写信给格林，激动万分地向他讲述这场"精彩绝伦的盛会"，仿佛她是首次出席社交场合的少女。她甚至画了一张平面图向格林解释自己坐在什么位置，并告诉他，她这次很晚才睡觉。女皇完全没有"不悦"的迹象。然后，她向格林解释了这场舞会（显然是叶卡捷琳娜大帝和波将金共同策划的作品）的政治目的："先生，就是这样。面对困难、战争和独裁者［她指的是普鲁士国王弗里德里希·威廉二世］的威胁，我们在圣彼得堡就是这样生活的。"没有证据表明她对波将金舞会的巨额开支不满，不过她可能确实有点怨言。和我们所有人一样，她收到账单时很可能大吃一惊。

正在她写信给格林时，一封信送来了关于波兰的令人吃惊的消息，这意味着波将金要在圣彼得堡待更长时间。

　　1791 年 4 月 22 日（公历为 5 月 3 日），波兰立陶宛联邦经过色姆议会的激烈争吵（辩论期间，甚至有一名议员抽出剑，威胁要像亚伯拉罕对待以撒那样杀死自己的儿子），正式通过了一部新宪法。波兰的"5 月 3 日"革命创建了一个世袭君主国，计划将王位献给萨克森选帝侯或其女儿，并建立强有力的行政机关（几乎相当于把英国王室和美国总统的权力融为一体）和军队。华沙用"国王与民族在一起"的口号庆祝革命。那些认为波兰无药可救的人现在对它肃然起敬。伯克写道："幸福的人民，幸福的君主。"

　　波兰革命的时机对俄国人有利，但对波兰人来说非常不幸，因为英普联盟即将瓦解，俄国将能够腾出手来自由地对付波兰这个难对付的、桀骜不驯的卫星国。叶卡捷琳娜大帝和波将金一样，对法国大革命无比憎恶。她宣称，共和主义是"一种思想的疾病"，并且她已经在镇压俄国国内的激进思想。波兰革命在政治上其实是保守的，它加强而不是削弱了君主制，降低而不是增强了人民参政议政的程度。但叶卡捷琳娜大帝认为，波兰革命是法国大革命的雅各宾主义向她的势力范围的侵犯。"我已经做好了充分准备，"叶卡捷琳娜大帝在给格林的信的末尾不祥地写道，"我们不会向魔鬼让步！"[11]

　　波将金几乎每天都能从布尔加科夫、布拉尼茨基和在华沙的间谍那里收到报告。他也在密切观察波兰。他对看到的情况很不满意，[12]决心彻底控制波兰政策并将他的秘密计划落实。他还没能把祖博夫排挤走，但他也许感到，如果能与奥斯曼帝国议和并在波兰取得成功，就能打倒他的批评者。于是他在圣彼得堡待的时间比之前与叶卡捷琳娜大帝商定的久得多，以便探讨波兰问题。这让他俩的关系变得非常紧张。但在处置波兰之前，他们必须先在战场上迫使土耳其人议和，并与皮特的使节福克纳（即将抵达）谈判解决奥恰基夫危机。

"如果你想解决我的心腹大患，如果你想缓解我的痛楚，"叶卡捷琳娜大帝在 5 月初告诉波将金，"就尽快派信使到军队里，让陆海军开始行动……"否则，他们永远得不到他们想要的和平。[13] 波将金现在处于兴奋不已、创造力极强的状态。他向军队发出一连串命令，并在南方建立了许多新的定居点。5 月 11 日，他命令海军将领乌沙科夫率舰队出海，追击敌人。波将金在首都期间，列普宁代他指挥主力部队。列普宁奉命渡过多瑙河，歼灭奥斯曼军队；指挥库班部队的古多维奇奉命拿下该地区最巩固的奥斯曼要塞阿纳帕。[14] 与此同时，女皇和波将金在制订处置波兰的计划。

5 月 16 日，英普危机仍然悬而未决。叶卡捷琳娜大帝签署了给波将金的第一份关于波兰的法令。根据女皇的旨意，只有在普鲁士人进入波兰的情况下，波将金才可以干预；在该情况下，波将金可以把原属于奥斯曼帝国的摩尔达维亚公国交给波兰人，换取波兰人逆转他们的革命。如果波兰人不上钩，波将金可以按照传统方式采取"极端措施"，组织一个由他的波兰盟友布拉尼茨基和波托茨基领导的波兰贵族联盟。叶卡捷琳娜大帝特别补充道，在"极端措施"当中，她批准"你的秘密计划"，即以哥萨克"大盖特曼"的旗号煽动基辅、波多里亚和布拉茨拉夫的东正教徒起义。[15] 人们通常的说法是，波将金没有得到他想要的权力。[16] 恰恰相反，他的权力很可能变得极其强大和广泛，但前提条件是普鲁士和英国主动攻击俄国。这种可能性虽然在减小，但仍然存在。[①]（与福克纳的谈判还没有开始。）另外，波将金并不是像小学生从女校长那里接受命令一样"接受"女皇的旨意的。他俩精诚团结地合作，互相修改对方提出的方案。他俩一贯如此。女皇的法令和两人的通信表明，叶卡捷琳娜大帝同意了波将金关于哥萨克和摩尔达维亚的计划，并且在两年前就同意了。

波将金的波兰计划是他晚年的一个谜团。他用多种互相重叠和矛盾的方案编织了一幅错综复杂的图景，至今无人能搞清楚他的真实目的。他的计划似乎是无时无刻不千变万化并且颇为奇异的，但波将金一直要等到最后关头才会决定采纳哪一个方案。而在此之前，他会同时运作所有的方案。他自掌权以来就在斟酌波兰问题，他的波兰政策有很多不同的层面，但至关重要的一点是，他需要在俄国境外拥有自己的领地。所有的方案都包含为波将金自己开辟一个国度的条件。他相信，他在波兰境内开辟的以斯米拉庄园为基础的"独立"公国将会是俄国的隐秘武器，俄国可以用它来赢得中欧的广袤土地，而无须再度瓜分波兰（因为那样就不得不与列强分享）。

波将金为波兰设计了四个方案。首先是让波兰吞并摩尔达维亚。按照他的盟友菲利克斯·波托茨基在这年5月给波将金

---

① 有些波兰历史学家认为这个条件是骗局，是为了蒙蔽波将金，因为叶卡捷琳娜大帝已经知道俄国不会和普鲁士开战。事实显然不是这样。此时英国虽然有些退缩，但并没有投降。叶卡捷琳娜大帝对波将金的行动设定的前提条件是完全合理的。讨论建立一支波兰军队来支持亲俄的波兰贵族联盟的若干文件表明，女皇和波将金在他的塔夫利宫舞会不久前一起研讨过这个问题。他提了一个方案，其中要求招募波兰军队，她在方案上做了批示。——作者注

的一封信里的描述，摩尔达维亚公国能够很好地融入波托茨基设想的新波兰：一个由若干半独立的盖特曼领地组成的联邦共和国。第二个方案是让布拉尼茨基和波托茨基组建一个波兰贵族联盟，推翻新宪法，以旧的波兰取而代之，或者以包含摩尔达维亚的新波兰取而代之。早在这年 2 月，波将金就已经在逢迎波托茨基，邀请他开会讨论"我们共同国家的真正福祉"。[17]

第三个方案是波将金的想法，即他以黑海哥萨克大盖特曼的身份攻入波兰，解放波兰东部的东正教徒。他有波兰血统，他梦想成为君主，他喜爱戏剧性的大事件，他作为俄国人的本能是镇压波兰革命，他对"哥萨克热情洋溢"。所有这些元素都可以容纳到这个方案里。[18]甚至在获得大盖特曼的头衔之前，波将金就已经为黑海哥萨克设想了一个特殊的、将在波兰发挥的功用，并在波兰招募哥萨克。[19]例如在 1787 年 7 月 6 日，叶卡捷琳娜大帝就允许他从自己的波兰村庄招募四支这样的哥萨克中队。[20]他在那些地方已经有了自己的武装力量——斯米拉的民兵，骑兵和步兵都有。[21]后来，亚历山德拉·布拉尼茨卡解释道，波将金"想把哥萨克与波兰军队联合起来，然后自立为波兰国王"。[22]

现在看来，这是他的几个方案中最不现实的，但在当时其实是可行的。波多里亚和波兰东部那些信奉东正教的省份处于菲利克斯·波托茨基那样的权贵的领导下，对波兰自由的理解比较守旧。这些东正教省份的人们与主宰华沙四年议会的那些精明世故、信奉天主教、接受了法国新式自由思想并且憎恨波将金的"爱国者"迥然不同。如果孤立地看待波将金设想的哥萨克起义，那就错了，因为叶卡捷琳娜大帝和波将金都明确地将这样的起义视为动员东正教民众、推翻华沙的革命政权的手段，与此同时波将金或许还能在一个由俄国主宰的联邦制波兰国家之内获得自己的国度。

第四个方案是第二次瓜分波兰。波将金从不避讳探讨对波兰做一次新的瓜分，并且他经常用这个前景来诱惑普鲁士使节。尽管波兰的民族主义历史学家不这么想，但这是波将金最不愿意选择的下下策。4月时为了避免两面受敌，他也许会让波兰割让托伦和但泽给普鲁士，但那个时机已经过去了。这位波兰贵族的自豪后裔深刻地认识到，分割波兰会摧毁他的故乡（"我们的国家"），也会毁灭他在俄国境外的私人基地。从战略上讲，瓜分波兰对普鲁士最有利，会让霍亨索伦王朝进一步逼近俄国。波将金支持彼得大帝的政策，即维持波兰的独立，让它成为一个残破而怪诞的缓冲带，从而保护俄国的西部边疆。所以，波将金并不致力于分割波兰，他的大多数方案，比如涉及摩尔达维亚的方案，都是要扩大波兰领土，而不是缩小。如果他活得久一些，也许就能成功，并阻止列强对波兰的再度瓜分。如果叶卡捷琳娜大帝比他先辞世，那么他也许会搬到波兰，成为一位波兰权贵。

波将金留在圣彼得堡，继续设计针对波兰的政策，而关于他的阴险计划的故事在充满革命激情的华沙不胫而走。波兰使节德博利把关于波将金想当波兰国王的每一条传闻都发给斯坦尼斯瓦夫-奥古斯特，这就进一步加剧了紧张气氛。随着俄国宫廷内敌视波将金的势力准备联合起来推翻他，他与叶卡捷琳娜大帝的漫长友谊当中最痛苦的一场危机即将拉开大幕。

"没有你在，我也把国家大事处理得井井有条，难道不是吗？"按照敌视波将金的德博利的说法，叶卡捷琳娜大帝在这个时期如此回复波将金。这句话听起来像是女皇能说得出来的，但语调像是妻子在挖苦和责备丈夫，而不是要和他离婚。[23]皮特的特使威廉·福克纳于5月14日抵达，但为了解决奥恰基夫危机而开展的谈判一直耽搁到6月初才真正开始。6月初，叶卡捷琳娜大帝和波将金与福克纳进行了长时间的会谈。福克纳在他未发表的报告中指出，叶卡捷琳娜大帝和波将金的表达风格不同，但要传达的信息是一样的。有一次接见福克纳的时候，叶卡捷琳娜大帝正在赞扬波将金出人意料的好心情，这时她的一只灵猩在室外对着一个小孩狂吠，打断了女皇的话。她安慰了那个小男孩，然后特意转向福克纳，补充道："会叫的狗不咬人。"[24]

波将金邀请被女皇吓唬住的福克纳赴宴。席间，福克纳完全被波将金的口若悬河和妙趣横生的独白（"怪异而自相矛盾之处甚多"）压倒了。波将金"告诉我〔福克纳〕，他是俄国人，热爱自己的祖国，但他也爱英国；而我是岛民，所以很自私，只爱自己的岛"。波将金提出了一个有他自己风格的建议：英国何不占领地中海上的克里特岛（干地亚），作为从奥斯曼帝国手中夺得的战利品？这个立足点能够帮助英国控制埃及和黎凡特的贸易。然后他兴奋地谈起自己在南方的土地，那里的土壤、人民、舰队等，那些"宏伟工程"的成功"纯粹依赖于他一个人"。稀里糊涂的福克纳向伦敦方面承认，在这场表演的全过程中，他一直没有机会插嘴。但福克纳的报告让皮特明白了俄国对黑海的执着，所以俄国会拒绝在奥恰基夫问题上让步。[25]到7月初，英国和普鲁士都认识到，他们只能屈服于叶卡捷琳娜大帝的要求。

令福克纳越发感到屈辱的是，罗伯特·阿代尔来到了圣彼得堡。查尔斯·詹姆斯·福克斯派遣阿代尔作为英国反对党的非正式代表来到俄国，这是福克斯在调皮捣蛋，也可能属于叛国行为。为了确保阿代尔得到俄国朝野的重视，谢苗·沃龙佐夫告诉波将金，就连社交女王德文郡公爵夫人乔治亚娜也"是阿代尔的朋友"。[26] 阿代尔受到了女皇和公爵的"热烈欢迎"。在阿代尔离开之前，波将金以叶卡捷琳娜大帝的名义赠给他一件礼物：一只带有她肖像的戒指。[27]

处于权势巅峰的波将金公爵此时就像是一只被群犬围攻的大熊。祖博夫给叶卡捷琳娜大帝吹枕边风，利用她对于波将金霸道行为的担忧，暗示波将金可能成为对女皇的威胁。新古典风格的诗人和公务员加夫里拉·罗曼诺维奇·杰尔查文回忆说："女皇心中对陆军元帅波将金产生了一些隐秘的猜疑。"[28] 波将金抱怨说，女皇身边簇拥着他的敌人。叶卡捷琳娜大帝在皇村度夏的时候，波将金较少去拜访，在那里待的时间也不久。随着俄国逐渐与英国和普鲁士达成协议，而波兰问题变得更加紧迫，外国使节们注意到叶卡捷琳娜大帝似乎对波将金很冷淡。和以往的很多类似情况一样，这种冷淡让波将金的敌人心里燃起了希望。

祖博夫不仅在叶卡捷琳娜大帝面前攻击波将金：首先，祖博夫给苏沃洛夫送去一些好处，苏沃洛夫却不知道这些好处其实是波将金给的，还对祖博夫感恩戴德，[29] 于是祖博夫成功地把苏沃洛夫拉拢到反对波将金的那边。所以，苏沃洛夫与波将金决裂不是因为波将金嫉妒他，而是因为苏沃洛夫与祖博夫的串通。后来，祖博夫"以女皇的名义"告诉杰尔查文，不要去找波将金讨要好处；如果杰尔查文想要什么，祖博夫可以帮忙。

杰尔查文凭借《费丽察颂》扬名，他在该诗中嘲笑元老院主席维亚泽姆斯基"暴躁易怒"，说波将金"懒惰"。但多年来波将金一直庇护杰尔查文，不让维亚泽姆斯基和其他人伤害他。[30] 杰尔查文对波将金恩将仇报，在一些小的方面背叛他，并写诗攻击他。（杰尔查文的代表作、启发了普希金的《瀑布》是他在波将金去世后写的。）[31] 祖博夫安排杰尔查文当女皇的秘书。诗人接受了这个职位，此后在诗歌里对波将金的歌颂就比以往少了很多热情。

他发表了其中一首这样的诗之后，波将金怒气冲冲地走出自己的卧室，命令备车，然后顶着电闪雷鸣"不知去了哪里"。杰尔查文几天后胆怯地前来拜访，波将金此时肯定已经知道祖博夫如何将自己的门客诗人拉拢到他那边，于是冷淡地接待了诗人，但对杰尔查文没有恶意。[32]

在政治气氛高度紧张的时刻，波将金总是显得疯疯癫癫。他猛咬自己的指甲，疯狂地追逐女人。杰尔查文和德博利那样的外国人说波将金疯了，并暗示波将金患有第三期梅毒所以发疯了。但没有证据支持这种说法。据德博利说，一天夜里，波将金酩酊大醉地来到普希金娜伯爵夫人的宅邸，爱抚她的秀发。她威胁要把他赶出去，他却慢吞吞地说，他还没有放弃当波兰国王的想法。[33] 这个故事不大可能是真的。除此之外，他的敌人也承认，此时的他在风月场上特别春风得意。他的批评者费奥多尔·罗斯托普钦伯爵评论道："女人渴求波将金公爵的关注，如同男人渴求勋章。"[34] 波将金在他位于皇村附近的一座住宅举办了一次为期三天的派对。福克纳着急忙慌地向伦敦报告："全城人都兴致勃勃地关注他与其中一个女人的争吵，对第二个女人表面上的偏好，以及对第三个女人真正的关爱。"[35]

波将金似乎即将跌入陷阱。绝大多数历史学家认为，波将金在 7 月底最终离开圣彼得堡的时候，已经被祖博夫打倒，被叶卡捷琳娜大帝抛弃，被他的政敌推翻，因为心碎而奄奄一息。真相完全不是这样。

7 月，宫廷人员在彼得宫城的时候，祖博夫相信自己已经在叶卡捷琳娜大帝的心中播下了足够多的猜疑的种子，他的隐秘政变即将成功。[36]但谁能取代波将金呢？除了一个例外，没有人在军事和政治上拥有他那样的地位。6 月 24 日，阿列克谢·奥尔洛夫-切什梅斯基伯爵神神秘秘地来到了都城。自 1774 年以来，他每次到都城，都是因为有人试图推翻波将金。他喜欢吹嘘说，他进门的时候，波将金就会从窗户逃走。[37]但当奥尔洛夫-切什梅斯基到皇村拜访的时候，叶卡捷琳娜大帝给波将金写了一封短信告诉了他这件事情。如果女皇即将打倒波将金，怎么会给他写这样的信。[38]6 月和 7 月，波将金在城里写信给待在皇村的叶卡捷琳娜大帝，谈自己指甲旁的倒刺造成了多少疼痛。她很关切地回信，并在信的末尾写道："再会了，爸爸。"她照例在信里附上了祖博夫写给波将金的溜须拍马的信。波将金还送了一条裙子给她。[39]就连德博利也记述称，叶卡捷琳娜大帝明确命令奥尔洛夫-切什梅斯基不要攻击"她的挚友"。[40]

而且，波将金的影响力并未消失。当福克纳终于表示英国会同意俄国的条件时，波将金没有与叶卡捷琳娜大帝商量就当场接受了。德博利说这让俄国大臣们很恼火，但这不能说明波将金丧失了权力。[41]随后波将金又取得了一系列胜利。6 月 19

日，他宣布，库图佐夫遵照他的详细命令攻打巴巴达格①，打
败了2万人的奥斯曼军队。6月22日，古多维奇攻克阿纳帕
要塞，并且还有意外之喜：他俘获了在那里避难的车臣民族英
雄谢赫曼苏尔。② 波将金在7月2日向叶卡捷琳娜大帝宣称：
"这是打开管风琴所在房间的门钥匙，您看到它们在亚洲轰鸣
起来一定会高兴！"那一天，也许是为了与波将金握手言和，
女皇在祖博夫兄弟的陪伴下从彼得宫城来到圣彼得堡，在塔夫
利宫与波将金一同用膳，并向夫君祝酒。波将金显然并没有
倒台。42

　　7月11日，奥恰基夫危机结束了。英国人和普鲁士人签
署协议，允许叶卡捷琳娜大帝保留奥恰基夫和布格河与德涅斯
特河之间的土地，土耳其人必须立即向俄国求和。如果他们不
求和，俄国可以继续作战、争取更好的条件。当天，一名信使
抵达，宣布列普宁遵照波将金的命令渡过多瑙河攻击敌人，于
6月28日在曼钦大胜，歼灭了大维齐尔的8万军队，于是阻
止了两支奥斯曼部队的会师。"为了这喜讯，我要感谢你，我
的朋友，"叶卡捷琳娜大帝写信给波将金，"喜事成双，还有
更多捷报。我明天到城里来庆祝。"女皇来到喀山大教堂，人
们唱起《感恩赞》。叶卡捷琳娜大帝为福克纳举办了一些宴会
和舞会，波将金出席。43

　　华沙和圣彼得堡都在等待波将金对波兰的《五三宪法》
做出反应。波将金如同一门庞大但生锈的榴弹炮，正在缓缓转
向波兰。但他的意图是什么呢？各种阴谋和计划在他身边环

---

① 巴巴达格是今天罗马尼亚东南部的一座城市。
② 曼苏尔被押往圣彼得堡，三年后在什利谢利堡的地牢里死亡。——作
　者注

绕。德博利坚信，波将金将会炮制一场波兰"内战"（要么是建立波兰贵族的联盟，要么是带领哥萨克入侵）从而自立为波兰国王。[44] 布拉尼茨基在华沙神气活现地筹划他的贵族联盟，准备投入爱国事业，扩展波兰的版图。亚历山德拉·布拉尼茨卡希望波将金被立为斯坦尼斯瓦夫-奥古斯特的王位继承人。[45] 多年来华沙一直流传着一些小册子，说波将金会立亚历山德拉的孩子为王位继承人。[46] 威胁的间歇也有滑稽的插曲。波将金在一次派对上忍不住逗弄波兰使节德博利，说波兰人非常喜欢奥斯曼帝国，所以穿土耳其式的宽松马裤。德博利被激怒了，"于是我回答，我们不需要别人的马裤，因为我们自己有"。[47]

波将金内心很矛盾。他的使命是尽快南下，与土耳其人议和，但他的本能是留在圣彼得堡，与叶卡捷琳娜大帝一起商定如何处置波兰。但留在圣彼得堡的话，他又容易遭到祖博夫的攻击。因此，女皇和波将金这两位极其敏感的权术家之间的关系又紧张起来，他俩现在互相不满，被"互相之间的小小嫉妒"折磨。[48] 叶卡捷琳娜大帝希望他集中精力于议和。

两人还为了女人而争吵。也许女皇即便爱着"黑人"，也仍然会为了波将金而吃醋？或者她对他肆无忌惮的放荡已经厌烦了？波将金建议任命软弱无能的米哈伊尔·戈利岑公爵为陆军总监之一。陆军总监是一个新设立的职位，目的是铲除军队里的各种弊端。叶卡捷琳娜大帝答道："他在军队里不会给你增光添彩。"但最让她恼火的是戈利岑的妻子。圣彼得堡人尽皆知波将金已经厌倦了"希腊美人"，而迷恋上了普拉斯科维娅·安德烈耶芙娜·戈利岑娜公爵夫人（娘家姓舒瓦洛娃）。她是个识文墨但"不安分"的女人，成了波将金的"最后一恋"。[49] 叶卡捷琳娜大帝告诉他："让我告诉你，不管他妻子的脸蛋儿多美，都不值得你接受这样一个男人的拖累……他的妻子也许有魅力，但追求她对你绝对不会有好处。"普拉斯科维娅的家人在保护她的贞洁，所以波将金最后可能白白给了她丈夫一个肥差却得不到她。叶卡捷琳娜大帝对这个问题非常直率。她认为，戈利岑夫妇在合伙欺骗波将金。"我的朋友，我惯于对你实话实说。你对我也应当这样。"她恳求他南下，"缔结和约，然后可以回来，想怎么玩乐都可以……阅读此信后请将其撕碎。"[50] 这是叶卡捷琳娜大帝写给波将金的最刺痛他的一封信，被他保存下来。①

和往常一样，她大发脾气是与波将金争吵结束后的发泄。她刚刚签署了 7 月 18 日给波将金的第二道密旨，结束了他俩的辩论。这意味着他可以动身前往南方了。对于第二道密旨的内容，俄国、波兰和西方的历史学家已经争论了两百年。主要让人糊涂的一点是，一方面该密旨授予波将金极大的权力，另一方面大家又坚信此时的波将金即将垮台。传说此时的波将金心力交瘁，丧失了权力，"得知普拉东·祖博夫似乎对女皇的思想掌握了绝对权力的时候"，"无法忍受自己受辱的前景"。波将金去世后、祖博夫得势的时期，到访圣彼得堡的外国人听到的就是这种传说。[51] 既然大家都认为叶卡捷琳娜大帝和祖博夫即将除掉波将金，那么她为什么还授予他极大的权力，让他裁决与土耳其人和波兰人的战和呢？所以，很多人的结论是，叶卡捷琳娜大帝的密旨只是个骗局，为的是把波将金弄走。这种说法建立在后见之明的基础上，而没有考虑当时的事实。[52]

①　上文引用过的一些波将金写给"普拉斯科维娅"的信也可能是写给普拉斯科维娅·戈利岑娜而不是普拉斯科维娅·波将金娜的。不过可能性不大。——作者注

1791 年，没有一个人相信波将金即将被免职。尽管所有人都知道他和女皇吵了架，但即便是敌视他的外国人，比如德博利和英国使节惠特沃思，也都说波将金的权势是在增长而不是减弱。"女皇对他百般信任"，惠特沃思告诉格伦维尔[①]，"所以给他绝对的自由，让他"与土耳其人议和或者继续作战。[53] 祖博夫的阴谋诡计是"不可能成功的，即便女皇对他有着令人费解的宠爱"。[54] 很久以后，祖博夫自己承认，波将金没能除掉他，他算是"赢得了半场胜利"，但"我没有办法消除他对我的阻碍；我必须除掉他，因为女皇总是迎合他的意愿，而且害怕他，仿佛他是个严苛的丈夫。她只爱我，但经常让我把波将金当作榜样来学习"。祖博夫还有一句话非常能说明他为什么需要女皇的爱："我的财产没有达到现在的两倍，全要怪波将金。"[55]

我们理解了女皇根本没有打算将波将金免职之后，就能清楚地看到，第二道密旨对波将金来说是一场胜利，与之相比，没能除掉祖博夫也不算什么了。与奥斯曼帝国的和约签订之后，波将金得到了很大权力，可以在波兰作战，去实现他的计划，甚至可以决定波兰政体的形式。他可以就具体的细节与波托茨基谈判，不过最关键的是让世人看到是波兰人在邀请俄国人干预，而不是俄国人主动干预波兰。但"我们自己的利益要求此事尽快办成，免得……后患无穷"。[56] 密旨告诉我们，波将金已经说服了女皇，他的计划能够让波兰顺从俄国，而不必将波兰分割。但叶卡捷琳娜大帝明确表示，如果波将金的计划

---

① 可能指的是威廉·格伦维尔，第一代格伦维尔男爵（1759—1834），英国辉格党政治家，在小威廉·皮特逝世后继任首相（1806—1807）。他的父亲乔治·格伦维尔（1712—1770）在 1763—1765 年担任首相。

失败，唯一的办法就是瓜分波兰。

在圣彼得堡的最后一夜，波将金在外甥女塔季扬娜家用餐，陪同的还有戈洛温娜伯爵夫人，她觉得他是个声名狼藉的男人。但这一次波将金触动了她。他一次又一次告诉她，他永远不会忘记她。他坚信自己死期将至。[57]

1791 年 7 月 24 日凌晨 4 时，波将金从皇村启程。他纵马疾驰南下的同时，女皇给他送去了一封充满老友的柔情蜜意的短信："再会，我的朋友，我亲吻你。"[58] 他们再也不会相见了。

注　释

1 本次俄土战争的这段叙述的主要资料来源，见本书第 26 章注释 1。关于波兰革命，除非另有说明，本章运用的资料来源是 Alexander, *CtG* pp 285-92, and Madariaga, *Russia* pp 409-26, Lord pp 512-28, Zamoyski, *Last King of Poland* pp 326-57, Ehrman vol 2 pp 26-41, McKay and Scott pp 240-7。Also Jerzy Lojek, 'CII's Armed Intervention in Poland' and Jerzy Lukowski, *The Partitions of Poland* 1772, 1793, 1795. *Memoirs of the Life of Prince Potemkin* p 243.

2 SIRIO 23 (1878)：517-19, CII to Baron F. M. Grimm 29 April 1791.

3 Zoia Belyakova, *The Romanov Legacy* p 91. 波将金不会用动物脂油当蜡烛。据说开销超过 7 万卢布：他买光了都城的蜡烛，不得不从莫斯科订购更多。

4 Derzhavin quoted from A. A. Kiucharients, *Ivan Starov* (Leningrad 1982) p 43 by Cross, *By the Banks of the Neva* p 275. 根据 Bolotina's 'Private Library of Prince GAPT'，四首合唱的词曲作者分别为 G. R. 杰尔查文和 Osip Kozlovisky。

5 Anspach, *Journey* p 137, 18 February 1786.

6 Derzhavin ode quoted in Lopatin, *Potemkin i Suvorov* p 230.

7 L. I. Dyachenko at Tavrichesky Palace. 作者于 1998 年访问圣彼得堡所得。Also L. I. Dyachenko, *Tavrichesky Dvorets* pp 1-64.

8 这段叙述基于以下材料：SIRIO 23（1878）：517-19, CII to Grimm 29 April 1791；*Memoirs of the Life of Prince Potemkin* p 243；Masson pp 240-4, 386-7；Belyakova p 91；Dyachenko pp 1-57。作者于 1998 年和 Ludmila Dyachenko 一起访问塔夫利宫所得。*Moskvityanin zhurnal*（1852）vol 3 pp 21-8 谈及波将金公爵的私生活。

9 Pushkin, *Polnoye Sobraniye Sochineniya* vol 12 p 177. 娜塔莉亚·扎克列夫斯卡娅（娘家姓拉祖莫夫斯卡娅）的故事。她是基里尔·拉祖莫夫斯基的女儿伊丽莎白的姊妹，波将金在 18 世纪 60 年代可能曾和这个伊丽莎白调情。

10 Stedingk p 137, Count Stedingk to Gustavus III 18 May 1791, St Petersburg.

11 SIRIO 23（1878）：519, 29 April 1791, and SIRIO 23（1878）：520, 30 April 1791, CII to Grimm, St Petersburg. Zamoyski, *Last King of Poland* pp 337-6. Edmund Burke, *Collected Works* vol 6 pp 244-6, quoted in Zamoyski p 345. Lord pp 527-8. Madariaga, *Russia* pp 420-1.

12 ADAD 421：22-3, Deboli to SA 12 April 1791；421：36-9, 29 April 1791；421：58-65, 17 May 1791, St Petersburg, unpublished.

13 RGADA 5.85.2.289, L 457, CII to GAP May 1791.

14 RV（1841）vol 8 pp 366-7, GAP to Admiral F. F. Ushakov, Prince N. I. Repnin and General-en-Chef I. V. Gudovich 11 May 1791. RGVIA 52.2.21.153, L 457, GAP to CII 9 June 1791, and RGVIA 52.2.21.145-9, GAP to CII 9 June 1791. 阿纳帕与伊斯梅尔、宾杰里和阿克尔曼一样，始终是俄国的攻击目标。见 Dubrovin, *Istoriya voyny* vol 2 p 269, GAP to Gudovich on Anapa 24 December 1790；RGADA 16.799.2.170, L 456, and RGADA 16.766.2.171, L 456, both GAP to CII。这些书信出自这一时期，提议安置一些瑞典战俘、亚美尼亚人和摩尔达维亚人到波将金的土地上，以及扩建尼古拉耶夫和建造更多船只。

15 RA（1874）2 pp 251-2, CII rescript to GAP on Poland 16 May 1791.

16 Jerzy Lojek, 'Catherine's Armed Intervention in Poland' pp 579-81.

17 RGVIA 52.2.68.32 and /30, Count Felix Potocki to GAP 12 October 1790 and 9 July 1791, unpublished. Lord pp 527-8, Potocki to GAP 14 May 1791, all three from Vienna. RGVIA 52.2.68.47, GAP to Potocki 18/29 May 1790. RGVIA 52.2.68.48, GAP to Potocki 8 February 1791, unpublished.

18 AKV 13：227, A. A. Bezborodko to S. R. Vorontsov 17 November 1791.

19 SIRIO 27（1880）：pp 332-3, 叶卡捷琳娜二世给波将金的御旨，关于让扎波罗热和 Nekrazovsky 哥萨克返回的预先准备，1784 年 4 月 15 日。

20 SIRIO 27（1880）：338, 叶卡捷琳娜二世给波将金的御旨，关于保留一些哥萨克部队在波兰境内，1784 年 7 月 2 日。SIRIO 27 (1880)：416，叶卡捷琳娜二世给波将金的御旨，允许组建五个中队的波兰哥萨克，1787 年 7 月 6 日。

21 See Rulikowski, Smila.

22 S. Malachowski, *Pamietnik i Stanislawa hr. Nalecz Malachowskiego wyd. Wincenty hr. Los* p 92.

23 AGAD 421：58-65, Deboli to SA 17 May 1791, St Petersburg, unpublished.

24 PRO FO Secretary of State：State Papers, Foreign, cyphers SP106/67, William Fawkener to Lord Grenville no 3, 2 June 1791, St Petersburg, unpublished.

25 PRO FO Secretary of State：State Papers, Foreign, cyphers SP106/67, Fawkener to Lord Grenville 18 June 1791, St Petersburg. 同一出处，还可见：波将金关于黑海舰队的言论，Fawkener no 3, 2 June 1791, St Petersburg。两份文献均未发表。

26 RGVIA 52. 2. 89. 159, S. R. Vorontsov to GAP 3 May NS 1791, London, unpublished.

27 PRO FO Secretary of State：State Papers, Foreign, cyphers SP106. 67, Charles Whitworth no 41, 5 August 1791, St Petersburg, unpublished. Stedingk p 146, Stedingk to Gustavus III 25 June 1791, St Petersburg.

28 Derzhavin vol 6 pp 592, 422-3.

29 Derzhavin vol 6 pp 592, 422-3.

30 此处对杰尔查文的描绘，参考了 Jesse V. Clardy, *G. R. Derzhavin：A Political Biography* pp 70-1, 123, 128。

31 RP 1. 1 p 39. Burton Raffel, *Russian Poetry under the Tsars* p 20. Segal vol 2 pp 262-74.

32 Derzhavin vol 6 pp 422-44.

33 AGAD 421：122-3, Deboli to SA 22 July 1791, St Petersburg, unpublished. Derzhavin vol 6 pp 423-4. AKV 8：pp 44-5, Count Fyodor Rostopchin to S. R. Vorontsov 25 December 1791, Jassy.

34 AKV 8：67, Rostopchin to S. R. Vorontsov 14/25 April 1793, and pp 44-5, 25 December 1791, Jassy.

35 PRO FO Secretary of State：State Papers, Foreign, cyphers SP106/67, Fawkener no 4, 7 June 1791, and no 8, 21 June 1791, St Petersburg, unpublished.

36 PRO FO Secretary of State：State Papers, Foreign, cyphers SP106/67, Whitworth 8 July 1791, St Petersburg, unpublished.

37 PRO FO Secretary of State：State Papers, Foreign, cyphers SP106/67,

Whitworth 8 July 1791, St Petersburg, unpublished.

38 RGADA 5. 85. 1. 479, L 457, CII to GAP June 1791.

39 RGADA 5. 85. 2. 18, L 458, CII to GAP, and RGVIA 52. 2. 22. 70, L 458, GAP to CII June 1791. 波将金从前线发回的报告, 他给指挥官们的命令, 以及他给叶卡捷琳娜二世的报告, 见 RGVIA 52 op 2, 例如波将金给叶卡捷琳娜二世的关于 M. I. 库图佐夫 1791 年 6 月 4 日跨越多瑙河袭掠行动的报告 (日期为 1791 年 6 月 19 日), 存于 RGVIA 52. 2. 21. 164。

40 AGAD 421: 122-3, Deboli to SA 22 July 1791, St Petersburg, unpublished.

41 AGAD 421: 77-8, Deboli to SA 31 May 1791, St Petersburg, unpublished.

42 RGVIA 52. 2. 22. 4, L 458, GAP to CII July 1791. KFZ 2 July 1791. 阿纳帕的陷落: Dubrovin, *Istoriya voyny* vol 2 p 269, Gudovich to GAP 22 June 1791。关于曼苏尔的被俘和命运: Marie Bennigsen Broxup (ed), *The North Caucasus Barrier: The Russian Advance towards the Moslem World*; see Paul B. Henze, 'Circassian Resistance to Russia' p 75。

43 PRO FO Secretary of State: State Papers, Foreign, cyphers SP106/67, 惠特沃思、福克纳和格尔茨签署的协议, 11/22 July 1791 and 16/27 July, St Petersburg, unpublished. KFZ 12 July 1791. RGADA 5. 85. 1. 432, L 459, CII to GAP July 1791, and RGADA 5. 85. 1. 430, L 459, CII to GAP July 1791. RGVIA52. 2. 22. 11-15, 列普宁给波将金的关于 Machin 战役的报告。

44 AGAD 421: 122-3, Deboli to SA 22 July 1791, St Petersburg, unpublished.

45 AGAD 421: 113-14, Deboli to SA July 1791, St Petersburg, unpublished.

46 RGVIA 52. 2. 39. 346, Count Stackelberg to GAP 9/20 December 1789, unpublished.

47 AGAD 421: 85-6, Deboli to SA 17 June 1791, St Petersburg, unpublished.

48 Stedingk p 143, Stedingk to Gustavus III 25 June 1791, St Petersburg.

49 AAE 20: 312, Langeron, 'Evénements de l'hiver de 1790 et 1791'. Stedingk p 209, J. J. Jennings to Fronce December 1791, St Petersburg. Golovina p 64.

50 RGADA 5. 85. 1. 499-500, L 460, CII to GAP July 1791. 与传说相反, 波将金积极地改革军队以消灭军官的贪腐。所以他组建了一个新类型的军队监察处来惩治贪腐。AVPRI 2. 2/81. 21. 138, L 460, GAP to CII 14 July 1791, and AVPRI 2. 2/8a. 21. 139, L 460, GAP to CII 14 July 1791. See Epilogue note 34.

51 Vigée Lebrun vol 1 p 323.

52 Lojek, 'CII's Armed Intervention in Poland' pp 579-81. 有人说叶卡捷琳娜大帝给他的行动设置的条件足以证明这是个骗局 (女皇在欺骗波将金), 但这份圣旨包含的条件并不比 1783 年她给波将金的关于克里米亚的圣旨规定的条件更多。这符合很多波兰历史学家的观点。例如，Lojek 提出，女皇规定的"波将金必须组织一个波兰反对派"的条件显然是在欺骗他，因为女皇知道波兰贵族支持新宪法。但任何一个国家在侵略外国时都会努力让世人相信，他们是受该国内部的反对派邀请才出兵的。此外，菲利克斯·波托茨基是许多反对《五三宪法》、忠于古老的"黄金自由"理念的波兰权贵之一。波将金的行动也取决于同奥斯曼帝国达成和约，但这是常识：他自己就一直强调，在西方开战之前必须先在南方取得和平。

53 PRO FO Secretary of State：State Papers, Foreign, cyphers SP106/67, no 40 Whitworth to Grenville 5 August 1791. AGAD 421：103-4, Deboli to SA 8 July 1791. 这两份从圣彼得堡发出的外交报告都没有发表。

54 PRO FO Secretary of State：State Papers, Foreign, cyphers SP106/67, Whitworth 12 July 1791, St Petersburg, unpublished.

55 RS（1876）September p 43, Knyaz Platon Alexandrovich Zubov.

56 Reshetilovsky Archive（Popov archive）pp 77-84, 叶卡捷琳娜二世给波将金的密旨，关于波兰，1791 年 7 月 18 日。RA（1874）2 pp 281-9.

57 Golovina p 28.

58 RGADA 5. 85. 2. 291, L 461, CII to GAP 25 July 1791. KFZ 24 July 1791.

33 最后的骑行

他的外甥女想问……
"你带来了什么消息?"
"我带来了噩耗,
穿上黑色的丧服吧,
您的舅舅去世了,
躺在大草原中央铺着的一件大衣上。"
——俄国士兵的行军歌《波将金之死》

钟声响起,礼炮轰鸣,马车掀起烟尘。波将金在南下的途中抵达了莫吉廖夫。来自该省偏僻角落的公务员和贵族以及身着盛装的贵妇小姐们在总督府恭候。

他的马车驶近时,人们匆匆跑到门前阶梯的底端:塔夫利公爵露面了,只见他身穿飘逸的夏季晨袍,风尘仆仆,大踏步穿过人群,目不斜视。当晚的宴会上,波将金邀请波兰贵族和爱国者米歇尔·奥金斯基加入他的随行队伍,并欢快地与他高谈阔论。他们谈论荷兰,"公爵对荷兰了如指掌,仿佛在那里生活了一辈子;还聊到了英国,他谈起英国的政府、风俗和道德风尚也是信手拈来",随后他们谈论了音乐和绘画,波将金"补充说,英国人对这两样一无所知"。他们谈论兵法的时候,公爵宣称,胜利的关键在于打破陈规,但光是研习战略是不够的:"这需要天生的才华。"[1]波将金的兴致如此之高,他显然不是一个失宠落魄之人，更不是已经彻底垮掉的过气政治家。

波将金快到摩尔达维亚的时候，列普宁公爵已经在加拉茨与大维齐尔谈判了。波将金极为兴奋地告诉叶卡捷琳娜大帝，双方已于7月24日初步达成一致，但在31日，也就是他距离加拉茨只剩一天路程的时候，列普宁擅自签订了条约。据说波将金因为嫉妒列普宁抢了他的风头而勃然大怒。但列普宁的报告表明，波将金很高兴让他进行初步的谈判，但不一定允许他签字。波将金的愤怒有政治的原因，也有私人的原因，但未必是出于嫉妒。列普宁被叶卡捷琳娜大帝说成是"比老太婆还不中用"，他是已故的帕宁的外甥，也是马丁派和共济会会员，还是保罗的亲普鲁士圈子的成员，但他已经成为对波将金非常顺从、任劳任怨的下属。利尼亲王解释说："《圣经》把这两人团结了起来。"列普宁的马丁派思想和波将金的迷信"相得益彰"。[2] 仅此而已。列普宁这次"抢戏"肯定受到了都城发来的一些书信的怂恿，让他相信自己会得到祖博夫的庇护，不必害怕波将金的怒火。据传，波将金喊道："你这个小马丁派，你好大的胆子！"[3]

列普宁在错误的时间签署了错误的条约：他不知道波将金前不久与福克纳的协议，所以同意了为期八个月的停战，这让土耳其人有充分的喘息之机重建军队；他还同意了土耳其人的一项要求，即俄国人不要在奥斯曼帝国割让的土地上设防。列普宁也没有意识到，波将金正在等待乌沙科夫和舰队的消息。如果他们取得了胜利，那么就能从土耳其人那里获得更有利的条件。凑巧的是，就在列普宁签署条约的同一天，乌沙科夫打败了奥斯曼舰队，令君士坦丁堡陷入恐慌。波将金把列普宁签署条约的消息禀报给叶卡捷琳娜大帝后，她也大发雷霆。她和别兹博罗德科都立即谴责了列普宁犯下的鲁莽错误。叶卡捷琳娜大帝得知乌沙科夫的胜利之后，对列普宁更是愤怒。[4] 波将金原本可以利用乌沙科夫的胜利来迫使土耳其人再度作战，从而让俄国摆脱福克纳协议的约束。[5] 这么做的可能性仍然存在，但列普宁的让步使这种可能性锐减了。

波将金匆匆赶到尼古拉耶夫去检阅他的新战舰，参观他的宫殿，然后马不停蹄地走了500俄里返回雅西，仅用了三十个小时。随后他生病了。他在连续几个月的紧张、令人衰弱的放荡生活、过度劳累和令人疲倦的旅行之后往往会生病。君士坦丁堡暴发了瘟疫，南方各地则流行起了热病。他告诉叶卡捷琳娜大帝："我从未见过这样的疫病。"女皇和过去一样，在为他的健康担忧。[6] 雅西弥漫着"腐臭的沼泽瘴气"。[7] 人们纷纷病倒。

大维齐尔优素福帕夏在多瑙河畔又集结了一支15万人的奥斯曼军队。他的使者在谈判一开始就试探波将金的决心，问有无可能让他们保留德涅斯特河。波将金中断了谈判。大维齐尔道了歉，然后表示可以处决那名使者。波将金要求让摩尔达维亚独立、瓦拉几亚领主的任命需要俄国的批准，以及奥斯曼帝国割让阿纳帕。[8] 他在增加赌注，希望刺激土耳其人再度作战，从而让他摆脱福克纳协议的约束。然而，这时出现了一个不祥的征兆。

1791年8月13日，他麾下的军官之一、符腾堡公子卡尔·亚历山大（保罗大公的妻弟）死于热病。波将金和保罗的妻子关系不错，所以为她的兄弟举行了盛大的王室规格的葬礼。此时的波将金已经被死亡的预感困扰，正在与自己的疾病做斗争。在令人窒息的酷暑中，他徒步跟随送葬队伍走了好几里路，在下葬地点喝了两杯冰水。葬礼期间灵车经过他的时候，发高烧而神志不清的波将金以为那是自己的马车，试图爬上去。对迷信的人来说，这就是在敲响丧钟。"上帝为我作证，我在吃苦受罪。"他倒了下去，被抬出了加拉茨。他命令列普宁把军队从这个卫生条件恶劣的城镇撤走。[9]

波将金在附近的古沙休息。在那里，波波夫终于说服他吃药。药物可能是南美金鸡纳树的树皮，这是一种早期形式的奎宁。他的身体有所恢复，随后任命萨莫伊洛夫、里瓦斯和拉日卡列夫为俄国的谈判代表。叶卡捷琳娜大帝感到自己可能会失去不可或缺的夫君，她在信中写道："我向上帝祈祷，恳求祂结束你的苦难，免得让我受到那样的打击。"她连续多日为他哭泣。8 月 29 日，她甚至在涅夫斯基修道院的夜间礼拜期间为波将金的生命祈祷，还给修道院捐赠了黄金和钻石。亚历山德拉·布拉尼茨卡被传唤去侍奉她的舅舅。但十天后，波将金告诉叶卡捷琳娜大帝："我好些了，我还以为再也见不到您了，亲爱的小妈妈。"[10]他返回雅西，但仍然高烧不退。

"我不明白，你身体这么弱了，怎么还东奔西跑"，叶卡捷琳娜大帝写道，并补充说，祖博夫"非常担忧，有一天甚至不知道如何安慰我"。即便是患病的波将金读到这里肯定也要翻白眼了，但一直到他最后的日子，他都始终在信里问候他没能拔掉的那颗"牙"。一连四天，他发高烧，头痛，不过在9 月 10 日有所好转。"我在上帝的掌握之中，"波将金告诉女皇，"但我不会耽误您的事业，直到最后一分钟。"[11]

确实如此。他仍然忙着监督和谈，给大维齐尔送礼，[12]让军队做好准备以防战争再次爆发，并向女皇禀报舰队已经返航塞瓦斯托波尔。他在波兰方面的谋划也没停。他秘密召集了他的波兰盟友，包括波兰炮兵上将菲利克斯·波托茨基和波兰王室野战盖特曼①塞韦伦·热武斯基："我荣幸地向诸位提议面谈一次"，他打算面谈的时候向这几人揭示女皇的"真诚意愿"和"具体的想法"。[13] 他们立刻动身前来与他会谈。在整个夏季，他从来没有放松过他的开垦殖民工程、造船计划以及他自己的娱乐。[14] 他想要和谐悦耳的音乐和活泼宜人的伙伴。他在 8 月 27 日写信给法国政治家和历史学家塞纳克·德·梅扬，他认为梅扬关于法国大革命和古希腊的思想"非常卓越，值得当面讨论。请到摩尔达维亚来找我吧"。

波将金还通过写赞美诗来对自己进行音乐疗伤。他的《救世主颂歌》写道："如今我的灵魂，在邪恶的深渊中恐惧又希冀，寻找佑助，却找不到……伸手救援它吧，最纯洁的圣母……"[15] 他还打算聘请一位新的更有水平的作曲家。俄国驻维也纳大使安德烈·拉祖莫夫斯基提议："我想把德意志最优秀的钢琴家和最杰出的作曲家之一给您送去。"拉祖莫夫斯基已经向这位作曲家提议，后者也同意去俄国。"这位作曲家在这里过得不顺心，他很愿意去您身边。他目前在波希米亚，估计很快就会回来。如果殿下愿意，我就较短地聘请他一段时间，先听听他的水平，然后再聘他一段时间。"[16] 波将金的回信

① 波兰立陶宛联邦的四个最高军职（仅次于国王）被称为"盖特曼"，分别是：王室大盖特曼、王室野战盖特曼、立陶宛大盖特曼、立陶宛野战盖特曼。其中王室大盖特曼的地位最高，战时一般担任军队总司令，掌握专业化军队，和平时期待在首都处理政务。王室野战盖特曼在战时一般担任王室大盖特曼的副手，掌管雇佣兵和炮兵，和平时期负责戍边，所以也叫边疆盖特曼。立陶宛野战盖特曼则掌握军队，不从属于立陶宛大盖特曼。

没有保存至今。这位作曲家不是别人，正是莫扎特。①

波将金的健康状况在恶化。他一辈子兴趣广泛，但如今只对一件事情感兴趣，那就是二十年来一直支撑着他的那段感情。叶卡捷琳娜大帝和波将金又一次开始互相写简单的情书，仿佛他俩都不想浪费表达深情厚谊的机会。热病肆虐的雅西是一所"真正的医院"。大多数病人，包括列普宁和法列耶夫，在四天的高烧和神志不清之后会慢慢恢复。[17]而波将金虽然得到萨申卡·布拉尼茨卡和索菲·德·维特的悉心照料，却没有好转。

叶卡捷琳娜大帝希望密切关注他的病情并监督对他的照料，仿佛他在冬宫的女皇套房内，但信使一趟路程就需要七到二十天，所以她那些关怀备至、心焦得发狂的书信送到的时候，总是晚了一步。她以为波将金的身体好转的时候，其实他的病情更严重了。前一封信说他在好转，下一封却说他的病情急剧恶化。9月16日，她收到的第一封信"让我很高兴，因为我看到你已经好些了，但第二封信又让我焦虑起来，因为我看到你已经发高烧和头痛四天了。我恳求上帝给你力量……再会了，我的朋友，基督保佑你。"[18]

叶卡捷琳娜大帝渴盼得到关于波将金的消息。她命令波波夫每天给她发报告，并要求布拉尼茨卡："伯爵夫人，请写信给我，告诉我他怎么样了。请竭尽全力，让他得到尽可能多的照料，免得病情复发。对身体原本就虚弱的人来说，复发是最

---

① 莫扎特在不久之后，也就是1791年11月24日（公历为12月5日）去世。——作者注

糟糕的。我知道他对自己的身体是多么不在意。"布拉尼茨卡和波波夫掌管了病房,而三位医生(法国人马索和两位俄国医生)能做的已经不多了。[19] 我们只能从女皇和波将金的通信来了解波将金病情的急剧恶化。叶卡捷琳娜大帝一天比一天担心,波将金一天比一天虚弱。后来他不能写信,只能让波波夫发报告。

叶卡捷琳娜大帝的信送达后,波将金一边读一边抽泣。他觉得自己在好转,尽管"耳痛不已"。即便他自己病魔缠身,也仍然关心着 8000 名患病的士兵。波将金说:"感谢上帝,他们没有死。"土耳其人的谈判代表将在四天后抵达。"我估计他们会要很多花招,但我会提高警惕。"波将金被从雅西接走,搬到一座乡村别墅。[20]

波将金不再大吃大喝,开始节制饮食。通过饥饿来抵抗热病似乎有效,"公爵殿下的身体越来越好"。波将金利用这个机会安排了俄国军队从摩尔达维亚撤军的路线,因为经过波兰的路线仍然是封闭的。谈判取得了进展。全世界都在仔细地观察局势:奥地利人在斯维什托夫与奥斯曼帝国签订了和约。维也纳的报纸跟踪报道了波将金的病情,几乎每天都有信使给报社送来最新消息。他们听说他的身体好些了,又恶化了,又好些了。如果发生新的战争,波将金肯定会亲自指挥,但与此同时他还要求对瓦拉几亚和摩尔达维亚施加一定程度的影响。和谈过程将会"荆棘遍地"。波将金打算等和约签订之后在秋季访问维也纳。

波将金感到"累如死狗",但通过别兹博罗德科向女皇保证:"我不会偷懒。"[21] 三天后,他又发高烧了,比之前更厉害。他浑身战栗，羸弱不堪。布拉尼茨卡日夜守候在他床边。① 但他拒绝服用奎宁。波波夫报告称："我们以女皇陛下的名义说服了公爵殿下服药，尽管他非常不愿意。"波将金恳求别兹博罗德科给他找一件"中国式长袍……我非常需要"。叶卡捷琳娜大帝赶紧给他送去这样一件长袍，另加一件毛皮大衣。他凄楚地写下"我精疲力竭，不知道何时才是头"的当天，还口述信件给叶卡捷琳娜大帝，报告军中的疫情。[22]

波将金"持续不断地受到病痛的严重折磨"。到 25 日，他的痛苦呻吟和哭泣已经让身边的人深感不安。他意识到自己的高烧不会退之后，似乎决定好好享受最后的时光。传说他"毁掉了自己的身体"，他的吃喝习惯肯定对健康无益。这位发高烧的"苏丹"吞噬了"一条火腿、一只腌鹅和三四只鸡"，狂饮格瓦斯、"各式各样的葡萄酒"和烈酒。他从阿斯特拉罕和汉堡订购了小体鲟和熏鹅。"他刻意想办法避免身体恢复。"他汗流浃背的时候，就"把十瓶古龙水泼在自己头上"。他活的时候与众不同，死也要死得别出心裁。[23]他病得太重，早已经不在乎世俗的眼光。

波波夫哀伤地禀报叶卡捷琳娜大帝，波将金"已经对生命无望，并向所有人告别，不肯听我们的安抚"。安布罗西主教和都主教约纳在公爵身边守候。约纳是格鲁吉亚人。他恳求波将金饮食有度并认真服药。"我痊愈的可能性不大，"波将金答道，"但上帝自有裁决。"然后，他与安布罗西探讨他的生命的意义。虽然波将金有着许多俄国式的迷信，但他毕竟还

---

① 看样子波将金此时已经不需要"希腊美人"了。随着他的病情加重，她销声匿迹了。布拉尼茨卡可能命令她去招待前来看望波将金的波兰权贵了。——作者注

是启蒙时代的人。他对安布罗西说："你，我的忏悔神父，你知道我不曾对任何人有过恶意。我唯一希望的就是所有人都能幸福。"① 在场的人听到波将金的高尚表白，无不抽噎起来。两位神父走了出来。马索医生告诉他们，已经无望了。"深深的绝望攫住我们，"神父写道，"但我们无计可施。"24

次日，即9月27日，波将金的病情有所好转。女皇的只言片语最能让他感觉好起来。她的信和毛皮大衣及晨袍一同抵达，但它们让他思考了自己与她的过去以及他的未来。"一提到陛下的名字，他就泪流满面。"他努力给她写了这封短信："亲爱的小妈妈，我见不到你的时候，就更难过了。"25

9月30日是他的五十二岁生日。大家都努力安慰他，但每当他想到叶卡捷琳娜大帝，就"痛哭流涕"，因为他知道自己再也见不到她了。这一天，在北方数千俄里之外，女皇读了波波夫的全部报告，给她"亲爱的朋友"写了信。"你生病了，这让我非常难过。看在基督的面上，"她恳求他遵守医嘱、认真服药，"我恳求你在服药之后不要胡乱吃喝，免得损害药效。"她这是在回应十天前波波夫的报告，然而她的这封信离开圣彼得堡的时候，波将金一觉醒来已经觉得呼吸困难。这可能是肺炎的症状。他又发了高烧，并且晕厥了过去。10月2日，他醒来后感觉好些了。他们劝他服用奎宁，他拒绝了。随后，这位永远在浪迹天涯的豪杰表示渴望看看草原，希望再次踏上旅途，去感受一下黑海的风吹拂面庞的感觉。"公

---

① 杰里米·边沁的效益主义哲学衡量一位统治者成功与否的标准就是他能给自己的臣民多少幸福。边沁会理解波将金的想法。也许塞缪尔·边沁曾在与波将金一同乘马车在南方长途旅行的途中与他探讨过这种思想。——作者注

爵殿下希望我们带他离开这里，"波波夫向叶卡捷琳娜大帝汇报道，"但我不知道能不能搬动他。他的身子很弱。"[26]

随行人员在商量如何是好，而波将金写下了最后一封给女皇的亲笔信，用朴素而恭敬的言辞向他挚爱的女人表达了自己的感情：

> 小妈妈，最仁慈的女士！在我目前的状况下，被疾病拖得如此疲惫，我向最高的上帝祈祷，请祂保佑您珍贵的健康，我也拜倒在您神圣的脚下。
>
> 陛下最忠诚、最感恩的臣子，塔夫利的波将金公爵。
>
> 哦，小妈妈，我的病多么严重！

随后他的身子就彻底垮了，他已经认不出来身边的人，后来陷入昏迷。医生们花了九个钟头才终于找到了脉搏。他的手脚都是冰冷的。[27]

在圣彼得堡，叶卡捷琳娜大帝正在读 25 日和 27 日的信："我见不到你的时候，就更难过了。"她流下了眼泪。她甚至仔细查看笔迹，希望从中找到一丝希望。"我承认我读了这些信之后担心得要死，但我看到你的最后三行字写得较为有力，"她在最后一封给波将金的信里写道，"你的医生向我保证，你已经有所好转。我向上帝祈祷……"她还写信给布拉尼茨卡道："请陪着他……再见，亲爱的人儿。上帝保佑你。"[28]

下午，波将金醒了，命令启程。他相信自己如果能抵达尼古拉耶夫，就能痊愈。这一夜他睡不着觉，但很平静。次日上午，他不断地问："几点了？一切都好吗？"浓雾弥漫，但他坚持要动身。他们把他扶到一张扶手椅上，将他抬上一辆六座马车，并尽量让他坐得舒适些。他口述了最后一封给叶卡捷琳娜大帝的信，说自己累坏了。波波夫把写好的信拿给他看，他在信纸的底部勉强涂抹了几笔："唯一的逃路就是离开。"但他没有足够的力气签名。

早晨 8 点，在医生、哥萨克和外甥女的陪伴下，他的马车出发了，穿过开阔的草原，驶向比萨拉比亚的群山。

注　释

1 Michel Oginski, *Mémoires sur la Pologne and les Polonais* vol 1 ch 7 pp 146−53.

2 Ligne, *Mélanges* vol 24 p 67 Prince de Ligne to JII April 1788. RGADA 5.85.2.25, CII to GAP 19 November 1786.

3 Masson p 111.

4 RGVIA 52.2.22.90 − 103, Prince N.I.Repnin to GAP July − August 1791. RGADA 5.85.2.296, CII to GAP 12 August 1791, Tsarskeo Selo. SIRIO 29：220, A.A.Bezborodko to P.V.Zavadovsky 17 November 1791. Engelhardt 1997 p 94. SIRIO 23（1878）：553, CII to Baron F.M.Grimm 27 August 1791.

5 PRO FO Secretary of State：State Papers, Foreign, cyphers SP106/67, Charles Whitworth to Lord Grenville 5 August 1791, St Petersburg, unpublished. Samoilov col 1555 and notes 1 and 2, plus cols 1556-7.

6 RGADA 1.1/1.43.97, L 464, GAP to CII 4 August 1791, Olviopol. RGADA 5.85.2.296, L 465, CII to GAP 12 August 1791.

7 这是玛丽亚·古斯里太太在十年后对黑海周边河流地区流行的热病的描述：letter 23 p 111. SIRIO 29：121, 别兹博罗德科关于波将金在 1791 年 8 月中断谈判的说法。

8 Samoilov col 1557.

9 AKV 8：37, Count F.V.Rostopchin to Count S.R.Vorontsov 7 October 1791. Samoilov col 1555. RGADA 1.1/1.43.100, L 465, GAP to CII 15 August 1791, Galatz. Stedingk p 197, J.J.Jennings to Fronce ud, St Petersburg.

10 RGVIA 52.2.38.18, V.S.Popov to Bezborodko 24 August 1791. RGADA 1.1/

1.43.104, GAP to CII 24 August 1791. RGADA 5.85.2.298, L 466, CII to GAP 28 August 1791. Khrapovitsky 28 and 29 August 1791. AAE 20：358, Langeron,'Evénements 1791'. RV（i841）vol 8 p 372, GAP to Repnin August 1791.

11 RGADA 1.1/1.43.106, L 468, GAP to CII 6 September 1791, Jassy. RGADA 5.85.2.302, CII to GAP 4 September 1791, St Petersburg. RGVIA 52.2.38.22, Popov to Bezborodko 6 September 1791.

12 RGVIA 52.2.89.95, C. S. Czernisen（?）to Popov 'to tell the Marshal' 9 September 1791, unpublished.

13 RGVIA 52.2.68.50, GAP to Comte de Potocki Grand Maître d'Artilleries ud, 4 September? 1791, and RGVIA 52.11.71.16, GAP to Comte Rzewewski ud, 4 September 1791, both from Jassy, both unpublished. Zamoyski, *Last King of Poland* p 357. SBVIM vol 8 p 254, 波将金关于同维齐尔的谈判以及塞瓦斯托波尔舰队返回的报告，1791 年 8 月 29 日。

14 For example, RGVIA 52.2.89.162, Chevalier Second to GAP 25 June/6 July 1791, Le Hague, 关于建立一个由法国定居者组成的"新马赛"。RGVIA 52.2.89.165, GAP to Comte de Kahlenberg 29 August/9 September 1791, 关于为造船提供木材的合同。以上材料均未发表。

15 'Canon to the Saviour' quoted in Lopatin, *Potemkin i Suvorov* p 239.

16 Vassilchikov vol 3 p 122, Count Andrei Razumovsky to GAP 15 September 1791, Vienna. RGVIA 52.2.89.166, GAP to Sénac de Meilhan 27 August 1791. RGVIA 271.1.65.1, Sénac de Meilhan to GAP 6 August 1791, Moscow. Both unpublished.

17 AKV 8：43, Rostopchin to S. R. Vorontsov 25 December 1791, Jassy.

18 RGADA 5.85.2.303, L 468, CII to GAP 16 September 1791. 波波夫给叶卡捷琳娜二世的关于波将金病情的报告，是本章对他的死亡的描述的主要资料来源，除非另做说明：RGVIA 52.2.94.3-26 and RA（1878）1 pp 20-5。

19 Popov 6-25 September 1791. AKV 25：467, CII to Countess A. V. Branicka 16 September 1791.

20 RGADA 1.1/1.43.103, L 468, GAP to CII 16 September 1791. Popov 16 September 1791.

21 RGVIA 52.2.37.255, GAP to Bezborodko 16 September 1791. Popov 16 September 1791. RGVIA 52.2.55.253, 247 and 268, 从维也纳发出发动关于波将金与和谈的报告，公历 1791 年 9 月 17、21 和 28 日，未发表。

22 RGADA 1.1/1.43.7, L 469, and RGVIA 52.2.22.187, L 469, GAP to CII 21

September 1791. Popov 21 September 1791. RGVIA 52. 2. 37. 257, GAP to Bezbor-odko.

23 AAE 20: 358, 360 - 2, Langeron, 'Evénements 1791'. Castera vol 3 p 323. Samoilov col 1557. Popov 25 September 1791.

24 Popov 25 September 1791, 都主教约纳的报告, 原文为格鲁吉亚文。ZOOID 3: 559.

25 RGADA 1. 1/1. 43. 102, L 470, GAP to CII 27 September 1791. Popov 27 September 1791.

26 Popov 30 September-2 October 1791. RGADA 5. 85. 2. 304, CII to GAP 30 September 1791.

27 RGADA 1. 1/1. 43. 9, L 470, GAP to CII 2 October 1791. Popov 2 October and 3 October 1791.

28 RGADA 5. 85. 1. 429, L 470, CII to GAP 3 October 1791. AEB vol 25 p 467, CII to Branicka. Popov 3-4 October 1791. Khrapovitsky 3 October 1791.

后记　身后名

他们践踏英雄？——不！——他们的事迹
照亮千百年的黑暗。
他们的坟墓，如同春天的山峦，鲜花绽放。
波将金的业绩会得到铭记。

——加夫里拉·杰尔查文，《瀑布》

次日，波将金的遗体被庄严地送回雅西，进行尸检和防腐处理。尸检在吉卡宫殿内属于他的套房内进行。① 马索医生和他的助手切开波将金柔软而雄壮的腹部，检查了主要器官，然后将其一一摘除，取出肠子，仿佛它是一条水管。[1]他们发现他的内脏非常"潮湿"，充溢胆汁，肝脏肿胀。这些症状表明死者受到了"胆汁的侵害"。难怪有人说波将金是被毒死的，但没有丝毫证据。波将金极有可能被热病（可能是斑疹伤寒或疟疾导致的）、痔疮、酗酒和疲劳削弱了体质，但这些不一定是他的死因。他的耳痛、多痰和呼吸困难表明他死于支气管性肺炎。胆汁的恶臭令人无法忍受，就连防腐处理也无法除去这种臭气。[2]

医生们给遗体做了防腐处理。马索在颅骨后部钻了一个三

---

① 这座宫殿如今是雅西大学医学院，不过也有人说尸检的地点是坎塔库济诺宫。——作者注

角形的孔，吸出了大脑。随后他给波将金的头骨内塞进芳香的青草和药品，从而干燥和保存了这个著名的脑袋。他的内脏被放置在一个箱子里，心脏被放在一个黄金瓮里。遗体被重新缝合，然后穿上最华美的制服。

周遭一片混乱。波将金的将军们为了谁指挥全军而争吵。一切（遗体、一笔巨额财产、女皇的情书、帝国的战争与和平）都在等候女皇处置。[3] 仅仅七天后噩耗就传到圣彼得堡，女皇昏倒，哭泣，接受放血治疗，夜不能寐，闭门谢客。她的秘书记录了这些"眼泪和绝望"的日子，但她为了让自己镇定下来，写了一份颂词来赞美波将金：

> 绝美的心……罕见的理解力和不寻常的开明思维；他始终心胸开阔、宽宏大量；他极富人性，知识渊博，心地善良，总是满脑子新主意。没人有他那样的天赋，没人能像他那样准确地找到精确的词语，发表睿智风趣的言论。本次战争期间他表现出的军事才干一定令所有人景仰，因为他无论在陆地还是海洋都未尝败绩。地球上没有比他更独立自主的人……简而言之，他是伟大的政治家，既擅长运筹帷幄，也有极强的执行力。

但她最珍视的还是他俩的私人关系。"他激情澎湃、无比热忱地爱我。他觉得我本可以做得更好的时候就责备我……他最宝贵的品质是内心与灵魂的勇气，这让他在世间与众不同。这也意味着我们心有灵犀，任凭那些不懂内情的人嚼舌根……"这是公正而到位的评价。

次日，她一觉醒来又是泪流满面。"什么人能取代波将金？"

她问，"谁能想到，切尔内绍夫和其他人居然活得比他久？是啊，我老了。他是真正的贵族，是极其聪慧的人。他没有背叛我，任何人都收买不了他。"她一次又一次"涕泗横流"。[4] 叶卡捷琳娜大帝就像波将金的亲人一样为他哀悼。她和波将金的亲人互相写信安慰。"我们都悲痛万分，"她告诉波波夫，"但我伤心欲绝，甚至不能谈起此事。"[5] 波将金的外甥女们赶往雅西参加葬礼，她们有同样的感受。他的"小猫咪"卡金卡·斯卡乌龙斯卡娅写信给叶卡捷琳娜大帝："我的父亲去世了，我悲痛地洒泪。我已经习惯于依赖他而得到幸福……"波将金的死讯传来时，卡金卡刚刚收到他的一封情书。[6] 瓦尔瓦拉·戈利岑娜（波将金在叶卡捷琳娜大帝之后热烈地爱过她）回忆道："他对我们是多么温柔，多么亲切，多么和善。"[7]

国家大事还得继续。除了抒发悲痛，叶卡捷琳娜大帝还带着君主的自私心态抱怨波将金的死给她带来了很多麻烦："波将金公爵偏偏在这时候去世，真是好好耍了我一把！现在所有的重担都落在我的肩膀上。"[8] 波将金的死讯传到都城的那天，国务会议开会，别兹博罗德科奉命去雅西敲定与奥斯曼帝国的和约。在君士坦丁堡，大维齐尔怂恿塞利姆三世再度开战，而外国大使们明智地告诉他，既然未来的达契亚国王死了，那么和平的希望就更大了。[9]

叶卡捷琳娜大帝命令"圣人"米哈伊尔·波将金去雅西取回她的书信，并处理波将金公爵错综复杂的财务。女皇的信是波将金遗产中最神圣的物件。米哈伊尔·波将金和瓦西里·波波夫为了这些书信争吵起来。[10] 波波夫坚持要亲自把信交给女皇。于是米哈伊尔没有拿到这些信就回都城了。[11]①

　　而波将金遗产的复杂问题，花了二十年时间并付出了三位皇帝的努力才算处置结束，但始终没有彻底查清。自 1783 年以后，波将金收到了总计 5500 万卢布的资金，其中 51352096 卢布又 94 戈比用于支付军饷、建造舰队和城市，将近 400 万卢布是他的私产。他花费的数百万卢布无法查明去向。② 保罗皇帝重启了对波将金财产的调查，但他的继承者亚历山大一世（曾在波将金的盛大舞会上跳舞）放弃了这项不可能完成的任务，此事才算了结。[12]

　　圣彼得堡的人们大谈特谈波将金神秘的私人财富。究竟他是百万富翁还是债台高筑？斯特丁克伯爵告诉古斯塔夫三世："尽管他的遗产相当丰厚，尤其是钻石，但等他的债务偿清之后，他的七个继承人恐怕就拿不到多少钱了。"[13] 叶卡捷琳娜大帝也很感兴趣。她完全可以让波将金的继承人清偿他的债务，那样就会耗尽他的全部遗产（据说价值 700 万卢布）。但她明白，波将金把国库当作自己的银行，也为了国家支出自己的钱，所以无法分清公款和私产。比较公正客观的别兹博罗德科在抵达雅西后说："无人知道死者留下的是财富还是债务。他欠国库很多钱，但国库也欠他很多钱。"并且，宫廷银行家萨瑟兰男爵差不多和他的恩主在同一时间去世，留下了一场财政

---

① 米哈伊尔·波将金在乘马车从雅西回家的途中神秘死亡，他的兄弟帕维尔·波将金伯爵后来被指控在担任高加索副王期间对一位波斯王公谋财害命。帕维尔写了一首诗为自己的清白辩护，他后来死于热病。有人说他是自杀的。——作者注

② 他的将近 400 万"私产"听起来太少了，因为叶卡捷琳娜大帝经常买下他的宫殿，往往一笔就是 50 万卢布。大约 5100 万卢布的公款比整个俄罗斯帝国的年财政收入还要多。当时俄国的年财政收入在 4000 万到 4400 万卢布之间波动，不过后来开始快速增长。——作者注

丑闻，它很可能对俄国原本就脆弱的财政信用造成沉重打击。波将金欠了萨瑟兰 762785 卢布，[14] 另外波将金光是在圣彼得堡就负债 210 万卢布。[15]

叶卡捷琳娜大帝以她一贯的慷慨处置了波将金的财务后事，花了 935288 卢布从他的继承人手中买下塔夫利宫，再加上他的艺术藏品、玻璃工厂、价值 100 万卢布的钻石和若干庄园。她自掏腰包为波将金还债，将他的遗产的大部分留给了七位贪婪并且都非常富有的继承人，主要是恩格尔哈特家和萨莫伊洛夫家的人。仅在斯米拉，七位继承人就每人得到了 1.4 万名男性农奴，还不算俄国的土地。然而他们十年后仍然在为财产争吵。[16] 即便在两个世纪之后的苏联时代，奇若瓦的村民还在挖掘教堂墓园，寻找波将金的失落宝藏。

女皇命令圣彼得堡停止社交活动。她不举办宫廷招待会，也不在小埃尔米塔日办派对。"女皇不出席。"[17] 有些人对她的哀恸感到佩服。马松明白："她为之哀哭的不是她的情人，而是那位天才朋友，他的天才已经与她融为一体。"[18] 斯特丁克认为叶卡捷琳娜大帝的伤痛是比任何颂词都更好的对波将金的赞美。[19] 都城笼罩在"服丧的气氛"里，不过很多人私底下在欢呼雀跃。[20]

很多小贵族和下级军官（他们的妻子脖子上戴着波将金的肖像挂饰）为逝去的英雄哀悼，一些勋贵和军队高层人物却弹冠相庆。[21] 罗斯托普钦虽然觉得祖博夫是"白痴"，但也为大家迅速忘记了"罗得岛巨像①的倒塌"而"心情愉快"。[22]

---

① 即罗得岛太阳神铜像，建在罗得岛港口，约公元前 280 年竣工，是古典世界七大奇迹之一。它高约 33 米，毁于前 226 年的地震。这里当然是比喻波将金。

据说保罗大公低声表示，现在帝国少了一个窃贼。波将金将保罗排除在权力核心之外将近二十年，保罗这么恨他也是情有可原的。祖博夫"并不感到得意"，但终于"可以自由呼吸了，因为他漫长而艰难的从属关系终于结束了"。[23]

但是，帝国最有才干的三位人士，其中两人据说还是波将金的死敌，却在为他哀悼。陆军元帅鲁缅采夫－扎杜奈斯基（彼得大帝的私生子）得知消息后，他身边的人以为他会庆祝。然而，他跪在一幅圣像前。"有什么奇怪的吗?"他对身边的人说，"波将金公爵是我的竞争对手，甚至是我的敌人，但俄国失了一位伟人……他的功业让他不朽。"[24]别兹博罗德科承认自己"受恩于""一位极不寻常的奇人"。[25]苏沃洛夫很悲伤，说波将金是"一位伟人，一位了不起的人物，身材魁梧，思想高尚。他完全不像那个魁梧的法国驻伦敦大使，大法官培根说那人身材固然伟岸，脑袋却空空如也"。但波将金同时也是"一切世间浮华的代表"。苏沃洛夫感到，英雄的时代已经结束了：波将金曾把苏沃洛夫当作自己的斯巴达国王李奥尼达。苏沃洛夫两次去波将金墓前凭吊。[26]

在雅西，恩格尔哈特问那些农民出身的士兵，他们更喜欢鲁缅采夫还是波将金。他们赞颂鲁缅采夫"令人生畏但精彩纷呈"的战绩，但波将金是"我们的父亲，他给我们的军旅生涯带来了光明，他把我们需要的一切都给了我们。我们再也不会拥有他这样的统帅。愿上帝让他永垂不朽"。[27]在圣彼得堡，士兵们为他哭泣。[28]就连对波将金充满恶意的罗斯托普钦也承认，波将金的掷弹兵们在为他哭泣。不过，罗斯托普钦说这是因为他们失去了"偷窃的特权"。[29]别兹博罗德科听见士兵们哀悼波将金。他向他们提起奥恰基夫战役的血腥屠杀，他们通常的回答是："但在那个时候，非那样不可……"而且，波将金对他们关怀备至。[30] 不过，对波将金最好的颂扬还是拿破仑战争时期俄国士兵唱的那些关于波将金的行军歌。

> 长眠于此的那个人不仅仅靠战争出名，
> 他的灵魂更伟大……
>
> ——加夫里拉·杰尔查文，《瀑布》

波将金在世的时候以及在他去世之后，那种肆无忌惮、不理睬世俗眼光的个性让人们很难客观地分析他的成就，甚至严重歪曲了他的贡献。他被指控懒惰、腐化、堕落、优柔寡断、奢靡、造假、在军事上无能、撒谎，而酷爱享乐和奢侈是他仅有的两项可以证实的罪名。就连他的敌人也始终承认他的聪明、坚韧个性、高瞻远瞩、勇气、慷慨和伟大的成就。叶卡捷琳娜大帝的第一位传记作家卡斯特拉写道："无可否认，波将金拥有足够的才智、勇气和活力，如果能一点一点发挥他的才干，他就配得上成为首相。"利尼亲王相信，大自然在创造波将金的时候使用了"通常用了创造一百个人的材料"。[31]

作为征服者和殖民者，波将金的成就可以与他的偶像彼得大帝比肩。彼得大帝在波罗的海之滨兴建了一座城市，建造了一支舰队，而波将金在黑海之滨营造了多座城市，建立了一支舰队。他俩都是终年五十二岁。不过，他们的相同点只有这么多了。彼得大帝残暴而睚眦必报，而波将金心慈手软。但只有考虑到他与叶卡捷琳娜大帝的独一无二、几乎平等的关系，我们才能真正理解和欣赏波将金。他俩的关系是一种无与伦比的爱情与政治的婚姻。说得简单些，这是一段温柔如水的爱情和高尚的友谊，但这么说就忽视了他们联手取得的伟大成就。历史上传奇式的浪漫关系有很多，不过，取得了如此辉煌的政治成就的情侣只有这么一对。

这种特殊关系让波将金能够超越历史上的其他任何一位得宠的大臣，让他能够像沙皇一样为所欲为。他炫耀自己的皇室地位，因为对他来说没有界限，而这让他更加受到怨恨。他举止怪诞，因为他有资本这么做。然而，他的问题也源于他处境的独特的暧昧，因为他尽管拥有沙皇的权力，但毕竟不是沙皇。他和所有宠臣一样，被世人视为掌控君主的"奸臣"。所以有关他的第一部传记的书名是《黑暗公爵》。如果他是沙皇，世人就会用他的成就来衡量他，而不是盯着他的生活方式。受过加冕的君主可以为所欲为，而"假皇帝"的放纵永远得不到原谅。塞居尔伯爵说："他的征服增进了帝国的荣耀，然而女皇收获了所有的仰慕，他却受到所有人的憎恨。"[32]

波将金是精力充沛的政治家，又是谨小慎微的军事家。作为一线指挥官，他在直接指挥方面慢慢变得出色；作为最高层的战略家和陆海军总司令，他无与伦比。他是历史上第一位在广袤战区的多条战线同时协调许多场水陆作战的军事家。俄国军队的混乱和腐败被怪罪到波将金头上，但俄国军队的成就应当感谢波将金。例如，别兹博罗德科于1791年来到军中时，看到军队井然有序，不禁大吃一惊，因为他听说军队里乱七八糟。[33]波将金的敌人奥斯曼帝国也不像后来那样虚弱。当时的土耳其人多次打败了据说比俄国军队更优秀的奥地利军队。总的来讲，在军事史上波将金被严重低估了。他不应当屈居无能将领之列，而应当被视为精明强干的军事家，不过当然还是比同时代的军事天才（弗里德里希大王、苏沃洛夫或拿破仑）

差一个档次。叶卡捷琳娜大帝告诉格林，波将金每一次送来的都是胜利。很少有将军敢这么吹嘘。波将金对士兵宽容而仁慈，这在俄国历史上是独一无二的。维格尔写道："在他以前，没有一个人像他那样手握重权却极少作恶。"

朗热隆伯爵对波将金的描绘充满偏见，和利尼亲王与黑尔比希的作品一样严重损害了波将金的声誉。三十年后，朗热隆伯爵坦言："我对他的评价过于严厉了，我对他的怨恨影响了我的看法。"随后他给出了公正的评价：

> 当然，他有着廷臣的所有缺陷、暴发户的所有粗俗和宠臣的所有荒唐之处，但与他的超人天才相比，这些都不值一提。他没有学习过什么，却什么都猜得透。他身材魁梧，头脑也强健。他懂得如何构想和执行他的奇迹。这样的人对叶卡捷琳娜大帝来说是不可或缺的。他是克里米亚的征服者、打败鞑靼人的英雄；他把扎波罗热哥萨克迁移到库班，给哥萨克带来文明教化；他建立了赫尔松、尼古拉耶夫和塞瓦斯托波尔；他在三座城市建立造船厂，创建了一支舰队，主宰了黑海……所有这些神奇的成就，理应让他得到世人的敬仰。

亚历山大·普希金于 1824 年在敖德萨结识了朗热隆伯爵。普希金同意，波将金"被历史之神的手触碰过……要感谢他让我们今天拥有黑海"。[34] 城市、舰船、哥萨克、黑海本身、他与叶卡捷琳娜大帝的通信，至今仍然是对他的最好纪念。

波将金去世不久之后，杰尔查文创作了史诗《瀑布》。它生动描绘了诗人熟悉的那位梅塞纳斯①和亚西比德的许多方面。
杰尔查文用瀑布本身（它的恢宏、神速和自然力量）来象征
波将金以及生命的动荡无常。波将金是帝俄时代最卓越的政治
家之一，与彼得大帝和叶卡捷琳娜大帝属于同一级别。颇具慧
眼的黎塞留公爵（他自己也是政治家）是最懂波将金的外国
人。他写道："波将金的优异品质的总和……超过了他的所有
缺点……他的几乎所有公开行动都是高尚的、恢宏的。"35

> 亚西比德化作的尘土！——
> 虫子胆敢在他的头颅旁爬行吗？
> ——加夫里拉·杰尔查文，《瀑布》

女皇决定在雅西为波将金举行葬礼。波将金曾请波波夫将他
安葬在他自己的村庄奇若瓦，但叶卡捷琳娜大帝认为波将金
属于他的城市之一，36 比如赫尔松或尼古拉耶夫。37她没有把
他安葬在圣彼得堡，这有点奇怪，但也许是因为启蒙时代的
理性之人对长眠之地并不十分在意。她更在意的是他在世的
时候他俩一起分享过的地方和人。此外，她明白，波将金的
长眠之处距离都城越远，保罗在她死后践踏波将金坟墓的可
能性就越小。

　　10月11日，波将金的遗体被放置到一座大厅（可能在吉
卡宫），供人瞻仰。灵柩外面套着黑色天鹅绒，饰有银色流
苏，由银色绳索系好。停放灵柩的高台装饰着华丽昂贵的金色

---

①　盖乌斯·梅塞纳斯（前68—前8），奥古斯都的朋友和谋士，相当于奥古
斯都政府的文化部部长，庇护了许多艺术家和文学家，如诗人贺拉斯与维
吉尔。他的名字后演变为"富有、慷慨而开明的文艺赞助者"的代名词。

锦缎。他躺在铺着粉色天鹅绒的敞开棺材里，棺材上方有玫瑰色和黑色天鹅绒的华盖，10 根柱子支撑华盖，顶端饰有鸵鸟羽毛。波将金的勋章和元帅权杖被摆放在天鹅绒软垫和棺材两侧白色缎子做成的金字塔上。他的佩剑、帽子和围巾被摆放在棺材盖上。19 支巨型蜡烛在燃烧，6 名军官负责守灵。士兵们和摩尔达维亚人从棺材旁走过，哭喊着"他们失去了保护者"。这幅辉煌景观的前方是一块告示，上面标记着波将金的头衔和每一场胜利。①

10 月 13 日早晨 8 点，叶卡捷琳诺斯拉夫掷弹兵和第聂伯火枪兵夹道为波将金的灵柩送行。礼炮齐鸣，哀婉的教堂钟声响起，几位将军抬着棺材行进，近卫军士兵举着华盖。一队骠骑兵然后是胸甲骑兵引领送葬队伍。身穿华丽的号衣、戴孝的马夫牵着马。然后是 120 名身披黑色长斗篷、高举火炬的士兵，以及 36 名手持蜡烛的军官。再往后是身穿富有异国情调的土耳其式服装的摩尔达维亚波雅尔与高加索王公。在神父背后，两名将军捧着象征波将金权势的物件。他生前始终戴着的镶嵌钻石的叶卡捷琳娜大帝细密画肖像比所有勋章和权杖都更能彰显他曾经的辉煌。

承载灵柩的黑色灵车由 8 匹披着黑纱的骏马拖曳，驭者身穿黑色斗篷，头戴黑帽。灵车缓缓驶过街道，后面跟着波将金的外甥女们。他的哥萨克为队伍压阵。

送葬队伍走进戈利亚修道院的圆角堡垒，通过 30 米高的

---

① 这块告示在波将金葬礼的几天之后消失。200 年后的 1998 年 10 月，本书作者在一名罗马尼亚神父和两名教授的协助下，开始在雅西的戈利亚教堂搜寻，结果在一堆祈祷书后的钢琴后发现了这块告示。它蒙着厚厚的灰尘，但上面的精美文字完好无损。——作者注

设防门楼。棺材被抬进彼得大帝访问过的升天大教堂。这里的
建筑融合了拜占庭、古典和俄国的风格，有白色石柱和尖塔，
很符合波将金的喜好。礼炮发出最后一轮轰鸣。[38]

波将金的去世让叶卡捷琳娜大帝的生命中出现了一个永远
填不满的空洞。圣诞节后，她一连三天待在自己的房间，不曾
出门。她经常谈起他。她命令用 101 门礼炮齐鸣来庆祝《雅
西和约》的签订，并举办了庆祝宴会，但她噙着泪水、简略
地拒绝祝酒。"她和之前一样悲伤。"1792 年 1 月 30 日，萨莫
伊洛夫送来了《雅西和约》的文本，她和波将金的这个外甥
一起哭泣。[39]这年夏季她从皇村回城之后告诉所有人，她要居
住在波将金的宫殿（她将其命名为塔夫利宫），后来她经常在
那里居住。她喜爱这座宫殿，经常独自在它的花园里散步，仿
佛在寻找他。[40]一年后，她在他的冥寿和忌日放声大哭，独自
在自己房间里整日哭泣。

她带着几个孙子和祖博夫一起去了塔夫利宫。"这里的
一切曾经都魅力十足，"她告诉赫拉波维茨基，"但现在总
觉得哪里不对。"1793 年，她经常返回塔夫利宫。有时她会
做安排，饭后在那里过夜。赫拉波维茨基写道："在她眼里
没有一个人能取代波将金。"[41]她把波将金圈子的人留在了自
己身边。

波波夫已经成为她的秘书之一，成了波将金政治遗产的活
生生代表。对于某件事情，只要波波夫说如果波将金活着是不
会同意的，叶卡捷琳娜大帝甚至都不会考虑就直接拒绝。已经
去世的波将金的影响力仍然如此巨大。她来到塔夫利宫的时
候，波波夫双膝跪下，感谢她屈尊在他的"再造父母"的屋

子里居住。萨莫伊洛夫在维亚泽姆斯基公爵去世后成为元老院主席。里瓦斯遵照波将金的命令在哈吉贝伊兴建了敖德萨城。不过，是黎塞留公爵以新俄罗斯总督的身份，将敖德萨建设成全世界最具国际化色彩的港口城市之一。1815 年，黎塞留公爵成为法国首相。

波将金去世两年后，利尼亲王对叶卡捷琳娜大帝回忆说，他是"我亲爱的、无与伦比的、可爱可敬的"朋友。利尼亲王始终没有得到任何一个军事指挥职位，他甚至曾哀求梅特涅允许自己参加 1812 年拿破仑对俄国的远征。这可真是对叶卡捷琳娜大帝与波将金慷慨礼遇的恩将仇报。利尼亲王后来成为维也纳会议德高望重的参与者，享年七十九岁，临终前不久说出了他的最后一句妙语："维也纳会议不是在前进，而是在跳舞。"[42] 塞居尔伯爵接受了法国大革命，成为拿破仑的礼宾大臣，在 1812 年力劝皇帝不要入侵俄国，后来在复辟时期又成为贵族。拿骚－西根公子曾试图劝说拿破仑让他进攻英属印度，但于 1806 年在普鲁士去世。

弗朗西斯科·德·米兰达先在法国的革命军队里当将军，后来成为南美解放者的先驱。1806 年，他率领 200 名志愿者在委内瑞拉海岸登陆，但出师未捷，被迫撤退。1811 年，西蒙·玻利瓦尔说服他回来担任委内瑞拉爱国者军队的总司令。遭遇地震和军事失败之后，优柔寡断的米兰达决定与西班牙谈判并试图逃跑。玻利瓦尔逮捕了他，将他交给西班牙人。这位热爱自由的斗士于 1816 年（结识波将金的三十年后）死于西班牙狱中。詹姆斯·哈里斯爵士后来被册封为马姆斯伯里伯爵，塔列朗说他是"那个时代最精明的大臣"。塞缪尔·边沁爵士成为英国的海军工程总监，负责建造那支后来打赢了特拉法尔加海战①的舰队。杰里米·边沁在乔治三世支持下建造了一座圆形监狱，但他的试验失败了。他觉得是国王的错。

约翰·保罗·琼斯奉华盛顿和杰斐逊之命在巴巴利海岸打败了阿尔及利亚海盗，但他于 1792 年 7 月 7 日（公历为 18 日）在巴黎去世，年仅四十九岁，后来得到国葬。他被誉为美国海军的创始人，备受尊崇。他的埋骨之地被人遗忘，直到 1905 年霍勒斯·波特将军②发现了琼斯的铅制棺材，遗体保存完好。西奥多·罗斯福总统派遣四艘巡洋舰接琼斯回家，这可以说是用死人宣扬帝国主义的例子。1913 年 1 月 6 日，与波将金分别 125 年之后，琼斯被埋葬在数千英里之外的美国安纳波利斯海军学院，至今安息在一座模仿拿破仑荣军院的大理石棺内。⁴³

叶卡捷琳娜大帝将布拉尼茨卡视为波将金在情感上的继承人，于是把皇宫内原属于波将金的套房赏赐给她，方便与她共度时光。但女皇不忍看到波将金的老仆，所以规定换一组人来侍奉萨申卡。⁴⁴ 叶卡捷琳娜大帝把普拉东·祖博夫提拔到波将金曾享有的许多职位上，但他昏庸无能，极不称职。⁴⁵ 很多人想到祖博夫兄弟（"帝国的乌合之众"）的傲慢和平庸，就忍不住怀念波将金。⁴⁶

---

① 指 1805 年 10 月 21 日在西班牙特拉法尔加角爆发的大海战。霍雷肖·纳尔逊指挥的英国海军彻底击败了拿破仑的法国海军（包括与法国结盟的西班牙海军）。此役之后，法国海军精锐尽丧，从此一蹶不振，拿破仑被迫放弃进攻英国本土的计划。英国海上霸主的地位得以巩固。

② 霍勒斯·波特（1837—1921）是美国军人和外交官，在南北战争期间曾担任尤利西斯·格兰特将军的参谋。格兰特成为美国总统之后，波特在白宫担任他的秘书。波特在担任美国驻法国大使期间安排将约翰·保罗·琼斯的遗骸送回美国。

　　叶卡捷琳娜大帝在波将金鼓励下，曾差不多决定剥夺"心理不稳定"的保罗大公的继承权，将皇位直接传给孙子亚历山大。现在没了波将金，她或许不再有意志力办成此事。[47]1796 年 11 月 5 日，叶卡捷琳娜大帝在通常的时间起床。她走进卫生间，发生了严重中风。和英王乔治二世一样，她也是在这样的尴尬时刻（无论帝王还是平民，都需要上厕所）病倒的。她的贴身男仆和女仆强行打开门，将她抬到卧室，罗杰逊医生为她放血。她身体太重，仆人没法把她抬到床上，于是在地板上铺了床垫安放她。使者赶紧骑马去加特契纳通知保罗大公。使者到的时候，保罗还以为他们是来逮捕他的。他立刻赶往圣彼得堡。据说在当天下午的某个时间，他和别兹博罗德科一起销毁了暗示女皇要把皇位直接传给孙子的文件。11 月 6 日晚 9 时 45 分，叶卡捷琳娜大帝躺在地板上的床垫上，与世长辞。

　　保罗皇帝大开倒车，毁掉了他母亲在位时期的许多成就。他向波将金报复的一个手段就是把塔夫利宫改为近卫军骑兵的兵营，将温室花园改为马厩。保罗幼稚地把波将金的藏书"流放"到喀山，这真是独特的通过藏书来复仇的例子。他命令给格里戈里波尔改名。他复苏了他父亲普鲁士式的对检阅的狂热，把俄国视为一座大兵营，并竭尽全力地摧毁他憎恨的气氛宽松的"波将金的军队"。[48]保罗自相矛盾的暴政把那些曾经推翻了彼得三世的元素再次联合起来。保罗越是害怕暗杀，暗杀的可能性就越大。（普拉东·祖博夫是参与刺杀他的人之一。）尽管波将金的哥萨克成为罗曼诺夫政权的支柱，但保罗的儿子们，亚历山大一世和尼古拉一世，都拥有同样的普鲁士式的检阅狂热，帝俄在其历史的余下时光里一直维持着这样的面貌：无政府主义者巴枯宁称之为"挥舞皮鞭的德意志式帝国"。[49]

索菲·德·维特嫁给了波兰最富有的权贵菲利克斯·波托茨基。波将金死后，她在雅西把波托茨基钓上钩。索菲后来与继子尤里·波托茨基发生了激情澎湃的不伦关系，"犯下了所多玛与蛾摩拉的每一种罪行"。朗热隆伯爵拜访她的时候，她告诉他："你知道我是什么样的人，我是从哪里来的，所以，区区6万杜卡特的收入不够我生活。"四年后，1805年，她年迈的丈夫去世，她赶走了他的儿子，自己积攒财富，同时抚养自己的儿女。波托茨卡伯爵夫人于1822年去世，那时她已经是"备受尊崇和爱慕"的贵妇人。[50]

萨申卡·布拉尼茨卡则退隐到自己的庄园，变得富可敌国，无法清点自己的财富。她说："我也说不准有多少，但我应当有大约2800万卢布。"她过着奢华的、近似王室的生活，活到了一个新的时代。她是波将金最后一息的见证人，也成了"他的荣耀的承载者"。她一直到中年仍然身材苗条灵活、面容清秀，但始终穿着叶卡捷琳娜大帝式的长裙，腰间束着一根宽宽的腰带。她在自己的庄园为波将金设立了神龛。有人为她画像时，她背后就摆着波将金的半身像。亚历山大一世两次拜访她，任命她为宫廷的女总管。维格尔还震惊地看到，即便在叶卡捷琳娜大帝驾崩二十年后，最高贵的贵妇人还是在亲吻布拉尼茨卡的手，仿佛她是一位女大公，而她坦然接受这样的礼遇，"没有丝毫的不适或尴尬"。她于1838年去世，享年八十四岁，那时维多利亚已经成为英国女王。波兰和俄国的很多贵族是布拉尼茨卡的后代。[51]

波将金的"天使"——斯卡乌龙斯卡娅伯爵夫人在她的

音乐狂丈夫去世后得到解脱，为了爱情而改嫁意大利裔的马耳他骑士朱利奥·利塔伯爵。[52]波将金最小的外甥女塔季扬娜，即米哈伊尔·波将金的遗孀，改嫁给年纪比她大得多的尼古拉·尤苏波夫公爵。他是一位名叫优素福的鞑靼可汗的后代，据说豢养了整整一个村的农奴娼妓。尤苏波娃公爵夫人的婚姻不幸福，但和她舅舅一样收藏了大量珠宝首饰，包括玛丽·安托瓦内特的耳坠、拿破仑的妹妹卡罗琳·缪拉（那不勒斯王后）的北极星钻石与冠冕。在1916年杀死拉斯普京的菲利克斯·尤苏波夫为自己与波将金的联系感到非常自豪。[53]

波将金还有两个甥孙女。布拉尼茨卡的女儿伊丽莎白（被称为埃莉泽）嫁给了米哈伊尔·沃龙佐夫公爵，即波将金的敌人谢苗·沃龙佐夫的儿子。米哈伊尔在英国长大，被父亲培养成了一个性格冷淡的英式贵族。他和妻子的舅公一样，成为新俄罗斯和高加索副王。据说埃莉泽继承了波将金与叶卡捷琳娜大帝的秘密结婚证，并将它投进了黑海。这真是恰当的归宿。"英国勋爵"沃龙佐夫发现自己没办法控制举止优雅、风情万种的妻子。她与自己的雷夫斯基亲戚之一发生了私情，后来又在1823年邂逅了被流放到敖德萨的亚历山大·普希金。她与波将金的联系显然是普希金喜欢她的原因之一。普希金认识波将金的几个外甥女，并记录了她们讲述的故事。他爱上了沃龙佐娃公爵夫人。普希金在诗里暗示他和沃龙佐娃曾在黑海沙滩上做爱。据说他很多诗里的女人就是以沃龙佐娃为原型的，包括《叶甫盖尼·奥涅金》里的塔季扬娜。他在诗歌《护身符》中写道："惊涛拍岸处，孤寂的礁石脚下……一位可爱的仙女，把她的护身符赠予我。"这份礼物是一只镌刻着希伯来文的戒指。

沃龙佐夫把普希金送走，结束了他的这段私情。普希金的报复手段是写打油诗挖苦沃龙佐夫，并且沃龙佐夫的女儿索菲亚可能是普希金的孩子。她是在普希金离开埃莉泽九个月后出生的。就这样，波将金和普希金的血脉融合在了一起。1837年普希金死于决斗的时候还戴着她赠送的"护身符"。[54]

斯卡乌龙斯卡娅的女儿也叫叶卡捷琳娜，她成为全欧洲臭名远扬的人物。她喜欢穿薄如蝉翼的透明裙子，因此得到一个绰号"裸体天使"；她的贪婪肉欲则给她挣得了"白猫咪"的绰号。她嫁给了著名的英雄彼得·巴格拉季昂公爵。她母亲是波将金的"天使"，而"白猫咪"和母亲一样，脸蛋儿有一种天使般的甜美，肌肤胜雪，眸子碧蓝，蜷曲的金发如同瀑布。1802年在德累斯顿，她成了梅特涅的情妇，给他生了一个女儿，名叫克莱门蒂娜。所以，克莱门蒂娜同时拥有波将金和"欧洲的马车夫"的血脉。歌德在卡尔斯巴德①见过叶卡捷琳娜，对她心醉神迷，而她与普鲁士王子路德维希开始了一段恋情。巴格拉季昂在博罗季诺战役中阵亡后，她越发无所顾忌，在1814年的维也纳会议期间涉足政治。她与萨根公爵夫人展开激烈竞争，争夺沙皇亚历山大一世的恩宠。在棕榈宫，这两个女人比邻而居。监视她在维也纳的卧室的奥地利警察报告了她精湛的"实践专长"。"白猫咪"后来搬到巴黎，因为淫荡、精美的马车和拥有波将金的钻石而闻名。1830年，她嫁给了英国将军和外交官豪顿勋爵。三十五年后，她到里士满拜访流亡的梅特涅，他的女儿记得自己忍不住发笑，因为年老的"天使"仍然穿着当年迷倒了欧洲许多王公贵族的透明裙子，

---

①　卡尔斯巴德今称卡罗维发利，在今天的捷克西北部。

但如今已显得滑稽可笑。她一直活到 1857 年，她的女儿克莱门蒂娜由梅特涅夫妇抚养长大，英年早逝。[55]

最后，萨莫伊洛夫的女儿索菲亚嫁给了博布林斯基伯爵的儿子，所以叶卡捷琳娜大帝、奥尔洛夫家族和波将金家族的血脉最后融为了一体。[56]

1905 年革命的先声就是战舰"塔夫利公爵波将金"号水兵的哗变。爱森斯坦后来以此为题材拍了一部电影。波将金的名字原本与沙皇的专制统治紧密联系，后来却成了布尔什维克主义的符号。[①] 敖德萨的"黎塞留阶梯"被更名为"波将金阶梯"，所以那位法国公爵的雕像在今天俯视着用他非常仰慕的那个"超乎寻常的男人"的名字命名的阶梯。

塔夫利宫则成为"俄国民主的诞生地、堡垒和坟墓"。[②]1918 年 1 月 6 日，制宪会议（俄国第一个真正意义上的民主议会）在塔夫利宫的柱廊大厅（波将金向叶卡捷琳娜大帝双膝跪下的地方）召开第一次会议。列宁和一群赤卫队员观看了这次会议。列宁随后离去，赤卫队员将议员赶走，锁上塔夫利宫。[57]今天，塔夫利宫是独联体的办公地点。波将金曾把其中许多国度纳入俄罗斯帝国羽翼之下，而如今波将金的宫殿成了帝国解体的见证者。[58]

当然，"波将金村"这个词现在已经成为熟语。

---

① 乔治五世对此忧心忡忡，禁止向伊顿公学的学生播放该电影："让孩子们目睹兵变的场面，尤其是海军的兵变，是非常不好的。"——作者注
② 1906 年，国家杜马（沙皇尼古拉二世不情愿地向革命妥协的产物）在曾经的温室花园里开会。二月革命之后，俄国临时政府和彼得格勒苏维埃都一度以塔夫利宫为办公场所。——作者注

1791 年 11 月 23 日，波将金的遗体并没有被完整地送到赫尔松。伟人的遗体得到防腐处理之后，内脏会被安葬在别处。伟人心脏的长眠之地尤其重要。例如，这年早些时候，在米拉波的国葬期间，他的心脏被盛在一个铺着鲜花的铅制盒子里，被捧着穿过巴黎的大街小巷。[59]

据说，波将金的内脏被埋葬在雅西戈利亚修道院的升天教堂。教堂里找不到它的踪迹，但在罗马尼亚王国、共产主义和如今制度的几个世纪里，有一些知识分子知道它被存放在一个金盒中，藏在摩尔达维亚公爵铺着红色天鹅绒的中世纪宝座前的地毯和石板之下。所以，曾经设想建立达契亚王国的大脑，如今就在蓄着大胡子的摩尔达维亚王公"恶狼巴希尔"（身穿金白红三色的长袍，头戴饰有三根羽毛的帽子）的肖像之下。[60]

波将金的亲人没有忘记他在比萨拉比亚山中的死亡地点。哥萨克格拉瓦蒂用长矛标注了那个地点。[61]1792 年，萨莫伊洛夫在那里建造了一根小小的、方形的古典主义风格的石柱，侧面镌刻着日期和事件。石柱的设计和白色石料与尼古拉耶夫的喷泉酷似，一定是出于同一位建筑师之手，也就是斯塔罗夫。后来，在 19 世纪初，波将金的继承人在那里用黑色石料建造了一座十米高的金字塔，周围有阶梯。①

------

① 这个地点被遗忘，可能已经被摧毁了。19 世纪初以后就没有人记载看见过这个地点。地图上没有标注它，本地的学者也不知道。只有 1913 年的一份奥地利产的地图上有这个地点，这座纪念碑保存至今的可能性似乎不大。但它确实还在，就在比萨拉比亚一座山坡上的一条乡村小道上，只有当地农民知道。他们带本书作者去了"波将金的地方"。这座纪念碑经历了俄国和奥斯曼帝国的统治、罗马尼亚王国、1940 年苏联占领比萨拉比亚、德军占领、回归罗马尼亚、再次被纳入苏联，以及独立的摩尔多瓦共和国的建立。——作者注

　　波将金的遗体运到赫尔松之后没有被立刻埋葬，而是被停放在圣叶卡捷琳娜教堂中央一座特制的敞开的墓穴内。[62]女皇命令设计一座高贵的大理石纪念碑并将其竖立在墓穴上方，但等到五年后她驾崩的时候，大理石还没有准备好。所以出身暴发户、成为近似帝王人物的波将金，虽然算是得到了埋葬，但安葬的程序并没有完成。[63]访客和当地人，包括苏沃洛夫，都曾在那里祈祷。

　　1798 年，保罗听说有人去那里凭吊波将金，于是决定向他的遗骸进行报复。波将金死了七年之后仍然能挑战传统和体面，这让保罗又一次恼火起来。于是他在 4 月 18 日向元老院主席亚历山大·库拉金公爵下令：波将金的遗骸至今未掩埋，"皇帝陛下认为此事不成体统，命令将遗骸秘密埋葬在为波将金设计的墓穴中，并用泥土封闭墓穴，将其踏平，让它看上去仿佛平地"。对波将金这样显赫的人物来说，死后还要被消除痕迹，真是太糟糕了。据说皇帝还口头命令库拉金摧毁所有与波将金相关的纪念碑，并将其骸骨丢进附近的魔鬼峡。据说库拉金的军官借着夜色掩护，用泥土填满墓穴，将其覆盖。但没人知道办事的军官有没有完全服从保罗的命令。波将金的骸骨真的被丢进了峡谷，还是被秘密掩埋在贫民墓地，抑或是被布拉尼茨卡伯爵夫人带走了？[64]在很长时间里，没人说得清。[65]

　　1818 年 7 月 4 日又发生了一次午夜的掘墓。叶卡捷琳诺斯拉夫大主教约夫·波将金（波将金公爵的亲戚）挖开了教堂地板，打开棺材，发现经过防腐处理的遗体还在那里。看样子，在这件事情上，就像其他很多例子一样，保罗皇帝心血来潮的残暴命令被军官们糊弄过去了。但军官们确实填平了墓穴，让人觉得里面仿佛什么也没有。据说约夫·波将金走的时候把从墓穴中拿到的一些工艺品放进了自己的马车。这算是亲人在盗墓吗？还是说是教会在盗墓？也许他拿走的是装着波将金身体某个特殊部分的瓮？被大主教掘墓之后，波将金的遗体还在那里吗？[66]

每一次夜间的掘墓都令人产生更多的疑问，但秘密、黑暗和坟墓就是会让人浮想联翩。1859 年，又一个官方委员会决定开启墓穴，以证明公爵的遗骸还在那里。他们打开墓穴后发现一个大型地下室，一具铅制棺材里套着一具木制棺材，棺材有金边。当地的官僚米尔戈夫清理了墓穴，又将其封闭。[67]

现在大家终于确信波将金的墓穴确实存在，于是决定准备制作一座气度恢宏的墓碑。但没人记得墓穴的具体位置，所以不知道要把墓碑放到哪里。这似乎是一个蹩脚的理由，不过有些好奇心重、爱管闲事的人做了进一步的发掘。1873 年，又一个委员会发掘了波将金的墓地，找到了一具木制棺材，里面有一个头骨，它的后脑有一个三角形的洞，就是马索给遗体做防腐处理的时候留下的；还发现了一些暗金色的头发（波将金的头发曾经被认为是俄国最美丽的，如今只剩下这么多），以及三枚勋章、衣服和一件制服的金线碎布。他们再次将墓穴封闭，并在墓穴上方的大致位置建造了一座合适的墓碑。[68] 波将金（如果这里的骨骸真的属于他的话）终于能安息了。

然后革命爆发了。布尔什维克党人开掘了圣叶卡捷琳娜教堂的墓园，这里埋葬着在奥恰基夫围城战中丧生军官的遗骸。今天的当地神父保存着一些发黄的旧照片，展现的是革命时代的景象。照片中，一群身穿 1918 年风格服装的农民指着一些萎缩的骨架，它们仍然有头发，穿着叶卡捷琳娜大帝时代的有饰带的燕尾服、马裤和靴子；在背景里，我们能看见穿着长筒靴和皮夹克的契卡秘密警察。[69]

12 年后的 1930 年，一位名叫鲍里斯·拉夫列尼约夫的年轻作家返回自己的家乡赫尔松，看望生病的父亲。他在要塞里散步，看见圣叶卡捷琳娜教堂门外的一个牌子上写着"赫尔松反宗教博物馆"。在博物馆内，他看见一个金字塔形的玻璃箱子，里面有一个"圆形的褐色东西"。走近之后，他看到这是一个头骨。旁边的桌上写着："叶卡捷琳娜二世的情人波将金的头骨。"隔壁的箱子里陈列的是一具骸骨，上面仍然有一些萎缩的肌肉。一块铭牌写道："叶卡捷琳娜二世的情人波将金的骸骨。"第三个箱子里是一件绿色天鹅绒夹克和一条白色缎子裤子的残余，以及破烂的长袜和鞋子。这些是波将金的衣物。

拉夫列尼约夫冲出教堂，给负责保护艺术品的政府部门发了电报。他回到列宁格勒之后，一位朋友写信告诉他，那家"博物馆"被关闭了。波将金的遗物被收集起来，放进一具新棺材，安置在教堂的地下室，人们还用砖把地下室封闭了。"所以，1930 年在赫尔松，"拉夫列尼约夫写道，"陆军元帅格里戈里·亚历山德罗维奇·波将金公爵殿下，赫尔松反宗教博物馆的展品，被第二次埋葬了。"[70]

1984 年 5 月 11 日，波将金的谜团又一次让当地官僚把持不住。赫尔松法医部门的主管 L. G. 博古斯拉夫斯基开启了波将金的墓穴，发现了"31 块人骨……属于同一名男子的骨架，身高约 185 厘米……52—55 岁"，已经死亡约 200 年。但据说棺材里还有一些肩章，属于克里米亚战争时期的一名英国军官。这具棺材较为现代，但上面既有天主教的十字架也有东正教的。分析员判断，这就是波将金。

1986 年 7 月，博古斯拉夫斯基写信告知研究 18 世纪的著名学者叶夫根尼·阿尼西莫夫教授，但他不确定这就是波将金。如果真的是波将金，那么棺材上为什么有天主教的十字架，又为什么有英国的肩章？他们认为这是波将金有什么依据？是他们的想当然，还是的确有医学证据？英国肩章主人的身份是一个有意思的问题。这究竟是不是波将金呢？

死者的身高、年龄和年代都是正确的。旧的棺材，无论是铅制的、镀金的还是木制的，以及勋章和剩余的圣像与衣服都在革命时代消失了。有天主教十字架的棺材比死者的身高要短，可能是 1930 年被拿来用的。英国肩章来自另一个墓穴，可能是布尔什维克党人当时搞错了。于是在 1986 年，塔夫利公爵又一次被安葬（如果算上雅西的内脏和其他每一次发掘，就是第八次了），又再度被遗忘。[71]

圣叶卡捷琳娜教堂如今又挤满了信徒。从教堂外斯塔罗夫的古典风格石柱之间往里望的话，第一眼看见的是木制和铁制栏杆围绕着一块孤零零的白色大理石墓碑，它长七英尺、宽三英尺，就在教堂穹顶的正下方。墓碑上有很大的镀金顶饰，碑文写道：

> 陆军元帅
> 最尊贵的公爵
> 塔夫利的
> 格里戈里·亚历山德罗维奇·波将金殿下
> 生于 1739 年 9 月 30 日
> 卒于 1791 年 10 月 5 日
> 1791 年 11 月 23 日在此处下葬

大理石墓碑的边缘有七个镀金的玫瑰形饰物，分别雕刻有他的胜利和他的城市的名字。[①] 一个老太太在门前卖蜡烛。能不能问问波将金的事情？她答道："那你得等等安纳托利神父。"安纳托利神父有着笔直的长长金发、蓝眼睛和外省城镇神职人员特有的那种平静神情。他代表着在苏联时代成长起来的新一代东正教徒。他很高兴向外国人展示波将金之墓。已经有些年没人打开墓穴了，更没有外国人见过它。

安纳托利神父点燃了六根蜡烛，走到地板中央，打开了一扇隐藏的木制暗门。陡峭的楼梯通向黑暗。安纳托利神父在前面领路，利用蜡把第一根蜡烛粘到墙上。烛光照亮了一条狭窄的走廊。他一边走，一边把其他蜡烛固定好，为前方的路照明，最后来到一个小房间。这里曾经挂满了圣像，并存放着波将金的白银、铅制和木制的棺材，"全都被人偷走了"。朴素的木制棺材（上面有十字架）被摆放在地下室中央的一处高台上。神父把剩余的蜡烛固定到室内各处，照亮全屋。然后他打开了棺材盖。里面有一个小黑袋，装着波将金公爵的头骨和一些有数字编号的骨头。就这么多了。

还有最后一个谜：波将金的心脏。它没有像内脏和大脑一样被埋在戈利亚，而是被放在一个黄金瓮里。但是，黄金瓮被拿到哪里去了呢？萨莫伊洛夫说它被放在赫尔松的圣叶卡捷琳娜教堂的宝座下，但安纳托利神父说这里没有它的踪影。最有可能的情况是，约夫·波将金大主教在 1818 年取走的东西就

---

① 最顶端的文字写道："奥恰基夫，1788 年；克里米亚和库班，1783 年；赫尔松，1778 年。"中央的两处文字写道，"阿克尔曼，1789 年"和"叶卡捷琳诺斯拉夫，1787 年"。底部写道，"宾杰里，1789 年"和"尼古拉耶夫，1788 年"。——作者注

是波将金的心脏。那么他把心脏拿到哪里去了？是布拉尼茨卡的庄园还是波将金想要的长眠之地奇若瓦？今天，奇若瓦的村民仍然相信，波将金的心脏就被埋在他家的教堂内，也就是他年幼时学习唱歌和识字的地方。

如果是这样，那倒是再恰当不过了。波将金费尽心血去建设的那个帝国如今已经瓦解，绝大部分波将金征服的土地已经不属于俄国。如果他的内脏在罗马尼亚，骨骸在乌克兰，那么他的心继续留在俄国是理所应当的。

　　　咆哮吧，咆哮，哦，瀑布！
　　　　　　　——加夫里拉·杰尔查文，《瀑布》

注　释

1 作者于 1998 年 9 月访问俄罗斯斯摩棱斯克州奇若瓦和 1998 年 7 月至 8 月访问乌克兰赫尔松所得。阿纳托利神父和斯摩棱斯克州彼得里谢沃学校的教师 V. M. Zheludov。Samoilov cols 1569 and 1560.

2 AKV 13：216 - 22，A. A. Bezborodko to P. V. Zavadovsky November 1791，Jassy. Also ZOOID 11：3-5. AAE 20：360-2, Langeron, 'Evénements 1791'. Lopatin, *Perepiska* pp 961-4. 传说 Timan 医生遵照祖博夫或叶卡捷琳娜大帝的命令毒死了波将金。但就连朗热隆也不相信这种说法。没过多久出现了一本低俗的小册子，题为《黑暗公爵潘斯拉文》，作者 J. F. E. 阿尔布雷希特是共济会成员。这就是反波将金神话的开端。该书暗示，一位善良的女王下令毒死了她那位恶魔般的共同统治者。

3 Engelhardt 96 - 7. AKV 13：216 - 22, Bezborodko to Zavadovsky ud, November 1791：RA（1878）1 pp 20-5, V. S. Popov to CII 8 October 1791, Jassy. 按理说，应当由卡霍夫斯基将军接管指挥权，但他当时在克里米亚，于是米哈伊尔·卡缅斯基将军（后来在拿破仑战争时期成为陆军元帅）掌管了军队，并在大街上发飙，殴打犹太人。但军队拒绝服从他的权威。波将金的遗愿得到了尊重。

4 Khrapovitsky pp 377-8, 16, 17 and 18 October 1791.

5 RGADA 5.131.5-5, CII to Popov 4 November 1791.

6 RGADA 11.1096.1 - 1, Countess Ekaterina Skavronskaya to CII 3 November 1791.

7 RA (1878) 1 p 25, Princess Varvara V. Golitsyna to Prince Alexander Borisovich Kurakin 2 November 1791, Jassy.

8 SIRIO 23 (1878): 561, CII to Baron F. M. Grimm 22 October 1791.

9 RGVIA 52.2.55.285, 来自维也纳的新闻, 1791 年 10 月 1 日和 12 日, 未发表。AKV 13: 221-2 Bezborodko to Zavadovsky November 1791.

10 RGADA 5.138.9, M. S. Potemkin to CII 6 December 1791, Jassy.

11 V. L. Esterhazy, *Nouvelles Lettres du Comte Valentin L. Esterhazy à sa femme* 1792-95 p 371, 23 December 1791-3 January 1792. Stedingk p 216, Count Stedingk to Gustavus III 26 December 1791 - 9 January 1792. AKV 8: 58, F. V. Rostopchin to S. R. Vorontsov 28 September 1792, St Petersburg. *Russkiy Biographicheskiy Slovar* vol 14 (1904). AKV 13 (1879): 256, Bezborodko to S. R. Vorontsov 15 May 1792, Tsarskoe Selo.

12 LeDonne p 262. ZOOID 9: 222-5, report of M. S. Potemkin. ZOOID 9: 227, Emperor Alexander I to the State Treasurer Baron Vasilev 21 April 1801, St Petersburg. ZOOID 8: 226-7, 波波夫对波将金财务状况的解释, 1800 年 5 月 9 日。ZOOID 8: 225-6, 关于波将金公爵的收入和特殊之处数目的解释。ZOOID 9 (1875): 226, 叶卡捷琳娜二世就波将金的债务给内阁的御旨, 1792 年 8 月 20 日, Tsarskoe Selo. Brückner *Potemkin*, p 274. Karnovich p 314。萨瑟兰金融丑闻, 见 Cross, *By the Banks of the Neva* pp 80-1。波将金不是唯一因萨瑟兰死亡而财务状况遭曝光的权贵。维亚泽姆斯基公爵、奥斯捷尔曼伯爵和保罗大公本人都欠了萨瑟兰巨额债务。Rulikowski, Smila. RS (1908) 136 pp 101-2. Tregubov. Tregubov 写道："所有人都感到, 波将金花费的巨款是值得的, 因为他给国家带来了许多利益。" 对他指挥下的士兵来说, 尤其如此。

13 Stedingk p 188, Stedingk to Gustavus III 28 October 1791, St Petersburg.

14 AKV 13: 216-22, Bezborodko to Zavadovsky November 1791, Jassy.

15 RGADA 11.902a Register of Prince GAPT's Debts, and RGADA 11.902a.30. 这些债务包括欠萨瑟兰的巨款, 以及塔夫利宫的黑玛瑙石柱、钻石、金线棉布披肩（价值 1880 卢布）、女装（价值超过 1.2 万卢布）、牡蛎、水果、芦笋和香槟的开销。

16 AKV 13: 223-8, Bezborodko to Zavadovsky 17 November 1791, Jassy.

17 Esterhazy p 333, 17/28 October 1791, St Petersburg.

18 Masson p 113.

19 Stedingk p 188, Stedingk to Gustavus III 4 November 1791.

20 Esterhazy p 333.

21 Stedingk pp 186-8, Stedingk to Gustavus III 28 October 1791, St Petersburg.

22 AKV 8: 39, Rostopchin to S. R. Vorontsov 25 December 1791, Jassy, and AKV 8: 53, Rostopchin to S. R. Vorontsov 8 July 1792, St Petersburg.

23 Stedingk p 196, J. J. Jennings to Fronce ud, St Petersburg.

24 S. N. Glinka, *Russkiye chteniya, izdavaemye Sergeem Glinkoyu. Otechestvennye istoricheskiy pamyatniki xviii i xix stoleiya* pp 78-9.

25 AKV 13: 223-8, Bezborodko to Zavadovsky 17 November 1791, Jassy.

26 Petrushevsky p 263. Suvorov, *Pisma* (Lopatin) p 224, A. V. Suvorov to D. I. Khvostov 15 October 1791; pp 232-3: Suvorov to Khvostov 20 July 1792; p 251, Suvorov to Khvostov 24 November 1796 and Suvorov to P. I. Turchaninov 7 May 1793.

27 Engelhardt 1997 p 97.

28 Stedingk pp 188 and 195, Stedingk to Gustavus III 28 October 1791 and Jennings to Fronce ud, St Petersburg.

29 AKV 8: 39, 25 December 1791, Jassy.

30 AKV 13: 223-8, Bezborodko to Zavadovsky 17 November 1791, Jassy.

31 Ligne, *Mélanges* vol 22 p 82, Prince de Ligne to CII 1793.

32 Ségur quoted by Castera vol 3 p 333.

33 AKV 13: 223-8, Bezborodko to Zavadovsky 17 November 1791, Jassy. 关于波将金的传奇与真相之间总是有着天壤之别，例如，很多人说他留在雅西的军队是多么混乱、腐败，最后一败涂地。但对波将金始终抱着讽刺但公正的态度的别兹博罗德科伯爵发现，雅西的粮仓很充实，军队"状态绝佳"，给养充足，舰船极多（即便不是用最好的木料建成的），并且，尽管波将金一直对哥萨克有特别的迷恋，但别兹博罗德科承认"哥萨克轻骑兵部队的状态确实极佳"。

34 AAE 20: 362, Langeron. Pushkin quoted in Lopatin, *Perepiska* p 470. Castera vol 2 p 177. Wiegel vol 1 pp 28-9. Samoilov col 1560. Derzhavin in Segal vol 2 pp 291-2. Ligne, *Mélanges* vol 7 pp 171-2, Ligne to Comte de Ségur 1 August 1788. 关于军队的状况：波将金无疑允许上校从他们指挥的各团榨取利益，很少监管他们，但他已经开始任命监督人员去阻止过于猖獗的舞弊。他对普鲁士风格的操练和无休止的仪式也没有丝毫兴趣。外国人（如达马

斯伯爵）说他不鼓励任何操练，但他的档案·显示他曾对海军突击队员的训练做过指示。SBVIM vol 4 p 217 记载，波将金会给出关于训练的指示，批评某些军官传授的战术动作是"实战中很少使用的"，并推荐了简单的行军方式，从而让士兵行进更快而不会容易疲劳；还会训练简单的组成方阵、射击和装填弹药的方式。波将金很鄙视某些人对普鲁士风格的训练和战术顶礼膜拜、全盘照搬，他发展出了自己的风格，不考虑西方的观点，而是吸收鞑靼人、哥萨克和俄国自己的传统。这让法国和德意志的军官（比如朗热隆伯爵、达马斯伯爵和利尼亲王）大为不满。最后，关于波将金领导下俄国军队的腐败情况，值得注意的是，路易十六的军队腐败极其严重，而英国军队虽然在 1798 年开展了改革，但直到 1871 年格莱斯顿的改革之前，还是用金钱来买军衔。所以波将金的体制或许并不比伦敦的近卫军骑兵总部的体制更腐败。

35 SIRIO 54（1886）：147-9, Richelieu, 'Mon voyage'.

36 RA（1879）1 pp 2-25, Popov to CII 8 October 1791.

37 RGADA 5. 131. 4-4, CII to Popov ud, November 1791.

38 Engelhardt 1997 pp 97-102. 作者于 1999 年 10 月访问罗马尼亚雅西的戈利亚修道院所得。

39 Khrapovitsky pp 383-5, 387.

40 AKV 18：36, Prince V. . Kochubey to S. R. Vorontsov 28 July/9 August 1792.

41 Khrapovitsky pp 407-8, 236. Madariaga, *Russia* p 562.

42 Ligne, *Mélanges* vol 22 p 82, Ligne to CII 1792. Harold Nicolson, *The Congress of Vienna* p 292. 关于波波夫，见 RP 2. 1. 19 and AKV 8：58, Rostopchin to S. R. Vorontsov 28 September 1792, St Petersburg。

43 海军少将 J. P. 琼斯给波将金的信，1789 年 4 月 13 日，quoted in Otis p 359。给警察总长的声明，quoted in Morison p 388。RGVIA 52. 2. 64. 12, Ségur to GAP ud, summer of 1789, St Petersburg, unpublished.

44 Stedingk p 226, Stedingk to Gustavus III 6/17 February 1792. AKV 8：48-50, Rostopchin to S. R. Vorontsov 13/24 February 1792, St Petersburg.

45 Masson p 195. 叶卡捷琳娜大帝继续执行波将金的绝大多数政策，祖博夫奉命执行，但他办事的时候绝没有波将金那样的宽厚与灵活。祖博夫仅有的成绩是贪婪而血腥地瓜分了波兰（波将金原本希望避免这么做）和笨手笨脚地开展让亚历山德拉女大公嫁给瑞典国王的谈判（这门婚事是波将金提议的）。谈判失败造成的耻辱加速了叶卡捷琳娜大帝的中风。祖博夫向波斯发动进攻的远征颇有波将风格，但在女皇驾崩后被叫停。

46 Masson pp 58-9. AKV 13（1879）：256, Bezborodko to S. R. Vorontsov 15 May

1792, Tsarskoe Selo.

47 Masson p 124. Ligne, *Mélanges* vol 24 p 183. 利尼亲王说他们早在 1788 年就计划废掉保罗。Ligne to Kaunitz 15 December 1788, Jassy.

48 McGrew p 237. ZOOID 9（1875）：226, rescript of Paul I 11 April 1799. 关于图书馆，Bolotina, 'Private Library of Prince GAPT' 252-64, 29 May 1789。保罗命令将藏书送到喀山文理中学，1799 年 3 月 29 日。"18 辆大车"将藏书于 1806 年送到喀山，存放于喀山国立大学的图书馆。

49 Czartoryski p 62.

50 RP 1.1 p 72. AAE 20：134-5, Langeron, 'Evénements 1790'. 索菲·德·维特（波托茨卡）建造了一座宫殿和一座美丽的园林，叫作 Sopheiwka，它在今天的乌克兰仍然很受欢迎。她在克里米亚也拥有地产，并计划在那里建造一座新城镇，用她的名字命名。她与维特所生的其中一个儿子扬·波托茨基成为秘密警察，19 世纪 20 年代亚历山大一世在敖德萨期间他负责监视企图对沙皇不利的波兰革命者。波兰诗人亚当·密茨凯维奇就是这些革命者之一。见 Ascherson p 150。

51 Wiegel vol 1 p 43. RP 4.2 p 214. RP 2.1 p 5. 她在自己著名的贝拉亚采科夫庄园为波将金建立了一座神龛。有一幅描绘她和孩子们的画像，今天保存在克里米亚的阿卢普卡宫。据说画中她旁边的半身像就是波将金的像。波将金的心脏可能被埋葬在贝拉亚采科夫。布拉尼茨卡还建造了一座美丽的园林，叫作亚历山大里亚，至今仍可在乌克兰看到。她把村庄赠给农民并建立他们自己的农业银行来帮助他们经营农庄，因此受到爱戴。

52 RP 1.1 p 30. RP 1.1 p 29. RP 3.1 p 10. RP 1.2 p 120. 斯卡夫龙斯卡娅被亚历山大一世册封为大团长夫人。她的丈夫朱利奥·P.利塔伯爵在亚历山大一世和尼古拉一世时期是高官。

53 Yusupov pp 6-9. RP 1.1 p 10 and RP 4.2 206. See also T. Yusupova in *Russkiy Biographicheskiy Slovar*（1916）.

54 Anthony L. H. Rhinelander, *Prince Michael Vorontsov, Viceroy to the Tsar* pp 75-6. Henri Troyat, *Pushkin* pp 214-25. 沃龙佐夫亲自指挥了尼古拉一世针对沙米勒和车臣/达吉斯坦穆勒德的一些作战。这些人企图阻止俄国人控制北高加索。沃龙佐夫和埃舍泽出现在了列夫·托尔斯泰的小说《哈吉·穆拉特》中，见 Tolstoy, *Master and Man and Other Stories*（Harmondsworth 1977）。

55 RP 1.1 p 30. RP 1.1 p 29. RP 3.1 p 10. RP 1.2 p 120. Alan Palmer, *Metternich* pp 36, 136, 137, 148, 322.

56 波将金家族在 19 世纪人丁兴旺，不过不是与波将金的故事关系最近的分支。帕维尔·波将金的儿子格里戈里在博罗季诺阵亡，另一个儿子谢尔盖结了婚但没有子女。米哈伊尔·波将金与塔季扬娜·恩格尔哈特生了两个孩子，但他们的儿子亚历山大没有子女。家族的其他分支枝繁叶茂。其中贵族支系的最后一位成员是亚历山大·阿列克谢耶维奇，他是斯摩棱斯克的最后一位首席贵族，1918 年企图从克里米亚逃离俄国时被布尔什维克抓获并杀害。他的女儿娜塔莉亚·亚历山德罗芙娜·波将金继续在辛菲罗波尔（波将金兴建的城市之一）生活，2000 年去世。波将金家族的贵族分支就这样灭亡了。

57 Orlando Figes, *A People's Tragedy*：*The Russian Revolution* 1891-1924 pp 217, 515-16.

58 Kenneth Rose, *George V* p 320.

59 Vallentin p 523.

60 作者于 1999 年 10 月访问罗马尼亚雅西的戈利亚修道院所得。雅西大学的经济学教授 Fanica Ungureanu 带我参观了这个地点。

61 作者于 1998 年访问摩尔多瓦共和国境内的波将金纪念碑所得。

62 RGADA 11. 966. 1-2 pp 1, 2, Popov to CII October 1791 and 27 March 1792.

63 RGADA 11. 956. 1, Popov to CII, p 2；Popov to CII 27 March 1792. ZOOID 9：390-3. 赫尔松要塞教堂的墓碑，包括 Soldatsky。RGADA 16. 696. 2. 35, General-en-Chef Kahovsky to CII 27 February 1792；p 35, Kahovsky to CII 2 February 1792。RGVIA 1287. 12. 126. 31 and 21（1823），叶卡捷琳娜二世关于波将金纪念碑的御旨，转引自 'New Work of I. P. Martos'，in E. V. Karpova, *Cultural Monuments*, *New Discoveries* pp 355-64。

64 ZOOID 9：390-3，关于赫尔松要塞教堂的墓碑，包括 Soldatsky。ZOOID 5（1863）：1006，关于波将金的埋葬地，by I. Andreevsky：Emperor Paul I to Alexander Kurakin 27 March 1798 and Kurakin to the local Govenor Seletsky, received on 18 April 1798。具有讽刺意味的是，就是这个 A. B. 库拉金在 1781—1782 年保罗周游欧洲时写信给朋友比比科夫，导致保罗在叶卡捷琳娜大帝在世期间被排除在决策层之外。关于保罗和波将金的遗体，见 AAE 20：331, Langeron, 1824："要塞司令勇敢地抗命，但报告说，〔保罗的〕命令得到了执行。"朗热隆与保罗宫廷的关系很密切。

65 AAE 20：331. 1824 年，朗热隆对波将金的后人还没有为他修建他理应拥有的纪念碑表示愤慨。Karpova pp 355-64. RGVIA 1287. 12. 126. 23-4 A. Samoilov to Alexander I. GAOO 4. 2. 672. 2，亚历山大一世关于重建波将金纪念碑的御旨，1825 年。但保罗皇帝于 1801 年被近卫军军官杀害之后，他的儿子亚历山大一世继位并承诺"像我亲爱的祖母叶卡捷琳娜二世一样统治"，于是波将金的名誉得到恢复，波将金的后人计划在赫尔松为他建造一座纪念碑。雕塑家 I. P. Martos 接受了这个任务，但这项工作很快就因为波将金的继承人为了金钱的频繁争吵而中断。该纪念碑的工程直到 1826 年才再次启动，最终耗资 17 万卢布。这座庞大的古典风格青铜雕像于 1837 年终于揭幕，它把波将金刻画成身穿古罗马式铠甲和长袍，手持巨大的宝剑，戴着有羽饰的头盔，站在巨大基座之上的勇士。基座周围有阶梯，马尔斯、赫拉克勒斯、阿波罗和尼普顿的雕像护卫着基座。但在革命期间，赫尔松被几次易手，彼得留拉分子拆毁了 Martos 的罗马风格波将金雕像，向当初消灭了扎波罗热哥萨克军团的波将金进行报复。他们将雕像丢进了当地博物馆的庭院，后来纳粹将其窃走或摧毁。

66 AAE 20：331, Langeron, 'Evénements 1791'. ZOOID 9：390-3.

67 ZOOID 5（1863）：1006, I. Andreevsky. Milgov letter from Kherson 12 October 1859 published in St Petersburg journal *Vedomosti* no 9 18 January 1860.

68 ZOOID 9：390-3, N. Murzakevich 30 August 1874.

69 阿纳托利神父，圣叶卡捷琳娜教堂的教士。作者于 1998 年 7 月至 8 月访问赫尔松所得。

70 B. A. Lavrenev, *Potemkin's Second Burial*.

71 ZOOID 9：390-3, Soldatsky. L. G. Boguslavsky to E. V. Anisimov 15 July 1786, Kherson.

主要人物介绍

塔夫利的格里戈里·波将金公爵，叶卡捷琳娜二世的秘密夫君，政治家，军事家。

叶卡捷琳娜二世（大帝），原名采尔布斯特侯爵小姐索菲，俄国女皇（在位：1762—1796）。

阿卜杜勒-哈米德一世，奥斯曼苏丹（在位：1774—1788）。

杰里米·边沁，英国哲学家，效益主义的创始人。

塞缪尔·边沁，杰里米·边沁的兄弟，发明家，海军军官，造船匠。

亚历山大·别兹博罗德科，叶卡捷琳娜大帝的秘书，后成为外交大臣。

克萨韦里·布拉尼茨基，波兰廷臣，娶了波将金的外甥女亚历山德拉·恩格尔哈特。

亚历山德拉·布拉尼茨卡，波将金最宠爱的外甥女，娘家姓恩格尔哈特，嫁给了克萨韦里·布拉尼茨基。

阿列克谢·博布林斯基，叶卡捷琳娜大帝和格里戈里·奥尔洛夫的私生子。

普拉斯科维娅·布鲁斯，叶卡捷琳娜大帝的密友，据说是女皇的男宠试用官。

卡廖斯特罗伯爵，意大利江湖骗子。

扎哈尔·切尔内绍夫，叶卡捷琳娜大帝的早期爱慕者，廷臣，陆军大臣，奥尔洛夫兄弟的盟友。

伊凡·切尔内绍夫，扎哈尔·切尔内绍夫的兄弟，廷臣，海军大臣。

路德维希·冯·科本茨尔伯爵，奥地利驻圣彼得堡大使。

克雷文伯爵夫人伊丽莎白，英国贵族，冒险家，旅行家，作家。

达马斯伯爵，法国贵族，波将金麾下的军官。

叶卡捷琳娜·达什科娃，娘家姓沃龙佐娃，叶卡捷琳娜大帝的支持者，但也经常让她烦恼。

叶卡捷琳娜·多尔戈鲁卡娅，一名俄国军官的妻子，波将金的情妇。

伊丽莎白，彼得大帝的女儿，女皇。

米哈伊尔·法列耶夫，企业家、军需官、商人、尼古拉耶夫城的建设者。

弗里德里希二世（大王），普鲁士国王。

弗里德里希·威廉二世，弗里德里希二世的侄子，普鲁士国王。

米哈伊尔·加尔诺夫斯基，负责照管金斯顿公爵夫人的官僚，波将金的得力干将。

瓦尔瓦拉·戈利岑娜，娘家姓恩格尔哈特，波将金的外甥女，嫁给了谢尔盖·戈利岑公爵。

普拉斯科维娅·戈利岑娜，嫁给了米哈伊尔·戈利岑公爵，她是波将金的"最后一位情妇"。

威廉·古尔德，波将金的英国园艺师。

詹姆斯·哈里斯爵士，英国驻圣彼得堡使节，后来被册封为马姆斯伯里伯爵。

普鲁士王子海因里希，弗里德里希大王的弟弟。

约翰·保罗·琼斯，传奇式的美国海军将领，被誉为美国海军的创始人。

约瑟夫二世，神圣罗马皇帝（在位：1765—1790），哈布斯堡领地的统治者（1780—1790，起初与母亲共治）。

亚历山大·赫拉波维茨基，日记作者，叶卡捷琳娜大帝的秘书。

伊丽莎白，金斯顿公爵夫人、布里斯托尔伯爵夫人，英国的女冒险家和重婚者。

亚历山大·兰斯科伊，叶卡捷琳娜大帝的男宠（1779—1784）。

利奥波德二世，神圣罗马皇帝（在位：1790—1792），约瑟夫二世的弟弟和继承者。

利尼亲王，欧洲贵族、奥地利廷臣和陆军元帅。

路易斯·利特尔佩奇，美国弗吉尼亚州人，波兰廷臣，波将金的舰队的军官。

亚历山大·德米特里耶夫-马莫诺夫，叶卡捷琳娜大帝的男宠（1786—1789）。

玛丽亚·特蕾西亚，神圣罗马皇后和匈牙利女王、波希米亚女王，哈布斯堡领地的统治者（在位：1740—1780），约瑟夫二世的母亲。

弗朗西斯科·德·米兰达，南美洲革命者，后成为委内瑞拉独裁者。

拿骚-西根公子，欧洲贵族和雇佣军人。

格里戈里·奥尔洛夫，叶卡捷琳娜大帝登基前政变的领袖，也是她的情人（1761—1772）。

阿列克谢·奥尔洛夫-切什梅斯基，"疤脸"，杀害彼得三世的人，切什梅海战的胜利者，格里戈里·奥尔洛夫的兄弟。

尼基塔·帕宁，保罗大公的宫廷总管，后成为叶卡捷琳娜大帝的外交大臣。

彼得·帕宁，尼基塔·帕宁的兄弟，将军，打败了普加乔夫。

保罗大公，叶卡捷琳娜大帝和彼得三世的儿子，皇帝（在位：1796—1801），遇刺身亡。

彼得三世，伊丽莎白女皇的外甥，叶卡捷琳娜二世的丈夫，皇帝（在位：1761—1762）。

雷金纳德·波尔·卡鲁，英国绅士、旅行家和波将金的朋友，后成为英国国会议员。

斯坦尼斯瓦夫·波尼亚托夫斯基，叶卡捷琳娜大帝的第二任情人，后成为波兰的末代国王，称斯坦尼斯瓦夫-奥古斯特。

瓦西里·波波夫，波将金的秘书处处长。

帕维尔·波将金，波将金公爵的堂弟，将军，高加索副王。

普拉斯科维娅·波将金娜，帕维尔·波将金的妻子，波将金公爵的情妇。

叶梅利扬·普加乔夫，皇位觊觎者，哥萨克，农民起义（1773—1774）的领袖。

阿列克谢·拉祖莫夫斯基，哥萨克唱诗班歌手，后成为伊丽莎白女皇的男宠。

基里尔·拉祖莫夫斯基，阿列克谢·拉祖莫夫斯基的弟弟，1764年之前担任乌克兰盖特曼，廷臣。

何塞（奥西普）·德·里瓦斯，那不勒斯冒险家，波将金的好友，海军将领。

黎塞留公爵，波将金麾下的军官，敖德萨的建设者，后成为法国首相。

伊凡·里姆斯基-科尔萨科夫，叶卡捷琳娜大帝的男宠（1778—1779）。

彼得·鲁缅采夫-扎杜奈斯基，1768—1774年俄土战争中的英雄。

谢尔盖·萨尔蒂科夫，叶卡捷琳娜大帝的第一任情人。

亚历山大·萨莫伊洛夫，波将金的外甥，将军，后成为元老院主席。

叶卡捷琳娜·萨莫伊洛娃，亚历山大·萨莫伊洛夫的妻子，可能是波将金的情妇。

塞居尔伯爵，法国驻俄国大使。

塞利姆三世，奥斯曼苏丹（在位：1789—1807）。

詹姆斯·乔治·森普尔少校，英国骗子，"骗子之王"。

沙欣·格来，俄国的盟友，成吉思汗的后代，克里米亚汗国的末代可汗。

斯捷潘·舍什科夫斯基，秘密警察头子，"鞭笞者"。

伊凡·舒瓦洛夫，伊丽莎白女皇的男宠，邀请波将金到圣彼得堡。

叶卡捷琳娜·斯卡乌龙斯卡娅，"天使"和"小猫咪"，娘家姓恩格尔哈特，波将金的外甥女。

亚历山大·苏沃洛夫，军事英雄，波将金最喜爱的将领。

亚历山大·瓦西里奇科夫，叶卡捷琳娜大帝的男宠（1772—1774），绰号"冰汤"。

亚历山大·维亚泽姆斯基，内政管理者，元老院主席。

谢苗·沃龙佐夫，俄国驻伦敦大使。

亚历山大·沃龙佐夫，谢苗·沃龙佐夫的兄弟，商务大臣。

索菲·德·维特，女奴，交际花，波将金的情妇，后成为波托茨卡伯爵夫人。

亚历山大·叶尔莫洛夫，叶卡捷琳娜大帝的男宠（1786）。

塔季扬娜·尤苏波娃，娘家姓恩格尔哈特，嫁给米哈伊尔·波将金，后改嫁尤苏波夫公爵。

亚历山大·扎瓦多夫斯基，叶卡捷琳娜大帝的男宠（1776—1777），侍臣，大臣。

约书亚·蔡特林，犹太商人，拉比，学者，波将金的朋友。

谢苗·佐里奇，叶卡捷琳娜大帝的男宠（1777—1778），创办了一所军校。

普拉东·祖博夫，叶卡捷琳娜大帝的最后一位男宠（1789—1796）。

地　图

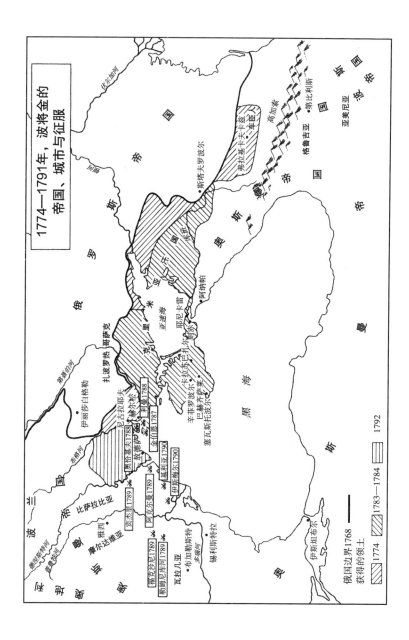

1774—1791年，波将金的帝国、城市与征服

俄国边界1768

获得的领土 1774

1783—1784

1792

伏尔加河

顿河

里海

亚速海

黑海

奥斯曼帝国

俄罗斯帝国

波斯帝国

波兰帝国

高加索

格鲁吉亚

亚美尼亚

第比利斯

弗拉基卡夫卡兹人

斯塔夫罗波尔

阿纳帕

耶尼卡雷

克里米亚

辛菲罗波尔

卡拉苏巴扎尔

巴赫奇萨莱

塞瓦斯托波尔

第聂伯河

顿涅茨河

德涅斯特河

普鲁特河

布格河

南布格河

伊丽莎白格勒

扎波罗热白萨克

摩尔达维亚

瓦拉几亚

比萨拉比亚

雅西

尼古拉耶夫1788

赫尔松

敖德萨

赫尔松1788

利曼1787

金伯恩1790

基利亚1790

伊斯梅尔1790

阿克尔曼1789

宾杰里1789

奥恰科夫1788

福克沙尼1789

勒姆尼库河1789

锡利斯特拉

伊斯坦布尔

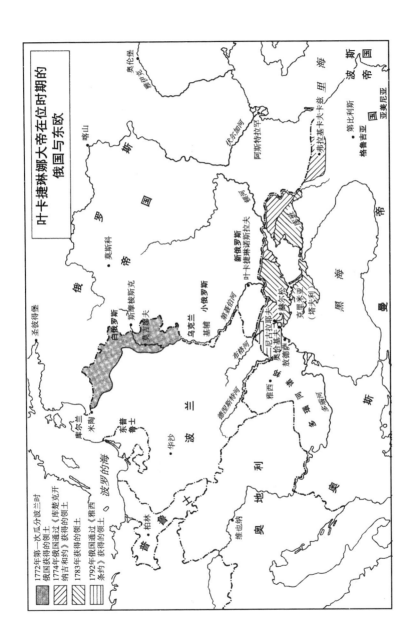

叶卡捷琳娜大帝在位时期的俄国与东欧

族 谱

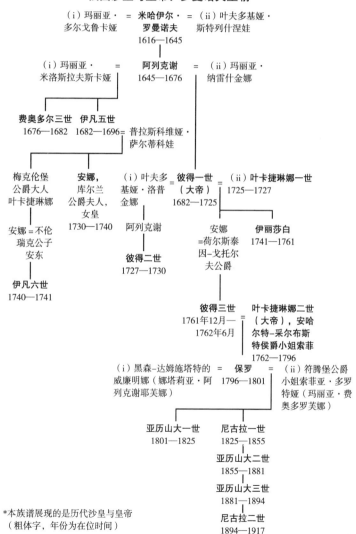

俄国沙皇与皇帝：罗曼诺夫皇朝

（i）玛丽亚· = 米哈伊尔· = （ii）叶夫多基娅·
多尔戈鲁卡娅　　**罗曼诺夫**　　斯特列什涅娃
　　　　　　　　1616—1645

（i）玛丽亚· = 阿列克谢 = （ii）玛丽亚·
米洛斯拉夫斯卡娅　1645—1676　纳雷什金娜

费奥多尔三世　伊凡五世
1676—1682　1682—1696 = 普拉斯科维娅·
　　　　　　　　　　　　　萨尔蒂科娃

梅克伦堡　　**安娜，**　（i）叶夫多 **彼得一世** （ii）**叶卡捷琳娜一世**
公爵大人　　库尔兰　基娅·洛普 **（大帝）** 1725—1727
叶卡捷琳娜　公爵夫人，金娜 1682—1725

安娜=不伦　　**女皇**　阿列克谢　　安娜 **伊丽莎白**
瑞克公子　　1730—1740　　　　　　=荷尔斯泰 1741—1761
安东　　　　　　　　　　　　　　　因-戈托尔
　　　　　　　　彼得二世　夫公爵
伊凡六世　　1727—1730
1740—1741

彼得三世　　叶卡捷琳娜二世
1761年12月— **（大帝）**，安哈
1762年6月　　尔特-采尔布斯
　　　　　　　特侯爵小姐索菲
　　　　　　　1762—1796

（i）黑森-达姆施塔特的 = **保罗** = （ii）符腾堡公爵
威廉明娜（娜塔莉亚·阿 1796—1801 小姐索菲亚·多罗
列克谢耶芙娜）　　　　　　　　　特娅（玛丽亚·费
　　　　　　　　　　　　　　　　　奥多罗芙娜）

亚历山大一世　尼古拉一世
1801—1825　1825—1855
　　　　　　　亚历山大二世
　　　　　　　1855—1881
　　　　　　　亚历山大三世
　　　　　　　1881—1894
　　　　　　　尼古拉二世
　　　　　　　1894—1917

*本族谱展现的是历代沙皇与皇帝
（粗体字，年份为在位时间）

波将金公爵的更广泛家族

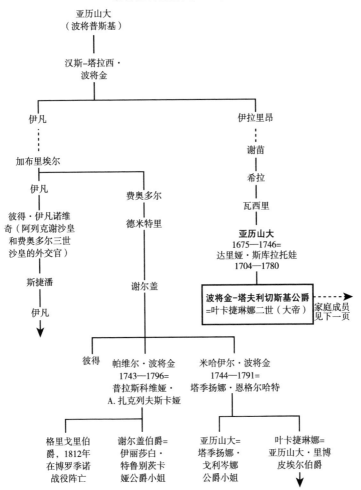

*本族谱展现了书中出现的主要人物，并非全部。
**=嫁/娶

波将金公爵所在的小家族，包括他最喜爱的外甥和外甥女

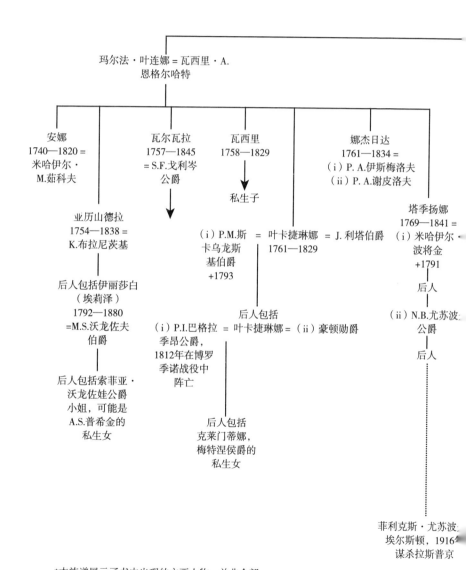

玛尔法·叶连娜 = 瓦西里·A. 恩格尔哈特

安娜
1740—1820 =
米哈伊尔·
M.茹科夫

瓦尔瓦拉
1757—1845
= S.F.戈利岑
公爵

瓦西里
1758—1829

私生子

娜杰日达
1761—1834 =
（i）P. A.伊斯梅洛夫
（ii）P. A.谢皮洛夫

亚历山德拉
1754—1838 =
K.布拉尼茨基

塔季扬娜
1769—1841 =
（i）米哈伊尔·
波将金
+1791

后人

后人包括伊丽莎白
（埃莉泽）
1792—1880
=M.S.沃龙佐夫
伯爵

（i）P.M.斯
卡乌龙斯
基伯爵
+1793

= 叶卡捷琳娜
1761—1829

= J.利塔伯爵

（ii）N.B.尤苏波
公爵

后人

后人包括索菲亚·
沃龙佐娃公爵
小姐，可能是
A.S.普希金的
私生女

后人包括
（i）P.I.巴格拉 = 叶卡捷琳娜 = （ii）豪顿勋爵
季昂公爵，
1812年在博罗
季诺战役中
阵亡

后人包括
克莱门蒂娜，
梅特涅侯爵的
私生女

菲利克斯·尤苏波
埃尔斯顿，1916
谋杀拉斯普京

*本族谱展示了书中出现的主要人物，并非全部。
**=嫁/娶，+死亡

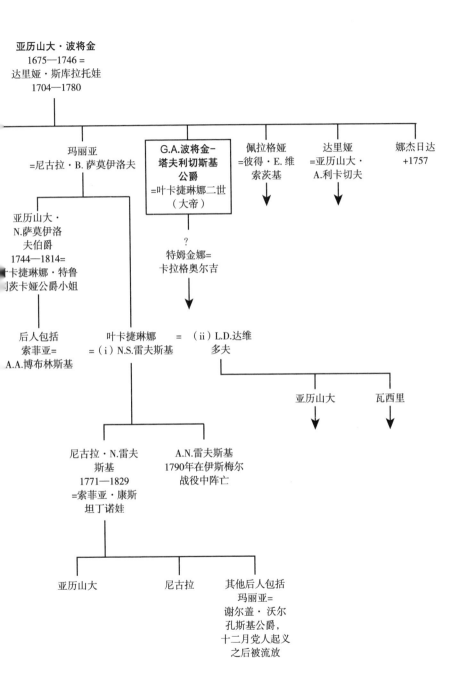

亚历山大·波将金
1675—1746 =
达里娅·斯库拉托娃
1704—1780

玛丽亚
=尼古拉·B.萨莫伊洛夫

G.A.波将金-
塔夫利切斯基
公爵
=叶卡捷琳娜二世
（大帝）

佩拉格娅
=彼得·E.维
索茨基

达里娅
=亚历山大·
A.利卡切夫

娜杰日达
+1757

亚历山大·
N.萨莫伊洛
夫伯爵
1744—1814=
卡捷琳娜·特鲁
茨卡娅公爵小姐

后人包括
索菲亚=
A.A.博布林斯基

?
特姆金娜=
卡拉格奥尔吉

叶卡捷琳娜 = （ii）L.D.达维
=（i）N.S.雷夫斯基 多夫

亚历山大 瓦西里

尼古拉·N.雷夫
斯基
1771—1829
=索菲亚·康斯
坦丁诺娃

A.N.雷夫斯基
1790年在伊斯梅尔
战役中阵亡

亚历山大

尼古拉

其他后人包括
玛丽亚=
谢尔盖·沃尔
孔斯基公爵，
十二月党人起义
之后被流放

参考文献

　　波将金还在世的时候就已经流传着许多诽谤他的恶毒传说，所以有必要解释一下本书的资料来源。我非常幸运地在诸多档案馆里发现了大量新的、从未发表过的材料。在俄罗斯档案方面，20 世纪出版了大量史料，刊载于《俄罗斯帝国历史学会文集》（SIRIO）和《敖德萨古代和历史社会笔记》（ZOOID），以及《俄罗斯档案，1863—1917》（RA）和《古代俄罗斯》（RS）那样的历史学期刊，还有 Dubrovin 的《波将金文件》与《军事历史材料文集，圣彼得堡》（SBVIM）那样的史料集。另外，已经出版的沃龙佐夫档案仍然是关键的资料来源。这些档案里都包含了被忽略或被遗忘的材料。例如，《俄罗斯帝国历史学会文集》包含了黎塞留的《德意志之旅》和叶卡捷琳娜大帝本人对波将金舞会的记述，这些材料都是之前被西方研究者相对忽视的。总的来讲，这些材料价值无量，通常很准确，不过我也尽量查阅了原始文件。

　　V. S. Lopatin 发表的叶卡捷琳娜大帝与波将金的书信集是一部规模宏大的学术研究巨著，是二十年辛劳的成果。我大量参考了该书。它已经是研究这个时代的必读书。虽然收录了超过 1000 封信，但它应当仍然不完整，叶卡捷琳娜大帝与波将金之间还有一些短信没有被收集整理。Lopatin 编辑的苏沃洛夫与波将金的书信集以及他对这两人关系的研究同样是必读资料，因为他的研究已经对这两人的关系做了成功的翻案。不过，Lopatin 的叙述有时显得过于浪漫，比如他认为叶卡捷琳娜大帝是伊丽莎白·特姆金娜的母亲，于 1775 年在莫斯科生下了她；他还相信叶卡捷琳娜大帝在从莫吉廖夫返回都城的途中去过奇若瓦。他对书信日期的判断总是很敏感，令人信服，但偶尔也有错误，比如涉及卡廖斯特罗的书信，西方研究者已经证明其年代要比 Lopatin 的说法晚得多。我对 Lopatin 的鸿篇巨制充满敬畏和感激，但也谦卑地修正了他的一些说法，或者至少提出了疑问。

档案馆里满是尚未发表的材料，比如莫斯科的俄罗斯国立古代文献档案馆（RGADA）、俄罗斯国立军事史档案馆（RGVIA）和俄罗斯帝国对外政策档案馆（AVPRI），圣彼得堡的俄罗斯国立历史档案馆（RGIA），以及华沙的波兰国家历史档案馆（AGAD）。例如，在俄罗斯国立古代文献档案馆，我发现了大量波将金收到的信或者他写的信，涉及的问题包括国家大事、他私人的财务和他的爱情生活，其中有很多匿名的情书，还有亚历山德拉·布拉尼茨卡写的信。俄罗斯国立军事史档案馆收藏了波将金秘书处的档案，以及许多有意思的公文和私人文件，我在本书中使用了它们。俄罗斯国立历史档案馆收藏了弗里德里希大王未发表的来信，以及一些私人叙述。在华沙，庞大的德博利档案还没有得到充分发掘，并且还有大量波将金写给斯坦尼斯瓦夫-奥古斯特的书信。总的来讲，这几套档案收藏的书信包括大量未发表的材料，本书用到了其中很大一部分，包括以下人物收到的信和他们自己写的信：约瑟夫二世皇帝，利奥波德二世皇帝，考尼茨侯爵，弗里德里希大王，瑞典国王古斯塔夫三世，波兰国王斯坦尼斯瓦夫-奥古斯特，普鲁士王子海因里希，波将金的外甥女亚历山德拉·布拉尼茨卡伯爵夫人与塔季扬娜·尤苏波娃公爵夫人，波将金的外甥女婿斯卡乌龙斯基伯爵和布拉尼茨基伯爵，波将金的波兰盟友与代理人，他的艺术品代理人如凯利斯福特勋爵，访客（如克雷文伯爵夫人、雷金纳德·波尔·卡鲁和塞纳克·德·梅扬），谢苗·沃龙佐夫伯爵与其他俄国政治家，利尼亲王，塞居尔伯爵和马姆斯伯里伯爵，利兹公爵，杰里米·边沁与塞缪尔·边沁爵士，拿骚-西根公子，约翰·保罗·琼斯，路易斯·利特尔佩奇，弗朗西斯科·德·米兰达，波将金的秘密外交使节，俄国驻维也纳、巴黎和君士坦丁堡大使，波将金的银行经理（包括理查德·萨瑟兰男爵）。我还使用了许多非常有意思的珍贵史料，比如波将金在巴黎的购物清单。其中很多通信，比如波将金与斯坦尼斯瓦夫-奥古斯特和萨瑟兰的通信，分散在所有这些档案里。

很遗憾，我发现的材料很多，但能够用到书里的只是一小部分。有些材料，比如关于波将金与波兰关系的材料，或者关于波将金的军事命令的材料，应当另写一书；有些材料，比如利尼亲王和马姆斯伯里伯爵写的材料，只能提供一些有趣的新细节，因为我们对波将金与这两人的关系已经有了很充分的了解。

乌克兰和俄罗斯的地方博物馆的档案里有很多早就上交给莫斯科的俄罗斯国立古代文献档案馆或俄罗斯国立军事史档案馆的材料的副本，但我在地方博物馆也幸运地找到了一些罕见的史料，比如在敖德萨本地历史博物馆找到了波将金举办的舞会的邀请函，它可能是保存至今的唯一一份。另外还有大量的本地知识和传奇，在一个世纪里没有被研究者使用过，并且关于某些人物的信息只能在小地方找到，比如在尼古拉耶夫发现的关于 M. L. 法列耶夫的材料。

英国的公共档案馆（PRO）收藏了此前未发表过的菲茨赫伯特和福克纳的外交信函，它们能帮助我们以全新的眼光去了解波将金在圣彼得堡的最后几个月，并且这些材料都是之前几乎无人用过的。大英博物馆的边沁档案虽然有很大一部分内容已经出版，但仍然蕴藏着许多无人见过的珍宝。我觉得最有帮助的是在康沃尔的安东尼庄园发现的未发表的雷金纳德·波尔·卡鲁的日记，它记述了他本人的俄国之旅以及他与波将金一起度过的时光。巴黎的法国外交部档案馆（AAE）收藏了大量有价值的文献，其中很多从未发表过；还有朗热隆伯爵的完整记述，那也是价值无量的。朗热隆伯爵文件的一部分之前在俄罗斯发表过，目前西方正在准备出版一个完整的版本。

已经出版的关于波将金的著作显然可以分为两类：有偏见的和无偏见的，或者至少可分为虚构的和写实的。我当然认为黑尔比希的作品、《波将金生平回忆录》和塞伦维尔的作品（后两个都是对黑尔比希作品的改编），或圣让（这个作者的身份至今是个谜）的作品都是敌视波将金的、不可靠的。卡斯特拉的作品更有价值。夏尔·马松、圣让和黑尔比希即便在叙述中立的故事时，也必须被视为"神话作家"而不是历史学家。然而，波将金神话本身就很重要，也有自己的故事。我会尽量运用文献来核实那些神话。马松仇恨保罗皇帝，他的《秘密回忆录》是在他还在世的时候出版的，但他记录的一些关于波将金的逸闻听起来像是真的。目击者，如利尼亲王、塞居尔伯爵、科尔伯龙、黎塞留、米兰达、达马斯伯爵和朗热隆伯爵（都是外国人）以及罗斯托普钦、采布里科夫、里博皮埃尔、杰尔查文、别兹博罗德科、沃龙佐夫、扎瓦多夫斯基、维格尔、恩格尔哈特、萨莫伊洛夫，都是有偏见的、主观的，不过我们会感到他们认为自己讲的是真的。有的人公开敌视波将金，比如罗斯托普钦和沃龙佐夫；多尔戈鲁基对波将金充满恶意，并且胡编乱造。其他人，如萨莫伊洛夫，则是波将金的支持者。很多人介于敌人和支持者之间。例如别兹博罗德科给人的印象是，他努力对波将金公平公正。"桌边谈话"、普加乔夫叛乱的历史和 A. S. 普希金的历史笔记都是之前研究者用得较少的材料。普希金对波将金很着迷，认识他的亲人和朋友，并且认真记载了他们讲述的故事，所以我把普希金的记述视为珍贵的逸闻史料。在外国人当中，利尼亲王和朗热隆伯爵对波将金战争经历的恶意记述被后世的绝大多数历史学家采信，彻底抹黑了波将金的声誉。但考虑到朗热隆伯爵晚年对波将金有了公正的评价，这些记载也是宝贵的。在利尼亲王方面，波将金档案里收藏的此前未发表过的一些书信给了我们机会去理解利尼亲王的偏见。黎塞留、斯特丁克和米兰达在同一时期留下的更正面的记述经常被研究者忽视，他们留下的史料能够恢复对波将金历史评价的平衡。

在已经出版的西方人撰写的史书中，我采用的参考书有 Isabel de Madariaga 和 J. T. Alexander 的著作，以及 Marc Raeff、David Ransel、Roger Bartlett（*Human Capital*）、John LeDonne（*Ruling Russia*）、Anthony Cross（关于在俄国的英国人）、Lord 和 Zamoyski（关于波兰）、Kinross 和 Mansel（关于君士坦丁堡）的作品。之前的波将金传记作家当中，Brückner 是最重要的；Soloveytchik 的作品也很有价值，但没有给出参考文献。

注释与文献中使用的档案、期刊和缩写

AAE	Archives des Affairs Etrangères, Quai d'Orsay, Paris, volumes 68–139
AGAD	Archiwum Glowne Akt Dawnych w Warszawie
AGS	Arkhiv Gosudarstvennogo Soveta
AHR	*American History Review*
AKV	Arkhiv Knyaza Vorontsova
AVPRI	Arkhiv Vneshnyey Politiki Rossiyskhoy Imperii
B&F	*Joseph II und Graf Ludwig Cobenzl: Ihr Briefwechsel Fontes Rerum Austriacarum*, ed. A. Beer and J. Fiedler, Vienna 1873
BM	British Museum, London

CASS/CSS	*Canadian American Slavic Studies/Canadian Slavic Studies*
CHOIDR	Chteniya v Imperatorskom Obshchestve Istorii Drevnostyey Rossiyskikh
CMRS	*Cahiers du Monde Russe et Soviétique*
CtG/CII	Catherine the Great/the Second, Empress of Russia
DVS	*Dukh Velikogo Suvorova ili Anekdoty Podlinnyye o Knyaze Italiyskoye. Grafe Alexandre Vasileviche Suvorove-Rymnikskom*, St Petersburg 1808
FtG/FII	Frederick the Great/the Second, King of Prussia
GAOO	Gosudarstvenny Arkhiv Odesskoy Oblasti
GAP/GAPT	Grigory Alexandrovich Potemkin (–Tavrichesky)
GARF	Gosudarstvenny Arkhiv Rossiskoy Federatskii, Moscow
GIM OPI	Gosudarstvenny Istoricheskiy Muzey Otdel Pismennykh Istochnikov
GPB	Gosudarstvennaya Publishnaya Biblioteka
H	Sir James Harris, 1st Earl of Malmesbury
HZ	*Historische Zeitschrift*
IRLI	Institut Russkoy Literatury Akademii Nauk SSSR
ITUAK	*Izvestiya Tavricheskoy Uchenoy Arkhivoy Komissii*
IV	*Istoricheskiye Vestnik*
IZ	*Istoricheskiy Zapiski*
JB	Jeremy Bentham
JII	Joseph II, Holy Roman Emperor
KD	M. I. Kutuzov, *Dokumenty*, Moscow 1950–6, vols 1–5
KFZ	*Kamer Fureskiy Zhurnal*
L	V. S. Lopatin, ed. *Ekaterina II i G. A. Potemkin, Lichnaya Perepiska 1769–91*, Moscow 1997
MIRF	*Materialy dlya istorii Russkogo flota*
N-S	Charles, Prince de Nassau-Siegen
PRO	Public Record Office, London
PSZ	*Polnoye Sobraniye Zakonov*
RA	*Russkiy Arkhiv* 1863–1917
RGADA	Rossiskiy Gosudarstvenny Arkhiv Drevnikh Aktov, Moscow
RGIA	Rossiskiy Gosudarstvenny Istoricheskiy Arkhiv, St Petersburg
RGVIA	Rossiskiy Gosudarstvenny Voenno-Istoricheskiy Arkhiv, Moscow
RP	Grand Duke Nikolai Mikhailovich, *Russkiye Portrety xxviii i xix stoletiy (Portraits Russes)*, St Petersburg, 1906–13, vols 1–5
RS	*Russkaya Starina* 1870–1918
RV	*Russkiy Vestnik*
SA	Stanislas-Augustus (Poniatowski), King of Poland
SB	(Sir) Samuel Bentham
SBVIM	*Sbornik Voenno-Istoricheskikh Materialov*, St Petersburg, 1893–5

SD   A. V. Suvorov, *Dokumenty*, ed G. P. Mescheryakov, Moscow
            1949–53, vols 1–4
SeA   *Severny Arkhiv*
SEER   *Slavonic and East European Review*
SENA   Senatskiy Arkhiv
SIMPIK KV   *Sbornik Istoricheskikh Materialov po Istorii Kubanskoyo
            Kazachego Voyska 1737–1901*, ed I. I. Dmitrenko, St Petersburg
            1896
SIRIO   *Sbornik Imperatorskogo Russkogo Istoricheskogo Obshchestva*
TGV   *Tavricheskiye Gubernskiye Vedomosti*
VI   *Voprosy Istorii*
VIZ   *Voenno-Istoricheskiy Zhurnal*
ZG   *Zapiski Garnovskogo*
ZOOID   *Zapiski Odesskogo Obshchestva Istorii Drevostye*

一手资料

Albrecht, J. F. E., *Panslavin Fürst der Finsternis, und seine geliebte, Prince of Darkness, a satirical tale being the History of Catherine II and Potemkin*, Germanien 1794

Alexeev, G. P., 'Episode from the Life of Prince Potemkin', IV (1889) vol 37

Anonymous, *General Observations Regarding the Present State of the Russian Empire*, London 1787

Anonymous, *Anecdoten zur Lebensgeschichte des Ritters und Reichs-fürstern Potemkin*, Freistadt-am-Rhein 1792

Anonymous, *Authentic Memoirs of the Life and Reign of Catherine II, Empress of all the Russias, collected from authentic manuscripts, translations, etc of the King of Sweden, Right Honourable Lord Mountmorres, Lord Malmesbury, Monsieur de Volney and other indisputable authorities*, 2nd edn, London 1797

Anonymous, *La Cour de la Russie il y a cent ans 1725–1783, extraits des dépêches des ambassadeurs anglais et français*, Berlin 1858

Anonymous, *The Memoirs of the Life of Prince Potemkin, comprehending original anecdotes of Catherine II and of the Russian court, translated from the German*, London 1812 and 1813

Anonymous, 'Songs of the Russian army about Potemkin', ZOOID 9 (1875): 459–6

Antoine, M. (Baron de Saint-Joseph), *Essai Historique sur le commerce et la navigation de la Mer Noire*, Paris 1820

Anspach, Margravine of (Lady Craven), *Journey through the Crimea to Constantinople*, London 1789

Anspach, Margravine of (Lady Craven), *Memoirs*, London 1826

Asseburg, A. F. von der, *Denkwürdigkeiten*, Berlin 1842

Banq, J., Letters to G. A. Potemkin, RGVIA f52

Barbarykin, A. D., Legend about Prince Potemkin-Tavrichesky, RA (1907) 11

Bentham, Jeremy, *Collected Works*, ed Sir J. Bowring, Edinburgh 1838–43

Bentham, Jeremy, *Correspondence of*, London vols 2–4 1968–1981

Bentham, Sir Samuel, Papers, Archives f 33540 BM

Bezborodko, A. A., Letters to G. A. Potemkin, RS (1873)

Bezborodko, A. A., Letters to S. R. Vorontsov, A. R. Vorontsov, P. V. Zavadovsky etc, AKV 13, Moscow 1879 (also ZOOID 11 and SIRIO 29)

Bezborodko, A. A., 'Pisma A. A. Bezborodka k grafu P. A. Rumiantsevu 1777–93', ed P. M. Maykov, *Starina i novizna* (1900) vol 3

Bibikov, A. A., *Zapiski o zhizni i sluzhbe Alexandra Ilicha Bibikova*, Moscow 1865

Bolotov A. T., *Zhizn i priklyucheniya Andreya Bolotova 1738–93*, Leningrad 1931

Branicka, A. V., Letters to G. A. Potemkin, RGADA f 11

Bruce, P. H., *Memoirs*, London 1782

Buckinghamshire, Earl of, *The Despatches and Correspondence of John, 2nd Earl of Buckinghamshire, Ambassador to the Court of Catherine II of Russia 1762–5*, ed A. D. Collyer, London 1900–2

Bulgakov, Ya. I., *Iz bumagy Ya. I. Bulgakova*, RA (1905) 7 pp 337–408

Bulgakov, Ya. I., *Pisma Ya. I. Bulgakova k knyazyu Potemkinu*, RA (1861)

Burke, Edmund, *Collected Works*, London 1826

Casanova, Giacomo, Chevalier de Seingalt, *History of my Life*, trans Williard R. Trask, Baltimore and London 1997

叶卡捷琳娜大帝

Bumagi Ekateriny 1744–1796, SIRIO 7, 10, 13, 27, 42

Imperatritsa Ekaterina II i knyaz Potemkin-Tavrichesky, podlinnaya ikh perepiska, RS (1876) 16

Pisma imperatritsky ii k Grimmu 1774–1796, SIRIO 23, St Petersburg 1878

Pisma imp. Ekateriny II k gr. P. V. Zavadovskomu 1775–1777, ed I. A. Barskov, *Russkiy istoricheskiy zhurnal* (1918) vols 2, 3, 4

叶卡捷琳娜大帝：书籍

Correspondence of Catherine the Great when Grand Duchess with Sir Charles Hanbury Williams and Letters from Count Poniatowski, ed and trans the Earl of Ilchester and Mrs Langford-Brooke, London 1928

Documents of Catherine the Great, the Correspondence with Voltaire and the Instruction of 1767 in the English Text of 1768, ed W. P. Reddaway, Cambridge 1931

Filosofskaya i politicheskaya perepiska Imperatritsy Ekateriny II s doctorom Zimmermanom 1785–1792, St Petersburg 1803

Joseph II und Katharina von Russland. Ihr briefwechsel, ed Alfred Ritter von Arneth, Vienna 1869

Lettres de Catherine II au prince de Ligne 1780–96, Paris 1924

Memoirs of Catherine the Great, ed D. Maroger, London 1955

Memoirs of Catherine the Great, trans Katherine Antony, New York 1927

Oeuvres complètes de Voltaire, correspondance avec l'Imperatrice de Russie, vol lviii, Paris 1821

Sochineniya imperatritsy Ekateriny II na osnovanii podlinnykh rukopsye c obyasnitelnmi primechaniyami, ed A. N. Pypin, vols 1–12, St Petersburg 1901–7

叶卡捷琳娜大帝：各方面的论文

Catherine's charter about the recognition of Potemkin's merits, GAOO f 162

Instruction to our Gentleman of the Bedchamber G. A. Potemkin, RGADA f 18

Letters to:

    V. S. Popov, RGADA f 5

    G. A. Potemkin on Georgia, VI (1983) no 7 (RGVIA f 52)

    A. N. Samoilov, RA (1878) no 10

    O.-M. Stackelberg, RS, vol 3, St Petersburg 1871

Reports and orders to G. A. Potemkin on the south, RGADA f 16

Rescripts to G. A. Potemkin, SIRIO 27, St Petersburg 1880

Rescripts to G. A. Potemkin about the Crimea and development of Kherson, RGADA f 5 d 85

Rescripty G. A. Potemkinu 1791, RA (1874) 2 pp 246–58

Cerenville, J. E., *La Vie de Prince Potemkine, rédigée par un officier français d'après les meilleurs ouvrages allemands et français, qui ont paru sur la Russie à cette époque*, Paris 1808

Chernyshev, G. I., Letters to S. F. Golitsyn during siege of Ismail, RA (1791)

Cook, J., *Voyages and Travels through the Russian Empire*, Edinburgh 1770

Corberon, Marie-Daniel Bourrée, Chevalier de, *Un Diplomate français à la cour de Catherine II 1775–1780, journal intime*, ed L. H. Labande, Paris 1904

Coxe, W., *Travels into Poland, Russia, Sweden and Denmark*, London 1874

Custine, the Marquis de, *Empire of the Tsar: A Journey through Eternal Russia*, New York 1989

Czartoryski, Adam, *Memoirs*, London 1888

Damas d'Antigny, J. E. R., *Mémoires du Comte Roger de Damas*, Paris 1912

Dashkova, E. R., *The Memoirs of Princess Dashkov*, ed and trans Kyril Fitzlyon, London 1958

Deboli, Augustyn, Secret despatches to King Stanislas-Augustus of Poland, AGAD 420–1

Derzhavin, G. R., Letters to V. S. Popov, Reshetilovskiy Archive

Derzhavin, G. R., *Sobraniye sochineniya*, St Petersburg 1864–72

Derzhavin, G. R., *Works*, Moscow 1985

Diderot, Denis, *Mémoires pour Catherine II*, ed P. Vernière, Paris 1966

Diderot, Denis, *Oeuvres complètes*, ed J. Assezat and M. Tourneux, Paris 1875–7

Dimsdale, Baroness Elisabeth, *An English Lady at the Court of Catherine the*

Great: the Journal of Baroness Elisabeth Dimsdale 1781 (ed. Anthony Cross), Cambridge 1989

Dmitrenko, I. I. (ed), SIMPIK KV, St Petersburg 1896

Dolgoruky, Yury Vladimirovich, *Notes (Zapiski)*, RS (1889) no 9, pp 481–517

Dubrovin, N. F. (ed), *Prisoyedineniye Kryma k Rossii (reskripty, pisma, relatsii, doneseniya)*, St Petersburg 1885–9

Economic Descriptions of Russian towns, Nikolaev, Kherson etc, RGADA f 1355

Engelhardt, L. N., *Zapiski 1766–1836*, Moscow 1868 and (ed I. I. Fedyukin) 1997

Erenstrum, John-Albert, Historical Notes, RS (1893)

Esterhazy, Valentin Ladislas, *Nouvelles Lettres du Comte Valentin L. Esterhazy à sa femme 1792–95*, ed Ernest Daudet, Paris 1909

Faleev, M. L., Reports to Potemkin, ZOOID 8, 13

Family information about Prince Potemkin, RS (1872) 5

Frederick II the Great, King of Prussia, Letters to Potemkin, RGIA, St Petersburg ff 1640–1

Frederick II the Great, King of Prussia, *Politische Correspondenz*, Berlin 1879–1939

Garnovsky, M., *Zapiski Mikhaila Garnovskago, 1786–90*, RS (1876) 15, 16, 17

Glinka, S. N., *Novoye sobraniye russkikh anekdotov*, Moscow 1829

Glinka, S. N., *Russkiye chteniya, izdavaemye Sergeem Glinkoyu, otechestvennye istoricheskiy pamyatniki XVIII i XIX stoleiya*, St Petersburg 1845

Glinka, S. N., *Zapiski*, St Petersburg 1895

Goertz, J. E. von der, *Mémoire sur la Russie*, ed W. Stribrny, Wiesbaden 1969

Golovina, V. N., *Zapiski grafini Golovinoy*, ed S. Shumigorsky, St Petersburg 1900; *Souvenirs*, Paris 1910; *Memoirs*, London 1910

Gribovsky, A. M., *Notes on Catherine the Great*, Moscow 1864

Gribovsky A. M., *Vospominaniya i dnevnkik Adriana Moiseevicha Gribovskago*, RA (1899) 1

Guthrie, Maria, *A Tour performed in the years 1795–6 through the Taurida or Crimea*, London 1802

Harris, James, *Diaries and Correspondence of James Harris, 1st Earl of Malmesbury*, London 1844

Helbig, Georg von, *Ein interessanter betirang zur Regierungsgeschichte Katarina der Zweiten*, Leipzig 1804

Helbig, Georg von, Potemkin der Taurier. Anecdoten zur Geschichte seines Lebens und seiner Zeit, *Minerva, ein Journal historischen und politischen Inhalts herausgegeben von J. M. von Archenholtz*, Hamburg 1797–1800

Helbig, Georg von, *Russische Günstlinge*, Berlin 1917

Helbig, Georg von, 'Russkie izbrannye i sluchainye liudi', RS 56 (10) 1887

Hercules II (Herakles, Irakli), King/Tsar of Kartli-Kahetia (Georgia), Letters to Potemkin, RGVIA f 52. VI (1983) no 7

Howard, J., *The State of Prisons in England and Wales with preliminary observations and an account of some foreign prisons and hospitals*, London 1792

Iona (Jonah), Metropolitan, Description of Potemkin's last days, ZOOID 3

约瑟夫二世，神圣罗马帝国皇帝

Letters to Potemkin, RGVIA f 52

Joseph II, Leopold II und Kaunitz. Ihr Briefwechsel, ed A. Beer, Vienna 1873

Joseph II und Katharina von Russland. Ihr Briefwechsel, ed Alfred Ritter von Arneth, Vienna 1869

Maria Theresa und Joseph II. Ihre Correspondenz, ed Alfred Ritter von Arneth, Vienna 1867

Joseph II und Graf Ludwig Cobenzl. Ihr Briefwechsel, fontes rerum austriacarum, ed A. Beer and J. Fiedler, Vienna 1873

Joseph II und Leopold von Toscana. Ihr Briefwechsel 1781 bis 1790 ed. Alfred Ritter von Arneth, Vienna 1872

Keith, Sir Robert Murray, *Memoirs and Correspondence*, London 1849

Khrapovitsky, A. V., *Dnevnik 1782–93*, St Petersburg 1874 and Moscow 1901

Korsakov, N. I., Letters and reports to Potemkin, RGVIA f 52

Langeron, Alexandre, Comte de, AAE, Quai d'Orsay, Paris

    Des armées russes et turques

    Détails sur la composition et l'organisation des armées turques et sur la manière actuelle des russes de faire la guerre

    Journal de campagnes faites au service de Russie par le comte de Langeron: résumé de campagnes de 1787, 1788, 1789 des russes contre les turcs en Bessarabie, en Moldavie and dans le Kouban

    Deuxième campagne en Bessarabie et en Moldavie en 1790

    Evénements politique de l'hiver de 1790–1791 en Russie et fêtes de Petersburg

    Troisième campagne en Moldavie et en Bulgarie 1791 – événements de la campagne en 1791 des russies contre les turcs

Lanskoy, A. D., Letters to Potemkin, RGADA f 11

Leopold II, Holy Roman Emperor, Letters to Potemkin, RGVIA f 52

Leopold II, Franz II und Katharina, ihre correspondenz, nebst eine einleitung zur geschichte der politik Leopold II, ed A. Beer, Leipzig 1874

Ligne, C. J. E., Prince de, *Fragments des mémoires de prince de Ligne*, Paris 1880

Ligne, C. J. E., Prince de, *Letters and Reflections of the Austrian Field Marshal*, ed Baroness de Staël-Holstein, Philadelphia 1809

Ligne, C. J. E., Prince de, Letters to Potemkin, RGVIA f 52 and RGADA 11

Ligne, C. J. E., Prince de, *Les Lettres de Catherine II au prince de Ligne, 1780–96*, Brussels/Paris 1924

Ligne, C. J. E., Prince de, *Lettres du prince de Ligne à la marquise de Coigny pendant l'année 1787*, ed M. de Lescure, Paris 1886

Ligne, C. J. E., Prince de, *Lettres et pensées*, London 1808

Ligne, C. J. E., Prince de, *Mélanges militaires, littéraires et sentimentaires*, Dresden 1795–1811

Ligne, C. J. E., Prince de, *Mémoires et mélanges historiques et littéraires*, Paris 1827–9

Louis XVI and the Comte de Vergennes: correspondence, ed J. Hardman and M. Price, Studies on Voltaire and the Eighteenth Century, Voltaire Foundation, Oxford 1998

Macartney, George, Earl, *An Account of Russia in 1767*, London 1768

Malachowski, S., *Pamietniki Stanislawa hr. Nalecz Malachowskiego wyd. Wincenty hr. Los*, Poznan 1885

Mamonov, A. D. Dmitriyev-, Letters to Potemkin, RGADA f 11 and RGIA

Maria Theresa, Empress–Queen, *Maria Theresias letzte Regierungszeit, 1763–80*, ed Alfred Ritter von Arneth, Vienna 1879

Masson, Charles François Philibert, *Secret Memoirs of the Court of Petersburg*, London 1800

Ministerstvo imperatorskago dvora, kamer-fureskiy tseremonialnyy zhurnal 1762–96, St Petersburg 1853–96

Miranda, Francisco de, *Archivo del General Miranda*, 1785–7, Caracas 1929

Mniszech, Urszula, *Listy pani mniszchowej zony marszalka w. koronnego, in, rocznik towarzystwa historyczno literackiego*, Paris 1866

Murzakevich, N., *Report on Gravestone Monuments of Kherson Fortress Church*, ZOOID 9 (1874)

Niemcewicz, Julian Ursyn, *Pamietniki czasow moich*, Paris 1848

Oginski, Michel, *Mémoires sur la Pologne et les Polonais*, Paris and Geneva 1826

Orlov-Chesmensky, A. G., Letters to Potemkin, RA vol 2, St Petersburg 1876

Orlov-Chesmensky, A. G., Tayna pisma Alexyey Orlova iz Ropshi. ed O. A. Ivanov, *Moskovskiy zhurnal* (1995) nos 9–12, (1996) nos 1–3

Panin, N. I., Letters to P. I. Panin etc, SIRIO 6

Panin, P. I., Letters to N. I. Panin, RA vol 2, 1876

Parelo, Marquis de, Despatches, SIRIO 26 (1879): 306–16

Parkinson, John, *A Tour of Russia, Siberia and the Crimea 1792–1794*, ed William Collier, London 1971

Paul I, Emperor of Russia (Grand Duke Paul Petrovich and Grand Duchess Maria Fyodorovna), Letters to Potemkin, RGADA f 5 and RS (1873) 9, 12

Pishchevich, A. A., *Zhizn A. S. Pishchevicha 1764–1805*, Moscow 1885

Pole Carew, Sir Reginald, Unpublished archives on Russia, CO/r-2; CAD 50; CO/r/3/92, 93, 95, 101, 195, 210

Poniatowski, Prince Stanislas (nephew of King of Poland), *Pamietniki synowca Stanislawa Augusta przekl*, ed Jerzy Lojek, Instytut wydawniczy pax, Warsaw 1979

Popov, V. S., Papers, Reshetilovskiy estate archive, RA (1865 and 1878) (including Popov's reports to Catherine II on Potemkin's death)

Popov, V. S., Papers and letters to various recipients, including Catherine II, Potemkin and A. A. Bezborodko, RGADA f 11, ZOOID 8, RGVIA f 52

G.A.波将金-塔夫利切斯基公爵:文献选集

Service record of father A. V. Potemkin, RGADA f 286. Spisok voennym chinam 1-oy poloviny 18go stoletiya SeA vii 1895

Genealogy, *Istochnik* (1995) no 1, (RGADA f 286)

Heraldic Office war record, *Geroldmeysterskaya contora*, book 890, RGADA f 268

Pisma Potemkina, ZOOID Odessa 1844–1956

Accounts details, RGIA ff 468, 1374, 602, 1285, 899, 1640, 1088, 899, 1146

Accounts details, GARF 9

Ekaterina i Potemkin: podlinaya ikh perepiska 1782–91, RS (1876) 16

Personal Papers, RGADA f 11 (various letters from unknown women), RS (April 1875) 12

Papers of the Chancellery of Potemkin, RGVIA f 52

Letters to:

A. A. Bezborodko, RGADA f 11 and ZOOID 8 and RA (1873) no 9 (originals in archive of family of S. V. Kochubey in village of Dikanka, Poltava Region)

A. V. Branicka, RGADA f 11 d 857

Brzojovsky, assessor of Smila, RGVIA f 5

Ya. I. Bulgakov, ZOOID 8, SBVIM vol 8 and RGVIA f 52

Catherine II on Georgia, VI (1983) no 7; general and personal AVPRI, ff 1, 2, 5, RGADA ff 1, 16, 5, RGVIA f 52; on Ismail to Catherine and others RV (1841) vol 8; on Poland, RA (1874) 2

Varvara Engelhardt, in M. I. Semevsky, *Grigory Alexandrovich Potemkin-Tavrichesky*, RS (1875) 3

M. L. Faleev, ZOOID 2, 4, 8

Prince Henry of Prussa, RGADA f 5

S. Lazhkarev and I. S. Barozzi, ZOOID 8, RA (1884) 2

I. V. Loginov, *Istochnik*, (1995) no 6, Moscow

N. V. Repnin, RV (1841) vol 8, ZOOID 8

P. A. Rumiantsev-Zadunaisky, SBVIM vols 4, 6

King Stanislav-Augustus of Poland, 1764–1779, AGAD 172, RGADA ff 5, 11, RGVIA f 52

A. V. Suvorov, RS (May 1875) 13; (1839) 9. AKV 2 (1790); SD vol 2 and KD vol 1 (1791); RA (1877) 10. RGVIA f 52 op 1 d 586; SBVIM vol 4

P. I. Panin, RGADA f 1274, RA (1876) 2

Paul I (Grand Duke Paul Petrovich), RS (1873) 11, 12

V. S. Popov, concerning government and personal affairs, 'Prince G. A. Potemkin-Tavrichesky's own personal papers', Reshetilovskiy archive

Praskovia A. Potemkina 1789–90, RS (June 1875) 13

Various (including reports on town building to Catherine II and officials), ZOOID 2, 4, 8, 10, 11, 12, 13, 15, 1872. Orders to officials on building of Kherson and southern development, ZOOID 11 and ITUAK 3, 8, 10.

RGADA ff 14, 16, and ZOOID 2. Orders of Most Serene Prince G. A. Potemkin-Tavrichesky regarding foundation of Tavrichesky Region 1781–6, M. S. Vorontsov's Family Archive, AKV 13. To provincial governors, GAOO f 150, particularly on Crimea GIM OPI f 197. Also OOIKM dd 651, 7, 652

Various foreign royalty (including Frederick William, Duke of Württemberg; Charles, Prince of Courland; the Prince of Anhalt-Bernburg; Prince of Hesse-Philipstal; Margrave of Anspach), RGADA f 5

Knyaz Grigory Alexandrovich Potemkin-Tavrichesky 1739–91, biograficheskiy ocherk po neizdannym materialam, RS (1875)

Rasporyazheniya svetleyshego knyazya Grigoriya Alexandrovicha Potemkina-Tavricheskogo kasatelno tavricheskoy oblasti s 1781 po 1786, ZOOID 1881

Sobstvennoruchnyye bumagi Knyazya Potemkina, RA (1865)

Proposals and orders concerning the Kremlin Armoury, RGADA f 396

Poetry on foundation of Ekaterinoslav, ed G. Vernadsky, ITUAK (1919) no 56

Contents of Potemkin's library, RGADA f 17 d 262; original at Kazan University

Announcement of fall of Ismail, GAOO f 150

Register of debts, RGADA f 11, ZOOID 8, 9

G.A.波将金-塔夫利切斯基公爵：书籍

Lettres d'amour de Catherine II à Potemkine: correspondence inédite, ed Georges Ouvrard, Paris 1934

Ekaterina II i G. A. Potemkin, lichnaya perepiska 1769–1791, ed V. S. Lopatin, Moscow 1997

Perepiska Ekaterina II i G. A. Potemkina v period vtoroy russko-turetskoy voiny (1787–1791): istochnkovedcheskiye issledovaniya, ed O. I. Yeliseva, Moscow 1997

Bumagi Knyaza Grigoriya Alexandrovicha Potemkina-Tavricheskogo, ed N. F. Dubrovin, SBVIM, 1774–88 and 1790–3, St Petersburg 1893 and 1895

Pisma i bumagi A. V. Suvorova, G. A. Potemkina, i P. A. Rumiantseva 1787–1789 kinburn ochakovskaya operatsiya, ed D. F. Maslovsky, SBVIM, St Petersburg 1893

Sbornik istoricheskikh materialov po istorii kubanskogo kazachego voyska, 1737–1801, ed I. I. Dmitrenko, St Petersburg 1896

Radishchev, A. N., *A Journey from St Petersburg to Moscow,* trans Leo Wiener, ed Roderick Page Thaler, Cambridge, Mass. 1958

Ribas, José de, Letters to Potemkin, ZOOID 8, 11

Ribeaupierre, A. I. *Mémoires (Zapiski grafa Ribopera),* RA (1877) vol 1

Richardson, William, *Anecdotes of the Russian Empire,* London 1784 and 1968

Richelieu, Armand du Plessis, Duc de, *Journal de mon voyage en Allemagne,* SIRIO 54 (1886): 111–98

Rostopchin, Fyodor, *La Verité sur l'incendie de Moscou*, Paris 1823

Ruhlière, Claude Carloman de, *A History or Anecdotes of the Revolution in Russia*, London 1797, New York, 1970

Rumiantsev-Zadunaisky, P. A., Letters to Potemkin RGADA f 11 and SBVIM vol 4

Rumiantseva, E. M., *Pisma grafini E. M. Rumiantsevoy k ee muzhu feldmarshalu grafu P. A. Rumiatsevu-Zadunayskomu, 1762–1779*, St Petersburg 1888

Sabatier de Cabre, *Catherine II, her Court and Russia in 1772*, Berlin 1861

Saint-Jean, Sekretär des Fürsten Potemkin, *Lebensbeschreibung des Gregor Alexandrowitsch Potemkin des Tauriers*, Karlsruhe 1888

Samoilov, A. N., *Zhizn i deyaniya generala feldmarshala knyazya Grigoriya Alexandrovicha Potemkina-Tavricheskogo*, RA (1867)

Ségur, Louis Philippe, Comte de, Letters to Potemkin, RGVIA f 52, ZOOID 9

Ségur, Louis Philippe, Comte de, *Mémoires et souvenirs et anecdotes*, Paris, 1859

Ségur, Louis Philippe, Comte de, *Memoirs and Recollections of Count Ségur, ambassador from France to the Courts of Russia and Prussia etc, written by himself*, London 1825–7

Ségur, Louis Philippe, Comte de, *Memoirs of Louis Philippe Comte de Ségur*, ed Eveline Cruikshanks, London 1960

Ségur, Louis Philippe, Comte de, *Memoirs of the Comte de Ségur*, ed Gerard Shelley, New York 1925

Ségur, Louis Philippe, Comte de, *Oeuvres complètes de Monsieur le comte de Ségur, Mémoires et souvenirs et anecdotes*, Paris 1824–6

Shcherbatov, M. M., *On the Corruption of Morals in Russia*, ed and trans A. Lentin, Cambridge 1969

斯坦尼斯瓦夫二世·奥古斯特，波兰国王

Letters to Potemkin, RGADA f 5, AGAD 172, RGVIA f 52

Mémoires du roi Stanislas-Auguste Poniatowski, St Petersburg 1914, Leningrad 1924

Mémoires secrètes et inédites de Stanislas-Auguste, Leipzig 1862

Stedingk, Curt Bogislaus Christophe, Comte de, *Un Ambassadeur de Suède à la cour de Catherine II; feld-maréchal comte de Stedingk; choix de dépêches diplomatique, rapports secrets and lettres particulières de 1790 à 1796*, ed Comtesse de Brevern de la Gardie, Stockholm 1919

Sumarokov, P. I., *Cherty Ekateriny velikoy*, St Petersburg 1819

Sumarokov, P. I., *Travelling through all the Crimea and Bessarabia 1799*, Moscow 1800

Sutherland, Baron Richard, Letters to Potemkin, RGADA f 11, RGVIA f 52

Suvorov, A. V., *Dokumenty*, ed G. P. Meshcheryakov, Moscow 1949–53

Suvorov, A. V., *Pisma*, ed V. S. Lopatin, Moscow 1986

Suvorov, A. V., *Pisma i bumagi A. V. Suvorova, G. A. Potemkina, i P. A. Rumiantseva 1787–1789, kinburn ochakovskaya operatsiya*, D. F. Maslovsky, SBVIM, St Petersburg 1893

Suvorov, A. V., *Pisma i bumagi Suvorova*, ed V. Alekseyev, Petrograd 1916

Thiébault, D., *Mes souvenirs de vingt ans séjour à Berlin*, Paris 1804

Tott, Baron de, *Memoirs of the Turks and the Tartars*, London 1786

Tregubov, N. Y., *Zapiski*, RS (1908) 136 pp 101–2

Tsebrikov, R. M., *Vokrug ochakova 1788 god (dnevnikochevidtsa)*, RA (1895) 84, no 9

Vigée Lebrun, Elisabeth, *Souvenirs*, Paris 1879

Vinsky, G. S., *Moe vremya, Zapiski*, St Petersburg 1914 and Cambridge Partners 1974

Vizin, D. I. von, *Sobraniye sochineniya*, ed G. P. Makogonenko, Moscow/Leningrad 1959

Vorontsov, S. R., Letters to Potemkin, AKV 9

Voltaire, *Oeuvres complètes de Voltaire: correspondance avec l'imperatrice de Russie*, vol lviii, Paris 1821

Wills, Richard, *A Short Account of the Ancient and Modern State of the Crim-Tartary Land*, London 1787

Wiegel (Vigel), F. F., *Zapiski Filipa Filipovich Vigela*, Moscow 1873, 1891 and 1928; *Vospominaniya F. F. Vigela*, Moscow 1864–6 and 1891

Wraxall, N., *A Tour through Some of the Northern Parts of Europe*, London 1776

Wraxall, Sir N. William, *Historical Memoirs of my own Time*, London 1904

Yusupov, Prince Felix, *Lost Splendour*, London 1953

Zavadovsky, P. V., 'Pisma grafa P. V. Zavadovskago k feldmarshalu grafu P. A. Rumiantsevu 1775–1791', ed P. M. Maykov, *Starina i novizna* (1901) vol 4

二手资料

Adamczyk, T., *Fürst G. A. Potemkin: Untersuchungen zu seiner Lebensgeschichte*, Emsdetten 1936

Alden, John R, *Stephen Sayre, American Revolutionary Adventurer*, Baton Rouge 1983

Alexander, J. T., *Autocratic Politics in a National Crisis: The Imperial Russian Government and Pugachev's Revolt 1773–1775*, Bloomington 1969

Alexander, J. T., *Catherine the Great: Life and Legend*, Oxford 1989

Alexander, J. T., *Emperor of the Cossacks: Pugachev and the Frontier Jacquerie of 1773–75*, Lawrence 1973

Alexeeva, T. V., *Vladimir Lukich Borovikovskii i russkaia kultura na rubezhe 18–19 vekov*, Moscow 1875

Allen, W. E. D., *A History of the Georgian People*, London 1932

Anderson, M. S., *The Eastern Question 1774–1923*, New York 1966

Anderson, M. S., *Europe in the Eighteenth Century 1713–83*, London 1961

Anderson, M. S., 'Samuel Bentham in Russia 1779–91', *American Slavic and East European Review* (1956) 15 no 2

Anderson, R. C., *Naval Wars in the Levant*, London 1952

Andreevsky, I., *On the Place Where Potemkin's Body was Buried*, ZOOID 5

Anisimov, E. V., *Empress Elisabeth: Her Reign and Her Russia 1741–61*, ed J. T. Alexander, Gulf Freeze, Fla 1995

Anisimov, E. V., *Rossiya v seredine xviii vek; borba za nasledie petra*, Moscow 1986

Anisimov, E. V., *Zhenshchina na rossiyskom prestole*, St Petersburg 1997

Annenkov, I., *History of the Cavalry Guards Regiment 1738–1848*, St Petersburg 1849

Anonymous, *Persons on the staff of Prince Potemkin*, ZOOID 11: 506–8

Anonymous, *Potemkin's household and staff*, RA (1907) 2

Anonymous, 'A Short Biography of Anton Golovaty', *Odessky vestnick*, 31 October 1995

Aragon, L. A. C., Marquis d', *Un Paladin au XVIII siècle. Le Prince Charles de Nassau-Siegen*, Paris 1893

Aretz, Gertrude, *The Empress Catherine*, London 1947

Ascherson, Neal, *Black Sea: The Birthplace of Civilisation and Barbarism*, London 1996

Askenazy, S., *Die letzte polnische Königswahl*, Göttingen 1894

Asprey, Robert B., *Frederick the Great: The Magnificent Enigma*, New York 1986

Ayling, Stanley, *Fox: The Life of Charles James Fox*, London 1991

Baddeley, John F., *The Russian Conquest of the Caucasus*, London 1908

Bain, R. Nisbet, *Peter III: Emperor of Russia*, London 1902

Baron, S. W., *The Russian Jew under Tsar and Soviets*, New York 1964

Barsukov, A. R., *Razskazy iz russkoi istorii xviii veka*, St Petersburg 1885

Barsukov, A. R., *Knyaz Grigory Grigorevich Orlov*, RA (1873) vols 1–2

Bartenev, P. B., 'Biografi generalissimov i general-feld-marshalov Rossiyskoy Imperatorskoy armii', *Voenno-istoricheskiy sbornik*, St Petersburg 1911

Bartenev, P. B., *On Catherine and Potemkin's Marriage: a Book of Notes of the Russki Arkhiv*, RA (1906) no 12

Bartlett, Roger P., *Human Capital: The settlement of foreigners in Russia 1762–1804*, Cambridge 1979

Batalden, Stephen K., *Catherine II's Greek Prelate: Eugenios Voulgaris in Russia 1771–1806*, New York 1982

Baylen, Joseph A. and Woodward, Dorothy, 'Francisco Miranda and Russia: Diplomacy 1787–88', *Historian* xiii (1950)

Beales, Derek, *Joseph II: In the Shadow of Maria Theresa 1741–80*, Cambridge 1987

Begunova, A., *Way through the Centuries*, Moscow 1988

Belan, Yu. Ia., Marchenko, M. I., and Kotov, V. N., *Istoria USSR*, Kiev 1949

Belyakova, Zoia, *The Romanov Legacy: The Palaces of St Petersburg*, London 1994

Bennigsen Broxup, Maria (ed), *The North Caucasus Barrier: the Russian Advance towards the Moslem World*, London 1992

Bentham, M. S., *The Life of Brigadier-General Sir Samuel Bentham*, London 1862

Bilbasov, V. A., *Prisoedineniye Kulyandii k Rossii*, RS (1895) 83

Bilbasov, V. A., *Istoricheskiye Monografia*, St Petersburg 1901

Bilbasov, V. A., *Istoriya Ekateriny II*, Berlin 1900

Blanning, T. C. W., *Joseph II and Enlightened Despotism*, London 1970

Blanning, T. C. W., *Joseph II: Profiles in Power*, London 1994

Blum, K. L., *Ein russischer Staatsmann: Des Grafen Jakob Johann Sievers Denkwürdigkeiten zur Geschichte Russlands*, Lepizig/Heidelberg 1857

Bolotina, N. Y., *Degree thesis on Potemkin's work in the south*, RSUH, Moscow 1991

Bolotina, N. Y., 'Grigory Alexandrovich Potemkin', *Children's Encyclopaedia*, Moscow 1996

Bolotina, N. Y., 'The Private Library of Prince G. A. Potemkin-Tavrichesky', *Kniga issledovaniya i materialy* (1995) no 71

Bolotina, N. Y., *Sebastopol has to be the main fortress: documents on the foundation of the Black Sea fleet*, Istoricheskiy arkhiv (1997) no 2

Bolotina, N. Y., *Ties of Relationship between G. A. Potemkin and the Vorontsov Family: The Vorontsovs – two centuries in Russian History*, Petushki 1996

Bolotina, N. Y., *Ties of Relationship between Prince G. A. Potemkin and the Family of the Princes Golitsyn, Conference of Golitsyn Studies*, Bolshiye vyazemy, Moscow 1997

Bolshoya Sovetskaya Enziklopediya, Moscow 1940

Browning, Reed, *The War of Austrian Succession*, London 1994

Bruess, Gregory I., *Religion, Identity and Empire: A Greek Archbishop in the Russia of Catherine the Great*, New York 1997

Brückner, A. G., *Istoriia Ekateriny vtoroi*, St Petersburg 1885; and *Katharina der zweite*, Berlin 1883

Brückner, A. G., *Potemkin*, St Petersburg 1891

Bugomila, Alexander, *The History of Government of New Russia by G. A. Potemkin*, Ekaterinoslav 1905

Byron, Lord, *Don Juan*, Penguin Classics, London 1977

Castera, Jean-Henri, *The Life of Catherine II, Empress of Russia*, trans William Tooke, London 1798

Cate, Curtis, *War of the Two Emperors: The duel between Napoleon and Alexander, Russia 1812*, New York 1985

Christie, I. R., *The Benthams in Russia*, Oxford/Providence 1993

Christie, I. R., 'Samuel Bentham and the Russian Dnieper Flotilla', SEER (April 1972) 50 no 119

Christie, I. R., 'Samuel Bentham and the Western Colony at Krichev 1784–7', SEER (April 1970) 48 no 111

Clardy, Jesse V., *G. R. Derzhavin: A Political Biography*, Mouton 1967

Coughlan, Robert, *Elisabeth and Catherine, Empresses of All the Russias*, New York 1974

Crankshaw, Edward, *Maria Theresa*, London 1969

Cronin, Vincent, *Catherine, Empress of All the Russias*, London 1978

Cross, Anthony, *By the Banks of the Neva: Chapters from the Lives and Careers of the British in Eighteenth-Century Russia*, Cambridge 1997

Cross, Anthony, *By the Banks of the Thames: Russians in Eighteenth Century Britain*, Newtonville, Mass. 1980

Cross, Anthony, 'The Duchess of Kingston in Russia', *History Today* (1977) 27

Cross, Anthony (ed), *Great Britain and Russia in the Eighteenth Century: Contacts and Comparisons*, Proceedings of an International Conference, Newtonville, Mass. 1979

Cross, Anthony, 'John Rogerson: Physician to Catherine the Great', CSS (1970) 4

Davies, Norman, *Europe: A history*, Oxford 1996

Davis, Curtis Carroll, *The King's Chevalier: A Biography of Lewis Littlepage*, Indianapolis 1961

Demmler, Franz, *Memoirs of the Court of Prussia*, London 1854

Dmitrenko, I. I., ed, *Sbornik istoricheskikh materialov po istorii kazacheskogo voyska 1737–1901* St Petersburg, 1896

Dornberg, John, *Brezhnev*, London 1974

Dostyan, I. S., *Russia and the Balkan Question*, Moscow 1972

Druzhinina, E. I., *Kyuchuk-Kaynardzhiyskiy mir 1774 goda*, Moscow 1955

Druzhinina, E. I., *Severnoye prichernomorye v 1775–1800*, Moscow 1959

Dubnow, S. M., *History of the Jews in Russia and Poland*, Philadelphia 1916–20

Dubrovin, N. F. ed, *Istoriya voyny i vladychestva russkih na Kavkaze*, St Petersburg 1886

Dubrovin, N. F., *Pugachev i ego soobshchniki*, St Petersburg 1884

Duffy, Christopher, *Frederick the Great: A Military Life*, London 1985

Duffy, Christopher, *Russia's Military Way to the West: Origins and Nature of Russian Military Power 1700–1800*, London 1981

Dukes, Paul, *Catherine the Great and the Russian Nobility: A Study Based on the Materials of the Legislative Commission of 1767*, Cambridge 1967

Dulichev, V. P., *Raskazy po istorii Kryma*, Simferopol 1997

Dumas, F. Ribadeau, *Cagliostro*, London 1967

Duran, James A., 'Catherine, Potemkin and Colonization', *Russian Review* (January 1969) 28 no 1

Duran, James A., 'The Reform of Financial Administration in Russia during the Reign of Catherine II', CSS (1970) 4

Dvoichenko-Markov, Demetrius, 'Russia and the First Accredited Diplomat in the Danubian Principalities 1779–1808', *Slavic and East European Studies* (1963) 8

Dyachenko, L. I., *Tavricheski Dvorets*, St Petersburg 1997

Dzhedzhula, K. E., *Rossiya i velikaya Frantzuzskaya burzhuaznaya revolyutsiya kontsa XVIII veka*, Kiev 1972

Ehrman, John, *The Younger Pitt*, vol 2: *The Reluctant Transition*, London 1983

Eighteenth Century Studies in Honor of Donald F. Hyde, New York 1970

Elliott, J. H., *The Count-Duke of Olivares: The Statesman in an Age of Decline*, New Haven/London 1986

Elliott, J. H., and Brockliss, L. W. B., *The World of the Favourite*, New Haven/London 1999

Fadyev, V., *Vospominaniya 1790–1867*, Odessa 1897

Fateyev, A. M., *Potemkin-Tavrichesky*, Prague 1945

Feldman, Dmitri, *Svetleyshiy Knyaz G. A. Potemkin i Rossiskiye Evrei*. Materials of the Seventh International Conference on Jews, Moscow 2000

Figes, Orlando, *A People's Tragedy: The Russian Revolution 1891–1924*, London 1996

Figes, Orlando, and Kolonitskii, Boris, *Interpreting the Russian Revolution: The Language and Symbols of 1917*, New Haven/London 1999

Fisher, Alan W., *The Crimean Tartars*, Studies in Nationalities of USSR, Stanford 1978

Fisher, Alan W., 'Enlightened Despotism and Islam under Catherine II', *Slavic Review* (1968) 27

Fisher, Alan W., *The Russian Annexation of the Crimea 1772–83*, Cambridge 1970

Fishman, David E., *Russia's First Modern Jews, The Jews of Shklov*, New York London 1996

Foreman, Amanda, *Georgiana, Duchess of Devonshire*, London 1998

Fothergill, Brian, *Sir William Hamilton, Envoy Extraordinary*, London 1969

Fournier-Sarloveze, M., *Artistes oubliés*, Paris 1902

Fox, Frank, 'Negotiating with the Russians: Ambassador Ségur's Mission to St Petersburg 1784–89', *French Historical Studies* (1971) 7

Fraser, David, *Frederick the Great*, London 2000

Fuks, E. B., *Istoria generalissimusa knyazia italikogo graf Suvorova-Rymniksogo*, Moscow 1811

Garrard, J. G. (ed), *The Eighteenth Century in Russia*, Oxford 1973

Gay, Peter, *The Enlightenment: An Interpretation, the Science of Freedom*, London 1969

Ghani, Cyrus, *Iran and the Rise of Reza Shah – Qajar Collapse to Pahlavi Power*, London/New York 1999

Gilbert, O. P., *The Prince de Ligne: A Gay Marshal of the Old Regime*, London 1923

Golder, Frank, *John Paul Jones in Russia*, Garden City, NY 1927

Golitsyn, Prince Emmanuel, *Récit du voyage de Pierre Potemkin: la Russie du XVII siècle dans ses rapports avec l'Europe Occidentale*, Paris 1855

Goncharenko, V. S., and Narozhnaya, V. I., *The Armoury, State Museum Preserve of History and Culture, the Kremlin: A Guide*, Moscow 1995

Gooden, Angelica, *The Sweetness of Light: A Biography of Elisabeth Vigée Lebrun*, London 1997

Goodwin, Frederick K., and Jamison, Kay Redfield, *Manic-Depressive Illness*, Oxford 1990

Grahov, J., *Potemkin's Military Printing House*, ZOOID 4, 1855

Grave, B., *Vosstaniye Pugacheva*, Leningrad 1936

Greenberg, Louis, *The Jews in Russia*, vol 1: *The Struggle for Emancipation*, New Haven 1944

Gribble, Francis, *The Comedy of Catherine the Great*, London 1932

Griffiths, David M., 'The Rise and Fall of the Northern System: Court Politics in the First Half of Catherine's Reign', CSS (1970) pp 547–69

Grigorevich, N., *Kantsler knyaz A. A. Bezborodko v svyazi s sobytiyami ego vremeni*, SIRIO 26 and 29

Grob, G. N. (ed), *Statesmen and Statecraft of the Modern West: Essays in Honor of Dwight E. Lee and H. Donaldson Jordan*, Barr, Mass. 1967

Grundy, Isobel, *Lady Mary Wortley Montagu: Comet of the Enlightenment*, Oxford 1999

Harvey, Robert, *Clive: The Life and Death of a British Emperor*, London 1998

Haupt, G., 'La Russie et les Principautés Danubiennes en 1790: Le Prince Potemkin-Tavrichesky et le Courrier de Moldavie', CMRS (January–March 1966) 7 no 1

Herodotus, *The Histories*, Penguin Classics, London 1954

Horwood, D. D. (ed), *Proceedings of the Consortium on Revolutionary Europe*, Tallahassee 1980

Hosking, Geoffrey, *Russia: People and Empire 1552–1917*, London 1997

Hughes, Lindsey, *Russia in the Age of Peter the Great*, New Haven/London 1998

Iorga, N., *Histoires des relations Russo-Roumaines*, Iaşi, 1917

Istoriia SSSR, s drevnyeyshikh vremen do kontsa XVIII v. (various authors), Moscow 1939

Ivanov, P. A., *Fabre's Summer Residence*, ZOOID 22

Ivanov, P. A., *The Management of Jewish Immigration from Abroad to the Novorossisky Region*, Ekaterinoslav archives, ZOOID 17

Jamison, Kay Redfield, *The Unquiet Mind*, London 1996

Jenkins, Michael, *Arakcheev, Grand Vizier of the Russian Empire*, New York 1969

Jones, Robert E., *Provincial Development in Russia: Catherine II and Jakov Sievers*, New Brunswick 1984

Jones, Robert E., 'Urban Planning and the Development of Provincial Towns in Russia 1762–96', in J. G. Garrard (ed), *The Eighteenth Century in Russia*, Oxford 1973

Josselson, Michael, and Josselson, Diana, *The Commander: A Life of Barclay de Tolly*, Oxford 1980

Kabuzan, V. M., *Narodonaseleniye rossii v XVIII-pervoy polovine XIX veka*, Moscow 1976

Karabanov, P. F., *Istoricheskiye rasskazy i anekdoty, zapisannyye so slov imenityh lyudey P. F. Karabanovym*, RS (1872) 5

Karnovich, E. P., *Zamechatchyye bogatstva chastnykh lits v Russii*, Petersburg 1885

Karpova, E. V., *Cultural Monuments, New Discoveries*, Leningrad 1984

Keen, B., and Wasserman, M., *A History of Latin America*, Boston 1998

Keep, John L. H., *Soldiers of the Tsar: Army and Society in Russia 1462–1874*, Oxford 1985

Kelly, Laurence (ed), *Moscow: A Travellers' Companion*, London 1983

Kelly, Laurence (ed), *St Petersburg: A Travellers' Companion*, London 1981

Kinross, Lord, *The Ottoman Centuries: The Rise and Fall of the Turkish Empire*, New York 1979

Klier, John Doyle, *Russia Gathers her Jews: The Origins of the Jewish Question in Russia 1772–1825*, Dekalb, Ill. 1986

Kliuchevsky, V. O., *A Course in Russian History: The Time of Catherine the Great*, trans and ed Marshall S. Shatz, New York 1997

Korolkov, K., *Hundredth Anniversary of the Town of Ekaterinoslav 1781–1887*, Ekaterinoslav, 1887

Korsakov, A. N., 'Stepan Ivanovich Sheshkovsky 1727–94: Biograficheskiy Ocherk', *Storicheskiy vestnik* (1885) 22

Kramer, Gerhard F., and McGrew, Roderick E., 'Potemkin, the Porte and the Road to Tsargrad: The Shumla Negotiations 1789–90', CASS (Winter 1974) 8

Krasnobaev, B. I., *Russian Culture in the Second Part of the Eighteenth Century and at the Start of the Nineteenth*, Moscow 1983

Kruchkov, Y. S., *Istoria Nikolaeva*, Nikolaev 1996

Kukiel, M., *Czartoryski and European Unity 1770–1861*, Princeton Westport, Conn. 1955

Lang, D. M., *The Last Years of the Georgian Monarchy 1658–1832*, New York 1957

Lang, D. M., *A Modern History of Georgia*, London 1962

Lashkov, F. F., *Prince G. A. Potemkin-Tavrichesky as Crimean Builder*, Simferopol 1890

Lavrenev, B. A., 'Potemkin's Second Burial', *Pamyatniki otechestva* (1991) no 2 pp 154–5

Lebedev, P., *Studies of New Russian History from Unpublished Sources*, St Petersburg 1863

LeDonne, John P., *Ruling Russia: Politics and Administration in the Age of Absolutism 1762–96*, Princeton 1984

Lentin, A., *Russia in the Eighteenth Century from Peter the Great to Catherine the Great*, London 1973

Levitats, I., *The Jewish Community in Russia 1722–1844*, New York 1970

Lewis, D. B., Wyndham, *Four Favourites*, London 1948

Lincoln, W. Bruce, *The Romanovs: Autocrats of All the Russias*, New York 1981

Liske, X., 'Zur polnischen Politik Katharina II 1791', HZ (1873) 30

Lockyer, Roger, *Buckingham*, London 1981

Lojek, J., 'Catherine's Armed Intervention in Poland: Origins of the Political Decisions at the Russian Court in 1791 and 1792', CSS (Fall 1970) 4 no 3

Lojek, J., 'The International Crisis of 1791: Poland between the Triple Alliance and Russia', *East Central Europe* (1975) 2 no 1

Longworth, Philip, *The Art of Victory: The Life and Achievements of Field Marshal Suvorov 1729–1800*, New York 1965

Longworth, Philip, *The Cossacks*, London 1969

Longworth, Philip, *The Three Empresses – Catherine I, Anne and Elisabeth of Russia*, London 1972

Lopatin, V. S., *Potemkin i Suvorov*, Moscow 1992

Lord, Robert H., *The Second Partition of Poland*, Cambridge, Mass. 1915

Loudon, J. C., *An Encyclopaedia of Gardening*, London 1822

Louis, Victor and Jennifer, *Complete Guide to the Soviet Union*, New York 1991

Lukowski, Jerzy, *The Partitions of Poland 1772, 1793, 1795*, London 1999

MacConnell, A., *A Russian Philosophe: Alexander Radishchev 1749–1802*, The Hague 1964

MacDonogh, Giles, *Frederick the Great*, London 1999

McGrew, Roderick E., *Paul I of Russia 1754–1801*, Oxford 1992

McKay, Derek, and Scott, H. M., *The Rise of the Great Powers 1648–1815*, London 1983

Mackay, James, *I Have Not Yet Begun to Fight: A Life of John Paul Jones*, Edinburgh/London 1998

McNeill, William H., *Europe's Steppe Frontier 1500–1800*, Chicago 1964

Madariaga, Isabel de, *Britain, Russia and the Armed Neutrality of 1780: Sir James Harris's Mission to St Petersburg during the American Revolution*, New Haven 1962

Madariaga, Isabel de, *Catherine the Great: A Short History*, New Haven/London 1990

Madariaga, Isabel de, *Introduction to G. S. Vinsky, Moe vremya, Zapiski*, Cambridge 1974

Madariaga, Isabel de, *Politics and Culture in Eighteenth-Century Russia: Collected Essays*, London/New York 1998

Madariaga, Isabel de, *Russia in the Age of Catherine the Great*, London 1981

Madariaga, Isabel de, 'The Secret Austro-Russian Treaty of 1781', SEER (1959) 38 pp 114–45

Madariaga, Isabel de, *The Travels of General Francesco de Miranda in Russia*, London 1950

Madariaga, Isabel de, 'The Use of British Secret Service Funds at St Petersburg 1777–1782', SEER (1954) 32 no 79

Mansel, Philip, *Constantinople: City of the World's Desire 1453–1924*, London 1995

Mansel, Philip, *Le Charmeur de l'Europe: Charles-Joseph de Ligne 1735–1814*, Paris 1992

Mansel, Philip, *Louis XVIII*, London 1981

Mansel, Philip, *Pillars of Monarchy*, London 1984

Markova, O. P., *O nevtralnoy sisteme i franko-russkikh otnosheniyakh (Vtoraya polovina xviii v)*, Istoriya SSSR (1970) no 6

Markova, O. P., *O proiskhozhdenii tak nazyvayemogo Grecheskogo Proekta (80e gody XVIII v.)*, Istoriya SSSR (1958) no 4

Maslovsky, D. F., *Zapiski po istorii voiennogo iskusstva v rossii, tsarstvovaniye Ekateriny velikoy 1762–94*, St Petersburg 1894

Massie, Robert, *Peter the Great: His Life and World*, New York 1981

Masters, John, *Casanova*, London 1969

Mavrodin, V. V., *Krestyanskaya voyna v rossiya*, Leningrad 1961, 1966, 1970

Mellikset-Bekov, L., *From the Materials for a History of the Armenians in the South of Russia*, Odessa 1911

Menning, B. W., *G. A. Potemkin and A. I. Chernyshev: Two Dimensions of Reform and the Military Frontier in Imperial Russia* in D. D. Horwood (ed), *Proceedings of the Consortium on Revolutionary Europe*, Tallahassee 1980

Mikhailovich, Grand Duke Nikolai *Russkiye Portrety XVIII i XIX stoletiy*, St Petersburg 1906–9 (republished as *Famous Russians*, St Petersburg 1996)

Mitford, Nancy, *Frederick the Great*, London 1970

Mitford, Nancy, *Madame de Pompadour*, London 1954

Mitford, Nancy, *Voltaire in Love*, London 1957

Mooser, R. Aloys, *Annales de la musique et des musiciens en Russie au XVIII Siècle*, Geneva 1948–51

Morane, P., *Paul I de Russie*, Paris 1907

Morison, Samuel Eliot, *John Paul Jones: A Sailor's Biography*, Boston 1959

Moskvityanin zhurnal, *O privatnoy zhizni Knyazya Potemkina (Potemkinskiy prazdnik)*, (1852) 3, ed M. P. Pogodin, republished Moscow 1991

Moskvityanin zhurnal, *Verbal Chronicle of Catherine's visit to Tula and Potemkin*, (1842) 2

Mourousy, Prince, *Potemkine mystique et conquerant*, Paris 1988

Muftiyzade, I., *Essays on Crimean Tartars' Military Service from 1783–1889*, ITUAK (1889)

Murray, Venetia, *High Society in the Regency Period*, London 1998

Murzakevich, N. N., *The materials for a history of the principal town of a province – Kherson*, ZOOID 11

Nicolson, Harold, *The Congress of Vienna*, London 1948

Nirsha, A. M., *Anton Golovaty*, Odessa State Local Historical Museum

Nolde, B., *La Formation de l'Empire Russe: études, notes et documents*, Paris 1953

Norman, Geraldine, *The Hermitage: The Biography of a Great Museum*, London 1997

Novitsky, G. A., *Istoriya USSR (XVIII vek)*, Moscow 1950

Ogarkov, Vasily V., *Grigory Alexandrovich Potemkin*, St Petersburg 1892

Oldenbourg, Zoë, *Catherine the Great*, London 1965

Orlovsky, I. I., *In the Motherland of His Highness*, Smolensk 1906

Otis, James, *The Life of John Paul Jones, together with Chevalier Jones' own account of the campaign of the Liman*, New York 1900

Palmer, Alan, *Alexander I, Tsar of War and Peace*, London 1974

Palmer, Alan, *Metternich, Councillor of Europe*, London 1972

Palmer, Alan, *Napoleon in Russia*, London 1967

Panchenko, A. M., *Potemkinskie derevni kak kulturlnyy mif, XVIII Vek* (1983) 14

Papmehl, K., 'The Regimental School Established in Siberia by Samuel Bentham', *Canadian Slavonic Papers*, xviii, 1966

Pasteur, Claude, *Le Prince de Ligne: l'enchanteur de l'Europe*, Paris 1957

Petrov, A, *Voyna rossii s turetskiey i polskimi konfederatami*, St Petersburg 1866–74

Petrov, A., *Vtoraya turetskaya voyna v tsarstvovaniye imperatritsy Ekateriny II 1787–91*, St Petersburg 1880

Petrovich, M. B., 'Catherine II and a Fake Peter III in Montenegro', *Slavic Review* (April 1955) 14 no 2

Petrushevsky, A., *Generalissimus Knyazi Suvorov*, St Petersburg 1884

Pevitt, Christine, *The Man Who Would Be King: The Life of Philippe d'Orléans, Regent of France*, London 1997

Pflaum, Rosalynd, *By Influence and Desire: The True Story of Three Extraordinary Women – the Grand Duchess of Courland and her Daughters*, New York 1984

Pikul, V. S., *Favurit: roman-khroniki vremen Ekateriny II*, Moscow 1985

Pilaev, M. I., *Staryy Peterburg*, St Petersburg 1889, Moscow 1997

Pipes, R., 'Catherine II and the Jews', *Soviet Jewish Affairs* 5 no 2

Plumb, J. H., *Sir Robert Walpole*, London 1956

Porphiry, Bishop, *Information about Prince Potemkin's service in the Synod*, Moscow 1882, ZOOID 13

Preedy, George R., *The Life of Rear-Admiral John Paul Jones*, London 1940

Pushkin, A. S., *The Captain's Daughter*, in *The Queen of Spades and Other Stories*, Penguin Classics, London 1958

Pushkin, A. S., *Complete Prose Fiction*, ed Paul Debreczeny, Stanford 1983

Pushkin, A. S., *Istoriya Pugacheva*, in *Polnoye Sobraniye Sochineniya*, vol 12, Moscow/Leningrad, 1937–49

Pushkin, A. S., *Notes on Russian History of the Eighteenth Century*, Istoricheskiye Zametki, Leningrad 1984

Pushkin, A. S., *Polnoye Sobraniye Sochineniya*, Moscow/Leningrad 1937–49

Radzinsky, Edvard, *Rasputin*, London 2000

Raeff, Marc (ed), *Catherine the Great: A Profile*, New York 1972

Raeff, Marc, '*The Style of Russia's Imperial Policy and Prince G. A. Potemkin*', in G. N. Grob (ed), *Statesmen and Statecraft of the Modern West: Essays in Honor of Dwight E. Lee and H. Donaldson Jordan*, Barr, Mass. 1967

Raffel, Burton, *Russian Poetry under the Tsars*, New York 1971

Ragsdale, Hugh (ed), *Imperial Russian Foreign Policy*, Woodrow Wilson Center Series, Cambridge 1993

Rakhamatullin, M. A., *Firm Catherine*, Otechestvennaya Istoriya (1997)

Ransel, David L., 'Nikita Panin's Imperial Council Project and the Struggle of Hierarchy Groups at the Court of Catherine II', CSS (December 1971) 4 no 3

Ransel, David L., *The Politics of Catherinian Russia: The Panin Party*, New Haven 1975

Reid, Anna, *Borderland: A Journey through the History of Ukraine*, London 1997

Rhinelander, Anthony L. H., *Prince Michael Vorontsov, Viceroy to the Tsar*, Montreal 1990

Robb, Graham, *Balzac*, London 1994

Roider, Karl A., *Austria's Eastern Question 1700–1790*, Princeton 1982

Roider, Karl A., 'Kaunitz, Joseph II and the Turkish War', SEER (October 1976) 54 no 4

Rose, Kenneth, *George V*, London 1983

Rotikov, K. K., *Drugoy Peterburg*, St Petersburg 1998

Rulikowski, Edward, *Smila*, Slownik geograficzny krolestwa polskiego i innych krajow, slowianskich (ed Filip Sulimierski, Bronislaw Chlebowski and Wladyslaw Walewski), vol 10, Warsaw 1889

Russkiy Biographicheskiy Slovar (including biographies of Varvara Golitsyna vol 5 1916; Ekaterina Skavronskaya vol 18 1904, I. A. Hannibal vol 4 1914; P. S. and M. S. Potemkin vol 14 1904) vol 1–25, A. A. Polovtsev, St Petersburg 1896–1916

Ruud, Charles A., and Stepanov, Sergei A., *Fontanka 16: The Tsars' Secret Police*, Quebec 1999

Segal, Harold G., *The Literature of Eighteenth-Century Russia*, New York 1967

Semevsky, M. I., *Grigory Alexandrovich Potemkin-Tavrichesky*, RS (1875) 3

Semevsky, M. I., *Vosemnadtsatyy vek, istoricheskiye sbornik*, Russkaya Starina, vols 12–14, St Petersburg 1875

Shahmagonov, N. R., *Hrani Gospod' Potemkina*, Moscow 1991

Shaw, Stanford J., *Between the Old and New: The Ottoman Empire under Selim III 1789–1807*, Cambridge, Mass. 1971

Shilder, N. K., *Imperator Aleksandr I*, St Petersburg 1890–1904

Shilder, N. K. *Imperator Pavel Pervyy*, St Petersburg 1901

Shugorov, M. F., *Prince Potemkin's Tomb*, RA (1867)

Shvidkovsky, Dimitri, *The Empress and the Architect: British Architecture and*

Gardens at the Court of Catherine the Great, New Haven/London 1996

Skalkovsky, A., Chronological Review of New Russia 1730–1823, Odessa 1836

Skalkovsky, A., The History of the New Sech or the Last Zaporogian Kosh, Odessa 1886

Soldatsky, A., Secret of the Prince, ZOOID 9

Soloveytchik, George, Potemkin: A Picture of Catherine's Russia, London 1938

Soloveytchik, George, Potemkin: Soldier, Statesman, Lover and Consort of Catherine of Russia, New York 1947

Soloviev, S. M., Istoriya padeniya polshi, Moscow 1863

Soloviev, S. M., Istoriya rossii s drevneyshikh vremyon, Moscow 1959–66

Storch, H. von, Annalen der Regierung Katharina der Zweyten, Kaiserin von Russland, Leipzig 1798

Storch, H. von, Tableau historique et statistique de l'Empire de Russie, Paris/Basle, 1801

Suny, Ronald Grigor, The Making of the Georgian Nation, Bloomington/Indianapolis 1988/1994

Temperley, Harold, Frederick the Great and Kaiser Joseph, London 1968

Tillyard, Stella, Aristocrats, London 1995

Tiktopulo, Y. A., The Mirage of Tsargrad: On the Destiny of Catherine's Greek Project, Rodina 1991

Timoshevsky, G. I., Mariupol and its Environs, Mariupol 1892

Tolstoy, A., Peter the Great, Moscow 1932

Tolstoy, L., 'Hadji Murat', in Master and Man and Other Stories, Penguin Classics, London 1977

Tourneux, M., Diderot et Catherine II, Paris 1899

Trowbridge, W. R. H., Cagliostro: The Splendour and Misery of a Master of Magic, London 1910

Troyat, Henri, Catherine the Great, London 1977

Troyat, Henri, Pushkin, Paris 1946, New York 1970

Ustinov, V. I., 'Moguchiy velikoross', (1991) no 12

Vallentin, Antonina, Mirabeau, Voice of the Revolution, London 1948

Vassilchikov, A. A., Semeystvo Razumovskikh, St Petersburg 1880

Vernadsky, G. V., History of Russia, New Haven 1954

Vernadsky, G. V., Ocherk istorii prava russkogo gosudarstva XVIII–XIX v, Prague 1924

Vernadsky, G. V., Russkoye masonstvo v tsarstvovovaniye Ekateriny II, Petrograd 1917

Vernadsky, G. V., Imperatritsa Ekaterina II i Zakonodatclnaya Komissiya 1767–68, Perm 1918

Vinogradov, V. N., The Century of Catherine II, Novaya i noveyshaya istoriya no 4, Moscow 1996

Vitale, Serena, Pushkin's Button: The Story of the Fatal Duel that Killed Russia's Greatest Poet, London 1999

Vyborny, P. M., Nikolaev, Odessa 1973

Waliszewski, K., *Autour d'un trône*, Paris 1894

Waliszewski, K., *The Romance of an Empress: Catherine II of Russia*, New York 1894, Paris 1893

Weidle, Wladimir, *Russia: Absent and Present*, London 1952

Wheatcroft, Andrew, *The Habsburgs*, London 1995

White, T. H., *The Age of Scandal*, London 1950

Wilson, Arthur M., *Diderot*, New York 1972

Yavornitskiy, D. I., *Istoriya goroda Ekaterinoslava*, Dniepropetrovsk 1996

Yeliseeva, O. I., *G. A. Potemkin's Geopolitical Projects, Associates of Catherine the Great*, lecture at conference Moscow, 22/23 September 1997, published Moscow 1997

Yeliseeva, O. I., *Lubenzy moy pitomez: Catherine II and G. A. Potemkin in the Years of the Second Russo-Turkish War*, Otechestvennya Istoriya (1997) 4

Yeliseeva, O. I., *Noble Moscow, from the History of the Political Life of Eighteenth-Century Russia* (including *Red Coat*), Moscow 1997

Zagorovsky, E. A., *Organisation of the Administration in New Russia under Potemkin 1774–91*, Odessa 1913

Zagorovsky, E. A., *Potemkin's Economic Policy in New Russia*, Odessa 1926

Zakalinskaya, E. P., *Votchinye khozyaystva Mogilevskoy gubernii vo vtoroy polovinye XVIII veka*, Mogilev 1958

Zamoyski, Adam, *Holy Madness: Romantics, Patriots and Revolutionaries 1776–1871*, London 1999

Zamoyski, Adam, *The Last King of Poland*, London 1992

Zayev, L., Motherland of Prince Potemkin, IV, St Petersburg 1899

Zheludov, Victor M., '*Favurit russiski* [*Russian favourite*]', '*Pero istorii soyedinilo ikh* [*History's pen has written them*]', '*Serdtse knyazya Potemkina* [*Potemkin's heart*]', '*Zdes rodilsia Potemkin* [*Here Potemkin was born*]' and '*Tsarski kolodets* [*The Tsarina's well*]', all published in *Rayonnay Gazeta* of the Dukhovshchina Region of Smolensk Oblast, 6 May 1996, 14 December 1995, 12 October 1993, 6 August 1992 respectively

Ziegler, Philip, *The Duchess of Dino*, London 1962

Zotov, V., *Cagliostro: His Life and Visit to Russia*, RS (1875)

Zubov, P. A., *Knyaz Platon Alexandrovich Zubov 1767–1822*, RS 16 and 17

Zuev, V., *Travel Notes*, Istoricheskiy i geographicheskiy mesyazeslov, St Petersburg 1782–3

译名对照表

Abaise, Elias 埃利亚斯·阿贝兹

Abdul‑Hamid I., Ottoman Sultan
阿卜杜勒‑哈米德一世，奥斯曼
苏丹

Abdul‑Pasha 阿卜杜勒帕夏

Acharov 阿恰罗夫

Acton, John Emerich Dalberg‑
Acton, Lord 约翰·爱默里克·
达尔伯格‑阿克顿，阿克顿勋爵

Adair, Dr Robert 罗伯特·阿代尔
博士

Aga‑Mohommed‑Khan 阿迦·穆罕
默德·汗

Aguilar, Diego d' 迭戈·德·阿吉
拉尔

Ahmet Pasha Huhafiz of Bender 宾
杰里的艾哈迈德·胡哈菲兹帕
夏

Ainalikawak, Treaty of《埃纳里卡
瓦克条约》

Ak‑mechet 白清真寺

Akhtiar 阿合提阿尔

Akkerman （Belgrade‑on‑Dniester）
阿克尔曼（德涅斯特河畔比尔
戈罗德）

Alba, Duchess of 阿尔瓦公爵夫人

Albanians 阿尔巴尼亚人

Albrecht, J. F. E. J. F. E. 阿尔布雷
希特

Alembert, Jean d' 让·达朗贝尔

Alexander, Grand Duke （later Tsar
Alexander I）亚历山大大公
（后来的沙皇亚历山大一世）

Alexei Mikhailovich, Tsar 阿列克
谢·米哈伊洛维奇，沙皇

Alexei Petrovich, Tsarevich 阿列克
谢·彼得罗维奇，皇子

Alupka Palace 阿卢普卡宫

Amazons 阿玛宗人

Ambrosius, Bishop （Zertis‑Kamensky）
安布罗西·泽尔蒂斯‑卡缅斯基，
主教

AmericanWar of Independence 美国
独立战争

Babarykin, Dmitri 德米特里·巴巴
雷金

Bablovo 巴博洛沃宫

得·比龙，库尔兰公爵

Black Sea and Ekaterinoslav Host 黑海与叶卡捷琳诺斯拉夫哥萨克军团

Black Sea Fleet 黑海舰队

Bobrinsky, Alexei Grigorevich 阿列克谢·格里戈里耶维奇·博布林斯基

Boetti, Giovanni Battista 乔万尼·巴蒂斯塔·博埃蒂

Boguslavsky, L. G. L. G. 博古斯拉夫斯基

Bolivar, Simon 西蒙·玻利瓦尔

Borodino, Battle of 博罗季诺战役

Borovikovsky, V. L. V. L. 博罗维科夫斯基

Branicka (née Engelhardt), Countess Alexandra V (niece) 亚历山德拉·V. 布拉尼茨卡伯爵夫人（娘家姓恩格尔哈特），波将金的外甥女

Carysfort, John Joshua Proby, Lord 约翰·约书亚·普罗比，凯利斯福特勋爵

Casanova, Giacomo, Chevalier de Seingault 贾科莫·卡萨诺瓦，塞恩加尔骑士

Castera, Jean-Henri 让-亨利·卡斯特拉

Catherine I, Tsarina 叶卡捷琳娜一世，女皇

Catherine II (the Great) Tsarina 叶卡捷琳娜二世（大帝），女皇

Catherine Palace 叶卡捷琳娜宫

Caucasus 高加索

Ceaucescu, Nicolae 尼古拉·齐奥塞斯库

Chamberlen family 尚贝兰家族

Charles II, King of England 查理二世，英国国王

Charles XII, King of Sweden 查理十二世，瑞典国王

Corberon, Chevalier Marie Daniel Bourrée de 马利·达尼埃尔·布雷·德·科尔伯龙骑士

Cossacks 哥萨克

Courland 库尔兰

Courrier de Moldavie, Le 《摩尔达维亚信使报》

Coxe, Archdeacon William 威廉·考克斯，会吏长

Craven, Elisabeth (née Berkeley), Countess of (later Margravine of Anspach) 克雷文伯爵夫人伊丽莎白（娘家姓伯克利，后成为

law) 瓦西里·A. 恩格尔哈特
（波将金的姐夫）

Engelhardt, Vasily V.（nephew）
瓦西里·V. 恩格尔哈特（波将
金的外甥）

Eschenbaum 埃申鲍姆

Estandas, Antonio d' 安东尼奥·
德·埃斯坦达斯

Evrard（valet）埃夫拉尔（贴身男
仆）

Fages, Vaumale de 沃玛尔·德·
法热

Faleev, Mikhail Leontovich 米哈伊
尔·列昂托维奇·法列耶夫

Fanshawe, Henry 亨利·范肖

faro 法罗牌

Fasi（jeweller）法西（珠宝匠）

Fawkener, William 威廉·福克纳

Ferdinand of Brunswick, Prince 不
伦瑞克公子斐迪南

Fidonise 费奥多西亚

Fitzherbert, Alleyne（later Baron
St. Helens）阿莱恩·菲茨赫伯
特（后成为圣海伦男爵）

Fitzherbert, Mrs 菲茨赫伯特太太

Flying Geese 飞鹅

Fokshany, Battle of 福克沙尼战役

Four Year Sejm 四年议会

Fox, Charles James 查尔斯·詹姆
斯·福克斯

France 法国

Frederick II（the Great）of Prussia
普鲁士国王弗里德里希二世
（大王）

FrederickWilliam, Prince（later
King）of Prussia 弗里德里希·
威廉，普鲁士王子，后成为普
鲁士国王弗里德里希·威廉二
世

Freemasonry 共济会

French Revolution 法国大革命

Fyodor, Tsar 费奥多尔三世沙皇

Gaks, Colonel 贾克斯上校

Garnovsky, Colonel Mikhail A. 米
哈伊尔·A. 加尔诺夫斯基上校

Genghis Khan 成吉思汗

Georg-Ludwig, Prince of Holstein-
Gottorp 荷尔斯泰因-戈托尔夫
公子格奥尔格·路德维希

George II, King of England 乔治二
世，英国国王

George III, King of England 乔治三
世，英国国王

George V, King of England 乔治五

Joseph II, Holy Roman Emperor 约瑟夫二世，神圣罗马皇帝

Josepha of Bavaria 巴伐利亚的约瑟法

Kagul 卡古尔河

Kahovsky, Vasily V. 瓦西里·V. 卡霍夫斯基

Kalischevsky, P. I. （Hetman） P. I. 卡利舍夫斯基（盖特曼）

Kalmyks 卡尔梅克人

Kamenets, Battle of 卡缅涅茨战役

Kamensky, General Mikhail F. 米哈伊尔·F. 卡缅斯基将军

Kantemir, Prince 坎泰米尔公爵

Kaplan Giray 卡普兰·格来

Kar, General Vasily 瓦西里·卡尔将军

Karasubazaar 卡拉苏巴扎尔

Karl-Peter-Ulrich, Duke of Holstein 荷尔斯泰因公爵卡尔·彼得·乌尔里希

Kartli-Kacheti 卡特利-卡赫季

Karzev, Semen 谢苗·卡尔泽夫

Kaunitz-Rietberg, Prince Wenzel von 文策尔·冯·考尼茨-里特贝格侯爵

Kaushany 克乌谢尼

Kazan 喀山

Kazan Commission 喀山委员会

Keith, George, last Earl Marshal of Scotland 乔治·基思，末代苏格兰军务伯爵

Keith, James 詹姆斯·基思

Keith, Sir Robert Murray（Lord） 罗伯特·默里·基思，勋爵

Keyserling, Count Herman von 赫尔曼·冯·凯泽林伯爵

Kherson 赫尔松

Khitrovo, Lieutenant Fyodor A. 费奥尔多·希特罗沃中尉

Khotin, Battle of 霍京战役

Khotin, Pasha of 霍京的帕夏

Khrapovitsky, Alexander V. 亚历山大·V. 赫拉波维茨基

Kiev 基辅

Kilia 基利亚

Kinburn 金伯恩

Kingston, Elisabeth Chudleigh, Countess of Bristol and Duchess of 伊丽莎白·查德利，布里斯托尔伯爵夫人和金斯顿公爵夫人

Kingston, Evelyn Pierrepont, 2nd Duke of 伊夫林·皮尔庞特，第二代金斯顿公爵

Kirim Giray 卡利姆·格来

历山大·德米特里耶维奇·兰斯科伊

Larga, Battle of 拉尔加河战役

Lavater, Johann Kaspar 约翰·卡斯帕尔·拉瓦特尔

Lavrenev, Boris 鲍里斯·拉夫列尼约夫

Lazhkarev, Sergei L. 谢尔盖·L. 拉日卡列夫

Leeds, Francis Godolphin Osborne, Duke of 弗朗西斯·戈多尔芬·奥斯本, 利兹公爵

Legislative Commission 立法委员会

Leopold II, Holy Roman Emperor (formerly Grand Duke of Tuscany, then King of Hungary) 利奥波德二世, 神圣罗马皇帝 (曾为托斯卡纳大公, 后为匈牙利国王)

Le Picq (dancemaster) 勒皮克 (舞蹈教室)

Lermontov, Mikhail Yurievich 米哈伊尔·尤列维奇·莱蒙托夫

Levashev, Major 列瓦绍夫少校

Levashov, Vasily I. 瓦西里·I. 列瓦绍夫

Ligne, Prince Charles de 利尼亲王夏尔

Ligne, Charles-Joseph, Prince de 利尼亲王夏尔·约瑟夫

Liman 利曼河

Liman, Battles of the 利曼河战役

Litta, Count Giulio 朱利奥·利塔伯爵

Little Hermitage 小埃尔米塔日

Littlepage, Lewis 路易斯·利特尔佩奇

Livanov, Professor 利瓦诺夫教授

Lopatin, V. S. V. S. 洛帕京

Lopukhina, Countess Natalia 娜塔莉亚·洛普金娜伯爵夫人

Loudon, Field-Marshal Gideon 吉迪恩·劳东, 陆军元帅

Louis XIV, King of France 路易十四, 法国国王

Louis XV, King of France 路易十五, 法国国王

Louis XVI, King of France 路易十六, 法国国王

Louis, Prince of Prussia 路德维希, 普鲁士王子

Lubomirska, Princess 卢博米尔斯卡公爵夫人

Lubomirski, Prince Ksawery 克萨韦里·卢博米尔斯基公爵

莱门斯·冯·梅特涅侯爵

Metternich, Princess Clementine 克
莱门蒂娜·梅特涅侯爵小姐

Mickiewicz, Adam 亚当·密茨凯维
奇

Mikhelson, Lieutenant-Colonel Ivan
I. 伊凡·I. 米赫尔松中校

Minorca 梅诺卡岛

Mirabeau, Honoré Gabriel Riqueti,
Comte de 奥诺雷·加布里埃
尔·里克蒂，米拉波伯爵

Miranda, Francesco de 弗朗西斯
科·德·米兰达

Mirovich, Vladimir 瓦西里·米罗
维奇

Mniszech, Countess (Ursula
Zamoyska) 穆尼谢赫伯爵夫人
（乌苏拉·扎莫伊斯卡）

Mocenigo, Count 莫切尼戈伯爵

Mogilev 莫吉廖夫

Moldavia 摩尔达维亚

Moldova 摩尔多瓦

Montagu, Mary Wortley 玛丽·沃特
利·蒙泰古

Montenegro 黑山

Mordvinov, Admiral Nikolai S. 尼古
拉·S. 莫尔德维诺夫，海军将
领

Moscow 莫斯科

Moslems 穆斯林

Mozart, Wolfgang Amadeus 沃尔夫
冈·阿马德乌斯·莫扎特

Münnich, Count Burhard von 布克
哈德·冯·明尼希伯爵

Murat, Caroline, Queen of Naples
卡罗琳·缪拉（那不勒斯王后）

Murid Wars 穆勒德战争

Musin-Pushkin, Count V. P. V. P.
穆辛-普希金伯爵

Mustafa II, Ottoman Sultan 穆斯塔
法二世，奥斯曼苏丹

Mustafa III, Ottoman Sultan 穆斯塔
法三世，奥斯曼苏丹

Nachkichevan 纳希切万

Nagu (Kalmyk boy) 纳古（卡尔梅
克男孩）

Napoleon Bonaparte, Emperor of
France 拿破仑·波拿巴，法国
皇帝

Naryshkin, Lev A. 列夫·A. 纳雷
什金

Naryshkina, M. L. M. L. 纳雷什金

Naryshkina, Anna N. 安娜·N. 纳
雷什金娜

Naryshkina sisters (including Natalia

Osterman, Count Ivan A., Vice-Chancellor 伊凡·A.奥斯捷尔曼伯爵

Ostrovsky 奥斯特洛夫基

Ozerki 奥泽尔基宫

Pahlavis 巴列维王朝

Palaelogina, Zoe 索菲亚·帕里奥洛格斯

Palavitsa 帕拉维察

Palmerston, Henry Temple, Viscount 亨利·坦普尔,第三代帕默斯顿子爵

Panin, Count Nikita Ivanovich 尼基塔·伊凡诺维奇·帕宁伯爵

Panin, General Count Peter Ivanovich 彼得·伊凡诺维奇·帕宁伯爵,将军

Panopticon 圆形监狱

Parkinson, John 约翰·帕金森

Parma, Count of 帕尔马伯爵

Passek, Captain 帕塞克上尉

Paul, GrandDuke（later Tsar Paul I）保罗大公（后来的沙皇保罗）

Peter III, Tsar（Grand Duke Peter Fyodorovich）彼得三世（彼得·费奥多罗维奇大公）

Peterhof 彼得宫城

Petrov（librarian）彼得罗夫（图书馆员）

Pisani, N. N. 皮萨尼

Pitt, William, the Younger 小威廉·皮特

Pella 佩拉

Perekushina, Maria Savishna 玛丽亚·萨维什娜·佩雷库希娜

Persia 波斯

Peter I（the Great）Tsar 彼得一世（大帝），沙皇

Peter II, Tsar 彼得二世，沙皇

Pole Carew, Reginald 雷金纳德·波尔·卡鲁

Poltava, Battle of 波尔塔瓦战役

Pompadour, Jeanne Antoinette Poison, Madame d'Etoiles, Marquise and Duchesse de 让娜-安托瓦内特·普瓦松，蓬巴杜侯爵夫人

Poniatowski, Prince Stanislas 斯坦尼斯瓦夫·波尼亚托夫斯基亲王

Poniatowski, Stanislas（King Stanislas-Augustus of Poland）斯坦尼斯瓦夫·波尼亚托夫斯基（波兰国王斯坦尼斯瓦夫-奥古斯特）

Popov, Vasily Stepanovich 瓦西

Pruth, River 普鲁特河

Psalmanazar, George 乔治·撒玛纳札

Pugachev, Emelian 叶梅利扬·普加乔夫

Pushkin, Alexander Sergeievich 亚历山大·谢尔盖耶维奇·普希金

Qajars 卡扎尔王朝

Rabin, Yitzhak 伊扎克·拉宾

Radishchev, Alexander N. 亚历山大·N. 拉季舍夫

Radziwill, Prince Karol Stanislas 卡罗尔·斯坦尼斯瓦夫·拉齐维尔公爵

Raevsky, Colonel Alexander N. 亚历山大·N. 雷夫斯基上校

Raevsky, General Nikolai N. 尼古拉·N. 雷夫斯基将军

Rasputin, Grigori Efimovich 格里戈里·叶菲莫维奇·拉斯普京

Razumovsky, Count Alexei G. 阿列克谢·G. 拉祖莫夫斯基伯爵

Razumovsky, Count Andrei K. 安德烈·K. 拉祖莫夫斯基伯爵

Razumovsky, Count Kirill G. 基里尔·G. 拉祖莫夫斯基伯爵

Razumovskaya, Countess Elisabeth K. 伊丽莎白·K. 拉祖莫夫斯卡娅伯爵夫人

Repnin, Prince Nikolai V. 尼古拉·V. 列普宁公爵

Reynolds, Sir Joshua 约书亚·雷诺兹爵士

Ribas, José (Osip) de 何塞(奥西普)·德·里瓦斯, 海军将领

Ribbing, Count 里宾伯爵

Ribeaupierre, Count Alexander I. 亚历山大·I. 里博皮埃尔伯爵

Richardson, William 威廉·理查森

Richelieu, Armand du Plessis, Duc de Fronsac et de 阿尔芒·迪普莱西, 黎塞留公爵, 弗龙萨克公爵

Richelieu, Cardinal Armand du Plessis de 阿尔芒·迪普莱西, 枢机主教, 黎塞留公爵

Rimsky-Korsakov, Major Ivan Nikolaevich 伊凡·尼古拉耶维奇·里姆斯基-科尔萨科夫

Rinaldi, Antonio 安东尼奥·里纳尔迪

Rivéry, Aimée Dubucq de 艾梅·

Samoilova, Countess Ekaterina S. (née Trubetskaya) 叶卡捷琳娜·萨莫伊洛娃伯爵夫人（娘家姓特鲁别茨卡娅）

Samoilova, Maria A. (sister) 玛丽亚·萨莫伊洛娃（波将金的姐姐）

Samoilova, Countess Sophia A. 索菲亚·萨莫伊洛娃伯爵夫人

Sangushko, Karolina, Princess (later Princess de Nassau-Siegen) 卡罗琳娜·桑古什科亲王夫人（后成为拿骚-西根公子妃）

Sanovsky, Dr 萨诺夫斯基医生

Sapieha, Prince Casimir Nestor 卡齐米日·奈斯托尔·萨皮哈亲王

Saratov 萨拉托夫

Sardanapalus 萨尔丹那帕勒斯

Sardanova, Elena 叶连娜·萨尔达诺娃

Sarti, Giuseppe 朱塞佩·萨尔蒂

Saxe, Marshal Maurice de 萨克森的莫里斯，陆军元帅

Sayre, Stephen 斯蒂芬·塞尔

Schlüsselburg 什利谢利堡

Schtofel'n, General K. F. von K. F. 冯·施陶芬将军

Schwerin, Count Kurt Christopher von 库尔特·克里斯托弗·冯·什未林伯爵

Sebastopol 塞瓦斯托波尔

Secret Chancellery 秘密调查部

Secret Expedition 秘密行动部

Ségur, Louis-Philippe, Comte de 路易-菲利普，塞居尔伯爵

Selim III, Ottoman Sultan 塞利姆三世，奥斯曼苏丹

Semple, Major James George 詹姆斯·乔治·森普尔少校

Sereth, River 锡雷特河

Seven YearsWar 七年战争

Sevres, 'Comtesse de' 塞夫尔"伯爵夫人"

Shagin Giray 沙欣·格来

Shakespeare, William 威廉·莎士比亚

Shamyl, Imam 沙米勒伊玛目

Shcherbatov, General Prince Fyodor F. 费奥多尔·F. 谢尔巴托夫公爵，将领

Skouratova, Daria 达里娅·斯库拉托娃

Smila 斯米拉

Smolensk 斯摩棱斯克

Solms, Count von 冯·索尔姆斯伯爵

Shemiakin, Nikita 尼基塔·舍米亚金

Shepilev, P. A. P. A. 谢皮洛夫

Sheremetev, Count P. B. P. B. 舍列梅捷夫伯爵

Sheshkovsky, Stepan I. 斯捷潘·I. 舍什科夫斯基

Shubin, F. I. (sculptor) F. I. 舒宾，雕塑家

Shuvalov, Ivan Ivanovich 伊凡·伊凡诺维奇·舒瓦洛夫

Shuvalov, Count Peter I. 彼得·I. 舒瓦洛夫

Sievers, Countess E. K. E. K. 西弗斯伯爵夫人

Sievers, Count Yakov E. 雅科夫·E. 西弗斯伯爵

Simferopol 辛菲罗波尔

Simolin, Baron I. M. I. M. 西莫林男爵

Sinclair, Sir John 约翰·辛克莱爵士

Sinelnikov, Ivan M. 伊凡·M. 西涅利尼克夫

Skavronskaya, Countess Ekaterina P. (great-niece) (later Princess Bagratian) 叶卡捷琳娜·P. 斯卡乌龙斯卡娅伯爵夫人（波将金的甥孙女）（后成为巴格拉季昂公爵夫人）

Skavronskaya (née Engelhardt), Countess Ekaterina (niece) 叶卡捷琳娜·斯卡乌龙斯卡娅伯爵夫人（娘家姓恩格尔哈特）（波将金的外甥女）

Sutherland, Baron Richard 理查德·萨瑟兰男爵

Suvorov-Rymniksky, Count General Alexander V. (later Prince and Field-Marshal) 亚历山大·V. 苏沃洛夫-勒姆尼库斯基伯爵，将领（后成为公爵和陆军元帅）

Svickhosky 斯威克霍斯基

Sweden 瑞典

Swedenborg, Emanuel 伊曼纽·斯威登堡

Table of Ranks 职级表

Taganrog 塔甘罗格

Talleyrand, Prince Charles-Maurice de 夏尔-莫里斯·德·塔列朗-佩里戈尔

Talyzin, Admiral Ivan L. 伊凡·L. 塔雷津，海军将领

Talyzin, Captain A. F. A. F. 塔雷津上尉

伯爵

Vermicular 虫形船

Viazemsky, Prince Alexander Alexeiovich 亚历山大·阿列克谢耶维奇·维亚泽姆斯基公爵

Victoria, Queen of Englan 维多利亚，英国女王

Vigée Lebrun, Marie Anne Elisabeth 玛丽·安妮·伊丽莎白·维热·勒布伦

Vitovka 维托夫卡

Vivarais, Chevalier de 维瓦雷骑士

Vizin, Denis von 丹尼斯·冯维辛

Vladikafkaz 弗拉基卡夫卡兹

Vladimir, Grand Prince of Kiev 基辅大公弗拉基米尔

Voinovich, Count Mark I. 马尔科·I. 沃伊诺维奇

Voltaire, François Arouet 弗朗索瓦·阿鲁埃·伏尔泰

Vorontsov, Count Alexander Romanovich 亚历山大·罗曼诺维奇·沃龙佐夫伯爵

Vorontsov, Count Mikhail I. (Chancellor) 米哈伊尔·I. 沃龙佐夫伯爵（首相）

Vorontsov, Prince Mikhail Semyonovich 米哈伊尔·谢苗诺维奇·沃龙佐夫公爵

Vorontsov, Count Roman I. 罗曼·I. 沃龙佐夫伯爵

Vorontsov, Count Simon Romanovich 谢苗·罗曼诺维奇·沃龙佐夫公爵

Vorontsova, Princess Elisabeth (Lise) (née Branicka) 伊丽莎白·沃龙佐娃（埃莉泽）公爵夫人（娘家姓布拉尼茨卡）

Vorontsova, Princess Sophie S. 索菲·S. 沃龙佐娃公爵夫人

Voulgaris, Eugenios 尤金尼奥斯·伏尔加里斯

Vysotsky, Nikolai P. (nephew) 尼古拉·P. 维索茨基（波将金的外甥）

Vysotskaya, Pelageya A. (sister) 佩拉格娅·维索茨基卡娅（波将金的妹妹）

Wallachia 瓦拉几亚

Walpole, Horace, 4th Earl of Orford 霍勒斯·沃波尔，第四代奥福德伯爵

Walpole, Robert, 1st Earl of Orford 罗伯特·沃波尔，第四代奥福德伯爵

War of the Bavarian Succession 巴伐

Zotov, Zakhar 扎哈尔·佐托夫

Zubov, Prince Platon Alexandrovich
(Blackie) 普拉东·亚历山德罗

维奇·祖博夫公爵（"黑人"）

Zubov, Count Valerian A. 瓦列瑞
安·A.祖博夫伯爵

图书在版编目（CIP）数据

叶卡捷琳娜大帝与波将金：全 2 册／（英）西蒙·塞巴格·蒙蒂菲奥里（Simon Sebag Montefiore）著；陆大鹏，刘晓晖译.－－北京：社会科学文献出版社，2023.8

书名原文：Catherine the Great & Potemkin：Power，Love and the Russian Empire

ISBN 978-7-5228-1368-4

Ⅰ.①叶… Ⅱ.①西… ②陆… ③刘… Ⅲ.①皇室-史料-俄罗斯-18 世纪 Ⅳ.①K512.34

中国版本图书馆 CIP 数据核字（2022）第 256468 号

审图号：GS（2023）501 号。书中地图系原书插附地图。

叶卡捷琳娜大帝与波将金（全 2 册）

著　　者／〔英〕西蒙·塞巴格·蒙蒂菲奥里（Simon Sebag Montefiore）
译　　者／陆大鹏　刘晓晖

出 版 人／王利民
组稿编辑／董风云
责任编辑／李　洋　王　敬
责任印制／王京美

出　　版／社会科学文献出版社·甲骨文工作室（分社）（010）59366527
　　　　　地址：北京市北三环中路甲 29 号院华龙大厦　邮编：100029
　　　　　网址：www.ssap.com.cn
发　　行／社会科学文献出版社（010）59367028
印　　装／南京爱德印刷有限公司

规　　格／开　本：889mm×1194mm　1/32
　　　　　印　张：33.375　插　页：1　字　数：759 千字
版　　次／2023 年 8 月第 1 版　2023 年 8 月第 1 次印刷
书　　号／ISBN 978-7-5228-1368-4
著作权合同
登 记 号／图字 01-2016-6848 号
定　　价／198.00 元（全 2 册）

读者服务电话：4008918866
